일본어 의미구별사전

김동완

UUP.

일본어 의미구별사전

2010년 1월 12일 초판 인쇄
2010년 1월 17일 초판 발행

지은이 | 김동완
펴낸이 | 김도연
펴낸곳 | UUP(울산대학교출판부)

출판등록 | 제370-1996-000001호(1996.3.13)
주소 | 680-749 울산광역시 남구 대학로 102
전화 | (052) 259-2488
팩스 | (052) 277-3011
홈페이지 | http://uup.ulsan.ac.kr
e-mai | press@mail.ulsan.ac.kr

값 32,000원

ISBN 978-89-7868-199-5 93730

* 잘못된 책은 바꾸어 드립니다.
* 이 도서의 국립중앙도서관 출판시도서목록(CIP)은 e-CIP 홈페이지(http://www.nl.go.kr/ecip)에서 이용하실 수 있습니다.

이 사전을 펴내면서...

이 사전은 일본어를 학습하거나 가르치는 과정에서 종종 부딪히기 쉬운 다양한 유의표현들의 의미와 용법을 명쾌하게 구별하는 데에 초점을 두고 만들어졌다. 실제로 학습하는 과정에서는, 그것이 작문이 되었든 회화가 되었든 문법적으로는 제대로 표현한 것 같아도 결과적으로는 틀린 표현이 되는 경우가 종종 있게 마련이며, 가르치는 과정에서는 학습자로부터 느닷없이 유의표현의 의미와 용법의 차이에 관한 질문을 받고 당황하게 되는 일도 심심치 않게 있게 마련이다. 이러한 유형에는 일상적으로 흔히 쓰이는 각종 명사에서부터 사용빈도수가 제법 높은 동사와 부사, 그리고 다양한 조사와 각종 어구에 이르기까지 매우 다양하다.

의미와 용법이 결코 같지는 않으나 그런대로 비슷한 각종 단어나 표현들을 유의표현이라고 총칭할 때, 거기에는 오용에 따르는 여러 가지 요인이 무수하게 작용하기 마련이다. 우선은 의미영역과 사용범위에 의한 차이가 있을 것이고, 문법적인 제약에 따른 차이도 있을 것이다. 한편으로는 대상에 의한 차이나 성별과 연소에 의한 위상의 차이도 있을 것이며, 문체상의 차이도 엄연히 있을 것이고, 나아가서는 관용상의 차이역시 있을 수가 있다. 이러한 모든 차이점을 일일이 확인하고 숙지해나간다고 하는 것은 여간 어려운 일이 아니며, 그러한 자료 또한 그다지 흔치 않으며 설령 그러한 자료가 있다고 해도 항목마다 찾아서 독파한다는 것 역시 만만치 않다. 왜냐하면 이러한 자료로서는 기존의 원서에 의존해야만 하는 것이 현실이지만, 그러한 원서는 대체로 전문용어가 빈번히 사용되는가 하면, 그 해설도 매우 복잡하기 이를 데 없다.

이 사전은 일본어학습이나 교수의 과정에서 다양하게 등장할 수 있는 각종 유의표현에 대하여 가능하면 쉽고 명료하게 그 의미와 용법에 대한 구별을 할 수 있도록 배려하는 차원에서 만들어졌다. 선정항목은 일본어학습이나 교수의 현장에서 빈번하게 등장할 수 있는 것들만 나열하였으며, 각 항목에 대해서는 공통의미나 요점, 그리고 예문과 해설을 통하여 각 항목의 의미와 용법에 대한 구별이 쉽게 이루어지도록 최선을 다하여 기술하였다. 아울러, 일본어자체에서는 유의표현에 보통 들어가지 않을만한 항목일지라도, 학습의 초기단계에서 종종 등장하여 그 의미와 용법상의 구별이 문제시될만한 항목들도 일일이 찾아서 넣었다.

오랜 각고의 시간 끝에 이 사전의 집필을 마감하고, 이제 머리말을 쓰는 필자의 머릿속에는 오로지 이 사전이 많은 학습자의 일본어학습과 교수자의 교수과정에서 다소나마 도움이 되었으면 하는 바람으로 가득 차 있을 따름이다.

2010년 1월

연구실에서 저자

이 사전의 특징

1. 일본어의 학습이나 교육현장에서 다양하고 빈번하게 등장하는 각종 유의표현을 거의 모든 항목에 걸쳐 총망라하여 수록하였는바, 그 수록항목의 분야는 다음과 같다.

명사 : 「愛、恋」、「市、市場、市場」、「光栄、栄光」、「道、通り、道路」、「文句、苦情」、「用事、用、用件」、「練習、稽古、訓練」등

대명사 : 「あたし、わたくし、わたし」、「あなた、あんた、君、貴様、お前」、「自分、自己、自身」、「そこ、あそこ」、「わし、おれ、僕」등

형용사 : 「うるさい、煩わしい、面倒くさい」、「好ましい、望ましい」、「仲がいい、親しい、睦まじい」、「速い、素速い、すばしこい」등

동사 : 「当たる、ぶつかる」、「怒る、怒る、憤る」、「勧める、誘う、勧誘する」、「抱く、抱く、抱える」、「のぼる、あがる」、「向く、向かう、向ける」、「戻る、帰る、引き返す」、「やる、する、行う」등

보조동사 : 「～が～てある、～を～てある」、「～から～てもらう、～に～てもらう」、「～ていく、～てくる」、「～て以来、～てからというもの」、「～ている、～てある」、「～ていただきます、～せ(させ)ていただきます」등

복합동사의 후항요소 : 「～きる、～あげる、～おわる」、「～たがる、～たがっている」、「～だす、～はじめる」등

조사 : 「～ぐらい、～ほど、～～くらい、ばかり」、「～つつ、～ながら」、「～ら、～たら、～ば、～と」、「～に、～を、～で」、「～のに、～けれども」、「～や、～と、～に、～やら」、「～わ、～なあ、～ね(え)、～こと」、「～を、～に、～で」등

연체사 : 「ああいう～、あんな～、あのような～」、「ある～、とある～」、「こういう～、こんな～、このような～」、「どんな、どういう、いかなる」등

부사 : 「あらかじめ、前(まえ)もって、かねがね、かねて」、「一気(いっき)に、一挙(いっきょ)に、一息(ひといき)に」、「きっと、必(かなら)ず、ぜひ」、「しばしば、ときどき、たびたび」、「せいぜい、たかだか」、「力一杯(ちからいっぱい)、精一杯(せいいっぱい)」、「まれに、たまに、珍(めずら)しく」、「わざわざ、わざと、故意(こい)に」등

접속사 : 「あるいは、または、もしくは、それとも」、「けれども、だが、ところが、しかし」、「従(したが)って、だから、よって、故(ゆえ)に」、「そこで、それで」、「そして、それから」、「たとえ、もし、仮(かり)に」등

접미어 : 「～おきに、～ごとに」、「～がてら、～かたがた」、「～ぎみ、～がち」、「～さ、～み」、「さん、様(さま)、君(くん)、氏(し)、殿(どの)」、「～づめ、～っぱなし、～どおし」、「～にくい、～がたい、～づらい」、「～みどろ、～だらけ、～まみれ」등

각종어구 : 「～一方(いっぽう)だ、～ばかりだ」、「～うちに、～あいだに」、「～がいい、～たらいい、～といい」、「～する、～がする、～をする」、「～たところだ、～ところだ、～ているところだ」、「～た方(ほう)がいい、～(する)方(ほう)がいい」、「～てはならない、～てはいけない、～てはだめだ」、「～ときたら、～といったら、～ったら」、「～とばかり(に)、～んばかり(に)」、「～ないでほしい、～てほしくない」、「～なくて、～ないで、～ずに」、「～に関(かん)して、～について、～に対(たい)して」、「～はずだ、～つもりだ、～予定(よてい)だ」、「～拍子(ひょうし)に、～はずみに、～とたんに」、「～ようだ、～そうだ、～らしい、～みたいだ」、「～を～たい、～が ～たい」등

2. 각 항목에 제시된 유의표현은 우리말에 해당되는 의미를 최대한 적절하게 제시해 놓았다. 물론 각 항목마다의 공통의미와 요점, 그리고 예문과 해설을 통하여 제시된 항목간의 의미와 용법을 어느 정도는 충분히 파악할 수 있을 것으로 기대는 되

지만, 기왕이면 그에 해당되는 가장 가까운 우리말을 제시함으로서 금방 그 의미와 용법의 차이를 쉽게 연상하고 기억할 수 있도록 학습의 편의를 제공하기 위해서이다.

예) 「暑い(덥다)、蒸し暑い(무덥다)、暑苦しい(후덥지근하다)」

「～一方だ(～하기만 한다)、～ばかりだ(～할 뿐이다)」

「うじうじする(우물쭈물하다)、もじもじする(쭈뼛쭈뼛하다)」

「追い出す(쫓아내다)、追い払う(쫓아버리다)、追い立てる(내몰다)」

「顔立ち(얼굴모습)、顔付き(얼굴표정)」

「加える(더하다)、足す(보태다)、添える(곁들이다)」

「染みる(스며들다)、滲む(번지다)」

「照れる(쑥스러워하다)、はにかむ(수줍어하다)、恥じらう(부끄러워하다)」

「～なそうだ(～하지 않을 것 같다)、～そうに(も)ない(～하지도 않을 것 같다)」

「～に向けて(～을(를)향해서)、～に向かって(～에 대고)」

「～はずがない(～할 리가 없다)、～ないはずだ(～하지 않을 것이다)」

「見せる(보이다)、示す(나타내다)、呈する(드러내다)」

「～らしかった(～하는 것 같았다)、～たらしい(～했던 것 같다)」

「煩わしい(번거롭다)、面倒くさい(성가시다)、うるさい(귀찮다)」

3. 일본어에서는 유의표현의 범주에 들어가지 않는 것이 보통이지만, 우리말을 모국어 배경으로 하는 경우에 종종 혼동을 일으킬만한 항목도 일일이 추가해 넣었다.

예) 「あそこ」「そこ」 → 우리말에서 이미 알고 있는 정보는 '거기, 그 사람, 그것'과 같이 '그' 계통을 쓰지만, 일본어에서는 'あ' 계통을 쓰게 됨.

「あります」「～です」→ 우리말에서 크기, 거리, 무게, 온도 등을 나타낼 때는 보통 '～이(가)되다, ～이다'를 쓰지만, 일본어에서는 동사 「ある」를 쓰게 됨.

「事」「仕事」→ 우리말에서는 둘 다 '일'로 번역이 되지만, 실제로 「事」는 형식명사로 주로 쓰이고, 「仕事」는 작업, 직업의 뜻으로 쓰게 됨.

「～てあげる」「～てさしあげる」→ 우리말에서 윗분에게 무언가를 해드린다고 할 경우, 자칫 그대로 표현하여「～てさしあげる」를 쓸 것 같으나, 실제로는 겸양어표현을 대신하여 쓰게 됨.

「店(みせ)」「屋(や)」→ 우리말에서 상점이나 가게를 나타낼 경우, 일본어에서의 「店(みせ)」는 단독으로 쓰이지만, 「屋(や)」는 단독으로 쓰이지 못하고 그 앞에는 상품명이 주로 오게 됨.

4. 이 사전은 다음과 같은 구성으로 되어있다.

1) 모든 항목은 오십음도순으로 편성되어있어서 검색이 용이하다.
2) 목차는 언제든지 용이하게 검색할 수 있도록 모든 항목은 순서를 차례대로 바꾸어서 오십음도순으로 각각 배열하였으며, 오십음도로 표기하기가 어려운 항목은 목차의 맨 밑에 따로 열거하여 놓았다.
3) 모든 한자에는 그 읽는 독음을 표기해놓음으로서 읽기가 용이하게 하였다.
4) 각 항목에는 그 제시된 말들의 의미와 용법차이를 금방 알아볼 수 있도록 최대한 샘플예문을 작은 글자로 제시하여 놓았다.
5) 항목별로는 항목설정의 바로 밑에, 제시된 표현들 간의 공통된 의미를 「●● 공통의미」란을 만들어 명기함으로서 금방 그 의미를 이해할 수 있게 하였다.
6) 제시된 표현들에 대한 의미와 용법에 관해서는 최대한 용어사용을 자제하면서 이해하기 쉽게 설명을 해놓았다. 하지만, 문법적인 설명은 자세히 해놓았으며, 필요에 따라서는 우리말과 비교도 곁들여 놓았다. 결과적으로는 「●● 요점」이라는 항목 속에 꼭 필요한 내용만을 요점정리 식으로 담아놓았다.
7) 모든 항목에는 「●● 예문과 해설」의 란을 그 밑에 설정하여 풍부한 예문을 바탕으로 표제어에 대한 의미와 용법을 세부적으로 구별할 수가 있도록 하였으며, 모든 예문에는 우리말로 번역을 달아 놓았다. 다만, 학습자의 이해를 돕기 위하여 가능하면 직역을 원칙으로 하여 표기된 일본어를 충실하게 파악할 수 있도록 하였으나, 의미 전달이 어색해질 경우에 한해서만 부득이 의역을 하였다.
8) 예문에 따라서는 「➲」표시로서, 해당예문 속에서의 의미구별에 관하여 상세하게 해설을 곁들여 놓음으로서 보다 쉽고 빠르게 이해를 할 수 있게 하였다.
9) 이상의 의미와 용법구별에 관한 해설에서 직접 다룰 성격이 아니거나 그에 관련된 사항일 경우에는 필요에 따라 「●● 참고」란을 맨 밑에 설정하여 별도로 서술해 놓았다.
10) 본 사전에서 사용된 부호는 크게 세 가지이다.

   ✱ → 의미나 용법상의 제약으로 인하여 사용이 부적절함.
   ? → 의미나 용법상의 제약으로 인하여 사용이 다소 부적절함.
   ∅ → 해당되는 단어가 생략되어 있음.

목차

あ

い

う

か

き

く

け

こ

さ

し

す

せ

そ

た

ち

つ

て

と

な

に

ぬ

ね

の

は

ひ

ふ

へ

ほ

ま

み

む

め

も

や

ゆ

よ

ら

り

る

れ

ろ

わ

を

ん

*

あ

「愛する」「恋する」

(ひそかに愛している女性、ひそかに恋している女性)

공통의미

사랑하다

요점

1. 「愛する」와 「恋する」는 둘 다 우리말의 '사랑하다'에 해당되는 말이지만, 그 적용대상에 있어서는 용법상의 차이가 엿보인다.
2. 「愛する」는 이성뿐만 아니라 폭넓게 사람이나 동물, 그리고 사물전반에 걸쳐서 쓰인다(예문①②③④⑤⑥⑦).
3. 「恋する」는 오로지 이성끼리 사랑한다고 하는 뜻으로만 쓰이는데, 주로 혼전의 사랑을 나타낸다(예문①⑧⑨⑩).

예문과 해설

① 友人の妹を愛する/恋する。(친구의 여동생을 사랑한다)

➲ 「愛する」는 이성뿐만 아니라 다른 사람, 사물전반에 걸쳐서 쓰이며, 「恋する」는 오로지 이성 간의 사랑에만 쓰이는데, 이 경우는 그 대상이 이성이므로 둘 다 적절하다.

② 彼女は夫を深く愛する/＊恋する。(그녀는 남편을 깊이 사랑한다)

➲ 「恋する」는 이성 간의 사랑만을 나타내기는 하지만, 주로 혼전의 사랑에 대해서만 쓰이므로 이 경우에는 부적절하며, 여기에서는 이미 결혼한 후의 사랑이므로 「愛する」가 적절하다.

③ 先生は文学をとても愛する/＊恋する。(선생님은 문학을 무척 사랑한다)

➲ 이 경우와 같이 사람이 대상이 아닌 경우에는 「恋する」를 쓸 수가 없으므로 부적절하다.

④ おじいさんは孫を非常に愛して/＊恋している。
(할아버지는 손자를 무척이나 사랑하고 있다)

➲ 「恋する」는 혼전에 이성을 사랑하는 경우에 쓰이는데, 이 경우는 할아버지가 손자를 사랑 하는 것이므로 쓰기에 부적절하다.

⑤ 家内は音楽をとても愛する。(아내는 음악을 무척 사랑한다)

➲ 이 경우는 사람이 아닌 대상을 나타내고 있는데 「恋する」에는 이러한 용법이 없다.

⑥ 愛国者はみな祖国を愛している人だ。
(애국자는 모두 조국을 사랑하고 있는 사람이다)

➲ 이 경우도 사람이 아닌 대상을 나타내고 있다.

⑦ あの男は生涯酒を愛した。(저 남자는 일생동안 술을 사랑했다)

⑧ うちの息子は隣の娘を恋しているようだ。
(우리 아들은 옆집 딸을 사랑하고 있는 것 같다)
➲ 이 경우는 혼전의 사랑을 나타내고 있다.

⑨ 平社員が社長の娘さんを恋してはいけないのか。
(평사원이 사장님의 따님을 사랑해서는 안 되는 건가)

⑩ あの二人はお互い恋した末、とうとう結婚した。
(저 두 사람은 서로 사랑한 끝에 드디어 결혼했다)

참고

「愛する」는 「愛す」와 같은 5단동사의 형태로도 쓰이는데 미연형에서는 「愛さない」가 우세하게 쓰이며, 종지형에서는 「愛する」「愛す」의 두 가지 형태가 공히 쓰인다.

「愛想」「愛嬌」

(うちの娘は<u>愛想</u>がない、うちの娘は<u>愛嬌</u>がない)

공통의미

애교

요점

1. 「愛想」는 오로지 상대에게 호감을 사기위하여 친근하거나 귀엽게 행동하는 모습을 나타내며(예문①②③⑦), 「愛想が尽きる」「愛想を尽かす」의 형태로 정나미가 떨어짐을 나타내기도 한다(예문④⑧). 때로는 「□彌そう」로 발음하기도 하지만, 「あいそ」가 보다 일반적이다.
2. 「愛嬌」는 그 사람에게 자연스럽게 갖추어진 친근함이나 귀여움을 가리키는데 언동뿐만 아니라 얼굴표정 등에도 나타나있는 것을 말한다(예문①⑤⑥⑨⑩). 주로 「愛嬌がある(애교가 있다)」「愛嬌がない(애교가 없다)」의 형태로 쓰인다.
3. 결국, 우리말의 '애교'에 해당되는 말은 위의 두 가지인 셈인데, '저 사람은 애교가 있다'고 할 때는 「愛嬌」가 되며, '애교를 떨다'라고 할 때는 「愛想」가 되는 것이다.

예문과 해설

① うちの娘は愛想/愛嬌がない。(우리 딸은 애교가 없다)

➲ 「愛想がない」는 남에게 친근감을 나타내거나 귀엽게 행동하는 모습이 없다는 뜻이 되며, 「愛嬌がない」는 본래의 얼굴표정이 무표정하고 성격에 친근감이나 귀염성이 없다는 뜻을 나타내게 된다.

② あの女性はいつも愛想/＊愛嬌がいい人です。
(저 여성은 언제나 친근감이 드는 사람입니다)

➲ 이 경우는 상대에게 친근감을 보이려는 표정이나 행동을 나타내는 것이므로 「愛想」가 적절하

다. 「愛嬌」는 의도적이 아닌, 본래의 모습이나 행동에서 나타나는 것이며, 「愛嬌がいい」와 같은 형태로는 쓰이지 않으므로 여기에서는 부적절하다.

③ 部長の前で愛想/✱愛嬌を言う。(부장 앞에서 애교 있는 말을 한다)

➲ 「愛嬌」는 동사 「言う」와 결합되어 쓰일 수 없으므로 여기에서는 부적절하다.

④ もうあの人には愛想/✱愛嬌が尽きた。(이제 저 사람에게는 정나미가 떨어졌다)

➲ 「愛想」는 「愛想が尽きる」의 형태로 '정나미가 떨어지다'의 뜻을 나타내지만 「愛嬌」에는 이와 같은 용법이 없다.

⑤ お客に愛嬌/?愛想を振りまく。(손님에게 애교를 떤다)

➲ 우리말의 '애교를 떨다'의 뜻을 나타내는 것으로는 「愛嬌を振りまく」가 가장 적절하다.

⑥ あの子はこの町の愛嬌者/✱愛想者だ。(저 아이는 이 동네의 애교덩어리다)

➲ 우리말의 '애교덩어리'를 나타내는 말로는 「愛嬌者」가 쓰인다.

⑦ あの役人はいつも愛想のない返事をしたりする。
(저 공무원은 언제나 무뚝뚝한 대답을 하곤 한다)

➲ 이 경우는 인위적으로 친근감을 보이려고 하지 않는 태도를 나타내고 있으므로 「愛想」가 적절하다.

⑧ もうこんな生活にも愛想を尽かした。(이제 이런 생활에도 정나미가 떨어졌다)

➲ '정나미가 떨어지다'는 뜻의 관용구로 쓰일 때는 오로지 「愛想」만이 적절하다.

⑨ 先生の奥さんは愛嬌のある顔をしていらっしゃる。
(선생님의 사모님은 애교가 있는 얼굴을 하고 계신다)

➲ 이 경우는 이미 자연스럽게 갖추어져 있는 친근감을 나타내고 있어서 「愛嬌」가 적절하다.

⑩ 愛嬌たっぷりの笑顔を見せる。(애교만점인 웃는 얼굴을 보인다)

「～間」「～間に」

(夏休みの間お寺で勉強した、夏休みの間にふるさとへ行ってきた)

공통의미

～동안(에)

요점

1. 「～間」는 그 기간 동안 어떤 동작이나 상태가 줄곧 지속됨을 나타내는 것으로 우리말의 '～동안, ～사이'에 해당된다(예문①②⑤⑥). 당연히 그 뒤에는 일정한 기간 동안 동작이나 상태가 지속됨을 나타내는 술어가 오게 된다.
2. 「～間に」는 그 기간 동안에 어떤 동작이나 상태가 완료됨을 나타내는 것으로 우리말의 '～동안에, ～사이에'에 해당된다(예문③④⑦⑧). 당연히 그 뒤에는 동작이나 상태의 완료를 나타내거나 순간적으로 동작이나 상태가 이루어짐을 나타내는 술어가 오게 되는데, 이것은 조사 「に」가 하나의 시점을 나타내는 데에 기인한다.
3. 결국, 「～間」의 뒤에는 동작이나 상태의 지속을 나타내는 술어가 오고, 「～間に」의 뒤에는 동작이나 상태가 완료되거나 순간적으로 이루어지는 술어가 오게 된다고 하는 점에, 양자의 근본적인 용법상의 차이가 있는 셈이다.

예문과 해설

① 病気で長い間/＊間に入院していました。(병으로 오랫동안 입원하고 있었습니다)

➲ 「間」는 일정한 기간 동안 어떤 동작이나 상태가 줄곧 지속됨을 나타내는 것인데 여기에서는 입원이라는 일정한 기간을 요하는 내용이 와있으므로 적절하다. 한편 「間に」는 일정한 기간 동안의 한 시점에 동작이나 상태가 완료되는 것을 나타내는데 이렇게 되면 입원을 한 순간에만 해야 한다는 모순이 생기므로 여기에서는 부적절하다.

② るすの間/＊間に、かぎをあずかってくれ。(집에 없는 동안, 열쇠를 맡아다오)

➲ 이 경우는 일정기간 동안 부재중임을 나타내는 것이므로 「間」가 적절하다. 「間に」와 같이 일정기간의 한 시점에 동작이나 상태가 완료됨을 나타내는 말은 여기에서는 부적절하다. 실제로 한 시점동안만 집을 비우는 바람에 열쇠를 맡는다는 것은 현실적으로 있을 수없는 일이기 때문

이다. 아울러 「留守」는 집을 비우는 경우에 쓰이는 말이다.

③ 日本はこの10年の間に/✱間大きく変わった。
(일본은 이 10년 동안에 크게 변했다)

➲ 변한다고 하는 것은 일정기간의 한 부분일 가능성이 있는데, 만약 전 기간을 나타내는 「間」를 쓰게 되면 10년간 한시도 멈춤이 없이 전 기간 동안 줄곧 변했다고 하는 비현실적인 문맥이 되므로 「間」는 부적절하다.

④ 赤ちゃんが眠っている間に/✱間洗濯をしましょう。
(아기가 잠들고 있는 동안에 빨래를 합시다)

➲ 이 경우 「間」를 쓰게 되면 아기가 잠들고 있는 시간 내내 빨래만 해야 한다는 비현실적인 문맥이 되므로 여기에서는 잠들어 있는 기간 중의 한 부분만을 나타내는 「間に」가 적절하다.

⑤ 夏休みの<u>間</u>、ずっとお寺で勉強した。(여름방학 동안, 줄곧 절에서 공부했다)

➲ 이 경우는 여름방학이라는 지속적인 기간을 나타내고 있다.

⑥ 長い<u>間</u>、ご無沙汰致しております。(오랫동안 격조하였습니다)

⑦ 私が出かけている<u>間に</u>、泥棒が入った。
(내가 나가 있는 동안에 도둑이 들어왔다)

➲ 이 경우는 외출하고 있는 기간 중의 한 시점을 나타내고 있다.

⑧ 休暇の<u>間に</u>、彼女に一度会いたいと思います。
(휴가 동안에 그녀를 한번 만나고 싶다고 생각합니다)

➲ 휴가기간 내내 그녀를 만나는 것은 아니다.

「赤い靴」「赤の靴」

(今日は<u>赤い靴</u>をはいています、今日は<u>赤の靴</u>をはいています)

공통의미

빨간 구두(뒤에 오는 명사의 색상을 나타내는 용법)

●●● 요점

1. 일본어에서는 뒤에 오는 명사의 색상을 나타내는 경우, 형용사를 그대로 쓰는 방법과 「명사＋の」를 쓰는 방법의 두 가지가 있는데 그 용법상에는 차이가 엿보인다.
2. 형용사 「赤(あか)い」는 그 뒤에 오는 사물이 어떠한 색상인가를 단순히 표현하지만(예문①②③④⑤⑥), 명사 「赤(あか)」는 그 뒤에 오는 사물이 여러 가지 색상 중에서 바로 이 색상임을 지정하여 표현한다(예문①②).
3. 한편, 사물의 색상이 서서히 변화하는 경우에는 「赤(あか)い」의 연용형인 「赤(あか)く」를 사용하나(예문⑦⑧), 색상이 순식간에 변화하는 경우에는 명사 「赤(あか)」를 쓴다(예문⑨⑩).

●●● 예문과 해설

① A：今日(きょう)は何色(なにいろ)の靴(くつ)をはいていますか。

(오늘은 무슨 색의 신발을 신고 있습니까?)

B：赤(あか)い/赤(あか)の靴(くつ)です。(빨간/빨간 색 신발입니다)

➲ 위의 예문에 있어서 형용사를 쓰게 되면 단순히 빨간 신발을 신었다고 하는 뜻을 나타내지만, 명사형을 쓰게 되면 여러 색상의 신발 중에서 빨간색의 신발을 골라서 신었다고 하는 뜻이 되어, 결국에는 표현하는 사람의 태도나 입장에 차이가 엿보이는 셈이다.

② A：ここに鉛筆(えんぴつ)があります。好(す)きな色(いろ)の鉛筆(えんぴつ)を取(と)ってください。

(여기에 연필이 있습니다. 좋아하는 색의 연필을 집어 주십시오)

B：私(わたし)は白(しろ)い/白(しろ)の鉛筆(えんぴつ)を取(と)りました。

(나는 파란/파란색 연필을 집었습니다)

➲ 위의 예문에 있어서도 형용사를 쓰게 되면 단순히 파란 색상의 연필을 집었음을 나타내지만, 명사형을 쓰게 되면 여러 색상의 연필 중에서 파란색의 연필을 골라서 집었음을 나타내게 된다.

③ あそこに白(しろ)い/✱白(しろ)の建物(たてもの)がありますね。あの右側(みぎがわ)です。

(저기에 하얀 건물이 있지요. 저 오른 쪽입니다)

➲ 이 경우는 건물의 색상이 단지 어떠한 것인지 만을 나타낼 뿐 특별히 여러 색 중에서 별도로 지정하는 것은 아니어서 명사형은 부적절하고, 오로지 형용사만이 적절하다.

④ 急(きゅう)に黒(くろ)い/✱黒(くろ)の雲(くも)が空一面(そらいちめん)に広(ひろ)がってきた。

(갑자기 검은 구름이 하늘가득 퍼져 왔다)

➲ 이 경우역시 단지 구름의 색상을 나타내고 있을 뿐이므로 형용사에 의한 수식이 적절하다. 만약 명사형을 쓰게 되면 다양한 색상의 구름이 있어서 그 가운데에서 하나의 구름색상을 지정

하는 셈이 되는데 이러한 경우는 현실적으로 불가능하다.

⑤ 今日(きょう)の空(そら)は本当(ほんとう)に青(あお)い/＊青(あお)だ。

(오늘의 하늘은 정말로 파랗다)

➲ 이 경우도 위의 예문들과 맥락을 같이하고 있다.

⑥ 熱(ねつ)があるのか、顔(かお)が赤(あか)い/＊赤(あか)だ。

(열이 있는 것인지, 얼굴이 빨갛다)

➲ 사람의 얼굴색은 선명하게 그리고 다양하게 설정될 수 있는 것이 못되므로 이 경우도 명사형은 부적절하다.

⑦ 日(ひ)に焼(や)けて顔(かお)が黒(くろ)く/＊黒(くろ)になった。

(햇볕에 그을려서 얼굴이 검게 되었다)

➲ 햇볕에 얼굴이 그을리는 것은 시간이 소요되므로 명사형은 부적절하고 형용사의 연용형만이 적절하다. 명사형은 어디까지나 순식간에 색상이 변화되는 데에만 쓸 수가 있다.

⑧ りんごが次第(しだい)に赤(あか)く/＊赤(あか)になった。

(사과가 점차로 빨갛게 되었다)

➲ 사과의 색상은 점차로 시간이 경과함에 따라서 바뀌므로 색상이 순식간에 바뀌는 명사형은 부적절하고 색상이 서서히 변화함을 나타내는 형용사의 연용형이 적절하다.

⑨ 信号(しんごう)が青(あお)に/＊青(あお)く変(か)わったら渡(わた)ってください。

(신호가 파랑으로 변하면 건너 주십시오)

➲ 보행자신호는 빨강, 파랑의 색상이 갑자기 바뀌는 것이므로 명사형이 적절하며 형용사의 연용형은 부적절하다. 만약 보행자신호의 색상이 서서히 바뀐다고 한다면 하루에도 엄청나게 많은 사고가 나게 마련일 것이다.

⑩ 部屋(へや)のカーテンを白(しろ)に/＊白(しろ)くした。

(방의 커튼을 하얀 색으로 했다)

➲ 방의 커튼은 하얀 색상의 것으로 일시에 다는 것이므로 형용사의 연용형은 부적절하고 명사형이 적절하다. 이 경우에 형용사의 연용형을 쓰게 되면 분사형 페인트로 커튼의 색상을 서서히 하얗게 변화시킨다고 하는 엉뚱한 뜻이 연상될 수가 있을 것이다.

참고

일본어에서는 예로부터 색을 나타내는 형용사는 「赤(あか)い、青(あお)い、白(しろ)い、黒(くろ)い」의 네 가지만 사용되어왔으며, 나머지 색을 나타내는 데는 오로지 명사형을 사용하여 왔다.

「あがる」「のぼる」

(太陽(たいよう)があがる、太陽(たいよう)がのぼる)

공통의미

올라가다

요점

1. 「あがる」와 「のぼる」는 둘 다 낮은 곳에서 높은 곳으로 올라감을 나타내는 동사이지만, 양자 간에는 의미용법상에 차이가 엿보인다.
2. 「あがる」는 낮은 곳에서 높은 곳으로, 또는 밑에서 위로 올라간 결과나 상태에 중점을 둔 것이나(예문①⑦), 「のぼる」는 어떤 곳을 경유하여 올라가는 과정에 중점을 둔 것이다(예문①⑩).
3. 「あがる」는 가볍게 올라가는 모양을 나타내나(예문②④), 「のぼる」는 다소 무겁게 올라가는 모양을 나타낸다(예문③⑧⑨).
4. 물건의 가격, 기온, 평가 등이 올라감을 나타낼 경우에는 「あがる」를 사용하며 「のぼる」는 사용할 수가 없다(예문⑤⑥).

예문과 해설

① 太陽(たいよう)があがって/のぼっている。 (태양이 떠있다/떠오르고 있다)

➲ 이 경우에 「上(あ)がる」를 쓰게 되면 태양이 떠있는 결과의 상태를 나타내고, 「のぼる」를 쓰게 되면 실제로 둥근 해가 찬란하게 수평선 등에서 떠오르고 있는 과정의 상태를 나타낸다.

② 女(おんな)が階段(かいだん)を、軽(かる)くあがる/✱のぼる。 (여자가 계단을 가볍게 올라간다)

➲ 여자가 계단을 가볍게 오르는 모습이므로 「上(あ)がる」가 적절하다. 이 경우 「のぼる」를 쓰게 되면 꽤나 길고긴 계단을 다소 힘겹게 오르는 모습을 나타내게 되는데, 여기에서는 '가볍게'라고 하는 수식어가 붙어있으므로 「のぼる」는 부적절하다.

③ 汗(あせ)をふきふき山道(やまみち)をのぼる/✱あがる。 (땀을 계속 닦으면서 산길을 올라간다)

➲ 이 경우와 같이 산길을 힘들게 올라가는 과정에 의미의 중심이 있을 때는 「のぼる」가 적절하다. 「あがる」는 어디까지나 올라가 있는 결과에 의미의 중심이 있으며, 설령 올라가는 과정을 나타내더라도 가볍게 올라가는 모습을 나타내는 것이므로 여기에서는 부적절하다.

④ エレベーターでビルの屋上まで上がった/✱のぼった。
(엘리베이터로 빌딩옥상까지 올라갔다)

➲ 엘리베이터로 옥상까지 힘들이지 않고 가볍게 올라갔으므로 「上がる」가 적절하다.

⑤ 日中は気温が上がる/✱のぼるだろう。(한낮에는 기온이 올라갈 것이다)

➲ 이 경우와 같이 기온이나 물가가 올라감을 나타낼 때는 「あがる」만이 적절하다.

⑥ 物価はどんどん上がる/✱のぼるのに収入はあまりなくて大変です。
(물가는 자꾸만 오르는데 수입은 그다지 없어서 큰일입니다)

➲ 물가의 상승을 나타내는 것이므로 「上がる」가 적절하며, 이 경우 「のぼる」는 부적절하다.

⑦ 先生は教壇に上がって話し始めた。
(선생님은 교단에 올라가서 이야기하기 시작했다)

➲ 낮은 교단을 가볍게 올라서 있는 상태를 나타내므로 「上がる」가 적절하다. 만약 「のぼる」를 쓰게 되면 그 교단은 무척이나 높은 것이 될 것이다.

⑧ 約4時間ぐらいかかって山をのぼった。
(약 4시간쯤 걸려서 산을 올라갔다)

➲ 긴 시간동안 힘들여서 산을 오르는 모습이므로 「のぼる」가 적절하며, 이 경우 「上がる」는 부적절하다.

⑨ 険しい石段をのぼると、すばらしいお寺が見えます。
(가파른 돌계단을 오르면, 멋진 절이 보입니다)

➲ 험한 돌계단을 힘들여 오르는 것이므로 「のぼる」가 적절하다. 「あがる」는 어디까지나 가볍게 오르는 것을 나타낸다.

⑩ 子供のころ、よく町の裏山で木にのぼったものだ。
(어릴 적에 자주 마을 뒷산에서 나무에 올라가곤 했었다)

➲ 나무를 경유하여 위에까지 오르는 것이므로 「のぼる」가 적절하며, 이 경우 「上がる」를 쓰게 되면 나무꼭대기에 도달해 있는 상태만을 나타내게 된다.

「赤ん坊(あかぼう)」「赤子(あかご)」「赤ちゃん(あか)」「乳飲み子(ちのご)」「幼子(おさなご)」

공통의미

아기

요점

1. 「赤ん坊(あかぼう)」는 문장체적인 말로 태어나서 반년정도 지난, 아직 자력으로는 일어날 수가 없는 정도의 아기를 가리킨다(예문①②③④).
2. 「赤子(あかご)」 역시 태어나서 반년정도 지난, 아직 자력으로는 일어날 수가 없는 정도의 아기이나, 다소 옛날말투여서 그다지 쓰이지 않는다(예문⑤).
3. 「赤ちゃん(あか)」도 태어나서 반년정도 지난, 아직 자력으로는 일어날 수가 없는 정도의 아기이나, 주로 회화체에서 친밀하게 쓰는 일반적인 말이다(예문⑥⑦⑧⑨).
4. 「乳飲み子(ちのご)」는 글자그대로 젖을 먹고 있는 아이이므로 태어나서 1년이나 그 이상 지난 아기를 뜻하나, 다소 문장체적인 말이다(예문⑩⑪⑫).
5. 「幼子(おさなご)」는 혼자서 걸을 수 있으며 말도 하는 아이에서 초등학교에 들어갈 연령에 이른 아이까지를 뜻하나, 다소 문장체적인 말이다.

예문과 해설

① 父親(ちちおや)が亡(な)くなった時(とき)この子(こ)はまだ赤ん坊(あかぼう)だった。
(아버지가 돌아가셨을 때 이 아이는 아직 아기였다)

② どこかで赤ん坊(あかぼう)が泣(な)いているようだ。(어딘가에서 아기가 울고 있는 것 같다)

③ まるまる太(ふと)った赤ん坊(あかぼう)。(통통하게 살찐 아기)

④ 息子(むすこ)はいくつになっても赤ん坊(あかぼう)で困(こま)る。(아들은 몇 살이 되어도 아기여서 곤란하다)

⑤ 赤子(あかご)の世話(せわ)に追(お)われる。(아기를 돌보는데 쫓기고 있다)

⑥ 隣(となり)の家(いえ)に赤(あか)ちゃんが生(う)まれた。(옆집에 아기가 태어났다)

⑦ 赤(あか)ちゃんはよく眠(ねむ)っている。(아기는 잘 자고 있다)

⑧ パンダの赤(あか)ちゃんがとてもかわいい。(판다의 새끼가 무척 귀엽다)

⑨ うちの娘(むすめ)はいくつになっても赤(あか)ちゃんだと親(おや)たちは思(おも)っている。
(우리 딸은 몇 살이 되어도 아기라고 부모들은 생각하고 있다)

⑩ お母(かあ)さんが乳飲(ちの)み子(ご)を抱(いだ)いている。(어머니가 젖먹이를 안고 있다)

⑪ 乳飲(ちの)み子(ご)の無邪気(むじゃき)な笑顔(えがお)を見(み)ていると心(こころ)が落(お)ち着(つ)く。
(젖먹이의 천진한 웃는 얼굴을 보고 있으면 마음이 편해진다)

⑫ 乳飲(ちの)み子(ご)のころのことはおぼえていない。(젖먹이 때의 일은 기억 못한다)

「あきらめる」「断念(だんねん)する」

(父(ちち)が失職(しっしょく)して進学(しんがく)をあきらめる、父(ちち)が失職(しっしょく)して進学(しんがく)を断念(だんねん)する)

공통의미

포기하다

요점

1. 「あきらめる」는 주로 나쁜 상황에 직면하여 그것을 어쩔 수 없는 것으로 받아 들이는 것을 나타내는데, 우리말의 '포기하다' 정도에 해당된다(예문①②③④⑤⑥⑦). 일상 회화에서 가장 사용범위가 넓다.

2. 「断念(だんねん)する」는 보다 적극적으로 어떤 일을 하고자 했던 자신의 희망을, 실현이 불가능한 것으로 여기고 깨끗이 버리는 것을 나타내는데, 우리말의 '단념하다'에 해당된다(예문①②⑧⑨). 즉 희망을 버린다고 하는 것에 의미의 중심이 있는 것으로, 우리말에서는 '단념하다'가 매우 넓게 쓰이는 반면에 일본어의 「断念(だんねん)する」는 그 사용범위가 지극히 제한적이므로 사용에 주의할 필요가 있다.

예문과 해설

① 父が失職して進学をあきらめる/断念する。

(아버지가 실직하여 진학을 포기한다/단념한다)

➲ 이 경우는 둘 다 적절한데, 「あきらめる」를 쓰게 되면 어쩔 수 없는 것으로 받아들여서 진학을 포기한다는 뜻이 되고, 「断念する」를 쓰게 되면 진학이라는 희망을 버린다고 하는 뜻을 나타내게 된다.

② 画家への道をあきらめた/断念した。(화가로의 길을 포기했다/단념했다)

➲ 이 경우역시 자신의 희망을 버린다고 하는 뜻이므로 「断念する」도 적절하다.

③ 運が悪かったとあきらめる/＊断念する。 (운이 나빴다고 포기한다)

➲ 이 경우와 같이 상황이 좋지 않아서 무언가를 포기할 때는 「あきらめる」만이 적절하다. 여기에서와 같이 자신의 희망을 버리는 것이 아닐 때는 「断念する」는 부적절하다.

④ 終わったことはあきらめなさい/＊断念しなさい。(끝난 일은 포기해라)

➲ 이 경우역시 자신의 희망을 버린다고 하는 의미가 강하지 않으므로 「断念する」는 부적절하다. 「断念する」는 어디까지나 품고 있던 희망을 버린다고 하는 것에 의미의 중심이 있는 것이다.

⑤ 雨がふりだしたので、ハイキングに行くのをあきらめた/＊断念した。

(비가 내리기 시작했기 때문에 하이킹하러 가는 것을 포기했다)

➲ 이 경우역시 위에 제시된 예문들과 맥락을 같이하고 있다.

⑥ 落としたお金のことはもうあきらめた方がいい。

(잃어버린 돈에 관해서는 이제 포기하는 편이 좋다)

⑦ もし返事が来なければ、だめだとあきらめてくれ。

(혹시 답이 안 오면 틀렸다고 포기해다오)

⑧ ずっと計画を立てていた旅行を断念した。

(줄곧 계획을 세우고 있던 여행을 단념했다)

➲ 줄곧 세우고 있던 여행이라고 하는 희망을 포기하는 경우이다.

⑨ 円高で日本への留学を断念するしかない。

(엔이 너무 비싸서 일본으로의 유학을 단념하는 수밖에 없다)

➲ 일본으로 유학하고자 했던 희망을 포기하는 경우이다.

「開ける」「開く」

(ロッカーの扉を開ける、ロッカーの扉を開く)

공통의미

열다, 펴다

요점

1. 「開ける」는 통조림을 따거나 벽에 구멍을 뚫거나 하는 경우처럼 한쪽을 기준으로 평면적으로 여는 경우에 사용하며, 대체로 우리말의 '열다, 따다, 뚫다' 정도에 해당된다(예문③④⑤). 한편 「開く」는 책, 우산, 부채, 커튼같이 입체적으로 활짝 여는 경우에 사용하며, 대체로 우리말의 '펴다, 펼치다' 정도에 해당된다(예문⑥⑦⑧)
2. 문의 경우, 한쪽을 기준으로 열고 닫는 창문이나 여닫이문의 경우에는 「開ける」가 사용되며(예문①②), 앞뒤로 밀고 여는 문의 경우에는 「開く」가 사용된다.

예문과 해설

① 窓を開ける/＊開く。(창문을 연다)

➲ 창문은 대체로 한쪽을 기준으로 여는 것이 보통이므로 「開ける」가 적절하다.

② ふすまを開ける/＊開く。(후스마를 연다)

➲ 일본식문인 후스마는 한쪽을 기준으로 열고 닫으므로 「開ける」가 적절하다.

③ 缶詰を開ける/＊開く。(통조림을 딴다)

➲ 통조림은 한쪽의 손잡이를 기준으로 열게 되어있으므로 「開ける」가 적절하다.

④ 目を開ける/＊開く。(눈을 뜬다)

➲ 눈은 위의 눈과 아래의 눈이 겹쳐진 부분을 기준으로 뜨므로 「開ける」가 적절하다.

⑤ 壁に穴を開ける/＊開く。(벽에 구멍을 뚫는다)

➲ 평면인 벽을 기준으로 구멍을 뚫는 것이므로 「開ける」가 적절하다.

⑥ 傘を開く/＊開ける。(우산을 편다)

➲ 우산은 입체적으로 활짝 펼쳐지는 것이므로 「開く」가 적절하다.

⑦ 扇子を開く/＊開ける。(부채를 편다)

➲ 부채는 가느다란 것에서 입체적으로 활짝 펼쳐지는 것이므로 「開く」가 적절하다.

⑧ カーテンを開く/＊開ける。(커튼을 연다)

➲ 커튼은 폐쇄된 상태에서 활짝 펼쳐지는 것이므로 「開く」가 적절하다. 다만, 다음의 예문에서 볼 수 있듯이, 책이나 사물함의 경우에는 두 가지가 사용될 수도 있다.

⑨ 教科書の25ページを開ける/開く。(교과서의 25페이지를 편다)

➲ 교과서 같은 책의 경우에는 둘 다 쓰기가 적절한데, 책은 한쪽을 기준으로 펼칠 수도 있고, 또한 양쪽으로 활짝 펼칠 수도 있기 때문일 것이다.

⑩ ロッカーの扉を開ける/開く。(사물함의 문을 연다)

➲ 사물함의 문의 경우에도 둘 다 쓰기가 적절한데, 이것역시 사물함의 한쪽을 기준으로 열수도 있고, 한편으로는 입체적으로 활짝 열리기도 하는 데에서 기인될 것이다.

「～あげる」「～きる」「～おわる」

(小説を読み上げた、小説を読み切った、小説を読み終わった)

공통의미

다 ～ 하다, 끝까지 ～ 하다(동작, 행위의 완료를 나타내는 의미용법)

요점

1. 「～あげる」는 동사 「上げる」가 복합동사의 후항요소로 쓰이는 것으로 동사연용형에 접속되어 그 동작, 행위를 만족스럽게 다 해낸다고 하는 뜻을 나타낸다(예문①②⑥⑦⑧).
2. 「～きる」는 동사 「切る」가 복합동사의 후항요소로 쓰이는 것으로 동사연용형에 접속되

어 그 동작, 행위를 끝까지 다 한다고 하는 뜻을 나타내기도 하고(예문①③⑨⑩), 어떤 상태의 한계에 도달했음을 나타내기도 한다(예문④⑪).

3. 「～おわる」는 동사 「終わる」가 복합동사의 후항요소로 쓰이는 것으로 동사연용형에 접속되어 그 동작, 행위가 시간의 경과와 함께 종료되었다고 하는 뜻을 나타낸다(예문①⑤⑫⑬⑭).

예문과 해설

① 小説を読みあげた/読みきった/読みおわった。(소설을 다 읽었다)

➲ 이 경우는 전후문맥이나 장면의 설정이 없으므로 어느 것이나 적절한데 「~あげる」를 쓰게 되면 소설을 만족스럽게 다 읽었다고 하는 뜻을 나타내게 되지만, 「~きる」를 쓰게 되면 소설을 마지막페이지까지 다 읽었음을 나타내게 되고, 「~おわる」를 쓰게 되면 소설을 읽는 행위가 종료되었음을 나타내게 된다.

② 母は一人で六人兄弟を立派に育てあげた/＊育てきった/＊育ておわった。

(어머니는 혼자서 6형제를 훌륭하게 키워냈다)

➲ 이 경우와 같이 만족스럽게 사람을 다 키워냈다고 하는 뜻으로는 「~あげる」가 적절하다. 「~きる」는 동작, 행위를 끝까지 다 한다고 하는 뜻을 나타내고, 「~おわる」는 동작, 행위가 종료됨을 나타내는데, 형제를 키우는 행위는 끝을 설정하기가 어렵고 그 종료도 설정하기 어려운 법이어서 여기에서는 둘 다 부적절하다.

③ 車でずっと走っていて、高いガソリンを全部使いきった/?使いおわった/＊使いあげた。

(차로 줄곧 달려서, 비싼 기름을 다 썼다)

➲ 이 경우와 같이 무언가가 다 쓰여서 바닥을 드러낸다고 하는 뜻에서는 「~きる」가 가장 적절하다. 「~あげる」를 쓰게 되면 마치 비싼 기름이 일부러 바닥내기를 바라고 있었다고 하는 엉뚱한 뜻이 될 수 있고, 「~おわる」를 쓰게 되면 단지 차의 비싼 기름이 바닥났음을 나타낼 뿐이어서, 이 경우에서 볼 수 있는 아쉬움을 나타내기에는 다소 부적절하다.

④ 息子は疲れきって/＊疲れあげて/＊疲れおわって学校から帰ってきた。

(아들은 지칠 대로 지쳐서 학교에서 돌아왔다)

➲ 이 경우와 같이 어떤 상태의 한계에 도달해 있음을 나타낼 때는 오로지 「~きる」만이 적절하다.

⑤ 答案を書きおわったら/?書きあげたら/＊書ききったら出してください。

(답안을 다 썼으면 내 주십시오)

➲ 이 경우는 단지 답안의 작성이 다 끝남을 나타내는 것이므로 동작, 행위의 종료를 나타내는 「~おわる」가 가장 적절하다. 「~あげる」를 쓰게 되면 만족스럽게 다 썼다고 하는 뜻이 되어 이 경우에는 다소 부적절하고, 「~きる」를 쓰게 되면 끝까지 다 썼다고 하는 뜻이 되어 과장된 어감이 주어지므로 여기에서는 부적절하다.

⑥ 友だちは一生懸命体を鍛えあげて立派なサッカー選手になった。

(친구는 열심히 몸을 단련해내어 훌륭한 축구선수가 되었다)

➲ 이 경우는 만족스러운 성취감을 나타내고 있다.

⑦ 夫は退職までこの会社で三十五年間を勤めあげた。

(남편은 퇴직까지 이 회사에서 35년간을 근무했다)

➲ 이 경우역시 만족스러운 성취감을 나타내고 있다.

⑧ 昨日は、徹夜して論文を書きあげた。(어제는 철야해서 논문을 다 썼다)

➲ 이 경우도 만족스러운 성취감을 나타내고 있다.

⑨ あまりにもおもしろい小説だったので一晩で読みきった。

(너무나도 재미있는 소설이었기 때문에 하룻밤에 다 읽었다)

➲ 이 경우는 하룻밤 만에 결국에는 소설을 끝까지 다 읽고 말았음을 나타내고 있다.

⑩ ボールペンのインクを全部使いきった。(볼펜의 잉크를 전부 다 썼다)

➲ 볼펜의 잉크가 다 떨어질 때까지 끝까지 다 썼음을 나타내고 있다.

⑪ 長い闘病生活を送った父はすっかり体が弱りきっていた。

(오랜 투병생활을 보낸 아버지는 완전히 몸이 극도로 쇠약해져 있었다)

➲ 쇠약해지는 상태의 한계에 도달해 있음을 나타내고 있다.

⑫ 食べおわったらまた始めましょう。(다 먹었으면 또 시작합시다)

➲ 단지 식사의 종료만을 나타내고 있다.

⑬ 読みおわった雑誌はさっそくもとの所にもどしてください。

(다 읽은 잡지는 곧바로 본래의 장소에 돌려놓아 주십시오)

➲ 단지 잡지를 읽는 행위의 종료만을 나타내고 있다.

⑭ 展示物を並べおわった。(전시물을 다 진열했다)

➲ 진열의 종료만을 나타내고 있다.

「明日(あした)」「明日(あす)」「明日(みょうにち)」

(明日(あした)伺(うかが)います、明日(あす)伺(うかが)います、明日(みょうにち)伺(うかが)います)

공통의미

내일

요점

1. 「明日(あした)」는 가장 일반적이고 일상적인 말로 우리말의 '내일'에 해당된다(예문①②⑤⑥⑦).
2. 「明日(あす)」는 약간 격식을 차린 말로 우리말의 '내일'에 해당되나(예문①⑧⑨⑩), 때로는 가까운 장래를 나타내는 경우도 있다(예문③④). 하지만 「明日(あした)」와 「明日(みょうにち)」에는 이러한 용법이 없다.
3. 「明日(みょうにち)」는 문장체적인 말로 매우 딱딱한 어감이어서 매우 격식을 차린 표현에 쓰인다(예문①).

예문과 해설

① 明日(あした)/明日(あす)/明日(みょうにち)の午後(ごご)お伺(うかが)いします。
(내일 오후에 찾아뵙겠습니다)

➲ 이 경우는 단순히 '내일'을 뜻하는 것이므로 세 가지 다 적절하다. 다만, 「明日(みょうにち)」를 사용하면 매우 격식을 차린 표현이 된다.

② 明日(あした)/＊明日(あす)/＊明日(みょうにち)天気(てんき)になあれ。
(내일 날씨야 좋아져라!)

➲ 「~になあれ」는 「~になる(~이(가)되다)」의 동사 「なる」가 명령형 「なれ」로 변한 것인데, 희망을 나타내는 뜻에서 다소 어린이 같은 표현이 되는 바람에 장음으로 처리되어 「なあれ」가 된 것이다. 이러한 문체에 어울리는 것은 오로지 일상적으로 널리 쓰이는 「明日(あした)」만이 어울리며, 다소 격식이 있는 「明日(あす)」나 보다 문장체적인 「明日(みょうにち)」는 어울리지 않아서 그 사용이 부적절하다.

③ 明日(あす)/＊明日(あした)/＊明日(みょうにち)をも知(し)れぬ命(いのち)。(내일도 알 수 없는 목숨)

➲ 요점에서도 언급했듯이 「明日(あす)」는 가까운 장래를 나타내는 용법도 있으므로 이 경우에는 「明日(あした)」「明日(みょうにち)」는 그 사용이 부적절하다.

④ 明日(あす)/＊明日(あした)/＊明日(みょうにち)の日本(にほん)を築(きず)く。(내일의 일본을 건설하다)

➲ 이 경우역시 위의 예문③과 맥락을 같이하고 있다.

⑤ 明日(あした)、合格通知(ごうかくつうち)が来(く)るはずだ。(내일, 합격통지가 올 것이다)

⑥ さて、明日(あした)は何曜日(なんようび)ですか。(그런데, 내일은 무슨 요일입니까?)

⑦ 都合(つごう)によって出発(しゅっぱつ)は明日(あした)になるかも知(し)れません。
(사정에 따라서 출발은 내일이 될지도 모릅니다)

⑧ 明日(あす)は晴(は)れるでしょう。(내일은 개일 것입니다)

⑨ そうと決(き)まったら、明日(あす)とは言(い)わず今日(きょう)から始(はじ)めよう。
(그렇게 정해졌으면, 내일이라고는 말하지 말고 오늘부터 시작하자)

⑩ 明日(あす)お伺(うかが)いしてもよろしいでしょうか。(내일 찾아뵈어도 좋겠습니까?)

「味(あじ)」「味(あじ)わい」

(これは味(あじ)のある作品(さくひん)だ、これは味(あじ)わいのある作品(さくひん)だ)

공통의미

맛, 묘미

요점

1. 「味(あじ)」는 주로 미각에 의해서 느껴지는 맛을 나타내는 것인데(예문②③⑦⑧), 때로는 비유적으로 어떤 일의 좋고 나쁨이나 재미를 나타내기도 한다(예문①⑨). 우리말의 '맛'에 해당된다.

2. 「味(あじ)わい」는 실제로 맛을 보았을 때 느껴지는 음식물의 깊은 맛을 기분 상으로 나타내는

것인데(예문④⑤), 때로는 다른 것과는 바꿀 수 없는 독특한 취향이나 흥미를 나타내는 데에도 쓰인다(예문①⑥⑩). 우리말의 '깊은 맛, 묘미' 정도에 해당된다.

●●● 예문과 해설

① これは味(あじ)/味(あじ)わいのある作品(さくひん)だ。(이것은 재미있는/묘미가 있는 작품이다)

➲ 이 경우에는 둘 다 적절한데 「味(あじ)」를 쓰게 되면 '재미있는, 흥미있는' 정도의 뜻을 나타내게 되고, 「味(あじ)わい」를 쓰게 되면 '묘미가 있는, 깊이가 있는'의 뜻을 나타내게 된다.

② このスープは甘(あま)い味(あじ)/✱味(あじ)わいがする。(이 스프는 단 맛이 난다)

➲ 이 경우와 같이 단지 음식의 맛만을 나타낼 때는 「味(あじ)」가 적절하다.

③ この餅(もち)は一度(いちど)味(あじ)/✱味(あじ)わいを占(し)めると食(た)べずにはいられない。
(이 떡은 한번 맛을 들이면 먹지 않고는 못 배긴다)

➲ 이 경우와 같이 맛에 길들여짐을 나타낼 때는 「味(あじ)」가 적절하다. 「味(あじ)わい」는 동사 「占(し)める」와 결합되어 쓰이지 못하므로 여기에서는 부적절하다.

④ このお酒(さけ)には豊(ゆた)かな香(かお)りと味(あじ)わい/✱味(あじ)がある。
(이 술에는 풍요로운 향과 깊은 맛이 있다)

➲ 이 경우와 같이 실제로 맛을 보았을 때의 깊은 맛을 나타낼 때는 「味(あじ)わい」가 적절하다. 「味(あじ)」는 동사 「ある」와 결합되어 쓰이지 못하며, 주로 단순한 맛의 뜻만을 나타내므로 여기에서는 부적절하다. 하지만, 비유적으로 「味(あじ)のある文章(ぶんしょう)(재미있는 문장)」과 같이 쓰일 때는 「味(あじ)がある」도 적절하다.

⑤ 熟成(じゅくせい)した味噌(みそ)の深(ふか)い味(あじ)わい/✱味(あじ)。(숙성한 된장의 깊은 맛)

➲ 이 경우와 같이 단순한 맛이 아니라 깊고 그윽한 맛을 나타낼 때는 「味(あじ)わい」가 적절하다.

⑥ 先生(せんせい)のお言葉(ことば)には味(あじ)わい/✱味(あじ)がある。(선생님의 말씀에는 묘미가 있다)

➲ 이 경우와 같이 묘미, 그윽한 취향의 뜻을 나타낼 때는 「味(あじ)わい」가 적절하다.

⑦ このスープは味(あじ)が薄(うす)い。(이 스프는 맛이 싱겁다)

➲ 이 경우는 단순한 맛을 나타내고 있다.

⑧ 塩(しお)、こしょうで味(あじ)を整(ととの)える。(소금, 후추로 맛을 맞추다)

⑨ 勝利(しょうり)の味(あじ)をかみしめる。(승리의 맛을 만끽하다)

➲ 이 경우는 단순한 맛이 아니라, 기쁨을 비유적으로 나타내고 있는데 이러한 경우에는 오로지

「味」만이 적절하다.

⑩ 彼が書いたのは<u>味わい</u>のある文章です。

(그가 쓴 것은 깊이가 있는 문장입니다)

➲ 이 경우는 음미할만한 가치를 나타내고 있다.

「あそこ」「そこ」

(<u>あそこ</u>はとても寒いですよ、<u>そこ</u>はとても寒いですよ)

공통의미

거기, 그곳(말하는 사람과 듣는 사람이 공통으로 알고 있는 장소의 용법)

요점

1. 일반적으로 「あそこ」는 말하는 사람과 듣는 사람으로부터 어느 정도 거리가 떨어져 있는 장소를 나타내며, 「そこ」는 듣는 사람에게서 가까운 장소를 나타낸다.
2. 한편 「あそこ」는 현재 화재거리가 되고 있는 장소나 말하는 사람과 듣는 사람이 서로 알고 있는 장소를 나타내지만, 「そこ」에는 이러한 의미용법이 없다.
3. 우리말에서는 말하는 사람과 듣는 사람이 서로 알고 있는 장소를 나타낼 때는 '거기, 그곳'을 쓰게 되지만, 일본어에서는 이러한 경우 「そこ」가 아닌 「あそこ」를 반드시 써야 한다고 하는 사실에 각별한 주의가 요망된다.

예문과 해설

① あそこにいる人はだれですか/そこにいる人はだれですか。

(저기에 있는 사람은 누구입니까?/거기에 있는 사람은 누구입니까?)

➲ 이 경우는 전후문맥이나 적절한 장면의 설정이 없으므로 본래의 의미용법으로 쓰인 것으로 보아야한다.

② 市役所の前に春という喫茶店がありますが、あそこ/＊そこで会いましょう。

(시청 앞에 '하루'라고 하는 커피숍이 있습니다만, 거기에서 만납시다)

➲ 이 경우와 같이 이야기선상에 올라있는 장소를 나타낼 때는 「そこ」가 아닌 「あそこ」를 써야만 한다. 즉, 우리말의 '거기'는 일본어에서는 「そこ」가 아니라 「あそこ」로 표현됨에 주의하여야 한다.

③ (대학커플끼리의 대화)

A: 授業(じゅぎょう)が終(お)わったらあそこ/✱そこに来(き)てよ。(수업이 끝나면 거기로 와)

B: うん、分(わ)かった。(응, 알았어)

➲ 이 경우는 서로가 이미 알고 있는 장소를 나타내는 것이므로 「あそこ」만이 적절하다. 물론 이러한 경우 우리말에서는 '거기'로 표현되지만 일본어에서는 「そこ」가 아닌「 あそこ」로 표현되는 것이다.

④ A: 昨日(きのう)メゾンというレストランへ行(い)ったんですよ。

(어제 메종이라는 레스토랑에 갔었어요)

B: ああ、あそこはいいレストランですね。(아, 거기는 좋은 레스토랑이지요)

➲ 이 경우역시 서로가 이미 알고 있는 레스토랑인 것이 예상되므로 「そこ」가 아닌 「あそこ」가 적절하다.

참고

이러한 점에서는 「あそこ」 뿐만아니라 「あれ」나 「あの」의 경우도 마찬가지여서, 말하는 사람과 듣는 사람이 이미 알고 있는 때에 쓰인다.

(남편이 아내에게) 「あれ持(も)って来(き)た?」 (그거 가지고 왔어?)

(아내가) 「そう、持(も)って来(き)たわ」 (응, 가지고 왔어요)

(동생이 누나의 애인이 왔음을 알리면서)

「姉(ねえ)ちゃん、あの人(ひと)来(き)たよ」 (누나, 그 사람 왔어)

「あたたかい」「あたたかだ」

(あたたかい地方(ちほう)で暮(くら)す、あたたかな地方(ちほう)で暮(くら)す)

공통의미

따스하다

요점

1. 「あたたかい」는 몸 전체로 느끼는 따스함을 나타내는 형용사인데, 따스함이라고 하는 쾌적함을 객관적으로 나타낸다.
2. 「あたたかだ」는 「あたたかい」와 의미는 거의 같으나, 어디까지나 따스함이라고 하는 쾌적함을 주관적으로 평가, 판단하는 뜻을 지니고 있는 형용동사이다. 이 형태로 문의 서술어로 쓰이는 한편, 뒤에 오는 명사를 수식할 때는 「あたたかな」의 형태를 취한다.

예문과 해설

① 今日(きょう)は日(ひ)ざしがとてもあたたかい/あたたかだ。(오늘은 햇살이 무척 따스하다)

➲ 이 경우, 「あたたかい」와 「あたたかな」 사이에 의미상의 차이는 없지만 굳이 그 차이를 나타내자면, 「あたたかい」는 따스함을 객관적으로 나타내고, 「あたたかな」는 말하는 사람의 주관적인 관점에서 나타낸다고 하는 입장의 차이만이 느껴질 뿐이다.

② あたたかい/あたたかな地方(ちほう)で暮(く)らす。(따스한 지방에서 지낸다)

➲ 「あたたかな」는 「あたたかだ」의 연체형으로 뒤에 오는 명사를 수식하는 기능을 지니고 있다. 양자 간의 의미차이는 없으나, 위의 예문①에서 볼 수 있는 입장이나 태도의 차이가 엿보일 뿐이다.

③ ここは年中(ねんじゅう)あたたかい/あたたかな気候(きこう)です。
(이곳은 일 년 내내 따스한 기후입니다)

➲ 이 경우역시 위의 예문①②와 맥락을 같이하고 있다.

④ 赤(あか)ちゃんのために、ミルクをあたたかく/＊あたたかにする。
(아기를 위해서 우유를 따스하게 한다)

➲ 「あたたかに」는 「あたたかだ」의 연용형으로 그 뒤에 오는 술어를 수식하는 기능을 지닌 것인데 이 경우는 쓰기가 부적절하다. 왜냐하면 「あたたかだ」는 어디까지나 따스하다고 하는 상태나 정도를, 말하는 사람의 주관적인 평가와 판단 하에서 나타내는 것이므로 이 경우와 같이 객관적인 따스함을 나타내는 데는 부적절하다.

⑤ あたたかい風(かぜ)が吹(ふ)いてきた。(따스한 바람이 불어왔다)

⑥ スープはあたたかくして食(た)べないとおいしくない。
(스프는 따스하게 해서 먹지 않으면 맛이 없다)

⑦ 室内(しつない)はとてもあたたかだ。(실내는 무척 따스하다)

⑧ 父(ちち)はあたたかなご飯(はん)じゃなければ絶対(ぜったい)食(た)べない。
(아버지는 따스한 밥이 아니면 절대로 먹지 않는다)

「新(あたら)しい」「新(あら)たな」「真新(まあたら)しい」「目新(めあたら)しい」

공통의미

새로운

요점

1. 「新(あたら)しい」는 그 대상이 새것, 처음이라고 하는 것만을 나타내는 것으로, 추상적인 대상이건 구체적인 대상이건 어느 쪽에도 쓸 수 있다(예문①②③④⑤⑥).
2. 「新(あら)たな」는 「新(あたら)しい」와는 달리 그 이전의 대상과 비교하여 보다 새롭다고 하는 의미를 나타내며, 오로지 추상적인 대상에만 쓸 수 있고 구체적인 대상에는 쓸 수 없다(예문①). 또한, 「新(あたら)しい」가 형용사로서의 모든 활용형을 지니고 있는데 반해 「新(あら)たな」는 연용형 「新(あら)たに(새로이)(예문⑦⑧)」와 연체형 「新(あら)たな(새로운(예문⑨⑩)」만이 존재할 뿐, 종지형 「新(あら)ただ」는 사용하지 않는다.
3. 「真新(まあたら)しい」는 형용사 「新(あたら)しい」 앞에 강조를 나타내는 접두어 「真(ま)」가 접속된 형태이므로 당연히 「新(あたら)しい」를 보다 강조하는 용법을 지닌다(예문③⑪). 따라서 「少(すこ)し真新(まあたら)しい」「かなり真新(まあたら)しい」와 같이 그 정도를 나타내는 식으로는 사용할 수 없다. 요컨대, 우리말의 '가장 새로운, 보다 새로운' 정도의 의미인 셈이다.
4. 「目新(めあたら)しい」는 형용사 「新(あたら)しい」의 앞에 「目(め)(눈)」가 달린 형태이므로 글자그대로 대상을 처음으로 본다고 하는 느낌을 지니고 있다(예문③⑫).

예문과 해설

① 新(あたら)しい/新(あら)たな発見(はっけん)。(새로운 발견)　　新(あたら)しい/新(あら)たな条件(じょうけん)。(새로운 조건)

➲ '발견'이나 '조건'은 추상적인 것이므로 둘 다 적절하다.

② 新(あたら)しい/*新(あら)たな家(いえ) (새로운 집)　　新(あたら)しい/*新(あら)たな魚(さかな) (새로운 생선)

➲ '집'이나 '생선'은 구체적인 것이므로 「新たな」는 쓸 수 없다.

③ 真新しい/目新しい/新しい/＊新たな洋服 (새로운 양복)

➲ 「新たな」는 구체적인 대상에는 사용할 수 없으나, 「真新しい」의 경우는 금방 산 새 양복의 의미를, 「目新しい」의 경우는 처음 보는 양복의 의미를, 그리고 「新しい」는 단순히 새 양복의 의미를 각각 내포하게 된다.

④ この頃は新しい研究が次々と発表される。
(요즈음은 새로운 연구가 속속들이 발표된다)

⑤ このたび新しく入社した山田君です。(이번에 새로 입사한 야마다군입니다)

➲ 「新しく」는 「新しい」의 연용형으로 항상 그 뒤에 오는 술어를 수식하게 된다.

⑥ 自動車は新しければ新しいほど高いですよ。
(자동차는 새것이면 새것일수록 비싸요)

➲ 「新しければ」는 「新しい」의 가정형이다.

⑦ 認識を新たにする。(인식을 새로이 한다)

➲ 「新たに」는 이 경우와 같이 항상 추상적인 대상에만 쓰인다.

⑧ 決意を新たにした。(결의를 새로이 했다)

⑨ 人生の新たな出発を目の前にしている。(인생의 새로운 출발을 눈앞에 두고 있다)

⑩ この事件が新たな緊張を呼び起こした。(이 사건이 새로운 긴장을 불러일으켰다)

⑪ これは真新しい服ですね。(이건 완전히 새 옷이네요)

⑫ この企画は別に目新しいところもないですね。
(이 기획은 별로 새로울 것도 없군요)

「辺り」「辺」

(引っ越すにはこの辺りの家がいい、引っ越すにはこの辺の家がいい)

●●● 공통의미

근처, 근방

●●● 요점

1. 「辺り」는 막연한 장소나 위치를 나타내는 말로 단독으로도 쓰이고(예문③⑧), 수식하는 말의 다음에 위치해서도 쓰인다(예문①②⑤⑥⑦). 또한 일시를 나타내는 말에 접속되어 대충의 일시를 나타내기도 한다(예문④⑨).
2. 「辺」은 막연한 장소나 위치를 나타내는 점에서 「辺り」와 의미는 거의 같으나 단독으로 쓰이지 못하며, 항상 그 앞에는 수식하는 말이 오게 된다(예문①②⑩⑪⑫⑬).

●●● 예문과 해설

① 引っ越すにはこの辺り/辺の家がいい。(이사하기에는 이 근처의 집이 좋다)

➲ 이 경우와 같이 그 앞에 수식하는 말(여기에서는 「この」)이 와 있고, 또한 막연하게 근처나 근방의 뜻을 나타낼 때는 둘 다 적절하다.

② 耳の辺り/辺がかゆい。(귀 근처가 가렵다)

➲ 이 경우도 그 앞에 수식하는 말인 「耳の」가 와 있으므로 둘 다 적절하다.

③ 辺り/＊辺を見回す。(근처를 둘러본다)

➲ 「辺」은 단독으로 쓰이지 못하고 항상 그 앞에는 수식어가 와야만 하므로 여기에서는 부적절하다.

④ 来週辺り/＊辺に会おう。(다음 주 쯤에 만나자)

➲ 「辺り」에는 이 경우와 같이 대충의 일시를 나타내는 용법이 있으나, 「辺」에는 그러한 용법이 없으므로 여기에서는 부적절하다.

⑤ 駅前辺りの書店に行く。(역 앞 근처의 서점에 간다)

⑥ 腰の辺りがだるい。(허리 근처가 나른하다)

⑦ この辺りに交番はありますか。(이 근방에 파출소는 있습니까?)

⑧ 辺りは霧に包まれている。(근방은 안개로 휩싸여 있다)

➲ 「辺り」는 이와 같이 단독으로도 쓰일 수 있으나, 「辺」은 항상 그 앞에 수식하는 말이 와야만 하며 단독으로는 쓰일 수가 없다.

⑨ 週末辺りなら時間が空いている。(주말쯤이라면 시간이 비어 있다)

➲ 「辺り」는 이와 같이 일시를 나타내는 말에 접속되어 대충의 일시를 나타내는 용법이 있으나, 「辺」에는 이와 같은 용법이 없다.

⑩ 駅の辺で買い物する。(역 근처에서 쇼핑을 한다)

⑪ この辺も家が多くなった。(이 근방도 집이 많아 졌다)

⑫ この辺に住んでいる人は何人ぐらいですか。
(이 근방에 살고 있는 사람은 몇 명 정도입니까?)

⑬ 首の辺が痛い。(목 근처가 아프다)

「当たる」「ぶつかる」

(運悪く強敵に当たる、運悪く強敵にぶつかる)

공통의미

부딪히다

요점

1. 「当たる」는 앞으로 나아가던 것이 다른 물체와 일방적으로 부딪히거나 그 충격이 경미한 경우에 쓰이는 것으로, 우리말의 '(~에)맞다, (~에)적중하다' 정도에 해당된다(예문①②⑤⑥⑦).
2. 「ぶつかる」는 앞으로 나아가던 것이 예기치 못한 장해물에 부딪히거나 그 충격이 제법 큰 경우에 쓰이는데, 한 방향으로 부딪히는 데도 쓰이지만 주로 쌍방향으로 부딪힌다는 뜻으로 쓰인다. 우리말의 '(~와(과)충돌하다), (~에)부딪히다' 정도에 해당된다(예문③④⑧⑨⑩⑪).

예문과 해설

① 矢が的に当たった/✱ぶつかった。(화살이 과녁에 맞았다)

➲ 이 경우는 화살이 일방적으로 날아가서 과녁에 맞는 것이므로 「当たる」가 적절하다. 만약 「ぶつかる」를 쓰게 되면 화살이 날아가다가 과녁에 뜻하지 않게 충돌한다고 하는 엉뚱한 뜻이 될 수가 있다.

② ボールが通行人の頭に当たった/＊ぶつかった。(공이 통행인의 머리에 맞았다)

➲ 이 경우처럼 일방적으로 부딪혔음이 확실하고 또한 그 충돌이 그리 크지 않을 것이 예상되는 경우에는 「当たる」가 적절하다.

③ 走ってきた小型車がトラックとぶつかった/＊当たった。
(달려온 소형차가 트럭과 부딪혔다)

➲ 이 경우는 소형차와 트럭이 쌍방향으로 달려와서 충돌했다고 하는 것이므로 「ぶつかる」가 적절하다.

④ 車が電柱にぶつかった/＊当たった。(차가 전주에 충돌했다)

➲ 이 경우는 차가 일방적으로 전주에 부딪히는 것이지만 그 충돌이 매우 클 것이 예상되는 경우에는 「ぶつかる」가 적절하다.

⑤ 投げた石がうまく幹に当たる。(던진 돌이 교묘하게 줄기에 맞는다)

➲ 이 경우는 적중한다고 뜻으로 쓰였으므로 「当たる」가 적절하다.

⑥ 砲弾が的に見事に当たった。(포탄이 표적에 멋지게 적중했다)

⑦ すれ違うとき、相手のかばんが手に当たった。
(스쳐지나갈 때, 상대의 가방이 손에 부딪혔다)

➲ 이 경우는 일방적으로 부딪혔음을 나타내는 것이므로 「当たる」가 적절하다.

⑧ 走って来た人にぶつかってけがをした。(달려온 사람에게 부딪혀서 다쳤다)

⑨ バスとタクシーがぶつかる事故が起きた。
(버스와 택시가 충돌하는 사고가 일어났다)

➲ 이 경우는 쌍방향으로 부딪혔음을 나타내고 있다.

⑩ 肩と肩がぶつかって口論になった。(어깨와 어깨가 부딪혀서 말다툼이 되었다)

⑪ 二回戦で強豪とぶつかった。(2회전에서 강호와 부딪혔다)

➲ 「ぶつかる」에는 이와 같이 스포츠 상에서의 대전을 나타내는 의미용법도 있다.

「暑い」「蒸し暑い」「暑苦しい」

(今日はとても暑い、今日はとても蒸し暑い、今日はとても暑苦しい)

공통의미

덥다

요점

1. 「暑い」는 가장 일반적으로 쓰이는 말로 우리말의 '덥다'에 해당된다(예문①②③⑤⑥⑦).
2. 「蒸し暑い」는 기온이 높을 뿐만 아니라 습도도 높아서 불쾌한 상태를 나타내는데, 우리말의 '무덥다'에 해당된다(예문①②⑧⑨⑩).
3. 「暑苦しい」는 매우 더운 나머지 그 때 그 때에 느껴지는 불쾌감을 나타내는데, 우리말의 '후덥지근하다' 정도에 해당된다(예문⑪⑫). 한편, 때로는 복장이나 머리 형태가 곁에서 보기에도 더워 보이는 상태를 나타내기도 하는데, 「暑い」와 「蒸し暑い」에는 이러한 의미용법이 없다(예문④⑬). 이 경우의 「暑苦しい」는 우리말의 '더워 보인다' 정도에 해당된다.

예문과 해설

① この部屋は暑い/蒸し暑い/？暑苦しい。(이 방은 덥다/무덥다)

➲ 이 경우는 방의 속성을 나타내는 것인데 「暑苦しい」는 특정하게 더위를 느끼는 것이 아니라, 그 때 그 때에 더운 나머지 불쾌감을 느끼는 상태를 나타내므로 여기에서는 다소 부적절하다.

② 私は、暑い/蒸し暑い/？暑苦しい夏が苦手だ。
(나는 더운/무더운 여름이 질색이다)

➲ 여름은 전반적으로 덥거나 무더운 계절인 바, 「暑苦しい」와 같이 그 때 그 때에 더운 나머지 불쾌감을 느끼는 말은 다소 부적절하다.

③ 砂漠は日ざしが暑い/＊蒸し暑い/＊暑苦しい。
(사막은 햇볕이 덥다)

➲ 이 경우와 같이 단지 햇볕이 덥다고 할 때는 오로지 「暑(あつ)い」만이 적절하다. 「蒸(む)し暑(あつ)い」는 습도가 높다고 하는 뜻도 포함되어 있으나 햇볕자체에는 아무런 습도도 포함되어 있지 않으므로 부적절하고, 「暑苦(あつくる)しい」는 그 때 그 때에 느껴지는 무더운 불쾌감을 나타내므로 이것역시 부적절하다.

④ 長髪(ちょうはつ)は見(み)ていて暑苦(あつくる)しい/＊暑(あつ)い/＊蒸(む)し暑(あつ)い。
(장발은 보고 있어도 더워 보인다)

➲ 이 경우와 같이 곁에서 보기에도 더워 보이는 상태를 나타내는 데는 「暑苦(あつくる)しい」만이 적절하며, 「暑(あつ)い」와 「蒸(む)し暑(あつ)い」에는 이러한 용법이 없으므로 여기에서는 둘 다 부적절하다.

⑤ 暖房(だんぼう)がききすぎて暑(あつ)い。(난방이 너무 잘 나와서 덥다)

⑥ 砂漠(さばく)の旅(たび)は毎日(まいにち)暑(あつ)くてやりきれない。(사막여행은 매일 더워서 견딜 수 없다)

⑦ 人(ひと)の熱気(ねっき)でコンサートホールはすぐ暑(あつ)くなった。
(사람의 열기로 콘서트홀은 금방 더워졌다)

⑧ 日本(にほん)の夏(なつ)は蒸(む)し暑(あつ)い。(일본의 여름은 무덥다)

⑨ 今日(きょう)はとても蒸(む)し暑(あつ)いですね。(오늘은 무척 무덥군요)

➲ 「蒸(む)し暑(あつ)い」는 단순히 더운 것이 아니라 그로 인하여 불쾌감을 느낀다는 의미가 포함된다.

⑩ 雨(あめ)が降(ふ)ると蒸(む)し暑(あつ)くなる。(비가 오면 무더워진다)

➲ 「蒸(む)し暑(あつ)い」에는 이 경우와 같이 습도가 높다고 하는 의미가 포함된다.

⑪ 今夜(こんや)は暑苦(あつくる)しくて眠(ねむ)れない。(오늘은 후덥지근해서 잘 수가 없다)

⑫ 部屋(へや)が暑苦(あつくる)しいから窓(まど)を開(あ)けましょう。(방이 후덥지근하니까 창문을 엽시다)

⑬ 8月(がつ)には暑苦(あつくる)しい背広(せびろ)だから着(き)れない。
(8월에는 더워 보이는 양복이니까 입을 수 없다)

➲ 「暑苦(あつくる)しい」에는 이 경우와 같이 외견상, 더워 보인다고 하는 의미를 지니고 있는데, 다른 형용사에는 이러한 용법이 없다.

「扱う」「取り扱う」「計らう」

공통의미

취급하다, 처리하다

요점

1. 「扱う」는 어떤 일을 처리한다든지(예문①③⑤) 물건을 잘 다루거나 취급한다든지(예문⑥), 또는 사람을 대우하거나 다룬다고 하는 등의 뜻(예문④⑦)으로 폭넓게 쓰인다.
2. 「取り扱う」는 어떤 일을 처리한다는 뜻(예문①③⑧⑨)과 어떤 물건을 다룬다는 뜻(예문⑩⑪)으로 쓰인다.
3. 「計らう」는 어떤 일을 성공시키거나 무마하기 위하여 이것저것 잘 생각하여 처리한다는 뜻으로 쓰인다(예문②⑫⑬).

예문과 해설

① 困難な事件を扱う/取り扱う/＊計らう。(곤란한 사건을 처리한다)

➲ 「計らう」는 어디까지나 일의 성공을 위하여 힘쓴다는 뜻으로 쓰이므로 이 경우에는 부적절하며 일을 잘 처리한다는 뜻을 지닌 「扱う」와 「取り扱う」가 적절하다.

② 便宜を計らう/＊扱う/＊取り扱う。(편의를 꾀한다)

➲ '편의'는 일을 처리한다고 하는 '일' 과는 상관이 없는 말이므로 이 경우는 「計らう」만이 적절하다. 즉, 편리하게 잘 처리되도록 도모한다는 뜻으로 쓰인 것이다.

③ 仕事を扱う/取り扱う/＊計らう。(일을 처리한다)

➲ 일을 처리한다는 뜻을 나타내는 경우에는 「扱う」와 「取り扱う」가 적절하다.

④ 山田さんをお客として扱う/＊取り扱う/＊計らう。(야마다씨를 손님으로 대우한다)

➲ 이 경우는 사람을 대우한다고 하는 뜻을 나타내는 것이므로 「扱う」만이 적절하다.

⑤ この件はうちでは扱えない。(이 건은 집에서는 처리할 수가 없다)

➲ 이 경우는 일의 처리를 나타내고 있다.

⑥ パソコンを上手に扱う。(컴퓨터를 능숙하게 다룬다)

➲ 이 경우와 같이 어떤 물건을 잘 다룬다고 하는 뜻으로는 오로지 「扱う」만이 적절하다.

⑦ あの社長は人を上手に扱う。(저 사장은 사람을 잘 다룬다)

➲ 이 경우와 같이 사람을 다룬다고 하는 뜻으로는 오로지 「扱う」만이 적절하다.

⑧ 従業員の苦情を取り扱う。(종업원의 고충을 처리한다)

➲ 이 경우는 종업원의 고충을 무마할 수 있도록 일을 처리한다는 뜻으로 쓰였다.

⑨ この書類はあちらの窓口で取り扱います。(이 서류는 저쪽 창구에서 취급합니다)

⑩ 荷物は丁寧に取り扱ってください。(물건은 조심스럽게 다루어 주십시오)

➲ 이 경우는 사물을 취급한다는 뜻으로 쓰였다.

⑪ この機械は高いから大切に取り扱わなければなりません。

(이 기계는 비싸니까 소중하게 다루어야만 합니다)

⑫ この事件を適当に計らってはいけない。(이 사건을 적당히 처리해서는 안 된다)

➲ 이 경우는 일이 잘 되도록 처리한다고 하는 뜻으로 쓰였다.

⑬ この件は君の責任で適切に計らってくれ。

(이 건은 자네의 책임 하에 적절하게 처리해 다오)

➲ 이 경우역시 원만하게 일을 처리한다고 하는 뜻으로 쓰였다.

「あっさり」「さっぱり」

(あっさりした料理が食べたい、さっぱりした料理が食べたい)

공통의미

개운한 맛이나 상태를 나타내는 의미용법

요점

1. 「あっさり」와 「さっぱり」는 기본적으로 맛이 담백하고 깔끔함을 나타내지만, 실제의 사용에 있어서는 미묘한 차이가 엿보인다.
2. 「あっさり」는 맛이 담백함을 나타내는 이외에(예문①⑦), 어떤 일을 간단하고 가볍게 처리함을 나타내기도 한다(예문②③). 뒤에 오는 명사를 수식할 때는 「あっさりした(담백한, 개운한, 깔끔한)」의 형태를 취하고(예문⑧), 뒤에 오는 동사를 수식할 때는 「あっさり、あっさりと(깨끗하게, 깔끔하게)」의 형태를 취하게 된다(예문⑨⑩).
3. 「さっぱり」도 맛이 담백함을 나타내는 이외에(예문①⑪), 어떤 일이 잘 처리되어 기분이 상쾌함을 나타내기도 한다(예문④). 뒤에 오는 명사를 수식할 때는 「さっぱりした(개운한, 담백한)」의 형태를 취하게 되고(예문⑫), 술어로 쓰일 때는 「さっぱりする(개운해지다)」의 형태를 취하게 된다(예문⑬). 한편, 「さっぱり」는 뒤에 부정표현을 수반하여 '조금도, 전혀'의 의미를 나타내기도 하며(예문⑤⑭), 「さっぱりだ」의 형태를 취하여 일이 전혀 진척되지 않음을 나타내기도 한다(예문⑥).
4. 결국, 맛을 나타낼 때는 양자 간의 의미차이는 없는 편이지만 「あっさり」는 일을 간단하게 처리함을 나타내는 용법이 있는 반면에, 「さっぱり」는 어떤 일이 잘 처리되어서 마음이 상쾌함을 나타내는 용법이 있는 점에 양자 간의 근본적인 차이가 엿보인다.

예문과 해설

① あっさりした/さっぱりした料理(りょうり)が食(た)べたい。(담백한 요리가 먹고 싶다)

➲ 이 경우는 맛의 개운함을 나타내는 것이므로 둘 다 적절한데 뒤에 오는 명사를 수식하는 경우이므로 각각 「あっさりした」「さっぱりした」의 형태를 취하게 된다.

② 汚(きたな)い部屋(へや)をあっさりと/＊さっぱりと片付(かたづ)けた。(더러운 방을 깔끔하게 정리했다)

➲ 「あっさりと」는 어떤 일을 가볍고 개운하게 처리함을 나타내는 것이지만, 「さっぱり」에는 이러한 의미용법은 없고 다만 어떤 일이 잘 처리된 결과나 상태의 개운함을 나타낼 뿐이어서 여기에서는 부적절하다.

③ 彼(かれ)は夜勤(やきん)をあっさり/＊さっぱり引(ひ)き受(う)けた。(그는 야근을 간단하게 떠맡았다)

➲ 「さっぱり」에는 간단하게 일을 처리하는 모양을 나타내지만 「さっぱり」에는 이러한 의미용법이 없으므로 여기에서는 부적절하다.

④ 借金(しゃっきん)を返(かえ)してさっぱりする/＊あっさりする。(빚을 갚아서 개운하다)

➲ 이 경우는 술어로 쓰인 것인데 「さっぱり」는 「さっぱりする」의 형태를 취하여 술어로도 쓰이지만, 「あっさり」는 「あっさりする」의 형태를 취하지 못하므로 여기에서는 부적절하다.

⑤ 誰(だれ)もさっぱり/＊あっさり来(こ)ない。(아무도 전혀 오지 않는다)

➲ 「さっぱり」는 뒤에 부정표현을 수반하여 '조금도, 전혀'의 의미를 나타내는 의미용법이 있으나 「あっさり」에는 이와 같은 의미용법이 없으므로 여기에서는 부적절하다.

⑥ 不景気で売れ行きがさっぱりだ/✱あっさりだ。(불경기로 매상이 전혀 없다)

➲ 「さっぱり」는 「さっぱりだ」의 형태로 문말의 술어로 쓰임으로서 일이 전혀 진전되지 않음을 나타내는 의미용법이 있으나, 「あっさり」에는 이와 같은 의미용법이 없으므로 여기에서는 부적절하다.

⑦ この鍋料理はあっさりした味ですね。(이 냄비요리는 담백한 맛이로군요)

⑧ 彼はあっさりした性格を持っている。(그는 깔끔한 성격을 지니고 있다)

⑨ 犯人はあっさりと犯行を認めた。(범인은 깨끗하게 범행을 인정했다)

⑩ 先生にお願いしたのだが、あっさりと断られた。
(선생님께 부탁드렸지만, 깨끗이 거절당했다)

➲ 이 경우는 한마디로 간단하게 거절당했음을 나타내고 있는데 「さっぱり」에는 이러한 용법이 없다.

⑪ 夏はさっぱりした味の料理がいいですね。(여름에는 개운한 맛의 요리가 좋지요)

⑫ 髭を剃ってさっぱりした顔をしている。(면도를 하고 개운한 얼굴을 하고 있다)

⑬ 風呂に入ってさっぱりしたい。(목욕을 해서 개운해지고 싶다)

➲ 이 경우는 목욕을 함으로서 개운해지는 마음의 상태를 나타내고 있는데 「あっさり」에는 이러한 용법이 없다.

⑭ そのことについてはさっぱり分からない。(그 일에 관해서는 전혀 모른다)

➲ 「さっぱり」에는 뒤의 부정표현과 호응하여 쓰이는 용법이 있는데 「あっさり」에는 이와 같은 용법이 없다.

「集まり」「会」「会合」「集会」「寄り合い」

공통의미

모임, 회합

요점

1. 「集まり」는 사람이 모이는 것을 일반적으로 널리 나타내는 말로 회화체에서 주로 쓰인다(예문①④⑤⑥).
2. 「会」는 보통 목적이나 취향을 같이하는 사람들의 모임을 나타내는 것으로 형식에 얽매이지 않고 딱딱한 분위기도 아닌 성격의 모임을 나타낸다(예문①②⑦⑧⑨).
3. 「会合」는 주로 무언가를 의논하거나 친목을 돈독하게 하기 위해서 모이는 것을 나타낸다(예문①②⑩⑪⑫).
4. 「集会」는 같은 목적을 지닌 많은 사람들이 한 장소에 모이는 것을 나타낸다(예문①②③⑬⑭⑮).
5. 「寄り合い」는 비교적 규모가 작으며 주로 지연이나 혈연관계에 있는 사람들의 모임을 나타낸다(예문①②⑯⑰⑱).

예문과 해설

① 明日集まり/会/会合/集会/寄り合いを持つ。(내일 모임을 가진다)

➲ 이 경우는 어느 것이나 다 적절한데 「集まり」는 단지 사람들이 모이는 것만을 나타내며, 「会」는 목적이나 취향을 같이하는 동우회 같은 성격을 모임을 나타낸다. 또한 「会合」는 의논이나 친목을 위한 모임을 나타내고, 「集会」는 대규모의 모임을 나타내며, 「寄り合い」는 혈연이나 지연관계에 있는 사람들만의 소규모모임을 나타낸다.

② 明日会/会合/集会/寄り合い/?集まりを開く。(내일 모임을 연다)

➲ 「集まり」는 사람들이 모여져 있는 정도나 상태를 나타내는 것이므로 이 경우와 같이 정식으로 개최한다고 하는 뜻으로 쓰기에는 다소 부적절하다.

③ 明日集会/?会合/?寄り合い/＊集まり/＊会をする。(내일 집회를 한다)

➲ 목적격조사 「を」를 수반하는 동사 「する」와 결합하여 쓰이기에 가장 적절한 것은 「集会」인데 이는 가장 동작성이 활발하게 느껴지기 때문이다.

④ 今度の日曜日に集まりがある。(이번 일요일에 모임이 있다)

⑤ 女性だけの集まり。(여성만의 모임)

⑥ 父母会の集まりに出席する。(자모회의 모임에 출석한다)

⑦ 明日の会には出られない。(내일 모임에는 나갈 수 없다)

➲ 「会」는 형식에 구애됨이 없이 비교적 자유스런 분위기에서의 모임을 나타낸다.

⑧ 先生の八十歳の誕生日を祝う会。(선생님의 80세 생일을 축하하는 모임)

⑨ 旅の会をひらく。(여행모임을 연다)

⑩ 極秘で会合する。(극비로 회합한다)

➲ 「会合」는 무언가를 의논하기 위하여 모이는 것을 나타낸다.

⑪ 意見の調整がつかず、何度も会合を重ねる。
(의견의 조정이 안 되어서, 몇 번이고 회합을 거듭한다)

⑫ 初会合をひらく。(첫 회합을 연다)

⑬ 明日憲法を考える集会がある。(내일 헌법을 생각하는 집회가 있다)

➲ 「集会」는 같은 목적 하에 많은 사람들이 한 군데에 모이는 것을 나타낸다.

⑭ 昨日の集会には5万人が集まった。(어제의 집회에는 5만명이 모였다)

⑮ 大衆運動のための集会を催す。(대중운동을 위한 집회를 개최한다)

⑯ 町内で寄り合いがある。(마을 내에서 모임이 있다)

➲ 「寄り合い」는 지연이나 혈연관계에 있는 사람들만의 소규모적인 모임을 나타낸다.

⑰ 自治会の会長を来週の寄り合いで決める。
(자치회의 회장을 다음 주의 모임에서 정한다)

⑱ 親類の寄り合いをひらく。(친척모임을 연다)

「集まる」「集う」「群がる」「群れる」「たかる」

공통의미

모이다

요점

1. 「集まる」는 가장 일반적인 말로, 사람, 동물뿐만 아니라 돈이나 동정 같은 대상이 한군데에 모이는 것을 나타낸다(예문①②③④⑤⑥). 다섯 가지의 동사 중에서 유일하게 명령이나 의뢰표현을 지니고 있다(集まれ、 集まってください). 우리말의 '모이다'에 해당된다.
2. 「集う」는 오로지 사람이 무언가의 목적으로 한군데에 모임을 나타내는데 사람이외에는 사용할 수가 없다. 사람이 모이는 것을 나타냄에 있어서는 「集まる」와 같은 용법을 지니나, 다소 문장체적인 색채를 지니고 있다(예문①⑦⑨). 우리말의 '모이다'에 해당된다.
3. 「群がる」와 「群れる」는 주로 사람이나 동물에 사용하나 그 모인 상태가 정연하지 못하고 무질서함을 나타낸다. 다만, 「群がる」가 여기저기에서 모여 드는 동작을 나타내는 반면에(예문⑩⑪⑫), 「群れる」는 이미 모여진 상태만을 나타내는데, 주로 「群れている」의 형태로 쓰인다(예문⑮⑯⑰). 「むらがる」는 동물이외에는 「群がって(모여들어)」 「群がっている(모여 있다)」의 형태로 쓰이는데(예문⑬⑭), 우리말의 '모여 든다' 정도에 해당된다.
4. 「たかる」는 사람이나 동물이 한군데에 모이는 것을 나타내지만 그 특징으로서는 무언가의 목적이 있어서 모이는 것을 뜻하며, 게다가 그 모이는 것을 부정적으로 표현하는 경우에 사용한다(예문⑱⑲⑳). 우리말의 '들끓다' 정도에 해당된다.

예문과 해설

① 十年ぶりの同窓会に集まる/集う/＊群がる/＊群れる/＊たかる。
(십년만의 동창회에 모인다)

➲ 「群がる」와 「群れる」는 무질서하게 모이는 것을 나타내므로 사용이 부적절하며, 「たかる」는 대체로 바람직하지 못한 목적으로 모이는 것이므로 이 역시 사용이 부적절하다.

② お金が集まる/＊群がる/＊群れる/＊たかる/＊集う。(돈이 모인다)

➲ 「集まる」만이 사람이나 동물이외에도 사용되므로 위의 예문의 경우 다른 동사는 일체 사용할 수 없다.

③ 同情が集まる/✱群がる/✱群れる/✱たかる/✱集う。(동정이 모인다)

➲ 이 경우도 위의 예문과 마찬가지로 「集まる」만이 사람이나 동물이외에도 사용되므로 위의 예문의 경우, 다른 동사는 일체 사용할 수 없다.

④ 大勢の人が一カ所に集まる。(많은 사람이 한군데에 모인다)

⑤ 沼に野鳥が集まる。(늪에 들새가 모인다)

⑥ たくさんの寄付が集まる。(많은 기부가 모인다)

➲ 「集まる」는 사람이나 동물이외에도 금전과 같은 사물이 모이는 것을 나타내기도 하는데, 다른 동사에는 이러한 용법이 없다.

⑦ 平和集会に集う人々。(평화집회에 모이는 사람들)

➲ 「集う」는 오로지 사람에게만 쓰이는데, 다소 문장체적인 성격을 지니고 있다.

⑧ 若者たちが広場に集い、話し合っていた。
(젊은이들이 광장에 모여, 서로 이야기를 나누고 있었다)

⑨ 毎年正月には家族が祖父母の家に集う。
(매년정월에는 가족이 할머니 할아버지 집에 모인다)

⑩ 火事現場に野次馬が群がる。(화재현장에 구경꾼이 모여든다)

➲ 「群がる」는 여기저기에서 무질서하게 모여드는 것을 나타낸다.

⑪ ハイエナが死体に群がっている。(하이에나가 사체에 모여들고 있다)

⑫ 魚がえさに群がる。(물고기가 먹이에 모여든다)

⑬ タンポポは群がって咲く。(민들레는 모여서 핀다)

➲ 「群がる」는 「群がって」의 형태를 취하여 꽃 등이 군락을 형성한다는 뜻으로도 쓰이는데 다른 말에는 이러한 용법이 없다.

⑭ この山にはたくさんの花が群がっている。(이 산에는 많은 꽃이 모여 있다)

⑮ 駅前に暴走族が群れている。(역 앞에 폭주족이 모여 있다)

➲ 이 경우는 무질서하게 이미 모여 있는 상태를 나타내고 있다.

⑯ 草原にシマウマが群れている。(초원에 얼룩말이 모여 있다)

⑰ 水辺に鳥が群れている。(물가에 새가 모여 있다)

⑱ 事故現場(じこげんば)に野次馬(やじうま)がたかる。(사고현장에 구경꾼이 들끓는다)

➲「たかる」는 사람이나 동물이 모이는 것을 부정적으로 나타내는 말이다.

⑲ 魚(さかな)にたかったはえ。(생선에 들끓는 파리)

⑳ ありが砂糖(さとう)にたかる。(개미가 설탕에 들끓는다)

「あつらえ向(む)き」「うってつけ」

(それは彼(かれ)にあつらえ向(む)きの仕事(しごと)だ、それは彼(かれ)にうってつけの仕事(しごと)だ)

공통의미

딱 맞음, 안성맞춤

요점

1. 「あつらえ向(む)き」는 마치 주문해서 만든 것처럼 희망하는 대로 딱 들어맞는 경우에 쓰이는 것으로, 우리말의 '안성맞춤' 정도에 해당된다(예문①②④⑤⑥). 보통은 「おあつらえ向(む)き」의 형태로 쓰이곤 한다.
2. 「うってつけ」는 그것에 맞는 것은 달리 없을 정도로 딱 들어맞는 경우에 쓰이는 것으로, 주로 좋은 의미로 쓰이는 경향이 있다(예문①③⑦⑧⑨). 우리말의 '딱 맞음' 정도에 해당된다.

예문과 해설

① それは彼(かれ)にあつらえ向(む)き/うってつけの仕事(しごと)だ。(그것은 그에게 딱 맞는 일이다)

➲ 이 경우는 일이 매우 적합하다는 뜻이므로, 그 어느 것이나 쓰기에 적절하다.

② あつらえ向(む)き/✱うってつけの背広(せびろ)が見(み)つかった。(안성맞춤인 양복이 눈에 띄었다)

➲ 이 경우는 주문한 것처럼 몸에 딱 맞는 양복을 나타내는 것이므로 「あつらえ向(む)き」가 적절하다. 「うってつけ」는 보통 좋은 일이나 대상에 쓰이지 여기에서처럼 양복에는 쓰이지 않으므로 부적절하다.

③ 息子さんにはうってつけ/＊あつらえ向きの女性ですね。
(아드님에게는 딱 맞는 여성이군요)

➲ 이 경우처럼 적절한 대상을 나타내는 때는 「うってつけ」가 적절하다.

④ これは老人にはあつらえ向きの運動です。
(이것은 노인에게는 안성맞춤인 운동입니다)

⑤ 体育大会にはおあつらえ向きの天気だ。(체육대회에는 안성맞춤인 날씨다)

➲ 이 경우는 체육대회하기가 좋게끔 마치 날씨를 맞춘 것 같다는 뜻으로 쓰였다.

⑥ 学生にはおあつらえ向きのアルバイト。(학생에게는 안성맞춤인 아르바이트)

⑦ 親子三人が住むのにうってつけの家が見つかる。
(부모자식 세 명이 살기에 딱 맞는 집이 눈에 띄다)

➲ 이 경우는 매우 적절하다고 하는 뜻으로 쓰였다.

⑧ 山田さんは英語の講師にうってつけな人だ。
(야마다씨는 영어강사에 딱 맞는 사람이다)

⑨ これは彼にうってつけの役だ。(이것은 그에게 딱 맞는 역이다)

「後」「後ろ」

(十号車の後の車両、十号車の後ろの車両)

공통의미

뒤

요점

1. 「後」와 「後ろ」는 우리말의 '뒤'에 해당되는 말이지만. 실제의 사용에 있어서는 방향을 나타내느냐 부분을 나타내느냐에 따라 미묘한 차이가 엿보인다.
2. 「後」는 대체로 뒤에 위치한 방향을 나타내는 데, 주로 심리적으로 뒤쪽방향을 나타내는

데에 쓰인다(예문①②③④⑦⑧⑨).

3. 「後ろ」는 대체로 뒤에 위치한 부분을 나타내는 데, 주로 공간적으로 뒤쪽의 부분을 나타내는 데에 쓰인다(예문①②⑤⑥⑩⑪⑫).

●●● 예문과 해설

① 一歩後/後ろに下がる。(한걸음 뒤로 물러난다)

➲ 이 경우는 둘 다 적절한데 「後」를 쓰게 되면 심리적으로 뒤쪽방향으로 물러남을 나타내고, 「後ろ」를 쓰게 되면 공간적으로 바로 뒤로 물러남을 나타내게 된다.

② 十号車の後/後ろの車両は遅い。
(10호차의 뒤 차량/10호차의 뒤에 있는 차량은 느리다)

➲ 이 경우 「後」를 쓰게 되면 10호차의 뒤를 이어 달리는 차량의 의미가 되는 , 「後ろ」를 쓰게 되면 10호차의 바로 뒤에 붙, 달리는 차량의 의미가 된다.

③ 故郷を後/∗後ろにして任地に向かう。(고향을 뒤로 하고 임지로 향한다)

➲ 이 경우는 공간적으로 바로 뒤의 뜻이 아니라, 심리적으로 고향을 뒤쪽방향으로 등진다고 하는 뜻이므로 「後」가 적절하다.

④ 父の後/∗後ろを追ってこの仕事を始めた。
(아버지의 뒤를 좇아서 이 일을 시작했다)

➲ 이 경우는 공간적으로 아버지의 뒤를 좇는 것이 아니라, 아버지가 하던 일을 이어받는다고 하는 뜻이므로 「後」가 적절하다.

⑤ わたしは教室の後ろ/∗後の席が楽だ。(나는 교실의 뒷자리가 편하다)

➲ 이 경우는 공간적으로 교실의 뒤편을 나타내는 것이므로 「後ろ」가 적절하다.

⑥ バスの後ろ/∗後から出火した。(버스의 뒤에서부터 불이 났다)

➲ 이 경우는 공간적으로 버스의 뒤편을 나타내는 것이므로 「後ろ」가 적절하다.

⑦ 大型車の後につくと前方が見えない。
(대형차의 뒤에 붙으면 전방이 보이지 않는다)

⑧ 子犬が後からついて来る。(강아지가 뒤에서 따라온다)

➲ 이 경우는 뒤쪽의 방향을 나타내고 있다.

⑨ これ以上後には引けない。(이 이상 뒤로는 물러갈 수 없다)

⑩ 先生の後ろからついて行く。(선생님의 뒤에서 따라간다)

➲ 이 경우는 뒤에 위치하고 있음을 나타내고 있다.

⑪ 思わず後ろを振り返った。(나도 모르게 뒤를 돌아보았다)

⑫ 敵に後ろを見せたらだめだ。(적에게 뒤를 보이면 안 된다)

「後」「のち」

(彼はあれから三年後に結婚した、彼はあれから三年のちに結婚した)

공통의미

～후, ～뒤

요점

1. 「後」는 말하는 시점을 기준으로 이전에 어떤 일이 발생한 다음을 나타내기도 하고(예문①⑤⑥⑦⑧). 이후에 어떤 일이 발생할 것을 나타내기도 한다(예문②③⑨⑩⑪). 전자는 우리말의 '～후'에 해당되고 후자는 '나중, 앞으로, 다음에'에 해당된다.
2. 「のち」는 어떤 일이 발생한 다음만을 나타내며, 이후에 어떤 일이 발생하는 것은 일체 나타내지 못하는데, 어떤 일이 발생한 다음을 나타내는 경우는 「後」에 비해서 격식을 차린 어감이 있다(예문①④⑫⑬⑭).

예문과 해설

① 映画を見た後/のち食事をした。(영화를 본 후 식사를 했다)

➲ 이 경우는 둘 다 적절한데 「後」보다는 「のち」가 보다 격식을 차린 말투가 된다.

② 入学式まで後/＊のち三日残っています。(입학식까지 앞으로 3일 남아있습니다)

➲ 이 경우는 앞으로 발생할 일을 나타내는 것이므로 오로지 「後」만이 적절하다.

③ ちょっと忙しいから後で/✱のちで電話します。(좀 바쁘니까 나중에 전화하겠습니다)

➲ 이 경우 역시 앞으로 발생할 일을 나타내는 것이므로 오로지 「後」만이 적절하다.

④ 明日の天気は曇りのち/✱後晴れでしょう。(내일날씨는 흐렸다가 개일 것입니다)

➲ 이 경우는 날씨가 흐린 다음에 맑아지는 것을 나타내는데 여기에서는 어떤 일이 발생한 다음만을 나타내는 「のち」가 적절하다. 물론 「後」에도 이와 같이 어떤 일이 발생한 다음을 나타내는 용법은 있으나 이러한 일기예보에서는 관용적으로 「のち」만이 쓰이고 있는데, 이것은 불특정다수의 대중을 대상으로 하는 일기예보라고 하는 특성상, 보다 격식을 차린 표현이 요구되는 데에 기인하는 것으로 여겨진다.

⑤ 話は十年後にさかのぼる。(이야기는 십년 후로 거슬러 올라간다)

⑥ あれから三年後に父を失った。(그로부터 3년 후에 아버지를 여의었다)

⑦ 何日か後で先生を訪ねた。(며칠인가 후에 선생님을 찾아갔다)

⑧ 食事の後にテレビを見る。(식사 후에 티브이를 본다)

⑨ 難しい問題は後に回す。(어려운 문제는 나중으로 돌린다)

➲ 이 경우는 말하는 시점이후에 발생할 일을 나타내고 있다.

⑩ 少しは後のことも考えなさい。(조금은 나중의 일도 생각해라)

⑪ 後で電話します。(나중에 전화하겠습니다)

⑫ 事件はあれから二ヶ月のちに解決した。(사건은 그로부터 2개월 후에 해결되었다)

➲ 이 경우는 그 일이 있고나서 2개월 후에 사건이 해결되었음을 나타내고 있는데 비교적 격식을 차린 어감이 있다.

⑬ 大学を卒業したのち、演劇界に入った。(대학을 졸업한 후 연극계에 들어갔다)

➲ 이 경우도 대학을 졸업하는 일이 있은 다음에 연극계에 들어가는 일이 발생하였음을 나타내고 있다.

⑭ 明日は曇りのち雨。(내일은 흐린 다음에 비)

참고

「のち」는 어떤 일이 발생한 다음만을 나타내지만, 이것의 변형인 「のちほど」는 앞으로 발생할 일을 나타내는 데에 쓰이며, 회화체에서 매우 정중한 어감을 나타낸다.

「のちほど伺います」(후에 찾아뵙겠습니다) 「のちほど参ります」(후에 가겠습니다)

「のちほどご連絡致します」(후에 연락 올리겠습니다)

「後片(あとかた)づけ」「後始末(あとしまつ)」

(会場(かいじょう)の後片(あとかた)づけをする、会場(かいじょう)の後始末(あとしまつ)をする)

공통의미

뒷정리, 뒤처리

요점

1. 「後片(あとかた)づけ」는 어떤 행사나 일이 끝난 다음에 어지러뜨린 것을 물리적으로 깨끗하게 청소하여 정리하는 것인데, 우리말의 '뒷정리, 설거지' 정도에 해당된다(예문①⑤⑥).
2. 「後始末(あとしまつ)」는 어떤 사태나 문제가 일어난 다음에 그것을 사후에 처리하는 것인데, 우리말의 '뒤처리, 사후처리'에 해당된다(예문①②③④⑦⑧). 때로는 「後片(あとかた)づけ」처럼 뒷정리를 한다고 하는 뜻으로 쓰일 때도 있는데, 이럴 때는 「跡始末(あとしまつ)」로 표기하는 것이 보통이다.

예문과 해설

① 会場(かいじょう)の後片(あとかた)づけ/跡始末(あとしまつ)をする。(회장의 뒷정리/뒤처리를 한다)

➲ 이 경우와 같이 실제로 물리적으로 어지러뜨린 곳을 깨끗하게 정리한다고 하는 뜻으로는 둘 다 적절한데, 「跡始末(あとしまつ)」 쪽이 청소는 물론 여러 가지 절차나 비용의 정산 등 보다 포괄적인 의미가 담겨있다.

② 火(ひ)の後始末(あとしまつ)/✱後片(あとかた)づけをする。(불의 뒤처리를 한다)

➲ 이 경우와 같이 불이 제대로 꺼졌는지, 화재의 우려는 없는지를 꼼꼼하게 살펴본다고 하는 뜻에서는 「後始末(あとしまつ)」가 적절하다. 「後片(あとかた)づけ」는 실제로 어질어져 있는 곳을 깨끗하게 청소한다는 뜻으로만 쓰이므로 여기에서는 부적절하다.

③ 事件(じけん)の後始末(あとしまつ)/✱後片(あとかた)づけで社内(しゃない)は大変(たいへん)だ。
(사건의 뒤처리로 사내는 야단법석이다)

➲ 이 경우역시 실제로의 청소를 나타내는 것이 아니므로 「後片(あとかた)づけ」는 부적절하다.

④ 借金の後始末/✱後片づけをする。(빚의 뒤처리를 한다)

➲ 이 경우역시 예문③과 맥락을 같이하고 있다.

⑤ 食事の後、自分達で後片づけをした。(식사 후에 우리끼리 설거지를 했다)

⑥ 火事場の後片づけで消防士たちは忙しかった。
(화재현장의 뒷정리로 소방사들은 바빴다)

➲ 이 경우는 어질러진 화재현장을 물리적으로 정리하는 것이므로 「後片付け」가 적절하다.

⑦ 宴会の後始末をする。(연회의 뒤처리를 한다)

➲ 이 경우는 「後始末」로 표기되어 있는 것을 볼 때, 연회가 끝나고 난 후의 여러 가지 정산이나 사후처리 등을 나타내는 것으로 볼 수가 있다.

⑧ もう会議は終わったから跡始末をしてくれ。
(이제 회의는 끝났으니까 뒷정리를 해다오)

➲ 이 경우는 「跡始末」로 표기되어 있는 것을 볼 때, 「後片付け」처럼 물리적으로 회의장을 깨끗하게 정리하는 것으로 볼 수가 있다.

「あなた」「あんた」「君」「貴様」「お前」

공통의미

상대를 가리키는 2인칭 대명사

요점

1. 「あなた」라는 인칭대명사는 동격이나 하위자에게 사용하거나 혹은, 매우 친한 사이에서 사용되곤 한다. 또한, 부부의 경우에는 여성이 자신의 남편에 대해서만 사용하며, 남편은 아내에게 일체 사용하지 않는다. 이 「あなた」라는 대명사는 원래 「저쪽」이라는 방향을 나타내는 말로 사용되다가, 江戸(에도)시대(1603~1867)에 상대방을 가리키는 대명사로 일반화된 말인데, 현재는 연장자나 상위자에게는 사용할 수 없는 말이다(예문①②③

④).

2. 「あんた」는 「あなた」의 「な」가 「ん」으로 발음이 변한 형태인데 「あなた」보다 어감은 다소 떨어지는 편으로, 주로 친한 남성사이에서 사용되는 경향이 있다(예문⑤⑥).
3. 「君(きみ)」는 남성이 주로 상대를 부를 때 쓰는 말로 「あなた」보다도 친숙한 상대나 하위자에게 사용하는데, 결국 「あなた」보다는 경어도가 떨어지고 「お前(まえ)」보다는 정중한 말인 셈이다(예문⑦⑧). 우리말의 '자네' 정도에 해당된다.
4. 「貴様(きさま)」는 주로 남성이 쓰는 말로, 경멸하거나 미워하고 있는 상대를 부를 때 쓰거나 또는 매우 친한 동년배나 하위자에게 사용한다(예문⑨⑩). 우리말의 '네 녀석, 네놈' 정도에 해당된다.
5. 「お前(まえ)」는 남녀 공히 하위자를 지칭할 때 쓰는 말로 우리말의 '너' 정도에 해당되지만, 주로 남성이 쓰는 경향이 있다(예문⑪⑫).

예문과 해설

① あなたはどちらにお住(す)まいですか。(당신은 어디에 사십니까?)

➲ 이 경우 어디까지나 동격이나 하격에만 사용하며, 결코 상위자에게는 사용할 수 없다.

② あなたとわたしは考(かんが)え方(かた)が違(ちが)う。(당신과 나는 사고방식이 다르다)

③ あなたはそう言(い)うけど、実際(じっさい)はどうかな。
(당신은 그렇게 말하지만, 실제는 어떨까?)

④ あなた、ご飯(はん)できたわよ。(여보, 밥 다되었어요)(아내가 남편에게)

➲ 「あなた」는 가정에서 아내가 남편을 부르는 말로 흔히 쓰이지만 남편이 아내를 부를 때는 일체 쓰이지 못한다.

⑤ あんたはあっちいってらっしゃい。(당신은 저리 가있어)

➲ 「あんた」는 「あなた」보다는 다소 격이 떨어지는 말임에 주의하여야 한다.

⑥ あんた何(なに)言(い)ってるの? (당신 무슨 말하고 있는 거야?)

⑦ 君(きみ)の判断(はんだん)はまちがっている。(자네의 판단은 틀렸다)

➲ 「君(きみ)」는 친숙한 남성사이에서 쓰이는 말인데 동격이나 하격의 상대에 대하여 쓰이며 결코 윗분에게는 쓸 수가 없다.

⑧ 君(きみ)、がんばってくれよ。(자네, 분발해주게)

⑨ 貴様(きさま)は口(くち)を出(だ)すな!。(네 녀석은 말참견을 하지마라!)

➲ 이 경우는 상대에 대한 비난의 감정이 섞여있는 것이다.

⑩ 貴様とおれの仲だから譲ってやろう。(네 녀석과 나 사이니까 양보해주지)

➲ 이 경우는 친숙한 남성사이에서 흉허물 없이 쓰이고 있다.

⑪ お前は先に帰れ。(너는 먼저 돌아가라)

➲ 「お前」는 우리말의 '너'에 해당되는 말로 회화체에서 흔히 쓰이고 있다.

⑫ お前、なぜ笑っているのか。(너, 왜 웃고 있는 건가)

「危ない」「危うい」「危険だ」

(命が危ない、命が危うい、命が危険だ)

공통의미

위험하다

요점

1. 「危ない」는 일상적으로 가장 폭넓게 쓰이는 형용사로서 우리말의 '위험하다'에 해당된다(예문①②③④⑦⑧).
2. 「危うい」는 「危ない」에 비해서 문장체적인 말로 오로지 말하는 주체가 위험을 느낄 때만 주체의 입장에서 사용하는데, 우리말의 '위태롭다' 정도에 해당된다(예문①②⑨⑩). 또한 우리말의 '가까스로, 간신히, 겨우'의 의미를 나타낼 때는 오로지 「危うい」의 연용형인 「危うく」만을 사용하며, 「危なく」는 사용하지 못한다(예문⑤⑥⑪).
3. 「危険だ」는 위험한 상태를 나타내는 경우에 한해서는 「危ない」와 의미용법이 대체로 같으나 다소 딱딱한 어감이 있다(예문①②③⑫). 한편으로는 「危険がある、危険を感じる」와 같이 명사적인 용법으로 쓰일 때도 있다(예문⑬⑭).

예문과 해설

① 危ない/危うい/危険な目にあう。(위험한 지경을 만나다)

➲ 「危うい」가 문장체적이라는 점만 빼놓으면 위 예문에서는 세 가지 다 적절하다. 참고로 「危険な」는 「危険だ」의 연체형으로 그 뒤에는 항상 수식을 받는 명사만 오게 된다.

② 命が危ない/危うい/危険だ。(목숨이 위험하다)

➲ 「危ない」와 「危険だ」는 폭넓게 위험한 상태를 나타내며 「危うい」는 주체가 위험을 느끼는 상태만을 나타내는데, 위 예문의 경우 「命」가 주체의 것임을 전제로 한다면 결국 세 가지 다 적절하다.

③ 夜道の一人歩きは危ない/危険だ/＊危うい。
(밤길을 혼자 걷는 것은 위험하다)

➲ 「危ない」와 「危険だ」는 폭넓은 위험을 나타내므로 적절하다. 「危うい」는 주체의 위험만을 나타내는 것인데, 이 경우는 밤길의 일반적인 위험성만을 나타낼 뿐 주체에게 어떠한 위험도 가해지지 않은 내용이므로 위 예문에서는 사용이 부적절하다.

④ 彼のいうことはどうも危ない/＊危うい/＊危険だ。
(그가 말하는 것은 아무래도 위험하다)

➲ 「危うい」는 주체의 위험에만 사용하며 「危険だ」는 물리적인 위험에만 사용하지만, 「危ない」는 가장 사용범위가 넓으므로 여기에서는 「危ない」만 적절하다.

⑤ 危うく/＊危なく死を免れる。(가까스로 죽음을 모면하다)

➲ '가까스로, 간신히, 겨우'의 의미를 나타낼 경우에는 오로지 「危うい」의 연용형인 「危うく」만이 적절하다.

⑥ 列車の出発時間に危うく/＊危なく間に合った。
(열차출발시간에 간신히 맞췄다)

➲ '가까스로, 간신히, 겨우'의 의미를 나타낼 경우에는 오로지 「危うい」의 연용형인 「危うく」만을 사용할 수 있다.

⑦ 戦火が迫ってきているから、ここにいては危ない。
(전화가 다가오고 있으니까, 여기에 있어서는 위험하다)

⑧ 二人の関係は危ない状態だ。(두 사람의 관계는 위험한 상태다)

⑨ 今や会社の存立そのものが危うい。(바야흐로 회사의 존립자체가 위태롭다)

➲ 이 경우는 말하는 사람의 주관적인 입장에서 느끼는 위험을 나타내고 있다.

⑩ 現体制維持が危うくなる。(현 체제유지가 위태로워진다)

⑪ 危うく命をとりとめた。(간신히 목숨을 건졌다)

➲ 「危うい」의 연용형인 「危うく」는 우리말의 '간신히, 가까스로'에 해당되는 말인데 다른 말에는 이러한 용법이 없다.

⑫ 夜道を女性一人だけで歩くのは危険だ。
(밤길을 여성혼자서만 걷는 것은 위험하다)

➲ 이 경우는 「危ない」와 의미용법은 같으나 비교적 딱딱한 어감이 주어진다.

⑬ 身の危険を感じる。(몸의 위험을 느낀다)

➲ 이 경우는 「危険だ」의 「危険」이 명사로서 쓰인 예이다.

⑭ このままでは倒産の危険がある企業だ。
(이 대로라면 도산의 위험이 있는 기업이다)

➲ 이 경우 역시 위의 예문⑬과 맥락을 같이하고 있다.

「あまり～ない」「たいして～ない」

(今日はあまり寒くない、今日はたいして寒くない)

공통의미

그다지(별로)～하지 않다

요점

1. 「あまり～ない」는 단지 수량이나 정도, 회수 등이 도를 넘지 않고 있음을 나타낸다.
2. 「たいして～ない」는 수량이나 정도 등이 당초에 생각한 정도는 아님을 나타내는 것으로 기대나 예상에 미치고 못하고 있음을 나타낸다.

예문과 해설

① 今日はあまり/たいして寒くない。(오늘은 그다지 춥지 않다)

➲ 이 경우는 둘 다 적절한데 「あまり~ない」를 단지 추운 정도가 아님을 나타내게 되지만, 「たいして~ない」를 쓰게 되면 예상했던 만큼의 추위는 아님을 나타내게 된다.

② 息子は勉強はあまり/?たいして好きではない。

(아들은 공부는 그다지 좋아하지 않는다)

➲ 이 경우는 아들이 단지 공부를 별로 좋아하지 않음을 나타내는 것이므로 「あまり~ない」가 보다 적절하다. 「たいして~ない」를 쓰게 되면 다소 과장된 어감이 주어져서 어색하게 된다.

③ 彼の絵はあまり/たいしてうまくない。(그의 그림은 그다지 능숙하지 않다)

➲ 이 경우 「あまり~ない」를 단지 그림이 능숙하지 않음을 나타내게 되지만 「たいして~ない」를 쓰게 되면 예상했던 만큼 능숙하지는 않음을 나타내게 된다.

④ 試験はあまり/たいして難しくなかった。(시험은 그다지 어렵지 않았다)

➲ 이 경우 역시 예문③과 맥락을 같이하고 있다.

⑤ 映画はあまり/たいしておもしろくなかった。(영화는 그다지 재미없었다)

➲ 이 경우 역시 예문③과 맥락을 같이하고 있다.

⑥ あまり/たいして勉強もしないのに、よく合格したもんだ。

(그다지 공부도 하지 않는데, 용케도 합격했구나)

「誤る」「間違う」「間違える」

(計算を誤った、計算を間違った、計算を間違えた)

공통의미

틀리다

요점

1. 「誤る」는 어떤 일에 대하여 올바르지 않은 판단, 평가를 내린다고 하는 뜻으로 우리말

의 '그르치다, 망치다' 정도에 해당된다(예문①⑥⑦⑧⑨⑩).

2. 「間違う」는 올바르지 않은 판단, 평가를 내린다고 하는 점에서는 「誤る」와 의미 용법이 비슷하나, 「誤る」가 주로 추상적인 잘못을 나타내는데 반하여 「間違う」는 구체적인 잘못을 나타내는 점에 차이가 엿보인다(예문①②③④⑤⑪⑫⑬). 우리말의 '잘못하다, 틀리다'에 해당된다.

3. 「間違える」는 타동사로서, 자동사 「間違う」와 대립되는 것이었으나, 오늘날에서는 올바르지 않은 판단, 평가를 나타낼 경우에는 둘 다 같은 의미용법으로 쓰이고 있다(예문②③④). 다만 「間違える」는 「間違う」와 달리 어떤 동작이나 행위를 잘못 한다고 하는 의미로도 쓰이며(예문⑭), 한편으로는 혼동하다는 의미용법도 지니고 있다(예문⑮⑯).

예문과 해설

① あなたの判断は誤って/間違っている。 (당신의 판단은 잘못되어 있다)

➲ 「誤る」는 추상적인 잘못에 쓰이므로 이 경우에는 잘못을 지적하는 정도이지만, 「間違う」는 구체적인 잘못에 쓰이므로 이 경우에는 직접적인 비난의 의미가 된다.

② 住所を間違った/間違えた/＊誤った。 (주소를 틀렸다)

➲ 「誤る」는 추상적으로 틀리는 것을 나타내므로 이 경우에는 부적절하며, 주소는 매우 구체적인 것이므로 이 경우는 「間違う」나 「間違える」가 적절하다.

③ 順番を間違った/間違えた/＊誤った。 (순번을 잘못 알았다)

➲ 올바르지 않은 판단이나 평가를 나타내는 경우에는 「間違う」와 「間違える」는 똑같이 쓰인다. 「誤る」는 이와 같은 구체적인 대상에는 쓰기가 부적절하다.

④ 約束の日を間違う/間違える/＊誤る。 (약속 날을 잘못 알다)

➲ 이 경우 역시 예문③과 맥락을 같이하고 있다.

⑤ 字が間違って/＊間違えて/＊謝っている。 (글자가 잘못 되어있다)

➲ 이 경우와 같이 구체적인 잘못을 나타낼 때는 「間違う」가 적절하다.

⑥ 彼女は結局身を誤った/＊間違った/＊間違えた。 (그녀는 결국 몸을 망쳤다)

➲ 이 경우와 같이 추상적인 잘못이나 과오를 나타낼 때는 「誤る」가 적절하다.

⑦ 誤って足を踏み外す。 (잘못해서 발을 헛디디다)

⑧ それは誤った考えです。(그것은 그릇된 생각입니다)

➲ 이 경우는 추상적인 잘못을 나타내고 있다.

⑨ 操作を誤ると大事故を招くおそれがある。
(조작을 그르치면 큰 사고를 부를 우려가 있다)

➲ 이 경우는 올바르지 않은 판단을 나타내고 있다.

⑩ あの男は酒で身を誤った。(저 남자는 술로 몸을 망쳤다)

⑪ 彼の答えは間違っている。(그는 대답은 틀렸다)

➲ 이 경우는 구체적인 잘못을 나타내고 있다.

⑫ この手紙は番地が間違っていますよ。(이 편지는 번지가 틀렸어요)

⑬ 私は間違った計算をしてしまった。(나는 틀린 계산을 하고 말았다)

➲ 이 경우는 행동의 잘못을 나타내고 있다.

⑭ お客に道案内を間違えてしまった。(손님에게 길안내를 잘못하고 말았다)

⑮ うっかり塩と砂糖を間違える。(깜빡하고 소금과 설탕을 혼동한다)

➲ 이 경우는 혼동의 뜻으로 쓰인 예인데, 이러한 용법은 「間違える」에만 있다.

⑯ 病院とホテルを間違えた。(병원과 호텔을 혼동했다)

「あらかじめ」「前もって」「かねがね」「かねて」

(あらかじめお知らせしましたとおり……、前もってお知らせしましたとおり……
かねがねお知らせしましたとおり……、かねてお知らせしましたとおり……)

공통의미

진작, 전에, 전부터, 미리, 사전에

요점

1. 「あらかじめ」「前もって」는 과거에 대해서도 미래에 대해서도 쓸 수 있으나, 「かねがね」「かねて」는 오로지 과거에 대해서만 쓸 수 있다. 결국 「あらかじめ」「前もって」가 과거에 대해서 사용될 때는 「かねがね」「かねて」와 더불어 우리말의 '진작, 전에, 전부터' 정도에 해당되나, 미래에 대해서 사용될 때는 '미리, 사전에' 정도의 의미를 지니는 셈이다. 「あらかじめ」가 「前もって」보다 더 격식을 차린 표현인데, 「あらかじめ」는 우리말의 '진작, 사전에' 정도에 해당되고(예문①②⑤⑥⑦⑧), 「前もって」는 '전에, 미리' 정도에 해당된다(예문①②⑨⑩⑪).
2. 과거에 대해서 사용될 때, 「あらかじめ」「前もって」는 의도성을 가지고 '진작, 전에' 무언가를 하였음을 나타낼 뿐이지만, 「かねがね」「かねて」에는 이러한 의도성이 있거나 없거나 전혀 상관없다(예문①③).
3. 과거에 무언가를 하였음만을 나타내는 「かねがね」와 「かねて」를 비교하면 「かねがね」는 몇 번이고 잇달아서 그 일이 일어남을 나타내는데 반해, 「かねて」는 그러한 뉘앙스가 없다(예문④). 「かねがね」는 우리말의 '전부터 줄곧, 전에 몇 번이고' 정도에 해당되고(예문⑭⑮), 「かねて」는 '전부터, 전에' 정도에 해당된다(예문⑫⑬).

예문과 해설

① あらかじめ/前もって/かねがね/かねてお知らせしましたとおり......
(진작에/전에 알려드린 바대로......)

➲ 말하는 시점을 기준으로 볼 때 과거에 이루어진 일이므로 네 가지 모두 적절하다.

② 会をひらく時には、あらかじめ/前もって/＊かねがね/＊かねてお知らせします。
(회의를 열 때에는 미리 알려 드리겠습니다)

➲ 회의를 여는 때는 말하는 시점을 기준으로 볼 때 미래에 속하므로 과거에 대해서만 쓸 수 있는 「かねがね」「かねて」는 부적절하다.

③ かねて/かねがね/＊あらかじめ/＊前もっておうわさにうかがっていましたように
(전에 소문으로 전해들은 바와 같이......)

➲ 이 경우에는 소문을 전해들은 것이 말하는 시점을 기준으로 볼 때 과거에 속한 것이기는 하지만, 「あらかじめ」「前もって」가 의도성을 지닌 것에만 사용할 수 있음에도 불구하고 소문을 전해 듣는 행위는 전혀 의도성이 없는 것이므로 여기에서는 부적절하다.

④ かねて/かねがねお名前は聞いていました。(전부터 존함은 듣고 있었습니다)

➲ 이 경우, 「かねて」보다도 「かねがね」쪽이 여러 차례에 걸쳐서 존함을 들은 바 있음을 나타내게 된다.

⑤ あらかじめ定められた日程に従って行う。(진작 정해진 일정에 따라 행한다)

➲ 과거에 의도성을 가지고 일정이 정해졌음을 나타내고 있다.

⑥ その件についてはあらかじめ伝えておきました。

(그 건에 관해서는 진작 전달해 놓았습니다)

➲ 과거에 의도성을 가지고 그 건에 관한 사항을 전달하였음을 나타내고 있다.

⑦ 変更の際はあらかじめ通知いたします。(변경될 때는 사전에 통지하겠습니다)

➲ 이 경우는 말하는 시점을 기준으로 그 이후에 전개될 사항을 나타내고 있다.

⑧ 欠席する方はあらかじめご連絡ください。(결석할 분은 사전에 연락해 주십시오)

⑨ そのことは前もって相談しておいた。(그 일은 전에 상담해 두었다)

➲ 과거에 의도성을 가지고 상담하였음을 나타내고 있다.

⑩ 前もって調べておきましょう。(미리 조사해 둡시다)

➲ 이 경우는 말하는 시점을 기준으로 그 이후에 조사를 시행할 것을 나타내고 있다.

⑪ いらっしゃる時は前もってお電話をください。(오실 때는 미리 전화를 주십시오)

⑫ それはかねて願っていたところだ。(그것은 전부터 바라고 있던 바이다)

➲ 이 경우는 말하는 시점 이전에 바라고 있던 점을 나타내고 있다.

⑬ かねて聞いていた名所を訪ねた。(전에 듣고 있던 명소를 찾아갔다)

⑭ かねがね望んでいたことが実現した。(전부터 줄곧 바라고 있던 일이 실현됐다)

➲ 이 경우는 말하는 시점 이전에 몇 번이고 지속적으로 바라고 있던 점을 나타내고 있는데, 「かねて」에는 이러한 어감이 없다.

⑮ おうわさはかねがね伺っておりました。(소문은 전에 몇 번이고 듣고 있었습니다)

「争う」「競う」

(友と優劣を争う、友と優劣を競う)

공통의미

다투다, 경쟁하다

요점

1. 「争(あらそ)う」는 우열을 가리거나 자신의 이익을 위하여 서로가 앞 다투어 경쟁한다는 뜻으로도 쓰이지만(예문①⑦⑨), 어떤 분쟁거리가 있어서 이를 중심으로 다툰다고 하는 뜻으로도 쓰인다(예문②③⑥⑧).
2. 「競(きそ)う」는 어디까지나 서로가 자신의 기술이나 실력을 놓고 경쟁한다는 뜻으로만 쓰이고, 「争(あらそ)う」와 같이 다툰다고 하는 뜻으로는 일체 쓰이지 않는다(예문①④⑤⑩⑪⑫).
3. 특히 앞 다투어 경쟁한다고 하는 뜻으로 쓰일 때 「争(あらそ)う」와 「競(きそ)う」가 함께 쓰일 수 있지만 「争(あらそ)う」는 상대를 뒤로 제친다는 뜻에 의미의 중심이 있고, 「競(きそ)う」는 상대보다 한발이라도 앞서려고 하는 데에 의미의 중심이 있다. 솜씨나 기술, 아름다움, 속도 등과 같이 능력이나 정도를 나타낼 때는 「競(きそ)う」가 보다 적절하다. 이 경우 「争(あらそ)う」는 우리말의 '다투다' 정도에 해당되고, 「競(きそ)う」는 '겨루다' 정도에 해당된다.

예문과 해설

① 各社(かくしゃ)が争(あらそ)って/競(きそ)って新製品(しんせいひん)を開発(かいはつ)する。(각사가 앞 다투어 신제품을 개발한다)

➲ 이 경우는 서로가 경쟁한다고 하는 뜻으로 쓰였으므로 둘 다 적절한데 「争(あらそ)う」를 쓰게 되면 경쟁사를 뒤로 제치고 자기네만 앞으로 나간다고 하는 뜻이 강하고, 「競(きそ)う」를 쓰게 되면 경쟁사보다 한발 앞서 나간다고 하는 뜻이 강하다.

② 遺産(いさん)をめぐって兄弟(きょうだい)が争(あらそ)う/＊競(きそ)う。(유산을 둘러싸고 형제가 다툰다)

➲ 이 경우는 경쟁하는 것이 아니라 서로가 다툰다고 하는 뜻으로 쓰인 것이므로 「争(あらそ)う」만이 적절하다.

③ 与党(よとう)と野党(やとう)が黒白(こくびゃく)を争(あらそ)う/＊競(きそ)う。(여당과 야당이 흑백을 가리기 위해 다툰다)

➲ 이 경우역시 예문②와 맥락을 같이하고 있다.

④ 各(かく)モデルが美(うつく)しさを競(きそ)って/＊争(あらそ)っている。(각 모델이 아름다움을 겨루고 있다)

➲ 이 경우는 서로가 아름다움을 경쟁한다고 하는 뜻으로 쓰였는데, 여기에서는 상대보다 자기가 한발 앞서 나간다고 하는 뜻이 보다 강한 「競(きそ)う」가 적절하다.

⑤ オリンピックで選手たちがそれぞれ技を競う/＊争う。
(올림픽에서 선수들이 각각 기술을 겨룬다)

➲ 이 경우역시 예문④와 맥락을 같이하고 있다.

⑥ 子供たちが些細なことで争う。(아이들이 사소한 일로 다툰다)

➲ 이 경우는 다툰다고 하는 뜻으로 쓰였다.

⑦ 両大国が覇権を争っている。(양 대국이 패권을 다투고 있다)

⑧ 医者と宗教家が臓器移植の是非を争う。
(의사와 종교가가 장기이식의 옳고 그름을 다툰다)

⑨ 試合で勝負を争う。(시합에서 승부를 다툰다)

⑩ 優等生がそれぞれ成績を競っている。(우등생이 각자 성적을 겨루고 있다)

➲ 이 경우는 선의의 경쟁을 나타내고 있다.

⑪ 競技者が勝敗を競う。(경기자가 승패를 겨룬다)

⑫ みんな競って新製品を買い占める。(모두 앞 다투어 신제품을 사들인다)

➲ 이 경우와 같이 「競って」의 형태로서 우리말의 '앞 다투어'의 뜻으로 쓰인다.

「ありがとうございます」「ありがとうございました」

공통의미

감사표현에서의 두 가지 표현방식

요점

1. 일본어에서는 감사표현을 할 때에 현재형인 「ありがとうございます」의 형태와, 과거형인 「ありがとうございました」의 두 가지 형태가 쓰인다. 또한 축하표현에서도 「おめでとうございます」와 「おめでとうございました」의 두 가지 형태가 쓰이며, 아울러 음식대접에 대

한 인사표현에 있어서도 「ごちそうさまです」「ごちそうさまでした」의 두 가지 형태가 쓰이는데, 다만 아침인사인 「おはようございます」와 신년인사인 「明(あ)けましておめでとうございます」에는 현재형만 쓰일 뿐, 과거, 완료형은 쓰이지 않는다.

2. 우리말에서는 위의 다양한 인사표현 중에서 「ありがとうございます」에 한하여 말하는 시점현재의 감사기분을 나타낼 때는 현재형을 쓰고 과거의 사실에 대한 감사기분을 나타낼 때는 과거형을 쓰는데, 이 점에서는 일본어도 같다. 문제는 말하는 시점현재에서의 감사기분을 나타낼 때인데, 일본어에서는 그러한 경우에도 현재형과 과거형의 두 가지를 쓸 수 있다는 점이 근본적으로 다르다.
3. 현재형인 「ありがとうございます」「おめでとうございます」「ごちそうさまです」는 단지 감사와 축하, 그리고 음식대접에 대하여 말하는 사람의, 예를 갖추고자 하는 마음을 의례적이고 정형적인 인사표현으로 나타내고 있을 뿐이다.
4. 한편 「ありがとうございました」「おめでとうございました」「ごちそうさまでした」와 같이 말하는 시점에서의 인사를 과거형으로 나타내는 경우에는 그러한 인사를 해야 할 대상이 실현된 것에 대하여, 말하는 사람이 확정적으로 힘주어 인사하고자 하는 기분이 들어가 있는 셈이다.

예문과 해설

① 昨日(きのう)は本当(ほんとう)にどうもありがとうございます/ありがとうございました。
(어제는 정말로 대단히 감사했습니다)

➲ 이 경우는 문두에 「昨日(きのう)」라는 말이 있는 것으로 보아서 감사의 대상이 이미 과거에 발생한 셈인데도 현재형과 과거형의 두 가지가 쓰였다. 이러한 경우에 우리말에서는 과거형을 쓰는 것이 일반적인데, 일본어의 과거형은 현재형에 비해서 말하는 사람의 감사기분이 확실하게 힘주어 표현되는 셈이다.

② (상대의 아들이 대학입시에 합격했다는 사실을 전해 듣고)
それはおめでとうございます/おめでとうございました。 (그거 축하드립니다)

➲ 이 경우역시 과거형은 현재형에 비해서 말하는 사람의 확실한 축하기분이 들어가 있는 셈인데, 우리말에서는 이러한 경우 오로지 현재형만을 쓰게 된다.

③ (상대가 음식을 싸 가지고 온 상황에서)
それはどうも、ごちそうさまです/ごちそうさまでした。 (감사합니다. 잘 먹겠습니다)

➲ 이 경우도 과거형을 쓰게 되면 음식을 싸가지고 온 상대에 대한 감사의 기분이 보다 확실하게 들어가게 된다. 우리말에서는 이러한 경우 과거형을 쓰게 되면 이미 음식대접을 받은 것에 대한 감사표현이 된다.

④ おはようございます/✱おはようございました。 (안녕하십니까?)

➲ 이 경우와 같이 단순하고 정형적이며, 관습적인 아침인사인 때는 과거형은 일체 쓸 수가 없는데, 의례적인 인사표현에는 말하는 사람의 확실한 기분이 들어갈 만한 여지가 없기 때문이다.

⑤ 明(あ)けましておめでとうございます/✱おめでとうございました。

(새해 복 많이 받으십시오)

➲ 이 경우 역시 정형적이고 의례적인 인사표현이므로 과거형은 일체 쓸 수가 없다.

「あります」「～です」

(富士山(ふじさん)の高(たか)さは3,776メートル<u>あります</u>、富士山(ふじさん)の高(たか)さは3,776メートル<u>です</u>)

공통의미

됩니다(크기, 거리, 무게, 온도 등이 보통이상임을 나타내는 의미용법)

요점

1. 「あります(동사 「ある」의 정중체)」는 일과 사물의 존재나 소유를 나타내는 것이지만, 한편으로는 특수한 용법으로 크기나 거리, 무게, 온도 등이 보통을 훨씬 넘어섬을 나타내기도 한다(예문①③⑤⑦⑧). 다만, 어디까지나 평범한 대상에는 쓰이지 못하고 보통을 훨씬 넘어서는 대상에 대하여 말하는 사람의 놀라움, 감탄 등의 기분을 나타내는 것인데 우리말의 '～이(가)됩니다'에 해당된다.
2. 「です」는 단정의 조동사로서 그 앞에 제시된 내용이 바로 그러함을 단지 정중하게 나타내는 말이다(예문①②③④⑤⑥). 우리말의 '～입니다'에 해당된다.

예문과 해설

① 富士山(ふじさん)の高(たか)さは3,776メートルあります/富士山(ふじさん)の高(たか)さは3,776メートルです。

(후지산의 높이는 3,776미터나 됩니다/후지산의 높이는 3,776미터입니다)

➲ 이 경우 「あります」를 쓰게 되면 후지산의 높이가 엄청나게 높다고 하는 사실을 실감나게 표현하게 되지만, 「です」를 쓰게 되면 단지 후지산의 높이가 그러하다고 하는 사실만을 나타내게 된다.

② 裏山(うらやま)の高(たか)さは452メートルです/✱裏山(うらやま)の高(たか)さは452メートルあります。

(뒷산의 높이는 452미터입니다)

➲ 이 경우의 뒷산은 불과 452미터로 산치고는 그리 높은 편이 아니므로 「あります」는 부적절하

다.

③ あの選手は身長が2メートルぐらいあります/2メートルぐらいです。

(저 선수는 신장이 2미터 정도 됩니다/2미터입니다)

➲ 이 경우 「あります」를 쓰게 되면 선수의 키가 보통에 비하여 무척이나 높다고 하는 사실을 실감나게 표현하게 되지만, 「です」를 쓰게 되면 단지 선수의 키가 2미터임을 나타낼 뿐이다.

④ あの選手は身長が1メートル63センチです/＊1メートル63センチあります。

(저 선수는 신장이 1미터63센티입니다)

➲ 선수의 키가 불과 163센티라면 선수는 차치하고라도 일반사람으로서도 그리 큰 키는 아니므로 「あります」는 부적절하다.

⑤ 東京から大阪まで五百キロばかりあります/五百キロばかりです。

(도쿄에서 오사카까지 5백키로 가량 됩니다)

➲ 이 경우 「あります」를 쓰게 되면 꽤나 거리가 떨어져있음을 나타내게 되지만, 「です」를 쓰게 되면 단지 그러한 거리임을 나타낼 뿐이다.

⑥ 本館から図書館までは50メートルぐらいです/＊50メートルぐらいあります。

(본관에서 도서관까지는 50미터정도입니다)

➲ 이와 같이 그다지 먼 거리가 아닌 경우에는 「あります」는 부적절하다.

⑦ この敷地は何坪ぐらいありますか。(이 부지는 몇 평정도 됩니까?)

➲ 아마도 상당한 평수가 예상되기 때문에 「あります」를 썼을 것으로 짐작된다. 만약 그다지 넓은 평수가 아니라면 당연히 「~です」를 썼을 것이다.

⑧ 今日はとても暑いですね。何度ぐらいありますか。

(오늘은 무척이나 덥군요. 몇 도쯤 됩니까?)

➲ 이 경우역시 위의 예문⑦과 맥락을 같이하고 있다.

참고

우리말에서는 이러한 경우, 그 대상이 보통이상이건 아니건 상관없이,
'이 건물은 몇 평정도 됩니까?'
'저 코끼리의 몸무게는 1톤가량 됩니다'
'저 산의 높이는 1350미터나 된다'
'오늘의 온도는 33도나 된다고 한다. 그래서 이렇게나 더운 거네'
와 같이 '~된다, ~됩니다'가 쓰이지만, 일본어에서는 위에서 보는 바와 같이 동사 「ある」가 쓰이는 점에 주의할 필요가 있다.

「ある」「いる」

(兄(あに)は子供(こども)が三人(さんにん)あります、兄(あに)は子供(こども)が三人(さんにん)います)

공통의미

있다(사람이나 사물의 존재, 소유를 나타내는 의미용법)

요점

1. 사람이나 사물의 존재나 소유를 나타낼 때, 우리말에서는 오로지 '있다'로만 표현하만, 일본에서는 그 대상에 따라서 「ある」와 「いる」의 두 가지 동사가 변별적으로 사용되고 있다.
2. 기본적으로 「ある」는 일이나 사물의 존재나 소유를 나타내고 「いる」는 생명체의 존재를 나타낸다.
3. 보다 간단하게는 존재를 나타냄에 있어서 「ある」는 움직이지 못하는 것의 존재를 (예문①④⑤⑥⑦), 「いる」는 움직이는 것의 존재를 나타낸다(예문②⑧⑨⑩⑪⑫).
4. 생명체일지라도 사람의 혈연이나 지연관계를 나타낼 때는 「ある」를 쓰는 것이 일반적이다(예문③).

예문과 해설

① あそこに池(いけ)があります/✱います。(저기에 연못이 있습니다)

➲ 연못은 사물이며 움직이지 못하는 존재이므로 「ある」가 적절하며 「いる」는 움직이는 사물에 쓰이므로 여기에서는 부적절하다.

② 池(いけ)の中(なか)には魚(さかな)がたくさんいる/✱ある。(연못 속에는 물고기가 많이 있다)

➲ 물고기는 생명체로 움직이는 것이므로 「いる」가 적절하며 「ある」는 부적절하다. 하지만, 실제로 살아서 움직이는 물고기일지라도 횟집 같은 가게에 있는 경우에는 「ある」를 쓰곤 하는데, 이것은 하나의 상품으로 취급하기 때문이다. 가게의 진열장에 「うなぎ, あります(장어, 있습니다)」와 같이 글자를 써 붙인 경우가 그 예가 된다.

③ 兄(あに)は子供(こども)が三人(さんにん)あります/います。(형은 아이가 세 명 있습니다)

➲ 아이는 생명체이긴 하나 혈연관계를 나타내므로 「ある」를 쓰는 것이 보통이지만 「いる」를 써도 무방하다.

④ ここは、桜の木がたくさんありますね。(이곳은 벚나무가 많이 있군요)

➲ 벚나무는 생명체이긴 하나 움직이지 못하는 것이므로 「ある」를 사용한다.

⑤ 昨日ソウルで大きな火事がありました。(어제 서울에서 큰 화재가 있었습니다)

➲ 화재는 사건이며 움직이지 못하는 것이므로 「ある」를 사용한다.

⑥ 机の上にある本は誰のですか。(책상 위에 있는 책은 누구 것입니까?)

⑦ 公園は学校の東にある。(공원은 학교동쪽에 있다)

⑧ あなたの友だちはどこにいますか。(당신의 친구는 어디에 있습니까?)

➲ 친구는 생명체이고 움직일 수 있으므로 「いる」를 사용한다.

⑨ このクラスには日本人はいますが、中国人はいません。

(이 반에는 일본인은 있습니다만, 중국인은 없습니다)

➲ 일본인이나 중국인 모두 생명체이고 움직일 수 있으므로 「いる」를 사용한다.

⑩ 子供の時からずっと東京にいる。(아이 때부터 줄곧 도쿄에 있다)

⑪ 道に犬がいて、こわかった。(길에 개가 있어서 무서웠다)

⑫ いま部屋にはだれもいません。(지금 방에는 아무도 없습니다)

참고

옛날이야기를 시작할 때 서두에서 쓰이는 「昔、おじいさんがありました」(옛날에 할아버지가 있었습니다)」의 경우에는 보통 「ある」를 쓰는데, 이 경우에는 할아버지를 움직일 수 있는 생명체로 보는 것이 아니라, 정지 상태에 있는 하나의 존재로 보기 때문이다. 또한, 생명체가 없는 「車(자동차)、船(배)」라고 할지라도, 사람에 의하여 조종되는 경우에는 「いる」를 쓸 수 있다.

「駅前にはいつも、2～3台タクシーがいる」(역 앞에는 언제나 두 세대의 택시가 있다)

「昨日から怪しい船が水平線にいる」(어제부터 수상한 배가 수평선에 있다)」

물론, 단순히 자동차가 주차되어있음에 불과할 경우에는 변함없이 「ある」를 쓴다.

「駐車場には車がたくさんある」(주차장에는 차가 많이 있다)」

마지막으로, 생명체가 있고 움직일 수 있는 물고기일지라도 횟집의 수족관 속에서 움직이고 있는 경우에는 단순한 상품으로 간주하기에 「ある」를 쓴다.

「この店の水槽には魚がたくさんある」(이 가게의 수족관에는 물고기가 많이 있다)」

「ある～」「とある～」

(ある本屋に立ち寄る、とある本屋に立ち寄る)

공통의미

어떤, 어느

요점

1. 기본적으로 「ある～」와 「とある～」는 둘 다 확실하게 가리킬 수 없는 대상을 나타내는 것으로 우리말의 '어떤' 에 해당되지만, 「ある～」에 비해서 「とある～」가 훨씬 용법상에 제한이 있다.
2. 「ある～」는 어떠한 대상에도 쓸 수 있는 것으로 우리말의 '어떤'에 해당된다(예문①②③).
3. 「とある～」는 이동 중에 우연히 눈에 띄게 된 대상에만 쓸 수 있는 것으로 이 역시 우리말의 '어떤'에 해당된다(예문①④).

예문과 해설

① 市内へ行って、ある/とある本屋でこの本を買った。

(시내에 가서, 어떤 책방에서 이 책을 샀다)

➲ 이 경우 「ある~」를 쓰게 되면 시내에 있는 많은 책방 중의 한 책방을 단지 가리킬 뿐이지만, 「とある~」를 쓰게 되면 시내를 다니다가 우연히 들르게 된 책방을 가리킨다.

② この町のある/＊とある工場ではピアノを作っている。

(이 거리의 어떤 공장에서는 피아노를 만들고 있다)

➲ 이 경우와 같이 단지 시내에 있는 어떤 불특정한 공장을 가리킬 때는 「ある~」가 적절하다. 「とある~」는 오로지 이동하다가 우연히 눈에 띄게 된 공장을 가리키는 것이므로 여기에서는 부적절하다.

③ 彼はやっと今度の旅行の目的地だったある/✱とあるお寺についた。
(그는 겨우 이번 여행의 목적지였던 어느 절에 도착했다)

➲ 이 경우역시 이동하다가 우연히 눈에 띄게 된 절이 아니라, 당초부터 목적지로 삼고 있던 절을 나타내므로 「ある~」만이 적절하다.

④ あちこち歩きまわって、とある/✱ある店で偶然このカメラが目についた。
(여기저기 돌아다니다가, 어떤 가게에서 우연히 이 카메라가 눈에 띄었다)

➲ 이 경우는 여기저기를 이동하다가 우연히 눈에 띄게 된 카메라를 나타내므로 「とある~」만이 적절하다.

「あるいは」「ひょっとすると」「もしかすると」

공통의미

어쩌면

요점

1. 「あるいは」는 객관적인 증거나 판단을 토대로 비교적 실현성이 높은 경우에 쓰인다(예문①②③④⑤). 그 뒤에는 주로 「～かも知れない(～(일, 할)런지도 모른다」「～だろう(～일 것이다)」와 같은 추측표현이 온다.
2. 「ひょっとすると」는 예상 밖의 사태가 우연히 일어날 때의 놀라움을 나타내는데 비교적 실현성이 낮은 것을 가정하는 데에 쓰인다(예문⑥⑦⑧⑨). 경우에 따라서는 「ひょっとしたら」로도 쓰이는데 의미용법은 같다. 그 뒤에는 주로 「～かも知れない(～(일, 할)런지도 모른다)」「～だろう(～일 것이다)」와 같은 추측표현이 온다.
3. 「もしかすると」는 뚜렷한 증거가 없이 그렇게 될 가능성이 어느 정도 있음을 막연하게 나타낸다(예문⑩⑪⑫⑬). 경우에 따라서는 「もしかしたら」로도 쓰이는데, 의미용법은 같다. 그 뒤에는 주로 「～かも知れない(～(일, 할)런지도 모른다)」「～だろう(～일 것이다)」와 같은 추측표현이 온다.

예문과 해설

① あるいはそうかも知れない。(어쩌면 그럴 런지도 모른다)

➲ 「あるいは」는 다른 말들에 비해서 비교적 실현성이 높다.

② 夜になってあるいは一雨あるかも知れません。
(밤이 되어서 어쩌면 한바탕 비가 올 런지도 모릅니다)

③ 彼はあるいは病気かも知れない。(그는 어쩌면 병 일 런지도 모른다)

④ 企画はあるいは中止ということもありうる。
(기획은 어쩌면 중지라고 하는 일도 있을 수 있다)

⑤ 帰りが遅いところを見ると、あるいは残業しているのだろう。
(귀가가 늦는 것을 보면, 어쩌면 잔업하고 있을 것이다)

⑥ ひょっとすると犯人は彼かも知れない。(어쩌면 범인은 그일 런지도 모른다)

➲ 이 경우는 그가 범인일지도 모른다고 하는 의외성을 나타내고 있다.

⑦ ひょっとすると大変なことになるかも知れません。
(어쩌면 큰일이 날 런지도 모릅니다)

⑧ ひょっとしたら帰れないかも知れない。(어쩌면 돌아갈 수 없을 런지도 모른다)

➲ 「ひょっとすると」와 의미상의 차이는 없다.

⑨ ひょっとしたら優勝できるかも知れない。(어쩌면 우승할 수 있을지도 모른다)

⑩ もしかすると彼はもう来ないかも知れない。(어쩌면 그는 이제 안 올 런지도 모른다)

➲ 이 경우는 그가 안 올지도 모른다고 하는 추측을 막연하게 하고 있다.

⑪ もしかすると午後から雨になるかも知れない。
(어쩌면 오후부터 비가 올 런지도 모른다)

⑫ もしかしたら鍵をかけ忘れたんじゃないだろうか。
(어쩌면 열쇠를 잠그는 것을 잊은 것은 아닐까)

➲ 「もしかすると」와 의미상의 차이는 없다.

⑬ 野球を続けていれば、もしたしたらプロの選手になったかも知れない。
(야구를 계속하고 있다면, 어쩌면 프로선수가 되었을 지도 모른다)

참고

「あるいは」에는 이 밖에도 '혹은, 또는'의 의미를 나타내는 접속사로서의 용법도 있으나, 다른 말에는 이와 같은 용법이 없다.

「本人かあるいは保護者かのどちらかが出頭してください」 (본인이나 혹은 보호자의 어느 쪽인가가 출두해 주십시오)

「九州へは新幹線あるいは飛行機が便利だ」 (규슈로는 신칸센 또는 비행기가 편리하다)

「あるいは」「または」「もしくは」「それとも」

공통의미

혹은, 또는

요점

1. 「あるいは」(예문①②③④) 「または」(예문⑤⑥⑦⑧) 「もしくは」(예문⑨⑩⑪⑫)는 둘 중의 하나를 선택하는 경우에 쓰이는 것으로 우리말의 '혹은, 또는' 정도에 해당되는데, 주로 문장체에서 쓰인다.
2. 「それとも」는 둘 중에서 반드시 하나만을 선택하는 경우에 쓰이는데 의문이나 질문의 경우에만 쓰이는 것으로 우리말의 '아니면' 정도에 해당된다(예문⑬⑭⑮⑯). 다른 세 가지 말과는 달리 오로지 회화체에서만 쓰인다.

예문과 해설

① 研究結果を口頭発表、あるいは論文の形で報告する。
(연구결과를 구두발표, 혹은 논문의 형태로 보고한다)

➲ 이 경우는 구두발표와 논문 중의 하나만을 나타내는 것으로 비교적 딱딱한 어감이 주어진다.

② ペンあるいは筆で書いてください。 (펜 또는 붓으로 써주십시오)

③ 九州へは新幹線あるいは飛行機が便利だ
(규슈로는 신칸센 또는 비행기가 편리하다)

④ 進学しようか、あるいは就職しようかと迷っている。
(진학할까, 또는 취직할까 하고 망설이고 있다)

⑤ 電話または電報で知らせます。(전화 또는 전보로 알리겠습니다)

➲ 이 경우는 전화와 전보 중에서 하나만을 선택하는 뜻으로 쓰였는데 역시 비교적 딱딱한 어감이 주어진다.

⑥ 肉または魚の料理を準備します。(고기 혹은 생선요리를 준비하겠습니다)

⑦ AまたはBに○を付けよ。(A또는B に○를 달아라)

⑧ 電話で知らせるか、またはメールを送ってください。
(전화로 알리든지, 혹은 메일을 보내 주십시오)

⑨ 万年筆もしくはボールペンで書くこと。(만년필 또는 볼펜으로 쓸 것)

➲ 이 경우는 만년필과 볼펜 중에서 하나만을 선택하는 뜻으로 쓰였는데 비교적 딱딱한 어감이 주어진다.

⑩ 会員もしくは会員の家族に限り、入場を認める。
(회원 또는 회원가족에 한하여 입장을 인정한다)

⑪ 手紙もしくは電話で連絡せよ。(편지 또는 전화로 연락하라)

⑫ 彼は死んだのだ。もしくはどこか遠くに身を隠したのだ。
(그는 죽은 거다. 혹은 어딘가 먼 곳에 몸을 숨긴 것이다)

⑬ 強行するか、それとも断念するか。(강행할 것인가, 아니면 단념할 것인가)

➲ 「それとも」는 오로지 회화체에서만 쓰이는 것으로 상대에게 질문을 하거나 의문을 표시할 때에 쓰인다.

⑭ 来週にしましょうか、それとも再来週の方がいいですか。
(다음 주로 할까요, 아니면 다다음주 쪽이 좋습니까?)

⑮ お茶? それともコーヒー?(차? 아니면 커피?)

⑯ 行く?、それとも行かない？(갈래? 아니면 안 갈래?)

「歩(ある)く」「歩(あゆ)む」

(堂々(どうどう)と<u>歩(ある)く</u>、堂々(どうどう)と<u>歩(あゆ)む</u>)

공통의미

걸어가다

요점

1. 우리말에서는 실제로 두발로 걷거나 살아온 발자취를 나타내는 경우, 모두 '걸어가다'만으로 표현하지만, 일본어에서는 「歩(ある)く」와 「歩(あゆ)む」가 공존하고 있어서 나타내고자 하는 내용에 따라서 구별 사용되고 있다.
2. 「歩(ある)く」는 두 다리를 사용하여 실제로 걸어가는 것을 나타낸다(예문①②③⑤⑥⑦⑧).
3. 「歩(あゆ)む」는 실제로 걸어가는 것보다 오히려 어떠한 일이 진행되거나 추상적인 전개가 이루어짐을 나타낸다(예문①②④⑨⑩⑪).

예문과 해설

① 堂々(どうどう)と歩(ある)く/歩(あゆ)む。(당당하게 걸어간다)

➲ 둘 다 쓸 수 있는데 「歩(ある)く」를 쓰면 당당한 모습으로 걸어가는 것을, 「歩(あゆ)む」를 쓰면 당당하게 자신의 길을 개척해 나간다는 것을 나타낸다.

② 誠実(せいじつ)に歩(ある)いて/歩(あゆ)んで来(き)た人生(じんせい)。(성실하게 걸어온 인생)

➲ 이 경우는 상징적인 의미에서 「歩(ある)く」도 쓸 수가 있으며 「歩(あゆ)む」는 말할 것도 없이 물론 쓸 수가 있다.

③ 町中(まちなか)を歩(ある)く/＊歩(あゆ)む。(거리를 걷다)

➲ 실제로 뚜벅뚜벅 걸어가는 것이므로 「歩(ある)く」를 사용하여야 한다.

④ 人生(じんせい)を歩(あゆ)む/＊歩(ある)く。(인생을 걸어간다)

➲ 인생은 구체적으로 걸어가는 것이 아니므로, 진전의 의미를 나타내는 「歩(あゆ)む」를 사용하여야 한다.

⑤ 私は時々家のまわりを歩く。(나는 때때로 집 주위를 걷는다)

⑥ 散歩がてら駅まで歩いて行った。(산책 겸해서 역까지 걸어서 갔다)

⑦ 歩きながら本を読む学生がいる。(걸으면서 책을 읽는 학생이 있다)

⑧ 明日は暇だから、あちこち見て歩きたい。
(내일은 한가하니까, 여기저기 보면서 걷고 싶다)

⑨ 父は苦難の道を歩んで来た。(아버지는 고난의 길을 걸어왔다)
➲ 이 경우는 실제로 두 발로 걸은 것이 아니라 인생역정을 추상적으로 나타내고 있다.

⑩ 姉は受難の生涯を歩む運命だった。(누나는 수난의 생애를 가는 운명이었다)
➲ 이 경우도 인생살이를 추상적으로 나타내고 있다.

⑪ 戦後、女性の歩んだ道を顧みる。(전후, 여성이 걸어온 길을 되돌아본다)
➲ 이 경우 역시 지금까지 살아온 발자취를 추상적으로 나타내고 있다.

「あわてる」「うろたえる」「まごつく」

(突然質問されてあわてる、突然質問されてうろたえる、突然質問されてまごつく)

공통의미

당황하다, 어쩔 줄 모르다

요점

1. 「あわてる」는 불시에 일이 터져서 어떻게 해야 좋을지 몰라 하는 모습을 나타내는데, 우리말의 '당황하다' 정도에 해당된다(예문①②③⑥⑦⑧).
2. 「うろたえる」는 예상치 못했던 사태에 직면하여 그 해결책을 위해 몸부림치는 모습을 나타내는데, 우리말의 '허둥대다' 정도에 해당된다(예문①②④⑤⑨⑩⑪).
3. 「まごつく」는 익숙하지 않은 일로 인해 단지 어안이 벙벙해지거나 갈팡질팡하는 모습을 나타내는데, 우리말의 '어리둥절하다, 헤매다' 정도에 해당된다(예문①④⑫⑬⑭).

예문과 해설

① 突然質問されてあわてる/うろたえる/まごつく。

(갑자기 질문을 받고 당황한다/허둥댄다/어리둥절하다)

➲ 이 경우는 어느 것이나 적절한데 「あわてる」를 쓰게 되면 매우 당황하는 모습자체를 나타내고, 「うろたえる」를 쓰게 되면 어떻게 대처할 것인가 무척 고심하는 모습을 나타내며, 「まごつく」를 쓰게 되면 단지 질문 받는 것에 익숙하지 않아서 어찌할 바를 몰라 어안이 벙벙해지는 모습만을 나타내게 된다.

② 秘密がばれてあわてる/うろたえる/✱まごつく。(비밀이 폭로되어 당황한다/허둥댄다)

➲ 이 경우와 같이 비밀이 폭로될 정도의 사안으로 인해 어찌할 바를 몰라 하는 때는 「まごつく」는 부적절하다. 「まごつく」는 어디까지나 익숙하지 않은 일에 대하여 어안이 벙벙해지는 모습에만 쓰인다. 만약 여기에서 「まごつく」를 쓰게 되면 비밀이 폭로되는 엄청난 사안에 쓰기에는 너무 의미가 약해지게 된다.

③ 火事の知らせにあわてて/?うろたえて/✱まごついて駆け付ける。

(화재라는 소식에 당황해서 쫓아간다)

➲ 이 경우는 불시의 소식에 무척 당황한 모습을 나타내는 것이므로 「あわてる」가 가장 적절하다. 「うろたえる」는 해결책에 고심하는 의미도 포함되는데, 여기에서와 같이 해결책을 생각할 겨를이 전혀 없는 경우에는 다소 부적절하며, 「まごつく」는 단지 어안이 벙벙해지는 모습만을 나타내므로 여기에서는 문맥상 부적절하다. 불이 났다는 소식에 어안이 벙벙해져 있을 뿐, 현장으로 쫓아가지 않을 사람은 우선 없을 것이기 때문이다.

④ 不慣れな仕事でうろたえた/まごついた/?あわてた。

(익숙하지 않은 일로 허둥댔다/어리둥절했다)

➲ 이 경우와 같이 사안이 심각하지 않고 단지 익숙하지 않은 일로 인해 허둥댐을 나타낼 때는 「うろたえる」와 「まごつく」가 적절하다. 이 경우에 「あわてる」를 쓰게 되면 너무 의미가 과장되게 되어버려서 다소 부적절하다.

⑤ 自分のはきものがわからなくて、まごついた/?あわてた/✱うろたえた。

(내 신발을 알 수 없어서, 어리둥절했다)

➲ 이 경우와 같이 사안이 단순하고 단지 어안이 벙벙한 모습을 나타낼 때는 「まごつく」가 적절하다. 「あわてる」를 쓰게 되면 의미가 과장되게 되어버려서 다소 부적절하며, 특히 「うろたえる」는 여기에서는 그 과장의 정도가 너무 심하게 되어 부적절하다.

⑥ 突然の来客にあわてた。(갑작스런 손님에 당황했다)

⑦ 事の急変にあわてた。(일이 급변하여 당황했다)

⑧ 犯人はサイレンの音にあわてて逃げた。(범인은 사이렌소리에 당황하여 도망갔다)

⑨ 突然の友だちの死亡にうろたえる。(갑작스런 친구의 사망에 허둥댄다)

➲ 이 경우는 예상치 못한 일에 직면하여 어찌할 바 몰라 하는 모습을 나타내고 있다.

⑩ 不正(ふせい)が発覚(はっかく)してうろたえる。(부정이 발각되어 허둥댄다)

⑪ 過去(かこ)の前歴(ぜんれき)がばれてうろたえる。(과거의 전력이 드러나서 허둥댄다)

⑫ 外国(がいこく)で道(みち)がわからずまごついた。(외국에서 길을 몰라서 어리둥절했다)

➲ 이 경우는 익숙하지 않은 환경으로 인하여 어안이 벙벙해졌음을 나타내고 있다.

⑬ 複雑(ふくざつ)な空港(くうこう)でまごついた経験(けいけん)は誰(だれ)にでもあるだろう。
(복잡한 공항에서 헤맸던 경험은 누구에게나 있을 것이다)

➲ 이 경우역시 익숙하지 않은 환경으로 인하여 갈 길을 몰라 갈팡질팡했음을 나타내고 있다.

⑭ 今(いま)までどこをまごついていた。(지금까지 어디를 헤매고 있었나?)

「あんな～」「ああいう～」「あのような～」

(あんな人(ひと)とは思(おも)わなかった、ああいう人(ひと)とは思(おも)わなかった、あのような人(ひと)とは思(おも)わなかった)

공통의미

저런, 저러한, 저와 같은

요점

1. 「あんな」는 회화체에서 가장 많이 쓰이는 것으로 우리말의 '저런' 에 해당되지만(예문①②), 그 대상을 경시하여 부정적으로 쓰이는 일이 있다(예문③④). 「あんな」는 이 상태로 뒤에 오는 명사를 그대로 수식하지만, 한편으로는 그 뒤에 접속조사 「ので」와 「のに」, 그리고 종조사 「の」가 올 때는 각각 「あんななので」「あんななのに」「あんななの」의 형태를 취하게 된다(예문⑤⑥). 아울러 「あんなに(저토록, 저만큼)」의 형태로 상대의 태도나 언행을 부정적으로 나타내는 경우가 많은데 다른 말에는 이러한 의미용법이 없다(예문⑦⑧).
2. 「ああいう」는 말하는 사람의 경험에 의한 일이나 상태를 예시하듯이 가리키는 것으로 우리말의 '저러한' 정도에 해당된다(예문⑨⑩⑪).
3. 「あのような」는 격식을 차린 말투로서 어떤 대상을 예시하여 나타내는 데 우리말의 '저와

같은'에 해당된다(예문⑫⑬⑭).

예문과 해설

① あんな美人はあまりいない。(저런 미인은 그다지 없다)

② あんなときはどうしたらいいですか。(저런 때는 어떻게 해야 좋습니까?)

③ あんな方法では駄目だ。(저런 방법으로는 안 된다)

④ 人前でよくあんなことが言えるね。(사람 앞에서 용케도 저런 말을 할 수가 있네)

➲ 이 경우는 상대의 말을 비판적으로 나타내고 있는데 다른 말에는 이러한 용법이 없다.

⑤ 意欲はあんななのに実績は足りない。(의욕은 저러한데 실적은 모자란다)

⑥ あの子はいつもあんななの? (저 아이는 언제나 저러나?)

⑦ あんなにほしいと言ったのに。(저토록 필요하다고 말했는데)

➲ 이 경우는 상대의 언행이나 태도를 비판적으로 나타내고 있는데 다른 말에는 이러한 용법이 없다.

⑧ あんなに言っても分からない。(저만큼 말해도 모른다)

⑨ ああいう時こそ、もっと慎重に行動すべきだった。
(저러한 때일수록, 보다 신중하게 행동해야했었다)

➲ 이 경우는 나타내고자 하는 때를 예시하듯이 가리키고 있다.

⑩ ああいうことは言わないほうがいい。(저러한 일은 말하지 않는 편이 좋다)

➲ 이 경우는 나타내고자 하는 사안을 예시하듯이 가리키고 있다.

⑪ ああいう問題があるから困る。(저러한 문제가 있으니까 곤란하다)

⑫ あのような人は珍しい。(저와 같은 사람은 드물다)

➲ 세 가지 말 중에서 가장 격식을 차린 어감이 주어진다.

⑬ あのような無茶なことをしたら体をこわす。
(저와 같은 무모한 짓을 하면 몸을 망친다)

⑭ あのような目には二度とあいたくない。
(저와 같은 눈은 두 번 다시 만나고 싶지 않다)

「意(い)」「意志(いし)」「意思(いし)」「志(こころざし)」

공통의미

뜻, 의사

요점

1. 「意(い)」는 막연한 생각이나 기분에서부터 무언가를 하고자 하는 생각이나 기분에 이르기까지 폭넓게 쓰이는 말로 우리말의 '뜻'에 해당된다(예문①④⑤).
2. 「意志(いし)」는 어떤 일을 적극적으로 하고자 하는 마음가짐이나 보다 명확한 생각을 나타내는 말로 우리말의 '의지'에 해당된다(예문②⑥⑦).
3. 「意思(いし)」는 어떤 일을 하고자 하는 생각이나 기분을 나타내는 것으로 우리말의 '의사'에 해당된다(예문③⑧⑨).
4. 「志(こころざし)」는 어떤 목적이나 목표를 실현하고자 결심한 것으로 우리말의 '뜻'에 해당된다(예문②⑩⑪).

예문과 해설

① 満足(まんぞく)の意(い)/＊意志(いし)/＊意思(いし)/＊志(こころざし)を表(あらわ)す。(만족의 뜻을 나타낸다)

➲ 이 경우와 같이 뚜렷한 생각이나 목표가 없는 기분을 단지 나타내는 경우에는 「意(い)」만이 적절하다. 「意志(いし)」는 적극적인 의지를 나타내고, 「意思(いし)」는 무언가를 하고자 하는 생각을 나타내며,

「志(こころざし)」는 확고한 뜻을 나타내므로 세 가지 다 여기에서는 부적절하다.

② 意志(いし)/志(こころざし)/✱意(い)/✱意思(いし)を貫(つらぬ)く。(의지를/뜻을 관철시키다)

➲ 이 경우는 적극성, 지향성을 지닌 생각이나 기분을 나타내는 것이므로 「意志(いし)」와 「志(こころざし)」가 적절하다. 「意(い)」와 「意思(いし)」는 동사 「貫(つらぬ)く(관철시키다)」와 함께 쓰이기에는 그 뜻의 정도가 너무 약하므로 부적절하다.

③ 個人(こじん)の意思(いし)/?意志(いし)/✱意(い)/✱志(こころざし)を尊重(そんちょう)する。(개인의 의사/?의지를 존중하다)

➲ 이 경우는 단지 개인적으로 지니고 있는 생각을 나타내는 것이므로 「意思(いし)」가 적절하다. 「意志(いし)」는 어떤 일을 달성하고자 하는 생각이나 기분을 나타내는 것인데, 만약 그 개인의 마음가짐을 나타내는 경우라면 적절하다.

④ 感謝(かんしゃ)の意(い)をあらわす。(감사의 뜻을 나타낸다)

⑤ 先生(せんせい)の意(い)に反(はん)することはしないでくれ。(선생님의 뜻에 반하는 일은 하지 말아다오)

⑥ 相手(あいて)の意志(いし)を尊重(そんちょう)する。(상대의 의지를 존중한다)

➲ 이 경우는 상대의 적극적인 마음가짐을 나타내고 있다.

⑦ 自分(じぶん)の意志(いし)を貫(つらぬ)く。(자신의 의지를 관철한다)

⑧ それならちゃんと意思(いし)の表示(ひょうじ)をしなさい。(그렇다면 제대로 의사표시를 해라)

➲ 이 경우는 상대가 무언가를 하고자 하는 기분을 나타내고 있다.

⑨ 隣人(りんじん)と意思(いし)を通(つう)じ合(あ)う。(이웃사람과 의사를 서로 통한다)

⑩ 彼(かれ)は一生懸命(いっしょうけんめい)働(はたら)いて自分(じぶん)の志(こころざし)を遂(と)げた。
(그는 열심히 일해서 자신의 뜻을 달성했다)

➲ 이 경우는 무언가를 달성하고자 하는 확고한 결심을 나타내고 있다.

⑪ 山田(やまだ)さんとはいつも志(こころざし)を同(おな)じくしている。(야마다씨와는 언제나 뜻을 같이하고 있다)

「いい」「よい」

(いい行(おこな)いをする、よい行(おこな)いをする)

공통의미

좋다

요점

1. 「いい」와 「よい」는 우리말의 '좋다'에 해당되는 형용사로 그 뜻은 같으나 실제로 쓰이는 활용형에 있어서는 적지 않은 차이가 엿보인다.
2. 「いい」는 회화체에서는 「よい」보다 훨씬 많이 쓰이며, 말을 끝내는 종지형(예문②③)과 뒤에 오는 명사를 수식하는 연체형만이 존재한다(예문①).
3. 「よい」는 「いい」보다는 덜 쓰이지만 그래도 종지형(예문⑤)과 연체형(예문④)이 쓰이고는 있으며, 특히 부정표현(예문⑥)이나 가정표현(예문⑦), 그리고 과거표현(예문⑧)과 추측표현(예문⑨)의 경우에는 반드시 「よい」만이 쓰인다.

예문과 해설

① あの人は本当にいい/よい人だ。(저 사람은 정말로 좋은 사람이다)

➲ 이 경우와 같이 긍정의 뜻을 나타내는 연체형에서는 둘 다 적절하다. 다만, 「よい」보다는 「いい」가 회화체에서는 훨씬 많이 쓰이고 있다.

② 暑いから外出しない方がいい/よい。(더우니까 외출하지 않는 편이 좋다)

➲ 이 경우역시 위의 예문①과 맥락을 같이하고 있다.

③ このスーツはなかなかかっこうがいい/よい。(이 양복은 꽤 맵시가 좋다)

➲ 이 경우도 위의 예문들과 맥락을 같이하고 있다.

④ いい/よい行いをする。(좋은 행동을 한다)

⑤ 今日は天気がいい/よい。(오늘은 날씨가 좋다)

⑥ うそをつくのはよくない/✱いくない。(거짓말을 하는 것은 좋지 않다)

➲ 이 경우와 같이 부정표현으로 쓰일 때는 반드시 「よい」를 이용한 「よくない」만을 써야만 한다.

⑦ あなたがよければ/✱いければ私もいい。(당신이 좋다면 나도 좋다)

➲ 이 경우와 같이 가정표현으로 쓰일 때는 반드시 「よい」를 이용한 「よければ」만을 써야만 한다.

⑧ けががなくてよかった/✱いかった。(부상이 없어서 좋았다)

➲ 이 경우와 같이 과거표현으로 쓰일 때는 반드시 「よい」를 이용한 「よかった」만을 써야만 한다.

⑨ 雨が降りそうだから傘を持っていった方がよかろう/✱いかろう。
(비가 올 것 같으니까 우산을 가지고 가는 편이 좋을 것이다)

➲ 이 경우와 같이 추측표현으로 쓰일 때는 반드시 「よい」를 이용한 「よかろう」만을 써야만 한다.

「いい加減」「なおざり」「おろそか」「ゆるがせ」

공통의미

대충, 소홀히, 적당히

요점

1. 「いい加減」은 어떤 일에 대하여 정확하고 확실하게 처리하지 않고 무책임하게 대충 처리하는 모습을 나타내는 것으로, 회화체에서 가장 일반적으로 쓰인다(예문①②④⑤⑥). 뒤에 오는 명사를 수식할 때는 「いい加減な」의 형태를 취하고 뒤에오는 술어를 수식할 때는 「いい加減に」의 형태를 취하는데, 우리말의 '대충, 적당히'에 해당된다.
2. 「なおざり」는 어떤 중요한 일을 그대로 방치하거나 진지하게 처리하지 않거나 하는 모습을 나타내는 것으로 다소 문장체적이다(예문①④⑦⑧). 뒤에 오는 명사를 수식할 때는 「なおざりな」의 형태를 취하고, 뒤에 오는 술어를 수식할 때는 「なおざりに」의 형태를 취하는데, 우리말의 '아무렇게나' 정도에 해당된다.
3. 「おろそか」는 중시하거나 존중해야 할 대상을 소홀히 다루는 것을 나타내는 것으로 회화체에서 일반적으로 많이 쓰인다(예문①⑨⑩). 때로는 「おろそかに~ない」와 같은 부정표현의 형태로 감사하는 마음을 나타내기도 하는데(예문③⑪). 우리말의 '소홀히' 정도에 해당된다.
4. 「ゆるがせ」는 중요성이나 가치를 인식하지 못하고 가볍게 대처하는 모습을 나타내는 것으로 보통 뒤에는 부정표현을 수반하게 된다(예문⑫⑬). 우리말의 '함부로~할 수 없다' 정도에 해당된다.

예문과 해설

① つい仕事はいい加減に/なおざりに/おろそかに/✱ゆるがせに終わった。
(끝내 일은 소홀하게 끝났다)

➲ 이 경우는 「ゆるがせ」를 빼고는 그 어느 것이나 적절한데 「いい加減」를 쓰게 되면 일을 깔끔하게 처리하지 못했음을 나타내고, 「なおざり」와 「おろそか」를 쓰게 되면 다른 데에

정신이 팔려 일은 딴전이었음을 나타내게 된다. 한편, 「ゆるがせ」는 보통 뒤에 부정표현을 수반하는 형태로 쓰이며, 여기에서와 같이 「ゆるがせに終(お)わる」와 같은 형태로는 쓰이지 않으므로 부적절하다.

② 調(しら)べもせずにいい加減(かげん)に/＊なおざりに/＊おろそかに/＊ゆるがせに書(か)く。
(조사도 하지 않고 대충 쓴다)

➲ 이 경우와 같이 무책임하고 적당히, 그리고 대충 일을 처리함을 나타낼 때는 「いい加減(かげん)」만이 적절하다.

③ 御恩(ごおん)はおろそかに/＊いい加減(かげん)に/＊なおざりに/＊ゆるがせにできない。
(은혜는 소홀히 할 수가 없다)

➲ 이 경우와 같이 상대에 대한 감사의 마음을 경시하거나 소홀하게 할 수 없음을 나타낼 때는 오로지 「おろそか」만이 적절하다.

④ 父(ちち)は困(こま)った時(とき)はいい加減(かげん)な/なおざりな/＊おろそかな/＊ゆるがせな返事(へんじ)をする。
(아버지는 곤란할 때는 적당한 대답/아무렇게나 대답을 한다)

➲ 이 경우는 대충 얼버무리는 듯이 대답을 하는 것이므로, 「いい加減(かげん)」와 「なおざり」가 적절하다. 「おろそか」는 존중해야 할 대상을 소홀히 하는 것이며, 「ゆるがせ」는 항상 뒤에 부정표현을 수반하여야 하므로 둘 다 여기에서는 부적절하다.

⑤ あの人(ひと)にはいい加減(かげん)に答(こた)えておけ。(저 사람에게는 적당히 대답해 둬라)

➲ 이 경우는 대충, 적당히 대답하라는 뜻으로 쓰였다.

⑥ 彼(かれ)は困(こま)った時(とき)はいい加減(かげん)な態度(たいど)を取(と)る。
(그는 난처할 때는 적당한 태도를 취한다)

⑦ 遊(あそ)びに夢中(むちゅう)で勉強(べんきょう)をなおざりにしている。
(노는 것에 정신이 팔려 공부를 아무렇게나 하고 있다)

➲ 이 경우는 공부를 방치한다는 뜻으로 쓰였다.

⑧ あの新入社員(しんにゅうしゃいん)は仕事(しごと)をなおざりにする癖(くせ)がある。
(저 신입사원은 일을 아무렇게나 하는 습관이 있다)

➲ 이 경우는 일을 진지하게 처리하지 않는 태도를 나타내고 있다.

⑨ 私(わたし)は人(ひと)とのつきあいをおろそかにはしない。
(나는 사람과의 교류를 소홀하게는 하지 않는다)

➲ 「おろそかに」는 그 뒤에 부정표현을 수반하여 어떤 대상을 소홀히 하지 않음을 나타낸다.

⑩ あの選手は毎日の練習をおろそかにしない。
(저 선수는 매일의 연습을 소홀히 하지 않는다)

⑪ 山田先生は私の恩師ですからおろそかにできません。
(야마다선생님은 저의 은사이므로 소홀히 할 수 없습니다)

⑫ たった一分たりともゆるがせにできない。(단 1분일지라도 함부로 할 수가 없다)
➲ 「ゆるがせに」는 그 뒤에 부정표현을 수반하여 어떤 대상을 함부로 하지 않음을 나타낸다.

⑬ これはゆるがせにできない問題です。(이것은 함부로 할 수 없는 문제입니다)

참고

「いい加減」에는 이 밖에도 「けんかはいい加減にしろ」 (싸움은 정도껏 해라)와 같이 무언가를 정도껏 하라는 뜻으로도 쓰이고, 「いい加減疲れた」 (꽤 피곤했다)와 같이 '상당히'라는 뜻으로도 쓰인다.

「言う」「話す」「しゃべる」「語る」「述べる」

공통의미

말하다

요점

1. 「言う」는 짧은 말이나 발음을 하는 경우에 쓰며, 말을 듣는 상대가 있을 경우이거나 아니면 상대에게 일방적으로 말을 할 때에 쓴다. 우리말의 '말하다' 정도에 해당된다(예문 ①②③④⑩⑪).
2. 「話す」는 어느 정도의 길이가 있는 말을 하거나 일방적으로 상대에게 말을 할 때에 쓰며 때로는 외국어의 구사능력이 있음을 나타낼 때도 쓴다. 우리말의 '이야기하다' 정

도에 해당된다(예문①④⑤⑦⑧⑫⑬).

3. 「しゃべる」는 대체로 「話す」와 비슷하나, 가볍고 다소 수다스럽게 말하는 것을 나타내며 때로는 해서는 안 될 말을 남에게 해버리는 경우에도 쓴다. 우리말의 '수다스럽게 말하다, 재잘대다' 정도에 해당된다(예문①⑥⑧⑭⑮).

4. 「語る」는 어느 정도의 정리된 내용을 듣고자 하는 사람에게 해 줄 경우에 쓰는데, 대체로 문장체적이어서 매우 딱딱한 느낌을 준다. 우리말의 '～에 대하여 이야기를 들려주다' 정도에 해당된다(예문①⑦⑨⑯⑰).

5. 「述べる」는 공식석상에서 정리된 내용을 순서대로 말할 때에 쓰는데 문장체적이어서 매우 딱딱한 느낌을 준다. 우리말의 '진술하다, 언급하다' 정도에 해당된다(예문①⑱⑲).

예문과 해설

① 大勢の前で大きな声で言う/話す/しゃべる/語る/述べる。
(많은 사람 앞에서 큰 소리로 말한다)

➲ 위 예문에서는 어느 것이나 적절하다. 다만 「言う」는 비교적 짧은 내용을, 「話す」는 다소 정리된 내용을, 「しゃべる」는 두서없이 가벼운 내용을, 「語る」는 이야기를 전개하는 식의 내용을, 마지막으로 「述べる」는 순서에 따라 정리된 내용을 말하는 뜻이 된다.

② 'さよなら' と言って/＊話して/＊しゃべって/＊語って/＊述べて帰る。
('안녕' 이라고 하고 돌아간다)

➲ 짧은 말의 경우에는 반드시 「言う」만이 적절하며 다른 동사는 모두 부적절하다.

③ 思わず 'あっ' と言った/＊話した/＊しゃべった/＊語った/＊述べた。
(나도 모르게 '악' 하고 소리 질렀다)

➲ 여기에서도 아주 짧은 말이므로 오로지 「言う」만이 적절하며 다른 동사는 모두 부적절하다.

④ 君に言いたい/話したい/＊述べたい/＊語りたい/＊しゃべりたいことがある。
(자네에게 말하고 싶은 것이 있다)

➲ 「述べる」 「語る」는 어디까지나 문장체적이므로 부적절하고, 「しゃべる」는 너무 가벼운 느낌이 들어서 부적절하므로 이 경우에는 「言う」와 「話す」만이 적절하다. 다만, 「言う」를 쓰게 되면 다소 일방적으로 말하는 것을, 「話す」를 쓰게 되면 먼저 말하고 나중에 상대의 말을 듣는다고 하는 느낌이 주어진다.

⑤ あの先生は、ドイツ語と日本語を話す。(저 선생님은 독일어와 일본어를 한다)

➲ 외국어의 구사능력을 나타내는 것이므로 오로지 「話す」만이 적절하다.

⑥ あいつはよくしゃべる/＊言う/＊話す/＊語る/＊述べるやつだ。
(저 녀석은 말이 많은 녀석이다)

➲ 가볍고 수다스럽게 말을 많이 하는 경우이므로 오로지 「しゃべる」만이 적절하다.

⑦ 村の歴史を語る/話す。(마을의 역사를 이야기한다)

➲ 이 경우에는 「語る」「話す」두 가지가 적절하나 「語る」쪽이 시간적으로나 내용적으로 긴 이야기를 한다고 하는 느낌이 주어진다.

⑧ 授業中は話す/しゃべる/?言う/＊語る/＊述べるな。(수업 중에는 말하지 마라)

➲ 이 경우와 같이 수업 중에 잡담하는 것을 가리킬 때는 「話す」와 「しゃべる」가 가장 적절하다.

⑨ 彼の偉大さを語る/＊述べる/＊話す/＊しゃべる/＊言う事業。
(그의 위대함을 말해주는 사업)

➲ 이 경우와 같이 어느 정도 정리된 내용을 들려준다고 하는 뜻으로는 「語る」가 적절하다.

⑩ 先生に自分の意見を<u>言う</u>。(선생님에게 자신의 의견을 말한다)

⑪ 電話するように<u>言って</u>おきます。(전화하도록 말해 두겠습니다)

⑫ 留学生と英語で<u>話す</u>。(유학생과 영어로 이야기한다)

➲ 이 경우는 외국어의 구사능력을 나타내고 있다.

⑬ 人前で<u>話す</u>のは苦手だ。(사람 앞에서 이야기하는 것은 질색이다)

⑭ あいつは無口で一言も<u>しゃべら</u>ない。(저 녀석은 과묵해서 한마디도 말하지 않는다)

⑮ 秘密をうっかり<u>しゃべって</u>しまった。(비밀을 깜빡하고 말하고 말았다)

➲ 남에게 해서는 안 될 말을 그만 하고 마는 경우에는 「しゃべる」를 쓰게 된다.

⑯ 事件の顛末を記者団に<u>語る</u>。(사건의 전말을 기자단에게 말한다)

➲ 어느 정도의 정리된 내용을 정연하게 이야기할 때는 「語る」를 쓰게 되는데 비교적 딱딱한 어감이 주어진다.

⑰ 淡々と自分の抱負を<u>語る</u>。(담담하게 자신의 포부를 말한다)

⑱ 大勢の前で所信を<u>述べる</u>。(많은 사람 앞에서 소신을 말한다)

➲ 어느 정도의 순서를 가지고 이야기를 전개시킬 경우에는 「述(の)べる」를 쓰게 되는데 비교적 공식적인 어감이 주어진다.

⑲ 祝辞(しゅくじ)を述(の)べる。(축사를 한다)

참고

「しゃべる」를 우리말의 '지껄이다'에 해당되는 것으로 표기되고 인식되어 있는 경우도 있는 듯한데, 우리말의 '지껄이다'는 속어적인 표현일 뿐이며, 「しゃべる」는 어디까지나 가벼운 내용을 명랑하게 잡담처럼 말하는 것을 나타내는 것임에 주의하여야 한다.

「家(いえ)」「うち」

공통의미

집

요점

1. 「家(いえ)」와 「うち」는 둘 다 사람이 사는 건물을 나타내는데, 이 경우 「うち」쪽이 그 건물에 살고 있는 사람을 포함하고 있어서 「家(いえ)」보다 사용범위가 다소 넓다. 이 경우 「家(いえ)」는 전반적으로 외형적인 측면에(예문①⑥⑦⑧), 「うち」는 내부적인 측면에 주목한 표현이다(예문③⑨⑩).
2. 보통 「家(いえ)」는 한자표기를 하나, 「うち」는 한자표기를 하지 않는 것이 보통이다.
3. 「家(いえ)」는 가문이나 가계를 나타내기도 하나(예문④⑤), 「うち」는 집안이나 가족, 그리고 자신이 속한 집단을 나타내기도 하며, 이 경우는 우리말의 '우리'에 해당된다(예문②⑪⑫).

예문과 해설

① 土地と家/✽うちを買う。(토지와 집을 산다)

➲「うち」는 어디까지나 내부적인 측면, 즉 가정, 집안의 의미로 쓰이는 것이 중심이므로 이 경우에는 부적절하며 「家」가 적절하다.

② うち/✽いえの家族は、みなスポーツが好きです。
(우리 가족은 모두 스포츠를 좋아합니다)

➲ 이 경우는 집안의 가족이라는 의미이므로 「うち」만이 적절하다.

③ あしたはうち/✽いえにいない。(내일은 집에 없다)

➲ 이 경우에는 집안의 의미이므로 반드시 「うち」만이 적절하다.

④ 彼は貧しい家に生まれたが、後で大統領になった。
(그는 가난한 집에 태어났지만, 나중에 대통령이 되었다)

➲ 이 경우에는 가문의 의미이므로 「家」가 적절하다.

⑤ 彼の家は、先祖代々学者です。(그의 집은 선조대대로 학자입니다)

➲ 이 경우에는 가계를 의미하므로 「家」가 적절하다.

⑥ 息子は結婚して小さい家を買った。(아들은 결혼하여 작은 집을 샀다)

➲ 외형적인 측면에 의미의 중심이 있는 집을 나타낼 때는 「家」가 적절하다.

⑦ 郊外に新しい家を建てる。(교외에 새로운 집을 짓는다)

➲ 이 경우 역시 위의 예문⑥과 마찬가지로 외형적인 측면에 의미의 중심이 놓인다.

⑧ 今朝は八時に家を出た。(오늘아침에는 8시에 집을 나왔다)

⑨ 日曜日は大抵うちにいる。(일요일에는 대체로 집에 있다)

➲ 이 경우는 내부적인 측면에 의미의 중심이 놓이게 된다.

⑩ 出張で一週間ほどうちを空けます。(출장으로 1주일정도 집을 비웁니다)

⑪ うちの会社はそんなに大きくありません。(우리 회사는 그다지 크지 않습니다)

➲ 이 경우에는 자신이 속한 집단을 나타내므로 「うち」가 적절하다.

⑫ うちのチームはそんなに強くない。(우리 팀은 그렇게 강하지 않다)

➲ 이 경우역시 위의 예문⑪과 마찬가지로 자신이 속한 팀을 나타내고 있다.

「癒える」「治る」

(病気が癒える、病気が治る)

공통의미

(병 등이)낫다, 고쳐지다

요점

1. 「癒える」는 병이나 상처가 좋아지거나 마음의 고통 등이 사라지는 것을 나타내는데 우리말의 '낫다' 정도에 해당된다.
2. 「治る」는 틀린 상태나 나쁜 상태가 고쳐져서 바람직한 상태로 돌아오는 것을 나타내는데 우리말의 '고쳐지다' 정도에 해당된다.

예문과 해설

① 病気が癒える/治る。(병이 낫는다/고쳐진다)

➲ 이 경우는 결과적으로 병이 치유된다는 뜻이므로 둘 다 적절하다.

② 心の傷が癒える/＊治る。(마음의 상처가 낫는다)

➲ 이 경우와 같이 마음의 상처가 치유된다고 하는 뜻으로는 「癒える」만이 적절하다. 「治る」는 어디까지나 병이나 나쁜 습관 등이 고쳐진다고 하는 뜻으로만 쓰이므로 여기에서는 부적절하다.

③ のどの渇きが癒える/＊治る。(목의 갈증이 낫는다)

➲ 이 경우는 갈증이 해소되는 것인데 이것역시 마음의 고통과 관련되는 것이므로 「癒える」만이 적절하다.

④ 苦しみが癒える/＊治る。(고통스러움이 낫는다)

➲ 이 경우와 같이 마음의 고통이 낫게 된다고 하는 뜻으로는 오로지 「癒える」만이 적절하다.

⑤ 悪い癖が治る/＊癒える。(나쁜 습관이 고쳐진다)

➲ 잘못된 습관이 바로 고쳐지는 것이므로 「治る」가 적절하다. 「癒える」는 병이나 상처가 치유하거나 마음의 고통이 없어지는 데에 쓰이는 것으로, 이 경우와 같이 습관이 바로 고쳐진다고

하는 뜻에는 부적절하다.

「いきなり」「出し抜け」「不意」

(いきなり大声を上げる、出し抜けに大声を上げる、不意に大声を上げる)

공통의미

갑자기, 느닷없이

요점

1. 「いきなり」는 절차나 순서를 거치지 않고 갑자기 어떤 동작이나 상태가 이루어지는 모양을 나타내는 것으로, 언제나 「いきなり」의 형태를 취하여 뒤에 오는 동사만을 수식한다. 우리말의 '갑자기'에 해당된다(예문①②③⑤⑥).
2. 「出し抜け」는 예기치 않은 때에 갑자기 무언가를 해서 허를 찌른다고 하는 느낌을 지닌 것으로 그 뒤에 오는 동사를 수식할 때는 「出し抜けに」의 형태를 취하고(예문①②④⑦⑧), 뒤에 오는 명사를 수식할 때는 「出し抜けの」의 형태를 취하게 된다(예문⑨). 우리말의 '느닷없이, 느닷없는' 정도에 해당된다.
3. 「不意」는 예상하지 못한 상황이 뜻하지 않게 일어나는 모양을 나타내는 것으로 그 뒤에 오는 동사를 수식할 때는 「不意に」의 형태를 취하고(예문①②⑪), 명사를 수식할 때는 「不意の」의 형태를 취하게 된다(예문⑩). 우리말의 '불의에, 훌쩍, 불의의'에 해당된다.

예문과 해설

① 会議中にいきなり/出し抜けに/不意に席を立つ。
(회의 중에 갑자기/느닷없이/훌쩍 자리를 뜬다)

➲ 이 경우에는 세 가지 다 적절한데 「いきなり」를 쓰게 되면 아무런 예고도 없이 자리를 뜬다는

의미가 되고, 「出し抜けに」를 쓰게 되면 엉뚱하게 자리를 뜬다는 의미가 되며, 「不意に」를 쓰게 되면 갑자기 자리를 뜸으로서 주위를 놀라게 한다는 의미가 된다.

② いきなり/出し抜けに/不意に大声を上げる。
(갑자기/느닷없이/불시에 지명되어 깜짝 놀랐다)

➲ 이 경우역시 위의 예문①과 맥락을 같이하고 있다.

③ 初打席でいきなり/＊出し抜けに/＊不意にヒットを打つ。
(첫 타석에서 갑자기 히트를 친다)

➲ 이 경우와 같이 어떤 일이 예상치 못하게 일어날 때는 「いきなり」가 적절하다. 「出し抜けに」는 느닷없이 엉뚱한 일이 발생하였을 때에 쓰이는 것이므로 부적절하고, 「不意に」는 뜻하지 못한 일이 발생하여 당황스럽다고 하는 느낌을 주므로 여기에서는 과장된 표현이 된다.

④ 相手の不意/＊出し抜けに/＊いきなりを突く。(상대의 허를 찌른다)

➲ 「不意」는 「不意を突く」의 형태로 '허를 찌른다'고 하는 관용구로 쓰인다.

⑤ いきなり指名されてびっくりした。(갑자기 지명되어 깜짝 놀랐다)

➲ 어떠한 절차나 순서를 거치지 않은 채 어떤 일이 갑자기 일어남을 나타낼 때는 「いきなり」가 적절하다.

⑥ 準備運動もしないで、いきなり泳ぐ。(준비운동도 하지 않고 갑자기 수영한다)

⑦ 出し抜けにそんなことを言っても困るよ。(느닷없이 그런 말을 해도 곤란해)

➲ 예기치 않은 때에 어떤 일이 발생함을 나타낼 때는 「出し抜けに」가 적절하다.

⑧ 前の車が出し抜けにブレーキをかけた。(앞차가 느닷없이 브레이크를 걸었다)

⑨ 出し抜けの夜襲作戦。(느닷없는 야간기습작전)

⑩ 相手の不意の奇襲に驚いた。(상대의 불의의 기습에 놀랐다)

➲ 전혀 예상하지 못한 상황이 발생함을 나타낼 때는 「不意」가 적절하다.

⑪ お客が不意に来て慌てた。(손님이 훌쩍 와서 당황했다)

「行く」「赴く」「出向く」

(わざわざ役所へ行く、わざわざ役所へ赴く、わざわざ役所へ出向く)

공통의미

간다, 향한다, 나간다

요점

1. 「行く」는 우리말의 '간다'에 해당되는데 보다 격식을 차릴 때는 「行く」라고도 한다(예문①②③④⑤⑥).
2. 「赴く」는 어떤 목적이 있어서 그를 향하여 간다고 하는 뜻으로 쓰이는데 문장체적인 말이다(예문①③⑦⑧⑨⑩). 우리말의 '향한다'에 해당된다.
3. 「出向く」는 어떤 곳으로 이동하여 잠깐 일을 보고 다시 원위치로 돌아온다고 하는 뜻으로 쓰인다(예문①⑪⑫). 우리말의 '나간다'에 해당된다.

예문과 해설

① わざわざ役所へ行く/赴く/出向く。(일부러 관청으로 간다/향한다/나간다)

➲ 「行く」를 쓰게 되면 단지 관청으로 간다고 하는 뜻만을 나타내지만, 「赴く」를 쓰게되면 관청으로 가는 목적이 부각되며, 「出向く」를 쓰게 되면 관청으로 갔다가 다시 원위치로 되돌아옴을 나타내게 된다.

② 子供が学校へ行く/＊赴く/＊出向く。(아이가 학교에 간다)

➲ 아이가 학교에 가는 것은 일상적인 것이어서 굳이 공부하기위한 목적을 부각시킬 필요가 없으므로 「赴く」는 부적절하며, 한편으로는 아이가 학교에 가서 잠깐 머무는 것이 아니라 장시간을 머무는 셈이므로 「出向く」도 부적절하다.

③ 赴任先へ行く/赴く/＊出向く。(부임할 곳으로 간다/향한다)

➲ 「出向く」는 어디까지나 잠시 일을 보고 다시 원위치로 되돌아온다는 전제하에 쓰이는 것이므로 이 경우는 부적절하다. 일단 부임하게 되면 장시간 머물게 되는 것이 보통이다.

④ 京都へ行く。(교토에 간다)

⑤ 我が道を行く。(내 길을 간다)

⑥ 車が行ってから渡ろう。(차가 가고 나서 건너자)

⑦ 戦地に赴く兵士。(전장으로 향하는 병사)

➲ 「赴く」는 어떤 목적이 있어서 그를 향하여 간다는 뜻인데, 문장체적인 딱딱한 말이다.

⑧ 命を受けて任地に赴く。(명령을 받고 임지로 향한다)

⑨ 遭難現場に直ちに赴く。(조난현장에 곧바로 향한다)

⑩ 病状が快方に赴く。(병세가 호전으로 향한다)

⑪ 調査のために事故現場に出向く。(조사를 위해서 사고현장으로 나간다)

➲ 어떤 일을 하기 위해서 이동하지만, 결국에는 다시 원위치로 되돌아옴을 전제로 할 때는 「出向く」가 적절하다.

⑫ 飲みたい時はいつも得意先に出向く。
(마시고 싶을 때는 언제나 단골집으로 나간다)

➲ 이 경우도 결국에는 술을 마신 다음에 원위치로 되돌아 올 것인데, 「出向く」는 다소 오래된 말이기는 하지만 우리말의 '출타하다' 정도에 해당된다.

「以後」「以降」「以来」

(明治三年以後、明治三年以降、明治三年以来)

공통의미

~이후, ~이래

요점

1. 「以後」는 과거에 대해서도 미래에 대해서도 쓸 수가 있으며(예문①②③⑥⑦⑧), 다

른 말과 함께 쓰이기도 하고 단독으로 쓰이기도 하는데(예문④⑨), 우리말의 '~이후, 이후'에 해당된다.

2. 「以降」는 「以後」처럼 과거에 대해서도 미래에 대해서도 쓸 수가 있지만, 「以後」와 달리 항상 다른 말과 함께만 쓰인다(예문①②③⑩⑪⑫⑬). 우리말의 '~이후'에 해당된다.

3. 「以来」는 오로지 과거의 어느 시점에서부터 현재까지만을 나타내며, 「以後」「以降」와 달리 미래에 대해서는 쓸 수가 없다(예문①⑭⑮). 또한, 「~て以来」의 형태를 취하여 과거의 어느 시점에서 현재에 이르기까지 중에서 가장 그 정도가 극심함을 나타내기도 하는데, 이러한 용법은 다른 말에는 없다(예문⑤⑯⑰). 이 경우는 우리말의 '~한 이래'에 해당된다.

예문과 해설

① 明治三年以後/以降/以来。(명치3년 이후/이래)

➲ 이 경우는 과거의 시점을 나타내는 것이므로 그 어느 것이나 적절하다.

② 来週以後/以降/✱以来。(다음 주 이후)

➲ 이 경우는 미래의 시점을 나타내는 것이므로, 오로지 과거의 시점만을 나타내는 「以来」는 부적절하다.

③ 明日以後/以降/✱以来の予定。(내일이후의 예정)

➲ 이 경우 역시 예문②와 맥락을 같이하고 있다.

④ 以後/✱以降/✱以来のことは不明です。(이후의 일은 불명확합니다)

➲ 「以後」는 이 경우와 같이 단독으로도 쓰일 수 있지만, 「以降」는 단독으로 쓰일 수 없어서 부적절하고, 「以来」는 오로지 과거사실에만 쓰이므로 이것역시 여기에서는 부적절하다.

⑤ 昨日は気象庁始まって以来/✱以後/✱以降の積雪を見せた。
(어제는 기상청이 시작된 이래의 적설을 보였다)

➲ 「以来」는 여기에서처럼 「~て以来」의 형태를 취하여 그 정도가 극심함을 나타내기도 하는데 다른 말에는 이러한 용법이 없다.

⑥ それ以後彼とは交際していない。(그 이후 그와는 교제하고 있지 않다)

⑦ 十日以後は留守にしています。(10일 이후는 집을 비우고 있습니다)

⑧ これを以後(いご)の見(み)せしめとする。(이것을 이후의 본보기로 한다)

➲ 이 경우는 다가올 미래의 사실을 나타내고 있으며 또한 단독으로 쓰였기 때문에 단독으로는 쓰일 수 없는 「以降(いこう)」나 오로지 과거시점에서부터 현재까지 만을 나타내는 「以来(いらい)」는 부적절하다.

⑨ 以後(いご)、失敗(しっぱい)しないように注意(ちゅうい)します。(이후, 실패하지 않도록 주의하겠습니다)

➲ 이 경우 역시 미래사실을 나타내고 있다.

⑩ 十時(じゅうじ)以降(いこう)は店(みせ)を閉(と)じています。(10시 이후는 가게를 닫고 있습니다)

➲ 「以降(いこう)」는 이와 같이 단독으로는 쓰이지 못하며 반드시 다른 말의 뒤에 접속된 형태로만 쓰인다.

⑪ それは1960年代(ねんだい)以降(いこう)の風俗(ふうぞく)です。(그것은 1960년대 이후의 풍속입니다)

⑫ 午後(ごご)7時(じ)以降(いこう)は家(いえ)にいます。(오후 7시 이후는 집에 있습니다)

➲ 이 경우는 미래사실을 나타내고 있어서 과거나 미래의 어느 쪽에도 쓸 수 있는 「以降(いこう)」가 적절하지만, 다만 단독으로는 쓰이지 못하고 이와 같이 다른 말의 뒤에 접속되어 쓰인다.

⑬ 九月(くがつ)以降(いこう)は新(あたら)しい電話番号(でんわばんごう)になります。(9월 이후는 새로운 전화번호가 됩니다)

⑭ 卒業(そつぎょう)以来(いらい)、全員(ぜんいん)で集(あつ)まるのは初(はじ)めてだ。

(졸업이래, 전원이 모이는 것은 처음이다)

➲ 이 경우는 졸업에서 현재에 이르기까지를 나타내고 있다.

⑮ 七日(なのか)以来(いらい)ずっと微熱(びねつ)が続(つづ)いている。(7일이래 줄곧 미열이 계속되고 있다)

⑯ 生(う)まれて以来(いらい)一度(いちど)も医者(いしゃ)にかかったことが無(な)い。

(태어난 이래 한 번도 의사에게 진찰받은 일이 없다)

➲ 「以来(いらい)」는 접속조사 「て」와 결합된 「~て以来(いらい)」의 형태로 과거의 시점에서 현재에 이르기까지를 나타내는데, 다른 말에는 이러한 용법이 없다.

⑰ 風邪(かぜ)をひいて以来(いらい)体調(たいちょう)が思(おも)わしくない。(감기 걸린 이래 몸 상태가 좋지 않다)

「医者(いしゃ)」「医師(いし)」「お医者(いしゃ)さん」

공통의미

의사

요점

1. 「医者(いしゃ)」는 주로 일상생활에서 쓰이는 말로 우리말에서 보통 '의사'라고 부를 때와 같이 쓰인다(예문①②③).
2. 「医師(いし)」는 보통 의료법에서 칭하는 말로 공식적으로 쓰인다(예문④⑤⑥).
3. 「お医者(いしゃ)さん」은 의사를 정중하거나 친숙하게 칭하는 말인데 우리말의 '의사선생님'에 해당된다(예문⑦⑧⑨). 하지만 의사를 면전에서 부를 때는 「先生(せんせい)」가 주로 쓰인다.

예문과 해설

① 近所(きんじょ)の医者(いしゃ)にみてもらう。(근처의 의사에게 진찰받는다)

➲ 이 경우와 같이 「医者(いしゃ)」는 우리말의 '의사' 정도에 해당되는 말로서 쓰인다.

② 風邪(かぜ)を引(ひ)いて医者(いしゃ)に通(かよ)っている。(감기 걸려서 의사에게 다니고 있다)

③ 医者(いしゃ)の不養生(ふようじょう)。(중이 제 머리 못 깍는다)

➲ 「不養生(ふようじょう)」는 제대로 몸을 돌보지 않는다고 하는 말로, 위와 같은 형태로서 관용구로 쓰이고 있다.

④ 医師会(いしかい)の会長(かいちょう)をしている。(의사회의 회장을 하고 있다)

➲ 이 경우와 같이 「医師(いし)」는 일반적인 호칭이 아니라 공식적인 호칭으로 쓰인다.

⑤ 医師(いし)の免許(めんきょ)をとる。(의사면허를 딴다)

⑥ 医師国家試験(いしこっかしけん)。(의사국가시험)

⑦ あの人は有名なお医者さんですよ。(저 분은 유명한 의사선생님이에요)

➲ 우리말의 '의사선생님'에 해당되는 말로 친근함을 주게 된다.

⑧ お医者さんはいらっしゃいますか。(의사선생님은 계십니까?)

⑨ 三日前からお医者さんに通っている。(3일전부터 의사선생님에게 다니고 있다)

「忙しい」「せわしい」「慌ただしい」

(忙しい年末、せわしい年末、慌ただしい年末)

공통의미

바쁘다, 분주하다

요점

1. 「忙しい」는 할 일이 많아서 시간적인 여유가 없는 모습을 나타내는데 우리말의 '바쁘다'에 해당된다(예문①②⑤⑥⑦⑧).
2. 「せわしい」는 한시도 잠시 있을 수 없어서 안정감 없이 움직이는 모습을 나타내는데 우리말의 '분주하다'에 해당된다(예문①③⑨⑩⑪⑫).
3. 「慌ただしい」는 어떤 일이 닥쳐와서 마구 서두르거나 당황하는 모습을 나타내는데 우리말의 '허둥대다, 불안정하다, 황급하다' 정도에 해당된다(예문①④⑬⑭⑮⑯).

예문과 해설

① 忙しい/せわしい/慌ただしい毎日だ。(바쁜/분주한/허둥대는 매일이다)

➲ 이 경우는 세 가지 다 적절한데 「忙しい」를 쓰게 되면 바빠서 시간적인 여유가 없음을 나타내지만, 「せわしい」를 쓰게 되면 잠시도 안정감이 없이 움직이는 모습을 나타내고, 「慌ただしい」를 쓰게 되면 마구 서두르거나 당황하는 모습을 나타내게 된다.

② この頃勉強が忙しい/＊せわしい/＊慌ただしい。
(요즘 공부가 바쁘다/＊분주하다/＊허둥댄다)

➲ 「忙しい」는 시간적여유가 없음을 나타내지만, 「せわしい」는 잠시도 가만있지 못하고 움직이는 모습을 나타낸다. 한편, 「慌ただしい」는 일이 닥쳐서 서두르거나 당황하는 모습을 나타내는데, 이 경우는 공부할 것이 많아서 시간적여유가 없음을 나타내는 것이므로 「忙しい」만이 적절하다.

③ せわしく/＊忙しく/＊慌ただしく息をする。(숨 가쁘게 숨을 쉰다)

➲ 숨을 헐떡이는 것은 바쁘게 하는 것도 아니요, 허둥지둥하는 것도 아니므로, 이 경우에는 「せわしい」만이 적절하다.

④ 急に政局が慌ただしく/＊せわしく/＊忙しくなった。
(갑자기 정국이 불안정하게 되었다)

➲ 이 경우와 같이 안정감이 전혀 없이 혼란스러운 상태를 나타낼 때는 「慌ただしい」가 적절하다.

⑤ 父は毎日忙しく働いている。(아버지는 매일 바쁘게 일하고 있다)

⑥ この頃は仕事がとても忙しい。(요즘은 일이 무척 바쁘다)

⑦ 車が忙しく行き来している。(차가 바쁘게 왔다 갔다 하고 있다)

⑧ 息子は勉強しないで遊び回るのに忙しい。
(아들은 공부하지 않고 놀러 다니는 데에 바쁘다)

⑨ 父は一日中せわしく働いている。(아버지는 하루 종일 분주하게 일하고 있다)

➲ 「せわしい」는 한시도 가만있지를 못하고 분주하게 움직이는 모습을 나타낸다.

⑩ 歳末の街は何となくせわしい。(세말의 거리는 왠지 모르게 분주하다)

⑪ この頃はせわしい日日を送っています。(요즈음은 분주한 나날을 보내고 있습니다)

⑫ 会場では職員たちがせわしく動き回っている。
(회장에서는 직원들이 분주하게 돌아다니고 있다)

⑬ 弟は慌ただしく部屋を出て行った。(남동생은 허둥지둥 방을 나갔다)

➲ 「慌ただしい」는 당황한 나머지 허둥지둥 대는 모습을 나타낸다.

⑭ 旅行の準備で毎日が慌ただしい。(여행준비로 매일 허둥댄다)

⑮ 情勢が慌ただしく変化している。(정세가 불안정하게 변화하고 있다)

⑯ あの人は酒を慌ただしく飲む癖がある。
(저 사람은 술을 황급하게 마시는 버릇이 있다)

「労る」「慰める」「労う」

(努力した弟を労る、努力した弟を慰める、努力した弟を労う)

공통의미

격려하다, 위로하다

요점

1. 「労る」는 충분한 생활능력을 지니지 못한 사람이나 고생해 온 사람 등을 정신적인 차원에서 격려하고 위안해 준다고 하는 뜻으로 쓰인다(예문①②④⑤⑥⑦⑧). 우리말의 '격려하다, 소중히 하다' 정도에 해당된다.
2. 「慰める」는 상대의 슬픔이나 채워지지 않는 아픔 등을 위안해 준다는 뜻으로 쓰인다(예문①③⑨⑩⑪⑫). 우리말의 '위로하다, 달래다, 어루만지다' 정도에 해당된다.
3. 「労う」는 상대의 고생이나 노력에 대하여 말을 건네기도 하고 물건을 보내기도 하는 등, 보다 구체적으로 격려하고 위안해 준다고 하는 뜻으로 쓰이는데 윗분에게는 절대로 쓸 수가 없다(예문①②⑬⑭⑮). 우리말의 '격려하다, 치하하다' 정도에 해당된다.

예문과 해설

① 努力した弟を労る/慰める/労う。

(노력한 남동생을 격려해준다/위로해준다/칭찬해준다)

➲ 이 경우 「労る」와 「労う」를 쓰게 되면 남동생의 노력을 인정하고 격려해준다고 하는 의미가 강하지만, 「慰める」를 쓰게 되면 남동생의 노력이 허사가 된 것에 대하여 위로해준다고 하는 의미가 강해진다.

② 重責を果たした部下を労る/労う/＊慰める。

(중책을 다한 부하를 격려 한다/치하한다)

➲ 이 경우처럼 아랫사람의 노고나 수고에 대하여 말로 격려하거나 무언가를 해서 치하 하거나 하는 경우에는 「労る」나 「労う」를 쓴다. 「慰める」는 어디까지나 위로해주는 경우에 한하여 쓰이므로 여기에서는 부적절하다.

③ 音楽を聞いて傷付いた心を慰める/＊労る/＊労う。
(음악을 들어서 상처받은 마음을 어루만진다)

➲「労る」는 주로 윗사람이 아랫사람을 격려한다는 의미로 쓰이고「労う」는 상대의 노고를 치하한다는 의미로 쓰이므로 이 경우에는 둘 다 부적절하다. 역시 이와 같이 상처받은 마음을 어루만지거나 달래는 경우에는「慰める」가 적절하다.

④ 老人を労って/＊慰めて/＊労って席を譲る。
(노인을 소중히 하여 자리를 양보한다)

➲「労る」는 상대를 매우 소중히 한다고 하는 뜻으로도 쓰이므로 이 경우에 적절하다.

⑤ 自分の体を労らなければならない。(자신의 몸을 소중히 해야만 한다)

⑥ 激務に耐えた部下を労る。(격무를 견뎌낸 부하를 격려한다)

⑦ 癌と戦う妻を労る夫。(암과 싸우는 아내를 소중히 하는 남편)

⑧ 先生は '体に気をつけてね' と労ってくださいました。
(선생님께서는 '몸조심해라' 하고 격려해 주셨습니다)

⑨ 息子を事故で亡くしたお母さんを慰める。
(아들을 사고로 잃은 어머니를 위로한다)

⑩ 運が悪かっただけだと皆から慰められる。
(운이 나빴을 뿐이라고 모두로부터 위로받는다)

⑪ 入院中の友だちを慰める。(입원중인 친구를 위로한다)

⑫ これは運命だと自ら慰める。(이것은 운명이라고 스스로 위로한다)

⑬ 部下の労を労う。(부하의 노고를 치하한다)

⑭ 労いの言葉をかける。(치하의 말을 건넨다)

⑮ 母は '大変だったね' と労ってくれた。(어머니는 '힘들었지' 하고 격려해 줬다)

「一度」「一回」「一遍」

(一度試して見る、一回試して見る、一遍試して見る)

공통의미

한번

요점

1. 「一度」「一回」「一遍」은 모두 한번이라는 회수를 나타내지만 그 사용범위에 있어서는 다소의 차이가 엿보인다.
2. 「一度」와 「一遍」은 매우 사용범위가 넓어서 회수를 나타내는 경우(예문①②⑤⑦)와, 어떤 동작을 일제히 하는 경우를 나타낸다(예문④). 한편으로는 한번 시도하고 싶은 마음을 나타내기도 한다(예문⑥⑨). 「一遍」은 「一度」에 비해 보다 회화체적인말이며 때로는 한꺼번에 급속한 변화가 발생함을 나타내기도 하는데, 「一度」에는 이러한 용법이 없다(예문③⑧).
3. 「一回」는 오로지 한번이라는 회수를 나타낼 뿐 그 이외의 용법은 없다(예문①②⑩⑪⑫).

예문과 해설

① 一度/一遍/一回試して見る。(한번 시도해 본다)

➲ 이 경우와 같이 한번이라는 회수만을 나타낼 때는 어느 것이나 적절하다.

② 山田さんとは一度/一遍/一回会ったことがある。

(야마다씨와는 한번 만난 적이 있다)

➲ 이 경우역시 한번이라는 회수만을 나타내는 것이므로 어느 것이나 적절하다.

③ 立ち上がるや一遍に/＊一度に/＊一回に押し出す。

(일어서자마자 한꺼번에 와하고 나간다)

➲ 이 경우와 같이 한꺼번에 급속한 변화가 일어남을 나타낼 때는 오로지 「一遍」만이 적절하다.

④ 大勢が一度/一遍に/＊一回に口をひらく。(많은 사람이 한 번에 입을 연다)

➲ 이 경우와 같이 어떤 동작을 일제히, 그리고 동시에 하는 때는 「一度」「一遍」만이 적절하다. 「一回」는 단지 한번이라고 하는 회수만을 나타내므로 여기에서는 부적절하다.

⑤ 一生に<u>一度</u>の晴れ姿で現れた。(일생에 한번인 화려한 모습으로 나타났다)

⑥ あそこへは<u>一度</u>行ってみたい。(그곳에는 한번 가보고 싶다)

⑦ 週に<u>一遍</u>会議がある。(1주일에 한번 회의가 있다)

⑧ 仕事が終わると、<u>一遍</u>に疲れが出た。(일이 끝나자 단숨에 피로가 몰려나왔다)

➲ 이 경우와 같이 한꺼번에 급속한 변화가 일어남을 나타낼 때는 오로지 「一遍」만이 적절하며 「一度」에는 이러한 용법이 없다.

⑨ <u>一遍</u>試して見よう。(한번 시도해보자)

⑩ <u>一回</u>見たことがある映画。(한번 본 적이 있는 영화)

➲ 「一回」에는 오로지 '한 번'이라는 횟수를 나타내는 의미만이 있을 뿐, 다른 용법은 일체 없다.

⑪ <u>一回</u>分の料金は3千円です。(1회분의 요금은 3천엔입니다)

⑫ ただ<u>一回</u>だけのキスで彼女に惚れ込んだ。
(단 한번만의 키스로 그녀에게 푹 빠졌다)

「一気に」「一挙に」「一息に」

(劣勢を<u>一気に</u>挽回する、劣勢を<u>一挙に</u>挽回する、劣勢を<u>一息に</u>挽回する)

공통의미

단숨에, 한번에

요점

1. 「一気に」「一挙に」「一息に」는 모두가 짧은 시간에 무언가가 이루어지거나 무언가를

해낸다는 뜻을 나타내지만, 그 의미용법에 있어서는 다소의 차이가 엿보인다.

2. 「一気に」는 쉬지 않고 한 번에 무언가를 한다고 하는 뜻으로, 인간의 행위뿐만 아니라 사물의 움직임이나 사태의 변화에도 쓰이는 등, 매우 폭넓게 쓰인다. 우리말의 '한번에' 정도에 해당된다(예문①②③④⑦⑧⑨).

3. 「一挙に」는 한 번의 행동으로 어떤 결과를 낸다고 하는 뜻으로 우리말의 '일거에' 에 해당된다(예문①⑤⑥⑩⑪⑫).

4. 「一息に」는 사람의 일상적인 동작이나 행위에 관해서 쓰이는데 숨을 한번 쉬는 동안에, 즉 한 번에 무언가를 한다고 하는 뜻으로, 우리말의 '단숨에' 정도에 해당된다(예문①②③⑬⑭⑮).

예문과 해설

① 九回一気に/一息に/一挙に逆転する。 (9회에 한번에/단숨에/일거에 역전한다)

➲ 이 경우는 한 번에 어떠한 결과를 얻어내는 것이므로 그 어느 것이나 적절하다.

② 彼は一気に/一息に/＊一挙に階段を駆け上がった。
(그는 한번에/단숨에 계단을 뛰어올라갔다)

➲ 이 경우는 조금도 쉬지 않고 단 한 번에 계단을 뛰어올라갔음을 나타내는 것이므로 「一気に」와 「一息に」가 적절하다. 「一挙に」는 한 번의 행동으로 어떤 결과가 나온다고 하는 뜻으로 쓰이므로 여기에서는 부적절하다.

③ ビールを一気に/一息に/＊一挙に飲み干す。
(맥주를 한번에/단숨에 다 마신다)

➲ 「一気に」와 「一息に」는 쉬지 않고 어떤 일을 한 번에 한다는 뜻이어서 이 경우에 적절하다. 하지만 「一挙に」는 주로 한 번에 어떤 결과를 낸다는 뜻이므로 이 경우에는 부적절하다.

④ 急流が谷を一気に/＊一息に/＊一挙に流れ下がる。
(급류가 계곡을 한 번에 흘러내려온다)

➲ 이 경우처럼 사물의 움직임이나 사태의 변화가 한 번에 일어남을 나타낼 때는 오로지 「一気に」만 쓸 수 있다. 「一息に」는 사람의 일상적인 동작이나 행위에만 쓰이므로 여기에서는 부적절하다. 한편, 「一挙に」는 주로 한 번에 어떤 결과를 낸다는 뜻이므로 이 경우에는 부적절하다.

⑤ 一挙に/＊一気に/＊一息に/百人もの合格者が出た。

(일거에 백 명이나 되는 합격자가 나왔다)

➲ 「一挙に」는 한 번에 어떤 결과가 나온다고 하는 뜻으로 쓰이므로, 이 경우에 적절하다. 한편 「一気に」와 「一息に」는 쉬지 않고 무언가를 한다는 뜻이므로 이 경우에는 부적절하다.

⑥ 一挙に/✱一息に/✱一気に五十人もの死者を出した火事。
(일거에 50명이나 되는 사망자를 낸 화재)

➲ 이 경우처럼 구체적인 행위나 동작이 아니라 한 번에 어떤 결과를 낸다고 하는 뜻을 나타낼 때는 오로지 「一挙に」만 적절하다.

⑦ 一気に評価が下がる。(한 번에 평가가 내려간다)

⑧ 一気に不満が爆発する。(한 번에 불만이 폭발한다)

⑨ この夏、「戦争と平和」を一気に読み上げた。
(이 여름에, '전쟁과 평화'를 한 번에 다 읽었다)

⑩ 今週の土曜日は、六部作を一挙に上映する予定だ。
(이번 주 토요일은 6부작을 일거에 상영할 예정이다)

⑪ 彼のアドバイスで悩みが一挙に解消した。
(그의 어드바이스로 고민이 일거에 해소되었다)

⑫ 敵の正面と背後を衝いて一挙に責め滅ぼした。
(적의 정면과 배후를 찔러 일거에 공격해서 물리쳤다)

⑬ 散らかしてあった部屋を一息に片づけた。(어질러져있던 방을 단숨에 치웠다)

⑭ せっかちな彼だから、仕事を一息に仕上げた。
(성급한 그이므로 일을 단숨에 다했다)

⑮ 彼女は大ジョッキを一息に飲み干した。(그녀는 큰 조끼를 단숨에 다 마셨다)

「一生」「生涯」「一生涯」

(彼は田舎で一生を送った、彼は田舎で生涯を送った、彼は田舎で一生涯を送った)

공통의미

일생, 생애

요점

1. 「一生」「生涯」「一生涯」는 모두 하나의 생명이 태어나서 죽을 때까지의 기간을 나타내는 점에서는 같으나, 그 나타내는 대상에 있어서는 다소의 차이가 엿보인다.
2. 「一生」는 인간이나 동식물 등이 태어나서 죽을 때까지를 나타내는 것으로 비교적 폭넓게 쓰이며(예문①②③⑤⑥⑦⑧), 때로는 매우 중요한 것을 강조하는 뜻으로도 쓰인다(예문⑨).
3. 「生涯」는 살아있는 동안을 나타내는 것으로 오로지 인간에게만 쓰며(예문①②⑩⑪), 때로는 어떤 특정한 기간을 나타내기도 하는데, 「一生」에는 이러한 의미용법이 없다(예문④⑫⑬).
4. 「一生涯」는 「生涯」와 의미용법은 같으나 이를 보다 강조한 말인데, 다른 두 가지의 말과는 달리 이러한 말은 우리말에서는 쓰이지 않는다(예문①②④⑭⑮).

예문과 해설

① 彼は田舎で一生/生涯/一生涯を送った。
(그는 시골에서 일생을/생애를 보냈다)

➲ 이 경우는 사람이 살아서 죽을 때까지의 기간을 나타내는 것이므로 세 가지 다 적절하다.

② それは私にとって一生/生涯/一生涯の思い出だ。
(그것은 나에게 있어서 일생/생애의 추억이다)

➲ 이 경우 역시 예문①과 맥락을 같이하고 있다.

③ とんぼの一生/＊生涯/＊一生涯を研究する。(잠자리의 일생을 연구한다)

➲ 이 경우는 인간이 아닌 곤충에 대하여 쓰인 것이므로, 오로지 인간에게만 쓰이는 「生涯」와 「一生涯」는 부적절하다.

④ 役人としての生涯/一生涯/＊一生を終えて隠退する。
(공무원으로서의 생애를 끝내고 은퇴한다)

➲ 이 경우는 태어나서 죽을 때까지의 전 기간을 나타내는 것이 아니라, 어떤 특정한 기간만을 나타내는 것이므로 「一生」는 부적절하다.

⑤ 母は幸福な一生を送った。(어머니는 행복한 일생을 보냈다)

⑥ 父は学問に一生をささげた。(아버지는 학문에 일생을 바쳤다)

⑦ つばめの一生を観察する。(제비의 일생을 관찰한다)

➲ 「一生」는 이 경우와 같이 사람이 아닌 동물에 대해서도 쓸 수가 있는데, 「生涯」는 반드시 사람에게만 쓸 수가 있다.

⑧ そんなことをすると一生後悔するよ。(그런 짓을 하면 평생 후회한다)

⑨ 一生を左右するような出来事だ。(일생을 좌우할만한 일이다)

⑩ あの作家は波乱に富んだ生涯を終えた。(저 작가는 파란에 넘친 생애를 마쳤다)

⑪ 監督は短い生涯を通して数多くの作品を残した。
(감독은 짧은 생애를 통하여 수많은 작품을 남겼다)

⑫ 彼の政治家としての生涯は短かった。(그의 정치가로서의 생애는 짧았다)

➲ 「生涯」에는 이와 같이 어느 특정한 기간만을 나타내는 용법이 있으나 「一生」에는 이러한 용법이 없다. 여기에서는 정치가로서의 특정한 기간만을 나타내고 있다.

⑬ 役者としての生涯はまだ終わっていない。(배우로서의 생애는 아직 끝나지 않았다)

➲ 이 경우역시 배우로서 활동하는 특정한 기간만을 나타내고 있다.

⑭ 彼女は一生涯独身を貫いた。(그녀는 생애동안 독신을 관철시켰다)

➲ 「一生涯」는 「生涯」를 보다 강조한 듯한 어감이 주어진다.

⑮ 一生涯かかって罪の償いをする。(평생에 걸쳐서 죄의 속죄를 하겠다)

「一緒に」「共に」

(一緒に出かける、共に出かける)

공통의미

함께

요점

1. 「一緒に」는 같은 행동을 하거나 동시에 하는 것을 나타내는 것으로, 우리말의 '함께'에 해당된다(예문①②③⑥⑦). 한편, 「一緒だ」의 형태로 문말의 술어로 쓰여서 무언가가 같다고 하는 뜻을 나타내기도 하는데, 「共に」에는 이러한 용법이 없다(예문④).
2. 「共に」는 같은 행동을 하거나 동시에 하는 것을 나타내는 점에서는 「一緒に」와 같으나, 다소 딱딱한 어감이 주어지는 것으로 우리말의 '더불어'에 해당된다(예문②⑧⑨). 하지만 같은 상태에 있음을 나타내거나, 때로는 「～と共に」의 형태를 취하여 우리말의 '～와(과)동시에'에 해당되는 뜻을 나타내는 점에서는 다르다(예문⑤⑩).

예문과 해설

① 母と一緒に/共にデパートへ行った。(어머니와 함께 백화점에 갔다)

➲ 「一緒に」와 「共に」는 그 앞에 「と」를 수반한 「~と一緒に」「~と共に」의 형태로 행동을 같이 한다는 뜻으로 쓰인다. 물론 회화체에서는 「~と一緒に」가 훨씬 많이 쓰이고 있다.

② この友だちとは一緒に/共に笑い、一緒に/共に泣く間柄だ。
(이 친구와는 함께 웃고, 함께 우는 사이이다)

➲ 이 경우 역시 예문①과 같은 경우이다.

③ 君も一緒に/＊共に帰らないか。(자네도 같이 돌아가지 않겠는가)

➲ 이와 같은 일상적인 회화체에서 같은 행동을 한다는 뜻으로 쓰일 때는 「一緒に」가 가장 일반적이다. 「共に」도 굳이 쓰려면 못 쓸 바는 없으나 너무 문장체적이어서 매우 부자연스럽다.

④ 僕の考えも君と一緒だ/＊共だ。(내 생각도 자네와 같다)

➲ 「一緒」는 「一緒だ」의 형태로 무언가가 같다고 하는 뜻을 나타내는데 「共」에는 이러한 의미용법이 없으므로 여기에서는 부적절하다.

⑤ うれしいと共に/＊一緒に寂しくもある。(기쁨과 동시에 슬프기도 하다)

➲ 「一緒に」는 같은 행동을 한다는 뜻으로 쓰이지만, 여기에서처럼 같은 상태를 나타내는데는 부적절하며 이러한 경우에는 「共に」가 적절하다.

⑥ 君と一緒に行きたい。(자네와 함께 가고 싶다)

⑦ 明日は一緒に映画でも見に行きましょう。(내일은 함께 영화라도 보러 갑시다)

⑧ 彼とはいつも行動を共にしている。(그와는 언제나 행동을 함께 하고 있다)

⑨ 喜びを共にする。(기쁨을 함께 한다)

⑩ これは楽しいと共に為になる本です。
(이것은 즐거움과 동시에 도움이 되는 책입니다)

➲ 이 경우는 즐거움과 도움이 되는 일이 동시에 이루어짐을 나타내는 것인데 「一緒に」에는 이러한 용법이 없다.

「いっぱい」「たくさん」

(仕事がいっぱいある、仕事がたくさんある)

공통의미

많이, 잔뜩

요점

1. 「いっぱい」는 물건이나 일이 넘칠 듯이 꽉차있는 모양을 나타내는데, 이 경우는 우리말의 '가득'에 해당되고(예문②③⑥⑦), 한편으로는 물건이나 일이 매우 많음을 나타내기도 하는데, 이 경우는 우리말의 '잔뜩' 에 해당된다(예문①⑧⑨).
2. 「たくさん」은 수량이나 횟수가 많음을 나타내는데, 이 경우는 우리말의 '많이'에 해당되고(예문①④⑩⑪⑫), 한편으로는 그것으로 충분하여 그 이상은 불필요함을 나타내기도 하는데, 이 경우는 「たくさんだ」의 형태를 취하여 우리말의 '충분하다, 됐다' 정도에 해당된다(예문⑤⑬⑭).

예문과 해설

① 仕事がいっぱい/たくさんある。(일이 잔뜩/많이 있다)

➲ 이 경우는 일이 많음을 나타내는 것이므로 둘 다 적절한데, 「いっぱい」 쪽이 「たくさん」에 비해서 보다 일이 많다고 하는 어감이 주어진다.

② 部屋が本でいっぱい/＊たくさんになる。(방이 책으로 가득 찬다)

➲ 이 경우와 같이 물건으로 어떤 공간이 꽉 차는 것을 나타낼 때는 「いっぱい」만이 적절하다. 「たくさん」은 어디까지나 물건이 많음을 나타내는 데에 그치며, 또한 「たくさんになる」와 같은 어법으로도 쓰이지 않으므로 여기에서는 부적절하다.

③ 目(め)にいっぱい/✱たくさん涙(なみだ)をためる。(눈에 가득 눈물을 머금는다)

➲ 이 경우역시 눈물로 눈이 꽉 차는 것을 나타내므로 「いっぱい」만이 적절하다. 「たくさん」은 많이 있음을 나타내는 것인데, 눈에는 눈물이 가득 고일 수는 있어도 눈물이 많이 고일 수는 없는 법이므로 여기에서는 부적절하다.

④ たくさん/✱いっぱいの友(とも)だちができた。(많은 친구가 생겼다)

➲ 「いっぱい」는 역시 무언가가 가득 차거나 잔뜩 있을 때에 쓰이는 것이므로, 이 경우와 같이 친구가 많음을 나타내는 데는 부적절하다. 또한 「たくさんの」의 형태로 '많은'의 의미를 나타내지만, 「いっぱいの」는 술 한 잔을 나타내는 것이라면 모를까, 많거나 잔뜩 있음을 나타내는 형태로는 쓰이지 않는다. 물론 「いっぱい」를 부사로 써서, 「友(とも)だちがいっぱいできた(친구가 잔뜩 생겼다)」의 형태로 쓰는 것은 얼마든지 가능하다.

⑤ 小言(こごと)はもうたくさんだ/✱いっぱいだ。(잔소리는 이제 됐다)

➲ 「たくさん」은 이 경우와 같이 「たくさんだ」의 형태를 취하여, 그것으로 충분하며 그 이상은 불필요함을 나타내기도 한다. 「いっぱい」에는 이와 같은 용법이 없으므로 여기에서는 부적절하다.

⑥ 風呂(ふろ)の水(みず)がいっぱいになる。(욕조의 물이 가득 찬다)

⑦ 食(た)べ過(す)ぎておなかがいっぱいだ。(너무 먹어서 배가 가득이다)

➲ 이 경우는 배가 가득 차있음을 나타내고 있다.

⑧ 西日(にしび)が部屋(へや)の中(なか)にいっぱい差(さ)し込(こ)む。(저녁노을빛이 방안에 잔뜩 들어온다)

➲ 이 경우는 저녁노을이 방안으로 가득 들어오고 있음을 나타낸다.

⑨ わたしには夢(ゆめ)がいっぱいあります。(저에게는 꿈이 잔뜩 있습니다)

⑩ 見(み)たい映画(えいが)がたくさんあります。(보고 싶은 영화가 많이 있습니다)

⑪ あの店(みせ)にはたくさん行(い)った。(저 가게에는 많이 갔다)

⑫ たくさんの人(ひと)が集(あつ)まった。(많은 사람이 모였다)

➲ 「たくさん」은 조사 「の」와 결합된 「たくさんの」의 형태로 뒤에 오는 명사를 수식하는 용법이 있으나 「いっぱい」에는 이러한 용법이 없다.

⑬ 酒(さけ)はもうたくさんです。(술은 이제 됐습니다)

➲ 이 경우는 충분하여 더 이상은 불필요함을 나타내고 있는데 「いっぱい」에는 이러한 용법이 없다.

⑭ お説教(せっきょう)なんかもうたくさんだ。(설교 같은 건 이제 충분하다)

➲ 이 경우역시 위의 예문⑬과 맥락을 같이하고 있다.

「～一方(いっぽう)だ」「～ばかりだ」

(年金(ねんきん)支給額(しきゅうがく)が少(すく)なくなる<u>一方(いっぽう)だ</u>、年金(ねんきん)支給額(しきゅうがく)が少(すく)なくなる<u>ばかりだ</u>)

공통의미

～하기만 한다, ～할 뿐이다

요점

1. 「～一方(いっぽう)だ」와 「～ばかりだ」는 둘 다 어떤 일이나 사항의 변화가 멈추지 않고 계속해서 지속되기만 하는 상태를 나타내는데, 그 대상이 긍정적이냐 부정적이냐에 따라서 의미용법상의 차이가 엿보인다.
2. 「～一方(いっぽう)だ」는 그 대상이 긍정적이거나 부정적이거나 둘 다 쓰이며, 이 경우 말하는 사람의 감정은 개입되는 일이 없이 사실을 객관적으로 나타내게 된다. 특히 부정적일 때는 주로 문장체에서 쓰이는 경향이 있는데 우리말의 '～하기만 한다' 정도에 해당된다(예문①②③④⑤⑥).
3. 「～ばかりだ」는 오로지 그 대상이 부정적일 때만 쓰이는데, 여기에는 좀처럼 긍정적으로 호전되지 않는 것에 대한, 말하는 사람의 초조하거나 불안한 느낌이 담기게 된다. 주로 회화체에서 쓰이며, 우리말의 '～할 뿐이다' 정도에 해당된다(예문①③④⑦⑧⑨⑩).

예문과 해설

① 売(う)り上(あ)げが減(へ)っていく一方(いっぽう)/ばかりで、これからが心配(しんぱい)だ。

(매상이 줄어만 가서 이제부터가 걱정이다)

➲ 이 경우는 매상이 계속해서 줄기만 한다고 하는 부정적인 면을 나타내고 있으므로 둘 다 적절하다.

② 手術(しゅじゅつ)のあと、病状(びょうじょう)は回復(かいふく)してよくなる一方(いっぽう)だった/✱ばかりだった。

(수술 후, 병세는 회복되어 좋아지기만 했다)

➲ 수술이 잘 되어서 그 후에 병세가 회복되고 좋아진다는 것은 긍정적이므로 「～一方(いっぽう)だ」가 적절

하다. 「~ばかりだ」는 긍정적인 경우에는 쓸 수가 없으며 어디까지나 부정적인 경우에 쓰이므로 여기에서는 부적절하다.

③ うちの息子の成績は上がる一方で/✱ばかりで、とてもうれしい。
(우리 집 아들의 성적은 오르기만 해서 무척 기쁘다)

➲ 이 경우 역시 긍정적인 면을 나타내는 것이므로 「~一方だ」가 적절하다.

④ このごろ貯金が増えていく一方/✱ばかりだけど、利息は下がっていく一方/ばかりだから、やはり老後が心配だよね。
(요즈음 저금이 늘어만 가는데, 이자는 내려가기만 해서 역시 노후가 걱정되는군)

➲ 이 경우의 앞부분에는 저금이 늘어만 간다고 하는 긍정적인 면이 나타나있어서 「~一方だ」가 적절하지만, 뒷부분에는 이자가 내려가기만 한다고 하는 부정적인 면이 나타나 있어서 「~一方だ」「~ばかりだ」의 두 가지가 적절하다. 다만 「~一方だ」를 쓰게 되면 다소 딱딱한 어감이 주어지며 「~ばかりだ」를 쓰게 되면 매우 회화체적인 어감이 주어진다.

⑤ パーティーはすごく盛り上がって楽しくなる一方ですね。
(파티는 무척 고조되어 즐거워지기만 하는 군요)

➲ 이 경우는 긍정적인 면을 나타내고 있으므로 「~一方だ」가 적절하다.

⑥ あいつは酒がだめなので、宴会ではもっぱら食べる一方だ。
(저 녀석은 술을 못 마시기 때문에 연회에서는 오로지 먹기만 한다)

➲ 이 경우는 부정적인 면을 나타내고 있으므로 「~一方だ」를 쓸 수가 있는데 「~ばかりだ」를 쓸 때에 비해서 말하는 사람의 감정은 일체 개입되지 않은 채 객관적으로 부정적인 면을 나타내고 있을 뿐이다.

⑦ 彼は、真面目なところがなく、人に会うとふざけるばかりだ。
(그는 진지한 면이 없어서 사람을 만나면 장난만 칠뿐이다)

➲ 이 경우는 그가 진지한 면이 없이 오로지 장난만 치는 것에 대한 불만스러운 마음이 부정적으로 나타나있다.

⑧ 年金支給額が少なくなるばかりで、老人ホームレスの増加が心配される。
(연금지급액이 적어질 뿐이어서 집 없는 노인의 증가가 염려된다)

➲ 이 경우도 연금지급액이 계속해서 적어지는 것에 대한 초조하고 불안한 마음이 담겨있다.

⑨ 産業は発展しているけど、公害は年々ひどくなるばかりだ。
(산업은 발전하고 있지만, 공해는 해마다 심해질 뿐이다)

➲ 이 경우 역시 위의 예문과 맥락을 같이하고 있다.

⑩ 入院しているが、夫の病気はどんどん深刻化するばかりだ。

(입원하고 있지만, 남편의 병은 점점 심각해질 뿐이다)

「いつも」「常に」「絶えず」

(いつも不平をもらす、常に不平をもらす、絶えず不平をもらす)

공통의미

언제나, 늘

요점

1. 「いつも」는 그 일이나 상태가 때와 장소에 관계없이 일상적으로 일어남을 나타내는 것으로, 우리말의 '언제나'에 해당되는 말인데 회화체에서 주로 쓰인다(예문①②⑥⑦⑧). 한편, 「いつもの仕事(여느 때의 일)」「いつもと違う(여느 때와 다르다)」「いつもより(여느 때보다)」와 같이 쓰여서 보통 때, 여느 때의 의미로도 쓰이는데 이러한 용법은 「いつも」에만 있다(예문⑤⑨).
2. 「常に」는 언제나 변함이 없다고 하는 항상성에 중심이 있는 말로 우리말의 '항상'에 해당되는 말인데, 다소 격식을 차리는 말투에서만 쓰인다(예문①③⑩⑪⑫⑬).
3. 「絶えず」는 동사 「絶える(끊기다)」의 미연형 「絶え」에 부정의 조동사 「ず」가 접속되어 부사화된 것으로, 어떤 일이나 상태가 끊임없이 지속되고 있음을 나타낸다. 우리말의 '끊임없이'에 해당된다(예문①③④⑭⑮⑯⑰).

예문과 해설

① 健康にいつも/常に/絶えず注意している。

(건강에 언제나/항상/끊임없이 주의하고 있다)

➲ 이 경우는 어느 것이나 적절한데 「いつも」를 쓰게 되면 일상의 회화체가 되고, 「常に」를 쓰게 되면 다소 격식을 차린 말투가 되며, 「絶えず」를 쓰게 되면 주의를 기울이는 정도가 다른

것보다 훨씬 높아지게 된다.

② となりのおばさんはいつも/?常に/?絶えずにこにこ笑っているね。
(옆집아줌마는 언제나 싱글벙글 웃고 있네)

➲ 이 경우는 일상적인 회화체이므로 「いつも」가 가장 적절하다. 「常に」는 다소 격식을 차린 말투에서 쓰이므로 이러한 일상회화체의 문맥에서는 다소 부적절하고, 「絶えず」는 조금도 쉴 새가 없이 싱글벙글한다는 뜻이 되므로 현실적으로 다소 부적절하다.

③ 常に/絶えず/＊いつも進歩を続ける。(항상/끊임없이 진보를 계속한다)

➲ 이 경우는 진보를 계속하는 정도가 조금도 쉴 틈이 없이, 라는 뜻에 중점이 있는 것이므로 '여느 때와 다름없이'의 뜻을 나타내는 「いつも」는 부적절하다.

④ 絶えず/＊常に/＊いつも流れる時間。(끊임없이 흐르는 시간)

➲ 이 경우는 조금도 멈추지 않고 끊임없이 시간이 흐르는 것을 나타내는 것이므로 어떤 상태가 끊임없이 지속되는 것에 주목하는 표현인 「絶えず」가 적절하다.

⑤ いつも/＊絶えず/＊常により早く起きた。(여느 때보다 빨리 일어났다)

➲ 이 경우와 같이 '보통 때, 평상시'의 뜻으로 쓰일 때는 「いつも」만이 적절하다.

⑥ あの老人はいつも厳しい顔をしている。
(저 노인은 언제나 딱딱한 얼굴을 하고 있다)

⑦ 会社の帰りにはいつもこの店に寄る。
(회사에서 돌아올 때는 언제나 이 가게에 들른다)

⑧ あいつは電話したときはいつもいない。(저 녀석은 전화했을 때는 언제나 없다)

⑨ いつもの通り夜十時ごろ寝た。(여느 때와 같이 밤 열시 쯤 잤다)

➲ 「いつも」는 조사 「の」와 결합된 「いつもの」의 형태로 그 뒤에 오는 명사를 수식하는데 다른 말에는 이와 같은 용법이 없다.

⑩ 健康には常に注意を払っている。(건강에는 항상 주의를 기울이고 있다)

⑪ 常に努力を重ねて偉くなった。(항상 노력을 거듭해서 훌륭해졌다)

⑫ 彼女は常に努力を忘れない。(그녀는 항상 노력을 잊지 않는다)

⑬ 会社の方針は常に一貫している。(회사의 방침은 항상 일관되어있다)

⑭ 人類は絶えず進歩を続けて来た。(인류는 끊임없이 진보를 계속해 왔다)

➲ 「絶えず」는 어떤 일이 잠시도 끊기는 일이 없이 지속적으로 이루어짐을 나타내는 데에 의미의

중심이 놓이게 된다.

⑮ 時間というのは絶えず流れて行くものだ。
(시간이라는 것은 끊임없이 흘러가는 것이다)

⑯ 家の前を絶えず車が通っている。(집 앞을 끊임없이 차가 다니고 있다)

⑰ 絶えず口論している親子。(끊임없이 말다툼하고 있는 부모자식)

「意図」「意向」「つもり」

(そういう意図だったのですか、そういう意向だったのですか、そういうつもりだったのですか)

공통의미

의도, 생각

요점

1. 「意図」는 어떤 일을 확실한 목적의식 하에 실행에 옮기고자 하는 생각을 나타내는 것으로 우리말의 '의도'에 해당된다(예문①②③⑥⑦).
2. 「意向」는 일을 어떻게 처리할 것인지에 대한 구체적인 판단이나 생각을 나타내는 것으로 우리말의 '의향'에 해당된다(예문①②④⑧⑨).
3. 「つもり」는 자신이 이렇게 하겠다는 기분을 나타내는 것으로 매우 폭넓게 쓰이는데 우리말의 '생각, 작정'에 해당된다(예문①⑤⑩⑪).

예문과 해설

① そういう意図/意向/つもりとは知らなかった。(그러한 의도/의향/생각인 줄은 몰랐다)

➲ 이 경우에는 세 가지 다 적절한데 「意図」를 쓰게 되면 보다 적극적인 목적의식이 부각되지만, 「意向」와 「つもり」를 쓰게 되면 단지 상대의 판단이나 생각만을 나타내게 된다.

② 首相は早期解決の意図/意向/✱つもりを持っているようだ。

(수상은 조기해결의 의도/의향을 지니고 있는 것 같다)

➲ 이 경우, 「意図」를 쓰게 되면 보다 구체적이고 적극적인 해결책을 나타내게 되며, 「意向」는 단지 그러한 의사가 있음을 나타내는 데 불과하다. 한편 「つもり」는 「~を持つ」와 같은 용법은 없으므로 여기에서는 부적절하다.

③ 敵の意図/＊意向/＊つもりをくじく。(적의 의도를 꺾다)

➲ 이 경우와 같이 어떤 뚜렷한 목적의식 하에서의 생각을 나타내는 때는 「意図」만이 적절하다.

④ 住民の意向/＊意図/＊つもりを集める。(주민의 의향을 모은다)

➲ 이 경우와 같이 뚜렷한 목적의식 하의 생각이 아니라, 단지 구체적인 생각을 나타내는 때는 「意向」만이 적절하다. 「つもり」는 단독으로 '생각'이라는 뜻을 나타내지 못한다.

⑤ 週末は家族と一緒に過ごすつもり/＊意図/＊意向です。
(주말은 가족과 함께 지낼 생각입니다)

➲ 이 경우와 같이 일상적으로 가벼운 생각을 나타내는 때는 「つもり」가 적절하다. 「意向」는 이렇게 가벼운 생각을 나타내는 데는 다소 과장된 어감이 있고, 「意図」는 뚜렷한 목적의식 하에서 쓰이는 것이므로 둘 다 여기에서는 부적절하다.

⑥ 意図したとおりの効果が出る。(의도한 대로의 효과가 나온다)

➲ 「意図」는 확실한 목적의식을 나타내고 있다.

⑦ 相手の意図を知らなければならない。(상대의 의도를 알아야만 한다)

⑧ 彼の意向に沿う方向で考えよう。(그의 의향에 따른 방향에서 생각하자)

➲ 「意向」는 일의 처리에 대한 구체적인 판단이나 생각을 나타내고 있다.

⑨ まずは本人の意向を確かめるのが先だ。
(우선은 본인의 의향을 확인하는 것이 먼저다)

⑩ どうしても成功させるつもりだ。(어떻게 해서든지 성공시킬 작정이다)

➲ 「つもり」는 이렇게 하겠다고 하는 기분을 나타내고 있다.

⑪ 来年は日本へ留学するつもりです。(내년에는 일본으로 유학 갈 생각입니다)

「命」「生命」

(事故で命を失う、事故で生命を失う)

공통의미

목숨, 생명

요점

1. 「命」는 순수한 일본어로서 일상적으로 쓰이는데 우리말의 '목숨'에 해당된다(예문①②③⑥⑦⑧).
2. 「生命」는 한자어로서 「生命保険」「生命維持」와 같이 객관적이고 문장체적인 경우에 쓰이는데 우리말의 '생명'에 해당된다(예문①④⑤⑨⑩⑪).

예문과 해설

① 事故で命/生命を失う。(사고로 목숨/생명을 잃는다)

➲ 이 경우와 같이 단지 죽음을 뜻할 때는 둘 다 적절하다.

② あの時は命/＊生命が危ない感じだった。(그 때는 목숨이 위태로운 느낌이었다)

➲ 우리말에서도 일상적으로는 '목숨이 위태롭다'고 하지 '생명이 위태롭다'고는 별로 하지 않듯이 일본어에서도 일상적으로는 「命」를 쓰게 된다. 만약, '생명이 위태롭다'고 한다면 이는 병원 같은 데에서나 쓸법한 느낌이 들 것이다.

③ あの時は命/＊生命が縮む思いだった。(그 때는 목숨이 단축되는 느낌이었다)

➲ 동사 「縮む(줄어들다)」와 결합하여 '목숨이 단축되다'는 뜻의 관용구로 쓰일 때는 오로지 「命」만이 적절하다.

④ 新しい生命/＊命が誕生した。(새로운 생명이 탄생했다)

➲ 새로운 탄생을 나타내는 경우에는 「生命」가 쓰이는 것이 일반적이다.

⑤ 時計の生命/＊命は正確さにある。(시계의 생명은 정확성에 있다)

➲ 이와 같이 가장 중요한 점을 부각시키는 경우에는 「生命」가 적절하다.

⑥ お金より命が惜しい。(돈보다 목숨이 아깝다)

⑦ 友人は重態で、あとわずかの命だ。
(친구는 중태여서 앞으로 얼마 남지 않은 목숨이다)

⑧ この事故で命を失った人は多い。(이 사고로 목숨을 잃은 사람은 많다)

⑨ どんな小さな虫にも生命があるものだ。(어떤 작은 벌레에도 생명이 있는 법이다)

➲ 사람이 아닌 동식물에 대해서는 「生命」를 쓰는 것이 적절하다.

⑩ 水は生命の維持に不可欠だ。(물은 생명의 유지에 불가결하다)

➲ 특별하게 중요하다고 하는 점을 부각시킬 때는 「生命」가 적절하다.

⑪ あの人は選手としての生命が長い。(저 사람은 선수로서의 생명이 길다)

➲ 이 경우 역시 특별하게 중요한 점을 부각시키고 있는 것이어서 「生命」가 적절하다.

「今」「只今」

(今、準備中です、只今、準備中です)

공통의미

지금

요점

1. 「今」는 우리말의 '지금'에 해당되는 말인데 이전과 비교했을 때의 '현대'라는 뜻으로도 쓰인다(예문①②⑤⑥⑦).
2. 「只今」는 '바로지금'이라는 뜻으로 「今」보다 훨씬 격식을 차린 경우에 쓰이는 말이지만(예문①③⑧⑨⑩⑪), 이전과 비교했을 때의 '현대'라는 뜻으로는 쓰이지 않는다. 한편으로는 일상회화에서 외출했다가 돌아왔을 때의 인사말로도 쓰이는데, 「今」에는 이

러한 용법이 없다(예문④).

예문과 해설

① 今/只今事故の原因を究明しています。(지금 사고의 원인을 규명하고 있습니다)

➲ 이 경우 「今」를 쓰게 되면 현재 사고원인을 규명하고 있음을 막연하게 나타내지만, 「只今」를 쓰게 되면 현재시점에서 활발하게 사고원인을 규명하고 있음을 나타내게 된다.

② 今/＊只今の若者は礼儀を全く知らない。(지금의 젊은이는 예의를 전혀 모른다)

➲ 「今」에는 이전과 비교했을 때의 '현재'라는 뜻으로도 쓰이지만, 「只今」에는 이러한 의미용법이 없으므로 여기에서는 부적절하다.

③ 只今/?今の時間をお知らせいたします。(지금의 시간을 알려드리겠습니다)

➲ 이 경우와 같이 격식을 차린 정중한 문체에서는 「只今」가 가장 적절하다.

④ (외출에서 돌아와서)只今/＊今。(다녀왔습니다)

➲ 외출해서 돌아와서 건네는 인사말로는 오로지 「只今」만이 적절하다.

⑤ 今ちょうど12時です。(지금 정각 12시입니다)

⑥ 今から講演会を始めます。(지금부터 강연회를 시작하겠습니다)

⑦ 今出て行った人は誰ですか。(지금 나간 사람은 누구입니까?)

⑧ 只今より演奏会を行います。(지금부터 연주회를 하겠습니다

➲ 이 경우와 같이 격식을 차린 말투에서는 「今」보다는 「只今」가 보다 적절하다.

⑨ 只今ご紹介にあずかりました山田です。(방금 소개받은 야마다입니다)

➲ 이 경우 역시 격식을 차린 말투이므로 「只今」가 적절하다.

⑩ 只今留守にしております。(지금 부재중입니다)

⑪ はい、只今参ります。(예, 지금 가겠습니다)

➲ 이러한 경우 「今」를 쓰게 되면 단지 연락을 받고 곧 간다고 하는 뜻을 나타내지만, 「只今」를 쓰게 되면 이미 갈 준비가 다 되어있는 상태에서 곧바로 감을 나타내게 된다.

「今(いま)に」「そのうち」

(あれでは今(いま)に店(みせ)はつぶれるだろう、あれではそのうち店(みせ)はつぶれるだろう)

공통의미

이제 곧, 조만간에

요점

1. 「今(いま)に」와 「そのうち」는 둘 다 시간의 폭이 넓어서, 몇 시간 후, 며칠 후, 몇 개월 후, 몇 년 후일지라도 그것이 가깝다고 인식되는 경우에는 얼마든지 쓰이는데, 다만 말하는 사람의 의지나 결의를 나타내는 정도에 있어서는 차이가 엿보인다.
2. 「今(いま)に」는 몇 초나 몇 분 후와 같은 매우 짧은 시간이 경과한 후도 나타내며(예문①②), 말하는 사람의 강한 결의나 확실한 예측을 나타내기도 한다(예문③⑥⑦⑧). 우리말의 '이제 곧' 정도에 해당된다.
3. 「そのうち」는 그리 멀지 않은 시간 안에 무언가가 일어날 것을 느긋하게 나타내는 경우에 쓰이며, 말하는 사람의 결의나 의지와 같은 느낌은 주어지지 않는다(예문①④⑤⑨⑩⑪). 우리말의 '조만간에, 머지않아' 정도에 해당된다.

예문과 해설

① あれでは今(いま)に/そのうちあの店(みせ)はつぶれるだろう。

(저래가지고서는 이제 곧/조만간에 저 가게는 망할 것이다)

➲ 이 경우는 둘 다 적절한데 「今(いま)に」를 쓰게 되면 「そのうち」를 쓰는 것보다 더 가까운 시간 내에 가게가 망할 것이라는 어감이 주어진다.

② そんなに高(たか)く積(つ)むと今(いま)に/＊そのうち崩(くず)れるぞ。

(그렇게 높이 쌓으면 이제 곧 무너진다)

➲ 이 경우와 같이 약간의 시간이 경과하는 동안에 어떤 일이 발생할 것이 틀림없는 것으로 예측하는 때는 「今(いま)に」가 적절하다. 「そのうち」에는 어감 속에 느긋함이 들어가 있어서 이 경우에는 부적절하다.

③ 今に/＊そのうちきっと成功してみせる。(이제 곧 반드시 성공해 보이겠다)

➲ 이 경우와 같이 말하는 사람의 강한 결의를 나타낼 때는 「今に」만이 적절하다.

④ そのうち/＊今にゆっくり会おう。(조만간에 느긋하게 만나자)

➲ 「そのうち」는 어감에 느긋함이 들어가 있으므로, 이 경우에 매우 적절하다.

⑤ では、そのうち/＊今にお伺いします。(그럼, 조만간에 찾아뵙겠습니다)

➲ 이 경우와 같이 막연하게 조만간을 기약하는 때는 「そのうち」가 적절하다. 「今に」는 어디까지나 말하는 사람의 긴장감이 들어있으므로 여기에서는 부적절하다.

⑥ 今に分かるときがくるさ。(이제 곧 알 때가 올거야)

➲ 이 경우는 말하는 사람의 확실한 예측의 기분이 담겨있는데, 만약 「そのうち」를 쓰게 되면 그러한 기분은 담기지 않게 된다.

⑦ よく火を消しておかないと、今に燃え出しますよ。
(불을 잘 꺼두지 않으면, 금방 타기시작 할 거예요)

➲ 이 경우도 위의 예문⑥과 맥락을 같이하고 있다.

⑧ 見ていてごらんなさい。今にきっと私の言うとおりになりますよ。
(보고 있어 보세요. 이제 곧 반드시 내가 말하는 대로 될 거예요)

⑨ そのうち兄も帰ってくるでしょうから、もう少しお待ちください。
(조만간에 형도 돌아올 테니까, 조금 더 기다려 주십시오)

➲ 이 경우는 조만간에 형이 돌아올 것을 느긋한 기분으로 예측하고 있다.

⑩ そのうち料理ができるから、新聞でも読んでください。
(조만간에 요리가 다 될 테니까, 신문이라도 보아 주십시오)

⑪ 遊んでばかりいると、そのうち後悔するぞ。(놀고만 있으면, 조만간에 후회한다)

「いよいよ」「とうとう」

(努力に努力を重ねていよいよ成功した、努力に努力を重ねてとうとう成功した)

공통의미

드디어, 결국에는

요점

1. 「いよいよ」는 그렇게 될 거라고 지금까지 예상하고 있던 일이 끝내 실현되는 경우에 쓰이는 말로 우리말의 '드디어' 정도에 해당된다(예문①⑥⑦⑧⑨). 한편, 「いよいよ」에는 점점 그 정도가 높아짐을 나타내는 용법도 있으나, 「とうとう」에는 이러한 용법이 없다(예문②③).
2. 「とうとう」는 여러 과정을 거쳐서 어떤 결과에 이르게 됨을 나타내는 말로 우리말의 '결국에는' 정도에 해당된다(예문①④⑤⑩⑪).

예문과 해설

① 彼(かれ)は、努力(どりょく)に努力(どりょく)を重(かさ)ねていよいよ/とうとう成功(せいこう)した。

(그는 노력에 노력을 거듭해서 드디어/결국에는 성공했다)

➲ 이 경우에 「いよいよ」를 쓰게 되면 성공할 것이라고 예상했던 일이 끝내는 실현되었다고 하는 기쁨이나 감동을 나타내지만, 「とうとう」를 쓰게 되면 단지 성공이라고 하는 결과에 주목하는 표현이 된다.

② 終盤(しゅうばん)になって試合(しあい)はいよいよ/＊とうとう面白(おもしろ)くなってきた。

(종반이 되어서 시합은 점점 재밌게 되어졌다)

➲ 이 경우와 같이 「いよいよ」에는 점점 그 정도가 높아짐을 나타내는 용법이 있으나 「とうとう」에는 이러한 용법이 없으므로 여기에서는 부적절하다.

③ 雨(あめ)はいよいよ/＊とうとう激(はげ)しくなってきた。(비는 점점 극심해졌다)

➲ 이 경우역시 위의 예문②와 맥락을 같이하고 있다.

④ 無理(むり)が重(かさ)なってとうとう/＊いよいよ病気(びょうき)になってしまった。

(무리가 겹쳐서 결국에는 병이 되고 말았다)

➲ 이 경우와 같이 여러 단계를 거쳐서 최종적인 결과에 이르게 됨을 나타낼 때는 「とうとう」가 적절하다. 예상의 실현을 나타내는 「いよいよ」는 부적절하다.

⑤ 舟(ふね)はだんだん小(ちい)さくなって、とうとう/＊いよいよ見(み)えなくなった。

(배는 점점 작아져서, 결국에는 보이지 않게 되었다)

➲ 이 경우역시 배가 점점 작아지는 단계를 거쳐서, 최종적으로는 보이지 않게 되는 결과에 이르게 됨을 나타낼 때는 「とうとう」가 적절하다.

⑥ いよいよ待(ま)ちに待(ま)った決勝戦(けっしょうせん)が始(はじ)まる。

(드디어 기다리고 기다리던 결승전이 시작된다)

➲ 이 경우와 같이 기다리던 일이 드디어 실현됨을 나타낼 때는 「いよいよ」만이 적절하다.

⑦ いよいよ決断すべき時がきた。(드디어 결단을 내려야 할 때가 왔다)

⑧ いよいよ明日から大学生だ。(드디어 내일부터 대학생이다)

⑨ いよいよ君ともお別れだ。(드디어 자네와도 이별이다)

⑩ お金に困ってとうとう土地まで手放した。
(돈에 곤란해져서 결국에는 토지까지 내놓았다)

➲ 돈에 궁핍한 과정을 거쳐서 끝내는 토지까지 팔아야 할 결과에 이르렀음을 나타내고 있다.

⑪ 三時間待ったが、彼はとうとう来なかった。
(세 시간 기다렸지만, 그는 결국에는 오지 않았다)

➲ 세 시간이나 기다린다고 하는 과정을 거친 후의 결과를 나타내고 있다.

「いる」「おる」

(明日はうちにいます、明日はうちにおります)

공통의미

있다(존재의 의미가운데에서 일반적인 의미용법과 겸손, 정중의 의미용법)

요점

1. 둘 다 사람의 존재를 나타내지만, 「いる」는 일반적인 사람의 존재를 나타내는 반면에, 「おる」는 자신을 낮추는 겸손어로도 쓰이고(예문①②), 또는 말을 품위있게 하는 정중어로도 쓰인다(예문③).
2. 보조동사로 쓰이는 「～ている(～하고 있다)」의 경우 그 중지법은 「～てい(～하고 있고(있으며)」가 되어야하나, 이렇게 되면 「い」가 단음절인 관계로 조음이 불안정하게 되어 보통 「～ておる」의 중지법인 「～ており」를 쓴다(예문④⑤⑥).

예문과 해설

① 明日はうちにいます/おります。(내일은 집에 있습니다)

➲ 「います」보다 「おります」가 보다 겸손한 어감이 주어진다.

② 十年前からここに住んでいます/おります。(10년 전부터 여기에 살고 있습니다)

➲ 이 경우는 접속조사 「て」와 결합하여 보조동사로 쓰인 것인데, 여기에서도 「います」보다 「おります」가 보다 겸손한 어감이 주어진다.

③ 雨が降っています/おります。(비가 내리고 있습니다)

➲ 「います」보다 「おります」가 보다 정중한 느낌이 주어진다.

④ そとは強風が吹いており/＊てい、出かけることができません。
(밖은 강풍이 불고 있어, 외출할 수가 없습니다)

➲ 「~ている」의 중지법인 「~てい」를 쓰면 발음이 불안정해지므로 이 경우에는 반드시 「~ておる」의 중지법인 「~ており」를 써야만 한다.

⑤ 作者の最高傑作と考えられており/＊てい、受賞は妥当なところだ。
(작자의 최고걸작으로 생각되고 있어서, 수상은 타당한 것이다)

➲ 이 경우 역시 위의 예문④와 맥락을 같이하고 있다.

⑥ 私は音楽を聞いており/＊てい、全然気づきませんでした。
(나는 음악을 듣고 있어서, 전혀 알지 못했습니다)

➲ 이 경우도 위의 예문④⑤와 맥락을 같이하고 있다.

「要る」「要する」

공통의미

필요하다

요점

1. 「要る」는 일상적으로 매우 많이 쓰이며 「～が要る」의 형태로 쓰이는데, 때로는 「いる」

와 같이 히라가나만으로 표기되는 경우도 많다(예문①②③④⑤). 우리말의 '필요하다'에 해당된다.

2. 「要(よう)する」는 주로 문장체에서 쓰이며 회화체에서는 거의 쓰이지 않는다. 「～を要(よう)する」의 형태로 쓰이는데 우리말의 '～을(를)요한다'에 해당된다(예문⑥⑦⑧⑨).

예문과 해설

① 生(い)きていくためには金(かね)がいる。(살아가기 위해서는 돈이 필요하다)

② 外(そと)で食事(しょくじ)をするから夕食(ゆうしょく)はいらない。(밖에서 식사를 하니까 저녁은 필요 없다)

③ 彼(かれ)を説得(せっとく)するには時間(じかん)がいる。(그를 설득하는 데는 시간이 필요하다)

④ 旅行(りょこう)には金(かね)と時間(じかん)がいる。(여행에는 돈과 시간이 필요하다)

⑤ これは根気(こんき)のいる仕事(しごと)だ。(이것은 끈기가 필요한 일이다)

⑥ あの子(こ)には注意(ちゅうい)を要(よう)する。(저 아이에게는 주의를 요한다)

➲ 「要(よう)する」는 어디까지 문장체에서나 쓰일 법한 딱딱한 어감이 느껴진다.

⑦ 入場(にゅうじょう)するためには、許可(きょか)を要(よう)する。(입장하기 위해서는 허가를 요한다)

⑧ この建物(たてもの)の完成(かんせい)には六年(ろくねん)を要(よう)した。(이 건물의 완성에는 6년을 요했다)

⑨ 大変(たいへん)な苦労(くろう)を要(よう)する作業(さぎょう)だ。(대단한 고생을 요하는 작업이다)

「いろいろ」「いろんな」「様々(さまざま)」

(デパートにはいろいろな商品(しょうひん)がある、デパートにはいろんな商品(しょうひん)がある、デパートには様々(さまざま)な商品(しょうひん)がある)

공통의미

여러 가지

요점

1. 「いろいろ」는 단지 다른 것이 여러 개가 있음을 나타내는 것으로 회화체에서 가장 많이 쓰이는데, 뒤에 오는 명사를 수식할 때는 「いろいろな」와 「いろいろの」의 두 가지 형태가 쓰이며(예문①②⑥⑦⑧), 뒤에 오는 술어를 수식할 때는 「いろいろ」「いろいろと」의 형태가 쓰인다(예문④⑤⑨⑩⑪). 한편, 단정의 조동사 「だ」와 결합하여 문말의 술어로 쓰이기도 한다(예문③).
2. 「いろんな」는 「いろいろな」와 똑 같은 말인데 다소 속어적인 말이며, 항상 이러한 형태로 뒤에 오는 명사를 수식할 뿐이며 부사적으로는 절대로 쓰이지 못한다(예문①②⑫⑬).
3. 「様々(さまざま)」는 다른 것들이 여러 개가 있는데 그것이 저마다 서로 다 다르다고 하는 뜻을 나타내며 뒤에 오는 명사를 수식할 때는 「様々(さまざま)な」의 형태가 쓰이고(예문①②⑭⑮), 뒤에 오는 술어를 수식할 때는 「様々(さまざま)に」의 형태가 쓰인다(예문⑯⑰). 한편, 단정의 조동사 「だ」와 결합하여 문말의 술어로 쓰이기도 한다(예문③⑱).
4. 결국, 「いろいろ」는 종류가 여러 개 있음을 나타내는 점에 의미의 중심이 있고, 「様々(さまざま)」는 여러 개 있는 것들이 서로 다르다고 하는 점에 의미의 중심이 있는 셈이다.

예문과 해설

① デパートにはいろいろな/いろんな/様々(さまざま)な商品(しょうひん)がある。
(백화점에는 여러 가지의 상품이 있다)

➲ 이 경우는 어느 것이나 다 적절한데 「いろいろな」와 「いろんな」를 쓰게 되면 다른 종류의 상품이 많이 있음을 나타내고, 「様々(さまざま)な」를 쓰게 되면 많은 상품들이 서로 다 종류를 달리하고 있음을 나타내게 된다.

② この店(みせ)にはいろいろな/いろんな/様々(さまざま)な品物(しなもの)がたくさんある。
(이 가게에는 여러 가지 물건이 많이 있다)

➲ 이 경우 역시 위의 예문①과 맥락을 같이하고 있다.

③ 考(かんが)え方(かた)は人(ひと)によっていろいろ/様々(さまざま)/✱いろんなだ。
(사고방식은 사람에 따라서 여러 가지이다)

➲ 「いろんな」는 오로지 뒤에 명사를 수반하여 이를 수식하는 기능만이 있을 뿐, 부사적으로 쓰이거나 문말술어로 쓰이는 일이 일체 없으므로 여기에서는 부적절하다.

④ あの人(ひと)は、いろいろ/✱様々(さまざま)文句(もんく)の多(おお)い人(ひと)です。

(저 사람은 여러 가지로 불평이 많은 사람입니다)

➲ 「いろいろ」는 이 경우와 같이 단독으로 뒤에 오는 술어를 수식할 수가 있으나 「様々(さまざま)」는 「様々(さまざま)に」의 형태로 부사적으로 쓰이거나, 「様々(さまざま)な」의 형태로 뒤에 오는 명사를 수식하며 또는 「様々(さまざま)だ」의 형태로 문말술어로 쓰일 수는 있어도 이 경우처럼 단독으로는 부사처럼 쓰일 수가 없으므로 여기에서는 부적절하다. 또한, 의미상으로 볼 때도 여기에서는 불평의 종류가 많음을 나타내고 있는 셈인데, 「様々(さまざま)」는 부사형인 「様々(さまざま)に」로 바꾼다고 해도, 불평의 종류가 저마다 서로 다르다고 하는 엉뚱한 뜻을 나타내게 되어 어차피 부적절하다.

⑤ いろいろ/＊様々(さまざま)質問(しつもん)された。(여러 가지로 질문 당했다)

➲ 이 경우역시 위의 예문④와 맥락을 같이하고 있다.

⑥ ワインと言(い)ってもいろいろな/いろいろの種類(しゅるい)がある。

(와인이라 해도 여러 가지 종류가 있다)

➲ 이 경우와 같이 뒤에 오는 명사를 수식할 때는 「いろいろな」와 「いろいろの」의 두 가지 형태가 쓰이며 어느 것을 써도 무방하다.

⑦ この店(みせ)にはいろいろな/いろいろの品物(しなもの)がたくさんある。

(이 가게에는 여러 가지 물건이 많이 있다)

➲ 이 경우역시 뒤에 오는 명사를 수식하는 경우인데, 두 가지 형태가 다 쓰이고 있다.

⑧ 久(ひさ)しぶりに友(とも)だちといろいろな/いろいろの話(はなし)をした。

(오랜만에 친구와 여러 가지 이야기를 했다)

➲ 이 경우도 위의 예문⑥⑦과 맥락을 같이하고 있다.

⑨ ソウルまで行(い)く方法(ほうほう)はいろいろあります。(서울까지 가는 방법은 여러 가지 있습니다)

⑩ いろいろ疑問(ぎもん)がわく。(여러 가지로 의문이 솟는다)

⑪ いろいろとお世話(せわ)になりました。(여러 가지로 신세졌습니다)

➲ 뒤에 오는 술어를 수식하는 경우인데, 「いろいろ」와 똑 같이 쓰인다.

⑫ お花見(はなみ)にいろんな人(ひと)が集(あつ)まった。(꽃구경놀이에 여러 사람이 모였다)

➲ 「いろんな」는 이 경우에서 볼 수 있듯이 오로지 뒤에 오는 명사만을 수식하게 된다.

⑬ 夏休(なつやす)みの間(あいだ)、いろんな本(ほん)を読(よ)みました。(여름방학 동안 여러 책을 읽었습니다)

⑭ 庭園(ていえん)には様々(さまざま)な木(き)がたくさんある。(정원에는 여러 가지 나무가 많이 있다)

➲ 이 경우는 정원의 나무가 저마다 종류를 달리하고 있음을 나타내고 있다.

⑮ あの人(ひと)には様々(さまざま)な問題(もんだい)がある。(저 사람에게는 여러 가지 문제가 있다)

⑯ みな様々(さまざま)に休日(きゅうじつ)を楽(たの)しんでいる。(모두 여러 가지로 휴일을 즐기고 있다)

⑰ これは形(かたち)が様々(さまざま)に変(か)わります。(이것은 형태가 여러 가지로 변합니다)

⑱ 卒業生(そつぎょうせい)が活躍(かつやく)している方面(ほうめん)は様々(さまざま)だ。
(졸업생이 활약하고 있는 방면은 여러 가지이다)

➲ 졸업생의 활약이 저마다 다 다르다고 하는 뜻인데 「様々(さまざま)」가 단정의 조동사 「だ」와 결합된 「様々(さまざま)だ」의 형태로 문말의 술어로 쓰인 예이다.

「うきうきする」「わくわくする」

(朝(あさ)から<u>うきうきする</u>、朝(あさ)から<u>わくわくする</u>)

공통의미

두근거리다

요점

1. 「うきうきする」는 좋은 일을 체험하거나 좋은 일을 눈앞에 두고 기분이 들뜨는 것을 나타내는데, 우리말의 '들떠있다, 설레다'정도에 해당된다(예문①③④⑤).
2. 「わくわくする」는 원하던 일이 성사되기 직전에 들떠서 안정되지 않음을 나타내는데, 우리말의 '두근거리다'정도에 해당된다(예문①②⑥⑦⑧).
3. 결국, 「うきうきする」가 마음의 들뜬 상태를 나타내는 다소 정적인 모양인 데에 반하여, 「わくわくする」는 가슴이 두근거리는 다소 동적인 모양을 나타내는 셈이다.

예문과 해설

① 心(こころ)がうきうきする/わくわくする。(마음이 들떠있다/두근거린다)

➲ 이 경우의 「うきうきする」는 마음이 마냥 들떠있는 상태를 나타내고, 「わくわくする」는 마음이 두근거리는 것을 동적으로 나타낸다.

② 宝(たから)を見(み)つけてわくわくする/?うきうきする。(보물을 발견해서 두근거린다/?들떠있다)

➲ 보물을 발견했을 정도라면 마음이 들뜨는 정도라기보다는 마음이 두근거리는 것이 자연스럽기 때문에 이 경우는 「わくわくする」가 더 적절하다.

③ 夏休みを前に皆うきうきしている。(여름방학을 앞두고 모두 들떠있다)

➲ 이 경우는 여름방학을 맞이하기 전의 설레는 마음상태를 정적으로 나타내고 있다.

④ どうしてもうきうきした気分を隠せない。(아무래도 들뜬 기분을 감출 수 없다)

⑤ 久しぶりの旅行を前にうきうきする。(오랜만의 여행을 앞두고 설렌다)

⑥ 想像しただけで胸がわくわくする。(상상한 것만으로 가슴이 두근거린다)

➲ 이 경우는 마음이 들떠서 안정되지 않는 상태를 다소 동적으로 나타내고 있다.

⑦ 発表をわくわくしながら待っている。(발표를 두근거리면서 기다리고 있다)

⑧ 初めての海外旅行で胸がわくわくする。
(처음 하는 해외여행이어서 가슴이 두근거린다)

「浮く」「浮かぶ」

(船が水面に浮く、船が水面に浮かぶ)

공통의미

뜨다, 떠오르다

요점

1. 「浮く」는 바닥에서 떨어져 위에 위치하는 것으로, 물속이나 물위, 공중의 어느 경우에도 쓸 수가 있는데, 이 경우 약간만이라도 위로 뜨는 경우에는 다 쓸 수가 있다(예문①②③⑥⑦). 우리말의 '뜨다'에 해당된다.

2. 「浮かぶ」는 물속에 있는 경우에는 쓸 수가 없고 오로지 물위에 떠있는 것을 나타내며, 공중인 경우에도 어느 정도의 높이에 두둥실 떠있는 상태를 시각적으로 나타내는 것이다(예문①②⑧⑨). 또한 숨겨져 있어서 알 수 없었던 것이 표면에 나타나는 것을 뜻하기도 하는데(예문④⑤⑩), 우리말의 '떠오르다'에 해당된다.

●●● 예문과 해설

① 船が水面に浮く/浮かぶ。(배가 수면에 뜬다)

➲ 이 경우 「浮く」를 쓰게 되면 단지 배가 수면에 뜨게 됨을 나타낼 뿐이지만, 「浮かぶ」를 쓰게 되면 수면에 배가 출렁이며 떠있음을 시각적인 풍경으로서 나타내게 된다.

② 体が宙に浮く/浮かぶ。(몸이 허공에 뜬다)

➲ 이 경우역시 둘 다 적절한데 「浮く」를 쓰게 되면 단지 몸이 허공에 뜨는 것을 나타낼 뿐이지만, 「浮かぶ」를 쓰게 되면 몸이 허공에 두둥실 떠있음을 시각적으로 나타내게 된다.

③ 路盤が崩れて線路が浮く/＊浮かぶ。(노반이 무너져서 선로가 뜬다)

➲ 이 경우와 같이 바닥에서 조금이라도 위로 뜨게 되는 때는 「浮く」가 적절하다. 이 경우 「浮かぶ」를 쓰게 되면 선로가 제법 높은 허공으로 두둥실 떠있음을 시각적으로 나타내게 되는 비현실적인 뜻이 되므로 부적절하다.

④ 容疑者が捜査線上に浮かぶ/＊浮く。(용의자가 수사선상에 떠오른다)

➲ 이 경우와 같이 숨겨져 있어서 알 수 없었던 것이 표면으로 나타나는 때는 「浮かぶ」가 적절하다. 「浮く」는 대개 물리적으로 떠오르는 것을 나타내는 것이므로 여기에서는 부적절하다.

⑤ 彼女の顔から微笑が浮かんだ/＊浮いた。(그녀의 얼굴에서 미소가 떠올랐다)

➲ 이 경우와 같이 미소나 웃음이 얼굴에 나타나는 때는 「浮かぶ」가 적절하다.

⑥ 沼の底からぶくぶくと泡が浮く。(늪 밑바닥에서부터 보글보글하고 거품이 뜬다)

➲ 이 경우는 물속에서부터 떠오는 것을 나타내고 있다.

⑦ 水鳥が波に浮いている。(물새가 파도에 떠있다)

➲ 「浮く」는 물속에 발이 담긴 채로 떠있는 모양도 나타낼 수가 있으나 「浮かぶ」는 완전히 수면 위에 떠있는 상태가 아니면 쓸 수가 없다.

⑧ 小さな船が湖上に浮かんでいる。(작은 배가 호수위에 떠있다)

➲ 작은 배가 호수의 물결에 출렁이면서 두둥실 떠있는 정경이 연상된다.

⑨ 青空に雲が浮かんでいる。(파란 하늘에 구름이 떠있다)

➲ 이 경우는 구름이 하늘 높이 두둥실 떠 있는 정경이 연상된다.

⑩ 心に浮かんだことをありのままに書け。(마음에 떠오른 것을 있는 그대로 써라)

➲ 이 경우와 같이 마음속에 잠재되어 있던 것이 표면으로 떠오름을 나타낼 때는 오로지 「浮かぶ」

만이 적절하다.

「うじうじする」「もじもじする」

공통의미

우물쭈물하다

요점

1. 「うじうじする」는 우유부단하여 확실하게 말하거나 행동하지 못하고, 머뭇거리거나 주저하는 모습을 나타내는 것으로, 우리말의 '우물쭈물하다, 머뭇거리다' 정도에 해당된다(예문①②③④).
2. 「もじもじする」는 부끄러워하거나 조심스러운 나머지, 하고 싶은 말을 제대로 못 하거나 매우 소극적으로 행동하는 모습을 나타내는 것으로, 우리말의 '쭈뼛쭈뼛하다' 정도에 해당된다(예문⑤⑥⑦).

예문과 해설

① うじうじしていないではっきり言(い)ったらどうだ。
(머뭇거리지 말고 확실하게 말하면 어떠냐?)

➲ 이 경우는 제대로 말하지 못하고 우물쭈물하는 우유부단한 모습을 나타태고 있다.

② いつまでもうじうじするな。(언제까지나 우물쭈물하지 마라)

③ そんなうじうじした態度(たいど)はだめだ。(그런 머뭇거리는 태도는 못쓴다)

④ うちの子(こ)はうじうじした性格(せいかく)なので困(こま)る。
(우리 아이는 우물쭈물하는 성격이어서 곤란하다)

⑤ 恥(は)ずかしそうにもじもじする。(부끄러운 듯이 쭈뼛쭈뼛한다)

➲ 이 경우는 부끄러운 나머지 할 말을 제대로 하지 못하는 모습을 나타내고 있다.

⑥ 下を向いてもじもじしている。(밑을 향하면서 쭈뼛쭈뼛하고 있다)

⑦ 彼女は人の前でははにかんでもじもじする質です。
(그녀는 남 앞에서는 수줍어서 쭈뼛거리는 성격입니다)

「後ろめたい」「後ろ暗い」

(後ろめたいことは何もない、後ろ暗いことは何もない)

공통의미

꺼림칙하다

요점

1. 「後ろめたい」는 양심에 꺼리는 일이 있어서 다른 사람이나 상대에게 꺼림칙함을 느끼는 모습을 나타내는데, 우리말의 '꺼림칙하다' 정도에 해당된다(예문①②④⑤).
2. 「後ろ暗い」는 사람들에게 알려지고 싶지 않은 껄끄러운 점이 있어서 신경이 예민해져 있는 상태를 나타내는데, 우리말의 '뒤가 켕기다' 정도에 해당된다(예문①③⑥⑦).

예문과 해설

① 後ろめたい/後ろ暗いことは何もない。(꺼림칙한/뒤가 켕기는 일은 아무 것도 없다)

➲ 이 경우는 전후문맥이나 장면의 설정이 별도로 없으므로 어느 것이나 다 적절하다.

② 友人をだまして後ろめたい/＊後ろ暗い。(친구를 속여서 꺼림칙하다)

➲ 이 경우는 친구를 속인 나머지 양심에 꺼리는 모습을 나타내므로 「後ろめたい」가 적절하다. 「後ろ暗い」는 사람들에게 알려지고 싶지 않은 껄끄러운 점이 있음을 나타내는 것이므로 여기에서는 부적절하다.

③ 後ろ暗い/＊後ろめたい感じのする男だ。(무언가 수상쩍은 느낌이 드는 남자다)

➲ 이 경우는 상대에 대하여 신경이 예민해 질 정도로 수상쩍은 느낌을 받는다고 하는 뜻이므로

「後(うし)ろ暗(ぐら)い」가 적절하다.

④ 両親(りょうしん)にうそをついて後(うし)ろめたく思(おも)う。(부모에게 거짓말을 해서 꺼림칙하게 생각한다)

➲ 이 경우는 양심에 꺼려지는 모습을 나타내고 있다.

⑤ 裏切(うらぎ)ったようで後(うし)ろめたい気分(きぶん)になる。(배신한 것 같아서 꺼림칙한 기분이 든다)

⑥ 貧乏(びんぼう)はしているが、後(うし)ろ暗(ぐら)いことは何(なに)もしていない。

(가난하게는 살고 있지만, 뒤가 켕기는 일은 아무것도 하고 있지 않다)

➲ 이 경우는 사람들에게 알려지면 곤란할만한 일은 아무 것도 없음을 나타내고 있다.

⑦ カンニングをして、後(うし)ろ暗(ぐら)い思(おも)いをした。

(커닝을 해서 뒤가 켕기는 생각을 했다)(느낌이 들었다)

「疑(うたが)わしい」「怪(あや)しい」「いぶかしい」

(彼(かれ)には疑(うたが)わしい点(てん)がある、彼(かれ)には怪(あや)しい点(てん)がある、彼(かれ)にはいぶかしい点(てん)がある)

공통의미

의심스럽다, 수상하다

요점

1. 「疑(うたが)わしい」는 단지 정체나 진상을 알 수가 없다고 하는 뜻으로 쓰이며, 우리말의 '의심스럽다' 정도에 해당된다(예문①②⑤⑥⑦).
2. 「怪(あや)しい」는 정체나 진상을 알 수가 없어서 나쁘게 생각된다고 하는 뜻으로 쓰이며, 우리말의 '수상하다' 정도에 해당된다(예문①③⑧⑨⑩).
3. 「いぶかしい」는 그 대상의 모습이 이상하다는 생각보다도, 말하는 사람 본인이 주관적으로 이상하다고 느끼는 기분을 나타내는 것으로, 우리말의 '의아스럽다' 정도에 해당된다(예문④⑪⑫⑬).

예문과 해설

① あの人だけは、アリバイがなくて最も疑わしい/怪しい/✱いぶかしい人物だ。
(저 사람만은 알리바이가 없어서 가장 의심스러운/수상한 인물이다)

➲ 이 경우는 알리바이가 없어서 의심이 가거나 수상함을 나타내는 것인데 「いぶかしい」는 어디까지나 말하는 사람이 주관적으로 자기 나름대로 이상하다고 느끼는 기분만을 나타내는 것이므로 여기에서는 부적절하다.

② あの人の話の真偽の程が疑わしい/?怪しい/✱いぶかしい。
(저 사람이야기의 진위정도가 의심스럽다)

➲ 이 경우와 같이 진상을 알 수가 없다고 하는 뜻으로 쓰였을 때는 「疑わしい」가 가장 적절하다. 「怪しい」는 어디까지나 정체를 알 수가 없으며 그로 인하여 그것을 좋지 않게 생각하는 데에 쓰이므로 다소 부적절하고, 「いぶかしい」는 자기 자신이 스스로 의아하게 생각하는 대상에만 쓰이므로 여기에서는 부적절하다.

③ 先から雲行が怪しい/✱疑わしい/✱いぶかしい。
(아까부터 구름의 이동이 수상하다)

➲ 이 경우는 구름의 이동이 심상치 않아서 비가 올지도 모른다고 생각하는 것이므로 「怪しい」가 적절하다. 이 경우에 「疑わしい」를 쓰게 되면 너무 과장된 뜻을 나타내게 되며, 「いぶかしい」는 의아스럽다고 느끼는 자신의 기분만을 나타내는 것이므로 둘 다 여기에서는 부적절하다.

④ なぜ勝てないのかいぶかしい/✱疑わしい/✱怪しい。
(왜 이길 수 없는 건지 의아스럽다)

➲ 이 경우와 같이 자기 스스로 이해를 할 수가 없어서 의아스럽다고 하는 기분을 나타낼 때는 「いぶかしい」가 적절하다.

⑤ 彼女の行動には疑わしい点がある。(그녀의 행동에는 의심스러운 점이 있다)

➲ 「疑わしい」는 그 진상을 알 수가 없어서 의문이 간다고 하는 뜻을 나타낸다.

⑥ この仕事が成功するかどうか疑わしい。(이 일이 성공할지 어떨지 의심스럽다)

⑦ あの人はこの中で最も疑わしい人物だ。
(저 사람은 이 중에서 가장 의심스러운 인물이다)

⑧ 昨日から怪しい車がうちの前にある。(어제부터 수상한 차가 우리 집 앞에 있다)

➲ 「怪しい」는 그 정체를 알 수가 없다고 하는 기분을 부정적으로 나타낸다.

⑨ なんだか彼の態度が怪しい。(왠지 그의 태도가 수상하다)

⑩ あの二人の関係は怪しい。(저 두 사람의 관계는 수상하다)

⑪ 彼女の話にはいぶかしい点がある。(그녀의 이야기에는 의아스러운 점이 있다)

➲ 「いぶかしい」는 이상하다고 느끼는 기분을 말하는 사람의 주관적인 입장에서 나타낸다.

⑫ あの人の態度はどこかいぶかしい。(저 사람의 태도는 어딘가 의아스럽다)

⑬ 犯人の陳述にはちょっといぶかしいところがある。
(범인의 진술에는 좀 의아스러운 부분이 있다)

「～うちに」「～あいだに」

(子供が寝ているうちに洗濯をした、子供が寝ているあいだに洗濯をした)

공통의미

(～하는)동안에, (～하는)사이에

요점

1. 「～うちに」는 어떤 동작이나 상태가 종료되기 이전에 다른 동작이나 상태가 전개됨을 나타내는 것으로, 앞에 전개된 동작이나 상태가 이루지고 있는 동안이 아니면 뒤의 동작이나 상태가 일어날 수 없음을 나타낸다(예문①②③④). 또한 부정표현에도 쓰일 수가 있는데(예문⑥⑦), 결국 「～あいだに」에 비해서 다소의 긴박감이나 긴장감이 수반되는 셈으로, 우리말의 '(～하는)사이에' 정도에 해당된다.
2. 「～あいだに」는 어떤 동작이나 상태의 시간범위 내에서 별도의 동작이나 상태가 전개됨을 나타내는 것으로, 단지 앞에 전개된 동작이나 상태가 지속되는 동안에 뒤의 동작이나 상태가 지속됨을 나타낼 뿐이며(예문①②③④⑤), 또한 「～うちに」와 같이 부정표현에는 쓸 수가 없다. 우리말의 '(～하는)동안에' 정도에 해당된다.

예문과 해설

① 子供が寝ているうちに/あいだに洗濯をした。
(아이가 자고 있는 동안에 빨래를 했다)

➲ 이 경우는 둘 다 적절한데 「~うちに」를 쓰게 되면 아이가 자고 있지 않는 한은 빨래를 할 수 없으므로 아이가 자고 있는 틈을 타서 빨래를 한다고 하는 다소의 긴박감이 느껴진다. 반면에 「~あいだに」를 쓰게 되면 단지 아이가 자고 있는 동안에 빨래를 하였다고 하는 뜻만을 나타내고 있을 뿐이다.

② 温(あたた)かいうちに/あいだに召(め)し上(あ)がってください。(따스할 동안에 드셔 주십시오)

➲ 이 경우역시 예문①과 맥락을 같이하고 있는데 「~うちに」의 경우 따스함이 식고나면 전혀 맛이 없을 것이라고 하는 말하는 사람의 염려나 배려가 보다 더 느껴질 수 있다.

③ 明(あか)るいうちに/あいだに着(つ)いてくれ。(밝을 동안에 도착해 다오)

➲ 이 경우역시 예문①과 맥락을 같이하고 있는데 「~うちに」의 경우 일단 날이 저물고 나면 도착해봤자 별 도움이 안 될 것이라고 하는 말하는 사람의 염려가 보다 더 느껴질 수 있다.

④ 朝刊新聞(ちょうかんしんぶん)は夜(よる)のうちに/あいだに配達(はいたつ)されるものだよ。
(조간신문은 밤 동안에 배달되는 거야)

➲ 이 경우도 「うちに」를 쓰게 되면 밤이 끝나서 새벽이 오기 전에 라는 뜻을 나타내지만, 「~あいだに」를 쓰게 되면 오로지 밤이 지속되는 동안의 한 시점만을 나타내게 된다.

⑤ 明日(あした)二時(にじ)と三時(さんじ)のあいだに/✱うちに来(き)てください。
(내일 2시와 3시 사이에 와주십시오)

➲ 이 경우와 같이 단지 어떤 시간의 범위만을 나타낼 때는 「~うちに」는 부적절하다. 「~うちに」는 어디까지나 어떤 시간이 종료되기 이전에 동작이나 상태가 전개된다고 하는 의미에만 쓰인다.

⑥ 子供(こども)が目(め)を覚(さ)まさないうちに/✱あいだに市場(いちば)へ行(い)って来(く)る。
(아이가 눈을 뜨기 전에 시장에 갔다 온다)

➲ 「~あいだに」는 이 경우와 같은 부정표현에서는 일체 쓸 수가 없다. 이러한 경우의 「~ないうちに」의 특징은 어디까지나 그러한 동작이나 상태가 발생하는 시간을 예측할 수가 없을 때에 쓰이는 점에 있는데, 실제로 위의 예문에서 아이가 언제 눈을 뜰지는 예측할 수 없는 사항이다.

⑦ 日(ひ)が暮(く)れないうちに/✱あいだに帰(かえ)ろう。(날이 저물기 전에 돌아가자)

➲ 이 경우역시 부정표현으로 쓰인 것인데, 그 구조는 위의 예문⑥과 맥락을 같이하고 있다.

⑧ 忘(わす)れないうちに/✱あいだにメモを取(と)っておこう。(잊기 전에 메모를 해 두자)

➲ 이 경우역시 위의 예문⑥⑦과 맥락을 같이하고 있다.

「打(う)つ」「たたく」「殴(なぐ)る」「ぶつ」「はたく」

공통의미

때리다, 치다

요점

1. 「打(う)つ」와 「たたく」는 손이나 도구로 무언가를 치거나 때리는 것을 나타내는데, 「打(う)つ」가 「たたく」보다 다소 강도가 강하다(예문①②③④⑦⑧⑨). 「たたく」는 보통 무언가를 반복적으로 치거나 때리는 경우에 쓰인다(예문②③④⑤⑩⑪⑫).
2. 「殴(なぐ)る」와 「ぶつ」는 의미가 비슷하여 인간이 인간이나 동물을 때리는 경우에만 쓰이는데, 「打(う)つ」나 「たたく」보다 강도가 강하여 우리말의 구타의 느낌이 주어지기도 한다. 다만 「殴(なぐ)る」는 보통 주먹으로 때리는 것을 나타내지만(예문⑥⑬⑭), 「ぶつ」는 손바닥이나 주먹 어느 쪽에도 쓸 수 있다(예문⑥⑮⑯).
3. 「はたく」는 손바닥으로 뺨을 때리거나 총체로 먼지 등을 터는 경우에 쓰인다(예문④⑰⑱).

예문과 해설

① ヒットを打(う)つ(野球(やきゅう))。(히트를 치다)　12時(じ)を打(う)つ(時計(とけい))。(12시를 치다)

くぎを打(う)つ。(못을 치다)　かねを打(う)つ。(종을 치다)

むちで打(う)つ。(채찍으로 치다)

➲ 위의 경우에는 모두가 반드시 「打(う)つ」만을 쓴다.

② 太鼓(たいこ)を打(う)つ/たたく/＊殴(なぐ)る/＊ぶつ/＊はたく。(북을 치다)

➲ 「殴(なぐ)る」「ぶつ」는 어디까지나 사람이나 동물을 때리는 경우에만 쓰이므로 부적절한데, 만약 이대로 쓰게 되면 연주가 아니라 낡거나 한 북에 화가 나서 주먹으로 때린다고 하는 특수한 상황이 된다. 「はたく」는 총체 같은 것으로 북의 먼지를 턴다고 하는 느낌이라면 모를까, 역시 연주라는 상황에서는 쓸 수 없다.

③ 軽く肩を打って/たたいて/＊殴って/＊ぶって振り向かせた。
(가볍게 어깨를 두드려 뒤돌아보게 했다)

➲ 상대의 주의를 돌리기 위하여 가볍게 어깨를 친 것이므로 「殴る」「ぶつ」는 쓸 수가 없다. 만약 이런 식으로 표현하게 되면 어깨를 다치게 될 런지도 모른다.

④ 平手で軽く頭を打つ/たたく/はたく/＊殴る/＊ぶつ。
(손바닥으로 가볍게 머리를 때린다)

➲ 이 경우와 같이 손바닥으로 가볍게 때리는 때는 「殴る」와 「ぶつ」는 부적절하다. 「殴る」는 어디까지나 주먹으로 다소 강도 높게 때리는 것을 나타내며, 「ぶつ」는 손바닥으로 때릴 수도 있으나 강도가 비교적 높은 경우에 쓰이기 때문이다. 실제로 위의 예문에서는 '가볍게'라는 약한 강도를 나타내는 말이 와있어서, 「ぶつ」와는 앞뒤가 맞지 않게 된다.

⑤ だれかがドアをたたいて/?打って/?はたいて/＊殴って/＊ぶっていた。
(누군가가 문을 두드리고 있었다)

➲ 문을 반복해서 두드리는 상황이므로 「たたく」가 가장 적절하다.

⑥ 今度会ったらげんこつで殴って/ぶって/?打って/＊はたいて/＊たたいてやる
(이번에 만나면 주먹으로 패 주겠다)

➲ 상대를 미워한 나머지 공격하겠다는 의미이므로 「殴る」가 가장 적절하며 「ぶつ」도 적절하다.

⑦ 太鼓を熱心に打つ。(북을 열심히 친다)

⑧ バットでボールを打つ。(배트로 볼을 친다)

⑨ 手を打って喜ぶ。(손을 치며 기뻐한다)

⑩ 肩をたたいてあげましょう。(어깨를 두드려 드리겠습니다)

➲ 「たたく」는 이와 같이 반복적이고 연속적으로 치는 경우에 쓰인다.

⑪ 膝をたたいて感嘆の声を上げる。(무릎을 치며 감탄의 소리를 낸다)

⑫ 布団をたたいてほこりを払う。(이불을 두드려서 먼지를 털어낸다)

⑬ お兄ちゃんが私を殴った。(형이 나를 때렸다)

➲ 「殴る」는 손바닥이 아닌 주먹으로 때리는 것인데, 비교적 강도가 높은 경우에 쓰인다.

⑭ 道ばたである男にいきなり殴られた。(길가에서 어떤 남자에게 갑자기 맞았다)

⑮ 母親にお尻をぶたれた。(어머니에게 엉덩이를 맞았다)

➲ 아마도 손바닥으로 다소 쌔게 맞았을 것이다.

⑯ いたずらをして先生にぶたれた。(장난을 쳐서 선생님에게 맞았다)

⑰ 頬をぴしゃっとはたいた。(빰을 찰싹하고 때렸다)

➲ 「はたく」는 손바닥으로 빰을 때리는 경우에 쓰인다.

⑱ はたきでほこりをはたく。(총체로 먼지를 턴다)

➲ 「はたく」는 이와 같이 총재로 먼지를 가볍게 터는 경우에 쓰인다.

참고

한편, 「打つ」에는 「階段で転んで頭を打った」 (계단에서 넘어져 머리를 다쳤다)에서 볼 수 있듯이 부상을 당한다고 하는 의미로도 쓰이며, 또한 「あの歌手の歌は、私の胸を強く打った」 (저 가수의 노래는 내 가슴을 강하게 울렸다)에서와 같이 감동의 의미로도 쓰인다. 이러한 용법은 대체로 「頭を打つ」「心を打つ、胸を打つ」와 같은 형태로서 관용적으로 쓰이는 셈이다.

「～うに」「～うが」

(今そんな仕事をしなくてもいいでしょうに、今そんな仕事をしなくてもいいでしょうが)

공통의미

~(할, 했을)텐데, ~(할, 했을)것을(후회, 불만, 비난, 의문 등을 나타내는 용법)

요점

1. 「～うに」와 「～うが」는 추측의 의미를 지닌 조동사 「う」에 각각 조사 「に」「が」가 접속된 형태인데, 둘 다 문말에 위치하여 지금의 사태에 대하여 불만이나 의문을 나타내는 용법을 지니고 있다. 한편으로는, 과거에 이미 일어난 사태에 대한 현재의 미련이나 후회스런 기분을 나타내는 용법도 있는데, 양자 간에는 용법상에 다소의 차이가 엿보인다.
2. 「～うに」는 단지 지금의 불만이나 의문스런 기분을 나타낼 뿐이어서, 꼭 듣는 상대를

필요로 하지 않고 혼잣말이어도 상관이 없다(예문①③④⑤). 또한 과거에 대한 미련이나 의문, 또는 후회스런 기분을 가정하여 나타내는 경우, 자신의 의지로는 어찌할 방법이 없었던 사실에 쓰인다(예문②⑥⑦⑧). 「～だろうに」「～でしょうに」「～かろうに」의 형태로만 쓰인다.

3. 「～うが」는 상대에 대하여 고압적으로 불만이나 미련을 책망하듯이 나타내는 것이므로 반드시 듣는 상대를 필요로 한다(예문①⑨⑩). 또한 과거에 대한 미련이나 의문, 또는 후회스런 기분을 가정하여 나타내는 경우, 「～うに」와는 달리 자신의 의지로는 어찌할 방법이 없었던 사실에는 쓸 수가 없고, 어디까지나 자신의 의지로 선택할 수도 있었던 사실에만 쓸 수가 있다(예문⑪⑫). 「～だろうが」「～でしょうが」「～かろうが」의 형태로만 쓰인다.

예문과 해설

① 今(いま)そんな仕事(しごと)をしなくてもいいでしょうに/いいでしょうが。

(지금 그런 일을 하지 않아도 좋을 텐데)

➲ 이 경우는 둘 다 적절한데 「~うに」를 쓰게 되면 단지 지금 그런 일을 하는 것에 대한 불만이나 의문의 기분을 나타내는 것에 그치지만, 「~うが」를 쓰게 되면 지금 그런 일을 하는 것에 대한 비난을 나타내어 일을 결과적으로 그만두게 하고자 하는 뜻을 나타내게 된다.

② 天気(てんき)がよかったら、もっと楽(たの)しいドライブができただろうに/✱できただろうが。

(날씨가 좋았더라면, 보다 즐거운 드라이브를 할 수 있었을 텐데)

➲ 이 경우는 과거에 대한 미련이나 후회스런 기분을 나타내는 것인데 이와 같이 과거의 사실이 자신의 의지로는 어찌할 도리가 없는 것에는 「~うが」를 쓸 수가 없다. 날씨가 좋고 나쁘고는 인간의 힘으로 선택하여 조정할 수 있는 것이 아니기 때문이다.

③ こんな日(ひ)にわざわざ出(で)かけなくてもいいだろうに。

(이런 날에 일부러 외출하지 않아도 좋을 것을)

➲ 혼잣말하듯이 불만스러운 기분을 나타내는 경우일 수가 있다.

④ でも、経営学(けいえいがく)ならほかにも専門家(せんもんか)がいくらでもいるでしょうに。

(하지만, 경영학이라면 그 밖에도 전문가가 얼마든지 있을 텐데)

⑤ あの怪我(けが)じゃ、さぞ痛(いた)かろうに。(저 상처라면 필시 아플 텐데)

⑥ あの怪我(けが)じゃ、さぞ痛(いた)かっただろうに。(저 상처라면 필시 아팠을 텐데)

⑦ もしもあの飛行機(ひこうき)に乗(の)っていたら、今(いま)ごろは死(し)んでいただろうに。

(만약에 그 비행기에 타고 있었더라면, 지금쯤은 죽어있었을 텐데)

➲ 이 경우는 과거에 있었던 일에 대한 의문을 나타내는 것인데 「~うに」는 이와 같이 자신의

의지로는 어찌할 도리가 없었던 사실에만 쓰인다. 실제로 비행기를 타서 사고가 나고 안 나고는 인간의 의지로 좌지우지될 수 있는 일은 아니기 때문이다.

⑧ 姉(あね)が生(い)きていてくれたら、とても楽(たの)しかったろうに。
(누나가 살아있어 주었더라면, 무척 즐거웠을 것을)

➲ 누나가 죽지 않고 살아있었으면 하는 과거의 사실은 자신의 의지로 어찌할 수가 없는 경우이다.

⑨ この先(さき)どうなるかもわからないことに、今(いま)から目(め)くじらをたてていることはないだろうが。
(앞으로 어떻게 될지도 알 수 없는 일에, 지금부터 쌍심지를 세우고 있을 필요는 없을 텐데)
(왜 쓸데없이 쌍심지를 세우고 있나?!)

➲ 상대에 대한 불만을 비난하듯이 나타내고 있다.

⑩ いつも教(おし)えているでしょうが。(언제나 가르치고 있을 텐데요)

➲ 늘 가르쳐주었는데도 상대가 아직도 익히지 못한 사실에 대한 불만이나 비난의 기분을 나타내고 있다.

⑪ あのとき私(わたし)の言(い)う通(とお)りにさえしていれば、こんな結果(けっか)にはならなかったでしょうが
(그 때 내가 말하는 대로만 하고 있으면, 이런 결과로는 되지 않았을 텐데요)
(왜 그 때 내가 말하는 대로 하지 않았나요?!)

➲ 말하는 대로 한다고 하는 사실은 의지로 얼마든지 선택할 수 있는 경우이다.

⑫ あいつはお前(まえ)が紹介(しょうかい)したんだろうが。(저 녀석은 네가 소개했을 텐데)
(이제 와서 새삼 누굴 원망하나?!)

➲ 이 경우도 상대를 비난하는 기분이 들어있다.

「うまい」「おいしい」
(この酒(さけ)はうまい、この酒(さけ)はおいしい)

공통의미
맛있다

요점

1. 둘 다 '맛있다'고 하는 의미를 지니고 있으나, 「おいしい」에 비하여 「うまい」는 품격이 다소 떨어지는 표현이다. 따라서 여성은 주로 「おいしい」를 쓰고 남성은 양쪽 다 쓴다(예문①②③④⑤).
2. 「うまい」에는 '무언가를 잘한다, 무언가가 능숙하다'의 의미도 있으며, 이 경우에는 남성 여성 모두 쓰는데 「おいしい」에는 이러한 의미가 없다(예문⑥⑦).
3. 한자로 표기할 경우에는 「うまい」는 「旨(うま)い」로 표기하고, 「おいしい」는 「美味(おい)しい」로 표기할 수도 있는데, 「おいしい」의 경우에는 보통 히라가나만으로 나타내는 것이 보통이다.

예문과 해설

① この酒(さけ)はうまい。(이 술은 맛있다)

➲ 맛있다고 하는 뜻으로 쓰인 경우인데 「うまい」를 썼으므로 남성의 발언으로 보아야 한다.

② この料理(りょうり)はちっともうまくない。(이 요리는 조금도 맛있지 않다)

➲ 이 역시 맛있다고 하는 뜻으로 쓰인 경우인데 「うまい」를 썼으므로 남성의 발언으로 보아야 한다.

③ あの喫茶店(きっさてん)のコーヒーはすごくうまいよ。(저 커피숍의 커피는 무척 맛있어)

➲ 이 경우역시 예문①②와 맥락을 같이하고 있다.

④ おいしい料理(りょうり)を十分(じゅうぶん)にいただきました。(맛있는 요리를 충분히 먹었습니다)

➲ 「おいしい」를 썼으므로 이 정도의 문맥에서는 남성 여성을 구분할 수가 없다.

⑤ この地方(ちほう)の水(みず)はおいしいです。(이 지방의 물은 맛있습니다)

⑥ あの先生(せんせい)の教(おし)え方(かた)はとてもうまい/✱おいしい。
(저 선생님의 가르치는 방법은 매우 능숙하다)

➲ 이 경우에는 「うまい」가 '능숙하다'는 의미로 쓰였는데 「おいしい」에는 이러한 용법이 없다.

⑦ 息子(むすこ)は絵(え)がうまい/✱おいしい。(아들은 그림을 잘 그린다)

➲ 이 경우 역시 위의 예문⑥과 맥락을 같이하고 있다.

참고

「うまい」에는 이 밖에도 자신에게만 유리한 일만 하거나 자신의 이익만을 취한다고 하는 의미도 있다.「うまいことを考(かんが)えた」(그럴싸한 것을 생각했다) 「あいつはいつもうまい話(はな)しば

かりしている」(저 녀석은 언제나 자기에게 유리한 이야기만 하고 있다)

「うまい」「上手(じょうず)だ」「巧(たく)み」

(絵(え)をうまく描(か)く、絵(え)を上手(じょうず)に描(か)く、絵(え)を巧(たく)みに描(か)く)

공통의미

능숙하다, 잘 한다

요점

1. 「うまい」는 원래 '맛있다'는 뜻의 형용사이지만, 한편으로는 기술이나 솜씨가 좋다고 하는 뜻으로도 쓰인다(예문①②④⑤⑥⑦).
2. 「上手(じょうず)だ」는 기술이나 솜씨가 좋다고 하는 뜻으로도 쓰이고(예문①⑧⑨), 남의 비위를 맞추는 말을 능숙하게 한다는 뜻으로도 쓰인다(예문④⑩).
3. 「巧(たく)み」는 기교가 뛰어남을 나타내기도 하고(예문①⑪⑫), 「言葉(ことば)巧(たく)みに」의 형태로 남을 교묘하게 속인다고 하는 뜻을 나타내기도 한다(예문③⑬).

예문과 해설

① 絵(え)をうまく/上手(じょうず)に/巧(たく)みに描(か)く。(그림을 잘/능숙하게/기교 있게 그린다)

➲ 이 경우는 어느 것이나 적절한데 특히 「巧(たく)みに」를 쓰게 되면 매우 기교 있게 그림을 그린다고 하는 뜻을 나타내게 된다.

② 彼女(かのじょ)は歌(うた)がうまい/上手(じょうず)だ/✱巧(たく)みだ。
(그녀는 노래를 잘 한다/노래가 능숙하다)

➲ 이 경우는 노래를 잘 한다고 하는 뜻으로 쓰인 것이므로 「うまい」와 「上手(じょうず)だ」가 적절하다. 「巧(たく)み」는 「巧(たく)みな」의 형태로 뒤에 오는 명사를 수식하거나 「巧(たく)みに」의 형태로 뒤에 오는 술어를 수식하는 용법은 있어도, 「巧(たく)みだ」의 형태로는 쓰이지 않으므로 여기에서는 부적절하다.

③ 言葉(ことば)巧(たく)みに/✱上手(じょうず)に/✱うまく人(ひと)をだます。

(말을 교묘하게 해서 남을 속인다)

➲ 이 경우와 같이 남을 교묘한 말솜씨로 속인다고 하는 뜻을 나타낼 때는 오로지 「巧(たく)み」만이 적절하다.

④ お世辞(せじ)が上手(じょうず)に/うまく/✱巧(たく)みになったね。(듣기 좋게 하는 말솜씨가 능숙해졌네)

➲ 이 경우와 같이 남의 비위를 맞추는 말을 잘 한다고 하는 뜻으로는 「うまい」와 「上手(じょうず)だ」만이 적절하다. 「巧(たく)み」는 주로 기교가 뛰어남을 나타내는 것이므로 여기에서는 부적절하다.

⑤ 彼(かれ)は複雑(ふくざつ)な仕事(しごと)をうまく処理(しょり)する。(그는 복잡한 일을 잘 처리한다)

⑥ 息子(むすこ)はギターを弾(ひ)くのがうまい。(아들은 기타 치는 것을 잘 한다)

⑦ 彼女(かのじょ)は初心者(しょしんしゃ)だというのに、運転(うんてん)がうまいですね。
(그녀는 초보자라고 하는데도 운전을 잘 하는군요)

⑧ 娘(むすめ)は踊(おど)りが上手(じょうず)です。(딸은 춤이 능숙합니다)

⑨ 課長(かちょう)は時間(じかん)を上手(じょうず)に使(つか)う人(ひと)だ。(과장은 시간을 잘 쓰는 사람이다)

⑩ お上手(じょうず)を言(い)う。(남의 비위맞추는 말을 한다)

➲ 이러한 형태로 남의 비위맞추는 말을 한다고 하는 뜻의 관용구로 쓰인다.

⑪ 山田(やまだ)さんは初舞台(はつぶたい)で巧(たく)みな演技(えんぎ)を見(み)せた。
(야마다씨는 첫무대에서 기교 있는 연기를 보였다)

⑫ あの人(ひと)はいつも追及(ついきゅう)を巧(たく)みにかわす。(저 사람은 언제나 추궁을 교묘하게 피한다)

⑬ 言葉(ことば)巧(たく)みに高価(こうか)で売(う)り付(つ)ける。(말을 교묘하게 해서 고가로 팔아넘긴다)

➲ 「巧(たく)み」는 「言葉巧(ことばたく)みに」의 형태로 말을 그럴듯하게 함으로서 남을 속이는 경우에 쓰인다.

「埋(う)まる」「埋(うず)まる」「埋(う)もれる」「埋(うず)もれる」

(土砂(どしゃ)で家(いえ)が埋(う)まる、土砂(どしゃ)で家(いえ)が埋(うず)まる、土砂(どしゃ)で家(いえ)が埋(う)もれる、土砂(どしゃ)で埋(うず)もれる)

공통의미

파묻히다, 메워지다

요점

1. 「埋まる」와 「埋まる」는 비워있는 곳이 채워지거나 위에서 무언가가 뒤 덥혀있어서 보이지 않는다고 하는 뜻에서 함께 쓰인다(예문①②③⑤⑥⑦⑧⑨). 우리말의 '뒤덮이다, 메워지다' 정도에 해당된다.
2. 「埋もれる」와 「埋もれる」는 흙이나 눈 등으로 파묻혀서 보이지 않게 된다는 뜻으로 함께 쓰이는데(예문①②⑩⑪⑫⑬), 때로는 인재나 재능이 알려지지 않고 있음을 나타내기도 한다(예문④⑭⑮). 우리말의 '파묻히다' 정도에 해당된다.

예문과 해설

① 田も池も雪に埋まる/埋まる/埋もれる/埋もれる。
(밭도 연못도 눈으로 뒤 덮이다/파묻히다)

➲ 이 경우는 그 어느 것이나 적절한데 「埋まる」와 「埋まる」를 쓰게 되면 밭과 연못의 표면이 눈으로 뒤 덮인다는 뜻이 되고, 「埋もれる」와 「埋もれる」를 쓰게 되면 밭과 연못이 눈으로 파묻힐 정도로 눈이 많이 쌓인다고 하는 뜻이 된다.

② 線路が土砂に埋まる/埋まる/埋もれる/埋もれる。
(선로가 토사에 뒤 덮이다/파묻히다)

➲ 이 경우역시 예문①과 맥락을 같이하고 있다.

③ 会場は聴衆で埋まって/埋まって/＊埋もれて/＊埋もれている。
(회장은 청중으로 메워져 있다)

➲ 이와 같이 사람이나 물건 등으로 어떤 공간이 가득 차게 됨을 나타내는 데는 「埋まる」「埋まる」밖에 쓸 수가 없다. 「埋もれる」와 「埋もれる」는 무언가에 의해 파묻혀서 보이지 않게 됨을 나타낸다.

④ 埋もれた/埋もれた/＊埋まった/＊埋まった人材を発見する。
(파묻힌 인재를 발견한다)

➲ 이 경우와 같이 숨겨져 있던 인재를 찾아낸다고 할 때는 「埋もれる」와 「埋もれる」가 적절하다.

⑤ 穴が埋まる/埋まる。 (구멍이 채워지다)

➲ 이 경우는 비어있는 구멍에 무언가가 채워지는 모습을 나타내고 있다.

⑥ 欠員が埋まる。(결원이 채워지다)

➲ 이 경우도 비어져있는 정원에 새로운 인원이 채워짐을 나타내고 있다.

⑦ 席が埋まる。(자리가 채워지다)

⑧ 机の上が書類で埋まる/埋まる。(책상 위가 서류로 뒤 덮이다)

➲ 이 경우는 서류로 인하여 책상 위가 뒤 덮여서 보이지 않게 됨을 나타내고 있다.

⑨ 広場が人で埋まる。(광장이 사람으로 뒤 덮이다)

⑩ 道が枯れ葉で埋もれる。(길이 마른 잎으로 파묻히다)

➲ 이 경우는 길이 마른 잎으로 파묻혀서 보이지 않게 됨을 나타내고 있다.

⑪ 登山者が雪崩で雪に埋もれた。(등산객이 눈사태로 눈에 파묻혔다)

⑫ 地中深く埋もれた宝物を探す。(땅속깊이 파묻힌 보물을 찾는다)

⑬ たくさんの本に埋もれて研究を進める。(많은 책에 파묻혀서 연구를 진행한다)

➲ 이렇게 되면 책상위에 쌓여있는 책의 높이가 거의 앉아있는 키의 높이와 같은 정도임을 연상할 수가 있을 것이다.

⑭ 埋もれた/埋もれた才能を引き出す。(파묻힌 재능을 끄집어내다)

➲ 이 경우와 같이 알려지지 않고 있던 재능 같은 것을 나타낼 때는 「埋もれる」와 「埋もれる」가 적절하다.

⑮ 埋もれた/埋もれた名作を発見する。(파묻힌 명작을 발견한다)

➲ 이 경우역시 명작이 알려지지 않고 파묻혀 있었음을 나타내고 있다.

「生まれ」「出身」「出」

(父は東京生まれです、父は東京出身です、父は東京出です)

공통의미

태생, 출신

요점

1. 「生(う)まれ」는 주로 태어난 곳이나 때(예문①②) 그리고 환경을 나타내는 것인데(예문③), 때로는 '(~월)생'의 의미로도 쓰이며(예문④), 인간이외의 것에도 쓰인다(예문⑤⑥). 우리말의 '~태생, ~생, ~에서 온' 정도에 해당된다.
2. 「出身(しゅっしん)」은 태어난 곳도 나타내지만, 주로 학력, 경력 등을 나타내는 것으로 우리말의 '출신'에 해당된다(예문⑦⑧⑨).
3. 「出(で)」는 「出身(しゅっしん)」과 같은 의미로 쓰이나(예문⑩⑪) 「出(で)」가 출신학교를 나타낼 경우 단순히 '중학교출신'이나 '고등학교출신'하는 식으로 쓰일 수 있으나, 「出身(しゅっしん)」은 반드시 그 앞에 구체적인 학교명이 붙어야만 쓸 수 있는 점에 차이가 있다(00高校(こうこう)出身(しゅっしん)、00大学(だいがく)出身(しゅっしん)(○) 中学出身(ちゅうがくしゅっしん)、高校出身(こうこうしゅっしん)(×) 高校出(こうこうで)、大学出(だいがくで)(○)). 이 경우의 「~出(で)」는 우리말의 '~을(를)나왔다, 나온' 정도에 해당된다(예문⑫⑬).

예문과 해설

① 私(わたし)は生(う)まれも育(そだ)ちも福岡(ふくおか)です。(나는 태어난 곳도 자란 곳도 후쿠오카입니다)

➲ 이 경우는 태어난 곳을 나타내고 있다.

② 父(ちち)は東京(とうきょう)生(う)まれです。(아버지는 도쿄태생입니다)

③ あの女性(じょせい)は高貴(こうき)な生(う)まれだそうです。(저 여성은 고귀한 태생이랍니다)

➲ 이 경우는 자라온 환경을 나타내고 있다.

④ 妹(いもうと)は三月(さんがつ)生(う)まれです。(여동생은 3월생입니다)

➲ 이 경우는 태어난 때를 나타내고 있다.

⑤ フランス生(う)まれのファッション。(프랑스에서 온 패션)

➲ 이 경우는 패션이 만들어진 장소를 나타내는 것으로 「生(う)まれ」는 이와 같이 인간이외의 대상에도 쓸 수가 있으나 「出身(しゅっしん)」과 「出(で)」에는 이러한 용법이 없다.

⑥ 大阪(おおさか)生(う)まれの流行語(りゅうこうご)。(오사카에서 온 유행어)

➲ 「生(う)まれ」는 이와 같이 인간이 아닌 유행어에도 쓸 수가 있으나 「出身(しゅっしん)」과 「出(で)」에는 이러한

용법이 없다.

⑦ 私(わたし)は法学部(ほうがくぶ)の出身(しゅっしん)です。(나는 법학부 출신입니다)

⑧ 山田(やまだ)さんは財務官僚(ざいむかんりょう)出身(しゅっしん)の重役(じゅうやく)です。
(야마다씨는 재무관료 출신의 중역입니다)

⑨ あの候補者(こうほしゃ)はタレント出身(しゅっしん)です。(저 후보자는 탤런트출신입니다)

⑩ 祖父(そふ)は九州(きゅうしゅう)出(で)です。(할아버지는 큐슈출신입니다)

⑪ 部長(ぶちょう)は大阪(おおさか)出(で)です。(부장님은 오사카출신입니다)

⑫ この仕事(しごと)は大学(だいがく)出(で)でなくても構(かま)いません。
(이 일은 대학을 나오지 않아도 상관없습니다)

➲ 「出(で)」는 이와 같이 구체적인 학교명이 없이도 쓰일 수가 있다.

⑬ 大学(だいがく)出(で)高校(こうこう)出(で)を区別(くべつ)しない。(대학 나오고 고등학교 나오고를 구별하지 않는다)

「～うる」「가능동사」

(その本(ほん)は十分(じゅうぶん)読(よ)みうるはずだ、その本(ほん)は十分(じゅうぶん)読(よ)めるはずだ)

공통의미

~할 수 있다(가능을 나타내는 용법)

요점

1. 동사 가운데에서, 5단활용동사로 하여금 가능의 뜻을 나타내게 하는 데에는 동사연용형에 「～うる」를 접속시키는 형태와 이것을 가능동사화하는 형태의 두 가지가 있는데, 의지성이 있느냐의 여부에 따라서 구별 사용된다.
2. 「～うる」는 동사연용형에 접속되어 그러한 일이 성사될 가능성이 있음을 나타내는데, 의지성이 있거나 없거나 상관없이 모든 동사에 접속된다(예문①②③④⑥). 다만, 가능동사가 때로는 능력이 있음을 나타내기도 하는데 반하여, 「～うる」는 능력이 있음을 나타

내는 데에는 쓰일 수가 없다(예문⑤). 주로 문장체에서 쓰이는 가능표현으로, 「～うる」로 사용될 때는 뒤에 오는 명사를 수식하는 연체형으로 쓰이는 경우에 국한되며, 「～ます」「～ない」「～た」에 접속될 때는 「～うる」의 다른 형태인 「～える」의 연용형 「～え」가 접속되어 「~えます」「～えない」「～えた」와 같이 쓰이게 된다(예문⑦⑧⑨).

3. 가능동사는 5단동사에 한하여 만들 수가 있는데, 「う」단으로 끝나있는 어미를 「え」단으로 바꾼 다음에 「る」를 붙이기만 하면 된다. 오로지 의지성이 있는 동사에만 접속되며(예문①②③⑩⑪⑫), 때로는 능력이 있음을 나타내는데도 쓰인다(예문⑤).

예문과 해설

① その本は十分読みうる/読めるはずだ。(그 책은 충분히 읽을 수 있을 거다)

➲ 이 경우는 읽는 것이 가능함을 나타내는 것이므로 둘 다 적절한데 「読みうる」를 쓰게 되면 문장체적이 되지만 「読める」를 쓰게 되면 회화체적이 된다.

② その絵のすばらしさは、とても言葉で表しうる/表せるものではない。
(그 그림의 훌륭함은 도저히 말로 나타낼 수 있는 것은 아니다)

➲ 이 경우역시 예문①과 맥락을 같이하고 있다.

③ 人間が月まで飛んで行きえる/行けるだろうなどとは思ってもみなかった。
(인간이 달까지 날아 갈 수 있을 거라고는 생각해 보지도 않았다)

➲ 이 경우도 위의 예문들과 맥락을 같이하고 있다.

④ 外国人労働者が増えればそういう問題も起りえる/＊起れるだろう。
(외국인노동자가 늘어나면 그러한 문제도 일어날 수 있을 것이다)

➲ 이 경우의 「起る(일어나다, 발생하다)」와 같이 의지성이 없는 동사일 때는 가능동사는 사용이 부적절하다.

⑤ 彼は長い間ドイツで勉強したから、ドイツ語が話せる/＊話しうる。
(그는 오랫동안 독일에서 공부했으니까 독일어를 할 수가 있다)

➲ 이 경우는 독일어를 구사할 수 있는 능력을 나타내는 것이므로 오로지 가능동사만이 적절하며, 「うる」는 능력을 나타내는 데는 일체 쓰일 수 없으므로 여기에서는 부적절하다.

⑥ あれぐらいはだれでも考えうることだ。(저것쯤은 누구라도 생각할 수 있는 일이다)

➲ 「考える」는 5단동사가 아닌 하1단동사이므로 어차피 가능동사화할 수가 없다.

⑦ それは彼女になしえた最大限の努力だったに違いない。
(그것은 그녀가 할 수 있었던 최대한의 노력이었음에 틀림없다)

➲ 「うる」가 과거, 완료를 나타내는 조동사 「た」에 접속될 때는 「~えた」의 형태를 취하게 된다.

⑧ 彼の自殺は誰もが予期しえなかったことだけに、そのショックは大きかった。
(그의 자살은 누구나 예기할 수 없었던 것이니만큼, 그 쇼크는 컸다)

➲ 「うる」가 부정을 나타내는 조동사 「ない」에 접속될 때는 「~えない」의 형태를 취하게 된다.

⑨ 彼の仕事ぶりには失望の念を禁じえない。
(그의 일하는 모습에는 실망감을 금할 수 없다)

⑩ ひらがなが読めるようになりました。(히라가나를 읽을 수 있게 되었습니다)

➲ 가능동사화할 수 있는 5단동사는 반드시 의지성을 지니고 있는 동사에 한한다.

⑪ 新幹線なら東京から大阪まで3時間ぐらいで行けるはずです。
(신칸센이라면 도쿄에서 오사카까지 3시간정도로 갈 수 있을 겁니다)

⑫ あそこでは一流ホテルならではの豪華な雰囲気が味わえる。
(거기에서는 일류호텔이 아니고서는 안 될 호화로운 분위기를 맛볼 수 있다)

➲ 이와 같이 일단 가능동사화 되게 되면 그 앞에는 조사 「が」가 오는 것이 보통이다.

「うるさい」「やかましい」「騒がしい」「騒々しい」

(うるさい物音、やかましい物音、騒がしい物音、騒々しい物音)

공통의미

시끄럽다, 소란스럽다

요점

1. 「うるさい」「やかましい」「騒がしい」「騒々しい」는 모두가 우리말의 '시끄럽다, 소란스럽다' 정도에 해당되는 말들인데 대체로 주관적인 입장에서 느끼는가, 객관적인 입장에서 느끼는가에 따라서 그 의미용법에 다소 차이가 엿보인다.
2. 「うるさい」와 「やかましい」는 목소리나 소리가 커서 귀나 신경에 거슬리는 경우에 쓰이는데, 실제로 소리가 그다지 크지 않아도 본인에게 있어서 귀나 신경에 거슬리면 쓸 수

가 있다. 대체로 주관적인 불쾌감을 나타내는데, 특히 목소리에 관해서 나타낼 때는 한 사람의 목소리이건 여러 사람의 목소리이건 쓸 수가 있다(예문①⑤⑥⑦). 한편 상대의 잔소리 등이 성가시다고 하는 뜻으로도 쓰이는데(예문③④⑧), 전반적으로 우리말의 '시끄럽다' 정도에 해당된다.

3. 「騒がしい」와 「騒々しい」는 「うるさい」와 「やかましい」에 비하여 객관적으로 소란스러운 경우에 쓰이며, 대체로 소란스러운 대상의 상태를 나타낸다. 특히 목소리에 관해서 나타낼 때는 한 사람의 목소리가 아닌 여러 사람의 목소리가 소란스러운 경우에 쓰이는데(예문⑨⑩), 때로는 세상이 요란하고 불안정한 상태임을 나타내는 것으로도 쓰인다(예문②⑪⑫). 전반적으로 우리말의 '소란스럽다, 요란하다' 정도에 해당된다.

4. 결론적으로 목소리나 소리가 커서 불쾌감을 느낀다고 하는 점에서는 「うるさい」와 「やかましい」가 「騒がしい」와 「騒々しい」보다 불쾌감을 느끼는 정도가 더 큰셈이다.

예문과 해설

① 猫の鳴き声がうるさい/やかましい/?騒がしい/?騒々しい。

(고양이의 울음소리가 시끄럽다)

➲ 고양이의 울음소리가 시끄럽게 들리는 것은 다분히 주관적인 경우이므로 여기에서는 주관적인 입장에서 시끄럽게 느끼는 뜻의 「うるさい」와 「やかましい」가 가장 적절하다. 「騒がしい」와 「騒々しい」는 객관적으로 시끄러울 때에 쓰이는 것이 보통이므로 여기에서는 다소 부적절하다.

② オリンピックで世間が騒がしい/騒々しい/＊うるさい/＊やかましい。

(올림픽으로 세상이 소란스럽다)

➲ 이와 같이 세상이 요란스럽고 불안정함을 나타낼 때는 「騒がしい」와 「騒々しい」만이 적절하다.

③ 母がうるさく/やかましく/＊騒がしく/＊騒々しく小言を言う。

(어머니가 시끄럽게 잔소리를 한다)

➲ 이 경우와 같이 상대의 잔소리 등이 성가심을 나타낼 때는 「うるさい」와 「やかましい」만이 적절하다. 상대의 잔소리가 성가시게 느껴진다는 것은 다분히 주관적이기 때문이다.

④ 先生は時間にうるさい/やかましい/＊騒がしい/＊騒々しい人です。

(선생님은 시간에 까다로운 사람입니다)

➲ 이 경우역시 예문③과 맥락을 같이하고 있다.

⑤ 夏になると、女性のサンダルの足音がうるさく/やかましくなる。

(여름이 되면 여성의 샌들 발자국소리가 시끄러워진다)

➲ 「うるさい」와 「やかましい」는 시끄러워서 불쾌감을 느끼는 주관적인 입장에서 쓰인다.

⑥ 急に外からうるさい/やかましい音がした。(갑자기 밖에서 시끄러운 소리가 났다)

⑦ 隣の犬は鳴き声がうるさい/やかましい。(옆집 개는 짖는 소리가 시끄럽다)

⑧ 父がうるさい/やかましいから、早く帰らなければいけない。
(아버지가 잔소리 심하니까 빨리 돌아가지 않으면 안 된다)

➲ 이 경우는 잔소리가 성가시다고 하는 뜻으로 쓰인 것인데 「騒がしい」와 「騒々しい」에는 이와 같은 용법이 없다.

⑨ 突然明かりが消えて場内が騒がしく/騒々しくなった。
(갑자기 불이 나가서 장내가 소란스러워졌다)

➲ 이 경우와 같이 여러 사람의 목소리가 일제히 터져서 소란스러운 때는 「騒がしい」와 「騒々しい」가 적절하다.

⑩ 急に教室が騒がしく/騒々しくなった。(갑자기 교실이 소란스러워졌다)

⑪ 総理後継問題で政界が騒がしく/騒々しくなる。
(총리후계문제로 정계가 소란스러워진다)

➲ 이 경우와 같이 불안정한 상태가 됨을 나타낼 때는 「騒がしい」와 「騒々しい」가 적절하며 「うるさい」와 「やかましい」에는 이러한 용법이 없다.

⑫ プロサッカーで世間が騒がしい/騒々しい。(프로축구로 세상이 요란하다)

➲ 이 경우역시 세상이 소란스러워짐을 나타내고 있다.

참고

「うるさい」에는 또한 무언가에 대하여 까다로운 성미를 보인다고 하는 데에도 쓰이는데, 이 점에서는「やかましい」도 쓸 수가 있다. 이 경우는 우리말의 '까다롭다, 깐깐하다' 정도에 해당된다.

「あの人は時間にうるさい」(저 사람은 시간에 까다롭다)

「家内はいつも味にやかましい」(아내는 언제나 맛에 깐깐하다)

「うれしい」「楽しい」「喜ばしい」

(こんなにうれしいことはない、こんなに楽しいことはない、こんなに喜ばしいことはない)

공통의미

기쁘다, 즐겁다, 바람직하다

요점

1. 「うれしい」는 일이 자기가 바라던 대로 되어 기분이 좋은 상태가 됨을 나타내는 것으로 우리말의 '기쁘다' 에 해당되는 말이다(예문①②⑤⑥⑦⑧).
2. 「楽しい」는 무언가를 하는 과정에서의 즐거운 기분을 나타내는 것으로 지속적인 즐거움을 가리키는데 반하여, 「うれしい」는 일시적인 느낌만을 나타낸다. 우리말의 '즐겁다'에 해당되는 말이다(예문①③④⑨⑩⑪⑫).
3. 「喜ばしい」는 기뻐할만한 일이 있음을 제3자의 입장에서 나타내는 것으로 우리말의 '바람직하다'에 해당되는 말이다(예문①②⑬⑭⑮).

예문과 해설

① とてもうれしく/楽しく/喜ばしく思います。(무척 기쁘게/즐겁게/바람직하게 생각합니다)

➲ 이 경우는 각각 약간의 뉘앙스차이는 있을지언정, 그 어느 것이나 적절하다.

② うれしい/喜ばしい/?楽しい知らせが届く。(기쁜/바람직한 소식이 온다)

➲ 「楽しい」는 어디까지나 무언가를 하는 과정에서의 지속적인 즐거운 기분을 나타내는 것이므로 이 경우와 같이 지속성이 전혀 없는 소식자체를 수식하는 데는 다소 부적절하다.

③ 家族と一緒に楽しい/＊うれしい/＊喜ばしいひとときを過ごした。
(가족과 함께 즐거운 한때를 보냈다)

➲ 이 경우와 같이 무언가를 하면서 지속적으로 느끼는 즐거운 기분에는 「楽しい」만이 적절하다. 「うれしい」는 지속성이 없이 일시적으로 기쁜 기분만을 나타내므로 부적절하고, 「喜ばしい」는 간접적인 어감이 있어 문맥상 부적절하다.

④ 友だちとのおしゃべりはいつも楽しい/✱うれしい/✱喜ばしい。
(친구와의 수다는 언제나 즐겁다)

➲ 이 경우의 「楽しい」는 지속적인 즐거움을 느끼는 기분을 나타내지만 「うれしい」는 일시적으로 기쁘게 느끼는 기분만을 나타내므로 부적절하고, 「喜ばしい」는 너무 간접적인 어감이 있어서 문맥상 부적절하다.

⑤ 先生にほめられてうれしい。(선생님에게 칭찬받아서 기쁘다)

⑥ 彼女の受賞をうれしく思います。(그녀의 수상을 기쁘게 생각합니다)

⑦ 合格できてとてもうれしい。(합격할 수 있어서 매우 기쁘다)

⑧ 商売がうまくいってうれしい悲鳴を上げる。(장사가 잘 되어서 기쁜 비명을 지른다)

⑨ キャンプは想像以上に楽しかった。(캠프는 상상이상으로 즐거웠다)

⑩ 楽しいことだけを考える。(즐거운 일만을 생각한다)

⑪ 山への遠足は楽しかった。(산으로의 소풍은 즐거웠다)

⑫ 遊園地に行って、楽しいひとときを過ごしましょう。
(유원지에 가서 즐거운 한때를 보냅시다)

⑬ このように少しでも魚がすみつくようになった事は喜ばしい現象だ。
(이와 같이 조금이라도 물고기가 서식하게 된 일은 바람직한 현상이다)

⑭ 紛争の解決は我々にとっても喜ばしいことだ。
(분쟁의 해결은 우리들에게 있어서도 바람직한 일이다)

⑮ 多年の努力に喜ばしい栄誉が与えられた。
(다년간의 노력에 바람직한 영예가 주어졌다)

「うろうろする」「まごまごする」

(入り口がわからずうろうろする、入り口がわからずまごまごする)

공통의미

허둥지둥 대다, 어리둥절하다

요점

1. 「うろうろする」는 어찌할 바를 몰라서 허둥지둥 대거나(예문①②⑦), 이렇다 할 목적지도 없이 여기저기 돌아다니는 모습을 동적으로 나타내는 것이다(예문③⑤⑧). 때로는 「うろうろ」만으로 부사적인 용법으로 쓰이는데(예문⑥), 우리말의 '갈팡질팡하다, 우왕좌왕하다, 어슬렁거리다' 정도에 해당된다.
2. 「まごまごする」는 어찌해야 좋을지 판단이 서지 않아서 곤란한 마음상태를 정적으로 나타내는 것으로, 우리말의 '쩔쩔매다, 우물쭈물하다, 어리둥절하다' 정도에 해당된다(예문①②④⑨⑩).

예문과 해설

① 入り口(いぐち)がわからずうろうろする/まごまごする。(입구를 몰라서 갈팡질팡한다)

➲ 이 경우는 둘 다 적절한데 「うろうろする」를 쓰게 되면 허둥지둥 대는 모습을 동적으로 나타내게 되고, 「まごまごする」를 쓰게 되면 어리둥절한 마음상태를 정적으로 나타내게 된다.

② うろうろ/まごまごしていると車(くるま)にはねられるよ。(갈팡질팡하고 있으면 차에 치어요)

➲ 이 경우역시 예문①과 맥락을 같이 하고 있다.

③ 邪魔(じゃま)になるからうろうろ/＊まごまごするな。(방해가 되니까 어슬렁거리지 마라)

➲ 이 경우와 같이 불분명한 움직임이 방해가 되는 때는 「うろうろする」가 적절하다. 「まごまごする」는 어디까지나 마음상태를 나타내는 것일 뿐, 구체적인 방해가 될 수는 없으므로 여기에서는 부적절하다.

④ 急(きゅう)に指名(しめい)されてまごまご/＊うろうろしてしまった。
(갑자기 지명당해서 어리둥절하고 말았다)

➲ 이 경우와 같이 갑작스런 일로 당황해하는 마음상태를 나타낼 때는 「まごまごする」가 적절하다.

⑤ 昨日(きのう)は盛(さか)り場(ば)をうろうろ/＊まごまごして過(す)ごした。
(어제는 번화가를 어슬렁거리며 보냈다)

➲ 이 경우와 같이 비교적 넓은 지역을 뚜렷한 목적지도 없이 여기저기 돌아다닌다고 하는 의미로 쓰일 때는 「うろうろする」가 적절하다.

⑥ どうしていいか分(わ)からなくてうろうろ動(うご)き回(まわ)った。
(어찌하면 좋을지 몰라서 여기저기 돌아다녔다)

⑦ こわれた機械を前にしてうろうろするばかりだ。
(망가진 기계를 앞에 두고 우왕좌왕할 뿐이다)

➲ 이 경우는 어찌할 바를 몰라서 허둥지둥 대는 모습을 동적으로 나타내고 있다.

⑧ さっきから怪しい男がうろうろしている。(아까부터 수상한 남자가 어슬렁거리고 있다)

➲ 이 경우는 뚜렷한 목적지도 없이 왔다 갔다 하는 모습을 나타내고 있다.

⑨ まごまごしているうちに電車が発車した。(우물쭈물하고 있는 동안에 전차가 떠났다)

➲ 이 경우는 제대로 판단이 서지 않아서 곤란해 하고 있는 마음의 상태를 나타낸다.

⑩ 生まれてはじめて外国に行ってまごまごする。
(태어나 처음으로 외국에 가서 어리둥절하다)

➲ 이 경우역시 위의 예문⑨와 맥락을 같이하고 있다.

「うろつく」「ぶらつく」「さまよう」

(見知らぬ町をうろつく、見知らぬ町をぶらつく、見知らぬ町をさまよう)

공통의미

어슬렁거리다, 배회하다

요점

1. 「うろつく」는 비교적 좁은 지역 내를 뚜렷한 목적이 없이 천천히 걸어 다니는 것인데, 때로는 이러한 모습이 수상하게 보이는 것을 나타내기도 한다. 우리말의 '어슬렁거리다'에 해당된다(예문①②⑤⑥⑦).
2. 「ぶらつく」는 정처 없이 여기저기 다니는 것을 나타내는데, 우리말의 '배회하다' 정도에 해당된다(예문①③⑧⑨).
3. 「さまよう」는 길을 잃거나 해서 여기저기 돌아다니는 것을 나타내는데, 우리말의 '헤매다, 방황하다'에 해당된다(예문④⑩⑪⑫).

예문과 해설

① 時間の余裕があって盛り場をうろつく/ぶらつく/?さまよう。

(시간의 여유가 있어서 번화가를 어슬렁거린다/배회한다)

➲ 이 경우는 번화가를 여기저기 구경하면서 천천히 돌아다니는 것을 나타내므로 「うろつく」와 「ぶらつく」가 적절하다. 「さまよう」는 길을 잃어서 여기저기 헤매는 모습을 나타내므로 이 경우에는 다소 부적절하다. 만약 번화가에서 가고자 하는 곳을 몰라서 길을 헤맨다고 하는 뜻이라면 「さまよう」도 적절하다.

② 不審な男が家の前をうろつく/＊ぶらつく/＊さまよう。

(이상한 남자가 집 앞을 어슬렁거린다)

➲ 이 경우와 같이 사람이 왔다 갔다 하는 모습을 수상하게 느낀다고 하는 어감이 강하게 나타날 때는 오로지 「うろつく」만이 적절하다.

③ 運動かたがたあたりをぶらつく/＊うろつく/＊さまよう。

(운동 할 겸 해서 근처를 배회한다)

➲ 이 경우와 같이 정처 없이 여기저기 천천히 돌아다닌다고 하는 의미가 강할 때는 「ぶらつく」가 적절하다.

④ 目的地を失い、吹雪の中をさまよう/＊うろつく/＊ぶらつく。

(목적지를 잃고 눈보라 속을 헤맨다)

➲ 이 경우는 추운 눈보라 속에서 여기저기 길을 잃고 헤맨다고 하는 뜻이므로 「さまよう」만이 적절하다.

⑤ 先生は教室の中をうろついていた。(선생님은 교실 안을 어슬렁거리고 있었다)

➲ 이 경우와 같이 비교적 좁은 장소를 천천히 왔다 갔다 하는 모습을 나타낼 때는 「うろつく」가 적절하다.

⑥ あやしい人が近所をうろついている。(수상한 사람이 근처를 어슬렁거리고 있다)

➲ 이 경우는 의심스럽다고 하는 어감이 들어가 있다.

⑦ みな勉強している時間に外をうろついたらだめです。

(모두 공부하고 있는 시간에 밖을 어슬렁거리면 안 됩니다)

⑧ 商店街をぶらつくのはとても楽しいことだ。

(상점가를 배회하는 것은 무척 즐거운 일이다)

➲ 이 경우와 같이 뚜렷한 목적도 없이 여기저기 돌아다니는 것을 나타낼 때는 「ぶらつく」가 적절하다.

⑨ 円高で明洞をぶらつく日本人が急に増えた。

(엔고로 명동을 배회하는 일본인이 갑자기 늘었다)

⑩ 仲間(なかま)とはぐれて山中(やまなか)をさまよう。(동료와 떨어져서 산속을 헤맨다)

➲ 이 경우와 같이 길을 잃고서 여기저기 헤매는 것을 나타낼 때는「さまよう」가 적절하다.

⑪ 外国(がいこく)で道(みち)が分(わ)からずあちこちさまよった。(외국에서 길을 몰라 여기저기 헤맸다)

⑫ 生死(せいし)の境(さかい)をさまよう。(생사의 갈림길을 헤맨다)

「栄光(えいこう)」「光栄(こうえい)」

공통의미

영광

요점

1. 「栄光(えいこう)」는 눈부실 정도로 영예롭다고 하는 뜻으로 우리말의 '영광' 에 해당되는 말이다(예문①②⑤⑥).
2. 「光栄(こうえい)」는 분에 넘치는 처우에 대하여 영예롭게 느끼고 감사한다고 하는 뜻으로 쓰이는데, 보통 자신의 입장에서 자신을 낮추어 겸손하게 표현할 때에 쓰이는 말이다(예문③④⑦⑧). 우리말에는 없는 것이므로 각별한 주의가 요망된다.

예문과 해설

① 勝利(しょうり)の栄光(えいこう)/✱光栄(こうえい)にかがやく。(승리의 영광에 빛난다)

➲ 이 경우와 같이 영예로움만을 나타낼 때는 「栄光(えいこう)」가 적절하다. 「光栄(こうえい)」는 보통 자신의 입장에서 영예롭게 느낌과 동시에 감사함도 느낀다고 하는 것을 겸손하게 표현하는 것이므로 여기에서는 부적절하다.

② かつての栄光(えいこう)/✱光栄(こうえい)を取(と)り戻(もど)す。(예전의 영광을 되찾는다)

➲ 이 경우역시 예문①과 맥락을 같이 하고 있다.

③ お訪ねいただきまして光栄/＊栄光の至りです。

(찾아와 주셔서 영광스럽기 그지없습니다)

➲ 이 경우는 자신이 영예롭게 느낄뿐더러 감사함도 느낀다고 하는 마음을 겸손하게 나타낸 것이므로 「光栄」가 적절하다.

④ 身に余る光栄/＊栄光に存じます。(과분한 영광으로 생각합니다)

➲ 이 경우역시 예문③과 맥락을 같이 하고 있다.

⑤ 努力と精進こそが栄光への道だ。(노력과 정진이야말로 영광으로의 길이다)

⑥ オリンピックで栄光の金メダルをとった。(올림픽에서 영광의 금메달을 땄다)

⑦ お褒めの言葉をいただき光栄に思います。

(칭찬의 말씀을 듣게 되어 영광으로 생각합니다)

➲ 이 경우는 자신의 입장에서 영예롭게 느낀다고 하는 기분을 겸손하게 표현한 것이다.

⑧ この賞は私にとって身に余る光栄です。

(이 상은 저에게 있어서 과분한 영광입니다)

➲ 이 경우역시 위의 예문⑦과 맥락을 같이하고 있다.

「得る」「取る」「収める」

(利益を得る、利益を取る、利益を収める)

공통의미

언다, 취하다, 거두다

요점

1. 「得る」는 어떤 대상을 자신의 것으로 만든다고 하는 뜻으로 우리말의 '얻다' 정도에 해당된다(예문①②④⑤).

2. 「取る」는 자기의 것으로 취한다고 하는 동작을 나타내는 것으로 우리말의 '잡다, 취하다' 정도에 해당된다(예문①②⑥⑦).

3. 「収める」는 일정한 과정을 거쳐 성과를 수확 하는 것으로 우리말의 '거두다' 정도에 해당된다(예문③⑧⑨).

예문과 해설

① 利益を得る/取る/収める。(이익을 얻다, 취하다, 거두다)

➲ 이 경우에는 전후문맥이나 장면의 설정이 없으므로 세 가지 다 적절한데 대략 「得る」는 성취의 의미가, 「取る」는 포착의 의미가, 「収める」는 수확의 의미가 있다고 볼 수 있다.

② 許可を得る/取る/＊収める。(허가를 얻다)

➲ 허가는 취득하는 것이므로 본래의 장소에 넣기까지의 과정을 요구하는 「収める」는 사용이 부적절하다.

③ 勝利を収める/＊得る/＊取る。(승리를 거두다)

➲ 승리를 거두기 위해서는 일정한 과정을 힘겹게 거쳐야 하므로 「収める」가 적절하다.

④ 協力者を得て事業を始める。(협력자를 얻어 사업을 시작한다)

➲ 협력자를 새로이 자신의 편으로 만든다고 하는 뜻을 나타내는 것이므로 「得る」가 적절하다.

⑤ 書籍から情報を得る。(서적으로부터 정보를 얻다)

⑥ 武器を取って戦う。(무기를 잡고 싸운다)

➲ 무기를 손으로 집어 든다고 하는 뜻을 나타내는 것이므로 「取る」가 적절하다.

⑦ 運転免許を取る。(운전면허를 따다)

➲ 운전면허를 자기 것으로 만든다고 하는 뜻을 나타내는 것이므로 「取る」가 적절하다.

⑧ 大会で好成績を収めた。(대회에서 좋은 성적을 거두었다)

➲ 대회라고 하는 과정을 거쳐서 좋은 성적이라는 수확을 거두는 것이므로 「収める」가 적절하다.

⑨ 株式で高収益を収める。(주식으로 고수익을 거두다)

「縁」「縁故」「ゆかり」「因縁」

(母校が同じだという縁、母校が同じだという縁故、
母校が同じだというゆかり、母校が同じだという因縁)

공통의미

인연

요점

1. 「縁」은 사람과 사람, 사람과 사물, 사물과 사물 등, 자연적인 흐름 속에서 맺어지는 인연을 나타내기도 하고 운명적인 인연을 나타내기도 하는데 우리말의 '연, 인연'에 해당된다(예문①②⑤⑥).
2. 「縁故」는 친척이나 지인관계 등, 무언가의 연결고리나 그러한 사람을 나타내는데 우리말의 '연고'에 해당된다(예문④⑦⑧).
3. 「ゆかり」는 주로 「～ゆかりの」의 형태를 취하여 과거로 거슬러 올라가 예전에 깊게 관계를 맺었던 일이나 사물을 나타내는 것으로 우리말의 '～와(과)관련 있는' 정도에 해당된다(예문③⑨⑩).
4. 「因縁」은 이전의 세상이나 과거에 뿌리를 내린 운명적인 관계를 나타내는 것으로 우리말의 '인연'에 해당된다(예문①⑪⑫).

예문과 해설

① 彼とは切っても切れない縁/因縁/＊縁故/＊ゆかりがある。
(그와는 끊으려 해도 끊을 수 없는 인연이 있다)

➲ 이 경우는 운명적인 관계를 나타내는 것이므로 「縁」과 「因縁」이 적절하다. 「縁故」와 「ゆかり」는 어떤 연결고리에 의한 관계를 나타내므로 이 경우에는 부적절하다.

② 親子の縁/＊因縁/＊縁故/＊ゆかりを切る。 (부모자식의 인연을 끊는다)

➲ 이 경우와 같이 단지 부모자식의 운명적인 인연을 나타낼 때는 오로지 「縁」만이 적절하다. 나머지 세 가지는 모두 그러한 관계를 지니게 된 특별한 사정을 명시하여야만 쓸 수가 있다.

③ 文豪ゆかりの/✱縁の/✱因縁の/✱縁故の場所を訪ねる。
(문호와 관련 있는 장소를 방문한다)

➲ 과거에 어떠한 관련이 깊었던 장소나 사물을 나타내는 데는 오로지 「ゆかり」만이 적절하다.

④ 縁故/✱縁/✱因縁/✱ゆかりを頼って就職する。
(연고를 의지하여 취직한다)

➲ 이 경우와 같이 무언가의 관계가 있는 사람을 나타내는 때는 오로지 「縁故」만이 적절하다. 나머지 세 가지는 관계있는 사람을 나타내는 용법이 없으므로 부적절하다.

⑤ 私は学問には縁がない。(나는 학문에는 연이 없다)

➲ 보통 무엇인가와 인연이 있고 없고를 나타낼 때는 「縁」으로 나타낸다.

⑥ 結局政治には縁がないと思ってやめた。
(결국 정치에는 인연이 없다고 생각해서 그만두었다)

⑦ 彼とはふとした縁故で知り合った。(그와는 우연한 연고로 알게 되었다)

➲ 이 경우는 그와 알게 된 연결고리를 나타내고 있다.

⑧ 故郷が同じという縁故で納品した。(고향이 같다고 하는 연고로 납품했다)

⑨ カントゆかりの地を訪ねて見たい。(칸트와 관련 있는 곳을 방문해 보고 싶다)

➲ 이 경우는 예전부터 관계되고 있었음을 나타내고 있다.

⑩ この村は文豪ゆかりの地です。(이 마을은 문호와 관련 있는 곳입니다)

⑪ あの人とは前世の因縁があるに違いない。
(저 사람과는 전생의 인연이 있음에 틀림없다)

➲ 이 경우는 이전의 세상에서 이미 맺었던 운명적인 관계를 나타내고 있다.

⑫ 不幸が続くのも何かの因縁だ。(불행이 계속되는 것도 무언가의 인연이다)

「追い出す」「追い払う」「追い立てる」

(のら猫を庭へ<u>追い出す</u>、のら猫を庭へ<u>追い払う</u>、のら猫を庭へ<u>追い立てる</u>)

공통의미

내쫓다, 내보내다

요점

1. 「追い出す」는 안에 있는 대상을 밖으로 쫓아내는 것을 나타내며(예문①②⑥⑦), 때로는 어떤 조직이나 단체에서 축출하는 것을 나타내기도 하는데(예문⑤), 우리말의 '쫓아내다'에 해당된다.
2. 「追い払う」는 그곳에서 멀리 내쫓는 것을 나타내는데 우리말의 '쫓아버리다'에 해당된다(예문①④⑧⑨).
3. 「追い立てる」는 줄기차게 독촉하여 내보내는 것을 나타내는데 우리말의 '내몰다'에 해당된다(예문①②③⑩⑪).

예문과 해설

① のら猫を庭へ追い出す/追い払う/追い立てる。(들 고양이를 뜰로 쫓아내다)

➲ 이 경우에는 세 가지 다 적절한데 「追い出す」를 쓰게 되면 안에 있는 들 고양이를 밖으로 내쫓는다는 뜻이 되고, 「追い払う」를 쓰게 되면 멀리 쫓아버린다고 하는 뜻이 되며, 「追い

立てる」를 쓰게 되면 안 나가려고 이리저리 피하는 들 고양이를 집요하게 쫓아낸다고 하는 뜻이 된다.

② 下宿を追い出される/追い立てられる/＊追い払われる。
(하숙을 쫓겨난다)

➲ 이 경우 「追い出す」를 쓰게 되면 이미 하숙집에서 쫓겨난 상태인 느낌이 들고, 「追い立てる」를 쓰게 되면 아직 쫓겨나지는 않았지만 나갈 것을 계속해서 종용당하고 있는 느낌이 든다. 하지만 「追い払う」는 그곳에서 멀리 내쫓는 것을 나타내는 것이므로 여기에서는 부적절하다. 왜냐하면 하숙집으로서는 내보내기만 하면 되는 것이지 굳이 멀리까지 쫓아 보낼 필요는 없기 때문이다.

③ にわとりを小屋に追い立てる/＊追い出す/＊追い払う。
(닭을 닭장으로 내몬다)

➲ 이 경우는 닭장에 있는 닭을 여기저기 끈질기게 쫓아다닌 끝에 닭장으로 몰아넣는다는 뜻이므로 끈덕지게 종용하여 내쫓는 것을 나타내는 「追い立てる」가 적절하다. 「追い出す」는 단지 안에 있는 것을 밖으로 내쫓는 의미만을 지니고 있는데 여기에서는 뜰에서 다시 닭장으로 집어넣은 것이므로 부적절하며, 「追い払う」는 닭을 멀리 내쫓는 셈이 되는데 닭장이 얼마나 넓은지는 몰라도 닭장 안으로 멀리 내쫓을 수는 없기에 여기에서는 부적절하다.

④ つきまとうはえを追い払う/＊追い出す/＊追い立てる。
(달라붙는 파리를 쫓아버린다)

➲ 파리는 참으로 성가셔서 아무리 쫓아도 주위를 맴도는 습성이 있는데 여기에서는 그러한 파리를 자신의 주위로부터 쫓아버리는 것을 나타내는 것이므로 「追い払う」가 적절하다.

⑤ 裏切り者を組織から追い出した/＊追い払った/＊追い立てた。
(배신자를 조직으로부터 쫓아냈다)

➲ 이 경우는 조직으로부터의 축출을 나타내는 것이므로 「追い出す」가 적절하다.

⑥ 煙で蜂を<u>追い出した</u>。(연기로 벌을 쫓아냈다)

➲ 연기로 벌을 밖으로 쫓아내는 것을 나타내고 있다.

⑦ 何度<u>追い出して</u>も戻ってくる。(몇 번 쫓아내도 되돌아온다)

⑧ 野次馬を<u>追い払う</u>。(구경꾼들을 쫓아버린다)

➲ 이미 밖에서 구경하고 있는 구경꾼들이므로 이들을 멀리 쫓아내는 뜻을 나타내는 「追い払う」가 적절하다.

⑨ 中に入れず入り口で<u>追い払う</u>。(안에 넣지 않고 입구에서 쫓아버린다)

⑩ 犬を使って羊の群れを<u>追い立てる</u>。(개를 이용하여 양떼를 내몬다)

➲ 개가 줄기차게 양떼를 쫓아가는 모습을 나타내는 것이므로, 「追い立てる」가 적절하다.

⑪ 子供を<u>追い立てて</u>学校に行かせる。(아이를 내몰아서 학교에 가게 한다)

「老いる」「老ける」

공통의미

늙다

요점

1. 「老いる」는 실제로 나이를 많이 먹어서 고령이 됨을 나타내는 것으로 우리말의 '나이를 많이 먹다, 늙다' 정도에 해당된다(예문①②).
2. 「老ける」는 실제의 나이와는 상관없이 늙어 보이는 것을 나타내는 것으로 우리말의 '나이 들어 보인다, 늙어 보인다' 정도에 해당된다(예문③④).

예문과 해설

① 父は<u>老いて</u>老人ホームに入っています。
(아버지는 늙어서 양로원에 들어가 있습니다)

➲ 이 경우는 실제로 나이를 많이 먹어서 고령이 되었음을 나타내고 있다.

② <u>老いた</u>母の姿を見るのはつらいものだ。
(늙은 어머니의 모습을 보는 것은 괴로운 것이다)

③ あの男は年より<u>老けて</u>見える。(저 남자는 나이보다 늙어 보인다)

➲ 이 경우는 실제의 나이와는 상관없이 나이 들어 보이는 것을 나타내고 있다.

④ 三十年(さんじゅうねん)ぶりに会(あ)った友達(ともだち)は老(ふ)けた顔(かお)だった。
(30년 만에 만난 친구는 나이 들어 보이는 얼굴이었다)

➲ 이 경우역시 실제의 나이보다 더 들어 보인다고 하는 뜻으로 쓰였다.

「負(お)う」「背負(せお)う」「担(にな)う」「担(かつ)ぐ」

(荷(に)を負(お)う、荷(に)を背負(せお)う、荷(に)を担(にな)う、荷(に)を担(かつ)ぐ)

공통의미

(어깨나 등에)메다, 짊어 매다, 떠맡다

요점

1. 「負(お)う」는 어깨나 등에 물건을 맨다는 뜻으로 쓰이고(예문①⑦), 부채나 책임 등을 떠맡는다는 뜻으로도 쓰인다(예문②③⑧⑨). 한편으로는 상처나 부상을 입다라는 뜻으로도 쓰이는데 이러한 용법은 다른 말에는 없다(예문⑥⑩).
2. 「背負(せお)う」는 물건이나 사람을 등에 업는다는 뜻으로 쓰이고(예문①⑪), 부채나 책임, 또는 다음세대 등을 떠맡는다고 하는 뜻으로도 쓰인다(예문②③④⑫⑬).
3. 「担(にな)う」는 물건을 어깨에 걸쳐서 나른다고 하는 뜻으로 쓰이고(예문①⑭), 책임이나 다음세대 등을 떠맡는다고 하는 뜻으로도 쓰인다(예문②④⑮⑯).
4. 「担(かつ)ぐ」는 물건이나 가마 등을 어깨에서 등으로 걸친다고 하는 뜻으로만 쓰인다(예문①⑤⑰).

예문과 해설

① 荷(に)を負(お)う/背負(せお)う/担(にな)う/担(かつ)ぐ。(짐을 맨다/등에 업는다/어깨에 걸쳐 맨다)

➲ 이 경우에는 그 어느 것이나 다 적절하지만 짐을 매는 스타일은 각각 조금씩 다르다.

② 責任(せきにん)を負(お)う/背負(せお)う/担(にな)う/＊担(かつ)ぐ。(책임을 진다, 떠맡는다)

➲ 무언가의 책임을 진다고 하는 경우에는 「担(かつ)ぐ」만은 부적절한데, 이는 어디까지나 물건을 어깨에 걸쳐서 운반한다고 하는 뜻으로만 쓰이기 때문이다.

③ 借金(しゃっきん)を負(お)う/背負(せお)う/＊担(にな)う/＊担(かつ)ぐ。(빚을 업는다/떠맡는다)

➲ 이 경우와 같이 부채를 떠맡는다고 하는 뜻으로 쓰일 때는 「負(お)う」와 「背負(せお)う」만이 적절하다.

④ 次代(じだい)を背負(せお)う/担(にな)う/＊負(お)う/＊担(かつ)ぐ。(다음세대를 떠맡는다/짊어진다)

➲ 이 경우와 같이 다음세대를 맡는다고 하는 뜻으로 쓰일 때는 「背負(せお)う」와 「担(にな)う」만이 적절하며, 「負(お)う」와 「担(かつ)ぐ」에는 이러한 용법이 없으므로 여기에서는 부적절하다.

⑤ みこしをかつぐ/＊負(お)う/＊背負(せお)う/＊担(にな)う。(가마를 어깨에 짊어 맨다)

➲ 이 경우와 같이 가마를 어깨에 짊어 맨다는 뜻으로는 「かつぐ」만이 적절하다.

⑥ 痛手(いたで)を負(お)う/＊背負(せお)う/＊担(にな)う/＊担(かつ)ぐ。(상처를 입는다)

➲ 이 경우와 같이 상처나 부상을 입는다고 하는 뜻으로는 「負(お)う」만이 적절하다.

⑦ 肩(かた)に十字架(じゅうじか)を負(お)う。(어깨에 십자가를 맨다)

⑧ 多額(たがく)の負債(ふさい)を負(お)う。(다액의 부채를 떠안는다)

➲ 이 경우는 부채를 떠맡는다는 뜻으로 쓰였다.

⑨ すべての責任(せきにん)は私(わたし)が負(お)う。(모든 책임은 내가 진다)

⑩ 心(こころ)に傷(きず)を負(お)う。(마음에 상처를 입는다)

➲ 상처를 입는다고 하는 뜻으로 쓰일 수 있는 것은 오로지 「負(お)う」뿐이다.

⑪ 背中(せなか)に赤(あか)ん坊(ぼう)を背負(せお)う。(등에 아기를 업는다)

⑫ 長男(ちょうなん)が一家(いっか)を背負(せお)う。(장남이 일가를 떠맡는다)

➲ 「背負(せお)う」는 책임을 맡는다고 하는 뜻으로도 쓰인다.

⑬ 若(わか)い世代(せだい)が日本(にほん)の未来(みらい)を背負(せお)う。(젊은 세대가 일본의 미래를 떠맡는다)

⑭ 肩(かた)に重(おも)い荷物(にもつ)を担(にな)う。(어깨에 무거운 짐을 걸쳐 나른다)

➲ 「担(にな)う」는 물건 등을 어깨에 걸쳐서 나른다고 하는 뜻으로 쓰인다.

⑮ 私(わたし)が責任(せきにん)の一端(いったん)を担(にな)うことにした。(내가 책임의 일부분을 떠맡기로 했다)

➲ 아울러, 「担(にな)う」는 책임을 맡는다고 하는 뜻으로도 쓰인다.

⑯ わが国の未来を担う若者たち。(우리나라의 미래를 떠맡을 젊은이들)

⑰ この荷物は肩に担いで運んだらいいよ。(이 짐은 어깨에 걸치고 나르면 좋아)

➲ 「担ぐ」는 물건 등을 어깨나 등에 걸쳐서 나른다고 하는 뜻으로만 쓰일 뿐, 부채나 책임 등을 떠맡는다는 뜻으로는 일체 쓰이지 않는다.

「多い」「たくさん」「いっぱい」

●●● 공통의미

수나 양이 많음을 나타내는 용법

●●● 요점

1. 「多い」는 다른 것과 비교하여 조금이라도 수량이 많은 경우를 나타내며 일반적으로 가장 많이 쓰이는 말이다(예문②③④). 이 자체로는 뒤에 오는 명사를 수식할 수가 없다(예문①②).
2. 「たくさん」은 수나 양이 어느 정도 많음을 나타내며(예문⑤⑥), 때로는 충분함을 나타내기도 한다(예문⑧). 뒤에 오는 동사를 수식할 때는 이 자체로 쓰이나, 뒤에 오는 명사를 수식할 때는 「たくさんの」의 형태를 취한다(예문①⑦). 주로 회화체에서만 쓰인다.
3. 「いっぱい」는 무언가가 넘칠 정도로 가득 찼음을 나타내는데, 주로 회화체에서만 쓰인다. 뒤에 오는 동사를 수식할 때는 이 자체로 쓰이나(예문⑨⑩), 문말의 술어로 쓰일 때는 「いっぱいだ」의 형태를 취하게 된다(예문⑪).

●●● 예문과 해설

① 葬儀に来ているたくさんの/＊多い人々。(장례식에 와있는 많은 사람들)

➲ 이 경우는 「多い」가 뒤에 오는 명사 「人々」를 수식하고 있는데 「多い」는 이와 같이 바로 뒤에 오는 명사만을 수식할 수는 없으며, 이러한 경우에는 「たくさんの」나 「多くの」로 나타내어야 한다.

② ここは緑の多い町です。(이곳은 녹음이 많은 거리입니다)

➲ 이 경우도 얼핏 보면 「多い」가 뒤에 오는 명사 「町」를 수식하고 있는 것처럼 보일 수가 있지만, 실제로는 「緑が多い」라는 문이 뒤에 오는 명사 「町」를 수식하는 과정에서 주격조사 「が」 대신에 「の」가 쓰인 것뿐이다. 결국, 이 경우의 「多い」는 명사를 수식하고 있는 것이 아니라, 「緑が多い」라는 문의 술어로 쓰여 있는 셈이다.

③ 女子の方が二人多い。(여자 쪽이 두 사람 많다)

④ 今年の冬は雪が多かった。(금년의 겨울은 눈이 많았다)

⑤ 砂糖をたくさん買ってきた。(설탕을 많이 사왔다)

⑥ 見たい映画がたくさんある。(보고 싶은 영화가 많이 있다)

⑦ 図書館にはたくさんの本がある。(도서관에는 많은 책이 있다)

➲ 이 경우와 같이 '많은'의 의미를 나타낼 때는 「たくさんの」를 쓰는 것이 일반적이다. 「多い」는 그 자체로 뒤에 오는 명사를 수식할 수가 없다.

⑧ 酒はもうたくさんだ。(술은 이제 충분하다)

➲ 이 경우는 「たくさんだ」의 형태로 무언가가 충분함을 나타내고 있는데, 다른 말에는 이러한 용법이 없다.

⑨ 仕事がいっぱいあって遊べない。(일이 가득 있어서 놀 수가 없다)

⑩ 少女は目にいっぱい涙をためていた。(소녀는 눈에 가득 눈물을 담고 있었다)

⑪ もう食べられない。お腹がいっぱいだ。(이제 먹을 수 없다. 배가 꽉 찼다)

참고

형용사 「多い」는 우리말식으로 생각하면, 「多い学生」 「多い人々」와 같이 쓰일 것처럼 여겨질 수 있으나, 「多い」는 어디까지나 술어로만 쓰이는 점에 각별히 주의하여야 한다. 한편, 뒤에 오는 명사를 수식할 경우에는 「たくさんの」나 「多くの」를 써야만 하는데, 「多くの」는 다소 딱딱한 어감이 있다.

「覆う」「被せる」

(車をシートで覆う、 車にシートを被せる)

공통의미

덮다, 씌우다

요점

1. 「覆う」는 어떤 대상의 표면을 무언가로 완전히 감싸서 외부와 차단하는 것을 나타낸다. 언제나 「～を～で覆う」로 쓰이는데, 우리말의 '덮다, 가리다'에 해당된다(예문①②③⑥⑦). 어디까지나 표면을 외부로부터 보이지 않게 한다고 하는 것에 의미의 중심이 있다.
2. 「被せる」는 어떤 대상의 위를 무언가로 씌우는 것만을 나타내며(예문①④⑧), 때로는 죄나 책임 같은 것을 뒤집어씌우는 것을 나타내기도 한다(예문⑤⑨). 언제나 「～に～を被せる」의 형태로 쓰이는데 우리말의 '씌우다, 덮어씌우다'에 해당된다. 어디까지나 일부나 전체를 숨긴다고 하는 것에 의미의 중심이 있다.

예문과 해설

① 車をシートで覆う。 (차를 시트로 덮는다)
車にシートを被せる。 (차에 시트를 씌운다)

➲ 이 경우 「覆う」를 쓰게 되면 차 전체를 시트로 감싸서 외부로부터 차가 전혀 보이지 않게 한다는 뜻이 되지만, 「被せる」를 쓰게 되면 차의 위를 중심으로 시트를 덮어씌운다고 하는 뜻이 되어 어쩌면 차의 하단부는 외부로부터 보일 지도 모른다.

② 手で顔を覆う/＊被せる。 (손으로 얼굴을 가린다)

➲ 손으로 얼굴표면을 감싸서 외부로부터 얼굴이 보이지 않게 한다는 뜻이므로 「覆う」만이 적절하다. 「被せる」는 주로 모자나 보자기, 또는 흙 등으로 덮어씌우는 것을 나타내므로 여기에서는 부적절하다.

③ 町は一晩で雪に覆われた/＊被せられた。(마을은 하룻밤에 눈으로 뒤덮여졌다)

➲ 이 경우는 마을의 표면이 외부로부터 보이지 않도록 눈이 뒤덮은 상황을 나타내는 것이므로 「覆う」가 적절하다. 만약 「被せる」를 쓰게 되면 인위적으로 눈을 가져다가 마을을 숨기기 위해서 덮어씌웠다고 하는 엉뚱한 뜻이 되어버리는데, 이렇게 하려면 엄청난 양의 눈이 필요할 것이다.

④ 子供の顔に帽子を被せる/＊覆う。(아이의 얼굴에 모자를 씌운다)

➲ 모자는 머리 위를 중심으로 쓰는 것이므로 이 경우에는 「被せる」만이 적절하다.

⑤ 人に罪を被せる/＊覆う。(남에게 죄를 씌운다)

➲ 이 경우와 같이 누군가에게 책임이나 죄를 덮어씌운다고 하는 뜻에서는 오로지 「被せる」만이 적절하다.

⑥ 食卓を白い布で覆う。(식탁을 하얀 천으로 덮는다)

➲ 「覆う」는 표면을 완전히 감싸서 외부로부터 보이지 않게 하는 데에 의미의 중심이 있다.

⑦ 失言に気づいて慌てて口を覆う。(실언을 알아차리고 황급히 입을 가린다)

➲ 이 경우 역시 입이 외부로부터 보이지 않게 완전히 가리는 것을 나타내고 있다.

⑧ 残ったパンにはナプキンを被せておいてください。
(남은 빵에는 냅킨을 씌워놓아 주십시오)

➲ 「被せる」는 일부나 전체를 가린다고 하는 것에 의미의 중심이 있다.

⑨ 自分の責任を部下に被せるなんて、卑怯な上司だ。
(자신의 책임을 부하에게 덮어씌우다니 비겁한 상사다)

➲ 남에게 책임이나 죄 같은 것을 덮어씌운다고 하는 뜻에는 「被せる」만이 적절하며 「覆う」에는 이러한 용법이 없다.

「大きい」「大きな」「でかい」

(大きい声、大きな声、でかい声)

공통의미

크다, 큰

요점

1. 「大きい」는 「夢が大きい(꿈이 크다)」와 같이 술어로 쓰이기도 하고, 「字を大きく書く(글자를 크게 쓰다)」와 같이 연용수식어로 쓰이기도 하지만, 「大きな」에는 이러한 용법이 없다(예문①②③④).
2. 「大きな」는 오로지 「大きな」의 형태로만 쓰이며 그 뒤에는 항상 수식을 받는 명사만이 오게 된다. 수식을 받는 명사가 특히 「問題」「影響」와 같은 추상명사일 경우에는 「大きい」보다는 「大きな」를 쓰는 것이 보통이다(예문⑤⑥⑦⑧).
3. 「でかい」는 실제로 수량이나 범위가 큰 경우에 쓰이며, 회화체에서 많이 쓰이긴 하지만 다소 속어적인 느낌이 있다(예문⑨⑩⑪).

예문과 해설

① 妹の声はいつも大きい。(여동생의 목소리는 늘 크다)

② 人々は大統領を大きい拍手で迎えた。
(사람들은 대통령을 큰 박수로 맞이했다)

③ この服は私には大きい。(이 옷은 나에게는 크다)

④ 大きくなったら野球選手になりたい。(커지면 야구선수가 되고 싶다)

➲ 「大きく」는 형용사 「大きい」의 연용형으로 항상 그 뒤에 오는 술어를 수식하게 된다.

⑤ あの文人は文壇に大きな影響を与えた。(저 문인은 문단에 큰 영향을 끼쳤다)

➲ 「大きな」는 오로지 이러한 형태로 뒤에 오는 명사만을 수식하게 된다.

⑥ 家のそばに大きな鉄塔がある。(집 옆에 큰 철탑이 있다)

⑦ つい大きな問題に発展した。(끝내 큰 문제로 발전했다)

⑧ それは大きな影響があるでしょう。(그것은 큰 영향이 있을 것입니다)

⑨ でかい男が急に現れた。(커다란 남자가 갑자기 나타났다)

➲ 「でかい」는 회화체에서만 쓰이는 속어이다.

⑩ 隣の人はでかい家を建てて引っ越したよ。
(옆집사람은 커다란 집을 지어서 이사했어)

⑪ 家内がでかいかばんを買ってきた。(아내가 커다란 가방을 사왔다)

「おおよそ」「おおむね」「あらまし」「あらかた」

(話はおおよそ分かった、話はおおむね分かった、話はあらまし分かった、話はあらかた分かった)

공통의미

대충, 대략

요점

1. 「おおよそ」는 다소의 오차는 있을지라도 전체를 대략적으로 파악하여 나타내는 경우에 쓰이는데 우리말의 '대충, 거의' 정도에 해당된다(예문①②④⑤).
2. 「おおむね」는 전체가운데에서 주요한 내용을 크게 파악하여 개략적으로 나타내는 경우에 쓰이는데 우리말의 '대략' 정도에 해당된다(예문①⑥⑦).
3. 「あらまし」는 전체의 개괄적인 내용을 파악하여 나타내는 경우에 쓰이는데 우리말의 '대체로, 거의' 정도에 해당된다(예문①③⑧⑨).
4. 「あらかた」는 전체의 개괄적인 양을 파악하여 나타내는 경우에 쓰이는데 우리말의 '대충' 정도에 해당된다(예문⑩⑪).

예문과 해설

① 計画のおおよそ/おおむね/あらまし/＊あらかたを説明する。
(계획의 대략을 설명한다)

➲ 이 경우는 전반적인 내용을 나타내는 명사로 쓰였는데 「あらかた」는 어디까지나 전반적인 내용이 아니라 전반적인 양을 나타내는 것이므로 부적절하다.

② おおよそ/＊おおむね/＊あらまし/＊あらかたの金額を示す。
(대충의 금액을 나타낸다)

➲ 이 경우는 다소의 차이는 있을지언정, 비슷한 수치를 나타내는 것이므로 「おおよそ」만이 적절하다. 「おおむね」는 주요한 내용을 나타내며, 「あらまし」는 전체의 개괄적인 내용을 나타내고, 「あらかた」는 개괄적인 양을 나타내므로, 여기에서는 모두 부적절하다. 「おおよそ」는 전체적인 내용의 파악에도 쓰이지만 대충의 수치를 나타내는데도 쓰이므로 여기에서는 적절하다.

③ 前回(ぜんかい)までのあらまし/＊おおよそ/＊おおむね/＊あらかたは次(つぎ)のようです。
(전회까지의 전반적인 내용은 다음과 같습니다)

➲ 이 경우는 전체의 개괄적인 내용을 나타내는 것이므로 「あらまし」만이 적절하다. 「おおよそ」는 전체를 대략적으로 파악한다고 하는 뜻이고, 「おおむね」는 주요한 내용만을 나타내며, 「あらかた」는 개괄적인 양을 나타내므로 여기에서는 모두 부적절하다. 「あらまし」는 전체의 줄거리를 나타내는 데에 쓰이는 유일한 말이다.

④ おおよそ一時間(いちじかん)待(ま)った。(대충 한 시간 기다렸다)
➲ 이 경우는 전체시간의 대략적인 파악을 나타내고 있다.

⑤ 答案(とうあん)はおおよそ書(か)き終(お)えた。(답안은 거의 다 썼다)

⑥ 体(からだ)はおおむね良好(りょうこう)だ。(몸은 대략 양호하다)

⑦ 決議案(けつぎあん)のおおむねを発表(はっぴょう)する。(결의안의 대략을 발표한다)
➲ 이 경우는 주요한 내용을 나타내는 명사로 쓰였다.

⑧ その内容(ないよう)はあらまし次(つぎ)のようなものだった。
(그 내용은 대체로 다음과 같은 것이었다)

➲ 「あらまし」는 전체를 개괄적으로 파악하여 나타내는 데에 쓰이는 말로 우리말의 '대체로' 정도에 해당된다.

⑨ 部屋(へや)はあらまし片付(かたづ)いた。(방은 거의 정리되었다)

⑩ 家(いえ)はあらかたできあがる。(집은 대충 다되어간다)
➲ 「あらかた」는 전반적인 분량을 나타내는 데에 쓰이는 것으로 이 경우에는 집의 완성도를 양적으로 나타내고 있다.

⑪ 料理(りょうり)があらかたなくなった。(요리가 대충 없어졌다)
➲ 이 경우도 요리의 전반적인 양을 나타내고 있다.

「お母(かあ)さん」「お母様(かあさま)」「お母(かあ)ちゃん」 「母(かあ)さん」「母(はは)」「ママ」「母上(ははうえ)」「おふくろ」

공통의미

어머니

요점

1. 「お母(かあ)さん」은 어머니를 정중하게 부르는 가장 일반적인 말로 자식이 어머니를 부르거나(예문①), 남편이 아내를 부르는 경우에도 쓰인다(예문③). 또한 어머니가 자식 앞에서 자신을 가리키는 경우에도 쓰이는데(예문②), 다만 타인에게 자신의 어머니를 지칭하는 것으로는 쓸 수 없으며 이러한 경우에는 「母(はは)」를 써야만 한다. 우리말의 '어머니'에 해당된다.
2. 「お母様(かあさま)」는 「お母(かあ)さん」을 보다 정중하게 표현한 것인데, 주로 상대나 타인의 어머니를 존경하여 지칭할 때에 쓰인다. 우리말의 '어머님' 정도에 해당된다.
3. 「お母(かあ)ちゃん」은 주로 어린이가 자신의 어머니를 친근감 있게 부를 때에 쓰인다. 우리말의 '엄마' 정도에 해당된다.
4. 「母(かあ)さん」은 「お母(かあ)さん」에서 접두어 「お」를 뺀 것으로 주로 가볍고 친근하게 부를 때 쓰인다. 우리말의 '엄마' 정도에 해당된다.
5. 「母(はは)」는 오로지 상대나 타인에게 자신의 어머니를 가리킬 때에만 쓰이며 자식이 어머니를 직접 부를 때에는 결코 쓰이지 않는다. 우리말의 '우리 어머니' 정도에 해당된다(예문④).
6. 「ママ」는 영어에서 온 말로, 어린이가 어머니를 부르거나(예문⑤), 어머니가 자식 앞에서 본인을 지칭할 때에 쓰이며, 또한 가족 내에서 남편 등이 자식의 어머니를 직접 부를 때에도 쓰인다. 한편으로는 술집 등의 여주인을 가리키는 것으로도 쓰이고 있다.
7. 「母上(ははうえ)」는 어머니를 존경하여 지칭하는 것으로 현재는 회화체에서는 거의 쓰이지 않고 주로 문장체에서 쓰이고 있다(예문⑥).
8. 「おふくろ」는 어머니를 친근감 있게 부르거나 가리키는 말로 주로 남성이 쓰는데, 이 경우 남자아이는 쓰지 않으며 비교적 성인이나 성인에 가까운 남성이 쓴다(예문⑦). 한자로는 「お袋(ふくろ)」로 표기하는데 이는 원래 지갑이 없었던 예전에 금전 같은 것을 어머니들이

주머니에 넣어서 차고 있었던 것에서 비롯된 말이다. 이 점에서는 우리나라의 경우도 마찬가지였으나 우리말에서는 이러한 말이 없다.

예문과 해설

① お母(かあ)さん、お弁当(べんとう)は？(등교하는 자식이 어머니에게) (어머니, 도시락은?)

➲ 「お母(かあ)さん」은 이 경우와 같이 자식이 어머니를 직접 부르는 데에 쓰이고 있다.

② お母(かあ)さんはいつも忙(いそが)しいから、これぐらいはちょっと手伝(てつだ)って。

(어머니가 자식에게) (엄마는 늘 바쁘니까, 이런 것쯤은 좀 도와다오)

➲ 이 경우는 어머니자신이 자식 앞에서 자신을 가리키는 말로 쓰인 것인데 이러한 용법은 우리말에도 똑같이 있다.

③ お母(かあ)さん！飯(めし)まだか。(남편이 아내에게) (여보! 밥 안됐어?)

➲ 남편이 자식의 입장을 빌려서 아내를 부르는 것인데 이러한 용법은 우리말에는 없다.

④ 母(はは)/＊お母(かあ)さんは小学校(しょうがっこう)の先生(せんせい)をしています。

(우리 어머니는 초등학교 선생님을 하고 있습니다)

➲ 자신의 어머니를 상대나 타인에게 가리킬 때는 오로지 「母(はは)」만을 써야만 한다.

⑤ ママ、学校(がっこう)からのお知(し)らせだよ。(엄마, 학교에서 통지 왔어)

⑥ 母上(ははうえ)からのお便(たよ)りを懐(なつ)かしく拝見(はいけん)しました。

(어머니로부터의 편지를 반갑게 받아보았습니다)

➲ 어머니를 매우 점잖게 지칭하는 말인데 정중도는 매우 높지만 그만큼 어감은 딱딱해진다.

⑦ 郷里(きょうり)のおふくろから小包(こづつみ)が届(とど)いた。(고향의 어머니로부터 소포가 도착했다)

➲ 주로 성인이 된 남성이 친숙한 상대 앞에서 자신의 어머니를 다정하게 나타내는 말이다.

「～おかげで」「～せいで」「～ために」

(お前(まえ)のおかげでひどい目(め)にあった、お前(まえ)のせいでひどい目(め)にあった

お前(まえ)のためにひどい目(め)にあった)

공통의미

~덕분에, ~탓으로, ~ 때문에

요점

1. 「~おかげで」는 타인의 호의로 인하여 바람직한 일이 생긴 데에 대한 감사의 기분이 들어간 표현으로 우리말의 '덕분에, 덕택에'에 해당된다(예문①②⑤⑥⑦). 한편으로는 바람직하지 못한 일이 생긴 데에 대해서도 쓰이는 경우가 있는데, 이는 어디까지나 야유나 비난의 기분이 들어간 것으로 이러한 표현은 우리말에도 있다(예문⑧).
2. 「~せいで」는 타인이나 다른 것으로 인하여 바람직하지 못한 일이 생긴 데에 대한 원망이나 비난의 기분이 들어간 표현으로 우리말의 '탓으로'에 해당된다(예문①③④⑨⑩⑪⑫⑬).
3. 「~ために」는 「~おかげで」와 같은 감사의 기분도, 「~せいで」와 같은 비난의 기분도 들어가 있지 않은 중립적인 표현으로 우리말의 '때문에'에 해당된다(예문①③⑭⑮⑯). 때로는 조사 「に」가 생략된 「~ため」의 형태로 쓰일 때도 있는데 의미용법상에는 아무런 차이가 없다(예문⑰).

예문과 해설

① お前(まえ)のおかげで/せいで/ためにひどい目(め)に会(あ)った。

(네 덕분에/네 탓으로/너 때문에 혼났다)

➲ 이 경우는 자신이 혼난 것을 상대의 탓으로 돌리는 것이므로 「~せいで」가 가장 적절하며 중립적인 표현인 「~ために」도 적절하다. 「~おかげで」는 원칙적으로는 타인의 호의에 대한 감사의 기분이 들어가 있는 말이지만 때로는 야유의 기분을 섞어서 쓰이는 일도 있으므로 여기에서는 적절하다.

② 先生(せんせい)のおかげで/＊せいで/＊ために合格(ごうかく)できた。

(선생님덕분에 합격할 수 있었다)

➲ 이 경우는 합격할 수 있었던 것에 대한 감사의 기분이 들어간 것이므로 「~おかげで」만이 적절하다.

③ 台風(たいふう)のせいで/ために/＊おかげで通行止(つうこうど)めになっている。

(태풍 탓으로/ 때문에 통행금지가 되어있다)

➲ 이 경우와 같이 바람직하지 못한 일이 생겼음을 나타낼 때는 「~せいで」가 적절하며, 「~ために」역시 중립적인 표현이므로 적절하다. 다만 「~おかげで」는 보통 감사의 기분이 들어간 것이므로 여기에서는 부적절하다. 예문①에서 보는 바와 같이 「~おかげで」가 때로는 야유의 기분을 섞어서 표현되는 경우도 있으나, 이것은 어디까지나 사람에 대해서 쓸 수 있는 것이지 태풍에 대해서 야유를 할 수는 없기 때문에 역시 부적절하다.

④ 敗戦(はいせん)を寝不足(ねぶそく)のせい/✱ために/✱おかげにする。

(패전을 잠 부족 탓으로 돌린다)

➲ 이 경우와 같이 다른 것의 탓으로 돌린다고 하는 의미에서는 「~せいに」가 적절하며, 특히 「せいにする(탓으로 돌리다)」의 형태로 쓰일 수 있는 것으로 오로지 「~せいに」 뿐이다.

⑤ 神(かみ)のおかげ/✱せい/✱ためをこうむる。(신의 은총을 입다)

➲ 바람직한 결과에 대한 감사의 기분을 나타내는 것으로는 오로지 「~おかげ」만이 적절하다.

⑥ あなたのおかげで助(たす)かりました。(당신덕분에 살았습니다)

➲ 상대에 대한 감사의 기분이 들어가 있다.

⑦ ファンが熱心(ねっしん)に応援(おうえん)してくれたおかげで、試合(しあい)に勝(か)つことができた。

(팬이 열심히 응원해 준 덕택에 시합에 이길 수가 있었다)

⑧ 赤(あか)ん坊(ぼう)が夜中(よなか)に泣(な)き出(だ)したおかげであまり眠(ねむ)れなかった。

(아기가 한밤중에 울기 시작한 덕분에 그다지 잘 수 없었다)

➲ 「~おかげで」는 주로 상대에 대한 감사의 기분을 나타내는 말이지만 때로는 이 경우와 같이 상대로 인하여 바람직하지 못한 일이 생긴 것에 대한 야유나 비난의 기분을 나타내기도 한다. 이러한 용법은 우리말에도 있다.

⑨ わがままな母親(ははおや)のせいで、彼女(かのじょ)は結婚(けっこん)が遅(おく)れた。

(멋대로 하는 어머니 탓으로 그녀는 결혼이 늦어졌다)

➲ 「~せいで」는 오로지 원망이나 비난의 뜻만을 나타낸다.

⑩ 三人(さんにん)が遅刻(ちこく)したせいで、みんな新幹線(しんかんせん)に乗(の)れなかった。

(세 명이 지각한 탓으로 모두 신칸센을 탈 수 없었다)

⑪ 熱(ねつ)があるせいで何(なに)を食(た)べてもおいしくない。

(열이 있는 탓으로 무엇을 먹어도 맛있지 않다)

⑫ 同僚(どうりょう)が急(きゅう)に休(やす)んだせいで残業(ざんぎょう)しなければならなくなった。

(동료가 갑자기 쉰 탓으로 잔업 해야만 하게 되었다)

⑬ 薬(くすり)のせいで意識(いしき)がもうろうとしている。(약 탓으로 의식이 몽롱해져 있다)

⑭ ここは駅(えき)が近(ちか)いために家賃(やちん)が少(すこ)し高(たか)い。

(여기는 역이 가깝기 때문에 집세가 조금 비싸다)

➲ 「~ために」는 중립적인 말로 이 경우는 집세가 조금 비싼 이유를 그 앞에서 제시하고 있을 뿐이다.

⑮ 風が強かったために、船が出ませんでした。

(바람이 쌨기 때문에 배가 나가지 않았습니다)

➲ 이 경우역시 배가 나가지 않은 이유는 바로 바람이 쌨기 때문이라고 하는 중립적인 이유를 제시하고 있을 뿐이다.

⑯ 事故のために新幹線が止まりました。(사고 때문에 신칸센이 멈췄습니다)

⑰ 自転車通学が許可されたため、通学が楽になった。

(자동차통학이 허가되었기 때문에 통학이 편해졌다)

➲ 「~ために」는 때로는 조사 「に」가 탈락된 「~ため」의 형태만으로도 쓰이는데 의미상에는 하등의 차이가 없다.

「おかみ」「ママ」「マダム」

공통의미

여주인

요점

1. 「おかみ」는 일본요리점, 전통여관, 요정 등, 주로 일본풍의 접객업소에 종사하고 있는 여주인을 친근하게 가리키는 말이다. 때로는 한자로는 「女将」로 표기할 때도 있으며, 전통여관 등에서 직접 부를 때는 「おかみさん」으로 부른다(예문①).
2. 「ママ」는 바-나 술집, 찻집 등, 주로 서양풍의 접객업소에 종사하고 있는 여주인을 친근하게 부르는 말이다(②).
3. 「マダム」는 술집의 여주인을 가리키는 말인데 좀 오래된 말이어서 그다지 많이 쓰이지 않는다(③).

예문과 해설

① この旅館のおかみさんはすごく美人です。(이 여관의 여주인은 무척 미인입니다)

➲ 「おかみさん」은 전통여관의 총지배인격에 있는 여성을 가리키는데 이 경우의 여관은 비교적 규모가 크고 가격도 비싼 고급풍의 여관이다.

② あの喫茶店のママに相談にのってもらった。(저 찻집의 여주인에게 상담했다)

➲ 「ママ」는 일본식으로 쓰이는 영어인데 주로 술집의 여주인을 친근하게 부르는 말로 매우 빈번하게 쓰인다.

③ バーのマダムに会いに行ったが、留守だった。
(바-의 마담을 만나러 갔는데, 부재중이었다)

「起きる」「起る」

(事故が起きる、事故が起る)

공통의미

(새로운 상태나 어떤 일이)일어나다

요점

1. 「起きる」와 「起る」는 지금까지 없었던 새로운 상태나 일이 발생한다고 하는 점에서는 같은 의미용법으로 쓰이지만(예문①②③④⑤⑥), 다음과 같은 의미용법에서는 차이가 엿보인다.
2. 「起きる」는 잠을 깨서 일어난다고 하는 뜻으로도 쓰이지만, 「起る」에는 이러한 의미용법이 없다(예문⑦⑧).
3. 「起る」는 어떤 일이 활발해지는 것을 나타내는데, 「起きる」에는 이러한 의미용법이 없다(예문⑨⑩). 이러한 경우에는 보통 「興る」로 표기한다.

예문과 해설

① 頭痛が起きて/起って苦しむ。(두통이 생겨서 괴로워한다)

➲ 이 경우와 같이 새로운 사태가 발생함을 나타낼 때는 양쪽 다 적절하다.

② この村には去年災害が起きた/起った。(이 마을에는 작년에 재해가 발생했다)

➲ 이 경우는 재해가 발생하였음을 나타내는 것으로 둘 다 쓰기가 적절하다.

③ やる気が起きる/起る。(할 마음이 생긴다)

➲ 이 경우는 의욕이 발생함을 나타내는 것으로 역시 둘 다 쓰기가 적절하다.

④ どんどん事故が起きて/起って社会が不安になる。
(자꾸만 사고가 발생해서 사회가 불안해진다)

➲ 이 경우역시 위의 예문들과 맥락을 같이하고 있다.

⑤ いい考えが起きた/起った。(좋은 생각이 떠올랐다)

⑥ めまいが起きる/起る。(현기증이 일어난다)

⑦ 朝早く起きる/✱起る。(아침 일찍 일어난다)

➲ 이 경우와 같이 잠에서 깨어 일어나는 것을 나타낼 때는 오로지 「起きる」만이 적절하다.

⑧ 大声を出すと赤ちゃんが起きるよ/✱起るよ。(큰 소리를 내면 아기가 잠을 깬다)

➲ 이 경우 역시 잠에서 깨어난다는 뜻이므로 오로지 「起きる」만이 적절하다.

⑨ 産業が起る/✱起きる。(산업이 일어난다)

➲ 이 경우와 같이 어떤 일이 활발해짐을 나타낼 때는 오로지 「起る」만이 적절하다.

⑩ 反対運動が起る/✱起きる。(반대운동이 일어난다)

➲ 이 경우도 위의 예문⑨와 맥락을 같이하고 있다.

「奥様」「奥さん」「夫人」

공통의미

(타인의)부인, 사모님

요점

1. 「奥様(おくさま)」는 상대를 직접 부르거나, 타인을 가리키는 것으로 가장 존경의 의미가 깃들어 있는 말이다. 자신보다 신분, 연령, 지위 등이 우위에 있는 부인에게 쓸 수 있으며 우리말의 '사모님' 정도에 해당된다(예문①②).
2. 「奥(おく)さん」은 「奥様(おくさま)」보다는 다소 존경의 정도가 떨어지지만 회화체에서 일반적으로 가장 널리 쓰인다. 상대를 직접 부르거나 타인을 가리킬 때도 쓰이는데, 우리말의 '부인' 정도에 해당된다(예문③④).
3. 「夫人(ふじん)」은 원래 귀한 분의 부인을 가리키던 말이었으나 지금은 타인의 부인을 존경하여 지칭할 때에 쓰고 있다(예문⑤⑥).

예문과 해설

① 奥様(おくさま)はいらっしゃいますか。(사모님께서는 계십니까?)

➲ 「奥様(おくさま)」는 「奥(おく)さん」보다 격이 높은 말이므로 주로 윗분의 부인을 지칭하거나 호칭할 때에 쓰인다.

② 奥様(おくさま)、お久(ひさ)しぶりですね。(사모님, 오래간만이군요)

③ 奥(おく)さんにもよろしく伝(つた)えてください。(부인께도 안부 말씀 전해 주십시오)

➲ 「奥(おく)さん」은 남의 부인을 지칭하거나 호칭하는 가장 일반적인 말이다.

④ 奥(おく)さん、今日(きょう)はみかんが安(やす)いよ。(부인, 오늘은 밀감이 싸요)

⑤ 社長(しゃちょう)夫人(ふじん)もいらっしゃいました。(사장님사모님도 오셨습니다)

➲ 이 경우는 사장의 부인을 존중하여 지칭하고 있다.

⑥ 大統領(だいとうりょう)夫人(ふじん)。(대통령부인)

「贈(おく)り物(もの)」「お土産(みやげ)」「プレゼント」「ギフト」

공통의미
선물

요점
1. 「贈り物」는 상대의 생일이나 축하할만한 일에 전해주는 물건으로 우리말의 '선물'에 해당되는 일반적인 말이다.
2. 「お土産」는 주로 여행이나 출장을 갔다가 그곳에서 사오는 선물을 가리키는 말이다.
3. 「プレゼント」는 영어에서 온 말로 상대의 생일이나 축하할만한 일에 전해주는 물건을 가리키며 우리말의 '프레젠트'에 해당된다.
4. 「ギフト」는 영어에서 온 말로, 선물은 선물이지만 단독으로는 쓰이지 못하고, 주로 「ギフト券」「ギフトセット」와 같이 다른 말과 함께 복합적으로 쓰이는 것이 보통이다.

「送る」「見送る」

(客を駅まで送る、客を駅まで見送る)

공통의미
(사람을)보내다

요점
1. 「送る」는 떠나는 사람을 출발지까지 동행하여 전송한다는 뜻으로 쓰이는데(예문①②⑥⑦), 한편으로는, 아쉬운 이별의 뜻으로 쓰이기도 한다(예문③).
2. 「見送る」는 떠나가는 사람이나 그 사람이 탄 교통수단을 멈춰선 채 지켜본다고 하는 뜻으로 쓰인다(예문①④⑤⑧⑨).

예문과 해설
① 客を駅まで送る/見送る。(역까지 손님을 전송한다)

➲ 이 경우 「送る」를 쓰게 되면 단지 역까지 손님을 모시고 간다는 뜻이 되지만, 「見送る」를 쓰게 되면 역까지 가서 손님이 멀어져가는 모습을 지켜본다는 뜻이 된다.

② お客を途中まで車で送る/✱見送る。(손님을 도중까지 차로 전송한다)

➲ 이 경우는 도중까지만 전송한다는 뜻이므로 「送る」만이 적절하다. 「見送る」는 어디까지나 손님이 멀어져갈 때까지 지켜본다는 뜻이므로 여기에서는 부적절하다.

③ 卒業生を送る/✱見送る。(졸업생을 보낸다)

➲ 이 경우는 아쉬운 이별을 나타내는 것이므로 「送る」만이 적절하다.

④ 南極観測船の出発を見送る/✱送る。(남극관측선의 출발을 바라본다)

➲ 이 경우는 관측선이 사라져갈 때까지 바라다본다는 뜻이므로 「見送る」만이 적절하다.

⑤ 街角にたたずみ夫を見送る/？送る主婦。
(거리모퉁이에 멈춰 서서 남편을 떠나보내는 주부)

➲ 이 경우는 주부가 도중에서 떠나는 남편의 모습을 바라다본다는 뜻이므로 「見送る」가 적절하다. 「送る」는 출발지까지 데려다준다는 뜻이므로, 여기에서는 다소 부적절하다.

⑥ 出勤するついでに父を病院まで送った。
(출근하는 김에 아버지를 병원까지 모셔다드렸다)

➲ 이 경우는 병원까지 전송했다고 하는 뜻이므로 「送る」가 적절하다.

⑦ 旅立つ友人を送る。(여행 떠나는 친구를 전송한다)

⑧ お客を門の前で見送る。(손님을 문 앞에서 떠나보낸다)

➲ 이 경우는 떠나는 손님을 문 앞에서 한 동안 지켜본다고 하는 뜻으로 쓰였다.

⑨ 空港で友達を見送る。(공항에서 친구를 떠나보낸다)

➲ 공항까지 동행한 다음에 출국장을 통해서 들어가는 친구를 바라보는 경우이다.

「遅れる」「遅刻する」

(交通事故で会社に遅れた、交通事故で会社に遅刻した)

●●● 공통의미

늦다, 지각하다

●●● 요점

1. 「遅れる」는 우리말의 '늦다'에 해당되는 동사로서 사람이 늦는 것에도 쓰이고, 어떤 일이 늦어지는 것에도 쓰이는 등, 폭넓게 쓰인다(예문①②③④⑤).
2. 「遅刻する」는 우리말의 '지각하다'에 해당되는 동사인데 오로지 사람의 경우에만 쓰인다(예문①⑥⑦).

●●● 예문과 해설

① 交通事故で授業に遅れた/遅刻した。(교통사고로 수업에 늦었다/지각했다)

➲ 이 경우는 사람이 늦는 것이므로 어느 것이나 적절하다.

② 列車が十五分ぐらい遅れた/＊遅刻した。(열차가 15분정도 늦었다)

➲ 「遅刻する」는 오로지 사람이 예정시각보다 늦는 경우에만 쓰이므로 이 경우에는 부적절하다.

③ 工事が遅れて/＊遅刻して年末の完成は難しい。

(공사가 늦어져서 연말의 완성은 어렵다)

➲ 이 경우 역시 위의 경우와 같다.

④ 今年は桜の開花が遅れる/＊遅刻するようです。

(금년은 벚꽃의 개화가 늦어지는 모양입니다)

➲ 이 경우 역시 위의 경우와 같다.

⑤ 会議は十分遅れて/＊遅刻して始まった。(회의는 10분 늦게 시작되었다)

➲ 이 경우는 사람이 늦는 것이 아니라 회의가 늦어지는 것이므로 「遅刻する」는 부적절하다. 「遅刻する」는 오로지 사람이 늦는 경우에만 쓰이기 때문이다.

⑥ 朝寝坊をして学校に遅刻した。(늦잠을 자서 학교에 늦었다)

➲ 이 경우는 사람이 늦는 것이므로 「遅刻する」의 사용이 적절하다.

⑦ 約束の時間に十五分遅刻する。(약속시간에 15분 지각한다)

➲ 이 경우역시 사람이 늦는 것이므로 「遅刻する」의 사용이 적절하다.

「怒(おこ)る」「怒(いか)る」「憤(いきどお)る」

(烈火(れっか)のように<u>怒(おこ)る</u>、烈火(れっか)のように<u>怒(いか)る</u>、烈火(れっか)のように<u>憤(いきどお)る</u>)

공통의미

화내다

요점

1. 「怒(おこ)る」는 어떤 직접적, 물리적인 원인이 있어서 개인적이고 일시적으로 화를 내는 것으로 그 화내는 표정이나 목소리, 또는 동작 등이 표면적으로 나타난다(예문①②⑥⑦). 또한 아랫사람에 대하여 강한 어조로 주의를 준다고 하는 뜻으로도 쓰인다(예문⑧). 한편으로는, 「怒(おこ)られる」의 형태로 '야단맞는다'고 하는 뜻을 나타내기도 한다(예문③⑨). '화를 내다'는 뜻으로는 일상적으로 가장 많이 쓰이는 말이다.
2. 「怒(いか)る」는 주로 추상적, 정신적인 원인이 있어서 다소 심각하게 화를 내는 것으로, 「怒(おこ)る」와 마찬가지로 그 화내는 표정이나 목소리, 또는 동작 등이 표면적으로 드러난다(예문①④⑤⑩⑪).
3. 「憤(いきどお)る」는 부당한 것에 대한 분노를 나타내는 것으로 주로 그에 대한 강한 비난의 기분이 담겨있는데, 「怒(おこ)る」「怒(いか)る」와는 달리 그 화내는 상태를 타인은 알 수 없고 내면적으로 화내는 경우에 쓰인다(예문①④⑤⑫⑬⑭). 문장체적인 말인데 우리말의 '분노하다' 정도에 해당된다.

예문과 해설

① 烈火(れっか)のように怒(おこ)る/怒(いか)る/憤(いきどお)る。(열화와 같이 화낸다/분노한다)

➲ 이 경우와 같이 전후문맥이 없는 상황에서는 그 어느 것이나 적절한데 「怒(おこ)る」를 쓰게되면 개인적, 일시적으로 화를 내는 것이고, 「怒(いか)る」를 쓰게 되면 화를 내는 정도가 보다 큰 것이며, 「憤(いきどお)る」를 쓰게 되면 내면적으로 강한 비난의 기분을 담게 된다.

② 足(あし)を踏(ふ)まれて怒(おこ)る/＊怒(いか)る/＊憤(いきどお)る。(발을 밟혀서 화를 낸다)

➲ 「怒る」는 추상적, 정신적인 원인으로 화를 내는데 쓰이고, 「憤る」는 부당한 것에 대하여 화를 내는데 쓰이므로 이 경우는 부적절하다. 남에게 발을 밟히는 것은 직접적이고 물리적인 성질의 것이므로 「怒る」가 적절하다.

③ いたずらして怒られる/＊怒られる/＊憤られる。
(장난을 쳐서 야단맞는다)

➲ 이 경우와 같이 개인적이고 일시적으로 화를 내는 때는 「怒る」가 적절하다.

④ 政治の腐敗を怒る/憤る/＊怒る。(정치의 부패에 분노한다)

➲ 이 경우는 개인적이고 일시적인 것이 아니라 부당하고 추상적인 대상에 대하여 화를 내는 것이므로 「怒る」와 「憤る」가 적절하다.

⑤ 道徳心のないことに対して怒る/憤る/?怒る。
(도덕심이 없는 것에 대하여 화낸다)

➲ 「怒る」는 직접적이고 물리적인 원인으로 인하여 화를 내는 것에만 쓰이는데 이 경우는 추상적인 상태로 인하여 화를 내는 것이므로 다소 부적절하다.

⑥ つまらないことでそう怒るな。(별것도 아닌 것으로 그렇게 화내지 마라)

⑦ 先生はかんかんに怒っていた。(선생님은 무척 화내고 있었다)

⑧ またそんなことをすると本当に怒るよ。(또 그런 짓을 하면 정말로 화낸다)

➲ 이 경우는 상대에게 심하게 주의를 주는 뜻으로 쓰였다.

⑨ 遅く帰って来て父に怒られた。(늦게 돌아와서 아버지에게 야단맞았다)

➲ 상대로부터 야단을 맞는다는 뜻으로는 「怒る」의 수동형인 「怒られる」가 쓰이는데 다른 말에는 이러한 용법이 없다.

⑩ 親友に裏切られて怒る。(친구에게 배신당해서 화를 낸다)

➲ 「怒る」는 정신적 추상적인 이유로 인하여 화를 내는 경우에 쓰이며, 또한 화내는 정도가 비교적 크다.

⑪ 人々のモラルが低くなったことを怒る。(사람들의 모럴이 낮아진 것을 화낸다)

⑫ 世の不正に対して憤る。(세상의 부정에 대하여 분노한다)

➲ 「憤る」는 내면적인 분노를 나타내는 것으로 비교적 문장체적인 성격을 지니고 있다.

⑬ 幹部の腐敗を憤る。(간부의 부패를 분노한다)

➲ 내면적으로 분노를 느끼고 있을 뿐이어서 표면적으로는 그 상태를 알 수가 없다.

⑭ 先生は世のありさまに対して憤っている。
(선생님은 세상의 물정에 대하여 분노하고 있다)

「惜しい」「もったいない」

(時間が惜しい、時間がもったいない)

공통의미

아깝다

요점

1. 「惜しい」는 자신에게 있어서 애착이 강한 것을 놓치지 않으려고 하는 기분을 나타내거나(예문①⑤⑥), 조금만 더 하면 실현될 것이 틀려졌을 때 유감스럽게 생각하는 기분을 나타낸다(예문②⑦⑧). 전자는 우리말의 '아깝다' 정도에 해당되고, 후자는 '아쉽다' 정도에 해당된다.
2. 「もったいない」는 가치가 높은 것이 낭비되는 것에 대하여 아까워하는 기분을 나타내는 것으로 우리말의 '아깝다' 정도에 해당된다(예문③④⑨⑩⑪⑫).

예문과 해설

① 昔の手紙だが捨てるには惜しい/*もったいない。
(옛날 편지이지만 버리기에는 아깝다)

➲ 「もったいない」는 가치가 높은 것을 낭비하는 것에 쓰이는데 이 경우의 옛날 편지는 객관적으로 가치가 높은 것이 아니라 어디까지나 주관적인 입장에서 가치가 높은 것에 불과하므로 부적절하다. 이 경우에는 애착이 강한 것에 대한 기분을 나타내는 「惜しい」가 적절하다.

② 一点差で負けたとは惜しい/*もったいない。(1점차로 졌다는 것은 아쉽다)

➲ 「惜しい」는 약간의 차이로 패하거나 실패하였을 때의 아쉬움을 나타내는 데에 쓰이는 말이므로 이 경우에 적절하다.

③ ご飯(はん)を捨(す)てるとはもったいない/＊惜(お)しい。(밥을 버린다는 것은 아깝다)

➲ 일반적으로 충분히 먹을 수 있는 밥을 버린다는 것은 아까운 것을 버리는 행위이므로 이 경우는 「もったいない」가 적절하다.

④ 人員(じんいん)が余(あま)っていてもったいない/＊惜(お)しい。
(인원이 남아돌고 있어서 아깝다)

➲ 「もったいない」는 낭비되는 것에 대한 아까운 기분을 나타내는 말이므로 이 경우에 적절하다.

⑤ 惜(お)しい人(ひと)を亡(な)くした。(아까운 사람을 잃었다)

➲ 자신에게 있어서 애착이 강한 사람을 나타내고 있다.

⑥ この時計(とけい)は捨(す)てるには惜(お)しい。(이 시계는 버리기에는 아깝다)

➲ 시계에 대한 애착이 있는 나머지, 주관적인 차원에서 아깝다고 하는 뜻을 나타내고 있는데 만약, 「もったいない」를 쓰게 되면 누가 보아도 쓸 만한 시계를 나타내게 된다.

⑦ 友達(ともだち)との別(わか)れがとても惜(お)しい。(친구하고의 이별이 무척이나 아쉽다)

⑧ 惜(お)しいことに決勝戦(けっしょうせん)で負(ま)けた。(아쉽게도 결승전에서 패했다)

➲ 유감스러운 기분을 나타내고 있다.

⑨ 待(ま)っている時間(じかん)がもったいない。(기다리고 있는 시간이 아깝다)

➲ 이 경우는 시간의 낭비를 나타내고 있다.

⑩ 彼女(かのじょ)を閑職(かんしょく)に置(お)くのはもったいない。(그녀를 한직에 두는 것은 아깝다)

➲ 그녀의 능력을 허비한다고 하는 뜻을 나타내고 있다.

⑪ まだ使(つか)えるのに捨(す)てるのはもったいない。(아직 쓸 수 있는데 버리는 것은 아깝다)

➲ 아직 가치가 있음을 나타내고 있다.

⑫ 電気(でんき)を夜通(よどお)しつけておくなんてもったいないことだ。
(전기를 밤새 켜놓다니 아까운 일이다)

➲ 전력의 낭비를 나타내고 있다.

참고

「もったいない」에는 이 이외에도, 상대의 말이나 행동, 상태 등이 자신이 볼 때 분에 넘침을 나타내는 의미용법도 있어서 일상적으로 많이 쓰이는데, 우리말의 '과분하다'에 해당된다.

「あいつにはもったいない奥(おく)さんだ」(저 녀석에게는 과분한 부인이다)

「わたしたちにはもったいないような良(よ)いお言葉(ことば)」(우리에게는 과분한 듯한 좋은 말씀)

「教え子(おしご)」「弟子(でし)」

공통의미

제자

요점

1. 「教え子(おしご)」는 제자를 가리키는 말이지만 주로 이전에 가르쳤던 제자를 가리킨다(예문①②③). 우리말에는 없는 말인데, 일상적으로는 매우 많이 쓰이고 있다.
2. 「弟子(でし)」도 제자를 가리키는 말이지만 주로 현재 가르치고 있는 제자를 가리킨다(예문④⑤⑥).

예문과 해설

① 教え子(おしご)の結婚式(けっこんしき)に招(まね)かれた。(제자의 결혼식에 초대받았다)

② 今(いま)までの教え子(おしご)の数(かず)は千人(せんにん)を越(こ)える。(지금까지의 제자 수는 천명을 넘는다)

③ 教え子(おしご)の仲人(なこうど)をする。(제자의 주례를 선다)

④ 山田君(やまだくん)は私(わたし)の弟子(でし)です。(야마다군은 나의 제자입니다)

⑤ 多(おお)くの弟子(でし)を育(そだ)てている学者(がくしゃ)。(많은 제자를 길러내고 있는 학자)

⑥ 新(あたら)しい弟子(でし)を取(と)る。(새로운 제자를 둔다)

「お～する」「お～になる」

(お話する、お話になる)

공통의미

～해 드리다, ～하시다(겸양어와 존경어의 용법)

요점

1. 「お～する」는 자신을 낮추어 표현하는 겸양어형식이고, 「お～になる」는 상대나 화제의 인물을 높여서 표현하는 존경어형식인데, 이 두 가지의 형태가 비슷한 관계로 종종 혼동을 일으킬 수가 있다.
2. 「お～する」는 격식을 차려야 할 상대나 윗분 앞에서 자신을 낮추어 표현하는 겸양어의 표현양식으로, 접두어 「お」와 サ행변격동사 「する」로 구성되어 있다. 그 사이에는 동사 연용형만이 들어가는데 모든 동사가 이 표현양식에 적용되는 것은 아니며, 어디까지나 상대를 전제로 한 동사만이 적용될 수 있다. 예를 들어 「話す」「会う」「訪ねる」「待つ」 등은 모두 상대를 전제로 한 동사이므로 이러한 겸양어의 표현양식에 적용할 수 있으나, 「行く」「帰る」「考える」「歩く」등은 상대를 전제로 하지 않는 동사이므로 이러한 겸양어의 표현양식에 적용될 수 없다.
3. 「お～になる」는 격식을 차려야 할 상대나 윗분의 동작 또는 상태를 높여서 표현하는 존경어의 표현양식으로, 접두어 「お」와 조사 「に」, 그리고 동사 「なる」로 구성되어 있다. 그 사이에는 동사연용형만이 들어가는데, 다만 예외도 있어서 「食べる」「言う」와 같은 동사는 적용되지 않는다. 왜냐하면 「召し上がる(드시다)」「おっしゃる(말씀하시다)」와 같은 별도의 경어동사가 존재하기 때문이다.

예문과 해설

① 話す→お話しする(말씀드리다)　　会う→お会いする(만나 뵙다)

訪ねる→お訪ねする(찾아뵙다)　　書く→お書きする(써드리다)

願う→お願いする(부탁드리다)　　貸す→お貸しする(빌려드리다)

ちょっとお話ししたいことがありますが。(잠깐 말씀드릴 것이 있습니다만)

では、明日お会いします。(그럼 내일 뵙겠습니다)

いつお訪ねしましょうか。(언제 찾아뵐까요?)

② 飲む→お飲みになる(드시다)　　出かける→お出かけになる(나가시다)

会う→お会いになる(만나시다)　　話す→お話になる(말씀하시다)

乗る→お乗りになる(타시다)　　読む→お読みになる(읽으시다)

先生は毎日新聞をお読みになります。(선생님은 매일 신문을 읽으십니다)

先、お話になった方はどなたですか。(아까 말씀하신 분은 누구십니까?)

社長、今日もお出かけになりますか。(사장님, 오늘도 나가십니까?)

「遅い」「のろい」

(テンポが遅い、テンポがのろい)

공통의미

느리다, 둔하다

요점

1. 「遅い」는 어떤 동작을 함에 있어서 시간이 걸리는 것만을 나타내는 것으로 그에 대한 좋고 나쁘고의 평가는 일체 없다(예문①⑤⑥⑦⑧). 또한 귀가시간 등이 늦거나 시간이 맞지 않음을 나타내기도 하는데(예문②③④), 우리말의 '느리다, 늦다'에 해당된다.
2. 「のろい」는 어떤 동작을 함에 있어서 시간이 걸리는 것에 대한 불만이나 비난의 기분이 주로 담겨있는 것으로 회화체에서 쓰이며 문장체에서는 쓰이지 않는다(예문⑨⑩⑪⑫). 우리말의 '둔하다, 굼뜨다' 정도에 해당된다.

예문과 해설

① テンポが遅い/のろい。(템포가 늦다)

➲ 이 경우는 전후문맥이나 장면의 설정이 없으므로 둘 다 적절한데 다만 「遅い」를 쓰게 되면 단지 템포가 느리다고 하는 것을 객관적으로 나타낼 뿐이지만, 「のろい」를 쓰게 되면 템포가 느린 것에 대한 말하는 사람의 불만이나 비난의 기분이 들어가게 된다.

② 夫は毎日帰りが遅い/✱のろい。(남편은 매일 귀가가 늦다)

➲ 이 경우와 같이 귀가시간이 늦는 때는 「遅い」가 적절하며 「のろい」는 어디까지나 동작이 둔한 경우에 쓰이므로 여기에서는 부적절하다.

③ 飛行機に乗るのは今からでは遅い/✱のろい。
(비행기타는 것은 지금부터라면 늦다)

➲ 이 경우역시 구체적으로 시간이 맞지 않음을 나타내는 것이므로 「遅い」가 적절하다.

④ 遅い/✱のろい夕食をとる。(늦은 저녁을 먹는다)

➲ 이 경우와 같이 시간이 늦어졌음을 나타낼 때는 「遅い」가 적절하다.

⑤ 父は歩くのが遅い。(아버지는 걷는 것이 느리다)

➲ 이 경우는 단지 아버지의 걸음이 느리다고 하는 뜻만을 나타낼 뿐, 그에 대한 말하는 사람의 평가는 일체 없다.

⑥ 山田先生は話し方が遅い。(야마다선생님은 말하는 것이 느리다)

➲ 이 경우역시 야마다선생님의 말투가 느리다고 하는 뜻만을 나타내고 있다.

⑦ 母はいつも車を遅く走らせている。(어머니는 언제나 차를 느리게 달리게 하고 있다)

⑧ ボールの遅い投手が登板した。(볼이 느린 투수가 등판했다)

⑨ あの店員は計算がのろくて困る。(저 점원은 계산이 굼떠서 곤란하다)

➲ 이 경우는 점원의 계산이 느린 것에 대한 말하는 사람의 불만이 섞여있다.

⑩ KTXよりセマウル号がのろい。(KTX보다 새마을호가 느리다)

⑪ 家内は支度がのろいから、出かけるのに時間がかかる。
(아내는 준비가 굼떠서 나가는 데에 시간이 걸린다)

➲ 아내의 외출준비시간이 긴 것에 대한 말하는 사람의 불만이 섞여있다.

⑫ 歩き方がのろい人はいやだ。(걸음걸이가 굼뜬 사람은 싫다)

「恐(おそ)れる」「怖(こわ)がる」「おびえる」

(地震(じしん)を恐(おそ)れる、地震(じしん)を怖(こわ)がる、地震(じしん)におびえる)

공통의미

무서워하다

요점

1. 「恐(おそ)れる」는 가장 폭넓게 쓰이는 것으로 나쁜 결과가 되지는 않을까하고 마음 속으로 걱정하는 마음을 나타내는데, 우리말의 '두려워하다'에 해당된다(예문①②③④⑥⑦⑧).
2. 「怖(こわ)がる」는 형용사 「怖(こわ)い」의 어간 「怖(こわ)」에 동사를 만드는 접미어 「がる」가 접속되어 이루어진 것으로, 무서워하는 기분이 태도로 나타나는 말이다. 우리말의 '무서워하다'에 해당된다(예문①②⑨⑩⑪).
3. 「おびえる」는 매우 강한 불안감에 의해 공포를 느끼게 되는 경우, 이것이 동적으로 나타나는 것으로 우리말의 '벌벌 떨다' 정도에 해당된다(예문①④⑤⑫⑬⑭). 대상을 나타낼 때는 그 뒤에 조사 「に」만이 오게 된다.

예문과 해설

① 地震(じしん)を恐(おそ)れる/怖(こわ)がる/におびえる。(지진을 두려워한다/무서워한다/에 벌벌 떤다)

➲ 이 경우에는 세 가지 다 쓸 수가 있는데, 「恐(おそ)れる」를 쓰게 되면 지진을 두려워하는 마음 상태를 나타내고, 「怖(こわ)がる」를 쓰게 되면 지진을 무서워하는 태도를 나타내며, 「おびえる」를 쓰게 되면 지진이 실제로 일어날 것에 대하여 무척이나 공포스러워 하는 것을 나타낸다.

② 失敗(しっぱい)することを恐(おそ)れる/怖(こわ)がる/＊におびえる。(실패할 것을 두려워한다)

➲ 이 경우와 같이 자신이 문제를 일으킬 것 같아서 걱정되는 때는 「おびえる」는 부적절하다.

③ 神(かみ)を恐(おそ)れる/＊怖(こわ)がる/＊におびえる。(신을 두려워한다)

➲ 이 경우와 같이 경외하여야 할 대상을 나타낼 때는 「恐(おそ)れる」만이 적절하다.

④ 秘密の発覚を恐れる/におびえる/✱怖がる。(비밀의 발각을 두려워한다)

➲ 이 경우는 무언가를 무서워하는 것이 아니라 두려워하는 마음을 나타내는 것이므로 「恐れる」와 「おびえる」가 적절하다.

⑤ 不安におびえる/✱を怖がる/✱を恐れる。(불안에 벌벌 떤다)

➲ 이 경우와 같이 심리적인 불안감을 대상으로 할 때는 「おびえる」만이 적절하다.

⑥ あの男は何をも恐れない人だ。(저 남자는 아무것도 두려워하지 않는 사람이다)

➲ 이 경우는 두려워하는 마음의 상태를 나타내고 있다.

⑦ 敵を恐れていては戦えない。(적을 두려워하고 있어서는 싸울 수 없다)

➲ 이 경우 역시 적을 두려워하는 마음의 상태를 나타내고 있다.

⑧ 失敗を恐れては何事もできない。(실패를 두려워해서는 무슨 일도 할 수 없다)

⑨ 三歳の息子は犬を怖がって泣いた。(세 살 된 아들은 개를 무서워하여 울었다)

➲ 이 경우는 개를 무서워하는 마음이 태도로 나타나있다.

⑩ 皆怖がっている先生が来た。(모두 무서워하고 있는 선생님이 왔다)

➲ 이 경우 역시 선생님을 무서워하고 있는 마음이 태도로 나타나있다.

⑪ 子供は注射を怖がるものだ。(아이는 주사를 무서워하는 법이다)

⑫ 犬を見るとおびえる子。(개를 보면 벌벌 떠는 아이)

➲ 개에 대한 공포감이 동적으로 나타나있다.

⑬ 大砲の音におびえる兵士たち。(대포소리에 벌벌 떠는 병사들)

➲ 대포소리에 대한 공포감이 동적으로 나타나있다.

⑭ 彼女はふくろうの声におびえていた。(그녀는 부엉이소리에 벌벌 떨고 있었다)

「夫」「主人」「旦那」「亭主」「うちの人」

공통의미

남편

요점

1. 「夫(おっと)」는 자신의 배우자나 타인의 배우자를 가리키는 일반적인 말이다(예문①②). 하지만, 면전에 있는 상대의 남편을 가리키지는 못하며 이러한 경우에는 「ご主人(しゅじん)」으로 표현한다. 「ご主人(しゅじん)」은 우리말의 '남편 분' 정도에 해당되며(예문④), 「主人(しゅじん)」은 우리말의 '남편'에 해당되는 말이다.
2. 「主人(しゅじん)」은 원래 상하, 주종관계를 나타내던 말이기에 그 사용을 기피하는 사람도 있으나 아직까지는 남편을 가리키는 말로 일반적으로 쓰이고 있다. 우리말의 '남편'에 해당되는 말이다(예문③).
3. 「旦那(だんな)」는 원래 품격이 높은 말이었으나 현재는 여성이 자신의 남편을 가볍게 가리킬 때 즐겨 쓰이고 있다(예문⑥). 만약 상대의 남편을 가리키고자 할 때는 접미어 「様(さま)」를 붙여서「旦那様(だんなさま)」로 하는 것이 일반적이다(예문⑤).
4. 「亭主(ていしゅ)」역시 원래 품격이 높은 말이었으나 현재는 여성이 자신의 남편을 가볍게 가리킬 때 쓰이고 있으며(예문⑥), 만약 상대의 남편을 가리키고자 할 때는 접두어 「ご」를 붙여서 「ご亭主(ていしゅ)」로 하는 것이 일반적이다.
5. 「うちの人(ひと)」는 자신의 남편을 가볍고 친근하게 가리키는 말로 회화체에서 많이 쓰이며 상대의 남편에게는 쓸 수가 없다(예문⑦).

예문과 해설

① 夫(おっと)が単身赴任(たんしんふにん)することになった。(남편이 홀로부임하게 되었다)

➲ 이 경우는 자신의 남편을 가리키고 있다.

② あの人(ひと)は若(わか)くして夫(おっと)を亡(な)くした。(저 사람은 젊어서 남편을 잃었다)

➲ 이 경우는 타인의 남편을 가리키고 있다.

③ 主人(しゅじん)と相談(そうだん)してお答(こた)えします。(남편과 의논해서 대답해 드리겠습니다)

➲ 이 경우는 자신의 남편을 가리키고 있다.

④ ご主人(しゅじん)はいらっしゃいますか。(주인어른께서는 계십니까?)

➲ 이 경우는 「主人(しゅじん)」앞에 접두어 「ご」가 있으므로 상대의 남편을 가리키고 있다.

⑤ 旦那様(だんなさま)はご在宅(ざいたく)ですか。(바깥어른께서는 댁에 계십니까?)

➲ 이 경우는 「旦那(だんな)」뒤에 접미어 「様(さま)」가 있으므로 상대의 남편을 가리키고 있다.

⑥ うちの旦那(だんな)/亭主(ていしゅ)は毎晩(まいばん)帰(かえ)りが遅(おそ)い。(우리 남편은 매일 밤 귀가가 늦다)

➲ 이 경우는 자신의 남편을 가볍게 가리키고 있다.

⑦ うちの人(ひと)は細(こま)かいところまで気(き)がつきます。

(우리 남편은 세세한 것까지 알아차립니다)

➲ 이 경우는 비교적 친근한 상대 앞에서 자신의 남편을 가리키고 있다.

참고

「主人(しゅじん)」「旦那(だんな)」「亭主(ていしゅ)」는 '남편' 이외에 일가의 세대주를 가리키는 말로도 쓰이고 있다.

「おと」「物音(ものおと)」「音(ね)」「音(おん)」

공통의미

소리

요점

1. 「おと」「物音(ものおと)」「音(ね)」「音(おん)」은 모두가 우리말의 '소리'에 해당되는 말이지만, 그 사용범위에 있어서는 각각 차이가 엿보인다.
2. 「おと」는 일정한 시간 동안 귀에 들려오는 소리를 전반적으로 일컫는 말인데, 우리말의 '소리'에 해당되는 말로서는 가장 널리 쓰인다(예문①⑤). 보통 소리가 난다고 표현할 때는 관용적으로 「おとがする」와 같이 나타낸다(예문②④).

3. 「物音」는 무언가가 내는 소리인데 그것이 확실치 않은 소리일 때에 그것을 가리키는 말이다(예문②⑥⑦).

4. 「音」는 귀에 들려오는 듣기 좋은 소리를 가리키는 말인데 주로 작고 아름다운 소리이다(예문③⑧⑨).

5. 「音」은 「おと」와 같은 말이지만 주로 발성이나 음악에서 쓰는 일이 많다(예문③⑩⑪).

예문과 해설

① 落雷のすさまじいおと/＊物音/＊音/＊音が聞こえる。
(낙뢰의 엄청난 소리가 들려온다)

➲ 「物音」는 무언가 확실치 않은 소리에만 쓰는데 이 경우는 낙뢰소리임이 확실하므로 부 적절하고, 「音」는 주로 듣기 좋은 소리에만 쓰이므로 이 역시 부적절하며, 「音」은 발성이나 음악의 음에 대하여 쓰이므로 역시 부적절하다.

② 外で何か物音/おと/＊音/＊音がする。(밖에서 무언가 소리가 난다)

➲ 이 경우는 무엇인지 알 수 없는 소리이므로 「物音」가 가장 적절하다. 「おと」역시 귀에 들려오는 소리를 일반적으로 나타내는 것이므로 적절하다.

③ 静かな楽器の音/音/＊物音/＊おとが聞こえる。(조용한 악기소리가 들려온다)

➲ 비교적 작고 조용하며 듣기 좋은 소리는 「音」로 표현하며 「音」역시 적절하다.

④ 玄関であやしいおとがした。(현관에서 이상한 소리가 났다)

➲ 보통 「おとがする」와 같은 관용적인 형태로 소리가 남을 나타내게 된다.

⑤ おとが出るおもちゃはどれですか。(소리가 나는 장난감은 어느 것입니까?)

⑥ 何かの物音で目がさめた。(무언가의 소리에 눈을 떴다)

➲ 「物音」는 소리가 나긴 나는데 그것이 확실치 않은 경우에 쓰인다.

⑦ あやしい物音を聞きつけるために耳をそばだてる。
(수상한 소리를 듣기 위해 귀를 쫑긋 세운다)

⑧ 虫の音を聞くのはいつも気持ちがいい。
(벌레소리를 듣는 것은 언제나 기분이 좋다)

➲ 「音」는 비교적 듣기가 좋은 소리를 나타내는 경우에 쓰인다.

⑨ 除夜(じょや)の鐘(かね)の音(ね)を聞(き)く。(제야의 종소리를 듣는다)

⑩ ガ行(ぎょう)の音(おん)は韓国人(かんこくじん)には難(むずか)しい。(ガ행의 음은 한국인에게는 어렵다)

➲ 「音(おん)」은 주로 발성이나 음악에서 내는 소리를 나타내는데 이 경우는 발성에 쓰인 예이다.

⑪ ラの音(おん)に合(あ)わせて一緒(いっしょ)に歌(うた)いましょう。(ラ의 음에 맞추어 함께 부릅시다)

「お父(とう)さん」「お父様(とうさま)」「お父(とう)ちゃん」
「父(とう)さん」「父(ちち)」「パパ」「父上(ちちうえ)」「おやじ」

공통의미
아버지

요점

1. 「お父(とう)さん」은 아버지를 정중하게 부르는 가장 일반적인 말로 타인의 아버지를 가리키거나(예문②), 자식이 아버지를 부르는 경우에 쓰이며(예문①), 때로는 아내가 남편을 부르는 경우에도 쓰인다(예문③). 또한 아버지가 자식 앞에서 자신을 가리키는 경우에도 쓰이는데 다만 타인에게 자신의 아버지를 지칭하는 것으로는 쓸 수 없으며, 이러한 경우에는 「父(ちち)」를 써야만 한다. 「お父(とう)さん」은 우리말의 '아버지'에 해당된다.

2. 「お父様(とうさま)」는 「お父(とう)さん」을 보다 정중하게 표현한 것인데 주로 상대나 타인의 아버지를 존경하여 지칭할 때에 쓰인다. 우리말의 '아버님' 정도에 해당된다.

3. 「お父(とう)ちゃん」은 주로 어린이가 자신의 아버지를 친근감 있게 부를 때에 쓰인다. 우리말의 '아빠' 정도에 해당된다.

4. 「父(とう)ちゃん」은 「お父(とう)さん」에서 접두어 「お」를 뺀 것으로 주로 가볍고 친근하게 부를 때 쓰인다. 우리말의 '아빠' 정도에 해당된다.

5. 「父(ちち)」는 오로지 상대나 타인에게 자신의 아버지를 가리킬 때에만 쓰이며, 자식이 아버지

를 직접 부를 때에는 결코 쓰이지 않는다. 우리말의 '우리 아버지' 정도에 해당된다(예문④).

6. 「パパ」는 영어에서 온 말로, 아버지가 자식 앞에서 본인을 지칭할 때에 쓰이며 또한 가족 내에서 아이나 아내 등이 아버지를 직접 부를 때에도 쓰인다.
7. 「父上(ちちうえ)」는 아버지를 존경하여 지칭하는 것으로 현재는 회화체에서는 거의 쓰이지 않고 주로 문장체에서 쓰이고 있다(예문⑤).
8. 「おやじ」는 아버지를 친근감 있게 부르거나 가리키는 말로 주로 남성이 쓰는데, 이 경우 남자아이는 쓰지 않으며 비교적 성인이나 성인에 가까운 남성이 쓴다(예문⑥⑦⑧).

예문과 해설

① お父(とう)さん！お父(とう)さんと僕(ぼく)の考(かんが)えは違(ちが)う。(아버지! 아버지와 내 생각은 달라)

➲ 이 경우는 자식이 아버지를 지칭하고 있다.

② この間(あいだ)、お父(とう)さんにお会(あ)いしました。(요전에 아버님을 만나 뵈었습니다)

➲ 이 경우는 상대의 아버지를 지칭하고 있다.

③ お父(とう)さん、ご飯(はん)できたわよ。(여보, 밥 다되었어요)

➲ 이 경우는 아내가 남편을 지칭하고 있다.

④ 父(ちち)/＊お父(とう)さんは高校(こうこう)の先生(せんせい)をしています。

(우리 아버지는 고등학교 선생님을 하고 있습니다)

➲ 자신의 아버지를 상대나 타인에게 가리킬 때는 오로지 「父(ちち)」만을 써야만 한다.

⑤ 父上(ちちうえ)にご相談(そうだん)したいことがあります。(아버님께 의논드리고 싶은 일이 있습니다)

➲ 아버지를 존경하여 지칭하는 말인데, 비교적 딱딱한 어감의 문장체에서 쓰인다.

⑥ おやじには長生(ながい)きしてもらいたい。(아버지는 오래 살았으면 좋겠다)

➲ 이 경우는 성인남성이 자신의 아버지를 지칭하고 있다.

⑦ 君(きみ)のおやじはまだ高校(こうこう)の先生(せんせい)かい。(자네 아버지 아직 고등학교 선생님이냐?)

➲ 이 경우는 친한 친구사이에서 상대친구의 아버지를 지칭하고 있다.

⑧ なあ、おやじ、車(くるま)買(か)ってくれよ。(응? 아버지, 차 사줘)

➲ 이 경우는 성인남성이 자신의 아버지를 직접 부르고 있다.

참고

「おやじ」는 이 밖에도 「パン屋(や)のおやじ」와 같이, 비교적 작은 가게의 남자 주인을 일컫는 용법으로도 사용되고 있는데, 이는 오로지 남성만이 사용하며 여자주인의 경우에는 「おかみさん」을 사용한다.

「おどおど」「びくびく」

(おどおどしながら裁判官(さいばんかん)の前(まえ)に出(で)る、びくびくしながら裁判官(さいばんかん)の前(まえ)に出(で)る)

공통의미

공포로 인해 주저하거나 안정되지 못하는 모양

요점

1. 「おどおど」는 자신에게 이미 닥친 일에 대하여 무서워하거나 자신이 없어하는 마음의 상태나 태도를 나타낸다(예문①②⑤⑥).
2. 「びくびく」는 자신에게 앞으로 일어날 일에 대하여 두려워하거나 불안해하는 모습을 나타낸다(예문①③④⑦⑧).

예문과 해설

① おどおど/びくびくしながら裁判官(さいばんかん)の前(まえ)に出(で)る。(벌벌 떨면서 재판관 앞에 나간다)

➲ 이 경우는 둘 다 적절한데 「おどおど」를 쓰게 되면 현재의 두려워하는 마음상태에, 「びくびく」를 쓰게 되면 곧 닥칠 일에 대하여 두려워하는 모습에 의미의 무게가 주로 놓이게 된다.

② 叱(しか)られておどおど/＊びくびくする。(야단맞고 벌벌 떤다)

➲ 이 경우는 이미 야단을 맞은 상태이므로 「おどおど」가 적절하다. 「びくびく」는 어디까지나 앞으로 일어날 일에 대한 두려움을 나타내는 것이므로 여기에서는 부적절하다.

③ 叱(しか)られないかとびくびく/＊おどおどする。(야단맞는 거 아닌가 하고 벌벌 떤다)

➲ 이 경우는 앞으로 야단을 맞을 것에 대한 두려움을 나타내는 것이므로 「びくびく」가 적절하다. 「おどおど」는 이미 닥친 일에 대하여 쓰이므로 여기에서는 부적절하다.

④ 悪事(あくじ)がいつばれるかと内心(ないしん)びくびく/＊おどおどしていた。

(나쁜 일이 언제 들킬까 하고 내심 벌벌 떨고 있었다)

➲ 이 경우와 같이 앞으로 일어날 일에 대하여 두려워하는 모습을 나타낼 때는「びくびく」가 적절하다.

⑤ 父親(ちちおや)にどなられておどおどする。(아버지가 고함쳐서 벌벌 떤다)

➲ 이 경우는 아버지가 이미 고함을 침으로서 벌벌 떨게 되었음을 나타내고 있다.

⑥ おどおどしないでもっと自信(じしん)を持(も)ちなさい。(벌벌 떨지 말고 보다 자신을 가져라)

➲ 무언가 자신 없는 일이 닥친 것에 대하여 두려워하는 마음을 나타내고 있다.

⑦ 襲(おそ)われるのではないかとびくびくする。(습격당하는 것은 아닌가하고 벌벌 떤다)

➲「びくびく」는 앞으로 닥칠 일에 대한 두려움을 나타내는 것인데 이 경우는 아직 습격당한 것은 아니므로 쓰기가 적절하다.

⑧ びくびくしながら試験(しけん)の発表(はっぴょう)を待(ま)つ。(벌벌 떨면서 시험의 발표를 기다린다)

➲ 아직 시험결과가 발표된 것은 아니며 앞으로 발표될 예정이므로「びくびく」가 적절하다.

「男(おとこ)」「男(おとこ)の人(ひと)」「男性(だんせい)」「男子(だんし)」

공통의미

남자

요점

1. 「男(おとこ)」는 일반적으로 남자전반적인 것을 가리킬 때 쓰이는 말인데, 개별적인 남자 한 사람 한 사람을 가리킬 때는 품위가 떨어지는 어감이 주어지므로 쓰기 곤란하다(예문①②③).
2. 「男(おとこ)の人(ひと)」는 개별적인 남자를 가리킬 때 쓰는 것이 일반적이다(예문④⑤).
3. 「男性(だんせい)」는 남자를 품위 있게 나타내는 것으로 보통은 성인남자를 가리킨다(예문⑥⑦).
4. 「男子(だんし)」는 남성적인 가치를 강조한 말로 훌륭하다고 하는 이미지로 쓰이는 일이 많다

(예문⑧⑨).

예문과 해설

① 生(う)まれた子(こ)は男(おとこ)だ。(태어난 아이는 남자다)

➲ 이 경우는 개별적인 남자가 아니라 일반적인 남자의 뜻으로 쓰였다.

② 人間(にんげん)には男(おとこ)と女(おんな)しかいない。(인간에는 남자와 여자밖에 없다)

➲ 이 경우 역시 일반적인 남자의 뜻으로 쓰였다.

③ 男(おとこ)ばかりでは、飲(の)みに行(い)ってもつまらない。(남자만으로는 마시러 가도 재미없다)

➲ 이 경우도 위의 예문들과 맥락을 같이하고 있다.

④ あの男(おとこ)の人(ひと)は先生(せんせい)ですか。(저 남자는 선생입니까?)

➲ 이 경우는 일반적인 남자가 아니라 개별적인 남자의 뜻으로 쓰였다.

⑤ 男(おとこ)の人(ひと)は一階(いっかい)、女(おんな)の人(ひと)は二階(にかい)へ行(い)ってください。
(남자는 1층, 여자는 2층으로 가 주십시오)

➲ 이 경우는 일반적인 남자의 뜻으로도 생각할 수 있는데 이러한 경우 「男(おとこ)」만을 쓰는 것보다 어감이 정중해진다.

⑥ 理性(りせい)の男性(だんせい)を探(さが)しています。(이성적인 남성을 찾고 있습니다)

➲ 남자를 품위 있게 나타내는 말로 보통 성인남자를 가리킨다.

⑦ 男性用(だんせいよう)のトイレは二階(にかい)です。(남성용 화장실은 2층입니다)

⑧ 息子(むすこ)も一人前(いちにんまえ)の男子(だんし)になった。(아들도 어엿한 남자가 되었다)

➲ 이 경우는 한몫을 할 수 있는 능력을 충분히 지닌 남자의 뜻으로 쓰였다.

⑨ 男子(だんし)としての面目(めんぼく)を保(たも)つ。(남자로서의 면목을 지킨다)

「脅(おど)す」「脅(おど)かす」「脅(おびや)かす」

(人(ひと)を脅(おど)す、人(ひと)を脅(おど)かす、人(ひと)を脅(おびや)かす)

공통의미

위협하다, 협박하다

요점

1. 「脅(おど)す」는 상대로 하여금 말을 듣게 할 목적으로 공포심을 주는 협박적인 언동을 나타내는 것으로 우리말의 '협박하다'에 해당된다(예문①②④⑤⑦⑧).
2. 「脅(おど)かす」는 상대를 깜짝 놀라게 하거나 무섭게 하기 위하여 가벼운 기분으로 말하거나 행동하는 것을 나타낸다(예문①③④⑨⑩). 한편으로는 협박한다고 하는 의미도 나타내는데 이러한 의미로는 주로 회화체에서 쓰인다(예문②⑤). 우리말의 '놀라게 하다, 협박하다' 정도에 해당된다.
3. 「脅(おびや)かす」는 주로 생명, 지위, 신분 등을 위태롭게 한다고 하는 의미로 쓰이는데 우리말의 '위협하다'에 해당된다(예문①⑥⑪⑫).

예문과 해설

① 人(ひと)を脅(おど)す/脅(おど)かす/脅(おびや)かす。(사람을 협박하다/놀라게 하다)

➲ 이 경우와 같이 전후문맥이나 장면의 설정이 전혀 없는 상황에서는 다소의 뉘앙스차이는 있을지언정, 세 가지 다 적절하다.

② ナイフで脅(おど)して/脅(おど)かして/＊脅(おびや)かして金(かね)を奪(うば)う。(나이프로 협박해서 돈을 뺏는다)

➲ 이 경우 「脅(おびや)かす」를 쓰게 되면 너무 과장된 어감이 주어지므로 부적절하다.

③ 急(きゅう)に声(こえ)を上(あ)げて脅(おど)かした/＊脅(おど)した/＊脅(おど)かした。
(갑자기 소리를 질러 놀라게 했다)

➲ 이 경우와 같이 장난삼아 상대를 깜짝 놀라게 한다는 뜻으로는 「脅(おど)かす」가 적절하다.

④ 大声(おおごえ)で子供(こども)を脅(おど)す/脅(おど)かす/＊脅(おびや)かす。(큰 소리로 아이를 협박한다)

➲ 「脅(おど)かす」에는 '놀라게 하다'는 뜻 이외에 '협박하다'는 뜻도 있으므로 회화체의 경우에 쓸 수 있다. 「脅(おびや)かす」는 주로 생명이나 신분, 지위 등을 불안정한 상태로 빠뜨리는 경우에 쓰이므로 이 경우에는 부적절하다.

⑤ 社長(しゃちょう)を脅(おど)して/脅(おど)かして/＊脅(おびや)かせて金(かね)を巻(ま)き上(あ)げる。
(사장을 협박하여 돈을 뜯어낸다)

➲ 이 경우도 사장을 협박하는 것이지 사장의 위치를 위협하는 것은 아니므로 「脅(おびや)かす」는 부적절

하다.

⑥ 核兵器(かくへいき)で隣国(りんごく)を脅(おびや)かす/✱脅(おど)す/✱脅(おど)かす。(핵병기로 이웃나라를 위협하다)

➲ 이 경우는 안정된 상태를 불안정한 상태로 빠뜨리려고 하는 것이므로 「脅(おびや)かす」가 적절하다.

⑦ ピストルで人質(ひとじち)を脅(おど)す。(피스톨로 인질을 협박한다)

⑧ 強盗(ごうとう)はナイフでお客(きゃく)を脅(おど)している。(강도는 칼로 손님을 협박하고 있다)

⑨ わっと言(い)って彼(かれ)を脅(おど)かせてやろう。(와하고 그를 놀라게 해 줘야지)

➲ 이 경우는 상대를 깜짝 놀라게 한다는 뜻인데 이러한 용법은 오로지 「脅(おど)かす」에만 있다.

⑩ 銃声(じゅうせい)に脅(おど)かされた鳥(とり)が逃(に)げた。(총성으로 놀라게 된 새가 도망갔다)

⑪ 労働組合(ろうどうくみあい)は社長(しゃちょう)の地位(ちい)を脅(おびや)かした。(노동조합은 사장의 지위를 위협했다)

➲ 어떤 지위나 신분 등을 위태롭게 한다는 뜻으로는 오로지 「脅(おびや)かす」만이 적절하다.

⑫ 武力(ぶりょく)をもって小国(しょうこく)を脅(おびや)かす。(무력으로 소국을 위협한다)

「おととい」「一昨日(いっさくじつ)」

공통의미

그저께

요점

1. 「おととい」가 회화체에서 흔히 일상적으로 쓰이는 말이다.
2. 「一昨日(いっさくじつ)」는 문장체이거나 매우 공식적인 경우에 쓰인다.

예문과 해설

① おととい言(い)ったことをもう忘(わす)れたのか。(그저께 말한 것을 벌써 잊은 건가?)

➲ 회화체에서 일상적으로 흔히 쓰이는 경우이다.

② 父は、一昨日から出張している。(아버지는 그저께부터 출장 가 있다)

➲ 회화체가 아닌 문장체에서나 또는 공식적인 석상에서 매우 격식을 차리는 경우에 쓰인다.

「おととし」「一昨年」

공통의미

재작년

요점

1. 「おととし」가 회화체에서 흔히 일상적으로 쓰이는 말이다.
2. 「一昨年」은 문장체이거나 매우 공식적인 경우에 쓰인다.

예문과 해설

① おとといの夏はとても暑かった。(재작년의 여름은 무척 더웠다)

➲ 회화체에서 일상적으로 흔히 쓰이는 경우이다.

② 本人は一昨年の春、上京した。(본인은 재작년 봄에 상경했다)

➲ 회화체가 아닌 문장체에서나 또는 공식적인 석상에서 매우 격식을 차리는 경우에 쓰인다.

「同じだ」「一緒だ」「等しい」

(この二辺の長さは同じだ、この二辺の長さは一緒だ、この二辺の長さは等しい)

●●● 공통의미

같다

●●● 요점

1. 「同じだ」는 두 가지 이상이 어떤 면에서 차이가 전혀 없이 같음을 나타내는 말로 문말의 술어로 쓰일 때는 「同じだ」의 형태를 취하지만, 뒤에 오는 명사를 수식할 때는 「同じ」의 형태를 취한다(예문①②④⑤⑥⑦⑧⑨). 우리말의 '같다'에 해당된다.
2. 「一緒だ」는 「同じだ」와 같은 뜻이지만 보다 회화체적인 말인데, 뒤에 오는 명사를 수식할 때는 「一緒の」의 형태를 취하게 된다(예문①②④⑤⑩⑪⑫⑬).
3. 「等しい」는 다른 사물이나 사항이 수량, 정도와 같은 면에서 공통성을 지니고 있음을 나타내는 말로 그 앞에는 조사 「に」가 오게 된다. 우리말의 '동등하다'에 해당된다(예문①②③⑭⑮).

●●● 예문과 해설

① あの国は韓国と同じ/一緒の/に等しい面積を持っている。
(저 나라는 한국과 같은 면적을 가지고 있다)

➲ 이 경우는 세 가지 다 적절한데 이와 같이 뒤에 오는 명사를 수식할 때, 「同じ」는 그대로 수식하고, 「一緒」는 「一緒の」의 형태를 취하며, 「等しい」는 그 앞에 조사 「に」가 오게 된다.

② それは脅迫に等しい/と同じ/と一緒の行為です。
(그것은 협박에 다름없는 행위입니다)

➲ 이 경우는 협박과 거의 같지만 완전히 같은 것은 아니므로 「等しい」가 가장 적절하다. 물론 「同じ」와 「一緒の」도 쓸 수는 있지만 이렇게 되면 협박 그 자체임을 나타내는 셈이 되어서 뉘앙스는 다르게 된다.

③ あいつは無きに等しい/＊同じ/＊一緒の人物だ。
(저 녀석은 없는 거나 마찬가지인 인물이다)

➲ 이 경우는 「無きに等しい」의 형태로 쓰이는 관용구이다.

④ 行きと同じ/一緒の/＊に等しい道を通って帰る。
(갈 때와 같은 길을 통해서 돌아온다)

➲ 이 경우는 완전히 같은 길을 나타내는 것이므로 「等しい」는 부적절하다. 「等しい」는 어디까

지나 동등함을 나타내는 것이다.

⑤ 彼(かれ)はわたしのと同じ(おな)/一緒(いっしょ)の/＊に等(ひと)しい靴(くつ)をはいている。
(그는 내 것과 같은 구두를 신고 있다)

➲ 이 경우는 완전히 같음을 나타내는 것이므로 「同(おな)じ」와 「一緒(いっしょ)」만이 적절하다. 「等(ひと)しい」는 공통성은 충분히 엿보이지만 완전히 같은 것은 아니므로 여기에서는 부적절하다.

⑥ 外見(がいけん)は違(ちが)うが、中身(なかみ)は前(まえ)と同(おな)じだ。(외견은 다르지만, 속은 전과 같다)

⑦ 彼(かれ)の靴(くつ)は私(わたし)のと同(おな)じだ。(그의 구두는 내 것과 같다)

⑧ ぼくは君(きみ)と同(おな)じ意見(いけん)ではない。(나는 자네와 같은 의견은 아니다)

➲ 「同(おな)じだ」가 뒤에 오는 명사를 수식할 때는 「同(おな)じな」가 아닌 「同(おな)じ」가 쓰이는 점에 각별히 유의하여야 한다.

⑨ あの人(ひと)は前回(ぜんかい)と同(おな)じ容疑(ようぎ)で捕(つか)まった。(저 사람은 지난번과 같은 용의로 잡혔다)

➲ 이 경우도 「同(おな)じ」의 형태로 뒤에 오는 명사를 수식하고 있다.

⑩ 見(み)た目(め)は違(ちが)うかも知(し)れないが、どれも一緒(いっしょ)だよ。
(얼핏 보기에는 다를지도 모르지만, 그 어느 것이나 같다)

➲ 이 경우와 같이 「一緒(いっしょ)だ」의 형태로 문말의 술어로 쓰이는 것은 매우 회화체적이다.

⑪ 私(わたし)の趣味(しゅみ)は彼(かれ)と一緒(いっしょ)です。(저의 취미는 그와 같습니다)

⑫ 説明書(せつめいしょ)は違(ちが)うが、実際(じっさい)はどれも一緒(いっしょ)だよ。
(설명서는 다르지만, 실제로는 어느 것이나 같아)

⑬ 先生(せんせい)と一緒(いっしょ)の車(くるま)に乗(の)って煙(けむ)たかった。(선생님과 같은 차를 타서 껄끄러웠다)

⑭ あそこはここに等(ひと)しい面積(めんせき)の土地(とち)だ。(저기는 여기와 동등한 면적의 토지입니다)

➲ 「等(ひと)しい」는 동등함을 나타내는 형용사인데 그 앞에는 반드시 조사 「に」만이 오게 되어 있다.

⑮ 正三角形(せいさんかくけい)は三辺(さんぺん)の長(なが)さがみな等(ひと)しい。(정삼각형은 세변의 길이가 모두 동등하다)

「おのおの」「それぞれ」「めいめい」「各自(かくじ)」

(おのおのの責任(せきにん)において行(おこな)う、それぞれの責任(せきにん)において行(おこな)う、

めいめいの責任(せきにん)において行(おこな)う、各自(かくじ)の責任(せきにん)において行(おこな)う)

공통의미

각각, 각자

요점

1. 「おのおの」와 「それぞれ」는 하나하나의 차이에 주목한 말로 사람에 대해서도 사물에 대해서도 쓰인다. 사람에 대해서 쓰일 때는 우리말의 '각자'에 해당되고(예문①④⑤⑦⑧), 사물에 대해서 쓰일 때는 '각각' 에 해당된다(예문⑥⑨).
2. 「めいめい」와 「各自(かくじ)」는 각각의 사람에 주목한 말로 오로지 사람에 대해서만 쓰이는데 「めいめい」는 회화체에서 주로 쓰이며(예문②③⑩⑪⑫), 「各自(かくじ)」는 문장체에서 주로 쓰인다. 특히 「各自(かくじ)」는 어떤 그룹 내에서의 한 사람 한 사람이 행위나 소유의 주체임을 강조하는 경우에 쓰인다(예문②⑬⑭⑮).

예문과 해설

① どの絵(え)もおのおの/それぞれ/✱めいめい/✱各自(かくじ)よく描(か)けている。
(어느 그림도 각각 잘 그렸다)

➲ 이 경우와 같이 사람이 아닌 사물에 쓰였을 때는 「めいめい」와 「各自(かくじ)」는 부적절하다.

② 切符(きっぷ)はめいめい/各自(かくじ)/✱おのおの/✱それぞれ買(か)いなさい。(표는 각자 사거라)

➲ 이 경우는 사람에 대하여 쓰였으므로 일단은 네 가지 다 적절할 것 같지만 실제로 이와 같이 눈앞에 있는 상대를 한 사람씩 나타낼 때는 「おのおの」와 「それぞれ」는 부적절하다.

③ サラダを皿(さら)にめいめいに/✱おのおの/✱それぞれ/✱各自(かくじ)分(わ)けて取(と)る。
(샐러드를 접시에 한 사람 한 사람씩 나누어 담는다)

➲ 이 경우와 같이 한 사람씩이라는 뜻으로 쓰였을 때는 「おのおの」와 「それぞれ」는 부적절하

며, 「各自」는 한 사람 한 사람이 각자 개별적으로 나누어 담는다는 뜻이 되어서 이 역시 부적절하다.

④ 人にはおのおのの長所も短所もある。(사람에게는 각자의 장점도 단점도 있다)

⑤ おのおのの力を合わせる。(각자의 힘을 합친다)

⑥ どの車もおのおのが魅力的だ。(어느 자동차나 각각 매력적이다)

➲ 「おのおの」는 이 경우와 같이 사물에 대해서도 쓰일 수가 있다.

⑦ 卒業生それぞれが違った職業についた。(졸업생 각자가 다른 직업을 가졌다)

⑧ 人はそれぞれ性格が違う。(사람은 각자 성격이 다르다)

⑨ その部屋の家具はそれぞれがちょうどよい所に置いてある。
(그 방의 가구는 각각이 딱 좋은 곳에 놓여있다)

➲ 「それぞれ」는 이 경우와 같이 사물에 대해서도 쓰일 수가 있다.

⑩ これからはめいめいが気をつけること。(이제부터는 각자가 조심할 것)

➲ 「めいめい」는 사물에 대해서는 쓸 수가 없고, 반드시 사람에 대해서만 쓸 수가 있다.

⑪ その問題についてはめいめいが考えることになった。
(그 문제에 대해서는 각자가 생각하게 되었다)

⑫ もう大人になったからめいめいが責任をもって行動しなければならない。
(이제 어른이 되었으니까 각자가 책임을 지고 행동해야만 한다)

⑬ 昼食は各自持参すること。(점심은 각자 지참할 것)

➲ 「各自」는 사물에 대해서는 쓸 수가 없고, 반드시 사람에 대해서만 쓸 수가 있는데, 「めいめい」와는 달리 그룹 내의 한 사람 한 사람이 주체적으로 행동함을 강조하게 된다.

⑭ 各自好きなクラブへ入りなさい。(각자 좋아하는 클럽에 들어가라)

⑮ 運転する各自の自覚が大切だ。(운전하는 각자의 자각이 중요하다)

「思う」「考える」

(教師は学生のことを<u>思う</u>、教師は学生のことを<u>考える</u>)

공통의미

생각하다

요점

1. 「思う」는 어떤 일을 계산적이고 복잡하게 생각하는 것이 아니라 즉흥적이고 감각적이며 주관적으로 생각하는 것을 나타낸다(예문③⑤). 주로 자신의 감정, 생각, 희망 등을 가볍게 나타내며(예문⑦⑧), 말끝에 가서는 단정적인 주장을 피하고 부드럽게 주장하는 데에 즐겨 쓰인다(예문①⑥).
2. 「考える」는 어떤 일을 계산적이고 조리 있게 생각하며 주로 머리를 써서 이것 저것 객관적으로 궁리해 내는 것을 나타낸다. 따라서 어떠한 결론을 내거나 성과를 내기 위한 사고 활동에 주로 쓰인다(예문②④⑨⑩).

예문과 해설

① この店のラーメンはおいしいと思います/＊考えます。
(이 가게의 라면은 맛있다고 생각합니다)

➲ 말하는 사람자신의 주장을 부드럽게 나타내는 것이므로 「思う」가 적절하다.

② 老人問題を考える/＊思う。(노인문제를 생각한다)

➲ 노인문제는 그 테마가 간단한 것이 아니어서 논리적으로 생각함을 나타내는 「考える」가 적절하다.

③ 子を思う/＊考える母の心。(아이를 생각하는 어머니의 마음)

➲ 이 경우는 아이에 대한 어머니의 애정과 걱정을 감각적으로 나타내는 것이므로 「思う」가 적절하다.

④ なぜ負けたのか、その原因を考える/＊思う。(왜 졌는지, 그 원인을 생각한다)

➲ 이 경우는 패인을 분석하고 대책을 논리적으로 세우는 것이므로 「考える」가 적절하다.

⑤ あっと思った/✱考えた時にはすべって転んでいました。
(아! 하고 생각했을 때는 미끄러져 구르고 있었습니다)

➲ 이 경우는 감각적이고 즉흥적인 것이므로 「思う」가 적절하다.

⑥ 今晩は雨が降ると思います。(오늘밤은 비가 올 것으로 생각합니다)

➲ 자신의 견해를 부드럽게 나타내는 것이므로 「思う」가 적절하다.

⑦ 負けてくやしいと思う。(패하여 분하다고 생각한다)

➲ 자신의 감정을 나타내는 것이므로 「思う」가 적절하다.

⑧ 息子は時々将来のことを思っているようだ。
(아들은 종종 장래의 일을 생각하고 있는 것 같다)

⑨ この問題はよく考えて結論を出さなければならない。
(이 문제는 잘 생각해서 결론을 내야만 한다)

➲ 결론을 도출하기까지 논리적으로 조리 있게 생각해야 하므로 「考える」가 적절하다.

⑩ 彼はもっと便利な機械を考えた。(그는 보다 편리한 기계를 생각했다)

➲ 기계발명에 관한 것이므로 객관적으로 궁리함을 나타내는 「考える」가 적절하다.

참고

「思う」는 감정을 가지고 상대를 배려하고 걱정함을 나타내는데 반하여, 「考える」는 이성을 가지고 상대에 대하여 논리적, 분석적으로 생각함을 나타내기에 다음의 예문에 있어서는 입장차이가 분명히 드러나고 있다.

「教師は学生のことを思う」 ― 학생에 대한 교사의 부모와 같은 애정을 느낄 수 있다.

「教師は学生のことを考える」 ― 학생의 장래에 대한 교사의 배려를 느낄 수 있다.

「おもしろい」「おかしい」「滑稽(こっけい)だ」

(おもしろい行動(こうどう)、おかしい行動(こうどう)、滑稽(こっけい)な行動(こうどう))

공통의미

재미있다, 우스꽝스럽다

요점

1. 「おもしろい」는 가장 사용범위가 넓으며 우리말의 '재미있다'에 해당된다(예문①②③⑥⑦⑧).
2. 「おかしい」는 우리말의 '우습다, 우스꽝스럽다'에 해당되는 말인데(예문①⑤⑨⑩), 때로는 '이상하다'의 뜻으로도 쓰인다(예문③④⑪). 회화체에서 즐겨 쓰이는 말이다.
3. 「滑稽(こっけい)だ」는 주로 사람의 언동이 우스꽝스러울 때 쓰이는데 우리말의 '우습다, 우스꽝스럽다'에 해당되는 말이지만, 「おかしい」보다는 덜 쓰인다. 뒤에 오는 명사를 수식할 때는 「滑稽(こっけい)な」의 형태를 취하고(예문①⑫⑬), 뒤에 오는 동사를 수식 할 때는 「滑稽(こっけい)に」의 형태를 취하게 된다(예문⑭).

예문과 해설

① おもしろい/おかしい/滑稽(こっけい)な行動(こうどう)。(재미있는/우스운/우스꽝스러운 행동)

➲ 이 경우는 전후문맥이나 장면의 설정이 없으므로 어느 것이나 적절하지만 나타내는 뜻에는 각각 차이가 엿보인다.

② 勉強(べんきょう)がおもしろくなる/＊おかしくなる/＊滑稽(こっけい)になる。

(공부가 재미있어진다)

➲ 이 경우와 같이 흥미로워짐을 나타낼 때는 오로지 「おもしろい」만이 적절하다. 「おかしい」와 「滑稽(こっけい)」는 우습다고 하는 뜻을 나타내므로 여기에서는 부적절하다.

③ 裏山(うらやま)にはおもしろい/おかしい/＊滑稽(こっけい)な岩(いわ)がある。

(뒷산에는 재미있는/이상한 바위가 있다)

➲ 바위모양이 재미있다고 하는 뜻에서는 「おもしろい」가 적절하고 기이하다고 하는 뜻에서는

「おかしい」도 적절하다. 다만 「滑稽」는 우스꽝스럽다고 하는 뜻을 나타내므로 여기에서는 부적절하다.

④ 今日は朝から体の調子がおかしい/✱おもしろい/✱滑稽だ。
(오늘은 아침부터 몸 상태가 이상하다)

➲ 몸의 상태가 평소와는 다르다고 하는 뜻이므로 「おかしい」가 적절하다. 「おもしろい」는 재미있다는 뜻이므로 부적절하고, 「滑稽」는 우스꽝스럽다고 하는 뜻이므로 이것 역시 부적절하다.

⑤ あいつが社長とは滑稽な/？おかしい/✱おもしろい話だ。
(저 녀석이 사장이라는 것은 우스꽝스러운 이야기다)

➲ 이 경우는 터무니없는 나머지 우스꽝스럽기조차 하다는 뜻이므로 「滑稽」가 가장 적절하다. 「おかしい」는 의아스럽다는 정도의 뜻이어서 문맥상 다소 부적절하며, 「おもしろい」는 재미있다는 뜻이므로 부적절하다.

⑥ 弟はよくおもしろい話をする。(남동생은 자주 재미있는 이야기를 한다)

⑦ この小説はとてもおもしろい。(이 소설은 매우 재미있다)

⑧ あの人はおもしろい性格を持っています。
(저 사람은 재미있는 성격을 지니고 있습니다)

⑨ おかしくて笑いが止まらない。(우스워서 웃음이 그치지 않는다)
➲「おかしい」는 어떤 대상이 우습다고 하는 뜻으로 쓰인다.

⑩ この漫画はとてもおかしい。(이 만화는 매우 우습다)

⑪ 最近彼は様子がおかしい。(최근 그는 모습이 이상하다)
➲ 이 경우는 이상하다고 하는 뜻으로 쓰였는데 이러한 용법은 「おかしい」에만 있다.

⑫ 思わず吹き出すような滑稽な話。
(나도 모르게 웃음이 터질 것 같은 우스꽝스러운 이야기)

➲ 「滑稽だ」는 주로 사람의 언동이 우스꽝스럽다고 하는 뜻을 나타내는 것으로 이 경우는 그 사람의 이야기에 쓰였다.

⑬ 彼は滑稽な服装で現れた。(그는 우스꽝스러운 복장으로 나타났다)
➲ 이 경우는 그 사람의 복장에 대해서 쓰였다.

⑭ 山田はいつも滑稽にふるまう。(야마다는 언제나 우스꽝스럽게 행동한다)
➲ 이 경우는 야마다의 행동에 대해서 쓰였다.

「思わず」「うっかり」「つい」「知らず知らず」

공통의미

나도 모르게, 깜빡하고

요점

1. 「思わず」는 다른 것으로부터 어떤 자극을 받아서 순간적으로 어떤 행동을 취하고 마는 것을 나타내는 것으로, 우리말의 '나도 모르게' 정도에 해당된다(예문①②③⑤⑥⑦).
2. 「うっかり」는 부주의로 인하여 그만 어떤 행동을 하고 마는 것을 나타내는 것으로 우리말의 '깜빡하고' 정도에 해당된다(예문①⑧⑨⑩).
3. 「つい」는 외부로부터의 작용으로 인하여 그만 해서는 안 될 일을 하고 마는 것을 나타내는데, 우리말의 '그만' 정도에 해당된다(예문①③⑪⑫⑬).
4. 「知らず知らず」는 어느 새인가 무의식적으로 어떤 동작을 하게 되어있음을 나타내는데, 「知らず知らず」는 「知らず(알지 못하고)」가 두 번 반복해서 쓰인 관계로 계속적인 동작을 나타내므로 그 뒤에는 순간적으로 이루어지는 동작은 올 수가 없다. 우리말의 '나도 모르는 사이에' 정도에 해당된다(예문③④⑭⑮⑯).

예문과 해설

① 思わず/うっかり/つい/?知らず知らず本音を吐く。
(나도 모르게/깜빡하고/그만/?나도 모르는 사이에 진심을 밝힌다)

➲ 「知らず知らず」는 그 뒤에 계속적인 동작이 오게 되어 있는데 이 경우는 그러하지 못하므로 부적절하다. 하지만 나머지는 각각의 뉘앙스는 다를지언정 모두 적절하다.

② 思わず/＊うっかり/＊つい/＊知らず知らず痛いと叫んだ。
(나도 모르게 아프다고 소리 질렀다)

➲ 순간적으로 통증을 호소하는 경우이므로 「思わず」만이 적절하다. 「うっかり」는 부주의로 인한 것을 나타내고, 「つい」는 그만 해서는 안 될 행동을 하는 것이며, 「知らず知らず」는 그

뒤에 계속적인 동작이 와야 하므로 모두가 이 경우는 부적절하다.

③ 疲れて思わず/つい/知らず知らず/?うっかりうとうとする。
(피곤해서 나도 모르는 사이에 꾸벅꾸벅 존다)

➲ 피곤한 나머지 졸고 마는 것은 무의식적인 행동인데 「うっかり」는 부주의로 인한 것을 나타내므로 이 경우는 다소 부적절하다.

④ あまりのうれしさに知らず知らず/?思わず/?つい/＊うっかり涙があふれた。
(너무나도 기쁜 나머지 나도 모르는 사이에 눈물이 넘쳐났다)

➲ 이 경우는 눈물이 지속적으로 흘러나오는 것을 나타내므로 「知らず知らず」가 가장 적절하다. 「思わず」와 「つい」는 이와 같은 지속적인 동작을 부각시키기에는 다소 약하며 「うっかり」는 부주의라고 하는 어감이 들어가 있으므로 부적절하다.

⑤ 思わず悲鳴をあげた。(나도 모르게 비명을 질렀다)

➲ 이 경우는 무의식적인 행동을 나타내고 있다.

⑥ 顔を見て思わず吹き出してしまった。
(얼굴을 보고 나도 모르게 웃음을 터뜨리고 말았다)

⑦ うれしさのあまり思わず抱きしめた。(기쁜 나머지 나도 모르게 꽉 안았다)

⑧ うっかり書き間違えた。(깜빡하고 잘못 썼다)

➲ 이 경우는 부주의에 의한 행동을 나타내고 있다.

⑨ うっかりして乗り越した。(깜빡하고 내릴 곳을 지나쳤다)

⑩ 道路標識をうっかり見逃してしまった。(도로표지를 깜빡하고 못보고 지나쳤다)

⑪ つい口がすべって秘密を漏らした。(그만 입을 잘못 놀려 비밀을 흘렸다)

➲ 이 경우는 해서는 안 될 일을 하고 말았다는 뜻으로 쓰였다.

⑫ 彼女に電話をするとつい長くなってしまう。
(그녀에게 전화를 하면 그만 길어져 버린다)

⑬ 甘い物を見るとつい手が出る。(단 것을 보면 그만 손이 나온다)

⑭ 知らず知らず悪の道に入って行った。(나도 모르는 사이에 악의 길로 들어갔다)

➲ 이 경우는 무의식적으로 계속해서 악의 길로 들어갔음을 나타내고 있다.

⑮ 知らず知らずメロディーを口ずさんでいた。
(나도 모르는 사이에 멜로디를 읊조리고 있었다)

➲ 이 경우는 무의식적으로 계속해서 멜로디를 읊조리고 있었음을 나타내고 있다.

⑯ 知らず知らずのうちに涙ぐんでいた。
(나도 모르는 사이에 눈물을 글썽거리고 있었다)

「思われる」「思える」

공통의미
생각된다

요점
1. 「思われる」는 동사 「思う(생각하다)」의 미연형 「思わ」에 자발(저절로 그렇게 되어 짐)의 의미를 지닌 수동의 조동사 「れる」가 접속되어 구성된 형태이며, 「思える」는 '저절로 그렇게 생각되어 진다'는 의미를 지닌 자동사이다.
2. 「思われる」는 말하는 사람자신이 어떤 일에 대하여 저절로 그렇게 생각되거나 자신의 생각을 우회적으로 밝히는 경우에 주로 쓰인다(예문①②).
3. 「思える」는 「思えない(생각되지 않는다)」와 같이 부정표현으로 쓰이거나(예문③④), 말하는 사람자신이 아닌, 타인이 저절로 그렇게 생각되는 경우에 주로 쓰인다(예문⑤⑥).

예문과 해설
① 私は、この写真よりあの写真の方がもっといいように思われます。
(저는 이 사진보다 저 사진 쪽이 더 좋은 것처럼 생각됩니다)

➲ 위의 예문은 말하는 사람자신의 견해를 우회적으로 밝히는 전형적인 표현이다.

② この方面の研究はもっと徹底されてよいように思われる。
(이 방면의 연구는 보다 철저히 이루어져도 좋을 것으로 생각된다)

➲ 위의 예문역시 말하는 사람자신의 견해를 우회적으로 밝히는 전형적인 표현이다.

③ 私にはどうしても彼が犯人だとは思えない。
(나에게는 아무래도 그가 범인이라고는 생각되지 않는다)

➲ 이 경우는 「思える」가 부정표현으로 쓰였다.

④ そんなことを警察が理解していたとはとても思えない。
(그런 일을 경찰이 이해하고 있었다고는 도저히 생각되지 않는다)

➲ 이 경우역시 「思える」가 부정표현으로 쓰였다.

⑤ 田中は、警察が自分を睨んでいるかのように思えた。
(타나카는 경찰이 자기를 노려보고 있는 것처럼 생각되었다)

➲ 이 경우는 타인인 타나카의 입장에서 쓰였다.

⑥ 彼女は、この世の中で彼が一番信用できると思えた。
(그녀는 이 세상에서 그가 가장 믿을 수 있다고 생각되었다)

➲ 이 경우역시 그녀의 입장에서 쓰였다.

「親」「両親」「父母」

공통의미

부모

요점

1. 「親」는 아버지나 어머니 한쪽을 가리킬 때도 있고, 양쪽을 가리킬 때도 있다(예문①③). 인간은 물론 동물에게도 쓰이며(예문②), 때로는 부모스스로 자신을 가리킬 때도 있다.

2. 「両親」은 부모양쪽을 가리키는 말로 일상회화에서 널리 쓰인다(예문④).

3. 「父母(ふぼ)」는 회화체보다는 문장체에서 쓰이며, 학교에서 보호자의 의미로 쓰인다(예문⑦⑧).

4. 일상회화에서 자신의 부모를 가리킬 때는 「親(おや)」「両親(りょうしん)」을 쓰며(예문③④), 상대나 타인의 부모를 가리킬 때는 「ご両親(りょうしん)」을 쓴다(예문⑤⑥).

예문과 해설

① 近(ちか)ごろの親(おや)は子供(こども)にもろい。(요즘의 부모는 아이에게 무르다)

➲ 이 경우는 일반적인 부모를 나타내고 있다.

② この子犬(こいぬ)の親(おや)は血統書付(けっとうしょづき)です。(이 강아지의 어미는 혈통서가 달려있다)

➲ 이 경우는 동물의 어미를 나타내고 있다.

③ お前(まえ)は、親(おや)の言(い)うことをちっとも聞(き)かない子(こ)だ。(부모가 자식의 면전에서)
(너는 부모가 말하는 것을 조금도 안 듣는 아이다)

➲ 이 경우는 부모가 자식 앞에서 자신을 가리키고 있다.

④ 両親(りょうしん)とも健在(けんざい)です。(부모님 두 분 다 건재하십니다)

➲ 이 경우는 말하는 사람자신의 부모를 가리키고 있다.

⑤ ご両親(りょうしん)はどこに住(す)んでいらっしゃいますか。
(부모님께서는 어디에 살고 계십니까?)

➲ 이 경우는 상대의 부모님을 가리키고 있다.

⑥ ご両親(りょうしん)によろしく。(부모님께 안부전해 주십시오)

⑦ 父母(ふぼ)の恩(おん)は山(やま)よりも高(たか)い。(부모의 은혜는 산보다도 높다)

➲ 이 경우는 문장체에서나 쓰일 법한 비교적 딱딱한 어감이 주어진다.

⑧ 今度(こんど)、学校(がっこう)で父母会(ふぼかい)が開(ひら)かれる。(이번에 학교에서 자모회가 열린다)

➲ 학생에 대한 보호자의 뜻으로 쓰이고 있다.

「おりる」「くだる」「さがる」

공통의미

내려가다

요점

1. 「おりる」는 사람이나 물건 등이 높은 곳에서 낮은 곳으로 내려가 있는 결과를 나타내거나(예문①③④), 탈것에서 내리는 것을 나타낸다(예문⑦). 또한 허가나 결정 등이 내려지는 것을 나타내기도 한다(예문⑩). 우리말의 '(높은 곳에서)내려오다(결과), (탈것에서)내리다, (허가 등이)떨어지다' 정도에 해당된다.
2. 「くだる」는 강이나 산 같은 높은 지대에서 낮은 지대로 내려가는 비교적 길고 지루한 과정을 나타내며(예문②⑧), 때로는 명령 등이 하달됨을 나타내기도 한다(예문⑪). 하지만 어떤 물건이나 탈것에서 밑으로 내려갈 때는 일체 쓸 수가 없다. 우리말의 '～을 따라 내려가다, (명령 등이)하달되다' 정도에 해당된다.
3. 「さがる」는 동작이 아니라 위치나 정도가 높은 데에서 낮은 데로 이동함을 나타내거나(예문⑤⑨), 때로는 뒤로 물러감을 나타낸다(예문⑥). 우리말의 '단계, 정도, 위치 등이 내려가다, 뒤로 물러가다' 정도에 해당된다.

예문과 해설

① 山(やま)からおりる。(산에서 내려오다)

➲ 이 경우는 산에서 내려 와있는 결과에 중점이 놓이게 된다.

② 山(やま)をくだる。(산을 따라 내려오다)

➲ 이 경우는 산 정상에서부터 산을 따라 밑에까지 내려오는 과정을 나타내게 된다.

③ はしごからおりる/✱くだる/✱さがる。(사다리에서 내려오다)

➲ 사다리에서 내려 와있는 결과를 나타내는데, 「さがる」는 위치나 정도를 나타낼 뿐 동작을 나타내지 못하므로 부적절하고, 「くだる」는 어떠한 물건에서 내려가는 것에는 쓸 수 없다.

④ 飛行機(ひこうき)がおりて/✱さがってきた。(비행기가 내려왔다)

➲ 하늘을 날고 있던 비행기가 땅에 착륙하고 있는 과정을 나타내므로 「おりる」가 적절하다.

⑤ 飛行機の位置がさがって/✱おりてきた。(비행기의 위치가 내려왔다)

➲ 비행기의 고도가 높은 데에서 낮은 데로 이동하였으므로 위치나 정도의 하향을 나타내는「さがる」가 적절하다.

⑥ 電車が来ます。白線の内側にさがって/✱おりてください。

(전차가 옵니다. 하얀 선의 안쪽으로 물러서 주십시오)

➲「さがる」에는 '뒤로 물러나다'는 뜻도 있으므로 여기에서는「さがる」가 적절하다.

⑦ 汽車からおりる/✱くだる。(기차에서 내리다)

➲ 탈것에서 내리는 경우이므로「おりる」가 적절하며,「くだる」는 어떠한 기준점에서 내려가는 데는 쓸 수가 없으므로 부적절하다.

⑧ 川をくだる/✱おりる。(강을 따라 내려오다)

➲ 이 경우는 강 상류에서부터 강의 흐름을 따라 하류로 내려오는 것이므로「くだる」가 적절하다.

⑨ 先生の前ではいつも頭がさがる。(선생님 앞에서는 언제나 머리가 숙여진다)

➲ 신체의 일부가 낮아지는 것은 실제의 동작이 아니라 위치가 낮아지는 것이므로「さがる」가 적절하다.

⑩ やっと許可がおりた。(겨우 허가가 떨어졌다)

➲ 허가가 떨어짐을 나타낼 때는 오로지「おりる」만이 적절하다.

⑪ 命令が下ったら早速動くこと。(명령이 하달되면 즉시 움직일 것)

➲ 명령이 하달됨을 나타낼 때는 오로지「くだる」만이 적절하다.

참고

허가 등이 떨어지는 것은「おりる」를 쓰며(許可がおりる), 명령 등이 하달되는 것은「くだる」를 쓴다(命令がくだる). 아울러,「おりる」에는 어떤 일을 중도에 그만두는 것을 나타내는 용법도 있다.「あの人は演劇の主役をおりて、里へ帰った」(저 사람은 연극의 주역을 그만두고, 고향으로 돌아갔다)」

「おれ」「僕」「わし」

공통의미

남성이 회화체에서 자신을 가리키는 1인칭대명사

요점

1. 「おれ」는 동등하거나 아래에 있는 사람 앞에서 남성이 자신을 가리킬 때 쓰이는데, 주로 매우 절친한 상대 앞에서만 쓸 수 있다(예문①②③).
2. 「僕」는 상대의 연령, 입장 등에 관계없이 남성이 자신을 가리킬 때 일반적으로 쓰이며(예문④⑤), 때로는 작은 남자아이를 부를 때에도 쓰인다(예문⑥). 하지만, 격식을 차려야 할 상대 앞에서는 쓸 수가 없다.
3. 「わし」는 주로 노인이 자신을 가리킬 때에 쓰며 다소 위엄이 서린 말이다(예문⑦⑧⑨).

예문과 해설

① 彼とおれとは友達だ。(그와 나와는 친구다)

➲ 이 경우의 그와 나는 매우 절친한 친구임에 틀림이 없다.

② おれは先に寝るよ。(나는 먼저 잔다)

➲ 매우 절친한 상대에게 쓰는 표현일 것이다.

③ その問題はおれに任せなさい。(그 문제는 내게 맡겨라)

④ 僕と遊ぼう。(나와 놀자)

⑤ 僕の車で行こう。(내 차로 가자)

⑥ 僕の名前は何ていうの。(꼬마 이름은 뭐라고 하니?)

➲ 남자들만 쓰는 1인칭대명사를 작은 남자아이의 입장에서 쓰는 경우인데 우리말의 '꼬마' 정도에 해당된다.

⑦ わしの言うとおりにしなさい。(내가 말하는 대로 하거라)

➲ 「わし」는 주로 노인이 쓰는 말이기는 하지만 비교적 위엄을 차린 어감이 주어진다.

⑧ わしは今年で八十二だよ。(나는 올해로 82살이야)

⑨ わしの話をよく聞きなさい。(내 이야기를 잘 들어라)

「終わり」「しまい」「おしまい」「最終」「最後」

(連載は今回で終わりとする、連載は今回でしまいとする、
連載は今回でおしまいとする、連載は今回で最終とする、連載は今回で最後とする)

공통의미

끝

요점

1. 「終わり」는 줄곧 지속되고 있던 것이 끊기는 것을 나타내며(예문①②③), 또한 어떤 일이 틀려지는 것을 나타내기도 한다(예문④). 지속되던 것의 끝은 우리말의 '끝, 마지막'에 해당되며 일이 틀려지는 것은 '끝장'에 해당된다.
2. 「しまい」는 주로 회화체에서 쓰이는 말로, 어떤 일의 끝을 나타내는데(예문⑤), 한편으로는 줄곧 지속되고 있던 것을 그만둔다고 하는 뜻으로도 쓰인다(예문⑥). 우리 말의 '끝'에 해당되는데 문말의 술어로 쓰일 때는 「しまいにする」의 형태로 '끝내다'의 의미를 나타낸다.
3. 「おしまい」는 「しまい」의 정중한 말인데(예문⑦), 어떤 일이 틀려지는 것을 나타내기도 한다(예문⑧). 일이 틀려지는 것을 나타내는 경우는 우리말의 '끝장'에 해당된다.
4. 「最終」는 줄곧 지속되고 있던 일에 있어서 시간적으로 가장 끝을 나타내며(예문⑨⑩), 또한 교통수단, 영화의 상영이나 연극의 상연에 있어서 마지막이라는 뜻으로도 쓰인다(예문⑪⑫). 우리말의 '최종, 마지막'에 해당된다.
5. 「最後」는 순번에 있어서, 가장 끝임을 나타내는 말이다(예문⑬⑭⑮). 우리말의 '끝'에 해당된다.

예문과 해설

① この小説は終わりがまずい。(이 소설은 끝이 재미없다)

➲ 이 경우는 단지 소설의 끝부분을 나타내고 있다.

② この世の終わりが本当に来るのか。(이 세상의 마지막이 정말로 오는 건가)

③ 昼休みはこれで終わりです。(점심시간은 이것으로 끝입니다)

④ 彼も学者としてはもう終りだ。(그도 학자로서는 이제 끝장이다)

➲ 「終り」는 이 경우와 같이 어떤 일이 틀려지는 것을 나타내기도 한다.

⑤ しまいには泣き出した。(끝내는 울기 시작했다)

➲ 이 경우는 단지 어떤 일련의 행동의 끝만을 나타내고 있다.

⑥ これでこの話はしまいにしましょう。(이것으로 이 이야기는 끝내기로 합시다)

➲ 이 경우는 지속되던 이야기를 그만둔다는 뜻으로 쓰였다.

⑦ そろそろおしまいにしよう。(슬슬 끝내기로 하자)

➲ 지속되던 일을 그만둔다는 뜻인데, 「しまい」보다 정중한 말이다.

⑧ 今度失敗したら、私はもうおしまいだ。(이번에 실패하면, 나는 이제 끝장이다)

➲ 일이 틀려지고 마는 것을 나타내는 데, 일상회화에서 많이 쓰인다.

⑨ これが最終の案です。(이것이 최종안입니다)

➲ 계속 제시되던 안의 끝임을 나타내고 있다.

⑩ 毎月最終の土曜日は休みです。(매달 마지막 토요일은 쉽니다)

⑪ この映画の最終上映は明日までです。(이 영화의 최종상영은 내일까지입니다)

➲ 줄곧 지속되던 영화가 종영되는 마지막임을 나타내고 있다.

⑫ 本日の下りの最終の電車です。(금일 하행선 마지막 전차입니다)

⑬ 列の最後について並んだ。(줄의 마지막에 붙어서 줄섰다)

➲ 순번의 끝을 나타내고 있다.

⑭ 今日が夏休み最後の日曜日です。(오늘이 여름방학 마지막 일요일입니다)

⑮ この計画は最後の段階を迎えている。(이 계획은 마지막 단계를 맞이하고 있다)

참고

「最後」의 경우, 우리말에서는 '최후의 만찬'이라든지 '최후를 맞이하다'와 같이 매우 무거운 의미로 쓰이지만, 일본어에서는 위에서 보는 바와 같이 '끝'이라는 의미로 가볍게 쓰이며, 일상회화에서 또한 매우 빈번하게 쓰이고 있다.

「私の話を最後まで聞いてください」 (내 이야기를 끝까지 들어 주십시오)

「これが最後のチャンスです」 (이것이 마지막찬스입니다)

「最後に、みなさんのご健康をお祈り致します」 (끝으로, 여러분의 건강을 기원합니다)

「終わる」「終える」「済む」「済ます」

공통의미

끝나다, 끝내다, 마치다,

요점

1. 「終わる」는 지속되던 어떤 일이 종료됨을 나타내는 것으로 우리말의 '끝나다'에 해당된다(예문①③⑥⑦). 한편으로는 지속되던 어떤 일을 끝낸다고 하는 뜻으로도 쓰이는데, 이러한 경우는 회화체에서 빈번하게 쓰이며 우리말의 '마치다'에 해당된다(예문②⑧). 즉 자동사로도 타동사로도 쓰이는 셈이다.
2. 「終える」는 지속되던 어떤 일을 끝낸다고 하는 뜻으로 쓰이는데 우리말의 '끝내다' 에 해당된다(예문②④⑨⑩⑪). 다만 이러한 의미로는 「終わる」도 쓸 수 있는데, 「終える」의 경우에는 주체적으로 의지를 가지고 끝낸다고 하는 뜻이 있으나, 「終わる」는 자연스러운 시간의 흐름에 따라서 당연히 마치게 된다고 하는 뜻을 나타내는 점에 양자간의 차이가 엿보인다.
3. 「済む」는 오로지 사람의 어떤 행위가 완료된다고 하는 의미로만 쓰여서 「夏が済んだ」와 같이는 쓰이지 못한다(예문①③⑫⑬⑭).

4. 「済ます」는 오로지 사람의 어떤 행위를 끝낸다고 하는 의미로만 쓰인다(예문②④⑮). 한편으로는 빚을 갚는다고 하는 의미(예문⑱)와 식사나 어떤 일을 대충 때운다고 하는 의미로도 회화체에서는 빈번하게 쓰이고 있다(예문⑤⑯⑰).

예문과 해설

① 今日は仕事が早く終わった/済んだ/＊終えた/＊済ました。
(오늘은 일이 빨리 끝났다)

➲ 「終わる」와 「済む」는 일이 끝난다고 하는 뜻의 자동사이므로 적절하지만, 「終える」와 「済ます」는 일을 끝낸다고 하는 뜻의 타동사이므로 이 경우에는 부적절하다.

② 会議を終わって/終えて/済まして/＊済んで帰宅する。
(회의를 끝내고 귀가한다)

➲ 「終わる」는 「終える」와 달리 주체적으로 회의를 끝내는 것이 아니라 자연스러운 시간의 경과에 따라 회의를 끝낸다고 하는 뜻이 되기는 하지만, 어쨌든 회의를 끝낸다고 하는 타동사로서의 용법도 있으므로 이 경우에는 적절하다. 「終える」는 주체적으로 회의를 마친다고 하는 뜻의 타동사이므로 물론 적절하고, 「済ます」역시 사람이 진행하는 회의를 끝내는 것이므로 적절하나, 「済む」는 어떤 사람의 행위가 끝난다고 하는 자동사로서의 용법밖에 없으므로 이 경우에는 부적절하다.

③ 授業が終わって/済んで/＊終えて/＊済ましてから先生の研究室へ行くつもりだ。
(수업이 끝나고 나서 선생님의 연구실에 갈 작정이다)

➲ 이 경우와 같이 지속되던 동작이나 행위가 종료됨을 나타낼 때는 「終わる」와 「済む」가 적절하다. 「終える」는 타동사이므로 여기에서는 부적절하고, 「済ます」역시 타동사이므로 이 또한 여기에서는 부적절하다. 물론 만약 '수업을 끝내다'라는 뜻일 경우에는 「終える」와 「済ます」도 적절하다.

④ 作業を早く終えて/済まして/＊終わって/＊済んで映画を見に行こう。
(작업을 빨리 끝내고 영화를 보러 가자)

➲ 이 경우와 같이 어떤 일이나 행위를 의지로서 마친다고 하는 뜻에서는 「終える」와 「済ます」만이 적절하다. 「終わる」는 그 앞에 목적격조사 「を」를 수반하여 일이나 행위를 마친다고 하는 의미용법이 있으나, 이것은 어디까지나 의지로서 마치는 것이 아니라 자연스런 시간의 경과와 더불어 마치는 경우를 나타내므로 여기에서는 부적절하고, 「済む」는 자동사로서의 용법만 있으므로 이것 또한 여기에서는 부적절하다.

⑤ 毎日の昼食はミルクとケーキで済まして/＊終わって/＊済んで/＊終えています。
(매일 점심은 우유와 케이크로 때우고 있습니다)

➲ 이 경우와 같이 식사를 대충 때운다고 하는 뜻에서는 「済ます」만이 적절하다.

⑥ 今日は仕事が午後四時に終わった。(오늘은 일이 오후4시에 끝났다)

➲ 이 경우는 일이 끝났다고 하는 뜻의 자동사로 쓰였다.

⑦ あっという間に試合が終わってしまった。(눈 깜짝할 새에 시합이 끝나고 말았다)

⑧ これで私の発表を終わります。(이것으로 저의 발표를 마치겠습니다)

➲ 이 경우는 발표를 끝낸다고 하는 타동사로서의 용법인데, 다만, 이 경우에도 의도적으로 끝내는 것이 아니라 어디까지나 시간의 흐름과 더불어 자연스럽게 마친다는 뜻이다.

⑨ 作業を終えて映画を見に行った。(작업을 끝내고 영화를 보러 갔다)

➲ 이 경우는 의지를 가지고 주체적으로 작업을 끝낸다는 뜻으로 쓰였다.

⑩ この話はこれで終えましょう。(이 이야기는 이것으로 끝냅시다)

➲ 이 경우역시 위의 예문⑨와 맥락을 같이하고 있다.

⑪ 彼女は短い一生を終えた。(그녀는 짧은 일생을 마쳤다)

⑫ あいつとの話は済んだから帰ろう。(저 녀석과의 이야기는 끝났으니까 돌아가자)

➲ 「済む」는 이 경우와 같이 오로지 사람의 행위가 끝난다고 하는 뜻으로만 쓰인다.

⑬ 今日の宿題はこれで済んだ。(오늘 숙제는 이것으로 끝났다)

⑭ これは謝って済むことではない。(이것은 사과해서 끝날 일은 아니다)

⑮ 約束があって普通より早く仕事を済ました。
(약속이 있어서 보통보다 빨리 일을 끝냈다)

➲ 「済ます」는 오로지 사람의 행위를 끝낸다고 하는 뜻으로만 쓰인다.

⑯ わずかな金で済ました。(얼마 안 되는 돈으로 때웠다)

➲ 이 경우와 같이 어떤 일을 대충 처리하여 모면함을 나타낼 때는 오로지 「済ます」만이 적절하다.

⑰ 毎日の昼食はパンだけで済ましています。
(매일 점심은 우유와 빵만으로 때우고 있습니다)

➲ 식사를 대충하여 한 끼를 때운다는 뜻으로는 오로지 「済ます」만이 적절한데 이러한 표현은 일상회화에서 빈번하게 쓰이고 있다.

⑱ 父からもらった金で借金を<u>済ました</u>。(아버지로부터 받은 돈으로 빚을 갚았다)

➲ 빚을 청산한다고 하는 뜻으로는 오로지 「済ます」만이 적절하다.

「恩恵」「恵み」

(自然の<u>恩恵</u>を受ける、自然の<u>恵み</u>を受ける)

공통의미

은혜

요점

1. 「恩恵」는 주로 정신적인 것이나 행위에 대하여 쓰는 경우가 많다(예문①②④⑤).
2. 「恵み」는 주로 물건이나 금품 등에 대하여 쓰는 경우가 많다(예문①③⑥⑦).

예문과 해설

① 自然の恩恵/恵みを受ける。(자연의 은혜를 받는다)

➲ 이 경우와 같이 자연으로부터 받는 은혜를 나타낼 때는 둘 다 적절하다.

② 恩恵/＊恵みを施す。(은혜를 베풀다)

➲ 동사 「施す」와 함께 쓰여서 '은혜를 베풀다'는 뜻을 나타낼 때는 「恩恵」가 적절하다.

③ 久しぶりに恵み/＊恩恵の雨が降ってきた。(오랜만에 은혜로운 비가 내렸다)

➲ 이 경우와 같이 비로 인한 구체적인 은혜를 나타낼 때는 「恵み」가 적절하다.

④ 平和の<u>恩恵</u>を感じる。(평화의 은혜를 느낀다)

➲ 이 경우와 같이 「恩恵」는 정신적인 은혜에 쓰인다.

⑤ 先生からは多大の<u>恩恵</u>をこうむった。(선생님으로부터는 많은 은혜를 입었다)

➲ 이 경우 역시 정신적인 은혜를 나타내고 있다.

⑥ 石油(せきゆ)は自然(しぜん)の恵(めぐ)みである。(석유는 자연의 은혜이다)

➲ 이 경우와 같이 「恵(めぐ)み」는 주로 물질적인 은혜에 쓰인다.

⑦ どうかお恵(めぐ)みを。(부디 은총을 베푸소서)

「女(おんな)」「女(おんな)の人(ひと)」「女性(じょせい)」「女子(じょし)」「婦人(ふじん)」

공통의미

여자

요점

1. 「女(おんな)」는 여성을 일반적으로 가리키는 말이기는 하지만(예문①②), 그 가치가 많이 하락하여 주로 약한 처지에 있는 경우를 나타내거나(예문③), 다소 가볍게 지칭할 때에 쓰인다.
2. 「女(おんな)の人(ひと)」는 우리말의 '여자'를 나타내는 일반적인 말이다(예문④⑤).
3. 「女性(じょせい)」는 「女(おんな)」보다 더 품위가 있는 말로서 보통은 성인여자를 가리킨다. 다소 당당한 모습의 여자상을 나타낼 때에 즐겨 쓰이는 경향이 있다(예문⑥⑦).
4. 「女子(じょし)」는 어린이부터 어른까지의 모든 여자를 가리키는 말인데(예문⑧), 특히 어른을 가리키는 경우에는 '여성용'의 뜻으로 쓰이며 개인을 가리키지는 않는다(예문⑨).
5. 「婦人(ふじん)」은 「女性(じょせい)」보다 오래된 말로 성인여자를 가리키는데(예문⑩⑪), 특히 상품의 경우에는 「婦人服(ふじんふく)」「婦人靴(ふじんぐつ)」와 같이 쓰인다.

예문과 해설

① 人間(にんげん)には女(おんな)と男(おとこ)しかいない。(인간에는 여자와 남자밖에 없다)

➲ 이 경우는 이 세상에 존재하는 남자와 여자의 두 종류 중에서의 여자를 나타내고 있다.

② 新しい時代の女の生き方を考える。(새로운 시대의 여자의 사는 방식을 생각한다)

③ やはり女だけが損よ。(역시 여자만 손해야)

➲ 「女」는 이 경우와 같이 비교적 약한 처지에 있는 존재를 나타내기도 한다.

④ あの女の人は誰ですか。(저 여자는 누구입니까?)

➲ 「女の人」는 일반적인 여자를 가리키는 말로서 가장 일상적으로 쓰이는 말이다.

⑤ 女の人を先に避難させる。(여자를 먼저 피난시킨다)

⑥ それは働く女性の権利です。(그것은 일하는 여성의 권리입니다)

➲ 「女性」는 여자를 보다 품위 있게 나타내는 말이다.

⑦ この頃は女性の職場進出が増えて来た。(요즘은 여성의 직장진출이 늘어났다)

⑧ この会社は女子の従業員が多い。(이 회사는 여자종업원이 많다)

⑨ あの病院は女子更衣室が足りない。(저 병원은 여자탈의실이 부족하다)

➲ 이 경우는 여성용이라는 뜻으로 쓰였다.

⑩ 婦人の地位向上をはかる。(부인의 지위향상을 도모한다)

➲ 이 경우는 성인여자를 가리키고 있는데 비교적 오래 된 말이다.

⑪ 最近は婦人団体が増えた。(최근에는 부인단체가 늘어났다)

「女の子」「娘」

공통의미

여자아이나 젊은 미혼여성을 가리키는 말

요점

1. 「女の子」와 「娘」는 둘 다 젊은 미혼여성을 가리키는 말인데, 어느 연령층이 쓸 수 있느냐에 있어서는 다소 용법상의 차이가 엿보인다.
2. 「女の子」는 작은 여자아이에서부터 젊은 여자까지 폭넓게 가리키는 말인데, 특히 연장자가 젊은 여성을 가볍게 가리키는 말로 쓰인다. 단, 기혼여성인 경우에는 아무리 젊어도 쓰지 않는다(예문①②③④).
3. 「娘」는 원래 우리말의 '딸'에 해당되는 말이지만 한편으로는 젊은 여성, 또는 미혼여성을 가리키기도 하며, 이 경우는 소녀보다는 다소 나이가 많은 층을 가리킨다(예문⑤⑥⑦⑧).

예문과 해설

① 人形を抱いた女の子が娘です。(인형을 안은 여자애가 딸입니다)

➲ 이 경우는 비교적 작은 여자아이를 가리키는 것으로 볼 수가 있다.

② 女の子を保育する。(여자아이를 보육한다)

③ うちには六年生の女の子がいる。(우리 집에는 6학년인 여자애가 있다)

④ 課の女の子を連れて飲みに行く。(과의 여직원을 데리고 마시러 간다)

➲ 「女の子」는 이 경우와 같이 젊은 여성을 가리키기도 하는데 이러한 표현은 비교적 연장자의 입장에서 쓰이는 경향이 있다.

⑤ 娘のころ着た服。(아가씨일 적에 입은 옷)

➲ 「娘」는 원래 딸을 가리키는 말이지만 이 경우와 같이 미혼여성을 가리키기도 한다.

⑥ 山田さんは性格のいい娘です。(야마다씨는 성격이 좋은 아가씨입니다)

➲ 이 경우 역시 젊은 미혼여성을 가리키고 있다.

⑦ うちの会社には結婚していない娘がたくさんいる。
(우리 회사에는 결혼하지 않은 아가씨가 많이 있다)

➲ 이 경우도 위의 예문들과 맥락을 같이하고 있다.

⑧ あの娘はどの会社に勤めていますか。
(저 아가씨는 어느 회사에 근무하고 있습니까)

➲ 이 경우 역시 마찬가지이다.

「～か」「～い」「～かしら」「～の」

공통의미

의문이나 질문을 나타내는 용법

요점

1. 「～か」는 일반적으로 가장 많이 쓰이는 의문조사로 회화체나 문장체 어느 것에나 쓰인다. 보통체의 문말에 접속되면 거친 말투나 비난조의 말투가 되며(예문⑤), 정중한 문체의 문말에 접속되면 의문이나 질문의 말투가 된다(예문①②③④).
2. 「～い」는 「～か」가 보통체의 문말에 접속되어 거친 말투나 비난조의 말투가 되는 것을 부드럽게 하기 위하여, 「～か」의 뒤에 접속시켜 「～かい」의 형태로 쓰이며(예문⑥⑦⑧⑨), 한편으로는 단정의 조동사 「～だ(～이다)」에 접속시켜 「～だい」의 형태로도 쓰인다(예문⑩⑪⑫). 이러한 경우에는 문말의 억양을 높여서 발음하는데, 만약 문말의 억양을 낮추는 식으로 발음하게 되면 여전히 거친 말투나 비난조의 말투가 된다. 주로 회화체에서 남성이 동등하거나 아랫사람에 대하여 쓰고 있다.
3. 「～かしら」는 원래 「～か知(し)らぬ(～일지 모른다)」에서 부정을 나타내는 조동사 「ぬ」가 탈락된 형태인데, 오늘날에서는 주로 여성들이 회화체에서 쓰는 경우가 많다(예문⑬⑭⑮). 우리말의 '～일까?' 정도에 해당된다.
4. 「～の」는 회화체에서 여성들이 주로 쓰지만 남성들도 쓰며 어디까지나 친한 사이나 아랫사람에게 쓰는 것이 원칙이다. 이 경우에는 반드시 문말의 억양을 높여서 발음하여야

한다(예문⑯⑰⑱⑲).

예문과 해설

① あなたはどなたですか。(당신은 누구십니까?)

➲ 이 경우는 정중체이므로 질문문이 된다.

② これはあなたの本(ほん)ですか。(이것은 당신의 책입니까?)

③ 先生(せんせい)は明日(あした)学校(がっこう)へいらっしゃいますか。(선생님은 내일 학교에 가십니까?)

④ 山田(やまだ)さんのお宅(たく)ですか。(야마다씨의 댁입니까?)

⑤ 君(きみ)も一緒(いっしょ)に行(い)くか。(자네도 함께 갈래?)

➲ 이 경우는 보통체이므로 친한 사이나 아랫사람에게 쓸 법한 거친 말투가 된다.

⑥ 君(きみ)も一緒(いっしょ)に行(い)くかい。(자네도 함께 가나?)

➲ 이 경우와 같이 의문조사「か」에 조사「い」를 접속시킴으로서 다소 부드러운 말투가 된다.

⑦ 今日(きょう)も出(で)かけるかい。(오늘도 나가는 건가?)

⑧ 僕(ぼく)に手紙(てがみ)は来(き)ていないかい。(내게 편지는 와 있지 않나?)

⑨ それは本当(ほんとう)かい。(그건 정말인가?)

⑩ それは何(なん)だい。(그건 무언가?)

➲ 조사「い」는 단정의 조동사「だ」에도 접속시킴으로서 다소 부드러운 말투가 되는데, 이러한 경우에는 문말의 억양이 다소 올라가게 된다.

⑪ 何(なに)をしているんだい、早(はや)くしろよ。(무얼 하고 있는 건가? 빨리 해라)

➲ 이 경우와 같이 비난조의 거친 말투로 쓰일 때는 문말의 억양이 내려가게 된다.

⑫ こんなところで何(なに)をしているんだい。(이런 곳에서 무얼 하고 있는 건가?)

⑬ 手紙(てがみ)はもう着(つ)いたかしら。(편지는 이제 도착했을까?)

➲「かしら」는 회화체에서 주로 여성이 의문을 나타내는 경우에 사용하는 경향이 있다.

⑭ どうしたらいいかしら。(어떻게 하면 좋을까?)

⑮ これはあなたの本(ほん)かしら。(이것은 당신의 책일까?)

⑯ 今年(ことし)いくつになったの。(올해 몇 살이 되는 거니?)

➲「の」는 주로 여성이 친숙한 상대에게 질문을 할 때에 쓰지만 남성도 친한 상대에게는 쓸 수가 있다. 다만, 질문을 나타낼 때는 문말의 억양을 높이게 된다.

⑰ 今日(きょう)は何時(なんじ)に帰(かえ)るの。(오늘은 몇 시에 돌아오니?)

⑱ きれいな着物(きもの)を着(き)て、どこへ行(い)くの。(예쁜 옷을 입고 어디에 가는 거야?)

⑲ 夏休(なつやす)みはいつから始(はじ)まりますの。(여름방학은 언제부터 시작되는 거예요?)

➲ 「の」는 이 경우와 같이 정중체에서도 쓰이는데 이러한 경우는 주로 여성에 국한된다.

참고

「の」에는 이 밖에도 다음과 같은 다양한 의미용법이 있다.

1. 가볍게 상대의 주의를 끄는데 쓰인다. 이 경우 여성은 종종 「のよ」의 형태를 취할 때도 많은데, 이렇게 되면 「の」보다 의미가 더 강해진다.

   「あなたにさしあげたいものがあるの」(당신에게 드리고 싶은 것이 있어요)

   「今(いま)おなかがいっぱいなので、何(なに)も食(た)べたくないの」

   (지금 배가 불러서 아무것도 먹고 싶지 않아요)

   「わたしこれから出(で)かけますの」(나 이제부터 외출해요)

   「あの人(ひと)まだ若(わか)いけれど、会社(かいしゃ)の社長(しゃちょう)さんなのよ」

   (저 사람 아직 젊지만, 회사 사장인 거예요)

   「私(わたし)来月(らいげつ)帰国(きこく)するのよ」(나 다음 달 귀국해요)

2. 상대에게 다짐, 확인을 하는데 쓰인다. 이 경우에는 「のね」의 형태로 쓰이는 경향이 있다.

   「明日(あした)は必(かなら)ず来(き)てくれるのね。待(ま)ってますよ」

   (내일은 반드시 와 주는 거죠? 기다리고 있을게요)

   「この字(じ)はほんとうにあなたが書(か)いたのね」(이 글자는 정말로 당신이 쓴 거지?)

   「あなたが行(い)ってくれるなら、私(わたし)は行(い)かなくていいのね」

   (당신이 가 준다면, 나는 가지 않아도 되는 거지?)

3. '~해라'라고 하는 명령을 하는데 쓰인다. 이 경우에는 「の」를 포함한 그 앞의 동사부분을 강하게 발음하곤 한다.

   「テレビなんか見(み)ていないで、勉強(べんきょう)するの」(티브이 같은 거 보고 있지 말고, 공부해라)

   「何(なに)もわからないくせに、文句(もんく)など言(い)わないの」

   (아무것도 모르면서 불평 같은 거 하지마라)

   「来(き)なさいと言(い)ったら、すぐにこっちへ来(く)るの」(오라고 하면, 금방 이쪽으로 와라)

「～が」「～で」「～に」「～から」

공통의미

～이(～가), ～에서, ～에게 (동작, 상태의 주체를 나타내는 용법)

요점

1. 「～が」「～で」「～に」「～から」는 모두 저마다의 문법적 기능을 지닌 조사들인데 이 중에서「が」는 원래 주격을 나타내지만(예문①②), 나머지 조사들은 경우에 따라서 동작, 상태의 주체를 나타낼 때가 있다.
2. 「～で」는 복수의 주체(예문③), 또는 조직이나 단체의 경우에 주체를 나타내며(예문④⑤), 때로는 「自分(じぶん)で」「君自身(きみじしん)で」의 형태로 주체를 나타내는 경우도 있다(예문⑥⑦).
3. 「～に」는 그 뒤에 주로 「分(わ)かる」「読(よ)める」「話(はな)せる」와 같은 가능을 나타내는 동사가 올 때(예문⑧⑨)나 소유를 나타내는 동사 「いる」「ある」가 올 때(예문⑩). 그리고 감정을 나타내는 형용사 「うれしい」「悲(かな)しい」등이 올 때(예문⑪)에 주체를 나타낸다. 아울러 「～に」가 이러한 용법을 나타낼 때는 주로 그 뒤에 격조사가 연결되어 「～には」「～にも」의 형태로 쓰일 때가 많다.
4. 「～から」는 누군가를 거친다고 하는 의미를 나타낼 때에 그 거치게 되는 주체를 나타낸다(예문⑫⑬).

예문과 해설

① きれいな花(はな)が咲(さ)いた。(예쁜 꽃이 피었다)

② 国道(こくどう)より高速道路(こうそくどうろ)の方(ほう)が速(はや)い。(국도보다 고속도로 쪽이 빠르다)

③ このことは、家族四人(かぞくよにん)で決(き)めました。(이 일은 가족 넷이서 결정했습니다)

➲ 이 경우는 복수의 주체를 나타내는 것인데, 이러한 용법은 우리말에도 있다.

④ このイベントは学友会(がくゆうかい)で計画(けいかく)しました。(이 이벤트는 학생회에서 계획했습니다)

➲ 이 경우는 조직이나 단체가 주체임을 나타내고 있다.

⑤ この機械(きかい)は当社(とうしゃ)で開発(かいはつ)した新製品(しんせいひん)です。

(이 기계는 당사에서 개발한 신제품입니다)

⑥ それくらいは自分(じぶん)でやりなさい。(그 정도는 스스로 해라)

➲ 이 경우는 자신이 주체임을 나타내고 있다.

⑦ それを君自身(きみじしん)で考(かんが)えたのか。(그것을 자네스스로 생각한 건가?)

⑧ そんな話(はなし)では子供(こども)に分(わ)からない。(그런 이야기로는 아이에게 알 수 없다)

➲ 이 경우와 같이 가능의 뜻을 나타내는 때는 「に」가 주체를 나타낼 수 있는데 이러한 용법은 우리말에도 있다. 참고로, 「分(わ)かる」는 '안다'고 하는 뜻 이외에도 '알 수 있다'는 뜻의 가능동사로서의 기능도 지니고 있다.

⑨ こんな漢字(かんじ)は私(わたし)にも読(よ)めます。(이런 한자는 나에게도 읽을 수 있습니다)

⑩ 兄(あに)には子供(こども)が三人(さんにん)います。(형에게는 아이가 셋 있습니다)

➲ 이 경우와 같이 소유의 뜻을 나타내는 때도 「に」가 주체를 나타낼 수가 있다.

⑪ 弟(おとうと)のそんな行為(こうい)が私(わたし)には悲(かな)しい。(남동생의 그런 행위가 나에게는 슬프다)

➲ 조사 「に」는 이 경우와 같이 감정의 주체를 나타내기도 한다.

⑫ この書類(しょるい)は私(わたし)から彼(かれ)に伝(つた)えましょう。(이 서류는 내가 그에게 전하겠습니다)

➲ 이 경우와 같이 누군가를 경유한다고 하는 뜻에서의 주체를 나타낼 때는 「から」가 쓰이는데 물론 여기에서는 나를 경유해서, 라는 뜻으로 쓰였다.

⑬ その話(はなし)は、私(わたし)から彼女(かのじょ)に話(はな)しておきます。

(그 이야기는 내가 그녀에게 이야기해 두겠습니다)

➲ 이 경우 역시 경유의 주체를 나타내고 있다.

참고

위의 조사 중에서, 「で」「に」는 우리말에도 같은 용법이 있어서, '가족 셋이서 야유회를 갔다' '정부에서 단호한 조치를 취했다'와 같이 쓰이며, '그런 어려운 이야기는 아이에게 알 수가 없다' '그만한 일은 나에게는 감당할 수 없다'와 같이 쓰인다. 하지만, 「から」에 해당되는 용법은 우리말에서는 쓰이지 않는다.

「～が」「～の」

(雨が降る日、雨の降る日)

공통의미

～이(～가) (연체수식구 속에서 주격조사로 사용되는 용법)

요점

1. 뒤에 오는 명사를 짧게 수식하는 구(연체수식구라고 함)의 속에, 주어와 술어 관계가 있을 때는 주격조사 「～が」를 써도 좋고, 「～が」 대신에 「～の」를 써도 의미상에는 전혀 차이가 없다(예문①).
2. 따라서 「雨が降る日(비가 오는 날)」는 「雨の降る日(비가 오는 날)」로 표현해도 의미상의 차이는 전혀 없다. 왜냐하면, 피수식어 「日」를 수식하고 있는 구(연체수식구)가 주어(雨)와 술어(降る)로 구성되어 있기 때문이다.
3. 다만, 뒤에 오는 피수식어가 실질적인 의미를 지닌 명사가 아니라 「ため(때문에), 以上(이상), の(것)」와 같이 형식명사일 경우에는, 반드시 연체수식구 안의 주격조사로서는 「～が」를 써야하며 「～の」는 쓸 수가 없다(예문②③④).
4. 또한 연체수식구가 짧지 않고 다소 긴 경우에는 「～が」를 써야하며 「～の」는 쓸 수 없다. 그 이유는 연체수식구가 다소 긴 경우에는 주어와 술어의 거리가 다소 멀게 되어 그 관계가 애매해 질 수가 있기 때문이다(예문⑤⑥).

예문과 해설

① 花が/の咲く時、遊びに行きましょう。(꽃이 필 때 놀러 갑시다)

➲ 이 경우는 연체수식구 안에 주어(花)와 술어(咲く)가 있으며 연체수식구의 길이도 매우 짧고, 게다가 피수식어인 「時」는 실질적인 의미를 지닌 명사이므로 「~が」와 「~の」 어느 쪽이나 다 적절하다.

② 勉強が/＊の忙しいため、どこへも行くことができません。
(공부가 바쁘기 때문에 어디에도 갈 수가 없습니다)

➲ 이 경우는 피수식어가 실질적인 의미를 지닌 명사가 아니라 형식적인 기능만을 지닌 것이어서 「が」가 적절하며 「の」는 부적절하다.

③ 私が/✱のいる以上、そんな心配はしなくてもいい。

(내가 있는 이상, 그런 걱정은 하지 않아도 돼)

➲ 이 경우역시 피수식어가 실질적인 의미를 지닌 명사가 아닌 형식적인 기능만을 지닌 것이어서 「が」가 적절하며 「の」는 부적절하다.

④ 私が/✱の福岡についたのは夜です。(내가 후쿠오카에 도착한 것은 밤입니다)

➲ 이 경우도 피수식어가 실질적인 의미를 지닌 명사가 아닌 형식적인 기능만을 지닌 것이어서 「が」가 적절하며 「の」는 부적절하다.

⑤ この会は、多くの人が/✱のいろいろな条件の下に経験できる場所です。

(이 모임은 많은 사람이 여러 가지 조건하에서 경험할 수 있는 장소입니다)

➲ 이 경우는 연체수식구속의 주어(人)와 술어(経験できる)의 거리가 먼 관계로 그 의미파악이 애매해 질 수 있기에 「が」가 적절하며 「の」는 부적절하다.

⑥ 山田さんが/✱のきのうデパートで買ったCDを貸してください。

(야마다씨가 어제 백화점에서 산 CD를 빌려주십시오)

➲ 이 경우역시 연체수식구속의 주어(山田さん)와 술어(買った)의 거리가 먼 관계로 그 의미파악이 애매해 질 수 있기에 「が」가 적절하며 「の」는 부적절하다.

「外国人」「外人」

공통의미

외국인

요점

1. 「外国人」은 다른 나라사람전체를 가리키거나 개별적인 사람을 가리키는 일반적인말이

다(예문①②③).

2. 「外人」은 외국인개인을 가리키며 회화체에서 주로 쓰이는데 일본인이 쓰는 「外人」은 외국인 중에서도 특히 서양의 백인을 가리키는 경우가 많다(예문④⑤⑥).
3. 우리말에서 '외인'이라고 하면 관계자이외의 사람을 가리키는데(외인출입금지), 이점에서는 일본어와 그 의미용법이 다르다. 참고로 일본어에서는 우리말의 '외인'을 「部外者」라고 한다.

예문과 해설

① 外国人との交流をはかる。(외국인과의 교류를 꾀한다)

② 外国人の観光客が増えた。(외국인관광객이 늘어났다)

③ 外国人の入国が許された。(외국인의 입국이 허용되었다)

➲ 이상의 예는 전체외국인을 가리키고 있다.

④ 外人タレントの人気が高い。(외국인탤런트의 인기가 높다)

⑤ あの外人は女か男か区別がつかない。
(저 외국인은 여자인지 남자인지 분간이 안 된다)

➲ 이 경우는 개인적인 외국인을 가리키고 있는데, 특히 서양의 백인을 가리키는 경우가 많다.

⑥ この店は外人を相手にしている。(이 상점은 외국인을 상대로 하고 있다)

➲ 이 경우역시 서양의 백인을 가리키는 것으로 볼 수가 있다.

「介抱」「看護」「看病」

(病人を介抱する、病人を看護する、病人を看病する)

공통의미

간호

요점

1. 「介抱」는 우리말에는 없는 말로 다친 사람 등을 아주 짧은 시간동안 돌보아 주는 것을 나타낸다(예문②④).
2. 「看護」는 가장 의미범위가 넓은 말로 환자를 치료하거나 돌보아 주는 것을 나타내며, 때로는 환자이외에도 허약한 노인 등을 돌보아 주는 것까지 나타낸다(예문①③⑤).
3. 「看病」는 장기간의 치료를 요하는 환자 옆에서 줄곧 돌보아주는 것을 나타낸다(예문①⑥).

예문과 해설

① もう三年もねたきりの病人を看護/看病/＊介抱している。
(이미 삼년이나 누워만 있는 환자를 간호하고 있다)

➲ 「介抱」는 비교적 짧은 시간동안 돌보아 주는 것을 나타내므로 이 경우에는 부적절하다.

② 見知らぬ人が日射病でたおれた子供を介抱/＊看護/＊看病してくれた。
(알지도 못하는 사람이 일사병으로 쓰러진 아이를 돌보아 주었다)

➲ 이 경우는 일사병으로 쓰러진 아이가 입원한 것은 아니며 길에서 잠시 간호를 받았을 뿐으로 해석되기에 「介抱」가 적절하다.

③ 看護婦は産婦の看護/?介抱/＊看病に当たっている。
(간호사는 산모의 간호에 나서고 있다)

➲ 이 경우와 같이 병을 치료하는 것이 아니며 다소의 시간을 들여 돌보아주는 것이므로 「看護」가 가장 적절하다. 「看病」는 병에 걸린 환자를 제법 긴 시간에 걸쳐서 돌보는 것인데 이 경우의 산모는 병에 걸린 것이 아니므로 부적절하고, 「介抱」는 주로 다친 사람을 짧은 시간 동안 일시적으로 돌보아주는 것이므로 여기에서는 다소 부적절하다.

④ 酔った友だちを介抱する。(술 취한 친구를 돌봐준다)

➲ 일시적으로 아주 짧은 시간 동안 돌보아주는 것을 나타낸다.

⑤ けが人の看護で徹夜した。(다친 사람의 간호로 밤을 새웠다)

➲ 치료하거나 돌보아주는 것으로 다소 긴 시간을 요할 수도 있다.

⑥ 老母の看病に三年間当たった。(노모의 간병에 3년간 매달렸다)

➲ 가장 긴 시간 동안 줄곧 곁에서 돌보아주는 것을 나타낸다.

「買う」「購入する」「購買する」

(日用品を買う、日用品を購入する、日用品を購買する)

공통의미

사다, 구매하다

요점

1. 「買う」는 가장 일반적으로 쓰이는 말로 우리말의 '사다'에 해당된다(예문①③④). 한편으로는 어떤 대상을 평가한다는 의미로도 쓰이고(예문⑤), 상대의 감정을 끄집어낸다는 의미로도 쓰인다(예문⑥).
2. 「購入する」는 「買う」보다 격식을 차린 말로 주로 고가의 상품으로서 팔리고 있는 것을 사는 경우에 쓰이는데 우리말의 '구입하다'에 해당된다(예문②⑦⑧).
3. 「購買する」는 주로 조직이나 그룹차원에서 단체로 무언가를 사는 경우에 쓰이는데 우리말의 '구매하다'에 해당된다(예문②⑨⑩).

예문과 해설

① コンビニでアイスクリームを買った/＊購入した/＊購買した。
(편의점에서 아이스크림을 샀다)

➲ 이 경우와 같이 일상적으로 무언가를 살 때는 「買う」가 가장 적절하다. 「購入する」나 「購買する」를 쓰게 되면 너무 과장된 표현이 되므로 부적절한데 이 점에서는 우리말의 경우도 마찬가지다.

② 大学は新しいスクールバスを三台も購入した/購買した/?買った。
(대학은 새로운 스쿨버스를 세대나 구입했다/구매했다)

➲ 이 경우와 같이 공식적으로 고가품을 사들이거나 조직차원에서 구입하는 때는 「購入する」「購買する」가 적절하다. 반면에 「買う」는 일상적인 구입에 쓰이는 경향이 있으므로 이 경우에는 다소 부적절하다.

③ 団子を買って来るからここで待っていて。

(경단을 사 올 테니까 여기서 기다리고 있어)

④ 本を買いに市内へ行った。(책을 사러 시내에 갔다)

⑤ あの人の人柄を買って採用した。(저 사람의 인품을 사서 채용했다)

➲ 이 경우는 인물에 대한 평가를 나타내고 있는데 우리말에는 이러한 용법이 없다. 하지만, 우리말에도 '~을(를) 높이 산다'라고 하는 표현은 평가의 의미로서 흔히 쓰이고 있다.

⑥ 食事の接待をして歓心を買った。(식사대접을 해서 환심을 샀다)

➲ 이 경우는 그 사람의 감정을 흡수한다는 뜻으로 쓰였는데 이러한 용법은 우리말에도 있다.

⑦ 家内はどんどん土地を購入した。(아내는 자꾸만 토지를 구입했다)

➲ 「購入する」는 보다 격식을 차린 말로서 비교적 고가의 상품에 대하여 쓰인다.

⑧ 引っ越ししたから新しい家具を購入しなければならない。
(이사했으니까 새로운 가구를 구입해야만 한다)

⑨ 労働組合が日用品を団体で購買した。(노동조합이 일용품을 단체로 구매했다)

➲ 「購買する」는 주로 조직이나 단체차원에서 한꺼번에 다량의 상품을 사들일 때에 쓰인다.

⑩ 今の課長は購買力が落ちる。(지금의 과장은 구매력이 떨어진다)

참고

「買う」는 우리말의 '사다'에 해당되는 동사이긴 하지만, 상품의 경우에는 어디까지나 형상화되어 있고 운반할 수 있는 것이어야만 한다. 우리말에서 흔히 쓰이는 '저녁을 사다' '술 한 잔 사다'와 같은 표현의 경우, 일본어에서는 절대로 「買う」는 쓸 수가 없고, 그 대신에 「おごる(대접하다)」를 쓰는 것이 일반적이므로 주의하여야 한다.

「夕食は私が買います」(X)　　　「夕食は私がおごります」(0)

「返す」「戻す」

(本を書棚に返す、本を書棚に戻す)

공통의미

돌아가게 하다

요점

1. 「返す」는 목적지를 염두에 두고 거기로 가도록 출발시킨다고 하는 뜻을 나타내는데 사물이 아니라 사람을 돌아가게 하는 때는 「帰す」로 표기하며, 우리말의 '돌아가게 하다, 돌려보내다' 정도에 해당된다(예문④⑤⑥⑦⑧).
2. 「戻す」는 목적지를 염두에 두지 않고 다만 그 본래 있던 장소로 도착하게 한다고 하는 뜻을 나타낸다. 우리말의 '되돌아가게 하다, 되돌리다' 정도에 해당된다(예문①②③⑨⑩⑪).
3. 결국 「返す」는 출발에 중점이 놓이고 「戻す」는 도착에 중점이 놓이는 셈이다.

예문과 해설

① 自動車をすこし後ろへ戻す/＊返す。(자동차를 조금 뒤로 되돌린다)

➲ 이 경우는 자동차를 온 길로 다시 조금 되돌린다고 하는 것이므로 「戻す」가 적절하다.

② もとの配列順に戻す/＊返す。(본래의 배열순으로 되돌린다)

➲ 본래 자리 잡았던 배열순으로 되돌리는 것이므로 「戻す」가 적절하다.

③ 時計の針を五分戻す/＊返す。(시계바늘을 5분 되돌린다)

➲ 시계바늘을 5분정도 뒤로 되돌리는 것이므로 「戻す」가 적절하다.

④ お客さんを帰して/＊戻してから食事にしよう。
(손님을 돌려보내고 나서 식사하기로 하자)

➲ 손님을 자신의 집에서 출발시키는 것이므로 「帰す」가 적절하다.

⑤ 生徒をはやく帰さないと/＊戻さないと台風がくる。
(학생을 빨리 돌려보내지 않으면 태풍이 온다)

➲ 학생을 학교에서 출발시키는 것이므로 「帰す」가 적절하다.

⑥ 借りた本を返す。(빌린 책을 돌려준다)

➲ 본래에 있던 곳으로 되돌리는 것을 나타낸다.

⑦ 問題(もんだい)を白紙(はくし)に返(かえ)す。(문제를 백지로 돌린다)

➲ 처음의 위치로 되돌리는 것을 나타낸다.

⑧ 海外支社(かいがいししゃ)から本社(ほんしゃ)に帰(かえ)す。(해외지사로부터 본사로 돌아가게 한다)

➲ 본사라고 하는 목적지를 향해서 출발시키는 것을 나타낸다.

⑨ 子供(こども)を家(いえ)に戻(もど)す。(아이를 집으로 돌려보낸다)

⑩ 納(おさ)めすぎの税金(ぜいきん)を返(かえ)す。(너무 많이 낸 세금을 돌려준다)

⑪ 持(も)ち出(だ)した雑誌(ざっし)をもとの場所(ばしょ)に戻(もど)す。(꺼낸 잡지를 본래장소에 되돌린다)

「帰(かえ)る」「引(ひ)き返(かえ)す」「戻(もど)る」

(家(いえ)に帰(かえ)る、家(いえ)に引(ひ)き返(かえ)す、家(いえ)に戻(もど)る)

공통의미

돌아가다

요점

1. 「帰(かえ)る」는 사람이 본래에 있던 장소로 돌아감을 나타낸다(예문①②③⑥⑦).
2. 「引(ひ)き返(かえ)す」는 사람 또는 배나 비행기 등의 탈것이 목적지로 가던 도중에, 왔던 길로 되돌아감을 나타내는데 우리말의 '되돌아가다'에 해당된다(예문①④⑤⑧⑨).
3. 「戻(もど)る」는 사람이나 물건 등이 본래에 있던 장소로 거꾸로 돌아감을 나타내며(예문 ①③④⑤⑩), 때로는 본래의 상태로 되돌아옴을 나타내기도 한다(예문⑪).
4. 결국, 「帰(かえ)る」는 단지 제자리로 돌아감을 나타내고, 「戻(もど)る」는 제자리를 향하여 거꾸로 돌아감을 나타내며, 「引(ひ)き返(かえ)す」는 도중에서 왔던 길로 되돌아감을 나타내는 셈이다.

예문과 해설

① 家に帰る/引き返す/戻る。(집으로 돌아간다)

➲ 이 경우는 전후문맥이나 장면의 설정이 없으므로 세 가지 다 적절한데 「帰る」를 쓰게 되면 단지 집으로 돌아간다는 사실만을 나타내며, 「引き返す」를 쓰게 되면 집을 떠나서 이동하다가 도중에서 다시 왔던 길로 되돌아감을 나타내고, 「戻る」를 쓰게 되면 다시 역순으로 집을 향하여 이동함을 나타낸다.

② 食事を済ませて、お客が帰った/＊引き返した/＊戻った。
(식사를 마치고, 손님이 돌아갔다)

➲ 단지 손님이 돌아가는 것을 나타내는 경우이므로 「帰る」가 적절하다. 「引き返す」는 도중에서 되돌아감을 나타내며, 「戻る」는 본래의 장소를 향하여 역순으로 이동함을 나타내므로 이 경우는 둘 다 부적절하다.

③ 旅行から帰ったら/＊引き返したら/＊戻ったらゆっくり会おう。
(여행에서 돌아가면 느긋하게 만나자)

➲ 이 경우는 여행지에서 귀가하는 것을 나타내는 것이지 집으로 되돌아간다고 하는 뜻에 중점이 있는 것이 아니므로 「帰る」만이 적절하다.

④ 走っていて百メートルほど引き返した/戻った/＊帰った。
(달리다가 백 미터 쯤 되돌아갔다)

➲ 이 경우는 달리다가 도중에서 되돌아간 것이므로 「引き返す」가 적절하며, 「戻る」 역시 왔던 방향으로 거꾸로 돌아가는 것이므로 적절하다. 한편 「帰る」는 단지 돌아가는 것만을 나타내는 것이므로 부적절하다.

⑤ 行き過ぎたから少し戻って/引き返して/＊帰って右へ曲がろう。
(지나쳐왔으니까 조금 되돌아가서 오른 쪽으로 꺽자)

➲ 이 경우와 같이 왔던 길로 조금 되돌아간다고 하는 뜻을 나타낼 때는 「帰る」는 부적절하다.

⑥ 疲れたから早く家へ<u>帰り</u>たい。(피곤하니까 빨리 집으로 돌아가고 싶다)

⑦ 今夜はうちにまっすぐ<u>帰る</u>。(오늘 밤은 집에 곧장 돌아간다)

⑧ 飛行機は暴風雨で成田に<u>引き返し</u>た。
(비행기는 폭풍우로 나리타로 되돌아갔다)

➲ 이 경우와 같이 「引き返す」는 도중에서 왔던 길로 되돌아감을 나타낸다.

⑨ ここで引き返すのは口惜しい。(여기에서 되돌아가는 것은 아쉽다)

⑩ 先生に呼ばれて学校に戻る。(선생님에게 불려서 학교에 돌아간다)

⑪ なくした財布が戻った。(잃어버렸던 지갑이 돌아왔다)

「顔」「顔面」「面」

공통의미

얼굴

요점

1. 「顔」는 가장 일반적으로 쓰이는 것으로 '얼굴'을 나타내는 이외에(예문①②) 표정의 뜻으로도 쓰이며(예문③), 때로는 '면목, 체면'의 뜻으로도 쓰인다(예문④).
2. 「顔面」은 얼굴의 표면만을 나타내는 말이다(예문⑤⑥).
3. 「面」는 다른 사람의 얼굴을 비하해서 나타내는데 쓰인다(예문⑦⑧).

예문과 해설

① 起きたら早速顔を洗いなさい。(일어나면 곧바로 세수를 해라)

② うちの子はいつも顔をしかめている。(우리 아이는 언제나 얼굴을 찌푸리고 있다)

③ 彼は沈んだ顔をしていますが、何かありましたか。
(그는 침울한 얼굴을 하고 있습니다만, 무슨 일 있었습니까?)

➲ 이 경우는 「顔」가 표정의 의미로 쓰였다.

④ 決して私の顔をつぶしてはいけません。(결코 내 얼굴에 먹칠해서는 안 됩니다)

➲ 이 경우는 「顔」가 면목이나 체면의 의미로 쓰였다.

⑤ 転んで顔面に怪我をした。(굴러서 안면에 상처를 입었다)

➲ 「顔面」은 글자 그대로 얼굴의 표면만을 나타낸다.

⑥ 顔面が蒼白になって、急に彼女が現れた。

(안면이 창백해져서 갑자기 그녀가 나타났다)

⑦ あいつの面は見たくない。(저 녀석의 낯짝은 보고 싶지 않다)

➲ 이 경우는 상대의 얼굴을 비하해서 나타낸 것이다.

⑧ どの面下げてやって来たのだ。(무슨 낯짝으로 찾아온 거냐?)

➲ 이 경우는 면목, 체면의 뜻으로 쓰인 것인데 역시 상대를 비하해서 나타낸 것이다. 참고로, 「どの面下げて」의 관용적인 형태로서 우리말의 '무슨 낯짝으로, 무슨 얼굴로'라고 하는 비난의 뜻을 나타내게 된다.

「顔立ち」「顔付き」

(上品な顔立ちの女性、上品な顔付きの女性)

공통의미

얼굴의 형태나 표정

요점

1. 「顔立ち」는 태어날 때부터 눈, 코, 입 등의 크기나 형태로 특징 지워진 얼굴의 외형적인 모습을 나타내는데, 우리말의 '얼굴모습'에 해당된다(예문①②③⑥⑦).
2. 「顔付き」는 얼굴의 외형적인 모습이 아니라 감정 등에 의해서 변하는 표정을 나타내는데, 우리말의 '얼굴표정'에 해당된다(예문①④⑤⑧⑨).

예문과 해설

① 上品な顔立ち/顔付きの女性が訪ねて来た。

(고상한 얼굴모습을 한/얼굴표정을 한 사람이 찾아왔다)

➲ 이 경우 「顔立(かおだ)ち」를 쓰게 되면 그 사람의 얼굴생김새를 나타내지만, 「顔付(かおつ)き」를 쓰게 되면 그 사람의 얼굴에 나타난 표정을 뜻하게 된다.

② ハンサムな顔立(かおだ)ち/✱顔付(かおつ)きの男性(だんせい)が訪(たず)ねて来(き)た。
(핸섬한 얼굴모습의 남성이 찾아왔다)

➲ 이 경우는 핸섬한 얼굴모습을 나타내는 것이지 일시적인 얼굴표정을 나타내는 것이 아니므로 「顔立(かおだ)ち」만이 적절하다.

③ 新(あたら)しい先生(せんせい)は整(ととの)った顔立(かおだ)ち/✱顔付(かおつ)きをしている。
(새로운 선생님은 잘 생긴 얼굴을 하고 있다)

➲ 이 경우 역시 예문④와 맥락을 같이하고 있다.

④ 痛(いた)いところをつかれて顔付(かおつ)き/✱顔立(かおだ)ちが一瞬(いっしゅん)変(か)わった。
(아픈 곳을 찔려서 얼굴표정이 일순간 바뀌었다)

➲ 이 경우와 같이 순식간에 바뀔 수 있는 것은 「顔付(かおつ)き」가 적절하며, 「顔立(かおだ)ち」는 얼굴의 외형적인 모습을 나타내는 것이어서 순식간에 바뀔 수 있는 것이 아니므로 여기에서는 부적절하다.

⑤ 厳(きび)しい顔付(かおつ)き/✱顔立(かおだ)ちの検察官(けんさつかん)。(근엄한 표정의 검찰관)

➲ 이 경우는 무섭거나 강하게 보이는 얼굴표정을 나타내는 것이므로 「顔付(かおつ)き」가 적절하다.

⑥ 端正(たんせい)な顔立(かおだ)ちの役者(やくしゃ)。(단정한 얼굴모습의 배우)

➲ 「顔立(かおだ)ち」는 그 사람 나름대로 특징 지워진 얼굴의 모습을 나타낸다.

⑦ あの人(ひと)は顔立(かおだ)ちがどことなく友(とも)だちに似(に)ている。
(저 사람은 얼굴모습이 어딘지 모르게 친구와 닮았다)

⑧ 変(へん)な顔付(かおつ)きの男(おとこ)が近(ちか)づいて来(き)た。(이상한 얼굴표정의 남자가 다가왔다)

➲ 「顔付(かおつ)き」는 감정에 의해서 변화된 얼굴의 표정을 나타낸다.

⑨ 友(とも)だちは不安(ふあん)そうな顔付(かおつ)きだった。(친구는 불안한 듯한 얼굴표정이었다)

➲ 이 경우 역시 얼굴의 표정을 나타내고 있다.

「香る」「匂う」

(あの女性から香水が香る、あの女性から香水が匂う)

공통의미

냄새나다

요점

1. 「香る」는 꽃이나 향료 등 반드시 좋은 냄새가 나는 경우에만 쓰인다(예문①②④⑤).

2. 「匂う」는 좋은 냄새에도 쓰이고 나쁜 냄새에도 쓰이는데 좋은 냄새인 경우에는 「匂う」로 표기하고(예문①), 나쁜 냄새인 경우에는 「臭う」로 표기한다(예문③⑦⑧). 아울러, 무언가가 의심스러움을 나타내기도 하는데(예문⑥) 이 점에서는 우리말의 경우와 같다.

예문과 해설

① あの女性から香水が香る/匂う。(저 여성으로부터 향수냄새가 난다)

➲ 이 경우는 좋은 냄새를 나타내는 것이므로 두 가지 다 적절하다.

② 菊の花が香る/？匂う。(국화꽃 향내가 난다)

➲ 이 경우와 같이 꽃향기를 나타낼 때는 「香る」가 가장 적절하다.

③ ごみが臭う/＊香る。(쓰레기가 냄새난다)

➲ 나쁜 냄새에는 「香る」를 쓸 수 없고 「臭う」밖에 쓸 수가 없다.

④ ラベンダーの香りが香る。(라벤다의 향내가 난다)

➲ 좋은 향내의 뜻으로 쓰였다.

⑤ コーヒーが香って飲みたくなった。(커피향이 나서 마시고 싶어졌다)

➲ 커피의 그윽한 향기가 가득 퍼짐을 나타내고 있다.

⑥ この事件はどうも匂う。(이 사건은 아무래도 냄새가 난다)

➲ 무언가 수상쩍은 일면이 있음을 나타내고 있는데 이러한 용법은 우리말에도 있다.

⑦ 消毒薬(しょうどくやく)が臭(にお)う。(소독약이 냄새난다)

➲ 「臭(にお)う」로 표기되어 있으므로 나쁜 냄새의 뜻으로 쓰였다.

⑧ 激(はげ)しい運動(うんどう)をして汗(あせ)が臭(にお)う。(격한 운동을 해서 땀 냄새가 난다)

➲ 이 경우 역시 쾌쾌한 냄새를 나타내고 있다.

「かかわる」「関(かん)する」

(国(くに)の将来(しょうらい)にかかわる問題(もんだい)、国(くに)の将来(しょうらい)に関(かん)する問題(もんだい))

공통의미

관계되다

요점

1. 「かかわる」는 '관계하다'라는 뜻의 동사이지만 문말의 술어로는 쓰이지 못하고 항상 「～にかかわる(～에 관계되는, 에 관련된)」의 형태로 뒤에 오는 말을 수식하는데, 앞에 오는 내용과 깊이 관계되거나 크나큰 영향을 미치거나 하는 의미로서 쓰인다 (예문①②④⑤).
2. 「関(かん)する」역시 '관계하다'라는 뜻의 동사이지만 문말의 술어로는 쓰이지 못하고, 항상 「～に関(かん)する(～에 관한)」「～に関(かん)して(～에 관하여)」의 형태로만 쓰인다. 또한 「かかわる」와는 달리 그 앞에 오는 내용과 관계가 있다는 것만을 나타낸다(예문①③⑥⑦).
3. 「かかわる」와 「関(かん)する」는 둘 다 문장체에서 주로 쓰이는 것이며. 회화체에서는 「～についての」가 똑같은 의미용법으로 쓰인다.

예문과 해설

① 国(くに)の将来(しょうらい)にかかわる/関(かん)する問題(もんだい)。(나라의 장래에 관한 문제)

➲ 이 경우 「かかわる」를 쓰면 문제의 복잡성이 다소 크다는 의미를 나타내지만 「関(かん)する」를 쓰면 단순히 관계가 있는 정도만을 나타낸다.

② 命にかかわる/＊関する問題。(목숨에 관련된 문제)

➲ 목숨에 관련될 정도의 문제라면 그 심각성이 매우 큰 것이므로 「かかわる」가 적절하다.

③ 台風に関する/＊かかわるニュース。(태풍에 관련된 뉴스)

➲ 이 경우는 보도 등에서 단지 태풍소식을 전하는 것을 연상할 수 있는데 그렇다면 「関する」가 적절하다.

④ これは私のプライドにかかわることだ。(이것은 나의 프라이드에 관련된 일이다)

➲ 자신의 프라이드와 깊이 관련된 일을 나타내고 있다.

⑤ つまらないことにかかわっている場合ではない。

(사소한 일에 관계하고 있을 경우는 아니다)

➲ 이 경우는 사소한 일에 말려들지 말아야 할 것임을 나타내고 있다.

⑥ 人間の尊厳に関する問題だ。(인간의 존엄에 관한 문제다)

➲ 대두되어 있는 문제가 단지 인간의 존엄에 관한 것임을 나타내고 있을 뿐이다.

⑦ 花子さんに関する限りそんなことはない。(하나코씨에 관한 한 그런 일은 없다)

➲ 하나코씨에 관해서만 범위를 국한하고 있음을 나타내고 있을 뿐이다.

참고

「かかわる」의 경우, 부정표현으로는 「かかわらない」의 형태로서 어떤 복잡하거나 바람직하지 못한 일에 개입하지 않는다고 하는 뜻을 나타낼 수 있지만, 「関する」의 경우에는 부정표현을 취하지 못한다.

「あの二人の問題にはかかわらない/＊関しない方がいい」

(저 두 사람의 문제에는 개입하지 않는 편이 좋다)

「夫婦げんかにはかかわらない/＊関しない方がいい」

(부부싸움에는 개입하지 않는 편이 좋다)

「描く」「描く」

(花を描く、花を描く)

공통의미

그리다

요점

1. 「描く」(예문①②③)와 「描く」는 어떤 대상을 그림으로 그린다고 하는 점에서는 같다(예문④).
2. 하지만, 「描く」에는 이 밖에도 사물의 모습을 문장으로 표현한다고 하는 의미와(예문⑤) 마음속으로 상상한다고 하는 의미도 있는데(예문⑥⑦), 「描く」에는 이러한 용법이 없다.

예문과 해설

① 海岸の風景を描く/描く。(해안의 풍경을 그린다)

➲ 어떤 대상을 그림으로 그린다고 하는 점에서는 둘 다 적절하다.

② この話を漫画に描きましょう/描きましょう。(이 이야기를 만화로 그립시다)

➲ 이 경우역시 그림으로 그린다고 하는 점에서는 둘 다 적절하다.

③ 三角形を描いてください/描いてください。(삼각형을 그려 주십시오)

④ キャンパスに町の景色を描く/描く。(캠퍼스에 거리의 경치를 그린다)

➲ 결국, 이상의 예문들에 있어서는 단지 그림으로 표현한다는 것이므로 어느 쪽을 써도 적절하다.

⑤ この本では人間というものの本質をよく描いている/＊描いている。

(이 책에서는 인간이라고 하는 것의 본질을 잘 그리고 있다)

➲ 이 경우는 물리적인 사실을 실질적인 그림으로 그리는 것이 아니라, 어디까지나 그러한 주제를 글로 나타냈다고 하는 뜻으로 쓰였으므로 「描く」만이 적절하다.

⑥ 将来の姿を描く/＊描く。(장래의 모습을 그린다)

➲ 이 경우는 마음속으로 상상한다고 하는 뜻이므로 실질적인 그림을 그리는 뜻의 「描(か)く」는 부적절하다.

⑦ バラの人生(じんせい)を描(えが)く/ ✱描(か)く。(장미 빛 인생을 그린다)

➲ 결국, 이상의 예문들은 단지 그림으로 표현하는 것이 아니라 어떠한 내용을 문장으로 표현하거나, 마음속으로 상상한다는 뜻이므로 오로지 「描(えが)く」만이 적절하다.

「隠(かく)す」「秘(ひ)める」「伏(ふ)せる」

공통의미

감추다, 숨기다

요점

1. 「隠(かく)す」는 사람이나 물건을 실제로 눈에 보이지 않게 하는 것으로 물리적으로 감추는 것은 물론, 추상적인 사항을 감추는 것에 이르기까지 폭넓게 쓰인다. 우리말의 '감추다' 정도에 해당된다(예문①②③④⑤).
2. 「秘(ひ)める」는 구체적인 사물이 아니라 추상적인 사항을 감추는 데에만 쓰이며 어디까지나 문장체적이다. 특히 밖으로 드러나도 상관은 없으나 말하는 사람에게 굳이 드러내고 싶지 않다고 하는 의지가 있는 경우에 쓰이는데, 우리말의 '숨기다' 정도에 해당된다(예문⑥⑦⑧).
3. 「伏(ふ)せる」역시 구체적인 사물이 아니라 추상적인 사항을 감추는 데에만 쓰이는데, 다만 「秘(ひ)める」와는 달리 감추지 않으면 곤란하게 되는 경우에 쓰인다. 우리말의 '덮어두다' 정도에 해당된다(예문⑨⑩⑪).
4. 결국, 구체적인 사물을 숨긴다고 하는 뜻으로는 「隠(かく)す」만을 쓸 수가 있는 셈이다.

예문과 해설

① 逃げてきた男を隠す/＊秘める/＊伏せる。(도망쳐온 남자를 감춘다)

➲ 사람을 숨기는 것은 「隠す」만이 적절하며 추상적인 은폐를 나타내는 「秘める」「伏せる」는 부적절하다.

② へそくりを本の間に隠す/＊秘める/＊伏せる。(비자금을 책 사이에 감추다)

➲ 비자금을 물리적으로 숨기는 것이므로 「隠す」만이 적절하며 추상적인 은폐를 나타내는 「秘める」「伏せる」는 부적절하다.

③ 事件のあと、彼は姿を隠して/＊秘めて/＊伏せてしまった。
(사건 후, 그는 모습을 감추고 말았다)

➲ 이 경우도 위의 예문①②와 맥락을 같이하고 있다.

④ 両手で顔を隠す。(양손으로 얼굴을 감춘다)

⑤ 国民の目から真相を隠す。(국민의 눈으로부터 진상을 감춘다)

➲ 「隠す」는 이 경우와 같이 추상적인 은폐의 뜻으로도 쓸 수가 있다.

⑥ 深く秘めた恋。(깊이 숨겨둔 사랑)

➲ 「秘める」는 이 경우와 같이 밖으로 드러나도 상관은 없으나 굳이 드러내고 싶지 않음을 나타내는 경우에 쓰인다.

⑦ 熱い思いを胸に秘める。(뜨거운 마음을 가슴에 숨긴다)

⑧ 二人の約束を固く心に秘める。(두 사람의 약속을 굳게 마음에 숨긴다)

⑨ 結婚したことは伏せておこう。(결혼한 사실은 덮어두자)

➲ 결혼한 사실이 드러나면 곤란해지므로, 이 경우는 「伏せる」가 적절하다.

⑩ この件はみんなに伏せておこう。(이 건은 모두에게 덮어두자)

➲ 「伏せる」는 이 경우와 같이 밖으로 드러나면 곤란해 질 경우에 쓰인다.

⑪ 実情を伏せる。(실정을 덮어두다)

「学生」「生徒」

공통의미

학생

요점

1. 「学生」는 대학에서 공부하는 학생을 가리키는 말이다(예문①).
2. 「生徒」는 중학교, 고등학교, 입시학원 등에서 공부하는 학생을 가리키는 말이다(예문②).
3. 이상과 같은 원칙이 있음에도 불구하고 실제의 언어생활에서는 양자를 엄격하게 구별하고 있지는 않아서, 「生徒」는 학교교육을 받는 사람뿐만 아니라 일반적인 교양이나 취미활동 상에서 배우는 사람을 전반적으로 나타내기도 한다(예문③).

예문과 해설

① 大学の学生(대학교 학생)　女子学生(여학생)　学生の身分。(학생신분)

② 中学校の生徒(중학교 학생)　高校の生徒(고등학교 학생)　生徒手帳(학생수첩)

③ 山田さんは私の茶道の生徒です。(야마다씨는 나의 다도학생입니다)

참고

우리나라의 경우에는 초등학교부터 대학교에 이르기까지의 모든 배우는 사람을 '학생'이라고 부르며, '생도'의 경우에는 특수학교(육군사관학교, 공군사관학교, 해군사관학교)의 학생을 가리키는 것이 일반적이다. 이러한 점에서는 양국 간에 있어서 '학생'과 '생도'의 사용 범위에 차이가 엿보인다.

「隠れる」「潜む」「潜る」

(水中に<u>隠れる</u>、水中に<u>潜む</u>、水中に<u>潜る</u>)

공통의미

숨다, 숨기다

요점

1. 「隠れる」는 다른 사람의 눈에 띄지 않도록 몸을 숨기는 것으로 우리말의 '숨다'에 해당된다(예문①②③⑥⑦⑧).
2. 「潜む」는 남의 눈을 몰래 피하거나, 내부에 숨겨져 있어서 밖으로 드러나지 않음을 나타낸다. 우리말의 '몰래 숨다, 잠재되다'에 해당된다(예문①②④⑤⑨⑩⑪).
3. 「潜る」는 남의 눈을 피하여 물속으로 잠기거나 지하로 몸을 숨기는 것으로, 우리말의 '(물속으로)잠입하다, 숨어들어가다'에 해당된다(예문①④⑫⑬⑭).

예문과 해설

① 縁の下に隠れる/潜む/潜る。(마루 밑으로 숨다/몰래 숨다/숨어들어가다)

➲ 이 경우는 뉘앙스의 차이는 있을지언정, 그 어느 것이나 적절하다.

② 犯人は物陰に隠れた/潜んだ/＊潜った。(범인은 그늘로 숨었다/몰래 숨었다)

➲ 이 경우에는 물속이나 지하로 몸을 숨기는 뜻을 나타내는 「潜る」는 부적절하다.

③ 月が雲に隠れる/＊潜む/＊潜る。(달이 구름에 숨다)

➲ 이 경우는 달이 구름에 가려 보이지 않는 광경을 의인화한 것인데 이와 같이 모습을 숨긴다고 하는 뜻으로 쓰일 때는 「隠れる」만이 적절하다. 「潜む」는 몰래 숨는 뜻을 나타내고, 「潜る」는 물속이나 지하로 숨어들어가는 것을 나타내므로 여기에서는 부적절하다.

④ 警察の追跡を逃れ地下に潜む/潜る/＊隠れる。

(경찰의 추적을 피해 지하로 숨어든다)

➲ 「隠れる」는 어디까지나 은폐물에 몸을 숨기는 것이므로 여기에서처럼 지하로 잠입한다는 뜻

에는 부적절하다. 「潜む」는 몰래 몸을 숨기는 뜻이므로 적절하고, 「潜る」는 물속이나 지하로 숨는 것이기에 가장 적절하다.

⑤ 彼の心の中に潜んで/＊隠れて/＊潜っている野望。
(그의 마음속에 잠재되어 있는 야망)

➲ 이 경우와 같이 내부에 숨겨져 있어서 밖으로 드러나지 않음을 나타낼 때는 「潜む」가 적절하다.

⑥ 電柱の陰に隠れる。(전주의 뒤에 숨는다)

⑦ カニが慌てて穴に隠れる。(게가 당황해서 구멍에 숨는다)

⑧ 事件の裏に多くの謎が隠れている。(사건의 뒤에 많은 수수께끼가 숨어있다)

⑨ 犯人は市内のアパートに潜んでいた。(범인은 시내의 아파트에 숨어있었다)

➲ 「潜む」는 밖으로 드러나지 않도록 한다는 뜻에 의미의 중심이 있다.

⑩ 庭に潜んでお客の帰りを待っていた。
(뜰에 숨어 손님이 돌아가는 것을 기다리고 있었다)

⑪ 彼には無限の可能性が潜んでいる。(그에게는 무한한 가능성이 잠재되어있다)

➲ 「潜む」는 이 경우와 같이 어떠한 능력이나 가능성이 아직 발굴되지 않고 잠재되어 있음을 나타내기도 하는데 이러한 용법은 다른 말에는 없다.

⑫ みみずが土の中に潜る。(지렁이가 흙속으로 숨어든다)

➲ 「潜る」는 안이나 속으로 파고들어 몸을 숨긴다고 하는 뜻에 의미의 중심이 있다.

⑬ 党の指令で地下に潜る。(당의 지령으로 지하에 잠입한다)

⑭ 彼女は自分の姿が見えないように水中に潜った。
(그녀는 자신의 모습이 보이지 않도록 물속으로 잠입했다)

「囲う」「囲む」「取り囲む」「取り巻く」

공통의미

둘러싸다, 에워싸다

요점

1. 「囲う」는 주위를 무언가로 덮듯이 둘러싼다고 하는 뜻으로 우리말의 '둘러싸다' 정도에 해당된다(예문①⑥⑦).
2. 「囲む」는 중심이 되는 것과 적당한 거리를 두고 주위에 위치한다고 하는 뜻으로 우리말의 '감싸다' 정도에 해당된다(예문①②④⑤⑧⑨).
3. 「取り囲む」는 안에 있는 것을 밖으로 나오지 못하게 한다고 하는 뜻으로 우리말의 '에워싸다' 정도에 해당된다(예문②④⑩⑪).
4. 「取り巻く」는 많은 것들이 중심을 향하여 주변으로 모인다고 하는 뜻으로 우리말의 '둘러싸다' 정도에 해당된다(예문②③④⑫⑬).

예문과 해설

① 花壇をれんがで囲う/囲む/＊取り囲む/＊取り巻く。 (화단을 벽돌로 둘러싸다)

➲ 이 경우는 벽돌로 화단을 둘러싸는 것이므로 주위를 무언가로 둘러싼다는 뜻의 「囲う」와, 중심을 적당한 거리 하에 감싼다고 하는 뜻의 「囲む」만이 적절하다. 안의 것이 밖으로 못나오게 한다는 뜻의 「取り囲む」와 중심으로 모여든다는 뜻의 「取り巻く」는 부적절하다

② 敵に囲まれる/取り囲まれる/取り巻かれる/＊囲われる。
(적에게 둘러싸이다)

➲ 이 경우, 무언가로 덮듯이 둘러싼다는 뜻의 「囲う」는 부적절하며 나머지 세 가지는 각각의 뉘앙스차이는 있을지언정 적절하다. 「囲む」를 쓰게 되면 주위에서 대치하고 있음을, 「取り囲む」를 쓰게 되면 안에서 밖으로 못나오게 봉쇄의 뜻을, 그리고 「取り巻く」를 쓰게 되면 중심을 향하여 속속들이 모여드는 것을 나타내게 된다.

③ 日本を取り巻く/＊囲う/＊囲む/＊取り囲む情勢は厳しい。
(일본을 둘러싼 정세는 냉혹하다)

➲ 이 경우는 여러 가지 사항들이 각각 일본의 주변을 둘러싸고 있음을 나타내는 것이므로 「取り巻く」만이 적절하다.

④ 大勢の兵士が城を囲む/取り巻く/取り囲む/＊囲う。

(많은 병사가 성을 에워싼다/둘러싼다)

➲ 이 경우는 성을 중심으로 주위로 포위하고 있음을 나타내는 것이므로 무언가로 덮듯이 주위를 둘러친다고 하는 뜻의 「囲う」는 부적절하다.

⑤ 食卓を囲んで/✱囲って/✱取り巻いて/✱取り囲んで話し合う。
(식탁을 둘러싸고 이야기 나눈다)

➲ 이 경우와 같이 식탁을 중심으로 주위에 적당한 거리를 두고 위치함을 나타낼 때는 오로지 「囲む」만이 적절하다.

⑥ 屏風で寝床を囲う。(병풍으로 침상을 둘러싼다)

➲ 「囲う」는 이 경우와 같이 무언가로 덮듯이 둘러싼다고 하는 것에 의미의 중심이 있다.

⑦ 生け垣で家を囲ったら落ち着いた。(생 울타리로 집을 둘러싸자 안정되었다)

⑧ 家族で食卓を囲んで談笑する。(가족이 식탁을 둘러싸고 담소를 나눈다)

➲ 「囲む」는 이 경우와 같이 적당한 거리를 두고 주위로 모여 있다고 하는 것에 의미의 중심이 있다.

⑨ 恩師を囲んで思出話をする。(은사를 둘러싸고 추억이야기를 한다)

⑩ 首相は報道陣に取り囲まれた。(수상은 보도진에 둘러싸였다)

➲ 「取り囲む」는 이 경우와 같이 주위를 에워싸서 안에서 밖으로 나오지 못하도록 한다고 하는 것에 의미의 중심이 있다.

⑪ まわりが高い塀で取り囲まれた刑務所。(주위가 높은 담으로 에워싸인 형무소)

➲ 형무소는 말할 것도 없이 높은 담으로 주위를 에워쌈으로서 안에서 밖으로 나오지 못하게 하는 시설을 갖추고 있다.

⑫ 群衆が広場の噴水を取り巻いている。(군중이 광장의 분수를 둘러싸고 있다)

➲ 「取り巻く」는 중심을 향하여 주변으로 모여든다는 것에 의미의 중심이 있는데, 이 경우는 광장의 분수를 중심으로 군중이 주위로 모여들어 있음을 나타내고 있다.

⑬ 山々に取り巻かれた湖水。(산들에 둘러싸인 호수)

➲ 호수를 중심으로 주위에는 산들이 둘러쳐져 있는 풍경이 연상된다.

「～がする」「～する」「～をする」

요점

1. 말하는 사람의 의지에 따라 어떤 동작, 행위가 이루어짐을 나타내는 경우에는 「～する」「～をする」의 어느 쪽도 쓸 수가 있으며, 의미상에는 차이가 없다(예문①②).
2. 「～する」는 「テニスをする」에서 볼 수 있듯이「テニスを」와 같은 목적어를 취할 수 있으나 「～をする」는 목적어를 취하지 못하고, 그 대신에 「テニスの練習をする」에서 볼 수 있듯이 「テニスの」와 같은 수식어를 취할 수가 있다(예문③④).
3. 「～がする」는 동작이 아니라 어떤 사안이 발생함을 나타내는데, 주로 자연현상이나 생리현상 등을 나타내는 순수한 일본어에만 접속된다(예문⑤⑥).

예문과 해설

① 日本語の女性語について研究する/研究をする。
(일본어의 여성어에 관하여 연구한다/연구를 한다)

➲ 이 경우는 말하는 사람의 의지에 따라서 행동이 이루어지는 것이므로 양쪽 다 적절하다.

② 病気にかかった家畜は、一刻も早く分離して/分離をして別の畜舎に移す。
(병에 걸린 가축은 한시라도 빨리 분리하여/분리를 하여 다른 축사로 옮긴다)

➲ 이 경우도 말하는 사람의 의지에 따라서 행동이 이루어지는 것이므로 양쪽 다 적절하다.

③ 大学入試のため、英語を勉強する/＊勉強をする。
(대학입시를 위하여 영어를 공부한다)

➲ 같은 문 속에, 동일한 의미, 기능을 하는 조사는 함께 할 수가 없으므로 이 경우는 「勉強する」만이 적절하다. 만약 「勉強をする」를 굳이 쓰고자 한다면 「英語を」를 「英語の」와 같은 수식어로 만들면 가능하다.

④ 怪我した指を手術した/＊手術をした。(다친 손가락을 수술했다)

➲ 이 경우도 위의 경우와 같은 이유로 「手術した」만이 적절하다.

⑤ 昨日から変なうわさがする。(어제부터 이상한 소문이 난다)

➲ 이 경우와 같이 전체가 자동사적인 성격을 띠고 있고 또한 순수한 일본어가 그 앞에 와 있을 때는 「~がする」가 적절하다.

⑥ 遠くから足音がする。(멀리서부터 발소리가 난다)

➲ 이 경우 역시 위의 예문⑤와 맥락을 같이하고 있다.

「~方」「~達」「~共」「~等」

공통의미

복수의 의미를 나타내는 접미어

요점

1. 우리말에서는 복수를 나타내는 접미어로서는 '~들' 하나만이 쓰이지만, 일본어에서는 「~方」「~達」「~共」「~等」 등이 쓰이며, 모두가 사람을 나타내는 명사나 대명사의 뒤에 접속하여 복수임을 나타낸다.
2. 「~方」는 이 중에서 가장 경의가 높은 것으로, 주로 신분, 연령, 지위가 위에 있는 분이거나 격식을 차려야 하는 상대에게만 쓴다(예문①).
3. 「~達」는 말하는 사람과 동등하거나 그 밑에 있는 사람에게 쓰는데 때로는 사람뿐이 아니라 동물에게도 쓴다(예문②③). 또한 한사람의 대표자 성에 접속하여 그 사람을 포함한 일행전체를 나타낼 때도 쓰는데, 이 경우는 우리말의 '일행'에 해당된다(예문④). 주로 「~たち」와 같이 히라가나로만 표기하는 경우가 많다.
4. 「~共」는 아래로 내려 보거나 경멸하는 여러 명을 나타낸다(예문⑤), 또한 자신을 가리키는 대명사에 접속하여 겸손의 의미를 나타내기도 한다(예문⑥).
5. 「~等」는 아래로 내려 보거나 경멸하는 여러 명을 나타낸다(예문⑦). 또한 한사람의 대표자 성에 접속하여 그 사람을 포함한 일행전체를 나타낼 때도 쓰는데(예문⑧), 이러

한 용법은 「～達」에도 있다. 주로 「～ら」와 같이 히라가나로만 표기하는 경우가 많다.

예문과 해설

① 先生方にはこの三年間お世話になりました。
(선생님들께는 이 3년간 신세를 졌습니다)

➲ 선생님은 보통 신분, 연령 등이 우위에 있는 셈이니까 반드시 「~方」로서 복수를 나타낸다.

② 君たちに話しがある。(자네들에게 이야기가 있다)

➲ 「君」를 쓴 것을 보면 동등한 위치에 있는 셈이므로 「~たち」로서 복수를 나타낸다.

③ 鳥たちがいっせいにさえずる。(새들이 일제히 지저귄다)

➲ 「~たち」는 사람뿐만 아니라 동물의 복수를 나타내기도 하는데, 다른 말에는 이러한 용법이 없다.

④ これはきっと田中さんたちのしわざでしょう。
(이것은 필시 다나카씨일행의 짓일 겁니다)

➲ 「~たち」는 사람의 성 밑에 붙여서 그 사람을 대표로 한 일행전체를 가리키기도 한다. 만약 이 경우 직역하게 되면 '다나카씨들'이 되는데, 이렇게 되면 같은 성을 가진 다나카씨 여러 명을 나타낸다고 하는 모순된 결과가 된다. 「~たち」는 어디까지나 대표를 비롯한 일행을 나타내는 것이다.

⑤ 口うるさいがき共だ。(시끄러운 꼬마 녀석들이다)

➲ 이 경우는 상대를 비하하는 용법으로 쓰였다.

⑥ 私共の店では扱っておりません。(저희 가게에서는 취급하고 있지 않습니다)

➲ 이 경우는 자신들을 겸손하게 나타내고 있다.

⑦ 君らの出る幕じゃない。(자네들이 나설 자리가 아니야)

➲ 「~ら」는 이 경우와 같이 복수의 아랫사람을 나타낼 때에 쓰인다.

⑧ これはきっと田中君らのしわざでしょう。
(이것은 필시 다나카군 일행의 짓일 겁니다)

참고

「～ら」에는 이 밖에도 지시대명사에 붙여서 복수를 나타내거나 그 근방이라는 뜻을 나타내는 용법도 있다. 「これら(이것들)」「それら(그것들)」「ここら(이 부근)」「そこら(그 근방)」

「～かたがた」「～がてら」

(帰国(きこく)の挨拶(あいさつ)かたがた先生(せんせい)のお宅(たく)を訪問(ほうもん)した、

帰国(きこく)の挨拶(あいさつ)がてら先生(せんせい)のお宅(たく)を訪問(ほうもん)した)

공통의미

～할 겸해서

요점

1. 「～かたがた」와 「～がてら」는 둘 다 그 뒤에 오는 행위를 하는 김에 덩달아서 그 앞의 행위도 겸사해서 하게 되었음을 나타내는 접미어이다. 의미상의 차이는 없으나, 다만 접속방법과 문체상의 차이가 있을 뿐이다.
2. 「～かたがた」는 오로지 명사에만 접속되지만, 「～がてら」는 명사는 물론이고 동사연용형에도 접속된다(예문④⑤). 아울러, 「～かたがた」는 주로 딱딱한 문장체에서 쓰이지만(예문①②), 「～がてら」는 일상회화에서 즐겨 쓰인다(예문③).

예문과 해설

① 近(ちか)いうちにお礼(れい)かたがたおうかがいします。
(조만간에 인사드릴 겸해서 찾아뵙겠습니다)

➲ 이 경우는 정중한 문체의 표현이므로 「~かたがた」가 적절하다.

② 帰国(きこく)の挨拶(あいさつ)かたがた先生(せんせい)のお宅(たく)を訪問(ほうもん)した。
(귀국 인사할 겸해서 선생님의 댁을 방문했다)

➲ 이 경우 역시 일상적인 회화체는 아니므로 「~かたがた」가 적절하다.

③ 散歩(さんぽ)がてら、たばこを買(か)ってきた。(산책할 겸해서 담배를 사왔다)

➲ 이 경우는 일상회화체이므로 「~がてら」가 적절하다.

④ 図書館(としょかん)へ本(ほん)を返(かえ)しに行(い)きがてら、花見(はなみ)をしてきた。
(도서관에 책을 반납할 겸해서 꽃구경을 하고 왔다)

➲ 「~がてら」는 「~かたがた」와 달리 동사연용형에도 접속되어 쓰인다.

⑤ 駅(えき)に行(い)きがてら、郵便局(ゆうびんきょく)に立(た)ち寄(よ)る。(역에 갈 겸해서 우체국에 들린다)

「形」「格好」「姿」

(人の形、人の格好、人の姿)

공통의미

모습, 모양

요점

1. 「形」는 사람이나 사물의 전체모습을 나타내기도 하고 부분적인 모습을 나타내기도 하는데 주로 정적인 모습을 나타내며(예문①②③④⑦⑧), 특히 사람을 나타낼 때는 다른 말과 복합하여 쓰이는 경향이 있다(예문⑨). 대체로 우리말의 '모양, 형태'에 해당된다.
2. 「格好」는 사람이나 사물의 전체모습을 나타내기도 하고 부분적인 모습을 나타내기도 하는데(예문①②③④), 때로는 사람 등의 일시적인 모습이나 차림새도 나타낼 수 있다고 하는 점에서 「形」와 구별된다(예문⑥⑩⑪). 대체로 우리말의 '형상, 꼴, 차림새'에 해당된다.
3. 「姿」는 사람이나 사물의 전체모습에서 받는 인상을 나타내는 것으로 언제나 전체모습만을 나타낸다. 특히 사람의 모습인 경우에는 복장을 포함한 전체모습을 나타내는데 우리말의 '모습'에 해당된다(예문①②⑤⑥⑫⑬⑭).

예문과 해설

① 人の形(사람의 모양)/人の格好(사람의 형상, 꼴)/人の姿(사람의 모습)

② 自動車の形(자동차의 모양)/自動車の格好(자동차의 형상, 꼴)
自動車の姿(자동차의 모습)

③ 耳の形/格好/＊姿。(귀의 모양)

➲ 「姿」는 전체모습만을 나타내므로 귀와 같은 부분적인 모습에는 쓸 수가 없다.

④ 窓ガラスの形/格好/＊姿。(창문의 모양)

➲ 「姿」는 전체모습만을 나타내므로 창문과 같은 일부분의 모습에는 쓸 수가 없다.

⑤ 彼女はパーティーで優雅な姿/＊格好/＊形を見せた。
(그녀는 파티에서 우아한 모습을 보였다)

➲ 이 경우와 같이 복장을 포함한 사람의 전체모습을 나타낼 때는 「姿」가 적절하다.

⑥ 息子は軍隊から除隊して、りりしい姿/格好/＊形で現われた。
(아들은 군대에서 제대하여 늠름한 모습으로 나타났다)

➲ 이 경우는 전체적인 모습을 동적으로 나타낸 것이므로 주로 정적인 모양만을 나타내는 「形」는 부적절하다.

⑦ 色も形も同じだが、大きさが違う。(색도 모양도 같지만, 크기가 다르다)

⑧ 年とともに引き締まった体の形が崩れ始める。
(나이와 함께 팽팽했던 몸의 형태가 무너지기 시작한다)

⑨ 顔形。(얼굴모습)　　見目形。(용모)

⑩ 彼女は、急にかがんだ格好になった。(그녀는 갑자기 웅크린 모습이 되었다)

➲ 이 경우는 일시적으로 자세를 바꾼 것이므로 「格好」가 적절하다.

⑪ 手をあげた格好でずっと待っていた。(손을 든 꼴로 줄곧 기다리고 있었다)

➲ 이 경우역시 일시적으로 자세를 바꾼 상태이므로 「格好」가 적절하다.

⑫ 母のげんきな姿を見て安心した。(어머니의 건강한 모습을 보고 안심했다)

➲「姿」는 이 경우와 같이 전체적인 모습에서 받게 되는 인상을 나타낸다.

⑬ 彼女のあでやかな姿に見とれた。(그녀의 요염한 모습에 반했다)

⑭ これは姿のよい松の木ですね。(이것은 모양이 보기 좋은 소나무이군요)

➲ 「姿」는 이 경우와 같이 사물의 전반적인 모습을 나타내기도 하는데 「姿がよい」의 형태로 우리말의 '보기 좋다' 는 뜻을 나타낸다.

「片づける」「しまう」

(道具を片づける、道具をしまう)

공통의미

정리하다, 집어넣다

요점

1. 「片づける」는 어질러져 있는 것을 말끔하게 정리하는 것으로, 우리말의 '정리하다, 치우다'에 해당된다(예문①②③⑥⑦⑧).
2. 「しまう」는 사용이 끝난 물건이나 소중한 물건 등을 본래에 있던 장소로 다시 집어 넣는 것으로, 우리말의 '집어넣다'에 해당된다(예문①④⑤⑨⑩⑪⑫).

예문과 해설

① 道具を片づける/しまう。 (도구를 치우다/집어넣다)

➲ 이 경우는 전후문맥이나 적절한 장면의 설정이 없으므로 어느 것이나 적절한데, 「片づける」를 쓰게 되면 흐트러져있거나 방치되어있는 도구를 말끔하게 정돈한다는 뜻이지만, 「しまう」를 쓰게 되면 도구를 본래에 있던 곳으로 다시 집어넣는다고 하는 뜻이 된다.

② 昨日は一日中部屋を片づけた/＊しまった。 (어제는 하루 종일 방을 치웠다)

➲ 이 경우와 같이 어질러져있던 방을 말끔하게 정돈한다는 뜻으로는 「片づける」만이 적절하다.

③ 散らかっている新聞を部屋の隅に片づける/＊しまう。
(어질러져 있는 신문을 방구석으로 치운다)

➲ 이 경우 역시 예문②와 맥락을 같이하고 있다.

④ おつりを財布にしまう/＊片づける。 (잔돈을 지갑에 집어넣는다)

➲ 이 경우와 같이 본래에 있던 장소로 무언가를 다시 집어넣는다고 하는 뜻으로는 「しまう」만이 적절하다.

⑤ 思い出として胸にしまって/＊片づけておく。 (추억으로 가슴에 넣어둔다)

➲ 이 경우 역시 소중한 것을 간직한다고 하는 것이므로 「しまう」가 적절하다.

⑥ 書斎をきれいに片づける。(서재를 깨끗하게 치운다)

➲ 이 경우는 어지러 뜨려져 있는 것을 깨끗하게 정리한다는 뜻으로 쓰였다.

⑦ 仕事を片づける。(일을 정리한다)

⑧ 明日の会議のために会場を片づけておく。

(내일의 회의를 위해 회장을 정리해둔다)

⑨ 冬物をたんすにしまう。(겨울옷을 옷장에 집어넣는다)

➲ 본래 있던 자리로 되돌리는 것을 나타낼 때는「しまう」를 쓰게 된다.

⑩ 証券は金庫にしまっておいた。(증권은 금고에 넣어두었다)

⑪ 布団を押し入れにしまう。(이불을 벽장에 넣는다)

⑫ 大切な秘密は心にしまっておこう。(중요한 비밀은 마음에 넣어두자)

「価値」「値打ち」

공통의미

가치

요점

1. 「価値」는 추상적인 가치에도 구체적인 가치에도 쓸 수가 있다(예문①②③).

2. 「値打ち」는 자신이 느끼는 구체적인 가치에 쓰인다(예문④⑤⑥).

예문과 해설

① 彼のやったことは価値がある。(그가 한 일은 가치가 있다)

➲ 이 경우는 추상적인 가치를 나타내고 있다.

② こんながらくたには一銭の価値もない。(이런 잡동사니에는 한 푼의 가치도 없다)

➲ 이 경우는 구체적인 가치를 나타내고 있다.

③ 会社の価値を高めなければならない。(회사의 가치를 높여야만 한다)

④ 一度見物するだけの値打ちはある。(한번 구경할만한 가치는 있다)

➲ 이 경우는 말하는 사람이 느끼는 나름대로의 가치를 나타내고 있다.

⑤ あなたの行為は何の値打ちもない。(당신의 행위는 아무런 가치도 없다)

➲ 이 경우 역시 말하는 사람이 느끼고 평가하는 구체적인 가치를 나타내고 있다.

⑥ やってみる値打ちは十分ある。(해 볼 가치는 충분히 있다)

「～がち」「～ぎみ」

(時計がおくれがちなので修理に出した、時計がおくれぎみなので修理に出した)

공통의미

～기미, ～경향(어떤 경향에 이르거나 어떤 상태가 되는 빈도가 잦음)

요점

1. 「～がち」는 어떤 상태가 되거나 어떤 일이 일어나는 빈도가 보통보다 잦다고 하는 빈도수를 나타내는데, 대체로 바람직하지 못한 상태나 일에 쓰인다(예문①②③⑥⑦).
2. 「～ぎみ」는 어떤 상태나 경향에 있거나 그런 기운이 느껴지는 기분을 나타내는데, 이 역시 대체로 바람직하지 못한 상태나 경향에 쓰인다. 그 앞에 올 수 있는 말은 지극히 제한되어 있다(예문①④⑤⑧⑨).

예문과 해설

① 時計がおくれがち/ぎみなので修理に出した。
(시계가 자주 늦어져서 수리하러 보냈다/시계가 늦는 것 같아서 수리하러 보냈다)

➲ 이 경우는 둘 다 적절한데, 「~がち」를 쓰게 되면 시계가 늦게 가는 일이 잦다고 하는 빈도수를

나타내고, 「~ぎみ」를 쓰게 되면 시계가 아무래도 좀 늦게 가는 것 같다고 하는 느낌이나 기분을 나타낸다.

② 普段体の弱い彼は学校を休みがち/✱ぎみです。

(평상시 몸이 약한 그는 학교를 툭하면 쉽니다)

➲ 이 경우와 같이 학교를 쉬는 일이 잦음을 나타낼 때는 「~がち」만이 적절하다. 「~ぎみ」는 어떤 상태나 경향에 있다고 하는 느낌이나 기분만을 나타내므로 여기에서는 부적절하다. 여기에서의 그는 실제로 학교를 자주 쉬곤 한 것이 사실이기 때문이다.

③ 友だちは病気がち/✱ぎみで時々顔色が悪い。

(친구는 자주 아파서 종종 안색이 안 좋다)

➲ 이 경우는 아픈 빈도수가 잦음을 나타내는 것이므로 「~がち」가 적절하다. 「~ぎみ」는 어디까지나 그렇게 느껴지는 상태를 나타내는 것이므로 여기에서는 부적절하다.

④ 風邪ぎみ/✱がちなので今日はちょっと早く帰ります。

(감기기운이 있어서 오늘은 좀 일찍 돌아갑니다)

➲ 이 경우와 같이 그러한 느낌이나 조짐을 나타낼 때는 「~ぎみ」만이 적절하다.

⑤ 最近太りぎみ/✱がちなのでダイエットを始めました。

(요즈음 살찌는 것 같아서 다이어트를 시작했습니다)

➲ 이 경우역시 예문④와 맥락을 같이하고 있다. 이 경우 만약 「~がち」를 쓰게 되면 살찌는 빈도수가 잦다고 하는 비현실적인 말이 되어버리므로 부적절하다.

⑥ それはよくありがちな失敗です。(그것은 흔히 있을 수 있는 실패입니다)

➲ 실패라고 하는 부정적인 일이 일어나는 빈도가 잦음을 나타내고 있다.

⑦ この頃は曇りがちの日日が続いているからいやですね。

(요즈음은 자주 흐려지는 나날이 이어지고 있으니까 싫군요)

⑧ 風邪ぎみなら近くの病院に行ってください。

(감기기운이라면 가까운 병원에 가 주십시오)

➲ 감기가 있는 것같이 느껴지는 기분을 나타내고 있다.

⑨ 会社の仕事が多くて疲れぎみです。(회사일이 많아서 피곤한 느낌입니다)

➲ 이 경우 역시 피곤을 느끼는 기분을 나타내고 있다.

「勝つ」「負かす」「やぶる」

공통의미

이기다

요점

1. 「勝つ」는 자동사이므로 언제나 그 앞에는 조사 「～に」만이 온다. 아울러 승패에서 오로지 승리 쪽만 나타내는 것이므로 패배하는 상대가 표시되지 않아도 상관없으며, 실질적인 대상뿐만 아니라 추상적인 대상에게 승리하는데도 쓰인다. 우리말의 '이기다, 승리하다'에 해당된다(예문①②③④).
2. 「負かす」는 타동사이므로 언제나 그 앞에는 조사 「～を」만이 온다. 아울러 상대를 무너뜨리는 것만을 나타내므로 반드시 패배하는 상대가 표시되어야만 한다. 또한 「勝つ」와는 달리 추상적인 대상을 무너뜨리는 데는 쓸 수가 없다. 우리말의 '쳐부수다, 무너뜨리다' 정도에 해당된다(예문⑤⑥⑦).
3. 「やぶる」역시 「負かす」와 의미용법이 같은데, 다만 「負かす」에 비해서 문장체적이다. 우리말의 '물리치다' 정도에 해당된다(예문⑤).

예문과 해설

① 困難に勝つ/＊困難を負かす/＊困難をやぶる。(난관을 극복하다)

➲ 난관은 추상적인 것이므로 이 경우는 오로지 「勝つ」만이 적절하다.

② 病気に勝つ/＊病気を負かす/＊病気をやぶる。(병에게 이기다)

➲ 병은 추상적인 것이므로 이 경우는 오로지 「勝つ」만이 적절하다.

③ 戦争で敵に勝つ。(전쟁에서 적에게 이기다)

④ リーグ戦で相手チームに勝った。(리그전에서 상대팀에게 이겼다)

⑤ 戦争で敵を負かす/やぶる。(전쟁에서 적을 쳐부수다)

➲ 「負かす」는 타동사이므로 반드시 그 앞에는 이와 같이 패배하는 상대가 표시되어야만 하며 또한 추상적인 대상에는 쓸 수가 없다. 한편, 「やぶる」는 「負かす」와 의미용법은 같으나 비교적 문장체적인 딱딱한 어감이 주어진다.

⑥ いよいよ宿敵を負かした/やぶった。(드디어 숙적을 물리쳤다)

⑦ 将棋で兄を負かした/やぶった。(장기로 형을 물리쳤다)

「～が～てある」「～を～てある」

(窓があけてある、窓をあけてある)

요점

1. 「～が～てある」와 「～を～てある」는 둘 다 「～てある」의 앞에 타동사를 수반하여 그러한 상태에 있음을 나타내는 것인데, 양자 사이에는 의미용법상의 차이가 엿보인다.
2. 「～が～てある」는 그러한 사실을 보고서 그러한 상태에 놓여있음을 나타낼 뿐으로 우리말의 '～되어있다'에 해당된다.
3. 「～を～てある」는 어떤 목적의식 하에 일부러 그러한 상태로 만들어놓았음을 설명하는 것으로 우리말의 '～해 놓았다'에 해당된다.

예문과 해설

① 窓があけてある/窓をあけてある。(창문이 열려있다/창문을 열어놓았다)

➲ 이 경우 「窓があけてある」를 쓰게 되면 누군가가 창문을 열어놓아서 창문이 열려져 있는 상태임을 나타내지만, 「窓をあけてある」를 쓰게 되면 어떤 목적을 위해서 일부러 창문을 열어놓았다고 하는 뜻을 나타낸다.

② 部屋が空けてあります/部屋を空けてあります。
(방이 비워져있다/방을 비워놓았다)

➲ 이 경우 역시 「部屋が空けてあります」를 쓰게 되면 빈 방을 보고서 누군가에 의해서 방이

비워져있는 상태임을 나타내지만, 「部屋を空けてあります」를 쓰게 되면 어떤 목적을 위해서 일부러 방을 비워놓았음을 나타내게 된다.

③ ドアに鍵がかけてある/鍵をかけてある。
(문에 열쇠가 채워져 있다/열쇠를 채워놓았다)

➲ 이 경우, 「鍵がかけてある」는 누군가에 의해서 열쇠가 채워져 있는 상태인 것을 나타내지만, 「鍵をかけてある」는 어떤 목적을 위해서 일부러 열쇠를 채워놓았음을 나타내게 된다.

④ 受話器がはずしてある/受話器をはずしてある。
(수화기가 떼어져 있다/수화기를 떼어놓았다)

➲ 이 경우도 「受話器がはずしてある」는 누군가에 의해서 수화기가 떼어져 있는 상태인 것을 나타내지만, 「受話器をはずしてある」는 어떤 목적을 위해서 일부러 수화기를 떼어놓았음을 나타내게 된다.

⑤ 地震に備えて非常食が用意してある/非常食を用意してある。
(지진에 대비해서 비상식이 준비되어 있다/비상식을 준비해 놓았다)

➲ 「非常食が用意してある」는 단지 비상식이 준비되어있는 상태인 것을 나타내지만, 「非常食を用意してある」는 비상식을 용의주도하게 준비해놓았음을 나타낸다.

「必ず」「きっと」「ぜひ」

(<u>必ず</u>来てください、<u>きっと</u>来てください、<u>ぜひ</u>来てください)

공통의미

반드시, 꼭

요점

1. 「必ず」는 누가 봐도 확실하고 객관적인 결과를 얻을 수 있을 때 쓰며, 그 얻어질 결과에 대한 말하는 사람의 확신이 가장 높다. 우리말의 '반드시'에 해당된다(예문①②③

④⑦⑧⑨).

2. 「きっと」는 얻어질 결과에 대하여 말하는 사람이 판단하고 추측하는 심정을 주관적으로 나타내거나 말하는 사람의 의지를 나타낸다(예문①④⑩⑪⑫). 「必ず」의 뒤에는 부정표현이 못 오지만, 「きっと」의 뒤에는 부정표현도 올 수 있다(예문⑥). 아울러 판단내용이 동작이 아니라 상태일 경우에는 오로지 「きっと」만을 쓸 수가 있다(예문⑤). 우리말의 '필시, 기필코' 정도에 해당된다.
3. 「ぜひ」는 말하는 사람의 희망을 강하게 내세우는 것으로 우리말의 '부디, 꼭' 정도에 해당된다(예문①⑬⑭⑮).

예문과 해설

① 今度の日曜日に必ず/きっと/ぜひ来てください。
(이번 일요일에 꼭 와 주십시오)

➲ 이 경우는 세 가지 다 적절한데 「必ず」를 쓰면 상대의 입장은 전혀 고려하지 않고 다소 강압적으로 오라는 뜻이 되고, 「きっと」를 쓰면 상대의 의사를 어느 정도 존중하는 뜻이 되며, 「ぜひ」를 쓰면 상대가 와 주었으면 하는 말하는 사람의 강한 희망을 나타내게 된다.

② 朝になれば必ず/＊きっと/＊ぜひ日が昇る。(아침이 되면 반드시 해가 뜬다)

➲ 아침이 되어서 해가 뜬다고 하는 사실은 누가 봐도 부정할 수 없는 객관적인 사실이므로 「必ず」만을 써야하며, 주관적인 판단을 나타내는 「きっと」나 말하는 사람의 강력한 희망을 나타내는 「ぜひ」는 일체 쓸 수가 없다.

③ 3から1を引けば必ず/＊きっと/＊ぜひ1になる。(3에서 1을 빼면 반드시 1이 된다)

➲ 이 경우도 위의 경우와 마찬가지로 객관적인 사실에 대한 판단이므로 「必ず」만을 써야한다.

④ この薬を飲めば必ず/きっと/＊ぜひ治る。(이 약을 먹으면 반드시 낫는다)

➲ 결과에 대한 확신을 나타내므로 「必ず」와 「きっと」 둘 다 쓸 수 있는데 다만 「必ず」쪽이 「きっと」보다 결과에 대한 말하는 사람의 확신은 더 높아진다.

⑤ 顔色が悪いから彼はきっと/＊必ず/＊ぜひ病気だ。
(안색이 나쁘니까 그는 필시 병에 걸렸다)

➲ 판단내용이 동작이 아니라 어디까지나 상태이므로 「きっと」만이 적절하다. 왜냐하면 「必ず」는 객관적인 판단에 입각한 확신을 나타내는 것인데, 이 경우는 그 사람이 실제로 병에 걸려있는지 장담할 수가 없는 상황이기 때문이다.

⑥ 彼はきっと/＊必ず/＊ぜひ来ない。(그는 필시 안 온다)

➲ 그가 실제로 올지 안 올지는 결과를 지켜봐야 할 사항이므로 객관적인 판단에 입각한 확신을 나타내는 「必(かなら)ず」는 쓸 수가 없다. 또한 이 경우는 뒤에 부정표현이 와있으므로 오로지 「きっと」만이 적절하게 된다.

⑦ 印鑑(いんかん)を必(かなら)ずご持参(じさん)ください。(인감을 반드시 지참하십시오)

➲ 「必(かなら)ず」는 이 경우와 같이 객관적인 사실을 확실하게 나타낼 때에 쓰인다.

⑧ 必(かなら)ず合格(ごうかく)するとは限(かぎ)らない。(반드시 합격한다고는 할 수 없다)

⑨ あの二人(ふたり)は会(あ)えば必(かなら)ず口論(こうろん)になる。(저 두 사람은 만나면 반드시 말싸움이 된다)

⑩ この本(ほん)はきっと売(う)れる。(이 책은 필시 팔린다)

➲ 「きっと」는 이 경우와 같이 말하는 사람의 주관에 의한 판단을 나타낸다.

⑪ 今頃(いまごろ)、彼(かれ)はきっと帰(かえ)ったのだろう。(지금쯤, 그는 필시 돌아갔을 것이다)

⑫ 明日中(あしたじゅう)にはきっと伺(うかが)います。(내일 중으로는 기필코 찾아뵙겠습니다)

➲ 이 경우는 말하는 사람의 의지를 나타내고 있다.

⑬ この写真(しゃしん)をぜひ見(み)てください。(이 사진을 꼭 보아주십시오)

➲ 「ぜひ」는 이 경우와 같이 말하는 사람의 희망을 강하게 나타낸다.

⑭ ぜひお願(ねが)いします。(꼭 부탁드립니다)

➲ 상대가 자신의 부탁을 들어줄 것을 강하게 희망하고 있다.

⑮ 卒業式(そつぎょうしき)にぜひ来(き)てください。(졸업식에 부디 와주십시오)

「かぶる」「つける」「はく」「はめる」「かける」「しめる」

공통의미

(옷, 신발, 장신구 등을)입다, 끼다, 매다, 차다, 신다, 쓰다

요점

1. 「かぶる」는 주로 모자를 쓴다고 하는 뜻을 나타낸다.
2. 「つける」는 주로 귀걸이나 목걸이를 착용한다고 하는 뜻을 나타낸다.
3. 「はく」는 스커트나 바지, 또는 양말이나 신발 등, 주로 하반신에 걸친다고 하는 뜻을 나타낸다.
4. 「はめる」는 주로 반지나 장갑을 낀다고 하는 뜻을 나타낸다.
5. 「かける」는 주로 안경을 낀다고 하는 뜻을 나타낸다.
6. 「しめる」는 넥타이를 매거나 벨트를 찬다고 하는 뜻을 나타낸다.

예문과 해설

① 帽子(ぼうし)をかぶる。(모자를 쓴다)
② イヤリング/ネックレスをつける/する。(귀걸이/목걸이를 한다)
③ スカート/靴(くつ)/靴下(くつした)/ズボンをはく。(스커트/신발/양말/바지를 입는다)
④ 指輪(ゆびわ)をはめる。(반지를 낀다)
⑤ 手袋(てぶくろ)をはめる/する。(장갑을 낀다)
⑥ めがねをかける。(안경을 쓴다)
⑦ ネクタイ/ベルトをしめる/する。(넥타이를 맨다/벨트를 찬다)

참고

귀걸이나 목걸이를 한다고 할 때는 「つける」도 쓰지만 「する」도 쓰는데, 우리말에서도 귀걸이나 목걸이를 착용한다(한다)와 같이 두 가지를 쓰는 것과 같다. 또한 넥타이나 벨트의 경우에도 「しめる」와 「する」두 가지를 쓰는데, 이 경우역시 우리말에서 넥타이를 맨다(한다), 벨트를 찬다(한다)와 같이 두 가지를 쓰는 것과 같다. 한편, 시계의 경우에는 보통 「時計(とけい)をする」와 같이 동사 「する」를 쓰는데, 우리말에서는 '시계를 찬다'로 표현하는 것과 비교할 때, 일본어에서는 표현방식이 다르다고 하는 점에 주의하여야 한다.

「我慢強(がまんづよ)い」「辛抱強(しんぼうづよ)い」「忍耐強(にんたいづよ)い」

(我慢強(がまんづよ)い性格(せいかく)、辛抱強(しんぼうづよ)い性格(せいかく)、忍耐強(にんたいづよ)い性格(せいかく))

공통의미

참을성 있다, 인내심이 있다

요점

1. 「我慢強い」는 주로 육체적인 고통을 잘 참는 경우에 쓰인다(예문①④).
2. 「辛抱強い」와 「忍耐強い」는 의미용법이 거의 비슷하여 주로 정신적인 어려움을 잘 참는 경우에 쓰이는데, 「忍耐強い」는 단지 인내심이 강하다는 뜻으로만 쓰이는데 반하여(예문②⑤⑥), 「辛抱強い」에는 무언가에 대하여 끈덕진 태도나 행동을 보이는 데에 쓰이는 경향이 있다(예문②③⑤).

예문과 해설

① あの子は注射で泣かない我慢強い/＊辛抱強い/＊忍耐強い子だ。
(저 아이는 주사에도 울지 않는 참을성 있는 아이다)

➲ 「我慢強い」는 오로지 육체적인 고통을 잘 참는 경우에 쓰이므로 이 경우에는 적절하지만, 「辛抱強い」와 「忍耐強い」는 주로 정신적인 어려움을 잘 참는 경우에 쓰이므로 이 경우에는 부적절하다.

② 辛抱強く/忍耐強く/?我慢強く適当な時期を待っている。
(참을성 있게 적당한 시기를 기다리고 있다)

➲ 「我慢強い」는 오로지 육체적인 고통을 잘 참는 경우에 쓰이므로 이 경우에는 다소 부적절하다.

③ 彼は辛抱強く/?我慢強く/?忍耐強くチャンスをうかがっている。
(그는 참을성 있게 찬스를 엿보고 있다)

➲ 이 경우와 같이 무언가에 대하여 끈덕지게 행동하거나 그러한 태도를 보이는 데는 「辛抱強い」가 가장 적절하다.

④ 家内は我慢強い性格を持っている。(아내는 참을성 있는 성격을 지니고 있다)

⑤ 辛抱強くチャンスを待つのが大事だ。
(참을성 있게 찬스를 기다리는 것이 중요하다)

➲ 「辛抱強い」는 어디까지나 끈질긴 태도를 나타내는 데에 의미의 중심이 있다.

⑥ 忍耐強い人は必ず成功することになっている。

(인내심 있는 사람은 반드시 성공하게 되어있다)

➲ 「忍耐強い」는 단지 인내심이 강하다고 하는 뜻만을 나타내고 있다.

「～から」「～で」

(酒は米から作る、酒は米で作る)

공통의미

～로(으로)(만든다, 만들어진다)(재료, 원료를 나타내는 용법)

요점

1. 「から」는 완성품으로부터 그 재료, 원료를 쉽게 알아차릴 수 없어서 생산과정에서의 변화가 매우 크다고 하는 점을 나타낸다(예문②④⑤⑧).
2. 「で」는 완성품으로부터 그 재료, 원료를 쉽게 알아볼 수가 있어서 생산과정에서의 변화가 그다지 크지 않다는 점을 나타낸다(예문①③⑤⑥⑦).

예문과 해설

① 竹の葉で/＊から舟を作った。(대나무 잎으로 배를 만들었다)

➲ 대나무 잎으로 배를 만들어도 어차피 그 재료는 금방 알아볼 수가 있으므로 이 경우에는 「で」가 적절하다. 만약 「から」를 쓰게 되면 재료인 대나무 잎을 알아보기가 매우 힘들 정도로 매우 복잡하게 만들어진 배가 될 것이다.

② プラスチックは石油から/＊で作られる。(플라스틱은 석유로 만들어진다)

➲ 이 경우는 원료에서 완성품에 이르기까지 생산과정에서의 변화가 매우 크므로 「から」가 적절하다.

③ 毛糸で/＊からセーターを編む。(털실로 스웨터를 짠다)

➲ 재료와 완성품 사이의 생산변화가 그다지 크지 않으므로 「で」가 적절하다.

④ ワインはぶどうから/＊で作ります。(와인은 포도로 만듭니다)

➲ 재료와 완성품 사이의 생산변화가 매우 크므로 「から」가 적절하다.

⑤ タイヤはゴムで作(つく)り、ゴムは樹液(じゅえき)から作(つく)る。
(타이어는 고무로 만들고, 고무는 수액으로 만든다)

➲ 이 경우 고무로 타이어를 만드는 것은 그다지 생산변화가 크지 않으므로 「で」를 쓰지만, 수액으로 고무를 만드는 것은 생산변화가 매우 크므로 「から」를 쓰게 된다.

⑥ 封筒(ふうとう)やびんせんは紙(かみ)で作(つく)ります。(봉투나 편지지는 종이로 만듭니다)

➲ 재료와 완성품 사이의 생산변화가 그다지 크지 않으므로 「で」가 적절하다.

⑦ ビーフステーキは牛肉(ぎゅうにく)で作(つく)ります。(비프스테이크는 소고기로 만듭니다)

➲ 재료와 완성품 사이의 생산변화가 그다지 크지 않으므로 「で」가 적절하다.

⑧ 蚕(かいこ)のまゆから絹糸(けんし)をとる。(누에꼬치로부터 견사를 뺀다)

➲ 재료와 완성품 사이의 생산변화가 매우 크므로 「から」가 적절하다.

참고

「酒(さけ)は米(こめ)で作(つく)る」와 「酒(さけ)は米(こめ)から作(つく)る」는 둘 다 자연스러운 문인데, 전자는 원료와 완성품 사이의 생산적인 변화에 그다지 주목하지 않은 표현이며, 후자는 그 변화에 주목하고 있는 표현이다.

「～から」「～に」

(姉(あね)から数学(すうがく)を教(おそ)わる、姉(あね)に数学(すうがく)を教(おそ)わる)

공통의미

～로(으로)부터, ～에게(동작을 일으키는 상대를 나타내는 용법)

요점

1. 「～から」와 「～に」는 함께 동작을 일으키는 상대를 나타낼 수가 있는데, 어디에 시점을 두느냐에 따라 양자 간에는 의미용법상의 차이가 엿보인다.

2. 「～から」는 사물의 이동에 시점이 놓일 때에 쓰이는데, 예를 들면 「買う」「預かる」「奪う」와 같이 사물이 이동함을 나타내는 동사가 뒤에 오는 경우이다(예문①③④⑤⑥).
3. 「～に」는 사물이 이동이 없이 단지 동작을 일으키는 상대에게만 시점이 놓일 때에 쓰인다(예문②③⑦⑧).
4. 다만, 「教わる」「習う」「もらう」「借りる」와 같은 동사의 경우에는 상대를 나타냄에 있어서 「～から」와 「～に」의 어느 쪽이든 쓸 수가 있다(예문③).

예문과 해설

① 友だちから/＊にパンを奪う。(친구로부터 빵을 빼앗다)

➲ 이 경우는 빵이라고 하는 사물이 친구로부터 말하는 사람 쪽으로 이동하는 셈이므로 「から」가 적절하다.

② 犬に/＊からかまれてしまった。(개에게 물리고 말았다)

➲ 이 경우는 사물의 이동을 나타내는 것이 아니므로 「に」가 적절하다.

③ 友だちに/から鉛筆を借りた。(친구에게/로부터 연필을 빌렸다)

➲ 동사 「借りる」의 경우에는 「から」와 「に」의 어느 쪽도 쓸 수가 있는데 이 경우는 우리말도 마찬가지다.

④ 私はこのかばんを彼女から買った。(나는 이 가방을 그녀로부터 샀다)

➲ 이 경우역시 위의 예문③과 맥락을 같이하고 있다.

⑤ 先生から指示が出た。(선생님으로부터 지시가 나왔다)

➲ 지시내용의 이동을 나타내는 것이므로 「から」가 적절하다.

⑥ 配達人から荷物を渡された。(배달부로부터 하물이 건네졌다)

⑦ 関係者に事情を聞いてみましょう。(관계자에게 사정을 들어 봅시다)

➲ 이동의 의미는 없고 다만 발언을 일으키는 주체만을 나타내는 것이므로 「に」가 적절하다.

⑧ 犬はかわいそうにも車にはねられた。(개는 가엽게도 차에 치었다)

➲ 이 경우 역시 이동의 의미는 없고 단지 동작을 일으킨 주체만을 나타내고 있다.

「～から～にかけて」「～から～にわたって」

(午前9時から午後6時にかけて行われた、午前9時から午後6時にわたって行われた)

공통의미

～부터～에 걸쳐서(시간적 범위)

요점

1. 「～から～にかけて」가 시간적 범위를 나타낼 때는 그 기간범위 내에서 지속적으로 어떤 일이 이루어지는 것에 주목하게 된다. 비교적 주관적인 관점에서 표현하는 셈이 된다.
2. 「～から～にわたって」가 시간적 범위를 나타낼 때는 어떤 일이 이루어지는 것이 그 기간범위인 것만을 나타낸다. 비교적 객관적인 관점에서 표현하는 셈이 된다.

예문과 해설

① 会議は午前9時から午後6時にかけて/にわたって行われた。

(회의는 오전9시부터 오후6시에 걸쳐서 이루어졌다)

➲ 이 경우 「~にかけて」를 쓰게 되면 오전9시부터 오후6시까지 줄곧 회의가 지속적으로 이루어졌음에 주목하는 주관적인 표현이 되지만, 「~にわたって」를 쓰게 되면 회의가 이루어진 시간의 범위만을 나타내는 객관적인 표현이 된다.

② 1950年から53年ににかけて/にわたって韓国戦争があった。

(1950년부터 53년에 걸쳐서 한국전쟁이 있었다)

➲ 이 경우 「~にかけて」를 쓰게 되면 무려 3년이라는 긴 기간 동안 한국전쟁이 있었음에 주목하는 주관적인 표현이 되지만, 「~にわたって」를 쓰게 되면 단지 한국전쟁이 있었던 기간만을 나타내는 객관적인 표현이 된다.

③ 今月の二十日から三十日にかけて/にわたって国際会議が行われた。

(이달 20일부터 30일에 걸쳐서 국제회의가 개최되었다)

➲ 이 경우역시 예문①②와 맥락을 같이하고 있다.

④ 一日から五日にかけて/にわたって事故が相次いで起った。

(1일에서 5일에 걸쳐서 사고가 연달아서 일어났다)

➲ 이 경우역시 예문①②③와 맥락을 같이하고 있다.

「～から」「～のだから」

(忙しいから、手伝ってください、忙しいのだから、手伝ってください)

공통의미

～하기 때문에, ～이니까('이유, 원인' 과 주장의 근거를 나타내는 용법)

요점

1. 「～から」는 단순한 접속조사이며 「～のだから」는 형식명사 「の」에 단정의 조동사 「だ」가 접속되고, 여기에 다시 접속조사 「～から」가 이어진 형태이다.
2. 「～から」는 그 뒤에 오는 내용에 대한 이유, 원인을 나타낸다(예문①④⑤).
3. 「～のだから」는 그 뒤에 오는 주장에 대한 설득력 있는 근거를 나타낸다(예문②③). 이는 「の」가 그 앞에 오는 내용을 명사화하고, 이어서 「だ」가 강하게 단정을 내리는 구조에서 비롯된 것이다.
4. 결국 「～から」는 단순한 접속을 나타내어 우리말의 '～(이)니까, ～(이)므로' 정도에 해당되며, 「～のだから」는 주장에 대한 근거를 나타내어 우리말의 '～인 것이므로(이니까)' 에 해당되는데, 우리말에서는 이러한 구별은 그다지 쓰이지 않으므로 주의가 필요하다.

예문과 해설

① 若いから経験が足りない。(젊으니까 경험이 부족하다)

➲ 이 경우는 「から」의 뒤에 오는 내용에 대한 이유를 나타내고 있다.

② 若いのだからいろいろ挑戦すべきだ。(젊으니까 여러 가지로 도전해야만 한다)

➲ 이 경우는 「~のだから」의 앞에 오는 내용이 그 뒤에 오는 주장이나 의견에 대한 설득력 있는 근거가 되고 있으므로 「~のだから」가 적절하다.

③ 日本は経済力が豊かなのだから/＊豊かだから、もっと貧しい国を援助すべきだ。

(일본은 경제력이 풍부하므로 보다 가난한 나라를 원조해야만 한다)

➲ 이 경우는 「~のだから」의 뒤에 주장이 담긴 내용이 와 있으므로 그 앞에는 이러한 주장에 대한 설득력 있는 근거를 내세우기 위하여 「~のだから」를 쓰는 것이 적절하다.

④ 頭が痛いですから/＊痛いんですから、帰ってもいいですか。

(머리가 아프니까 돌아가도 좋습니까?)

➲ 이 경우는 허락을 구하는 데에 대한 단순한 원인을 나타내는 것이므로 「から」가 적절하다. 「~のだから」는 어디까지나 설득력 있는 근거를 제시하는 표현이다.

⑤ 日本は経済力が豊かだから/＊豊かなのだから、ものが豊富だ。

(일본은 경제력이 풍부하므로 물건이 풍부하다)

➲ 이 경우는 설득력 있는 근거를 제시함으로서 무언가를 주장하고자 하는 것이 아니라 단순히 현 상황을 나타내고 있을 뿐이므로, 그에 대한 단순한 이유를 나타내는 「から」가 적절하다.

참고

다음의 문 들은 어떠한 의미를 나타내는 것일까?

「忙しいから、手伝ってください」「忙しいのだから、手伝ってください」

앞의 것은 단순한 부탁표현이지만, 뒤의 것은 강력한 어조의 부탁표현이 된다. 이것은 「から」의 경우에는 단순한 이유를 제시하는데 불과하지만, 「のだから」의 경우에는 현재 상황에 대한 설득력 있는 근거를 제시하고 있는 데에서 비롯되는 것이다.

「～から」「～ので」

(お金がないから行けません、お金がないので行けません)

공통의미

～때문에(이유, 원인을 나타내는 용법)

요점

1. 「～から」와 「～ので」는 뒤에 오는 내용에 대하여 앞에 오는 내용이 그 이유나 원인이 됨을 나타내는 접속조사인데, 양자 간에는 의미용법상의 차이가 다소 엿보인다.
2. 「～から」는 그 앞에 제시되는 사항에 좀 더 무게가 실리면서 다소 주관적인 색채가 강하다. 이러한 이유로 「～から」의 뒤에는 「～たい」「～と思う」「～なさい」 등과 같은 희망,

추측, 의지, 명령이나 요구표현, 즉 말하는 사람의 기분이나 감정을 표현하는 것이 주로 오게 된다(예문①②③④⑦⑧⑨⑩).

3. 「～ので」는 어디까지나 그 뒤에 제시되는 사항에 좀 더 무게가 실리는 한편, 다소 객관적인 색채가 강하다. 이러한 이유로 「～ので」의 뒤에는 명령이나 요구 같은 강한 의지를 나타내는 표현은 올 수 없으며 주로 단정표현이 오는 경향이 있다(예문⑫⑬⑭). 아울러, 말하는 사람의 기분을 나타내는 표현일지라도 정중한 표현이나 문장체에서는 일반적으로 「～から」보다는 「～ので」가 사용되는데, 이는 자신의 기분을 전면적으로 내세우는 것을 피하기 위함에서 비롯된 것이다(예문⑤⑥⑮). 특히 여성의 경우에는 가급적이면 「～から」보다는 「～ので」를 즐겨 사용하는 경향이 있는데, 이는 다분히 표현을 보다 정중하게 하고자 하는 심리에서 비롯된 것이라 볼 수 있을 것이다.
4. 앞에 제시되는 내용이 추측표현일 경우에는 그에 접속될 수 있는 것은 오로지 「～から」밖에 없으며 「～ので」는 접속될 수가 없다(예문⑪). 또한, 앞의 문이 명사나 형용동사로 끝날 경우, 「～から」는 「명사+だから」「형용동사종지형+から」의 형태를 취하지만, 「～ので」는 「명사+なので」「형용동사연체형+ので」의 형태를 취하게 된다(예문⑯⑰).

예문과 해설

① うるさいから/✱ので、静(しず)かにしなさい。(시끄러우니까 조용히 해라)

➲ 이 경우와 같이 뒤에 명령과 같은 말하는 사람의 강한 의지를 나타내는 표현이 올 때는 오로지 「~から」만이 적절하다.

② 今(いま)は忙(いそが)しいから/✱ので後(あと)で話(はな)してくれ。(지금은 바쁘니까 나중에 이야기해다오)

➲ 이 경우와 같이 요구와 같은 말하는 사람의 강한 의지를 나타내는 표현이 뒤에 올 때는 오로지 「~から」만이 적절하다.

③ あぶないから/✱ので気(き)をつけなさい。(위험하니까 조심해라)

➲ 이 경우 역시 예문①②와 맥락을 같이하고 있다.

④ あの人(ひと)が欠席(けっせき)したのは用事(ようじ)があったから/✱のでだと思(おも)います。

(저 사람이 결석한 것은 볼일이 있었기 때문이라고 생각합니다)

➲ 이 경우와 같이 단정의 조동사 「だ」와 결합하여 술어로 쓰일 때는 오로지 「~から」만이 적절한데, 이는 말하는 사람의 기분이 강하게 담겨있기 때문이다.

⑤ すぐまいりますので/?から、少々(しょうしょう)お待(ま)ち下(くだ)さい。

(곧 갈 테니까, 잠시 기다려주십시오)

➲ 이 경우와 같이 정중한 문체에서는 말하는 사람의 기분을 전면으로 내세우는 것을 피하는 경향이 있으므로 「~ので」가 가장 적절하다.

⑥ 下記に転居いたしましたので/?から一度お越しください。
(아래장소로 이사하였으므로 한번 와 주십시오)

➲ 이 경우역시 예문⑤와 맥락을 같이하고 있다.

⑦ おなかが痛いですから、部屋で休みたいです。
(배가 아파서 방에서 쉬고 싶습니다)

⑧ 電気がついていますから、消してください。(전기가 켜져 있으니까 꺼 주십시오)

⑨ 家が近いから一緒に帰りましょう。(집이 가까우니까 함께 돌아갑시다)

⑩ 今日は忙しいですから、行けません。
(오늘은 바쁘기 때문에 갈 수 없습니다)

➲ 이 경우에 「~ので」도 쓰기에 적절하지만 「~から」쪽이 말하는 사람의 주장을 보다 더 담게 된다.

⑪ 明日は晴れるだろうから/✱ので洗濯をした。(내일은 개일 것이므로 빨래를 했다)

➲ 이 경우와 같이 추측표현에 접속될 수 있는 것은 오로지 「から」뿐이다.

⑫ 朝早く出かけたので、昼まえに着きました。
(아침 일찍 나왔기 때문에 점심 전에 도착했습니다)

⑬ 宿題がたくさんあるので、今日は失礼します。
(숙제가 많이 있어서 오늘은 실례하겠습니다)

➲ 이 경우와 같이 「~ので」를 씀으로서 어감을 보다 정중하게 나타낼 수가 있다.

⑭ 雨が降っているので、旅行するのをやめました。
(비가 내리고 있어서 여행하는 것을 포기했습니다)

⑮ 七時から九時までは禁煙ですので、ご協力ください。
(7시부터 9시까지는 금연이므로 협조해 주십시오)

➲ 이 경우도 「~ので」를 씀으로서 어감을 보다 정중하게 나타내고 있다.

⑯ 日曜日なので、授業がありません。(일요일이기 때문에 수업이 없습니다)

➲ 「~ので」가 명사에 접속될 때는 반드시 「~なので」의 형태를 취하게 된다.

⑰ 静かなので、よく勉強ができます。(조용하기 때문에 공부가 잘 됩니다)

➲ 「~ので」가 형용동사에 접속될 때는 반드시 연체형에 접속되게 되는데 이 경우에는 형용동사 「静かだ」의 연체형 「静かな」가 그 앞에 와 있다.

「～から～まで」「～から～にかけて」

(4時から6時まで行われた、4時から6時にかけて行われた)

공통의미

～에서(부터)～까지(시간적, 공간적, 수량적 범위를 나타내는 용법)

요점

1. 「～から～まで」는 시작에서 끝까지의 구체적인 범위를 나타내며, 우리말의 '～에서(부터)～까지' 에 해당된다(예문①③).
2. 「～から～にかけて」는 시작은 명확하지만 끝은 분명히 명시되지 않으며, 주로 이 범위 내에서 계속적으로 어떤 일이 이루어지는 것만을 나타낸다(예문②④). 이는 「～にかけて」의 「かけて」가 동사 「かける(～에 걸치다)」에서 온 말이기 때문이다. 우리말의 '～에서(부터)～에 걸쳐서'에 해당된다.
3. 때로는 「～まで」만으로 구체적인 범위의 끝부분만을 나타내거나(예문⑤), 또는 「～にかけて」만으로 계속적인 전개범위의 끝부분만을 나타내는 경우도 있다(예문⑥).

예문과 해설

① 会議は4時から6時まで行われた。(회의는 4시부터 6시까지 행하여졌다)

➲ 이 경우는 4시부터 시작된 회의가 6시를 넘기지 않고 그 시간의 범위 안에서만 이루어졌음을 나타낸다.

② 会議は4時から6時にかけて行われた。

(회의는 4시부터 6시에 걸쳐서 행하여졌다)

➲ 이 경우는 회의가 4시부터 6시까지의 두 시간 동안 계속적으로 행하여졌음을 나타낸다.

③ 東京から名古屋まで2時間かかる。(도쿄에서 나고야까지 2시간 걸린다)

➲ 소요시간의 범위만을 나타내고 있다.

④ 一日から二日にかけて事故が相次いで起った。

(1일에서 2일에 걸쳐서 사고가 연달아서 일어났다)

➲ 이 기간 동안 계속해서 사고가 발생하였음을 나타내고 있다.

⑤ その本を50ページまで読んだ。(그 책을 50페이지까지 읽었다)

➲ 이 경우는 구체적으로 읽은 범위의 끝만을 나타내고 있다.

⑥ この花は4月、5月にかけて咲く。(이 꽃은 4월, 5월에 걸쳐서 핀다)

➲ 이 경우는 꽃이 피기 시작하는 구체적인 시기는 명시하지 않고 다소 애매하게 그 대충의 시기를 나타내고 있다.

「～から」「～を」

(うちから出る、うちを出る)

공통의미

～에서, ～을(를)(출발을 나타내는 용법)

요점

1. 「～から」와 「～を」는 둘 다 어떠한 장소에서 출발하는 출발점을 나타낸다.
2. 사람 같이 움직일 수 있는 주체가 자신의 의지를 가지고 출발하는 경우에는 「～から」와 「～を」를 다 쓸 수가 있으나(예문①②③), 주체적으로 움직일 수 없는 사물이 출발하는 경우에는 「～を」는 쓸 수 없으며 오로지 「～から」만을 써야한다(예문④⑤⑥⑦).
3. 자신의 의지를 가지고 주체적으로 출발하는 경우일지라도 추상적인 출발을 나타내는 경우에는 「～から」를 쓰면 일시적인 출발을 나타내고, 「～を」를 쓰면 영구적이거나 오랜 기간의 이탈을 전제로 한 출발을 나타낸다(예문⑧⑨).
4. 결국 「～から」는 우리말의 '～에서(로(으로)부터(출발한다))'에 해당되며, 「～を」는 우리말의 '～을(를)(출발한다)'에 해당된다.

예문과 해설

① 先生は教室から/を出ました。(선생님은 교실에서/을 나왔습니다)

➲ 사람과 같이 움직일 수 있는 주체가 자신의 의지로 나오는 경우이므로 「から」와 「を」 둘 다 적절하며 양자 간에 의미차이는 거의 없다.

② 太郎が車を/から降りた。(타로가 차에서/를 내렸다)

➲ 탈것에서 내리는 것은 주로 사람이 주체적으로 자신의 의지로서 내리는 것이기에 「から」「を」 둘 다 적절하다.

③ 太郎が大阪から/を出発した。(타로가 오사카에서/를 출발했다)

➲ 이 경우역시 위의 예문들과 맥락을 같이하고 있다.

④ ポケットから/＊を一枚の名刺が出てきた。(주머니에서 한 장의 명함이 나왔다)

➲ 명함은 주체적으로 자신의 의지만으로 움직일 수가 없는 사물이므로 「から」가 적절하다.

⑤ 煙が煙突から/＊を出た。(연기가 굴뚝에서 나왔다)

➲ 연기는 주체적으로 자신의 의지만으로 움직일 수가 없는 사물이므로 「から」가 적절하다.

⑥ 荷物が網棚から/＊を落ちた。(짐이 그물선반에서 떨어졌다)

➲ 이 경우도 예문④⑤와 맥락을 같이하고 있다.

⑦ 太郎が屋根から/＊を落ちた。(타로가 지붕에서 떨어졌다)

➲ 타로는 주체적으로 움직일 수 있는 사람이므로 얼핏 보면 「から」와 「を」둘 다 적절할 것 같지만 자신의 의지로서 일부러 떨어지는 경우는 거의 없으므로, 이 경우는 사람일지라도 움직일 수 없는 사물과 동일하게 생각하여 「から」만을 써야한다

⑧ 大学から出る。(대학에서 나오다)　　大学を出る。(대학을 나오다)

➲ 「大学から出る」는 일시적으로 대학구내로부터 밖에 나오는 것이지만 「大学を出る」는 대학을 졸업한다고 하는 뜻을 나타낸다.

⑨ うちから出る。(집에서 나오다)　　うちを出る。(집을 나오다)

➲ 「うちから出る」는 외출하는 것이지만. 「うちを出る」는 가출한다고 하는 뜻을 나타낸다.

「からかう」「ひやかす」

(友だちをからかう、友だちをひやかす)

공통의미

놀리다

●●● 요점

1. 「からかう」는 인간뿐만 아니라 동물을 놀리는데도 쓰이며, 말로만 놀리는 것이 아니라 태도나 행위로 놀리는 데도 쓰인다(예문①②③⑥⑦⑧).
2. 「ひやかす」는 오로지 사람에게만 쓰며 상대가 당황하거나 부끄러워할만한 농담을 통해 상대를 놀림으로서 즐거워하는 것인데, 「からかう」와 달리 말로만 놀리는 경우에 쓰인다(예문①④⑨⑩⑪). 한편으로는, 파생적 용법으로서 물건을 사지는 않고 보거나 만지기만 하는 경우에도 쓰인다(예문⑤⑫).

●●● 예문과 해설

① おおぜいで友だちをからかう/ひやかすのはよくない。
(여럿이서 친구를 놀리는 것은 좋지 않다)

➲ 이 경우는 둘 다 적절한데 「からかう」는 말뿐만 아니라 태도나 행위로도 놀리는 경우이며, 「ひやかす」는 오로지 말로만 놀리는 경우이다.

② 子犬をからかう/＊ひやかすのはやめてくれ。(강아지를 놀리는 것은 그만둬라)

➲ 이 경우는 사람이 아닌 동물을 놀리는 것이므로 「からかう」만이 적절하다. 「ひやかす」는 오로지 사람을 놀리는 경우에만 쓰이므로 여기에서는 부적절하다.

③ 幼い子をからかう/＊ひやかす。(어린 아이를 놀린다)

➲ 이 경우 사람을 놀리는 것이므로 「ひやかす」도 적절할 듯하나, 「ひやかす」는 주로 어린이가 아닌 성인을 대상으로 쓰이므로 여기에서는 부적절하다.

④ 声をそろえてアベックをひやかす/?からかう。(다 같은 목소리로 아베크를 놀린다)

➲ 여러 명이서 지나가는 아베크를 야유하거나 희롱하는 장면에서는 「ひやかす」가 가장 적절하다.

⑤ 暇なので夜店をひやかした/＊からかった。
(한가해서 밤의 상점을 여기저기 구경했다)

➲ 이 경우와 같이 물건은 사지 않으면서 상점을 여기저기 구경하면서 돌아다니는 뜻에서는 「ひやかす」만이 적절하다.

⑥ 弟をからかって遊ぶのはいけない。(동생을 놀리며 노는 것은 못쓴다)

⑦ 卑怯者とからかったので、向こうずねをけとばしてやった。
(비겁쟁이라고 놀렸기 때문에 정강이를 차주었다)

⑧ 息子は学校から帰ると、猫をからかったりする。
(아들은 학교에서 돌아오면, 고양이를 놀리곤 한다)

➲「からかう」는 이 경우와 같이 사람이 아닌 동물을 놀리는 때도 쓰이는데,「ひやかす」는 오로지 사람을 놀리는 경우에만 쓰인다.

⑨ 新婚夫婦をひやかす。(신혼부부를 놀린다)

➲「ひやかす」는 오로지 말로만 놀리는 때에 쓰인다.

⑩ 課長はいつも相手をひやかして困らせたりする。
(과장은 언제나 상대를 놀려서 난처하게 하곤 한다)

⑪ アベックをひやかすのはやめろ。(아베크를 놀리는 것은 그만둬라)

⑫ 店で品物をひやかす。(가게에서 물건을 구경한다)

➲「ひやかす」는 이 경우와 같이 실제로는 물건을 사지 않고 단지 이것저것 구경만 하는 경우에도 쓰이는데「からかう」에는 이러한 용법이 없다.

「体」「身体」「身」

공통의미

몸, 신체

요점

1. 「体」는 가장 일반적으로 폭넓게 쓰이는 말로 육체뿐만 아니라 건강을 나타내거나 체격을 나타내기도 한다(예문①②③⑤⑥⑦).
2. 「身体」는 공적인 문서에서나 매우 격식을 차린 경우에 쓰인다(예문①③⑧⑨⑩).
3. 「身」는 주로 관용표현에서 쓰이는데 때로는 그 사람의 입장이나 지위를 나타내기도 한다(예문②④⑪⑫⑬).

예문과 해설

① 彼は毎日体/身体/*身を鍛えている。(그는 매일 몸을 단련하고 있다)

➲ 「身(み)」는 육체를 나타내는 것이 아니라 입장이나 지위를 나타내므로 이 경우에는 부적절하다.

② 身(み)/体(からだ)/＊身体(しんたい)をかわして車(くるま)をよけた。(몸을 돌려서 차를 피했다)

➲ 「身(み)」는 동사 「かわす(돌리다)」와 결합하여 '몸을 돌려 위험 등을 피하다'는 뜻으로 쓰이므로 여기에서는 가장 적절하며 「体(からだ)」도 적절하다. 하지만 「身体(しんたい)」는 공식적이거나 격식을 차리는 어감이 있으므로 여기에서는 부적절하다.

③ 健康(けんこう)のために定期的(ていきてき)に体(からだ)/身体(しんたい)/＊身(み)をチェックする。
(건강을 위해 정기적으로 몸을/신체를 체크한다)

➲ 이 경우와 같이 육체의 뜻으로 분명히 쓰일 때는 「身(み)」는 부적절하다.

④ たまには僕(ぼく)の身(み)/＊体(からだ)/＊身体(しんたい)になって考(かんが)えてくれ。
(가끔은 내 입장이 되어 생각해다오)

➲ 이 경우는 육체가 아닌 입장의 뜻으로 쓰인 것이므로 「身(み)」만이 적절하다.

⑤ タバコは体(からだ)を害(がい)する。(담배는 몸을 해친다)

⑥ 彼(かれ)は運動部(うんどうぶ)出身(しゅっしん)だけあっていい体(からだ)をしている。
(그는 운동부출신인 만큼 좋은 몸을 하고 있다)

⑦ 大(おお)きな体(からだ)の男(おとこ)が私(わたし)を訪(たず)ねて来(き)た。(큰 체구의 남자가 나를 찾아왔다)

⑧ 健全(けんぜん)なる精神(せいしん)は健全(けんぜん)なる身体(しんたい)に宿(やど)る。(건전한 정신은 건전한 신체에 깃든다)

➲ 「身体(しんたい)」는 이와 같이 비교적 격식을 차린 딱딱한 어감으로 쓰인다.

⑨ 身体(しんたい)に異常(いじょう)なしと認(みと)める。(신체에 이상 없는 것으로 인정한다)

⑩ 明日(あした)、身体検査(しんたいけんさ)を受(う)けに病院(びょういん)へ行(い)かなければならない。
(내일 신체검사를 받으러 병원에 가야만 한다)

⑪ 身(み)を清(きよ)めて神仏(しんぶつ)に祈(いの)る。(몸을 깨끗이 하고 신불에 기도한다)

➲ 「身(み)を清(きよ)める」의 관용적인 형태로 '목욕재계하다' 는 뜻을 나타낸다.

⑫ 人間(にんげん)は誰(だれ)でも自分(じぶん)の身(み)の程(ほど)を知(し)らなければならない。
(인간은 누구나 자신의 분수를 알아야 한다)

➲ 이 경우와 같이 그 사람의 입장이나 분수를 나타낼 때는 「身(み)」가 적절하다.

⑬ この賞(しょう)は身(み)に余(あま)る光栄(こうえい)です。(이 상은 분에 넘치는 영광입니다)

➲ 이 경우역시 그 사람의 입장을 나타내고 있는데 다른 말에는 이러한 용법이 없다. 「身に余る」의 관용적인 형태로 우리말의 '분에 넘치다'는 뜻을 나타낸다.

「～からです」「～ですから」

(お腹が痛いからです、お腹が痛いですから)

공통의미

～하기 때문입니다, ～이니까요(이유를 제시하는 용법)

요점

1. 「～からです」와 「～ですから」는 이유를 제시하는 표현으로 둘 다 회화체에 많이 쓰이고 있지만, 그 의미용법에는 차이가 엿보인다.
2. 「～からです」는 어떤 이유에 대하여 질문을 받았을 때 그에 대한 응답차원에서 적극적으로 그 이유를 설명하는 것으로, 우리말의 '～하기 때문입니다' 정도에 해당된다.
3. 「～ですから」는 단지 이유를 소극적으로 나타내는 것으로 우리말의 '～이니까요' 정도에 해당된다.

예문과 해설

① どうして頭が痛いですか。 ➞ 昨日お酒をたくさん飲んだからです/飲みましたから。
(어째서 머리가 아픕니까? ➞어제 술을 많이 마셨기 때문입니다/마셨으니까요)

➲ 「飲んだからです」는 적극적으로 머리가 아픈 이유를 설명하고 있으나 반면에 「飲みましたから」는 다소 소극적으로 이유를 제시하고 있을 뿐이다.

② どうして顔色が悪いですか。 ➞お腹が痛いからです/痛いですから
(어째서 안색이 나쁩니까? ➞배가 아프기 때문입니다/아프니까요)

➲ 이 경우도 「お腹が痛いからです」는 적극적으로 안색이 나쁜 이유를 설명하고 있으나 반면에 「お腹が痛いですから」는 다소 소극적으로 이유를 제시하고 있을 뿐이다.

③ どうして咳(せき)をしますか。 →風邪(かぜ)を引(ひ)いたからです/引(ひ)きましたから

(어째서 기침을 합니까? →감기 걸렸기 때문입니다/걸렸으니까요)

➲ 이 경우 역시 위의 예와 똑 같은 구조를 지니고 있다.

④ どうして学校(がっこう)を休(やす)んだんですか。 →頭(あたま)が痛(いた)いからです/痛(いた)いですから

(어째서 학교를 쉰 겁니까? →머리가 아프기 때문입니다/아프니까요)

➲ 이 경우 역시 위의 예와 똑 같은 구조를 지니고 있다.

⑤ どうして私(わたし)に来(き)たんですか。 →あなたに話(はなし)があるからです/ありますから

(어째서 나에게 온 겁니까? →당신에게 이야기가 있기 때문입니다/있으니까요)

➲ 이 경우 역시 위의 예와 똑 같은 구조를 지니고 있다.

「絡(から)む」「絡(から)まる」「もつれる」

(糸(いと)が絡(から)む、 糸(いと)が絡(から)まる、 糸(いと)がもつれる)

공통의미

엉키다, 꼬이다

요점

1. 「絡(から)む」는 실 같은 것이 엉킨다는 뜻으로 쓰이고(예문①⑤⑥), 어떤 일이 깊숙이 관련된다는 뜻으로도 쓰이며(예문④⑦), 때로는 상대가 시비를 걸어온다는 뜻으로도 쓰인다(예문②⑧). 전반적으로 우리말의 '엉키다, 엉기다' 정도에 해당된다.
2. 「絡(から)まる」는 주로 가는 것이 주위에 감겨서 달라붙는다고 하는 뜻으로 쓰이며(예문①⑨⑩), 사정 등이 복잡하게 전개됨을 나타내기도 한다(예문⑪). 전반적으로 우리말의 '칭칭 감기다, 얽히다' 정도에 해당된다.
3. 「もつれる」는 실 같은 것이 엉킨다는 뜻으로도 쓰이고(예문①⑫), 혀나 다리가 꼬인다는 뜻으로도 쓰이며(예문⑬⑭), 때로는 이야기나 사정이 복잡하게 얽혀서 결말이 나지 않는다는 뜻으로도 쓰인다(예문③⑮). 전반적으로 우리말의 '꼬이다' 정도에 해당된다.

●●● 예문과 해설

① 糸が絡んで/絡まって/もつれて解けない。(실이 엉켜서 풀 수가 없다)

➲ 이 경우와 같이 단지 실 같은 것이 복잡하게 엉켜있음을 나타낼 때는 세 가지 다 적절하다.

② あいつは酔っぱらうと人に絡む/＊絡まる/＊もつれる癖がある。

(저 녀석은 술 취하면 남에게 엉기는 버릇이 있다)

➲ 이 경우와 같이 남에게 시비를 건다고 하는 뜻에서는 「絡む」만이 적절하다.

③ 与野党の話し合いがもつれる/＊絡む/＊絡まる。

(여당과 야당의 이야기가 꼬인다)

➲ 이 경우와 같이 이야기가 복잡하게 얽힌다고 하는 뜻에서는 「もつれる」만이 적절하다.

④ 選挙に絡んだ/＊絡まった/＊もつれた犯罪が増えている。

(선거에 관련된 범죄가 늘고 있다)

➲ 이 경우와 같이 어떤 일이 깊숙이 관련된다고 하는 뜻에서는 「絡む」만이 적절하다.

⑤ 朝顔のつるが垣根に絡んでいる。(나팔꽃의 덩굴이 뜰 담에 엉켜있다)

⑥ 手と手が絡んで痛かった。(손과 손이 엉켜서 아팠다)

⑦ 脱税に絡んだ収賄。(탈세에 얽힌 뇌물수수)

➲ 「絡む」는 이 경우와 같이 어떤 일에 깊숙이 관련된다고 하는 뜻으로도 쓰이는데 이러한 용법은 우리말에도 있다.

⑧ 酒を飲んで上司に絡む。(술을 마시고 상사에게 엉긴다)

➲ 「絡む」는 이 경우와 같이 상대에게 시비를 건다고 하는 뜻으로도 쓰이는데 이러한 용법은 우리말에도 있다.

⑨ ブラシに髪の毛が絡まる。(빗에 머리카락이 칭칭 감긴다)

➲ 이 경우와 같이 주로 가느다란 것이 칭칭 감기는 뜻을 나타낼 때는 「絡まる」만이 적절하다.

⑩ つたが建物の塀に絡まっている。(담쟁이가 건물 담에 칭칭 감겨있다)

⑪ いろいろな条件が絡まって解決を困難にしている。

(여러 가지 조건이 얽혀서 해결을 곤란하게 하고 있다)

➲ 이 경우는 여러 가지 사정이 복잡하게 얽힘을 나타내고 있다.

⑫ 毛糸がもつれて編み物はだめになった。(털실이 꼬여서 뜨개질은 망치게 되었다)

⑬ 足(あし)がもつれて転(ころ)びそうになった。(발이 꼬여서 구를 뻔 하게 되었다)

➲ 「もつれる」는 혀나 다리가 꼬인다고 하는 뜻으로도 쓰인다.

⑭ 酒(さけ)を飲(の)むと舌(した)がもつれて話(はな)しづらい。(술을 마시니까 혀가 꼬여서 말하기 힘들다)

➲ 술 같은 것에 취해서 혀가 꼬인다고 할 때는 「もつれる」가 적절하다.

⑮ 話(はなし)がもつれて解決(かいけつ)は難(むずか)しくなった。(이야기가 꼬여서 해결은 어렵게 되었다)

➲ 이 경우는 이야기가 복잡하게 얽혀서 상황이 복잡해짐을 나타내고 있다.

「借(か)りる」「借用(しゃくよう)する」「拝借(はいしゃく)する」

(上司(じょうし)から金(かね)を借(か)りる、上司(じょうし)から金(かね)を借用(しゃくよう)する、上司(じょうし)から金(かね)を拝借(はいしゃく)する)

공통의미

빌리다

요점

1. 「借(か)りる」는 가장 일반적인 말로 남으로부터 무언가를 빌리는 경우에 쓰인다(예문①②③④⑤⑥).
2. 「借用(しゃくよう)する」는 무언가를 사용할 목적으로 일시적으로 빌려 쓰는 것을 나타내는데, 문장체에서 쓰일 법한 다소 딱딱한 말이다(예문①③⑦⑧).
3. 「拝借(はいしゃく)する」는 남으로부터 무언가를 빌리는 행위를 겸손하게 나타내는 것으로 회화체에서나 서간문 등에서 쓰인다(예문①⑨⑩).

예문과 해설

① 上司(じょうし)からお金(かね)を借(か)りる/借用(しゃくよう)する/拝借(はいしゃく)する。(상사로부터 돈을 빌린다)

➲ 이 경우는 세 가지 다 적절한데, 「借(か)りる」는 일상적으로 흔히 쓰이는 말이며 「借用(しゃくよう)する」는 일시적으로 잠깐 빌려 쓴다는 뜻이고, 「拝借(はいしゃく)する」는 상사는 자신보다 위에 있는 사람이므로

겸손하게 나타낸 것이다.

② 不動産屋さんの紹介で郊外にマンションを借りた/＊借用した/＊拝借した。
(공인중개사의 소개로 교외에 맨션을 빌렸다)

➲ 이 경우는 자신이 살 집을 장기간 빌렸다는 것이므로 「借りる」만이 적절하다. 「借用する」는 일시적으로 잠깐 빌려 쓴다는 뜻이므로 부적절하고, 「拝借する」는 자신을 겸손하게 나타내는 것인데 굳이 공인중개사에게 겸손의 뜻까지 나타낼 필요는 없으므로 이 역시 여기에서는 부적절하다.

③ 友だちの名義を借りて/借用して/＊拝借して株を買った。
(친구의 명의를 빌려서 주식을 샀다)

➲ 「拝借する」는 자신을 겸손하게 나타내는 말인데, 이 경우는 상대가 동격인 친구여서 굳이 이와 같이 겸손하게 표현할 필요가 전혀 없으므로 여기에서는 부적절하다.

④ 修学旅行にバスを借りた/＊借用した/＊拝借した。
(수학여행에 버스를 빌렸다)

➲ 「借用する」는 일시적으로 빌려 쓴다고 하는 뜻인데, 이 경우는 버스를 전세 낸 것이므로 부적절하고, 「拝借する」는 겸손하게 표현된 것이어서 역시 부적절하다.

⑤ すみません。電話を<u>借り</u>てもいいですか。(미안합니다. 전화를 써도 좋습니까?)

⑥ <u>借り</u>た金をきちんと返さなければいけない。(빌린 돈은 제대로 갚아야만 한다)

⑦ なかなか購入できない、高い機材を<u>借用し</u>た。
(여간해서 구입할 수 없는, 비싼 기자재를 차용했다)

➲ 누군가로부터 무언가를 일시적으로 빌리는 것을 비교적 격식 있게 나타낼 때는 「借用する」가 적절하다.

⑧ それでは、<u>借用</u>証書を書いてください。(그럼, 차용증서를 써 주십시오)

⑨ 先生から本を<u>拝借し</u>ました。(선생님으로부터 책을 빌렸습니다)

➲ 이 경우는 선생님 같은 윗분에게서 책을 빌리는 것이므로 겸손 된 표현인 「拝借する」가 쓰였다.

⑩ すみません。トイレを<u>拝借し</u>たいですが。
(미안합니다. 화장실을 쓰고 싶습니다만)

➲ 이 경우는 빌리는 것을 보다 정중하게 나타내기 위해서 「拝借する」가 쓰였다.

「彼(かれ)」「彼氏(かれし)」「彼女(かのじょ)」

요점

1. 「彼(かれ)」와 「彼氏(かれし)」는 보통 자신과 동등하거나 아래에 있는 남자를 가리키는 대명사로서 우리말의 '그'에 해당된다(예문①②). 또한, 남자 애인을 가리키기도 하는데, 이때는 명사로서의 용법이 된다(예문③④). 한편으로는, 자신과 동등하거나 아래에 있는 이름을 알 수 없는 남자를 부를 때도 쓰인다(예문⑤).
2. 「彼女(かのじょ)」는 보통 자신과 동등하거나 아래에 있는 여자를 가리키는 대명사로서 우리말의 '그녀'에 해당된다(예문⑥). 또한, 여자 애인을 가리키기도 하는데, 이때는 명사로서의 용법이 된다(예문⑦). 한편으로는, 자신과 동등하거나 아래에 있는 이름을 알 수 없는 여자를 부를 때도 쓰인다(예문⑧).

예문과 해설

① 彼(かれ)は正直(しょうじき)な人間(にんげん)だ。(그는 정직한 인간이다)

➲ 이 경우는 제3인칭대명사로서 쓰인 예인데, 역시 동등하거나 아랫사람일 것이다.

② この仕事(しごと)には彼氏(かれし)が適任者(てきにんしゃ)だと思(おも)う。(이 일에는 그가 적임자라고 생각한다)

➲ 이 경우 역시 그가 동등하거나 아랫사람일 것이다.

③ どうやら娘(むすめ)には彼(かれ)ができたらしい。(아무래도 딸에게는 애인이 생긴 것 같다)

➲ 이 경우는 남자 애인을 나타내고 있다.

④ あなたの彼氏(かれし)は学生(がくせい)ですか。(당신애인은 학생입니까?)

➲ 이 경우 역시 남자 애인을 나타내고 있다.

⑤ ちょっと、彼氏(かれし)、しゃきっとしなさいよ。(어이, 형씨, 힘 좀 내라)

➲ 이 경우는 이름을 알 수 없는 남자를 나타내고 있는데 이 경우역시 그 남자가 동등하거나 아랫사람일 것이다.

⑥ 彼女(かのじょ)は会社員(かいしゃいん)です。(그녀는 회사원입니다)

➲ 이 경우는 제3인칭대명사로서 쓰인 예인데, 역시 동등하거나 아랫사람일 것이다.

⑦ 僕(ぼく)の彼女(かのじょ)を紹介(しょうかい)します。(제 애인을 소개하겠습니다)

➲ 이 경우는 여자 애인을 나타내고 있다.

⑧ 彼女(かのじょ)、お茶(ちゃ)飲(の)まない？(아가씨, 차 안 마실래?)

➲ 이 경우는 이름을 알 수 없는 여자를 나타내고 있는데 이 경우역시 그 여자가 동등하거나 아랫사람일 것이다.

「～が～れた」「～は～れた」

(犯人(はんにん)が逮捕(たいほ)された、犯人(はんにん)は逮捕(たいほ)された)

요점

1. 「～が～れた」는 조사 「が」를 수반하는 부분에 의미의 중심이 놓인다. 이는 조사 「が」를 수반하는 때는 보통 새로운 사실이나 정보를 나타내는 경향이 있으므로, 당연히 조사 「が」가 수반된 사항에 초점이 모여지기 때문이다.
2. 「～は～れた」는 조사 「は」다음에 제시되는 술어부분에 의미의 중심이 놓인다. 이는 조사 「は」를 수반하는 때는 보통 이미 알려진 사실이나 정보를 나타내는 경향이 있으므로, 당연히 조사 「は」다음에 제시되는 사항에 초점이 모여지기 때문이다.

예문과 해설

① 犯人(はんにん)が逮捕(たいほ)された/犯人(はんにん)は逮捕(たいほ)された。(범인이 체포되었다/범인은 체포되었다)

➲ 이 경우 「が」를 쓰게 되면 다른 사람이 아닌 바로 범인이, 라는 식으로 그 앞에 오는 말에 의미의 중심이 놓이는 반면에, 「は」를 쓰게 되면 범인에 대해서 말하자면 체포되었다고 하는 사실이 새롭게 실현되었음에 의미의 중심이 놓이게 된다.

② 子供(こども)が誘拐(ゆうかい)された/子供(こども)は誘拐(ゆうかい)された(아이가 유괴 당했다/아이는 유괴 당했다)

➲ 이 경우도 「が」를 쓰게 되면 다른 사람이 아닌 바로 아이가, 하는 식으로 그 앞에 오는 말에 의미의 중심이 놓이는 반면에, 「は」를 쓰게 되면 아이에 대해서 말하자면 유괴 당했다고 하는 사실이 새로 발생하였음에 의미의 중심이 놓이게 된다.

③ 国立博物館(こくりつはくぶつかん)の国宝(こくほう)が盗(ぬす)まれた/国立博物館(こくりつはくぶつかん)の国宝(こくほう)は盗(ぬす)まれた。

(국립박물관의 국보가 도난당했다/국립박물관의 국보는 도난당했다)

➲ 「が」를 쓰게 되면 도난당한 것은 바로 국립박물관의 국보라고 하는 식으로 그 앞에 오는 말에 의미의 중심이 놓이는 반면에, 「は」를 쓰게 되면 국립박물관의 국보에 대해서 말하자면 도난당했다고 하는 새로운 사실이 발생하였음에 의미의 중심이 놓이게 된다.

④ 山田(やまだ)が花子(はなこ)に振(ふ)られた/山田(やまだ)は花子(はなこ)に振(ふ)られた。

(야마다가 하나코에게 차였다/야마다는 하나코에게 차였다)

➲ 「が」를 쓰게 되면 하나코에게 차인 것은 바로 야마다임을 나타내지만, 「は」를 쓰게 되면 야마다가 하나코에게 차였다고 하는 새로운 사실을 나타내게 된다.

「～が～れた」「～を～れた」

(財布(さいふ)が盗(ぬす)まれた、財布(さいふ)を盗(ぬす)まれた)

요점

1. 「財布(さいふ)が盗(ぬす)まれた」는 '지갑이 도난당했다'고 하는 사실을 있는 그대로 객관적으로 나타내고 있다(예문①③).
2. 「財布(さいふ)を盗(ぬす)まれた」는 '지갑을 도난당했다'고 하는 사실을 '애석함, 분함, 아쉬움'과 같은 감정을 섞어서 나타내고 있다(예문②④).

예문과 해설

① 子供(こども)が誘拐(ゆうかい)された。(아이가 유괴되었다)

➲ 이 경우는 아이의 유괴사실을 남의 이야기하듯이 있는 그대로 나타내고 있다.

② 子供(こども)を誘拐(ゆうかい)された。(아이를 유괴 당했다)

➲ 이 경우는 아이의 유괴사실에 대하여 안타까움과 같은 감정의 상태에서 나타내고 있다.

③ 国立博物館(こくりつはくぶつかん)の国宝(こくほう)が盗(ぬす)まれた。(국립박물관의 국보가 도난당했다)

➲ 이 경우는 신문보도에나 실릴 법한 표현이다.

④ 国立博物館(こくりつはくぶつかん)の国宝(こくほう)を盗(ぬす)まれた。(국립박물관의 국보를 도난당했다)

➲ 박물관관계자이거나 국보에 매우 관심이 많은 사람의 표현일 것이다.

「かわいい」「かわいらしい」

(あかんぼうのかわいい手、あかんぼうのかわいらしい手)

공통의미

귀엽다, 깜찍하다

요점

1. 「かわいい」는 특히 작은 대상에 대하여 애정이나 호감을 느끼는 감정인데, 특히 그러한 모습에 대하여 직접적, 주관적으로 느끼는 감정을 나타낸다. 우리말의 '귀엽다'에 해당된다(예문①②③⑤⑥⑦).
2. 「かわいらしい」는 「かわいい」를 보다 강조한 말인데, 주로 겉모양이 작고 앙증맞다고 하는 느낌을 시각적이고 객관적으로 나타낼 뿐, 그 대상에 대한 애정을 직접적, 주관적으로 나타낼 수는 없다. 우리말의 '앙증맞다, 깜찍하다' 정도에 해당된다(예문①②④⑧⑨⑩).

예문과 해설

① あかんぼうのかわいい/かわいらしい手。(갓난아기의 귀여운/앙증맞은 손)

➲ 이 경우에 「かわいい」를 쓰게 되면 주관적인 차원에서 작고 귀여운 손이라는 느낌을 감정적으로 나타내지만, 「かわいらしい」는 작아서 깜찍하거나 앙증맞은 손이라는 느낌을 시각적으로 나타내게 되어 그 느낌의 정도가 더 크다.

② あの子は笑顔がかわいい/かわいらしい。(저 아이는 웃는 얼굴이 귀엽다/깜찍하다)

➲ 이 경우에 「かわいい」를 쓰게 되면 웃는 얼굴에 대하여 귀엽다고 느끼는 감정을 직접적이고 주관적으로 나타내지만, 「かわいらしい」를 쓰게 되면 단지 웃는 모습자체가 깜찍하다고 하는 느낌을 시각적으로 나타낼 뿐이다.

③ わが子がかわいくて/＊かわいらしくてしかたがない。

(우리 아이가 귀여워서 죽겠다)

➲ 이 경우와 같이 애정을 직접적으로 느끼는 때는 「かわいらしい」는 부적절하다.

④ 大きな体に似合わないかわいらしい/✱かわいい帽子。

(커다란 몸에 어울리지 않는 앙증맞은 모자)

➲ 이 경우는 단지 커다란 몸집에 비해서 상대적으로 모자의 모양이 작고 앙증맞음을 시각적으로 나타내는 것이므로 「かわいらしい」가 적절하다. 「かわいい」는 작고 귀여운 대상에 대한 말하는 사람의 주관적인 느낌을 나타내는 것이므로 여기에서는 부적절하다.

⑤ 親にとって子はかわいいものだ。(부모에게 있어서 자식은 귀여운 법이다)

⑥ 小さい女の子がかわいい声で歌を歌っている。

(작은 여자애가 귀여운 목소리로 노래를 부르고 있다)

➲ 이 경우는 작은 여자애의 목소리에 대하여 말하는 사람이 귀엽다고 느끼는 주관적인 감정이 들어가 있다.

⑦ 父がかわいい子猫を買って来た。(아버지가 귀여운 새끼고양이를 사왔다)

⑧ 花子の顔にはかわいらしいほくろがある。(하나코의 얼굴에는 앙증맞은 점이 있다)

➲ 이 경우는 하나코 얼굴의 점에 대해서 객관적이고 시각적으로 앙증맞다고 하는 사실만을 나타내고 있을 뿐, 말하는 사람의 감정은 개입되어있지 않다.

⑨ 彼の家の子犬はとてもかわいらしい。(그의 집에 있는 강아지는 무척 깜찍하다)

⑩ これはとてもかわいらしい時計ですね。(이것은 무척 깜찍한 시계이군요)

「かわいそうだ」「気の毒だ」

(それはかわいそうな話ですね、それは気の毒な話ですね)

공통의미

불쌍하다, 안됐다

요점

1. 「かわいそうだ」는 상대의 불행한 상태에 대하여 동정하는 기분을 나타내는데, 비교적 자

신보다 약한 입장에 있는 상대에 대하여 쓰인다(예문①②⑤⑥), 한편으로는 상대가 동정을 필요로 할 정도로 능력이 없음을 다소 경멸하는 듯이 나타내기도 한다(예문⑦). 우리말의 '불쌍하다' 에 해당된다.

2. 「気(き)の毒(どく)だ」는 상대의 불행한 상태에 대하여 동정하는 기분을 나타내는 점에서는 「かわいそうだ」와 비슷하나(예문①②③⑧⑨), 한편으로는 상대에게 폐를 끼친 것에 대하여 미안한 마음을 나타내는 점에서는 다르다(예문④⑩⑪). 동정하는 기분을 나타낼 때는 우리말의 '안됐다' 정도에 해당되고, 상대에게 미안한 마음을 나타낼 때는 '미안하게 생각한다, 미안하게 되었다' 정도에 해당된다.

예문과 해설

① それはかわいそうな/気(き)の毒(どく)な話(はなし)ですね。 (그건 불쌍한/안 된 이야기이군요)

➲ 이 경우는 상대에게 동정을 느낀다는 점에서는 둘 다 적절하다.

② あの人(ひと)はかわいそうな/気(き)の毒(どく)な境遇(きょうぐう)にいる人(ひと)です。
(저 사람은 불쌍한/안 된 처지에 있는 사람입니다)

➲ 이 경우 역시 예문①과 맥락을 같이하고 있다.

③ たった一球(いっきゅう)で負(ま)け投手(とうしゅ)になってしまうなんて気(き)の毒(どく)だ/＊かわいそうだ。
(단 1구로 패전투수가 되어버리다니 안됐다)

➲ 이 경우와 같이 상대에 대한 안타까움을 나타낼 때는 「気(き)の毒(どく)だ」가 적절하다. 「かわいそうだ」는 어디까지나 자신보다 약한 입장에 있는 상대에 대한 동정을 나타내는 데에 쓰이므로 여기에서는 부적절하다.

④ 雨(あめ)の中(なか)を訪(たず)ねて来(き)たのに、留守(るす)にして気(き)の毒(どく)な/＊かわいそうなことをした。
(빗속을 찾아왔는데, 집을 비워서 미안하게 되었다)

➲ 이 경우와 같이 상대에게 결과적으로 폐를 끼치게 되었음을 나타낼 때는 「気(き)の毒(どく)だ」가 적절하다. 「かわいそうだ」는 약한 상대에 대한 동정심을 나타낼 뿐 이러한 용법은 없으므로 여기에서는 부적절하다.

⑤ 私(わたし)はマッチ売(う)りの少女(しょうじょ)がかわいそうでならない。
(나는 성냥팔이소녀가 불쌍해서 못 견디겠다)

➲ 이 경우는 동정하는 마음을 나타내고 있다.

⑥ 死(し)んだあの子(こ)が本当(ほんとう)にかわいそうだ。 (죽은 그 아이가 정말로 불쌍하다)

➲ 이 경우 역시 동정하는 마음을 나타내고 있다.

⑦ こんなことも分からないなんてかわいそうなやつだ。
(이런 것도 모르다니 불쌍한 녀석이다)

➲ 이 경우는 상대의 무능력에 대하여 다소 경멸하는 기분을 나타내고 있다.

⑧ 事故で怪我をした人が気の毒です。(사고로 부상을 당한 사람이 안됐습니다)

⑨ 小さい子供が働いているのを見ると気の毒になる。
(작은 아이가 일하고 있는 것을 보니 안됐다는 생각이 든다)

⑩ いろいろお手数をかけて、本当に気の毒でした。
(여러 가지 수고를 끼쳐서 정말로 미안하게 되었습니다)

➲ 이 경우는 상대에 대한 미안한 감정을 나타내고 있는데 「かわいそうだ」에는 이러한 용법이 없다.

⑪ それは気の毒をしたね。(그거 미안하게 되었네)

➲ 「気の毒」는 상대에게 미안한 마음을 나타낼 때 이 경우와 같이 「気の毒をする」의 형태로도 쓰인다.

「乾かす」「干す」

(洗濯物を乾かす、洗濯物を干す)

공통의미

말리다, 널다

요점

1. 「乾かす」는 단지 수분이나 습기를 제거하기 위해 불이나 일광 등에 쪼이면서 말리는 것인데, 요컨대 말리는 방법은 상관없이 수분이나 습기를 제거한다고 하는 점에 의미의 중심이 있다. 우리말의 '말리다'에 해당된다(예문①②③④⑦⑧).
2. 「干す」는 수분이나 습기를 제거하기 위하여 통풍이 잘 되는 곳에 두거나 햇볕이 잘

드는 곳에 널어서 말리는 것에 의미의 중점이 있다(예문①⑤⑥⑨⑩⑪). 통풍이 잘 되는 곳에 두는 경우에는 우리말의 '널다'에 해당된다.

●●● 예문과 해설

① 洗濯物(せんたくもの)を乾(かわ)かす/干(ほ)す。(빨래를 말린다/널다)

➲ 이 경우는 두 가지 다 적절한데 「乾(かわ)かす」를 쓰게 되면 단지 통풍이나 일광 등에 의해 빨래를 말린다고 하는 의미만을 나타내지만, 「干(ほ)す」를 쓰게 되면 빨래를 말리기 위해 통풍이 잘 되거나 햇볕이 잘 드는 곳에 넌다고 하는 의미를 나타내게 된다.

② 濡(ぬ)れた服(ふく)をたき火(び)で乾(かわ)かす/* 干(ほ)す。(젖은 옷을 모닥불로 말린다)

➲ 이 경우에 「乾(かわ)かす」를 쓰게 되면 모닥불에 젖은 옷을 대서 말린다는 뜻을 나타내지만 「干(ほ)す」는 그 위에 젖은 옷을 넌다고 하는 엉뚱한 뜻이 되어버리므로 여기에서는 부적절하다.

③ ハンカチを扇風機(せんぷうき)で乾(かわ)かす/* 干(ほ)す。(손수건을 선풍기로 말린다)

➲ 이 경우 역시 선풍기를 통한 바람으로 젖은 손수건을 말리는 것이므로 「乾(かわ)かす」가 적절하다.

④ 塗(ぬ)ったペンキを日陰(ひかげ)で乾(かわ)かす/* 干(ほ)す。(발라놓은 페인트를 그늘에서 말린다)

➲ 이 경우는 고정되어있는 페인트의 겉면을 말리는 것이므로 「乾(かわ)かす」만이 적절하다.

⑤ 物干(ものほ)し台(だい)の魚(さかな)を日差(ひざ)しで干(ほ)す/* 乾(かわ)かす。(건조대의 생선을 햇빛으로 말린다)

➲ 이 경우와 같이 햇빛에 널어서 건조시키는 때는 「干(ほ)す」가 적절하다.

⑥ そこは蔭(かげ)になるからこっちへ干(ほ)した/* 乾(かわ)かした方(ほう)がいい。
(거기는 그늘이 되니까 이쪽에 너는 편이 좋다)

➲ 이 경우는 이동할 수 있는 물건을 말리는 것이므로 「干(ほ)す」만이 적절하다.

⑦ 涼(すず)しい風(かぜ)に当(あ)たって汗(あせ)を乾(かわ)かす。(서늘한 바람에 쐬어 땀을 식힌다)

⑧ 濡(ぬ)れた髪(かみ)を扇風機(せんぷうき)で乾(かわ)かした。(젖은 머리를 선풍기로 말렸다)

⑨ 物干(ものほ)し場(ば)に洗濯物(せんたくもの)を干(ほ)す。(건조대에 빨래를 넌다)

⑩ 外(そと)に出(だ)して干(ほ)したらすぐ乾(かわ)いた。(밖에 내어 널었더니 금방 말랐다)

⑪ たくさんつれた魚(さかな)を干(ほ)す。(많이 잡은 물고기를 넌다)

「関係」「関連」「かかわり」「つながり」

(二つの事件の関係を調べる、二つの事件の関連を調べる、

二つの事件のかかわりを調べる、二つの事件のつながりを調べる)

공통의미

관계, 관련

요점

1. 「関係」는 사람과 사람의 관계, 사람과 사물의 관계, 사물과 사물의 관계 등, 매우 다양하게 쓰인다(예문①②③).
2. 「関連」은 주로 어떤 일과 일 사이에 서로 공통성이 있음을 나타낸다(예문④⑤⑥).
3. 「かかわり」는 동사 「かかわる(서로 관계되다)」의 연용형 「かかわり」가 전성명사화된 것으로, 무언가의 접촉을 통한 관계를 가지게 됨을 나타낸다(예문⑦⑧⑨).
4. 「つながり」는 동사 「つながる(서로 연결되다)」의 연용형 「つながり」가 전성명사화된 것으로, 직접적인 연결을 나타낼 때도 있으나 주로 추상적인 접촉이나 연결을 나타낸다(예문⑩⑪⑫).

예문과 해설

① 彼とは親しい関係にある。(그와는 친한 관계에 있다)

➲ 이 경우는 말하는 사람과 그와의 관계만을 나타내고 있다.

② あの二人の関係がおかしくなった。(저 두 사람의 관계가 이상해졌다)

③ 親子の関係を断つ。(부모자식의 관계를 끊는다)

④ 地域開発に関連する事業。(지역개발에 관련되는 사업)

➲ 이 경우는 지역개발과 어느 정도의 공통성을 지니고 있는 사업을 나타내고 있다.

⑤ 関連産業の育成をはかる。(관련 산업의 육성을 꾀한다)

⑥ 病気と食生活との関連について研究する。

(병과 식생활과의 관련에 관하여 연구한다)

⑦ 山田(やまだ)さんは当社(とうしゃ)とかかわりがある人(ひと)です。
(야마다씨는 당사와 관계가 있는 사람입니다)

➲ 이 경우는 야마다씨가 당사와 어떤 형태로든 접촉을 하고 있음을 나타내고 있다.

⑧ あの人(ひと)は以前(いぜん)かかわりがあった人(ひと)です。
(저 사람은 이전에 관계가 있었던 사람입니다)

⑨ 彼(かれ)とかかわりを持(も)つのはやめておく。(그와 관계를 가지는 것은 그만둔다)

⑩ 二国間(にこくかん)には深(ふか)いつながりがある。(두 나라 사이에는 깊은 관계가 있다)

➲ 이 경우는 두 나라가 깊게 연결되어있음을 나타내고 있다.

⑪ この文(ぶん)は主述(しゅじゅつ)のつながりがおかしい。(이 문은 주술관계가 이상하다)

⑫ 心(こころ)と心(こころ)のつながりを求(もと)める。(마음과 마음의 관계를 추구한다)

「患者(かんじゃ)」「病人(びょうにん)」

(患者(かんじゃ)に付(つ)き添(そ)う、病人(びょうにん)に付(つ)き添(そ)う)

공통의미

환자

요점

1. 「患者(かんじゃ)」는 병에 걸려서 치료를 받고 있는 사람을 병원이나 의사의 입장에서 가리키는 말로 우리말의 '환자'에 해당된다(예문①②③⑥).
2. 「病人(びょうにん)」은 병중에 있는 사람을 일반적으로 가리키는 말로 우리말의 '아픈 사람'에 해당된다(예문①④⑤⑦).

예문과 해설

① 患者/病人に付き添う。(환자를/아픈 사람을 돌본다)

➲ 이 경우와 같이 전후문맥이나 장면의 설정이 전혀 없는 상황에서는 어느 쪽이나 적절하다.

② 結核患者/＊病人が新しく入院した。(결핵환자가 새로이 입원했다)

➲ 이 경우와 같이 병명과 함께 쓰일 때는 「患者」가 적절하다.

③ あの病院にはいつも外来の患者/＊病人が多い。
(저 병원에는 언제나 외래환자가 많다)

➲ 이 경우는 병원에 찾아오는 사람을 나타내는 것이므로 「患者」가 적절하다.

④ 病人/＊患者を抱えている家庭はいつも雰囲気が沈んでいる。
(아픈 사람을 안고 있는 가정은 언제나 분위기가 가라앉아 있다)

➲ 이 경우는 치료중임이 구체적으로 나타나있지 않으므로 단지 아픈 사람이라는 의미만을 나타내는 「病人」이 적절하다.

⑤ 友だちは病人/＊患者のように痩せ細っている。
(친구는 아픈 사람처럼 삐쩍 말라있다)

➲ 이 경우와 같이 병에 걸린 사람을 비유하는 표현에서는 「病人」이 적절하다.

⑥ 患者は医者の指示に従わなければならない。
(환자는 의사의 지시에 따라야만 한다)

⑦ お隣の旦那さんは病人のような顔色をしている。
(옆집의 주인아저씨는 아픈 사람과 같은 얼굴색을 하고 있다)

「感じる」「覚える」

(深い疲労を感じる、深い疲労を覚える)

공통의미

느낀다

요점

1. 「感じる」와 「覚える」는 어떠한 자극을 느낀다고 하는 점에서는 의미용법이 같다(예문 ①②③).
2. 다만 「覚える」에는 무언가를 기억하거나(예문④⑤), 몸에 익힌다고 하는 의미용법도 있는데(예문⑥⑦), 「感じる」에는 이러한 의미용법이 없다.

예문과 해설

① 寒さを感じる/覚える。(추위를 느낀다)

➲ 추위라고 하는 자극을 느낀다는 점에서는 둘 다 적절하다.

② 深い疲労を感じる/覚える。(깊은 피로를 느낀다)

➲ 피로라고 하는 자극을 느낀다는 점에서는 둘 다 적절하다.

③ 足の裏に痛みを感じる/覚える。(발 안쪽에 통증을 느낀다)

➲ 통증이라고 하는 자극을 느낀다는 점에서는 둘 다 적절하다.

④ 私の名前を覚えて/✱感じてください。(제 이름을 기억해 주십시오)

➲ 무언가를 기억한다고 하는 뜻은 오로지 「覚える」에만 있으며 이 경우 「感じる」는 부적절하다.

⑤ あの時のことは今でもよく覚えて/✱感じている。
(그 때의 일은 지금도 잘 기억하고 있다)

➲ 이 경우역시 무언가를 기억한다고 하는 뜻이므로「覚える」만이 적절하다.

⑥ 要領を覚える/✱感じる。(요령을 익힌다)

➲ 이 경우와 같이 무언가의 기술이나 요령을 몸에 익힌다는 뜻에서는 오로지 「覚える」만이 적절하다.

⑦ やっと運転を覚えた/✱感じた。(겨우 운전을 익혔다)

➲ 이 경우도 위의 예문과 맥락을 같이하고 있다.

「感動」「感激」「感銘」「感心」

공통의미

감동, 감명

요점

1. 「感動」는 어떤 대상에 대하여 특별한 의미나 가치를 느껴서 강하게 마음을 움직이게 되는 기분을 나타내는데, 다수의 사람이 한꺼번에 다 같이 느낄 때도 쓰인다(예문①②⑥⑦⑧). 주로 마음이 강하게 움직여졌다고 하는 점에 중점이 놓인 말이다.
2. 「感激」는 어떤 대상에 대하여 극심하게 마음이 움직여져서 그러한 기분이 무언가의 형태로 표출되는 것을 나타내는데, 주로 감정적이고 개인적인 차원에서 쓰인다(예문①③④⑨⑩⑪). 주로 그러한 기분이 밖으로 나타난다고 하는 점에 중점이 놓인 말이다.
3. 「感銘」는 어떤 대상에 대하여 잊을 수 없을 정도로 깊이 감동하여 마음에 새겨지는 것을 나타낸다(예문①②⑫⑬). 주로 잊을 수 없다고 하는 점에 중점이 놓여진 말인데, 특히 「感銘深い(감명 깊다)」의 형태로 쓰일 수 있는 것은 오로지 「感銘」뿐이다(예문⑤).
4. 「感心」은 어떤 대상에 대하여 훌륭하다든지 멋지다든지 하는 기분이 드는 것을 나타낸다(예문⑭). 위의 네 가지 말 중에서 유일하게 우리말에는 없는 것인데, 주로 개인적으로 감탄한다고 하는 점에 중점이 놓인 말이다. 때로는 「感心しない」의 형태로 우리말의 '마음에 들지 않는다, 못마땅하다'의 의미를 나타내기도 하고(예문⑮), 「感心な」의 형태로 뒤에 오는 명사를 수식하여 '기특한, 훌륭한'의 의미를 나타내며(예문⑯), 「感心だ」의 형태로 문말의 술어로 쓰여 '기특하다, 훌륭하다'의 의미를 나타내기도 하는데(예문⑰), 이와 같은 용법은 오로지 「感心」에만 있는 것이다.

예문과 해설

① ベートーベンの名曲に感動/感激/感銘/?感心する。

(베토벤의 명곡에 감동한다)

➲ 명곡에 대하여 받는 감동은 매우 큰 것이므로 이 경우에 「感心」은 다소 의미가 약하다. 「感心」은 주로 주변의 대상에 대하여 훌륭하다든지 멋지다든지 하는 가벼운 감동을 나타내는 데 쓰이기 때문이다.

② 先生のお話は私たちに深い感動/感銘/＊感激/＊感心を与えた。

(선생님의 말씀은 우리에게 깊은 감동/감명을 주었다)

➲ 「感激」는 주로 감동의 기분이 밖으로 표출될 때에 쓰이고, 「感心」은 훌륭하거나 멋진 대상에 대하여 가볍게 감동을 느끼는 정도인데, 이 경우는 마음을 움직이게 할 정도로 깊은 감동을 느꼈다고 하는 것이므로 여기에서는 둘 다 부적절하다.

③ 離散家族は感激/?感動/＊感銘/＊感心の再会をした。

(이산가족은 감격의 재회를 했다)

➲ 「感激」는 주로 감동의 기분이 밖으로 표출될 때에 쓰이는 것인데 이 경우는 재회의 감격이 밖으로 충분히 표출될 수 있는 것이므로 가장 적절하다. 「感動」는 단지 마음을 움직일 정도로 감동되는 경우에만 쓰이고 이 점에서는 「感銘」와 「感心」역시 비슷하여 모두가 여기에서는 부적절하다.

④ せっかく褒められて感激/＊感動/＊感銘/＊感心する。

(모처럼 칭찬을 받고 감격한다)

➲ 이 경우역시 예문③과 맥락을 같이 하고 있다.

⑤ あの映画は感銘深い/＊感動深い/＊感激深い/＊感心深い。

(저 영화는 감명 깊다)

➲ 형용사「深い」와 결합하여 「感銘深い」로 쓰일 수 있는 것은 오로지 「感銘」만이 적절한데 우리말에서도 '감명 깊다' 의 형태로 쓰이는 점에서는 같다.

⑥ 自然の美しさに感動する。(자연의 아름다움에 감동한다)

⑦ あの日の感動は決して忘れられない。(그 날의 감동은 결코 잊을 수 없다)

⑧ 金枢機卿の言葉は国民の感動を呼んだ。

(김추기경의 말은 국민의 감동을 불렀다)

⑨ すばらしい演奏に感激する。(훌륭한 연주에 감격한다)

⑩ 勝利の感激に浸る。(승리의 감격에 잠긴다)

⑪ 友だちの友情に感激する。(친구의 우정에 감격한다)

⑫ 先生のお言葉に深い感銘を受けた。(선생님의 말씀에 깊은 감명을 받았다)

⑬ あの人の行いは多くの人に感銘を与えた。
(저 사람의 행동은 많은 사람에게 감명을 주었다)

⑭ 彼の博識には感心する。(그의 박식에는 감탄한다)

➲ 「感心」은 어떤 대상이 매우 훌륭하다고 하는 느낌을 개인적으로 나타내는 데에 의미의 중점이 놓인다.

⑮ 彼女の態度は感心しない。(그녀의 태도는 마음에 들지 않는다)

➲ 「感心」은 「感心しない」와 같은 부정표현의 형태로 마음에 들지 않거나 못마땅함을 나타내는데 다른 말에는 이러한 용법이 없다.

⑯ 親の手伝いをするなんて感心な子だ。(부모를 도와주다니 기특한 아이다)

➲ 이러한 형태로 어떤 대상이 기특함을 나타낸다.

⑰ あの子は幼いのに約束を覚えていたとは感心だ。
(저 아이는 어린데도 약속을 기억하고 있었다니 기특하다)

➲ 「感心だ」의 형태로 문말의 술어로 쓰이는데, 다른 말에는 이러한 용법이 없다.

「勘違い」「思い違い」「誤解」

(とんでもない勘違いをする、とんでもない思い違いをする、とんでもない誤解をする)

공통의미

착각, 오해

요점

1. 「勘違い」는 어떤 일에 대하여 그만 잘못 생각하고 마는 것으로 우리말의 '착각'에 해

당된다(예문①④⑤).

2. 「思い違い」는 어떤 일에 대하여 실제와는 다른 것을 마치 실제인 것처럼 생각하고 마는 것으로 우리말의 '잘못생각'에 해당된다(예문①②⑥⑦).

3. 「誤解」는 어떤 일이나 사람에 대하여 잘못 이해하거나 판단하고 마는 것으로 우리말의 '오해'에 해당된다(예문②③⑧⑨).

예문과 해설

① 今日は日曜日だと勘違い/思い違い/✱誤解していた。

(오늘은 일요일이라고 착각/잘못생각/✱오해하고 있었다)

➲ 이 경우는 그만 사실과는 다른 것처럼 생각하고 있었음을 나타내는 것이므로 「勘違い」와 「思い違い」가 적절하다. 「誤解」를 쓰게 되면 너무 과장된 느낌이 주어져서 부적절하다.

② 今まで君のことを思い違い/誤解/✱勘違いしていた。

(지금까지 자네에 대해서 잘못생각/오해하고 있었다)

➲ 이 경우와 같이 주로 어떤 사람에 대하여 일정한 시간적인 폭을 가지고 잘못 생각했음을 표현할 때는 「思い違い」와 「誤解」가 적절하다. 「勘違い」는 주로 순간적으로 잘못 생각하는 것이므로 이 경우에는 부적절하다.

③ あらぬことを言ってしまって、誤解/✱勘違い/✱思い違いを招いた。

(당치도 않은 일을 말해버려서 오해를 불렀다)

➲ 이 경우와 같이 상대가 잘못 이해하거나 판단하였음을 나타낼 때는 「誤解」만이 적절하다. 특히 동사 「招く」와 관용적으로 결합될 때는 더욱 「誤解」가 적절하다.

④ 彼のしわざと勘違いした。(그의 짓이라고 착각했다)

⑤ 約束は3時だと勘違いしている。(약속은 3시라고 착각하고 있다)

⑥ 君は彼のことを思い違いしているようだ。

(자네는 그에 관해서 잘못생각하고 있는 것 같다)

⑦ お客の注文を思い違いして失敗した。(손님의 주문을 잘못생각해서 실수했다)

⑧ 彼女の行動は誤解を招く恐れがある。

(그녀의 행동은 오해를 부를 우려가 있다)

⑨ 私の言ったことがそんなふうに誤解されては困る。

(내가 한 말이 그런 식으로 오해되어서는 곤란하다)

「芳(かんば)しい」「香(こう)ばしい」「かぐわしい」

공통의미

향기롭다

요점

1. 「芳(かんば)しい」는 매우 좋은 향기가 나는 것을 나타내며(예문①), 또한 「芳(かんば)しくない(바람직하지 않다)」「芳(かんば)しい～ではない(바람직한～은(는) 아니다)」의 형태를 취하여 무언가가 그다지 바람직하지 못함을 나타내기도 한다(예문②③).
2. 「香(こう)ばしい」는 주로 음식에서 고소한 냄새가 나는 경우에 쓰인다(④⑤⑥).
3. 「かぐわしい」는 매우 온화하고 고상한 냄새가 나는 경우에 쓰이며(예문⑦⑧), 때로는 매우 아름답다고 하는 뜻으로도 쓰인다(예문⑨).

예문과 해설

① 新(あたら)しい家(いえ)から芳(かんば)しい木(き)の香(かお)りがする。(새로운 집에서 향기로운 나무향기가 난다)

➲ 이 경우는 매우 좋은 향기가 난다고 하는 뜻으로 쓰였다.

② 手術後(しゅじゅつご)の病状(びょうじょう)が芳(かんば)しくない。(수술 후의 병세가 바람직하지 않다)

➲ 「芳(かんば)しい」는 이러한 부정의 형태로 어떤 일이 바람직하지 못함을 나타내는데 다른 말에는 이러한 용법이 없다.

③ 芳(かんば)しくない成績(せいせき)。(바람직하지 못한 성적)

④ どこからかコーヒーの香(こう)ばしいにおいがする。
(어디선가 커피의 감미로운 냄새가 난다)

➲ 「香(こう)ばしい」는 오로지 음식의 고소한 냄새를 나타내는 데에만 쓰인다.

⑤ 香(こう)ばしくあぶられた茶(ちゃ)の葉(は)。(고소하게 볶아진 차 잎)

⑥ 香(こう)ばしいトーストのにおいが食欲(しょくよく)をそそる。

(고소한 토스토의 냄새가 식욕을 자극한다)

⑦ かぐわしい梅(うめ)の香(かお)りに包(つつ)まれて記念写真(きねんしゃしん)を撮(と)る。

(향기로운 매화향기에 감싸여 기념사진을 찍는다)

➲ 이 경우는 고상한 냄새를 나타내고 있다.

⑧ 庭(にわ)にはかぐわしいバラの花(はな)が一杯(いっぱい)咲(さ)いている。

(뜰에는 향기로운 장미꽃이 가득 피어있다)

⑨ かぐわしい乙女(おとめ)。(아름다운 아가씨)

➲ 이 경우는 매우 아름답다고 하는 뜻으로 쓰였는데, 다른 말에는 이러한 용법이 없다.

「消える」「無くなる」「失せる」

(机の上にあった金が消えた、机の上にあった金が無くなった、机の上にあった金が失せた)

공통의미

사라지다, 없어지다

요점

1. 「消える」「無くなる」「失せる」는 모두 그때까지 있던 것이 존재하지 않게 된다고 하는 뜻의 동사인데, 실제의 의미용법에 있어서는 각각 다소의 차이가 엿보인다.
2. 「消える」는 그 존재가 느껴지고 있었던 것이 없어지게 된다는 것이 기본적인 뜻인데, 불이나 조명이 꺼진다는 뜻으로도 쓰이고(예문③⑤⑥⑦), 모습이 안보이게 되는 뜻으로도 쓰이며(예문①④⑧), 소리나 냄새가 사라진다는 뜻으로도 쓰이는(예문⑨⑩)등, 매우 다양한 사용범위를 지니고 있다. 우리말의 '꺼지다, 사라지다, 없어지다' 등에 해당된다.
3. 「無くなる」는 지금까지 있었던 것이 없는 상태가 된다는 뜻으로 사물이나 일에 쓰이는 등, 매우 폭넓게 쓰인다(예문①②⑪⑫⑬⑭). 우리말의 '없어지다'에 해당된다.
4. 「失せる」는 그때까지 당연히 있었던 것이 사라진다는 뜻으로 다소 옛날말투이며 주로 문장체에서 쓰인다(예문①④⑮⑯). 우리말의 '사라지다'에 해당된다.

●●● 예문과 해설

① 机の上にあった金が消えた/無くなった/失せた。
(책상위에 있던 돈이 사라졌다/없어졌다)

➲ 이 경우에는 어느 것이나 적절한데 다만 「失せる」는 문장체에서나 쓰일 법한 것이며, 「消える」를 쓰게 되면 돈이 사라진 것에 대한 의아함이 느껴지고, 「無くなる」를 쓰게 되면 단지 돈이 없어졌음을 나타내게 될 뿐이다.

② 無駄遣いが多くなって、お金が無くなって/＊消えて/＊失せてきた。
(낭비가 많아져서 돈이 없어지게 되었다)

➲ 이 경우와 같이 소비함에 따라서 돈이 점점 줄어지게 되어 끝내는 하나도 없게 됨을 나타낼 때는 「無くなる」가 적절하다.

③ 急に電灯が消えた/＊無くなった/＊失せた。
(갑자기 전등이 꺼졌다)

➲ 이 경우와 같이 조명이나 불이 꺼지는 것을 나타낼 때는 「消える」만이 적절하다.

④ うるさいからとっとと失せろ/消えろ/＊無くなれ。
(귀찮으니까 후다닥 사라져라)

➲ 이 경우와 같이 그 자리에서 없어질 것을 나타내는 속어적인 표현일 때는 「失せる」「消える」가 적절하며, 「無くなる」는 사물이나 일이 없어지는 데에 쓰이므로 여기에 서는 부적절하다.

⑤ ライターの火が風で消えそうだ。(라이터의 불이 바람으로 꺼질 것 같다)

➲ 이 경우와 같이 불이 꺼짐을 나타낼 때는 오로지 「消える」가 적절하다.

⑥ 火事は明け方まで消えなかった。(화재는 새벽녘까지 꺼지지 않았다)

⑦ 明かりが消えて何も見えない。(불(조명)이 꺼져서 아무것도 보이지 않는다)

➲ 이 경우와 같이 조명이 꺼짐을 나타낼 때는 오로지「消える」가 적절하다.

⑧ 彼の姿は人込みの中に消えた。(그의 모습은 인파 속으로 사라졌다)

⑨ 急にピアノの音が消えた。(갑자기 피아노소리가 사라졌다)

⑩ 殺虫剤のにおいが消えない。(살충제의 냄새가 없어지지 않는다)

⑪ 無駄遣いが多くてお金が無くなってきた。(낭비가 많아서 돈이 없어지게 되었다)

➲ 이 경우와 같이 지금까지 있었던 돈이 없어짐을 나타낼 때는 「無(な)くなる」가 적절하다.

⑫ 玄関(げんかん)においてあった傘(かさ)が無(な)くなった。(현관에 놓여있던 우산이 없어졌다)

⑬ 試験(しけん)に落(お)ちて希望(きぼう)が無(な)くなった。(시험에 떨어져서 희망이 없어졌다)

➲ 이 경우의 희망역시 시험 전까지만 해도 있었던 것이 시험 후에는 없어진 것이므로 「無(な)くなる」가 적절하다.

⑭ 急(いそ)がないと時間(じかん)が無(な)くなるよ。(서둘지 않으면 시간이 없어진다)

⑮ あんなことを言(い)われるとやる気(き)が失(う)せてしまう。
(저런 말을 들으면 할 마음이 사라져 버린다)

➲ 「失(う)せる」는 무언가가 사라진다고 하는 뜻을 나타내는데, 비교적 딱딱한 어감의 문장체이다.

⑯ その話(はなし)で、彼女(かのじょ)の顔(かお)から血(ち)の気(け)が失(う)せた。
(그 이야기로 그녀의 얼굴에서 핏기가 사라졌다)

「機会(きかい)」「チャンス」「時期(じき)」

(反撃(はんげき)の機会(きかい)を待(ま)つ、反撃(はんげき)のチャンスを待(ま)つ、反撃(はんげき)の時期(じき)を待(ま)つ)

공통의미

기회, 찬스

요점

1. 「機会(きかい)」는 무언가를 하고자 함에 있어서 알맞은 때를 나타내는 것으로 가장 폭넓게 쓰인다(예문①④⑥⑦⑧⑨). 우리말의 '기회'에 해당된다.
2. 「チャンス」는 무언가를 하기에 가장 알맞고 자신에게 형편이 좋거나 이익이 되는 때를 나타내는 것으로 우리말의 '찬스'에 해당된다(예문①③⑩⑪⑫).
3. 「時期(じき)」는 무언가를 하기에 적합한 때를 나타내는데 전반적으로 어느 정도의 시간적인 폭과 의도성을 지닌다(예문②③⑤⑬⑭⑮). 우리말의 '시기'에 해당된다.

예문과 해설

① 機会/チャンス/＊時期があったらまた会いましょう。
(기회/찬스가 있으면 또 만납시다)

➲ 이 경우는 다시 만나기에 알맞은 때를 나타내는 것이므로 「機会」와 「チャンス」가 적절하다. 「時期」는 비교적 시간적인 폭이 있으며 의도성도 있으므로 여기에서는 부적절하다.

② 今が引退する時期/?チャンス/＊機会だろう。
(지금이 물러날 시기일 것이다)

➲ 이 경우는 물러나기에 적합한 시기를 나타내는 것이므로 「時期」가 적절하다. 「チャンス」는 지금 물러나면 이점이 매우 많다고 하는 전제가 있으면 적합하지만 이와 같이 전후 문맥이 없는 상태에서는 다소 부적절하다.

③ 待ちに待っていた時期/チャンス/＊機会が到来した。
(기다리고 기다리던 시기/찬스가 도래했다)

➲ 이 경우는 줄곧 기다리던 좋은 기회를 나타내는 것이므로 「時期」와 「チャンス」가 적절하다. 「機会」는 굳이 좋은 기회라고 하는 어감은 없으므로 여기에서는 부적절하다.

④ 出張した機会/＊チャンス/＊時期に旧友を訪ねる。
(출장 간 기회에 오랜 친구를 찾아간다)

➲ 이 경우와 같이 무언가를 한 김에 다른 행동을 동시에 함을 나타낼 때는 「機会」가 적절하다.

⑤ 時期/＊機会/＊チャンスが来たら話すつもりだ。
(시기가 오면 이야기할 작정이다)

➲ 이 경우와 같이 적당한 때를 나타낼 때는 「時期」가 적절하다.

⑥ 友達はとても忙しいようで、会う機会がない。
(친구는 매우 바쁜 것 같아서 만날 기회가 없다)

⑦ この機会に精密検査を受けなさい。(이 기회에 정밀검사를 받아라)

⑧ 参加の機会を与える。(참가기회를 준다)

⑨ 話しかける機会をうかがう。(말을 걸 기회를 엿본다)

⑩ 絶好のチャンスが来た。(절호의 찬스가 왔다)

➲ 「チャンス」는 이 경우와 같이 무언가를 하기에 가장 형편이 좋은 때를 나타낸다.

⑪ 受験のチャンスを与える。(시험 볼 찬스를 준다)

⑫ 逃げ出すチャンスをのがす。(도망갈 찬스를 놓친다)

⑬ 時期を見て忠告しよう。(시기를 봐서 충고해야겠다)

➲ 「時期」는 이 경우와 같이 무언가를 하기에 적합한 때를 나타낸다.

⑭ 今が刈入れの時期です。(지금이 수확할 시기입니다)

⑮ 和平交渉を持ち出すのはまだ時期が早すぎる。
(평화 교섭을 꺼내는 것은 아직 시기가 너무 이르다)

「聞く」「尋ねる」「問う」「伺う」

(先生に意見を聞く、先生に意見を尋ねる、先生に意見を問う、先生に意見を伺う)

공통의미

묻다, 질문하다

요점

1. 「聞く」「尋ねる」「問う」「伺う」는 모두 모르는 것을 묻는다고 하는 뜻을 지닌 동사인데, 묻는 강도나 정중도에 있어서는 각각 의미용법상의 차이가 엿보인다.

2. 「聞く」는 원래 '듣다'의 뜻으로 쓰이는 동사인데, 한편으로는 이와 같이 '묻다'는 뜻으로도 쓰이며 가장 일반적으로 쓰인다(예문①②⑤⑥⑦).

3. 「尋ねる」는 「聞く」와 같은 뜻으로 쓰이나 이 보다는 격식을 차린 말이다(예문①②⑧⑨⑩).

4. 「問う」는 비교적 추상적인 내용을 물을 때 쓰이며(예문①⑪⑫), 한편으로는 책임이나 죄 등을 추궁한다고 하는 의미로도 쓰인다(예문④⑬).

5. 「伺う」는 윗분이나 예의를 갖추어야 할 상대에게 겸손하게 물을 때 쓰이는데 우리말의

'여쭙다'에 해당된다(예문②③⑭⑮⑯).

예문과 해설

① 友だちに来なかったわけを聞く/尋ねる/問う/＊伺う。

(친구에게 오지 않은 까닭을 묻는다)

➲ 이 경우에서 친구는 자신과 동격이므로 윗분에게 무언가를 겸손하게 여쭙는 뜻으로 쓰이는 「伺う」만은 부적절하다.

② ちょっとお聞き/尋ね/伺い/＊問いしたいですが。

(뭣 좀 묻겠습니다만/여쭙겠습니다만)

➲ 이 경우와 같이 겸양표현을 나타내는 「お＋동사연용형＋する」의 형식에서는 「問う」만은 부적절하다. 「お聞きする」「お尋ねする」「お伺いする」의 순서대로 정중도는 높아지게 된다.

③ 先生に正解を伺う/＊聞く/＊尋ねる/＊問う。(선생님께 정답을 여쭙다)

➲ 이 경우와 같이 윗분에게 겸손하게 무언가를 여쭙는 때는 「伺う」만 적절하다.

④ 委員長の責任を問う/＊聞く/＊尋ねる/＊伺う。(위원장의 책임을 묻다)

➲ 이 경우와 같이 상대에게 책임 같은 것을 묻거나 추궁할 때는 「問う」만이 적절하다.

⑤ 残った時間を聞いてもいいですか。(남은 시간을 물어도 좋습니까?)

➲ 시간을 묻는다는 뜻이지만, 어디까지나 동등하거나 아래에 있는 사람에게만 쓸 수가 있다.

⑥ 地元の人に道を聞いた。(그 고장 사람에게 길을 물었다)

⑦ まず、あの人の意向を聞いて見よう。(우선 저 사람의 의향을 물어보자)

⑧ 社長の行方を尋ねる。(사장의 행방을 묻는다)

➲ 행방을 묻는다는 뜻이지만, 비교적 격식을 차린 점잖은 표현이다.

⑨ この件はあの人に尋ねてください。(이 건은 저 사람에게 물어봐 주십시오)

⑩ 本人の真意を尋ねて見よう。(본인의 진의를 물어보자)

⑪ 出身地を問うのは失礼だ。(출신지를 묻는 것은 실례다)

➲ 출신지를 묻는다는 뜻이지만, 비교적 딱딱한 어감이 주어진다.

⑫ 彼に意見を問う。(그에게 의견을 묻는다)

⑬ 事故の責任を問う。(사고의 책임을 묻다)

➲ 상대에게 무언가의 책임을 추궁한다는 뜻으로 쓰인 것인데 다른 말에는 이러한 용법이 없다.

⑭ 伺(うかが)いたいことがあります。(여쭙고 싶은 것이 있습니다)

➲ 격식을 차리거나 예우를 해야 할 상대에게 매우 겸손 되게 질문을 할 경우에 「伺(うかが)う」가 쓰인다.

⑮ 先生(せんせい)の意見(いけん)を伺(うかが)う。(선생님의 의견을 여쭙는다)

⑯ ちょっと伺(うかが)いますが、市役所(しやくしょ)はどこですか。
(좀 여쭙겠습니다만, 시청은 어디입니까?)

「気性(きしょう)」「性分(しょうぶん)」「気立(きだ)て」「たち」

공통의미

성격, 성질, 기질

요점

1. 「気性(きしょう)」「性分(しょうぶん)」「気立(きだ)て」「たち」는 모두 '성격, 성품' 등의 의미를 지닌 말들인데, 실제의 의미용법에 있어서는 각각 다소의 차이가 엿보인다.
2. 「気性(きしょう)」는 평상시의 행동이나 마음가짐에 비추어진 그 사람의 성격을 나타낸다(예문①②③⑥⑦).
3. 「性分(しょうぶん)」은 좋고 나쁘고, 잘하고 못하고, 와 같은 태어날 때부터 몸에 붙은 성격을 가리키는데, 그 사람의 뚜렷한 개성을 나타내기는 하나 나쁜 경우에는 쓰이지 않는다(예문②④⑤⑧⑨⑩).
4. 「気立(きだ)て」는 태어날 때부터 지니게 된 성격으로 주로 남을 대할 때에 엿보이는 마음가짐에 쓰이는데 좋은 경우에만 쓴다(예문②③⑪⑫). 주로 성격이 좋다고 할 때에 쓰인다.
5. 「たち」는 그 사람이 본래 지니고 있는 성질, 기질을 강하게 나타낸다(예문⑤⑬⑭). 주로 성질이나 기질이 격하거나 바람직하지 않을 때에 쓰이는 경향이 있다.

예문과 해설

① 山田さんは気性/＊気立て/＊性分/＊たちが激しい人です。
(야마다씨는 성격이 격한 사람입니다)

➲ 이 경우는 단지 야마다씨의 평상시 성격을 나타내는 것이므로 「気性」만이 적절하다. 「気立て」는 주로 남을 대할 때의 좋은 마음가짐을 나타내므로 여기에서는 부적절하고, 「性分」은 그 사람만의 뚜렷한 개성을 나타내므로 부적절하며, 「たち」는 주로 기질이 바람직하지 못하다는 뜻으로 쓰이므로 이것역시 여기에서는 부적절하다.

② あの人の気性/性分/＊たち/＊気立てでは引き受けまい。
(저 사람의 성격으로는 떠맡지 못할 것이다)

➲ 이 경우는 평상시의 행동이나 마음가짐에 비추인 성격을 나타내는 것이므로, 「気性」「性分」은 적절하나 주로 남을 대할 때의 성격이나 마음가짐을 나타내는 「気立て」나 주로 바람직하지 않은 기질을 나타내는 「たち」는 부적절하다.

③ 気性/気立て/＊性分/＊たちのやさしい先生が新しくいらっしゃった。
(성품이 부드러운 선생님이 새로 오셨다)

➲ 「気性」와 「気立て」는 평상시나 태어날 때부터 지니고 있는 마음가짐이나 성격을 나타내는 것이므로 이 경우에는 적절하다. 하지만 「性分」과 「たち」는 그러한 성격을 나타내기에는 그 의미가 너무 강하므로 부적절하다.

④ 明るいと眠れない性分/＊気性/＊気立て/＊たちです。
(밝으면 잘 수가 없는 성격입니다)

➲ 이 경우와 같이 좋아하고 싫어하는 것이 분명한 성격을 나타내는 데는 오로지 「性分」만이 적절하다.

⑤ 夫はじっとしていられない性分/たち/＊気性/＊気立てです。
(남편은 지그시 있을 수 없는 성격입니다)

➲ 이 경우와 같이 남편만의 뚜렷한 개성을 분명히 나타낼 때는 오로지 「性分」이 적절하며, 그다지 바람직하지 못한 기질을 나타내는 「たち」도 적절하다.

⑥ 強い気性だからここまでやってこられた。
(강한 성격이니까 여기까지 해 올 수 있었다)

➲ 「気性」는 이 경우와 같이 평상시에 지니고 있는 성격을 나타낸다.

⑦ 彼女はさっぱりとした気性を持っている。(그녀는 싹싹한 성격을 지니고 있다)

⑧ 母(はは)はいつも片付(かたづ)いていないと気(き)の済(す)まない性分(しょうぶん)です。
(어머니는 언제나 정리되어 있지 않으면 직성이 풀리지 않는 성격입니다)

➲ 이 경우와 같이 본래부터 지니고 있는 뚜렷한 개성을 나타낼 때는 「性分(しょうぶん)」이 적절하다.

⑨ あの人(ひと)はうそがつけない性分(しょうぶん)だから信用(しんよう)していい。
(저 사람은 거짓말을 할 수 없는 성격이니까 믿어도 좋다)

➲ 이 경우 역시 처음부터 거짓말을 할 줄 모르는 뚜렷한 개성을 나타내고 있다.

⑩ 娘(むすめ)は何(なん)でもすぐ飽(あ)きっぽい性分(しょうぶん)で困(こま)る。
(딸은 뭐든지 금방 싫증내곤 하는 성격이어서 곤란하다)

⑪ 部長(ぶちょう)は穏(おだ)やかな気立(きだ)ての人(ひと)だから話(はなし)が通(つう)じる。
(부장님은 온화한 성품의 사람이어서 이야기가 통한다)

➲ 「気立(きだ)て」는 이 경우와 같이 남을 대할 때의 좋고 싹싹한 성품에 쓰인다.

⑫ あの女(おんな)の子(こ)は気立(きだ)てのいい娘(むすめ)さんだ。(저 여자애는 성격이 좋은 아가씨다)

➲ 이 경우 역시 남을 대할 때의 좋은 성격을 나타내는 것인데 「気立(きだ)てがいい」의 형태로 성격이 좋음을 나타낸다.

⑬ 父(ちち)は怒(おこ)りっぽいたちだ。(아버지는 툭하면 화를 내는 성질이다)

➲ 「たち」는 그 사람이 본래 지니고 있는 바람직하지 못한 기질 같은 것을 나타낸다.

⑭ あの男(おとこ)は本当(ほんとう)にたちの悪(わる)い人(ひと)だ。(저 남자는 정말로 성질이 나쁜 사람이다)

➲ 「たち」는 「たちが悪(わる)い」의 형태로 질이 좋지 못함을 나타낸다.

「傷(きず)」「怪我(けが)」

(傷(きず)は軽(かる)くて済(す)んだ、怪我(けが)は軽(かる)くて済(す)んだ)

공통의미

상처, 부상

요점

1. 「傷」는 상처를 입은 곳을 가리키며, 대체로 가벼운 정도를 나타낸다(예문①②⑤⑥). 또한 사물에도 쓰이며(예문⑨), 때로는 불명예나 마음의 상처를 나타내는 것으로도 쓰이는데(예문③⑦⑧) 이 점에서는 우리말의 경우와 같다. '상처를 입는다'고 할 때는 「傷を負う」로 나타내며 '상처가 난다'고 할 때는 「傷がつく」로 나타내는데, 우리말의 '상처, 흠' 정도에 해당된다.

2. 「怪我」는 부상을 입는 것을 가리키며 대체로 골절 같이 무겁게 다치는 경우에 쓰인다(예문①④⑩⑪⑫). '부상을 입는다, 다친다'고 할 때는 「怪我をする」로 나타내는데, 우리말의 '부상' 정도에 해당된다.

예문과 해설

① 傷は/怪我は軽くて済んだ。(상처는/부상은 가볍게 끝났다)

➲ 이 경우는 두 가지 다 적절하지만 그 다치는 정도에는 차이가 엿보인다.

② 傷を負う/＊怪我を負う。(상처를 입는다/＊부상을 입는다)

➲ 「怪我」는 그 뒤에 동사로서 「する」가 오고 「傷」는 그 뒤에 동사로서 「負う」가 오게 된다.

③ そのことで彼女は心に傷/＊怪我を受けた。
(그 일로 그녀는 마음에 상처를/＊부상을 받았다)

➲ 이 경우와 같이 마음의 상처를 나타낼 때도 「傷」가 적절하다.

④ 滑って怪我を/＊傷をした。(미끄러져서 부상을/＊상처를 당했다)

➲ 이 경우는 예문②와 맥락을 같이하고 있어서 「怪我」는 그 뒤에 동사로서 「する」가 오게 되지만, 「傷」는 그 뒤에 동사로서 「する」가 올 수 없고 오로지 「負う」가 오게 된다.

⑤ 額の傷がうずく。(이마의 상처가 쑤신다)

➲ 비교적 크지 않은 가벼운 상처일 것이다.

⑥ 子供のころは遊び回り、どこかに傷が付いて帰ったものだ。
(어릴 적에는 놀러 다니다가 어딘가에 상처를 달고 돌아오곤 했었다)

⑦ 心の傷をいやすことが大事なのです。
(마음의 상처를 고치는 것이 중요한 것입니다)

➲ 「傷」는 이 경우와 같이 육체의 상처가 아닌 마음의 상처도 나타낼 수가 있으나 「怪我」에는 이러한 용법이 없다.

⑧ このことで先生の名誉に傷がついた。(이 일로 선생님의 명예에 상처가 났다)

➲ 「傷」는 이 경우와 같이 불명예를 나타낼 수가 있으나 「怪我」에는 이러한 용법이 없다.

⑨ この机は傷があって売れない。(이 책상은 흠이 있어서 팔리지 않는다)

➲ 「傷」는 이 경우와 같이 사물에 생긴 흠집을 나타낼 수가 있으나 「怪我」에는 이러한 용법이 없다.

⑩ 彼は交通事故にあって怪我をした。(그는 교통사고를 만나서 다쳤다)

➲ 비교적 큰 부상을 나타내는 것인데 「怪我をする」의 형태로 부상을 입는다는 뜻을 나타낸다.

⑪ 機械を動かす時はいつも怪我をしないように気をつけなさい。
(기계를 움직일 때는 언제나 부상당하지 않도록 조심해라)

⑫ コップが割れて指を怪我した。(컵이 깨져서 손가락을 다쳤다)

「鍛える」「磨く」

(技を鍛える、技を磨く)

공통의미

단련하다, 닦다

요점

1. 「鍛える」는 엄격한 훈련을 거쳐 심신을 강하게 하거나 기술을 습득하는 것을 나타내는데 우리말의 '단련하다, 키우다'에 해당된다(예문①②③⑥⑦).
2. 「磨く」는 학문이나 예능 등을 보다 훌륭한 것으로 만들기 위하여 노력하는 것을 나타내는데 우리말의 '닦다'에 해당된다(예문①④⑤⑧⑨).

예문과 해설

① 技を鍛える/磨く。(기술을 단련 한다/닦는다)

➲ 이 경우는 둘 다 적절한데, 「鍛える」를 쓰게 되면 엄격한 훈련과정을 거쳐서 기술을 습득한다고 하는 뜻에 중점이 놓이는 반면에, 「磨く」에는 이와 같은 뉘앙스가 엿보이지 않고 단지 기술을 몸에 익힌다고 하는 뜻만을 나타내게 된다.

② 心身を鍛える/＊磨く。(심신을 단련한다)

➲ 이 경우와 같이 어려운 과정을 거치는 것이 예상될 때는 「鍛える」가 적절하다.

③ ジョギングをして足を鍛える/＊磨く。(조깅을 해서 다리를 단련한다)

➲ 이 경우 역시 힘든 과정을 거치는 것이 예상되는 것이므로 「鍛える」가 적절하다.

④ 芸を磨く/＊鍛える。(재주를 익힌다)

➲ 이 경우와 같이 단지 재주를 몸에 익힌다고 할 때는 「磨く」가 적절하며 「鍛える」는 너무 과장된 어감이 주어지게 되어 부적절하다.

⑤ 料理の腕を磨く/＊鍛える。(요리솜씨를 닦는다)

➲ 이 경우는 보다 훌륭한 요리솜씨를 몸에 익히기 위하여 노력한다는 뜻이므로 「磨く」가 적절하며 「鍛える」는 너무 과장된 어감이 주어지게 되어 부적절하다

⑥ 今回の大会のために精神力を鍛える。(이번 대회를 위하여 정신력을 키운다)

➲ 이 경우와 같이 정신력을 강화한다고 하는 뜻으로는 「鍛える」가 적절하나 「磨く」에는 이러한 용법이 없다.

⑦ 先輩が特訓で後輩を強く鍛える。(선배가 특별훈련으로 후배를 강하게 단련시킨다)

⑧ 人格を磨いて立派な男になりたい。(인격을 닦아서 훌륭한 남자가 되고 싶다)

➲ 인격을 보다 훌륭하게 하기 위해서 노력함을 나타낼 때는 오로지 「磨く」만이 적절하다.

⑨ より上品な言葉を磨く。(보다 품위 있는 말을 익힌다)

➲ 언행을 아름답게 하기 위하여 노력한다는 뜻으로도 「磨く」가 적절하다.

「汚い」「汚らしい」「薄汚い」

(ほこりまみれの汚い顔、ほこりまみれの汚らしい顔、ほこりまみれの薄汚い顔)

공통의미

더럽다, 지저분하다

요점

1. 「汚い」「汚らしい」「薄汚い」는 모두 더럽다고 하는 의미를 나타내는 형용사인데 그 더러운 정도나 받는 느낌에 따라서 의미용법상의 차이가 엿보인다.
2. 「汚い」는 더럽혀져 있거나 난잡하거나 해서 보기에 불쾌한 느낌을 주는 상태를 나타내는데 우리말의 '더럽다'에 해당된다(예문①②③④⑤).
3. 「汚らしい」는 그 대상으로부터 무언가가 더럽다고 하는 느낌을 받는 것을 나타내는데 우리말의 '지저분하다' 정도에 해당된다(예문②⑥⑦⑧).
4. 「薄汚い」는 무언가가 전반적으로 더럽다고 하는 느낌을 나타내는 것으로 우리말의 '너저분하다' 정도에 해당된다(예문⑨⑩).

예문과 해설

① 汚い/?汚らしい/＊薄汚い手で触ってはいけない。

(더러운 손으로 만져서는 안 된다)

➲ 이 경우는 확실하게 더러운 손이라는 뜻으로 쓰였으므로 눈으로 보았을 때의 더러운 상태를 확실히 나타내는 「汚い」만이 적절하다. 「汚らしい」는 어디까지나 지저분해 보인다고 하는 말하는 사람의 주관이 들어가 있으므로 다소 부적절하며, 「薄汚い」는 그 더러운 정도가 어딘가 모르게 너저분하게 느껴지는 뜻이므로 부적절하다.

② 子供はクレパスで汚く/汚らしく/＊薄汚く塗りたくった。

(아이는 크레파스로 더럽게 마구 칠했다)

➲ 이 경우, 「汚い」는 보기에 더럽다는 뜻이고 「汚らしい」는 지저분한 느낌을 받는 것이어서

둘 다 적절하다, 「薄汚い」는 무언가 이미 더럽혀져 있어서 너저분한 느낌을 받는 뜻이므로 이 경우에는 부적절하다.

③ ハンカチが汚くて使えない。(손수건이 더러워서 쓸 수가 없다)

➲ 시각적으로 확실하게 더러운 상태여서 불쾌감을 느끼는 경우이다.

④ 字が汚くて恥ずかしい。(글씨가 더러워서 부끄럽다)

⑤ 告げ口のような汚いことはしない。(고자질 같은 더러운 짓은 하지 않는다)

➲ 「汚い」는 이 경우와 같이 추상적으로 불쾌감을 느끼는 것을 나타내기도 한다.

⑥ こんな汚らしい部屋ではお客の接待ができない。
(이런 지저분한 방으로는 손님접대를 할 수가 없다)

➲ 「汚らしい」는 무언가 지저분한 느낌을 받는다고 하는 점에 의미의 중심이 놓인다.

⑦ あの人のやることはいつも汚らしい。(저 사람이 하는 일은 언제나 지저분하다)

➲ 「汚らしい」는 추상적인 경우에도 쓰이는데 이 경우는 저 사람이 하는 일로부터 불쾌감을 느낄만한 인상이 주어짐을 나타낸다.

⑧ 汚らしい言葉を使ってはだめです。(지저분한 말을 써서는 안 됩니다)

➲ 이 경우 역시 추상적인 의미로 쓰였다.

⑨ あの薄汚い格好の男は誰ですか。
(저 너저분해 보이는 모습을 한 남자는 누구입니까?)

➲ 「薄汚い」는 딱 꼬집어서 말할 수는 없으나 무언가 불쾌감을 느낄만한 너저분한 상태를 나타낸다.

⑩ カーテンが色あせて薄汚くなった。(커튼이 빛바래서 너저분하게 되었다)

➲ 이 경우는 무언가 전반적으로 더럽다고 하는 느낌을 나타내고 있다.

「きちんと」「ちゃんと」

(きちんとした服装、ちゃんとした服装)

공통의미

반듯하게, 제대로

요점

1. 「きちんと」와 「ちゃんと」는 제대로 잘 정리되어 있는 모습이나 규칙 바른 모습을 나타내는 점에서는 의미용법이 같으나, 실제의 뉘앙스에는 다소의 차이가 엿보인다.
2. 「きちんと」는 흐트러짐이나 부정확함이 없이 제대로 정돈된 모습을 나타내는 데에 쓰인다(예문①②③④⑤⑥).
3. 「ちゃんと」는 허위나 조작 같은 것을 일체 허용하지 않는 올바른 모습을 나타내는 데에 쓰인다(예문①②③④).

예문과 해설

① きちんとした服装(ふくそう)/ちゃんとした服装(ふくそう)。(제대로 된 복장)

➲ 이 경우 「きちんと」를 쓰게 되면 옷에 주름도 없고 흐트러짐도 없으며 매우 청결한 상태를 나타내게 되고, 「ちゃんと」를 쓰게 되면 세상에서 일반적으로 통용될만한 보통의 깔끔하고 단정한 복장을 나타내게 된다.

② 毎月(まいつき)きちんと家賃(やちん)を払(はら)っている/毎月(まいつき)ちゃんと家賃(やちん)を払(はら)っている。

(매달 제대로 집세를 내고 있다)

➲ 이 경우역시 「きちんと」를 쓰게 되면 매달 정해진 날짜에 틀림없이 정확하게 집세를 내고 있다는 뜻을 나타내게 되고, 「ちゃんと」를 쓰게 되면 거짓 없이 성실하게 집세를 꼬박 내고 있다는 뜻을 나타내게 된다.

③ きちんと七時(しちじ)に起(お)きる/ちゃんと七時(しちじ)に起(お)きる。(정확히 7시에 일어난다)

➲ 이 경우도 「きちんと」를 쓰게 되면 정해진 시간에 틀림없이 정확하게 일어난다는 뜻을 나타내게 되고, 「ちゃんと」를 쓰게 되면 정해진 시간에 제대로 성실하게 일어난다는 뜻을 나타내게 된다.

④ 約束(やくそく)はきちんと守(まも)る/約束(やくそく)はちゃんと守(まも)る。(약속은 정확히 지킨다)

➲ 「きちんと」를 쓰게 되면 정확하게 약속을 지킨다는 뜻을 나타내게 되고, 「ちゃんと」를 쓰게 되면 제대로 성실하게 약속을 지킨다는 뜻을 나타내게 된다.

⑤ 商品(しょうひん)を等間隔(とうかんかく)にきちんと/＊ちゃんと並(なら)べる。

(상품을 등 간격으로 깔끔하게 진열한다)

➲ 이 경우는 흐트러짐이 없이 깔끔하고 정확하게 상품을 진열한다는 뜻이므로 「きちんと」가 적절하다. 「ちゃんと」는 어디까지나 올바른 모습을 나타내는 것이므로 여기에서는 부적절하다.

⑥ 娘(むすめ)はいつも髪(かみ)をきちんと/＊ちゃんと分(わ)けている。

(딸은 언제나 머리를 깔끔하게 나눠묶고 있다)

➲ 이 경우역시 흐트러짐이 없이 깔끔하고 정확한 모습을 나타내므로 「きちんと」가 적절하다.

⑦ ちゃんとした/✱きちんとした職について、結婚もしたい。

(제대로 된 직장을 얻어서 결혼도 하고 싶다)

➲ 「きちんと」를 쓰게 되면 제대로 된 직장을 나타내게 되므로 적절하다. 「ちゃんと」를 쓰게 되면 제대로 정돈된 직장이라는 엉뚱한 뜻이 되어버리므로 여기에서는 부적절하다.

⑧ あなたの誕生祝のプレゼントはちゃんと/✱きちんと買っといたよ。

(당신의 생일축하선물은 확실히 사놓았어)

➲ 이 경우는 틀림없이 제대로 선물을 사놓았다고 하는 뜻이므로 「ちゃんと」가 적절하다.

⑨ 帽子をきちんとかぶる。(모자를 제대로 쓴다)

➲ 모자를 흐트러짐이 없이 깔끔하게 쓰는 모습을 나타낸다.

⑩ 商品がきちんと並んでいる。(상품이 제대로 진열되어 있다)

⑪ ネクタイをちゃんと締める。(넥타이를 제대로 맨다)

➲ 넥타이를 올바르게 매는 모습을 나타낸다.

⑫ 先生の前でちゃんとしていなさい。(선생님 앞에서 제대로 하고 있어라)

「気取る」「勿体ぶる」

(気取った歩き方、勿体ぶった歩き方)

공통의미

그럴 듯하게 행동하다, 거만 떨다

요점

1. 「気取る」는 남에게 그럴 듯하게 보이려고 겉모양새를 꾸미거나(예문①④⑤), 전문가인양 행동하는 것을 나타내는데(예문②⑥), 우리말의 '재다, 폼을 잡다, ~인척하다'

정도에 해당된다.

2. 「勿体ぶる」는 중후한 듯이 겉모양새를 꾸미면서 행동하는 것을 나타내는 것으로 우리 말의 '거드름 피우다, 으스대다' 정도에 해당된다(예문①③⑦⑧⑨).

예문과 해설

① 山田部長はいつも気取った/勿体ぶった歩き方をしている。
(야마다부장은 언제나 재는 듯한/ 거드름 피우는 걸음걸이를 하고 있다)

➲ 이 경우는 둘 다 적절한데, 「気取る」를 쓰게 되면 그럴 듯하게 보이려고 하는 걸음걸이를 나타내고, 「勿体ぶる」를 쓰게 되면 거드름 피우는 듯한 과장된 걸음걸이를 나타내게 된다.

② 世の中には芸術家を気取る/＊勿体ぶる人がいくらでもいる。
(세상에는 예술가인척 하는 사람이 얼마든지 있다)

➲ 이 경우와 같이 마치 전문가인양 행동하는 모습을 나타낼 때는 「気取る」만이 적절하다.

③ 友だちは、勿体ぶって/＊気取ってなかなか教えてくれない。
(친구는 거드름 피우면서 좀처럼 가르쳐 주지 않는다)

➲ 이 경우와 같이 거드름 피우거나 으스대는 모습을 나타낼 때는 「勿体ぶる」만이 적절하다.

④ 部長は、蝶ネクタイなんか締めて妙に気取っている。
(부장은 나비넥타이 같은 걸 매고서 묘하게 폼을 잡고 있다)

➲ 이 경우는 겉모양새에 신경을 쓰는 모습을 나타낸다.

⑤ あいつは写真をとる度に気取ったポーズをとっている。
(저 녀석은 사진을 찍을 때마다 그럴싸한 포즈를 취하고 있다)

⑥ あまり飲めないくせにワイン通を気取る。
(그다지 마실 수 없으면서도 와인통인 체 한다)

➲ 「気取る」는 이 경우와 같이 그럴듯하게 보이려고 하는 모습을 나타낸다.

⑦ あの社長はいつも勿体ぶった顔付きをしている。
(저 사장은 언제나 으스대는 얼굴을 하고 있다)

➲ 「勿体ぶる」는 이 경우와 같이 거드름을 피우는 모습에 쓰인다.

⑧ 社長は勿体ぶってなかなか話さない。

(사장님은 거드름 피우며 좀처럼 말하지 않는다)

⑨ 時間がないから勿体ぶらないで早く言えよ。
(시간이 없으니까 거드름 피우지 말고 빨리 말해라)

「決まる」「定まる」

(運命が決まる、運命が定まる)

공통의미

결정되다, 정해지다

요점

1. 「決まる」는 여러 가지 방식이나 변화의 가능성이 있던 일들이 최종적으로 결정됨을 나타내는데(예문①②⑥⑦⑧), 한편으로는 스포츠에서 볼이 들어감을 나타내기도 한다(예문③). 우리말의 '결정되다'에 해당된다.
2. 「定まる」는 유동적이거나 변화되고 있던 일들이 자연히 어떤 상태로 안정되는 상태를 나타낸다(예문④⑤⑨⑩⑪⑫). 우리말의 '정해지다, 안정되다' 정도에 해당된다.

예문과 해설

① 就職先が決まる/✱定まる。(취직할 곳이 결정되다)

➲ 이 경우와 같이 여러 가지 가능성이 있어서 어떤 결과가 될지 알 수 없었던 일이 하나의 결과로 안정되게 된다는 뜻으로는 「決まる」가 적절하다. 「定まる」는 어떤 일의 결정이라기보다는 유동적이었던 일이 어떤 상태에서 안정적으로 멈춘다고 하는 뜻으로 쓰이므로 부적절하다.

② やっと勝負が決まった/✱定まった。(겨우 승부가 결정되었다)

➲ 이 경우와 같이 승부 등이 최종적으로 결정됨을 나타낼 때는 「決まる」가 적절하다.

③ 相手チームのボールが決まりました/✱定まりました。
(상대팀의 볼이 들어갔습니다)

➲ 이 경우와 같이 스포츠 등에서 볼이 들어감을 나타낼 때는 「決まる」가 적절하다.

④ 天下が定まって/＊決まって静かになった。(천하가 안정되어 조용해졌다)

➲ 「決まる」는 무언가가 최종적으로 정해짐을 나타내지만 「定まる」는 유동적이거나 변화되던 것이 멈추고 안정적으로 됨을 나타내는 것이므로 이 경우에 적절하다.

⑤ ずっと不順だった天候が定まった/＊決まった。
(줄곧 불순했던 날씨가 안정되었다)

➲ 이 경우와 같이 불안정했던 날씨 등이 안정됨을 나타낼 때는 「定まる」가 적절하다.

⑥ 大勢が決まるのは明日です。(대세가 결정되는 것은 내일입니다)

⑦ いよいよわが校の優勝が決まりました。(드디어 우리 학교의 우승이 결정되었습니다)

⑧ ハムレット役が鈴木君に決まった。(햄릿역이 스즈키군으로 결정되었다)

⑨ 新しい教育方針が定まった。(새로운 교육방침이 정해졌다)

➲ 「定まる」는 이 경우와 같이 유동적이던 것이 안정된 방향으로 정해짐을 나타낸다.

⑩ 一度定まった規則は守らなければならない。
(한번 정해진 규칙은 지켜야만 한다)

⑪ この事件は運命として前世から定まっていたのだ。
(이 사건은 운명으로서 전세로부터 정해져있었던 것이다)

⑫ 天候が定まらなくてどこへも行けない。
(날씨가 불안정하여 어디에도 갈 수 없다)

➲ 관용적으로 「天候が定まる」의 형태를 취하여 날씨가 매우 안정적임을 나타낸다.

참고

「決まる」에는 「～に決まっている」의 형태로 어떤 일이 그렇게 될 것이 뻔하다고 하는 의미를 나타내는 용법도 있다.

「そんなことうそに決まっている」(그런 건 거짓말임이 뻔하다)

「夏は暑いに決まっている」(여름은 더운 것이 뻔하다)

「勝てばうれしいに決まっている」(이기면 기쁠 것이 뻔하다)

「決める」「定める」

(規則を決める、規則を定める)

공통의미

결정하다, 정하다

요점

1. 「決める」는 주로 개인적인 차원에서 무언가를 정하는 것을 포함하여 가장 일반적으로 많이 쓰인다(예문①②③⑥⑦⑧). 우리말의 '결정하다'에 해당된다.
2. 「定める」는 주로 조직이나 단체 등이 무언가를 제정하는 것을 나타낸다(예문①④⑤⑨⑩⑪). 우리말의 '정하다, 제정하다'에 해당된다.

예문과 해설

① それは法律に決められて/定められていることです。

(그것은 법률로 정해져 있는 것입니다)

➲ 「定める」는 개인이기보다는 조직이나 단체가 무언가를 정할 때에 쓰이므로 여기에서는 적절하며, 「決める」는 개인적인 차원에서 무언가를 정하는 것을 포함하여 다양하게 쓰이는데, 여기에서는 수동태의 형식을 취함으로서 개인적인 차원이 아님을 나타내고 있으므로 이것 역시 쓰기가 적절하다.

② 自分の態度を決める/＊定める。(자신의 태도를 결정한다)

➲ 이 경우와 같이 개인적인 차원에서 무언가를 결정한다고 하는 뜻으로 쓰일 때는 「決める」가 적절하다.

③ 木村選手は会心の一打で勝負を決めた/＊定めた。

(키무라선수는 회심의 1타로 승부를 결정지었다)

➲ 이 경우와 같이 개인적인 차원에서 승부를 결정짓는다고 하는 뜻에서는 「決める」가 적절하다.

④ 国会は新しい法律を定めた/＊決めた。(국회는 새로운 법률을 제정했다)

➲ 이 경우와 같이 개인적인 차원에서 정하는 것이 아닌 때는 오로지 「定める」만이 적절하다.

⑤ 文人協議会は新しい文学賞を定めた/＊決めた。
(문인협의회는 새로운 문학상을 제정했다)

➲ 이 경우역시 예문④와 맥락을 같이하고 있다.

⑥ 毎朝散歩することに決めています。(매일아침 산책하는 것으로 정하고 있습니다)

➲ 이 경우는 개인적인 차원에 결정하였음을 나타낸다.

⑦ 自分で決めたことだから悔いはない。(스스로 결정한 것이니까 후회는 없다)

➲ 이 경우 역시 개인적인 차원의 결정을 나타낸다.

⑧ 先生との出会いが私の人生を決めた。
(선생님과의 만남이 나의 인생을 결정지었다)

⑨ 会社は今回の方針を定めた。(회사는 이번의 방침을 정했다)

➲ 「定める」는 이 경우와 같이 단체나 조직이 무언가를 정하는 데에 쓰인다.

⑩ 政府は新しい制度を定めて発表した。(정부는 새로운 제도를 정하여 발표했다)

➲ 정부는 결코 개인적인 존재가 아니므로 「定める」가 쓰이고 있다.

⑪ 一度定められた規則は守らなければならない。
(한번 정해진 규칙은 지켜야만 한다)

「気持ち」「気分」「心地」

(いい気持ちだ、いい気分だ、いい心地だ)

공통의미

기분

요점

1. 「気持ち」는 가장 사용범위가 넓으며 인간의 감정이나 생각이 가장 구체적으로 들어 있

는데, 때로는 구체적인 의지나 희망까지 담겨 있다(예문①②③⑥⑦⑧⑨⑩). 우리말의 '기분, 심정, 마음상태'에 가까운 느낌의 말이다.

2. 「気分」은 유쾌, 불쾌를 느끼는 마음의 상태나 쾌적하고 쾌적하지 못한 몸의 상태를 나타낸다. 즉, 기분상태, 몸 상태의 정도를 나타내는 것으로 보면 좋을 것이다(예문①②⑤⑪⑫⑬⑭). 우리말의 '기분, 컨디션'에 가까운 느낌의 말이다.

3. 「心地」는 어떤 상황에 처하여진 일시적인 기분상태를 나타내는데 단독으로는 쓰이지 못하고 주로 다른 말의 밑에 접속되어 쓰인다. 다만, 「心地がいい、心地が悪い」와 같이 그 밑에 「いい、悪い」가 올 경우에 한해서는 단독으로 쓰이는데, 특히 「心地」가 명사나 동사연용형의 뒤에 접속되어 쓰일 때는 발음이 「ごこち」로 변하게 된다(예문①④⑮⑯⑰⑱). 우리말의 '느낌'에 가까운 말이다.

예문과 해설

① いい気持ち/気分/心地だ。(기분이 좋다)

➲ 「気持ち」는 마음의 상태를 나타내며 「気分」은 단순한 느낌보다는 유쾌하고 쾌적한 심적 상태를 나타내고 있다. 한편, 「心地」는 기분의 상태를 나타내는데, 여기에서는 「心地」의 앞에 수식어가 와 있으므로 사용이 적절하다.

② 気持ち/気分/＊心地を変えて熱心に勉強する。
(기분을 바꾸어서 열심히 공부한다)

➲ 「気持ち」를 쓰면 열심히 공부해야 하겠다는 생각이 담겨 있으나, 「気分」을 쓰면 공부에 등한시했던 마음상태를 나타내게 된다. 하지만 「心地」는 그 앞에 수식어가 오지 않는 한은 단독으로 쓸 수가 없으므로 여기에서는 부적절하다.

③ 本当の気持ち/＊気分/＊心地を打ち明ける。(참된 기분을 털어놓는다)

➲ 「気分」은 어디까지나 유쾌, 쾌적 등의 마음이나 몸 상태를 나타내는 것이므로 부적절하고, 「心地」는 어떤 상황에 처하여진 일시적인 기분상태를 나타내므로 부적절하다. 여기에서의 「気持ち」는 생각이 담겨있는 셈이므로 적절하다.

④ 生きた心地/＊気持ち/＊気分もしない。(살아있는 느낌도 안 든다)

➲ 「心地」는 이 경우와 같이 어떠한 상황에 처하여진 일시적인 기분을 나타내는 것이므로 적절하지만, 구체적인 생각이나 감정이 담겨있는 「気持ち」나 유쾌, 불쾌의 기분상태를 나타내는 「気分」은 여기에서는 부적절하다.

⑤ この町にはクリスマス気分/＊気持ち/＊心地があふれている。
(이 거리에는 크리스마스기분이 넘치고 있다)

➲ 이 경우와 같이 유쾌한 기분상태나 분위기를 나타낼 때는 「気分」이 적절하다.

⑥ どうしても大学に行きたい気持ちです。(아무래도 대학에 가고 싶은 기분입니다)

➲ 이 경우는 말하는 사람의 생각을 나타내고 있다.

⑦ 温泉につかり、いい気持ちだ。(온천에 몸을 담가 기분이 좋다)

➲ 이 경우는 말하는 사람의 감정을 나타내고 있다.

⑧ 気持ちを落ち着かせてじっくり考える。(마음을 가라앉히고 느긋하게 생각한다)

⑨ 今日は泣きたい気持ちだ。(오늘은 울고 싶은 심정이다)

⑩ 世の親の気持ちを反映する。(세상의 부모심정을 반영한다)

⑪ 天気がよくて気分がいい。(날씨가 좋아서 기분이 좋다)

➲ 이 경우는 유쾌함을 느끼고 있는 기분상태를 나타내고 있다.

⑫ うきうきした気分で出かけた。(설레는 기분으로 외출했다)

⑬ 今は遊びに行く気分じゃない。(지금은 놀러갈 기분이 아니다)

⑭ 船酔いで気分が悪くなった。(배 멀미로 컨디션이 나빠졌다)

➲ 이 경우는 쾌적하지 못한 몸의 상태, 즉 컨디션을 나타내고 있는데 우리말에는 이러한 용법이 없다.

⑮ まるで夢心地のようだ。(마치 꿈꾸는 기분 같다)

➲ 이 경우와 같이 「心地」가 명사의 뒤에 접속될 때는 「ごこち」로 발음이 변하게 된다.

⑯ この家は住み心地のいい家ですね。(이 집은 살기가 좋은 집이로군요)

➲ 이 경우는 「心地」가 동사 「住む」의 연용형 「住み」에 접속되었으므로 「ごこち」로 발음이 변하게 된다.

⑰ あの車はとても乗り心地がいいです。(저 차는 매우 승차감이 좋습니다)

➲ 이 경우 역시 동사 「乗る」의 연용형 「乗り」에 접속되어 「ごこち」로 발음이 변하였다.

⑱ この学校は居心地がよくてこれからもずっと勤たいです。
(이 학교는 있기가 편해서 앞으로도 줄곧 근무하고 싶습니다)

➲ 이 경우도 동사 「居る」의 연용형 「い」에 접속되어 「ごこち」로 발음이 변하였다.

참고

「気持(きも)ち」와 「心地(ここち)」는 우리말에 없으나 「気分(きぶん)」은 우리말의 '기분'과 형태는 같아서, 「気分(きぶん)が悪(わる)い」의 경우에는 우리말의 '기분 나쁘다'와 같은 것으로 여길 수가 있는데, 이 경우는 '몸의 상태가 안 좋다, 컨디션이 나쁘다'의 뜻으로 쓰였다고 하는 점에 각별히 주의하여야 한다.

「着物(きもの)」「衣服(いふく)」「衣装(いしょう)」「服(ふく)」「衣(ころも)」

공통의미

옷

요점

1. 「着物(きもの)」는 넓은 의미에서는 양복을 비롯한 옷 전체를 가리키며(예문①), 좁은 의미에서는 전통적인 옷(きもの)을 가리킨다(예문②).
2. 「衣服(いふく)」는 주로 겉에 걸치는 옷의 개념으로 윗도리, 바지 등을 가리킨다(예문③④).
3. 「衣装(いしょう)」는 주로 외출 시나 의식 등에 입는 외출복이나 예복을 가리킨다(예문⑤⑥).
4. 「服(ふく)」는 전통 옷이나 양복을 막론하고 이미 입고 있는 옷을 폭넓게 가리키는데, 특히 양복의 윗도리를 가리키는 경우가 많다(예문⑦⑧).
5. 「衣(ころも)」는 몸에 넉넉하게 걸치는 옷을 폭넓게 가리키는데 때로는 승복을 가리키기도 한다. 현재는 문장체적인 딱딱한 말로 쓰이고 있다(예문⑨⑩).

예문과 해설

① 着物(きもの)を着替(きが)えてきます。(옷을 바꿔 입고 오겠습니다)

➲ 이 경우는 일반적인 옷을 가리키는 것으로 보아도 좋을 것이다.

② 正月には着物を着る。(정월에는 키모노를 입는다)

➲ 명절인 정월에 입는 것이므로 이 경우에는 전통적인 옷을 가리키는 것으로 보아야 할 것이다.

③ 衣服を改める。(의복을 고치다)

④ 衣服をまとう。(의복을 걸친다)

⑤ あでやかな衣装を身につける。(섹시한 의상을 몸에 걸친다)

⑥ あの人は実に衣装が多い。(저 사람은 실로 의상이 많다)

⑦ 暑かったら服を脱いでください。(더우면 윗도리를 벗어 주십시오)

➲ 「服」는 이 경우와 같이 양복의 윗도리를 가리키기도 한다.

⑧ 服を着替えて出かける。(옷을 갈아입고 나간다)

⑨ 旅の衣を身にまとう。(여행복을 몸에 걸치다)

➲ 비교적 딱딱한 어감의 문장체에서나 쓰일 법하다.

⑩ 天使の衣。(천사의 옷)

「休憩」「休息」「休み」

(しばらく休憩をとる、しばらく休息をとる、しばらく休みをとる)

공통의미

휴식

요점

1. 「休憩」는 일의 도중에 쉬는 것으로 대체로 짧은 시간 동안 쉬는 것을 나타낸다(예문①②⑤⑥).
2. 「休息」는 일의 도중에 쉬는 것도 일이 완전히 끝난 다음에 쉬는 것도 나타내며, 또한 짧은 시간 동안 쉬는 것도 비교적 긴 시간 동안 쉬는 것도 나타낸다. 어감이 매우 딱딱한

문장체에서 쓰인다(예문①④⑦⑧).

3. 「休み」는 대체로 일을 하지 않고 쉰다고 하는 의미를 나타내는데 짧은 시간 동안 쉬는 것도 비교적 긴 시간 동안 쉬는 것도 나타내며(예문①②⑨⑩), 때로는 휴업이나 결근, 결석 등도 나타내고(예문③), 또는 잠을 자는 것도 나타낸다(예문⑪).

예문과 해설

① しばらく休憩/休息/休みをとる。(한 동안 휴식을 취한다)

➲ 「休憩」의 경우는 도중에 쉬는 것으로 5분이나 10분정도, 아니면 몇 시간 정도의 휴식을 나타내고, 「休息」는 몇 분에서 몇 일정도의 기간을 나타내며, 「休み」는 아주 짧은 시간에서 몇 년 동안이라는 긴 시간도 나타낸다.

② そろそろ休憩/休み/＊休息にしないか。(슬슬 휴식하지 않겠는가)

➲ 「休息」는 어감이 딱딱한 문장체에서 쓰이는 경향이 있으므로 이 경우는 부적절하다.

③ 学校をやすみ/＊休憩/＊休息にした。(학교를 쉬었다)。

➲ 이 경우는 학교에 결석했다고 하는 의미이므로 오로지 「休み」만이 적절하다.

④ 一日ひまを見て休息/＊休憩/＊休みする。(하루 짬을 봐서 휴식한다)

➲ 이 경우와 같이 일의 도중이 아니라 완전히 하루를 쉬는 때는 「休息」가 적절하다. 「休憩」는 어디까지나 일의 도중에 쉬는 것이므로 부적절하고, 「休み」는 「休む」라는 동사로는 쓰이지만, 「休みする」와 같은 형태로는 쓰이지 못하므로 이 역시 부적절하다.

⑤ 疲れたので少し休憩します。(피곤하기 때문에 조금 쉬겠습니다)

➲ 일의 도중에 잠시 쉬는 것을 나타낸다.

⑥ 幕間に十分間の休憩がある。(막간에 10분간의 휴식이 있다)

⑦ 作業が完全に終わったのでゆっくり休息した。
(작업이 완전히 끝났기 때문에 느긋하게 휴식을 취했다)

➲ 「休息」는 일이 끝난 다음에 제법 긴 시간동안 휴식을 취하는 데에도 쓰인다.

⑧ 三日間の休息をとってゆっくり休んだ。(3일간의 휴식을 얻어서 푹 쉬었다)

⑨ 休みなく山を登った。(쉬는 일 없이 산을 올라갔다)

➲ 잠깐 동안의 휴식을 나타내고 있다.

⑩ 休みを利用して旅に出た。(쉬는 날을 이용해서 여행을 떠났다)

➲ 「休み」는 이와 같이 일을 하지 않고 쉬는 날이라는 뜻으로도 쓰인다.

⑪ お休みなさい。(안녕히 주무십시오)

➲ 이 경우는 취침을 나타내고 있는데, 다른 말에는 이러한 용법이 없다.

「急に」「にわかに」「突然」

(急に大雨になった、にわかに大雨になった、突然大雨になった)

공통의미

갑자기

요점

1. 「急に」는 아무런 예고도 없이 어떤 일이 갑자기 이루어지는 것에 중점이 놓인다(예문①③④⑤⑥). 우리말의 '갑자기, 느닷없이'에 해당된다.
2. 「にわかに」는 어떤 상태에서 다른 상태로의 변화가 급격하게 이루어지는 모양을 나타낸다(예문②⑦⑧⑨). 우리말의 '별안간, 갑자기'에 해당된다.
3. 「突然」은 예상치 못한 어떤 일이 순간적으로 일어나는 경우에 쓰인다(예문①③⑩⑪⑫). 우리말의 '돌연히'에 해당된다.

예문과 해설

① 急に/突然/＊にわかに気持ちが悪くなった。(갑자기 기분이 나빠졌다)

➲ 「にわかに」는 갑작스런 변화라고 해도 객관적으로 파악할 수 있는 상태에 쓰이므로 이 경우와 같이 눈에 보이지 않는 심리적인 변화를 나타내는 때는 부적절하다.

② にわかに/＊急に/＊突然賛成はできない。(갑자기 찬성은 할 수 없다)

➲ 「急に」는 아무런 예고도 없이 갑자기 변화가 일어나는 모양을 나타내며, 「突然」은 예상치 못한 변화를 나타내므로 이 경우에는 둘 다 부적절하다. 이 경우와 같이 짧은 시간에 무언가의

변화를 일으켜야 하는 객관적인 상황일 때는 역시 「にわかに」가 적절하다.

③ 昔の友だちが急に/突然/*にわかに訪ねてきた。
(옛 친구가 갑자기 찾아왔다)

➲ 이 경우는 내용으로 볼 때, 예상치 못한 변화를 나타내는 「突然」이나 아무런 예고가 없는 변화를 나타내는 「急に」가 적절하다.

④ 近ごろ急に白髪が増えた。(요즘 갑자기 흰머리가 늘었다)

➲ 서서히 늘어야 할 백발이 급격하게 늘어났음에 주목하는 표현이다.

⑤ 急に腹が痛み出した。(갑자기 배가 아프기 시작했다)

➲ 멀쩡하던 배가 일시에 아프기 시작했음에 주목하는 표현이다.

⑥ 急に後ろから声をかけられた。(갑자기 뒤에서 누군가가 말을 걸었다)

⑦ 一人になった途端、にわかに心細くなってきた。
(혼자가 된 순간, 갑자기 마음이 허전해져 왔다)

➲ 허전하지 않던 상태에서 허전한 상태로 순식간에 변화되었음에 주목하는 표현이다.

⑧ にわかに空が曇ってきた。(갑자기 하늘이 흐려졌다)

➲ 파랗던 하늘의 상태에서 흐린 하늘의 상태로 급격하게 변화되었음에 주목하는 표현이다.

⑨ 日が沈むとにわかに肌寒くなった。(날이 저물자 갑자기 으스스해졌다)

⑩ 突然の指名に驚いた。(돌연한 지명에 놀랐다)

➲ 예상치 못한 일이 순식간에 발생하였음에 주목하는 표현이다.

⑪ バスが突然急ブレーキをかけて止まった。
(버스가 돌연히 급브레이크를 걸어 정지했다)

➲ 이 경우 역시 예상치 못한 일이 순식간에 발생하였음에 주목하는 표현이다.

⑫ 彼は突然の発言で周囲を困らせた。
(그는 돌연한 발언으로 주위를 곤란하게 했다)

「きょう」「今日(こんにち)」「本日(ほんじつ)」

공통의미

오늘

요점

1. 「きょう」는 일상회화에서 흔히 쓰이는 말로 우리말의 '오늘'에 해당된다. 「きょう」로 표기하며, 때로는 「今日(きょう)」와 같이 한자표기 할 경우도 있다(예문①②⑥⑦).
2. 「今日(こんにち)」는 문장체로서 「きょう」와 같은 용법으로는 쓰이지 않는다, 우리말의 '오늘날' 정도에 해당되는 말인데(예문④⑧⑨), 때로는 오후인사로서 「こんにちは」와 같이 쓰인다.
3. 「本日(ほんじつ)」는 「きょう」와 같은 용법을 지닌 말이지만, 「きょう」와 달리 인사말, 스피치와 같은 공식석상에서 자주 쓰이는 딱딱한 말이다. 우리말의 '금일' 정도에 해당된다(예문③⑤⑩⑪).

예문과 해설

① きょう/＊今日(こんにち)/＊本日(ほんじつ)の午後(ごご)電話(でんわ)します。(오늘 오후에 전화하겠습니다)

➲ 이 경우는 일상적인 회화체이므로 문장체인 「今日(こんにち)」「本日(ほんじつ)」는 쓸 수 없다.

② 一年後(いちねんご)のきょう/＊今日(こんにち)/＊本日(ほんじつ)、ここで会(あ)いましょう。
(1년 후의 오늘, 여기에서 만납시다)

➲ 이 경우는 '오늘'을 나타내는 일상적인 회화체이므로 문장체인 「本日(ほんじつ)」는 부적절 회화체「今日(こんにち)」는 '오늘날'에 해당되는 말이므로 이것역시 여기에서는 부적절 다.

③ 本日(ほんじつ)/＊今日(こんにち)/＊きょう、休業(きゅうぎょう)させていただきます。
(금일 휴업합니다)

➲ 이 경우는 '오늘'의 의미로 쓰이긴 했지만 회화체가 아닌 딱딱한 문장체이므로 「本日(ほんじつ)」만이 적절하다.

④ 彼は、今日/✱きょう/✱本日最も著名な作家である。
(그는 오늘날 가장 저명한 작가이다)

➲ 이 경우는 '오늘'이 아니라 '오늘날'의 의미이므로 「今日」만이 적절하다.

⑤ 本日/✱きょう/✱今日は遠方よりお集まりくださりありがとうございます。
(금일은 멀리서 모여 주셔서 감사합니다)

➲ 문체가 공식석상에서 발언하는 경우이므로 「本日」가 적절하다.

⑥ きょうは一日中雨が降っていた。(오늘은 하루 종일 비가 내리고 있었다)

⑦ 父はきょう帰って来ます。(아버지는 오늘 돌아옵니다)

⑧ この問題は今日に至ってもまだ解決していない。
(이 문제는 오늘날에 이르러서도 아직 해결되지 못했다)

➲ 이 경우는 오늘하루가 아니라 이 시대, 또는 현재의 상태라는 뜻이다.

⑨ 今日の世界情勢は複雑になっている。(오늘날의 세계정세는 복잡하게 되어있다)

⑩ 本日はお忙しいところをわざわざおいでいただきありがとうございます。
(금일은 바쁘신 가운데 일부러 와주셔서 감사합니다)

➲ 「本日」는 오늘하루를 나타내는 말이기는 하나 매우 격식을 차린 석상에서나 쓰일 법한 딱딱한 어감이 주어진다.

⑪ 本日は午前十時に開店致します。(금일은 오전10시에 개점합니다)

➲ 이와 같은 공식적인 표현에는 보통 「本日」가 쓰인다.

「去年」「昨年」

(去年の暮れはアメリカで過ごした、昨年の暮れはアメリカで過ごした)

공통의미

작년

요점

1. 「去年(きょねん)」은 일상적으로 많이 쓰이는 것으로 단순히 '작년'만을 가리키는 말이다(예문①④⑤).
2. 「昨年(さくねん)」은 「去年(きょねん)」보다는 다소 문장체적인데(예문①), 한편으로는 금년과 비교하여 작년을 가리키거나 그 영향이 금년까지 지속되거나 할 때에 쓰이기도 한다(예문②③⑥⑦).

예문과 해설

① 去年(きょねん)/昨年(さくねん)の暮(く)れはアメリカで過(す)ごした。(작년 말은 미국에서 지냈다)

➲ 이 경우는 단지 작년만을 가리키는 것이므로 어느 것이나 적절한데 「昨年(さくねん)」이 「去年(きょねん)」에 비해서 문장체적인 딱딱한 말이다.

② 昨年来(さくねんらい)/＊去年来(きょねんらい)/の水不足(みずぶそく)が続(つづ)いている。
(작년이래의 물 부족이 지속되고 있다)

➲ 물이 부족한 것은 작년부터 금년까지 지속되는 것이므로 「昨年(さくねん)」이 적절하다.

③ 昨年度(さくねんど)/＊去年度(きょねんど)の予算(よさん)を調(しら)べた。(작년도의 예산을 조사했다)

➲ 금년도와 비교함을 전제로 한 조사이므로 「昨年(さくねん)」이 적절하다.

④ 去年(きょねん)は雪(ゆき)が多(おお)かった。(작년은 눈이 많았다)

⑤ 去年(きょねん)の今(いま)ごろは仕事(しごと)で海外(かいがい)にいた。(작년의 이맘때는 일로 해외에 있었다)

⑥ 昨年来(さくねんらい)続(つづ)いている警察官(けいさつかん)の不祥事(ふしょうじ)。(작년 이래 계속되고 있는 경찰관의 불상사)

⑦ 昨年(さくねん)、一昨年(いっさくねん)と暖(あたた)かい冬(ふゆ)が続(つづ)いた。
(작년, 재작년에 이어서 따스한 겨울이 계속되었다)

「～嫌(きら)いがある」「～傾向(けいこう)がある」

(合格率(ごうかくりつ)は下降(かこう)の嫌(きら)いがある、合格率(ごうかくりつ)は下降(かこう)の傾向(けいこう)がある)

공통의미

(～하는)경향이 있다

요점

1. 「～嫌(きら)いがある」는 좋지 않거나 바람직하지 못한 경향이 있음을 나타내며, 긍정적인 경향을 나타내는 때는 쓸 수가 없다(예문①②⑤⑥).
2. 「~傾向(けいこう)がある」는 부정적이건 긍정적이건 그 어느 쪽에도 쓸 수가 있다(예문①②③④⑦⑧).

예문과 해설

① 合格率(ごうかくりつ)は下降(かこう)の嫌(きら)い/傾向(けいこう)がある。(합격률은 하강의 경향이 있다)

➲ 이 경우는 부정적인 경향을 나타내는 것이므로 「嫌(きら)い」도 적절하거니와 「傾向(けいこう)」도 적절한데, 역시 「傾向(けいこう)」쪽이 다소 문장체적인 느낌이 주어진다.

② あの人(ひと)は情勢(じょうせい)を楽観(らっかん)し過(す)ぎる嫌(きら)い/傾向(けいこう)がある。
(저 사람은 정세를 지나치게 낙관하는 경향이 있다)

➲ 이 경우 역시 예문①과 맥락을 같이하고 있다.

③ 今年(ことし)の三月(さんがつ)から輸出(ゆしゅつ)は増(ふ)える傾向(けいこう)がある/✱嫌(きら)いがある。
(금년 3월부터 수출은 증가하는 경향이 있다)

➲ 이 경우와 같이 긍정적인 경향을 나타낼 때는 「傾向(けいこう)がある」가 적절하며, 「嫌(きら)いがある」는 오로지 바람직하지 못한 경향에만 쓰이므로 여기에서는 부적절하다.

④ 生徒(せいと)の負担(ふたん)を減(へ)らすため、どの学校(がっこう)も課外活動(かがいかつどう)を中止(ちゅうし)する傾向(けいこう)がある/✱嫌(きら)いがある。
(학생의 부담을 줄이기 위해 어느 학교나 과외활동을 중단하는 경향이 있다)

➲ 이 경우역시 예문③과 맥락을 같이하고 있다.

⑤ 彼は能力はあるが、会社の出勤時間に遅れる嫌いがある。
(그는 능력은 있지만, 회사의 출근시간에 늦는 경향이 있다)

➲ 이 경우는 출근시간에 늦는다고 하는 부정적인 경향에 쓰이고 있다.

⑥ あの学者は人の業績を無視する嫌いがある。
(저 학자는 남의 업적을 무시하는 경향이 있다)

⑦ 流行性インフルエンザでどの学校も休校する傾向がある。
(유행성감기로 어느 학교나 휴교하는 경향에 있다)

➲ 이 경우는 모든 학교가 휴교한다고 하는 부정적인 경향에 쓰이고 있다.

⑧ 新しい政策で、失業率増加の傾向に歯止めをかけるようになった。
(새로운 정책으로 실업률증가의 경향에 제동을 걸게 되었다)

「嫌う」「憎む」「嫌がる」

공통의미

싫어하다

요점

1. 「嫌う」는 어떤 대상에 대하여 싫어한다고 하는 마음을 나타내는 경우에 쓰이는데, 그 대상은 정적인 것이나 동적인 것 어느 것도 될 수 있다(예문①②⑤⑥⑦⑧). 우리말의 '싫어하다'에 해당된다.

2. 「憎む」는 상대에 대하여 매우 강도가 높게 싫어하는 마음을 품고 있는 경우에 쓰이는데 우리말의 '미워하다, 증오하다'에 해당된다(예문③⑨⑩⑪⑫).

3. 「嫌がる」는 형용동사 「嫌だ(싫다)」의 어간 「嫌」에 동사를 만드는 접미어 「がる」가

접속된 형태인데, 뜻은 「嫌う」와 비슷하지만 그러한 기분을 실제의 동작이나 태도로 드러내는 경우에 쓰인다. 따라서 「嫌がる」의 대상은 어디까지나 구체적인 동작을 수반하는 것이어야만 한다(예문①④⑬⑭⑮).

●●● 예문과 해설

① 仕事を嫌う/嫌がる/✱憎む。(일을 싫어한다/✱미워한다)

➲ 일은 어디까지나 하기 싫어하는 대상은 될 수 있어도 굳이 미워하기까지 할 만한 대상은 못되므로 이 경우의 「憎む」는 부적절하다. 한편, 「嫌う」의 경우는 단지 일을 싫어한다는 느낌이 주어지지만, 「嫌がる」는 일하기 싫어하는 마음이 동작이나 태도로 드러나는 느낌이 주어진다.

② この患者は湿気を嫌う/✱嫌がる/✱憎む。
(이 환자는 습기를 싫어한다)

➲ 습기는 동적인 것이 아니라 정적인 것이므로 이 경우는 「嫌う」가 적절하다. 「嫌がる」는 그 대상이 동적인 것이어야만 하며, 「憎む」는 의미가 너무 강해지므로 둘 다 이 경우에는 부적절하다.

③ 悪を憎む/✱嫌う/✱嫌がる。(악을 증오한다)

➲ 악은 당연히 증오해야 할 대상이지 단순히 싫어할 대상은 아니므로 이 경우에는 「憎む」만이 적절하다.

④ 嫌がる/✱嫌う/✱憎む子を無理に連れ出す。
(싫어하는 아이를 무리하게 데리고 나간다)

➲ 이 경우는 아이가 싫다고 저항하는 움직임을 나타내는 것이므로 「嫌がる」만이 적절하다.

⑤ 息子は体を動かすことを嫌う。(아들은 몸을 움직이는 것을 싫어한다)

➲ 「嫌う」는 이 경우와 같이 동적인 대상에도 쓸 수가 있다.

⑥ 私は先生を嫌ってはいない。(나는 선생님을 싫어하고 있지는 않다)

➲ 「嫌う」는 이 경우와 같이 정적인 대상에도 쓸 수가 있다.

⑦ ひまわりは日陰を嫌う。(해바라기는 그늘을 싫어한다)

⑧ 娘は人付き合いを嫌っている。(딸은 사람과 사귀는 것을 싫어하고 있다)

⑨ 罪を憎んで人は憎まない。(죄를 미워하고 사람은 미워하지 않는다)

➲ 「憎む」는 이와 같이 미워하는 마음을 나타내는 데에 쓰인다.

⑩ あの人はこの世を憎んで死んだ。(그 사람은 이 세상을 증오하며 죽었다)

⑪ 夫は不正を憎む気持ちの強い人です。
(남편은 부정을 증오하는 기분이 강한 사람입니다)

⑫ 子どものころ、私は私ばかりを叱る母を憎んだ。
(어릴 적에 나는 나만을 야단치는 어머니를 미워했다)

⑬ うちの子供は手伝いを嫌がる。(우리 집 아이는 거들어주는 것을 싫어한다)

➲ 「嫌がる」는 어디까지나 구체적인 동작에 대하여 싫어하는 것을 동적으로 나타내는 것이다.

⑭ 弟はわざと人の嫌がることをする。(남동생은 일부러 남이 싫어하는 짓을 한다)

⑮ 子どもはみな注射を嫌がるものです。(아이는 모두 주사를 싫어하는 법입니다)

➲ 이 경우의 주사는 단순히 주사바늘만을 가리키는 것이 아니라 결국에는 주사를 맞는 것을 가리키는 것이므로 구체적인 동작성을 띠고 있는 것으로 보아야 한다.

「ぎりぎり」「すれすれ」

(ぎりぎりの時間までねばる、すれすれの時間までねばる)

공통의미

아슬아슬, 빠듯하게

요점

1. 「ぎりぎり」는 더 이상 허용될 수 없는 한도까지 이르는 것을 나타내며 긴박감이 주어진다(예문①②③④).
2. 「すれすれ」는 더 이상 허용될 수 없는 한도에 닿을 듯 말 듯 가까워짐을 나타낸다(예문①②⑤⑥).

예문과 해설

① ぎりぎり/すれすれの時間までねばる。(마지막 시간까지 물고 늘어진다)

➲ 이 경우 「ぎりぎり」를 쓰게 되면 버틸 수 있는 시간의 한계까지 도달해 있는 상태를 나타내지만, 「すれすれ」를 쓰게 되면 그러한 한계에 육박해 있는 상태를 나타내게 된다.

② 演劇の開演ぎりぎりで/すれすれで間に合う。(연극시작 아슬아슬하게 시간이 맞다)

➲ 이 경우역시 「ぎりぎり」를 쓰게 되면 연극시작 바로 전까지의 뜻을 나타내지만, 「すれすれ」를 쓰게 되면 연극시작에 어느 정도 임박한 시간의 의미가 된다.

③ これが私の譲歩できるぎりぎりの/*すれすれの線です。

(이것이 내가 양보할 수 있는 마지막 선입니다)

➲ 이 경우와 같이 긴박감이 주어지는 상태임을 나타낼 때는 「ぎりぎり」만이 적절하다.

④ ぎりぎり/*すれすれ生活できる狭い部屋で四人家族が暮らしている。

(간신히 생활할 수 있는 좁은 방에서 4인 가족이 지내고 있다)

➲ 이 경우와 같이 긴박감이 주어지는 상태임을 나타낼 때는 「ぎりぎり」만이 적절하다.

⑤ カモメが海面すれすれ/?ぎりぎりに飛ぶ。(갈매기가 수면에 닿을 듯이 난다)

➲ 이 경우와 같이 무언가가 표면에 닿을 듯 말 듯 하는 상태임을 나타낼 때는 「すれすれ」가 보다 적절하다.

⑥ 僕の体すれすれ/?ぎりぎりのところを車が走り去った。

(내 몸에 닿을 듯 말듯 한 곳을 차가 달려지나갔다)

➲ 이 경우 역시 예문⑤와 맥락을 같이하고 있다.

「切る」「断つ」

(型に合わせて布を切る、型に合わせて布を断つ)

공통의미

자르다, 끊다

요점

1. 「切る」는 물건을 자른다고 하는 것이 기본적인 뜻으로 일상적으로 가장 많이 쓰인다(예문①②⑤). 때로는 칼 같은 것에 의해 손을 베인다고 하는 뜻으로도 쓰이며(예문③⑦), 한편으로는, 인연이나 하던 말, 그리고 전화를 끊는 경우에도 쓰인다(예문④⑥⑧).
2. 「断つ」는 물건을 완전히 절단한다고 하는 뜻으로 쓰이며(예문①⑨), 또한 술 같은 것을 끊는다고 하는 뜻으로도 쓰인다(예문⑩).

예문과 해설

① 型に合わせて布を切る/断つ。(틀에 맞춰서 천을 자른다)

➲ 이 경우와 같이 천이나 종이 등을 자르는 때에는 둘 다 적절한데 다만 「切る」를 쓰게 되면 불필요한 부분을 잘라낸다는 의미가 되지만, 「断つ」를 쓰게 되면 재단한다고 하는 의미가 된다.

② 包丁でねぎを切る/*断つ。(부엌칼로 파를 자른다)

➲ 이 경우와 같이 쉽게 자를 수 있는 대상에 대해서는 「断つ」는 쓰기가 부적절하다. 만약 「断つ」를 쓰게 되면 너무 과장된 표현이 될 수가 있다.

③ ガラスの破片で少し足を切った/*断った。(유리파편으로 조금 발을 베었다)

➲ 이 경우는 예리한 것에 의해 상처를 입는다는 뜻이므로 오로지 「切る」만이 적절하다.

④ もう彼とは縁を切った/*断った。(이미 그와는 인연을 끊었다)

➲ 이 경우는 지속되어오던 인연을 끊는다는 뜻이므로 오로지 「切る」만이 적절하다.

⑤ のこぎりで丸太を二つに切る。(톱으로 통나무를 둘로 자른다)

➲ 이 경우는 실제로 자르는 것을 나타내고 있다.

⑥ では、これで電話を切ります。(그럼, 이것으로 전화를 끊겠습니다)

➲ 이 경우와 같이 실제로 무언가를 자르는 것이 아니라 통화하던 이야기를 끝낸다는 뜻으로 쓰일 때는 오로지 「切る」만이 적절하다.

⑦ ナイフで指を切ってしまった。(나이프로 손가락을 베이고 말았다)

➲ 이 경우와 같이 「切る」는 칼 같은 것에 의해서 손을 베인다고 하는 뜻으로 쓰이는데 「断つ」에는 이러한 용법이 없다.

⑧ ここで一応言葉を切りましょう。(여기에서 일단 말을 끊읍시다)

⑨ 電話線が断たれて連絡がとれない。(전화선이 끊겨서 연락을 취할 수 없다)

➲ 이 경우와 같이 「断つ」는 실제로 무언가가 절단되는 것에 쓰인다.

⑩ これからは酒を断ちます。(이제부터는 술을 끊겠습니다)

➲ 「断つ」는 이 경우와 같이 앞으로 술을 마시지 않고 멀리한다는 뜻으로도 쓰이는데 「切る」에는 이러한 용법이 없다.

「着る」「はく」

공통의미

입다(옷을)

요점

1. 우리말에서는 옷을 입는다고 할 경우, 상반신에만 입거나 하반신에만 입거나 또는 몸 전체에 입을 때도 보통 '입다'만을 쓰지만, 일본어에서는 옷을 입는 신체의 부분에 따라서 엄격히 구별 사용되고 있다.
2. 「着る」는 상반신에만 옷을 걸치거나 또는 몸 전체에 옷을 걸치는 경우에 쓰인다. 한마디로 소매가 있어 그 속을 팔이 통과하는 식으로 입는 것은 모두 「着る」를 쓴다(예문①②).
3. 「はく」는 바지, 치마, 신발, 양말 등 하반신에만 착용하는 경우에 쓰이며 상반신에 옷을 걸치거나 몸 전체에 걸치는 경우에는 일체 쓰이지 않는다. 한마디로 발을 통하여 착용하는 것에만 쓰이는 셈이다(예문③④).

예문과 해설

① 着物を着る/＊はく。(기모노를 입는다)

➲ 기모노는 몸 전체에 착용하는 것이므로 「着る」만이 적절하며 하반신에만 착용하는 「はく」는 부적절하다.

② セーターを着る/ ✱ はく。(스웨터를 입는다)

➲ 스웨터는 소매가 있고 상반신에만 착용하는 것이므로 「着る」가 적절하다.

③ スカートをはく/ ✱ 着る。(스커트를 입는다)

➲ 스커트는 발을 통하여 입으며 하반신에만 착용하는 것이므로 「はく」가 적절하며 상반신이나 몸 전체에 착용함을 나타내는 「着る」는 여기에서는 부적절하다.

④ 靴下をはく/ ✱ 着る。(양말을 신는다)

➲ 양말은 발을 통하여 신는 것이므로 「はく」가 적절하다.

「きれいだ」「美しい」「麗しい」

(あの女性はきれいだ、あの女性は美しい、あの女性は麗しい)

공통의미

아름답다

요점

1. 단지 그 대상의 아름다움을 표현할 때는 「きれいだ」「美しい」「麗しい」 세 가지 모두 쓰이는데, 다만 「麗しい」는 매우 문장체적인 말이다.
2. 「きれいだ」는 그 대상이 예쁘다고 하는 뜻으로 쓰이며(예문①④⑤), 매우 깨끗하다고 하는 뜻으로도 쓰이지만, 「美しい」와 「麗しい」에는 이러한 의미용법이 없다(예문③⑥⑦). 우리말의 '예쁘다, 깨끗하다' 에 해당된다.
3. 「美しい」는 「美しい友情」와 같이 사람의 행위나 관계에도 쓸 수 있으며 상당히 주관적으로 아름다움을 느끼는 경우에 쓰이는데, 우리말의 '아름답다'에 해당된다(예문②⑧⑨⑩).

4. 「麗しい」는 「美しい」처럼 「麗しい行い」와 같이 사람의 행위나 관계에도 쓸 수 있으나, 다소 고풍스런 말로 주로 마음에 비추이는 정경 같은 것을 나타낸다(예문①②⑪⑫⑬).

예문과 해설

① あの人はきれいな/美しい/麗しい女性だ。(저 사람은 아름다운 여성이다)

➲ 이 경우는 단순히 아름다움만을 나타내는 것이므로 셋 다 쓸 수가 있다.

② あの二人は美しい/麗しい/＊きれいな友情を保っている。
(저 두 사람은 아름다운 우정을 유지하고 있다)

➲ 「きれいだ」에는 '예쁘다, 깨끗하다'의 뜻밖에 없다.

③ これはきれいな/＊美しい/＊麗しい水です。(이것은 깨끗한 물입니다)

➲ 이 경우는 깨끗한 물을 나타내고 있으므로 「きれいだ」만이 적절하다.

④ 花がきれいに咲いている。(꽃이 예쁘게 피어있다)

⑤ このピアノは音がきれいだ。(이 피아노는 소리가 예쁘다)

⑥ この頃はきれいな空気が吸いにくい。(요즈음은 깨끗한 공기를 마시기 어렵다)

➲ 「きれいだ」에는 이 경우와 같이 깨끗하다는 뜻으로도 쓰이는데 다른 말에는 이러한 용법이 없다. 「きれいな」는 「きれいだ」의 연체형으로 항상 뒤에 오는 명사만을 수식한다.

⑦ きれいに歯を磨きましょう。(깨끗하게 이를 닦읍시다)

➲ 「きれいに」는 「きれいだ」의 연용형으로 뒤에 오는 동사를 주로 수식한다.

⑧ 美しい花が咲き乱れる。(아름다운 꽃이 여기저기 흠뻑 핀다)

➲ 「美しい」는 이와 같이 주관적으로 느끼는 아름다움에 쓰인다.

⑨ 頂上からの眺めが美しい。(정상으로부터의 전망이 아름답다)

⑩ 清く正しく美しく生きたい。(청결하고 올바르며 아름답게 살고 싶다)

➲ 「美しい」는 이와 같이 사람의 행위에도 쓸 수가 있다.

⑪ 姫の麗しい姿をかいま見る。(아가씨의 아름다운 모습을 엿본다)

➲ 「麗しい」는 「美しい」와 의미는 같으나 보다 고풍스러운 말이다.

⑫ とても麗しい情景ですね。(매우 아름다운 정경이군요)

⑬ あの二人(ふたり)は最後(さいご)まで麗(うるわ)しい友情(ゆうじょう)を見(み)せた。

(저 두 사람은 마지막까지 아름다운 우정을 보였다)

➲ 「麗(うるわ)しい」는 사람과 사람의 아름다운 관계를 나타낼 때도 쓰이지만 매우 고풍스러운 말이다.

참고

「きれいだ」에는 이 밖에도 「過去(かこ)のことをきれいに忘(わす)れた」 (과거의 일을 깨끗하게 잊었다)의 예와 같이 '어떤 일을 남김없이 모두(잊다, 정리하다)'는 의미용법도 지니고 있다. 아울러 「きれいな」는 형용동사 「きれいだ」의 연체형(항상 명사 앞에 와서 명사를 수식하는 활용형)이며, 「きれいに」는 연용형(항상 동사 등의 용언 앞에 와서 이를 수식하는 활용형)이다.

「偶然」「たまたま」

(偶然出会った人、たまたま出会った人)

공통의미

우연히, 어쩌다가

요점

1. 「偶然」은 어떤 일과 다른 일이 의도한 바도 뚜렷한 원인도 없이 들어맞음을 나타내는 것으로 우리말의 '우연히'에 해당된다(예문①②③④⑦⑦⑧⑨).
2. 「たまたま」는 마침 그런 상황에 처해짐으로서 뜻하지 않은 일이 일어남을 나타내는데 주로 개인적인 상황의 발생에 쓰인다. 우리말의 '어쩌다, 때마침' 정도에 해당된다(예문①②⑤⑥⑩⑪⑫).

예문과 해설

① 偶然出会った人/たまたま出会った人。(우연히 만난 사람/어쩌다 만난 사람)

➲ 이 경우는 둘 다 적절한데, 「偶然」을 쓰게 되면 의도나 원인도 없이 만났다고 하는 점에 의미의 중심이 있고, 「たまたま」를 쓰게 되면 개인적으로 만날만한 상황에 처했음에 의미의 중심이 있게 된다.

② 彼とは偶然/たまたま電車のとなりの席に座ったので知り合いになった。
(그와는 우연히/어쩌다 전차의 옆 좌석에 앉았기 때문에 아는 사이가 되었다)

➲ 이 경우 역시 예문①과 맥락을 같이하고 있다.

③ 事故は偶然/✱たまたまのように見えるけど、実際はそうでなかった。
(사고는 우연인 것처럼 보이지만, 실제로는 그렇지 않았다)

➲ 「たまたま」는 부사적인 용법으로 쓰이며, 이 경우와 같이 명사적인 용법으로는 쓰이지 못하므로 여기에서는 부적절하다.

④ こんなところで会うなんて偶然/✱たまたまですね。
(이런 곳에서 만나다니 우연이로군요)

➲ 「たまたま」는 부사적인 용법으로만 쓰일 뿐, 이 경우와 같이 문말의 술어로서는 쓰이지 못하므로 여기에서는 부적절하다.

⑤ たまたま/?偶然その日は暇だった。(어쩌다 그 날은 한가했다)

➲ 「偶然」은 의도한 바나 뚜렷한 원인이 없이 그런 일이 발생한다고 하는 의미가 강하므로 여기에서는 다소 부적절하다.

⑥ たまたま/?偶然好きなことだったので承知した。
(때마침 좋아하는 일이었기 때문에 승낙했다)

➲ 이 경우 역시 예문⑤와 맥락을 같이하고 있다.

⑦ 彼女との出会いは、ほんの偶然からだった。
(그녀와의 만남은 진짜 우연으로부터였다)

⑧ それは偶然の一致ですね。(그것은 우연의 일치로군요)

⑨ 町で偶然知り合いに会った。(거리에서 우연히 아는 사람을 만났다)

⑩ 地震があった時たまたま外出中だった。(지진이 있었을 때 때마침 외출 중이었다)

➲ 이 경우는 지진이 발생하였을 때 때마침 외출 중이었다고 하는 개인적인 상황을 나타내고 있다.

⑪ 旅先でたまたま手に入れたバッグを今も愛用している。
(여행지에서 어쩌다 손에 넣은 백을 지금도 애용하고 있다)

➲ 이 경우도 여행이라는 개인적인 상황 하에서 우연히 발생한 일을 나타내고 있다.

⑫ たまたま現場に居合わせて容疑者に疑われた。
(때마침 현장에 함께 있다가 용의자로 의심받았다)

「括る」「束ねる」

(まきを縄で括る、まきを縄で束ねる)

공통의미

묶다

요점

1. 「括る」는 뿔뿔이 흩어져 있는 것을 하나로 묶거나 통합하는 데에 쓰이며(예문①②⑥⑦), 번호나 일정한 부분을 괄호나 동그라미 같은 것으로 둘러친다는 뜻으로도 쓰인다(예문③⑧).
2. 「束ねる」는 주로 긴 것이나 종이, 머리칼 같은 것을 끈으로 묶는 데에 쓰인다(예문①④⑤⑨⑩).

예문과 해설

① まきを縄で括る/束ねる。(땔감을 새끼줄로 묶는다)

➲ 이 경우는 흩어져 있는 땔감을 하나로 정돈하여 묶는다는 뜻이므로 「括る」가 적절하며, 「束ねる」도 대체로 가늘고 긴 것을 끈 등으로 묶는 데에 쓰이므로 적절하다.

② 荷物を括る/＊束ねる。(짐을 묶는다)

➲ 이 경우와 같이 짐을 하나로 묶어서 꾸린다는 뜻으로는 「括る」가 적절하다. 「束ねる」는 주로 긴 것을 끈으로 묶는 데에 쓰이므로 여기에서는 부적절하다.

③ 番号を括弧で括る/＊束ねる。(번호를 괄호로 둘러친다)

➲ 이 경우와 같이 번호 같은 것을 동그라미로 둘러친다는 뜻으로는 「括る」가 적절하다.

④ あの銀行職員は紙幣を束ねる/＊括るのが速い。
(저 은행직원은 지폐를 묶는 것이 빠르다)

➲ 이 경우와 같이 종이나 지폐 같은 것을 묶는다는 뜻으로는 「束ねる」가 적절하다.

⑤ 長い髪を束ねる/?括る。(긴 머리를 묶는다)

➲ 이 경우와 같이 머리칼을 끈으로 묶는다는 뜻으로는 「束ねる」가 보다 적절하다.

⑥ 不要な雑誌を括って、廃品回収に出す。
(불필요한 잡지를 묶어서 폐품회수에 내보낸다)

➲ 뿔뿔이 흩어져 있는 잡지를 하나로 묶는다는 뜻으로 쓰였다.

⑦ 古新聞をひもで括る。(오래된 신문을 끈으로 묶는다)

⑧ 引用部分を括弧で括った。(인용부분을 괄호로 쳤다)

➲ 이 경우는 괄호를 친다는 뜻으로 쓰인 것인데 「束ねる」에는 이러한 용법이 없다.

⑨ わらを束ねて納屋に入れて置いた。(짚을 묶어서 헛간에 넣어두었다)

➲ 이 경우와 같이 가늘고 긴 것을 끈 같은 것으로 묶을 때는 「束ねる」가 적절하다.

⑩ 母が私の髪をゴムひもで束ねてくれた。
(어머니가 내 머리를 고무 끈으로 묶어주었다)

➲ 이 경우 역시 가늘고 긴 머리를 고무 끈으로서 하나로 묶는 것을 나타내고 있다.

「苦情」「文句」

(隣の家に苦情を言いに行く、隣の家に文句を言いに行く)

공통의미

불평

요점

1. 「苦情」는 피해를 입거나 불쾌한 경우에 그에 대한 불만이나 불평을 상대에게 전하는 것인데, 대체로 불만스러운 기분을 나타내는데 중점이 놓인다(예문①②④⑤). 주로 「苦情

を言う」「苦情を持ち込む」「苦情が出る」의 형태로 쓰인다.

2. 「文句」는 상대나 어떤 대상이 마음에 들지 않아서 투덜거리는 것을 나타내는데, 대체로 불평이나 불만을 말하는 것에 중점이 놓인다(예문①③⑥⑦⑧). 주로 「文句を言う」「文句をつける」「文句が出る」의 형태로 쓰인다.

예문과 해설

① 市民から苦情/文句が出る。(시민으로부터 불만이 나온다)

➲ 이 경우는 불평, 불만이라는 뜻으로 둘 다 적절한데, 「苦情」는 불만스러운 기분상태에 중점이 놓이고 「文句」는 불만을 말하는 것에 중점이 놓인다.

② 彼は苦情/＊文句を持ち込んだ。(그는 불만을 꺼냈다)

➲ 이와 같이 동사 「持ち込む」와 함께 쓰일 수 있는 것은 「苦情」만이 적절하다.

③ 何のかのと文句/＊苦情をつける。(이러쿵저러쿵하고 불평을 단다)

➲ 이와 같이 동사 「つける」와 함께 쓰일 수 있는 것은 「文句」가 적절하다.

④ 工場騒音に対する苦情が絶えない。
(공장소음에 대한 불평이 끊이지 않는다)

➲ 「苦情」는 어디까지나 불만스러운 기분을 나타내는 데에 의미의 중심이 놓인다.

⑤ 市役所に苦情を訴える。(시청에 불만을 호소한다)

⑥ あいつは文句の多いやつだ。(저 녀석은 불평이 많은 녀석이다)

➲ 「文句」는 어디까지나 불평이나 불만을 말로써 나타내는 데에 의미의 중심이 놓인다.

⑦ 文句があるなら私に言いなさい。(불만이 있으면 나에게 말해라)

⑧ 隣の部屋のラジオがうるさいので、文句を言いに行った。
(옆집의 라디오가 시끄러워서 불만을 말하러 갔다)

「ぐずぐず」「のろのろ」

(ぐずぐずして好機を逃す、のろのろして好機を逃す)

공통의미

우물쭈물, 느릿느릿

요점

1. 「ぐずぐず」는 동작이 애매하고 결단이 부족하여 확실하게 움직이지 못하는 모습을 나타내는 것으로 우리말의 '우물쭈물'에 해당된다(예문①②④⑤⑥).
2. 「のろのろ」는 동작이나 진행이 매우 느린 모습을 나타내는 것으로 우리말의 '느릿느릿'에 해당된다(예문①③⑦⑧⑨).

예문과 해설

① ぐずぐず/のろのろして好機を逃す。(우물쭈물하다가/느릿느릿하다가 호기를 놓친다)

➲ 「ぐずぐず」는 동작의 애매모호함이나 결단력이 없는 모습을 나타내지만 「のろのろ」는 동작은 하되 매우 느린 모습을 나타낸다.

② 寝床の中でぐずぐず/＊のろのろして起きない。

(잠자리 안에서 우물쭈물하며 일어나지 않는다)

➲ 이 경우는 잠에서 깨어있기는 하나 잠자리 안에서 우물쭈물하면서 좀처럼 일어나지 않는 모습을 나타내므로 「ぐずぐず」가 적절하다. 「のろのろ」는 어디까지나 느린 동작을 나타내는 것이므로 여기에서는 부적절하다.

③ 急いでいるのに、電車がのろのろ/＊ぐずぐず走る。

(바쁜데, 전차가 느릿느릿 달린다)

➲ 이 경우와 같이 느리게 움직이는 모습을 나타낼 때는 「のろのろ」가 적절하다. 이 경우 「ぐずぐず」를 쓰게 되면 전차가 똑바로 달리지 않고 우물쭈물하거나 갈팡질팡한다고 하는 엉뚱한 모습을 나타내게 되므로 부적절하다.

④ ぐずぐずしないで早く来なさい。(우물쭈물하지 말고 빨리 와라)

➲ 「ぐずぐず」는 갈피를 잡지 못하고 우왕좌왕하는 모습을 나타낸다.

⑤ ぐずぐずしている時間(じかん)はない。(우물쭈물하고 있을 시간은 없다)

⑥ 気(き)が乗(の)らなくて返事(へんじ)をぐずぐず引(ひ)き延(の)ばす。
(마음이 내키지 않아서 대답을 질질 끈다)

➲ 이 경우는 결단을 내리지 못함으로서 확실하게 대답하지 못하는 모습을 나타낸다.

⑦ 暇(ひま)だからのろのろ歩(ある)こう。(한가하니까 느릿느릿 걷자)

➲ 이와 같이 느린 동작으로 천천히 걷는 모습을 나타내는 데는 「のろのろ」가 적절한데 「ぐずぐず」에는 이러한 용법이 없다.

⑧ 時間(じかん)がないのだからのろのろするな。(시간이 없으니까 느릿느릿하지 마라)

⑨ 家内(かない)はいつものろのろ運転(うんてん)をしている。(아내는 언제나 느림보운전을 하고 있다)

「薬(くすり)」「薬品(やくひん)」

공통의미

약

요점

1. 「薬(くすり)」는 일상어로서 폭넓게 쓰이며 주로 인간이나 동물을 치료하는데 쓰이는 것으로 우리말의 '약'에 해당된다(예문①②).
2. 「薬品(やくひん)」은 의학, 과학에서 쓰이는 용어로 약도 포함되지만 한편으로는 제초제, 소독제 등도 포함된다. 예를 들어 DDT나 독약은 「薬品(やくひん)」이기는 하지만 「薬(くすり)」는 아니다(예문③).

예문과 해설

① この薬(くすり)はよく効(き)く。(이 약은 잘 듣는다)

② お医者さんが薬を処方してくれた。(의사선생님이 약을 처방해 주었다)

③ 風邪薬を飲んだらすぐ治った。(감기약을 먹었더니 금방 나았다)

④ 薬品の販売を手がける。(약품의 판매를 시작하다)

⑤ 科学薬品。(화학약품)

「口説く」「諭す」「説く」

공통의미

설득하다, 타이르다

요점

1. 「口説く」는 자신이 바라는 바가 상대에게 납득이 가도록 이것저것 말하는 것으로 우리말의 '설득하다'에 해당된다(예문②④⑤).
2. 「諭す」는 윗사람이 아랫사람에게 이것저것 좋게 말하는 것으로 우리말의 '타이르다'에 해당된다(예문①⑥⑦).
3. 「説く」는 논리에 따라 설명하거나 어떤 일의 필요성이나 가치에 관해서 상대가 납득할 수 있도록 말하는 것으로 우리말의 '설명하다'에 해당된다(예문①③⑧⑨).

예문과 해설

① 思いやりの大切さを諭す/説く/✱口説く。

(배려하는 것의 소중함을 타이른다/설명한다)

➲ 「口説く」는 어디까지나 자신이 바라는 바대로 상대가 납득하고 따를 수 있도록 말하는 것이므로 이 경우에는 부적절하다.

② 親を口説いて/✱諭して/✱説いて米国に留学する。

(부모를 설득해서 미국으로 유학한다)

➲ 이 경우는 자신의 희망대로 상대가 납득하고 따를 수 있도록 말하는 것이므로 「口説く」만이 적절하다. 「諭す」는 주로 윗사람이 아랫사람을 타이르는 경우에 쓰이는 것이어서 이 경우에는 부적절하며, 「説く」는 논리에 따라 설명하는 것이므로 그 의미가 약하다.

③ 政策の非を説く/＊口説く/＊諭すパンフレット。(정책의 비리를 설명하는 팸플릿)

➲ 이 경우는 불특정다수를 대상으로 설명을 한다고 하는 뜻인데, 「諭す」와 「口説く」는 직접 상대 앞에서 말하는 경우에 쓰이는 것이므로 여기에서는 부적절하다.

④ 自首するように口説いた。(자수하도록 설득했다)

➲ 이 경우는 자수를 유도하기 위하여 이것저것 말하는 것을 나타내고 있다.

⑤ 口説かれて、仕方なく立候補する。(설득당해서 할 수 없이 입후보한다)

⑥ 怠け者に勤労の尊さを諭す。(게으름뱅이에게 근로의 고귀함을 타이른다)

➲ 윗사람이 아랫사람으로 하여금 좋은 방향으로 갈 수 있도록 이것저것 말하는 것을 나타내고 있다.

⑦ 勉強が嫌いな子供にやさしく諭す。(공부를 싫어하는 아이에게 부드럽게 타이른다)

⑧ 仏の教えを説く。(부처님의 가르침을 설명한다)

➲ 부처님의 가르침이 상대에게 납득이 가도록 이것저것 설명하는 것을 나타내고 있다.

⑨ 法案の必要性を説く。(법안의 필요성을 설명한다)

「悔やむ」「悔いる」「後悔する」

(今さら悔やんでも遅い、今さら悔いても遅い、今さら後悔しても遅い)

공통의미

후회하다

요점

1. 「悔やむ」는 이미 끝난 일이나 뜻대로 되지 않은 일을 나중에 후회한다는 뜻과(예문①

③④⑥⑦), 사람의 죽음을 애도한다는 뜻으로 쓰이는데(예문⑤⑧), 일상적으로는 가장 빈번하게 쓰인다. 후회의 뜻으로 쓰일 때는 그다지 크지 않은 실패 등에 대하여 쓰며 우리말의 '후회하다, 애도하다'에 해당된다.

2. 「悔いる」는 자신이 과거에 한 행동이나 태도에 대하여 반성하거나 참회하는 뜻으로 쓰인다(예문②⑨⑩⑪). 주로 도덕적인 결함이나 매우 중대한 실패에 대한 반성, 참회에 쓰이며, 우리말의 '뉘우친다, 참회하다' 정도에 해당된다.

3. 「後悔する」는 그렇게 하지 말았어야 했다는 식으로 매우 유감스럽게 생각하는 뜻으로 쓰인다(예문①④⑫⑬⑭). 후회의 뜻으로 쓰일 때는 그다지 크지 않은 실패 등에 대하여 쓰며 우리말의 '후회하다'에 해당된다.

예문과 해설

① 何か食べておけばよかったと悔やむ/後悔する/＊悔いる。
(무언가 먹어두었으면 좋았을 걸 하며 후회한다)

➲ 이 경우처럼 일상적으로 후회스러움을 나타낼 때는 「悔やむ」「後悔する」가 적절하다. 「悔いる」는 어디까지나 반성하거나 참회하는 뜻이 강하여 이 경우에는 너무 과장된 표현이 되므로 부적절하다.

② 自分の犯した罪を悔いる/＊悔やむ/＊後悔する。
(자신이 저지른 죄를 참회한다)

➲ 이 경우와 같이 중대한 죄를 저지른 것에 대한 반성이나 참회를 나타낼 때는 「悔いる」가 가장 적절하다.

③ うまく話せなかったのを悔やんで/＊悔いて/＊後悔している。
(제대로 이야기할 수 없었던 것을 후회하고 있다)

➲ 이 경우와 같이 그 때에 제대로 하지 못했음을 아쉬워할 때는 「悔やむ」가 적절하다. 「悔いる」와 「後悔する」는 과거의 그 때에 잘못 선택한 사항이 아니면 쓰기가 부적절하며, 특히 「悔いる」는 무거운 실수에 주로 쓰이는 것이므로 더욱 부적절하다.

④ しなければよかったと後悔する/悔やむ/＊悔いる。
(하지 않으면 좋았다고 후회한다)

➲ 이 경우와 같이 그렇게 하지 말았어야 한다는 식으로 나중에 돼서야 후회한다는 뜻으로는 「後悔する」가 적절하며, 「悔やむ」도 그리 크지 않은 사항을 후회한다는 뜻이므로 이것 역시 적절하다. 하지만 「悔いる」는 중대한 실수 같은 것에 대하여 참회한다고 하는 무거운 뜻으로

쓰이므로 여기에서는 부적절하다.

⑤ 友人の死を悔やむ/＊悔いる/＊後悔する。(친구의 죽음을 애도한다)

➲ 이 경우와 같이 사람의 죽음을 애도한다는 뜻으로는 「悔やむ」만이 적절하다.

⑥ いまさら悔やんでももう遅い。(이제 와서 후회해도 이미 늦다)

⑦ あの時、行かなければよかったと悔やんでいる。
(그 때, 가지 않았으면 좋았을 걸 하며 후회하고 있다)

⑧ 心からお悔やみ申し上げます。(진심으로 조의를 표합니다)

➲ 이 경우는 타인의 죽음에 대한 전형적인 애도의 인사표현이다.

⑨ 彼は自分の罪を悔いる日日を送っている。
(그는 자신의 죄를 참회하는 나날을 보내고 있다)

➲ 죄를 참회할 만큼의 중대한 실수에 대해서는 「悔いる」가 적절하다.

⑩ いくら過去を悔いてもしょうがない。(아무리 과거를 반성해도 어쩔 수 없다)

⑪ 自分の罪を悔いて仏門に入る。(자신의 죄를 참회하며 불문에 들어간다)

⑫ 息子は友だちと喧嘩したのを後悔しているらしい。
(아들은 친구와 싸운 것을 후회하고 있는 것 같다)

⑬ あの時のことが後悔される。(그 때의 일이 후회된다)

⑭ いくら後悔してももう取り返しがつかない。
(아무리 후회해도 이미 되 돌이킬 수 없다)

「暮し」「生活」「生計」

(暮しが苦しい、生活が苦しい、生計が苦しい)

공통의미

생활, 생계

요점

1. 「暮(くら)し」는 생활 가운데에서도 특히 의식주 등, 가족을 부양하면서 일상적인 생계를 꾸려 나가는 뜻을 나타낸다(예문①⑥⑦⑧).
2. 「生活(せいかつ)」는 여러 가지 일을 겪으면서 매일을 살아가는 것으로 다른 말들과는 달리 동물이 살아가는 것에도 쓸 수가 있다(예문①②③④⑤⑨⑩⑪).
3. 「生計(せいけい)」는 생활을 경제면에서 나타내는 것으로 주로 빈궁한 생활에 쓰이며 윤택하고 풍요로운 생활에는 쓰이지 않는다(예문③④⑫⑬⑭). 주로 「苦(くる)しい生計(せいけい)(어려운 생계)」「生計(せいけい)が立(た)たない(생계가 어렵다)」와 같은 형태로 쓰이고 있다.

예문과 해설

① 贅沢(ぜいたく)な暮(くら)し/生活(せいかつ)/＊生計(せいけい)をする。(사치스런 생활을 한다)

➲ 이 경우처럼 일상적으로 생활하는 것을 나타낼 때는 「暮(くら)し」와 「生活(せいかつ)」가 적절하다. 「生計(せいけい)」는 「~をする」와 같은 형태로는 쓰이지 못할 뿐더러 주로 빈궁한 생활에 쓰이는 것이므로 여기에서는 부적절하다.

② 会社(かいしゃ)で楽(たの)しい生活(せいかつ)/＊暮(くら)し/＊生計(せいけい)をしています。
(회사에서 즐거운 생활을 하고 있습니다)

➲ 이 경우와 같이 사회생활을 영위하고 있는 때는 「生活(せいかつ)」만이 적절하다. 「暮(くら)し」는 일상적인 의식주에 중점이 놓인 말이며 「生計(せいけい)」는 주로 빈궁한 생활에 쓰이므로 둘 다 여기에서는 부적절하다.

③ 生活(せいかつ)/生計(せいけい)/＊暮(くら)しの道(みち)を確保(かくほ)する。(생활할/생계를 꾸려갈 길을 확보한다)

➲ 이 경우는 「確保(かくほ)する」와 같은 동사에서도 엿볼 수 있듯이 일반적인 회화체라기보다는 매우 딱딱한 표현이므로 주로 일상적인 회화체에서 많이 쓰이는 「暮(くら)し」는 부적절하다.

④ 今月(こんげつ)は生活費(せいかつひ)/生計費(せいけいひ)/＊暮(くら)し費(ひ)が足(た)りない。
(이달은 생활비/생계비가 모자란다)

➲ 이 경우와 같이 생활하는 데에 소요되는 비용을 나타낼 때는 「暮(くら)し」는 부적절하여 「暮(く)らし費(ひ)」라는 말은 쓰이지 않는다.

⑤ ありの生活(せいかつ)/＊暮(くら)し/＊生計(せいけい)を研究(けんきゅう)する。(개미의 생활을 연구한다)

➲ 이 경우와 같이 동물에도 쓰이는 것으로는 「生活(せいかつ)」만이 적절하다.

⑥ 会社が倒産してつらい暮しをしている。(회사가 도산하여 괴로운 생활을 하고 있다)

⑦ 田舎での暮しに満足しています。(시골에서의 생활에 만족하고 있습니다)

⑧ 外国での暮しに慣れて来た。(외국에서의 생활에 익숙해졌다)

⑨ 彼はこの頃平凡な生活をしています。(그는 요즈음 평범한 생활을 하고 있습니다)

⑩ タクシー運転手が私の生活の手段です。(택시운전수가 나의 생활수단입니다)

⑪ あの学者は一生の間おおかみの生活を研究して来た。
(저 학자는 일생동안 늑대의 생활을 연구해 왔다)

➲ 「生活」는 이 경우와 같이 사람이 아닌 동물에 대해서도 쓸 수가 있다.

⑫ 不況で生計を切りつめている。(불황으로 생계를 조이고 있다)

➲ 「生計」는 이 경우와 같이 주로 경제적인 측면에서의 빈궁한 생활을 나타내고 있다.

⑬ 父は農業だけで生計を立てている。(아버지는 농업만으로 생계를 꾸리고 있다)

⑭ 失職して生計が苦しくなった。(실직해서 생계가 어려워졌다)

「繰り返す」「反復する」

(繰り返して練習する、反復して練習する)

공통의미

되풀이하다, 반복하다

요점

1. 「繰り返す」는 같거나 비슷한 일을 되풀이한다는 뜻으로 주체의 의지가 있는 경우도 없는 경우도 다 쓸 수가 있다(예문①②③④⑤⑥⑦). 우리말의 '되풀이하다'에 해당된다.
2. 「反復する」는 오로지 같은 일을 반복할 때만 쓰이며 또한 반드시 주체의 의지로 반복

되는 경우에만 쓰인다(예문①⑧⑨⑩). 우리말의 '반복하다'에 해당된다.

예문과 해설

① 同じことを何度も繰り返す/反復する。(같은 일을 몇 번이고 되풀이한다)

➲ 이 경우는 같은 일이고 주체의 의지가 담긴 일이므로 둘 다 적절하다.

② 同じ失敗を繰り返す/＊反復する。(같은 실패를 되풀이한다)

➲ 이 경우는 주체의 의지에 의해서 실패가 되풀이되는 것이 아니므로 「繰り返す」만이 적절하다. 「反復する」는 반드시 주체의 의지에 의해서 어떤 일을 반복하는 경우에만 쓰인다.

③ 似たような語を繰り返して/＊反復して使う。(비슷한 말을 되풀이해서 쓴다)

➲ 이 경우는 같은 말이 아니라 비슷한 말을 되풀이하는 것이므로, 「繰り返す」만이 적절하다. 「反復する」는 오로지 같은 말을 반복하는 경우에만 쓸 수가 있으므로 여기에서는 부적절하다.

④ 二度と過ちを繰り返すな/＊反復するな。(두 번 다시 잘못을 되풀이하지마라)

➲ 이 경우는 주체의 의지에 의해서 잘못이 되풀이되는 것이 아니므로 「繰り返す」만이 적절하다. 「反復する」는 반드시 주체의 의지에 의해서 어떤 일을 반복하는 경우에만 쓰인다.

⑤ 試行錯誤を繰り返す/＊反復する。(시행착오를 되풀이한다)

➲ 이 경우역시 주체의 의지에 의해서 시행착오를 되풀이한 것은 아니므로 「繰り返す」만이 적절하다.

⑥ 父は入退院を繰り返した/＊反復した。(아버지는 입원과 퇴원을 되풀이했다)

➲ 이 경우 역시 아버지의 의지로 입원과 퇴원을 되풀이한 것은 아니다.

⑦ 歴史は繰り返されるものである。(역사는 되풀이되는 것이다)

⑧ テープを反復して聞く。(테이프를 반복해서 듣는다)

➲ 이 경우는 주체의 의지에 의해서 반복되는 것이며, 또한 그 내용도 똑 같다.

⑨ 同じせりふを反復して覚える。(같은 대사를 반복해서 외운다)

➲ 이 경우역시 주체의 의지가 엿보인다.

⑩ 先生は学生に発音を反復して教えた。
(선생님은 학생에게 발음을 반복해서 가르쳤다)

➲ 이 경우도 주체의 의지가 엿보인다.

「苦しい」「辛い」

(苦しい立場にある、辛い立場にある)

공통의미

괴롭다

요점

1. 「苦しい」는 육체적, 정신적 고통을 나타내는 형용사로 마음의 번민이나 육체적인 부담을 나타내는데 중점이 있다(예문①②③⑥⑦⑧).
2. 「辛い」는 그 때의 상황이나 환경, 그리고 닥친 일 등으로 인한 정신적인 고통에 중점이 있는 형용사이다(예문①④⑨⑩). 관용적으로는 「辛く当たる」의 형태를 취하여 타인에게 혹심하게 대하는 것을 나타내기도 하는데, 「苦しい」에는 이러한 의미용법이 없다(예문⑤⑪).

예문과 해설

① 苦しい/辛い勉強に耐える。(괴로운 공부를 견디다)

➲ 이 경우 「苦しい」를 쓰게 되면 공부가 육체적인 고통을 주는 셈이 되고 「辛い」를 쓰게 되면 정신적인 고통을 주는 셈이 된다.

② 押し付けられて胸が苦しく/＊辛くなった。(짓눌러져서 가슴이 괴로워졌다)

➲ 이 경우는 압박으로 인한 가슴의 육체적인 고통을 나타내는 것이므로 「苦しい」가 적절하다.

③ 失職して家計が苦しく/＊辛くなった。(실직하여 가계가 힘들어졌다)

➲ 이 경우는 일시적인 정신적 고통이 아니라 지속적인 고통을 나타내는 것이므로 「苦しい」가 적절하다. 「つらい」는 주로 일시적으로 받는 정신적 고통을 나타내는 것이므로 여기에서는 부적절하다.

④ 別れが辛くて/＊苦しくて悲しい。(이별이 괴롭고 슬프다)

➲ 이 경우는 이별이라는 한때의 상황에 처한 정신적인 고통을 나타내는 것이므로, 「辛い」가 적절하다.

⑤ 学生に辛く/✱苦しく当たるのはやめてください。
(학생을 심하게 다루는 것은 그만두십시오)

➲ 「辛い」는 동사 「当たる」와 결합하여 '누군가를 심하게 대하다'는 뜻으로 쓰이는데 「苦しい」에는 이러한 의미용법이 없으므로 여기에서는 부적절하다.

⑥ 苦しい胸の内を打ち明ける。(괴로운 가슴속을 털어놓는다)

⑦ 私は息が切れて苦しい。(나는 숨이 차서 괴롭다)

⑧ 苦しい修行に耐える。(괴로운 수행을 견딘다)

⑨ 子供を手放すのは辛い。(아이를 멀리 보내는 것은 괴롭다)

➲ 「辛い」는 이와 같이 그 때의 처해진 상황에 의한 괴로움을 나타내는 데에 적절하다.

⑩ 毎朝起きるのが辛い。(매일아침 일어나는 것이 괴롭다)

⑪ 部長は時々部下に辛く当たっている。
(부장님은 때때로 부하를 심하게 다루고 있다)

➲ 「辛い」는 「辛く当たる」의 관용적인 형태로 타인을 혹심하게 다룬다는 뜻으로 쓰인다.

「くれる」「くださる」

공통의미

주다, 주시다

요점

1. 「くれる」는 동격이나 하위자로부터 무언가를 받는 경우에 쓰이는데 우리말의 '주다' 에 해당된다(예문①③④⑤).

2. 「くださる」는 상위자로부터 무언가를 받는 경우에 쓰이는데 우리말의 ‘주시다’에 해당된다(예문②⑥⑦⑧).

예문과 해설

① 弟がお金をくれた/✱くださった。(동생이 돈을 주었다)

➲ 동생은 상위자가 아닌 하위자이므로 「くれる」만이 적절하며 상위자로부터 무언가를 받는 경우에만 쓰이는 「くださる」는 부적절하다.

② 先生が本をくださった/✱くれた。(선생님께서 책을 주셨다)

➲ 선생님은 하위자가 아닌 상위자이므로 「くださる」만이 적절하며 하위자로부터 무언가를 받는 경우에만 쓰이는 「くれる」는 부적절하다.

③ 友達が私にお土産をくれた。(친구가 나에게 선물을 주었다)

④ 兄が僕に手紙をくれた。(형이 나에게 편지를 주었다)

⑤ 友人が娘に入学祝をくれた。(친구가 딸에게 입학선물을 주었다)

➲ 이 경우의 딸은 확실히 하위자이므로 얼핏 보면 「くださる」를 써야 할 것 같으나 말하는 사람의 입장에서 보면 친구는 어디까지나 동격이므로 「くれる」를 쓰는 것이 적절하다. 결국 딸을 말하는 사람의 시각에서 표현한 셈이 되는 것이다.

⑥ 社長がボーナスをくださった。(사장님께서 보너스를 주셨다)

⑦ 先生が私に褒美をくださった。(선생님께서 나에게 상을 주셨다)

⑧ 叔母が結婚祝いに電子レンジをくださった。
(숙모가 결혼선물로 전자레인지를 주셨다)

「加える」「足す」「添える」

(言葉を加える、言葉を足す、言葉を添える)

공통의미

더하다, 보태다

●●● 요점

1. 「加える」는 같은 종류이건 다른 종류이건 수나 양, 또는 정도를 늘리는 것에 쓰이는데 우리말의 '더하다, 가하다' 정도에 해당된다(예문①②③⑥⑦⑧⑨).

2. 「足す」는 같은 종류끼리 합쳐서 더 늘리는 것에 쓰이는데 우리말의 '보태다, 보충하다' 정도에 해당된다(예문①②④⑩⑪⑫).

3. 「添える」는 어떤 중심이 되는 것에 덧붙이는 것에 쓰이는데 우리말의 '곁들이다, 덧붙이다'에 해당된다(예문⑤⑥⑬⑭⑮).

●●● 예문과 해설

① 十万円に二万円を加える/足す/＊添える。(십만엔에 이만엔을 더하다/보태다)

➲ 이 경우와 같이 같은 종류를 합침으로서 그 수나 양을 늘리는 것에는 「加える」와 「足す」가 적절하다. 「添える」는 어디까지나 중심이 되는 것에 덧붙이는 경우에 쓰이므로 여기에서는 부적절하다.

② 5に3を加えると/足すと/＊添えると8になる。(5에 3을 더하면 8이 된다)

➲ 이 경우 역시 예문①과 맥락을 같이하고 있다.

③ 今度の計画に彼を加えても/＊足しても/＊添えてもいいでしょうか。
(이번 계획에 그를 끼워도 좋을까요?)

➲ 이 경우와 같이 어떤 범위에 사람을 포함시킨다고 하는 뜻을 나타낼 때는 오로지 「加える」만이 적절하다.

④ 友だちが車を買うのにお金が足りないというので、私が足して/＊加えて/＊添えてやった。(친구가 차를 사는데 돈이 모자란다고 하므로 내가 보태주었다)

➲ 이 경우와 같이 무언가를 보태거나 보충한다고 하는 뜻을 나타낼 때는 오로지 「足す」만이 적절하다.

⑤ 贈り物に手紙を添えて/＊加えて/＊足して送った。
(선물에 편지를 덧붙여서 보냈다)

➲ 이 경우와 같이 어떤 중심이 되는 것의 옆에 덧붙인다고 하는 뜻을 나타낼 때는 오로지 「添える」만이 적절하다.

⑥ カレーに薬味を加える/添える/＊足す。(카레에 양념을 더 한다/곁들인다)

➲ 이 경우는 같은 종류를 보태는 것이 아니므로 「足す」는 부적절하다. 「加える」는 카레에 양념을 더 넣는다고 하는 뜻이며, 「添える」는 중심이 되는 카레에 양념을 곁들인다고 하는 뜻이 된다.

⑦ 急いでいたのでスピードを加えた。(서둘러야 했기 때문에 스피드를 가했다)

➲ 이 경우는 스피드의 정도를 더 높인다는 뜻인데, 우리말에도 이러한 용법이 있다.

⑧ 新人をメンバーに加える。(신인을 멤버에 끼운다)

⑨ ますます芸が円熟味を加える。(점점 재주가 원숙미를 더한다)

⑩ なべに水を足した。(냄비에 물을 보탰다)

➲ 냄비에는 이미 물이 있는 셈인데, 여기에 같은 종류의 물을 더 보탠다는 뜻이므로 「足す」가 적절하다.

⑪ 両党の議席を足すと過半数になれる。
(양당의 의석을 보태면 과반수가 될 수 있다)

➲ 이 경우도 같은 종류의 의석을 보탠다는 뜻으로 쓰이고 있다.

⑫ 風呂のお湯が足りないので、もう少し足してくれ。
(욕조의 물이 모자라니까 좀 더 보충해 다오)

⑬ 肉料理に野菜を添えるともっとおいしくなります。
(고기요리에 야채를 곁들이면 더 맛있어 집니다)

➲ 「添える」는 중심이 되는 것에 다른 것을 덧붙인다는 뜻인데 여기에서는 중심이 되는 고기요리에 야채를 새로이 곁들인다는 뜻이 된다.

⑭ 花束にメッセージを添える。(꽃다발에 메시지를 곁들인다)

➲ 중심이 되는 꽃다발에 새로이 메시지를 곁들인다는 뜻이 된다.

⑮ 遠慮がちに言葉を添えた。(조심스럽게 말을 덧붙였다)

「詳しい」「細かい」

(絵に詳しい解説が付いている、絵に細かい解説が付いている)

공통의미

상세하다, 세세하다

요점

1. 「詳しい」는 설명이나 조사활동 등에 있어서 작은 부분까지 면밀하게 되어있음을 나타내기도 하고(예문①④⑤), 또한 세부적인 사항까지 잘 알고 있음을 나타내기도 한다(예문②⑥). 우리말의 '자세하다, 상세하다, (지리 등에) 밝다'에 해당된다.
2. 「細かい」는 아주 작은 것 하나하나를 나타내기도 하고(예문①⑦⑧), 상대에 대한 세심한 배려를 나타내기도 한다(예문③). 우리말의 '세세하다, 잘다, 세심하다' 정도에 해당된다.
3. 결국 설명이나 조사 등이 세부적인 사항까지 면밀하게 되어있음을 나타내는 점에서는 「詳しい」와 「細かい」가 거의 비슷하게 쓰이지만, 「詳しい」는 아주 상세하게 잘 되어있다고 하는 긍정적인 평가가 깃들어있으나, 「細かい」는 단지 상세하게 되어있음을 나타낼 뿐이라는 점에 근본적인 차이가 엿보인다.

예문과 해설

① この地図は詳しく/細かくできている。(이 지도는 상세하게/세세하게 되어있다)

➲ 이 경우, 「詳しい」를 쓰게 되면 지도가 상세하게 되어있어서 매우 도움이 된다고 하는 긍정적인 평가가 들어있으나, 「細かい」를 쓰게 되면 단지 지도가 상세하게 되어있음을 나타낼 뿐이 된다.

② 彼は東京の地理に詳しい/＊細かい。(그는 도쿄의 지리에 밝다)

➲ 이 경우와 같이 세부적인 사항까지 면밀하게 잘 알고 있음을 나타낼 때는 「詳しい」만이 적절하다.

③ 彼女はいつも人に細かい/＊詳しい気を使っている。
(그녀는 언제나 남에게 세심한 배려를 하고 있다)

➲ 이 경우와 같이 남에 대하여 세심하게 심적인 배려를 하는 때는 오로지 「細かい」만이 적절하다.

④ 実態を詳しく調べる。(실태를 상세하게 조사한다)

➲ 이 경우는 실태조사를 상세하게 하는 것에 대한 긍정적인 평가가 들어있는 셈이다.

⑤ 新しい法案の詳しい内容はまだ知られていない。

(새로운 법안의 상세한 내용은 아직 알려져 있지 않다)

⑥ この辺(へん)の地理(ちり)に詳(くわ)しい人(ひと)は誰(だれ)ですか。

(이 부근의 지리에 밝은 사람은 누구입니까?)

⑦ これを細(こま)かく砕(くだ)いてください。(이것을 잘게 부수어 주십시오)

➲ 이 경우는 아주 작게 부순다는 뜻으로 쓰였는데, 「詳(くわ)しい」에는 이러한 용법이 없다.

⑧ 細(こま)かく調査(ちょうさ)して報告(ほうこく)します。(세세하게 조사해서 보고하겠습니다)

➲ 이 경우는 단지 상세하게 조사한다는 뜻으로만 쓰였을 뿐, 그에 대한 긍정적인 평가는 들어가 있지 않다.

「警察官(けいさつかん)」「警官(けいかん)」「おまわりさん」「おまわり」

공통의미

경찰

요점

1. 「警察官(けいさつかん)」은 가장 널리 쓰이는 말로 우리말의 '경찰관'에 해당되며(예문①), 「警官(けいかん)」은 「警察官(けいさつかん)」의 약칭으로 우리말의 '경찰' 정도에 해당된다(예문②).
2. 「おまわりさん」은 동사 「廻る(まわる)(순찰 돌다)」에서 만들어진 것으로 경찰을 친밀하게 부르는 말이다. 우리말의 '순경아저씨' 정도에 해당된다(예문③).
3. 「おまわり」는 「おまわりさん」에서 존경을 나타내는 접미어 「さん」을 뺀 약칭인데 이는 경찰을 낮추어 가리키는 말이다(예문④).
4. 이 중에서 거리에서 흔히 볼 수 있는 경찰을 가리킬 때는 「おまわりさん」이 가장 적절하다.

예문과 해설

① 本署(ほんしょ)勤務(きんむ)の警察官(けいさつかん)。(본서 근무하는 경찰관)

② 警官(けいかん)が交通(こうつう)整理(せいり)をしている。(경찰이 교통정리를 하고 있다)

③ おまわりさんがパトロールに来た。(순경아저씨가 순찰하러 왔다)

④ おまわりに捕まった。(순경에게 잡혔다)

「計算する」「勘定する」

(金額を計算する、金額を勘定する)

공통의미

계산하다, 헤아리다

요점

1. 「計算する」는 수의 법칙에 의해서 정교하게 수량을 헤아리는 것을 나타낸다(예문①③⑤⑥⑦). 우리말의 '계산하다' 에 해당된다.
2. 「勘定する」는 주로 금전이나 물건의 수를 헤아리는 것을 나타내며(예문①②④⑧⑨), 대금을 지불하는 것을 나타내는데, 우리말의 '헤아리다' 에 해당된다(예문⑩).

예문과 해설

① 金額を計算する/勘定する。(금액을 계산한다)

➲ 이 경우와 같이 단지 돈을 헤아린다고 하는 의미에서는 둘 다 적절하다.

② 指を折って勘定する/＊計算する。(손가락을 꼽으며 헤아린다)

➲ 이 경우와 같이 손가락을 꼽아서 수를 헤아릴 정도일 때는 「勘定する」가 적절하다. 「計算する」는 본격적인 계산을 가리키는 것이므로 여기에서는 부적절하다.

③ 太陽までの距離を計算する/＊勘定する。(태양까지의 거리를 계산한다)

➲ 이 경우와 같이 복잡하고 정교한 계산을 나타낼 때는 오로지 「計算する」만이 적절하다.

④ 箱をあけて品数を勘定する/＊計算する。(상자를 열어 물건수를 헤아린다)

➲ 이 경우와 같이 물건을 하나씩 헤아릴 때는 「勘定する」가 적절하다.

⑤ 多少の誤差は計算して/＊勘定してある。(다소의 오차는 계산되어 있다)

➲ 이 경우와 같이 미리 충분히 고려하였음을 나타낼 때는 오로지 「計算する」만이 적절하다. 하지만 「勘定する」도 「勘定にいれてある(계산에 넣어두다)」와 같은 형태로 쓰일 수가 있다.

⑥ 暗算で合計を計算する。(암산으로 합계를 계산한다)

⑦ 人工衛星の軌道を計算する。(인공위성의 궤도를 계산한다)

➲ 이 경우와 같이 정밀하고 본격적인 계산을 나타낼 때는 「計算する」가 적절하다.

⑧ 在庫品を一つ一つ勘定する。(재고품을 하나하나 헤아린다)

➲ 이 경우와 같이 물건의 수를 하나하나 헤아리는 때는 「勘定する」가 적절하다.

⑨ 悪天候を勘定にいれて登山計画を立てる。
(악천후를 계산에 넣어서 등산계획을 세운다)

➲ 「勘定に入れて」의 형태로 닥쳐올 일을 미리 예상한다는 뜻으로 쓰이는데 이러한 용법은 우리말에도 있다.

⑩ 勘定、お願いします。(계산, 부탁합니다)

➲ 이 경우는 식사 후의 계산을 나타내고 있다.

「景色」「眺め」「見張らし」

(景色がいい、眺めがいい、見張らしがいい)

공통의미

경치, 전망

요점

1. 「景色」는 주로 산이나 강, 호수 등 자연의 경치가 좋은 것을 표현할 때에 쓰인다. 우리

말의 '경치'에 해당된다(예문①②③④⑦⑧).

2. 「眺め」는 그 장소에서 눈에 들어온 경치가 좋은 것을 가리키는데 비교적 가까운 거리의 대상에도 쓸 수가 있다. 우리말의 '전망' 정도에 해당된다(예문①②④⑤⑨⑩).

3. 「見張らし」는 아무런 장해물이 없이 넓고 멀리 경치를 바라보는 행동을 가리킨다. 언제나 「見張らしがいい」의 형태를 취하여 멀어도 한눈에 잘 보이는 경치를 나타낸다(예문①⑥⑪⑫).

예문과 해설

① 景色がいい/眺めがいい/見張らしがいい。

➲ 이 경우에 「景色」는 자연의 경치가 좋음을, 「眺め」는 눈에 들어온 전망이 좋음을, 「見張らし」는 멀리 탁 트여 보임을 각각 나타낸다.

② 山々の美しい景色/眺め/✱見張らし。(산들의 아름다운 경치)

➲ 「景色」를 쓰면 산들의 아름다운 자연경치를 나타내고, 「眺め」를 쓰면 그러한 경치가 한눈에 잘 들어와 있음을 나타내는데, 「見張らし」는 언제나 「見張らしがいい(멀리 바라다 보이는 경치가 좋다)」의 형태로만 쓰이므로 여기서는 부적절하다.

③ 景色/✱眺め/✱見張らしを眺める。(경치를 바라보다)

➲ 「眺め」는 이미 눈에 들어온 전망을 가리키고, 「見張らし」는 멀리 탁 트여 보이는 상태를 나타내는데, 둘 다 눈으로 경치를 본다고 하는 행위를 이미 포함하고 있으므로 이 경우는 부적절하며, 이 경우에는 오로지 볼 수 있는 대상만을 나타내는 「景色」만이 적절하다.

④ 美しい日没の眺め/景色/✱見張らし。(아름다운 일몰의 경치)

➲ 이 경우 「見張らし」는 탁 트인 경치를 바라보는 행동을 나타내는 것이므로 부적절하다.

⑤ 見張らし/眺め/✱景色のいい部屋を探している。(전망이 좋은 방을 찾고 있다)

➲ 「景色」는 경치가 좋은 상태를 나타내는 것인데 이 경우는 방에서도 밖이 아름답게 보이는 것을 뜻하므로 여기에서는 부적절하다. 역시 여기에서는 '확 트인 전망'의 뜻을 나타내는 「見張らし」가 가장 적절하다.

⑥ 見張らし台/✱眺め台/✱景色台に立って見渡す。
(전망대에 서서 멀리 바라본다)

➲ 먼 곳까지 시원하게 바라볼 수 있는 전망대를 뜻할 때는 오로지 「見張らし」만이 적절하여

「見張らし台」라고 한다.

⑦ 窓から外の景色を見る。(창으로부터 밖의 경치를 본다)

⑧ 冬景色がいい場所。(겨울경치가 좋은 장소)

➲ 「景色」의 앞에 다른 말이 와서 복합적으로 쓰일 때는 음이 「景色(げしき)」로 변하게 된다.

⑨ 目の前にマンションができて眺めが悪くなった。
(눈앞에 맨션이 생겨서 전망이 나빠졌다)

⑩ 本当に美しい眺めだ。(정말로 아름다운 경치다)

➲ 「眺め」는 이와 같이 눈에 들어온 보기 좋은 경치를 나타낸다.

⑪ この山の頂上からの見張らしはとてもいい。
(이 산 정상에서의 전망은 무척 좋다)

➲ 「見張らし」는 이 경우와 같이 언제나 「見張らしがいい」의 형태를 취하여 먼 경치가 한눈에 잘 들어옴을 나타낸다.

⑫ このビルの屋上は見張らしがとてもいい。(이 빌딩의 옥상은 전망이 무척 좋다)

「原因」「もと」

(紛争の原因になった国境問題、紛争のもとになった国境問題)

공통의미

원인

요점

1. 「原因」은 어떤 사태가 빚어진 결과에 의한 객관적인 원인을 나타낸다(예문①②③⑤⑥).
2. 「もと」는 그 일이 다른 일로 번지게 되었을 경우의 처음의 원인을 나타낸다(예문①②④⑦⑧⑨).

예문과 해설

① 火事の原因/もとになったたばこの火。(화재의 원인이 된 담배 불)

➲ 이 경우 「原因」을 쓰게 되면 단지 화재의 원인만을 나타내지만 「もと」를 쓰게 되면 작은 담배 불이 원인이 되어 큰 화재로 이어졌음을 나타낸다.

② 紛争の原因/もとになった国境問題。(분쟁의 원인이 된 국경문제)

➲ 이 경우역시, 「原因」을 쓰게 되면 국경문제가 분쟁의 원인이 되었음을 나타낼 뿐이지만 「もと」를 쓰게 되면, 국경문제가 처음의 원인이 되어 보다 큰 분쟁으로 이어졌음을 나타내게 된다.

③ 故障の原因/＊もとを調べる。(고장의 원인을 조사한다)

➲ 이 경우 고장은 이미 나 있는 상태여서 다른 일로 확대될 일이 없으므로 단지 고장의 원인만을 나타내는 「原因」이 적절하다. 만약 「もと」를 쓰게 되면, 작은 고장이 원인이 되어 보다 큰 고장으로 이어졌거나 큰 일이 생겼음을 나타내게 된다.

④ 人の失敗をもと/＊原因に話をつくる。(남의 실패를 토대로 이야기를 만든다)

➲ 이 경우는 남의 실패를 첫 번째 요인으로 하여 보다 큰 이야기를 만든다고 하는 것이므로 「もと」가 적절하다.

⑤ 失敗の原因を究明する。(실패의 원인을 규명한다)

➲ 이 경우는 실패라는 결과가 빚어진 데에 대한 객관적인 원인을 나타내고 있다.

⑥ あの子が家出した原因は何だろう。(저 아이가 가출한 원인은 무엇일까?)

⑦ 風邪がもとで寝込んでしまった。(감기가 원인으로 몸져 누워버렸다)

➲ 「もと」는 일이 커지게 된 데에 대한 처음의 원인을 나타내는데 여기에서는 감기가 처음의 원인이 되어 그로 인하여 몸져눕게 되는 결과가 빚어졌음을 나타내고 있다.

⑧ これが誤解のもとになった手紙です。(이것이 오해의 원인이 된 편지입니다)

⑨ 子供のいたずらがもとで大きなけんかになった。
(아이의 장난이 원인이 되어 큰 싸움이 되었다)

➲ 결국 큰 싸움이 되게 된 처음의 원인은 아이의 장난이었음을 나타내고 있다.

「元気だ」「健康だ」「丈夫だ」「達者だ」

(隣の旦那さんは元気な体を持っている、隣の旦那さんは健康な体を持っている
隣の旦那さんは丈夫な体を持っている、隣の旦那さんは達者な体を持っている)

공통의미

건강하다

요점

1. 「元気だ」는 다른 말과 달리 정신적인 면에 의미의 중점이 놓인 것이며 때로는 '기력'이라는 의미로도 쓰인다(예문①②③⑦⑧⑨). 우리말의 '활기차다, 건강하다, 힘이 좋다' 정도에 해당된다.
2. 「健康だ」는 몸 상태가 좋다고 하는 데에 의미의 중점이 놓인 것으로(예문①③⑥⑩⑪), 건강의 이상 유무를 나타낼 때에 쓰인다. 우리말의 '건강하다'에 해당된다.
3. 「丈夫だ」는 몸의 전체나 일부분이 튼튼한 상태나 모양을 나타내며(예문①②⑫⑬), 때로는 사물이 단단함을 나타내기도 한다(예문④). 우리말의 '튼튼하다, 건장하다'에 해당된다.
4. 「達者だ」는 몸의 전체나 일부분이 활발한 상태임을 나타내며(예문①②⑭⑮), 때로는 어떤 분야에 매우 숙달되어 있음을 나타내기도 하는데, 이러한 의미용법은 다른 말에는 없다(예문⑤⑯). 우리말의 '튼튼하다, 능숙하다' 정도에 해당된다.

예문과 해설

① 隣の旦那さんは元気な/健康な/丈夫な/達者な体を持っている。
(옆집 주인은 건강한 몸을 지니고 있다)

➲ 이 경우는 네 가지 다 적절하며, 이렇다하게 뉘앙스의 차이도 엿보이지 않는다. 「元気な」「健康な」「丈夫な」「達者な」는 각각 형용동사 「元気だ」「健康だ」「丈夫だ」「達者だ」의 연체형으로 그 뒤에는 반드시 수식을 받는 명사가 오게 된다.

② 僕はまだ足が丈夫だ/達者だ/＊元気だ/＊健康だ。

(나는 아직 다리가 튼튼하다)

➲ 「元気だ」는 주로 정신적인 측면에 쓰이며 「健康だ」는 몸 전체에 쓰이므로 이 경우는 부적절하다. 한편 「丈夫だ」와 「達者だ」는 몸 전체에 대해서도 일부분에 대해서도 쓸 수가 있으므로 이 경우에는 적절하다.

③ 父は段々元気/健康/＊丈夫/＊達者を回復している。
(아버지는 점차로 건강을 회복하고 있다)

➲ 「元気」와 「健康」는 이 경우와 같이 독립적으로 목적어역할도 할 수 있지만 「丈夫」와 「達者」는 그러한 용법이 없이 언제나 「丈夫です(튼튼합니다)」「達者です(튼튼합니다)」「丈夫な(튼튼한)」「達者な(튼튼한)」「丈夫に(튼튼하게)」「達者に(튼튼하게)」의 형태로만 쓰인다.

④ あの机よりこの机の方が丈夫/＊元気/＊健康/＊達者でしょう。
(저 책상보다 이 책상 쪽이 튼튼할 것입니다)

➲ 「丈夫だ」는 이 경우와 같이 사물이 단단하다고 하는 뜻으로도 쓰이는데 다른 말에는 이러한 용법이 없다.

⑤ 妹は英語が達者/＊丈夫/＊元気/＊健康だ。(여동생은 영어가 능숙하다)

➲ 「達者だ」는 이 경우와 같이 어떤 분야에서 매우 숙달되어있음을 나타내기도 하는데 다른 말에는 이러한 용법이 일체 없다.

⑥ たばこは健康/＊達者/＊丈夫/＊元気を害するおそれがあります。
(담배는 건강을 해칠 우려가 있습니다)

➲ 이 경우와 같이 건강의 이상 유무에 초점이 놓일 때는 오로지 「健康」만이 적절하다.

⑦ お元気でお過ごしください。(건강하게 지내 주십시오)

➲ 「元気」에 존경의 접두어 「お」를 붙인 「お元気で」의 형태로 상대의 건강을 기원하는 인사말로 쓰인다.

⑧ 急に元気が出て来た。(갑자기 힘이 나왔다)

⑨ 病気が治って元気になる。(병이 나아서 건강하게 된다)

⑩ お互いの健康を祈る。(상호간의 건강을 기원한다)

⑪ 健康診断を受けに病院へ行った。(건강진단을 받으러 병원에 갔다)

⑫ 彼はとても丈夫な体を持っている。(그는 매우 건장한 몸을 지니고 있다)

⑬ 祖父(そふ)はまだ足(あし)は丈夫(じょうぶ)だ。(할아버지는 아직 다리는 튼튼하다)

⑭ 私(わたし)は達者(たっしゃ)に過(す)ごしています。(나는 건강하게 지내고 있습니다)

➲ 「達者(たっしゃ)だ」는 몸이 매우 활발하게 기능하고 있음을 나타낸다.

⑮ 耳(みみ)は遠(とお)いが、目(め)は達者(たっしゃ)だ。(귀는 어둡지만, 눈은 튼튼하다)

➲ 이 경우는 눈의 기능이 매우 활발함을 나타내고 있다.

⑯ 妹(いもうと)は英語(えいご)が達者(たっしゃ)だ。(여동생은 영어가 능숙하다)

➲ 「達者(たっしゃ)だ」는 이 경우와 같이 어떤 분야에서 매우 숙달되어있음을 나타내기도 하는데 다른 말에는 이러한 용법이 일체 없다.

「見物(けんぶつ)」「見学(けんがく)」

(古(ふる)い城跡(しろあと)を見物(けんぶつ)する、古(ふる)い城跡(しろあと)を見学(けんがく)する)

공통의미

구경, 견학

요점

1. 「見物(けんぶつ)」는 어떤 행사나 관광지, 그리고 시설 등을 보면서 즐기는 것으로 대체로 이를 위해서 어딘가에 나간다고 하는 의미가 강하다(예문①③⑤⑥). 때로는 구경하는 사람을 나타내기도 하는데, 「見学(けんがく)」에는 이와 같은 의미용법이 없다(예문⑦). 우리말의 '구경' 정도에 해당된다.
2. 「見学(けんがく)」는 실제로 나가서 지식을 넓히고 배우기 위해 보아야 할 것을 보는 것으로 그 대상은 주로 설비나 행사인 경우가 대부분이다(예문①②④⑧⑨⑩). 우리말의 '견학'에 해당된다.

예문과 해설

① 古(ふる)い城跡(しろあと)を見物(けんぶつ)する/見学(けんがく)する。(오래된 성터를 구경한다/견학한다)

➲ 이 경우 「見物(けんぶつ)」를 쓰게 되면 오래된 성터를 구경한다고 하는 뜻을 나타내지만 「見学(けんがく)」를 쓰게 되면 오래된 성터를 자세히 관찰하면서 무언가를 느끼고 배운다고 하는 뜻이 된다.

② 自動車(じどうしゃ)工場(こうじょう)を見学(けんがく)する/?見物(けんぶつ)する。(자동차공장을 견학한다)

➲ 이 경우는 자동차공장의 여러 시설이나 공정을 관찰하면서 무언가를 느끼고 배운다고 하는 뜻이 강하므로 「見学(けんがく)」가 보다 적절하다. 만약 「見物(けんぶつ)」를 쓰게 되면 공장의 여기저기를 호기심 있게 둘러본다고 하는 뜻만이 되어버려서 그 의미가 약해진다.

③ 猿芝居(さるしばい)を見物(けんぶつ)する/＊見学(けんがく)する。(원숭이 쇼를 구경한다)

➲ 이 경우와 같이 단지 흥미위주로 본다고 할 때는 「見物(けんぶつ)」가 적절하다. 실제로 원숭이 쇼를 보면서 무언가를 배우는 일은 정상적인 경우가 아니므로 「見学(けんがく)」는 부적절한데, 만약 앞으로 원숭이 쇼를 진행하고자 희망하는 사람인 때는 적절할 수도 있다.

④ 体育(たいいく)の時間(じかん)は風邪(かぜ)で見学(けんがく)した/＊見物(けんぶつ)した。(체육시간은 감기로 견학했다)

➲ 몸이 불편하여 직접 체육시간에 참가하지 못하고 한쪽에서 간접적으로 참가한다는 뜻일 때는 「見学(けんがく)」가 적절하다. 이 경우에 「見物(けんぶつ)」를 쓰게 되면 다소 불성실한 태도가 엿보이게 된다.

⑤ 観光地(かんこうち)を見物(けんぶつ)して回(まわ)る。(관광지를 구경하며 돌아다닌다)

⑥ 花火大会(はなびたいかい)を見物(けんぶつ)に出(で)かける。(불꽃놀이를 구경하러 나간다)

➲ 「見物(けんぶつ)」는 이 경우와 같이 구경을 위해서 밖으로 나간다고 하는 의미가 강하다.

⑦ 大勢(おおぜい)の見物(けんぶつ)がいる。(많은 구경꾼이 있다)

➲ 「見物(けんぶつ)」는 이 경우와 같이 구경을 하는 사람을 나타내기도 한다.

⑧ 産業博覧会(さんぎょうはくらんかい)を見学(けんがく)する。(산업박람회를 견학한다)

➲ 「見学(けんがく)」는 실제로 보고서 배운다고 하는 데에 의미의 중심이 놓이는데, 여기에서는 행사가 그 대상으로 되어있다.

⑨ 史跡(しせき)を見学(けんがく)する。(사적을 견학한다)

➲ 이 경우는 그 대상이 시설로 되어있다.

⑩ 工場(こうじょう)見学(けんがく)。(공장견학)

「恋」「愛」

(彼は彼女に自分の恋を告白した、彼は彼女に自分の愛を告白した)

공통의미

사랑

요점

1. 「恋」는 보통 남녀 간의 사랑에 대해서만 쓰인다(예문①④⑤⑥).
2. 「愛」는 남녀는 물론이고, 보다 폭넓게 사람이나 사물 또는 생물전반에 걸쳐서 쓰인다(예문①②③⑦⑧⑨).

예문과 해설

① 彼は彼女に自分の恋/愛を告白した。(그는 그녀에게 자신의 사랑을 고백했다)

➲ 이 경우는 남녀 간의 사랑을 나타내는 것이므로 둘 다 적절하다.

② 親の愛/＊恋はきりがないものだ。(부모의 사랑은 끝이 없는 것이다)

➲ 「恋」는 남녀 간의 사랑에 대해서만 쓰이는 것이므로 이 경우와 같이 부모의 자식에 대한 사랑에는 부적절하다.

③ 学問への愛/＊恋を燃し、大学者になった。

(학문에 대한 사랑을 불태워, 대학자가 되었다)

➲ 이 경우와 같이 「愛」는 사람이 아닌 대상에도 쓰기에 적절하지만, 「恋」에는 이러한 용법이 없다.

④ あの二人は熱烈な恋の末結ばれた。(저 두 사람은 열렬한 사랑 끝에 맺어졌다)

➲ 「恋」는 이 경우와 같이 오로지 남녀 간의 사랑에만 쓸 수가 있다.

⑤ 娘は恋に落ちた。(딸은 사랑에 빠졌다)

⑥ 初めて恋を知った。(처음으로 사랑을 알았다)

⑦ この子は愛の結晶です。(이 아이는 사랑의 결정체입니다)

➲ 이 경우는 부모의 자식에 대한 사랑을 나타내는 것인데, 「恋」에는 이러한 용법이 없다.

⑧ 先生は文学への愛を燃やしている。(선생님은 문학에 대한 사랑을 불태우고 있다)

➲ 「愛」는 이 경우와 같이 사람이 아닌 대상에도 폭넓게 쓸 수가 있다.

⑨ 動物にも人間に劣らない母性愛がある。
(동물에게도 인간에 못지않은 모성애가 있다)

➲ 「愛」는 이 경우와 같이 동물에도 쓸 수가 있다.

「恋人」「愛人」

(新しい恋人ができた、新しい愛人ができた)

공통의미

애인

요점

1. 「恋人」와 「愛人」은 서로가 사랑하고 있는 이성의 상대를 가리키며 남자입장에서나 여자입장에서도 다 쓰인다.

2. 「恋人」는 사랑하고 있는 이성의 상대를 가리키는 말로 우리말의 '애인'에 해당된다(예문①②③④).

3. 「愛人」은 사랑하고 있는 이성의 상대를 가리키기는 하나 내연관계에 있는 등, 그리 건전하지 못한 관계의 상대를 나타낸다(예문①⑤⑥).

예문과 해설

① 新しい恋人/愛人ができた。 (새로운 애인이 생겼다)

➲ 이 경우 「恋人」를 쓰게 되면 혼전의 남녀에게 새로운 애인이 생겼음을 나타내지만 「愛人」을 쓰게 되면 내연관계에 놓이는 새로운 애인이 생겼음을 나타내게 된다.

② 公園には、恋人とデートしている男女がたくさんいる。
(공원에는 애인과 데이트하고 있는 남녀가 많이 있다)

➲ 이 경우는 건전한 애인관계에 있는 남녀를 가리키고 있다.

③ 彼女は私の永遠の恋人です。 (그녀는 나의 영원한 애인입니다)

④ 妹に新しい恋人ができたらしい。 (여동생에게 새로운 애인이 생긴 것 같다)

⑤ 社長は、歓迎会に若い愛人を連れて来た。
(사장은 환영회에 젊은 애인을 데리고 왔다)

➲ 이 경우는 불건전한 애인관계를 나타내고 있는데 무척이나 분별력이 없는 사장일 것이다.

⑥ 花子さんは、友だちの恋人でなく愛人だ。
(하나코씨는 친구의 애인이 아니라 정부다)

참고

우리말에서는 「恋人」(연인)이라고 하면 보통 혼전에 있는 청춘남녀 한 쌍을 가리키는 것이 일반적이며, 「愛人」이라고 하면 혼전에 있으며 사랑하고 있는 상대를 가리키기도 하고, 또는 불건전한 관계에 있는 상대를 가리키기도 한다. 하지만 일본어에서의 「愛人」은 불건전한 관계에 있는 상대를 가리키는 것이 보통이므로 이를 우리말의 '애인'과 혼동해서는 결코 안 된다.

「行為」「行い」「行動」

(秩序を乱す行為、秩序を乱す行い、秩序を乱す行動)

공통의미

행위, 행동

요점

1. 「行為」는 주로 개인이 어떤 의지와 목적을 가지고 행하는 것을 나타낸다(예문①③⑤⑥⑦). 우리말의 '행위'에 해당된다.
2. 「行い」는 평상시에 하고 있는 것을 일반적으로 나타내는데 비교적 추상적인 행위에 쓰인다(예문①③④⑧⑨⑩). 우리말의 '행위, 행실' 에 해당된다.
3. 「行動」는 개인이건 단체건 어떤 의지 하에 실제로 몸을 움직여서 하는 것을 나타낸다(예문①②⑪⑫⑬). 우리말의 '행동'에 해당된다.

예문과 해설

① 世の中の秩序を乱す行為/行い/行動。
(세상의 질서를 어지럽히는 행위/행실/행동)

➲ 이 경우는 다소의 뉘앙스차이는 있을지언정 그 어느 것이나 적절한데, 이 중에서 「行動」가 가장 실제로 움직이는 뉘앙스가 강하다.

② すぐに行動/＊行為/＊行いに移す。(당장 행동으로 옮긴다)

➲ 이 경우와 같이 구체적으로 몸을 움직이는 때는 「行動」가 적절하다.

③ 不正な行為/行い/＊行動をする。(부정한 행위를 한다)

➲ 이 경우는 실제로 몸을 움직이는 것으로 보기 어려우므로 「行動」는 부적절하다.

④ 行い/＊行為/＊行動の悪い人は嫌いだ。(행실이 나쁜 사람은 싫다)

➲ 「行い」는 이 경우와 같이 평소의 행동을 추상적으로 나타내는 것이므로 적절하다. 「行為」는

보다 구체적인 경우에 쓰이며 「行動」는 실제로 몸을 움직이는 경우에 쓰이므로 여기에서는 둘 다 부적절하다.

⑤ 勇気ある行為をたたえる。(용기 있는 행위를 찬양한다)

⑥ 不正行為は絶対許せない。(부정행위는 절대 용서할 수 없다)

⑦ あの人の行為には問題がある。(저 사람의 행위에는 문제가 있다)

⑧ 日ごろの行いが悪いから雨に降られた。(평소의 행실이 나쁘니까 비를 맞았다)

➲ 「行い」는 이 경우와 같이 평상시의 행동을 나타내는 데에 의미의 중심이 놓인다.

⑨ 口先ばかりで行いが伴わない。(말뿐으로 행동이 뒤따르지 않는다)

⑩ 目上の方の前では行いを慎まなければならない。
(윗분 앞에서는 행실을 조심해야만 한다)

⑪ 思い立つとすぐ行動に移す人。(생각나면 금방 행동으로 옮기는 사람)

➲ 「行動」는 이 경우와 같이 실제로 몸을 움직인다고 하는 동작성이 가장 강하다.

⑫ あいつはいつも勝手に行動する。(저 녀석은 언제나 멋대로 행동한다)

⑬ それは親にあるまじき行動だ。(그것은 부모에게 있을 수 없는 행동이다)

「降参」「降伏」

(白旗を揚げて降参する、白旗を揚げて降伏する)

공통의미

항복

요점

1. 「降参」은 매우 폭넓게 쓰이는 말로, 싸움뿐만 아니라 토론, 말다툼, 게임 등의 일상적

이고 개인적인 사항에 쓰이며(예문②④⑤⑥), 어떤 대상에 대하여 질린 나머지 매우 싫어지게 됨을 나타내기도 한다(예문⑦⑧).

2. 「降伏(こうふく)」는 주로 국가 간의 전쟁에서 패한 경우에만 쓰이는데 이러한 점에서는 우리말과 다르다(예문①③⑨⑩⑪).

예문과 해설

① 戦争(せんそう)で相手国(あいてこく)がいよいよ降伏(こうふく)/＊降参(こうさん)した。
(전쟁에서 상대국이 드디어 항복했다)

➲ 이 경우와 같이 국가 간의 전쟁에서의 항복을 나타내는 때는 「降伏(こうふく)」가 적절하다.

② 相手(あいて)チームの選手(せんしゅ)が我(わ)が選手(せんしゅ)の技(わざ)に降参(こうさん)/＊降伏(こうふく)した。
(상대팀의 선수가 우리 선수의 기술에 항복했다)

➲ 이 경우와 같이 개인 대 개인 간을 나타내는 때는 「降参(こうさん)」이 적절하다.

③ 降伏(こうふく)/＊降参(こうさん)の調印式(ちょういんしき)が空母(くうぼ)の上(うえ)で行(おこな)われた。
(항복의 조인식이 항공모함위에서 이루어졌다)

➲ 이 경우는 국가 간의 공식적인 행위를 나타내는 것이므로 「降伏(こうふく)」가 적절하다.

④ どうだ、もう降参(こうさん)/＊降伏(こうふく)か。(어때, 이제 항복이냐?)

➲ 이 경우는 개인 대 개인 간을 나타내는 것이므로 「降参(こうさん)」이 적절하다.

⑤ あいつはどんなに苦(くる)しくても降参(こうさん)しない。
(저 녀석은 아무리 괴로워도 항복하지 않는다)

⑥ 力尽(ちからつ)きて降参(こうさん)した。(힘이 다해서 항복했다)

⑦ この寒(さむ)さには降参(こうさん)だ。(이 추위에는 두 손 두 발 다 들었다)

➲ 이 경우와 같이 추위에 질릴 대로 질렸음을 나타낼 때는 오로지 「降参(こうさん)」만이 적절하며 「降伏(こうふく)」에는 이러한 용법이 없다.

⑧ 彼女(かのじょ)の嘘(うそ)にはもう降参(こうさん)した。(그녀의 거짓말에는 두 손 두 발 다 들었다)

➲ 이 경우역시 위의 예문⑦과 맥락을 같이하고 있다.

⑨ 敵国(てっこく)が降伏(こうふく)した。(적국이 항복했다)

➲ 「降伏(こうふく)」는 이와 같이 국가 간의 전쟁에서 패하는 경우에만 쓰인다.

⑩ 無条件(むじょうけん)降伏(こうふく)。(무조건항복)

⑪ 降伏(こうふく)文書(ぶんしょ)。(항복문서)

「工場(こうじょう)」「工場(こうば)」

(正月(しょうがつ)は工場(こうじょう)が休(やす)みだ、正月(しょうがつ)は工場(こうば)が休(やす)みだ)

공통의미

공장

요점

1. 일본어에서는 「工場(こうじょう)」와 「工場(こうば)」의 두 가지 말이 쓰이지만 우리말에서는 이러한 구별이 없다.
2. 「工場(こうじょう)」는 규모가 크며 매우 체계적으로 운영되고 있는 공장을 가리킨다(예문①②).
3. 「工場(こうば)」는 규모가 작으며 가내수공업과 같은 정도의 소박한 공장을 가리킨다(예문③④).

예문과 해설

① 盆(ぼん)と正月(しょうがつ)は工場(こうじょう)が休(やす)みだ。(추석과 설날은 공장이 휴업이다)

② 自動車(じどうしゃ)工場(こうじょう)は昼夜(ちゅうや)三(さん)交代制(こうたいせい)で動(うご)いている。
(자동차공장은 주야3교대제로 움직이고 있다)

③ 何人(なんにん)かの人(ひと)を使(つか)って工場(こうば)をやっている。
(몇 명인가의 사람을 써서 공장을 하고 있다)

④ この町(まち)には工場(こうば)が多(おお)い。(이 거리에는 공장이 많다)

「幸福」「幸せ」「幸い」

(それは私にとって<u>幸福</u>だった、それは私にとって<u>幸せ</u>だった、それは私にとって<u>幸い</u>だった)

공통의미

행복

요점

1. 「幸福」는 비교적 지속적으로 행복감을 느끼는 상태를 가리킨다(예문①②③④⑦⑧⑨).
2. 「幸せ」는 「幸福」와 의미용법이 거의 같으나 일상회화에서 가장 많이 쓰이고 있다(예문①②③④⑤⑩⑪⑫). 「幸福」가 한자말이고 「幸せ」는 순수한 일본어라고 하는 차이가 있는 정도다.
3. 「幸い」는 우리말의 '행복' 보다는 '행운' 쪽에 가까운 말로서, 「幸福」와 「幸せ」가 어느 정도의 지속성을 띄고 있는데 반하여 일시적이거나 그 때 그 때 마다 찾아오는 행운을 나타내는 말이다(예문①⑤⑥⑬⑭⑮).

예문과 해설

① それは私にとって幸福/幸せ/幸いだった。(그것은 나에게 있어서 행복/다행이었다)

➲ 이 경우는 전후문맥이나 장면의 설정이 없으므로 세 가지 다 적절한데 다만 「幸い」는 행운 쪽에 가까운 말이므로 여기에서는 다행스런 일의 뜻으로 쓰인 셈이다.

② 急に幸福/幸せ/＊幸いが舞い込んだ。(갑자기 행복이 날아왔다)

➲ 「幸い」는 '행복'보다는 일시적인 '행운'의 의미가 더 강하므로 이 경우는 부적절하다.

③ 彼女は幸せな/幸福な/＊幸いな生涯だった。(그녀는 행복한 생애였다)

➲ 이 경우는 지속적인 행복을 나타내므로 「幸せな」「幸福な」둘 다 적절하다. 한편 「幸い」는 지속적인 행복보다는 일시적인 행운의 의미를 지녔으며 또한 「幸いな」와 같은 형태를 취할

수 없으므로 여기에서는 부적절하다.

④ 私は幸せだ/幸福だ/＊幸いだ。(나는 행복하다)

➲ 이 경우 역시 지속적인 행복을 나타내므로, 일시적인 행운을 나타내는 「幸い」는 부적절하다.

⑤ ご伝言くだされば幸いです/幸せです/＊幸福です。
(전달해주시면 다행이겠습니다)

➲ 이 경우와 같이 상대에게 무언가를 완곡하게 부탁할 때는 「幸い」「幸せ」가 적절하며 이와 같은 표현은 격조 높은 일상회화에서 흔히 쓰이고 있다. 다만, 「幸い」를 쓰게 되면 우리말의 '다행' 정도의 어감을 나타내어 다소 격식을 차린 말투가 되며 「幸せ」를 쓰게 되면 행복할 것이라고 하는 기분이 표면적으로 나타나게 된다.

⑥ 不幸中の幸い/＊幸福/＊幸せ。(불행 중 다행)

➲ 이 경우는 지속적인 불행 중에서의 부분적이고 일시적인 다행을 나타내므로 「幸い」가 적절하다.

⑦ 二人の幸福を祈ります。(두 사람의 행복을 빕니다)

➲ 「幸福」는 이와 같이 지속적인 행복을 나타내고 있다.

⑧ 思えば幸福な一生だった。(생각하면 행복한 일생이었다)

⑨ そうなったのは彼にとって幸福だった。
(그렇게 된 것은 그에게 있어서 행복이었다)

⑩ 二度も宝くじに当たるなんて幸せな男だよ。
(두 번이나 복권에 당첨되다니 행복한 남자다)

➲ 「幸せ」 역시 「幸福」처럼 지속적인 행복을 나타내고는 있으나 일상적으로는 보다 많이 쓰인다.

⑪ 上司がそのような人なら、部下は幸せだね。
(상사가 그와 같은 사람이라면 부하는 행복하겠네)

⑫ あなたに会えて幸せです。(당신을 만날 수 있어서 행복합니다)

⑬ 私の誤解でなければ幸いです。(나의 오해가 아니라면 다행이겠습니다)

➲ 「幸いです」의 형태로 문말의 술어로 쓰이게 되면 상대에 대한 바람이나 부탁사항을 전하는 의미용법이 된다.

⑭ ご連絡頂ければ幸いです。(연락주시면 다행이겠습니다)

➲ 이 경우역시 위의 예문⑬과 맥락을 같이하고 있다.

⑮ そう願えれば幸いです。(그렇게 부탁할 수 있다면 다행이겠습니다)

참고

한편 「幸い」는 「する」와 합쳐서 문말의 술어로 쓰이기도 하며, 단독으로 문두에 와서 부사처럼 쓰이기도 한다.

「電車に乗り遅れたのが幸いした」(전차를 놓쳐서 못 탄 것이 다행이었다)

「幸い彼は健康だった」(다행히 그는 건강했다)

「公務員」「役人」

공통의미

공무원

요점

1. 「公務員」은 중앙정부나 지방정부 등에서 공무를 수행하고 있는 사람을 가리킨다(예문①②③).
2. 「役人」은 공무원을 다소 속어적으로 나타낸 것으로 전반적으로 볼 때 그다지 좋은 의미로는 쓰이지 않는다(예문④⑤⑥⑦).

예문과 해설

① あの人は外務省の公務員です。(저 사람은 외무성의 공무원입니다)

② 今度国家公務員の試験に受かった。(이번에 국가공무원시험에 붙었다)

③ 家族(かぞく)は公務員(こうむいん)住宅(じゅうたく)に住(す)んでいます。(가족은 공무원주택에 살고 있습니다)

④ 兄(あに)は大蔵省(おおくらしょう)の役人(やくにん)です。(형은 대장성의 공무원입니다)

⑤ 役人(やくにん)根性(こんじょう)。(공무원근성)

➲ 공무원에게 흔히 있을 법한, 권위적이고 융통성이 전혀 없는 태도를 가리킨다.

⑥ 役人(やくにん)風(かぜ)を吹(ふ)かす。(공무원티를 내다)

⑦ 小(こ)役人(やくにん)。(말단공무원)

➲ 말단공무원을 가리키는 말이기는 하지만 공무원을 무시하는 말이다.

「紅葉(こうよう)」「紅葉(もみじ)」

공통의미

단풍

요점

1. 「紅葉(こうよう)」는 단풍이 물들어있는 것을 가리키는 것으로 일반적으로 많이 쓰인다(예문①②③).
2. 「紅葉(もみじ)」는 단풍나무의 별칭인데 「紅葉(もみじ)する(단풍이 들다)」의 형태로 쓰이지만, 현재는 그다지 쓰이지 않는다(예문④⑤⑥).

예문과 해설

① 紅葉(こうよう)した山々(やまやま)がきれいだ。(단풍이 든 산들이 예쁘다)

② 紅葉(こうよう)の季節(きせつ)が来(き)た。(단풍철이 왔다)

③ 道(みち)は紅葉(こうよう)に埋(うず)まってよく見(み)えない。(길은 단풍에 파묻혀서 잘 보이지 않는다)

④ 紅葉を乾かす。(단풍잎을 말린다)

⑤ 来週の日曜日には紅葉狩りに行くつもりです。
(다음 주 일요일에는 단풍놀이하러 갈 작정입니다)

⑥ 紅葉のようなかわいい手。(고사리 같은 귀여운 손)

➲ 우리말에서는 아이의 작고 귀여운 손을 나타낼 때 '고사리'에 비유하지만 일본어에서는 위의 예문에서 볼 수 있듯이 「紅葉」에 비유한다.

「声」「音声」

공통의미

소리, 음성

요점

1. 「声」는 인간이 내는 말소리뿐만 아니라 벌레소리까지 포함하여 폭넓게 쓰인다(예문①②③).
2. 「音声」는 주로 인간이 내는 말소리를 나타내는 것으로 문장체에서 쓰인다(예문④⑤⑥).

예문과 해설

① 声を張り上げて叫ぶ。(목소리를 높여서 부르짖는다)

② 鈴を転がすような声。(은쟁반에 옥구슬을 굴리는 듯한 소리)

③ どこからか虫の声が聞こえる。(어디에선가 벌레소리가 들려온다)

④ 人間は音声言語を使って意思を伝える。
(인간은 음성언어를 이용하여 의사를 전달한다)

⑤ 明快で聞き取りやすい音声がアナウンサーには不可欠だ。
(명쾌하고 듣기 쉬운 음성이 아나운서에게는 불가결하다)

⑥ テレビの音声が中断した。(티브이의 소리가 끊어졌다)

「越える」「越す」

(山を越える、山を越す)

공통의미

넘다, 초월하다

요점

1. 「越える」는 어떤 것을 넘어감에 있어서 그 넘어간다고 하는 과정에 중점이 있는 말이며(예문①⑤), 아울러 수량이나 정도가 어떤 기준을 넘었을 뿐만 아니라 그 기준을 크게 벗어남을 나타내기도 한다(예문②③⑥⑦).
2. 「越す」는 어떤 것을 넘어갔다고 하는 그 결과에 중점이 있는 말이며(예문①⑧), 아울러 수량이나 정도가 단지 어떤 기준을 넘었음을 나타내기도 한다(예문④⑨⑩).

예문과 해설

① 山を越える/越す。(산을 넘는다)

➲ 이 경우 「越える」를 쓰게 되면 산길을 부지런히 걸어서 산 정상을 넘어간 다음, 계속 앞으로 나아간다는 의미를 나타내게 되고 「越す」를 쓰게 되면 단지 산 정상을 넘었음을 나타낼 뿐이다.

② これは想像を越える/＊越す事件だ。(이것은 상상을 초월하는 사건이다)

➲ 「越える」는 어떤 기준을 크게 벗어나는 데에 쓰이므로 이 경우에 적절하나 「越す」는 단지 어떤 기준을 넘는 데에만 쓰이므로 부적절하다. 역시 이러한 경우에는 「越える」를 씀으로서 매우 놀랍다고 하는 기분을 자아낼 수 있을 것이다.

③ 水が堤防を越えて/✱越して大変だ。(물이 제방을 넘어와서 큰일이다)

➲ 이 경우와 같이 물이 제방을 넘어서는 재해를 나타낼 때는 「越える」가 적절하다. 왜냐하면 「越える」는 그 정도를 크게 넘어선다는 뜻으로 쓰여서 긴장감을 보다 생생하게 나타낼 수가 있기 때문이다. 한편, 이러한 경우에 「越す」를 쓰게 되면 단지 물이 제방을 넘어섰다고 하는 사실만을 나타내게 되어 뒤에 오는 '큰일이다'와 문맥상 어울리지 않게 되고 만다.

④ 温泉で年を越す/✱越える。(온천에서 해를 넘긴다)

➲ 이 경우는 연말을 온천에서 지내며 새해를 맞이한다는 뜻이므로 단지 어떤 것을 넘어간다는 뜻만을 나타내는 「越す」가 적절하다.

⑤ 難民は国境を越えて避難した。(난민은 국경을 넘어서 피난 갔다)

➲ 이 경우는 국경을 넘어서는 과정에 의미의 중심이 놓인다.

⑥ 気温が三十度を越える暑い日だ。(기온이 30도를 넘는 더운 날이다)

➲ 이 경우는 기온이 보통의 정도를 크게 넘었다고 하는 뜻으로 쓰였다.

⑦ 4メートルを越える大波。(4미터를 넘는 큰 파도)

⑧ あの山を越したところにふるさとがある。(저 산을 넘은 곳에 고향이 있다)

➲ 이 경우는 산을 넘어간 곳을 결과적으로 나타내고 있을 뿐이다.

⑨ 応募者が千人を越す。(응모자가 천명을 넘는다)

➲ 단지 응모자가 천명을 넘어섰다고 하는 사실만을 나타내고 있다.

⑩ 世界の人口は60億を越した。(세계 인구는 60억을 넘었다)

➲ 단지 세계인구가 60억을 넘어섰다고 하는 사실만을 나타내고 있다.

「ご苦労様」「お疲れ様」

공통의미

수고 하셨습니다

요점

1. 「ご苦労様」는 상위자가 하위자에게 수고했음을 위로하는 인사말로서 어떠한 경우에건 하위자가 상위자에게 쓸 수 없다(예문①②).
2. 「お疲れ様」는 상하 관계없이 누구에게나 쓸 수 있는 위로의 말인데, 「お疲れ様でした」가 보다 정중도가 높아진다(예문③④).

예문과 해설

① 山田君、この間はご苦労様。 (야마다군, 요전에는 수고했네)

➲ 상위자가 하위자에게, 또는 동격에 있는 사람에게 위로하는 인사표현이다.

② みなさん、今日はご苦労様でした。 (선생님이 학생들에게)
(여러분, 오늘은 수고 했습니다)

➲ 이 경우는 상위자인 선생이 하위자인 학생들에게 쓰고 있다.

③ お疲れ様でした。 (가이드가 버스에서 내리는 손님에게) (수고하셨습니다)

➲ 상위자인 손님에게 쓰는 인사표현이다.

④ 部長、昨日はお疲れ様でした。 (부장님, 어제는 수고하셨습니다)

➲ 상위자에게 쓰는 인사표현이다.

「試みる」「試す」

(うまく行くかどうか試みる、うまく行くかどうか試す)

공통의미

시도하다, 확인하다

요점

1. 「試みる」는 실제로 되는지 어떤지 해본다고 하는 뜻으로 쓰이는데 우리말의 ‘시도하다, 한번 해 본다’에 해당된다(예문①②⑤⑥⑦⑧).

2. 「試す」는 잘 될 것인지 어떤지, 좋은지 나쁜지, 그리고 정말인지 어떤지 확인을 하는 뜻으로 쓰이는데 우리말의 ‘확인하다’에 해당된다(예문①③④⑨⑩⑪).

예문과 해설

① うまく行くかどうか試みる/試す。(잘 될지 어떨지 한번 해 본다/확인한다)

➲ 이 경우에 「試みる」는 잘 될지 어떨지 실제로 한번 해본다는 뜻이지만 「試す」는 그 사실여부를 확인한다는 뜻으로 쓰였다.

② 刑務所からの脱出を試みる/＊試す。(형무소에서의 탈출을 시도한다)

➲ 이 경우는 실제로 탈출하고자 시도한다고 하는 의미이므로 「試みる」가 적절하다. 탈출이 가능한지를 확인할 필요는 전혀 없기 때문에 「試す」는 부적절하다.

③ 学生の学力を試す/＊試みる。(학생의 학력을 확인한다)

➲ 학력은 어디까지나 확인하는 것이므로 이 경우에는 「試す」가 적절하다.

④ うそをついて彼の愛情を試す/＊試みる。(거짓말을 해서 그의 애정을 확인한다)

➲ 이 경우와 같이 정말인지 어떤지를 확인한다고 하는 뜻으로는 「試す」가 적절하다.

⑤ 息子は小説を書こうと試みて/＊試している。
(아들은 소설을 쓰려고 시도하고 있다)

➲ 이 경우와 같이 실제로 해본다고 하는 뜻으로는 「試みる」가 적절하다.

⑥ 無給油世界一週を試みる。(무 급유 세계 일주를 시도한다)

⑦ 悪天候なので不時着を試みる。(악천후이기 때문에 불시착을 시도한다)

⑧ いろいろな方法で実験を試みる。(여러 가지 방법으로 실험을 시도한다)

⑨ 新しい選手の腕を試してみた。(새로운 선수의 솜씨를 확인해 보았다)

⑩ 刀がよく切れるか試す。(칼이 잘 듣는지 확인한다)

⑪ 新しく導入した機械の性能を試してみた。
(새로이 도입한 기계의 성능을 확인해 봤다)

「事」「仕事」

(大事なことをわすれていました、大事な仕事をわすれていました)

공통의미

일(형식명사와 보통명사로서의 구별)

요점

1. 「事」의 많은 의미용법 중에서, 「事」가 어떠한 경우나 경험을 나타낼 때는 우리말의 '일'로 번역되는데, 이렇게 되면 실제의 일을 의미하는 「仕事」와 종종 혼동을 일으킬 수가 있다. 결국 둘 다 우리말의 '일'로 번역되는 말이지만 「事」는 형식명사로 쓰이고, 「仕事」는 보통명사로 쓰이는 점에서 실제의 의미용법에는 크나큰 차이가 엿보인다. 우리말에서는 보통 이 두 가지를 구별하지 않고 '일'로만 쓰기 때문에 초보단계에서는 일본어의 「事」와 「仕事」도 같은 의미용법을 지닌 것으로 자칫 혼동하기 쉬우므로 각별히 주의할 필요가 있다.
2. 「事」는 단독으로 쓰일 때는 '일이 생겼다, 일이 터졌다'와 같이 사실이나 문제를 나타내며(예문①②③), 단독으로 쓰이지 못할 때는 언제나 그 앞에는 이를 수식하는 말이 와서 경우나 경험의 뜻을 나타낸다(예문④⑤⑨⑩⑪⑫). 보통은 한자로 표기하지 않고 히라가나로만 표기한다.
3. 「仕事」는 단독으로 쓰일 수도 있으며, 실제로 두뇌나 몸을 이용하여 구체적이고 실질적인 작업을 진행하는 차원의 일이나 직업을 가리킨다(예문①⑥⑦⑧⑬⑭⑮⑯).

예문과 해설

① 大事なこと/仕事をわすれていました。 (중요한 일을 잊고 있었습니다)

➲ 이 경우는 둘 다 적절한데, 「こと」를 쓰게 되면 '사실, 문제'의 의미를 나타내지만 「仕事」를 쓰게 되면 구체적이고 실질적인 작업을 나타내게 된다.

② こと/✱仕事の起こりは不注意からでした。(일의 발단은 부주의에서였습니다)

➲ 이 경우는 구체적이고 실질적인 일을 뜻하는 것이 아니라 문제, 사건의 뜻으로 쓰인 것이므로 「こと」만이 적절하다.

③ 人にお金を借りるのはとても難しいこと/✱仕事ですね。
(남에게 돈을 빌리는 것은 무척 어려운 일이로군요)

➲ 이 경우는 구체적이고 실질적인 일을 뜻하는 것이 아니라 단순한 사실의 뜻으로 쓰인 것이므로 「こと」만이 적절하다.

④ 間違うと死ぬこと/✱仕事があります。(잘못되면 죽는 일이 있습니다)

➲ 이 경우는 죽을 수도 있는 경우를 나타내는 것이므로 구체적이고 실질적인 일을 나타내는 「仕事」는 부적절하다.

⑤ 時々ソウルへ行くこと/✱仕事がある。(때대로 서울에 가는 일이 있다)

➲ 이 경우와 같이 서울에 가는 경우를 나타내는 때는 「こと」가 적절하며 구체적이고 사실적인 일을 나타내는 「仕事」는 부적절하다.

⑥ 彼はこの頃新しい仕事/✱ことを探している。(그는 요즈음 새로운 일을 찾고 있다)

➲ 이 경우는 구체적이고 실질적인 일을 뜻하는 것이므로 「仕事」만이 적절하다.

⑦ 友だちは毎日仕事/✱ことに追われている。(친구는 매일 일에 쫓기고 있다)

➲ 이 경우는 구체적이고 실질적인 일을 나타내는 것이므로 「仕事」만이 적절하다.

⑧ 父は朝早く仕事/✱ことに出ました。(아버지는 아침 일찍 일하러 나갔습니다)

➲ 이 경우도 구체적이고 실질적인 일을 나타내는 것이므로 「仕事」만이 적절하다.

⑨ そんなことがあったとは少しも知りませんでした。
(그런 일이 있었다고는 조금도 몰랐습니다)

➲ 이 경우는 어떤 일에 처해진 입장을 나타내고 있다.

⑩ 朝は電車に乗れないことがあります。(아침에는 전차를 못타는 일이 있습니다)

➲ 이 경우는 전차를 탈 수 없었던 경우를 나타내고 있다.

⑪ あなたはハワイへ行ったことがありますか。(당신은 하와이에 간 적이 있습니까?)

⑫ その映画は前に見たことがあります。(그 영화는 전에 본 일이 있습니다)

⑬ これはやりがいのある仕事だ。(이것은 할 보람이 있는 일이다)

➲ 이 경우는 실질적으로 두뇌나 몸을 이용하여 행하는 구체적인 일을 나타낸다.

⑭ 自分に適した仕事を探す。(자신에게 적합한 일을 찾는다)

➲ 이 경우는 직업의 뜻으로 쓰였다.

⑮ 仕事は銀行員です。(직업은 은행원입니다)

⑯ お仕事は何ですか。(직업은 무엇입니까?)

➲ 상대의 직업을 물을 때는 이와 같이 접두어 「お」를 붙여서 정중도를 높이게 된다.

「～こと」「～の」

(日本人が英語を話すことは難しい、日本人が英語を話すのは難しい)

공통의미

～(하는) 것(앞에 오는 말을 명사화하는 용법)

요점

1. 「こと」와 「の」는 그 앞에 오는 문을 명사로 만드는 문법적 역할을 지니고 있는데, 이를 보통 명사화라고 하며 그런 식으로 명사화된 것을 명사절이라고 한다. 우리말의 '～(하는)것'에 해당되지만, 둘 사이에는 다음과 같은 용법상의 차이가 있다.
2. 「こと」는 원래 「事(일, 사항)」에서 온 말이므로 「～은(는)～하는 것이다」와 같이 해설하는 문에서 쓰이며(예문①②), 「の」는 단순히 앞의 문을 명사화하는 형식명사이므로 「～한 것은(는)～이다」와 같이 지정하는 식의 문에서 쓰인다(예문⑦⑧).
3. 「こと」는 그 뒤에 「大切だ」「必要だ」「約束する」「命じる」「決意する」와 같이 주장, 명령, 결의 등을 나타내는 동사나 「考える」「伝える」「祈る」 등의 사고나 전달, 기원을 나타내는 동사가 오는 반면(예문③④⑤⑥), 「の」는 그 뒤에 「見る」「見える」「聞く」「聞こえる」「気がつく」와 같은 지각동사나 「とめる」「待つ」「手伝う」와 같은 동사가 오는 것이 보통이다(예문⑨⑩⑪⑫⑬⑭⑰).

4. 「こと」와 「の」사이에는 이상과 같은 용법상의 구별이 있으나 그 구별이 다소 복잡하여 이를 다른 방식으로 필자 나름대로 요약하면 다음과 같다. 결국 「こと」는 원래 동작성을 지닌 말이므로 그 앞에는 동작성을 띤 표현이 주로 오게 되며, 「の」는 동작성이 없거나 매우 적은 성질의 표현이 주로 오는 것이 보통이다. 아울러, 「こと」는 하나의 일로서 추상적으로 정리된 사실을 나타내지만(예문⑮⑯), 「の」는 단지 구체적으로 묶여진 동작이나 상태, 사항을 나타낸다(예문⑱).

예문과 해설

① 私の趣味は本を読むこと/✱のです。(내 취미는 책을 읽는 것입니다)

➲ 책을 읽는 것은 동작을 수반하는 것이므로 「こと」가 적절하며 또한 이 경우는 앞의 주제에 대하여 해설을 하는 식이므로 역시 「こと」가 적절하다.

② 私がいやなことは掃除をすること/✱のだ。(내가 싫은 것은 청소를 하는 것이다)

➲ 청소를 하는 것은 동작을 수반하는 것이므로 「こと」로 그 앞을 해설하는 것이 적절하다.

③ 人間は勉強すること/✱のが必要だ。(인간은 공부하는 것이 필요하다)

➲ 공부하는 것은 동작을 수반하는 것이므로 「こと」로 그 앞을 명사화하는 것이 적절하며 특히 「必要だ」와 같이 주장을 담은 경우에는 「こと」만이 적절하다.

④ 友達と明日映画を見に行くこと/✱のを約束した。

(친구와 내일 영화를 보러 갈 것을 약속했다)

➲ 영화를 보러가는 것은 동작을 수반하는 것이므로 「こと」로 그 앞을 명사화하는 것이 적절하며, 특히 「約束する」와 같은 동사 앞에서는 「こと」만이 적절하다.

⑤ 大学院の試験を受けること/✱のを考える。(대학원시험 치루는 것을 생각한다)

➲ 이 경우와 같이 「考える」의 앞에는 「こと」가 적절하다.

⑥ ご病気が回復されること/✱のを祈っています。

(병이 회복될 것을 기원하고 있습니다)

➲ 이 경우와 같이 「祈る」의 앞에는 「こと」가 적절하다.

⑦ 昨日来なかったの/✱ことは山田さんだ。(어제 오지 않은 것은 야마다씨다)

➲ 어제 오지 않은 것은 동작이 아니라 이미 완료된 결과이므로 「の」가 적절하며, 특히 「~は~だ」와 같이 무언가를 지정하는 경우에는 「の」만이 적절하다.

⑧ 頭が痛いと言ったの/✱ことは山田さんだ。

(머리가 아프다고 말한 것은 야마다씨다)

➲ 이 경우역시 예문⑦과 맥락을 같이하고 있다.

⑨ 昨日(きのう)小林(こばやし)さんがデパートに入(はい)るの/✱ことを見(み)た。
(어제 코바야시씨가 백화점에 들어가는 것을 봤다)

➲ 이 경우는 백화점에 들어가는 생생한 동작을 가리키는 것이 아니라, 어디까지나 그러한 장면을 가리키는 것이므로 「の」로 그 앞을 명사화하는 것이 적절하며, 특히 「見(み)る」와 같은 지각동사의 대상을 나타내는 데는 오로지 「の」만이 적절하다.

⑩ うぐいすが鳴(な)いているの/✱ことが聞(き)こえる。(꾀꼬리가 울고 있는 것이 들려온다)

➲ 꾀꼬리가 울고 있는 것은 동작이 아니라 하나의 감지대상이므로 「の」로 그 앞을 명사화하는 것이 적절하며, 특히 「聞(き)こえる」와 같은 지각동사의 대상을 나타내는 데는 오로지 「の」만이 적절하다.

⑪ 彼女(かのじょ)がいつもよりげんきなの/✱ことに気(き)がついた。
(그녀가 여느 때보다 활기찬 것을 알아차렸다)

➲ 이 경우는 그 뒤에 지각동사가 와 있으므로 「の」가 적절하다.

⑫ 母(はは)がアイロンをかけるの/✱ことを手伝(てつだ)う。(어머니가 다리미질을 하는 것을 돕는다)

➲ 이 경우는 그 뒤에 「手伝(てつだ)う」와 같은 동사가 와 있으므로 「の」가 적절하다.

⑬ 彼女(かのじょ)が来(く)るの/✱ことを1時間(じかん)も待(ま)った。(그녀가 오는 것을 1시간이나 기다렸다)

➲ 이 경우는 그 뒤에 「待(ま)つ」와 같은 동사가 와 있으므로 「の」가 적절하다.

⑭ 彼女(かのじょ)が帰(かえ)るの/✱ことをとめる。(그녀가 돌아가는 것을 잡는다)

➲ 이 경우는 그 뒤에 「とめる」와 같은 동사가 와 있으므로 「の」가 적절하다.

⑮ 私(わたし)は弟(おとうと)に車(くるま)を運転(うんてん)すること/✱のを命(めい)じた。(나는 남동생에게 운전할 것을 명했다)

➲ 이 경우는 그 뒤에 「命(めい)じる」와 같은 동사가 와 있으므로 「こと」가 적절하다.

⑯ その会社(かいしゃ)は東京(とうきょう)に進出(しんしゅつ)すること/✱のを企(くわだ)てた。
(그 회사는 도쿄에 진출할 것을 기획했다)

➲ 이 경우는 그 앞에 진출한다고 하는 동작성을 지닌 동사가 와 있으므로 「こと」가 적절하다.

⑰ 私(わたし)は花子(はなこ)がピアノをひくの/✱ことを聞(き)いた。
(나는 하나코가 피아노를 치는 것을 들었다)

➲ 이 경우는 그 뒤에 「聞(き)く」와 같은 지각동사가 와 있으므로 「の」가 적절하다.

⑱ 今日は熱があるから、学校に行くの/＊ことをあきらめた。
(오늘은 열이 있기 때문에 학교에 가는 것을 포기했다)

➲ 이 경우는 그 뒤에 학교에 간다고 하는 동작이 아니라 단지 등교라고 하는 사실만을 나타내는 것이므로 「の」가 적절하다.

「～ことがある」「～たことがある」

(時々日本へ行くことがある、時々日本へ行ったことがある)

공통의미

～(하는)일이 있다, ～(한)적이 있다

요점

1. 「～ことがある」는 가끔, 또는 어쩌다가 일어나는 경우를 표현하며 빈도가 높은 경우에는 사용하지 못한다(예문⑪). 우리말의 「가끔～하는 일(경우)이 있다」에 해당되는데(예문①③⑤⑥), 때에 따라서는 「～こともある(가끔～할 때(경우)도 있다)」의 형태로도 사용된다(예문⑦).
2. 「～たことがある」는 과거, 완료의 의미를 나타내는 조동사 「た」가 「～ことがある」 앞에 접속되어 과거의 경험이나 체험을 나타내게 된다. 우리말의 「～한 적(일)이있다」 에 해당된다(예문②④⑧⑨⑩).
3. 결국, 「こと」가 단지 어쩌다가 일어나는 경우를 나타낼 때는 그 앞에 현재형이 오지만, 과거의 경험이나 체험을 나타낼 때는 반드시 그 앞에 과거형이 오는 셈이다.

예문과 해설

① 土曜日は学校へ行くことがあるが、たいていはうちにいる。
(토요일은 학교에 가는 때가 있지만, 대개는 집에 있다)

➲ 이 경우와 같이 가끔 학교에 가는 빈도를 나타낼 때는 「~ことがある」가 적절하다.

② 土曜日は学校へ行ったことがあるが、誰もいなかった。
(토요일은 학교에 간 적이 있지만, 아무도 없었다)

➲ 이 경우와 같이 과거의 경험을 나타낼 때는 「~たことがある」가 적절하다.

③ これだけ練習(れんしゅう)していても、時(とき)として失敗(しっぱい)することがある。

(이만큼 연습하고 있어도, 때로는 실패하는 경우가 있다)

➲ 이 경우역시 가끔 일어나는 빈도를 나타내는 것이므로 「~ことがある」가 적절하다.

④ あなたはハワイへ行(い)ったことがありますか。

(당신은 하와이에 간 적이 있습니까?)

➲ 이 경우와 같이 과거의 경험을 나타낼 때는 「~たことがある」가 적절하다.

⑤ 長雨(ながあめ)が続(つづ)くと、害虫(がいちゅう)の被害(ひがい)を受(う)けることがある。

(장마가 계속되면, 해충의 피해를 받는 일이 있다)

➲ 이 경우는 가끔 일어나는 해충의 피해에 대한 빈도를 나타내고 있다.

⑥ 朝(あさ)は電車(でんしゃ)に乗(の)れないことがあります。

(아침은 전차를 탈 수 없는 경우가 있습니다)

⑦ 夕食(ゆうしょく)のあとたいていテレビを見(み)ますが、見(み)ないで寝(ね)ることもあります。

(저녁식사 후 대체로 티브이를 봅니다만, 보지 않고 자는 일도 있습니다)

⑧ 私(わたし)はさしみを食(た)べたことがあります。(저는 생선회를 먹은 적이 있습니다)

➲ 이 경우는 생선회를 먹어본 경험을 나타내고 있다.

⑨ 彼(かれ)の作品(さくひん)はまだ読(よ)んだことがありません。

(그의 작품은 아직 읽은 적이 없습니다)

⑩ 私(わたし)は今(いま)まで海外旅行(かいがいりょこう)はおろか国内(こくない)さえもほとんど見(み)て回(まわ)ったことがない。

(저는 지금까지 해외여행은 고사하고 국내조차도 거의 돌아다닌 적이 없다)

⑪ ＊このあたりはよく事故(じこ)が起(お)こることがある。(이 부근은 자주 사고가 일어난다)

➲ 「~ことがある」는 어쩌다가 일어나는 경우를 나타내며 빈도수가 잦은 경우에는 쓸 수가 없다. 따라서 이 경우에는 「このあたりはよく事故(じこ)が起(お)こる」로 표현하는 것이 적절하다.

「～ことができる」「가능동사」

(英語(えいご)を話(はな)すことができる、英語(えいご)が話(はな)せる)

공통의미

～(할)수 있다(동작, 행위의 가능을 나타내는 용법)

요점

1. 5단활용동사의 경우, 동작, 행위의 가능을 나타내는 것으로는 연체형에「～ことができる」를 접속시키는 방법과 가능동사를 이용하는 방법의 두 가지가 있다.
2. 5단활용동사를 가능동사로 바꿀 때는 어미「う」단을「え」단으로 바꾸고서「る」를 붙이면 되는데, 일단 가능동사로 바뀌어 지게 되면 활용은 반드시 하1단활용동사식으로 하게 된다. 아울러, 가능동사의 경우, 그 대상을 나타내는 조사로는「が」가 오는 것이 보통이다.
3. 「～ことができる」는 문장체적인 성격을 지니고 있으나 가능동사는 회화체적인 성격을 지니고 있다(예문①②③). 아울러 이러한 형식에 있어서 그 대상을 나타내는 조사로는 반드시「を」만 올 수가 있다.
4. 「～ことができる」는 주로 외적인 조건에 의한 가능을 나타내지만 가능동사는 주로 내적인 조건에 의한 능력을 나타낸다(예문④).
5. 「～ことができる」는 어떤 동작이나 행위가 가능하다고 하는 사실에 대한 주관적인 평가의 의미가 없으나, 가능동사에는 그러한 동작이나 행위가 가능한 것에 대한 주관적인 평가의 의미가 들어있다(예문⑤⑥).

예문과 해설

① 100メートル10秒(びょう)で走(はし)れる/?走(はし)ることができるまで頑張(がんば)れ。

(100미터 10초로 달릴 수 있을 때까지 분발해라)

➲ 이 경우는 문말에「頑張(がんば)れ」와 같은 명령형이 있는 일상적인 회화체이므로 가능동사가 적절하며「~ことができる」와 같은 문장체적인 성격을 지닌 표현은 다소 부적절한데, 이는 특히「~ことができる」의 경우 가능동사에 비해서 음절수가 상대적으로 길다고 하는 데에 그 요인이 있는 듯하다.

② 太郎(たろう)が英語(えいご)が話(はな)せる/?英語(えいご)を話(はな)すことができることはみんな知(し)っている。
(타로가 영어를 할 수 있는 것은 모두 알고 있다)

➲ 이 경우 역시 위의 예문과 맥락을 같이하고 있다.

③ やった！飛(と)べた/＊飛(と)ぶことができた。 (됐다! 날 수 있었다)

➲ 이 경우와 같이 일상적인 회화체성격이 매우 짙은 문에서는 「~ことができる」는 매우 부적절하다.

④ 最近(さいきん)は年(とし)のせいか、酒(さけ)が飲(の)めなくなった/?酒(さけ)を飲(の)むことができなくなった。
(최근에는 나이 탓인지, 술을 마실 수가 없게 되었다)

➲ 이 경우는 술을 마실 수 없게 된 것이 외적조건에 의한 것이 아니라 어디까지나 자신의 나이 탓에 있는 것이므로 외적조건에 의한 가능을 나타내는 「~ことができる」는 다소 부적절하다.

⑤ あの部長(ぶちょう)は話(はな)せるよ/＊話(はな)すことができるよ。(저 부장은 이야기가 통해)

➲ 이 경우는 단순한 가능의 뜻이 아니라 이야기가 통한다고 하는 평가의 뜻을 나타내므로 가능동사는 얼마든지 사용이 적절하지만, 「~ことができる」에는 이와 같은 용법이 없으므로 사용이 부적절하다.

⑥ このコーラは飲(の)めるよ/＊飲(の)むことができるよ。(이 콜라는 마실만하네)

➲ 이 경우역시 단순한 가능의 뜻이 아니라, 이 콜라의 맛이 괜찮아서 마실만하다고 하는 평가의 뜻을 나타내므로 가능동사는 얼마든지 사용이 적절하지만, 「~ことができる」에는 이와 같은 용법이 없으므로 사용이 부적절하다.

「今年(ことし)」「本年(ほんねん)」「今年(こんねん)」

(今年(ことし)もよろしくお願(ねが)いします、本年(ほんねん)もよろしくお願(ねが)いします、今年(こんねん)もよろしくお願(ねが)いします)

공통의미

금년, 올해

요점

1. 「今年(ことし)」가 일상회화에서 가장 일반적으로 많이 쓰이는 말로 우리말의 '올해'에 해당된

다(예문①②).

2. 「本年」과 「今年」은 인사말 등 문장체에서 쓰이는 말로 우리말의 '금년'에 해당되는데, 이 중에서 「本年」이 「今年」보다 더 많이 쓰인다(예문③).

예문과 해설

① 今年/本年/今年もよろしくお願いします。(올해도/금년도 잘 부탁합니다)

➲ 이 경우와 같이 잘 부탁한다고 하는 의례적인 인사말에서는 어느 것이나 적절하지만 역시 「今年」가 가장 회화체적이며, 「本年」과 「今年」은 딱딱하고 격식을 차린 어감이 주어진다.

② 今年/＊本年/＊今年こそがんばらなくてはならない。
(올해야말로 분발해야만 한다)

➲ 이 경우는 회화체이므로 「今年」가 적절하다.

③ 今年/?本年/?今年は西暦何年ですか。(올해는 서기 몇 년입니까?)

➲ 이 경우는 역시 회화체이므로 「今年」가 가장 적절하며 문장체적인 어감이 주어지는 「本年」과 「今年」은 다소 부적절하다.

「～ことだ」「～ものだ」

(優等生になるためにはもっと勉強する<u>ことだ</u>、学生は勉強する<u>ものだ</u>)

공통의미

～(해야)한다(당연히 그렇게 해야 함을 나타내는 용법)

요점

1. 「～ことだ」는 상대가 그러한 행위를 하는 것이 중요하고 필요하다는 판단 하에서 상대에게 그렇게 할 것을 충고하는 경우에 쓰인다. 주로 비교적 연령이 높은 층에서 쓰는 경향이 있다(예문①②③④).

2. 「～ものだ」는 상대가 그러한 행위를 하는 것이 바람직할 것이라는 일반적인 생각하에서 상대로 하여금 그렇게 할 것을 촉구하는 경우에 쓰인다. 「～ことだ」와 달리 개인적인 생각 하에서는 쓸 수가 없다(예문①⑤⑥⑦⑧).

예문과 해설

① 優等生になるためにはもっと勉強することだ/学生は勉強するものだ。
(우등생이 되기 위해서는 더 공부해야 한다/학생은 공부하는 법이다)

➲ 이 경우 「~ことだ」가 쓰인 문은 우등생이 되는 것을 목표로 한다고 하는 개별적인 차원에서의 충고를 나타내고 있으나, 「~ものだ」는 모름지기 학생은 공부하는 것이 마땅하다고 하는 일반적인 생각에서의 촉구를 나타내고 있다.

② 学者になるためにはもっと勉強することだ/＊ものだ。
(학자가 되기 위해서는 더 공부해야 한다)

➲ 「~ものだ」는 일반적인 생각에서의 촉구를 나타내는 것이므로 여기에서와 같이 학자가 되는 것을 목표로 한다고 하는 개별적인 차원에서의 충고를 나타낼 때는 부적절하다.

③ 明日の会に参加したい人は、手を挙げることだ/＊ものだ。
(내일의 모임에 참가하고 싶은 사람은 손을 들어라)

➲ 이 경우와 같이 일반적인 생각이 아니라 개별적인 차원을 나타낼 때는 「~ことだ」가 적절하다.

④ この話が終わったら、まっすぐ家に帰ることだ/＊ものだ。
(이 이야기가 끝나면, 곧바로 집에 돌아가야 한다)

➲ 이 경우역시 일반적인 생각이 아니라 개별적인 차원을 나타내는 것이므로 「~ことだ」가 적절하다.

⑤ 人間というものはさびしいものだ/＊ことだ。(인간이라는 것은 외로운 법이다)

➲ 이 경우는 인간의 본질적 성질이라고 하는 일반적인 생각을 나타내는 것이므로 「~ものだ」가 적절하다.

⑥ 夏は暑いものだ/＊ことだ。(여름은 더운 법이다)

➲ 이 경우역시 여름이라는 계절은 본래 덥게 마련이라고 하는 일반적인 생각을 나타내는 것이므로 「~ものだ」가 적절하다.

⑦ 見られないとなると、かえって見たくなるものだ/＊ことだ。
(볼 수 없다고 하면, 오히려 보고 싶어지는 법이다)

➲ 이 경우도 일반적인 생각을 나타내는 것이므로 「~ものだ」가 적절하다.

⑧ 赤ん坊は泣くものだ/＊ことだ。(아이라는 것은 우는 법이다)

➲ 이 경우도 위의 예문과 맥락을 같이하고 있다.

「～こととする」「～ものとする」

(休(やす)む時(とき)は前日(ぜんじつ)に連絡(れんらく)するこ<u>ととする</u>、休(やす)む時(とき)は前日(ぜんじつ)に連絡(れんらく)する<u>ものとする</u>)

공통의미

～하기로 하다, ～하는 것으로 하다

요점

1. 「～こととする」는 일방적인 지시를 나타내는 것으로 주로 문장체에서 쓰이는데, 우리말의 '～하기로 하다'에 해당된다(예문①②⑤⑥). 구속력은 「～ものとする」 보다 약하다.
2. 「～ものとする」는 일방적인 명령이나 쌍방이 지켜야만 할 합의사항을 나타내는 것으로 주로 문장체에서 쓰이는데, 우리말의 '～하는 것으로 하다'에 해당된다(예문①②③④⑦⑧). 구속력은 「～こととする」보다 강하다.
3. 결국 「～こととする」는 일방적인 지시를 나타내고 「～ものとする」는 일방적인 명령이나 쌍방이 지켜야만 할 합의사항을 나타낸다고 하는 뉘앙스의 차이는 있지만, 웬만한 경우에는 둘 다 호환성이 있다. 다만, 구속력이 엿보이는 문맥에서는 오로지 「～ものとする」를 써야하며 「～こととする」는 쓰기가 어렵다고 하는 점에 용법상의 차이가 엿보인다.

예문과 해설

① 休(やす)む時(とき)は前日(ぜんじつ)に連絡(れんらく)することとする/ものとする。
(쉴 때는 전날에 연락하기로 한다/연락하는 것으로 한다)

➲ 이 경우는 둘 다 적절한데 「~こととする」를 쓰게 되면 연락할 것을 일방적으로 지시하는 어감이 주어지지만 「~ものとする」를 쓰게 되면 연락할 것을 강한 구속력을 가지고 명령하는 어감이 주어진다.

② 残業(ざんぎょう)は一切(いっさい)認(みと)めないこととする/ものとする。
(잔업은 일체 인정하지 않기로 한다/인정하지 않는 것으로 한다)

➲ 이 경우 역시 「~こととする」를 쓰게 되면 잔업을 일체 인정하지 않는다는 일방적인 지시 사항을 나타내지만 「~ものとする」를 쓰게 되면 잔업을 일체 인정하지 않는다는 구속력이 강한 합의사항을 나타낸다.

③ これに違反する者は、規則によって処罰されるものとする/ ✱ こととする。

(이것을 위반하는 자는 규칙에 의해서 처벌받는 것으로 한다)

➲ 이 경우는 처벌이라는 말이 나와 있는 것에서 볼 수 있듯이 강한 구속력을 지닌 사항이므로 「~ものとする」가 적절하다. 「~こととする」는 단지 그러한 지시사항을 나타낼 뿐, 지켜지지 않았을 때에 대한 처벌 같은 구속력은 그다지 없으므로 이 문맥에서는 부적절하다.

④ 本契約書は署名した時点より効力を有するものとする/ ✱ こととする。

(본 계약서는 서명한 시점부터 효력을 지니는 것으로 한다)

➲ 이 경우와 같이 계약서를 통한 합의사항을 나타낼 때는 「~ものとする」가 적절하다.

⑤ 体育館では、シューズをはきかえるこことする。

(체육관에서는 신발을 갈아 신기로 한다)

➲ 이 경우는 체육관에서는 신발을 갈아 신어야 한다는 일방적인 지시사항을 나타내고 있다.

⑥ この問題は、両政府の次官級協議にゆだねることとした。

(이 문제는 양정부의 차관급협의에 위임하기로 했다)

⑦ これで契約が成立したものとする。(이것으로 계약이 성립된 것으로 한다)

➲ 이 경우와 같이 「~ものとする」를 쓰게 되면 법적인 구속력이 발생하게 된다.

⑧ 勤務中は、指定された制服を着用するものとする。

(근무 중에는 지정된 제복을 착용하는 것으로 한다)

➲ 이 경우는 일방적인 명령사항을 나타내고 있다.

「~ごとに」「~おきに」

(一週間ごとに発表会がある、一週間おきに発表会がある)

공통의미

～마다, ～간격으로

요점

1. 「～ごとに」는 수량을 나타내는 말에 접속되어 그러한 사항이나 상태가 반복됨을 나타내는데 우리말의 '～마다' 정도에 해당된다(예문①②③④⑤⑥).
2. 「～おきに」는 수량을 나타내는 말에 접속되어 그러한 사항이나 상태가 일어나는 간격을 나타내는데 우리말의 '～간격으로' 정도에 해당된다(예문①②③④⑦⑧⑨).
3. 결국, 「～ごとに」는 어떠한 사항이나 상태가 지속적으로 반복됨에 있어서 그 도달점에 의미의 중심이 놓이고, 「～おきに」는 어떠한 사항이나 상태가 일정한 간격을 두고 일어난다고 하는 시간과 거리의 간격에 의미의 중심이 놓이는 셈이다.

예문과 해설

① 一週間ごとに/おきに発表会がある。(1주일마다/1주일 간격으로 발표회가 있다)

➲ 이 경우 「~ごとに」를 쓰게 되면 1주일마다 한 번씩 지속적으로 발표회가 이루어진다는 뜻이 되지만, 「~おきに」를 쓰게 되면 1주일 간격으로 발표회가 이루어진다는 뜻이 된다. 당연히 긴장감은 「~ごとに」가 더 크게 되며 「~おきに」는 다소 심적인 여유가 엿보이게 된다.

② 一年ごとに/おきに全国体育大会が開かれる。
(1년마다/1년 간격으로 전국체육대회가 개최된다)

➲ 이 경우 「~ごとに」를 쓰게 되면 1년마다 한 번씩 전국체육대회가 지속적으로 개최 된다는 뜻이 되지만, 「~おきに」를 쓰게 되면 1년 간격으로 전국체육대회가 개최 된다는 하는, 시간적인 간격에 의미의 중심이 놓이게 된다.

③ 五分ごとに/おきにバスが出る。(5분마다/5분 간격으로 버스가 출발한다)

➲ 이 경우 역시 「~ごとに」를 쓰게 되면 5분에 한 번씩 반복적으로 버스가 출발한다는 뜻이 되고, 「~おきに」를 쓰게 되면 5분 간격으로 버스가 출발한다고 하는, 시간적 간격에 의미의 중심이 놓이게 된다.

④ オリンピックは四年ごとに/おきに開催される。(올림픽은 4년마다 개최된다)

➲ 「~ごとに」는 도달점에 의미의 중심이 놓이게 되므로 이 경우에는 4년째가 되는 해에 올림픽이 열린다고 하는 뜻을 나타내지만, 「~おきに」는 올림픽이 4년 간격으로 열린다고 하는 뜻이 된다.

⑤ この温泉は二日ごとに女湯と男湯が変わる。
(이 온천은 이틀마다 여탕과 남탕이 바뀐다)

➲ 이 경우는 이틀이 경과한 날짜에 여탕과 남탕이 바뀐다는 뜻을 나타낸다.

⑥ この雑誌は二週間ごとに発売されます。(이 잡지는 2주일마다 발매됩니다)

⑦ 私は二ヶ月おきにふるさとへ行きます。(나는 2개월 간격으로 고향에 갑니다)

➲ 「~ごとに」는 간격에 의미의 중심이 놓이게 되므로, 이 경우에는 2개월 간격으로 고향에 감을 나타낸다.

⑧ この軟膏は四時間おきに塗ってください。
(이 연고는 4시간 간격으로 발라 주십시오)

⑨ 道路には100メートルおきに街灯が立っている。
(도로에는 100미터 간격으로 가로등이 서 있다)

➲ 100미터를 간격으로 해서 가로등이 서 있음을 나타내고 있다.

「~ことにする」「~ことになる」

(帰国することにしました、帰国することになりました)

공통의미

~하기로 하다, ~하게 되다

요점

1. 「~ことにする」는 장래의 행위에 관한 결정이나 결의를 나타내는데 그러한 결정이나 결의를 내린 사람이 확실하게 나타나게 된다. 우리말의 '~하기로 하다' 에 해당된다. 이와 유사한 표현으로는 「~こととする」가 있는데, 이는 「~ことにする」에 비해서 보다 문장체적이다.
2. 「~ことになる」는 장래의 행위에 관해 무언가의 결정이나 어떤 결과가 이루어졌음을 나타내는데, 결정이나 결과의 주체가 불투명해서 자연스럽게 또는 저절로 그렇게 되었음을 나타낸다. 우리말의 '~하게 되다'에 해당된다. 이와 유사한 표현으로는 「~こととなる」가 있는데 이는 「~ことになる」에 비해서 보다 문장체적이다.

예문과 해설

① 息子は明日から泳ぐことにしました/なりました。

(아들은 내일부터 수영하기로 했습니다/수영하게 되었습니다)

➲ 이 경우 「~ことにする」를 쓰게 되면 아들이 내일부터 수영하기로 결정하였음을 나타내지만 「~ことになる」를 쓰게 되면 아들이 내일부터 수영하기로 결정한 주체가 불투명해진다.

② 来月帰国することにしました/なりました。

(다음 달 귀국하기로 했습니다/귀국하게 되었습니다)

➲ 이 경우 「~ことにする」를 쓰게 되면 내년에 귀국하기로 결정한 주체는 말하는 사람임을 나타내지만 「~ことになる」를 쓰게 되면 내년에 귀국하기로 결정한 주체가 불투명해진다.

③ あの会社とうちの会社は合併することにした/ことになったらしい。

(저 회사와 우리 회사는 합병하기로 한 것 같다/합병하게 된 것 같다)

➲ 이 경우 역시 위의 예문들과 맥락을 같이하고 있다.

④ この部屋には、関係者以外入ってはいけないことにしている/なっている。

(이 방에는 관계자이외는 들어와서는 안 되는 것으로 하고 있다/안 되는 것으로 되어 있다)

➲ 이 경우도 위의 예문들과 맥락을 같이하고 있다.

⑤ 今度大阪支社に行くことにしました/ことになりました。

(이번에 오사카지사에 가기로 했습니다/가게 되었습니다)

⑥ よく話し合った結果、やはり離婚することにしました/ことになりました。

(이야기를 잘 나눈 결과, 역시 이혼하기로 했습니다/이혼하게 되었습니다)

⑦ この問題は、両政府の次官級協議にゆだねられることにした/ことになった。

(이 문제는 양정부의 차관급협의에 위임되는 것으로 했다/위임되는 것으로 되었다)

참고

한편, 「～ことになる」에는 말하는 사람자신의 결정임에도 불구하고, 표현을 보다 완곡하게 하고자 하는 심리에서 쓰이는 경우도 있다.

「私は、来月結婚することになりました」(저는 다음 달 결혼하게 되었습니다)

「～ことにする」「～ようにする」

(毎日一回はうどんを食べることにします、毎日一回はうどんを食べるようにします)

공통의미

～하게 하다

요점

1. 「～ことにする」는 말하는 사람이 주체적으로 결심, 결정한 것을 나타낸다. 우리말의 '～하기로 한다' 에 해당된다(예문①②⑦⑧).
2. 「～ようにする」는 말하는 사람이 노력하여 그렇게 하겠다고 하는 의미용법과(예문③④⑨), 다른 것이 그렇게 하도록 변화를 일으키겠다고 하는 의미용법(예문⑤⑥⑩)의 두 가지가 있다. 전자의 경우에는 그 앞에 의지동사(말하는 사람이 자력으로 움직이는 동사)가 접속되고, 후자의 경우에는 그 앞에 무의지동사(말하는 사람의 의지와는 상관없이 움직이는 동사)가 접속된다. 전자는 우리말의 '～하도록 한다'에 해당되고 후자는 '～하게끔 한다'에 해당된다.

예문과 해설

① 来月引っ越すことにしました。(다음 달 이사하기로 했습니다)

➲ 이 경우는 말하는 사람이 주체적으로 결정하였음을 나타낸다.

② 仕事を引き受けないことにしました。(일을 맡지 않기로 했습니다)

➲ 이 경우도 말하는 사람이 주체적으로 결정하였음을 나타낸다.

③ これからは先生になんでも相談するようにします。
(이제부터는 선생님께 뭐든지 의논하도록 하겠습니다)

➲ 이 경우는 말하는 사람이 의논하도록 노력할 것임을 나타낸다.

④ 毎日野菜を食べるようにしています。(매일 야채를 먹도록 하고 있습니다)

➲ 이 경우는 말하는 사람이 매일 야채를 먹도록 노력하고 있음을 나타낸다.

⑤ 洗濯機を修理して、使えるようにしました。

(세탁기를 수리하여 쓸 수 있게끔 했습니다)

➲ 이 경우는 고장 난 세탁기를 쓸 수 있도록 변화를 일으켰음을 나타내고 있는데, 그 앞에는 무의지동사가 와있다.

⑥ 庭(にわ)にえさをまいて、小鳥(ことり)たちがいつでも飛(と)んでくるようにしました。

(뜰에 모이를 뿌려서, 작은 새들이 언제든지 날아오게끔 했습니다)

➲ 이 경우는 작은 새들이 날아오지 않던 상태에서 날아오는 상태로 변화를 일으켰음을 나타내고 있는데, 그 앞에는 역시 무의지동사가 와있다.

⑦ 来年(らいねん)から遠(とお)いところへは出張(しゅっちょう)しないことにしました。

(내년부터 먼 곳으로는 출장가지 않기로 했습니다)

⑧ これからは残業(ざんぎょう)を認(みと)めることにします。(이제부터는 잔업을 인정하기로 하겠습니다)

⑨ 私(わたし)はリハビリして、一人(ひとり)で歩(ある)けるようにします。

(나는 재활치료를 해서, 혼자서 걸을 수 있도록 하겠습니다)

⑩ 無口(むくち)な子(こ)に話(はな)しかけて、話(はな)せるようにする。

(말수가 없는 아이에게 이야기를 걸어서 말 할 수 있게 한다)

「～ことになる」「～ようになる」

(帰国(きこく)することになりました、帰国(きこく)するようになりました)

공통의미

～하게 되다

요점

1. 「～ことになる」는 말하는 사람의 결정에 의해서가 아니라 타의에 의한 결정이나 어떠한 사정의 변화 등으로 인하여 결과적으로 '그렇게 하게 된다'는 의미를 나타낸다(예문①③⑤⑥⑦⑧).
2. 「～ようになる」는 점차적인 변화를 나타내는데 주로 일정한 시간과 노력을 들인 결과, 그 성과로서 '그렇게 하게 된다'는 의미를 나타낸다(예문②④⑨⑩⑪).

예문과 해설

① 息子は泳げることになりました。(아들은 수영할 수 있게 되었습니다)

➲ 이제까지는 타의에 의한 결정 또는 사정의 무변화로 인해서 수영을 할 수 없었던 상태에서 새로운 결정이나 변화로 인해 결과적으로는 다시 수영할 수 있는 상태로 바뀌었음을 나타낸다.

② 息子は泳げるようになりました。(아들은 수영할 수 있게 되었습니다)

➲ 이제까지는 수영할 수 있는 능력이 없었던 상태였으나 일정한 노력과 시간의 경과로 인하여 점차 수영할 수 있는 상태로 변화되었음을 나타낸다.

③ 来月帰国することになりました。(다음 달 귀국하게 되었습니다)

➲ 다음 달의 귀국이 말하는 사람의 결정에서 벗어나 있는 것임을 나타낸다.

④ 来月帰国するようになりました。(다음 달 귀국하게 되었습니다)

➲ 귀국하고자 여러 가지로 노력한 결과, 그 성과로서 귀국이 결정되었다고 하는 변화를 나타낸다.

⑤ 威張ってばかりいると、まわりの反感を買うことになる。
(우쭐대고만 있으면, 주위의 반감을 사게 된다)

➲ 말하는 사람자신의 결정에 의해서가 아니라 주위사정의 변화에 의해서 결과적으로 반감을 사게 됨을 나타낸다.

⑥ うちの子は8ヶ月で歩けるようになった。(우리 아이는 8개월에 걸을 수 있게 되었다)

➲ 걸을 수 없었던 상태였으나 일정한 시간의 경과와 함께 점진적으로 걸을 수 있는 상태로 변화되었음을 나타낸다.

⑦ あの会社とうちの会社は合併することになったらしい。
(저 회사와 우리 회사는 합병하게 된 것 같다)

⑧ この部屋には、関係者以外入ってはいけないことになっている。
(이 방에는 관계자이외는 들어와서는 안 되는 것으로 되어 있다)

⑨ アンテナの位置を変えたので、テレビがよく映るようになった。
(안테나의 위치를 바꿨기 때문에 티브이가 잘 나오게 되었다)

⑩ 100メートルを56秒で泳げるようになりたいなあ。
(100미터를 56초에 헤엄칠 수 있게 되고 싶구나)

⑪ 熱心に勉強したので、日本語が話せるようになりました。
(열심히 공부했기 때문에 일본어를 말할 수 있게 되었습니다)

참고

한편, 「～ことになる」에는 말하는 사람자신의 결정임에도 불구하고, 표현을 보다 완곡하게 하고자 하는 심리에서 쓰이는 경우도 있다.

「私は、来月結婚する<u>ことになり</u>ました」 (저는 다음 달 결혼하게 되었습니다)

「子供っぽい」「子供らしい」

공통의미

아이 같다

요점

1. 「子供っぽい」는 명사 「子供」에, '그러한 느낌이 든다' 고 하는 뜻의 접미어 「～っぽい」가 접속된 형태이다. 실제로는 어린이라고 할 수 없는 나이임에도 불구하고 그 언동이나 복장 등이 마치 어린이와 같다고 하는 뜻으로 쓰인다. 주로 유치함을 비난하거나 조롱할 때에 쓰이는 경향이 있는데, 우리말의 '유치하다' 정도에 해당된다(예문①②⑤).
2. 「子供らしい」는 실제로 어린이가 어린이다운 언동이나 복장을 하고 있다는 뜻으로 쓰이는데 그 순진함을 칭찬하는 기분이 담겨져 있는 말이다. 우리말의 '어린애답다, 정도에 해당된다(예문③④⑥).

예문과 해설

① あの課長は子供っぽい/＊子供らしいことばかりしている。
(저 과장은 유치한 짓만 하고 있다)

➲ 어린이가 아닌 과장이 어린이가 말할 만한 유치한 말만 하고 있다는 뜻이므로 「子供っぽい」가 적절하다. 「子供らしい」는 어린이가 어린이답다고 하는 긍정적인 평가의 뜻으로 쓰이므로 여기에서는 부적절하다.

② 隣の主婦さんは年のわりに子供っぽい/✱子供らしい服装をしている。
(옆집 주부는 나이에 비해서 유치한 복장을 하고 있다)

➲ 이 경우 역시 위의 예문①과 맥락을 같이하고 있다.

③ 少女は子供らしい/✱子供っぽい笑顔を見せた。
(소녀는 어린애 같은 미소 띤 얼굴을 보였다)

➲ 이 경우는 실제로 아직 어른이 아닌 소녀이므로 그러한 나이에 걸 맞는 모습이나 행동을 긍정적으로 평가하는 「子供らしい」가 적절하다. 「子供っぽい」는 하는 모습이나 행동이 유치함을 나타내는 것이므로 여기에서는 문맥상 부적절하다.

④ 子供は子供らしい/✱子供らしい行動をしなければならない。
(애는 애 같은 행동을 해야만 한다)

➲ 이 경우 역시 위의 예문③과 맥락을 같이하고 있다.

⑤ 君はなぜそんな<u>子供っぽい</u>発想をしているのか。
(자네는 왜 그런 유치한 발상을 하고 있는 건가)

➲ 실제로는 성인인데도 불구하고 하는 발상이 유치함을 부정적으로 나타내고 있다.

⑥ それは<u>子供らしい</u>考えだ。(그것은 아이다운 생각이다)

➲ 아이가 아이다운 생각을 하고 있는 데에 대한 긍정적인 평가를 나타내고 있다.

「断る」「拒む」「拒絶する」「拒否する」

(面会を<u>断る</u>、面会を<u>拒む</u>、面会を<u>拒絶する</u>、面会を<u>拒否する</u>)

공통의미

거절하다, 거부하다

요점

1. 「断る」는 권유나 의뢰를 거절하는 것인데 그 태도보다는 거절하고자 하는 의지를 나타내는 점에 중점이 있다(예문①⑤⑥). 한편으로는 거절의 의미와는 상관없이 무언가를

진행하기 전에 미리 사정이나 이유를 설명해둔다고 하는 의미로도 빈번하게 쓰이는데 이러한 의미용법은 다른 말에는 일체 없다(예문④⑦).

2. 「拒む」는 상대의 요구 등을 저지하는 것인데 그 태도 속에 불쾌감이나 적개심과 같은 것이 들어있을 수 있다(예문②⑧⑨⑩).

3. 「拒絶する」는 상대의 요구나 희망을 거절하는 것인데 보다 명확한 태도를 나타내는 점에 중점이 있다(예문⑪⑫). 비교적 딱딱한 어감을 주는 말이다.

4. 「拒否する」는 상대의 요구나 희망을 거절하는 것인데 받아들이기가 싫다고 하는 감정적인 느낌이 강하며, 한편으로는 어떤 결의나 결정에 대하여 동의할 수가 없음을 나타내기도 한다(예문③⑬⑭⑮). 비교적 딱딱한 어감을 주는 말이다.

예문과 해설

① 風邪で同窓会への誘いを断る/✱拒む/✱拒絶する/✱拒否する。
(감기로 동창회에 오라는 권유를 거절하다)

➲ 이 경우와 같이 어떤 모임으로의 권유를 부득이 거절해야만 하는 때는 「断る」만이 적절하다. 「拒む」「拒絶する」「拒否する」를 쓰게 되면 너무 의미가 과장되게 되어 부적절하다.

② 大きく高い山が行く手を拒む/✱断る/✱拒絶する/✱拒否する。
(크고 높은 산이 가는 길을 거부한다)

➲ 이 경우와 같이 앞으로 진행하고자 하는 것을 갈 수 없게 막는 것은 「拒む」가 적절하다. 「拒む」에는 어디까지나 저지한다고 하는 어감이 들어있기 때문이다. 「断る」를 쓰게 되면 산이 나름대로의 의지를 가지고 가는 길을 거절한다는 엉뚱한 뜻이 되고, 「拒絶する」를 쓰게 되면 산이 거절하고자 하는 명확한 태도를 나타내는 셈이 되어서 부적절하며, 「拒否する」를 쓰게 되면 산이 감정적으로 입산을 싫어한다는 뜻이 되어버려서 이 또한 부적절하다.

③ 最近は、登校を拒否する/✱断る/✱拒む/✱拒絶する子供が多い。
(최근에는 등교를 거부하는 아이가 많다)

➲ 「拒否する」에는 요구나 희망 등을 받아들이기가 싫다고 하는 어감이 들어있으므로 이 경우에 적절하다.

④ 個人の意見であることを断って/✱拒んで/✱拒絶して/✱拒否しておく。
(개인의 의견임을 미리 말해둔다)

➲ 이 경우와 같이 어떤 일의 진행에 앞서서 미리 그 사정이나 이유 등을 설명해둔다고 하는 뜻으

로는 「断る」만이 적절하다. 다른 말들에는 이러한 의미용법이 없으므로 여기에서는 모두 부적절하다.

⑤ 結婚する気がないので縁談を断った。(결혼할 마음이 없어서 혼담을 거절했다)

⑥ お金がなくて寄付を断った。(돈이 없어서 기부를 거절했다)

⑦ 断っておきますが、私は泳ぎは全くだめです。
(미리 말해두겠습니다만, 나는 수영은 전혀 못합니다)

➲ 「断る」에는 이 경우와 같이 사전에 양해를 구한다고 하는 뜻으로 쓰이는데 다른 말에는 이러한 용법이 없다.

⑧ 社長は労組からの要求を拒んだ。(사장은 노조로부터의 요구를 거부했다)

➲ 이 경우에는 불쾌감이나 적개심을 가지고 거부함을 나타내고 있다.

⑨ 入国審査で入国を拒まれた。(입국심사에서 입국을 거부당했다)

⑩ 彼は審査委員からの修正要求を拒んだ。
(그는 심사위원으로부터의 수정요구를 거부했다)

⑪ 不平等なので交渉を拒絶した。(불평등하기 때문에 교섭을 거절했다)

➲ 「拒絶する」는 보다 명확하게 거절하는 것을 나타내는데 비교적 딱딱한 어감이 주어진다.

⑫ しつこい賃上げの要求を拒絶する。(집요한 임금인상요구를 거절하다)

⑬ 学長は退陣を拒否した。(학장은 퇴진을 거부했다)

➲ 퇴진요구에 대하여 받아들이기 싫다고 하는 감정을 나타내고 있다.

⑭ 野党はその法案の想定を強く拒否した。
(야당은 그 법안의 상정을 강하게 거부했다)

⑮ 赤ん坊を抱こうとして拒否された。(아기를 안으려다가 거부당했다)

「この間(あいだ)」「この前(まえ)」「先(さき)ごろ」「先日(せんじつ)」

공통의미

요전에, 일전에

요점

1. 「この間(あいだ)」는 현재에 아주 가까운 때를 나타내는 것으로 회화체에서 가장 널리 쓰이고 있으며 우리말의 '요전에' 정도에 해당된다(예문①③④⑤⑥⑦). 때로는 발음이 축약되어 「こないだ」로 쓰이기도 한다(예문⑧).
2. 「この前(まえ)」는 「この間(あいだ)」와 거의 비슷한 말이지만 이 보다는 조금 더 현재에서 먼 때를 나타낸다. 이 역시 회화체에서 많이 쓰이고 있으며 우리말의 '이전에' 정도에 해당된다(예문①③④⑨⑩⑪⑫).
3. 「先(さき)ごろ」는 현재의 바로 직전에, 라는 뜻으로 쓰이며 다소 딱딱한 어감이 있는데, 우리말의 '조금 전에' 정도에 해당된다(예문②⑬⑭⑮).
4. 「先日(せんじつ)」는 과거의 어떤 하루를 나타내는 것으로 문장체에서 쓰이는데 우리말의 '일전에' 정도에 해당된다(예문①④⑯⑰⑱).

예문과 해설

① 彼(かれ)にはこの間(あいだ)/この前(まえ)/先日(せんじつ)/＊先(さき)ごろの水曜日(すいようび)に会(あ)った。

(그는 요전/이전/일전의 수요일에 만났다)

➲ 「先(さき)ごろ」는 우리말의 '조금 전'에 해당되는 말이어서 이 경우와 같이 여러 날 전의 의미로는 부적절하다.

② 先(さき)ごろ/＊この間(あいだ)/＊この前(まえ)/＊先日(せんじつ)お申(もう)し越(こ)しの件(けん)ですが。

(조금 전에 말씀하셨던 건입니다만)

➲ 이 경우와 같이 조금 전까지 나누던 이야기를 나타낼 때는 「先(さき)ごろ」가 적절하다. 나머지는 현재로부터 다소 시간차이가 있는 과거를 나타내므로 이 경우에는 부적절하다.

③ あの本は、この前/この間/＊先日/＊先ごろあげたばかりでしょ。
(저 책은 요전에 드린 지 얼마 안 되지요?)

➲ 이 경우와 같이 매우 회화체적인 표현에는 「先日」와 「先ごろ」는 부적절하다.

④ この間/先日/この前/＊先ごろの日曜日にはお世話になりました。
(요전의/일전의/이전의 일요일에는 신세졌습니다)

➲ 이 경우는 지나간 일요일을 나타내는 것인데 「先ごろ」를 제외한 나머지 말들은 모두 과거의 뜻을 나타내는 것이므로 여기에서는 적절하다. 「先ごろ」는 '조금 전'의 뜻으로 쓰이는 것이므로 이 경우와 같이 여러 날 전의 뜻으로는 부적절하다.

⑤ 学生時代をついこの間のように思い出す。
(학생시절을 바로 요전인 것처럼 생각해낸다)

⑥ 先生はついこの間帰国しました。(선생님은 결국 요전에 귀국했습니다)

⑦ これがこの間私が読んだ本です。(이것이 요전에 내가 읽은 책입니다)

⑧ あいつ、こないだも嘘ついた。(그 녀석, 요전에도 거짓말 했다)

➲ 친숙한 사이에서 격의 없이 나누게 되는 회화체에서는 「この間」가 「こないだ」로 축약되는 일이 빈번하다.

⑨ この前会ったときは元気だった。(이전에 만났을 때는 건강했었다)

⑩ この前は失敗したが、今度は大丈夫だ。
(이전에는 실패했지만 이번에는 문제없다)

⑪ この前は失礼しました。(이전에는 실례했습니다)

⑫ この前の授業ではどこまで進みましたか。(이전의 수업에서는 어디까지 나갔습니까?)

⑬ 先ごろお願いした件についてですが。(조금 전에 부탁드린 건에 관해서입니다만)

⑭ それはつい先ごろのことだ。(그것은 바로 조금 전의 일이다)

⑮ 先ごろ帰った人は誰ですか。(조금 전에 돌아간 사람은 누구입니까?)

⑯ 先日はお世話になりました。(일전에는 신세 많이 졌습니다)

⑰ 先日から地震が続いている。(일전부터 지진이 계속되고 있다)

⑱ 先日から風邪気味で病院に通っています。

(일전부터 감기기운으로 병원에 다니고 있습니다)

「このごろ」「近ごろ」「最近」

(このごろずっと風邪気味だ、近ごろずっと風邪気味だ、最近ずっと風邪気味だ)

공통의미

요즈음, 최근에

요점

1. 「このごろ」는 조금 전부터 현재까지의 기간을 막연하게 나타내는데, 지금도 계속 이어지고 있는 상태를 나타낼 때에 쓰이며 우리말의 '요즈음' 에 해당된다(예문①④⑤⑥⑦).
2. 「近ごろ」는 현재에 가까운 과거의 기간을 막연하게 나타내는데 과거와 비교하여 현재에 대해서 말할 때에 쓰이며, 우리말의 '요즘 들어서, 최근 들어'에 해당된다(예문①②⑧⑨⑩⑪).
3. 「最近」은 먼 과거와 비교했을 때 현재에 가까운 과거를 나타내는데 우리말의 '최근에' 에 해당된다(예문①②③⑫⑬⑭).

예문과 해설

① これがこのごろ/近ごろ/最近流行している服です。

(이것이 요즈음/최근 들어/최근 유행하고 있는 옷입니다)

➲ 이 경우는 세 가지 다 적절한데 「このごろ」를 쓰게 되면 말하는 시점을 중심으로 하는 시간을 막연하게 나타내는 반면에, 「近ごろ」를 쓰게 되면 말하는 시점에 가까운 과거의 기간을 나타내고, 「最近」을 쓰게 되면 과거와 비교했을 때의 현재에 가까운 과거를 나타내게 된다.

② 最近/近ごろ/＊このごろにない大雪だ。

(최근/요즘 들어서 볼 수 없는 큰 눈이다)

➲ 이 경우는 근래에 볼 수가 없었던 상황을 나타내는 것이므로 말하는 시점에서 가까운 기간만을 나타내는 「このごろ」는 부적절하다.

③ 彼は最近/＊このごろ/＊近ごろ帰国した。(그는 최근에 귀국했다)

➲ 귀국한다고 하는 행위는 비교적 명확한 시기가 요구되는 것인데 「このごろ」와 「近ごろ」는 막연한 기간을 나타내는 것이므로 둘 다 여기에서는 부적절하다.

④ このごろは忙しくて映画館にも行けない。
(요즈음은 바빠서 영화관에도 갈 수 없다)

⑤ このごろの若者の気持ちは理解できない。
(요즈음 젊은이의 기분은 이해할 수가 없다)

⑥ このごろ友だちは遊びに来ない。(요즈음 친구는 놀러오지 않는다)

⑦ 友だちはこのごろげんきがないようだ。(친구는 요즈음 힘이 없는 것 같다)

⑧ 近ごろどんな本を読みましたか。(요즘 들어서 어떤 책을 읽었습니까?)

⑨ これが近ごろ流行している遊びです。
(이것이 최근 들어 유행하고 있는 놀이입니다)

⑩ 父は近ごろ帰りが遅くなった。(아버지는 요즘 들어서 귀가가 늦어졌다)

⑪ 近ごろ彼には会っていない。(최근 들어 그는 만나지 못했다)

⑫ 最近十年間の女性の進出はめざましい。
(최근 10년간의 여성의 진출은 눈부시다)

⑬ つい最近まで東京に住んでいた。(바로 최근까지 도쿄에 살고 있었다)

⑭ 彼女に会ったのは最近だ。(그녀를 만난 것은 최근이다)

●●● 참고

위의 예문⑧에서 보듯이, 일본어의 「最近」이 부사적으로 쓰일 때는 보통 조사 「に」가 붙지 않고 그냥 쓰인다. 우리말의 경우에는 '최근' 이 부사적으로 쓰일 때는 '최근' '최근에' 의 두 가지 형태가 쓰이지만, 아무래도 '최근에'가 더 많이 쓰이는 점에 비교할 때 일본어의 경우와는 확실히 차이가 엿보이는 셈이다.

「好ましい」「望ましい」

(好ましくない人物、望ましくない人物)

공통의미

바람직하다

요점

1. 「好ましい」는 기호나 희망에 들어맞아서 호감을 느끼거나 좋은 느낌을 갖는 경우에 쓰이는데 주로 현재 그렇게 느끼는 상태를 나타낸다(예문①④⑤⑥⑦).
2. 「望ましい」는 그렇게 되었으면 하는 이상이나 희망의 기분을 나타내는 경우에 쓰이는데 주로 앞으로 그렇게 실현되었으면 하는 느낌을 나타낸다(예문②③⑧⑨⑩).

예문과 해설

① 退院後の経過が好ましくない/＊望ましくない。
(퇴원후의 경과가 바람직하지 않다)

➲ 퇴원후의 경과가 좋지 않은 것은 현재의 상태이므로 「好ましい」가 적절하다. 「望ましい」는 앞으로 그렇게 되었으면 하는 기분을 나타내는 것이므로 이 경우는 부적절하다.

② 出席者はネクタイ着用が望ましい/＊好ましい。
(출석자는 넥타이착용이 바람직하다)

➲ 넥타이착용은 앞으로의 바람을 나타내는 것이므로 이 경우는 「望ましい」가 적절하다.

③ この件については満場一致が望ましい/?好ましい。
(이 건에 관해서는 만장일치가 바람직하다)

➲ 이 경우와 같이 이상적인 상태를 나타낼 때는 「望ましい」가 보다 적절하다. 「好ましい」는 호감을 나타내는 데에 쓰이므로 여기에서는 다소 부적절하다.

④ 彼の若者らしさが好ましい/＊望ましい。 (그의 젊은이다움이 바람직하다)

➲ 이 경우는 말하는 사람의 기호나 희망에 들어맞아서 느낌이 좋은 것을 나타내므로 「好ましい」

가 적절하다.

⑤ 好ましい音楽が流れてきて、雰囲気がよくなった。
(바람직한 음악이 흘러나와서 분위기가 좋아졌다)

➲ 좋은 느낌을 갖게 하는 음악의 뜻으로 쓰였다.

⑥ 手術の経過が好ましくない。(수술의 경과가 바람직하지 않다)

➲ 이와 같은 부정의 형태로 어떤 일이 바람직하지 않음을 나타낸다.

⑦ 山田君は好ましい青年です。(야마다군은 바람직한 청년입니다)

⑧ うるさくても参加することが望ましい。(성가셔도 참가하는 것이 바람직하다)

➲ 이 경우는 참가하기를 희망하는 마음을 나타내고 있다.

⑨ 望ましい学生像。(바람직한 학생 상)

➲ 앞으로 그렇게 되기를 바라는 학생 상을 나타내고 있다.

⑩ それは望ましくない態度だ。(그것은 바람직하지 않은 태도이다)

➲ 이와 같은 부정의 형태로 앞으로 그렇게 되지 않아야 할 내용을 나타낸다.

「困る」「苦しむ」「窮する」

(返事に困る、返事に苦しむ、返事に窮する)

공통의미

곤란하다, 괴로워하다

요점

1. 「困る」는 자신에게 좋지 못한 일이 일어나서 어찌할 바를 모르는 마음의 상태를 나타내는 것인데, 주로 정신적인 곤란상태에 쓰이며 우리말의 '곤란하다' 에 해당된다(예문①③④⑤).

2. 「苦しむ」는 정신적, 육체적으로 괴로움을 겪는 상태를 나타내는 것으로 우리말의 '괴로

워하다'에 해당된다(예문②⑥⑦).

3. 「窮する」는 어쩔 수 없는 상황에 몰려있음을 나타내는데 특히 금전이나 물건 등이 바닥나서 곤궁에 처해있는 경우에 쓰인다(예문③⑧⑨). 우리말의 '궁하다' 에 해당된다.

예문과 해설

① 彼は怠け者で困る/＊苦しむ/＊窮する。(그는 게으름뱅이여서 곤란하다)

➲ 이 경우와 같이 어찌할 도리가 없는 정신적인 곤란상태를 나타내는 데는 「困る」만이 적절하다. 「苦しむ」는 정신적, 육체적인 괴로움을 나타내는 것이어서 의미가 너무 과장되게 되며, 「窮する」는 주로 금전이나 물질에 궁함을 나타내는 것이어서 둘 다 여기에서는 부적절하다.

② 歯の痛みに苦しむ/＊困る/＊窮する。(이의 통증으로 괴로워한다)

➲ 이 경우와 같이 육체적인 고통을 나타내는 데는 「苦しむ」만이 적절하다. 「困る」와 「窮する」는 정신적인 곤란상태를 나타내므로 둘 다 여기에서는 부적절하다.

③ 金に困って/窮して/＊苦しんで盗みをはたらく。(돈에 궁핍하여 도둑질을 한다)

➲ 이 경우와 같이 금전이 부족하여 괴로움을 느끼는 데는 「困る」와 「窮する」는 적절하지만 「苦しむ」는 부적절하다.

④ 道が分からなくて困っている。(길을 알 수가 없어서 곤란을 겪고 있다)

➲ 「困る」는 이와 같이 주로 정신적인 곤란을 나타내는 데에 쓰인다.

⑤ こんなに毎日遅れると困ります。(이렇게 매일 늦으면 곤란합니다)

➲ 이 경우 역시 정신적인 곤란을 나타내고 있다.

⑥ 部長はどうしていいか判断に苦しんでいる。
(부장님은 어찌해야 좋을 런지 판단에 고심하고 있다)

➲ 이 경우는 정신적인 고통을 나타내고 있는데 그 정도는 「困る」보다 크다.

⑦ 妹は生活に苦しむ日日を送っているらしい。
(여동생은 생활에 허덕이는 매일을 보내고 있는 것 같다)

➲ 이 경우는 정신적, 육체적인 고통을 나타내고 있다.

⑧ 責任者は返答に窮して冷や汗を流している。
(책임자는 대답에 궁하여 식은땀을 흘리고 있다)

➲ 이 경우는 어쩔 수 없는 상황에 몰려있음을 나타내고 있다.

⑨ 窮すれば通ずる。(궁하면 통한다)

「込む」「込み合う」「立て込む」「ごった返す」

(バーゲンで店内が込む、バーゲンで店内が込み合う
バーゲンで店内が立て込む、バーゲンで店内がごった返す)

공통의미

붐비다, 혼잡하다

요점

1. 「込む」는 어떤 장소에 사람이나 물건 등이 가득 차있어서 혼잡하거나 일이 한꺼번에 겹치는 상태를 나타내는 것으로 가장 일반적으로 쓰인다(예문①②③⑥⑦⑧). 우리말의 '혼잡하다, 붐비다' 정도에 해당된다.
2. 「込み合う」는 많은 사람이나 물건, 일 등이 한꺼번에 몰려서 혼잡한 상태를 나타낸다(예문①②③⑨⑩⑪). 우리말의 '매우 혼잡하다' 정도에 해당된다.
3. 「立て込む」는 많은 사람이 한군데에 몰려서 혼잡하거나 일이 한꺼번에 겹쳐있는 상태, 또는 집 등이 밀집되어있어서 매우 복잡한 상태를 나타내는데 동작성이 없는 것이 특징이다(예문①③④⑫⑬⑭). 우리말의 '사람이 북적거리다, 일이 빡빡하다, 집들이 빽빽하다' 정도에 해당된다.
4. 「ごった返す」는 어떤 제한된 범위에 한정하여 사람이 뒤섞여서 매우 혼잡함을 나타내는데 가장 복잡함을 나타내는 동작성이 큰 말이다(예문①⑤⑮⑯⑰). 우리말의 '북새통을 이루다' 정도에 해당된다.

예문과 해설

① バーゲンで店内は込む/込み合う/立て込む/ごった返す。
(바겐세일로 상점 안은 붐빈다/매우 혼잡하다/북적거린다/북새통을 이룬다)

➲ 이 경우는 사람으로 상점 안이 붐비는 상태를 나타내는 것이므로 그 어느 것이나 적절하다. 「込む」를 쓰게 되면 단지 붐비고 있다는 뜻이며 「込み合う」를 쓰게 되면 붐비는 정도가 매우 큼을 나타내고, 「立て込む」를 쓰게 되면 발을 디딜 틈이 없을 정도로 매우 북적거리고 있는 상태를 나타낸다. 마지막으로 「ごった返す」를 쓰게 되면 너무나 혼잡하여 정신 차릴 수도 없는 생생한 상태를 나타내게 된다.

② 車で道路が込む/込み合う/＊立て込む/＊ごった返す。
(차로 도로가 붐빈다)

➲ 이 경우와 같이 도로가 차 등으로 붐비는 것을 나타낼 때는 「込む」와 「込み合う」만이 적절하다. 「立て込む」는 동작성이 없이 붐비는 상태를 나타내므로 이 경우와 같이 차 등이 복잡하게 줄줄이 움직이는 모양을 나타내는 데는 부적절하며, 「ごった返す」는 제한된 범위나 공간 속에서 붐비는 모양을 나타내는 것이어서 이 경우와 같이 제한됨이 없이 확 트인 도로와 같은 넓은 공간에서는 쓰기가 부적절하다.

③ 仕事が込む/込み合う/立て込む/＊ごった返す。 (일이 쇄도한다)

➲ 이 경우는 「ごった返す」를 제외하고는 모두가 적절한데, 「ごった返す」는 제한된 공간 속에서 사람이 붐비는 것을 나타내지만 여기에서처럼 일이 한꺼번에 쇄도하는 것을 나타내는 데는 부적절하다.

④ 小さな店が立て込んで/＊込んで/＊込み合って/＊ごった返している通り。
(작은 가게가 빽빽하게 들어서 있는 거리)

➲ 이 경우와 같이 집 등이 밀집해 있음을 나타낼 때는 오로지 「立て込む」만이 적절하다.

⑤ 行楽地は人並みでごった返して/＊込んで/＊込み合って/＊立て込んでいる。
(행락지는 인파로 북새통을 이루고 있다)

➲ 이 경우는 인파라는 말에서 알 수 있듯이 엄청나게 많은 사람들이 발 디딜 틈이 없을 정도로 북새통을 이루고 있는 상태를 나타내는 것이므로 「ごった返す」만이 적절하다. 「込む」와 「込み合う」를 이 경우에 쓰게 되면, 단지 붐비고 있음을 나타낼 뿐으로 북새통을 이루고 있는 상태를 나타내는 데는 의미가 약하며 「立て込む」는 동작성이 없는 말이어서 부적절하다.

⑥ 込んだバスの中で財布をすられた。 (붐비는 버스 안에서 지갑을 소매치기 당했다)

⑦ 日程が込んでいて休めない。 (일정이 빡빡해서 쉴 수가 없다)

➲ 이 경우는 일이 한꺼번에 몰려있는 상태를 나타내고 있다.

⑧ 毎朝電車は込んでいる。 (매일아침 전차는 붐비고 있다)

⑨ 入り口付近が込み合っています。(입구부근이 매우 혼잡합니다)

⑩ 道路が込み合って車が前へ進まない。
(도로가 매우 혼잡해서 차가 앞으로 나가지 않는다)

⑪ 通勤者で車内が込み合う。(통근하는 사람으로 차내가 매우 혼잡하다)

⑫ 観客で場内が立て込んでいた。(관객으로 장내가 북적거리고 있었다)

➲ 「立て込む」는 사람들이 한군데에 몰려서 매우 혼잡한 상태만을 나타낼 뿐 동작성은 없다.

⑬ 大安売りで店内が立て込んでいる。(대 바겐세일로 점포 안이 북적거리고 있다)

⑭ 今、立て込んでいるのであとにしてください。
(지금, 일이 정신없으니까 나중에 해 주십시오)

➲ 이 경우와 같이 일이 한꺼번에 닥쳐서 정신이 없는 상태임을 나타낼 때는 「立て込む」가 적절한데 다른 말에는 이러한 용법이 없다.

⑮ 帰省ラッシュで空港はごった返していた。
(귀성러시로 공항은 북새통을 이루고 있었다)

➲ 이 경우와 같이 제한된 장소가 많은 사람으로 북새통을 이루고 있을 때는 「ごった返す」가 적절한데 가장 동작성이 큰 말이어서 사람들이 밀고 밀치는 광경이 연상된다.

⑯ 事故現場は野次馬でごった返した。(사고현장은 구경꾼으로 북새통을 이뤘다)

⑰ 祭りの広場は人波でごった返している。
(축제가 있는 광장은 인파로 북새통을 이루고 있다)

「これ」「それ」「あれ」「どれ」
「この」「その」「あの」「どの」

공통의미

어떤 사물이나 일을 가리키는 말

요점

1. 「これ(이것)」「それ(그것)」「あれ(저것)」「どれ(어느 것)」는 단독으로 쓰이지만, 「この(이)」「その(그)」「あの(저)」「どの(어느)」는 단독으로는 쓰이지 못하고 항상 그 뒤에는 명사만이 오게 된다. 이 점에서는 우리말의 경우도 마찬가지이다.
2. 「これ」「この」는 말하는 사람 쪽에 가까운 대상에 대하여 쓰이는데 우리말의 '이것, 이'에 해당된다(예문①②③④).
3. 「それ」「その」는 듣는 사람 쪽에 가까운 대상에 대하여 쓰이는데 우리말의 '그것, 그'에 해당된다(예문⑤⑥⑦⑧),
4. 「あれ」「あの」는 말하는 사람과 듣는 사람 모두로부터 먼 쪽에 있는 대상에 대하여 쓰이는데 우리말의 '저것, 저'에 해당된다(예문⑨⑩⑪⑫).
5. 「どれ」「どの」는 제한된 범위 내에서 특정한 것을 묻는 데에 쓰이는데 우리말의 '어느 것, 어느'에 해당된다(예문⑬⑭⑮⑯).

예문과 해설

① これは私(わたし)の本(ほん)です。(이것은 내 책입니다)

② これが私(わたし)の考(かんが)えです。(이것이 저의 생각입니다)

③ この写真(しゃしん)を見(み)るたびに母(はは)を思(おも)い出(だ)す。
(이 사진을 볼 때마다 어머니를 생각하게 된다)

④ この本(ほん)は便利(べんり)です。(이 책은 편리합니다)

⑤ それを私(わたし)は言(い)いたかった。(그것을 나는 말하고 싶었다)

⑥ それは望(のぞ)ましくない態度(たいど)だ。(그것은 바람직하지 않은 태도이다)

⑦ その話(はなし)はよく分(わ)かった。(그 이야기는 잘 알았다)

⑧ そのころは私(わたし)もこの町(まち)に住(す)んでいました。
(그 무렵은 나도 이 마을에 살고 있었습니다)

⑨ あれは富士山(ふじさん)です。(저것은 후지산입니다)

⑩ あれを取(と)ってください。(저것을 집어주십시오)

⑪ あの洋服(ようふく)はどうですか。(저 양복은 어떻습니까?)

⑫ あの風船(ふうせん)はどこへ飛(と)んで行(い)くのだろう。(저 풍선은 어디로 날아가는 것일까?)

⑬ どれが好(す)きですか。(어느 것이 좋습니까?)

⑭ どれを見(み)てもよくなかった。(어느 것을 봐도 좋지 않았다)

⑮ どの本(ほん)が難(むずか)しいか知(し)っていますか。(어느 책이 어려운지 알고 있습니까?)

⑯ どの先生(せんせい)の講義(こうぎ)を聞(き)いてもつまらない。(어느 선생님의 강의를 들어도 시시하다)

참고

우리말에서는 말하는 사람과 듣는 사람이 서로 잘 알고 있는 사항을 가리킬 때는 '그것, 그'를 써서, '그것, 갖고 왔나?' '그 사람이 또 왔다' '그 커피숍에서 만나자'와 같이 쓰인다. 이런 식대로라면, 일본어에서도 「それ」「その」를 써야 할 것 같으나, 실제로는 「あれ」「あの」를 써야만 하는 점에 각별히 주의할 필요가 있다. 결국, 일본어에서는 우리말과 달리 말하는 사람과 듣는 사람이 서로 잘 알고 있는 사항을 가리킬 때는 「それ」「その」가 아닌 「あれ」「あの」를 써야만 하는 셈이다.

「あれ、持(も)って来(き)た？」(그거, 갖고 왔나?)

「あれ、どこにあるの。あの白(しろ)いネクタイ」(그거 어디에 있나? 그 하얀 넥타이)

「あのころはお互(たが)い若(わか)かった」(그 무렵은 서로 젊었다)

「これから」「今(いま)から」

(これから買(か)い物(もの)に行(い)きます、今(いま)から買(か)い物(もの)に行(い)きます)

공통의미

이제부터, 지금부터

요점

1. 「これから」는 말하는 시점의 이후를 나타내는 것으로 오로지 미래에 대해서만 쓰이며 우리말의 '이제부터'에 해당된다(예문①③④⑤).
2. 「今(いま)から」는 말하는 시점을 기준으로 미래에 대해서도 과거에 대해서도 쓸 수가 있는데 우리말의 '지금부터'에 해당된다(예문①②⑥⑦⑧⑨).

예문과 해설

① これから/今から買い物に行きます。(이제부터/지금부터 쇼핑하러 갑니다)

➲ 「これから」를 쓰게 되면 말하는 시점의 이후에 일어나거나 해야 할 일을 막연하게 나타내지만 「今から」를 쓰게 되면 말하는 시점을 기준으로 시간적인 간격이 없이 곧바로 일이 일어나거나 진행됨을 나타내게 된다. 위의 예문에서는 당연히 「今から」가 쇼핑하러 나가는 시간은 급박한 셈이다.

② この話は今から/＊これから10年前のことです。
(이 이야기는 지금부터 10년 전의 일입니다)

➲ 「これから」는 오로지 앞으로 일어날 일이나 진행될 일에 대해서만 쓰이며 이 경우와 같이 과거에 대해서는 쓰이지 못하므로 여기에서는 부적절하다.

③ これから出かけるところだ。(이제부터 나갈 참이다)

➲ 말하는 시점을 기준으로 이후에 나갈 예정이라는 뜻인데 당장 나가는 것이 아니라 다소의 시간 여유가 느껴진다.

④ あの人の活躍がこれから期待される。(저 사람의 활약이 이제부터 기대된다)

➲ 앞으로의 활약에 대한 기대를 나타내고 있다.

⑤ これから講演会を始めます。(이제부터 강연회를 시작하겠습니다)

⑥ 今からでも遅くはない。(지금부터라도 늦지는 않다)

➲ 말하는 시점부터, 라는 뜻으로 쓰였으며 시간적인 여유가 없다.

⑦ 今から出発しますから、ちょっと待っていてください。
(지금부터 출발할 테니까, 좀 기다리고 있어 주십시오)

⑧ 君が大学を卒業したのは今から何年前のことなのか。
(자네가 대학을 졸업한 것은 지금부터 몇 년 전의 일인건가?)

➲ 「今から」는 이 경우와 같이 과거사실에 대해서도 쓸 수가 있으나 「これから」에는 그러한 용법이 없다.

⑨ 事件は今から五年前に起った。(사건은 지금부터 5년 전에 일어났다)

➲ 이 경우 역시 과거사실에 대하여 쓰였다.

「～ごろ」「～ぐらい」

(私は10時ごろ寝ました、私は10時ぐらい寝ました)

공통의미

～쯤

요점

1. 「～ごろ」는 시각이나 날짜, 연월 등을 나타내는 말에 접속되어 정확하게 꼬집어 말할 수 있는 것이 아닌 대충의 시점이나 날짜, 연월 등을 나타낸다(예문①②③⑥⑦).
2. 「～ぐらい」는 시간이나 기간, 수량 등을 나타내는 말에 접속되어 정확하게 꼬집어 말할 수 있는 것이 아닌 대체적인 분량이나 수량을 나타내기도 하며(예문④⑤⑧⑨). 딱 잘라서 말할 수가 없거나 자신 있게 나타낼 수가 없는 시점을 나타내기도 한다(예문①②③).
3. 결국 대충의 시점을 나타내는 점에서는 양자가 비슷한데 이 경우 「～ごろ」는 그 시점이나 날짜, 연월을 전후로 추정되는 객관적인 시간의 폭을 나타내는 반면에, 「～ぐらい」는 정확한 시점을 분명하게 제시하기 어렵거나 잘라 말할 수 있는 상황이나 심리상태가 아닐 경우에 이것을 주관적인 차원에서 나타낸다.

예문과 해설

① 主人は九時ごろ/ぐらいには帰るでしょう。(남편은 9시쯤에는 돌아올 것입니다)

➲ 이 경우 「~ごろ」는 9시를 전후로 귀가시간을 잡은 대충의 시간 폭을 나타내지만 「~ぐらい」는 귀가시간을 단정적으로 제시하기 어려운 경우에서의 시점을 나타낸다.

② 新幹線なら、午後二時ごろ/ぐらいには着くと思います。

(신칸센이라면 오후2시쯤에는 도착할 것으로 생각합니다)

➲ 이 경우도 「~ごろ」는 오후2시를 전후로 신칸센이 도착할 것이라는 대충의 시간 폭을 나타내지만 「~ぐらい」는 신칸센의 도착시점을 단정적으로 제시하기 어려운 경우에서의 시점을 나타낸다.

③ 私は二十歳ごろ/ぐらいから物心がついたようだ。

(나는 스무 살 무렵부터 철이 난 것 같다)

➲ 이 경우 「~ごろ」는 스무 살을 전후로 잡은 대충의 시간 폭을 나타내지만 「~ぐらい」는 철이 난 시점을 단정적으로 제시하기 어려운 나머지 대충의 시점을 추정하는 뜻을 나타낸다.

④ このカメラの修理(しゅうり)は一週間(いっしゅうかん)ぐらい/✱ごろかかると思(おも)います。

(이 카메라수리는 일주일 쯤 걸릴 것으로 생각합니다)

➲ 이 경우는 일주일이라는 시간의 분량을 나타내는 것이므로「~ぐらい」가 적절하다.「~ごろ」는 기준시점을 전후로 잡은 대충의 시간 폭을 나타낼 뿐 이와 같은 분량을 나타내는 용법은 없으므로 여기에서는 부적절하다.

⑤ うちから学校(がっこう)まではバスで30分(ぷん)ぐらい/✱ごろかかります。

(우리 집에서 학교까지는 버스로 30분쯤 걸립니다)

➲ 이 경우 역시 예문④와 맥락을 같이 하고 있다.

⑥ 1980年(ねん)ごろは、私(わたし)はまだ子(こ)どもでした。

(1980년 무렵은 나는 아직 아이였습니다)

➲ 이 경우는 대체적인 시기를 나타내고 있다.

⑦ 来年(らいねん)の秋(あき)ごろ、結婚(けっこん)するつもりです。(내년 가을쯤 결혼할 생각입니다)

⑧ 4時間(じかん)ぐらいかけて山(やま)を登(のぼ)った。(4시간쯤 걸려서 산을 올라갔다)

➲ 이 경우는 대체적인 시간의 양을 나타내는 것인데 이 경우 「~ごろ」는 쓸 수가 없다.

⑨ コンサートには3万人(まんにん)ぐらいのファンが集(あつ)まった。

(콘서트에는 3만 명 정도의 팬이 모였다)

➲ 이 경우는 대체적인 사람의 수를 나타내는 것인데 이 경우 「~ごろ」는 쓸 수가 없다.

참고

「ごろ」와 「ぐらい」는 어디까지나 대충의 시간을 나타내며, 한편으로 「ぐらい」는 대충의 분량을 나타내는 것이기는 하지만, 어느 정도 들어맞는 수나 분량이 아니면 쓸 수가 없는 점에도 유의하여야 한다.

「午後三時十九分(ごごさんじじゅうきゅうふん)ごろ訪問(ほうもん)します」(X) → 「午後三時二十分(ごごさんじにじっぷん)ごろ訪問(ほうもん)します」(0)

「十七人(じゅうななにん)ぐらいは集(あつ)まるでしょう」(X) → 「十五人(じゅうごにん)ぐらいは集(あつ)まるでしょう」(0)

「こわい」「恐ろしい」

(あの人はこわい人だ、あの人は恐ろしい人だ)

공통의미

무섭다

요점

1. 「こわい」와 「恐ろしい」는 기본적으로는 같은 의미를 지니고 있지만 경우에 따라서는 다음과 같은 미묘한 차이가 있다.
2. 「こわい」는 무서움을 느끼는 말하는 사람의 주관성이 「恐ろしい」보다 강하며 매우 회화체적인데 우리말의 '무섭다'에 해당된다(예문①②④).
3. 「恐ろしい」는 공포보다는 오히려 불안, 걱정의 의미가 더 강하며(예문①⑤), 때로는 그 정도가 극심함을 나타내기도 하는데 우리말의 '두렵다' 쪽에 가깝다(예문③⑥).

예문과 해설

① あの人はこわい/恐ろしい人だ。(저 사람은 무서운 사람이다)

➲ 이 경우는 둘 다 적절한데 다만 「こわい」쪽이 말하는 사람의 주관에 비친 무서움을 더 생생하게 나타내고 있다.

② 私は蛇がこわい/＊恐ろしい。(나는 뱀이 무섭다)

➲ 대부분의 사람은 뱀을 무서워하겠지만 그렇지 않은 사람도 있을 수 있는데 이 경우는 어디까지나 말하는 사람의 주관에 비친 무서움을 나타내는 것이므로 「こわい」가 적절하다.

③ 怪漢が恐ろしい/＊こわい勢いで私を追って来た。

(괴한이 무서운 기세로 나를 쫓아왔다)

➲ 이 경우는 그 정도가 극심함을 나타내므로 「恐ろしい」만이 적절하다.

④ 大丈夫、もうこわくないよ。(괜찮아, 이제 무섭지 않아)

➲ 이 경우는 주관에 비친 무서움을 나타내고 있다.

⑤ 恐ろしい断末魔の叫び声。(무서운 단말마의 외치는 소리)

➲ 이 경우는 불안의 정도가 매우 극심함을 나타내고 있다.

⑥ 今日は恐ろしく寒いですね。(오늘은 엄청나게 춥군요)

➲ 이 경우도 추위의 정도가 극심함을 나타내므로 「恐ろしい」가 적절하다. 「恐ろしく」는 「恐ろしい」의 연용형으로 부사적인 용법을 지니고 있다.

「壊れる」「いかれる」

(ステレオが壊れる、ステレオがいかれる)

공통의미

고장 나다, 맛이 가다

요점

1. 「壊れる」는 사용범위가 넓어서 물건이 고장 난다고 하는 뜻으로도(예문①②⑤⑧⑨), 어떤 일이 틀려져버린다고 하는 뜻으로도 쓰인다(예문③④). 우리말의 '망가지다, 고장 나다, 망쳐지다' 등에 해당된다.
2. 「いかれる」는 매우 회화체적인 속어로 물건이 오래되어 쓸 수가 없거나(예문①②⑩⑪), 사람이 제정신이 아니거나(예문⑥), 또는 어떤 대상에 정신이 팔려있는 뜻으로 쓰인다(예문⑦). 우리말의 '맛이 가다' 정도에 해당된다.

예문과 해설

① ステレオが壊れる/いかれる。(스테레오가 고장 나다/맛이 가다)

➲ 이 경우와 같이 고장이 나서 제 기능을 발휘할 수 없음을 나타낼 때는 둘 다 적절하지만 「いかれる」가 훨씬 속어적이다.

② 10年間乗ってきた車が壊れた/いかれた。
(10년간 타왔던 차가 고장 났다/맛이 갔다)

➲ 이 경우 역시 위의 예문①과 맥락을 같이하고 있다.

③ せっかく立てた計画が壊れた/✱いかれた。(모처럼 세운 계획이 틀려졌다)

➲ 이 경우와 같이 어떤 계획이 틀려져버림을 나타낼 때는 오로지 「壊れる」만이 적절하다.

④ ずっと話が続いていた縁談が壊れた/✱いかれた。
(줄곧 지속되고 있던 혼담이 깨졌다)

➲ 이 경우 역시 위의 예문③과 맥락을 같이하고 있다.

⑤ 飛んで来たボールで窓ガラスが壊れた/✱いかれた。
(날아온 공으로 창문이 깨졌다)

➲ 이 경우와 같이 단순한 고장이 아니라 그 형태가 손상되어 모양이 바뀌어 짐을 나타낼 때는 오로지 「壊れる」만이 적절하다.

⑥ あいつはだいぶいかれた/✱壊れた奴だ。(저 녀석은 무척 맛이 간 녀석이다)

➲ 이 경우와 같이 사람이 제정신이 아님을 나타낼 때는 오로지 「いかれる」만이 적절하다.

⑦ 友だちは彼女にすっかりいかれて/✱壊れている。
(친구는 그녀에게 완전히 맛이 갔다)

➲ 이 경우와 같이 어떤 대상에 정신이 팔려있음을 나타낼 때는 오로지 「いかれる」만이 적절하다.

⑧ 自転車が壊れて修理に出した。(자전거가 고장 나서 수리하러 보냈다)

⑨ 昨日の地震で家が壊れてしまった。(어제의 지진으로 집이 망가지고 말았다)

⑩ この背広もいかれてきた。(이 양복도 맛이 갔다)

➲ 이 경우는 양복이 오래되어서 입을 수 없는 상태가 되었음을 나타내고 있다.

⑪ パソコンがいかれてこれ以上使えない。(컴퓨터가 맛이 가서 이 이상 쓸 수 없다)

➲ 이 경우도 컴퓨터가 오래되어서 사용할 수가 없는 상태가 되었음을 나타내고 있다.

「今度」「今回」「この度」「今般」

(今度退職することになりました、今回退職することになりました
この度退職することになりました、今般退職することになりました)

공통의미

이번에

요점

1. 「今度」는 지금 이루어지고 있는 것이나 금방 이루어진 것, 그리고 앞으로 이루어질 예정인 것을 나타내는 데 일상적인 회화에서는 가장 많이 쓰이고 있다(예문①②⑤⑥). 우리말의 '이번, 이번에'에 해당되는데 항상 이러한 형태로만 쓰이며 「今度に」와 같이 조사 「に」가 붙는 일은 결코 없다. 한편으로는 장래에 이루어질 예정이기는 하나 언제 이루어질지 막연한 때를 나타내기도 하는데, 우리말의 '언제한 번' 하는 식으로 기약 없는 인사치례에 즐겨 쓰인다(예문④).
2. 「今回」는 지금 이루어지고 있는 것이나 금방 이루어진 것만을 나타내는 점에서는 「今度」와 같은 의미용법을 지닌 말이지만 다소 격식을 차린 말이다(예문①②⑦⑧). 우리말의 '이번에'에 해당된다.
3. 「この度」는 이전에 이루어진 일이나 앞으로 이루어질 예정인 일에 대하여 쓰이는 것으로 보다 격식을 차린 말이다. 이전에 이루어진 일의 경우에는 우리말의 '일전에'에 해당되고(예문③⑩⑪), 앞으로 이루어질 예정인 일의 경우에는 '이번에'에 해당된다(예문⑨).
4. 「今般」은 「この度」와 같은 의미용법을 지니고 있으나 가장 격식을 차린 말로서 문장체에서 주로 쓰인다(예문⑫⑬⑭). 우리말의 '금번'에 해당된다.

예문과 해설

① 今度/今回/✱この度/✱今般の試験は来週の金曜日だ。
(이번의 시험은 내주 금요일이다)

➲ 이 경우와 같이 의례적으로 이루어지는 순차적인 회수를 나타낼 때는 「今度」「今回」만이 적절하다. 「この度」와 「今般」은 가까운 장래에 무언가가 이루어질 것임을 막연하게 나타내는 것이므로 여기에서는 둘 다 부적절하다.

② 今度/今回/✱この度/✱今般の人事異動は青天の霹靂だった。
(이번의 인사이동은 청천벽력이었다)

➲ 이 경우 역시 의례적으로 이루어지는 순차적인 회수를 나타내는 것이므로 「今度」와 「今回」만이 적절하다

③ この度/?今般/＊今度/＊今回の葬儀は故人の希望により行われた。
(일전의 장례식은 고인의 희망에 따라서 이루어졌다)

➲ 이 경우와 같이 이전에 이루어진 일을 나타낼 때는 오로지 「この度」만이 적절하다. 「今度」와 「今回」에는 이러한 의미용법이 없으므로 부적절하고, 「今般」은 최근에 있었던 사실을 나타내므로 다소 부적절하다.

④ 今度/＊今回/＊この度/＊今般飲みに行きましょう。(언제한번 마시러 갑시다)

➲ 이 경우와 같이 장래에 이루어질 예정이기는 하나 언제 이루어질지 막연한 때는 오로지 「今度」만을 써야 한다. 우리말의 '언제 한번' 하는 식으로 기약 없는 인사치례에 즐겨 쓰인다.

⑤ 前は失敗したが、今度は成功した。(전에는 실패했지만, 이번은 성공했다)

➲ 이 경우는 금방 어떤 일이 이루어졌음을 나타내고 있다.

⑥ 今度引っ越すことになりました。(이번에 이사하게 되었습니다)

➲ 이 경우는 앞으로 이루어질 예정임을 나타내고 있다.

⑦ これが今回開発された新製品です。(이것이 이번에 개발된 신제품입니다)

➲ 이 경우는 금방 개발되었다고 하는 사실을 나타내는데 다소 격식을 차린 어감이 주어진다.

⑧ 今回は受賞該当作がない。(이번에는 수상해당작이 없다)

⑨ この度記念講演を行う予定です。(이번에 기념강연을 행할 예정입니다)

➲ 이 경우는 기념강연회가 앞으로 행하여질 예정임을 나타내고 있다.

⑩ 失敗を重ねたが、この度やっと成功した。
(실패를 거듭했으나 이번에 겨우 성공했다)

➲ 이 경우는 말하는 시점을 기준으로 그 전에 성공하였음을 나타내고 있는데 비교적 격식을 차린 어감이 주어진다.

⑪ この度はいろいろとお世話になりました。(일전에는 여러 가지로 신세를 졌습니다)

⑫ 今般左記へ転居いたしました。(금번 왼쪽의 주소로 이사하였습니다)

➲ 이 경우는 말하는 시점을 기준으로 이전에 이사하였음을 나타내는 것인데 매우 격식을 차린 딱딱한 어감이 주어진다.

⑬ 今般会社を退職することになりました。(금번 회사를 퇴직하게 되었습니다)

⑭ 今般の事件に対しては警察が捜査に乗り出した。
(이번 사건에 대해서는 경찰이 수사에 나섰다)

「こんな～」「こういう～」「このような～」

(こんな人とは思わなかった、こういう人とは思わなかった、このような人とは思わなかった)

공통의미

이런, 이러한, 이와 같은

요점

1. 「こんな」는 말하는 사람의 입장에서 주관적으로 표현하는 것으로 회화체에서 가장 많이 쓰이며 우리말의 '이런'에 해당되지만(예문①②), 그 대상을 경시하여 부정적으로 쓰이는 일이 있다(예문③④). 「こんな」는 이 상태로 뒤에 오는 명사를 그대로 수식하지만, 한편으로는 그 뒤에 접속조사 「ので」와 「のに」, 그리고 종조사 「の」가 올 때는 각각 「こんななので」「こんななのに」「こんななの」의 형태를 취하게 된다(예문⑤⑥⑦). 아울러 「こんなに(이토록, 이만큼)」의 형태로 상대의 태도나 언행을 긍정적으로 때로는 부정적으로 나타내는 경우가 많은데 다른 말에는 이러한 의미용법이 없다(예문⑧⑨).
2. 「こういう」는 다른 것과 객관적으로 비교하여 나타내는 것으로 우리말의 '이러한' 정도에 해당된다(예문⑩⑪⑫).
3. 「このような」는 격식을 차린 말투로서 어떤 대상을 예시하여 나타내는 데 우리말의 '이와 같은'에 해당된다(예문⑬⑭).

예문과 해설

① こんな事は大した事ではない。(이런 일은 대단한 일이 아니다)

② こんなときはどうしたらいいですか。(이런 때는 어떻게 해야 좋습니까?)

③ こんな本だれが読むものか。(이런 책 누가 읽겠어?)

➲ 책에 대한 말하는 사람의 부정적인 평가가 담겨있다.

④ こんなやり方では効果がない。(이런 방법으로는 효과가 없다)

⑤ 体調がこんななので期待できない。(몸 상태가 이러하기 때문에 기대할 수 없다)

➲ 「こんな」가 접속조사 「ので」에 접속될 때는 이러한 형태를 취하게 된다.

⑥ 意欲はこんななのに実績は足りない。(의욕은 이러한데 실적은 모자란다)

➲ 「こんな」가 접속조사 「のに」에 접속될 때는 이러한 형태를 취하게 된다.

⑦ あの子(こ)はいつもこんななの? (저 아이는 언제나 이러나?)

➲ 「こんな」가 종조사 「の」에 접속될 때는 이러한 형태를 취하게 된다.

⑧ こんなに親切(しんせつ)にしてくださるなんて.....(이렇게나 친절하게 해 주시다니.....)

➲ 이 경우는 「こんなに」가 긍정적으로 쓰인 예이다.

⑨ こんなにうまくは作(つく)れません。(이만큼 멋지게는 만들 수 없습니다)

➲ 이 경우는 「こんなに」가 부정적으로 쓰인 예이다.

⑩ こういう人(ひと)とは思(おも)わなかった。(이러한 사람이라고는 생각지 않았다)

⑪ こういう場合(ばあい)どうすればいいのですか。(이러한 경우 어떻게 하면 좋은 겁니까?)

⑫ こういう事(こと)になるなら来(こ)なければよかった。
(이러한 일이 될 것 같으면 오지 않으면 좋았다)

⑬ このような絵(え)を見(み)るのははじめてです。(이와 같은 그림을 보는 것은 처음입니다)

⑭ このような問題(もんだい)があるから注意(ちゅうい)しなければなりません。
(이와 같은 문제가 있으니까 주의해야만 합니다)

「～さ」「～み」

(荷物(にもつ)の重(おも)さ、人間(にんげん)としての重(おも)み)

공통의미

형용사, 형용동사의 어간에 접속되어 이를 명사화하는 접미어

요점

1. 접미어 「～さ」와 「～み」는 형용사, 형용동사의 어간에 접속되어 이를 명사화하는 문법적 역할을 하는데 그 의미용법에는 차이가 있다.
2. 「～さ」는 누구나 그렇게 느낄 수 있는 객관적인 정도나 개념을 나타내지만(예문①③⑤⑥), 「～み」는 말하는 사람이 직접 만지거나 하여 감각적으로 느껴지는 개별적인 정도나 개념을 나타낸다(예문②④⑦⑧).

예문과 해설

① この荷物(にもつ)の重(おも)さ/＊重(おも)みは5キロである。(이 짐의 무게는 5킬로그램이다)

➲ 이 경우는 객관적인 무게를 나타내므로 「~さ」가 적절하다. 「~み」를 쓰게 되면 개인적으로 무겁게 느껴지는 정도를 나타내게 된다.

② あの人(ひと)は人間(にんげん)としての重(おも)み/＊重(おも)さを感(かん)じさせる人(ひと)だ。

(저 사람은 인간으로서의 무게를 느끼게 하는 사람이다)

➲ 이 경우는 감각적으로 느껴지는 중후함을 나타내므로 「~み」가 적절하다. 만약, 「~さ」를 쓰게 되면 '저 사람'의 실질적인 몸무게를 나타내게 된다.

③ 四月に入って、次第に暖かさ/＊暖かみが増してきた。

(4월에 들어서서 점차로 따스함이 더해졌다)

➲ 이 경우는 일반적으로 느끼게 되는 객관적인 따스함의 정도를 나타내므로 「~さ」가 적절하다.

④ あの人は頭はいいが、人間の暖かみ/＊暖かさがない。

(저 사람은 머리는 좋은데, 인간적인 따스함이 없다)

➲ 이 경우는 감각적으로 느껴지는 인간미의 따스함을 나타내므로 「~み」가 적절하다.

⑤ 旅の楽しさは人との出会いにある。(여행의 즐거움은 사람과의 만남에 있다)

➲ 일반적으로 느끼게 되는 객관적인 정도를 나타내므로 「さ」가 적절하다.

⑥ あの映画のおもしろさは見てみなければわからない。

(저 영화의 재미는 봐보지 않으면 알 수 없다)

⑦ 薬を飲んだら、痛みもやわらいできた。(약을 먹었더니, 통증도 누그러지게 되었다)

➲ 이 경우의 「痛み」는 개별적으로 느껴지는 통증을 나타내고 있다.

⑧ その本を持ってみると重みを感じた。(그 책을 들어보니 무게를 느꼈다)

➲ 이 경우의 「重み」역시 개별적으로 느껴지는 무게를 나타내고 있다.

「~際」「~折り」「~時」

(釜山へ行った際、昔の恩師をたずねた、釜山へ行った折り、昔の恩師をたずねた釜山へ行った時、昔の恩師をたずねた)

공통의미

(~할, ~했을)때

요점

1. 「際」는 단순한 '때' 만을 나타내는 것이 아니라 어떠한 기회, 계기등의 의미가 포함된

말로 주로 격식을 차리는 표현에서 쓰인다(예문①②③④⑤⑥).

2. 「折り(お)」는 우연히 맞이하게 되는 때를 나타내는 것으로 이것역시 격식을 차리는 표현에서 쓰인다(예문①②③⑥).

3. 「時(とき)」는 어떠한 상태와 병행하여 다른 일이나 상태가 이루어지는 '때' 를 나타내는 말로 일상적으로 흔히 쓰인다(예문①②③⑦⑧⑨).

예문과 해설

① 先月(せんげつ)釜山(ぷさん)へ行(い)った際(さい)/折(お)り/時(とき)、昔(むかし)の恩師(おんし)を訪(たず)ねた。
(지난 달 부산에 갔을 때 옛 은사를 찾아갔다)

➲ 이 경우는 어느 것이나 적절한데 「際(さい)」를 쓰게 되면 부산에 간 기회에 찾아갔다는 뜻이 강하고, 「折り(お)」를 쓰게 되면 어쩌다가 부산에 갔을 때에 찾아갔다는 뜻이 되며, 「時(とき)」를 쓰게 되면 단지 부산에 갔을 때에 찾아갔다고 하는 일상적인 뜻이 된다.

② お前(まえ)の本(ほん)は、市内(しない)に出(で)た際(さい)/折(お)り/時(とき)に本屋(ほんや)に寄(よ)って注文(ちゅうもん)しておいたよ。
(네 책은 시내에 나갔을 때 책방에 들려 주문해 두었어)

➲ 이 경우 역시 「際(さい)」를 쓰게 되면 시내에 간 기회에 주문했다는 뜻이 강하고, 「折り(お)」를 쓰게 되면 우연히 시내에 갔을 때에 주문했다는 뜻이 되며 「時(とき)」를 쓰게 되면 단지 시내에 갔을 때에 주문했다고 하는 일상적인 뜻이 된다.

③ あの件(けん)は、昨日(きのう)社長(しゃちょう)にお会(あ)いした際(さい)/折(お)り/時(とき)にご相談(そうだん)しました。
(그 건은 어제 사장님을 뵈었을 때 의논드렸습니다)

➲ 이 경우 역시 위의 예문들과 맥락을 같이하고 있다.

④ この際(さい)/＊折(お)り/＊時(とき)、家族(かぞく)みんなで海外旅行(かいがいりょこう)に行(い)こうか。
(이 참에 가족모두 해외여행 갈 까?)

➲ 「この際(さい)」와같이 무언가를 계기로 삼는다는 뜻인 관용표현에서는 오로지 「際(さい)」만이 적절하다.

⑤ お降(お)りの際(さい)/?時(とき)/＊折(お)りは、お忘(わす)れ物(もの)のないようご注意(ちゅうい)ください。
(내리실 때는 잊으신 물건이 없도록 주의하여 주십시오)

➲ 이 경우와 같이 매우 정중하고 격식을 차린 문체이며 또한 관용적으로 고정되어있는 때는 「際(さい)」만이 적절하다. 「時(とき)」는 일상적으로 쓰이는 말이어서 이 경우와 같은 딱딱한 문체에서는 다소 부적절하다.

⑥ 国際会議を本県で開催される際/折り/?時には、次回はぜひとも我が市の施設をお使いくださるよう、市長としてお願い申し上げます。
(국제회의를 본 현에서 개최하실 때에는 다음번은 필히 우리 시의 시설을 써주시도록 시장으로서 부탁말씀 올립니다)

➲ 이 경우 역시 매우 정중하고 격식을 차린 문체이므로 「際」와 「折り」가 보다 적절하다.

⑦ 使わない時/＊際/＊折りは倉庫に入れておいてください。
(사용하지 않을 때는 창고에 넣어둬 주십시오)

➲ 이 경우와 같이 부정표현에 접속될 때 「際」와 「折り」는 부적절하다.

⑧ 電話をかけている時/＊際/＊折り、玄関のベルが鳴った。
(전화를 걸고 있을 때, 현관의 벨이 울렸다)

➲ 이 경우와 같이 일상적으로 흔히 쓰일만한 표현에서는 「時」가 가장 적절하며 격식을 차린 문체에서 주로 쓰이는 「際」와 「折り」는 부적절하다.

⑨ お前は子供だった時/＊際/＊折り、何になりたかったの。
(너는 아이였을 때, 무엇이 되고 싶었니?)

➲ 이 경우도 위의 예문⑧과 맥락을 같이하고 있다.

「さがす」「探る」「あさる」

공통의미

찾다

요점

1. 「さがす」는 보이지 않게 된 것을 찾으려고 하는 뜻을 나타내는데 이 경우에는 「捜す」로 표기하고(예문①③⑥⑦), 한편으로는 갖고 싶거나 보고 싶은 것을 찾아다닌다고 하

는 뜻을 나타내기도 하는데, 이 경우에는「探す」로 표기한다(예문②⑧⑨). 둘 다 우리말의 '찾다' 에 해당된다.

2. 「探る」는 보이지 않게 된 것을 손이나 발의 촉감에 의해서 찾아내려고 하는 것을 나타내는 것이 본래의 용법인데(예문①⑩⑪), 한편으로는 모르는 사항이나 정보를 이것저것 조사한다고 하는 용법으로도 쓰인다(예문④⑫⑬). 둘 다 우리말의 '더듬어 찾다, 뒤지다'에 해당된다.
3. 「あさる」는 원래 먹이를 찾는다고 하는 뜻으로 쓰였는데(예문⑤⑭⑮), 한편으로는 어떤 필요로 하는 물건이나 사람을 찾아다니는 것을 나타내기도 한다(예문②⑯). 다만, 먹이를 찾는다고 할 때의 주체는 주로 동물이 되며, 사람에게 쓰게 되면 천박하거나 상스러운 의미가 주어진다. 우리말의 '이리저리 찾다, 찾아다니다'에 해당된다.

●●● 예문과 해설

① ポケットの中を捜す/探る/＊あさる。 (주머니 속을 뒤진다)

➲ 이 경우 「捜す」를 쓰게 되면 단지 주머니 속을 찾는다는 뜻만을 나타내고, 「探る」를 쓰게 되면 손의 촉감에 의해 주머니 속을 이러 저리 뒤진다고 하는 뜻을 나타낸다. 하지만 「あさる」는 먹이나 물건, 또는 사람을 찾아다니는 뜻을 나타내므로 여기에서는 부적절하다.

② めずらしい古書を探して/あさって/＊探って歩き回る。
(희귀한 고서를 찾아서 돌아다닌다)

➲ 이 경우와 같이 갖고자 하는 것을 찾아다닌다고 하는 뜻으로는 「探す」와 「あさる」가 적절하다. 「探る」는 손이나 발의 촉감으로 무언가를 뒤지거나 어떤 사항이나 정보를 조사한다고 하는 뜻으로만 쓰이므로 여기에서는 부적절하다.

③ 公園でお母さんが迷子を捜して/＊探って/＊あさっている。
(공원에서 어머니가 잃어버린 아이를 찾고 있다)

➲ 이 경우와 같이 행방불명이 된 사람을 찾는다고 하는 뜻에서는 오로지 「捜す」만이 적절하다. 「探る」는 손이나 발의 촉감에 의해 무언가를 더듬어 찾는다는 뜻이므로 부적절하고, 「あさる」는 사람을 찾는다는 뜻으로는 일단 쓰이지만 어디까지나 필요로 하는 사람을 찾는다는 뜻으로 쓰이므로 이 역시 여기에서는 부적절하다.

④ ひそかに敵の様子を探る/＊探す/＊あさる。 (살짝 적의 동정을 살핀다)

➲ 이 경우와 같이 어떤 정보를 얻기 위해 조사한다고 하는 뜻으로는 「探る」만이 적절하다. 「探す」는 이와 같이 추상적인 대상에는 쓸 수가 없으므로 부적절하다.

⑤ カラスがゴミ箱をあさる/＊探す/＊さぐる。(까마귀가 쓰레기통을 뒤진다)

➲ 이 경우와 같이 먹이를 찾는다고 하는 뜻으로는 「あさる」가 적절하다. 이 경우에 「探す」를 쓰게 되면 마치 까마귀가 쓰레기통을 찾아서 여기저기 돌아다닌다고 하는 의인법이 되므로 부적절하고, 「探る」는 더듬어 찾는 것이어서 이 역시 의인법이 되므로 부적절하다.

⑥ なくした財布を捜す。(잃어버린 지갑을 찾는다)

➲ 이 경우는 없어진 지갑을 찾는다는 뜻을 나타내고 있다.

⑦ ポケットを捜したが、切符は見つからなかった。

(주머니를 뒤졌지만, 표는 보이지 않았다)

⑧ 古書店で雪国の初版本を探す。(고서점에서 설국의 초판본을 찾는다)

➲ 이 경우는 원하는 책을 찾기 위하여 여기저기 돌아다니는 것을 나타내고 있다.

⑨ 新聞をくまなく探して問題の記事を発見する。

(신문을 샅샅이 찾아서 문제의 기사를 발견한다)

⑩ 切符を捜してポケットを探る。(표를 찾아서 주머니를 뒤진다)

➲ 이 경우의 「捜す」는 보이지 않게 된 표를 찾는다고 하는 뜻이 되며, 「探る」는 손의 촉감을 이용하여 여기저기 더듬어 찾는다는 뜻이 된다.

⑪ つま先で足下を探る。(발끝으로 발밑을 더듬는다)

➲ 이 경우는 발을 이용하여 여기저기 더듬는 것을 나타내고 있다.

⑫ 相手の真意を探る。(상대의 진의를 조사한다)

➲ 이 경우는 상대의 진의를 파악하기 위하여 이것저것 탐색한다는 뜻을 나타내고 있다.

⑬ 新たな可能性を探る。(새로운 가능성을 찾는다)

⑭ 犬が残飯をあさっている。(개가 먹다 남은 밥을 뒤지고 있다)

➲ 이 경우와 같이 먹이를 찾는다고 하는 뜻일 때는 동물에만 쓰는 것이 보통이다.

⑮ おなかがすいたので、冷蔵庫をあさる。(배가 고팠기 때문에 냉장고를 뒤진다)

➲ 이 경우와 같이 먹을 것을 찾는다는 뜻으로 사람에게 쓰게 되면 속어적인 어감이 주어지게 된다.

⑯ 有能な人材をあさる。(유능한 인재를 찾는다)

➲ 이 경우와 같이 「あさる」는 적절한 인물을 찾는다고 하는 의미로도 쓰인다.

「魚(さかな)」「魚(うお)」

공통의미

물고기

요점

1. 「魚(さかな)」와 「魚(うお)」는 둘 다 물고기, 생선의 의미를 지니고 있다.
2. 「魚(さかな)」는 일상적으로 쓰이는 말이지만, 「魚(うお)」는 문장체적인 말로서 「魚(うお)市場(いちば)(어물 시장)」 또는 「水(みず)清(きよ)ければ魚(うお)住(す)まず(물이 깨끗하면 물고기가 못 산다)」와 같이 제한 된 경우에만 쓰인다. 결국 우리말의 '물고기, 생선' 등에 해당되는 말은 「魚(さかな)」라고 보면 좋을 것이다.

「叫(さけ)ぶ」「どなる」「わめく」

(大声(おおごえ)で叫(さけ)ぶ、大声(おおごえ)でどなる、大声(おおごえ)でわめく)

공통의미

소리 지르다, 외치다

요점

1. 「叫(さけ)ぶ」는 먼 곳에 있는 상대에게 소리가 들리도록 크게 외친다고 하는 뜻과, 아픔이나 고통, 기쁨이나 슬픔 등으로 인하여 큰 소리를 낸다는 뜻으로 쓰인다(예문①②③⑤⑥⑦). 우리말의 '소리 지르다, 부르짖다' 에 해당된다.

2. 「どなる」는 상대에게 화를 내거나 꾸짖거나 명령을 하기 위하여 큰 소리를 내는 뜻으로 쓰인다(예문①④⑧⑨⑩). 우리말의 ‘고함치다, 고함지르다’에 해당된다.
3. 「わめく」는 불만이나 비난, 호소 등을 나타내기 위하여 큰 소리를 지속적으로 내는 뜻으로 쓰인다(예문②⑪⑫⑬). 우리말의 ‘외치다’에 해당된다.

●●● 예문과 해설

① 泥棒(どろぼう)！と叫(さけ)んだ/どなった/＊わめいた。(도둑이야! 하고 고함쳤다)

➲ 이 경우는 「叫(さけ)ぶ」와 「どなる」만이 적절한데, 「わめく」는 주로 불만이나 호소 등을 나타내기 위하여 지속적으로 큰 소리를 내는 데에 쓰이므로 이 경우는 부적절하다.

② 痛(いた)いよ痛(いた)いよと叫(さけ)ぶ/わめく/＊どなる。(아파 아파하며 소리 지른다)

➲ 이 경우 「どなる」는 주로 특정한 상대에게 꾸짖거나 화를 내기 위하여 고함을 지르는 데에 쓰이므로 부적절하다.

③ 誰(だれ)か助(たす)けて! と叫(さけ)ぶ/＊わめく/＊どなる。(누군가 도와주세요! 하고 외친다)

➲ 이 경우는 꾸짖거나 명령하는 것도 아니고 불만이나 비난을 위해서 외치는 것도 아니며, 단지 멀리서도 들을 수 있도록 크게 소리 지르는 것이므로 「叫(さけ)ぶ」만이 적절하다.

④ 先生(せんせい)は、いいかげんにしろ! とどなった/＊叫(さけ)んだ/＊わめいた。
(선생님은 그만 좀 해라! 하고 고함질렀다)

➲ 이 경우는 선생님이 학생들에게 야단치는 것이므로 「どなる」만이 적절하다.

⑤ 山(やま)を歩(ある)きながら「ヤッホー」と叫(さけ)んだ。(산을 걸으면서 ‘야호’ 하고 소리쳤다)

⑥ 救(すく)いを求(もと)めて大声(おおごえ)で叫(さけ)ぶ。(도움을 청하며 큰 소리로 부르짖는다)

⑦ 消費連盟(しょうひれんめい)は値上(ねあ)げ反対(はんたい)を叫(さけ)んでいる。
(소비연맹은 물가인상반대를 부르짖고 있다)

⑧ 「早(はや)く行(い)け」と若(わか)い教師(きょうし)がどなった。(‘빨리 가라’ 하고 젊은 교사가 고함쳤다)

➲ 이 경우는 꾸짖기 위하여 큰 소리를 지르는 의미로 쓰였다.

⑨ 耳(みみ)もとでどならなくてもいいだろう。(귓가에서 고함지르지 않아도 좋을 텐데)

⑩ 「そこをどけ」と警官(けいかん)がどなった。(‘거기 비켜’ 하고 경찰이 고함질렀다)

➲ 「どなる」는 이 경우와 같이 명령을 하기위하여 큰 소리를 내는 것에도 쓰인다.

⑪ そんなにわめかなくてもわかる。(그렇게 외치지 않아도 안다)

➲ 「わめく」는 큰 소리를 지속적으로 내는 것에 쓰인다.

⑫ 泣いてもわめいてもだれも助けてくれない。(울어도 외쳐도 아무도 도와주지 않는다)

➲ 이 경우는 불만 같은 것을 호소하기위하여 지속적으로 큰 소리를 내는 의미로 쓰였다.

⑬ 酔っぱらいが道ばたでわめいている。(술꾼이 길가에서 외치고 있다)

「避ける」「よける」

(端に寄って車を避ける、端に寄って車をよける)

공통의미

피하다

요점

1. 「避ける」와 「よける」는 둘 다 기본적으로는 바람직하지 않은 대상과의 접촉을 피한다고 하는 의미용법을 지니고 있지만, 실제로는 용법상의 차이가 엿보인다.
2. 「避ける」는 자신에게 있어서 바람직하지 않은 상황이나 행위, 대상물 등을 미리 알고서는 그것과의 접촉을 사전에 피한다고 하는 뜻으로 쓰인다(예문①②③⑤⑥⑨⑩⑪).
3. 「よける」는 주로 대상물과의 물리적인 접촉을 막고자 자신의 몸을 움직여서 피한다고 하는 뜻으로 쓰이며(예문①②④⑦⑧⑫⑬), 때로는 방해되는 물건을 한쪽으로 치운다는 뜻으로도 쓰인다(예문⑭⑮).

예문과 해설

① 車はでこぼこを避けて/よけて進んだ。(차는 굴곡을 피해서 나아갔다)

➲ 이 경우는 둘 다 적절한데, 「避ける」를 쓰게 되면 사전에 도로의 굴곡이 있는 곳을 알아서 그것을 피해서 간다는 의미가 되고, 「よける」를 쓰게 되면 도중에 굴곡이 발견되어 차를 이리저리 움직임으로서 그것을 피해서 간다는 의미가 된다.

② 端に寄って車を避ける/よける。(가장자리로 가서 차를 피한다)

➲ 이 경우, 「避ける」를 쓰게 되면 처음부터 가장자리로 가서 차에 부딪히지 않도록 한다는 의미

가 되고, 「よける」는 차가 오는 것을 보고 가장자리로 피한다고 하는 의미가 된다.

③ 暗礁にぶつかるのを避ける/ ✱ よける。 (암초에 부딪히는 것을 피한다)

➲ 이 경우는 암초가 있는 곳을 미리 알고서 여유 있게 피한다고 하는 뜻이므로 「避ける」가 적절하다.

④ 間一髪のところでその暗礁をよけた/ ✱ 避けた。
(아슬아슬한 지점에서 그 암초를 피했다)

➲ 이 경우는 「間一髪」라는 말에서 볼 수 있듯이 사전의 정보가 없는 위기상황에서 암초를 피했다고 하는 뜻이므로 「よける」가 적절하다.

⑤ 都会を避けて/ ✱ よけて田舎に住む。 (도회지를 피해 시골에 산다)

➲ 이 경우와 같이 어떤 장소를 사전에 피한다고 하는 뜻으로는 「避ける」가 적절하다.

⑥ ラッシュアワーを避けて/ ✱ よけて行こう。 (붐비는 시간을 피해서 가자)

➲ 이 경우는 사전에 차가 붐비는 시간을 알고서는 그것을 피하자는 의미이므로 「避ける」가 적절하다. 붐비는 시간대는 몸을 움직여서 피할 수 있는 대상이 아니므로 「よける」는 부적절하다.

⑦ 走って来た自転車をよける/ ✱ 避ける。 (달려온 자전거를 피한다)

➲ 이 경우는 몸을 움직여서 달려온 자전거를 피한다고 하는 것이므로 「よける」가 적절하다.

⑧ 身をかわして球をよける/ ✱ 避ける。 (몸을 돌려서 공을 피한다)

➲ 이 경우 역시 예문⑦과 맥락을 같이하고 있다.

⑨ 彼はいつも私を避けている。 (그는 언제나 나를 피하고 있다)

➲ 접촉을 하지 않으려고 사전에 피한다고 하는 뜻으로 쓰였다.

⑩ 人間は誰でも死を避けることはできない。 (인간은 누구나 죽음을 피할 수는 없다)

⑪ 失敗した彼の前轍は避けたい。 (실패한 그의 전철은 피하고 싶다)

⑫ 水溜まりをよけて歩く。 (물구덩이를 피해서 걷는다)

➲ 이 경우는 물구덩이를 건너지 않기 위하여 몸을 움직여서 피해간다는 뜻으로 쓰였다.

⑬ 夏の日差しをよけて歩きまわる。 (여름의 햇볕을 피해서 돌아다닌다)

⑭ 邪魔だからわきによけておく。 (방해가 되니까 한쪽으로 치워둔다)

➲ 「よける」는 이 경우와 같이 방해되는 물건을 한쪽으로 치운다는 뜻으로도 쓰이는데 「避ける」에는 이러한 용법이 없다.

⑮ 不良品(ふりょうひん)をよけておく。(불량품을 치워둔다)

➲ 이 경우 역시 불량품을 따로 치운다는 뜻으로 쓰였다.

「差(さ)しかかる」「通(とお)りかかる」

(橋(はし)に差(さ)しかかる、橋(はし)を通(とお)りかかる)

공통의미

(어떤 지점을)지나가다

요점

1. 「差(さ)しかかる」는 어떤 지점을 통과하기 직전에 있거나 또는 막 통과하려고 하는 참을 나타내는데, 우리말의 '(어떤 지점에)접어든다, (어떤 지점을)지나가려고 한다' 정도에 해당된다(예문①③④). 그 앞에는 반드시 조사 「に」가 온다.
2. 「通(とお)りかかる」는 어떤 지점을 한참 지나가고 있음을 나타내는데 우리말의 '(어떤 지점을) 지나가고 있다'에 해당된다. 그 앞에는 반드시 조사 「～を」가 오게 된다(예문②⑤⑥).

예문과 해설

① 橋(はし)に差(さ)しかかる。(다리에 접어든다, 다리를 지나가려 한다)

➲ 다리를 지나가기 직전의 상태임을 나타내기도 하고 또는 막 다리를 지나가려고 하고 있음을 나타내기도 한다.

② 橋(はし)を通(とお)りかかる。(다리를 지나가고 있다)

➲ 현재 다리를 지나가고 있는 도중에 있음을 나타낸다.

③ 山道(やまみち)に差(さ)しかかった時(とき)、後(うし)ろから声(こえ)が聞(き)こえた。
(산길에 접어들었을 때, 뒤에서 목소리가 들려왔다)

➲ 이 경우는 산길에 들어서려고 하던 참을 나타낸다.

④ 汽車(きしゃ)は鉄橋(てっきょう)に差(さ)しかかった。(기차는 철교에 접어들었다)

➲ 이 경우는 기차가 철교 바로 앞에 다가온 상태를 나타내기도 하고 또는 기차가 철교를 막지나가려던 참임을 나타내기도 한다.

⑤ 車で通りかかった人が駅まで送ってくれた。
(차로 지나가던 사람이 역까지 데려다 주었다)

➲ 이 경우는 차로 지나가던 도중이었음을 나타낸다.

⑥ パレードが家の前を通りかかった。(퍼레이드가 집 앞을 통과했다)

「差し支え」「差し障り」「支障」

(差し支えがあって行けない、差し障りがあって行けない、支障があって行けない)

공통의미

지장

요점

1. 「差し支え」와 「差し障り」「支障」는 모두 기본적으로는 어떤 일의 실행이나 진행을 방해하는 장해를 나타내고 있지만, 실제로는 의미용법상의 차이가 엿보인다.
2. 「差し支え」는 이제부터 무언가를 하려고 할 때에 생겨난 장해를 주로 나타내며(예문①⑤), 한편으로는, 「差し支えない」의 형태로서 상관이 없음을 나타내기도 한다(예문③⑥).
3. 「差し障り」는 주로 인간관계나 조직관계 등을 고려한 가운데에서 생겨날 수 있는 장해를 나타낸다(예문②⑦⑧).
4. 「支障」는 가장 일반적으로 쓰이는 말로 처음부터 생겨난 장해도 나타내고 일의 진행 도중에 생겨나는 장해도 나타낸다(예문①⑨⑩). 특히, 「支障なく」의 형태로 무언가가 아무 일없이 무사히 끝났음을 나타내는 것은 오로지 「支障」뿐이다(예문④).

예문과 해설

① 少々(しょうしょう)痛(いた)いが歩(ある)くのには差(さ)し支(つか)え/支障(ししょう)/＊差(さ)し障(さわ)りがない。
(조금 아프지만 걷는 데는 지장이 없다)

➲「差(さ)し障(さわ)り」는 단순한 장해나 지장을 나타내는 것이 아니라 다른 것과의 관계, 즉 인간적, 사회적인 관계 속에서 장해로 작용할만한 대상을 나타내는 것이므로 이 경우에는 부적절하다. 이 경우는 자신의 힘으로 걷는다고 하는 뜻으로만 쓰였을 뿐 다른 것과의 관계는 전혀 설정되어 있지 않다.

② 差(さ)し障(さわ)り/＊差(さ)し支(つか)え/＊支障(ししょう)のない答弁(とうべん)をする。(지장이 없는 답변을 한다)
➲ 이 경우는 타인이나 어떤 조직 내에서의 자신의 입장을 고려하여 곤란하지 않은 답변을 한다고 하는 뜻이므로「差(さ)し障(さわ)り」가 적절하다.

③ 彼(かれ)の功績(こうせき)といっても差(さ)し支(つか)えない/＊差(さ)し障(さわ)りない/＊支障(ししょう)ない。
(그의 공적이라고 해도 상관없다)

➲ 이 경우와 같이「~ない」의 형태로 상관이나 지장이 없음을 나타내는 것으로는「差(さ)し支(つか)え」만이 적절하다.

④ 大会(たいかい)は支障(ししょう)なく/＊差(さ)し支(つか)えなく/＊差(さ)し障(さわ)りなく終(お)わった。
(대회는 지장 없이 끝났다)

➲ 이 경우와 같이,「~なく」의 형태로 어떤 일이 아무 탈 없이 잘 끝났음을 나타내는 데는「支障(ししょう)」만이 적절하다.

⑤ 差(さ)し支(つか)えがなければ聞(き)かせてください。(지장이 없다면 들려주십시오)

⑥ 彼(かれ)が来(こ)なくても差(さ)し支(つか)えがない。(그가 오지 않아도 지장이 없다)

⑦ できるだけ差(さ)し障(さわ)りのない話(はなし)をしてください。
(가능하면 지장이 없는 이야기를 해 주십시오)

➲「差(さ)し障(さわ)り」는 인간관계 등을 고려할 때에 엿보일 수 있는 장해를 나타낸다.

⑧ 計画(けいかく)の進行(しんこう)に差(さ)し障(さわ)りがあってはだめだ。
(계획의 진행에 지장이 있어서는 안 된다)

⑨ これからは何(なん)の支障(ししょう)もないでしょう。(이제부터는 아무런 지장도 없을 것입니다)
➲ 이 경우는 앞으로 생겨날 수 있는 장해를 나타내고 있다.

⑩ 資金難(しきんなん)で会(かい)の運営(うんえい)に支障(ししょう)をきたす。(자금난으로 모임의 운영에 지장을 초래한다)
➲ 이 경우는 이미 발생한 장해를 나타내고 있다.

「刺す」「突く」

(針で指を<u>刺す</u>、針で指を<u>突く</u>)

공통의미

찌르다

요점

1. 「刺す」는 날카롭고 끝이 뾰족한 물건으로 찌르는 것인데 보통은 안쪽으로 침투되는 것을 나타낸다(예문①②③⑥⑦⑧).
2. 「突く」는 막대기 같은 것이나 뾰족한 물건으로 강하게 충격을 주는 것으로 반드시 깊숙이 찌르지 않아도 좋다(예문①④⑤⑨⑩). 한편으로는 관용적으로 지팡이를 짚거나 무릎을 짚고, 팔꿈치를 괸다고 하는 뜻을 나타내고(예문⑪⑫⑬), 냄새가 강렬함을 나타내기도 하는데(예문⑭), 「刺す」에는 이러한 의미용법이 없다.

예문과 해설

① 針で肌を刺す/突く。(바늘로 살을 찌른다)

➲ 「刺す」는 바늘이 살을 꿰뚫고 들어가는 것이지만 「突く」는 바늘로 살을 강하게 찌른다는 뜻을 나타낸다.

② 指先にとげを刺す/＊突く。(손가락 끝에 가시가 박히다)

➲ 「刺す」는 날카롭고 끝이 뾰족한 물체로 깊숙이 찌르는 것을 나타내므로 이 경우에는 적절하지만 「突く」는 막대기 같은 것이나 뾰족한 것으로 강하게 충격을 주는 것이므로 여기에서는 부적절하다.

③ 釣った魚を串に刺す/＊突く。(낚은 물고기를 꼬지에 찌른다)

➲ 「刺す」는 이 경우와 같이 깊숙이 찔러서 관통시킬 때도 쓰일 수 있으나 「突く」는 어디까지나 강하게 충격을 주는 것일 뿐 반드시 관통시킨다는 뜻은 없으므로 여기에서는 부적절하다.

④ ひじで相手の背中を突く/＊刺す。(팔꿈치로 상대의 등을 찌른다)

➲ 이 경우는 상대의 등을 강하게 찌른다는 뜻으로 쓰였을 뿐 안으로까지 찌른다는 뜻은 아니므로 「刺す」는 부적절하다.

⑤ 棒で人を突く/✱刺す。(막대기로 사람을 찌른다)

➲ 이 경우 역시 예문④와 맥락을 같이하고 있다.

⑥ ナイフで胸を刺す。(나이프로 가슴을 찌른다)

➲ 「刺す」는 이 경우와 같이 날카로운 것으로 찌르는 것에 쓰인다.

⑦ 大根に箸を刺す。(무에 젓가락을 찌른다)

⑧ 蜂が襲って人を刺す。(벌이 습격하여 사람을 쏜다)

⑨ 槍で腹を突く。(창으로 배를 찌른다)

➲ 「突く」는 이 경우와 같이 끝이 뾰족한 것으로 찌르는 데에 쓰인다.

⑩ 針で指先を突いた。(바늘로 손가락 끝을 찔렀다)

⑪ 杖を突いて登る。(지팡이를 짚으며 올라간다)

➲ 이 경우는 관용적으로 지팡이를 짚는다는 뜻으로 쓰였는데 「刺す」에는 이러한 용법이 없다.

⑫ ひざを突いて謝る。(무릎을 꿇고 사과한다)

➲ 이 경우 역시 관용적으로 무릎을 꿇는다는 뜻으로 「刺す」에는 이러한 용법이 없다.

⑬ 片ひじを突いて居眠りしている。(한쪽팔꿈치를 괴고서 졸고 있다)

➲ 이 경우도 관용적으로 팔꿈치를 괸다는 뜻으로 「刺す」에는 이러한 용법이 없다.

⑭ 悪臭が鼻を突く。(악취가 코를 찌른다)

➲ 이 경우는 악취가 심함을 나타내는 것으로 우리말에도 이러한 용법은 있다.

「指す」「指さす」「指し示す」

(遠くの家を指す、遠くの家を指さす、遠くの家を指し示す)

공통의미

가리키다

요점

1. 「指(さ)す」는 손가락이나 물건으로 그 방향을 가리키는 데에 쓰이는데 우리말의 '가리키다'에 해당된다(예문①③④⑤).
2. 「指(ゆび)さす」는 실제로 인지를 써서 정확하게 사물을 가리키는 데에 쓰이는데 우리말의 '손가락으로 가리키다'에 해당된다(예문②⑥⑦).
3. 「指(さ)し示(しめ)す」는 방향이나 물건 등을 분명하게 이것이라고 가리키며 나타내는 데에 쓰이는데 우리말의 '가리켜 보이다'에 해당된다(예문①②⑧⑨).

예문과 해설

① 矢印(やじるし)の指(さ)す/指(さ)し示(しめ)す/＊指(ゆび)さす方角(ほうがく)。(화살표가 가리키는/가리켜 보이는 방향)

➲ 「指(ゆび)さす」는 글자그대로 손가락 중에서도 인지로 정확히 사물을 가리키는 데에 쓰이는 것인데 이 경우는 이미 화살표가 방향을 가리키고 있는 것을 새삼 다시 손가락으로 가리킬 필요가 전혀 없으므로 부적절하다. 따라서 이 경우는 「指(さ)す」나 「指(さ)し示(しめ)す」가 적절하다.

② 食(た)べたい物(もの)を指(ゆび)さす/指(さ)し示(しめ)す/?指(さ)す。(먹고 싶은 것을 가리킨다)

➲ 「指(さ)す」는 주로 물건이 놓여있는 방향을 가리키는데 이 경우는 먹고 싶은 개별 음식물을 정확하게 가리키는 것이므로 다소 부적절하다. 물론 그 음식물이 놓여있는 방향을 가리키는 경우라면 적절하긴 하다. 역시 이러한 경우에는 정확히 그 대상을 손가락으로 가리키는 「指(ゆび)さす」나 가리켜 보이는 「指(さ)し示(しめ)す」가 적절하다.

③ 時計(とけい)が正午(しょうご)を指(さ)す/＊指(ゆび)さす/＊指(さ)し示(しめ)す。
(시계가 정오를 가리킨다/＊손가락으로 가리킨다/＊가리켜보인다)

➲ 시계는 가리킬 손가락이 없으므로 「指(ゆび)さす」는 부적절하며 또한 가리키는 것은 가능하지만 가리켜 보일 능력이나 의지는 없으므로 「指(さ)し示(しめ)す」역시 부적절하다.

④ 地図(ちず)を指(さ)して説明(せつめい)する。(지도를 가리키며 설명한다)

⑤ 彼(かれ)は急(きゅう)に後(うし)ろを指(さ)した。(그는 갑자기 뒤를 가리켰다)

⑥ 教会(きょうかい)の塔(とう)を指(ゆび)さす。(교회의 탑을 손가락으로 가리킨다)

➲ 이 경우는 손가락으로 정확하게 가리킴을 나타낸다.

⑦ 私の指さす人を見なさい。(내가 손가락으로 가리키는 사람을 보아라)

⑧ 目標とする山を指し示す。(목표로 하는 산을 가리켜보인다)

➲ 이 경우는 산을 분명하게 저것이라고 가리켜 보이는 것을 나타낸다.

⑨ 磁石の針が北の方向を指し示している。
(자석의 바늘이 북쪽방향을 가리켜 보이고 있다)

➲ 이 경우는 방향을 탐색함에 있어서 자석의 바늘에 의지하고 있는 장면일 때는 바늘이라도 「指し示す」가 적절하다. 즉, 자석의 바늘이 가르쳐주는 것에 의지하고 있는 셈인데 이러한 점에서 단지 시계의 바늘이 가리키고 있는 방향만을 나타내고 있는 예문③과는 구별된다.

「さすが」「やはり」

(さすが世界チャンピオンは何か違う、やはり世界チャンピオンは何か違う)

공통의미

과연, 역시

요점

1. 「さすが」는 예상이나 평판대로 들어맞음을 나타내는 것으로 주로 문두에 쓰이는 일이 많은데, 「さすがだ」의 형태로 문말에 쓰일 때도 있다. 긍정적인 평가에만 쓰이며 우리말의 '과연' 정도에 해당된다(예문①②③⑤⑥).
2. 「やはり」는 미리 예상했던 대로 들어맞음을 나타내는 것으로 긍정적인 평가나 부정적인 평가 그 어느 쪽에도 쓰인다. 우리말의 '역시'에 해당된다(예문①②④⑦⑧)

예문과 해설

① さすが/やはり世界チャンピオンは何か違う。(과연/역시 세계챔피언은 뭔가 다르다)

➲ 이 경우는 예상에 반하지 않고 들어맞음을 긍정적으로 평가하는 것이므로 둘 다 적절하다.

② これ、山田さんが作ったの? さすが/やはりプロだねえ。

(이거, 야마다씨기 만든 거야? 과연/역시 프로이군)

➲ 이 경우 역시 긍정적인 평가이므로 둘 다 적절하다.

③ これ、山田さんが作ったの? さすがだねえ/＊やはりだねえ。
(이거, 야마다씨기 만든 거야? 과연 대단하군)

➲ 이 경우는「さすがだ」의 형태로 문말에 쓰여서 긍정적인 평가를 나타내는 것인데「やはり」에는 이러한 용법이 없으므로 부적절하다.

④ かなりの望みを抱いていたが、やはり/＊さすが助からなかった。
(상당한 희망을 품고 있었지만, 역시 도움이 되지 않았다)

➲ 이 경우는 부정적인 평가를 나타내는 것이므로「やはり」만이 적절하며 오로지 긍정적인 평가에만 쓰이는「さすが」는 부적절하다.

⑤ 名人だけあってさすがうまいものだ。(명인인 만큼 과연 능숙하다)

➲「さすが」는 이 경우와 같이 긍정적인 평가일 때만 쓸 수가 있다.

⑥ さすが自慢するだけあって見事な作品だ。(과연 자랑하는 만큼 멋진 작품이다)

➲ 이 경우 역시 작품에 대한 긍정적인 평가를 내리고 있다.

⑦ 何と言ってもやはり母親は強い。(뭐라 해도 역시 어머니는 강하다)

➲ 이 경우는 예상대로임을 나타내고 있는데, 긍정적인 경우에 쓰이고 있다.

⑧ 前から変だと思っていたが、やはりどこかおかしい。
(전부터 이상하다고 생각하고 있었는데, 역시 어딘가 이상하다)

➲ 이 경우는 전부터 이상하다고 생각했던 예상이 들어맞음을 나타내고 있는데「やはり」는 이와 같이 부정적인 경우에도 쓸 수가 있다.

「誘う」「勧める」「勧誘する」

(仲間になるよう誘う、仲間になるよう勧める、仲間になるよう勧誘する)

●●● 공통의미

권하다, 권유하다

요점

1. 「誘う」는 자신과 함께 어떤 곳으로 가자고 권하거나, 함께 어떤 행동을 하자고 권하는 뜻으로 일상적으로 가장 많이 쓰이는데 좋은 의미로든 나쁜 의미로든 다 쓰인다(예문①②④⑤⑥).
2. 「勧める」는 그렇게 하는 편이 좋다고 상대에게 말하는 뜻으로 쓰인다(예문③⑦⑧).
3. 「勧誘する」는 자신이 관계되는 어떤 일의 좋은 점을 내세워서 상대에게 가입을 권하는 뜻으로 쓰인다(예문④⑨⑩⑪).

예문과 해설

① 恋人を映画に誘う/＊勧める/＊勧誘する。
(애인에게 영화 보러 가자고 권한다)

➲ 상대에게 함께 가자고 권할 때는 「誘う」가 적절하다. 「勧める」는 그렇게 하는 편이 좋다고 말하는 것이고, 「勧誘する」는 상대에게 무언가의 가입을 권하는 것이므로 둘 다 이 경우에는 부적절하다.

② 友だちを悪の道に誘う/＊勧める/＊勧誘する。
(친구를 나쁜 길로 유도한다)

➲ 이 경우와 같이 바람직하지 못한 방향으로 유도할 때는 「誘う」만이 적절하다. 「勧める」는 그렇게 하라고 권유하는 것이고, 「勧誘する」는 가입을 권하는 것이므로 둘 다 이 경우에는 부적절하다.

③ クラブ活動のリーダーになることを勧める/＊誘う/＊勧誘する。
(클럽활동의 리더가 될 것을 권유한다)

➲ 「勧める」는 그렇게 하는 편이 좋다고 권하는 것이므로 이 경우에 가장 적절하다. 「誘う」는 주로 어딘가를 함께 가거나 어떤 행동을 함께 할 것을 권하는 것이며, 「勧誘する」는 주로 무언가의 가입을 권하는 것이므로 둘 다 이 경우에는 부적절하다.

④ 叔母を会に勧誘する/誘う/＊勧める。(숙모를 모임에 권유한다)

➲ 이 경우와 같이 가입을 권유할 때는 「誘う」와 「勧誘する」가 적절하다. 「勧める」는 단지 그렇게 하는 편이 좋다고 말하는 정도만을 나타내어서 가입을 권유하는 경우에는 그 정도가 약하므로 부적절하다.

⑤ 友だちが旅行に誘った。(친구가 여행을 권유했다)

➲ 「誘う」는 이 경우와 같이 좋은 뜻으로 권하는 데에 쓸 수가 있다.

⑥ 世の中には悪の道に誘う要素がたくさんある。
(이 세상에는 악의 길로 유도하는 요소가 많이 있다)

➲ 「誘う」는 이 경우와 같이 함께 행동할 것을 권하는 데에도 쓸 수가 있다.

⑦ 健康のために朝夕の散歩を勧める。
(건강을 위해서 아침저녁의 산책을 권유한다)

⑧ 会員全員が山田さんに会長就任を勧めた。
(회원전원이 야마다씨에게 회장취임을 권했다)

⑨ しつこく保険を勧誘され、仕方なく加入した。
(집요하게 보험을 권유당해 할 수 없이 가입했다)

➲ 「勧誘する」는 이 경우와 같이 상대에게 가입을 권하는 뜻으로만 쓰인다.

⑩ 新入生をサークルに勧誘する。(신입생을 서클에 권유한다)

⑪ あの人は新聞を勧誘する販売員です。
(저 사람은 신문을 권유하는 판매원입니다)

「寂しい」「侘しい」

(寂しい一人住まい、侘しい一人住まい)

공통의미

쓸쓸하다

요점

1. 「寂しい」는 무언가 채워지지 않아서 마음이 쓸쓸함을 나타내는 것으로 우리말의 '쓸쓸하다, 외롭다' 정도에 해당된다(예문①④⑤⑥). 한편으로는 관용적으로 무언가 먹고

싶은 생각이 들거나(예문②), 돈이 별로 없음을 나타내기도 한다(예문③).

2. 「侘(わび)しい」는 마음이 허전하고 어딘가 기댈 데가 없음을 나타내는 것으로 우리말의 '허전하다' 정도에 해당된다(예문①⑦). 한편으로는 쇠퇴하여 있거나(예문⑧), 차림새가 볼품없음을 나타내기도 하는데(예문④), 이 경우에는 우리말의 '초라하다, 볼품 없다' 정도에 해당된다.

예문과 해설

① 寂(さび)しい/侘(わび)しい思(おも)いをする。(쓸쓸한/허전한 생각이 든다)

➲ 이 경우는 전후문맥이나 적절한 장면의 설정이 없으므로 약간의 뉘앙스차이는 있지만 둘다 사용이 적절하다.

② 急(きゅう)に口(くち)が寂(さび)しく/＊侘(わび)しくなった。(갑자기 입이 심심해졌다)

➲ 「口(くち)が寂(さび)しい」의 형태로 우리말의 '입이 심심해진다, 입이 궁금해진다'는 뜻을 관용적으로 나타내는데 「侘(わび)しい」에는 이러한 의미용법이 없다.

③ 懐(ふところ)が寂(さび)しくて/＊侘(わび)しくてどこへも行(い)けない。
(주머니가 가벼워서 아무데도 갈 수 없다)

➲ 「懐(ふところ)が寂(さび)しい」의 형태로 우리말의 '주머니가 가볍다' 는 뜻을 관용적으로 나타내는데 「侘(わび)しい」에는 이러한 의미용법이 없다.

④ 侘(わび)しい/＊寂(さび)しい身(み)なりの男(おとこ)が訪(たず)ねて来(き)た。
(볼품없는/＊쓸쓸한 차림새의 남자가 찾아왔다)

➲ 「侘(わび)しい」에는 옷차림새가 볼품없음을 나타내는 의미용법이 있으나 「寂(さび)しい」에는 이러한 의미용법이 없다.

⑤ この頃(ごろ)は寂(さび)しい毎日(まいにち)を送(おく)っています。(요즈음은 외로운 매일을 보내고 있습니다)

⑥ 彼女(かのじょ)は寂(さび)しく笑(わら)った。(그녀는 쓸쓸하게 웃었다)

⑦ 母(はは)は一人(ひとり)で侘(わび)しく暮(くら)している。(어머니는 혼자서 허전하게 지내고 있다)

⑧ にぎやかだった村(むら)がいつの間(ま)にか侘(わび)しい村(むら)になってしまった。
(북적거렸던 마을이 어느새 인가 초라한 마을로 되어버렸다)

「妨(さまた)げる」「遮(さえぎ)る」「抑(おさ)える」

(発言(はつげん)を妨(さまた)げる、発言(はつげん)を遮(さえぎ)る、発言(はつげん)を抑(おさ)える)

공통의미

방해하다, 막다

요점

1. 「妨(さまた)げる」는 어떤 일의 진행을 방해한다는 뜻으로 쓰이는데 다소 딱딱한 어감이 있다(예문①⑤⑥⑦). 한편으로는 「～を妨(さまた)げない」의 형태로서 '～해도 상관없다'의 뜻을 나타내기도 하는데(예문④⑧), 우리말의 '방해하다, 저해하다' 에 해당된다.
2. 「遮(さえぎ)る」는 어떤 일이 진행되고 있는 것을 도중에서 방해하는 뜻으로 쓰이는데 우리말의 '차단하다, 막다'에 해당된다(예문①②⑨⑩⑪⑫).
3. 「抑(おさ)える」는 무언가의 힘으로 억제하는 뜻을 나타내는데 우리말의 '억제하다, 누르다'에 해당된다(예문①③⑬⑭⑮⑯).

예문과 해설

① 発言(はつげん)を妨(さまた)げる/遮(さえぎ)る/抑(おさ)える。(발언을 방해한다/차단한다/억누른다)

➲ 이 경우는 세 가지 다 적절한데, 「妨(さまた)げる」를 쓰게 되면 처음부터 발언을 방해한다는 의미가 되고, 「遮(さえぎ)る」를 쓰게 되면 발언하고 있는 것을 도중에 차단한다는 의미가 되며, 「抑(おさ)える」를 쓰게 되면 아예 발언하지 못하도록 억제한다는 의미가 된다.

② 川(かわ)の流(なが)れを遮(さえぎ)る/＊妨(さまた)げる/＊抑(おさ)える。(강의 흐름을 차단한다)

➲ 강은 어차피 흘러가게 마련인 것인데 이를 도중에서 더 이상 흘러가지 못하게 댐 같은 것으로 막는 경우에는 「遮(さえぎ)る」가 적절하다.

③ 物価上昇(ぶっかじょうしょう)を抑(おさ)える/＊妨(さまた)げる/＊遮(さえぎ)る。(물가상승을 억제한다)

➲ 물가는 위로 치올라가는 속성을 지니고 있으므로 이것을 더 이상 못 올라가게 억누른다고 하는 의미에서는 「抑(おさ)える」가 적절하다.

④ 彼の再任を妨げない/＊遮らない/＊抑えない。(그가 재임해도 상관없다)

➲ 이 경우와 같이 「~を妨げない」의 형태를 취하여 '상관없음'의 뜻을 관용적으로 나타낼 때는「妨げる」만이 적절하다.

⑤ 他人の出世を妨げる。(타인의 출세를 방해한다)

⑥ 宗教が両国の交流を妨げている。(종교가 양국의 교류를 저해하고 있다)

⑦ 人の話を妨げる。(남의 이야기를 방해한다)

⑧ 議長の再任を妨げない。(의장이 재임되어도 상관없다)

⑨ 敵の進路を遮る。(적의 진로를 차단하다)

➲ 「遮る」는 이 경우와 같이 진행의 도중에 방해하는 것을 나타낸다.

⑩ 板で光を遮る。(판자로 빛을 차단한다)

⑪ 相手の言葉を途中で遮る。(상대의 말을 도중에서 막는다)

⑫ カーテンで日の光を遮る。(커튼으로 햇빛을 차단한다)

⑬ 景気が悪くて出荷を抑えている。(경기가 나빠서 출하를 억제하고 있다)

⑭ どきどきする心を抑える。(두근거리는 마음을 억누른다)

⑮ 反対派の動きを抑える。(반대파의 움직임을 억누른다)

⑯ 買いたい気持ちを抑える。(사고 싶은 기분을 억누른다)

「寒い」「肌寒い」

(寒い毎日、肌寒い毎日)

공통의미

춥다

요점

1. 「寒い」는 가장 일반적으로 쓰이는 말로, 우리말의 '춥다' 에 해당된다(예문①②⑤⑥⑦⑧). 한편으로는, 관용적으로 등골이 오싹해짐을 나타내기도 하고(예문③), 금전적으로 여유가 없음을 나타내기도 하는데(예문④), 「肌寒い」에는 이러한 의미용법이 없다.
2. 「肌寒い」는 피부전체로 한기를 느끼는 것을 강조한 말로 「はだざむい」라고도 하는데 우리말의 '으스스하다' 정도에 해당된다(예문⑨⑩⑪⑫).

예문과 해설

① 首筋が寒く/✱肌寒くなる。(목덜미가 추워진다)

➲ 「肌寒い」는 피부전체로 한기를 느끼는 경우에 쓰일 뿐, 이 경우와 같이 특정부위만의 한기를 느끼는 것에는 쓰기가 부적절하다.

② 北の方はとても寒い/✱肌寒い地方です。(북쪽은 매우 추운 지방입니다)

➲ 전반적으로 춥다고 하는 뜻을 나타낼 때는 「寒い」가 적절하다. 「肌寒い」는 피부전체로 한기를 느끼는 경우에 쓰일 뿐이므로 여기에서는 부적절하다.

③ 昨日は背筋が寒くなるような/✱肌寒くなるような話を聞いた。
(어제는 등골이 오싹해지는 것 같은 이야기를 들었다)

➲ 이 경우와 같이 관용적인 뜻을 나타낼 때는 「寒い」만이 적절하다.

④ 懐が寒くて/✱肌寒くてどこへも行けない。
(주머니가 가벼워서 아무데도 갈 수 없다)

➲ 이 경우 역시 관용적인 뜻을 나타내는 것이므로 「寒い」만이 적절하다.

⑤ 寒いのは苦手だ。(추운 것은 질색이다)

⑥ 今日はめっきり寒くなった。(오늘은 부쩍 추워졌다)

⑦ これからはずっと寒い日が続くだろう。(이제부터는 줄곧 추운 날이 계속될 것이다)

⑧ 北海道は日本で一番寒いところです。(홋카이도는 일본에서 가장 추운 곳입니다)

⑨ 今日の風はちょっと肌寒いですね。(오늘 바람은 좀 으스스하군요)

⑩ 春だというのに肌寒い日が続いている。
(봄이라고 하는데 으스스한 날이 계속되고 있다)

⑪ 昨日は肌寒い一日だった。(어제는 으스스한 하루였다)

⑫ 朝夕肌寒い頃となりました。(아침저녁으로 으스스한 때가 되었습니다)

「さりげない」「何気ない」

공통의미

아무렇지도 않다

요점

1. 「さりげない」「何気ない」는 둘 다 그렇지 않은 듯이 행동한다고 하는 뜻이지만, 의도성이 있느냐 없느냐에 따라서 의미용법상의 차이가 엿보인다.
2. 「さりげない」는 자신이 어떤 행동을 하고 있지만, 그것을 상대가 눈치 채지 못하게 의도적으로 행동하는 것을 나타내는 것으로 우리말의 '아무렇지도 않은 듯하다'에 해당된다(예문①②③④).
3. 「何気ない」는 어떤 행동을 함에 있어서 이렇다 할 의도가 없이 행동하는 것을 나타내는 것으로, 「何気なく」의 형태로 우리말의 '별생각 없이, 무심결에'에 해당된다(예문⑤⑥⑦⑧).

예문과 해설

① 重大なことをさりげなく言ってのける。(중대한 일을 아무렇지도 않은 듯이 말해버린다)

➲ 이 경우는 실제로는 중대한 일이지만 상대에게는 그리 중대하지 않은 것처럼 보이려고 하는 의도성이 엿보인다.

② さりげなく服の破れ目を手で隠す。
(아무렇지도 않은 듯이 옷의 찢어진 곳을 손으로 가린다)

➲ 옷의 찢어진 부분을 남이 알아차리지 못하게 하려는 의도성이 엿보인다.

③ 彼は困った時はいつもさりげない態度をとっている。

(그는 곤란할 때는 언제나 아무렇지도 않은 듯한 태도를 취하고 있다)

➲ 자신의 약점을 상대에게 보이지 않으려는 의도성이 엿보인다.

④ トイレに行く振りをしてさりげなく抜け出す。

(화장실에 가는 척하고 아무렇지도 않은 듯이 빠져나온다)

⑤ 何気なく上を見た。(별생각 없이 위를 보았다)

➲ 특별한 의도성은 없이 다만 무심결에 위를 보았다는 뜻으로 쓰이고 있다.

⑥ 彼に何気なく聞いて見た。(그에게 무심결에 물어보았다)

⑦ 相手が何気なく言った言葉に傷付く。

(상대가 무심결에 한 말에 상처받는다)

➲ 상대의 발언에 이렇다 할 의도는 들어가 있지 않다.

⑧ 彼は何気ない顔で話を聞いていた。

(그는 별생각 없는 얼굴로 이야기를 듣고 있었다)

➲ 상대의 이야기에 특별한 반응이나 관심은 나타나있지 않다.

「～ざるを得ない」「～よりほか(は)ない」「～よりない」「～よりしかたがない」「～ほかない」「～しかない」

공통의미

(~하는) 수밖에 없다

요점

1. 「～ざるを得ない」는 좋든 싫든 간에 어쩔 수없는 사정에 의해서 그러한 결론이나 결과에 이르게 되었다고 하는 뜻을 나타낸다(예문②③⑤⑥⑦). 다시 말해서 어쩔 수 없는 사정에 초점이 있는 말로 우리말의 '～하지 않을 수 없다' 에 해당된다. 그 앞에 올 수

있는 말은 언제나 동사의 미연형에 한하는데 문장체에서 쓰이는 딱딱한 말이다.

2. 「～よりほか(は)ない」는 어떤 일에 있어서 가능한 수단이나 방법이 그것밖에 없으므로 달리 선택의 여지가 없이 그렇게 할 수밖에 없다고 하는 뜻을 나타낸다(예문①④⑧⑨⑩). 다시 말해서 한정된 수단이나 방법에 초점이 있는 말로 우리말의 '(～하는)수밖에 없다'에 해당된다. 조사 「は」가 들어가게 되면 보다 수단이나 방법이 제한됨을 강조하게 된다. 그 앞에 올 수 있는 말은 동사종지형에 한한다.
3. 「～よりしかたがない」는 「～よりほか(は)ない」와 같은 의미용법을 지닌 말이다(예문⑪⑫). 그 앞에 올 수 있는 말은 동사종지형에 한한다.
4. 「～よりない」와 「～ほかない」 역시 「～よりほか(は)ない」와 같은 의미용법을 지닌 말이지만, 주로 문장체에서 쓰이는 딱딱한 말이다(예문⑬⑭⑮⑯). 그 앞에 올 수 있는 말은 동사종지형에 한한다.
5. 「～しかない」는 「～よりほか(は)ない」와 같은 의미용법을 지니고 있으나 주로 회화체에서 쓰인다(예문⑰⑱). 그 앞에 올 수 있는 말은 동사종지형에 한한다.

예문과 해설

① そこに行くのは歩くよりほかない/＊歩かざるを得ない。

(거기에 가는 것은 걷는 수밖에 없다)

➲ 이 경우는 거기에 도달하기까지의 방법은 오로지 걷는 방법밖에 없음을 나타내는 것이므로 「～よりほかない」가 적절하다. 「～ざるを得ない」는 어쩔 수없는 사정에 의해서 좋든 싫든 간에 그렇게 하지 않을 수 없음을 나타내는 것이므로 여기에서는 부적절하다.

② 子供が待っているので帰らざるを得ない/＊帰るよりほかない。

(아이가 기다리고 있기 때문에 돌아가지 않을 수 없다)

➲ 이 경우는 좋든 싫든 간에 어쩔 수 없는 사정에 의해서 그렇게 하지 않을 수 없음을 나타내는 것이므로 「～ざるを得ない」가 적절하다. 「～よりほかない」는 제한된 수단이나 방법으로 인해 그렇게 할 수밖에 없음을 나타내는 것이므로 여기에서는 부적절하다.

③ 父がうるさいので9時までには帰らざるを得ない/＊帰るよりほかない。

(아버지가 잔소리하기 때문에 9시까지는 돌아가지 않을 수 없다)

➲ 이 경우역시 예문②와 마찬가지로 좋든 싫든 간에 어쩔 수 없는 사정에 의해서 돌아가야 만함을 나타내는 것이므로 「～ざるを得ない」가 적절하다.

④ 今日外出したことを父に知られないようにするためには、9時までに家に帰るよりほかない/＊帰らざるを得ない。

(오늘 외출한 것이 아버지에게 알려지지 않기 위해서는 9시까지 집에 돌아가는 수밖에 없다)

➲ 이 경우는 외출한 것이 아버지에게 알려지지 않기 위한 방법은 오로지 9시까지 귀가하는 방법밖에 없음을 나타내는 것이므로 「~よりほかない」가 적절하다.

⑤ このレポートは先生に頼まれたことだから、やらざるを得ない。
(이 리포트는 선생님에게 부탁받은 것이기 때문에 하지 않을 수 없다)

⑥ こんなことをするなんて、彼の人間性を疑わざるを得ない。
(이런 짓을 하다니, 그의 인간성을 의심하지 않을 수 없다)

⑦ この統計を見てもわかるように、たばこは人体に有害だと言わざるを得ない。
(이 통계를 봐도 알 수 있듯이, 담배는 인체에 유해하다고 말하지 않을 수 없다)

⑧ ここまで病状が悪くなったのでは、手術するよりほかないだろう。
(여기까지 병세가 나빠져서는 수술하는 수밖에 없을 것이다)

⑨ そうなっては、僕が家にいないよりほかはない。
(그렇게 되어서는 내가 집에 없는 수밖에 없다)

⑩ バスもタクシーもない所だから、歩いて行くよりほかはない。
(버스도 택시도 없는 곳이니까, 걸어서 가는 수밖에 없다)

⑪ お金がないのなら、旅行はあきらめるよりしかたがない。
(돈이 없는 거라면, 여행은 포기하는 수밖에 없다)

⑫ 自分の失敗は自分で責任を持って始末するよりしかたがない。
(자신의 실패는 스스로 책임을 지고 처리하는 수밖에 없다)

⑬ どうしても大学に通う気が起きないのなら、もう退学するよりない。
(아무래도 대학에 다닐 마음이 일지 않는 거라면, 이제 퇴학하는 수밖에 없다)

⑭ 文句を言っても仕方がない。とりあえず今できることを熱心にやるよりない。
(불평을 해도 소용이 없다. 우선은 지금 할 수 있는 일을 열심히 하는 수밖에 없다)

⑮ 先生に言われた通りにするほかない。(선생님에게 들은 대로 하는 수밖에 없다)

⑯ 最終電車に乗り遅れてしまったので、歩いて帰るほかない。
(마지막전차를 놓쳐버렸기 때문에, 걸어서 돌아갈 수밖에 없다)

⑰ そんなに学校がいやならやめるしかない。
(그렇게 학교가 싫으면 그만두는 수밖에 없다)

⑱ 高すぎて買えないから、借りるしかないでしょう。

(너무 비싸서 살 수 없으니까, 빌리는 수밖에 없을 겁니다)

「触る」「触れる」

(ひたいを触る、ひたいに触れる)

공통의미

만지다

요점

1. 「触る」는 만지고자 하는 분명한 의도가 엿보이지만(예문①③⑥⑦⑧⑨), 「触れる」는 의도적이건 아니건 다만 우연히, 그리고 순간적으로 만지게 됨을 나타낸다(예문①④⑩⑫⑭).
2. 「触る」는 어디까지나 인간이 만지게 됨을 나타내지만 「触れる」는 그렇지 않은 경우에도 쓰인다(예문②⑤⑪⑬⑮⑯).
3. 결국 「触る」는 우리말의 '~을(를)만지다' 에 해당되며 「触れる」는 '~을(를) 대다(~を触れる), ~에 닿다(~に触れる)' 정도에 해당된다.

예문과 해설

① ひたいを触る。(이마를 만지다)　　ひたいに触れる。(이마에 닿다)

➲ 전자는 손으로 이마를 만진다는 뜻이며 후자는 머리칼 같은 것이 이마에 닿는다고 하는 뜻이 연상된다.

② 外の空気に触れる/＊触る。(밖의 공기에 닿다(접촉되다))

➲ 「触る」는 어디까지나 인간이 어떠한 의도를 가지고 만진다는 뜻인데 이 경우는 밖의 공기를 의도 하에 만질 수는 없으므로 「触れる」가 적절하다.

③ 手で机を触る/＊触れる。(손으로 책상을 만진다)

➲ 「触る」는 만지고자 하는 의도로 만지는 것이지만, 「触れる」는 그러한 뚜렷한 의도성이 없고, 또한 만지더라도 우연히, 순간적으로 만지게 됨을 나타내는 것이므로 여기에서는 부적절하다.

④ 手を机に触れる/✱触る。(손을 책상에 대다)

➲ 「触れる」는 뚜렷한 의도를 가지고 만지는 것이 아니라 우연히, 그리고 순간적으로 만지는 것을 나타내며 여기에서는 책상에 손을 살짝 대는 상황이므로 「触れる」가 적절하다.

⑤ 高原のそよ風に触れる/✱触る。(고원의 산들바람을 쐬다)

➲ 이 경우와 같이 인간이 만지는 것이 아니라 바람 같은 것이 접촉됨을 나타낼 때는 오로지 「触れる」만이 적절하다. 「触る」는 반드시 인간이 무언가를 의도적으로 만지는 경우에만 쓰이므로 여기에서는 부적절하다.

⑥ 弟が本に触らないようにする。(남동생이 책을 만지지 못하도록 한다)

⑦ 子供たちが水に触りながら遊んでいる。(아이들이 물을 만지면서 놀고 있다)

⑧ 息子のひたいに触ると熱があった。(아들의 이마를 만지자 열이 있었다)

➲ 열이 있는지를 확인하고자 하는 의도성을 가지고 만지는 경우이다.

⑨ 子どもたちがウサギを触ってはしゃいでいる。(아이들이 토끼를 만지며 들떠있다)

⑩ 子供の寝顔にそっと手を触れてみる。(아이의 잠든 얼굴에 살짝 손을 대본다)

➲ 「触れる」는 이 경우와 같이 순간적으로 만지는 것을 나타낸다.

⑪ バスの中で隣の人の長い髪が顔に触れていやだった。
(버스 안에서 옆 사람의 긴 머리가 얼굴에 닿아서 싫었다)

➲ 「~に触れる」의 형태로 무언가가 저절로 접촉하게 됨을 나타내는데 이 경우는 옆 사람의 긴 머리가 우연이 얼굴을 간질이듯이 닿고 있음을 나타내고 있다.

⑫ 赤ちゃんのやわらかい頬に触れる。(아기의 부드러운 볼에 대다)

➲ 「触れる」는 이 경우와 같이 살짝 접촉하는 데에 쓰인다.

⑬ 高圧線に触れて感電する。(고압선에 닿아서 감전되다)

➲ 이 경우는 우연한 접촉을 나타내는 것인데, 예문⑪과 맥락을 같이하고 있으며 이하의 예문들도 의미용법이 같다.

⑭ 肩と肩が触れてけんかになった。(어깨와 어깨가 닿아서 싸움이 되었다)

⑮ 木の枝が軒に触れる。(나뭇가지가 처마에 닿는다)

⑯ 金属が空気に<u>触れ</u>て酸化する。(금속이 공기에 닿아서 산화한다)

참고

「触る」에는 이 밖에도, 「気に触る」(기분상하다)와 「しゃくに触る」(부아가 나다)와 같은 관용적인 용법이 있으며, 「触れる」에는 이 밖에도, 「新しい理論に触れる」(새로운 이론에 대해 언급하다)와 같이 '언급하다'의 의미용법과, 「法に触れる」(법에 저촉되다)와 같이 '위반되다'의 의미용법도 있다.

「さん」「様」「君」「氏」「殿」

(山田さん、山田様、山田君、山田氏、山田殿)

공통의미

사람의 이름 등에 붙여서 존경이나 친밀감을 나타내는 접미어

요점

1. 「さん」은 「様」의 음이 간략하게 변형된 것으로 가장 일반적으로 널리 쓰이는 접미어인데 사람의 성에 붙여서 쓰이는 것이 보통이지만(예문①⑤), 한편으로는 직급명이나 직업명에 붙여서 쓰이기도 한다(예문②⑥⑦). 일단은 우리말의 '~씨' 정도에 해당되지만, 우리말의 '~씨' 보다는 훨씬 경의가 높아서 상하를 막론하고 그 누구에게도 폭넓게 쓸 수가 있다. 특이한 것은 아이가 말하거나 아이에게 말할 때는 동물에도 「~さん」을 붙여서 친근감 있게 표현한다는 점이다(예문⑧). 아울러 여러 가지 인사말의 뒤에 붙여서 존경의 의미를 나타내기도 하는데, 이 경우에는 보통 인사말 앞에 접두어 「お」「ご」가 붙게 된다(예문⑨).
2. 「様」는 「さん」보다는 격이 높은 것으로, 공식적인 호칭이나 사무적인 편지와 문장 등에서 쓰인다. 사람의 성에 붙여서 쓰이는 것이 보통이지만(예문①⑩), 한편으로는 직업이나 관직명에 붙여서 쓰이기도 하며(예문②⑪), 때로는 여러 가지 인사말의 뒤에 붙여서

존경의 의미를 나타내기도 하는데, 이 경우에는 보통 인사말 앞에 접두어 「お」「ご」가 붙게 된다(예문⑫).

3. 「君」은 주로 남성사이에서 동격이나 하격에 대하여 쓰이는 것인데, 때로는 남성이 여성을 부르거나 또는 여성이 남성을 부를 때 쓰이기도 한다. 「さん」에 비해서 경의는 다소 낮은 편이다(예문①⑬⑭).

4. 「氏」는 타인의 이름에 붙여서 쓰이는데 오로지 남성에게만 쓸 수 있으며(예문⑮), 특히 「某氏」의 경우에는 오로지 「氏」만이 붙을 수 있다(예문④). 한편으로는 단독으로 대명사처럼 쓰일 수도 있는데, 이것은 표제어 중에서 유일하게 「氏」만이 지니고 있는 용법이다(예문⑯).

5. 「殿」는 「様」보다도 격이 높은 접미어로 회화체에서는 별로 쓰이지 않고 주로 공식문서나 편지에서 쓰이며, 때로는 관직명에 붙여서 쓰이기도 한다(예문①②⑰⑱).

예문과 해설

① 花子さん/様/殿/君/＊氏。 (하나코씨)

➲ 「氏」는 오로지 남성의 성에만 붙여서 쓸 수가 있는데, 이 경우는 여자의 이름이기 때문에 부적절하다.

② 部長さん/様/殿/＊君/＊氏はいかがでしょうか。 (부장님은 어떠하십니까?)

➲ 이 경우는 부장이라는 직함을 높여서 호칭하는 것이므로, 동격이나 하격에만 쓸 수 있는 「君」은 부적절하며 「氏」는 남성의 성에만 붙여서 쓸 수 있으므로 이 역시 부적절하다. 한편, 「さん」보다는 「様」가 정중도가 더 높으며, 「殿」는 공식적으로만 쓸 수가 있다.

③ どなたさん/様/＊殿/＊君/＊氏ですか。 (누구십니까?)

➲ 이 경우와 같이 의문사 「どなた」에 붙여서 쓸 수 있는 것은 오로지 「さん」「様」만이 적절한데 물론 「さん」보다는 「様」가 보다 정중도가 높다.

④ ある日某氏/＊さん/＊様/＊殿/＊君が訪ねて来た。
(어느 날 모씨가 갑자기 찾아왔다)

➲ 이 경우와 같이 어떤 인물을 불투명하게 나타낼 때는 오로지 「氏」밖에는 쓸 수가 없는데 이 점에서는 우리말도 같다.

⑤ 山田<u>さん</u>はどなたですか。 (야마다씨는 어느 분입니까?)

➲ 이 경우는 사람의 성에 붙여져서 쓰였다.

⑥ 交番のおまわりさんが訪ねて来た。(파출소의 순경이 찾아왔다)

➲ 이 경우는 직업명에 붙여져서 쓰였다.

⑦ あのパン屋さんはちょっと高い。(저 빵집은 좀 비싸다)

➲ 이 경우 역시 직업명에 붙여져서 쓰였다.

⑧ お猿さんを見に動物園へ行こう。(원숭이를 보러 동물원에 가자)

➲ 이 경우는 동물의 이름에 붙여져서 쓰였다.

⑨ ご苦労さん。(수고합니다, 수고했습니다)

➲ 이 경우는 인사말에 붙여져서 쓰였다.

⑩ 山田様がお見えになりました。(야마다씨께서 오셨습니다)

➲ 이 경우는 사람의 성에 붙여져서 쓰였다.

⑪ 社長様は今会議中でございますか。(사장님께서는 지금 회의 중이십니까?)

➲ 이 경우는 관직명에 붙여져서 쓰였다.

⑫ お待ち遠様。(오래 기다리셨습니다)

➲ 이 경우는 인사말에 붙여져서 쓰였다.

⑬ 昨日デパートで山下君に会った。(어제 백화점에서 야마시타군을 만났다)

➲ 이 경우는 동격이나 하격의 남성이름에 붙여져서 쓰였다.

⑭ 山田君、忙しい? (야마다군, 바쁜가?)

⑮ 山田氏の意見に賛成です。(야마다씨의 의견에 찬성입니다)

➲ 이 경우는 사람의 성에 붙여져서 쓰였다.

⑯ 氏の功績は多大である。(씨의 공적은 다대하다)

➲ 「氏」는 이와 같이 단독으로 대명사의 역할을 할 수도 있는데, 다른 말에는 이러한 용법이 일체 없다.

⑰ 山下学長殿。(야마시타 학장님)

➲ 이 경우는 관직명에 붙여져서 쓰였다.

⑱ 警察署長殿。(경찰서장님)

「残念」「遺憾」

(彼にそう思われるのは残念だ、彼にそう思われるのは遺憾だ)

공통의미

유감

요점

1. 「残念」은 어떤 일이 만족스럽게 되지 않았다든지 뜻대로 되지 않아서 아쉬움이 남는 등, 일상적으로 매우 폭넓게 쓰인다(예문①②④⑤⑥).
2. 「遺憾」은 그러한 결과가 되어서 매우 유감스럽거나 상대에게 죄송하다고 하는 기분이 들어있는 말로 문장체에서나 쓰이는 딱딱한 말이다(예문③⑦⑧). 때로는 「遺憾なく」의 형태를 취하여 무언가를 여한없이 충분히 한다고 하는 뜻으로도 쓰인다(예문⑨).
3. 결국, 우리말에서는 '유감(遺憾)'이라는 말은 쓰이지만, 「残念」이라는 말은 일체 쓰이지 않으며, 일본어에서는 일상적으로 「残念」 이 훨씬 많이 쓰인다.

예문과 해설

① 残念だが/?遺憾だがあきらめよう。(유감이지만 포기하다)

➲ 여기에서는 아쉬운 느낌은 있지만, 이라는 뜻으로 쓰였으므로 「残念」이 적절하다. 「遺憾」을 쓰게 되면 너무 어감이 무거워져서 다소 부적절하다.

② 接戦の末負けて残念/*遺憾だった。(접전 끝에 져서 유감스러웠다)

➲ 이 경우에는 패한 것에 대한 불만족과 아쉬움을 나타내는 것이므로 「残念」이 적절하다. 「遺憾」은 어디까지나 격식을 차린 문장체에서나 쓰일 법한 말이므로 여기에서는 부적절하다.

③ 首相は遺憾/*残念の意を表明した。(수상은 유감의 뜻을 표명했다)

➲ 이 경우와 같이 문장체적인 어감이 있는 때는 「遺憾」이 적절하며, 「残念」은 이와 같은 공식적인 문체에서는 다소 뜻이 가벼우므로 부적절하다. 이와 같은 문구는 대체로 정치나 외교적인

차원에서 즐겨 쓰이는데 이 경우의 「遺憾」은 사과와 항의의 두 가지 뜻을 나타내게 된다.

④ 今度の会には残念/✱遺憾ながら欠席いたします。
(이번 모임에는 유감스럽지만 결석하겠습니다)

➲ 이 경우와 같이 가벼운 사과의 뜻을 나타낼 때는 「残念」이 적절하다.

⑤ 君が入学試験に失敗したのは残念なことだ。
(자네가 입학시험에 실패한 것은 유감스런 일이다)

➲ 이 경우의 「残念な」는 「残念だ」의 연체형으로 뒤에 오는 명사를 수식한다.

⑥ この前はお会いできず残念でした。(요전에는 뵐 수가 없어서 유감이었습니다)

⑦ 今回の法案に遺憾な点がある。(이번의 법안에 유감스런 점이 있다)

➲ 이 경우는 항의의 뜻으로 쓰였으며 「遺憾な」는 「遺憾だ」의 연체형으로 뒤에 오는 명사를 수식한다.

⑧ 先般の事態を遺憾に存じます。(일전의 사태를 유감스럽게 생각합니다)

⑨ 我がチームは実力を遺憾なく発揮した。(우리 팀은 실력을 유감없이 발휘했다)

➲ 이 경우와 같이 「遺憾なく」의 형태로 '충분히, 여한 없이' 의 의미를 나타내는 것은 우리말에서도 즐겨 쓰인다.

「散歩」「散策」

(公園を散歩する、公園を散策する)

공통의미

산책

요점

1. 「散歩」는 가벼운 운동이나 기분전환을 위해서 비교적 짧은 시간동안 집 근처 등을 걷

는 것으로 인간은 물론 동물에게도 쓸 수가 있다(예문①②③⑤).

2. 「散策」는 주변의 풍경이나 자연의 분위기 등을 감상하면서 느긋하게 걷는 것에 중점이 있는 것으로 오로지 인간에게만 쓸 수가 있다(예문④⑥⑦).

예문과 해설

① 健康のため毎日散歩/＊散策する。(건강을 위해 매일 산책한다)

➲ 「散歩」는 일상적으로 운동을 하기 위한 것이므로 이 경우에 적절하나 「散策」는 운동과는 상관없이 풍경이나 자연적인 분위기의 감상에 중점이 있는 것이어서 이 경우에는 부적절하다.

② 駅までちょっと散歩/＊散策してくる。(역까지 잠시 산책하고 오겠다)

➲ 이 경우는 비교적 가까운 거리를 기분전환 차 걷는 것이므로 「散歩」가 적절하며 「散策」는 부적절하다.

③ 犬を散歩/＊散策させる。(개를 산책시킨다)

➲ 「散策」는 인간에게만 쓸 수 있으므로 이 경우에는 부적절하다.

④ 野山をゆっくりと散策/＊散歩する。(야산을 느긋하게 산책한다)

➲ 「散策」는 자연적인 분위기를 감상하면서 느긋하게 걷는 것이므로 이 경우에 적절하다. 「散歩」는 어디까지나 일상적인 행동에 쓰이며 그 범위도 그리 넓지도 멀지도 않다.

⑤ 公園を散歩したら気持ちがすがすがしくなった。
(공원을 산책했더니 기분이 상쾌해졌다)

⑥ 高原を散策すると気分がさわやかになった。
(고원을 산책하니까 기분이 상쾌해 졌다)

➲ 「散策」는 주변의 풍경이나 분위기 등을 감상하면서 느긋하게 걷는 것에 의미의 중심이 있다.

⑦ 春を探しに野原へ散策に出かける。(봄을 찾으러 들판으로 산책을 나갔다)

➲ 여유로움과 안온함이 느껴진다.

「~し」「~して」

공통의미

~하고, ~해서(두 가지 동작이나 상태의 연결)

요점

1. 「~し」와「~して」는 두 개의 문을 앞뒤로 연결하여 하나의 문을 보다 길게 만드는 용법을 지니고 있는데 우리말의 '~하고, ~해서' 에 해당된다.
2. 「~し」는 동사연용형만으로 일단 앞의 문을 중지하는 것으로 이른바 '중지법'으로 불리는 용법이나, 「~して」는 동사연용형에 접속조사 「て」가 접속되어 앞뒤의 사항을 연결하는 용법이다.
3. 「~し」는 주로 문장체에서 많이 쓰이고, 「~して」는 주로 회화체에서 많이 쓰이지만 두 용법에는 크게 다음과 같은 어법적인 차이가 있다.
4. 「~し」는 앞뒤가 유사하거나 서로 관련이 있는 동작이나 상태일 때에 그것을 연결하는 역할을 하지만, 「~して」는 그러한 역할을 하지 못한다. 이는 접속조사 「~て」가 그 앞에 오는 동작을 일단 완료하는 역할을 하는 것이 보통이기 때문이다.

예문과 해설

① 太郎(たろう)はよく遊(あそ)び/＊遊(あそ)んで、よく勉強(べんきょう)する。(타로는 잘 놀고, 공부도 잘한다)

➲ 이 경우는 앞의 동작과 뒤의 동작이 서로 관련 있는 것이므로 「~し」의 형태가 적절하다. 만약

이 경우에 「~して」를 쓰게 되면 잘 논다고 하는 동작이 일단 완료되어 버리는 셈이 되어서 뒤의 동작에 부드럽게 연결될 수가 없으므로 부적절하다.

② 太郎(たろう)は花子(はなこ)を憎(にく)み/＊憎(にく)んで、秋子(あきこ)を愛(あい)している。
(타로는 하나코를 미워하고, 아키코를 사랑하고 있다)

➲ 이 경우도 앞의 상태와 뒤의 상태가 서로 관련이 있으므로 「~し」의 형태가 적절하다.

③ 太郎(たろう)は中国語(ちゅうごくご)も解(わか)り/＊解(わか)って、英語(えいご)も解(わか)る。
(타로는 중국어도 알고, 영어도 안다)

➲ 이 경우 역시 앞의 상태와 뒤의 상태가 서로 관련이 있으므로 「~し」의 형태가 적절하다.

④ 太郎(たろう)は肉(にく)も食(た)べ/＊食(た)べて、魚(さかな)も食(た)べる。
(타로는 고기도 먹고, 생선도 먹는다)

➲ 이 경우 역시 앞의 동작과 뒤의 동작이 같으므로 「~し」의 형태가 적절하다.

「死(し)」「死亡(しぼう)」「死去(しきょ)」「逝去(せいきょ)」「他界(たかい)」

공통의미

죽음

요점

1. 「死(し)」는 사람이나 사람이외의 동물, 식물, 세포 등, 생명을 지닌 것에 대하여 전반적으로 쓰이며 죽음에 대한 아무런 감정의 개입이 없는 말이다. 우리말의 '죽음'에 해당된다(예문①④⑤⑥).
2. 「死亡(しぼう)」는 주로 사람이 죽는 것에 쓰이며 이것 역시 아무런 감정의 개입이 없는 말이다. 우리말의 '사망'에 해당된다(예문②⑦⑧⑨).
3. 「死去(しきょ)」는 사람의 죽음을 완곡하게 표현한 것으로 죽은 사람을 애도하는 어감이 깃들어 있는데 주로 가족이나 친척 등, 자신과 관계된 사람의 죽음에 쓰인다(예문⑩⑪⑫). 우

리말에는 이러한 표현이 없다.

4. 「逝去(せいきょ)」는 타인의 죽음을 높여서 표현하는 것으로 주로 격식을 차린 경우에 쓰인다(예문③⑬⑭). 우리말의 '서거'에 해당된다.

5. 「他界(たかい)」는 불교에서 죽은 자의 세계를 가리키는 말로 사람의 죽음을 완곡하게 표현한 것인데 자기 측에 대해서도 타인에 대해서도 쓰인다(예문③⑮⑯). 우리말의 '타계'에 해당된다.

예문과 해설

① 生(せい)あるものは必(かなら)ず死(し)/＊死亡(しぼう)/＊死去(しきょ)/＊逝去(せいきょ)/＊他界(たかい)を迎(むか)える。
(생명이 있는 것은 반드시 죽음을 맞이한다)

➲ 이 경우와 같이 어떤 죽음에 대한 감정의 개입이 없이 단순히 생명이 끊긴다고 하는 개념을 객관적으로 나타낼 때는 「死(し)」만이 적절하다.

② 銃撃戦(じゅうげきせん)で犯人三人(はんにんさんにん)は死亡(しぼう)/＊死(し)/＊死去(しきょ)/＊逝去(せいきょ)/＊他界(たかい)した。
(총격전으로 범인 세 명은 사망했다)

➲ 이 경우는 죽음에 대한 아무런 감정의 개입이 없이 단순히 사망사실을 알리기만 하는 것이므로 「死亡(しぼう)」만이 적절하다. 「死(し)」의 경우에는 「死(し)する」의 형태로 매우 딱딱한 어감의 문장체에서 쓰이는 경우는 있으나 일상적으로는 그다지 쓰이지 않으므로 부적절하다.

③ 先生(せんせい)の逝去(せいきょ)/他界(たかい)/＊死去(しきょ)/＊死亡(しぼう)/＊死(し)を悼(いた)む。(선생님의 타계를 애도한다)

➲ 이 경우는 존경하는 선생님의 죽음을 애도하는 것이므로 죽음을 높이거나 완곡하게 표현하는 「逝去(せいきょ)」나 「他界(たかい)」가 적절하다.

④ 彼(かれ)は死(し)を覚悟(かくご)で臨(のぞ)んだ。(그는 죽음을 각오하고 임했다)

⑤ あの人(ひと)はついに寂(さび)しい死(し)を迎(むか)えた。(그 사람은 끝내 쓸쓸한 죽음을 맞이했다)

⑥ 娘(むすめ)は子犬(こいぬ)の死(し)を悲(かな)しんだ。(딸은 강아지의 죽음을 슬퍼했다)

➲ 「死(し)」는 이와 같이 동물에게도 쓸 수가 있으나 다른 말들은 일체 쓸 수가 없다.

⑦ 交通事故(こうつうじこ)による死亡(しぼう)が増(ふ)えている。(교통사고에 의한 사망이 늘고 있다)

➲ 아무런 감정의 개입이 없이 단지 죽음만을 뜻하고 있다.

⑧ ガス爆発(ばくはつ)で二人(ふたり)が死亡(しぼう)した。(가스폭발로 두 명이 사망했다)

⑨ イラク戦争(せんそう)でたくさんの軍人(ぐんじん)が死亡(しぼう)した。(이라크전쟁으로 많은 군인이 사망했다)

⑩ 父(ちち)は昨年(さくねん)死去(しきょ)しました。(아버지는 작년에 돌아가셨습니다)

➲ 이 경우와 같이 「死去(しきょ)」는 자신과 관련된 사람의 죽음을 애도하는 느낌이 들어가 있다.

⑪ 友(とも)だちの死去(しきょ)の報(ほう)に接(せっ)し、ぼうぜんとしている。
(친구의 죽음소식을 접하고, 망연해하고 있다)

⑫ 祖母(そぼ)は昨日(さくじつ)死去(しきょ)いたしました。(할머니는 어제 돌아가셨습니다)

⑬ 学長(がくちょう)の逝去(せいきょ)を悼(いた)む。(학장님의 서거를 애도한다)

➲ 죽음을 높여서 나타내는 말로 격식을 차리는 경우에 쓰인다.

⑭ 総理(そうり)が持病(じびょう)で逝去(せいきょ)した。(총리가 지병으로 서거했다)

⑮ 彼(かれ)が他界(たかい)してもう一年(いちねん)になる。(그가 타계하고 이미 1년이 된다)

➲ 죽음을 완곡하게 나타내고 있다.

⑯ 父(ちち)が他界(たかい)して五年(ごねん)になりました。(아버지가 타계하고 5년이 되었습니다)

➲ 「他界(たかい)」는 자신과 관련된 사람의 죽음에도 쓸 수가 있다.

「仕方(しかた)」「仕様(しよう)」「やり方(かた)」「致(いた)し方(かた)」

공통의미

방법

요점

1. 「仕方(しかた)」는 어떤 일을 함에 있어서의 순서나 방법을 나타내는데(예문①⑥), 실제로는 「仕方(しかた)がない」와 같은 부정표현형식으로 우리말의 '할 수 없다, 어쩔 수 없다'의 의미로 많이 쓰인다(예문②⑦).

2. 「仕様(しよう)」는 원래 순서나 방법의 의미를 지닌 말이지만 지금은 주로 「仕様(しよう)がない」의

형태로 우리말의 '할 도리가 없다, 어쩔 수 없다'의 의미로 많이 쓰인다(예문②④⑤). 한편으로는 회화체에서 「しようがない」 또는 이것이 축약된 「しょうがない」의 형태를 취하여 감당할 수가 없거나 처치가 곤란함을 나타내기도 하는데, 이러한 경우는 우리말의 '못 말린다' 정도에 해당된다(예문③).

3. 「やり方」는 「仕方」와 같은 의미를 지녔으면서도 보다 회화체적인 말인데, 일의 순서나 방법을 나타내는 말로서는 가장 일반적으로 쓰이며 부정형식으로는 쓰이지 않는다(예문①⑧⑨⑩).

4. 「致し方」는 「仕方」와 같은 의미를 지녔으나 훨씬 격식을 차린 말로서 「致し方ありません」의 형태로 포기할 수밖에 없음을 정중하게 나타낸다(예문②⑪).

예문과 해설

① 掃除の仕方/やり方/＊仕様/＊致し方を説明する。(청소방법을 설명한다)

➲ 이 경우는 청소의 순서나 방법을 나타내는 것이므로, 「仕方」와 「やり方」가 적절하다. 하지만 이러한 경우일지라도 「仕方」보다는 역시 「やり方」가 보다 회화체적이다. 한편 「仕様」와 「致し方」는 주로 부정표현형식으로만 쓰이며 특히 「致し方」는 그런 점에서도 가장 격식을 차린 표현이 된다.

② 私が悪いのですから仕方/仕様/致し方/＊やり方がありません。
(제가 나쁜 것이니까 어쩔 수 없습니다)

➲ 이 경우는 어쩔 수 없음을 나타내는 것이므로, 「仕方」와 「仕様」를 이용한 부정표현 형식이 적절한데 결국 「仕方」는 일의 순서나 방법의 의미로도 쓰이고, 이와 같이 부정표현의 형식으로도 쓰이는 셈이다. 한편 이러한 경우에 「致し方」를 쓰게 되면 보다 격식을 차린 표현이 되며 「やり方」는 유일하게 일의 순서나 방법을 나타내는 말로서 일상적으로 가장 빈번하게 쓰이되 결코 부정표현형식으로 쓰이는 일은 없으므로 이 경우에는 부적절하다.

③ まったく仕様/仕方/＊致し方/＊やり方のない男だ。(정말 못 말리는 남자다)

➲ 이 경우와 같이 감당할 수 없거나 처치가 곤란함을 나타낼 때는 「仕様」와 「仕方」만이 쓰이는데 이 경우도 「仕方」보다는 「仕様」쪽이 더 일상적으로 쓰이는 편이다. 「致し方」는 격식을 차린 표현이므로 이와 같은 비난조의 문맥에서는 부적절하며, 「やり方」는 일체 부정표현형식으로 쓰이는 일이 없으므로 여기에서는 부적절하다.

④ こうする他に仕様がない。(이렇게 하는 수밖에 방법이 없다)

⑤ これでは言い訳の仕様がない。(이래서는 변명할 도리가 없다)

⑥ あいつの勉強の仕方は悪い。(저 녀석의 공부 방법은 나쁘다)

➲ 이 경우는 방법의 뜻으로 쓰였다.

⑦ 仕方がない、あきらめよう。(할 수 없다, 포기하자)

⑧ やり方がわからなくて困る。(하는 방법을 몰라서 곤란하다)

➲ 이 경우와 같이 「やり方」는 오로지 일의 방법이나 순서만을 나타내며 부정형식으로는 일체 쓰이지 않는다.

⑨ こうするのが正しいやり方です。(이렇게 하는 것이 올바른 방식입니다)

⑩ 彼のやり方にはついていけない。(그가 하는 방식에는 따라갈 수가 없다)

⑪ 致し方ありません、そうしましょう。(할 수 없습니다, 그렇게 합시다)

➲ 이러한 표현은 매우 격식을 차리는 경우에 쓰일 법하다.

「仕方がない」「仕様がない」「やむを得ない」「よんどころない」「余儀ない」

공통의미

어쩔 수 없다

요점

1. 「仕方がない」는 어찌할 도리가 없다고 하는 말하는 사람의 판단이나 기분을 나타내는 것으로 우리말의 '할 수 없다'에 해당된다(예문①②③⑥). 때로는 조사 「が」가 빠진 형태인 「仕方ない」로도 쓰이는데 의미용법상에는 아무런 차이가 없다(예문②). 한편으로는 「～て仕方ない」의 형태를 취하여 '몹시～하다'는 뜻을 나타내기도 하는데, 이러한 용법은 오로지 「仕方がない」와 「仕様がない」에만 있다(예문⑦).

2. 「仕様がない」는 「仕方がない」와 같은 의미용법을 지닌 것이지만 회화체에서 주로 쓰이며, 이 보다 더 줄인 표현으로 「しょうがない」의 형태로도 많이 쓰인다(예문①②③⑧⑨). 「仕様がない」「しょうがない」는 「仕方がない」와 달리 어떠한 경우일지라도 조사 「が」가 빠질 수 없다.

3. 「やむを得ない」는 바람직하지는 못하지만 그것을 받아들이는 수밖에 달리 방법이 없음을 나타내는 것으로, 우리말의 '어쩔 수가 없다'에 해당된다(예문④⑪). 회화체보다는 문장체 같은 딱딱한 말투에서 쓰인다.

4. 「よんどころない」는 말하는 사람의 뜻은 아니지만 달리 방법이 없어서 그렇게 한다고 하는 말하는 사람의 행위에 쓰이는 말로, 우리말의 '부득이하다'에 해당된다(예문①④⑫⑬). 비교적 딱딱한 문장체에서 쓰이는 말이다.

5. 「余儀ない」는 「よんどころない」와 같은 의미를 지니고 있지만 보다 객관적인 사정으로 인해서 그렇게 할 수 밖에 없음을 나타내는 것으로, 비교적 딱딱한 문장체에서 쓰인다(예문①④⑭). 한편으로는 「～を余儀なくされる」의 형태를 취하여 어쩔 수 없이 그렇게 하게 됨을 나타내기도 하는데, 이러한 용법은 오로지 「余儀ない」에만 있다(예문⑤).

예문과 해설

① 仕方がなく/仕様がなく/よんどころなく/余儀なく/＊やむを得なく従う。
(할 수 없이/부득이하게 따른다)

➲ 이 경우는 문법상의 이유로 인하여 「やむを得ない」만은 부적절하지만 그 이외의 말은 모두 적절하다. 「やむを得ない」는 「やむを得なく」와 같은 부사적인 용법으로는 쓰이지 못하며 오히려 이러한 경우에는 「やむを得ず(어쩔 수 없이)」의 형태로는 쓰인다.

② あせっても仕方ない/仕様がない/＊やむを得ない/＊よんどころない/＊余儀ない。(안달해도 할 수 없다)

➲ 이 경우와 같이 어찌할 도리가 없음을 나타낼 때는 오로지 「仕方ない」와 「仕様がない」만이 적절하다. 「やむを得ない」「よんどころない」「余儀ない」는 모두 달리 방법이 없어서 그렇게 한다고 하는 뜻만을 나타내므로 부적절하다.

③ まったく仕方ない/仕様がない/＊やむを得ない/＊よんどころない/＊余儀ない男だ。(정말 못 말리는 남자다)

➲ 이 경우와 같이 감당할 수 없거나 처치가 곤란함을 나타낼 때는 「仕方ない」와 「仕様がない」만이 적절한데, 이 경우도 「仕方ない」보다는 「仕様がない」「しょうがない」 쪽이 더 일상적으로 많이 쓰이는 편이다. 나머지 세 가지 말은 물론 뒤에 오는 명사를 수식하는 점에서는 적절한 듯하지만 감당할 수 없다고 하는 의미로는 쓰이지 못하므로 여기에서는 부적절하다.

④ 本日よりやむを得ない/よんどころない/余儀ない/＊仕方がない/＊仕様がない事情で閉店致します。(금일부터 부득이한 사정으로 폐점합니다)

➲ 이 경우에는 문체상의 이유로 인하여 「仕方がない」와 「仕様がない」는 부적절한데, 이 두 가지 말은 이와 같은 딱딱한 문체에는 어울리지 않고, 주로 회화체에서 쓰이고 있기 때문이다.

⑤ 雨で中止を余儀なく/＊仕方なく/＊仕様がなく/＊よんどころなく/＊やむを得なくされた。(비로 어쩔 수 없이 중지되었다)

➲ 어떠한 요인으로 인하여 어쩔 수 없이 그렇게 됨을 나타내는 「~を余儀なくされる」와 같은 용법은 오로지 「余儀ない」에만 있으며 다른 말들에는 이와 같은 용법이 없다.

⑥ 小さな失敗は仕方がない。(작은 실패는 할 수 없다)

⑦ 赤ちゃんがかわいくて仕方ない/仕様がない/しょうがない。
(아기가 귀여워죽겠다)

➲ 이러한 형태로 매우 그러한 상태임을 강조하는 뜻으로 쓰이는데 다른 말들에는 이러한 용법이 없다.

⑧ こうする他に仕様がない。(이렇게 하는 수밖에 방법이 없다)

⑨ 泣いてばかりで仕様がない子だ。(울고만 있어서 못 말리는 아이이다)

⑩ しょうがない。そうしよう。(할 수 없다, 그렇게 하자)

➲ 「仕様がない」가 축약된 형태인데, 회화체에서 매우 빈번하게 쓰인다.

⑪ 場合によっては変更もやむを得ない。(경우에 따라서는 변경도 어쩔 수 없다)

➲ 그렇게 하는 것을 받아들일 수밖에 없다는 뜻으로 쓰였다.

⑫ よんどころない用事ができて約束を守れなかった。
(부득이한 볼일이 생겨서 약속을 지킬 수 없었다)

➲ 달리 방법이 없는 부득이함을 나타내는 경우에 쓰인다.

⑬ よんどころない事情で欠席いたします。(부득이한 사정으로 결석합니다)

⑭ 余儀ない事情で行けなくなりました。(부득이한 사정으로 갈 수 없게 되었습니다)

➲ 객관적인 사정에 의해서 그렇게 할 수밖에 없음을 나타내는 것인데 비교적 딱딱한 어감이 주어진다.

「叱(しか)る」「怒(おこ)る」

(頭(あたま)ごなしに叱(しか)る、頭(あたま)ごなしに怒(おこ)る)

공통의미

꾸짖다, 화내다

요점

1. 「叱(しか)る」는 상대의 잘못을 지적하며 엄격하게 주의를 주는 데에 쓰이는데 이 경우 화를 내는 것은 아니므로, 「優(やさ)しく叱(しか)る(부드럽게 나무라다)」와 같은 표현도 가능하다(예문①②④⑤⑥). 우리말의 '꾸짖다, 주의를 주다' 에 해당된다.
2. 「怒(おこ)る」는 실제로 화를 내면서 상대에게 엄격하게 주의를 주는 것이어서, 「優(やさ)しく怒(おこ)る(부드럽게 화를 내다?)」와 같은 표현은 불가능하다(예문①③⑦⑧⑨). 우리말의 '화를 내다, 야단치다'에 해당된다.

예문과 해설

① 頭(あたま)ごなしに叱(しか)る/怒(おこ)る。 (무턱대고 야단친다)

➲ 이 경우 「叱(しか)る」보다 「怒(おこ)る」쪽이 보다 더 야단치는 강도가 높을 수 있으며 또한 「叱(しか)る」는 말로 조리 있게 야단치는 것을 나타내지만, 「怒(おこ)る」는 실제로 잔뜩 화가 난 상태에서 고함치듯이 야단치는 것을 나타낸다.

② 父(ちち)は優(やさ)しく叱(しか)った/＊怒(おこ)った。 (아버지는 부드럽게 나무랐다)

➲ 「叱(しか)る」는 실제로 화가 나지 않은 상태에서 차분하게 주의를 주는 뜻으로도 쓰이지만 「怒(おこ)る」는 실제로 화가 난 상태에서 야단치는 것을 나타내므로 그 앞에 '부드럽게'와 같은 수식어가 올 수가 없다.

③ 社長(しゃちょう)はぷんぷん怒(おこ)って/＊叱(しか)っていた。(사장님은 잔뜩 화가나 있었다)

➲ 「怒(おこ)る」에는 이와 같이 심하게 화가나있는 상태를 나타내지만 「叱(しか)る」는 야단치거나 주의를 주는 것에 쓰이므로 여기에서는 문맥상 부적절하다.

④ 先生(せんせい)が生徒(せいと)を叱(しか)っている。(선생님이 학생을 꾸짖고 있다)

➲ 이 경우는 학생에게 주의를 준다는 뜻으로 쓰이고 있다.

⑤ 部長(ぶちょう)が遅刻(ちこく)した社員(しゃいん)を叱(しか)る。(부장이 지각한 사원을 꾸짖는다)

⑥ 今回(こんかい)はきつく叱(しか)ってやる。(이번에는 따끔하게 꾸짖어 주겠다)

⑦ 部下(ぶか)をとらえて怒(おこ)る。(부하를 붙잡고 야단친다)

➲ 이 경우는 주의를 주는 강도가 「叱(しか)る」에 비해서 보다 높다.

⑧ 遅(おそ)く帰(かえ)って母(はは)に怒(おこ)られた。(늦게 돌아와서 어머니에게 야단맞았다)

⑨ 先生(せんせい)は顔(かお)を真(ま)っ赤(か)にして怒(おこ)った。(선생님은 얼굴을 새빨갛게 하며 화를 냈다)

참고

「怒(おこ)る」는 원래 우리말의 '화를 내다'의 의미용법을 지닌 말인데, 한편으로는 예문⑧에서 보는 바와 같이 심하게 주의를 받는다고 하는 의미용법으로도 많이 쓰이고 있다. 결국, 「怒(おこ)る」에는 '화를 내다'의 의미와, '화내면서 엄격하게 주의를 주다'의 의미, 두 가지가 있는 셈이다.

「しぐさ」「身(み)ぶり」「ジェスチャー」

(悲(かな)しそうなしぐさ、悲(かな)しそうな身(み)ぶり、悲(かな)しそうなジェスチャー)

공통의미

모습, 동작, 몸짓

요점

1. 「しぐさ」는 무언가를 할 때의 작은 모습이나 동작을 나타내는 것으로 우리말의 '모습, 태도' 정도에 해당된다(예문①③④⑤).
2. 「身ぶり」는 주로 타인에게 자신의 의지나 생각, 감정 등을 나타내기 위한 동작을 가리키는 것으로 우리말의 '몸짓' 정도에 해당된다(예문①②⑥⑦⑧).
3. 「ジェスチャー」는 말에 의하지 않고 일정한 사항을 전달하려고 하는 동작을 나타내는 것으로 말 그대로 우리말의 '제스처'에 해당된다(예문①②⑨⑩).

예문과 해설

① 悲しそうなしぐさ/身ぶり/ジェスチャーをする。(슬픈 듯한 모습/몸짓을 한다)

➲ 이 경우는 전후문맥이나 적절한 장면의 설정이 없으므로 세 가지 다 적절한데 다만 「しぐさ」를 쓰면 동작보다는 오히려 모습의 의미가, 「身ぶり」를 쓰면 몸짓의 의미가, 그리고 「ジェスチャー」를 쓰면 다소 과장된 동작의 의미가 주어진다.

② 反対の意思を身ぶり/ジェスチャー/*しぐさで表す。
(반대의사를 몸짓으로 나타낸다)

➲ 「しぐさ」는 어디까지나 동작보다는 '모습, 태도' 쪽에 가까우며 또한 동작인 경우에도 그 동작이 매우 작으므로 여기에서는 부적절하다.

③ 子犬のかわいいしぐさ/*身ぶり/*ジェスチャー。(강아지의 귀여운 모습)

➲ 강아지는 몸짓이 원래 작고 또한 의도적인 몸짓을 할 수가 없으므로 「しぐさ」가 적절한데 이렇게 되면 작은 강아지의 재롱을 쉽사리 연상할 수가 있게 될 것이다.

④ あの女性は時々子供のようなしぐさをしている。
(저 여성은 가끔 어린애 같은 모습을 하고 있다)

⑤ 赤ん坊のしぐさはかわいい。(아기의 모습은 귀엽다)

➲ 아기의 작은 동작이나 귀여운 모습이 연상된다.

⑥ 身ぶりで驚きを表す。(몸짓으로 놀라움을 나타낸다)

➲ 놀라움을 표시하는 의도적인 동작이 제법 큰 경우를 나타내고 있다.

⑦ 演劇の俳優はおおげさな身ぶりで演技をする。
(연극배우는 과장된 몸짓으로 연기를 한다)

⑧ うれしそうな身ぶりで感情を示す。(기쁜 듯한 몸짓으로 감정을 나타낸다)

⑨ 派手なジェスチャーで演技をしている。(화려한 제스처로 연기를 하고 있다)

➲ 감정이나 표현을 몸짓에 의해서 전달하려는 의도적인 동작이 연상된다.

⑩ あの同情(どうじょう)は単(たん)なるジェスチャーにすぎない。
(저 동정은 단순한 제스처에 지나지 않는다)

「市場(しじょう)」「市場(いちば)」「市(いち)」

공통의미

시장

요점

1. 「市場(しじょう)」는 보통 일정한 상품을 거래하는 전국적인 규모의 시장을 가리키는데 대체로 한 종류의 상품을 집중적으로 취급한다. 일반적인 시장이 아니라 주식이나 외환, 증권 같은 것을 주로 취급하는 곳을 가리킨다(예문①).
2. 「市場(いちば)」는 매일, 또는 정기적으로 일용품이나 식료품 등을 판매하는 곳을 가리키는데 우리의 재래시장이 이에 해당된다(예문②).
3. 「市(いち)」역시 「市場(いちば)」와 같은 것이나 상설시장이 아니라 정기적으로 정해진 날에 서게 되는 곳을 가리킨다. 우리의 '장'에 해당된다(예문③).

예문과 해설

① 株式市場(かぶしきしじょう)。(주식시장)　貨幣市場(かへいしじょう)。(화폐시장)　為替市場(かわせしじょう)。(외환시장)
青果物市場(せいかぶつしじょう)。(청과물시장)　市場価格(しじょうかかく)。(시장가격)　市場調査(しじょうちょうさ)。(시장조사)
株式市場(かぶしきしじょう)。(주식시장)　生糸市場(きいとしじょう)。(생사시장)

② 市場(いちば)へ魚(さかな)を買(か)いに行(い)く。(시장에 생선을 사러 간다)　魚市場(うおいちば)。(생선시장)
青物市場(あおものいちば)。(야채시장)

③ 市(いち)が立(た)つ。(장이 선다)　朝市(あさいち)。(아침 장)　五日市(いつかいち)。(5일장)

참고

우리말에서는 주식시장이건 재래시장이건 모두 '시장'이란 말을 쓰지만, 일본어에서는 위에서 본 바와 같은 구별이 있으므로 각별히 주의하여야 한다.

「沈(しず)む」「しょげる」「ふさぐ」「めいる」

공통의미

우울해지다, 침울해지다

요점

1. 「沈(しず)む」는 슬픔이나 괴로움, 걱정 등으로 인해 기분이 착 가라앉아 있는 상태를 나타내는데, 자신이나 타인이나 그 어느 쪽에도 쓸 수가 있다(예문①③④⑤⑥⑦⑧⑨).
2. 「しょげる」는 실패하거나 야단맞거나 해서 기운이 없는 상태가 구체적으로 표정이나 행동에 나타나는 것을 가리킨다. 자신에게는 쓸 수가 없고 오로지 타인에 대해서만 쓸 수가 있다(예문②③⑩). 우리말의 '소침해지다'에 해당된다.
3. 「ふさぐ」는 마음속이 무언가로 막혀있는 듯해서 개운치 않음을 나타내는 것으로 자신이나 타인이나 그 어느 쪽에도 쓸 수가 있다(예문①③④⑪⑫).
4. 「めいる」는 뚜렷한 이유도 없이 우울한 기분이 드는 마음의 내면상태를 나타내는데 오로지 자신에게만 쓸 수가 있다(예문①④⑬⑭).

예문과 해설

① きょうは気分(きぶん)が沈(しず)む/ふさぐ/めいる/*しょげる空模様(そらもよう)だ。
(오늘은 기분이 울적해지는 하늘모양이다)

➲ 이 경우는 울적한 기분상태를 나타내는 것이므로 「しょげる」이외에는 다 쓸 수가 있다. 「しょげる」는 오로지 울적한 기분이 구체적인 표정이나 행동으로 나타나는 경우에만 쓸 수가 있고

또한 자신에게는 못 쓰고 오로지 타인에게만 쓰이므로 여기에서는 부적절하다.

② 娘は、叱られてちょっとしょげた/＊沈んだ/＊ふさいだ/＊めいった顔をしている。
(딸은 야단을 맞고 좀 풀이 죽은 얼굴을 하고 있다)

➲ 이 경우와 같이 다소 기운이 없어 보이며 또한 약간의 시간이 지나게 되면 본 상태로 돌아 올 수 있을 것 같은 때는 「しょげる」만이 적절하다.

③ 彼、妙に沈んで/ふさいで/しょげて/＊めいっているね。
(그는 묘하게 침울해하고 있네)

➲ 「めいる」는 오로지 자신에게만 쓸 수가 있으므로 여기에서는 부적절하다.

④ 雨の日は気分まで沈んで/ふさいで/めいって/＊しょげてしまう。
(비가 오는 날은 기분까지 가라앉아버린다)

➲ 「しょげる」는 오로지 타인에게만 쓸 수가 있으며 또한 이 경우와 같이 주변 환경이 원인인 때는 쓰기가 부적절하다.

⑤ 彼女は悲しみに沈んで/＊ふさいで/＊めいって/＊しょげている。
(그녀는 슬픔에 잠겨있다)

➲ 이 경우와 같이 조사 「に」가 앞에 오게 될 때는 오로지 「沈む」만이 적절하다.

⑥ 彼はなぜか最近ずっと沈んでいる。(그는 왠지 최근에 침울해있다)

➲ 「沈む」는 이와 같이 타인의 침울한 모습을 나타내는 데에도 쓸 수가 있다.

⑦ 気分が沈んで仕事をするのもおっくうだ。(기분이 울적해서 일을 하는 것도 귀찮다)

➲ 「沈む」는 이와 같이 자신의 침울한 모습을 나타내는 데에도 쓸 수가 있다.

⑧ 彼女は沈んだ表情で答えた。(그녀는 울적한 표정으로 대답했다)

⑨ 母が沈んだ顔をしていて気になる。
(어머니가 울적한 얼굴을 하고 있어서 신경 쓰인다)

⑩ ちょっと叱られたぐらいでそうしょげるな。(좀 야단맞은 정도로 그렇게 소침해지지마라)

➲ 「しょげる」는 오로지 타인의 의기소침한 모습을 나타내는 데에만 쓸 수가 있다.

⑪ 息子は試験に落ちてふさいでいる。(아들은 시험에 떨어져서 울적해져있다)

➲ 「ふさぐ」는 이와 같이 타인의 울적해하는 모습을 나타내는 데에도 쓸 수가 있다.

⑫ 彼はいつになくふさいでいる。(그는 여느 때와 달리 울적해있다)

⑬ 相次ぐ失敗に気がめいる。(잇따르는 실패에 마음이 침울하다)

➲ 「めいる」는 뚜렷한 이유도 없이 우울한 기분이 드는 것을 나타내는데 오로지 자신에 대해서만 쓸 수가 있다.

⑭ それは気がめいる話だ。(그것은 울적한 이야기다)

➲ 이 경우도 말하는 사람자신이 울적해짐을 나타내고 있다.

「～次第だ」「～による」

공통의미

～나름이다, ～에 달렸다

요점

1. 「～次第だ」는 그 앞에 오는 사항에 따라서 둘 중의 하나가 확실하게 결정된다고 하는 것인데, 결국 「～次第だ」 앞에 오는 사항이 하나를 결정하는 과정에서 결정적인 영향을 미친다고 하는 뜻으로 쓰인다. 우리말의 '～나름이다' 정도에 해당된다(예문①②③⑥⑦).
2. 「～による」는 그 앞에 오는 사항에 따라서 둘 중의 하나가 아닌, 여러 가지 경우나 가능성이 있음을 나타내는 것인데, 결국 「～による」의 앞에 오는 사항이 여러가지 가능성을 여는 과정에서 중요한 영향을 미친다고 하는 뜻으로 쓰인다. 우리말의 '～에 달렸다' 정도에 해당된다(예문④⑤⑧⑨).

예문과 해설

① この事業を一緒にやっていくかどうかは、あなた次第だ/＊による。
(이 사업을 함께 해 나갈 것인지 어떤지는 당신 나름이다)

➲ 이 경우는 함께 사업을 할 것인지 말 것인지 하는, 둘 중의 하나가 확실하게 결정된다는 뜻이므로 「~次第だ」가 적절하다. 「~による」는 그 뒤에 여러 가지 다양한 가능성이 있음을 나타내

는 것이므로 여기에서는 부적절하다.

② 学校での暴力がなくなるかどうかは、教師の心構え次第だ/✱による。

(학교에서의 폭력이 없어질지 어떨지는 교사의 마음가짐 나름이다)

➲ 이 경우는 교사의 마음가짐이 학교 내의 폭력을 없앨 것인지 그렇지 않을 것인지에 결정적인 영향을 미치는 것이므로 「~次第だ」가 적절하다. 이 경우 「~による」를 쓰게 되면 학교 내의 폭력이 없어지거나 그대로 남아 있거나 아니면 또 다른 가능성이 펼쳐지거나 하는 다양한 상황이 전개됨을 나타내게 되므로 문맥상 여기에서는 적절하지 않다.

③ 今度の旅行、人数次第で/✱によって、中止になるそうです。

(이번 여행, 사람 수에 따라서 중지된다고 합니다)

➲ 이 경우는 여행에 참가하는 사람 수에 따라서 여행이 실현될 것인지 취소될 것인지를 나타내는 것이므로 「~次第だ」가 적절하다.

④ 味付けは、お客さんの好みによって/✱次第で変わります。

(맛을 내는 것은 손님의 기호에 따라서 바뀝니다)

➲ 이 경우는 맛을 내는 것이 둘 중의 하나가 아니라, 손님의 기호에 따라서 여러 가지로 다양하게 바뀌는 것을 나타내므로 「~による」가 적절하다.

⑤ どんなお土産にするかは、予算によって/✱次第で選んでください。

(어떤 선물로 할 것인가는 예산에 따라서 골라 주십시오)

➲ 이 경우는 예산에 따라서 다양한 종류의 선물 중에서 하나가 골라지게 됨을 나타내는 것이므로 「~による」가 적절하다.

⑥ この技術の実用化は政府や企業からのサポート次第だ。

(이 기술의 실용화는 정부나 기업으로부터의 후원 나름이다)

➲ 기술의 실용화가 되느냐 안 되느냐는 전적으로 정부나 기업의 후원여하에 따라서 결정됨을 나타내고 있다.

⑦ 今月の売り上げ次第で、倒産するかしないかが決まるよ。

(이달의 매상 나름으로, 도산할 것인지 하지 않을 것인지가 결정된다)

➲ 도산하느냐 도산하지 않느냐는 전적으로 이달의 매상에 따라서 결정됨을 나타내고 있다.

⑧ 進路については、本人の意向によって決めたいと思う。

(진로에 관해서는 본인의 의향에 따라 정하고자 한다)

➲ 여러 가지의 진로가 정해지는 과정에서는 어디까지나 본인의 의향이 결정적인 영향을 미치게 된다는 뜻으로 쓰였다.

⑨ 何を着て行くかは、朝の気分によって決めようよ。

(무엇을 입고 갈지는 아침의 기분에 따라 정하자)

➲ 다양한 옷 중에서 무엇을 입을지 결정하는 과정에서는 어디까지나 아침의 기분이 결정적인 영향을 미치게 된다는 뜻으로 쓰였다.

「親しい」「睦まじい」「近しい」「仲がいい」

(あの二人は親しい、あの二人は睦まじい、あの二人は近しい、あの二人は仲がいい)

공통의미

친하다

요점

1. 「親しい」는 주로 친구사이에서 친밀함을 나타내는 것으로 가족이나 부부사이에서는 일체 사용할 수 없다. 우리말의 '친하다'에 해당된다(예문①②⑤⑥⑦⑧).
2. 「睦まじい」는 특히 부부, 형제, 연인, 그리고 가족 사이에서 쓰는 것이며 그 이외에는 일체 쓸 수가 없다. 우리말의 '의좋다, 우애가 좋다, 화목하다'에 해당된다(예문①③④⑨⑩⑪).
3. 「近しい」는 「親しい」와 같은 것이나 문장체적인 말이다. 우리말의 '가깝다'에 해당된다(예문①②⑤⑫⑬⑭).
4. 「仲がいい」는 하나의 집단이나 그룹 사이에서 특히 제한된 몇 명하고 친밀함을 나타내는 것이다. 우리말의 '사이가 좋다'에 해당된다(예문①②⑤⑮⑯⑰).

예문과 해설

① あの二人は親しい/睦まじい/近しい/仲がいい。(저 두 사람은 친하다)

➲ 이 경우는 두 사람의 관계에 따라서 어느 쪽도 적절한데, 다만 「睦まじい」만은 단순한 친구나 동료사이가 아닌, 부부, 가족, 형제가 의좋다고 하는 사실을 나타내게 된다.

② 彼は中学時代からの親しい/近しい/仲がいい/＊睦まじい友人だ。

(그는 중학교시절부터 친한 친구이다)

➲ 「睦(むつ)まじい」는 오로지 가족이나 형제, 그리고 부부, 연인 사이에서만 쓸 수가 있다.

③ あの夫婦(ふうふ)は睦(むつ)まじく/＊親(した)しく/＊近(ちか)しく/＊仲(なか)よく過(す)ごしている。
(저 부부는 화목하게 지내고 있다)

➲ 부부사이가 친하다고 하는 것은 너무나도 당연한 것이어서 굳이 친하다고 표현할 필요는 없으므로 이 경우는 오로지 「睦(むつ)まじい」만이 적절하다.

④ お隣(となり)には睦(むつ)まじい/＊親(した)しい/＊近(ちか)しい/＊仲(なか)がいい兄弟(きょうだい)が住(す)んでいる。
(이웃집에는 우애가 좋은 형제가 살고 있다)

➲ 이 경우와 같이 형제의 우애가 매우 좋음을 나타낼 때는 오로지 「睦(むつ)まじい」만이 적절하다.

⑤ 山田君(やまだくん)は私(わたし)と一番(いちばん)親(した)しい/近(ちか)しい/仲(なか)がいい/＊睦(むつ)まじい友(とも)だちです。
(야마다군은 나와 가장 친한/가까운/사이가 좋은 친구입니다)

➲ 이 경우와 같이 친구와 친함을 나타낼 때 「睦(むつ)まじい」만은 부적절하다.

⑥ 隣家(りんか)と親(した)しく付(つ)き合(あ)っている。(이웃집과 친하게 지내고 있다)

⑦ けんかをきっかけに親(した)しくなった。(싸움을 계기로 친해졌다)

⑧ あの男(おとこ)とはあまり親(した)しくしない方(ほう)がいいよ。
(저 남자와는 그다지 친하게 지내지 않는 편이 좋아)

⑨ 妹夫婦(いもうとふうふ)はいつも睦(むつ)まじい。(여동생부부는 언제나 다정하다)

➲ 「睦(むつ)まじい」는 이 경우와 같이 부부나 연인관계에서만 쓸 수가 있다.

⑩ 祖父母(そふぼ)は田舎(いなか)で睦(むつ)まじく暮(く)らしている。
(할머니할아버지는 시골에서 화목하게 지내고 있다)

⑪ 一家(いっか)睦(むつ)まじく夕食(ゆうしょく)をとっている。(일가가 화목하게 저녁식사를 하고 있다)

⑫ 彼(かれ)は前(まえ)からの近(ちか)しい友人(ゆうじん)だ。(그는 전부터 알아온 가까운 친구다)

➲ 「近(ちか)しい」는 관계가 가깝다는 뜻인데 비교적 딱딱한 어감이 주어진다.

⑬ あの小説家(しょうせつか)とは近(ちか)しい間柄(あいだがら)です。(그 소설가와는 가까운 사이입니다)

⑭ ソウルには近(ちか)しい親戚(しんせき)が住(す)んでいる。(서울에는 가까운 친척이 살고 있다)

⑮ 友(とも)だちとはいつも仲(なか)よくしている。(친구와는 언제나 사이좋게 지내고 있다)

➲ 이 경우의 「仲よく」는 「仲がいい」의 형용사 「いい」가 뒤에 오는 술어를 수식하는 연용형으로 쓰일 때는 「よく」로 바뀌는 문법적 제약에 의한 것이다.

⑯ あの二人はとても仲がいい。(저 두 사람은 무척 사이가 좋다)

➲ 「仲がいい」는 여러 사람 중에서 특별하게 사이가 좋은 관계임을 나타내는 데에 쓰인다.

⑰ 息子はだれとでもすぐ仲がよくなります。(아들은 누구하고도 금방 사이가 좋아집니다)

「しつこい」「くどい」「しぶとい」

(しつこい男ですね、くどい男ですね、しぶとい男ですね)

공통의미

끈질기다

요점

1. 「しつこい」는 쉽게 물러서지 않고 붙잡고 늘어지는 모양을 나타내는 것으로 우리말의 '끈질기다. 집요하다' 정도에 해당된다(예문①②④⑤⑥⑦).
2. 「くどい」는 같은 말을 집요하게 되풀이하는 모양을 나타내는 것으로 좋은 뜻으로는 쓰이지 않는데, 우리말의 '구차스럽다, 진부하다' 정도에 해당된다(예문①③⑧⑨⑩⑪).
3. 「しぶとい」는 주로 고집스럽게 달라붙는 모양을 나타내는 것으로 우리말의 '끈덕지다' 정도에 해당된다(예문①②⑫⑬⑭⑮).

예문과 해설

① しつこい/くどい/しぶとい男ですね。(끈질긴 남자로군요)

➲ 이 경우는 전후문맥이나 적절한 장면의 설정이 없으므로 그 어느 것이나 적절한데 「しつこい」를 쓰게 되면 집요하다는 뜻이 되고,「くどい」를 쓰게 되면 같은 말만을 하여 구차스럽다는 뜻이 되며, 「しぶとい」를 쓰게 되면 착 달라붙어있어 귀찮다는 뜻이 된다.

② 保険の外交員がしつこく/しぶとく/✱くどくつきまとう。
(보험외판원이 끈질기게 달라붙는다)

➲ 「くどい」는 같은 말을 계속해서 되풀이 하는 데에 쓰이며 이 경우와 같이 구체적인 행동에는 쓰이지 못하므로 여기에서는 부적절하다.

③ この文章はくどくて/✱しつこくて/✱しぶとくてだめだ。
(이 문장은 진부해서 안 된다)

➲ 이 경우와 같이, 같거나 비슷한 표현이 자주 등장하거나 논리가 정연하지 못하여, 문장이 전반적으로 진부한 느낌을 주는 때는 「くどい」만이 적절하다.

④ あいつは昨日からしつこく頼み込んでいる。
(저 녀석은 어제부터 끈질기게 계속 부탁하고 있다)

➲ 쉽게 물러서지 않는 모습을 나타내고 있다.

⑤ 母はしつこい風邪で寝込んでいる。(어머니는 끈질긴 감기로 누워있다)

➲ 감기가 쉽게 떨어지지 않는 성질의 것임을 나타내고 있다.

⑥ 犬がしつこくまとわりつく。(개가 끈질기게 달라붙는다)

⑦ 生徒にしつこく注意を与える。(학생에게 끈질기게 주의를 준다)

⑧ あの男の話はくどくて聞きたくない。
(저 남자의 이야기는 구차스러워서 듣고 싶지 않다)

➲ 같은 말을 계속해서 반복하는 것에 대한 진부함을 나타내고 있다.

⑨ 話はくどいようですが、最後まで聞いてください。
(이야기는 구차스러운 것 같습니다만, 끝까지 들어 주십시오)

➲ 「くどい」는 이와 같이 같은 말을 반복한다고 하는 언어행위에 의미의 중심이 놓인다.

⑩ 友だちはくどいほど念を押した。(친구는 구차스러울 만큼 다짐을 두었다)

⑪ あの人の話はくどくて最後まで聞けない。
(저 사람의 이야기는 진부해서 끝까지 들을 수가 없다)

⑫ どんなことがあっても、しぶとく生きて行かなければならない。
(어떤 일이 있어도, 끈덕지게 살아가지 않으면 안 된다)

➲ 쉽게 포기하지 않는 끈기를 나타내고 있다.

⑬ うるさい人がしぶとくつきまとっていて困る。
(귀찮은 사람이 끈덕지게 달라붙어 있어 곤란하다)

➲ 좀처럼 떨어지지 않으려고 하는 고집스러움이 느껴진다.

⑭ 強豪チームにしぶとく食い下がる。(강호팀에게 끈덕지게 대항한다)

⑮ 自分の考えをしぶとく押し通そうとする。(자신의 생각을 끈덕지게 관철시키려고 한다)

「失礼」「失敬」

(失礼なことを言うな、失敬なことを言うな)

공통의미

실례

요점

1. 「失礼」는 일반적으로 널리 쓰이는 말로 남녀가 함께 쓸 수 있다. 우리말의 '실례'에 해당된다(예문①③④⑤⑥).
2. 「失敬」는 「失礼」와 비슷하나 이 보다는 가벼운 어감으로 주로 회화체에서 오로지 남성만이 친한 사이에서 쓰는데(예문⑦⑧⑨). 이에 해당되는 우리말은 없다. 한편, 「失敬」는 회화체에서 '훔치다'는 의미로도 쓰이고 있는데, 이 경우는 우리말의 '슬쩍 한다'에 해당된다(예문②⑩⑪).

예문과 해설

① 失礼/＊失敬の段お許しください。(실례하고자 하오니 용서하여 주십시오)

➲ 「失敬」는 「失礼」와 비슷한 말이기는 하지만 주로 회화체에서 남성만이 친한 사이에서 쓰는 것이므로 이 경우와 같은 지극히 정중한 문체에서는 부적절하다. 「段」은 '~(하는)점' 의 뜻으로 쓰이는 문장체적인 말이다.

② 人のサンダルを失敬/＊失礼する。(남의 샌들을 슬쩍한다)

➲ 이 경우와 같이 남의 물건을 살짝 훔친다고 하는 뜻으로는 오로지 「失敬」만이 적절하다.

③ 先日(せんじつ)は失礼(しつれい)しました。(일전에는 실례했습니다)

④ 挨拶(あいさつ)もしないとは失礼(しつれい)だ。(인사도 하지 않는다는 것은 실례이다)

⑤ すみませんが、ちょっと失礼(しつれい)します。(미안합니다만, 좀 실례하겠습니다)

⑥ では、私(わたし)はここで失礼(しつれい)します。(그럼, 저는 여기에서 실례하겠습니다)

⑦ 先日(せんじつ)はゆっくり話(はな)す時間(じかん)がなくて失敬(しっけい)した。
(일전에는 느긋하게 이야기할 시간이 없어서 실례했다)

➲ 이 경우와 같이 「失敬(しっけい)」를 쓸 정도라면 제법 친한 사이가 될 것이다.

⑧ 忙(いそが)しくて、ここで失敬(しっけい)するよ。(바빠서 여기에서 실례할게)

⑨ ゆうべは飲(の)みすぎて失敬(しっけい)した。(어젯밤은 과음해서 실례했다)

⑩ 机(つくえ)の上(うえ)の本(ほん)を失敬(しっけい)する。(책상위의 책을 슬쩍한다)

➲ 「失敬(しっけい)する」의 형태로 슬쩍 남의 물건을 가진다는 뜻으로 쓰이기도 하는데 「失礼(しつれい)」에는 이러한 용법이 없다.

⑪ 店先(みせさき)のりんごを一(ひと)つ失敬(しっけい)する。(상점 앞의 사과를 하나 슬쩍한다)

➲ 이 경우 역시 남의 물건을 슬쩍한다는 뜻으로 쓰였다.

「辞典(じてん)」「辞書(じしょ)」「字引(じびき)」

공통의미

사전

요점

1. 「辞典(じてん)」「辞書(じしょ)」「字引(じびき)」는 모두 사전을 가리키는 말로서 그 어느 것이나 비슷하게 쓰이고 있다. 우리말에서는 보통 '사전' 이라는 말만 쓰이고 있다.

2. 「辞典」은 「辞書」에 비해서 비교적 새로이 만들어진 말로, 明治(1868~1912)이후부터 쓰이기 시작하여 널리 퍼진 말이다. 보통 사전이름으로 쓰이는 경향이 있다(예문①②③④).

3. 「辞書」는 「辞典」과 같은 말로 이보다 오래된 말인데 일상생활에서 가장 널리 쓰인다(예문⑤⑥).

4. 「字引」는 다소 속어적인 말로 이 역시 일상회화에서 널리 쓰인다(예문⑦⑧).

예문과 해설

① 国語辞典。(국어사전)

② ことわざ辞典。(속담사전)

③ 英和辞典。(영일사전)

④ 漢和辞典。(한자일어사전)

⑤ 辞書で調べる。(사전으로 조사한다)

⑥ 辞書を引く。(사전을 찾는다)

⑦ 字引がないと手紙も書けない。(사전이 없으면 편지도 쓸 수 없다)

⑧ あの人は生き字引だ。(저 사람은 움직이는 사전이다)

「~(し)に」「~(する)ために」

공통의미

~하러, ~하기 위하여(동작, 행위의 목적을 나타내는 용법)

요점

1. 「～(し)に」와 「～(する)ために」는 둘 다 동작, 행위의 목적을 나타내는데, 「～(し)に」는 동사연용형에 목적을 나타내는 조사 「に」가 접속된 형태이고, 「～(する)ために」는 동사연체형에 목적을 나타내는 형식명사 「ため」와 조사 「に」가 접속된 형태이다.
2. 「～(し)に」는 그 뒤에 이동을 나타내는 동사밖에 올 수 없으나(예문①), 「～(する)ために」는 그 뒤에 어떠한 동사라도 다 올 수가 있다(예문②③).
3. 「～(し)に」의 앞에는 가벼운 의미의 동사가 오는 것이 보통이지만(예문④), 「～(する)ために」의 앞에는 이 보다는 무거운 의미의 동사가 올 수 있다(예문⑤). 「～(し)に」는 우리말의 '~하러' 정도에 해당되지만, 「～(する)ために」는 '～하기 위하여'에 해당된다.

예문과 해설

① 本を買いに行く。(책을 사러 간다)　あなたに会いに来た。(당신을 만나러 왔다)

➲ 위 예문은 둘 다 목적을 나타내는 조사 「に」의 뒤에 이동을 나타내는 동사가 와있다.

② そのことをみなに知らせるために、彼が走り回っている。

(그 일을 모두에게 알리기 위하여 그가 여기저기 달리고 있다)

➲ 이 경우는 목적을 나타내는 「~ために」의 뒤에 단순한 이동의 의미가 아닌 동사가 와 있다.

③ 健康を維持するために運動する。(건강을 유지하기 위하여 운동한다)

➲ 이 경우도 목적을 나타내는 「~ために」의 뒤에는 단순한 이동의 의미가 아닌 동사가 와 있다.

④ 彼はタバコを買いに/✱買うために出かけた。(그는 담배를 사러 나갔다)

➲ 「~に」는 그 앞에 가벼운 의미의 동사가 오는 것이 보통이지만 「~ために」는 그 보다 다소 무거운 의미의 내용이 오게 되므로 이 경우는 「~に」가 적절하다. 담배를 사러 나가는 것은 그리 무거운 의미의 행위가 아니기 때문이다.

⑤ 首相はアメリカへ国交を正常化するために/✱しに行った。

(수상은 미국으로 국교를 정상화하기 위하여 갔다)

➲ 국교를 정상화하는 것은 결코 가벼운 의미의 사안이 아니므로 이 경우는 「~ために」가 적절하다.

「死ぬ」「亡くなる」「死亡する」

(たくさんの人が死んだ、たくさんの人が亡くなった、たくさんの人が死亡した)

공통의미

죽다

요점

1. 「死ぬ」는 사람뿐만 아니라 동물, 그리고 세균 등이 죽는 것을 포함한 전반적인 것에 걸쳐 쓰인다(예문①②③④⑤⑥⑦⑧).
2. 「亡くなる」는 죽는 것을 그대로 표현하지 않기 위하여 돌려서 나타내는 것으로, 「死ぬ」보다 어감이 정중하고 품위가 있으며 사람에게만 쓰인다(예문①⑨⑩⑪⑫).
3. 「死亡する」는 특별한 감정의 개입이 없이 객관적으로 죽는 것을 나타내는 것으로 주로 사람에게만 쓰인다(예문①⑬⑭⑮).

예문과 해설

① 戦争でたくさんの人が死んだ/亡くなった/死亡した。

(전쟁으로 많은 사람이 죽었다/사망했다)

➲ 이 경우는 사람이 죽는 것을 나타내므로 어느 것이나 적절한데 「亡くなる」가 그 중에서 가장 품위 있는 어감을 나타낸다.

② 先生は昨晩亡くなりました/＊死にました/＊死亡しました。

(선생님은 어젯밤 돌아가셨습니다)

➲ 이 경우와 같이 윗분이 돌아가시는 것을 나타낼 때는 정중함과 품위가 담겨있는 「亡くなる」가 적절하다. 「死ぬ」와 「死亡する」에는 정중함과 품위가 들어가 있지 않으므로 여기에서는 부적절하다.

③ 飼っていた鳥が死んだ/＊亡くなった/＊死亡した。

(기르고 있던 새가 죽었다)

➲ 「死ぬ」는 사람뿐만 아니라 동물이나 세균 등, 전반적인 범위에 걸쳐서 쓰이므로 이 경우에 적절하나 「亡くなる」와 「死亡する」는 사람에게만 쓰이므로 여기에서는 부적절하다.

④ 火事で二人が煙に巻かれて死んだ。(화재로 두 사람이 연기에 휩싸여 죽었다)

⑤ 兄が死んで三年になる。(형이 죽고 3년이 된다)

⑥ 国のために死のうと思った。(나라를 위해 죽으려고 생각했다)

⑦ うちの子犬は病気で死んだ。(우리 집 강아지는 병으로 죽었다)

➲ 「死ぬ」는 이 경우와 같이 동물이 죽는 데에도 쓸 수가 있으나, 다른 말에는 이러한 용법이 없다.

⑧ この絵は死んでいる。(이 그림은 죽어있다)

➲ 그림에 생동감이 전혀 없음을 나타내는 표현인데 「死ぬ」는 이 경우와 같이 사물에 대해서도 쓸 수가 있다.

⑨ 駆け付けたが、母はすでに亡くなっていた。
(달려갔지만, 어머니는 이미 돌아가셨다)

➲ 「亡くなる」는 사람이 죽는 것을 보다 정중하고 품위 있게 나타내는 말로 자신 측은 물론 타인 측에 대해서도 쓸 수가 있다.

⑩ 父は私が三歳のときに亡くなった。(아버지는 내가 세 살 때 돌아가셨다)

➲ 이 경우는 「亡くなる」가 자신 측에 쓰인 예이다.

⑪ 事故で亡くなった方々の遺族。(사고로 죽은 분들의 유족)

➲ 이 경우는 「亡くなる」가 타인 측에 쓰인 예이다.

⑫ 先生が亡くなってもう三年になる。(선생님이 돌아가시고 벌써 3년이 된다)

⑬ 交通事故で死亡する人が毎年増えている。
(교통사고로 사망하는 사람이 매년 늘고 있다)

➲ 「死亡する」는 사람의 죽음에 대해서 아무런 감정의 개입이 없이 단지 객관적으로 나타내는 말이다.

⑭ ガス爆発でたくさんの人が死亡した。(가스폭발로 많은 사람이 사망했다)

⑮ 死亡者。(사망자)　　死亡率。(사망률)

「縛(しば)る」「結(むす)ぶ」

공통의미

묶다, 매다

요점

1. 「縛(しば)る」는 끈이나 줄로 감아서 하나로 묶는 것을 나타내기도 하고(예문①②⑤⑥), 때로는 누군가를 속박하는 것으로도 쓰인다(예문⑦). 우리말의 '묶다'에 해당된다.
2. 「結(むす)ぶ」는 가늘고 긴 것을 합쳐서 연결하는 것을 나타내기도 하고(예문③④⑧), 추상적인 것들을 연결한다는 뜻으로도 쓰인다(예문⑨⑩). 우리말의 '매다, 잇다'에 해당된다.

예문과 해설

① 本(ほん)をひもで縛(しば)る/＊結(むす)ぶ。 (책을 끈으로 묶는다)

➲ 「縛(しば)る」는 하나로 묶는 것에 중점이 있으므로 이 경우에는 적절하나 「結(むす)ぶ」는 연결하는 것에 중점이 있으므로 이 경우에는 부적절하다.

② まきを縄(なわ)で縛(しば)る/＊結(むす)ぶ。 (장작을 새끼줄로 묶는다)

➲ 이 경우는 흐트러져 있는 장작을 한군데로 모아서 묶는다는 뜻이므로 「縛(しば)る」가 적절하며 어디까지나 연결에 의미의 중심이 있는 「結(むす)ぶ」는 부적절하다.

③ 切(き)れたひもを結(むす)ぶ/＊縛(しば)る。 (끊어진 줄을 맨다)

➲ 「結(むす)ぶ」는 연결하는 것에 중점이 있으므로 이 경우에는 적절하나 「縛(しば)る」는 하나로 묶는 것에 중점이 있으므로 이 경우에는 부적절하다.

④ くつひもをしっかり結(むす)ぶ/＊縛(しば)る。 (구두끈을 단단히 맨다)

➲ 이 경우는 가늘고 긴 구두끈을 연결한다는 뜻이므로 「結(むす)ぶ」가 적절하나 「縛(しば)る」는 하나로 묶는 것에 중점이 있으므로 이 경우에는 부적절하다.

⑤ 捕虜を柱に縛る。(포로를 기둥에 묶는다)

⑥ 袋の口をしっかり縛る。(보따리입구를 단단히 묶는다)

⑦ 校長は生徒を校則で縛っている。(교장은 학생을 교칙으로 속박하고 있다)

⑧ 家内がネクタイを結んでくれた。(아내가 넥타이를 매주었다)

➲ 넥타이는 양쪽 끝을 연결하는 셈이 되므로 「結ぶ」가 적절한데 만약 이 경우에 「縛る」를 쓰게 되면 목이 조여서 숨쉬기가 곤란해질지도 모른다.

⑨ この新しい道路は空港と都心を結んでいます。
(이 새로운 도로는 공항과 도심을 잇고 있습니다)

➲「結ぶ」는 이와 같이 두 장소를 연결한다는 뜻으로 쓰이는데 「縛る」에는 이러한 용법이 없다.

⑩ 友好条約を結ぶ。(우호조약을 맺는다)

➲ 「結ぶ」는 이와 같이 추상적인 뜻으로도 쓰인다.

「自分」「自己」「自身」

(自分の罪を認める、自己の罪を認める、自身の罪を認める)

공통의미

자기, 자신

요점

1. 「自分」은 일상회화에서 가장 많이 쓰이는 1인칭대명사로서 주로 남성이 자신을 가리킬 때에 쓴다. 표제어의 세 가지 말 중에서 유일하게 독립적으로 쓰이는데, 대체로 「自分の(자신의, 나의)」「自分が(내가, 자신이)」「自分で(스스로, 직접)」의 형태로 쓰인다(예문①④⑤⑥).

2. 「自己」는 딱딱한 문장체적인 말로 단독으로는 쓰이지 않고 주로 「自己紹介」 「自己満足」와 같이 쓰일 뿐이다(예문③⑩).

3. 「自身」은 보통 다른 말의 뒤에 와서 그 앞의 말을 강조하는 접미어와 같은 역할을 한다(예문②⑦⑧⑨).

예문과 해설

① それは自分/＊自己/＊自信が考えました。(그것은 내가 생각했습니다)

➲ 「自分」은 유일하게 독립적으로 쓰일 수 있는 말로서, 주격조사「が」와 접속하여 쓸 수 있는 것으로는 「自分」만이 적절하다.

② それは彼自身/＊自分/＊自己の問題です。(그것은 그자신의 문제입니다)

➲ 이 경우와 같이 「彼」의 뒤에 위치하여 이를 강조할 수 있는 용법은 오로지 「自身」만이 지니고 있다.

③ あなたは自己矛盾/＊自分矛盾/＊自身矛盾に陥っている。
(당신은 자기모순에 빠져있다)

➲ 이 경우와 같이 「矛盾」「紹介」「満足」와 같은 말과 결합되어 쓰일 수 있는 것은 오로지 「自己」뿐이다.

④ 自分のことは自分で決めろ。(자신의 일은 자신이 결정해라)

➲ 이 경우와 같이 '자신의' '자신이'의 뜻으로 쓰일 때는 오로지 「自分」만이 적절하다.

⑤ その企画は自分が考えました。(그 기획은 내가 생각했습니다)

➲ 「自分」은 이와 같이 독립적으로 쓸 수가 있으나 다른 말에는 이러한 용법이 없다.

⑥ 彼は自分のことばかり考えている。(그는 자신의 일만 생각하고 있다)

⑦ 彼自身もよくわかっていない。(그 자신도 잘 모른다)

➲ 이와 같이 인칭대명사의 뒤에 접속하여 강조하는 뜻을 나타낼 때는 오로지 「自身」만이 적절하다.

⑧ 自分自身でやりなさい。(자기 자신이 해라)

⑨ 志願者自身(지원자 자신)　　自分自身(자기 자신)

⑩ 自己評価。(자기평가)　　自己暗示。(자기암시)

自己欺瞞。(자기기만)　　自己資本。(자기자본)

➲ 「自己」는 이와 같이 다른 말에 접속되어 쓰이는 딱딱한 어감의 말이다.

「自分で」「一人で」

(これは自分で解決します、これは一人で解決します)

공통의미

스스로, 혼자서

요점

1. 「自分で」는 자신의 책임 하에 자신만의 힘으로 무언가를 한다고 하는 뜻을 나타내는데, 우리말의 '스스로, 직접' 정도에 해당된다(예문①②③⑥⑦).
2. 「一人で」는 누군가와 함께 하거나, 누군가의 도움을 받지 않고 혼자만의 힘으로 무언가를 한다고 하는 뜻을 나타내는데, 우리말의 '혼자서, 단독으로' 정도에 해당된다(예문①④⑤⑧⑨).

예문과 해설

① これは私自身の問題なので自分で/一人で解決します。
(이것은 나 자신의 문제이므로 스스로/혼자서 해결하겠습니다)

➲ 이 경우는 둘 다 적절한데 「自分で」를 쓰게 되면 자신의 책임 하에 해결한다는 뜻이 강하고, 「一人で」를 쓰게 되면 다른 사람과 하거나 다른 사람의 도움을 받지 않고 혼자만의 힘으로 해결한다는 뜻이 강하다.

② 自分で/＊一人で決めたことは自分でしなさい。(스스로 정한 것은 직접 해라)

➲ 이 경우와 같이 자기 책임 하에 무언가를 정했다고 하는 때는 「自分で」가 적절하다. 만약, 문말에 「一人でしなさい」와 같은 표현이 온다면 「一人で」도 적절하다.

③ 自分で/✱一人で言ったことには責任を持つべきだ。
(스스로 한 말에는 책임을 져야한다)

➲ 이 경우 역시 예문②와 맥락을 같이하고 있다.

④ 息子は一人で/✱自分で旅行するのが好きです。
(아들은 혼자서 여행하는 것을 좋아합니다)

➲ 이 경우는 다른 사람과 함께 여행하는 것이 아니라 혼자서 여행하는 것이므로 「一人で」가 적절하다.

⑤ 彼女はアパートに一人で/✱自分で住んでいる。
(그녀는 아파트에 혼자서 살고 있다)

➲ 이 경우 역시 다른 사람과 함께 살고 있는 것이 아니라 혼자서 살고 있는 것이므로 「一人で」가 적절하다.

⑥ 卒業後の進路は、よく考えて自分で決めたほうがいい。
(졸업 후의 진로는 잘 생각해서 스스로 정하는 편이 좋다)

➲ 이 경우는 다른 사람의 도움을 받지 않고 자력으로 정하는 것이 좋다는 뜻으로 쓰였다.

⑦ この仕事は自分でやりますから、構わないでください。
(이 일은 직접 할 테니까 상관하지 말아 주십시오)

⑧ この頃、息子は何でも一人でやりたがる。
(요즈음 아들은 뭐든지 혼자서 하고 싶어 한다)

➲ 「一人で」는 독립적으로 무언가를 한다는 뜻으로 쓰인다.

⑨ 食事は一人で食べるより大勢で食べるほうがおいしい。
(식사는 혼자서 먹는 것보다 여러 사람이서 먹는 편이 맛있다)

「しみじみ」「つくづく」

요점

1. 「しみじみ」는 마음속으로 깊이 무언가를 느끼거나 마음상태가 차분함을 나타낸다. 우리말의 '마음속깊이, 이것저것 차분하게' 정도에 해당된다(예문①②③④⑤). 한편으로는 「しみじみとした」의 형태로 뒤에 오는 명사를 수식하기도 하는데(예문⑥⑦), 이 경우는 우리말의 '애절한' 정도에 해당된다. 「しみじみと」로 표현하기도 하는데 의미상에는 차이가 없다.

2. 「つくづく」는 주로 그 뒤에는 「思う」「考える」「眺める」와 같은 동사가 오는데 어떤 감회를 품으면서 뚫어지게 바라보는 모양을 나타내기도 하고(예문⑧⑨⑩), 이것저것 생각한 끝에 나름대로 내린 결론이 자신이 생각해도 맞음을 나타내기도 한다(예문⑪⑫⑬). 우리말의 '곰곰이, 정말로' 정도에 해당된다. 「つくづくと」로 표현하기도 하는데 의미상에는 차이가 없다.

예문과 해설

① しみじみ親をありがたいと思う。(마음속깊이 부모를 감사하다고 생각한다)

② 健康のありがたさがしみじみとわかる。(건강의 고마움을 마음속깊이 알게 된다)

③ 今になって故郷がしみじみと思い出される。(이제 와서 고향이 마음속깊이 생각난다)

④ 昔の友だちとあってしみじみ思い出を語った。
(옛 친구와 만나 이것저것 차분하게 추억을 이야기했다)

⑤ 過ぎ去った日をしみじみと語り合う。(지나간 날을 이것저것 차분하게 이야기 나눈다)

⑥ 親子だけに通じるしみじみとした情感。(부모자식에게만 통하는 애절한 정감)

⑦ しみじみとした琴の音色。(애절한 코토의 음색)

⑧ つくづくと将来のことを考える。(곰곰이 장래의 일을 생각한다)

⑨ 子どもの顔をつくづくと眺める。(아이의 얼굴을 곰곰이 바라본다)

⑩ 亡き友の写真をつくづくと見入る。(죽은 친구의 사진을 곰곰이 바라본다)

⑪ 信じられるのは自分だけだとつくづく思った。
(믿을 수 있는 것은 자신뿐이라고 정말로 생각했다)

⑫ 世の中がつくづくいやになった。(세상이 정말로 싫어졌다)

⑬ 生きているのがつくづくいやになった。(살아있는 것이 정말로 싫어졌다)

「染(し)みる」「滲(にじ)む」

(インクが紙(かみ)に<u>染(し)みる</u>、インクが紙(かみ)に<u>滲(にじ)む</u>)

공통의미

스며들다, 번지다

요점

1. 「染(し)みる」는 액체가 안으로 조금씩 파고들어가는 것으로 우리말의 '스며들다'에 해당된다(예문①②③⑥⑦⑧).
2. 「滲(にじ)む」는 액체가 주변으로 서서히 퍼지는 것으로 우리말의 '번지다'에 해당된다(예문①④⑤⑨⑩⑪).

예문과 해설

① インクが紙(かみ)に染(し)みる/滲(にじ)む。(잉크가 종이에 스며든다/번진다)

➲ 이 경우 「染(し)みる」를 쓰게 되면 잉크가 종이표면에서부터 안쪽으로 침투하는 것을 나타내지만, 「滲(にじ)む」를 쓰게 되면 종이표면의 한 곳을 중심으로 서서히 주위로 번지는 것을 나타낸다.

② 水(みず)をこぼして畳(たたみ)に染(し)みた/＊滲(にじ)んだ。(물을 엎질러서 다다미에 스며들었다)

➲ 다다미는 틈새가 많은 것이므로 이 경우에는 「染(し)みる」가 적절하다. 「滲(にじ)む」는 어디까지나 표면에 틈새가 없어서 주변으로 서서히 번지는 경우에만 적절하다.

③ 雨水(あまみず)が下着(したぎ)まで染(し)みる/＊滲(にじ)む。(빗물이 속옷까지 스며든다)

➲ 이 경우와 같이 속으로 침투되는 때는 「染(し)みる」만이 적절하다.

④ 涙(なみだ)に濡(ぬ)れて文字(もじ)が滲(にじ)む/＊染(し)みる。(눈물에 젖어서 글자가 번진다)

➲ 이 경우와 같이 주변으로 번지는 때는 「滲(にじ)む」만이 적절하다.

⑤ 走(はし)り続(つづ)けてひたいに汗(あせ)が滲(にじ)んだ/＊染(し)みた。(계속 달려서 이마에 땀이 번졌다)

➲ 이 경우와 같이 땀이 솟아나오는 것을 나타내는 때는 「滲(にじ)む」만이 적절하다.

⑥ 雨がレインコートに染みる。(비가 레인코트에 스며든다)

⑦ 薬が傷口に染みる。(약이 상처부위에 스며든다)

➲ 「染みる」는 이와 같이 안으로 침투된다고 하는 뜻으로 쓰인다.

⑧ 煙が目に染みる。(연기가 눈에 들어간다)

⑨ 血が包帯に滲む。(피가 붕대에 번진다)

➲ 이 경우는 피가 붕대의 중심에서부터 가장자리로 서서히 퍼지는 것을 나타내고 있다.

⑩ 雨に濡れて葉書の文字が滲む。(비에 젖어서 엽서의 글자가 번진다)

⑪ 涙で星が滲んで見える。(눈물로 별이 번져 보인다)

「閉める」「閉じる」「閉ざす」

(ドアを閉める、ドアを閉じる、ドアを閉ざす)

공통의미

닫다

요점

1. 「閉める」는 창문, 문, 서랍 등, 이미 열려있는 것을 닫아서 틈을 없앤다고 하는 뜻으로 쓰이며 우리말의 '닫다' 정도에 해당된다(예문①②⑥⑦).
2. 「閉じる」는 책, 눈, 입 등, 한 짝을 이루고 있는 것의 한쪽을 닫아서 원래의 상태로 되돌린다고 하는 뜻으로 쓰이며 우리말의 '덮다' 정도에 해당된다(예문①③④⑧⑨).
3. 「閉ざす」는 문 같은 것을 확실히 닫아서 출입을 할 수 없게 한다고 하는 뜻으로 쓰이며 우리말의 '폐쇄하다' 정도에 해당된다(예문①⑤⑩⑪).

예문과 해설

① ドアを閉(し)める/閉(と)じる/閉(と)ざす。(문을 닫다)

➲ 어느 것이나 다 적절한데, 다만 「閉(し)める」의 경우는 문의 축을 기준으로 하여 닫는다는 뜻이 되며, 「閉(と)じる」는 한 쪽의 축을 중심으로 하여 닫는다는 뜻, 그리고 「閉(と)ざす」는 문을 아예 폐쇄한다고 하는 뜻이 강하다.

② 引(ひ)き出(だ)しを閉(し)める/＊閉(と)じる/＊閉(と)ざす。(서랍을 닫다)

➲ 서랍은 책상을 축으로 하여 일방적으로 닫는 것이므로 「閉(し)める」가 적절하다. 「閉(と)じる」는 한 짝을 이루는 것에 쓰이며,「閉(と)ざす」는 폐쇄의 의미가 강하므로 둘 다 부적절하다.

③ 目(め)を閉(と)じる/＊閉(と)ざす/＊閉(し)める。(눈을 감다)

➲ 눈은 한 짝을 이루는 것이므로 「閉(と)じる」가 적절하다. 이 경우 「閉(と)ざす」를 쓰게 되면 눈을 폐쇄한다고 하는 끔찍한 뜻이 되어버리며, 「閉(し)める」를 쓰게 되면 눈을 문짝으로 취급하는 꼴이 되어버려 둘 다 부적절하다.

④ 本(ほん)を閉(と)じる/＊閉(と)ざす/＊閉(し)める。(책을 덮다)

➲ 이 경우 역시 책은 한쪽을 축으로 하여 덮는 것이므로 「閉(と)じる」가 적절하다.

⑤ 道(みち)を閉(と)ざす/＊閉(と)じる/＊閉(し)める。(길을 봉쇄하다)

➲ 이 경우는 통행할 수 없게 길을 봉쇄하는 것이므로 「閉(と)ざす」가 적절하다.

⑥ 日曜日(にちようび)は店(みせ)を閉(し)める。(일요일은 가게를 닫는다)

➲ 가게를 닫고서 영업을 하지 않는다는 뜻으로는 오로지 「閉(し)める」만이 적절하다.

⑦ 戸(と)を静(しず)かに閉(し)めてください。(문을 조용히 닫아 주십시오)

⑧ 段(だん)ボール箱(ばこ)のふたを閉(と)じる。(골판지상자의 뚜껑을 덮는다)

➲ 「閉(と)じる」는 이와 같이 짝이 있는 것을 닫아서 본래의 상태로 되돌린다는 뜻으로 쓰인다.

⑨ 彼(かれ)は口(くち)を閉(と)じて音楽(おんがく)を聞(き)いていた。(그는 입을 다물고 음악을 듣고 있었다)

➲ 입도 윗입술과 아랫입술의 짝을 이루고 있다.

⑩ 水門(すいもん)を閉(と)ざして放水量(ほうすいりょう)を調節(ちょうせつ)する。(수문을 닫아서 방수량을 조절한다)

➲ 「閉(と)ざす」는 이 경우와 같이 완전한 폐쇄를 나타내는 데에 쓰인다.

⑪ 彼女(かのじょ)は心(こころ)を閉(と)ざして打(う)ち解(と)けなかった。(그녀는 마음을 닫고 풀지 않았다)

참고

「閉じる」에는 이 밖에도, 「会を閉じる」 (회의를 마치다) 「一生を閉じる」 (일생을 마치다)와 같이 '마치다, 끝내다'의 의미용법도 지니고 있다.

「邪魔」「妨げ」「妨害」

공통의미

방해

요점

1. 「邪魔」는 의도적이건 의도적이 아니건 어느 쪽에도 쓰이며 그 행위뿐만 아니라 방해를 하는 사람이나 일도 가리킨다. 특히 방해가 되는 대상에 대하여 주관적으로 불쾌감을 나타내는 점이 다른 두 가지와 근본적으로 다르다(예문①②③④⑤).
2. 「妨げ」는 의도적인 행위가 아니라 어떤 일이 결과적으로 부정적인 영향을 미치는 경우에 쓰인다(예문①⑥⑦).
3. 「妨害」는 다른 행위나 행동을 의도적으로 방해하는 것을 가리킨다(예문③⑥⑧⑨).

예문과 해설

① 学歴が結婚の邪魔/妨げ/＊妨害になった。 (학력이 결혼의 장해가 되었다)

➲ 「妨害」는 의도적으로 방해하는 것인데 이 경우의 학력이 결혼함에 있어서의 장해가 된다는 것은 전혀 의도적인 것이 아니므로 부적절하다.

② あいつがどうも邪魔/＊妨げ/＊妨害だ。 (저 녀석이 아무래도 방해가 된다)

➲ 이 경우와 같이 말하는 사람이 주관적으로 방해가 되는 것에 대한 불쾌감을 나타낼 때는 오로지 「邪魔」만이 적절하다.

③ 歩行者の通行を邪魔する/妨害する/＊妨げする。 (보행자의 통행을 방해한다)

➲ サ행변격동사 「する」와 접속하여 의도적으로 방해함을 나타낼 때는 「邪魔(じゃま)」와 「妨害(ぼうがい)」만이 가능하여 「邪魔(じゃま)する」와 「妨害(ぼうがい)する」와 같이 쓰인다. 「妨(さまた)げ」에는 이러한 용법이 없어서 부적절하나 다만 「妨(さまた)げになる(방해가 된다)」와 같이 쓰이기는 한다.

④ <u>邪魔(じゃま)</u>だからあっちへ行(い)きなさい。(방해되니까 저리로 가라)

➲ 「邪魔(じゃま)」는 이와 같이 방해가 되는 대상에 대하여 주관적으로 불쾌감을 느낀다고 하는 점에 특징이 있는데 다른 말에는 이러한 어감이 없다.

⑤ あいつはいつも仕事(しごと)の<u>邪魔(じゃま)</u>をしている。(저 녀석은 언제나 일의 방해를 하고 있다)

➲ 이 경우 역시 불쾌감을 나타내고 있는 셈이다.

⑥ 宗教(しゅうきょう)が結婚(けっこん)の<u>妨(さまた)げ</u>になってはいけない。(종교가 결혼의 장해가 되어서는 안 된다)

➲ 「妨(さまた)げ」는 결과적으로 방해가 되는 것을 나타내는데 여기에서는 종교가 궁극적으로 결혼의 방해요인이 되어서는 안 됨을 나타내고 있다.

⑦ こんなことは交通発展(こうつうはってん)の<u>妨(さまた)げ</u>になる。(이런 일은 교통발전의 장해가 된다)

⑧ ある酔(よ)っぱらいが道路(どうろ)の真(ま)ん中(なか)で車(くるま)の通行(つうこう)を<u>妨害(ぼうがい)</u>している。
(어떤 취객이 도로 한가운데에서 차의 통행을 방해하고 있다)

➲ 「妨害(ぼうがい)」는 이 경우와 같이 의도적으로 방해하는 것을 나타낸다.

⑨ それは営業<u>妨害</u>(えいぎょうぼうがい)に当(あ)たります。(그것은 영업방해에 해당됩니다)

「主(しゅ)」「主(おも)」

공통의미

주된, 주가 되는

요점

1. 「主」는 사물이나 일의 중심이 되는 중요한 것이나 상태를 나타내는데, 「主(しゅ)」와 「主(おも)」의 두 가지로 발음을 한다.
2. 「主(しゅ)」는 「主(しゅ)になる(주가 된다)」「主(しゅ)とする(주로 한다)」「主(しゅ)となる(주가 된다)」「主(しゅ)たる(주된)」와 같은 경우에 발음된다(예문①②③).
3. 「主(おも)」는 「主(おも)な(주된)」「主(おも)に(주로)」와 같은 경우에 발음된다(예문④⑤⑥).

예문과 해설

① 野菜(やさい)を主(しゅ)とした食生活(しょくせいかつ)。(야채를 주로 한 식생활)

② 主(しゅ)として公害問題(こうがいもんだい)について話(はな)し合(あ)った。
(주로 공해문제에 관해서 서로 이야기했다)

③ これは生徒(せいと)が主(しゅ)になって始(はじ)めた活動(かつどう)です。
(이것은 학생이 주가 되어 시작한 활동입니다)

④ 授業(じゅぎょう)は主(おも)に会話(かいわ)を中心(ちゅうしん)に行(おこな)われる。(수업은 주로 회화를 중심으로 이루어진다)

⑤ 全国(ぜんこく)の主(おも)な都市(とし)。(전국의 주된 도시)

⑥ では、今日(きょう)の主(おも)なニュースです。(그럼, 오늘의 주요 뉴스입니다)

「習慣(しゅうかん)」「慣習(かんしゅう)」「しきたり」「習(なら)わし」

(その土地(とち)の習慣(しゅうかん)に従(したが)う、その土地(とち)の慣習(かんしゅう)に従(したが)う)

その土地(とち)のしきたりに従(したが)う、その土地(とち)の習(なら)わしに従(したが)う)

공통의미

습관, 관습

요점

1. 「習慣(しゅうかん)」은 개인적인 것이나 사회적인 것 어느 쪽에나 다 쓸 수가 있는데 우리말의 '습

관' 에 해당된다(예문②③④⑤⑥).

2. 「慣習」는 개인적인 것이 아닌, 사회적으로 정착되어 있는 것에만 쓸 수가 있는데, 비교적 제약이 많이 따르는 것으로 우리말의 '관습'에 해당된다(예문①⑦⑧⑨).
3. 「しきたり」는 일반적으로 예로부터 정해져 있어서 마땅히 그에 따라야 할 행동양식을 가리키는데, 비교적 제약이 많은 것에 쓰인다. 우리말의 '법도' 정도에 해당된다(예문①③⑩⑪⑫).
4. 「習わし」는 오래전부터 적용되어 온 행동양식을 가리키는데, 「しきたり」에 비해서 그다지 제약이 많지 않은 것에 쓰인다. 우리말의 '관례' 정도에 해당된다(예문③⑬⑭⑮).

예문과 해설

① 古い慣習/しきたり/＊習慣/＊習わしを破る。 (오랜 관습을 깬다)

➲ 「慣習」와 「しきたり」는 비교적 규제하는 힘이 있는 것인데 이 경우의 문말에는 '깬다'와 같은 말이 있어서 잘 어울린다. 하지만 「習慣」과 「習わし」는 비교적 규제하는 힘이 없는 것이어서 이 경우에는 부적절하며, 오히려 '없게 한다'라는 술어가 온다면 적절할 수 있다.

② 早起きの習慣/＊慣習/＊しきたり/＊習わしをつける。
(일찍 일어나는 습관을 붙인다)

➲ 이 경우와 같이 사회적, 지역적인 것이 아니라 개인적인 사항인 때에는 「習慣」만이 적절하다.

③ 元日にお寺へ行くのはわが家のしきたり/習慣/習わし/＊慣習だ。
(새해첫날에 절에 가는 것은 우리 집의 법도다)

➲ 「慣習」는 개인적이 아닌 사회적으로 정착되어 있는 것에만 쓸 수 있는데 이 경우에는 하나의 가정에 국한 된 것이므로 부적절하다.

④ 毎朝散歩をするのが習慣になっている。
(매일아침 산책을 하는 것이 습관이 되어있다)

➲ 「習慣」은 이 경우와 같이 개인적인 습관에도 쓸 수가 있다.

⑤ 食事をする前に手を洗う習慣を身につけなければならない。
(식사를 하기 전에 손을 씻는 습관을 몸에 익히지 않으면 안 된다)

⑥ 早寝早起きの習慣をつける。 (일찍 자고 일찍 일어나는 습관을 익힌다)

⑦ その地域では慣習に従うのがよい。 (그 지역에서는 관습에 따른 것이 좋다)

➲ 이 경우는 그 지역에서 오래전부터 자리잡아온 지역적인 제약을 나타내는데 이와 같이 「慣習」는 개인적인 습관에는 쓸 수가 없다.

⑧ 地域社会の慣習を守る。(지역사회의 관습을 지킨다)

⑨ これがこの地域の慣習です。(이것이 이 지역의 관습입니다)

⑩ このごろの若者は、古くからのしきたりを破っている。
(요즈음의 젊은이는 예로부터의 법도를 타파하고 있다)

➲ 오래전부터 내려온 행동양식을 나타내는데, 비교적 제약이 많이 따른다.

⑪ 武家のしきたりは結構難しい。(무가의 법도는 꽤 어렵다)

⑫ 古いしきたりは捨てた方がいい。(오래된 법도는 버리는 편이 좋다)

⑬ 正月に家族全員でお寺へ行くのがわが家の習わしだ。
(정월에 가족전원이 절에 가는 것이 우리 집의 관례이다)

➲ 「習わし」는 오래전부터 늘 그렇게 해온 행동양식을 나타내는 것으로 비교적 제약이 없는 편이다. 이 경우에는 정월에 반드시 절에 가야만 하는 것이 아니라 어느 정도의 융통성이 엿보인다.

⑭ わが家は冬至にかぼちゃを食べる習わしを持っている。
(우리 집은 동지에 호박을 먹는 관례를 지니고 있다)

⑮ 古くからの習わしには不便なところが多い。
(옛날부터의 관례에는 불편한 점이 많다)

「住民」「住人」

(この町の住民、この町の住人)

공통의미

주민

요점

1. 「住民」은 비교적 넓은 지역에 살고 있는 사람들을 가리키며, 아울러 「住民登録」「住民投票」「住民税」등과 같이 행정용어로서도 쓰인다(예문①②③⑥⑦).

2. 「住人」은 우리말에는 없는 것으로 「住民」보다는 좁은 지역에 살고 있는 사람들이나(예문①⑤⑧), 일정한 건물 안에 살고 있는 사람들을 가리킨다(예문④⑨).

예문과 해설

① この町の住民/住人は大体年寄りだ。(이 마을의 주민은 대체로 노인이다)

➲ 일정한 지역에 거주하고 있는 사람들을 가리킬 때는 둘 다 적절하다.

② 村の付近の住民/＊住人はみんな避難した。(마을부근의 주민은 모두 피난했다)

➲ 이 경우와 같이 비교적 넓은 지역을 가리킬 때는 오로지 「住民」만이 적절하다.

③ 県の住民/＊住人を代表する。(현의 주민을 대표한다)

➲ 이 경우와 같이 넓은 지역을 가리키며 또한 행정용어로 쓰일 때는 오로지「住民」만이 적절하다.

④ アパートの住人/＊住民はみんな避難した。(아파트의 주민은 모두 피난했다)

➲「住民」은 일정한 주거공간에 살고 있는 사람들을 가리킬 수는 없다.

⑤ あなたも一丁目の住人/＊住民でしたか。(당신도 1번가의 주민이었습니까?)

➲ 이 경우와 같이 비교적 좁은 지역을 가리킬 때는 오로지 「住人」만이 적절하다.

⑥ 明日までに住民登録をしなければならない。(내일까지 주민등록을 해야만 한다)

➲ 이 경우와 같이 행정용어로 쓰일 때는 반드시 「住民」을 쓰게 된다.

⑦ 都市の住民は公害に苦しんでいる。(도회의 주민은 공해에 시달리고 있다)

➲ 「住民」은 이 경우와 같이 비교적 넓은 지역에 살고 있는 사람들을 가리킨다.

⑧ あの人たちは古くからこの土地の住人だ。
(저 사람들은 옛날부터 이 땅의 주민이다)

➲ 이 경우는 비교적 좁은 지역에 살고 있는 사람들을 가리킨다.

⑨ 君もこのアパートの住人か? (자네도 이 아파트의 주민인가?)

➲ 이 경우와 같이 일정한 건물 안에 살고 있는 사람들을 가리킬 때는 「住人」을 쓰게 된다.

「主人(しゅじん)」「あるじ」「主(ぬし)」「おやじ」

공통의미

주인

요점

1. 「主人(しゅじん)」은 가게, 술집, 식당, 여관 등, 그다지 규모가 크지 않은 상점의 주인을 가리키는 일반적인 말이다(예문①②③).
2. 「あるじ」는 「主人(しゅじん)」과 같은 말이지만 이보다 더욱 회화체에서 즐겨 쓰이는 것이며, 때로는 애완동물의 소유자를 가리키기도 한다(예문④⑤⑥).
3. 「主(ぬし)」는 소유주를 가리키는 다소 오래 된 말이다. 우리말의 '임자' 에 해당된다(예문⑦⑧⑨).
4. 「おやじ」는 「主人(しゅじん)」보다 더 회화체적인 말로서 가게주인을 친근하게 가리키는 말이다. 주로 술집이나 채소가게 등의 서민적인 가게주인을 가리키는데, 「おやじ」는 다른 말들과는 달리 오로지 남성만이 사용할 수가 있다(예문⑩⑪⑫).

예문과 해설

① あのラーメン屋(や)さんの主人(しゅじん)はまだ若(わか)い。(저 라면집의 주인은 아직 젊다)

➲ 「主人(しゅじん)」은 그다지 크지 않은 상점의 주인을 가리키는 일반적인 말이다.

② この旅館(りょかん)の主人(しゅじん)はだれですか。(이 여관의 주인은 누구입니까?)

③ あの飲食店(いんしょくてん)の主人(しゅじん)はまだ若(わか)い。(저 음식점의 주인은 아직 젊다)

④ この車(くるま)のあるじはどこにいますか。(이 차의 주인은 어디에 있습니까?)

⑤ あるじのない犬(いぬ)があちこち歩(ある)きまわっている。
(주인이 없는 개가 여기저기 돌아다니고 있다)

➲「あるじ」는 애완동물의 주인을 가리키기도 하는데, 매우 회화체적인 말이다.

⑥ あるじのわからない傘(かさ)がおいてある。(주인을 알 수 없는 우산이 놓여있다)

⑦ この山(やま)には主(ぬし)がいる。(이 산에는 임자가 있다)

➲「主(ぬし)」는 소유하고 있는 사람을 가리키는 것에 의미의 중심이 있는데 비교적 오래 된 말이다.

⑧ 沼(ぬま)の主(ぬし)と言(い)われるなまず。(늪의 임자로 일컬어지는 메기)

⑨ 所帯主(しょたいぬし)。(세대주)

⑩ あの酒場(さかば)のおやじはいつも厳(きび)しい顔(かお)をしている。
(저 술집의 주인은 언제나 딱딱한 얼굴을 하고 있다)

➲「おやじ」는 이와 같이 술집의 주인을 친근하게 가리키는 서민적인 호칭인데 남성들만이 쓰고 있다.

⑪ 兄(あに)は飲(の)み屋(や)のおやじです。(형은 술집주인입니다)

⑫ 魚屋(さかなや)のおやじ。(생선가게주인)　　八百屋(やおや)のおやじ。(채소가게주인)

「準備(じゅんび)」「用意(ようい)」「支度(したく)」

(食事(しょくじ)の準備(じゅんび)をする、食事(しょくじ)の用意(ようい)をする、食事(しょくじ)の支度(したく)をする)

공통의미

준비

요점

1. 「準備(じゅんび)」「用意(ようい)」「支度(したく)」는 모두 우리말의 '준비'에 해당되는 말로서 대체로 의미용법은 비슷하지만, 실제의 사용에 있어서는 다소의 차이가 엿보인다.
2. 「準備(じゅんび)」는 시합에 나가기 위한 준비라든지 입시준비와 같은 육체적, 정신적인 준비를 나타내는 데에 주로 쓰이며, 언제나 「～を準備(じゅんび)する」「～の準備(じゅんび)をする」의 형태를 취하

는데 우리말의 '~을 준비하다' 정도의 어감에 해당된다(예문①②③④⑥⑦).

3. 「用意」는 주로 물질적으로 필요한 무언가를 준비한다고 하는 구체적인 경우에 쓰이며, 언제나 「~を用意する」「~の用意をする」의 형태를 취하는데 우리말의 '~을 마련하다' 정도의 어감에 해당된다(예문①③⑤⑧⑨).

4. 「支度」는 주로 외출하기 위한 복장을 갖추거나 식사의 준비를 하는 데에 쓰이며, 언제나 「~の支度をする」의 형태를 취하지만, 「~を支度する」의 형태는 취하지 못하는데 우리말의 '~의 채비를 하다' 정도의 어감에 해당된다(예문①⑤⑩⑪).

예문과 해설

① 旅行の準備をする/用意をする/支度をする。 (여행준비를 한다)

➲ 이 경우는 세 가지 다 적절한데, 「準備」를 쓰게 되면 가장 준비의 규모가 커서 여행스케줄을 잡거나 여행사를 알아보는 등의 어감이 있고, 「用意」는 이 보다는 작어서 여행 물품 같은 것을 챙기는 어감이 있으며, 「支度」는 가장 규모가 작어서 여행가고자 가방을 꾸리고 옷을 챙겨 입는다는 어감이 있다.

② 試験の準備をする/?用意をする/＊支度をする。 (시험 준비를 한다)

➲ 이 경우와 같이 정신적인 준비를 나타낼 때는 「準備」가 가장 적절하다. 「用意」는 물질적인 준비에 쓰이므로 다소 부적절하고, 「支度」는 복장이나 식사 같은 준비에 쓰이므로 부적절하다.

③ 食事を準備する/用意する/＊支度する。 (식사를 준비한다)

➲ 확실히 식사 같은 것을 준비하는 경우에는 「支度」가 가장 적절하기는 하지만, 이 경우는 「~を支度する」의 형태를 취하고 있다. 「支度」는 언제나 「~の支度をする」의 형태만을 취하게 되므로 여기에서는 문법적인 이유로 인하여 부적절하다.

④ オリンピックの準備/＊用意/＊支度をする。 (올림픽의 준비를 한다)

➲ 이 경우와 같이 비교적 규모가 큰 대회 같은 것의 준비를 나타낼 때는 「準備」만이 적절하다.

⑤ すぐ出かける用意/支度/＊準備をして来なさい。
(금방 나갈 준비를 하고 오너라)

➲ 이 경우와 같이 외출하는데 필요한 채비를 갖춘다고 할 때는 「準備」와 같이 비교적 큰 규모에 쓰이는 말은 부적절하다.

⑥ まだ心の準備ができていない。(아직 마음의 준비가 되어있지 않다)

➲ 이 경우는 정신적인 준비를 나타내고 있어서 「準備」가 적절하다.

⑦ 息子は大学受験の準備で忙しい。(아들은 대학수험의 준비로 바쁘다)

⑧ お客様のはきものを用意する。(손님의 신발을 준비한다)

➲ 물질적으로 사전에 무언가를 마련해 놓는다고 하는 뜻일 때는 「用意」가 적절하다.

⑨ 慌てて外出の用意をする。(당황해서 외출준비를 한다)

⑩ 出かける支度をするからちょっと待って。(나갈 준비를 할 테니까 좀 기다려)

➲ 「支度」는 이 경우와 같이 외출하기위한 채비를 하는 경우에 쓰인다.

⑪ 母は食事の支度をしています。(어머니는 식사준비를 하고 있습니다)

➲ 「支度」는 이 경우와 같이 식사를 하기위한 준비를 하는 경우에 쓰인다.

「知らせる」「告げる」

(誰にも知らせずに出発する、誰にも告げずに出発する)

공통의미

알리다

요점

1. 「知らせる」는 상대가 알지 못하는 사항을 말이나 몸짓 등, 무언가의 수단에 의하여 전달하는 뜻으로 일상적으로 가장 많이 쓰인다(예문①②③⑥⑦⑧). 우리말의 '알리다, 알게 하다'에 해당된다.

2. 「告げる」는 중요한 사항이나 자신의 의도를 말이나 소리에 의하여 직접적이고 확실하며 일방적으로 상대에게 알리는 비교적 딱딱한 어감의 말인데(예문①④⑤⑨⑩⑪), 우리말의 '고하다, 통지하다'는 정도의 어감을 지닌 말이다.

예문과 해설

① 時を知らせる/告げる鐘が鳴った。(때를 알리는 종이 울렸다)

➲ 이 경우는 둘 다 적절한데, 「知らせる」에 비하여 「告げる」가 좀 더 딱딱한 어감이라는 차이만 엿보일 뿐이다.

② 知人に転職のことを知らせる/＊告げる。(지인에게 전직한 것을 알린다)

➲ 이 경우는 아는 사람에게 자신의 전직사실을 알리는 일상적인 것이므로 「知らせる」가 적절하다. 「告げる」를 쓰게 되면 일방적으로 고지한다는 과장된 어감이 될 수 있으므로 부적절하다.

③ 合否は明日までに知らせます/＊告げます。(합격여부는 내일까지 알리겠습니다)

➲ 이 경우와 같이 어떠한 정보를 상대에게 전달한다고 하는 뜻으로는 「知らせる」가 적절하다.

④ 別れを告げる/＊知らせる。(이별을 고한다)

➲ 이 경우와 같이 일방적으로 말하는 사람의 의도를 전달할 때는 오로지 「告げる」만이 적절하다.

⑤ ここでいとまを告げましょう/＊知らせましょう。(여기에서 이별을 고하겠습니다)

➲ 이 경우도 예문④와 맥락을 같이하고 있다.

⑥ 村の人たちに危険を知らせる。(마을사람들에게 위험을 알린다)

⑦ この装置はガス漏れを知らせてくれます。(이 장치는 가스 새는 것을 알려 줍니다)

⑧ だれにも知らせずに出かける。(누구에게도 알리지 않고 외출한다)

⑨ 議長が開会を告げた。(의장이 개회를 알렸다)

➲ 이 경우는 일방적으로 알린다고 하는 딱딱한 어감이 주어진다.

⑩ 目で気持ちを告げる。(눈으로 기분을 알린다)

➲ 이 경우 역시 매우 딱딱한 어감이 주어진다.

⑪ 手紙で恋心を告げて来た。(편지로 사랑하는 마음을 알려왔다)

➲ 상대가 일방적으로 마음을 전해온다고 하는 뜻이지만 이것역시 매우 딱딱한 어감이 주어진다.

「調べる」「取り調べる」「調査する」

(事件との関係を調べる、事件との関係を取り調べる、事件との関係を調査する)

공통의미

조사하다

요점

1. 「調べる」는 어떤 일이나 사항에 관하여 여러 방법이나 수단을 통해서 명확하게 밝힌다고 하는 뜻으로, 규모가 작은 것이나 큰 것이나 상관없이 폭넓게 쓰인다(예문①②④⑤⑥⑦). 우리말의 '찾다, 조사하다'에 해당된다.
2. 「取り調べる」는 주로 범죄나 사건에 관하여 사실을 밝히기 위한 증거 등을 조사하거나 용의자와 참고인을 심문한다고 하는 뜻으로 쓰인다(예문①④⑧⑨). 우리말의 '취조하다' 해당된다.
3. 「調査する」는 어떤 사실을 밝히기 위하여 많은 대상에 걸쳐 종합적으로 조사하는 것으로 주로 규모가 큰 경우에 쓰인다(예문①②③⑩⑪⑫). 우리말의 '조사하다'에 해당된다.

예문과 해설

① 事件との関係を調べる/取り調べる/調査する。(사건과의 관계를 조사한다)

➲ 이 경우는 세 가지 다 적절한데 특히 「取り調べる」의 경우에는 수사기관이 용의자나 참고인 등에 대하여 이것저것 심문하는 뜻을 나타내게 된다.

② 古代の遺跡を調べる/調査する/＊取り調べる。(고대유적을 조사한다)

➲ 「取り調べる」는 주로 용의자나 참고인 등을 심문한다고 하는 뜻으로 쓰이므로 여기에서는 부적절하다.

③ 世論を調査する/＊調べる/＊取り調べる。(여론을 조사한다)

➲ 이 경우와 같이 비교적 규모가 크고 종합적인 조사일 때는 「調査する」가 적절하다.

④ 容疑者を取り調べる/調べる/＊調査する。(용의자를 취조한다)

➲ 이 경우 「取り調べる」와 「調べる」둘 다 적절한데 「取り調べる」를 쓰게 되면 심문한다고 하는 뜻이 되고, 「調べる」를 쓰게 되면 용의자에 관련된 여러 사항을 조사한다고 하는 뜻이 된다. 「調査する」는 비교적 규모가 크고 종합적인 조사에 쓰이므로 여기에서는 부적절하다.

⑤ 言葉の意味を辞書で調べる。(말의 의미를 사전으로 찾는다)

➲ 이 경우와 같이 사전에서 단어의 의미를 찾는 정도이므로 「調べる」만이 적절하다.

⑥ 政府は台風の被害状況を調べた。(정부는 태풍의 피해상황을 조사했다)

➲ 「調べる」는 이 경우와 같이 비교적 규모가 큰 조사에도 쓰인다.

⑦ 電話帳で電話番号を調べた。(전화번호부로 전화번호를 찾았다)

⑧ 事故の原因を明らかにするため、たくさんの関係者を取り調べる。
(사고의 원인을 밝히기 위해 많은 관계자를 취조한다)

➲ 이 경우는 사고의 원인을 밝히기 위한 조사이므로 「取り調べる」가 적절하다.

⑨ 警察は夜通し被疑者を取り調べた。(경찰은 밤새 피의자를 취조했다)

➲ 이 경우와 같이 피의자를 심문한다고 하는 뜻으로는 오로지 「取り調べる」만이 적절하다.

⑩ 全国の方言分布を調査する。(전국의 방언분포를 조사한다)

➲ 이 경우와 같이 보다 체계적이고 종합적이며 규모도 큰 조사인 경우에는 「調査する」가 적절하다.

⑪ 3年間古墳の発掘調査が行われた。(3년간 고분의 발굴조사가 이루어졌다)

⑫ 市民の生活を調査する。(시민의 생활을 조사한다)

「退(しりぞ)く」「退(の)く」「退(ど)く」

공통의미

물러가다

요점

1. 「退(しりぞ)く」「退(の)く」「退(ど)く」는 한자표기가 모두 같음으로서 종종 혼동되기 쉬운데, 그 의미용법에는 차이가 있다.
2. 「退(しりぞ)く」는 있던 장소에서 뒤로 이동함을 나타내는 것으로 우리말의 '물러나다, 뒷걸음질 치다' 정도에 해당된다(예문①②③④).
3. 「退(の)く」는 지금까지 있었던 장소에서 다른 장소로 옮기는 것으로 오래된 말이다. 우리말의 '떠나다' 정도에 해당된다(예문⑤⑥).
4. 「退(ど)く」는 다른 장소로 옮김으로서 그 장소를 비우는 것으로 우리말의 '비키다' 정도에 해당된다(예문⑦⑧).

예문과 해설

① 一歩(いっぽ)退(しりぞ)く/＊退(の)く/＊退(ど)く。(한 걸음 물러서다)

➲ 있었던 장소에서 뒤로 물러섬을 나타낼 때는 「退(しりぞ)く」만이 적절하다.

② 長(なが)い間(あいだ)やっていた職(しょく)を退(しりぞ)く/＊退(の)く/＊退(ど)く。(오랫동안 하고 있던 일을 물러난다)

➲ 이 경우와 같이 해오던 일이나 직장에서 물러남을 나타낼 때는 「退(しりぞ)く」만이 적절하다.

③ 相手(あいて)に気圧(けお)されて二(に)、三歩(さんぽ)退(しりぞ)いた。
(상대에게 압도되어 두, 세 걸음 물러섰다)

➲ 이 경우는 뒤로 뒷걸음질 치는 것을 나타낸다.

④ 別室(べっしつ)に退(しりぞ)いて待(ま)つ。(별실로 물러가서 기다린다)

⑤ 映画館(えいがかん)が退(の)いた後(あと)に、パチンコ店(てん)が建(た)った。
(영화관이 떠난 후에 파친코점이 섰다)

➲ 이 경우는 영화관이 없어지게 된 것을 나타낸다.

⑥ 借家(しゃくや)を退(の)いてアパートに移(うつ)る。(빌린 집을 떠나서 아파트로 옮긴다)

⑦ ちょっとそこを退(ど)いてください。(거기 좀 비켜 주십시오)

➲ 이 경우는 통과할 수 있게 길을 트는 것을 나타낸다.

⑧ 邪魔だから、速く退いてくれ。(방해되니까 빨리 비켜다오)

「知る」「わかる」

(彼から聞いて知った、彼から聞いてわかった)

공통의미

알다

요점

1. 「知る」「わかる」는 둘 다 우리말의 '알다' 에 해당되지만 그 의미용법 상에는 적지 않은 차이가 있다.
2. 「知る」는 그 일이나 사람에 대하여 정보나 경험, 그리고 면식 등이 있음을 나타내는 것으로 내용이 깊지 않고 표면적인 지식의 확보에 쓰인다(예문①②③④⑦⑧). 일반적인 동사와는 달리, 항상 긍정일 때는 「知っている(「知る」를 그대로 쓸 수는 없다)」로 표현하며, 부정일 때는 「知らない(「知っていない」로는 쓸 수 없다)」로 표현한다.
3. 「わかる」는 그 일이나 사람에 대하여 충분히 이해하고 있음을 나타내는 것으로 비교적 깊은 내용이나 내부적인 정보의 확보에 쓰인다(예문①②⑤⑥⑨⑩). 긍정일 때는 항상 그 앞에 조사 「が(「わかる」앞에는 절대로 목적격조사 「を」가 올 수 없다)」가 와서 「～がわかる」로 표현하며, 부정일 때는 「～がわからない」로 표현한다.
4. 결국 ,「知る」는 우리말의 '～을(를)안다' 정도에 해당되며, 「わかる」는 우리말의 '～을(를)이해한다' 정도에 해당된다.

예문과 해설

① 先生のお宅はどこか知っていますか/わかりますか。
(선생님 댁은 어디인지 압니까?)

➲ 이 경우는 둘 다 적절하지만 의미는 다음과 같이 달라진다. 즉 「知っていますか」라고 물으면, 단지 선생님 댁의 위치를 알고 있는지의 여부만을 묻게 되지만, 「わかりますか」라고 물으면 선생님 댁의 위치를 아는 것은 물론이거니와 찾아가는 길의 순서와 방법에 대해서 설명도 할 수 있는가를 묻게 된다.

② 私がだれか知っていますか/わかりますか。 (내가 누군지 압니까?)

➲ 이 경우도 둘 다 적절하지만, 그 의미는 다음과 같이 달라진다. 즉 「知っていますか」로 물으면 자신에 대하여 이름이나 얼굴을 기억하고 있는지의 여부만을 묻게 되지만, 「わかりますか」로 물으면, 자신의 명성이나 지위 등을 알고 있는지를 묻게 된다.

③ 彼の過去を知っている/＊過去がわかる人はいない。
(그의 과거를 알고 있는 사람은 없다)

➲ 이 경우는 과거의 전력을 안다고 하는 뜻을 나타내는데 과거의 전력은 단지 정보를 입수하는 것뿐이지 이해를 요구하는 정도는 아니므로 「知る」가 적절하다.

④ あの人は恥を知らない/＊恥がわからない人間だ。
(저 사람은 수치를 모르는 인간이다)

➲ 수치는 깊게 이해하는 것이 아니라 살아오는 과정에서 자연히 체득되는 것이니만큼 가벼운 지식이나 정보의 확보를 나타내는 「知る」가 적절하다.

⑤ 私の説明がわかりますか/＊私の説明を知っていますか。
(저의 설명을 알겠습니까)

➲ 「知る」는 표면적인 정보나 지식에 주로 쓰이는데, '설명' 정도가 되면 이해를 하여야 하는 것이므로 「わかる」가 적절하다.

⑥ 大人になってやっと世の中のことがわかった/＊知った。
(어른이 되어서 겨우 세상에 관해서 알았다)

➲ 이 경우는 세상에 관해서 어느 정도 이해하게 되었음을 나타내는 것이므로 「わかる」가 적절하다.

⑦ お父さんは話がわかる。 (아버지는 이야기를 이해한다(즉, 이야기가 통한다))

➲ 이 경우와 같이 이야기의 내용을 이해한다는 뜻으로 쓰일 때는 「わかる」가 적절하다.

⑧ まったくわけがわからない。 (도저히 영문을 알 수가 없다)

⑨ 一を聞いて十を知る。 (하나를 듣고 열을 안다)

➲ 이 경우는 새로운 정보나 지식을 습득한다는 뜻으로 쓰였다.

⑩ あの事件は新聞で知った。 (그 사건은 신문으로 알았다)

「真意(しんい)」「本意(ほんい)」「本心(ほんしん)」「本音(ほんね)」

(あなたの真意(しんい)がわからない、あなたの本意(ほんい)がわからない

あなたの本心(ほんしん)がわからない、あなたの本音(ほんね)がわからない)

공통의미

진의, 속마음, 본심

요점

1. 「真意(しんい)」는 참된 의미나 의도를 가리키는 것으로, 일부러 숨기고 있는 것은 아니지만 단지 남에게 알리기 어려운 경우에 쓰이기도 하고, 무언가 오해를 받는 사항에 대하여 참되고 정확한 의도를 나타내는 데에 쓰이기도 한다(예문①④⑤). 우리말의 '진의'에 해당된다.
2. 「本意(ほんい)」는 마음에 품고 있는 본래의 희망이나 의사를 나타내는 것으로 우리말의 '본의'에 해당된다(예문①⑥⑦).
3. 「本心(ほんしん)」은 거짓이나 꾸밈이 없는 참된 기분을 나타내는 것으로 우리말의 '본심'에 해당된다(예문①③⑧⑨). 주로 겉으로 무언가가 드러나 있을 경우에 그에 대하여 감정적으로 참된 마음을 추궁할 때에 쓰인다.
4. 「本音(ほんね)」는 말로 드러내놓고 표현하기 어려운 솔직한 기분이나 마음, 또는 그것이 결국에 말로 나타난 것을 가리키는 것으로, 우리말의 '속마음, 솔직한 말' 정도에 해당된다(예문①②⑩⑪).

예문과 해설

① あなたの真意(しんい)/本意(ほんい)/本心(ほんしん)/本音(ほんね)が聞(き)きたい。
(당신의 진의/본의/본심/속마음을 듣고 싶다)

➲ 이 경우는 모두 적절한데 「真意(しんい)」와 「本意(ほんい)」가 차분한 판단 하에 상대의 의도하는 바를 듣고 싶어 하는 반면에, 「本心(ほんしん)」과 「本音(ほんね)」는 매우 격앙된 감정으로 상대에게 추궁하는 것 같은 어감이 주어진다.

② 思わず本音/✱真意/✱本意/✱本心を吐く。
(뜻하지 않게 솔직한 말을 털어놓는다)

➲ 이 경우와 같이 동사 「吐く(토하다)」와 결합될 수 있는 말은 오로지 「本音」만이 적절하다. 이는 「本音」가 속마음을 말로 바꾸어 입 밖으로 낼 수 있는 유일한 것이기 때문이다.

③ 本心/✱真意/✱本意/✱本音からそんなことを言うのか。
(본심에서 그런 말을 하는 건가?)

➲ 이 경우와 같이 조사 「から」와 결합되어 '본심에서, 본심으로'의 의미를 나타낼 수 있는 것은 오로지 「本心」만이 적절하다.

④ あの人の発言の真意はどうも分かりにくい。
(저 사람의 발언의 진의는 도무지 알기 어렵다)

➲ 이 경우는 발언의 참된 의도를 나타내고 있다.

⑤ はっきり言わないから、真意を汲み取るしかない。
(확실히 말하지 않으니까, 진의를 파악하는 수밖에 없다)

⑥ 学校を退学したのは私の本意ではない。
(학교를 퇴학한 것은 나의 본의가 아니다)

➲ 이 경우는 마음속에 품고 있는 속마음을 나타내고 있다.

⑦ これは私の本意ではありません。(이것은 나의 본의가 아닙니다)

⑧ 部長の本心がつかめなくて困る。(부장님의 본심을 파악할 수 없어서 곤란하다)

➲ 이 경우는 겉으로 드러나 있는 것과는 다른 본인의 참된 마음을 나타내고 있다.

⑨ 山田は結局先生に本心を全部打ち明けた。
(야마다는 결국 선생님에게 본심을 전부 털어놓았다)

⑩ 日本人は本音と建前を使い分ける。(일본인은 속마음과 겉치레를 구별해 쓴다)

⑪ やっとあいつの本音が出た。(겨우 저 녀석의 솔직한 말이 나왔다)

➲ 이 경우는 겉으로 드러내기가 어려운 기분이나 심정을 말로 나타내는 것이다.

「新人」「新顔」「新入り」「新米」

(新人の社員、新顔の社員、新入りの社員、新米の社員)

공통의미

신참, 신입

요점

1. 「新人」은 그 집단이나 조직에 처음으로 들어오게 된 사람을 가리키는데 비교적 연령이 젊은 경향이 있다(예문①②③⑤⑦).
2. 「新顔」는 지금까지 볼 수 없었던 얼굴이라는 뜻이 강하여, 비교적 좁은 분야의 일에 처음으로 등장하게 된 사람이나 기존의 경험자를 가리킨다(예문①④⑧).
3. 「新入り」는 그 분야의 선배를 염두에 둔 상태에서 새로 온 사람을 다소 가볍게 지칭하는 말이다(예문①⑤⑥).
4. 「新米」는 그 일을 시작한지 얼마 안 되어서 기능이나 능력 등의 모든 것이 어설픈 사람을 가리킨다(예문①⑤).

예문과 해설

① 彼女は新人/新顔/新入り/新米だね。 (그녀는 신참이로군)

➲ 이 경우는 어느 것이나 적절한데 「新人」을 쓰게 되면 단지 새로 들어왔다고 하는 의미가 주어지고, 「新顔」를 쓰게 되면 새로 보는 얼굴이라는 의미가 되며, 「新入り」를 쓰게 되면 낮추어 지칭하는 의미가 된다. 「新米」는 아직 그녀가 어설픈 입장에 있음을 나타내게 된다.

② 会社は今度有望な新人/＊新顔/＊新入り/＊新米をスカウトした。
(회사는 이번에 유망한 신입사원을 스카우트했다)

➲ 이 경우와 같이 장차 기대할만한 점이 엿보이는 사람인 때는 「新人」이 적절하다. 「新顔」는 단지 새로 들어온 얼굴이라는 뜻에 불과하며, 「新入り」는 낮추어 지칭하는 것이고, 「新米」는 일에 어설픈 사람을 가리키므로 모두 여기에서는 부적절하다.

③ これからは新人(しんじん)/＊新顔(しんがお)/＊新入(しんい)り/＊新米(しんまい)の発掘(はっくつ)に力(ちから)を入(い)れよう。

(이제부터는 신인의 발굴에 힘을 쏟자)

➲ 이 경우도 예문①과 맥락을 같이 하고 있다.

④ 彼(かれ)は常連(じょうれん)だけのこの店(みせ)では新顔(しんがお)/＊新人(しんじん)/＊新入(しんい)り/＊新米(しんまい)だ。

(그는 단골만 있는 이 가게에서는 처음 보는 얼굴이다)

➲ 이 경우는 처음 보는 낯선 손님을 나타내는 것이므로 「新顔(しんがお)」만이 적절하다.

⑤ 彼女(かのじょ)は新米(しんまい)/新人(しんじん)/新入(しんい)り/＊新顔(しんがお)なので失敗(しっぱい)ばかりだ。

(그녀는 신참이어서 실수만 한다)

➲ 이 경우와 같이 능력이나 기능면에서 익숙하지 않음을 나타내는 때는 「新顔(しんがお)」는 부적절하다. 왜냐하면 「新顔(しんがお)」에는 능력이나 기능이 익숙하고 익숙하지 않고는 상관없이 오로지 새로 보는 얼굴이라는 뜻만이 있기 때문이다. 이와 같은 경우에는 「新米(しんまい)」가 가장 적절하다.

⑥ 新入(しんい)り/＊新顔(しんがお)/＊新人(しんじん)/＊新米(しんまい)の者(もの)です。よろしく。

(새로 온 사람입니다. 잘 부탁합니다)

➲ 이 경우와 같이 어떤 단체나 조직에 새로 왔음을 스스로 소개할 때는 오로지 「新入(しんい)り」만이 적절하다.

⑦ 今年(ことし)は新人(しんじん)の社員(しゃいん)がたくさん入(はい)った。(금년은 신입사원이 많이 들어왔다)

⑧ 人事異動(じんじいどう)で部内(ぶない)に新顔(しんがお)が目(め)につく。

(인사이동으로 부서 내에 새로운 얼굴이 눈에 띈다)

「親戚(しんせき)」「親類(しんるい)」「親族(しんぞく)」

(法事(ほうじ)で親戚(しんせき)が集(あつ)まる、法事(ほうじ)で親類(しんるい)が集(あつ)まる、法事(ほうじ)で親族(しんぞく)が集(あつ)まる)

공통의미

친척

요점

1. 「親戚」는 혈연관계나 혼인관계로 맺어져 있지만, 별도의 세대를 구성하여 지내는 사람들을 가리킨다. 즉 자신의 가족이외의 사람을 가리키는 말로, 삼촌, 숙모, 조카, 사촌, 질녀 등이 여기에 해당된다(예문①②⑤⑥).
2. 「親類」역시 일상적으로 「親戚」와 같은 의미용법을 지니고 있는데(예문①②⑦⑧), 다만 '호랑이는 고양이의 친척이다'와 같이 동물이나 매우 비슷한 대상에 대해서도 쓸 수가 있는 점이 다르다(예문④⑨).
3. 「親族」는 자신의 가족이나 직계를 포함한 혈연관계나 혼인관계로 맺어져 있는 사람들을 총칭하여 가리키는 말이다(예문①③⑩⑪).
4. 결국 우리말의 '친척'에 해당되는 말은 「親戚」와 「親類」인 셈이다.

예문과 해설

① 法事で親戚/親類/親族一同が集まる。(제사로 친척일동이 모인다)

➲ 이 경우는 직계가족과 친척을 모두 가리키는 것이므로 어느 것이나 적절하다.

② 山田さんは遠い親戚/親類/＊親族に当たる。
(야마다씨는 먼 친척에 해당된다)

➲ 이 경우는 직계가족이 아닌 먼 친척을 가리키고 있으므로 「親族」는 부적절하다.

③ この件は親族会議/＊親戚会議/＊親類会議で処理することにした。
(이 건은 가족회의에서 처리하기로 했다)

➲ 이 경우와 같이 직계가족을 가리킬 때는 오로지 「親族」만이 적절하다.

④ おおかみは犬の親類/＊親戚/＊親族だ。(늑대는 개의 친척이다)

➲ 이 경우와 같이 사람이 아닌 동물을 가리킬 때는 오로지 「親類」만이 적절하다.

⑤ 彼女は私の遠い親戚に当たります。(그녀는 나의 먼 친척에 해당됩니다)

⑥ 夏休みには親戚の家に遊びに行くつもりです。
(여름방학에는 친척집에 놀러 갈 작정입니다)

⑦ 親類のおばさんが訪ねて来た。(친척인 숙모가 찾아왔다)

⑧ あの人とは親類も同然の付き合いをしている。

(저 사람과는 친척이나 다름없는 교류를 하고 있다)

⑨ カレイとヒラメは親類(しんるい)だ。(가자미와 넙치는 친척이다)

➲ 「親類(しんるい)」는 이 경우와 같이 동물에도 쓸 수가 있는데 다른 말에는 이러한 용법이 없다.

⑩ 曾祖父(そうそふ)というのは三代前(さんだいまえ)の親族(しんぞく)をいう。(증조부라는 것은 삼대전의 친족을 말한다)

⑪ 親族権(しんぞくけん)。(친족권)　　親族法(しんぞくほう)。(친족법)

「心配(しんぱい)だ」「気(き)がかりだ」「不安(ふあん)だ」

(子供(こども)の将来(しょうらい)が心配(しんぱい)だ、子供(こども)の将来(しょうらい)が気(き)がかりだ、子供(こども)の将来(しょうらい)が不安(ふあん)だ)

공통의미

걱정이다, 불안하다

요점

1. 「心配(しんぱい)だ」는 현재 어떻게 되어있는지, 앞으로 어떻게 될 것인지 하고 걱정하는 것으로 사용범위가 매우 넓다(예문①②⑥⑦). 표제의 세 가지 말 중에서 유일하게 「心配(しんぱい)する」의 형태를 취하여 능동적으로 걱정하는 마음을 나타내기도 한다(예문⑤⑧). 우리말의 '걱정이다'에 해당된다.
2. 「気(き)がかりだ」는 어떤 일의 과정이나 결과가 어떻게 될 것인지 신경 쓰이는 것으로, 우리말의 '마음에 걸리다. 신경 쓰이다' 정도에 해당된다(예문①③⑨⑩).
3. 「不安(ふあん)だ」는 막연하게 나쁜 일이 일어나지는 않을까 하고 마음속으로 두려워하는 것을 나타내는데 우리말의 '불안하다'에 해당된다(예문①④⑪⑫).

예문과 해설

① 子供(こども)の将来(しょうらい)が心配(しんぱい)/気(き)がかり/不安(ふあん)だ。
(아이의 장래가 걱정이다/마음에 걸린다/불안하다)

➲ 이 경우는 어느 것이나 적절한데 「心配だ」와 「気がかりだ」를 쓰게 되면 뭔가 구체적인 근거나 이유가 있음을 내포하게 되지만, 「不安だ」를 쓰게 되면 단지 막연하게 마음이 안정되지 않음을 나타낼 뿐이다.

② 親に心配/＊気がかり/＊不安をかけてはいけない。
(부모에게 걱정을 끼쳐서는 안 된다)

➲ 이 경우와 같이 동사 「かける」와 결합되어 걱정을 끼친다고 하는 뜻으로 쓰일 때는 오로지 「心配」만이 적절하다.

③ 明日の天気がどうも気がかり/?心配/＊不安だ。
(내일 날씨가 아무래도 신경 쓰인다)

➲ 이 경우와 같이 날씨가 마음에 걸려서 안정되지 않음을 나타낼 때는 「気がかりだ」가 가장 적절하다. 「心配だ」도 일단은 적절한 듯하지만 너무 과장된 의미가 되어버리며, 「不安だ」는 막연한 불안을 나타내므로 여기에서는 부적절하다.

④ 島に住んでいる人は台風に対する不安/＊心配/＊気がかりをいだく。
(섬에 살고 있는 사람은 태풍에 대한 불안을 품는다)

➲ 이 경우와 같이 구체적인 근거나 이유가 있는 것이 아니라 막연한 불안감을 나타낼 때는 「不安」만이 적절하다.

⑤ よけいな心配/＊気がかり/＊不安をするな。(쓸데없는 걱정을 하지마라)

➲ 이 경우와 같이 「~をする」의 형태를 취하여 능동적으로 걱정하는 것을 나타낼 때는 오로지 「心配」만이 적절하다. 다른 말에는 이와 같은 용법이 없으므로 여기에서는 부적절하다.

⑥ この成績では大学進学が心配だ。(이 성적으로는 대학진학이 걱정이다)

⑦ 大規模なスキー場を作っても、人が来てくれるかどうかが心配だ。
(대규모스키장을 만들어도, 사람이 와줄지 어떨지가 걱정이다)

⑧ 試験に落ちるのではないかと心配する。
(시험에 떨어지는 것은 아닌가하고 걱정한다)

➲ 「心配」는 위의 세 가지 말 중에서 유일하게 「心配する」의 형태로 술어역할을 하기도 한다.

⑨ 子どもの将来が気がかりだ。(아이의 장래가 마음에 걸린다)

➲ 이 경우는 아이의 장래에 대하여 앞으로 어떻게 될 것인가 하고 신경을 쓴다는 뜻으로 쓰였다.

⑩ それは気がかりな兆候ですね。(그것은 마음에 걸리는 징후이군요)

⑪ この地域は伝染病が不安です。(이 지역은 전염병이 불안합니다)

➲ 이 경우는 전염병이 번지지 않을까 하고 마음속으로 두려워하는 것을 나타낸다.

⑫ 急に不安に襲われた。(갑자기 불안이 엄습해왔다)

「信用」「信頼」

(人を信用する、人を信頼する)

공통의미

신용, 신뢰

요점

1. 「信用」는 상대가 하는 말이나 행동을 틀림없는 것으로 믿는 것을 나타내는 것으로 일상적으로 매우 활발하게 쓰인다. 우리말에서의 '신용'은 보통 명사형의 형태로 비교적 딱딱한 문체에서 쓰이는 경향이 있으나, 일본어에서는 우리말과 같이 「信用」만의 명사형으로도 쓰이지만, 보통은 「信用する」의 형태를 취하여 상대를 믿는다고 하는 의미로 빈번하게 쓰이는 점이 다르다. 우리말의 '믿는다'에 해당된다(예문①②③⑥⑦⑧).
2. 「信頼」는 상대의 능력을 믿고 의지한다고 하는 의미로 쓰이며 이 점에서는 우리말의 '신뢰'와 의미용법이 같은데, 비교적 비중이 큰 대상에 대해서 쓰이는 경향이 있다(예문①④⑤⑨⑩⑪).

예문과 해설

① 彼は信用できない/信頼できない。(그는 믿을 수 없다/신뢰할 수 없다)

➲ 이 경우는 전후문맥이나 적절한 장면의 설정이 없으므로 어느 것이나 쓸 수가 있는데 「信用できない」를 쓰게 되면 '믿을 수 없다'고 하는 일상적인 의미를 나타내게 되지만, 「信頼できない」를 쓰게 되면 '신뢰할 수 없다'고 하는 다소 딱딱한 어감을 나타내게 된다.

② 私は彼の言葉を信用/＊信頼しています。(나는 그의 말을 믿고 있습니다)

➲ 이 경우와 같이 사람의 말을 믿는 정도라면 「信用」가 적절하며, 「信頼」는 보다 비중이 큰 대상에 쓰이므로 여기에서는 부적절하다.

③ これは店の信用/＊信頼にかかわる問題だ。
(이것은 가게의 신용에 걸린 문제다)

➲ 「信用」는 「信用にかかわる(신용에 걸린다)」「信用を落とす(신용을 떨어뜨린다)」와 같이 쓰이지만 「信頼」에는 이와 같은 용법이 없다.

④ 大統領は国民の信頼/＊信用に応えた。(대통령은 국민의 신뢰에 부응했다)

➲ 이 경우와 같이 비교적 비중이 큰 대상을 나타낼 때는 「信頼」가 적절하다.

⑤ 無二の親友の信頼/＊信用を裏切ることはできない。
(둘도 없는 친구의 신뢰를 배신할 수는 없다)

➲ 이 경우 역시 비교적 비중이 큰 대상이므로 「信頼」가 적절하다.

⑥ 君の言葉を信用する。(자네 말을 믿는다)

➲ 우리말과 달리 일본어에서는 「信用する」의 형태로 무언가를 믿는다는 뜻으로 쓰이는 점에 특징이 있다.

⑦ うそはつかないから、私を信用してください。
(거짓말은 하지 않으니까 나를 믿어 주십시오)

⑧ 店の信用を高めるよう努力しています。
(가게의 신용을 높이도록 노력하고 있습니다)

⑨ あの監督は信頼できる人です。(저 감독은 신뢰할 수 있는 사람입니다)

➲ 「信頼」는 「信用」에 비해서 그 대상이 크기도 하며 믿음의 강도도 더 높다.

⑩ 生徒にも父兄にも信頼されている先生。
(학생에게도 학부형에게도 신뢰받고 있는 선생)

⑪ 社長は部下を信頼しているようだ。(사장은 부하를 신뢰하고 있는 것 같다)

「水泳(すいえい)」「泳(およ)ぎ」

공통의미

수영

요점

1. 「水泳(すいえい)」는 한자어이고, 「泳(およ)ぎ」는 동사 「泳(およ)ぐ(헤엄치다)」의 연용형이 전성명사화된 형태이다.
2. 「水泳(すいえい)」는 오로지 인간이 스포츠의 일환으로 수영하는 경우에만 쓰인다(예문①②③).
3. 「泳(およ)ぎ」는 인간이 헤엄치는 경우뿐만 아니라 동물이 헤엄치는 경우에도 쓰인다(예문④⑤⑥⑦).

예문과 해설

① 健康(けんこう)のために水泳(すいえい)をする。(건강을 위해서 수영을 한다)

➲ 「水泳(すいえい)」는 오로지 인간에 대해서만 쓸 수가 있다.

② 水泳教室(すいえいきょうしつ)に通(かよ)っている。(수영교실에 다니고 있다)

③ 水泳競技(すいえいきょうぎ)に出(で)る。(수영경기에 나간다)

④ 魚の泳ぎをまねる。(물고기의 헤엄치는 것을 흉내 낸다)

➲ 「泳ぎ」는 이 경우와 같이 동물에 대해서도 쓸 수가 있으나 「水泳」는 반드시 인간에 대해서만 쓸 수가 있다.

⑤ 山田さんは泳ぎがうまい。(야마다씨는 수영을 잘한다)

➲ 「泳ぎ」는 이 경우와 같이 인간에 대해서도 쓸 수가 있다.

⑥ 動物は大体泳ぎができる。(동물은 대체로 수영을 할 수 있다)

➲ 이 경우 역시 동물에 대해서 쓰인 것인데 이와 같이 「泳ぎ」는 동물에게도 쓸 수가 있다.

⑦ 来週から泳ぎを習うことにした。(다음 주부터 수영을 배우기로 했다)

「随分」「余程」「大分」

(随分気に入ったらしい、余程気に入ったらしい、大分気に入ったらしい)

공통의미

무척, 매우, 퍽

요점

1. 「随分」은 생각했던 것보다 그 정도가 크거나 양이 많음을 나타내는 것으로 우리말의 '무척, 꽤나' 정도에 해당된다(예문①②③⑤⑥⑦).
2. 「余程」는 다른 것과 비교해서 상대적으로 그 정도가 심함을 나타내는 것으로 우리말의 '제법' 정도에 해당된다(예문①④⑧⑨⑩).
3. 「大分」는 그 정도가 매우 큰 것은 아니지만 그래도 어느 정도는 됨을 나타내는 것으로 우리말의 '꽤, 퍽' 정도에 해당된다(예문①②⑪⑫⑬).

예문과 해설

① 今日は魚が随分/余程/大分とれた。(오늘은 물고기가 꽤나/제법 잡혔다)

➲ 이 경우는 각각 뉘앙스의 차이는 있지만 모두 적절하다. 특히 「余程」의 경우에는 다른 것과 비교해서 그 정도가 높음을 나타내는데, 문두에 「今日は」라는 말이 있음으로서 다른 날과 비교하는 의미를 나타내고 있다.

② 部屋は随分/大分/✱余程片づいた。(방은 꽤 정리되었다)

➲ 「余程」는 다른 것과 비교해서 상대적으로 그 정도가 심한 것임을 나타내는데 여기에서는 달리 비교할 대상이 설정되어 있지 않으므로 부적절하다.

③ 随分/?大分/✱余程立派なお宅ですね。(꽤나 훌륭한 집이군요)

➲ 이 경우는 상대의 집을 찬양하는 것이므로 그 정도가 생각했던 것보다 훨씬 크고 높음을 나타내는 「随分」이 가장 적절하다. 「大分」는 그 정도가 어느 정도는 됨을 나타내는 것인데 이것을 쓰게 되면 상대에 대하여 약간의 실례가 될 수 있으므로 다소 부적절하고, 「余程」는 비교할 대상이 설정되어 있지 않으므로 여기에서는 부적절하다.

④ あの子は勉強より遊びの方が余程/✱随分/✱大分いいらしい。
(저 아이는 공부보다 놀이 쪽이 제법 좋은 듯하다)

➲ 이 경우는 공부와 놀이를 비교하여 상대적으로 놀이 쪽에 무게를 두고 있으므로 「余程」가 적절하다.

⑤ 随分お世話になりました。(무척 신세 많이 졌습니다)

⑥ 随分ひどい話だ。(매우 심한 이야기다)

⑦ 学校はうちから随分遠いところにある。(학교는 우리 집에서 꽤나 먼 곳에 있다)

⑧ 余程困ったのだろう。(제법 곤란했을 것이다)

➲ 주어진 문은 비록 단문이기는 하지만, 선행문맥이나 설정된 장면에서 이미 어느 정도 비교의 대상이 나타나있을 것이다.

⑨ 彼も余程疲れたらしい。(그도 제법 피곤했던 것 같다)

➲ 이 경우도 선행문맥이나 설정된 장면에서 이미 어느 정도 비교의 대상이 나타나있을 것이다. 특히 이 예문의 경우에는 「彼も」에서 볼 수 있듯이 이미 설정된 다른 사람이 등장해 있을 것이다.

⑩ 勉強より遊びの方が余程いい。(공부보다 놀이 쪽이 제법 좋다)

⑪ 大分暑くなりました。(꽤 더워졌습니다)

➲ 「大分」는 그 정도가 꽤나 됨을 나타내는데 이 경우는 엄청나게 더워진 것은 아니지만 그래도 어느 정도는 더워졌음을 나타내고 있다.

⑫ 今まで大分苦労した。(지금까지 퍽 고생했다)

⑬ 部屋も大分片づいた。(방도 꽤 치워졌다)

➲ 완벽할 정도로 치워진 것은 아니지만 그래도 어느 정도는 치워졌음을 나타내고 있다.

「ずうずうしい」「厚かましい」「ふてぶてしい」

(ずうずうしいやつだ、厚かましいやつだ、ふてぶてしいやつだ)

공통의미

뻔뻔하다

요점

1. 「ずうずうしい」는 상대의 사정이나 기분 등을 전혀 생각지 않고 자기 멋대로 행동하는 모습을 나타낸다(예문①③④⑤). 우리말의 '뻔뻔하다'에 해당된다.
2. 「厚かましい」는 사양도 하지 않고 부끄럽다는 생각을 전혀 하지 않는 모습을 나타낸다(예문①⑥⑦⑧). 우리말의 '염치없다'에 해당된다.
3. 「ふてぶてしい」는 남에게 어떻게 보이든 전혀 상관하지 않는 뻔뻔한 모습을 가리키는데 주로 얼굴모습을 나타내는 데에 쓰인다(예문②⑨⑩). 우리말의 '얼굴이 두껍다, 능글맞다'에 해당된다.

예문과 해설

① ずうずうしい/厚かましい/＊ふてぶてしいお願いですが。(염치없는 부탁입니다만)

➲ 이 경우와 같이 자신의 행위를 겸손하게 표현할 때는 「ずうずうしい」와 「厚かましい」만이 적절하다.

② ふてぶてしい/＊ずうずうしい/＊厚かましい顔付きの犯人。(두꺼운 얼굴을 가진 범인)

➲ 이 경우와 같이 뻔뻔스런 겉모습을 형용하는 때는 「ふてぶてしい」만이 적절하다.

③ 勝手に人の家に上がり込むとはずうずうしい奴だ。

(멋대로 남의 집에 올라오다니 뻔뻔한 녀석이다)

➲ 「ずうずうしい」는 남의 사정 등은 전혀 고려하지 않고 제멋대로만 행동하는 모습을 나타내는 것에 의미의 중심이 놓인다.

④ ずうずうしく列に割り込む。(염치없게 줄에 새치기한다)

⑤ 金をまた送れとはずうずうしいやつだ。(돈을 또 보내라니 뻔뻔한 녀석이다)

⑥ お言葉に甘えて厚かましく伺いました。(말씀대로 염치없게 찾아뵈었습니다)

➲ 「厚かましい」는 사양도 하지 않고 부끄럼도 전혀 느끼지 않는 모습을 나타내는 것에 의미의 중심이 놓인다.

⑦ あいつはまた厚かましく金を借りに来た。
(저 녀석은 또 염치없게도 돈을 빌리러 왔다)

⑧ 三人がけの席をひとりじめするなんて、本当に厚かましいやつだ。
(3인용 좌석을 독차지하다니, 정말로 염치없는 녀석이다)

⑨ あいつはいつもふてぶてしい態度をとっている。
(저 녀석은 늘 능글맞은 태도를 취하고 있다)

➲ 「ふてぶてしい」는 남이 자기를 어떻게 생각할지는 전혀 상관하지 않는 뻔뻔한 모습을 나타내는 것에 의미의 중심이 놓인다.

⑩ 泥棒はどこへでも連れて行けとふてぶてしく居直った。
(도둑은 어디로든지 데리고 가라며 뻔뻔하게도 쌔게 나왔다)

「過ぎる」「経つ」「経る」

(建てて十年過ぎた家、建てて十年経った家、建てて十年経た家)

공통의미

(시간이)지나가다

요점

1. 「過ぎる」는 시간이 단지 지남을 나타내기도 하지만(예문①③⑤⑥), 시간이 어떤 기준을 넘어섬을 나타내기도 한다(예문⑦⑧). 전자는 우리말의 '지나다'에 해당되고, 후자는 우리말의 '넘기다'에 해당된다.
2. 「経つ」는 오로지 시간이 흘러감을 나타내는 것으로 언제나 「～が経つ」의 형태로 쓰인다(예문①④⑨⑩). 주로 시간이 경과하는 과정보다는 시간이 지나갔음을 나타내는데 중점이 있는 말로 우리말의 '(시간이나 세월 등이)흐르다'에 해당된다.
3. 「経る」는 어떤 시기를 경유하여 어떤 결과에 이르렀음을 나타내는 것으로 언제나 「～を経る」의 형태로 쓰인다(예문②⑪⑫). 우리말의 '(시간이나 세월 등을)거치다'에 해당된다.

예문과 해설

① 月日が過ぎる/経つ/＊経る。(세월이 지나다)

➲ 이 경우 「過ぎる」를 쓰게 되면 단지 세월이 지남을 나타낼 뿐이지만 「経つ」를 쓰게되면 세월이 흘러감을 역동적으로 나타내게 된다. 하지만 「経る」는 그 앞에 반드시 조사 「を」가 오게 되어있으므로 부적절하다.

② 月日を経る/＊過ぎる/＊経つ。(세월을 거치다)

➲ 이 경우와 같이 그 앞에 조사 「を」가 올 때는 「経る」가 적절하다. 「過ぎる」도 그 앞에 조사 「を」를 수반할 수는 있으나 이 경우에는 뚜렷한 시점이 명시되어 있어야만 하는데 여기에서는 막연한 세월만을 나타내고 있어서 이 역시 부적절하다.

③ 十時を過ぎる/＊経つ/＊経る。(열시를 넘기다)

➲ 이 경우는 어떤 시점이 분명하게 명시되어 있으므로 「過ぎる」만이 적절하다.

④ 彼と別れてからだいぶ経った/＊過ぎた/＊経た。
(그와 헤어지고 나서 꽤나 지났다)

➲ 이 경우와 같이 뚜렷한 시간이나 시기가 명시되어 있지 않고 단순히 시간이 경과하였음만을 나타내는 때는 「経つ」만이 적절하다.

⑤ 手術を始めて1時間過ぎた。(수술을 시작하고 1시간 지났다)

➲ 이 경우는 단지 1시간이 지났다고 하는 시간의 경과만을 나타낼 뿐이다.

⑥ 育児に追われているうちに1年が過ぎた。
(육아에 쫓기고 있는 동안에 1년이 지나갔다)

⑦ 約束の時間を過ぎたのにまだ来ない。(약속시간을 넘겼는데 아직 안 온다)

➲ 「過ぎる」는 어떤 기준시간을 넘어선다는 뜻으로도 쓰이는데 여기에서는 약속시간을 기준 시간으로 하여 그 시간을 넘어섰다고 하는 뜻으로 쓰였다.

⑧ もう1時を過ぎた。(이미 1시를 넘겼다)

➲ 이 경우에는 뚜렷한 시점이 명기되어 있어서 그 시간을 넘어섰다고 하는 뜻으로 쓰였다.

⑨ 時間が経つのは早い。(시간이 흐르는 것은 빠르다)

➲ 「経つ」는 시간이나 세월이 쉴 새 없이 흘러가는 것을 나타낸다.

⑩ あれから月日が経った。(그로부터 세월이 흘렀다)

⑪ 手術後三ヶ月を経てようやく回復した。(수술 후 3개월을 거쳐 겨우 회복했다)

➲ 「経る」는 어떤 시기를 경유하여 어떤 결과에 이르렀음을 나타내는데 여기에서는 수술 후 3개월이라는 시기를 경유하여 겨우 회복이라고 하는 결과에 이르렀음을 나타내고 있다.

⑫ 年月を経てすばらしい庭園になった。(연월을 거쳐서 멋진 정원이 되었다)

「空く」「空く」

(たんすの中が空く、たんすの中が空く)

공통의미

(자리나 틈 등이) 비다

요점

1. 「空く」와 「空く」는 둘 다 사물과 사물 사이에 공간이 생긴다고 하는 뜻으로 쓰이지만, 실제의 의미용법상에는 차이가 엿보인다.

2. 「空(す)く」는 부분적으로 공간이 생긴다고 하는 뜻으로 쓰인다(예문①②③④⑤⑥).

3. 「空(あ)く」는 전반적으로 공간이 생긴다고 하는 뜻으로 쓰이며(예문①②③⑦⑧⑨), 한편으로는 전혀 사용하지 않음을 나타내기도 한다(예문⑩).

예문과 해설

① かばんの中(なか)が空(す)く/空(あ)く。(가방 안이 비다)

➲ 이 경우 「空(す)く」를 쓰게 되면 가방 안이 부분적으로 비게 됨을 나타내지만 「空(あ)く」를 쓰게 되면 가방 안이 완전히 비게 됨을 나타낸다.

② 車内(しゃない)が空(す)く/空(あ)く。(차안이 비다)

➲ 이 경우 「空(す)く」를 쓰게 되면 차안이 부분적으로 비게 되어 승객이 여기저기 드문드문 앉아있게 됨을 나타내지만, 「空(あ)く」를 쓰게 되면 차안이 완전히 비게 됨을 나타내어, 종점에 도착한 상황이 연상된다.

③ まだ早(はや)かったので会場(かいじょう)の席(せき)は空(す)いていた/空(あ)いていた。
(아직 일렀기 때문에 회장의 자리는 비어 있었다)

➲ 이 경우 「空(す)く」를 쓰게 되면 회장의 자리가 부분적으로 비게 됨을 나타내지만 「空(あ)く」를 쓰게 되면 회장의 자리가 완전히 비게 됨을 나타낸다.

④ 歯(は)と歯(は)の間(あいだ)が空(す)く。(이와 이의 사이가 틈이 생기다)

➲ 이 경우는 이와 이의 사이에 부분적인 작은 공간이 생김을 나타내고 있는데 만약 여기에서 「空(あ)く」를 쓰게 되면 이 하나가 완전히 빠져있음을 나타내게 된다.

⑤ 戸(と)と柱(はしら)の間(あいだ)が少(すこ)し空(す)いている。(문과 기둥 사이가 조금 틈이 생겨 있다)

⑥ お腹(なか)が空(す)く。(속이 비다(배고프다))

➲ 속이 비어서 배고프다고 할 때도 뱃속이 부분적으로 비게 됨을 나타내는 것이므로 「空(す)く」가 적절하다. 만약 뱃속이 「空(あ)く」가 되는 정도가 된다면 그 사람은 이미 죽었을지도 모른다.

⑦ この座席(ざせき)、空(あ)いていますか。(이 좌석, 비어있습니까?)

➲ 좌석에 공간이 생겨서 빈 좌석이 있음을 나타낸다.

⑧ 部屋(へや)が一(ひと)つ空(あ)いているから使(つか)ってもいい。(방이 하나 비어있으니까 써도 좋다)

➲ 방 하나가 완전히 비어있음을 나타내고 있다.

⑨ 会長辞任(かいちょうじにん)の後(あと)、そのポストは空(あ)いたままだ。

(회장사임 후, 그 자리는 빈 채로다)

➲ 회장자리가 공석임을 나타내고 있다.

⑩ そのはさみ、空(あ)いたら貸(か)してくれ。(그 가위, 다 쓰면 빌려다오)

➲ 「空(あ)く」는 이 경우와 같이 전혀 사용하지 않게 되거나 그러한 상태임을 나타내기도 한다.

「好(す)く」「好(この)む」

공통의미

좋아하다

요점

1. 「好(す)く」와 「好(この)む」는 둘 다 우리말의 '좋아하다'는 뜻으로 쓰이지만, 그 의미용법에는 차이가 엿보인다.
2. 「好(す)く」는 감성에 맞아서 그를 좋아한다고 하는 뜻으로 매우 주관적인 성격이 강하다. 5단활용동사이기는 하지만 각 활용형을 골고루 지니고 있는 것은 아니어서 주로 「好(す)かれる」와 같은 수동태나(예문①), 「好(す)かない」와 같은 부정형(예문②), 그리고「好(す)いた」와 같은 연체수식어로만 쓰인다(예문③).
3. 「好(この)む」는 많은 것 중에서 취향이나 주관에 의해 좋아하는 것을 고른다고 하는 뜻으로 쓰인다(예문④⑤⑥).

예문과 해설

① 誰(だれ)にも好(す)かれる人(ひと)。(누구에게나 호감을 받는 사람)

② 私(わたし)はあの人(ひと)はあまり好(す)かない。(나는 저 사람은 그다지 좋아하지 않는다)

③ 好いた同士で結婚する。(좋아하는 사람끼리 결혼한다)

④ 争い事は好まない。(다투는 일은 좋아하지 않는다)

⑤ うさぎが好んで食べる草。(토끼가 즐겨 먹는 풀)

⑥ 娘は文学を好んでいる。(딸은 문학을 좋아하고 있다)

「すくなくとも」「せめて」

(すくなくとも6時間は寝てください、せめて6時間は寝てください)

공통의미

적어도, 더도 말고

요점

1. 「すくなくとも」는 '아무리 작게 보아도' 또는 '다른 것은 제쳐두고라도'의 의미를 나타내는 것으로 그 대상을 순수하고 객관적으로 판단하는 경우에 쓰인다. 우리말의 '적어도, 최소한' 정도에 해당된다(예문①②③⑥⑦).
2. 「せめて」는 '최소한의 만족을 얻기 위해서는 더도 말고 이 정도만은.....' 이라는 의미를 나타내는 것으로 자신의 생각을 최소한으로 억제한 상태에서의 바람이나 희망을 나타내는 표현에 쓰인다. 따라서 당연히 그 뒤에는 희망이나 부탁을 나타내는 표현이 오는 것이 보통이다. 우리말의 '하다못해, 더도 말고' 정도에 해당된다(예문①③④⑤⑧⑨).

예문과 해설

① 毎日すくなくとも/せめて6時間は寝てください。(매일 적어도 6시간은 자 주십시오)

➲ 이 경우는 둘 다 적절한데 다만「すくなくとも」를 쓰게 되면 최소한의 수면시간을 제시하는데 그치지만,「せめて」를 쓰게 되면 6시간은 꼭 지켜서 자되 가능하면 그 이상의 수면시간을 취할 것을 나타내게 된다.

② 彼女は絶世の美人とは言えなくても、すくなくとも/＊せめてこの近所では美

人の方だ。

(그녀는 절세의 미인이라고는 할 수 없어도, 적어도 이 근처에서는 미인인 편이다)

➲ 「せめて」는 최소한으로 억제된 상태에서의 희망이나 부탁을 나타내어 그 뒤에는 주로 희망이나 부탁의 표현이 오는 것이 보통이므로 이 경우는 부적절하다. 하지만 「すくなくとも」의 경우에는 이러한 제약이 없으므로 적절하다.

③ 今日の売り上げはすくなくとも/✱せめて5万円はある。

(오늘의 매상은 적어도 5만엔은 된다)

➲ 이 경우는 매상을 적게 잡아도 5만엔은 된다고 하는 생각을 순수하고 객관적으로 나타내는 것이므로 「すくなくとも」가 적절하다. 하지만 「せめて」는 최소한으로 억제된 상태에서의 희망을 나타내는 것이므로 여기에서는 부적절하다.

④ せめて/✱すくなくともたった一度でも彼女に会いたい。

(하다못해 단 한번이라도 그녀를 만나고 싶다)

➲ 이 경우는 그녀를 만나고 싶은 욕망을 최소한으로 억제한다고 하더라도 단 한번만은....이라는 식의, 최소한의 희망을 나타내는 것이므로 「せめて」가 적절하다. 물론 문말에는 희망을 나타내는 표현이 와 있기도 하다.

⑤ 近くに来ているのならせめて/✱すくなくとも電話ぐらいくれればいいのに。

(근처에 와 있을 것 같으면 하다못해 전화쯤 줘도 좋을 것을) .

➲ 이 경우 역시 예문④와 맥락을 같이하고 있다.

⑥ この会場にはすくなくとも1000人は入るだろう。

(이 회장에는 적어도 1000명은 들어갈 것이다)

➲ 이 경우는 객관적으로 최소한의 입장인원을 나타내고 있다.

⑦ 経費はすくなくとも100万円はかかる。(경비는 최소한 100만엔은 든다)

⑧ せめてたった一度だけでも日本旅行に行きたい。

(하다못해 단 한 번만이라도 일본여행을 가고 싶다)

➲ 이 경우는 자신의 감정이나 욕구를 억제한 상태에서의 희망을 나타내고 있는데 즉, 여러번 일본여행을 가고 싶기는 하지만, 더도 말고 단 한번만이라도 가고 싶다는 뜻을 나타내고 있다.

⑨ せめてその半分でも資金があったならいいのだが。

(더도 말고 그 반이라도 자금이 있다면 좋겠는데)

➲ 필요한 자금은 이만큼이나 되지만 아쉬운 대로 반만이라도 자금이 있었으면 좋겠다고 하는 억제된 심정을 나타내고 있다.

참고

「せめて」에는 그 뒤에 조사 「も」와 「の」가 접속된 「せめてもの～」의 형태를 취하여 쓰이기도 하지만, 「すくなくとも」에는 이러한 용법이 없다.

「私にとって、せめてものなぐさめは読書だ」 (나에게 있어서 최소한의 위안은 독서이다)

「すぐ」「ただちに」「さっそく」 「もうすぐ」「まもなく」「ほどなく」

공통의미

금방, 바로

요점

1. 「すぐ」는 매우 짧은 시간에 무언가가 이루어짐을 나타내는 것으로 「汽車はすぐ東京についた(기차는 금방 도쿄에 도착했다)」와 같이 뒤에 오는 술어를 수식하기도 하고, 「東京まではすぐです(도쿄까지는 금방입니다)」와 같이 조동사 「～です」의 앞에 와서 술어가 되기도 한다. 우리말의 '금방' 정도에 해당된다(예문①②③④⑤).
2. 「ただちに」는 그 의미는 「すぐ」와 같으나 오로지 뒤에 오는 술어를 수식하기만 한다는 점에서 차이가 있다. 회화체보다는 문장체 같은 데에서 많이 쓰이는 편이며 우리말의 '곧바로' 정도에 해당된다(예문①②⑥⑦).
3. 「さっそく」는 의미는 「すぐ」와 같으나 주로 인간이 어떤 행동을 바로 할 때에 쓰인다. 「さっそくのご返事(바로 주신 답)」와 같이 조사 「の」와 결합하여 뒤에 오는 명사를 수식할 때도 있으나, 「さっそくです」와 같이 술어로는 쓰이지 못한다. 물론 때로는 「さっそくですが(바로 본론에 들어가겠습니다만)」와 같이 서두에 쓰이기도 한다. 우리말의 '바로' 정도에 해당된다(예문⑧⑨⑩).
4. 「もうすぐ」는 오로지 미래사실에 대해서만 쓰일 뿐 과거에 대해서는 쓸 수가 없다. 때로는 「完成はもうすぐだ(완성은 이제 얼마 남지 않았다)」와 같이 단정의 조동사 「～だ」

와 결합하여 문말의 술어로도 쓰이며 우리말의 '이제 곧' 정도에 해당된다(예문⑪).

5. 「まもなく」는 「すぐ」보다는 다소 긴 시간에 쓰이는 것으로 「もうすぐ」와 의미가 비슷하지만, 「もうすぐ」가 오로지 미래사실에만 쓸 수가 있는데 반하여, 「まもなく」는 미래사실에도 과거사실에도 쓸 수 있다는 점에서 구별된다(예문①②⑫). 한편으로는 접속조사 「～て」와 결합된 「～てまもなく」의 형태를 취하여 '～한지 얼마 안되어서'의 의미를 나타내기도 하는데(예문⑬), 「まもなく」는 우리말의 '이제 곧' 정도에 해당된다.
6. 「ほどなく」는 「まもなく」와 의미용법이 비슷하나, 문장체에서 쓰일 법한 딱딱한 말이다(예문①②⑭). 「ほどなく」도 접속조사 「～て」와 결합된 「～てほどなく」의 형태를 취하여 '～한지 얼마 안 되어서' 의 의미를 나타내는데(예문⑩⑮), 「ほどなく」는 우리말의 '머지않아, 금방' 정도에 해당된다.

예문과 해설

① 汽車はすぐ/ただちに/まもなく/ほどなく/＊さっそく/＊もうすぐ東京についた。
(기차는 곧 도쿄에 도착했다)

➲ 이 경우는 다소의 뉘앙스차이는 있을지언정 「すぐ」「ただちに」「まもなく」「ほどなく」의 어느 것이나 적절하다. 다만 「さっそく」는 인간의 행동에만 쓰이므로 부적절하고, 「もうすぐ」는 어디까지나 미래사실만을 나타내므로 여기에서는 부적절하다.

② 雪は降ると、すぐ/ただちに/まもなく/ほどなく/＊さっそく/＊もうすぐとけた。
(눈은 내리자 금방 녹았다)

➲ 「さっそく」는 인간의 행동에만 쓰이므로 부적절하고 「もうすぐ」는 오로지 미래사실에만 쓰이므로 이것역시 여기에서는 부적절하다.

③ すぐ連絡します。(금방 연락하겠습니다)

④ 起きたらすぐ出発する。(일어나면 금방 출발한다)

⑤ 安物じゃすぐだめになるよ。(싸구려면 금방 못쓰게 된다)

⑥ ただちに持って来てください。(곧바로 가지고 와 주십시오)

➲ 「ただちに」는 비교적 문장체에서나 쓰일 법한 딱딱한 어감이 주어지는데 오로지 술어만을 수식하게 된다.

⑦ 到着して、ただちに調査にかかった。(도착해서 곧바로 조사에 착수했다)

⑧ 早速伺います。(당장 찾아뵙겠습니다)

➲ 「早速」는 오로지 인간이 어떤 행동을 곧바로 하는 것만을 나타낸다.

⑨ 早速仕事にとりかかる。(당장 일에 착수한다)

⑩ 早速(さっそく)言(い)われたとおりにやってみた。(당장 들은 대로 해보았다)

⑪ もうすぐ完成(かんせい)します。(이제 곧 완성됩니다)

➲ 「もうすぐ」는 오로지 미래사실에 대해서만 쓸 수가 있다.

⑫ 列車(れっしゃ)はまもなく発車(はっしゃ)いたします。(열차는 이제 곧 출발합니다)

➲ 이 경우와 같이 「まもなく」는 미래사실에 대해서도 쓸 수가 있다.

⑬ 入社(にゅうしゃ)してまもなく、海外(かいがい)へ行(い)くことになった。
(입사한지 얼마 안 되어서 해외에 가게 되었다)

➲ 이 경우는 접속조사 「て」와 결합하여 앞의 일이 발생한지 얼마 안 되어서 뒤의 일이 연이어 발생하게 됨을 나타내고 있는데, 「まもなく」는 이와 같이 과거사실에 대해서도 쓸 수가 있다.

⑭ 駅(えき)につくと電車(でんしゃ)はほどなくやってきた。(역에 도착하니까 전차는 금방 왔다)

➲ 「ほどなく」는 「まもなく」와 의미용법은 비슷하지만 문장체에서나 쓰일 법한 딱딱한 어감이 주어진다.

⑮ 父(ちち)が死(し)んでほどなく母(はは)も世(よ)を去(さ)った。
(아버지가 죽은 지 얼마 안 되어 어머니도 세상을 떠났다)

➲ 이 경우는 접속조사 「て」와 결합하여 앞의 일이 발생한지 얼마 안 되어서 뒤의 일이 연이어 발생하게 됨을 나타내고 있다.

「すぐれる」「まさる」「しのぐ」

공통의미

뛰어나다, 더 낫다

요점

1. 「すぐれる」는 질이나 능력 면에서 보통보다도 훨씬 좋은 상태에 있음을 나타내는 것으로, 주로 「すぐれた(뛰어난)」의 형태로 뒤에 오는 명사를 수식하거나(예문③⑤), 그 앞

에 조사 「に」를 수반하여 「～にすぐれている」의 형태로 쓰인다(예문①⑥⑦). 우리말의 '뛰어나다' 에 해당된다.

2. 「まさる」는 질이나 능력, 가치, 규모 등이 다른 것에 비하여 더 낫다고 하는 것으로, 그 앞에는 주로 조사 「に」가 오게 되는데, 우리말의 '(～보다)더 낫다' 정도에 해당된다(예문①④⑧⑨⑩).

3. 「しのぐ」는 질이나 능력, 정도나 규모 등이 다른 것을 초월하여 월등하게 그 이상임을 나타내는 것으로, 그 앞에는 주로 조사 「を」가 오게 되는데, 우리말의 '능가하다'에 해당된다(예문②⑪⑫).

예문과 해설

① 実力(じつりょく)は彼(かれ)よりすぐれて/まさって/＊しのいでいる。(실력은 그보다 뛰어나다/더 낫다)

➲ 이 경우의 「しのぐ」는 타동사이므로 그 앞에는 반드시 조사 「を」가 와야 하기 때문에 여기에서는 부적절하다.

② 彼女(かのじょ)は他人(たにん)をしのぐ/＊すぐれる/＊まさる力量(りきりょう)を持(も)っている。

(그녀는 타인을 능가하는 역량을 지니고 있다)

➲ 이 경우의 「しのぐ」는 타동사이므로 그 앞에는 조사 「を」가 와야만 하는데 여기에서는 이러한 조건을 충족하고 있어서 적절하다. 한편, 「すぐれる」와 「まさる」는 둘 다 자동사인 관계로 그 앞에는 조사 「を」를 수반할 수 없으므로 여기에서는 부적절하다.

③ 彼(かれ)はすぐれた/＊まさった/＊しのいだ才能(さいのう)の持(も)ち主(ぬし)だ。

(그는 뛰어난 재능의 소유자이다)

➲ 이 경우와 같이 막연하게 보통 것에 비하여 뛰어남을 나타낼 때는 오로지 「すぐれた」의 형태만이 적절하다. 「まさる」는 다른 것과 비교해서 더 낫다고 하는 뜻이므로 부적절하고, 「しのぐ」는 조사 「を」를 수반하여 쓰이는 것이므로 이것역시 부적절하다.

④ あの息子(むすこ)はお父(とう)さんにまさる/＊すぐれる/＊しのぐ力(ちから)がある。

(저 아들은 아버지보다 더 나은 힘이 있다)

➲ 이 경우와 같이 조사 「に」를 앞에 수반하여 다른 것과 비교하여 명확히 더 나은 상태임을 나타낼 때는 오로지 「まさる」만이 적절하다.

⑤ これはとてもすぐれた/＊まさった/＊しのいだ作品(さくひん)です。

(이것은 매우 뛰어난 작품입니다)

➲ 이 경우와 같이 「すぐれた」의 형태로 뒤에 오는 명사를 수식할 수 있는 것은 오로지 「すぐれる」만이 적절하다.

⑥ あの新入社員(しんにゅうしゃいん)は語学力(ごがくりょく)にすぐれている。(저 신입사원은 어학력이 뛰어나다)

➲ 「すぐれる」는 이 경우와 같이 능력이 우수함을 나타내는 것에 의미의 중심이 놓인다.

⑦ あの人は技能が人よりすぐれている。(저 사람은 기능이 다른 사람보다 뛰어나다)

➲ 능력이 수월함을 나타낼 때 「すぐれる」만으로는 쓸 수가 없고, 보조동사 「~ている」가 뒤에 접속된 「すぐれている」의 형태로만 쓰인다.

⑧ 能力では彼女の方がまさっている。(능력에서는 그녀 쪽이 더 낫다)

➲ 「まさる」는 이 경우와 같이 능력이 우월함을 나타내는 것에 의미의 중심이 놓인다.

⑨ この絵はゴッホにまさる技巧が見られる。
(이 그림은 고호보다 더 나은 기교가 엿보인다)

⑩ 能力では彼女の方がまさっている。(능력에서는 그녀 쪽이 더 낫다)

➲ 능력이 우월함을 나타낼 때 「まさる」만으로는 쓸 수가 없고, 보조동사 「~ている」가 뒤에 접속된 「まさっている」의 형태로만 쓰인다.

⑪ 彼の腕前はプロをしのぐものがある。(그의 솜씨는 프로를 능가하는 것이 있다)

➲ 「しのぐ」는 이 경우와 같이 능력이 월등함을 나타내는 것에 의미의 중심이 놓인다.

⑫ これからもあの学者をしのぐものは現れないだろう。
(이제부터도 저 학자를 능가하는 자는 나타나지 않을 것이다)

「少し」「僅か」

(少しのお金で旅に出た、僅かのお金で旅に出た)

공통의미

조금, 약간

요점

1. 「少し」는 수량이 적거나 정도 등이 낮음을 나타내는 것으로 부사로도 쓰이면서(예문③④⑤), 한편으로는 명사로도 쓰이는데(예문①⑥⑦), 우리말의 '조금, 약간'에 해당된다.

2. 「僅か」는 수량이나 정도 등이 「少し」보다도 더 적거나 낮음을 강조하는 말이다. 뒤에

수량을 나타내는 말을 수반하여 얼마 되지 않음을 나타낼 때는 「僅か」의 형태를 취하고(예문⑧), 뒤에 오는 술어만을 수식할 때는 「僅かに」의 형태를 취하며(예문⑨), 뒤에 오는 명사만을 수식할 때는 「僅かな、僅かの」의 형태를 취하고(예문①②⑩), 문말의 술어로 쓰일 때는 「僅かだ」의 형태를 취한다(예문⑪). 우리말의 '불과, 얼마 안 되는' 정도에 해당된다.

예문과 해설

① 少しの/僅かの金額で店を開いた。(조금의/얼마 안 되는 금액으로 가게를 열었다)

➲ 이 경우의 「少し」는 소량의 금액을 나타내고 「僅か」는 금액이 아주 보잘것없이 적음을 강조하게 된다.

② 残り僅かの/?少しの人生を楽しみたい。(얼마 남지 않은 인생을 즐기고 싶다)

➲ 이 경우와 같이 아주 조금밖에 남아있지 않음을 나타낼 때는 「僅か」만이 적절하다.

③ それは少し/＊僅か言い過ぎだ。(그것은 조금 말이 지나치다)

➲ 「僅か」는 아주 보잘것없을 정도로 조금인 것을 나타내는 것이므로 여기에서는 부적절하다. 이 경우는 말의 정도가 조금 지나친 정도임을 나타낼 뿐이므로 「少し」가 적절하다.

④ 今日は昨日より少し暑い。(오늘은 어제보다 조금 덥다)

⑤ 食欲がなくて少し食べました。(식욕이 없어서 조금 먹었습니다)

⑥ 少しの暇を見て読書する。(약간의 틈을 타서 독서한다)

➲ 「少し」는 「少しの」의 형태로 뒤에 오는 명사를 수식하기도 한다.

⑦ 何度も読んで少しは分かった。(몇 번이고 읽어서 조금은 알았다)

⑧ あの歌手は僅か十歳でデビューした。(저 가수는 불과 열 살에 데뷔했다)

➲ 이 경우는 나이가 매우 적음을 강조하고 있다.

⑨ 彼女については僅かに記憶がある。(그녀에 관해서는 약간 기억이 있다)

➲ 이 경우는 그녀에 관한 기억이 얼마 되지 않음을 나타내고 있다.

⑩ 僅かな変化も見逃さない。(약간의 변화도 놓치지 않는다)

➲ 「僅か」가 뒤에 오는 명사를 수식할 때는 「僅かな」의 형태를 취하게 된다.

⑪ 残っているお金は<u>僅かだ</u>。(남아있는 돈은 얼마 안 된다)

➲ 「僅か」는 「僅かだ」의 형태로 문말의 술어역할을 하기도 하는데 이 경우는 남아있는 돈이 아주 적음을 나타내고 있다.

「過ごす」「暮す」

(三年間東京で<u>過ごす</u>、三年間東京で<u>暮す</u>)

공통의미

지내다

요점

1. 「過ごす」와 「暮す」는 기본적으로 의미는 같으나 「過ごす」는 그런 식으로 시간을 보낸다고 하는 의미가 강한데 비하여(예문①②), 「暮す」는 매일 매일 생활을 하면서 살아간다고 하는 의미가 강하다(예문①②).
2. 따라서 「過ごす」는 즐겁고 재미있게 시간을 보내거나 상대의 안부를 묻거나 하는 경우에 적합하며(예문③④⑤), 「暮す」는 일상적인 생활이나 그날그날의 생계를 꾸려나가는 것에 적합하다(예문⑥).
3. 결국 「過ごす」는 우리말의 '(시간을)보내다' 정도에 해당되며, 「暮す」는 '지내다' 정도에 해당된다.

예문과 해설

① 三年間東京で過ごす/暮す。(3년간 도쿄에서 지내다)

➲ 이 경우는 둘 다 쓸 적절한데 「過ごす」를 쓰게 되면 그럭저럭 시간을 보낸다고 하는 점에 초점이 놓이고, 「暮す」를 쓰게 되면 생활을 하거나 생계를 꾸려나감에 초점이 놓이게 된다.

② 毎日幸せに過ごす/暮す。(매일 행복하게 지낸다)

➲ 이 경우도 둘 다 적절한데, 「過ごす」는 매일 행복하게 시간을 보낸다고 하는 점에 초점이 놓이게 되고, 「暮す」는 매일 행복하게 생활하면서 살아간다고 하는 점에 초점이 놓이게 된다.

③ 楽しい一時を過ごす/＊暮す。(즐거운 한때를 보낸다)

➲ 「暮す」는 어디까지나 생계를 꾸려나가거나 생활하는 것이어서 일시적인 경우에는 부적절하고, 이 경우는 일시적으로 시간을 보냄을 나타내는 「過ごす」가 적절하다.

④ 夏休みは別荘で過ごす/＊暮す。(여름방학은 별장에서 보낸다)

➲ 이 경우도 장기간이 아닌 일시적인 시간을 보내는 것이므로 「過ごす」가 적절하다.

⑤ いかがお過ごし/＊お暮しでしょうか。(요즈음 어떻게 보내십니까?)

➲ 상대의 일상적인 안부를 묻는 데는 「過ごす」만이 적절하다.

⑥ 月10万円で一人で暮して行くのは大変だ。
(월10만엔으로 혼자서 살아가는 것은 힘들다)

➲ 이 경우는 실제로 생계를 꾸려나가는 것을 나타낸다.

「廃れる」「衰える」「寂れる」

(流行っていた店が廃れる、流行っていた店が衰える、流行っていた店が寂れる)

공통의미

쇠퇴하다

요점

1. 「廃れる」는 주로 유행이나 풍습이 사라지거나 번성하던 것이 몰락함을 나타낸다(예문 ①②③⑥⑦⑧). 우리말의 '쇠퇴하다' 정도에 해당된다.
2. 「衰える」는 주로 힘이나 기세, 기능 같은 것이 약해짐을 나타내는 것으로 세 가지 말

중에서 가장 사용범위가 넓다(예문①②④⑨⑩⑪). 우리말의 '약해지다, 떨어지다, 몰락하다' 정도에 해당된다.

3. 「寂れる」는 주로 화려하고 번화했던 장소나 가게가 쓸쓸하게 됨을 나타낸다(예문①⑤⑫⑬⑭). 우리말의 '쓸쓸해지다, 황량해지다' 정도에 해당된다.

●●● 예문과 해설

① 流行っていた店が廃れる/衰える/寂れる。(번성하던 가게가 쇠퇴하다/몰락하다)

➲ 이 경우는 세 가지 다 적절한데, 「廃れる」를 쓰게 되면 가게가 쇠퇴함을 나타내고, 「衰える」를 쓰게 되면 가게의 번성하던 기운이 약해짐을 나타내며, 「寂れる」를 쓰게 되면 가게에 오는 손님이 거의 없어서 쓸쓸해짐을 나타내게 된다.

② テレビに押されて映画が廃れる/衰える/＊寂れる。
(티브이에 떠밀려서 영화가 쇠퇴한다)

➲ 이 경우는 몰락하거나 쇠퇴함을 나타내는 것인데 「寂れる」는 거리나 가게 등에 찾아 오는 사람이 거의 없어서 쓸쓸해지는 광경을 나타내는 것이므로 이 경우와 같이 영화산업 그 자체가 쇠퇴해짐을 나타내는 데는 부적절하다.

③ 昔の風習が廃れる/?衰える/＊寂れる。(옛날의 풍습이 사라진다)

➲ 이 경우와 같이 유행하던 유행이나 풍습이 사라지는 것을 나타내는 데는 「廃れる」가 가장 적절하다. 「衰える」는 그 기세나 기운이 약해짐을 나타내는 것이므로 다소 부적절하고, 「寂れる」는 쓸쓸해지는 광경을 나타내는 것이므로 여기에서는 부적절하다.

④ 年をとったせいか、この頃気力が衰える/＊廃れる/＊寂れる。
(나이를 먹은 탓인지, 요즈음 기력이 떨어진다)

➲ 이 경우와 같이 힘이나 기력이 약해짐을 나타내는 데는 「衰える」가 적절하다.

⑤ 昔の家の寂れた/＊衰えた/＊廃れた屋根に胸が一杯になる。
(옛집의 황량해진 지붕에 가슴이 벅차온다)

➲ 이 경우와 같이 번성하던 것이 몰락하여 쓸쓸해져 있는 상태를 나타내는 데는 「寂れる」가 적절하다.

⑥ 流行語はすぐ廃れるものだ。(유행어는 금방 쇠퇴하는 법이다)

➲ 한참 유행하던 것이 쇠퇴하는 경우에는 「廃れる」가 적절하다.

⑦ 廃れた伝統芸能を復活させる。(쇠퇴한 전통예술을 부활시킨다)

⑧ この鉱山町は今ではすっかり廃れてしまった。

(이 광산거리는 지금에서는 완전히 쇠퇴하고 말았다)

➲ 이 경우는 매우 번성하던 거리가 쇠퇴하고 말았음을 나타내고 있다.

⑨ あの歌手の人気は衰えている。(저 가수의 인기는 떨어져 있다)

➲ 「衰える」는 주로 힘이나 기세 같은 것이 약해짐을 나타내는데 이 경우에는 인기의 정도가 약해지는 것을 나타내고 있다.

⑩ 急に体力が衰えて動けなくなった。

(갑자기 체력이 약해져서 움직일 수가 없게 되었다)

➲ 이 경우와 같이 힘이 약해짐을 나타낼 때는 「衰える」가 적절하다.

⑪ このごろ食欲が衰えてあまり食べられない。

(요즈음 식욕이 떨어져서 그다지 먹을 수 없다)

➲ 이 경우는 식욕의 기세가 떨어짐을 나타내고 있다.

⑫ 町の中心が寂れてきた。(거리의 중심이 쓸쓸해졌다)

➲ 「寂れる」는 화려하고 번성했던 거리나 상점이 황폐화되는 것을 나타내는 데에 의미의 중심이 놓인다.

⑬ 過疎化が進んでこのごろは寂れた村が増えている。

(과소화가 진행되어 요즈음은 황량한 마을이 늘고 있다)

➲ 이 경우는 마을이 황량해진 것을 나타내고 있다.

⑭ 寂れていく商店街を生かすためにいろいろな考えが出た。

(쓸쓸해져 가는 상점가를 살리기 위해 여러 가지 생각이 나왔다)

➲ 이 경우는 거리가 황폐화되어가는 것을 나타내고 있다.

「酸っぱい」「酸い」

공통의미

(음식 등의 맛이) 시다

요점

1. 「酸っぱい」와 「酸い」는 같은 뜻을 지니고 있다. 「酸っぱい」는 「酸い」에 비하여 다소 속어적이기는 하지만, 「酸っぱい」가 일상적으로 훨씬 많이 쓰이고 있으며 「酸い」는 그다지 쓰이지 않는다.
2. 「酸っぱい」는 관용적으로 같은 말을 몇 번이고 반복해서 말한다고 하는 의미로도 쓰이지만(예문④⑤), 「酸い」에는 이러한 용법이 없다. 다만 「酸い」에는 인생경험이 풍부함을 나타내는 관용구가 있는데(예문⑥), 「酸っぱい」에는 이러한 용법이 없다.

예문과 해설

① うっかりして酸っぱいみかんを食べてしまった。
(무심결에 신 밀감을 먹고 말았다)

➲ 일상적으로 맛이 시다는 것을 나타내는 데는 「酸っぱい」가 가장 많이 쓰인다.

② このぶどうは酸っぱくて食べられない。(이 포도는 시어서 먹을 수가 없다)

③ ご飯が酸っぱくなって捨てた。(밥이 시어져서 버렸다)

④ 口を酸っぱくして繰り返して言った。(입이 닳도록 되풀이해서 말했다)

➲ 「口を酸っぱくして」의 형태로 같은 말을 몇 번이고 반복했다고 하는 뜻으로 쓰이는데, 「酸い」에는 이러한 용법이 없다.

⑤ 同じ言葉を口が酸っぱくなる程言った。
(같은 말을 입이 닳도록 말했다)

➲ 이 경우도 위의 예문④와 맥락을 같이하고 있다.

⑥ 酸いも甘いも噛み分ける。(쓴맛 단맛 다 보다)

➲ 「酸い」는 위의 예문과 같은 형태로 온갖 인생경험을 쌓았다고 하는 뜻으로 쓰이는데 「酸っぱい」에는 이러한 용법이 없다.

「すでに」「とっくに」「もはや」「もう」

(列車(れっしゃ)はすでに出発(しゅっぱつ)していた、列車(れっしゃ)はとっくに出発(しゅっぱつ)していた

列車(れっしゃ)はもはや出発(しゅっぱつ)していた、列車(れっしゃ)はもう出発(しゅっぱつ)していた)

공통의미

이미, 벌써

요점

1. 「すでに」는 그 일이 과거에 끝났음을 객관적으로 나타내는 한편, 자기도 모르는 사이에 상황이 변해버린 것에 대한 놀람, 감탄 등의 주관적인 기분을 나타내기도 한다(예문①②③⑤⑥). 주로 문장체에서 쓰이는 경향이 있으며 우리말의 '이미' 정도에 해당된다.
2. 「とっくに」는 훨씬 이전에 그 일이 끝나버렸음을 강조하는 것으로 우리말의 '훨씬 전에' 정도에 해당되며 주로 회화체에서 쓰인다(예문①⑦⑧).
3. 「もはや」는 자기도 모르는 사이에 상황이 변해버린 것에 대한 놀람, 감탄 등의 주관적인 기분을 나타내는 다소 딱딱한 말이다. 주로 이제 와서는 어찔할 도리가 없는 경우에 쓰이는데, 우리말의 '이제 와서는, 이제는' 정도에 해당된다(예문①②⑨⑩).
4. 「もう」는 말하는 현시점에 와서야 그렇게 되었음을 나타내기도 하며(예문①②④⑪⑫), 한편으로는 예상 밖의 일이 생긴 것에 대한 놀람을 나타내기도 한다(예문⑬⑭). 전자는 우리말의 '이제는, 이미'에 해당되며 후자는 '벌써'에 해당된다.

예문과 해설

① 列車(れっしゃ)はすでに/とっくに/もはや/もう出発(しゅっぱつ)していた。(열차는 이미 출발했다)

➲ 이 경우는 모두 적절한데, 「すでに」와 「もう」를 쓰게 되면 열차가 이미 출발했다는 사실만을 나타내고, 「とっくに」를 쓰게 되면 열차가 훨씬 전에 출발했음을 나타내며, 「もはや」를 쓰게 되면 열차가 이미 출발하여 어찌할 도리가 없음을 나타낸다.

② すでに/もはや/もう/＊とっくに手遅(ておく)れです。(이미 늦었습니다)

➲ 이 경우에는 「とっくに」를 제외한 나머지는 모두 말하는 현시점에 일이 끝나버려 어쩔 수 없음을 나타내므로 적절하다. 하지만 「とっくに」의 경우에는 훨씬 이전에 일이 끝났음만을 강조하는 것이므로 여기에서는 부적절하다.

③ すでに/＊とっくに/＊もはや/＊もう述(の)べたとおりです。(이미 말한 대로 입니다)

➲ 이 경우와 같이 단지 어떤 일이 끝났다고 하는 사실만을 객관적으로 나타낼 때는 「すでに」만이 적절하다.

④ 熱(ねつ)が引(ひ)いたからもう/＊とっくに/＊もはや/＊すでに心配(しんぱい)ないよ。
(열이 빠졌으니까 이제 걱정 없어)

➲ 이 경우와 같이 현시점에서 어떠한 상태에 도달했음을 나타낼 때는 「もう」가 적절하다. 「とっくに」는 아주 훨씬 전에 일이 끝났음을 강조하는 것이고, 「もはや」는 회화체가 아닌 문장체에서 주로 쓰이는 것이며, 「すでに」역시 주로 문장체에서 쓰이는 것이어서 이 세 가지는 여기에서는 부적절하다.

⑤ その件(けん)は、すでに決着(けっちゃく)がついている。(그 건은 이미 결정이 나 있다)

➲ 이 경우는 이미 말하는 시점의 이전에 결정이 나 있음을 객관적으로 나타내고 있다.

⑥ 事実(じじつ)はすでに知(し)られていた。(사실은 이미 알려져 있었다)

⑦ とっくに戻(もど)っているはずなのにまだ来(こ)ない。
(훨씬 전에 돌아와 있을 텐데 아직 안 온다)

➲ 이 경우는 말하는 시점의 훨씬 이전에 돌아와 있었어야 함을 강조하고 있다.

⑧ 父(ちち)はとっくに出(で)かけました。(아버지는 훨씬 전에 나가셨습니다)

➲ 이 경우 역시 말하는 시점의 훨씬 이전에 아버지의 외출이 있었음을 강조하고 있다.

⑨ もはや逃(のが)れるすべもない。(이제 와서는 도망갈 방법도 없다)

➲ 「もはや」는 이 경우와 같이 말하는 시점에 이르러서는 어찌할 방법이 없음을 나타내고 있다.

⑩ もはや日(ひ)も暮(く)れた。(이제는 날도 저물었다)

➲ 이 경우는 자기도 모르는 사이에 날이 저물었음을 나타내고 있다.

⑪ 君(きみ)との仲(なか)ももうこれまでだ。(자네와의 사이도 이제는 여기까지다)

➲ 「もう」는 이 경우와 같이 현시점에서 새로운 국면에 접어들게 되는 것을 나타내는 데에 의미의 중심이 놓인다. 이 경우는 새로운 국면으로서 관계의 단절을 나타내고 있는 셈이다.

⑫ もう帰(かえ)る時間(じかん)だ。(이제 돌아갈 시간이다)

⑬ 結婚(けっこん)してもう十年(じゅうねん)になった。(결혼해서 벌써 10년이 되었다)

➲ 「もう」는 한편으로는 이 경우와 같이 말하는 사람의 가벼운 놀람을 나타내기도 한다.

⑭ もう来(き)たの。(벌써 왔니?)

➲ 이 경우역시 가벼운 놀람을 나타내고 있다.

「素晴(すば)らしい」「すてき」

(すばらしい景色(けしき)ですね、すてきな景色(けしき)ですね)

공통의미

훌륭하다, 멋지다

요점

1. 「素晴(すば)らしい」는 주로 칭찬에 쓰이는 것으로, 객관적으로 봐서 매우 감탄할만하다고 할 때에 쓰인다. 비교적 그 대상에 대한 사전지식이나 정보가 있는 경우에 쓸 수 있는데, 우리말의 '훌륭하다, 굉장하다' 정도에 해당된다(예문①②③⑤⑦⑧).
2. 「すてき」는 어떤 대상에 대하여 '감각적으로 좋다, 세련됐다, 센스가 있다'고 하는 등의 인상을 나타내는 것으로, 그 대상에 대한 사전지식이나 정보가 없어도 상관없다. 주로 「すてきな(멋진)」「すてきだ(멋지다)」의 형태로 쓰이며, 여성의 경우에는 「すてき」만으로도 쓰이는데, 우리말의 '멋지다' 정도에 해당된다(예문①②④⑥⑨⑩).

예문과 해설

① 素晴(すば)らしい/すてきな景色(けしき)ですね。(멋진 경치이군요)

➲ 이 경우는 둘 다 적절한데, 「素晴(すば)らしい」를 쓰게 되면 이미 널리 알려진 경치이거나 아니면 이미 들어본 경치이거나 하여 누가 봐도 멋진 경치임을 나타내지만, 「すてき」를 쓰게 되면 말하는 사람이 즉석에서 받은 인상을 나타내는 것에 지나지 않는다.

② あの学者(がくしゃ)は素晴(すば)らしい/すてきだ。(저 학자는 훌륭하다(멋지다))

➲ 이 경우도 둘 다 적절한데, 「素晴(すば)らしい」를 쓰게 되면 저 학자의 학문적성과나 역량이 훌륭함을 나타내지만, 「すてきだ」를 쓰게 되면 저 학자의 외형적 인상이 멋지다고 하는 것을 나타낸다.

③ 李選手(りせんしゅ)は、去年(きょねん)のプロ野球(やきゅう)シーズンで素晴(すば)らしい/*すてきな活躍(かつやく)をした
(이 선수는 작년의 프로야구시즌에서 훌륭한 활약을 했다)

➲ 「すてき」는 어디까지나 그 대상에 대하여 받은 인상을 나타내는 것에 불과하지만, 「素晴(すば)らしい」는 객관적인 사전지식이나 정보에 의해 누가 보아도 그러함을 나타내므로 이 경우는 「素(す)

晴らしい」가 적절하다.

④ これはすてきな/?素晴らしいハンカチですね。(이건 멋진 손수건이군요)

➲ 손수건은 그리 가치가 크지는 않은 것으로 보는 사람에 따라서 얼마든지 가치가 달라질 수 있는 것이다. 이 경우 「素晴らしい」를 쓸 수 없는 것은 아니지만 이렇게 되면 다소 과장되게 표현하는 듯한 느낌이 주어질 수가 있으나 「すてきな」를 쓰게 되면 말하는 사람의 즉흥적인 인상을 나타내게 된다.

⑤ 彼は素晴らしい/＊すてきな性格の持ち主だ。(그는 훌륭한 성격의 소유주이다)

➲ 상대의 성격을 칭찬할 때는 그만큼 사전정보가 있는 셈이 되므로 「素晴らしい」가 적절하다. 어떤 대상에 대한 감각적이고 즉흥적인 인상을 나타내는 「すてき」는 여기에서는 부적절하다.

⑥ これはすてきな/＊素晴らしい眼鏡ですね。(이건 멋진 안경이로군요)

➲ 이 경우와 같이 감각적으로 세련된 인상이 주어졌음을 나타낼 때는 「すてき」가 적절하다.

⑦ 素晴らしい先生の下で勉強している私は幸せだ。
(훌륭한 선생님 밑에서 공부하고 있는 나는 행복하다)

➲ 이 경우와 같이 「素晴らしい」는 이미 훌륭하다고 하는 평가가 이루어져있거나 그러한 사실이 입증되어있는 상태를 나타낸다.

⑧ 彼女の演技は素晴らしかった。(그녀의 연기는 훌륭했다)

➲ 이 경우는 그녀의 연기를 이미 충분히 보았다고 하는 전제에서의 평가를 나타낸다.

⑨ 家内がすてきなデザインのネクタイを買って来た。
(아내가 멋진 디자인의 넥타이를 사왔다)

➲ 이 경우는 아내가 사온 넥타이를 즉석에서 보고난 후의 감각적인 느낌을 나타내고 있다.

⑩ すてきな服を着てデートに出かけたい。(멋진 옷을 입고 데이트하러 나가고 싶다)

➲ 이 경우도 시각적으로 보았을 때의 느낌을 나타내고 있다.

「住まい」「住居」「住宅」

(台風で住まいを失う、台風で住居を失う、台風で住宅を失う)

공통의미

사는 곳, 주거

요점

1. 「住まい」는 현재 살고 있는 집이나 본거지를 가리키지만(예문①③④⑤⑥), 때로는 「～住まい」의 형태로 현재의 생활양상을 나타내기도 한다(예문⑦⑧⑨).
2. 「住居」는 살고 있는 건물을 나타내기도 하고, 생활의 본거지로 삼고 있는 장소를 나타내기도 한다(예문①④⑩⑪⑫⑬).
3. 「住宅」는 사람이 사는 건물자체를 나타낸다(예문②⑭⑮⑯).

예문과 해설

① 東京の郊外に住まい/住居/＊住宅を定めた。 (도쿄교외에 주거를 정했다)

➲ 이 경우는 생활의 본거지를 나타내는 것이므로 「住まい」「住居」가 적절하다. 「住宅」는 「定める」와 함께 쓰일 수가 없으므로 부적절하다.

② 今度新しい住宅/＊住居/＊住まいを建てることにした。
(이번에 새로운 주택을 짓기로 했다)

➲ 이 경우는 살기위한 건물을 나타내는 것이므로, 「住宅」만이 적절하다.

③ お住まい/＊住居/＊住宅はどこですか。 (사시는 곳은 어디입니까?)

➲ 이 경우와 같이 단지 살고 있는 지역을 물을 때는 「住まい」가 적절한데 보통 접두어 「お」를 붙여서 「お住まい」의 형태로 쓰인다. 한편 「住居」를 쓰게 되면 어감도 딱딱해 질뿐더러 구체적인 주소를 묻는 인상이 주어져서 부적절하고, 「住宅」는 건물자체를 가리키는 것이므로 이것역시 여기에서는 부적절하다.

④ 去年、郊外に住まい/住居/＊住宅を移した。 (작년에 교외로 주거를 옮겼다)

➲ 이 경우는 교외로 이사 갔음을 나타내는 것이므로 「住まい」와 「住居」가 적절하다. 「住宅」를 쓰게 되면, 교외로 집을 통째로 들어서 옮겼다고 하는 엉뚱한 뜻이 될 수 있으므로 여기에서는 부적절하다.

⑤ あの家が彼の住まいだ。 (저 집이 그가 사는 곳이다)

➲ 이 경우는 현재 살고 있는 집을 나타내고 있다.

⑥ 住まいを現在地に移したのは三十年前だった。
(사는 곳을 현재 있는 곳으로 옮긴 것은 30년 전이었다)

➲ 이 경우는 현재 살고 있는 장소를 나타내고 있다.

⑦ 兄は会社をやめて、田舎住いをしている。
(형은 회사를 그만두고, 시골살이를 하고 있다)

➲ 이 경우는 시골의 생활을 나타내고 있는데 이러한 때는 「住まい」가 「住まい」로 음이 변하게 된다.

⑧ 彼は相変わらず一人住いだ。(그는 여전히 혼자살이를 하고 있다)

➲ 이 경우도 현재 살고 있는 생활모습을 나타내고 있다.

⑨ 会社員を十年やっていても、まだ借り屋住いだ。
(회사원을 10년 하고 있어도, 아직도 셋방살이다)

⑩ 先月、住居を移しました。(지난달, 주거를 옮겼습니다)

➲ 이 경우는 현재 살고 있는 집이나 장소를 나타내고 있다.

⑪ 引っ越しの後は住居変更届を出さなければなりません。
(이사한 후에는 주거변경계를 내야만 합니다)

⑫ 住居侵入罪。(주거침입죄)

⑬ この町は住居表示がなくて不便だ。(이 거리는 주거표시가 없어서 불편하다)

⑭ ここは住宅の密集地域です。(여기는 주택밀집지역입니다)

➲ 「住宅」는 이 경우와 같이 살고 있는 건물자체를 나타낸다.

⑮ 洪水で住宅を失った。(홍수로 주택을 잃었다)

⑯ 住宅を十戸建てる。(주택을 열채 짓는다)

「すみませんが」「おそれいりますが」

공통의미

미안합니다만, 죄송합니다만(서두에 쓰는 용법)

요점

1. 「すみませんが」나 「おそれいりますが」는 남에게 무언가를 부탁할 때에 서두에 꺼내는 표현인데, 양자 간에는 어감과 용법상에 분명한 차이가 있다.
2. 「すみませんが」는 동격이나 하격에 쓸 수 있는 표현으로 우리말의 '미안합니다만'에 해당된다.
3. 「おそれいりますが」는 상위자나 격식을 차려야 할 상대에게 쓸 수 있는 표현으로, 당연히 「すみませんが」보다는 경의가 훨씬 높아지게 된다. 우리말의 '죄송합니다만'에 해당된다.

예문과 해설

① すみませんが、市役所(しやくしょ)はどの方面(ほうめん)ですか。
(미안합니다만, 시청은 어느 방면입니까?)

② おそれいりますが、お名前(なまえ)を教(おし)えてください。
(죄송합니다만, 성함을 가르쳐 주십시오)

참고

한편, 「すみませんが」의 「すみません」은 가벼운 사과와 감사의 표현이 있는가 하면, 길이나 식당 등에서 누군가를 부를 때도 주로 쓰인다.

「すみません、図書館(としょかん)はどの建物(たてもの)ですか」 (여보세요, 도서관은 어느 건물입니까?)

「すみません、お湯(ゆ)をください」 (저기요, 따스한 물을 주십시오)

「住(す)む」「生(い)きる」

(海(うみ)に住(す)んでいる人(ひと)たち、海(うみ)に生(い)きている人(ひと)たち)

공통의미

살다, 살아가다

요점

1. 「住む」와 「生きる」는 둘 다 우리말의 '살다'에 해당되는 동사이지만, 실제의 의미용법에서는 크나큰 차이가 엿보인다.
2. 「住む」는 어떠한 장소에서 의식주생활을 하고 있음을 정적으로 나타내는 말이다(예문①③④⑩⑪). 인간뿐만 아니라 생물에도 쓸 수가 있는데, 다만 그러한 때는 「棲む」로 표기하게 되며(예문②⑧), 우리말의 '(～에)살다'에 해당된다.
3. 「生きる」는 생명을 부지하면서 생존하고 있는 상태를 동적으로 나타내며(예문①②⑤⑥⑦⑨⑫), 한편으로는 어떤 일이 아직 유효하거나 어떤 일에 보다 활력을 불어 넣는다고 하는 뜻으로도 쓰이지만, 「住む」에는 이와 같은 용법이 없다(예문⑬⑭⑮). 인간뿐만 아니라 생물에도 쓸 수가 있는데, 우리말의 '살아가다'에 해당된다.

예문과 해설

① 海に住んでいる/生きている人たち。
(바다에 살고 있는/바다에서 살아가고 있는 사람들)

➲ 이 경우는 둘 다 적절한데 「住む」를 쓰게 되면 단지 바닷가에 거주하고 있는 사람들을 나타낼 뿐이지만, 「生きる」를 쓰게 되면 바다를 거점으로 생생하게 생활해 나가는 사람들을 나타낸다.

② 砂漠に棲んでいる/生きている動植物。
(사막에 살고 있는/사막에서 살아가고 있는 동식물)

➲ 이 경우 역시 「棲む」를 쓰게 되면 단지 사막에서 살고 있는 동식물을 정적으로 나타내고 있을 뿐이지만, 「生きる」를 쓰게 되면 사막을 거점으로 생생하게 생명을 부지해나가는 동식물을 나타낸다.

③ 彼は木造の家に住む/＊生きる。(그는 목조 집에 산다)

➲ 이 경우와 같이 생활한다는 뜻으로 쓰일 때는 오로지 「住む」만이 적절하다.

④ 姉はアメリカのワシントンに住んで/＊生きています。
(누나는 미국의 워싱턴에 살고 있습니다)

➲ 이 경우역시 실제로 생활하고 있음을 정적으로 나타낸 것이므로 「住む」만이 적절하다.

⑤ 祖母(そぼ)は百歳(ひゃくさい)まで生(い)きる/＊住(す)むと張(は)り切(き)っている。

(할머니는 백세까지 산다고 큰소리치고 있다)

➲ 이 경우는 의식주와 같은 생활을 뜻하는 것이 아니라 생명을 부지하면서 생존한다는 뜻으로 쓰였으므로 「生(い)きる」가 적절하다.

⑥ 重態(じゅうたい)だが、彼(かれ)はまだ生(い)きて/＊住(す)んでいる。(중태이지만, 그는 아직 살아있다)

➲ 이 경우 역시 아직 생명을 부지하고 있는 것이므로 「生(い)きる」가 적절하다.

⑦ 父(ちち)が生(い)きて/＊住(す)んでいる限(かぎ)り、この契約(けいやく)は有効(ゆうこう)だ。

(아버지가 살아있는 한, 이 계약은 유효하다)

➲ 이 경우도 역시 예문⑤⑥과 맥락을 같이 하고 있다.

⑧ この湖(みずうみ)にはいろいろな水鳥(すいちょう)が棲(す)んでいる。(이 호수에는 여러 물새가 살고 있다)

➲ 이 경우는 동물이 생활하고 있음을 정적으로 나타내고 있는데, 한자는 다르게 쓰인다.

⑨ これからは生物(せいぶつ)が生(い)きていく環境(かんきょう)を作(つく)るべきだ。

(이제부터는 생물이 살아 갈 환경을 만들어야만 한다)

➲ 이 경우는 생물이 생명을 부지해 나감을 뜻하고 있다.

⑩ 今(いま)は知(し)り合(あ)いの家(いえ)に住(す)んでいます。(지금은 아는 사람의 집에 살고 있습니다)

⑪ 彼(かれ)は我々(われわれ)とは違(ちが)う世界(せかい)に住(す)んでいる。(그는 우리와는 다른 세계에 살고 있다)

⑫ もはや生(い)きている可能性(かのうせい)はあまりない。(이미 살아있을 가능성은 그다지 없다)

⑬ その契約(けいやく)はまだ生(い)きている。(그 계약은 아직 살아있다)

➲ 이 경우는 아직 유효함을 나타내고 있다.

⑭ この一語(いちご)で表現(ひょうげん)が生(い)きた。(이 한마디로 표현이 살아났다)

➲ 이 경우는 표현에 보다 활력이 불어넣어짐을 나타내고 있다.

⑮ 塩加減(しおかげん)で料理(りょうり)が生(い)きる。(간맞추는 것으로 요리가 살아난다)

➲ 이 경우는 요리의 맛이 보다 좋아짐을 나타내고 있다.

「する」「やる」「行(おこな)う」

공통의미

하다, 행하다

요점

1. 「する」와 「やる」는 둘 다 우리말의 ‘하다’ 에 해당되는 동사인데, 우리말에서는 오로지 ‘하다’라는 동사 하나만 쓰이지만, 일본어에서는 이와 같이 두 개의 동사가 존재하므로 각별한 주의가 요망된다. 한편, 「行(おこな)う」는 우리말의 ‘행하다’에 해당되는 말이어서 이 점에서는 양국어가 동일하다.
2. 「する」와 「やる」가 전적으로 의미용법이 같을 때는 대체로 오로지 무언가를 막연하게 한다고 하는 뜻을 나타내는 경우이다(예문①②).
3. ‘～을(를) 하다’ 의 경우, ‘～을(를)’ 의 앞에 오는 명사가 「運動(うんどう)、仕事(しごと)、野球(やきゅう)」와 같이 구체적인 것일 때는 「する」와 「やる」둘 다 쓸 수가 있으나, 앞에 오는 명사가 「注意(ちゅうい)、心配(しんぱい)、中止(ちゅうし)」와 같이 정신적인 것, 또는 추상적인 것일 때는 오로지 「する」만을 써야하며 「やる」는 쓸 수가 없다(예문③④).
4. 일종의 관용구처럼 「する」가 앞의 말과 단단히 결합되어 쓰이는 경우에는 「やる」는 쓸 수가 없다(예문⑤⑥).
5. 장사를 해나가거나 생계를 꾸려나가는 경우에는 오로지 「やる」만을 써야한다(예문⑦⑧).
6. 결국 이상을 종합해보면, 「する」보다는 「やる」가 훨씬 동작성이 강하다고 할 수가 있는데, 이것은 「やる」가 「運動(うんどう)、仕事(しごと)」와 같이 동작성이 요구되는 명사에는 쉽사리 접속되어 쓰일 수 있지만, 「心配(しんぱい)、中止(ちゅうし)」등과 같이 동작성이 없는 명사에는 일체 접속되어 쓰일 수 없다는 점에서도 입증된다.
7. 「行(おこな)う」는 개인적으로 가볍게 하는 일에는 일체 쓸 수가 없고, 어디까지나 사전에 확실하게 순서나 방법, 그리고 내용 등이 공식적으로 정해진 의식이나 행사 등을 한다고 할

때에 쓰인다. 회화체보다는 문장체에서 주로 쓰이는 딱딱한 말이다(예문⑨⑩).

예문과 해설

① するだけのことはした/やるだけのことはやった。(할 만큼의 일은 했다)

➲ 이 경우는 무언가를 한다고 하는 의미만을 나타내므로 둘 다 적절하다.

② 大学本部(だいがくほんぶ)のしたことで/やったことで、私(わたし)は知(し)りません。

(대학본부가 한 일로, 나는 모릅니다)

➲ 이 경우 역시 단지 무언가를 했다고 하는 의미이므로 둘 다 적절하다.

③ これからちゃんと注意(ちゅうい)します/✱やります。(이제부터는 확실히 주의하겠습니다)

➲ 이 경우는 앞에 오는 명사가 구체적인 것이 아닌 추상적인 것이므로「する」만이 적절하다.

④ 母(はは)はいつも私(わたし)のことを心配(しんぱい)しています/✱やっています。

(어머니는 언제나 나를 걱정하고 있습니다)

➲ 이 경우 역시 그 앞에 오는 명사가 구체적인 것이 아닌 추상적인 것이므로「する」만이 적절하다.

⑤ 部屋(へや)の中(なか)から変(へん)な音(おと)がする/✱やる。(방안에서 이상한 소리가 난다)

➲ 이 경우는「する」가 앞의 말과 단단히 결합되어 관용구처럼 쓰이고 있으므로「やる」는 부적절하다.

⑥ 階段(かいだん)から転(ころ)んでけがをした/✱やった。(계단에서 굴러 부상을 당했다)

➲ 이 경우 역시「する」가 앞의 말과 단단히 결합되어 관용구처럼 쓰이고 있다.

⑦ あのレストランはまだやっている/✱している。(저 레스토랑은 아직 하고 있다)

➲ 이 경우와 같이 가게의 경영을 나타낼 때는 오로지「やる」만이 적절하다.

⑧ 10万円(まんえん)の給料(きゅうりょう)ではとてもやっていけない/✱していけない。

(10만엔의 급료로는 도저히 해나갈 수 없다(즉, 살아갈 수가 없다))

➲ 이 경우와 같이 생계의 의미로 쓰일 때는 오로지「やる」만이 적절하다.

⑨ これから儀式(ぎしき)を行(おこな)います。(이제부터 의식을 거행하겠습니다)

➲ 이 경우는 공식적으로 정해진 절차나 방법에 의해서 이루어지는 의식을 나타내고 있다.

⑩ 明日(あした)は防災訓練(ぼうさいくんれん)を行(おこな)います。(내일은 방재훈련을 합니다)

➲ 이 경우 역시 공식적으로 훈련이 이루어질 것임을 나타내고 있다.

참고

「する」의 가능형은「できる」이고,「やる」의 가능형은「やれる」이다.

「できることはする/やれることはやる」(할 수 있는 일은 한다)
「そんなことはできない/そんなことはやれない」(그런 일은 할 수 없다)

「座る」「かける」

(椅子に座って相談をした、椅子にかけて相談をした)

공통의미

(의자 등에)앉는다

요점

1. 「座る」는 의자이건 바닥이건 앉는다는 의미로 넓게 쓰인다(예문①②③).
2. 「かける」는 의자나 소파, 또는 벤치 등에 앉는다는 의미로 쓰이며(예문①④), 바닥에 앉는 의미로는 쓰이지 않는다.

예문과 해설

① 椅子に座って/かけて相談をした。(의자에 앉아서 상담을 했다)

➲ 이 경우는 어느 쪽이나 다 적절하다.

② 子供は地べたに座って/＊かけて泣いていた。
(아이는 땅바닥에 앉아서 울고 있었다)

➲ 「かける」는 어디까지나 의자나 소파 등에 앉을 때만 쓰이며 바닥에 앉을 때는 「座る」로 표현해야만 한다.

③ 上座に座っている方はどなたですか。(상좌에 앉아있는 분은 누구십니까?)

➲ 일본식다다미방의 상좌에 방석을 깔고 앉아있는 모습이 연상된다.

④ どうぞソファーにおかけください。(자 소파에 앉아 주십시오)

➲ 「おかけください」는 동사 「かける」의 연용형 「かけ」의 앞에 접두어 「お」가 오고, 그 뒤에 「ください」가 접속된 존경어형식인데 「かけてください」보다 정중한 어감이 주어진다.

「背(せ)」「背(せい)」「丈(たけ)」「背丈(せたけ)」「身長(しんちょう)」

공통의미

키, 신장

요점

1. 「背(せ)」와 「背(せい)」는 똑같은 말로 주로 사람의 키에 대해서 쓰나, 때로는 서 있는 사물의 길이에 대해서도 쓴다. 회화체에서 가장 일반적으로 많이 쓰는 말이다(예문①③).
2. 「丈(たけ)」도 「背(せ)、背(せい)」못지않게 회화체에서 키를 나타내는 말로서 많이 쓰이는데, 때로는 사물의 길이에 대해서도 널리 쓰인다(예문①③).
3. 「背丈(せたけ)」역시 회화체에서 키를 나타내는 말로서 널리 쓰이는데, 때로는 옷의 길이를 나타내는 말로서도 많이 쓰인다(예문①④).
4. 「身長(しんちょう)」는 오로지 사람에게만 쓰는데, 다소 문장체적인 딱딱한 말이다(예문②).
5. 이상의 내용을 종합해보면, '키가 크다, 작다'를 나타낼 때는 「背(せ)(背(せい))」「丈(たけ)」「背丈(せたけ)」의 어느 것이나 써도 좋지만, 「身長(しんちょう)」는 단순히 키의 길이만을 나타내서 「身長(しんちょう)が高(たか)い(低(ひく)い)」라는 식으로는 쓰지 못한다(예문①).

예문과 해설

① 彼はとても/背(背)/丈/背丈/＊身長が高い。(그는 무척이나 키가 크다)

➲ 「身長」는 오로지 키의 전체길이를 나타내는 것일 뿐, 키가 크고 작고를 나타내지 못 하므로 이 경우에는 부적절하다.

② 身長/＊背(背)/＊丈/＊背丈2メートルの大男が訪ねてきた。
(신장2미터의 큰 남자가 찾아왔다)

➲ 이 경우는 키의 전체길이만을 나타내는 것 일뿐, 키가 크고 작고를 나타내는 것이 아니므로 「身長」만이 적절하다.

③ この庭には背(背)/丈/＊背丈/＊身長の高い木が多い。
(이 뜰에는 키가 큰 나무가 많다)

➲ 이 경우와 같이 사람이 아닌 사물의 길이를 나타낼 때는 「背丈」와 「身長」는 부적절하다.

④ 着物の<u>背丈</u>をつめる。(키모노의 기장을 줄인다)

➲ 「背丈」는 특히 이 경우와 같이 옷의 기장을 나타내는 데에 쓰이기도 한다.

「正解」「正答」

공통의미

정답

요점

1. 「正解」는 정답을 나타내는 말로서 가장 일반적으로 쓰이는데 우리말에서는 없는 말이다. 한편으로는 그렇게 하기를 잘했다고 나중에 결과적으로 생각하는 용법으로도 많이 쓰이는데(예문②③), 「正答」에는 이러한 용법이 없다.

2. 「正答(せいとう)」는 정답을 나타내는 말로 우리말에서는 가장 일반적으로 쓰이지만 일본어에서는 그다지 쓰이지 않는다.

예문과 해설

① 正解(せいかい)を出(だ)す。(정답을 내다)

➲ 정답을 가리키는 말로는 「正解(せいかい)」가 일반적으로 쓰인다.

② あの時(とき)の判断(はんだん)は正解(せいかい)だった。(그 때의 판단은 올바른 것이었다)

➲ 결과적으로 그렇게 하기를 잘 했다고 하는 뜻으로는 오로지 「正解(せいかい)」만이 적절하다.

③ 予約(よやく)しておいたのは正解(せいかい)だった。(예약해 둔 것은 잘한 일이었다)

➲ 이 경우 역시 예약해 두기를 잘 했다고 하는 뜻으로 쓰였다.

「性格(せいかく)」「性質(せいしつ)」

(素直(すなお)な性格(せいかく)の人(ひと)、素直(すなお)な性質(せいしつ)の人(ひと))

공통의미

성격, 성질

요점

1. 「性格(せいかく)」는 본래라기보다는 환경이나 다른 것과의 관계에서 형성된 것을 나타내는 것으로 주로 느끼는 것이나 생각하는 것, 그리고 행동 등에 나타나는 특유의 경향을 나타낸다. 우리말의 '성격'에 해당된다(예문①②④⑤⑥⑦).

2. 「性質(せいしつ)」는 생겨날 때부터 지니게 된 본래의 경향을 나타내는 것으로 우리말의 '성질'에 해당된다(예문①③⑧⑨⑩⑪).

예문과 해설

① 素直な性格の人/素直な性質の人。(온순한 성격의 사람)

➲ 「性格」를 쓰게 되면 그 사람의 생각이나 행동 등에서 엿보이는 특유의 경향을 나타내지만 「性質」를 쓰게 되면 그 사람이 본래부터 지니고 있는 경향을 나타내게 된다.

② 社交的な性格/＊性質の濃い会。(사교적인 성격이 짙은 모임)

➲ 이 경우와 같이 본래부터의 경향이 아님을 나타낼 때는 「性格」가 적절하다.

③ 割れやすい性質/＊性格のガラス。(깨지기 쉬운 성질의 유리)

➲ 이 경우는 생겨날 때부터 깨지기 쉬운 경향을 지니고 있는 것이므로 「性質」가 적절하다.

④ あの新入社員は仕事の性格を理解するのが早い。
(저 신입사원은 일의 성격을 이해하는 것이 빠르다)

➲ 이 경우는 신입사원 특유의 일처리경향을 나타내고 있다.

⑤ 妹とは性格が合わない。(여동생과는 성격이 맞지 않는다)

➲ 여동생특유의 성향을 나타내고 있다.

⑥ 祖母は厳しい性格だ。(할머니는 엄격한 성격이다)

⑦ 新しい先生は竹を割ったような性格です。(새로운 선생님은 대쪽 같은 성격입니다)

⑧ 兄は怒りっぽい性質だ。(형은 화를 잘 내는 성질이다)

⑨ 燃えやすい性質のドアは全部なくした。(타기 쉬운 성질의 문은 전부 없앴다)

➲ 본래부터 타기 쉬운 경향을 타고났다는 뜻인데 이와 같이 사물에 대해서 쓰일 때는 오로지 「性質」만이 적절하다.

⑩ この子犬は性質がおとなしい。(이 강아지는 성질이 온순하다)

➲ 이 경우 역시 동물에 대해서 쓰였으므로 「性質」만이 적절하다.

⑪ 部長は熱しやすく冷めやすい性質の人です。
(부장은 뜨거워지기 쉽고 식기 쉬운 성질의 사람입니다)

「せいぜい」「たかだか」

(歩いてもせいぜい十分ぐらいの距離だ、歩いてもたかだか十分ぐらいの距離だ)

공통의미

고작, 기껏해야

요점

1. 「せいぜい」와 「たかだか」는 아무리 크게 어림잡아보아도 결과적으로는 대단치않음을 나타내는 것으로 이 점에서는 의미가 거의 비슷하지만(예문①④⑤), 용법상에는 다소의 차이가 엿보인다.
2. 「せいぜい」는 최선을 다하여 노력하는 모습을 나타내기도 하고(예문③⑦), 「せいぜいだ」의 형태로 문말의 술어로 쓰이기도 하지만(예문②⑥), 「たかだか」는 부사의 용법을 지니고 있을 뿐 이러한 용법은 없다(예문①⑧⑨⑩).

예문과 해설

① 歩いてもせいぜい/たかだか十分ぐらいの距離だ。
(걸어도 고작 십분 정도의 거리다)

➲ 이 경우는 부사로서의 용법으로 쓰였으므로 둘 다 적절하다. .

② 詰め込んでも十人がせいぜいだ/＊たかだかだ。
(꽉 채워 넣어도 열 명이 고작이다)

➲ 이 경우와 같이 문말의 술어로 쓰일 때는 「せいぜい」만이 적절하다.

③ せいぜい/＊たかだか頑張ってください。(있는 힘을 다해서 분발해 주십시오)

➲ 이 경우와 같이 무언가 최선의 노력을 다한다고 할 때는 「せいぜい」만이 적절하다.

④ 続いてもせいぜい三日だ。(계속되어도 고작 삼일이다)

➲ 이 경우는 아무리 크게 잡아보아도 삼일에 지나지 않음을 나타내고 있다.

⑤ 原価はせいぜい千円ぐらいだろう。(원가는 고작해야 천엔 쯤 일거다)

➲ 이 경우 역시 크게 잡아보아도 천엔을 넘지 않는다는 뜻으로 쓰였다.

⑥ どんなに頑張っても一日十軒回るのがせいぜいだ。
(아무리 힘을 써도 하루에 열 집 도는 것이 고작이다)

➲ 「せいぜい」는 「せいぜいだ」의 형태로 문말의 술어로도 쓰이지만 「たかだか」에는 이러한 용법이 없다.

⑦ これからせいぜい勉強します。(이제부터 있는 힘을 다해서 공부하겠습니다)

➲ 「せいぜい」는 이와 같이 뒤에 오는 술어를 수식하기도 하지만 「たかだか」에는 이러한 용법이 없다.

⑧ たかだか五百円なのに出し惜しみする。(기껏해야 오백엔인데 내는 걸 아까워한다)

➲ 이 경우는 크게 어림잡아보아도 오백엔 이하의 보잘 것 없는 액수임을 나타내고 있다.

⑨ 出席者はたかだか三十人ぐらいだろう。(출석자는 기껏해야 30명 쯤 일 것이다)

➲ 이 경우 역시 최대한 많이 잡아보아도 30명은 넘지 않는, 적은 인원임을 나타내고 있다.

⑩ たかだか千円の違いなら、こっちの方がいい。
(기껏해야 천엔의 차이라면 이쪽이 좋다)

「席」「座」「座席」

(全員が席についた、全員が座についた、全員が座席についた)

공통의미

자리, 좌석

요점

1. 「席」는 의자에 앉는 것도 방석에 앉는 것도 포함하여 앉을 자리를 뜻하며(예문①②④⑦⑧⑨), 또한 어떤 모임이나 식이 이루어지는 장소를 뜻하기도 한다(예문⑥).

2. 「座」는 앉을 장소를 뜻하지만(예문①④⑩⑪), 「座につく」와 같은 관용적인 형태로서 높은 자리를 차지한다는 뜻으로도 쓰인다(예문⑤⑫).

3. 「座席」는 의자와 같은 구체적으로 앉는 물건을 나타낸다(예문①②③⑬⑭).

예문과 해설

① 全員席/座/座席についた。(전원 자리에 앉았다)

➲ 이 경우는 세 가시 나 적절한데, 「座席」만은 의자에 앉는 것을 분명히 니다내며 「席」는 의자이건 방석이건 어느 쪽에도 쓸 수가 있다. 한편 「座」가 앉는 것을 나타낼 때는 주로 방석에 앉는 경향이 있다.

② バスでおじいさんに席/座席/＊座を譲った。
(버스에서 할아버지에게 자리를/좌석을 양보했다)

➲ 버스는 어디까지나 걸터앉는 의자이므로 「席」「座席」가 적절하다. 「座」는 걸터앉는 의자에는 쓸 수가 없다.

③ この飛行機はこの座席/?席/＊座だけが壊れている。
(이 비행기는 이 좌석만이 망가져있다)

➲ 이 경우와 같이 구체적으로 걸터앉는 의자임이 분명할 때는 「座席」가 가장 적절하다. 「席」도 얼핏 쓸 수가 있을 듯하지만 비행기의 경우에는 다소 부적절한 느낌이 있다. 한편 「座」는 걸터앉는 의자에는 쓸 수가 없으므로 여기에서는 부적절하다.

④ そっと席/座/＊座席を外した。(살짝 자리를 떴다)

➲ 이 경우와 같이 앉아있던 자리를 벗어날 때는 「座席」는 부적절한데 만약 이러한 경우에 「座席」를 쓸 것 같으면 남모르게 살짝 그 좌석을 제거한다는 엉뚱한 뜻이 되어버릴 수가 있다.

⑤ 彼は最高責任者の座/＊席/＊座席についた。
(그는 최고책임자의 자리에 앉았다)

➲ 이 경우와 같이 어떤 지위에 이르게 되었음을 나타낼 때는 「座」만이 적절하다. 만약 이러한 경우에 「席」와 「座席」를 쓰게 되면 일시적으로 최고책임자의 의자에 앉아본다고 하는 뜻을 나타낼지도 모른다.

⑥ 会議の席/＊座/＊座席で発言する。(회의 자리에서 발언한다)

➲ 이 경우는 회의가 이루어지는 장소를 나타내는 것이므로 「席」만이 적절하다.

⑦ 一番前の席で芝居を見る。(가장 앞자리에서 연극을 본다)

➲ 이 경우와 같이 일반적인 자리의 뜻으로 쓰일 때는 「席」가 가장 적절하다.

⑧ 良い席を確保する。(좋은 자리를 확보한다)

⑨ 遅れて行ったので席がなかった。(늦게 갔기 때문에 자리가 없었다)

⑩ ドアを背にして座についた。(문을 등지고 자리에 앉았다)

➲ 「座」는 「座につく」의 형태로 어떤 곳에 자리를 잡는다는 뜻으로 쓰인다.

⑪ 社長は電話を受けて急に座を外した。(사장은 전화를 받고 급히 자리를 떴다)

⑫ 彼はいよいよ社長の座についた。(그는 드디어 사장의 자리에 올랐다)

➲ 이 경우는 높은 자리를 차지한다는 뜻으로 쓰였다.

⑬ 電車の座席はすいていた。(전차의 좌석은 비어있었다)

➲ 「座席」는 구체적으로 앉는 물건만을 나타낼 뿐이다.

⑭ 新幹線の座席は非常に狭い。(신칸센의 좌석은 무척 좁다)

➲ 이 경우 역시 앉는 좌석의 뜻만을 나타내고 있다.

「狭い」「狭苦しい」「せせこましい」「手狭だ」

(三人で住むには狭い、三人で住むには狭苦しい

三人で住むにはせせこましい、三人で住むには手狭だ)

공통의미

좁다, 비좁다

요점

1. 「狭い」는 가장 사용범위가 넓어서 단순히 면적이나 폭, 간격 등이 공간적으로 협소한 것에도 쓰이며(예문①②⑤⑥), 행동이나 안목이 좁다고 하는 추상적인 것에도 쓰인다(예문③⑦). 우리말의 '좁다'에 해당된다.

2. 「狭苦しい」는 좁다고 하는 것을 부자유스럽고 불쾌하게 느끼는 경우에 쓰인다(예문① ④⑧⑨). 우리말의 '비좁다'에 해당된다.

3. 「せせこましい」는 공간적으로 전혀 여유가 없어서 갑갑하게 느끼는 것에 쓰이는 한편(예문①④⑩⑪), 사람의 태도나 사고방식 등에 여유로움이 없는 경우에도 쓰인다(예문③ ⑫). 공간을 나타낼 때는 우리말의 '좁아서 갑갑하다' 정도에 해당되고 사람의 태도나 사고방식을 나타낼 때는 '옹졸하다' 정도에 해당된다.

4. 「手狭だ」는 주로 어떤 사용목적을 달성하기에는 집이나 방이 공간적으로 여유가 없음을 나타낸다(예문①⑬⑭). 우리말의 '비좁다'에 해당된다.

예문과 해설

① 三人で住むには狭い/狭苦しい/せせこましい/手狭だ。
(셋이서 살기에는 좁다/비좁다/갑갑하다)

➲ 이 경우에는 네 가지 다 적절한데 「狭い」와 「手狭だ」를 쓰게 되면 단순히 좁다는 의미를, 「狭苦しい」를 쓰게 되면 좁은 것을 강조하는 비좁다는 의미를, 「せせこましい」를 쓰게 되면 좁아서 갑갑할 정도라는 의미를 각각 나타내게 된다.

② この机は幅が狭い/＊狭苦しい/＊せせこましい/＊手狭だ。(이 책상은 폭이 좁다)

➲ 이 경우와 같이 단순히 객관적으로 보아서 그 폭이 좁음을 나타내기만 할 때는 「狭い」가 적절하다. 다른 말들은 모두가 좁은 것에 대한 말하는 사람의 평가가 들어가 있으므로 부적절하다.

③ あの人は心が狭く/せせこましく/＊狭苦しく/＊手狭で度量に乏しい。
(저 사람은 마음이 좁고 도량이 부족하다)

➲ 이 경우와 같이 마음이 좁아서 여유가 없음을 나타낼 때는 「狭い」와 「せせこましい」를 써야 한다. 「狭苦しい」와 「手狭だ」는 오로지 공간적으로 좁음을 나타낼 때만 쓰일 뿐 추상적인 의미로는 쓸 수가 없으므로 이 경우에는 부적절하다.

④ 家の建て込んだ狭苦しい/せせこましい/＊狭い/＊手狭な町並み。
(집이 꽉 들어찬 비좁은/갑갑한 거리)

➲ 이 경우는 단순한 좁음을 나타내는 것이 아니라 집들이 꽉 들어차서 답답하게 보임을 나타내는 것이므로 「狭苦しい」와 「せせこましい」가 적절하다. 「狭い」는 단순히 좁다고 하는 뜻만을 지니고 있어서 북적거리는 복잡함을 나타내기에는 부적절하며, 「手狭だ」는 좁다고 느끼는 것에 대한 이유나 사용목적이 명시되어야만 쓸 수가 있으므로 이 역시 부적절하다.

⑤ 狭い教室だからマイクは要らない。(좁은 교실이니까 마이크는 필요 없다)

➲ 이 경우는 단순히 공간적으로 협소함을 나타내고 있다.

⑥ 道が狭いから注意してください。(길이 좁으니까 주의해 주십시오)

⑦ お前は視野が狭いよ。(너는 시야가 좁아)

➲ 이 경우와 같이 안목이 좁다고 하는 뜻으로는 오로지 「狭い」만이 적절하다.

⑧ 狭苦しい部屋で五人が暮している。(비좁은 방에서 다섯 명이 지내고 있다)

➲ 「狭苦しい」는 좁기도 좁지만 어디까지나 그로 인하여 불편함이나 불쾌함을 느낀다고 하는 어감이 들어가 있다.

⑨ 三人掛けの席に四人座るには狭苦しい。
(세 사람 앉는 자리에 네 명 앉기에는 비좁다)

➲ 이 경우 역시 비좁음으로서 불편함을 느낀다고 하는 어감이 들어가 있다.

⑩ せせこましい家ですが、遊びに来てください。
(좁아서 갑갑한 집입니다만, 놀러 와 주십시오)

➲ 「せせこましい」에는 좁아서 갑갑함을 느낀다고 하는 어감이 들어가 있다.

⑪ 猫の額ほどのせせこましい庭に花はたくさんある。
(고양이 손 바닥만한 좁아서 갑갑한 뜰에 꽃은 많이 있다)

⑫ 弟はせせこましい考えを持っている。(남동생은 옹졸한 생각을 가지고 있다)

➲ 이 경우와 같이 사고방식이 옹졸함을 나타낼 때는 오로지 「せせこましい」만이 적절하다.

⑬ 商品を増やすには手狭な店だ。(상품을 늘리기에는 좁은 가게다)

➲ 이 경우와 같이 「手狭だ」는 어떤 목적에 쓰기에는 상대적으로 좁다고 하는 뜻으로 쓰인다.

⑭ 人や物が増えて手狭になった事務所。(사람이나 물건이 늘어서 좁아진 사무소)

➲ 이 경우 역시 사람이나 물건이 늘어나는 바람에 상대적으로 좁아진 사무실을 나타내고 있다.

「責める」「責め立てる」「詰る」「咎める」

(怠慢を責める、怠慢を責め立てる、怠慢を詰る、怠慢を咎める)

공통의미

야단치다, 꾸짖다

요점

1. 「責める」는 상대의 잘못이나 죄를 지적하거나 반성을 촉구하는 뜻으로 쓰이는 한편(예문①④⑤⑥), 자신을 책망하는 데에도 쓰인다(예문⑦). 우리말의 '야단치다, 추궁하다' 정도에 해당된다.
2. 「責め立てる」는 「責める」를 강조한 말로 심하게 꾸짖는 뜻으로 쓰인다(예문①④⑤⑥). 우리말의 '마구 야단치다' 정도에 해당된다.
3. 「詰る」는 상대의 잘못이나 나쁜 점을 심한 말투로 비난하는 뜻으로 쓰인다(예문①⑧⑨⑩). 우리말의 '비난하다, 추궁하다' 정도에 해당된다.
4. 「咎める」는 상대의 잘못이나 위반사실을 지적하여 비난하면서 바로 고치도록 하는 뜻으로 쓰인다(예문②③⑪⑫). 우리말의 '꾸짖다, 책망하다' 정도에 해당된다.

예문과 해설

① お前は薄情だと責める/責め立てる/詰る/＊咎める。
(너는 박정하다고 야단친다/비난한다)

➲ 이 경우는 상대의 박정함을 그저 비난하고 있을 뿐이어서 「咎める」이외에는 다 적절하다. 왜냐하면 나머지 세 가지 말들은 모두가 정도의 차이는 있을지언정 비난한다고 하는 의미를 지니고 있으며, 위의 예문은 단순히 비난에 그치고 있기 때문이다. 「咎める」는 상대의 잘못을 지적함과 동시에 그것을 바로 고치도록 촉구하는 의미를 지니고 있기 때문에 이 경우에는 부적절하다.

② ガードマンが入館者を咎める/＊責める/＊責め立てる/＊詰る。
(지키는 사람이 입관한 사람을 나무란다)

➲ 이 경우와 같이 입관하여 규칙을 위반한 사람을 추궁한다고 하는 뜻으로는 「咎める」만이 적절하다. 「咎める」는 잘못을 지적하여 고치도록 촉구한다는 의미가 있는 반면에 나머지 세 가지 말들은 모두 비난한다고 하는 의미만을 지니고 있어서 문맥상 부적절하다.

③ 挙動不審の男を咎める/＊詰る/＊責める/＊責め立てる。
(거동이 수상한 남자를 책망한다)

➲ 이 경우역시 예문②와 맥락을 같이하고 있다.

④ 責めて/責め立てて/＊詰って/＊咎めて白状させる。 (추궁하여 자백하게 한다)

➲ 이 경우와 같이 요모조모 따지듯이 추궁한다는 뜻으로 쓰일 때는 「責める」와 「責め立てる」가 적절하다. 「詰る」는 비난의 의미만을 나타내고 「咎める」는 비난을 통한 개선을 나타내는 것이므로 여기에서는 부적절하다.

⑤ 上司が不真面目な勤めを責める/責め立てる。
(상사가 불성실한 근무를 야단친다)

➲ 상대를 야단치는 것인데 「責め立てる」가 「責める」보다 야단치는 강도가 더 크다.

⑥ 相手の落ち度を責める/責め立てる。(상대의 실수를 야단친다)

⑦ 良心に責められた。(양심의 가책을 느꼈다)

➲ 「責める」는 미연형 「責め」에 수동의 조동사 「られる」가 접속된 「責められる」의 형태로서 양심의 가책을 느낀다는 뜻으로 쓰인다.

⑧ 保険会社の違約を詰る。(보험회사의 위약을 비난한다)

➲ 「詰る」는 상대에 대한 비난의 뜻으로 쓰인다.

⑨ 彼は詰るような眼差しをしていた。(그는 비난하는 것 같은 눈빛을 하고 있었다)

⑩ 野党は与党の一方的な法案処理を一斉に詰った。
(야당은 여당의 일방적인 법안처리를 일제히 비난했다)

⑪ 先生から不注意を咎められた。(선생님으로부터 부주의를 야단맞았다)

➲ 「咎める」는 단순히 야단만 치는 것이 아니라 잘못을 바로 고치도록 한다는 것에 의미의 중심이 놓인다.

⑫ 課長は部下の怠慢を咎めていた。(과장은 부하의 태만을 꾸짖고 있었다)

➲ 이 경우 역시 태만함을 꾸짖는 한편, 앞으로 그러한 습관을 고치도록 한다는 뜻이다.

「先生」「教師」「教員」「教官」

공통의미

선생, 교사

요점

1. 「先生」는 다른 말들보다 사용범위가 훨씬 넓어서 학교의 선생은 물론이고 변호사, 의사, 국회의원 등에게도 쓰인다. 아울러 꽃꽂이, 다도, 그림, 음악 등 다양한 분야에서 가르치고 있는 사람에게도 쓰인다. 하지만 우리말에서 상대의 이름이나 직함을 알 수 없는 경우에는 폭넓게 '선생님' 을 쓰고 있는 점에 비하면, 오로지 무언가를 가르치는 사람을 중심으로 쓰이는 일본어의 「先生」는 그 사용범위가 훨씬 좁은 편이다. 표제어의 네 가지 말 중에서 유일하게 부를 때도 쓸 수가 있다.
2. 「教師」는 주로 학교에서 가르치는 사람을 나타내는 직업명이다.
3. 「教員」은 학교에서 교육에 종사하고 있는 직원을 가리킨다.
4. 「教官」은 사립학교의 교원이 아니라 주로 국가공무원인 교육직원을 가리킨다.

예문과 해설

① 大学の先生/教師/教員/教官。(대학의 교원)

➲ 이 경우는 네 가지 다 적절한데 다만 「教官」의 경우에는 사립대학이 아니라 국공립대학이 된다. 아울러 우리나라에서는 대학의 경우 교사라는 말을 일체 쓰지 않으나 일본에서는 쓸 수가 있다.

② 家庭教師/＊先生/＊教員/＊教官。(가정교사)

➲ 이 경우는 우리말의 경우와 같다.

③ 先生/＊教員/＊教官/＊教師、質問がありますが。
(선생님, 질문이 있습니다만)

➲ 「先生」만이 유일하게 부를 때도 쓰일 수 있는데 이 점에서는 우리말과 같다. 다만, 우리말에서는 반드시 존경의 접미어 '님'이 붙게 되는데 반하여 일본어에서는 「先生」만으로 부른다는 점에 차이가 엿보인다. 결국, 일본어에서는 「先」에 이미 존경의 뜻이 담겨져 있는 셈이다.

④ 家内はピアノの<u>先生</u>をしている。(아내는 피아노선생을 하고 있다)

➲ 「先生」는 꼭 학교에서만 가르치는 것이 아니어도 무언가를 가르치는 사람에 대하여 폭넓게 쓰이는 말이다.

⑤ 将来、小学校の教師になりたいのです。
(장래에 초등학교 교사가 되고 싶은 겁니다)

➲ 「教師」는 가르치는 사람으로서의 직업을 나타내는 데에 쓰인다.

⑥ やっとのことで教員免許をとった。(가까스로 교원면허를 땄다)

「先祖」「祖先」

공통의미

조상

요점

1. 「先祖」는 우리말의 조상에 해당되는 말로 주로 일상회화에서 쓰이는 경향이 있다.
2. 「祖先」은 보다 오래된 조상을 가리키는 말로 문장체에서 주로 쓰이는 경향이 있다.

예문과 해설

① 先祖代々/＊祖先代々伝わる家宝。(조상대대로 전해지는 가보)

➲ 「祖先」은 「先祖」에 비해서 훨씬 오래된 조상을 가리키는 경향이 있으므로 이 경우와 같이 역대조상을 가리키는 뜻으로는 부적절하다.

② 御先祖様に申し訳ない。(조상님께 면목이 없다)

➲ 「先祖」는 그 앞뒤에 각각 존경의 접두어 「御」와 접미어 「様」를 붙임으로서 조상을 높여서 칭할 수가 있다.

③ 先祖の位牌を汚す。(조상의 위패를 더럽히다)

④ 祖先の名を汚す行い。(조상의 이름을 더럽히는 행위)

⑤ 家の祖先をさぐる。(집의 조상을 찾는다)

⑥ 祖先崇拜。(조상숭배)

「全部」「すべて」「みんな」「みな」「一切」

(財産を全部失ってしまった、財産をすべて失ってしまった

財産をみんな失ってしまった、財産を一切失ってしまった)

공통의미

전부, 모두

요점

1. 「全部」는 하나하나의 개체를 살리면서 그것들을 모두 고스란히 통 털어서 나타내는데 우리말의 '전부'에 해당된다(예문①②③⑤⑥⑦).
2. 「すべて」는 그 어느 것이나 빠짐없이 통 털어서 나타내는데 우리말의 '모두'에 해당된다(예문①③⑧⑨).
3. 「みんな」는 모두 일체가 되어 하나로서 통 털어서 나타내는데 우리말의 '다같이, 함께, 모두' 정도에 해당된다(예문①②④⑩⑪).
4. 「みな」는 「みんな」와 같은 말인데 「みな」를 회화체에서 강조한 말이 「みんな」인 셈이다(예문①②④⑫⑬).
5. 「一切」는 개별적인 개체를 하나의 예외도 없이 모두 통 털어서 나타내는데 우리말의 '일체'에 해당된다(예문⑭⑮)

예문과 해설

① いわしは頭から全部/すべて/みんな/みな/＊一切食べられる。
(정어리는 머리에서부터 전부 먹을 수 있다)

➲ 이 경우와 같이 형태가 있는 하나의 사물전체라고 하는 의미로 쓰일 때는 「一切」이외에 다

적절하다. 「一切(いっさい)」는 개별적인 개체의 집합을 나타내는 것으로 이 경우처럼 형태가 있는 것의 전체를 나타낼 수는 없으므로 부적절하다.

② 部員(ぶいん)は全部(ぜんぶ)で/みんなで/みなで/＊すべてで/＊一切(いっさい)で四十人(よんじゅうにん)です。
(부원은 전부 다 해서 40명입니다)

➲ 이 경우는 총계를 나타내는 것이므로 「全部(ぜんぶ)」와 「みんな」가 적절하다.

③ 町全部(まちぜんぶ)/すべて/＊みな/＊みんな/＊一切(いっさい)に被害(ひがい)が及(およ)ぶ。
(마을전체에 피해가 미친다)

➲ 이 경우와 같이 전체를 통 털어서 나타낼 때는 「全部(ぜんぶ)」와 「すべて」가 적절하다.

④ みな/みんな/＊全部(ぜんぶ)/＊すべて/＊一切(いっさい)一生懸命(いっしょうけんめい)やってるね。
(모두 열심히 하고 있네)

➲ 이 경우와 같이 모든 사람을 한꺼번에 나타낼 때는 「みんな」와 「みな」가 적절하다.

⑤ いやなことは全部(ぜんぶ)忘(わす)れた。(싫은 기억은 전부 잊었다)

⑥ 生徒(せいと)には全部(ぜんぶ)注意(ちゅうい)した。(학생에게는 전부 주의 줬다)

⑦ あの人(ひと)の全部(ぜんぶ)が悪(わる)いわけではない。(저 사람의 전부가 나쁜 것은 아니다)

⑧ 探(さが)せる所(ところ)はすべて探(さが)しました。(찾을 수 있는 곳은 모두 찾았습니다)

⑨ これですべてが解決(かいけつ)した。(이것으로 모든 것이 해결되었다)

⑩ 料理(りょうり)はみんな食(た)べました。(요리는 모두 먹었습니다)

⑪ これでみんなおしまいだ。(이것으로 모두 끝이다)

⑫ 仕事(しごと)の処理(しょり)はみな終了(しゅうりょう)しました。(일의 처리는 모두 종료되었습니다)

⑬ これはみなわたしの責任(せきにん)です。(이것은 모두 내 책임입니다)

⑭ 私(わたし)に一切(いっさい)任(まか)せてください。(나에게 일체 맡겨 주십시오)

⑮ 家事(かじ)の一切(いっさい)をきりもりする。(가사의 일체를 꾸려나간다)

「～そうだ」「～とのことだ」「～ということだ」

(きのう九州(きゅうしゅう)では地震(じしん)があったそうだ、きのう九州(きゅうしゅう)では地震(じしん)があったとのことだ、

きのう九州(きゅうしゅう)では地震(じしん)があったということだ)

공통의미

～라고 한다, ～라는 것이다(전문을 나타내는 용법)

요점

1. 「～そうだ」「～とのことだ」「～ということだ」는 모두 전문, 즉 남으로부터 전해들은 것을 나타내고 있으나, 그 의미용법에는 각자 다소의 차이가 있다.
2. 「～そうだ」는 남으로부터 전해들은 것을 옮기는 과정에서 말하는 사람의 감정이나 기분이 어느 정도 들어가 있으므로 신문이나 방송 등의 보도에서는 쓸 수 없다. 또한, 과거형이나 의문형도 일체 쓸 수가 없는데, 우리말의 '～ 하단다, ～란다' 정도에 해당된다(예문①②⑥⑦⑧).
3. 「～とのことだ」는 「～そうだ」와 달리 말하는 사람의 감정이나 기분이 전혀 들어가 있지 않고 다만 전달하는 내용이 어디까지나 남에게서 전해들은 것일 뿐이라는 사실만을 나타낸다. 따라서 과거형이나 의문형으로도 쓸 수가 있는데 이러한 표현은 대체로 신문이나 방송 등의 보도에서 즐겨 쓰이며, 우리말의 '～라는 것이다' 정도에 해당된다(예문①②③④⑤⑨⑩⑪).
4. 「～ということだ」는 「～とのことだ」와 의미용법이 같다. 이는 「～ということだ」의 동사 「い

う」가 「~とのことだ」에서는 조사 「の」로 대용되고 있는 구조로서, 결국 조사 「の」가 동사를 대신하는 서술적용법을 지니고 있는 셈이다(예문①②③④⑤⑫⑬⑭).

예문과 해설

① 花子(はなこ)さんの話(はなし)では、幸子(さちこ)さん、離婚(りこん)したそうだ/とのことだ/ということだ。

(하나코씨의 이야기로는 사치코씨, 이혼했단다)

➲ 이 경우는 셋 다 적절한데 「~そうだ」를 쓰게 되면 말하는 사람의 기분이 들어가게 되므로 이혼이 놀랍다든지 안됐다든지 하는 느낌이 들어가게 되나, 「~とのことだ」「~ということだ」를 쓰게 되면 단순히 이혼했다는 사실을 전해 들었다고 하는 느낌뿐이다.

② きのう九州(きゅうしゅう)では地震(じしん)があったそうです/とのことです/ということだ。

(어제 큐슈에서는 지진이 있었답니다)

➲ 「~そうだ」는 말하는 사람의 기분이 들어가 있으므로 지진의 발생소식에 다소 놀라거나 걱정하는 느낌이 들어가 있다. 하지만 「~とのことだ」「~ということだ」의 경우는 단지 지진의 발생소식을 전해 들었다고 하는 느낌만이 주어진다.

③ 今日(きょう)晴(は)れるとのことだったが/ということだったが/＊そうだったが、雨(あめ)が降(ふ)った

(오늘 날이 갠다고 했었는데, 비가 왔다)

➲ 「~そうだ」에는 과거형으로서의 용법이 없으므로 여기에서는 부적절하고 「~とのことだ」「~ということだ」만이 적절하다.

④ 山田(やまだ)さんは大学試験(だいがくしけん)に失敗(しっぱい)したということでした/とのことでした/＊そうでした。

(야마다씨는 대학시험에 실패했다는 것이었습니다)

➲ 이 경우 역시 예문③과 맥락을 같이하고 있다.

⑤ 来年(らいねん)ここで万博(ばんぱく)が開(ひら)かれるとのことですか/ということですか/＊そうですか。

(내년에 여기에서 만국박람회가 개최된다는 것입니까?)

➲ 「~そうだ」에는 의문형으로서의 용법이 없으므로 여기에서는 부적절하고 「~とのことだ」「~ということだ」만이 적절하다.

⑥ 天気予報(てんきよほう)によると、午後(ごご)から雨(あめ)が降(ふ)るそうだよ。

(일기예보에 의하면, 오후부터 비가 온단다)

⑦ 兄(あに)によると、あの店(みせ)のケーキはおいしいそうです。

(형에 의하면, 저 가게의 케이크는 맛있답니다)

➲ 「~そうです」는 「~そうだ」의 정중체이다.

⑧ 試験(しけん)に合格(ごうかく)なさったそうで、本当(ほんとう)によかったですね。

(시험에 합격하셨다니, 정말로 잘 되었군요)

➲ 여기에서의 「~そうで」는 「~そうだ」의 연용형으로 말의 중간에 잠시 끊는 역할을 한다.

⑨ 国の家族はみな無事に過ごしているとのことだ。

(고향의 가족은 모두 무사히 지내고 있다는 것이다)

⑩ 物価が来年はさらに上がるとのことです。(물가가 내년은 더욱 오른다는 것입니다)

➲ 「~とのことです」는 「~とのことだ」의 정중체이다.

⑪ 彼女が退院したとのことで、一安心しました。

(그녀가 퇴원했다고 해서, 한시름 놓았습니다)

➲ 「~とのことで」는 「~とのことだ」의 연용형으로 말의 중간에 잠시 끊는 역할을 한다.

⑫ 今夜は雪が降るということだ。(오늘밤은 눈이 내린다고 하는 것이다)

⑬ 政府代弁人によると、首相は来月渡米するということです。

(정부대변인에 의하면, 수상은 다음 달 도미한다고 하는 것입니다)

➲ 「~とのことだ」「~ということだ」는 주로 객관적인 사실을 전해 듣고 옮기는 것이어서 이와 같은 보도에서 즐겨 쓰이고 있다.

⑭ 新聞報道によると、週末から台風が来るということです。

(신문보도에 의하면 주말부터 태풍이 온다고 하는 것입니다)

「~そうだ」「~ようだ」「~らしい」「~みたいだ」

(雨が降りそうだ、雨が降るようだ、雨がらしい、雨がみたいだ)

공통의미

~같다, ~인 모양이다(추측을 나타내는 용법)

요점

1. 「~そうだ」「~ようだ」「~らしい」「~みたいだ」는 모두 추측을 나타내는 조동사로서 그 의미용법은 기본적으로 비슷하지만, 개별적으로는 다소의 차이가 엿보인다.

2. 「～そうだ」는 외관으로부터 받는 느낌이나 조짐을 막연하게 추측하는 것인데 어디까지나 말하는 사람의 일방적인 추측을 나타낸다. 형용사와 형용동사는 어간에, 동사는 연용형에 접속되어 쓰이며 우리말의 '~일(할)것 같다' 정도에 해당된다. 「～そうだ」는 동사의 경우에는 오로지 연용형에만 접속되는 이유로 인하여 표제어 중에서는 유일하게 그 앞에는 결코 과거형이 올 수가 없다(예문①④⑤⑥).
3. 「～ようだ」는 말하는 사람자신의 체험이나 경험에 의한 추측을 나타내는 한편, 어떤 것을 비유하여 나타내는데도 쓰인다. 형용사와 형용동사, 그리고 동사는 연체형에, 명사는 「명사＋の」의 형태에 접속되어 쓰이며 우리말의 '~인(한)듯하다, ～모양이다' 정도에 해당된다(예문①②③).
4. 「～らしい」는 남에게 듣거나 또는 구체적인 상황을 접하는 등, 객관적인 근거를 토대로 추측하는 것으로, 위의 네 가지 중에서는 가장 추측이 맞을 확률이 높다. 형용사와 동사는 종지형에, 형용동사는 어간에 접속되어 쓰이며, 우리말의 '~일(할)것 같다' 정도에 해당된다(예문①②③⑦⑧⑨⑩⑪⑫).
5. 「～みたいだ」는 「～ようだ」와 의미용법이 같지만, 오로지 회화체에서만 쓰이는 것이다. 형용사, 동사는 종지형에, 형용동사는 어간에, 그리고 명사는 그대로 접속되어 쓰이는데, 이러한 말을 많이 쓰게 되면 다소 유치한 느낌을 줄 수도 있으므로 사용에 주의하여야 한다(예문①②⑬⑭⑮).

예문과 해설

① 午後(ごご)は雨(あめ)が降(ふ)りそうだ/降(ふ)るようだ/降(ふ)るらしい/降(ふ)るみたいだ。

(오후는 비가 올 것 같다)

➲ 그 어느 것이나 적절한데 「~らしい」만은 일기예보를 보았거나 아니면 남에게서 들었거나 하는, 어떠한 근거를 가지고 추측하는 어감이 주어진다. 한편 「~そうだ」는 외견을 보고 직감적으로 막연하게 추측하는 뜻을 나타내며 「~ようだ」는 체험이나 경험에 의한 추측을 나타내게 된다. 「~みたいだ」는 「~ようだ」와 의미용법은 같으나 매우 회화체적이며 경우에 따라서는 어린애가 말하는 듯한 어감이 주어질 수도 있다.

② また身長(しんちょう)が伸(の)びたようだ/らしい/みたいだ/＊そうだ。

(또 신장이 늘어난 것 모양이다)

➲ 만약 이 경우에 「~そうだ」를 쓰게 되면 「~そうだ」의 또 하나의 용법인 '전문'의 뜻으로 해석되고 만다. 따라서 추측을 나타내는 「~そうだ」의 앞에는 절대로 과거형이 올 수가 없다.

③ 私(わたし)にも問題(もんだい)があるようだ/らしい。(나에게도 문제가 있는 듯하다)

➲ 이 경우 「~ようだ」를 쓰게 되면 자신의 판단에 의한 추측이 되지만 「~らしい」를 쓰게 되면 누군가에 의하여 자신의 문제점을 지적받거나 했다고 하는 근거에 의한 추측이 된다.

④ テーブルの上(うえ)においしそうなケーキが置(お)いてある。

(테이블위에 맛있어 보이는 케이크가 놓여있다)

➲ 이 경우는 외관상으로 볼 때 맛있어 보인다고 하는 직감적인 추측의 뜻을 나타내게 된다. 「~そうな」는 「~そうだ」의 연체형으로 항상 뒤에 오는 명사를 수식하게 된다.

⑤ 子供(こども)たちはみんなげんきそうだ。(아이들은 모두 건강한 듯하다)

➲ 이 경우는 형용동사 「げんきだ」의 어간 「げんき」에 접속되어 있는 예이다.

⑥ あ、金魚(きんぎょ)が今(いま)にも死(し)にそうだ。(아, 금붕어가 당장이라도 죽을 것 같다)

➲ 이 경우는 금붕어의 외관으로 미루어 볼 때 곧 죽을 것 같다고 하는 긴박감이 들어가 있다.

⑦ 彼(かれ)には、この問題(もんだい)は難(むずか)しいようだ。(그에게는 이 문제는 어려운 듯하다)

⑧ 彼女(かのじょ)は、雪(ゆき)のように白(しろ)い肌(はだ)を持(も)っている。

(그녀는 눈과 같이 하얀 피부를 지니고 있다)

➲ 이 경우는 비유표현으로 쓰였는데, 「~ように」는 「~ようだ」의 연용형으로 뒤에 오는 술어를 수식하게 된다.

⑨ 山田(やまだ)さんはゆうべ家(いえ)に帰(かえ)らなかったようだ。

(야마다씨는 어젯밤 집에 돌아가지 않은 것 같다)

⑩ 外(そと)は雪(ゆき)が降(ふ)っているらしい。(밖은 눈이 오고 있는 것 같다)

➲ 이 경우는 무언가의 객관적인 근거에 의한 추측을 나타내고 있다.

⑪ 南部地方(なんぶちほう)はとても暑(あつ)いらしいですよ。(남부지방은 무척 더운 것 같아요)

⑫ この部屋(へや)よりあの部屋(へや)の方(ほう)がもっと静(しず)からしいです。

(이 방보다 저 방 쪽이 보다 조용한 것 같습니다)

➲ 「~らしい」가 형용동사에 접속될 때는 이와 같이 어간에 접속되게 된다.

⑬ 彼(かれ)はきょうは来(こ)ないみたいだ。(그는 오늘은 오지 않을 것 같다)

➲ 이 경우와 같이 「~みたいだ」를 쓰게 되면 다소 유치한 어감이 주어질 수도 있다.

⑭ あなたみたいな人(ひと)は大嫌(だいきら)い。(당신 같은 사람은 무척 싫다)

➲ 「~みたいな」는 「~みたいだ」의 연체형으로 항상 뒤에 오는 명사를 수식하게 된다.

⑮ 彼(かれ)はまるで子供(こども)みたいだ。(그는 마치 어린애 같다)

「相談」「打ち合わせ」

(旅行の相談をする、旅行の打ち合わせをする)

공통의미

상담, 의논

요점

1. 「相談」은 당사자끼리 모여서 의논하는 경우에도 쓰이지만 당사자이외의 사람과 의논하는 경우에도 쓰인다. 또한 구체적인 사항에 대해서도 쓰이지만 피상적인 사항에 대해서도 쓰이는데, 결국 「打ち合わせ」에 비해서 그 사용범위가 매우 넓다(예문①②③④⑤). 「～と相談する」「～に相談する」의 두 가지 형태로 쓰인다.
2. 「打ち合わせ」는 오로지 당사자끼리 모여서 의논하는 경우에 쓰이며, 또한 전반적인 골격이 결정된 사항에 대하여 보다 구체적인 사항을 의논하게 된다(예문①⑥⑦). 「～と打ち合わせをする」의 형태로만 쓰인다.

예문과 해설

① 旅行の相談をする/旅行の打ち合わせをする。(여행 상담을 한다)

➲ 이 경우 「相談」을 쓰게 되면 여행에 대한 구체적인 사항을 의논할 수도 있지만 앞으로 여행을 갈 것인가 말 것인가에 대하여 막연하게 의논할 수도 있다. 또한 여행에 관계되는 사람뿐만 아니라 여행에 관계되지 않은 사람과의 의논에도 쓰일 수 있다. 반면에 「打ち合わせ」를 쓰게 되면 여행의 계획이 잡힌 가운데에서 여행 갈 사람끼리 모여서 보다 구체적이고 세밀한 사항을 의논하는 셈이 된다.

② 先生に相談をする/✱打ち合わせをする。(선생님에게 의논을 한다)

➲ 「相談」은 일방적인 의논을 나타내는 「~に相談をする」의 형태와, 쌍방 간의 의논을 나타내는 「~と相談をする」의 형태 두 가지가 다 쓰이지만 「打ち合わせ」는 오로지 「~と打ち合わせをする」의 형태로만 쓰이므로 여기에서는 문법상 부적절하다.

③ 先生が私の相談に乗ってくださった/＊打ち合わせに乗ってくださった。
(선생님이 나의 상담에 응해 주셨다)

➲ 「相談」은 관용적으로 동사 「~に乗る」와 결합하여 '상담에 응하다'의 뜻을 나타내지만 「打ち合わせ」에는 이러한 용법이 없으므로 여기에서는 부적절하다.

④ 進路について相談する。(진로에 관해서 상담한다)

⑤ 子供のことで先生と相談した。(아이의 일로 선생님과 상담했다)

⑥ 会の進行について打ち合わせをする。(모임의 진행에 관해서 의논을 한다)

➲ 이 경우는 이미 모임의 성격이나 목적에 관한 전반적인 골격은 갖추어졌으며 다만 모임을 어떻게 진행할 것인가에 관한 구체적인 의논을 하게 된다.

⑦ 新企画案について立案者と打ち合わせをした。
(신 기획안에 관해서 입안자와 의논을 했다)

「贈呈」「進呈」

(自著を友人に贈呈する、自著を友人に進呈する)

공통의미

증정

요점

1. 「贈呈」는 정식으로 물건을 주고받는 경우에 쓰이며 개인끼리뿐만 아니라 공식기관에서 개인에게, 또는 기관과 기관끼리 주고받는 경우에 쓰인다. 「進呈」에 비해서 보다 격식을 차린 어감이 주어진다(예문①②③④⑦⑧).
2. 「進呈」는 오로지 개인끼리 가벼운 기분으로 물건을 주고받는 경우에만 쓰인다(예문①⑤⑥⑨⑩).

●●● 예문과 해설

① 自著を友人に贈呈/進呈する。(저서를 친구에게 증정한다)

➲ 이 경우는 둘 다 적절한데 다만 「贈呈」를 쓰게 되면 보다 격식을 차리는 뜻이 되지만 「進呈」를 쓰게 되면 비교적 가볍게 준다는 뜻이 된다.

② 記念品の贈呈/＊進呈を行う。(기념품의 증정을 한다)

➲ 이 경우와 같이 정식으로 기념품을 주는 때는 「贈呈」가 적절하며 개인끼리 가볍게 주고 받는 뜻의 「進呈」는 부적절하다.

③ 市から関係者に市の特産品を贈呈/＊進呈することになった。
(시로부터 관계자에게 시의 특산품을 증정하게 되었다)

➲ 이 경우 역시 공공기관이 정식으로 기념품을 주는 것이므로 「贈呈」가 적절하다.

④ では、ただいまより贈呈式/＊進呈式を行います。
(그럼, 지금부터 증정식을 거행하겠습니다)

➲ 「贈呈」는 오로지 격식을 차린 어감이 주어지므로 「贈呈式」라는 말은 써도 「進呈式」라는 말은 쓰지 못한다.

⑤ 今年はりんごがよくできたから、進呈/＊贈呈します。
(올해는 사과가 잘 되었으니까, 드리겠습니다)

➲ 이 경우와 같이 가벼운 물건을 가벼운 마음으로 개인 간에 주는 때는 「進呈」가 적절하다.

⑥ 君にこの本を進呈/＊贈呈しよう。(자네에게 이 책을 주마)

➲ 이 경우 역시 위의 예문⑤와 맥락을 같이하고 있다.

⑦ 恩師の古希にお祝いを贈呈する。(은사의 고희에 축하선물을 증정한다)

➲ 이 경우는 공식적이고 격식을 차린 선물증정을 나타내고 있다.

⑧ 歓迎式で花束が贈呈された。(환영식에서 꽃다발이 증정되었다)

⑨ 見本は無料で進呈します。(견본은 무료로 드리겠습니다)

➲ 비교적 가치가 그다지 크지 않은 견본일 가능성이 있다.

⑩ 先着百名様に特製のカップを進呈します。
(선착순 백 명에게 특제 컵을 증정하겠습니다)

「損(そこ)なう」「損(そこ)ねる」「損(そん)ずる」

(健康(けんこう)を損(そこ)なう、健康(けんこう)を損(そこ)ねる、健康(けんこう)を損(そん)ずる)

공통의미

망치다, 손상하다

요점

1. 「損(そこ)なう」는 주로 인간의 감정이나 체면, 또는 자연경관과 같은 추상적인 대상에 대해서만 쓰이며 구체적인 사물에는 쓰이지 못한다(예문①②③⑤⑥).
2. 「損(そこ)ねる」는 대체로 「損(そこ)なう」와 같은 의미용법을 지니고 있는데 주로 회화체에서 쓰이는 말이다(예문①②③⑦⑧).
3. 「損(そん)ずる」는 가장 사용범위가 넓어서 추상적인 대상에도 쓰이지만(예문①②), 구체적인 대상에도 쓰이는데(예문④⑨⑩), 세 가지 중에서 가장 문장체적인 말이다.

예문과 해설

① 健康(けんこう)を損(そこ)なう/損(そこ)ねる/損(そん)ずる。(건강을 해친다)

➲ 이 경우는 추상적인 대상에 쓰인 것이므로 어느 것이나 다 적절한데 「損(そん)ずる」가 가장 문장체적인 딱딱한 표현이 된다.

② 社長(しゃちょう)の機嫌(きげん)を損(そこ)なう/損(そこ)ねる/損(そん)ずる。(사장의 기분을 망친다)

➲ 이 경우 역시 추상적인 대상에 쓰인 것이므로 어느 것이나 다 적절하다.

③ 高(たか)いビルで景観(けいかん)を損(そこ)なう/損(そこ)ねる/＊損(そん)ずる。
(높은 빌딩으로 경관을 망친다)

➲ 이 경우와 같이 자연의 경관을 해친다는 뜻에서는 「損(そん)ずる」는 부적절하다.

④ 操作(そうさ)の過(あやま)ちで高(たか)い機械(きかい)を損(そん)ずる/＊損(そこ)なう/＊損(そこ)ねる。
(조작의 잘못으로 비싼 기계를 망친다)

➲ 이 경우는 기계와 같은 구체적인 대상에 쓰였으므로 「損ずる」만이 적절하다. 「損なう」와 「損ねる」는 구체적인 대상에는 쓸 수가 없으므로 여기에서는 부적절하다.

⑤ 自然のおもむきを損なう。(자연의 정취를 해친다)

⑥ 国の体面を損なう。(국가의 체면을 망친다)

⑦ 友人の感情を損ねる。(친구의 감정을 해친다)

⑧ あの人の無鉄砲な振る舞いで気分を損ねた。
(저 사람의 무분별한 행동으로 기분을 망쳤다)

⑨ 公共の器物を損ずる。(공공기물을 손상한다)

➲ 이 경우와 같이 구체적인 사물에 대해서는「損ずる」가 적절하다.

⑩ 転倒して衣服を損ずる。(넘어져서 옷을 망치다)

➲ 이 경우 역시 구체적인 사물을 나타내고 있다.

「そして」「それから」

(彼はハンサムだ。そして背が高い、彼はハンサムだ。それから背が高い)

공통의미

그리고(열거와 시간적경과를 나타내는 용법)

요점

1. 접속사 「そして」와 「それから」는 기본적으로 앞의 사항과 뒤의 사항을 열거하는 의미용법과 더불어, 앞의 행위를 마치고나서 뒤의 행위를 행한다고 하는 시간적 경과의 의미용법이 있다. 하지만, 두 가지 접속사의 사이에는 미묘한 의미용법상의 차이가 엿보인다.
2. 「そして」는 앞의 사항과 뒤의 사항을 나란히 열거하는 뉘앙스가 있을뿐더러 그 앞뒤 두 가지 사항에는 무언가의 연관성이 있는 것처럼 연결한다. 「そうして」가 간략하게 변한 형태인데, 우리말의 '그리고' 에 해당된다(예문①②⑤⑥⑦).
3. 「それから」는 앞의 사항에 뒤의 사항을 추가하여 열거하는 뉘앙스가 있을뿐더러, 그 앞

뒤 두 가지 사항에는 그다지 연관성이 없고 독립적인 것처럼 연결한다. 우리말의 '그리고서, 그러고 나서'에 해당된다(예문①③④⑧⑨⑩).

예문과 해설

① 彼はハンサムです。そして/それから背が高いです。

(그는 핸섬합니다. 그리고 키가 큽니다)

➲ 이 경우「そして」를 쓰게 되면, 앞의 사항과 뒤의 사항을 연관성 있는 것으로 나란히 연결하게 되지만「それから」를 쓰게 되면 앞의 사항에 뒤의 사항을 새로이 추가하는 식이 된다.

② 空は限りなく青い。そして/？それから限りなく広い。

(하늘은 한없이 푸르다. 그리고 한없이 넓다)

➲ 하늘을 주제로 앞의 사항과 뒤의 사항이 연관성을 가지고 나란히 열거되어 있는데「それから」를 쓰게 되면 앞의 사항과 뒤의 사항이 동떨어지게 되어 부적절하다. 이 경우는 하늘을 주제로 유사한 서술을 하고 있는 셈이다.

③ 駅前には店がたくさんある。それから/?そして銀行やデパートもある。

(역 앞에는 가게가 많이 있다. 그리고 은행이나 백화점도 있다)

➲ 앞의 사항에 뒤의 사항을 추가하는 셈이므로「それから」가 적절하다.

④ 連絡は以上です。あ、それから/?そして、次回の予定は九日です。

(연락은 이상입니다. 아, 그리고 다음의 예정은 9일입니다)

➲ 이 경우 역시 앞의 사항에 뒤의 사항을 추가하는 셈이므로「それから」가 적절하다.

⑤ 昨夜は友達に手紙を書いた。そして11時ごろ寝た。

(어제는 친구에게 편지를 썼다. 그리고 11시쯤 잤다)

➲ 이 경우는 편지를 쓰고 나서 그 다음에 잠을 잤다고 하는 행위를 나란히 열거하고 있다.

⑥ 車はスピードを緩めた。そして停車した。(차는 스피드를 낮췄다. 그리고 정차했다)

➲ 이 경우는 차의 스피드를 낮추고 나서 그 다음으로 정차했다고 하는 연관성을 나타내고 있다.

⑦ 旅に出る。そして人に会う。(여행을 떠난다. 그리고 사람을 만난다)

⑧ 昨日は新宿で映画を見ました。それから渋谷でボウリングをしました。

(어제는 신쥬쿠에서 영화를 봤습니다. 그리고서 시부야에서 볼링을 했습니다)

➲ 이 경우는 영화를 본데다가 볼링도 했다고 하는 사항의 추가를 나타내며 앞뒤의 사항에는 어떠한 연관성도 보이지 않는다.

⑨ 彼女には菓子と、それから花を贈ろう。(그녀에게는 과자와, 그리고 꽃을 보내자)

➲ 과자를 사고 나서 추가적으로 꽃도 보낸다고 하는 뜻을 나타낸다.

⑩ 昨日(きのう)の会議(かいぎ)には、田中(たなか)さん、森田(もりた)さん、それから佐藤(さとう)さんが出席(しゅっせき)した。
(어제 회의에는 타나카씨, 모리타씨, 그리고 사토씨가 참석했다)

「育(そだ)てる」「育(はぐく)む」「養(やしな)う」「培(つちか)う」

공통의미
키우다

요점
1. 「育(そだ)てる」「育(はぐく)む」「養(やしな)う」「培(つちか)う」는 모두 우리말의 '키우다' 에 해당되는 동사이지만, 그 대상에 따라서 의미용법상의 차이가 엿보인다.
2. 「育(そだ)てる」는 인간, 동물, 식물을 키우는 등 매우 폭넓게 쓰이며(예문①③④⑥⑦),때로는 인재나 문화를 육성한다고 하는 식으로 추상적인 의미로도 쓰인다(예문⑤⑧). 우리말의 '키우다'에 해당된다.
3. 「育(はぐく)む」는 원래 어미 새가 새끼를 소중하게 돌본다고 하는 의미인데 무언가를 매우 애지중지하면서 키우는 의미로 쓰인다(예문①⑨⑩). 때로는 꿈을 키운다고 하는 의미로도 쓰이는데(예문⑤), 우리말의 '육성하다' 정도에 해당된다.
4. 「養(やしな)う」는 실제의 생활에서 돌보아준다고 하는 의미로 쓰이는데(예문①②⑪⑫), 식물을 키우거나 문화를 육성하는 의미로는 쓰이지 않는다. 우리말의 '부양하다' 정도에 해당된다.
5. 「培(つちか)う」는 오로지 식물을 소중하게 키운다고 하는 의미로 쓰이며(예문③⑬), 때로는 사람의 의지나 체력, 정신력 등을 기른다고 하는 의미로도 쓰인다(예문⑭). 주로 문장체에서 쓰이는데 우리말의 '재배하다, 배양하다' 정도에 해당된다.

예문과 해설

① 子供を育てる/育む/養う/＊培う。(아이를 키운다/육성한다/부양한다/＊배양한다)

➲ 각각의 뉘앙스차이는 있을지언정 세 가지 다 적절하다. 다만, 「培う」는 오로지 식물을 키우는 데만 쓰이는 것이므로 이 경우는 부적절하다.

② 親を養う/＊育てる/＊育む/＊培う。
(부모를 부양한다/＊키운다/＊육성한다/＊배양한다)

➲ 이 경우는 실제의 생활에서 돌보아준다고 하는 의미이므로 「養う」만이 적절하다.

③ 草花を培う/育てる/?育む/＊養う。(화초를 기른다)

➲ 이 경우와 같이 식물을 재배한다는 뜻으로는 「培う」가 가장 적절하며, 「育てる」도 적절하다. 하지만 「養う」는 생활면에서 돌보아준다는 뜻으로 쓰이므로 부적절하며 「育む」는 화초를 애지중지하면서 소중하게 기른다고 하는 특수한 문맥이 없이 단순히 재배한다고 하는 뜻만으로 쓰였을 때는 부적절하다.

④ 有望な弟子を育てる/＊養う/＊育む/＊培う。(유망한 제자를 키운다)

➲ 이 경우는 제자가 잘 되도록 돌보아 주는 것이므로 「育てる」만이 적절하다. 「養う」는 혹시 제자를 생활면에서 돌보아준다는 특수한 문맥이 없는 한 부적절하며 「育む」는 원래 어린 새끼를 잘 기른다고 하는 뜻으로 쓰이므로 부적절하고, 「培う」는 오로지 식물의 재배에만 쓰이므로 이 역시 부적절하다.

⑤ 子供の夢を育てる/育む/＊養う/＊培う。(아이의 꿈을 키운다)

➲ 이 경우는 소중하게 아이의 꿈이 크도록 돌보아준다는 것이므로 「育てる」와 「育む」가 적절하나 아무래도 「育む」쪽이 보다 적절하다.

⑥ 母は子供を6人も育てて来た。(어머니는 아이를 6명이나 키워왔다)

➲ 이 경우와 같이 아이를 키운다고 하는 뜻으로는 「育てる」가 가장 적절하다.

⑦ 薔薇の花を育てる。(장미꽃을 키운다)

➲ 「育てる」는 이 경우와 같이 식물의 재배에도 쓰인다.

⑧ 市役所が地域文化を育てる。(시청이 지역문화를 키운다)

➲ 「育てる」는 이 경우와 같이 문화의 육성에도 쓰인다.

⑨ 新しい生命を育む。(새로운 생명을 키운다)

➲ 「育む」는 키우기는 키우는데, 보다 애지중지하면서 소중하게 키운다고 하는 뜻에 중심이 놓인다.

⑩ 親鳥がひなを育む。(어미 새가 새끼를 키운다)

⑪ この地域では牛を集中的に養っている。

(이 지역에서는 소를 집중적으로 키우고 있다)

➲ 이 경우는 소를 먹이면서 돌보아준다는 부양의 뜻으로 쓰이고 있다.

⑫ 父は私たちを養うのにずいぶん苦労して来た。

(아버지는 우리를 부양하는데 무척 고생해 왔다)

⑬ 苗木を大切に培う。(묘목을 소중하게 재배한다)

➲ 이 경우와 같이 식물을 소중하게 키운다고 하는 뜻으로는 「培う」가 가장 적절하다.

⑭ 想像力を培う。(상상력을 배양한다)

➲ 「培う」에는 이와 같이 사고능력을 키운다고 하는 뜻으로도 쓰인다.

「そっと」「こっそり」「ひそかに」

(そっと部屋を抜け出す、こっそり部屋を抜け出す、ひそかに部屋を抜け出す)

공통의미

살짝, 슬그머니

요점

1. 「そっと」와 「こっそり」, 그리고 「ひそかに」는 남에게 알려지지 않게 행동을 하는 것이지만, 이들 간에는 의미용법상에 미묘한 차이가 엿보인다.
2. 「そっと」는 기본적으로 소리를 내지 않거나 조용히 행동하는 것에 중점이 있는 말로 우리말의 '살짝' 정도에 해당된다. 「そっと」는 오로지 소리를 내지 않고 하는 행동에만 쓰인다(예문①③⑦⑧⑨).

3. 「こっそり」는 기본적으로 남에게 알려지지 않게 행동하는 것에 중점이 있는 말로 우리말의 '살그머니, 몰래' 정도에 해당된다. 따라서 소리를 내고 안 내고 하는 것과 전혀 상관없는 행동에는 반드시 「こっそり」만을 써야만 하는데, 주로 좋지 않은 일이나 어떤 위반사항에 쓰이는 경향이 있다(예문①②⑤⑥⑩⑪).
4. 「ひそかに」는 기본적으로 남에게 알려지지 않도록 무언가를 하거나 마음속에 담아두는 것을 나타내는데, 무엇보다도 비밀로 해 둔다고 하는 것에 의미의 중점이 놓인다(예문①②④⑤⑥⑫⑬). 우리말의 '남몰래' 정도에 해당된다.

예문과 해설

① そっと/こっそり/ひそかに部屋を抜け出す。(살짝/살그머니/몰래 방을 빠져나온다)

➲ 이 경우는 어느 것이나 적절한데 「こっそり」와 「ひそかに」는 둘 다 무언가 남에게 알려지지 않게 방을 빠져나와야 할 사정이 있는 셈이 되지만, 「そっと」는 소리를 내지 않는 것이 기본적인 뜻이므로 방에 있는 사람을 깨우지 않으려고 하는 등의 심적 배려가 엿보인다.

② ひそかに/こっそり/＊そっと悪事をたくらむ。(남몰래 나쁜 일을 계획한다)

➲ 이 경우와 같이 숨어서 나쁜 일을 계획하는 때는 「ひそかに」와 「こっそり」가 적절하다. 「そっと」는 어디까지나 소리를 내지 않는 것에 중점이 있는 말이므로 여기에서는 부적절하다.

③ 壊さないようにそっと/＊こっそり/＊ひそかに置く。(깨지지 않도록 살짝 놓는다)

➲ 이 경우와 같이 소리를 내지 않고 조용하게 무언가를 하는 때는 「そっと」가 적절하다.

④ 私は今までひそかに/＊そっと/＊こっそり思い悩んでいた。
(나는 지금까지 남몰래 번민하고 있었다)

➲ 이 경우는 실질적인 행위가 아니라 남에게 노출되지 않는 감정을 나타내는 것인데 이러한 때는 오로지 「ひそかに」만이 적절하다.

⑤ 彼は今までこっそり/ひそかに/＊そっといろんな研究をしていた。
(그는 지금까지 몰래 여러 가지 연구를 하고 있었다)

➲ 이 경우는 소리를 내고 안 내고가 전혀 문제되지 않는 것이므로 「そっと」는 쓸 수 없으며, 「こっそり」와 「ひそかに」가 적절하다.

⑥ この国とあの国がこっそり/ひそかに/＊そっと共謀して戦争を起こした。
(이 나라와 저 나라가 살그머니 공모하여 전쟁을 일으켰다)

➲ 이 경우 역시 소리를 내고 안 내고가 전혀 문제되지 않는 것이므로 「そっと」는 쓸 수 없으며, 「こっそり」와 「ひそかに」가 적절하다.

⑦ みんな勉強しているので、そっと/?こっそり/?ひそかに歩く。
(모두 공부하고 있기 때문에 살짝 걷는다)

➲ 이 경우는 일체 소리를 내지 않고 조용히 걷는 것이므로 「そっと」가 가장 적절하다.

⑧ 母は手紙を読みながらそっと涙をぬぐった。
(어머니는 편지를 읽으면서 살짝 눈물을 훔쳤다)

➲ 이 경우는 남이 알아차리지 못하도록 조용히 눈물을 닦았다고 하는 뜻으로 쓰였다.

⑨ 高価な壷をそっと触ってみる。 (고가의 항아리를 살짝 만져본다)

➲ 「そっと」는 무언가의 행동을 조용히 한다는 뜻이지만 한편으로는 매우 짧은 시간동안만 하는 것을 나타내기도 한다. 따라서 이 경우는 아주 짧은 시간동안만 항아리를 만졌다는 뜻이 된다.

⑩ 犯人はこっそり現場を抜け出した。 (범인은 살그머니 현장을 빠져나갔다)

➲ 「こっそり」는 어디까지나 남에게 알려지지 않도록 행동하는 것에 의미의 중심이 놓이는데 이 경우는 주위사람들이 알 수 없도록 살짝 현장을 빠져나갔다는 뜻이 된다.

⑪ これは君にだけこっそり教えてやる。 (이것은 자네에게만 살짝 가르쳐주겠다)

➲ 다른 사람들이 알 수 없도록 조용히 가르쳐준다는 뜻이다.

⑫ 私は彼女にひそかに恋心を抱いている。 (나는 그녀에게 남몰래 연심을 품고 있다)

➲ 「ひそかに」는 어디까지나 비밀로 부친다는 것에 의미의 중심이 놓이는데 여기에서는 비밀스럽게 혼자만 사랑하는 마음을 품고 있다는 뜻으로 쓰였다.

⑬ 娘はひそかに家を抜け出した。 (딸은 몰래 집을 빠져나갔다)

➲ 이 경우는 남이 알지 못하도록 비밀리에 집을 빠져나갔음을 나타내고 있다.

「そば」「近く」「わき」「傍ら」「ほとり」

공통의미

옆, 근처

요점

1. 「そば」는 전후좌우를 막론하고 가까운 위치에 있음을 나타내는 것으로 우리말의 '옆,

곁' 정도에 해당된다(예문①②③④⑥⑦).

2. 「近く」는 「そば」와 의미용법이 비슷하지만, 「そば」보다는 다소 거리가 떨어져 있는 경우에 쓰이며, 「そば」가 주로 기준 되는 것의 옆에 종속적인 것이 위치하고 있음을 나타내는데 비하여 「近く」에는 그러한 느낌이 없다. 우리말의 '근처, 가까이' 정도에 해당된다(예문①②③④⑧⑨).
3. 「わき」는 기준이 되는 것의 바로 옆에 종속적인 것이 찰싹 달라붙어 있는 경우에 쓰이는데, 사물의 좌우나 어떤 장소의 중심으로부터 양쪽에 붙어있다는 느낌이 강하다. 우리말의 '바로 옆, 바로 곁' 정도에 해당된다(예문①②③⑤⑩⑪).
4. 「傍ら」는 무언가의 옆에 막연하게 위치한다고 하는 느낌이 강한 말로 우리말의 '한편' 정도에 해당된다(예문①②⑤⑫⑬). 매우 딱딱한 어감의 문장체에서 쓰인다.
5. 「ほとり」는 강이나 바다, 그리고 호수 등의 물가만을 나타내는데 쓰이는데, 우리말의 '강가, 호수가, 물가, 바닷가' 의 '～가' 정도에 해당된다(예문⑭⑮).

예문과 해설

① 議長のそば/かたわら/わき/近く/✱ほとりにすわる。 (의장 옆/근처에 앉는다)

➲ 「ほとり」는 오로지 물가만을 나타내므로 이 경우에는 부적절하며 나머지는 그 어느 것이나 적절하다. 다만, 「そば」「かたわら」「わき」는 의장 옆에 종속적으로 앉아있음을 나타내지만 「近く」는 종속적이라는 느낌이 전혀 없으며 또한 그 거리도 다소 있는 편이다.

② 母のそば/かたわら/わき/近く/✱ほとりに猫がいる。
(어머니 곁/근처에 고양이가 있다)

➲ 이 경우 역시 예문①과 마찬가지다.

③ あの子は耳のそば/わき/近く/✱かたわら/✱ほとりにほくろがある。
(저 아이는 귀 옆/근처에 점이 있다)

➲ 이 경우와 같이 주가 되는 것이 몸의 일부분인 경우에는 「かたわら」는 부적절하다. 아울러 「近く」는 귀의 바로 옆이 아니라 귀에서 다소 떨어진 곳에 점이 있다는 뜻이 된다. 「ほとり」는 오로지 물가만을 나타내므로 이 역시 여기에서는 부적절하다.

④ そば/近く/✱わき/✱かたわら/✱ほとりの文房具屋まで一走りする。
(옆/근처에 있는 문방구점까지 잠깐 달려간다)

➲ 이 경우와 같이 바로 옆이 아니라 달려 가야할 정도의 가까운 거리인 때는 「そば」가 적절하다. 「近く」역시 적절하기는 하나 「そば」보다는 다소 거리가 떨어져 있다는 느낌이 주어진다.

⑤ 道のわき/かたわら/＊そば/＊ちかく/＊ほとりに立って車をよける。
(길 곁/한편에 서서 차를 피한다)

➲ 이 경우와 같이 길의 좌우 곁을 가리키는 때는「わき」와「かたわら」가 적절하다.「近く」는 얼핏 보면 적절할 것도 같으나 길 근처에서 차를 피한다는 뜻이 되므로 논리상으로 부자연스럽다.

⑥ いつまでもそばにいてほしい。(언제까지나 곁에 있어줬으면 좋겠다)

➲ 말하는 사람으로부터 가까운 위치에 언제나 있어줄 것을 나타내고 있다.

⑦ 駅のそばにおいしいレストランがあります。(역 옆에 맛있는 레스토랑이 있습니다)

⑧ 子供たちは学校の近くで遊んでいる。(아이들은 학교근처에서 놀고 있다)

➲ 이 경우는 학교에서 다소 거리가 떨어진 곳이라도 상관이 없다.

⑨ うちは学校の近くにあって便利です。(우리 집은 학교근처에 있어서 편리합니다)

⑩ 危ないから道のわきによけた。(위험해서 길 바로 옆으로 피했다)

➲ 이 경우는 길의 가장자리를 가리키고 있다.

⑪ 学校のわきに住んでいる。(학교 바로 옆에 살고 있다)

⑫ 大聖堂の傍らにある洗礼堂。(대성당의 한편에 있는 세례당)

➲ 이 경우는 대성당에 다소 떨어진 다른 한편을 가리키고 있다.

⑬ 混んでいる道のかたわらで募金をする。(붐비는 길 한편에서 모금을 한다)

⑭ 池のほとりにすばらしい別荘がある。(연못가에 멋진 별장이 있다)

➲ 이 경우와 같이「ほとり」는 주로 물가를 나타내고 있다.

⑮ 川のほとりに花がたくさん咲いている。(강가에 꽃이 많이 피어있다)

「祖父」「おじいさん」

공통의미

할아버지

요점

1. 「祖父(そふ)」와 「おじいさん」은 둘 다 '할아버지' 를 나타내는 말이지만, 양자 간에는 용법상의 엄격한 차이가 엿보인다.
2. 「祖父(そふ)」는 반드시 자신의 할아버지를 남에게 가리킬 때만 쓰며, 남의 할아버지를 가리킬 때는 반드시 「おじいさん」이라고 해야 한다.
3. 「おじいさん」은 남의 할아버지를 가리키거나 자신의 할아버지를 직접 부를 때에 쓰며, 때로는 일반적으로 할아버지를 가리킬 때에도 쓴다. 보다 정중하게 부를 때는 「おじいさま」로 하며 아이들의 경우에는 친근하게 「おじいちゃん」으로 부를 때도 있다.

예문과 해설

① 祖父(そふ)は来年(らいねん)で80歳(さい)になります。(우리 할아버지는 내년으로 80세가 됩니다)

➲ 이 경우는 오로지 자신의 할아버지를 가리킨다.

② 孫(まご)に囲(かこ)まれて幸(しあわ)せそうなおじいさん。(손자에게 둘러싸여 행복한 듯한 할아버지)

➲ 이 경우는 일반적인 할아버지를 가리키고 있다.

③ おじいさんに入学祝(にゅうがくいわい)をもらった。(할아버지에게 입학선물을 받았다)

➲ 만약 집안의 다른 식구에게 이런 표현을 쓴다면 그것은 바로 자기의 할아버지가 될 수 있다.

「祖母(そぼ)」「おばあさん」

공통의미

할머니

요점

1. 「祖母(そぼ)」와 「おばあさん」은 둘 다 '할머니'를 나타내는 말이지만, 양자 간에는 용법상의 엄격한 차이가 엿보인다.
2. 「祖母(そぼ)」는 반드시 자신의 할머니를 남에게 가리킬 때만 쓰며(예문①), 남의 할머니를 가리킬 때는 반드시 「おばあさん」이라고 해야 한다.
3. 「おばあさん」은 남의 할머니를 가리키거나(예문③), 자신의 할머니를 직접 부를 때에 쓰며(예문②), 때로는 일반적으로 할머니를 가리킬 때에도 쓴다. 보다 정중하게 부를 때는 「おばあさま」로 하며, 아이들의 경우에는 친근하게 「おばあちゃん」으로 부를 때도 있다.

예문과 해설

① 私(わたし)は祖母(そぼ)の三人目(さんにんめ)の孫(まご)です。(나는 우리 할머니의 세 번째 손자입니다)

➲ 이 경우는 자신의 할머니를 타인에게 나타내고 있다.

② おばあさんの古希(こき)を祝(いわ)う。(할머니의 고희를 축하한다)

➲ 만약 집안의 다른 식구에게 이런 표현을 쓴다면 그것은 바로 자기의 할머니가 될 수 있다.

③ あなたのおばあさんはおいくつですか。(당신의 할머니는 몇 살이십니까?)

➲ 이 경우는 타인의 할머니를 가리키고 있다.

「空(そら)」「天(てん)」

(煙(けむり)が空(そら)に昇(のぼ)った、煙(けむり)が天(てん)に昇(のぼ)った)

공통의미

하늘

요점

1. 「空(そら)」와 「天(てん)」은 둘 다 '하늘'을 가리키고 있지만, 그 의미용법상에는 미묘한 차이가

엿보인다.

2. 「空」는 일반적으로 말하는 '하늘'을 가리키는 것으로 일상적으로 많이 쓰인다(예문①②③⑤).

3. 「天」은 우리말에서는 단독으로 쓰이지 않는 것으로 「空」에 비하여 월등히 높음을 가리킬 때에 쓰인다(예문①④⑥). 아울러 「天界」「天上」와 같이 인간이 사는 세상이 아닌 별개의 세상을 가리키기도 한다.

예문과 해설

① 煙が空/天に昇った。(연기가 하늘로 올라갔다)

➲ 이 경우는 둘 다 적절한데 「空」를 쓰는 것보다 「天」을 쓰게 되면 그 연기가 아주 멀리서도 보인다고 하는 느낌이 주어진다.

② 空/＊天を飛ぶ鳥。(하늘을 나는 새)

➲ 단순히 하늘을 가리킬 때는 「天」은 쓸 수가 없고 「空」를 쓰는 것이 적절하다.

③ 西の空/＊天が赤く染まっている。(서쪽 하늘이 빨갛게 물들어 있다)

➲ 이 경우 역시 일반적인 하늘을 가리키는 것이므로 「天」은 쓸 수가 없고, 「空」를 쓰는 것이 적절하다.

④ 天/＊空高く馬肥ゆる秋。(천고마비의 가을)

➲ 우리말의 '천고마비'는 이와 같이 나타내는데 이와 같이 관용적인 경우에는 반드시 「天」만이 적절하다.

⑤ 飛行機は空の彼方へ消えていった。(비행기는 하늘 저편으로 사라져 갔다)

⑥ 天をあおぐ。(하늘을 우러러보다)

➲ 이 경우는 단순히 하늘을 보는 것이 아니라 자신을 반성한다고 하는 의미가 있다.

참고

한편, 「天」에는 다음과 같이 관용적으로 쓰이는 표현도 있는데 이 경우는 반드시 「天」을 써야하며, 「空」는 쓸 수 없다.

「天にも昇る気持ち」(하늘에라도 오르는 기분)　「天に向かってつばきする」(하늘을 향하여 침을 뱉다)

「そこで」「それで」

(終電車に遅れた。そこで歩いて帰った、終電車に遅れた。それで歩いて帰った)

공통의미

그래서

요점

1. 「そこで」와 「それで」는 앞의 상황이 원인, 이유가 되어 뒤의 상황이 발생함을 나타내는 접속사인데, 뒤에 오는 문말의 시제에 따라서 용법상의 차이가 엿보인다.
2. 「そこで」는 그 앞의 상황에 대하여 보다 구체적인 설명이 되어있고 뒤에 오는 문말은 과거형인 것이 보통이다. 즉, 이러이러한 구체적인 상황이 있었기 때문에 결국에는 이러이러한 일이 되었다고 하는 뜻을 연결하는 셈이다(예문①②⑤⑥).
3. 「それで」는 그 앞의 상황에 대하여 구체적인 설명이 없어도 되며 또한 뒤에 오는 문말은 현재형도 과거형도 상관없다. 결국, 앞의 상황이 뒤의 상황에 대한 단순한 이유, 원인임을 나타낼 뿐이다(예문①②③④⑦⑧).

예문과 해설

① 古い車がこわれた。そこで/それで新車を買うことにした。

(오래된 차가 고장 났다. 그래서 새 차를 사기로 했다)

➲ 이 경우에는 뒤의 문말에 과거형이 와있으므로 「それで」와 「そこで」의 어느 것이나 적절하다. 「それで」는 뒤의 문말에 현재형이나 과거형 어느 쪽이나 올 수가 있으나 「そこで」는 과거형만이 올 수 있다.

② 終電車に遅れた。そこで/それで歩いて帰った。

(마지막전차시간에 늦었다. 그래서 걸어서 돌아갔다)

➲ 이 경우 역시 예문①과 맥락을 같이하고 있다.

③ 毎日仕事が忙しい。それで/*そこで帰りが遅い。

(매일 일이 바쁘다. 그래서 귀가가 늦다)

➲ 이 경우는 뒤의 문말에 현재형이 와있으므로 「そこで」는 부적절하다.

④ 息子は理想が高い。それで/＊そこでいつも現実との差に悩む。

(아들은 이상이 높다. 그래서 늘 현실과의 차이에 고민한다)

➲ 이 경우 역시 뒤의 문말에 현재형이 와있으므로 「そこで」는 부적절하다.

⑤ 求人広告が出ていた。そこで私も応募してみた。

(구인광고가 나와 있었다. 그래서 나도 응모해봤다)

➲ 이 경우는 구인광고가 나와 있었던 것에 대한 구체적인 설명이 뒤따르고 있는데 이와 같이 「そこで」의 다음에는 반드시 과거형만이 오게 된다.

⑥ 皆が反対した。そこで私も考え直すことにした。

(모두가 반대했다. 그래서 나도 다시 생각하기로 했다)

➲ 이 경우 역시 「そこで」의 다음에는 과거형이 와있다.

⑦ 財布を忘れた。それで友達に金を借りた。

(지갑을 잊어버렸다. 그래서 친구에게 돈을 빌렸다)

➲ 이 경우는 지갑을 잊어버린 이유로 인하여 친구에게 돈을 빌리는 상황이 발생하였음을 나타내고 있다.

⑧ 妹は陽気で明るい。それでだれからも好かれている。

(여동생은 밝고 명랑하다. 그래서 누구로부터도 호감을 사고 있다)

➲ 이 경우 역시 여동생이 밝고 명랑하다고 하는 이유로 인하여 누구로부터도 호감을 사고 있다는 상황이 발생하고 있음을 나타내고 있다.

「損害」「損失」「損」

(結果的に一億円の損害だ、結果的に一億円の損失だ、結果的に一億円の損だ)

공통의미

손해

요점

1. 「損害」는 사고나 재해, 사업실패 등으로 물질적, 금전적인 불이익을 입는 것이다(예문

①②③⑥⑦⑧).

2. 「損失」는 주로 자신의 판단착오로 인해 금전적인 불이익을 입는 것이며(예문①②⑨⑩), 한편으로는 사람의 죽음 등을 애도하는 말로서도 쓰인다(예문⑤⑪).

3. 「損」은 수지가 적자가 됨을 나타내는데 주로 회화체에서 개인적인 차원의 손해를 나타낸다(예문①④⑫⑬⑭).

4. 우리말에서는 「損害」와 「損失」는 쓰이지만 「損」은 일체 쓰이지 않으므로 그 의미용법에 주의하여야 한다.

예문과 해설

① 結果的に一億円の損害/損失/損だ。(결과적으로 1억엔의 손해다)

➲ 이 경우는 세 가지 다 적절한데 「損害」와 「損失」가 어감이 딱딱하고 공적인 차원에서 쓰이는 데에 반하여 「損」은 개인적인 차원에서 쓰이는 경향이 있다.

② 会社に与えた損害/損失/?損をつぐなう。(회사에 끼친 손해를 물어낸다)

➲ 이 경우는 개인적인 차원의 손해가 아니라 공적인 차원이므로 「損害」와 「損失」가 적절하며 개인적인 차원에서 쓰이는 「損」은 다소 부적절하다.

③ 損害/?損失/＊損に対して賠償金を支払う。(손해에 대하여 배상금을 지불하다)

➲ 이 경우와 같이 딱딱한 어감의 문장체에서는 「損害」가 가장 적절하다. 「損失」는 이와 같은 문장체에서는 다소 부적절하며, 「損」은 개인적인 차원에서 쓰이는 것이므로 부적절하다.

④ 株で結構損/＊損害/＊損失をした。(주식으로 꽤 손해를 봤다)

➲ 이 경우와 같이 어떤 결과가 개인적으로 손해가 되었음을 나타낼 때는 「損」만이 적절하다.

⑤ その女優の死は芸能界にとって重大な損失/＊損害/＊損だ。
(그 여배우의 죽음은 연예계에 있어서 중대한 손실이다)

➲ 이 경우와 같이 죽음을 애도하는 뜻으로 쓰일 때는 오로지 「損失」만이 적절한데. 이 점에서는 우리말도 마찬가지이다.

⑥ 台風による損害は大きい。(태풍에 의한 손해는 크다)

➲ 이 경우는 일반적인 손해의 뜻으로 쓰였다.

⑦ 今度の事業失敗で大きい損害をこうむった。(이번 사업실패로 큰 손해를 입었다)

⑧ 事故の損害を賠償しなければならない。(사고의 손해를 배상해야만 한다)

⑨ 彼は地域に大きい損失をもたらした。(그는 지역에 큰 손실을 가져왔다)

➲ 「損失」는 일반적인 손해가 아니라, 어디까지나 개인적인 판단의 착오로 인한 손해를 가리킨다.

⑩ 社長が判断を誤って会社は莫大な損失をこうむることになった。
(사장이 판단을 잘못해서 회사는 막대한 손실을 입게 되었다)

➲ 이 경우도 개인적인 판단의 착오로 인한 손해를 가리키고 있다.

⑪ 今回の戦争で兵の損失はわずかだ。
(이번 전쟁으로 병사의 손실은 얼마 안 된다)

➲ 이 경우와 같이 사람의 죽음으로 인한 피해를 나타낼 때는 오로지 「損失」만이 적절하며 다른 말에는 이러한 용법이 없다.

⑫ 先月の買いだめで大きい損をした。(지난달의 사재기로 큰 손해를 봤다)

➲ 「損」은 이와 같이 개인적인 차원의 손해를 나타내는데 「損をする」의 형태로서 술어로 쓰이기도 한다.

⑬ この情報は知っていて損はない。(이 정보는 알고 있어도 손해는 없다)

⑭ そんなことはやるだけ損だ。(그런 일은 하는 만큼 손해다)

「そんな～」「そういう～」「そのような～」

(そんな人とは思わなかった、そういう人とは思わなかった、そのような人とは思わなかった

공통의미

그런, 그러한, 그와 같은

요점

1. 「そんな」는 회화체에서 주로 쓰이는 말로 우리말의 '그런' 정도에 해당되는데, 때로는 그 대상을 경시하여 부정적으로 쓰이는 일도 있다(예문①②). 따라서 격식을 차리는 경

우에는 「そんな」를 쓰지 않고 「そのような(그와 같은)」를 쓰는 것이 좋다. 또한 「そんな」는 「そんなに」의 형태로 그 정도가 높거나 수량이 많음을 나타내기도 한다(예문③).

2. 「そういう」는 우리말의 '그러한' 정도에 해당되는데 오로지 뒤에 오는 명사만을 수식하며, 비교적 딱딱한 어감이 주어진다(예문④⑤).
3. 「そのような」는 앞에 제시된 사항을 예시하듯이 나타내는 말로 우리말의 '그와 같은' 정도에 해당되는데, 주로 격식을 차리는 문체에서 쓰이는 경향이 있다(예문⑥⑦)

예문과 해설

① そんな名前(なまえ)は聞(き)いたことがない。(그런 이름은 들은 적이 없다)

➲ 「そんな」는 이 경우와 같이 대상을 경시하는 뜻을 나타내는 일이 있다.

② そんな失礼(しつれい)なことは言(い)えない。(그런 실례되는 말은 할 수 없다)

③ そんなにたくさん食(た)べるのか。(그렇게 많이 먹는 건가?)

➲「そんな」는 「そんなに」의 형태로 정도가 높고 수량이 많음을 나타낸다.

④ そういう共通点(きょうつうてん)が見(み)られる。(그러한 공통점이 보인다)

➲ 회화체보다는 비교적 딱딱한 문체에서 쓰이는 경향이 있다.

⑤ そういう問題(もんだい)があるから困(こま)る。(그러한 문제가 있으니까 곤란하다)

⑥ そのような写真(しゃしん)には見覚(みおぼ)えがない。(그와 같은 사진은 본 적이 없다)

➲ 앞에서 이미 제시된 사항을 예시하듯이 나타내고 있다.

⑦ 自分(じぶん)さえ幸(しあわ)せならいい、そのような考(かんが)え方(かた)は間違(まちが)っている。
(자신만 행복하면 된다, 그와 같은 사고방식은 잘못되어 있다)

た

「～た+명사」「～ている+명사」

(太(ふと)った人(ひと)、太(ふと)っている人(ひと))

공통의미

뒤에 오는 명사를 수식하는 명사수식절의 용법

요점

1. 명사 앞에 와서 뒤에 오는 명사를 수식하는 명사수식절이 동작이나 행위를 나타낼 때는 「～た」와 「～ている」에는 의미상의 차이가 있다(예문①②③).
2. 하지만, 그러한 명사수식절이 동작이나 행위를 나타내지 않고 다만 상태를 나타낼 때 「～た」와 「～ている」는 대체로 그 의미가 같다(예문④⑤⑥⑦⑧⑨⑩⑪). 다만, 일상적으로는 「～ている」보다 「～た」가 더 많이 쓰이는 경향이 있다.
3. 요컨대, 「～た」와 「～ている」의 형태가 뒤에 오는 명사를 수식하고 있는 경우, 동작이나 행위를 나타낼 때는 의미가 다르나 상태를 나타낼 때는 의미가 같다고 생각하면 될 것이다.

예문과 해설

① 日本語(にほんご)で話(はな)した/話(はな)している人(ひと)は誰(だれ)ですか。
(일본어로 이야기한/이야기하고 있는 사람은 누구입니까?)

➲ 「話(はな)す」는 동작을 나타내는 것이므로 「話(はな)した」와 「話(はな)している」에는 과거와 현재진행이라는 의미상의 차이가 엿보인다.

② テレビを見た/見ている人。(티브이를 본/보고 있는 사람)

➲ 이 경우 역시 「見る」는 동작을 나타내는 것이므로 「見た」와 「見ている」에는 과거와 현재 진행이라는 의미상의 차이가 엿보인다.

③ 本を読んだ/読んでいた人は先生ですか。

(책을 읽던/읽고 있던 사람은 선생님입니까?)

➲ 이 경우는 「~た」와 「~ている」의 앞에 '책을 읽는다'라고 하는 움직임이 있는 말이 와 있으므로 전자는 과거를 나타내고, 후자는 현재진행을 나타내는 의미상의 차이가 있다.

④ 階段の昇り降りは太った/太っている人にはきついそうです。

(계단을 오르내리는 것은 살찐/살쪄있는 사람에게는 힘들다고 합니다)

➲ 「太る(살찌다)」는 동작을 나타내는 것이 아니라 어디까지나 상태를 나타내는 것이므로 「太った」와 「太っている」에는 의미상의 차이가 없다.

⑤ 最近は着物を着た/着ている人が少なくなった。

(최근에는 키모노를 입은/입고 있는 사람이 적어졌다)

➲ 이 경우도 「~た」와 「~ている」의 앞에는 '키모노를 입는다'고 하는 움직임이 전혀없는 말이 와있으므로 결국 의미상의 차이는 없다.

⑥ あのめがねをかけた/かけている人は誰ですか。

(저 안경을 끼고 있는/낀 사람은 누구입니까?)

➲ 이 경우 역시 「~た」와 「~ている」의 앞에는 '안경을 끼다'라고 하는 움직임이 전혀없는 말이 와있으므로 결국 의미상의 차이는 없다.

⑦ バスの中で、いすに座った/座っている人が私に声をかけてきた。

(버스 안에서 좌석에 앉은/앉자있는 사람이 나에게 말을 걸어왔다)

➲ 이 경우도 「~た」와 「~ている」의 앞에는 '좌석에 앉는다'고 하는 움직임이 전혀 없는 말이 와있으므로 결국 의미상의 차이는 없다.

⑧ もう結婚しているから、落ち着いた/落ち着いている生活がしたい。

(이제 결혼했으니까, 안정된/안정되어있는 생활을 하고 싶다)

➲ 이 경우 역시 「~た」와 「~ている」의 앞에는 '안정되다'라고 하는 움직임이 전혀 없는 말이 와있으므로 결국 의미상의 차이는 없다.

⑨ 先が尖った/尖っているナイフを持ってこい。

(끝이 뾰족한/뾰족해있는 칼을 갖고 와라)

➲ 이 경우도 「~た」와 「~ている」의 앞에는 '끝이 뾰족하다' 고 하는 움직임이 전혀 없는 말이

와있으므로 결국 의미상의 차이는 없다.

⑩ あの中(なか)で帽子(ぼうし)をかぶった/帽子(ぼうし)をかぶっている女(おんな)の子(こ)が私(わたし)の妹(いもうと)です。
(저 가운데에서 모자를 쓴/모자를 쓰고 있는 여자애가 내 여동생입니다)

⑪ 指輪(ゆびわ)をした/指輪(ゆびわ)をしている婦人(ふじん)はどなたですか。
(반지를 낀/반지를 끼고 있는 부인은 누구십니까?)

「～だ」「～です」「～である」「～のだ」

공통의미

～이다(단정을 나타내는 용법)

요점

1. 「～だ」「～です」「～である」「～のだ」는 모두 어떤 사항이나 일에 대한 긍정적인 판단, 즉 단정을 나타내는 표현들인데 문체상에 차이가 엿보인다.
2. 「～だ」는 명사에 접속되어 단정을 나타내는 것으로 우리말의 '～이다'에 해당된다(예문①④⑤). 단정을 나타내는 조동사로서는 가장 기본적인 것이지만 어감이 매우 딱딱해서 회화체에서는 이대로 쓰이는 법이 거의 없고, 보통은 「～だよ」「～だね」「～だわ」「～だぞ」와 같이 그 뒤에 종조사가 접속됨으로서 어감을 부드럽게 한다(예문⑥⑦⑧). 특히 여성의 경우에는 「～だ」를 생략하여 명사에 각종 종조사를 그대로 붙여서 쓰곤 한다(예문⑨).
3. 「～です」는 「～だ」와 같이 단정을 나타내지만 보다 정중한 표현으로, 우리말의 '～입니다' 에 해당된다(예문①②⑩⑪). 「～だ」와 달리 명사뿐만 아니라 형용 의 종지형과 형용동사어간에도 접속된다(예문⑫⑬).
4. 「～である」는 주로 논문이나 논설문과 같은 문장체에서 쓰이는 딱딱한 표현으로 회화체에서는 일체 쓰이지 않는다(예문①⑭⑮⑯). 그 앞에는 명사나 형용동사어간만이 오게 된다.
5. 「～のだ」는 이미 하나의 문으로 성립된 것에 접속되어 그 앞의 내용을 토대로 상대에게 강하게 주장하는 표현으로 우리말의 '～(인)한 것이다'에 해당된다(예문②③⑰⑱⑲).

회화체에서는 종종 「～んだ」로 발음되는 경우가 많다(예문⑳).

예문과 해설

① 父(ちち)は会社員(かいしゃいん)だ/です/である/＊のだ。(아버지는 회사원이다)

➲ 이 경우, 「~だ」를 쓰게 되면 동등하거나 아랫사람에게 쓸 법한 딱딱한 말투가 되고, 「~です」를 쓰게 되면 정중한 말투가 되며, 「~である」를 쓰게 되면 회화체가 아닌 문장체의 말투가 된다. 하지만 「~のだ」의 경우에는 명사에 접속될 때에 「명사+なのだ」의 형태를 취하여야 하므로 여기에서는 문법상 부적절하다. 물론, 「父(ちち)は会社員(かいしゃいん)なのだ」로 할 것 같으면 적절해지는데 이렇게 되면 아버지가 회사원인 사항을 주장하는 어감이 주어지게 된다.

② 外(そと)はとても暑(あつ)いです/のだ/＊だ/＊である。(밖은 무척 덥습니다 /더운 것이다)

➲ 「~です」는 정중한 어감의 단정을 나타내며, 「~のだ」는 밖이 덥다고 하는 사실을 주장하는 어감이 주어진다. 한편 「~だ」와 「~である」는 명사에만 접속이 될 뿐, 이 경우와 같이 형용사에는 그대로 접속이 될 수 없으므로 여기에서는 둘 다 부적절하다.

③ 誰(だれ)にでも失敗(しっぱい)はあるのだ/＊だ/＊である/＊です。(누구에게나 실패는 있는 거다)

➲ 「~のだ」는 그 앞에 오는 하나의 문을 받아서 말하는 사람의 강한 주장을 나타내는 것이므로 이 경우에 적절하다. 한편 「~だ」와 「~である」, 그리고 「~です」는 이와 같이 동사에는 직접 접속될 수 없으므로 여기에서는 모두 부적절하다.

④ 彼(かれ)は高校生(こうこうせい)だ。(그는 고등학생이다)

➲ 이 경우와 같이 단정의 조동사 「~だ」만으로 말을 맺게 되면 무척이나 딱딱한 어감이 주어진다.

⑤ お前(まえ)が犯人(はんにん)だ。(네가 범인이다)

⑥ あの人(ひと)が田中(たなか)さんだよ。(저 사람이 타나카씨야)

➲ 「~だ」는 이 자체만으로는 매우 딱딱한 어감이 주어지므로 실제의 회화에서는 종종 「~だよ」와 같이 종조사 「よ」를 접속시킴으로서 어감을 부드럽게 하곤 한다.

⑦ うわさの店(みせ)はここだね。(소문난 가게는 여기지)

➲ 이 경우 역시 종조사 「~ね」를 접속시킴으로서 어감을 부드럽게 하고 있다.

⑧ 次(つぎ)は私(わたし)の番(ばん)だわ。(다음은 내 차례야)

➲ 이 경우는 종조사 「わ」가 접속된 예인데, 이러한 표현은 주로 여성이 쓰는 경향이 있다.

⑨ 今日(きょう)は記録的(きろくてき)な暑(あつ)さね。(오늘은 기록적인 더위네)

➲ 이 경우와 같이 단정의 조동사 「~だ」가 생략되는 것은 주로 여성의 표현에서 엿보인다.

⑩ あの建物(たてもの)は図書館(としょかん)です。(저 건물은 도서관입니다)

➲ 조동사 「~です」는 「~だ」의 정중체로, 「~だ」와 같이 명사에 접속된다.

⑪ 私(わたし)は山田(やまだ)です。(저는 야마다입니다)

⑫ 日本語(にほんご)の発音(はつおん)はとても難(むずか)しいです。(일본어의 발음은 무척 어렵습니다)

➲ 조동사 「~です」는 이 경우와 같이 형용사의 종지형에도 그대로 접속된다.

⑬ あの部屋(へや)よりこの部屋(へや)の方(ほう)がもっと静(しず)かです。

(저 방보다 이 방 쪽이 더 조용합니다)

➲ 조동사 「~です」는 이 경우와 같이 형용동사의 어간에도 그대로 접속된다.

⑭ 犬(いぬ)は動物(どうぶつ)である。(개는 동물이다)

➲ 「~である」는 「~だ」와 의미용법은 같으나 문장체에서나 쓰일 법한 매우 딱딱한 표현이다.

⑮ 人間(にんげん)は考(かんが)える葦(あし)である。(인간은 생각하는 갈대이다)

⑯ 人間(にんげん)には精神(せいしん)の豊(ゆた)かさが第一(だいいち)に必要(ひつよう)なものである。

(인간에게는 정신의 풍요로움이 가장 필요한 것이다)

⑰ 難(むずか)しい漢字(かんじ)は先生(せんせい)に教(おそ)わったのだ。(어려운 한자는 선생님에게 배운 것이다)

➲ 「~のだ」는 말하는 사람의 주장을 강하게 나타내는 것인데 그 앞에 와있는 내용을 「の」에 의해서 명사화한 다음에 이어서 단정의 조동사 「~だ」로 잘라 말하는 방식이다. 결국은 형식적으로는 「명사+だ」와 같은 셈이다.

⑱ 若(わか)い人(ひと)が外来語(がいらいご)を好(この)むのは、それなりの理由(りゆう)があるのだ。

(젊은 사람이 외래어를 좋아하는 것은 그 나름대로의 이유가 있는 거다)

⑲ 彼(かれ)にも都合(つごう)があるのだ。(그에게도 사정이 있는 거다)

⑳ 君(きみ)が悪(わる)いんだ。(자네가 나쁜 거다)

➲ 「~んだ」는 「~のだ」의 「の」가 발음을 부드럽게 하고자 하는 과정에서 「ん」으로 변음된 형태인데 회화체에서 매우 빈번하게 쓰이고 있다.

「~たあげく(に)」「~た末(すえ)(に)」

(考(かんが)えに考(かんが)えたあげくこの家(いえ)を売(う)ることにした、考(かんが)えに考(かんが)えた末(すえ)にこの家(いえ)を売(う)ることにした)

공통의미

~한 끝에

요점

1. 「~たあげく(に)」는 어떤 경과에서부터 결과에까지 이르는 과정에서 극도로 달했던 사정이나 감정 등을 말하는 사람의 기분에 섞어서 나타낸다. 즉, 그러한 과정이 정신적으로 상당한 부담이 되거나 피해가 주어졌을 경우에 쓰이는데, 주로 부정적인 결과를 나타내는 경향이 있다. 주로 문장체에서 쓰이지만 회화체에서도 쓰일 수 있는데 회화체에서 쓰일 때는 조사 「に」가 생략되곤 한다(예문①②③④⑤).
2. 「~た末(に)」는 어떤 경과에서 결과에 이르기까지 긴 과정을 거쳤다고 하는 객관적인 사실만을 나타내는 것으로, 긍정적인 결과이건 부정적인 결과이건 상관없이 쓰인다. 주로 문장체에서 쓰이며, 괄호 속의 조사 「に」는 있어도 없어도 상관없다(예문①②③⑥⑦).

예문과 해설

① 妻は、思い悩んだあげく/末に夫の犯行を通報することにした。
(아내는 번민을 한 끝에 남편의 범행을 신고하기로 했다)

➲ 이 경우는 둘 다 적절한데 「~たあげく」를 쓰게 되면 아내의 번민이 극심했다고 하는 기분을 나타내는데 반하여, 「~た末に」를 쓰게 되면 단지 아내가 번민했었다고 하는 사실을 담담하게 나타내고 있을 뿐이다.

② さんざん悩んだあげく/末に、彼には手紙で謝ることにした。
(무척이나 고민한 끝에 그에게는 편지로 사과하기로 했다)

➲ 이 경우 역시 「~たあげく」를 쓰게 되면 편지로 사과하기까지 고민이 극심했다고 하는 기분을 나타내는데 반하여, 「~た末に」를 쓰게 되면 단지 편지로 사과하기까지 고민이 많았음을 사실적으로 나타내고 있을 뿐이다.

③ 考えに考えたあげく/末に、この家を売ることに決めた。
(생각에 생각을 거듭한 끝에 이 집을 팔기로 정했다)

➲ 이 경우도 위의 예문들과 맥락을 같이하고 있다.

④ 石につまずいて転び、今度は前から来た自転車に襲われたあげく/＊末に骨折で入院することになった。
(돌에 발이 걸려서 넘어지고, 이번에는 앞에서 온 자전거에 채인 끝에 골절로 입원하게 되었다)

➲ 이 경우와 같이 짧은 시간에 여러 가지 불운이 겹쳐서 그 결과가 매우 부정적인 때는 오로지

「~たあげく」만이 적절하다.

⑤ 帰り道に、酔っぱらいにからまれたあげく/＊末に、財布まで盗まれた。
(돌아가는 길에 술꾼에게 휘말린 끝에 지갑까지 도둑맞았다)

➲ 이 경우도 짧은 시간에 여러 가지 불운이 겹쳐서 그 결과가 매우 부정적이므로 오로지 「~たあげく」만이 적절하다.

⑥ 大型トラックは1キロ暴走した末に/＊あげく、ようやく止まった。
(대형트럭은 1키로 폭주한 끝에 겨우 멈췄다)

➲ 이 경우와 같이 과정은 험난했지만 결과가 긍정적일 때는 「~たあげく」는 부적절하다. 반면에 「~た末に」는 부정적인 결과뿐만 아니라 긍정적인 결과에도 쓰이므로 여기에서는 적절하다.

⑦ 10年も付き合った末に/＊あげく、いよいよ結婚することになりました。
(10년이나 사귄 끝에 드디어 결혼하게 되었습니다)

➲ 「~た末に」는 이 경우와 같은 긍정적인 결과에도 쓰이므로 여기에서는 적절하다. 하지만 부정적인 결과에만 쓰이는 「~たあげく」는 부적절하다.

「～たい」「～たがる」

(私はこの本が読みたい、彼はこの本を読みたがっている)

공통의미

～하고 싶다(싶어 한다)(희망을 나타내는 조동사의 용법)

요점

1. 「～たい」는 희망을 나타내는 조동사로서 말하는 사람의 희망만을 나타내며 긍정문에서는 상대나 타인의 희망은 일체 나타낼 수가 없다(예문①). 하지만, 의문문에서는 상대의 희망을 나타낼 수도 있으며(예문③), 추측이나 전문의 경우에는 타인의 희망도 나타낼 수가 있다(예문④). 「～たい」의 앞에는 대체로 조사 「～が」가 오는 것이 보통인데 우리말의 '～(하고)싶다'에 해당된다.
2. 「～たがる」는 희망을 나타내는 조동사 「～たい」에 그러한 행동을 함을 나타내는 접미

어 「がる」가 접속된 형태인데 항상 타인에 대해서만 쓸 수 있다(예문②⑤). 하지만, 문 속에서 뒤에 오는 말에 걸리는 종속절인 경우에는 말하는 사람이나 상대에 대해서도 쓸 수가 있다(예문⑥). 우리말의 '~(하고)싶어 한다'에 해당된다.

예문과 해설

① 私はこの本が読みたい/✱を読みたがっている。(나는 이 책이 읽고 싶다)

➲ 「~たい」는 오로지 말하는 사람자신의 희망만을 나타내는 것이므로 여기에서는 적절하다. 여기에서 「~たがる」가 부적절한 이유는, 말하는 사람의 감정은 말하는 사람자신이 가장 잘 알고 있으며 타인이 말하는 사람의 감정을 잘라 말하듯이 표현할 수는 없기 때문이다. 우리말에서도 '나는 이 책을 읽고 싶어 한다'고 하는 표현은 매우 부자연스럽다.

② 彼はこの本を読みたがっている/✱この本が読みたい。

(그는 이 책을 읽고 싶어 하고 있다)

➲ 「~たがる」는 오로지 타인의 희망만을 나타내는 것이므로 적절하며 여기에서 「~たい」가 부적절한 이유는 타인의 감정을 추측하거나 전달할 수는 있어도 이렇듯이 잘라서 표현할 수는 없기 때문이다. 이 경우, 실제로 우리말에서도 '그는 이 책을 읽고 싶다'라는 표현은 매우 부자연스럽다.

③ あなたもこの本が読みたいのですか。(당신도 이 책을 읽고 싶은 겁니까?)

➲ 「~たい」는 말하는 사람의 희망만을 나타내지만 이 경우처럼 의문문에서는 상대의 희망도 나타낼 수가 있다.

④ 彼もこの本が読みたいそうだ。(그도 이 책을 읽고 싶다고 한다)

➲ 이 경우는 타인의 희망에 대하여 전문의 형식으로 표현하고 있으므로 「~たい」가 적절하다.

⑤ 山田君が酒を飲みたがっても、僕は飲ませません。

(야마군이 술을 마시고 싶어 해도 나는 마시게 하지 않습니다)

➲ 「~たがる」는 이 경우와 같이 타인의 희망만을 나타내는 것이 기본적인 용법이다.

⑥ 私がいくらこの本を買いたがっても、母は買ってくれません。

(내가 아무리 이 책을 사고 싶어 해도, 어머니는 사주지 않습니다)

➲ 「~たがる」는 오로지 타인의 희망만을 나타내지만, 이 경우처럼 종속절 속에서는 말하는 사람의 희망도 나타낼 수가 있다. 실제로 이 경우에는 우리말도 마찬가지로 표현된다.

참고

이상은 「~たい」와 「たがる」가 문말에 쓰이거나 종속절 속에서 쓰인 경우이지만 「~たい」와 「~たがる」가 뒤에 오는 명사를 수식하는 명사수식절로 쓰일 때는 뉘앙스의 차이는 있을지언정 둘 다 쓸 수가 있다.

「山田君は北海道に行きたい人を知っている」
(야마다군은 홋카이도에 가고 싶은 사람을 알고 있다)
「山田君は北海道に行きたがっている人を知っている」
(야마다군은 홋카이도에 가고 싶어 하고 있는 사람을 알고 있다)

전자는 山田君이 홋카이도에 가고 싶은 사람의 입장에서 표현하고 있지만, 후자는 山田君이 홋카이도에 가고 싶은 사람의 모습이나 이야기를 전해 듣고서 표현하고 있다.

「大学」「大学校」

공통의미

대학

요점

1. 「大学」는 우리나라의 4년제 대학을 가리키는 것인데, 2년제 대학인 경우에는 「短期大学」, 줄여서 「短大」라고 한다(예문①②).
2. 「大学校」는 일반대학이 아니라 주로 행정관청이 해당공무원을 양성할 목적으로 관할하는 교육기관으로, 「消防大学校」「自治大学校」와 같이 쓰인다(예문③).

예문과 해설

① 大学に進学する。(대학에 진학한다)
② 彼は大学の教授だ。(그는 대학교수이다)
③ 気象大学校(기상대학교)　警察大学校(경찰대학교)　海上保安大学校

(해상보안대학교)　航空大学校(항공대학교)　水産大学校(수산대학교)
防衛大学校(방위대학교)

참고

우리나라에서는 현재, 종합대학인 경우에는 '대학교' 라고 부르고 단과대학인 경우에는 '대학'으로 부르고 있으나, 일본의 경우에는 종합대학이건 단과대학이건 모두 「大学」라고만 부르는 점에 차이가 엿보인다. 한편, 우리나라의 종합대학 안에 소속되어 있는 단과대학의 경우, 일본에서는 「学部」로 불리며, 대학총장의 경우에도 대부분 「学長」로 불리고 단과대학장인 경우에는 「学部長」로 불리고 있다.

「大切だ」「大事だ」「重要だ」

(大切な茶碗を割った、大事な茶碗を割った、重要な茶碗を割った)

공통의미

소중하다, 중요하다

요점

1. 「大切だ」와 「大事だ」는 거의 같은 뜻으로 사적이고 주관적인 입장에서 중요함을 나타낸다. 뒤에 오는 명사를 수식할 때는 「大切な」「大事な」의 형태를 취하고(예문①②⑤⑥⑧⑩), 부사적으로 쓰일 때는 「大切に」「大事に」와 같은 형태를 취한다(예문③⑦⑨). 우리말의 '소중한' 정도에 해당된다.
2. 「重要だ」는 공적이고 객관적인 입장에서 중요함을 나타낸다. 뒤에 오는 명사를 수식할 때는 「重要な」의 형태를 취하지만(예문①④⑪⑫⑬), 「重要に」와 같은 부사적인 형태는 없다. 우리말의 '중요한'에 해당된다.

예문과 해설

① 大切な/大事な/重要な茶碗を割った。(소중한/중요한 그릇을 깼다)

➲ 이 경우는 그 어느 것이나 적절한데 「大切だ」와 「大事だ」를 쓰게 되면 개인에게 있어서 소중한 그릇을 나타내며 설령 그 그릇이 객관적으로 볼 때 하찮은 것이라도 상관없다. 하지만 「重要だ」를 쓰게 되면 문화재로 지정되어 있거나 해서 만인에게 있어서 매우 중요한 가치를 지닌 그릇임을 나타내게 된다.

② これは、父の大切な/大事な/＊重要な時計です。
(이것은 아버지의 소중한 시계입니다)

➲ 이 경우 아버지에게 있어서는 사적으로 소중한 시계이겠지만 공적이고 객관적으로 중요한 시계는 아니므로 「重要だ」는 부적절하다.

③ 学位記を大事に/大切に/＊重要に扱う。(학위기를 소중하게 다룬다)

➲ 「重要だ」는 「重要に」와 같은 부사적인 형태를 지니고 있지 않으므로 여기에서는 부적절하다.

④ 夫は会社の重要な/＊大事な/＊大切な地位についている。
(남편은 회사의 중요한 지위에 앉아 있다)

➲ 이 경우와 같이 공적이고 객관적인 입장에서의 중요함을 나타낼 때는 「重要だ」가 적절하다.

⑤ 友人に借りた大切な本。(친구에게 빌린 소중한 책)

➲ 이 경우는 말하는 사람의 개인적인 차원에서 소중하다는 뜻을 나타내고 있다.

⑥ あなたには関係ないでしょうが、私には大切な問題です。
(당신에게는 관계없겠습니다만, 나에게는 소중한 문제입니다)

⑦ 美術品を大切に扱ってください。(미술품을 소중하게 다루어 주십시오)

➲ 이 경우는 「大切に」의 형태로서 부사적인 용법으로 쓰인 예이다.

⑧ 大事な話をメモする。(소중한 이야기를 메모한다)

⑨ これは高いものですから、大事に扱ってください。
(이것은 비싼 물건이니까, 소중히 다루어 주십시오)

➲ 이 경우는 「大事に」의 형태로서 부사적인 용법으로 쓰인 예이다.

⑩ この絵はわが家にとって大事な宝物です。
(이 그림은 우리 집에 있어서 소중한 보물입니다)

⑪ 事件の鍵になる重要な証言。(사건의 열쇠가 되는 중요한 증언)

➲ 이 경우는 보다 공적이고 객관적인 입장에서의 중요함을 나타내고 있다.

⑫ この問題の解決が会社の重要な課題となっている。
(이 문제의 해결이 회사의 중요한 과제로 되어 있다)

⑬ 重要な問題を提起する。(중요한 문제를 제기한다)

「大体」「大抵」「大概」

(明日は大体晴れるだろう、明日は大抵晴れるだろう、明日は大概晴れるだろう)

공통의미

대체로, 대개

요점

1. 「大体」는 수적이나 양적인 경우 어느 쪽에도 쓰이며 전체를 크게 파악하여 말하는 경우에 쓰인다. 일상적으로 가장 사용빈도수가 높은데, 우리말의 '대체로, 전반적으로' 정도에 해당된다(예문①②④⑤). 한편으로는 명사용법으로 쓰여서 어떤 일의 개요나 대체적인 내용을 나타내기도 한다(예문③⑥).
2. 「大抵」는 그 대다수의 경우에 이르는 것을 나타내는 것으로 빈도수나 확률에 중심이 있는 말인데 우리말의 '대체로'에 해당된다(예문⑦⑧⑨).
3. 「大概」는 전체가운데에서 대부분임을 나타내는 것으로 우리말의 '대개'에 해당된다(예문②⑩⑪). 한편으로는 명사용법으로 쓰여서 어떤 일의 골격을 나타내기도 하는데 비교적 딱딱한 문장체에서나 쓰인다(예문③⑫).

예문과 해설

① この結果は大体/＊大抵/＊大概/予想どおりだ。
(이 결과는 대체로 예상대로다)

➲ 이 경우와 같이 어떤 하나의 사항에 대하여 그 대부분에 걸침을 나타낼 때는 「大体」만이 적절하다. 왜냐하면 「大体」는 내용을 크게 파악하여 말하는 데에 쓰이기 때문이다. 「大抵」는 확률이나 빈도수가 높음을 나타내기 때문에 부적절하고 「大概」는 대부분을 나타내므로 이것역시 여기에서는 부적절하다. 이 경우는 전반적인 결과를 나타내고 있는 것이다.

② ふざけるのも大抵/大概/＊大体にしろ。(장난치는 것도 정도껏 해라)

➲ 이 경우와 같이 정도를 벗어나지 않음을 나타낼 때는 「大体」는 부적절하다. 「大体」는 어떤 대상을 전반적으로 크게 파악하여 말할 때에 쓰이기 때문이다.

③ 事件の大概/大体/＊大抵を報道する。(사건의 개요를 보도한다)

➲ 이 경우와 같이 사건의 전반적인 개요를 나타낼 때는 「大概」와 「大体」만이 적절한데 「大概」는 비교적 딱딱한 어감이 주어진다.

④ 大体一メートルの長さの棒が要る。(대체로 1미터 길이의 봉이 필요하다)

➲ 이 경우는 전체를 크게 파악하여 나타내고 있다.

⑤ 一度読んだだけで大体わかった。(한번 읽은 것만으로 대체로 알았다)

⑥ 話の大体を記録する。(이야기의 개요를 기록한다)

➲ 「大体」는 이 경우와 같이 대체적인 내용을 나타내기도 한다.

⑦ 夜は大抵早く寝ます。(밤에는 대체로 빨리 잡니다)

➲ 「大抵」는 이 경우와 같이 빈도나 확률을 나타내는 것에 의미의 중심이 놓인다.

⑧ 家には大抵午後7時ごろ帰ります。(집에는 대체로 오후7시쯤 돌아갑니다)

⑨ 冗談も大抵にしろ。(농담도 정도껏 해라)

⑩ 会が終わって人は大概帰った。(모임이 끝나고 사람은 대개 돌아갔다)

➲ 「大概」는 이 경우와 같이 전체 가운데에서 대부분을 나타내는 것에 의미의 중심이 놓인다.

⑪ 彼は大概うちにいないだろう。(그는 대개 집에 없을 것이다)

⑫ 事件の大概が判明する。(사건의 개요가 판명된다)

➲ 「大概」는 이 경우와 같이 전반적인 내용의 골격을 나타내기도 한다.

「たいてい」「よく」

(日曜日はたいていテニスに行きます、日曜日はよくテニスに行きます)

공통의미

거의, 자주(빈도와 습관을 나타내는 의미용법)

요점

1. 「たいてい」는 「たいてい～する」의 형태를 취하여, 대부분의 경우 그러한 행동을 한다고 하는 뜻으로 쓰인다(예문②③). 이는 일상적으로 습관화되어 있음을 나타내는데 「たいてい」는 뒤에 오는 동사는 물론이고 명사나 형용사도 수식할 수가 있다(예문⑤⑥). 우리말의 '대체로, 거의' 에 해당된다.
2. 「よく」는 「よく～する」의 형태를 취하여 그러한 행동을 하는 경우가 많다고 하는 뜻으로 쓰인다(예문④⑦⑧). 이는 행동의 빈도수를 나타내는데 「よく」는 오로지 뒤에 오는 동사만을 수식하며 명사나 형용사는 수식하지 못한다. 우리말의 '자주'에 해당된다.

예문과 해설

① 日曜日はたいてい/よくテニスに行きます。

(일요일은 대체로/자주 테니스하러 갑니다)

➲ 이 경우 「たいてい」를 쓰게 되면 별일이 없는 한, 일요일에는 거의 습관적으로 테니스 하러 감을 나타내지만 「よく」를 쓰게 되면 습관적은 아니지만 테니스하러 가는 경우가 많다고 하는 빈도수를 나타내게 된다.

② 毎晩、何時ごろ寝ますか。 → たいてい/＊よく8時ごろ寝ます。

(매일 밤, 몇 시 쯤 잡니까? → 대체로 8시쯤 잡니다)

➲ 「よく」는 빈도수를 나타내는데 이 경우는 일상적으로 반복되는 습관을 나타내는 것이므로 「たいてい」가 적절하다. 실제로 우리말에서도 '대체로 8시쯤 잡니다'는 매우 자연스럽지만, '자주 8시쯤 잡니다'는 매우 부자연스럽다.

③ 日曜日は何をしますか。 → たいてい/＊よく洗濯と掃除をします。

(일요일은 무엇을 합니까? → 대체로 빨래와 청소를 합니다)

➲ 이 경우도 매주 일요일마다 습관적으로 하는 행동을 나타내므로 「たいてい」가 적절하다.

④ 週末はデパートへ行きますか。→　ええ、よく/＊たいてい行きます。
(주말에는 백화점에 갑니까? → 예, 자주 갑니다)

➲ 이 경우는 일상적인 습관을 나타내는 것이 아니라 어디까지나 백화점에 가는 빈도수를 나타내는 것이므로「よく」가 적절하다.

⑤ トラックの運転手はたいてい/＊よく男性だ。(트럭운전수는 대체로 남성이다)

➲ 이 경우는「たいてい」가 뒤에 오는 명사문을 수식하고 있는데「よく」에는 이러한 용법이 없다.

⑥ 韓国の料理はたいてい/＊よく辛い。(한국요리는 대체로 맵다)

➲ 이 경우도「たいてい」가 뒤에 오는 형용사를 수식하고 있다.

⑦ あの店には昔はよく行ったものだ。(저 가게에는 옛날에는 자주 가곤 했었다)

➲ 이 경우는 가게에 가곤했던 빈도수를 나타내고 있다.

⑧ それはよくある話じゃないか。(그것은 자주 있는 이야기가 아닌가?)

참고

「たいてい」에는 이 밖에도 보통의 정도가 아님을 나타내는 용법도 있다.

「たいていの決心ではできない大仕事」(보통의 결심으로는 할 수 없는 큰 일)

「母の苦労はたいていではなかった」(어머니의 고생은 보통은 아니었다)
(이만저만이 아니었다)

「～たいです」「～たいんです」「～たいんですが」

(行きたいです、行きたいんです、行きたいんですが)

공통의미

~하고 싶다

●●● 요점

1. 「～たいです」는 단지 말하는 사람자신의 희망을 나타내는 것으로 우리말의 '～하고 싶습니다'에 해당된다(예문①④⑤).
2. 「～たいんです」는 말하는 사람의 희망을 내세우는 데에 따른 이유를 제시하거나 상대를 설득하는 의미가 담겨있다. 「ん」은 앞의 말을 명사화하는 형식명사 「の」가 회화체에서 변화된 형태인데, 우리말의 '～하고 싶은 겁니다'에 해당된다(예문②⑥⑦).
3. 「～たいんですが」는 상대에게 말하는 사람의 제안을 제시하거나 조언을 구하는 의미가 담겨있는데, 우리말의 '～하고 싶은 겁니다만'에 해당된다(예문③⑧⑨).

●● 예문과 해설

① A：どこの国へ行きたいですか。B：アメリカへ行きたいです。
(A：어느 나라에 가고 싶습니까?　B：미국에 가고 싶습니다)

➲ 이 경우는 단지 미국에 가고 싶다고 하는 말하는 사람의 희망을 나타내고 있을 뿐이다.

② A：どうしてアルバイトしているんですか。B：アメリカへ行きたいんです。
(A：어째서 아르바이트하고 있는 겁니까?　B：미국에 가고 싶은 겁니다)

➲ 이 경우는 아르바이트를 하고 있는 이유를 설명하고 있다.

③ A：アメリカへ行きたいんですが。(A：미국에 가고 싶은 겁니다만)

B：はい、いろいろなプランがありますが、ご予算はどのくらいですか。
(B：예, 여러 가지 플랜이 있습니다만, 예산은 어느 정도입니까?)

➲ 이 경우는 상대의 조언을 구하기 위하여 말하는 사람자신의 희망을 나타내고 있다.

④ 暑いから、なにか冷たいものが飲みたいです。
(더우니까 뭔가 차가운 것을 마시고 싶습니다)

➲ 이 경우는 단지 말하는 사람의 희망을 나타내는 용법으로 쓰였다.

⑤ 将来インテリアデザインの会社で働きたいです。
(장래에 인테리어디자인회사에서 일하고 싶습니다)

➲ 이 경우 역시 위의 예문과 맥락을 같이하고 있다.

⑥ 来月も続けて受講したいんです。(다음 달도 계속해서 수강하고 싶은 겁니다)

➲ 이 경우는 상대를 설득하거나 나름대로의 이유를 제시하는 용법으로 쓰였다.

⑦ 家族そろって住むところを見つけたいんです。
(가족이 함께 살 곳을 찾고 싶은 겁니다)

➲ 이 경우 역시 위의 예문과 맥락을 같이하고 있다.

⑧ 学園祭(がくえんさい)の日程(にってい)が知(し)りたいんですが。(대학축제의 일정을 알고 싶은 겁니다만)

➲ 이 경우는 상대에게 조언을 구하는 용법으로 쓰였다.

⑨ すみません。ちょっとお聞(き)きしたいんですが。

(미안합니다. 좀 여쭤보고 싶은 겁니다만)

➲ 이 경우 역시 위의 예문과 맥락을 같이하고 있다.

「大変(たいへん)」「とても」「非常(ひじょう)に」「甚(はなは)だ」

(大変面白(たいへんおもしろ)い話(はなし)、とても面白(おもしろ)い話(はなし)、非常(ひじょう)に面白(おもしろ)い話(はなし)、甚(はなは)だ面白(おもしろ)い話(はなし))

공통의미

무척, 매우, 몹시

요점

1. 「大変(たいへん)」과 「とても」는 우리말의 '매우, 대단히' 정도에 해당되는 말로서, 회화체에서 같은 의미용법으로 가장 많이 쓰인다(예문④⑤⑥⑦). 특히 「大変(たいへん)」은 「大変(たいへん)だ」의 형태로 문말의 술어가 되기도 하고(예문②), 「大変(たいへん)な」의 형태로 뒤에 오는 명사를 수식하기도 하는데(예문③), 다른 말에는 이와 같은 용법이 없다.
2. 「非常(ひじょう)に」(예문⑧⑨)와 「甚(はなは)だ」는 보통의 정도를 넘어서 있는 모양을 나타내며, 특히 「甚(はなは)だ」는 자신에게 있어서 마이너스가 되는 정도를 나타내는 경향이 있다(예문⑩⑪). 둘 다 우리말의 '몹시, 무척' 정도에 해당된다.

예문과 해설

① 彼(かれ)は大変(たいへん)/とても/非常(ひじょう)に/?甚(はなは)だ立派(りっぱ)な人物(じんぶつ)だ。

(그는 매우 훌륭한 인물이다)

➲ 「甚だ」는 대체로 바람직하지 못한 정도를 나타내는 데에 쓰이는 경향이 있으므로 이 경우에는 다소 부적절하다.

② 子育ては大変だ/ ✱ とてもだ/ ✱ 非常にだ/ ✱ 甚だだ。
(아이 키우기는 힘들다)

➲ 이 경우와 같이 문말의 술어로 쓰일 수 있는 것은 오로지 「大変」만이 적절하다.

③ うっかりして大変な/ ✱ とてもな/ ✱ 非常にな/ ✱ 甚だなことをしてしまった。
(깜빡하고 큰일을 저지르고 말았다)

➲ 이 경우와 같이 뒤에 오는 명사를 수식하는 것은 오로지 「大変」만이 적절하다.

④ 彼には大変世話になった。(그에게는 무척 신세를 졌다)

⑤ これは大変難しい問題だ。(이것은 무척 어려운 문제다)

⑥ とても素敵な女性。(매우 멋진 여성)

⑦ あれはとても面白い映画だ。(저것은 매우 재미있는 영화다)

⑧ 昨日は非常に疲れた。(어제는 무척이나 피곤했다)
➲「非常に」는 이 경우와 같이 그 정도가 극심함을 나타내는 데에 쓰인다.

⑨ 先生の言うことは非常に難解だ。(선생님이 하는 말은 무척 난해하다)

⑩ 甚だ遺憾に思います。(몹시 유감으로 생각합니다)

➲ 「甚だ」는 그 정도가 극심함을 나타내는데, 주로 부정적인 평가를 나타내는 데에 쓰인다.

⑪ 甚だ不愉快な出来事だった。(몹시 불쾌한 일이었다)
➲ 이 경우 역시 부정적인 평가를 담고 있다.

「体面」「面目」「メンツ」「沽券」

(できなくては体面にかかわる、できなくては面目にかかわる
できなくてはメンツにかかわる、できなくては沽券にかかわる)

공통의미

체면

요점

1. 「体面」은 주위사람들이 자신을 어떻게 보고 어떻게 생각하느냐하는, 주로 겉모양에 신경을 쓰는 말이다(예문①②⑤⑥⑦⑧).
2. 「面目」는 주로 주위사람들의 평가를 나타내는 말로 폭넓게 쓰이는데 「めんもく」로 표현하기도 하지만, 「めんぼく」가 더 일반적으로 쓰인다(예문①②③④⑨⑩).
3. 「メンツ」는 중국어의 「面子」에서 온 말로, 「面目」와 같이 쓰인다(예문①②③⑪⑫).
4. 「沽券」은 능력이나 신용이 이미 어느 수준이상인 사람에 대한 주위사람의 평가와 명예를 나타내는 말로, 주로 「沽券にかかわる(체면이 걸리다)」나 「沽券が下がる(체면이 떨어진다)」 형태의 관용구로만 쓰이는 경향이 있다(예문①⑬⑭).

예문과 해설

① これは体面/面目/メンツ/沽券にかかわる問題だ。(이것은 체면이 걸린 문제다)

➲ 이 경우는 어느 것이나 적절한데, 다만 「体面」만은 겉모양에 중점이 놓인 말이라는 점에서만 차이가 있다.

② あの事件で彼は体面/面目/メンツ/＊沽券を失った。
(저 사건으로 그는 체면을 잃었다)

➲ 이 경우에 「沽券」은 「沽券にかかわる(체면이 걸리다)」「沽券が下がる(체면이 떨어진다)」의 형태로만 쓰이므로 여기에서는 부적절하다.

③ このことで面目/メンツ/＊体面/＊沽券が立たない。
(이 일로 체면이 서지 않는다)

➲ 동사 「立つ」「立たない」와 함께 쓰일 수 있는 것은 오로지 「面目」와 「メンツ」만이 적절하다. 「沽券」은 언제나 「沽券にかかわる(체면에 걸리다)」「沽券が下がる(체면이 떨어지다)」의 형태로만 쓰이므로 여기에서는 부적절하고, 「体面」은 우리말에서도 '체면이 서다, 체면이 서지 않는다'와 같이 쓰이므로 얼핏 생각하면 이 경우에 적절할 것도 같으나, 일본어에서는 주로 「体面を保つ(체면을 유지하다)」「体面を維持する(체면을 유지하다)」「体面を気にする(체면을 신경 쓰다)」와 같이 쓰이므로 이 역시 여기에서는 부적절하다.

④ 面目/＊メンツ/＊体面/＊沽券を一新する。(면목을 일신한다)

➲ 이 경우와 같이 주위사람들의 평가를 새로이 바꾸도록 한다고 하는 뜻에서는 「面目」만이 적절하다.

⑤ 体面上/＊メンツ上/＊面目上/＊沽券上/、断れない。
(체면상, 거절할 수 없다)

➲ 이 경우와 같이 주위사람들의 평가를 의식하여, 겉모양에 신경 쓴다고 하는 뜻에서는 「体面」만이 적절하다.

⑥ 友だちは体面を気にしているらしい。(친구는 체면을 신경 쓰고 있는 것 같다)

⑦ 彼は体面を保つためにあらゆる努力をした。
(그는 체면을 유지하기 위해 온갖 노력을 했다)

⑧ 先生は学校の体面を汚した。(선생님은 학교체면을 더럽혔다)

⑨ ここで負けたら、後輩に面目が立たない。
(여기에서 지면 후배에게 면목이 서지 않는다)

⑩ 全く面目がありません。(전혀 면목이 없습니다)

⑪ ここでは彼のメンツを立てて引き下がろう。
(여기에서는 그의 체면을 세워서 물러가자)

➲ 우리말에서도 '얼굴을 세워주다'라는 표현이 쓰이는 것처럼 「メンツ」는 이 경우의 얼굴에 해당되는 말이다.

⑫ メンツにこだわらないでさっさと行きなさい。(체면에 구애받지 말고 빨리 가라)

⑬ このことは私にとって沽券にかかわる問題だ。
(이 일은 나에게 있어서 체면에 걸린 문제다)

➲ 「沽券」은 능력이나 수준이 보통이상인 사람에게 쓰이는데 「沽券にかかわる」의 형태를 취하여 어떤 일이 자신의 체면에 걸려있음을 나타낸다.

⑭ そんなことをしたら沽券が下がるよ。(그런 짓을 하면 체면이 떨어진다)

➲ 「沽券が下がる」의 형태로 체면이 떨어짐을 나타낸다.

「耐える」「堪える」「忍ぶ」「我慢する」

(空腹に<u>耐える</u>、空腹を<u>堪える</u>、空腹を<u>忍ぶ</u>、空腹を<u>我慢する</u>)

공통의미

참다, 견디다

요점

1. 「耐える」는 외부로부터의 여러 가지 곤란이나 압박에 견딘다고 하는 의미로 항상 그 앞에는 조사 「～に」가 오게 되어있다(예문①②④). 한편으로는 물건이 오래간다, 오랫동안 사용할 수 있다고 하는 의미로도 쓰이는데, 이러한 용법은 다른 동사에는 없다(예문⑤⑥). 우리말의 '참다, 인내하다' 정도에 해당된다.
2. 「堪える」는 자연스럽게 내부로부터 일어나는 웃음, 울음과 같은 생리현상을 억제한다는 의미인데, 이러한 용법은 다른 동사에는 없는 것이다(예문①②③⑦⑧⑨). 우리말의 '꾹 참다, 억제하다' 정도에 해당된다.
3. 「忍ぶ」는 주로 배고픔, 부자유, 빈곤 등의 내적인 요인을 남이 알지 못하게 속으로 참는다고 하는 의미(예문①⑩⑪⑫)와 더불어, 남의 눈을 피한다고 하는 의미로도 쓰인다(예문⑬). 특히 남의 눈을 피한다고 하는 의미의 경우, 다른 동사에는 이러한 용법이 없는데 우리말의 '견디다, 피하다' 정도에 해당된다.
4. 「我慢する」는 욕망이나 욕구, 또는 감정을 억누른다는 의미로 일상적으로 가장 폭넓게 쓰이는 것으로, 우리말의 '참다' 정도에 해당된다(예문①②③⑭⑮⑯⑰).

예문과 해설

① 空腹に耐える/を堪える/を忍ぶ/を我慢する。(배고픔을 참다)

➲ 이 경우는 그 어느 것이나 적절한데, 특히 「忍ぶ」의 경우에는 남모르게 속으로 꾹 참는다고 하는 뉘앙스가 강하다.

② 激しい痛みに耐える/を堪える/を我慢する/✱を忍ぶ。(심한 통증을 참다)

➲ 심한 통증은 이를 악물고 참을 수는 있으나 남이 알지 못하게 태연하게 참기는 매우 어려우며,

또한 굳이 그럴 필요도 없으므로 「忍ぶ」는 부적절하다.

③ 出ようとする涙を堪える/を我慢する/✱を忍ぶ/✱に耐える。
(나오려고 하는 눈물을 꾹 참는다)

➲ 나오려는 눈물을 못 나오게 하는 것은 인내하는 것이 아니고(耐える) 견디는 것도 아니며 (忍ぶ), 어디까지나 억제하는 것이므로 「堪える」나 「我慢する」가 적절하다.

④ ひどい非難にじっと耐える。(심한 비난을 지그시 참다)

➲ 이 경우는 외부로부터의 심한 비난을 참는다는 뜻인데 「耐える」는 항상 그 앞에 조사 「に」를 수반하게 되어있다.

⑤ この冷蔵庫は長い使用に耐える。(이 냉장고는 오랜 사용에 견딘다)

➲ 「耐える」에는 물건을 오래 사용할 수가 있다는 의미용법도 있는데 다른 말에는 이러한 용법이 없다.

⑥ これは高温に耐える金属です。(이것은 고온에 견디는 금속입니다)

⑦ 笑いたいのを堪える。(웃고 싶은 것을 꾹 참는다)

➲ 「堪える」는 이와 같이 내부로부터의 웃음이나 울음, 또는 분노와 같은 생리현상을 참는다는 뜻으로 쓰인다.

⑧ 怒りをじっと堪えた。(분노를 지그시 참았다)

⑨ 堪えきれずに笑ってしまった。(참다못해 웃고 말았다)

⑩ 恥を忍ぶ。(창피를 견딘다)

➲ 「忍ぶ」는 특히 남이 알지 못하게 속으로 지그시 참는다고 하는 것에 의미의 중심이 놓인다.

⑪ 苦痛を忍ぶ。(고통을 견딘다)

⑫ 泣きたい気持ちを忍んで笑顔を作る。
(울고 싶은 기분을 견디며 웃는 얼굴을 만든다)

⑬ 人目を忍んで会う。(남의 눈을 피해 만난다)

➲ 이 경우는 남의 눈을 피한다고 하는 뜻인데 다른 말에는 이러한 용법이 없다.

⑭ 子どもは遊びたいのを我慢して勉強した。
(아이는 놀고 싶은 것을 참으며 공부했다)

➲ 「我慢(がまん)する」는 욕망이나 감정을 억누른다고 하는 뜻으로 일상적으로 가장 많이 쓰인다.

⑮ コーヒーがないから緑茶(りょくちゃ)で<u>我慢(がまん)し</u>てください。
(커피가 없으니까 녹차로 참아 주십시오)

⑯ 水(みず)が飲(の)みたいのを<u>我慢(がまん)し</u>て走(はし)り続(つづ)けた。
(물을 마시고 싶은 것을 참으며 계속 뛰었다)

⑰ 頭(あたま)が痛(いた)い時(とき)は<u>我慢(がまん)し</u>ないで薬(くすり)を飲(の)んだ方(ほう)がいいですよ。
(머리가 아플 때는 참지 말고 약을 먹는 편이 좋아요)

「だが」「ところが」「しかし」「けれども」

공통의미
하지만, 그렇지만

요점
1. 「だが」는 앞의 내용과 뒤의 내용사이에 차이가 있음을 나타내는 것인데, 다소 딱딱한 어감이 주어지므로 여성은 별로 사용하지 않는다. 우리말의 '하지만' 정도에 해당된다(예문①②).
2. 「ところが」는 뒤에 오는 내용이 앞의 결과와는 너무나도 차이가 많아서 의외라고 하는 놀라움이 담겨있다. 우리말의 '그런데, 그랬더니' 정도에 해당된다(예문③).
3. 「しかし」는 앞의 내용과 뒤의 내용이 반대됨을 나타내며 우리말의 '그러나' 정도에 해당된다(예문①④).
4. 「けれども」는 앞의 내용과 뒤의 내용이 반대됨을 나타내나 주로 문장체에서나 쓰일 법한 딱딱한 말이다. 우리말의 '하지만, 그렇지만' 정도에 해당된다(예문①⑤).
5. 결과적으로 이 중에서 「ところが」만이 의외성, 놀라움을 나타내는 것이므로 대체로 다른 세 가지와는 의미용법에 차이가 있으며, 나머지는 거의 비슷한 의미용법을 지니고 있는 것으로 생각하면 좋을 것이다.

예문과 해설

① 彼女は口が悪い。だが/しかし/けれども/＊ところがやさしい人だ。

(그녀는 입이 거칠다. 하지만 부드러운 사람이다)

➲ 「だが」는 앞뒤내용에 차이가 있음을, 「しかし」와 「けれども」는 앞뒤내용이 반대됨을 나타내므로 모두 다 사용이 적절하지만 「ところが」는 앞뒤내용의 차이로 인한 놀라움, 의외성을 나타내는 것이므로 문맥연결 상 여기에서는 부적절하다.

② 今日は天気がよい。だが風は冷たい。

(오늘은 날씨가 좋다, 하지만 바람은 차다)

➲ 날씨가 좋은 것과 바람이 찬 것 사이에는 상반된 차이가 있으므로 「だが」가 적절하다.

③ きっと優勝するだろうと思った。ところが十位以内にも入れなかった。

(기필코 우승할 것이라고 생각했다. 그런데 10위 이내에도 들어갈 수 없었다)

➲ 앞의 내용에 비추어볼 때 뒤의 내용에는 차이가 너무 많아서 의외라고 하는 뜻이므로 「ところが」가 적절하다.

④ 確にこの本は面白い。しかし値段が高い。

(확실히 이 책은 재미있다. 그러나 가격이 비싸다)

➲ 앞의 내용과 뒤의 내용이 상반됨을 나타내므로 「しかし」가 적절하다.

⑤ 私は彼女を知っている。けれども彼女と話したことはない。

(나는 그녀를 알고 있다. 그렇지만 그녀와 이야기한 적은 없다)

「だから」「従って」「よって」「故に」

공통의미

그러니까, 따라서

요점

1. 「だから」는 우리말의 '그러니까, 그러므로'에 해당되는 말인데 주로 회화체에서 쓰인다

(예문①②③). 보다 정중하게는 「ですから」가 쓰인다.

2. 「従って」는 우리말의 '따라서'에 해당되는 말인데 다소 딱딱한 어감이 있다(예문④⑤). 보다 정중하게는 「従いまして」가 쓰인다.

3. 「よって」는 우리말의 '따라서'에 해당되는 말이며(예문⑥⑦), 「故に」는 우리말의 '고로, 그러므로'에 해당되는 말인데(예문⑧), 둘 다 매우 딱딱한 어감이 있어서 주로 연설이나 강연, 논문 등의 공식적인 표현에서 쓰인다.

예문과 해설

① 夕べはよく寝た。だから今日はとても調子がいい。
(어제 밤은 잘 잤다. 그러므로 오늘은 매우 컨디션이 좋다)

➲ 「だから」는 이 자체가 정중한 말은 아니므로 이 경우와 같이 보통체의 표현에 쓰인다. 보다 정중한 표현인 경우에는 「ですから」를 써야만 한다.

② ここは環境がいい。だから住みたいという人がとても多い。
(여기는 환경이 좋다. 그러니까 살고 싶다고 말하는 사람이 무척 많다)

③ ごらん。だからやめろと言ったじゃないか。
(봐라. 그러니까 그만두라고 말했지 않는가)

④ この学校は進学率が高い。従って志望者も多い。
(이 학교는 진학률이 높다. 따라서 지망자도 많다)

➲ 전항의 이유로 인하여 후항의 내용이 성립하게 됨을 나타내는 것인데 비교적 딱딱한 어감이 주어진다.

⑤ このホテルはサービスがいい。従って料金も高い。
(이 호텔은 서비스가 좋다. 따라서 요금도 비싸다)

⑥ AはBに等しい、BはCに等しい。よってAとCは等しい。
(A는 B와 같다, B는 C와 같다. 따라서 A와 C는 같다)

➲ 「よって」는 어떠한 귀결을 나타내는 것인데 비교적 딱딱한 어감이 주어진다.

⑦ あなたはわが社の発展に多大な貢献をなされました。よってこれを賞します。
(당신은 우리 회사의 발전에 다대한 공헌을 하셨습니다. 따라서 이 상을 드립니다)

⑧ 日本は経済大国である。故に外国から働きに来る人も多い。
(일본은 경제대국이다. 고로 외국에서 일하러 오는 사람도 많다)

➲ 「故に」는 전항의 이유로 인하여 후항의 결과가 나타나게 됨을 뜻하는데 매우 딱딱한 어감이 주어지므로 회화체에서는 쓸 수가 없다.

「～たがる」「～たがっている」

(食べたがる、食べたがっている)

공통의미

희망이나 욕구를 나타내는 의미용법

요점

1. 「～たがる」는 희망을 나타내는 조동사 「～たい」에 그러한 행동을 한다고 하는 의미의 접미어 「がる」가 접속된 형태이며, 「～たがっている」는 그러한 「たがる」가 보조동사 「～ている」에 연결되는 과정에서 음편을 일으킨 형태이다.
2. 「～たがる」는 그러한 행동을 하고 싶어 한다고 하는 타인의 습관적인 감정을 전면적으로 내세우고 있는 것으로 우리말의 '～하고 싶어 한다'에 해당된다.
3. 「～たがっている」는 말하고 있는 현재시점에서의 감정을 전달하고 있는 것으로 우리말의 '～하고 싶어 하고 있다'에 해당된다.

예문과 해설

① 彼はハンバーガーを食べたがる/食べたがっている。
(그는 햄버거를 먹고 싶어 한다/먹고 싶어 하고 있다)

➲ 「食べたがる」를 쓰게 되면 햄버거를 먹고 싶어 하는 습관적인 감정을 전면적으로 내세우게 되지만, 「食べたがっている」를 쓰게 되면, 그러한 감정을 말하는 현시점에서 전달하는 셈이 된다.

② 彼はできそうもないことをやりたがる/やりたがっている。
(그는 할 수도 없는 일을 하고 싶어 한다/하고 싶어 하고 있다)

➲ 「やりたがる」를 쓰게 되면 할 수도 없는 일을 하고 싶어 하는 습관적인 감정을 전면적으로 내세우게 되지만, 「やりたがっている」를 쓰게 되면 그러한 감정을 말하는 현시점에서 전달

하는 셈이 된다.

③ 妹はヨーロッパへ行きたがる/行きたがっている。
(누이동생은 유럽에 가고 싶어 한다/가고 싶어 하고 있다)

➲ 「行きたがる」는 누이동생이 유럽에 가고 싶어 하는 습관적인 감정을 전면적으로 내세우게 되지만, 「行きたがっている」는 누이동생이 유럽에 가고 싶어 하고 있는 감정을 현시점에서 전달하는 셈이 된다.

참고

「～たがる」「～たがっている」의 접미어 「～がる」는 위에서 볼 수 있듯이 동사연용형에 접속되어 쓰이기도 하지만, 한편으로는 형용사의 어간에 접속되어 이를 5단동사로 만들기도 한다.

「子供は新しいテレビゲームをほしがる」 (아이는 새로운 티브이게임을 갖고 싶어 한다)

「弟は自動車をほしがっている」 (남동생은 자동차를 갖고 싶어 하고 있다)

위의 예는 둘 다 형용사 「ほしい(갖고 싶다, 원한다)」의 어간에 접미어 「～がる」가 접속되어 5단동사화가 된 예이다.

「薪」「薪」

공통의미

땔감

요점

1. 「薪(たきぎ)」는 나무의 잔가지나 가느다란 나무를 적당히 꺾거나 잘라서 묶은 것으로 화로나 아궁이의 연료대신에 쓰는데, 우리말의 '땔감'에 해당된다(예문①②).
2. 「薪(まき)」는 비교적 굵은 나무 등을 어느 정도의 크기로 잘라 묶은 것으로 이 역시 연료

대신에 쓰는데, 우리말의 '장작'에 해당된다(예문③④).

예문과 해설

① 薪(たきぎ)を燃(も)やす。(땔감을 피운다)

② 山(やま)で薪(たきぎ)を拾(ひろ)う。(산에서 땔감을 줍는다)

③ 薪(まき)を割(わ)る。(장작을 팬다)

④ 薪(まき)を燃(も)やして部屋(へや)を暖(あたた)める。(장작을 때서 방을 덥힌다)

「抱(だ)く」「抱(いだ)く」「抱(かか)える」

(小(ちい)さな子(こ)を抱(だ)く、小(ちい)さな子(こ)を抱(いだ)く、小(ちい)さな子(こ)を抱(かか)える)

공통의미

안다, 포옹하다

요점

1. 「抱(だ)く」는 회화체에서 일상적으로 많이 쓰이는 것으로 주로 사람과 같은 구체적인 대상을 포옹한다고 하는 의미이다(예문①②③⑦⑧). 우리말의 '안다, 포옹하다'에 해당된다.
2. 「抱(いだ)く」는 「抱(だ)く」와 같은 말이지만 다소 문장체적이며 때로는 꿈, 희망, 고민, 기대와 같은 추상적인 대상에도 쓰인다(예문④⑩). 사람이나 사물을 안는다고 할 경우에는 「抱(だ)く」에 비해서 보다 애정이 담기게 되는데(예문①②⑨), 우리말의 '껴안다, 품다' 정도에 해당된다.
3. 「抱(かか)える」는 기본적으로 사물을 겨드랑이에 끼는 것을 나타내는데(예문⑤⑪), 골치 아픈 일이나 문제를 안게 되거나(예문⑥⑫), 부양할 대상을 거느리는 경우에 쓰이며(예문①), 때로는 사람을 고용한다고 하는 의미로도 쓰인다(예문⑬). 우리말의 '끼다, 거느리다, 고용하다' 정도에 해당된다.

예문과 해설

① 小さな子を抱く/抱く/抱える。 (작은 아이를 안는다/부양한다)

➲ 이 경우, 셋 다 적절한데 다만 「抱く」를 쓰게 되면 평범하게 안는다고 하는 의미를, 「抱く」를 쓰게 되면 아주 소중하게 애정을 갖고 안는다고 하는 의미를, 그리고 「抱える」를 쓰게 되면 안는 것이 아니라, 부양할 책임이 있음을 나타내게 된다.

② 子どもを胸に抱く/抱く/＊抱える。 (아이를 가슴에 안는다)

➲ 이 경우는 실제로 아이를 가슴에 안는다고 하는 뜻이므로 「抱く」와 「抱く」만이 적절하다. 만약 이 경우에 「抱える」를 쓰게 되면 아이를 겨드랑이사이에 낀다고 하는 엉뚱한 뜻이 되어 버려서 부적절하다.

③ もっと強く抱いて/＊抱いて/＊抱えてください。
(좀 더 세게 안아 주십시오)

➲ 이 경우와 같이 포옹의 뜻으로 쓰일 때는 오로지 「抱く」만이 적절하다.

④ これから大きな夢を抱いて/＊抱いて/＊抱えて前へ進みたいと思います。
(이제부터 큰 꿈을 품고서 앞으로 나아가고 싶다고 생각합니다)

➲ 「抱く」는 「抱く」와 달리 추상적인 대상에 대해서도 쓸 수가 있다.

⑤ 山のような洗濯物を抱えて/?抱いて/＊抱いて、コインランドリーへ行く。
(산더미 같은 빨랫감을 끼고서 빨래방에 간다)

➲ 「抱く」는 애정을 갖고 안는 것을 나타내므로 이 경우에는 부적절하고 「抱く」는 산더미 같은 빨랫감을 두 팔로 가슴에 대고 안는다는 뜻이 되는데 쓰지 못할 법도 없으나 역시 다소 부자연스럽다. 역시, 이와 같은 사물은 「抱える」가 가장 적절하다.

⑥ 夫は時々仕事を抱えて/＊抱いて/＊抱いて帰宅したりする。
(남편은 종종 일을 안고서 귀가하곤 한다)

➲ 이 경우와 같이 일을 지참한다고 하는 때는 오로지 「抱える」만이 적절하다.

⑦ 彼はいきなり恋人を抱いた。 (그는 갑자기 애인을 안았다)

⑧ 子供を抱いた天使の像。 (아이를 안은 천사 상)

⑨ 恩師からの記念品を胸に抱く。 (은사로부터 받은 기념품을 가슴에 껴안다)

➲ 이 경우, 은사에 대한 존경의 느낌이 「抱く」를 사용함으로서 충분히 느껴진다.

⑩ 私は悩みを抱いています。(나는 고민을 안고 있습니다)

➲ 이 경우와 같이 추상적인 대상을 나타낼 때는 「抱く」만이 적절하다.

⑪ かばんを抱えて出かける。(가방을 끼고서 나간다)

➲ 가방을 겨드랑이사이에 끼는 모습을 나타낸다.

⑫ 彼は複雑な問題を抱えている。(그는 복잡한 문제를 안고 있다)

➲ 「抱える」는 골치 아픈 문제를 안게 되는 경우에도 쓰인다.

⑬ あの社長はたくさんの従業員を抱えている。
(저 사장은 많은 종업원을 거느리고 있다)

➲ 「抱える」는 또한 사람을 고용하고 있음을 나타내기도 한다.

「～だけ」「～ばかり」「～のみ」

(野菜だけ食べた、野菜ばかり食べた、野菜のみ食べた)

공통의미

～뿐, ～만(한정을 나타내는 용법)

요점

1. 「～だけ」는 어떤 일의 범위나 수량 등에 대하여 오로지 그것밖에 없다고 하는 식으로 최대한 한정지어 나타낸다(예문①②⑤⑥⑦⑧).
2. 「～ばかり」는 한 가지에만 치우쳐져 있다고 하는 한정을 나타내는 점에서는 대체로 「～だけ」와 비슷하지만, 「～だけ」가 범위내의 한정을 나타내는 데에 비해서 「～ばかり」는 그 이외의 것을 배척하는 점에서 다소 다르다(예문①⑨⑩⑪). 한편, 오로지 한 가지 행위만을 한다는 뜻의 「～てばかりいる(～하고만 있다)」의 경우에는 「～ばかり」 이외에는 쓸 수가 없다(예문③⑫).
3. 「～のみ」는 「～だけ」와 거의 같은 의미용법을 지닌 말이지만, 문장체에서나 쓰일 법한 딱딱한 말이다(예문①②⑬⑭⑮).

4. 한편, 「～だけ」는 「これだけ」「ほしいだけ」「言うだけ」의 형태로 '(～하는)만큼'의 뜻을 나타내기도 하는데, 이러한 경우 「～のみ」는 쓸 수가 없다(예문④)

예문과 해설

① 健康のため野菜だけ/ばかり/のみ食べた。(건강을 위해서 야채만 먹었다)

➲ 이 경우는 어느 것이나 적절한데 「~だけ」를 쓰게 되면 오로지 야채만을 먹었다는 한정의 뜻이 되고, 「~ばかり」를 쓰게 되면 야채이외의 다른 것은 일체 먹지 않았다고 하는 배척의 뜻이 된다. 한편, 「~のみ」는 대체로 「~だけ」와 같은 뜻이지만 문장체에서 쓸 수 있는 말이다.

② 家族だけ/のみ/＊ばかりは信じたい。(가족만은 믿고 싶다)

➲ 「~だけ」와 「~のみ」는 오로지 그것뿐이라고 하는 한정을 나타내므로 이 경우에는 적절하다. 하지만 「~ばかり」는 그 뒤에 조사 「は」가 접속될 수가 없으므로 여기에서는 부적절하다.

③ 息子は勉強しないで遊んでばかり/＊だけ/＊のみいる。
(아들은 공부하지 않고 놀고만 있다)

➲ 이 경우와 같이 접속조사 「~て」의 뒤에 위치하고 다시 그 뒤에 동사 「いる」가 와서, 오로지 한 가지 행위만 하고 있음을 나타낼 때는 「~ばかり」만이 적절하다.

④ これだけ/＊これのみ言っても、まだ分からないのか。
(이 만큼 말해도 아직 모르는 건가)

➲ 「~だけ」는 이 경우와 같이 정도를 나타내는 때도 있는데 이럴 때 「~のみ」는 쓸 수가 없다.

⑤ 千円だけ貸してやる。(천엔만 빌려준다)

➲ 「~だけ」는 이와 같이 한정의 뜻을 나타내는 것에 의미의 중심이 놓인다.

⑥ 残りはこれだけだ。(남은 것은 이것뿐이다)

⑦ 刺身を食べるのは日本人だけではない。(회를 먹는 것은 일본인뿐이 아니다)

⑧ あなたにだけは会いたくない。(당신에게만은 만나고 싶지 않다)

⑨ 彼は勉強ばかりしている。(그는 공부만 하고 있다)

➲ 「~ばかり」는 다른 것에 대한 배척의 뜻을 나타내는 것에 의미의 중심이 놓이는데 여기에서는 공부이외의 일은 일체 하지 않는다는 뜻으로 쓰였다.

⑩ 彼女は子供とばかり遊んでいる。(그녀는 어린이하고만 놀고 있다)

➲ 이 경우 역시 그녀가 아이하고만 놀 뿐, 아이가 아닌 사람하고는 일체 놀지 않는다는 배척의 뜻으로 쓰였다.

⑪ 主人は娘の家ばかりに行く。(남편은 딸집에만 간다)

⑫ 隣の奥さんはご主人が亡くなって泣いてばかりいる。
(옆집부인은 남편이 죽고서 울고만 있다)

➲ 「~ばかり」는 「~てばかりいる」의 형태로 오로지 한 가지 일에만 열중하고 있음을 나타낸다.

⑬ 緊急の場合のみ連絡せよ。(긴급한 경우에만 연락하라)

➲ 「~のみ」「~だけ」와 같이 한정의 뜻을 나타내지만 문장체에서나 쓰일 법한 매우 딱딱한 어감이 주어진다. 실제로 위의 예문에서는 문말에 「せよ」(동사 「する」의 명령형)와 같은 매우 딱딱한 어감의 표현이 와있다.

⑭ 人間はパンのみでは生きて行けない存在である。
(인간은 빵만으로는 살아갈 수 없는 존재이다)

⑮ とりあえず用件のみにて失礼いたします。(우선은 용건만으로 실례하겠습니다)

➲ 이러한 표현은 서간문에서 내용을 맺는 부분에 쓰이는 전형적인 인사표현이다.

「~だけあって」「~だけに」

(昔からの旧家だけあってしきたりが厳しい、昔からの旧家だけにしきたりが厳しい)

공통의미

~인만큼, ~이니만치 더욱

요점

1. 「~だけあって」는 그 앞에 제시된 내용으로 봐서 그 뒤의 내용도 역시 그러하다고 하는 긍정적인 평가를 나타내는 표현이다(예문①②③④⑦⑧⑨⑩). 앞에는 「さすが(に)(과연)」가 오는 경우가 많은데 우리말의 '~인만큼'에 해당된다.
2. 「~だけに」는 「~だけあって」와 같은 의미용법을 지니기도 하지만, 「~だけあって」가 단지 긍정적인 평가를 나타내는 데에 그치는 반면에, 「~だけに」는 더욱더 그러하다고 하는 점을 강조하게 된다(예문①②③⑪⑫). 한편으로는 「~だけあって」와는 달리 부정적인 평가에도 쓰이는데, 이러한 경우에는 앞의 내용으로 인한 부정적인 평가가 뒤에 오게 된다(예문⑤⑥⑬⑭). 우리말의 '~이니만치 더욱'에 해당된다.

예문과 해설

① 昔からの旧家だけあって/だけにしきたりが厳しい。

(오래된 집인 만큼 법도가 엄격하다/집이니만치 더욱 법도가 엄격하다)

➲ 이 경우는 둘 다 적절한데 「~だけあって」를 쓰게 되면 오랜 전통을 지닌 집이어서 법도가 엄격하다고 하는 사실을 긍정적으로 평가하고 있는데 반하여, 「~だけに」를 쓰게 되면 법도가 엄격하다고 하는 사실을 강조하는 식으로 평가하고 있는 느낌이 주어진다.

② あの人はスポーツの選手だけあって/だけに、体格がいい。

(저 사람은 스포츠선수인 만큼 체격이 좋다/스포츠선수이니만치 더욱 체격이 좋다)

➲ 이 경우 「~だけあって」를 쓰게 되면 단지 체격이 좋다고 하는 긍정적인 평가를 나타내지만 「~だけに」를 쓰게 되면 스포츠선수인 만큼 당연히 더욱더 체격이 좋다고 하는 강조의 기분을 나타내게 된다.

③ お茶の先生だけあって/だけに言葉遣いが上品だ。

(다도선생님인 만큼 말씨가 고상하다/이니만치 더욱 말씨가 고상하다)

➲ 이 경우 역시 「~だけあって」를 쓰게 되면 단지 말씨가 고상하다고 하는 긍정적인 평가를 나타내지만 「~だけに」를 쓰게 되면 다도선생님인지라 당연히 더욱더 말씨가 고상하다고 하는 강조의 기분을 나타내게 된다.

④ 期待されていただけあって/?だけに目覚ましい活躍を見せた。

(기대되고 있었던 만큼 눈부신 활약을 보였다)

➲ 「~だけあって」는 이 경우와 같이 그 앞의 내용으로 보아서 예상대로 매우 긍정적인 결과가 나타나는 때에 쓰인다. 하지만 이 경우는 단순한 평가가 아니라 기대에 부응하는 결과를 나타내는 것이므로 뒤의 내용을 강조하는 데에 쓰이는 「~だけに」는 문맥상 다소 부적절하다.

⑤ 期待されていただけに/＊だけあって失敗がつらかった。

(기대되고 있었던 만치 더욱 실패가 괴로웠다)

➲ 이 경우는 예문④와는 반대되는 경우인데 「~だけあって」는 오로지 긍정적인 평가에만 쓰이므로 여기에서는 부적절하다.

⑥ 女の子だけに/＊だけあって一人で外国へいくのが心配だ。

(여자아이이니만치 더욱 혼자서 외국에 가는 것이 걱정이다)

➲ 이 경우 역시 여자아이라는 상황으로 봐서 뒤의 내용은 더욱 부정적임을 나타낸다. 「~だけあって」는 긍정적인 평가에 쓰이는 것이므로 여기에서는 부적절하다.

⑦ さすが自慢するだけあってなかなか美しい。(과연 자랑하는 만큼 꽤 아름답다)

➲ 이 경우는 앞의 내용으로 봐서 더욱 아름답다고 하는 긍정적인 평가가 나타나 있다.

⑧ 生き字引というだけあって何でも知っている。

(움직이는 사전이라고 하는 만큼 뭐든지 알고 있다)

⑨ さすが本場(ほんば)だけあって、味(あじ)は格別(かくべつ)だ。(과연 본고장이니만치 맛은 각별하다)

⑩ あれはおいしいだけあってよく売(う)れる。(저것은 맛있는 만큼 잘 팔린다)

⑪ あきらめていただけに合格(ごうかく)はうれしい。(포기하고 있었던 만큼 더욱 합격은 기쁘다)

➲ 포기하고 있었다고 하는 앞의 내용으로 비추어 그만큼 더 기쁘다고 하는 뜻을 나타내고 있다.

⑫ 北(きた)の地方(ちほう)の出身(しゅっしん)だけに寒(さむ)さに強(つよ)い。(북쪽지방의 출신인 만큼 더욱 추위에 강하다)

⑬ 年(とし)をとっているだけに、父(ちち)の病気(びょうき)はなおりにくい。

(나이를 먹은 만큼 아버지의 병은 낫기 힘들다)

➲ 「~だけに」는 이 경우와 같이 부정적인 평가에도 쓸 수가 있으나 「~だけあって」에는 이러한 용법이 없다.

⑭ ふだん健康(けんこう)なだけに、入院(にゅういん)が必要(ひつよう)と言(い)われたときはショックだった。

(평소 건강한 만큼 입원이 필요하다고 들었을 때는 쇼크였다)

➲ 이 경우 역시 부정적인 평가를 나타내고 있는데, 그만큼 더 쇼크의 정도가 컸음을 나타내고 있다.

「~だけに」「~にだけ」「~だけで」「~でだけ」「~までに」「~にまで」

요점

1. 「~だけに」와 「~にだけ」는 대상의 한정을 나타내는 것으로 의미용법상의 차이는 없다(예문①②③). 우리말에는 「~にだけ(~에게만)」의 용법은 있으나 「~だけに」에 해당되는 용법은 없다.
2. 「~だけで」와 「~でだけ」는 수단, 방법, 도구상의 한정을 나타내는 것으로 의미용법상의 차이가 분명히 있다. 즉, 「~だけで」는 그 앞에 오는 것만으로도 충분하여 다른 것은 필요치 않음을 나타내지만, 「~でだけ」의 경우, 오로지 그 앞에 오는 것만이 가능할 뿐, 다른 것은 일체 불가능함을 나타낸다(예문④⑤⑥⑦). 우리말에는 「~だけで

(～만으로)」에 해당되는 용법도, 「～でだけ(～로만)」에 해당되는 용법도 있다.

3. 「～までに」와 「～にまで」는 날짜를 나타내는 말에 접속되어 기일의 한정을 나타내는 것으로 의미용법상의 차이가 분명히 있다. 즉, 「～までに」는 그 앞에 오는 날짜 전에 일을 마친다고 하는 의미이나, 「～にまで」는 그 앞에 오는 날짜까지 포함하여 일을 진행한다고 하는 의미이다(예문⑧⑨). 우리말에서는 이 두 가지에 해당되는 용법이 없고 그냥 '～까지'로 표현할 뿐이다.

예문과 해설

① あの人(ひと)だけに/にだけ私(わたし)の過去(かこ)を話(はな)した。(저 사람에게만 내 과거를 이야기했다)

➲ 이 경우는 두 가지 어느 것을 써도 의미용법상의 차이가 없다.

② 老人(ろうじん)は長男(ちょうなん)だけに/にだけ遺産(いさん)を与(あた)えた。(노인은 장남에게만 유산을 줬다)

➲ 이 경우 역시 두 가지 어느 것을 써도 의미용법상의 차이가 없다.

③ ほかに知(し)られたくない話(はなし)だから、関係者(かんけいしゃ)だけに/にだけ話(はな)したいんだが。

(다른 사람에게 알려지고 싶지 않은 이야기이니까, 관계자에게만 말하고 싶은데)

➲ 이 경우 역시 두 가지 어느 것을 써도 의미용법상의 차이가 없다.

④ そこへは自動車(じどうしゃ)だけで/でだけ行(い)ける。(거기는 자동차만으로/로만 갈 수 있다)

➲ 「~だけで」를 쓰게 되면 자동차만으로도 충분하여 다른 교통수단은 필요치 않음을 나타내고, 「~でだけ」를 쓰게 되면 오로지 자동차로만 갈 수 있으며 다른 교통수단으로는 갈 수 없음을 나타내게 된다.

⑤ この病気(びょうき)はこの薬(くすり)だけで/でだけ治(なお)る。(이 병은 이 약만으로/로만 낫는다)

➲ 「~だけで」를 쓰게 되면 이 약만으로도 충분하여 다른 약은 필요치 않음을 나타내고, 「~でだけ」를 쓰게 되면 오로지 이 약으로만 나을 수 있으며 다른 약으로는 나을 수 없음을 나타내게 된다.

⑥ 荷物(にもつ)が少(すく)ないので、自転車(じてんしゃ)<u>だけで</u>運(はこ)べます。

(짐이 적어서 자전거만으로 나를 수 있습니다)

➲ 이 경우는 짐이 적기 때문에 운반하는 데는 자전거만으로도 충분하여 다른 운반수단은 필요치 않음을 나타내고 있다.

⑦ 道(みち)が狭(せま)いので、自転車(じてんしゃ)<u>でだけ</u>運(はこ)べます。

(길이 좁아서 자전거로만 나를 수 있습니다)

➲ 이 경우는 길이 좁기 때문에 운반하는 데 자전거이외에는 통행할 수가 없음을 나타내고 있다.

⑧ この仕事(しごと)は日曜(にちよう)までに/にまでする。(이 일은 일요일까지 한다)

➲ 「~までに」를 쓰게 되면 일요일이전에 일을 마친다고 하는 의미를 나타내고,「~にまで」를 쓰게 되면 평일은 물론이고 일요일까지 꽉 채워서 일을 한다는 의미가 된다.

⑨ 橋(はし)の工事(こうじ)は来年(らいねん)12月末(がつすえ)までに/にまで行(おこな)われるようだ。
(다리공사는 내년12월말까지 이루어질 것 같다)

➲ 「~までに」를 쓰게 되면 내년12월말 이전에 다리공사가 종료된다고 하는 의미를 나타내고, 「~にまで」를 쓰게 되면 내년12월말까지 꼬빡 이루어진다는 의미가 된다.

「～たことがある」「～ている」

공통의미

～한 적이 있다(경험을 나타내는 의미용법)

요점

1. 「～たことがある」는 과거, 완료의 조동사 「～た」에 '～적, ～일'에 해당되는 형식명사 「こと」가 연결되고 거기에 다시 「～がある」가 이어진 형태이며, 「～ている」는 동사연용형에 접속되는 접속조사 「～て」에 동사 「いる」가 이어진 형태이다. 둘 다 이러한 형태로 과거에 이루어진 경험의 의미를 나타내지만, 양자 간에는 미묘한 용법상의 차이가 엿보인다.
2. 「～たことがある」는 어떠한 일이 말하는 시점이전에 이루어짐으로서 지금은 말하는 사람이 어떠한 입장에 있는가를 암시하고 있지만, 「～ている」는 그러한 암시가 없다(예문①②④⑤⑦).
3. 「～ている」는 보통 현재진행을 나타내지만, 여기에서의 용법과 같이 과거의 경험을 나타내기도 하는데, 과거의 경험을 나타내는 경우에는 반드시 문 속에 과거임을 나타내는 시점이 명시되거나, 또는 빈도수를 나타내는 말이 옴으로서 진행의 용법과 구별되어야만 한다(예문①②③⑥⑧⑨).
4. 결국 「～たことがある」와 「～ている」가 구별되는 근본적인 점은 전자는 과거의 경험을 나타냄으로서 현재는 어떠한 다른 변화가 있을 가능성이 있으나, 후자는 과거의 경험이 현재에도 그대로 유효하게 남아있어서 현재와 무언가의 관련이 있음을 나타내는 데에 있다

●●● 예문과 해설

① 彼女は3年前に離婚したことがある/している。(그녀는 3년 전에 이혼한 적이 있다)

➲ 이 경우 「~たことがある」를 쓰게 되면 과거의 이혼경험을 나타내는 한편, 현재는 재혼 했을 가능성이 높아지는 반면에, 「~ている」를 쓰게 되면 과거의 이혼경험이 현재도 그대로 지속되고 있음을 나타내게 되어, 현재도 독신일 가능성이 있게 된다.

② 彼は数ヵ月前に退学したことがある/している。

(그는 수개월 전에 퇴학한 일이 있다)

➲ 이 경우 역시 예문①의 경우와 같아서, 「~たことがある」를 쓰게 되면 수개월 전에는 퇴학했었지만 지금은 복적 되었을 가능성이 높아지는 반면에, 「~ている」를 쓰게 되면 현재도 퇴학상태가 그대로 지속되고 있을 가능성이 있게 된다.

③ その件については先週社長に話しているので/＊話したことがあるので、社長と相談したらいいでしょう。

(그 건에 관해서는 지난주에 사장님에게 말해두었으니까 사장님과 의논하면 좋을 것입니다)

➲ 이 경우는 의논의 대상에 관해서는 이미 말해둔 경험이 있으며 그 경험은 현재도 유효함을 나타내는 것이므로 「~ている」가 적절하다. 「~たことがある」를 쓰게 되면 단지 과거의 경험을 나타낼 뿐이어서 현재시점과의 연결이 불투명해지므로 여기에서는 부적절하다. 사장은 아마도 그 건에 대해서 이미 잊어버렸을 런지도 모른다.

④ 彼は英語の教師だったことがある。(그는 영어교사였던 적이 있다)

➲ 「~たことがある」는 말하는 사람의 지금의 입장을 암시하므로 이 경우의 말하는 사람은 현재 영어교사가 아닐 가능성이 높다. 또한, 이러한 표현은 단지 과거의 경험에 중점을 두어 상대에게 설명하는 데에 그치고 있다.

⑤ 彼女は結婚したことがある。(그녀는 결혼한 적이 있다)

➲ 결국 지금은 독신일 가능성이 높다.

⑥ 私は今まで3回にわたって、北海道へ行っている。

(나는 지금까지 세 번에 걸쳐서 홋카이도에 갔었다)

➲ 이 경우는 빈도수를 나타내는 말을 제시함으로서 진행의 의미에서 벗어난 경험의 의미를 나타내고 있다. 결국, 홋카이도에는 무려 세 번이나 갔음을 강조하는 셈이 되는 것이다.

⑦ 私は北海道へ行ったことがある。(나는 홋카이도에 간 일이 있다)

➲ 이 경우는 단지 홋카이도에 간 경험이 있음을 나타내고 있을 뿐이다.

⑧ 彼女は3年前に結婚している。(그녀는 3년 전에 결혼했다)

➲ 3년 전의 결혼경험은 말하는 지금까지 지속되고 있다. 즉, 말하는 시점인 현재도 결혼한 상태라는 듯이 된다.

⑨ 彼は10年前英語の教師をしている。(그는 10년 전 영어교사를 했었다)

➲ 「~ている」는 현재진행과 과거경험의 두 가지 용법을 지니고 있는데 이 경우에는 과거의 시점을 나타내는 「10年前」가 제시됨으로서 경험의 의미를 지니게 된다. 다만 이 경우도 현재는 영어교사가 아닐 가능성은 높으나 이러한 표현은 어디까지나 과거의 경험을 상대에게 강하게 어필하는 어감이 들어있다.

참고

「~ている」의 경우, 현재진행을 나타내는 의미용법은 우리말에도 똑 같이 있으나 여기에서와 같이 과거의 경험을 나타내는 의미용법은 우리말에는 전혀 없는 것이므로 주의를 요한다.

그녀는 3년 전에 결혼 했습니다 → A「彼女は3年前に結婚しました」(×)

→ B「彼女は3年前に結婚しています」(O)

위에서 보듯이 형태상으로 우리말과 똑 같은 표현은 일본어예문A가 될 듯하지만, 이렇게 되면 3년 전의 결혼경험만을 나타내게 될 뿐, 현재는 이혼상태이거나 재혼상태일 가능성이 높아지게 된다. 이러한 경우에는 3년 전의 결혼이 현재시점에서도 그대로 유효함을 나타내는 「~ている」표현(일본어예문B)이 적절하다. 각별하게 주의가 요망되는 대목이다.

「確かだ」「確実だ」

(これは確かな情報です、これは確実な情報です)

공통의미

확실하다

요점

1. 「確かだ」는 틀림이 없음을 나타내는 말로 주관적인 판단을 나타낸다(예문①②③). 문말의 술어로 쓰일 때는 「確かだ」의 형태를 취하고(예문⑦), 뒤에 오는 피수식어를 수

식할 때는 「確かな」의 형태를 취하게 된다(예문⑥). 한편으로는 「確か」「確かに」의 형태로서 확실성을 가지고 어떤 일을 판단하거나 추측하는 뜻으로도 쓰이는데(예문④⑧⑨⑩), 「確実だ」에는 이러한 용법이 없다.

2. 「確実だ」는 뜻은 「確かだ」와 같으나, 비교적 객관적인 판단을 나타낸다(예문①②③), 뒤에 오는 피수식어를 수식할 때는 「確実な」의 형태를 취하게 되고(예문⑪), 뒤에 오는 용언을 수식할 때는 「確実に」의 형태를 취하게 되는데(예문⑫), 한편으로는 「確実を期する(확실을 기한다)」와 같은 명사로서의 용법도 있는 점에서 「確かだ」와 구별된다(예문⑤⑬⑭). 「確かだ」에는 명사로서의 용법은 없다.

예문과 해설

① 確かに受け取りました/確実に受け取りました。(확실히 받았습니다)

➲ 이 경우 「確かに」를 쓰게 되면 받았는지 어떤지를 문제시할 여지에 초점이 있는 표현이 되지만, 「確実に」를 쓰게 되면 분실하는 일이 없이 안전하게 잘 받았음에 초점이 있는 표현이 된다.

② これは確かな/確実な情報です。(이것은 확실한 정보입니다)

➲ 이 경우 「確かな」는 말하는 사람의 주관에 비친 확실성을 나타내고 「確実な」는 객관적으로 보았을 때의 확실성을 나타내게 된다.

③ このままで行くと、彼の当選は確かだ/確実だ。
(이대로 간다면 그의 당선은 확실하다)

➲ 이 경우도 「確かだ」는 말하는 사람의 주관에 비친 확실성을 나타내고 「確実だ」는 객관적으로 보았을 때의 확실성을 나타내게 된다.

④ 確か/＊確実そんな話だった。(확실히 그런 이야기였다)

➲ 이 경우와 같이 문두에 와서 확실성을 갖고 어떤 사항을 판단하거나 추측할 때는 오로지 「確か」만이 적절하다. 「確実」에는 이와 같은 용법이 없으므로 여기에서는 부적절하다.

⑤ この件については確実/＊確かを期したいと思います。
(이 건에 관해서는 확실을 기하고자 합니다)

➲ 이 경우와 같이 명사적인 용법으로 쓰일 때는 오로지 「確実」만이 적절하다.

⑥ 彼は確かな人物です。(그는 확실한 인물입니다)

➲ 「確な」는 「確だ」의 연체형으로 항상 뒤에 오는 명사만을 수식하는데 어디까지나 주관적인 판단을 나타낸다.

⑦ 彼女の身元は確かだ。(그녀의 신원은 확실하다)

⑧ 確かに彼は生きている。(확실히 그는 살아있다)

⑨ 入荷は確かに明日だと思います。(입하는 확실히 내일이라고 생각합니다)

⑩ 彼なら確か大学をやめたはずだ。(그라면 확실히 대학을 그만두었을 것이다)

➲ 이 경우는 확실성을 가지고 추측하는 뜻을 나타내는데, 「確に」와 의미용법은 같다.

⑪ これは確実な証拠にもとづく情報です。(이것은 확실한 증거에 입각한 정보입니다)

➲ 이 경우와 같이 「確実だ」는 객관적인 판단을 나타낸다.

⑫ 一件一件確実に処理する。(한 건 한 건 확실하게 처리한다)

⑬ 行くかどうかまだ確実ではない。(갈지 어떨지 아직 확실하지 않다)

⑭ 彼の意見には確実性が足りない。(그의 의견에는 확실성이 부족하다)

「助ける」「手伝う」

(友達の活動を助ける、友達の活動を手伝う)

공통의미

도와주다

요점

1. 「助ける」는 직접 상대를 도와주는 경우나 간접적으로 도와주는 경우의 어느 쪽에나 쓸 수가 있는데, 이 경우 어디까지나 상대가 주가 되고 도와주는 쪽은 종적인 입장이 되며 우리말의 '돕다' 정도에 해당된다(예문①②③⑥⑦). 한편으로는, 위험에 처해있는 사

람이나 동물을 구출해주는 의미로도 쓰이는데, 이 경우는 우리말의 '구해주다, 구조하다'에 해당된다(예문④).

2. 「手伝う」는 자신이 상대와 함께 일을 하는 과정을 통하여 직접적으로 도와주는 경우에 쓰는데, 우리말의 '도와주다, 거들어주다' 정도에 해당된다(예문①⑤⑧⑨).

예문과 해설

① 友だちの活動を助ける/手伝う。(친구의 활동을 돕는다)

➲ 이 경우는 둘 다 적절한데 「助ける」를 쓰게 되면 친구가 주가 되고 말하는 사람은 종적인 입장에서 직접적, 간접적으로 돕는다는 뜻이 되며, 「手伝う」를 쓰게 되면 친구의 활동과정에서 직접적이고 대등한 입장에서 도와준다는 뜻이 된다.

② 老人が歩くのを助ける/＊手伝う。(노인이 걷는 것을 돕는다)

➲ 이 경우 어디까지나 걷는 주체는 노인이며 이를 돕는 입장은 종적인 것이 되므로, 「助ける」가 적절하다.

③ 会の発展を助ける/＊手伝う。(회의 발전을 돕는다)

➲ 이 경우는 종적인 입장에서 간접적으로 도와주는 것이므로, 「手伝う」는 부적절하다.

④ おぼれかけていた子供を助ける/＊手伝う。(물에 빠지고 있던 아이를 구해준다)

➲ 이 경우는 구출의 의미로 쓰인 것이므로 「助ける」만이 적절하다.

⑤ 友だちの引っ越しを手伝う/＊助ける。(친구의 이사를 도와준다)

➲ 이사는 함께 하는 작업이므로 종적인 입장이 아니라 공동입장이 된다. 따라서 이 경우는 「助ける」는 부적절하며 직접적으로 도와준다고 하는 뜻의「手伝う」가 적절하다.

⑥ アルバイトをして家計を助ける。(아르바이트를 해서 가계를 도와준다)

➲ 「助ける」는 이 경우와 같이 보조적으로 도움이 된다는 뜻으로 쓰인다.

⑦ これは消化を助ける酵素です。(이것은 소화를 돕는 효소입니다)

➲ 소화는 위가 그 기능을 담당하지만 이 경우는 그러한 위의 소화기능에 보조적, 또는 종적으로 도움이 된다는 뜻이다.

⑧ 学校が終わったら家事を手伝っている。(학교가 끝나면 가사를 거들고 있다)

➲ 「手伝う」는 직접적으로 함께 일을 하는 과정에서 돕는다는 것이 의미의 중심이 된다.

⑨ 毎週の日曜日は大掃除を手伝う。(매주 일요일은 대청소를 거들어준다)

➲ 이 경우 역시 함께 대청소를 한다는 뜻으로 쓰였다.,

「訪ねる」「訪れる」「訪問する」

(友達の家を訪ねる、友達の家を訪れる、友達の家を訪問する)

공통의미

방문하다

요점

1. 「訪ねる」는 일상적으로 가장 많이 쓰이는 것으로 사람을 찾아가건 장소를 찾아가건 다양하게 쓰인다. 우리말의 '찾아가다' 정도에 해당된다(예문①②③⑥⑦⑧).
2. 「訪れる」는 「訪ねる」와 같은 뜻으로 쓰이지만 다소 문장체적이며, 「訪ねる」가 사람이건 집이건 관계없이 쓰이는 데에 비하여 「訪れる」는 사람에게는 쓸 수 없고 오로지 집이나 장소에만 쓰인다(예문①③⑨). 한편, 「訪れる」는 어떤 시기나 계절, 행복 같은 것이 다가옴을 나타내기도 하는데, 이러한 용법은 다른 동사에는 없다(예문⑤⑩⑪). 우리말의 '찾아가다, 다가오다' 정도에 해당된다.
3. 「訪問する」는 사람이나 사람이 존재하는 장소를 찾아가는데 쓰이는 것으로 다소 격식을 차린 말인데, 우리말의 '방문하다'에 해당된다(예문①②④⑫⑬⑭).

예문과 해설

① 昔の友達の家を訪ねる/訪れる/訪問する。(옛 친구의 집을 찾아간다)

➲ 이 경우 단지 집을 방문하는 것이므로 세 가지 다 적절하다.

② 昔の友達を訪ねた/訪問した/*訪れた。(옛 친구를 찾아갔다)

➲ 사람을 목표로 하여 찾아가는 경우에는 「訪れる」는 쓸 수 없다. 「訪れる」는 집이나 장소를

찾아가는 데에만 쓸 수가 있다.

③ 夏休み中にいろいろの史跡を訪ねた/訪れた/✱訪問した。
(여름방학 중에 여러 사적을 찾아갔다)

➲ 「訪問する」는 사람이나 사람이 존재하는 장소를 찾아가는 경우에만 쓸 수 있는 것으로 여기에서와 같이 사람이 존재하지 않는 단순한 사적에는 쓰기가 부적절하다. 한편 「訪ねる」는 사람이건 장소이건 상관없이 다양하게 쓰이며, 「訪れる」는 사림이 아닌 장소를 찾아가는 것에 쓰이므로 여기에서는 둘 다 적절하다.

④ 使節が首相官邸を訪問した/✱訪ねた/✱訪れた。
(사절이 수상 관저를 방문했다)

➲ 이 경우와 같이 공식적이고 매우 격식을 차릴만한 방문에는 「訪問する」만이 적절하다.

⑤ 行楽に絶好の季節が訪れた/✱訪ねた/✱訪問した。
(행락에 가장 좋은 계절이 다가왔다)

➲ 어떤 시기나 계절, 행복 등이 도래됨을 나타낼 때는 오로지 「訪れる」만을 써야한다.

⑥ 仏教発祥の地を訪ねる旅。(불교발상지를 찾아가는 여행)

⑦ 友人を会社に訪ねる。(친구를 회사로 찾아간다)

⑧ 20年ぶりに母校を訪ねる。(20년 만에 모교를 찾아간다)

⑨ 久しぶりに故郷を訪れた。(오래간만에 고향을 찾아갔다)

➲ 「訪れる」는 이 경우와 같이 그 장소를 찾아가는 뜻으로만 쓰이며 사람을 직접 찾아가는 뜻으로 결코 쓸 수가 없다.

⑩ 戦争も終わり、平和が訪れた。(전쟁도 끝나고 평화가 찾아왔다)

➲ 「訪れる」는 이 경우와 같이 바람직한 기운이 찾아오는 것에도 쓸 수가 있는데 다른 말에는 이러한 용법이 없다.

⑪ 待ちに待っていた春が訪れる。(기다리고 기다리던 봄이 다가온다)

⑫ 就職のため会社を訪問する。(취직을 위하여 회사를 방문한다)

⑬ 市長は来月友好都市を訪問する。(시장은 다음 달 우호도시를 방문한다)

⑭ 大統領は来週アメリカを公式に訪問することになっている。
(대통령은 다음 주 미국을 공식으로 방문하기로 되어있다)

「～たち」「～がた」「～ども」「～ら」

공통의미

～들(복수를 나타내는 접미어)

요점

1. 우리말에서는 사람이건 동식물이건, 또는 무생물이건 간에 복수를 나타낼 때는 오로지 접미어 '～들' 만을 쓰지만, 일본어에서는 대상에 따라서, 그리고 정중도에 따라서 여러 가지로 구별되어 쓰인다.
2. 「～たち」는 자신이나 동격인 사람에게 붙여서 복수를 나타내거나(예문①②③), 생물에게도 붙여서 복수임을 나타낸다(예문⑦). 한편으로는 여러 사람 중에서 한 사람을 대표로 내세워서 나머지 일행을 나타내기도 한다(예문⑧).
3. 「～がた」는 오로지 사람에게만 쓰며 자신보다 위에 있는 복수의 사람들에게 쓰인다(예문②④).
4. 「～ども」는 복수의 사람을 비하하거나 경시할 때에 쓰이며(예문⑥⑦), 자신들을 복수로 나타낼 때는 겸손의 의미를 나타내기도 한다(예문①⑨).
5. 「～ら」는 「～ども」와 같이 복수의 사람을 비하하거나 경시할 때에 쓰이며(예문①③⑤), 「～たち」와 같이 여러 사람 중에서 한 사람을 대표로 내세워서 나머지 일행을 나타내기도 하는데(예문⑧), 이 경우에는 「～たち」보다는 정중도가 떨어진다. 한편, 「～ら」는 「これら」「それら」와 같이 지시대명사에 붙어서 복수를 나타내기도 하며(예문⑩), 「ここら」「そこら」와 같이 그 부근의 의미를 나타내기도 하는데, 이러한 용법은 오로지 「～ら」에만 있다(예문⑪).

예문과 해설

① わたしたち/ども/ら/＊がた。 (우리들/저희들)

➲ 이 경우는 자신에게 붙여서 복수를 나타내는 것이므로 「~たち」가 적절하며 「~ども」와 「~ら」를 쓰게 되면 자신들을 겸손하게 나타내게 된다. 하지만 「~がた」는 오로지 복수의 윗분에게만 쓰이는 것이므로 여기에서는 부적절하다.

② あなたたち/がた/?ら/＊ども。 (당신들/댁들)

➲ 이 경우는 상대를 복수로 나타내는 것이므로 「~たち」가 적절하며 「~がた」를 쓰게되면 복수

의 상대를 높여서 표현하게 된다. 하지만 「~ども」의 경우는 상대를 비하하는 셈이 되어서 부적절하며 「~ら」 역시 상대를 비하하는 셈이 되어서 부적절하지만, 만약 친숙한 상대들이라면 사용이 가능하다.

③ 子供(こども)たち/ら/＊ども/＊がた。(아이들)

➲ 이 경우는 보통 낮추어 표현하게 되는 아이들이므로 「~たち」가 가장 적절하며 「~ら」도 적절하다. 하지만 「~がた」는 복수의 상대를 높일 때에 쓰이므로 부적절하고 「~ども」 역시 상대를 비하하는 때에 쓰이므로 부적절하다.

④ 先生(せんせい)がた/?たち/＊ども/＊ら。(선생님들)

➲ 이 경우는 보통 높여서 복수를 나타내어야 할 선생님들이므로 「~がた」만이 적절하다. 「~たち」는 동격인 복수에게 붙여서 쓰이는 것이므로 다소 부적절하고 「~ども」와 「~ら」는 비하의 어감이 있으므로 부적절하다.

⑤ 彼(かれ)ら/＊たち/＊がた/＊ども。(그들)

➲ 이 경우는 제3인칭의 남자를 복수로 나타내는 것인데 「彼(かれ)」의 경우 복수를 나타낼 때는 오로지 「~ら」만이 오게 되어 「彼(かれ)ら」의 형태로만 쓰인다.

⑥ 野郎(やろう)ども/＊たち/＊がた/＊ら。(녀석들)

➲ 이 경우처럼 복수의 상대를 비하해서 나타낼 때는 「~ども」만이 적절하다.

⑦ 犬(いぬ)たち/ども/＊がた/＊ら。(개들)

➲ 이 경우처럼 복수의 동물을 나타낼 때는 「~たち」와 「~ども」가 적절한데 「~たち」가 보다 일반적이다.

⑧ 田中(たなか)さんたち/ら/＊ども/＊がたは先(さき)帰(かえ)ったよ。(타나카씨일행은 아까 돌아갔어)

➲ 이 경우는 대표자 한 사람을 내세워서 나머지 일행을 총칭하는 것이므로 「~たち」와 「~ら」가 적절한데 이 경우 「~ら」는 「~たち」에 비해서 정중도는 떨어진다. 한편 「~がた」와 「~ども」에는 이와 같은 용법이 없으므로 여기에서는 부적절하다.

⑨ 先生(せんせい)、わたしども/＊たち/＊ら/＊がたにお任(まか)せください。
(선생님, 저희들에게 맡겨 주십시오)

➲ 이 경우와 같이 자신들을 나타내는 말에 붙여서 겸손을 나타낼 때는 「~ども」만이 적절하다.

⑩ それら/＊たち/＊ども/＊がた。(그것들)

➲ 이 경우와 같이 지시대명사에 붙여서 복수를 나타낼 때는 「~ら」만이 적절하다.

⑪ ここら/＊たち/＊ども/＊がた。(여기쯤)

➲ 이 경우와 같이 지시대명사에 붙여서 부근이나 근방을 나타낼 때는 「~ら」만이 적절하다.

「～たばかりです」「～たところです」

(コーヒーは今(いま)飲(の)んだばかりです、コーヒーは今(いま)飲(の)んだところです)

공통의미

금방(갓) ～ 했습니다, 금방(갓) ～ 한 참입니다

요점

1. 「～たばかりです」는 과거, 완료를 나타내는 조동사 「た」에 부조사 「ばかり」가 접속되고 이어서 정중함을 나타내는 조동사 「です」가 이어진 형태인데, 이러한 형태로 그 앞의 동작이나 상태가 완료된 직후임을 나타낸다. 다만, 단순히 시간적으로 직후라고 해도 심리적으로 얼마 되지 않았음을 느끼는 경우라면 몇 년 전의 일이라도 상관없다(예문⑦). 아울러, 그 앞의 동작이나 상태가 끝난 지 얼마 되지 않았으므로 아직 안정이 되지 않았다든지, 그럴 마음이 없다든지, 또는 매우 아쉽다든지 하는 심리적인 측면을 나타내는 점에 특징이 있다(예문①②③⑥). 우리말의 '금방(갓) ～ 했습니다, ～한지 얼마 되지 않습니다' 정도에 해당된다.
2. 「～たところです」는 과거, 완료를 나타내는 조동사 「た」에 상황을 나타내는 형식 명사 「ところ」가 접속되고 이어서 정중함을 나타내는 조동사 「です」가 이어진 형태인데, 이러한 형태로 그 앞의 동작이나 상태가 완료된 직후임을 중립적으로 나타낼 뿐, 말하는 사람의 주관적인 감정은 들어가지 않게 된다(예문①④⑤⑧⑨). 결국, 금방(갓) 어떠한 동작이나 상태가 완료되었다고 하는 상황설명에 그치는 셈인데, 우리말의 '금방(갓) ～ 한 참입니다' 정도에 해당된다.

예문과 해설

① A：コーヒーを飲(の)みにいらっしゃいませんか。

B：飲(の)んだばかり/ところなんです。

(커피를 마시러 가시지 않겠습니까? → 금방 마셨습니다)

➲ 이 경우는 둘 다 적절한데 「~だばかりです」를 쓰게 되면 금방 마셨기 때문에 마실 생각이 없다고 하는 감정이 들어가게 되지만 「~だところです」를 쓰게 되면 단지 커피를 금방 마셨다고 하는 시간적 관계를 중립적으로 나타낼 뿐이다. 따라서 이와 같이 상황설명을 통하여 거절할 경우에는 「~だばかりです」보다는 「~だところです」가 정중한 느낌이 주어진다.

② A：なぜ電話をかけないのですか。(왜 전화를 걸지 않는 겁니까?)

B：今、空港に着いたばかり/✱ところなんです。

(지금, 공항에 갓 도착한 겁니다)

➲ 이 경우는 전화를 걸지 못한 이유를 심정적으로 설명하는 것이므로 「~たばかりです」가 적절하다. 즉, 금방 도착했기 때문에 미처 전화를 걸 여유가 없었다고 하는 입장을 「ばかり」를 통하여 암시적으로 나타내고 있는 셈이다. 만약, 「~たところです」를 쓰게되면 단지 중립적으로 앞의 동작이나 상태가 끝나 직후임을 나타내기만 할 뿐이어서 부적절하다.

③ A：日本語、うまいですね。(일본어, 잘 하는군요)

B：日本に来たばかり/✱ところですから、まだまだです。

(일본에 온지 얼마 안 되어서 아직 멀었습니다)

➲ 이 경우는 자신의 일본어가 아직 미숙한 탓은 일본에 온지 얼마 되지 않았음에 있다고 하는 심정을 「~たばかりです」로 표현하고 있다. 만약, 이 경우에 「~たところです」를 쓰게 되면 단지 일본에 온지 얼마 되지 않았다고 하는 시간적 관계를 중립적으로 나타내게 될 뿐이다.

④ A：もしもし、佐藤さんお願いします。

B：今、帰ったところ/✱ばかりです

(여보세요, 사토씨 부탁합니다 → 지금 금방 돌아갔습니다)

➲ 이 경우는 사토씨를 바꿔주지 못하는 이유를 나타낼 뿐이므로 시간적 직후임을 중립적으로 나타내는 「~たところです」가 적절하다.

⑤ A：山田さん、今どこですか。

B：今、空港に着いたところです/✱ばかりです。

(야마다씨, 지금 어디입니까? → 지금, 공항에 갓 도착한 참입니다)

➲ 이 경우는 단지 지금의 위치를 묻고 그에 대답하는 정도이므로 「~たところです」가 적절하다. 만약, 「~たばかりです」를 쓰게 되면, 공항에 갓 도착해서 정신이 없다든지 미처 연락을 못했다든지 하는 말하는 사람의 심정을 나타내게 된다. 하지만, 이 경우는 단지 지금의 위치를 대답하기만 하면 되는 것이지 굳이 자신이 처한 심리적인 배경까지 표현할 필요는 없는 것이다.

⑥ 入社したばかりで、何もわかりません。よろしくお願いします。

(입사한지 얼마 되지 않아서, 아무것도 모릅니다. 잘 부탁드립니다)

⑦ 数年前、奥さんを亡くしたばかりですから、寂しいんでしょうね。

(수년전, 부인을 여읜지 얼마 되지 않으므로 쓸쓸하겠군요)

➲ 이 경우는 실제로 수년전의 일이기는 하지만, 말하는 사람이 시간적으로 얼마 되지 않았다고 느낄 때는 얼마든지 「~たばかりです」를 쓸 수가 있다.

⑧ 今、出かけたところですから、2時には着くのではないでしょうか。

(지금, 금방 나갔으니까, 2시에는 도착하지 않을 까요?)

⑨ お昼は今食べたところですから、今度一緒に食べましょう。

(점심은 금방 먹었으니까, 다음번에 함께 먹읍시다)

「～たびに」「～ごとに」

(祝日のたびに家族みんなで出かける、祝日ごとに家族みんなで出かける)

공통의미

(～일, ～할)때마다

요점

1. 「～たびに」는 어떤 특별한 일이 일어날 때마다 반드시 그에 상응하는 습관적인 일을 반복함을 나타낸다. 우리말의 '～할 때면 으레' 정도에 해당된다(예문①②③④⑦⑧⑨).
2. 「～ごとに」는 단지 그러한 기회가 있을 때마다 습관적으로 반복되는 동작만을 나타내는 것으로, 우리말의 '～할 때마다' 정도에 해당된다(예문①②⑤⑥⑩⑪⑫). 원래는 명사는 물론 동사에도 접속되어 쓰였으나, 현재에 와서는 동사에 접속되는 일은 거의 없고 주로 명사에만 접속되어 쓰인다.

예문과 해설

① 祝日のたびに/ごとに家族みんなで出かける。

(휴일이면 으레/휴일마다 가족모두 외출한다)

➲ 이 경우는 둘 다 적절한데 「~たびに」를 쓰게 되면 휴일이라는 특별한 날만 되면 반드시 가족모두 외출한다는 뜻을 나타내지만, 「~ごとに」를 쓰게 되면 단지 휴일이 될 때마다 가족모두 외출한다는 습관적, 반복적인 사실만을 나타내게 된다.

② 古本屋のたびに/ごとに、中をのぞいてはほしい本を探している。

(헌책방이 눈에 띄면 반드시/헌책방마다 안을 들여다보고서는 필요한 책을 찾고 있다)

➲ 이 경우 「~たびに」를 쓰게 되면 여기저기 다니다가 헌책방이 어쩌다 눈에 띌 때마다 들른다고 하는 뜻을 나타내지만, 「~ごとに」를 쓰게 되면 단지 헌책방마다 들른다고 하는 습관적, 반복적인 사실만을 나타내게 된다.

③ この写真を見るたびに/✱ごとに昔を思い出す。

(이 사진을 볼 때마다 으레 옛날을 생각해낸다)

➲ 이 경우와 같이 그 앞에 동사가 오게 될 때는 「~ごとに」는 쓰기가 부적절하며 「~たびに」를 쓰는 것이 일반적이다.

④ 父は旅行のたびに/✱ごとに、お土産を買ってきた。

(아버지는 여행할 때면 으레 선물을 사왔다)

➲ 「~たびに」는 어떤 특별한 일이 있을 때마다의 뜻을 지니고 있으므로 이 경우와 같이 여행한다고 하는 특별한 일에는 매우 적절하다. 하지만, 「~ごとに」는 단지 그런 기회가 있을 때마다 습관적, 반복적으로 동작을 한다고 하는 뜻만이 있으므로 여기에서는 부적절하다. 왜냐하면 여행을 한다는 것은 어쩌다가 가능한 일이지, 습관적, 반복적으로 할 수 있는 일이 아니기 때문이다.

⑤ 地方ごとに/✱のたびに料理の仕方が違ってくる。

(지방마다 요리하는 방식이 달라진다)

➲ 이 경우는 위의 예문④와 대조를 이루는 것으로 각 지방을 가리키는 것은 특별한 사항이 아니고 일반적인 사항이므로 「~ごとに」만이 적절하다.

⑥ すべての学校ごとに/✱のたびに教訓と教則が違う。

(모든 학교마다 교훈과 교칙이 다르다)

➲ 이 경우역시 위의 예문⑤와 맥락을 같이하고 있다.

⑦ 山に行くたびに雨に降られる。(산에 갈 때마다 으레 비를 만난다)

⑧ 彼女は会うたびにちがう眼鏡をかけている。

(그녀는 만날 때마다 으레 다른 안경을 끼고 있다)

⑨ 健康診断のたびに、太りすぎだと言われる。

(건강진단을 받을 때마다 으레 비만이라는 말을 듣는다)

⑩ 彼は、会う人ごとに、こんど建てた家のことを自慢している。

(그는 만나는 사람마다 이번에 지은 집에 관해서 자랑하고 있다)

➲ 이 경우는 만나는 사람이라면 그 누구에게나 습관적, 반복적으로 집 자랑을 한다는 뜻으로 쓰였다.

⑪ クラスごとに、その雰囲気は違うものだ。(반마다 그 분위기는 다른 법이다)

⑫ 彼は、友人<u>ごとに</u>、事業についての相談をもちかけた。
(그는 친구마다 사업에 관한 의논을 했다)

「食べ物」「食品」

(加熱処理した<u>食べ物</u>、加熱処理した<u>食品</u>)

공통의미

음식, 식품

요점

1. 「食べ物」는 식용으로 삼는 음식을 총칭하는 것으로 사람이 먹는 것은 물론, 동물이 먹는 것에도 쓰인다. 음료수는 포함되지 않는데, 우리말의 '먹을 것, 음식' 정도에 해당된다(예문①②③⑤⑥⑦).
2. 「食品」은 그대로 또는 가공해서 먹을 수 있는 음식을 총칭하는 것으로 음료수까지 포함되는데, 주로 그 다른 말과 결합하여 쓰이는 경향이 있다. 우리말의 '식품'에 해당된다(예문①④⑧⑨⑩⑪).

예문과 해설

① 冷凍した食べ物/食品はおいしくない。(냉동한 음식/식품은 맛이 없다)
➲ 이 경우는 먹을 수 있는 음식을 가리키는 것이므로 둘 다 적절하다.

② 息子は食べ物/＊食品の好き嫌いがはげしい。
(아들은 음식의 좋고 싫음이 심하다)

➲ 이 경우와 같이 기호에 따른 음식을 나타낼 때는 「食べ物」가 적절하다.

③ 犬に食べ物/＊食品をやる。(개에게 먹을 것을 준다)
➲ 인간이 아닌 동물이 먹을 것을 나타낼 때는 오로지 「食べ物」만이 적절하다.

④ 私は冷凍食品/✱食べ物はきらいだ。(나는 냉동식품은 싫어한다)

➲ 이 경우와 같이 다른 말과 결합되어 쓰일 때는 「食品」만이 적절하다.

⑤ あなたの好きな食べ物は何ですか。(당신이 좋아하는 음식은 무엇입니까?)

⑥ 今は食べ物が豊富な時代だ。(지금은 먹을 것이 풍부한 시대이다)

⑦ 食べ物を粗末にしてはいけない。(음식을 소홀하게 다루어서는 안 된다)

⑧ 世界中の珍しい食品をとりそろえる。(온 세상의 진귀한 식품을 골고루 갖춘다)

⑨ これは健康食品です。(이것은 건강식품입니다)

⑩ 冷蔵庫の中には冷凍食品ばかりだ。(냉장고 속에는 냉동식품뿐이다)

⑪ 食品衛生。(식품위생)　　生鮮食品。(생선식품)

「食べる」「食う」「食らう」

(飯を食べて散歩しよう、飯を食って散歩しよう、飯を食らって散歩しよう)

공통의미

먹다

요점

1. 「食べる」「食う」「食らう」는 모두 우리말의 '먹다'에 해당되는 말이나, 정중도에 따른 용법상의 차이가 엿보인다.

2. 「食べる」는 가장 일반적으로 쓰이는 말인데 액체나 약을 먹는 데에는 쓰지 않으며, 반드시 씹어 먹는 음식에만 쓴다(예문①④⑦⑧). 때로는 생계를 꾸려나간다고 하는 의미로도 쓰이는데(예문②), 이 점에서는 우리말의 경우와 같다.

3. 「食う」는 「食べる」보다 다소 격이 떨어지는 말로 주로 남성이 자기와 동등하거나 밑에

있는 친한 사람들 사이에서 쓴다. 「食う」 역시 액체나 약을 먹는 데에는 쓰지 않으며, 반드시 씹어 먹는 음식에만 쓴다(예문①⑨). 한편으로는 생계를 꾸려 나간다고 하는 의미로도 쓰이며(예문②), 펀치를 한방 먹는다고 하는 의미로도 쓰이고(예문⑤), 때로는 기름이나 시간을 소모한다는 의미의 관용표현으로도 쓰인다(예문⑥⑩).

4. 「食らう」는 가장 격이 떨어지는 말인데(예문①), 「食べる」「食う」와 달리 마시는 것에도 쓰인다(예문③⑪). 한편으로는 펀치를 한방 먹는다고 하는 의미로도 쓰인다(예문⑤⑫).

예문과 해설

① 飯を食べて/食って/食らって散歩しよう。 (밥을 먹고 산책하자)

➲ 이 경우는 세 가지 다 적절하나, 정중도에는 차이가 엿보인다. 일반적으로는 「食べる」가 가장 많이 쓰이며 「食う」는 친한 남성사이에서 쓰인다. 「食らう」는 양자에 비해서는 그다지 쓰이지 않는 편이다.

② これぐらいのお金では食べて/食って/＊食らっていけない。
(이 정도의 돈으로는 먹고 살 수가 없다)

➲ 생계를 꾸려나간다고 하는 의미로는 「食べる」와 「食う」밖에 쓸 수가 없다.

③ 酒をたくさん食らって/＊食べて/＊食って寝ている。
(술을 많이 마시고 자고 있다)

➲ 술 같은 액체를 마시는 의미로는 「食らう」밖에 쓸 수 없으나 이 역시 매우 거친 표현인 점에 주의하여야 한다.

④ ご飯を残さずに食べなさい/＊食いなさい/＊食らいなさい
(밥을 남기지 말고 먹어라)

➲ 이 경우와 같이 「なさい」를 붙여서 명령조로 나타내는 때는 오로지 「食べる」만이 적절하다. 「食う」와 「食らう」를 쓰게 되면 너무나 거친 표현이 되어서 부적절하다.

⑤ 不意打ちを食う/食らう/＊食べる。 (불의의 습격을 당하다)

➲ 이 경우와 같이 바람직하지 못한 일을 당하게 되는 뜻으로는 「食べる」는 부적절하다.

⑥ これはたくさん時間を食う/＊食べる/＊食らう仕事だ。
(이것은 많이 시간을 잡아먹는 일이다)

➲ 이 경우와 같이 주로 시간을 잡아먹거나 기름을 많이 먹는다는 식의 표현에는 「食う」만이 적절하다.

⑦ よくかんで食べなさい。(잘 씹어 먹어라)

⑧ もうたくさん食べました。(이제 많이 먹었습니다)

⑨ 飯を食ってから出かけるぞ。(밥을 먹고 나서 나갈 거다)

➲ 이 경우는 매우 친한 상대 앞에서 남성이 쓸법한 표현이다.

⑩ この車はガソリンを結構食う。(이 차는 기름을 제법 먹는다)

➲ 이 경우와 같이 자동차기름의 소모를 나타낼 때는 오로지 「食う」만이 적절한데, 우리말에도 이러한 용법은 있다.

⑪ うちの息子は飯を食らって寝てばかりいる。
(우리 아들은 밥을 먹고 자고만 있다)

➲ 매우 격이 떨어지는 난폭한 표현이다.

⑫ 強いパンチを食らった。(강한 펀치를 먹었다)

➲ 이 경우와 같이 펀치를 한방 먹는다는 뜻으로 쓰일 때는 「食らう」가 적절하다.

「〜た方がいい」「〜(する)方がいい」

(帰った方がいい、帰る方がいい)

공통의미

〜하는 편이 좋다

요점

1. 「〜た方がいい」「〜する方がいい」는 둘 다 상대에 대한 어떠한 제안이나 조언을 나타내는 것이지만, 양자 간에는 의미용법상에 차이가 엿보인다. 특히 「〜する方がいい」는 우리말에도 똑 같은 표현양식이 있지만, 「〜た方がいい」와 같은 표현양식은 우리말에

없는 일본어특유의 것이다.

2. 「～た方がいい」는 상대가 선택할 여지가 없는 의견이나 제안을 말하는 사람이 제시하는 경우에 쓰이는 것이다. 따라서 상대에 대한 조언이나 충고를 나타내는데 매우 적합한 표현이다(예문①②③⑥⑧).

3. 「～する方がいい」는 두 가지의 비교대상 가운데에서 말하는 사람이 임의적으로 선택하는 의미를 나타낸다. 따라서 이러한 표현은 조언이나 충고를 나타낼 수 없으며, 단지 두 가지 선택사항 중에서 하나를 고르는 정도의 의미가 있을 뿐이다(예문①②④⑤).

4. 두가지표현의 부정형은 「~ない方がいい」인데, 이 경우 「~なかった方がいい」와 같은 과거형으로는 일체 쓰이지 않는다(예문⑥⑦).

예문과 해설

① 海より山に行く/行った方がいいですよ。(바다보다 산에 가는 편이 좋아요)

➲ 이 경우는 둘 다 적절한데 「行く方がいい」와 같이 현재형을 쓰게 되면 바다와 산 중에서 산을 선택하는 정도의 의미를 나타내지만, 「行った方がいい」와 같이 완료형을 쓰게 되면 바다보다 산으로 가라고 하는 조언이나 충고의 의미를 나타내게 된다.

② 風邪なら、一日ぐらい休む/休んだ方がいいよ。
(감기라면 하루정도 쉬는 편이 좋아요)

➲ 이 경우도 둘 다 적절한데 아무래도 「~た方がいい」가 상대를 위한 조언이나 충고의 뜻을 나타내게 된다.

③ A：私、どうも風邪をひいたらしんですが。
(나, 아무래도 감기 걸린 것 같습니다만)

B：早く、帰って寝た/?寝るほうがいいですよ。(빨리 자는 편이 좋겠네요)

➲ 상대가 감기 걸린 사실을 알고 충분한 수면을 취하도록 조언하는 것이니만큼 「~た方がいい」가 적절하다. 만약, 이 경우 「~する方がいい」를 쓰게 되면 이는 어디까지나 선택을 나타내는 것이므로 '빨리 자는 것' 과 '빨리 자지 않는 것' 중에서 하나를 선택한다는 의미가 될 뿐이다. 감기환자라면 '빨리 자도록' 조언하는 것이 상식적이며 자연스럽다.

④ A：駅までバスだと10分ぐらいだけど、どうする？
(역까지 버스라면 10분정도인데, 어떻게 할까?)

B：天気もいいし、歩く/?歩いた方がいいな。

(날씨도 좋고 하니, 걷는 편이 좋겠네)

➲ 이 경우는 상대에게 조언이나 충고를 하는 것이 아니라 어디까지나 '걷는 것'과 '버스 타는 것' 중에서 하나를 선택한다고 하는 의미이므로 「~する方がいい」가 적절하다.

⑤ A：映画でも見に行こうか。(영화라도 보러 갈까?)

B：込んでいるでしょう。うちで寝ている/?うちで寝ていた方がいいですよ。

(복잡할거예요. 집에서 자고 있는 편이 좋아요)

➲ 이 경우도 상대에게 조언이나 충고를 하는 것이 아니라, 어디까지나 '영화를 보러가는 것'과 '집에 자고 있는 것' 중에서 하나를 선택한다는 의미이므로 「~する方がいい」가 적절하다.

⑥ あんなところは危ないから、行かない/＊行かなかった方がいい。

(저런 곳은 위험하니까, 가지 않는 편이 좋다)

➲ 「~する方がいい」의 부정형은 「~ない方がいい」인데 이 경우 「~なかった方がいい」와 같은 과거형으로는 일체 쓰이지 않는다.

⑦ これは賞味期限が過ぎているから、食べない/＊食べなかった方がいいよ

(이것은 유통기한이 지났으니까 먹지 않는 편이 좋아)

➲ 이 경우도 예문⑦과 맥락을 같이 하고 있다.

⑧ ここのところ問題があるように思うんだけど、直した方がいいですよ。

(이 부분에 문제가 있는 것 같이 생각하는데, 고치는 편이 좋겠어요)

➲ 문제가 있는 부분을 발견하고는 그에 대하여 수정할 것을 충고하는 표현이므로 「~た方がいい」가 적절하다.

「だます」「ごまかす」「欺く」「偽る」

공통의미

속이다

요점

1. 「だます」는 대체로 사람을 속이는 경우에 쓰이고, 결코 어떠한 사안이나 내용을 속이는 데는 쓸 수 없는데, 우리말의 '속이다'에 해당된다(예문①④⑤⑥⑦).
2. 「ごまかす」는 사람이 아니라 사안이나 내용을 속이는 데에 쓰이는 것으로 우리말의 '현혹시키다, 얼버무리다' 정도에 해당된다(예문②③④⑧⑨⑩).
3. 「欺(あざむ)く」는 「だます」와 같은 의미용법을 지니지만 보다 문장체적이다. 항상 그 앞에는 목적격조사 「を」가 와서 「～を欺(あざむ)く」의 형태로 쓰이는데, 이 경우 목적어로 서는 주로 사람이 오게 되며 우리말의 '기만하다' 정도에 해당된다(예문①⑪). 한편으로는 「～を欺(あざむ)く」의 형태를 취하여 비교하기에 손색이 없음을 나타내기도 하는데, 다른 동사에는 이러한 의미용법이 없다(예문⑫⑬).
4. 「偽(いつわ)る」는 대체로 사안이나 내용을 속이는 데에 쓰이는 것으로 '속이다'에 해당된다. 이 점에서는 「ごまかす」와 비슷하나 문장체적이며, 다른 점은 「偽(いつわ)る」에는 '속여서 말한다'고 하는 '말하다'의 의미가 강조되는 점에 있다(예문①③④⑭⑮⑯).

예문과 해설

① 親(おや)をだまして/欺(あざむ)いて/偽(いつわ)って/＊ごまかして金(かね)を引(ひ)き出(だ)す。
(부모를 속여서 돈을 인출하다)

➲ 「ごまかす」는 사람을 속이는 데는 쓸 수가 없으며 「偽(いつわ)る」는 대체로 사안이나 내용을 속이는 데에 쓰이지만 이 경우처럼 사람을 속이는 데에 쓰일 때는 보다 문장체적이 된다.

② こっそり計算(けいさん)をごまかす/＊だます/＊欺(あざむ)く/＊偽(いつわ)る。(살며시 계산을 속인다)

➲ 어떠한 사안에 대하여 부정적인 행위를 하는 것에는 오로지 「ごまかす」만이 적절하다. 「だます」와 「欺(あざむ)く」는 그 앞의 목적어로 사람이 오게 되어있고 이 경우와 같이 사안은 올 수가 없으므로 부적절하고, 「偽(いつわ)る」는 '속여서 말하다'와 같이 '말하다'라는 어감이 이미 포함되어 있는데 여기에서는 단순히 계산만이 제시되어 있으므로 이 역시 부적절하다.

③ あの娘(むすめ)は自分(じぶん)の年齢(ねんれい)をごまかした/偽(いつわ)った/＊だました/＊欺(あざむ)いた。
(저 아가씨는 자기의 연령을 속였다)

➲ 어떠한 내용에 대하여 속이는 것에는 「ごまかす」와 「偽(いつわ)る」만이 적절한데, 예문②에서와 같이 계산을 속이는 것은 말이 필요치 않으므로 「ごまかす」만이 적절하나 이 경우처럼 연령을

속이는 것은 말을 필요로 하므로 「偽(いつわ)る」도 적절한 셈이다.

④ 頭(あたま)が痛(いた)いとだます/ごまかす/偽(いつわ)る/✱欺(あざむ)く。(머리가 아프다며 속인다)

➲ 「欺(あざむ)く」는 항상 목적격조사 「を」가 앞에 와서 「~を欺(あざむ)く」의 형태로만 쓰이므로 이 경우에는 부적절하다.

⑤ うまいことを言(い)ってだます。(그럴 듯한 것을 말해서 속인다)

➲「だます」는 언제나 사람을 속이는 경우에만 쓰인다.

⑥ にせものを使(つか)って人(ひと)をだます。(가짜를 이용하여 사람을 속인다)

⑦ 甘(あま)い言葉(ことば)にだまされる。(달콤한 말에 넘어간다)

⑧ 会社(かいしゃ)の金(かね)をごまかす。(회사 돈을 몰래 쓰다)

➲ 「ごまかす」는 사람이 아니라 사안이나 내용을 속이는 경우에 쓰인다.

⑨ 値段(ねだん)をごまかして売(う)る。(가격을 속여서 판다)

⑩ ふさぎ込(こ)んだ気持(きも)ちを酒(さけ)でごまかす。(침울한 기분을 술로 얼버무린다)

⑪ 敵(てき)を欺(あざむ)いて先手(せんて)を打(う)つ。(적을 기만하여 선수를 친다)

➲ 「欺(あざむ)く」는 「だます」처럼 사람을 속이는 경우에 쓰이지만, 비교적 딱딱한 어감이 주어진다.

⑫ 彼女(かのじょ)は花(はな)を欺(あざむ)く美人(びじん)です。(그녀는 꽃도 무색케 하는 미인입니다)

➲ 「欺(あざむ)く」는 「~を欺(あざむ)く」의 형태를 취하여 손색이 없음을 나타내기도 하는데 다른 말에 이러한 용법이 없다.

⑬ 真昼(まひる)を欺(あざむ)く明(あか)るさ。(대낮을 무색케 하는 밝기)

⑭ 親(おや)を偽(いつわ)って学校(がっこう)を休(やす)む。(부모를 속여서 학교를 쉰다)

➲ 「偽(いつわ)る」는 이 경우와 같이 상대를 속이는 과정에서 말을 통하여 속인다고 하는 것에 의미의 중심이 놓인다.

⑮ 病気(びょうき)と偽(いつわ)って練習(れんしゅう)を休(やす)んだ。(병이라고 속이고 연습을 쉬었다)

⑯ 新入社員(しんにゅうしゃいん)は自分(じぶん)の履歴(りれき)を偽(いつわ)った。(신입사원은 자신의 이력을 속였다)

「たまに」「まれに」「珍(めずら)しく」

(たまに小説(しょうせつ)を読(よ)む、まれに小説(しょうせつ)を読(よ)む、珍(めずら)しく小説(しょうせつ)を読(よ)む)

공통의미

간혹, 드물게

요점

1. 「たまに」는 어떤 일이 어느 정도의 시간간격으로 일어나는 경우에 쓰이는 것으로 우리말의 '간혹, 가끔' 정도에 해당된다(예문①②③④).
2. 「まれに」는 어떤 일이 좀처럼은 일어나지 않는 경우에 쓰이는 것으로 우리말의 '어쩌다가, 드물게' 정도에 해당된다(예문①⑤⑥⑦).
3. 「珍(めずら)しく」는 형용사 「珍(めずら)しい(드물다, 희귀하다)」의 연용형이 부사적인 용법을 나타내는 것인데, 좀처럼 일어나지 않는 일에 새로운 느낌을 느끼거나 관심을 보이거나 하는 경우에 쓰인다. 우리말의 '보기 드물게' 정도에 해당된다(예문①⑧⑨⑩).

예문과 해설

① たまに/まれに/珍(めずら)しく小説(しょうせつ)を読(よ)む。(가끔/어쩌다가/보기 드물게 소설을 읽는다)

➲ 이 중에서 「たまに」가 소설을 읽는 빈도수가 가장 높으며 다음으로는 「まれに」가 높고 「珍(めずら)しく」는 가장 그 빈도수가 낮다.

② 彼(かれ)もたまにはいいことを言(い)う。(그도 가끔은 좋은 말을 한다)

➲ 자주는 아니지만 어느 정도의 시간간격을 가지고 좋은 말을 한다는 뜻으로 쓰였다.

③ たまに朝寝坊(あさねぼう)をすることもあります。(간혹 늦잠을 자는 일도 있습니다)

➲ 자주는 아니지만 가끔씩은 늦잠을 자는 일도 있다는 뜻으로 쓰였다.

④ あの人(ひと)はたまにしか話(はな)さない。(저 사람은 가끔씩 밖에 이야기하지 않는다)

⑤ そういうこともまれにはあるかもしれない。(그러한 일도 어쩌다가는 있을지도 모른다)

➲ 흔하게 일어날 수는 없는 일을 나타내고 있다.

⑥ 山田君(やまだくん)はまれに見(み)るいい青年(せいねん)だ。(야마다군은 드물게 보는 좋은 청년이다)

➲ 좀처럼 볼 수가 없는 좋은 청년임을 나타내고 있다.

⑦ まれに外出(がいしゅつ)もするにはする。(어쩌다가 외출도 하기는 한다)

⑧ 今日(きょう)は珍(めずら)しくよく晴(は)れている。(오늘은 보기 드물게 활짝 개어있다)

➲ 줄곧 날씨가 좋지 않다가, 모처럼 날씨가 좋아진 것에 대한 말하는 사람의 새로운 느낌이 담겨있다.

⑨ 母(はは)が珍(めずら)しく化粧(けしょう)をしている。(어머니가 보기 드물게 화장을 하고 있다)

➲ 여간해서는 화장을 하지 않던 어머니의 화장에 대한 가벼운 놀라움의 느낌이 들어있다.

⑩ 彼女(かのじょ)は珍(めずら)しく機嫌(きげん)がいい。(그녀는 보기 드물게 기분이 좋다)

「～ために(목적)」「～ために(이유)」

(結婚(けっこん)するために貯金(ちょきん)する、結婚(けっこん)したために貯金(ちょきん)がなくなった)

요점

1. 「～ために」는 앞뒤의 문을 이어주는 역할을 하는데 '목적'을 나타내는 용법과 '이유, 원인' 을 나타내는 용법의 두 가지가 있다.
2. 「～ために」가 목적을 나타낼 때는 그 뒤의 사항이 먼저 실현되고 나서 그 앞의 사항이 실현될 때에 한해서이다. 우리말의 '～을(를)위하여'에 해당된다(예문①④⑦⑧).
3. 「～ために」가 이유, 원인을 나타낼 때는 그 앞의 사항이 먼저 실현되고 나서 그 뒤의 사항이 실현될 때에 한해서이다. 우리말의 '～ 때문에, ～으로 인하여'에 해당된다(예문①⑤⑨).
4. 결과적으로 「～ために」의 앞에 과거와 완료를 나타내는 조동사 「～た」가 올 때는 이유나 원인을 나타내는 셈이고, 「～ために」의 앞에 동사현재형이 올 때는 목적을 나타내는 셈이다. 물론, 이와 같이 동사가 오지 않고, 명사가 그 앞에 와도 사항의 실현순서는 마찬가지이다(예문②③). 아울러, 「～ために」에서 조사 「～に」가 탈락되어도 의미용법상에는 하등의 차이가 없다(예문⑥⑩).

예문과 해설

① A：結婚(けっこん)するために貯金(ちょきん)する。　B：結婚(けっこん)したために貯金(ちょきん)がなくなった。

(결혼하기 위하여 저금한다)　　　　(결혼했기 때문에 저금이 없어졌다)

➲ A는 「~ために」의 앞에 현재형이 와있으므로 '이유, 원인'으로 해석을 해야 하며 B는 「~ために」의 앞에 과거, 완료형이 와있으므로 '목적'으로 해석을 해야 한다. 실제로 A는 저금하는 행위가 결혼하는 행위보다 먼저 이루어지는 것이며 B는 반대로 결혼하는 행위가 저금이 없어지는 상태보다 먼저 이루어졌다.

② 研究(けんきゅう)のために渡米(とべい)する。(연구를 위하여 도미한다)

➲ 이 경우는 「~ために」의 앞에 동사가 아닌 명사가 와 있는데 이렇다할지라도 도미하는 행위가 먼저 실현되고 나서 연구하는 행위가 이루어지는 셈이므로 결국 목적으로 해석될 수밖에 없다.

③ 大雨(おおあめ)のために新幹線(しんかんせん)が止(と)まった。(큰 비 때문에 신칸센이 멈췄다)

➲ 이 경우 역시 「~ために」의 앞에 동사가 아닌 명사가 와 있는데 큰 비가 온 것이 신칸센이 멈춘 것보다 먼저 실현되었으므로 당연히 이유, 원인으로 해석될 수밖에 없다.

④ 登山隊(とざんたい)を派遣(はけん)するために、資金調達(しきんちょうたつ)をする。
(등산대를 파견하기 위하여 자금조달을 한다)

➲ 이 경우는 「~ために」의 앞에 동사현재형이 와있으며 실제로 실현의 우선순위를 보더라도 자금조달을 하는 행위가 등산대를 파견하는 행위보다 먼저 실현되는 셈이므로 목적의 의미로 해석된다.

⑤ 変(へん)な物(もの)を食(た)べたために、お腹(なか)をこわした。(이상한 것을 먹었기 때문에 배탈났다)

➲ 이 경우는 「~ために」의 앞에 동사과거형이 와있으며, 실제로 실현의 우선순위를 보더라도 이상한 것을 먹은 행위가 배탈 나는 상태보다 먼저 실현되는 셈이므로 이유, 원인의 의미로 해석된다.

⑥ 雨(あめ)が続(つづ)いたため、作物(さくもつ)に被害(ひがい)が出(で)た。
(비가 계속되었기 때문에 작물에 피해가 나왔다)

➲ 이 경우처럼 「~ために」에서 조사 「に」가 탈락되어도 이유, 원인이라고 하는 의미용법상에는 아무런 차이가 없다.

⑦ 船(ふね)で世界(せかい)一週旅行(いっしゅうりょこう)をするために、貯金(ちょきん)をしている。
(배로 세계 일주여행을 하기 위해 저금을 하고 있다)

⑧ 入学試験(にゅうがくしけん)のために、夜(よる)おそくまで勉強(べんきょう)している。
(입학시험을 위해서 밤늦게까지 공부하고 있다)

⑨ 友(とも)だちが訪(たず)ねて来(き)たために、約束(やくそく)の時間(じかん)に遅(おく)れてしまった。
(친구가 찾아왔기 때문에 약속시간에 늦어버렸다)

⑩ 病気(びょうき)のため学校(がっこう)を休(やす)みました。(병 때문에 학교를 쉬었습니다)

「だめ」「台無し」「ふい」

(計画が<u>だめ</u>になった、計画が<u>台無し</u>になった、計画が<u>ふい</u>になった)

공통의미

틀려지다, 수포로 돌아가다

요점

1. 「だめ」는 가장 일반적으로 쓰이는 것으로서 물건이 못쓰게 되는 경우에도 쓰이고 일이 틀려지는 경우에도 쓰이며, 때로는 「だめだ」의 형태로 금지를 나타내기도 한다(예문②). 「だめになる」의 형태로 쓰이는 것이 보통인데, 우리말의 '안 된다, 못 쓴다' 정도에 해당된다(예문①②⑤⑥).
2. 「台無し」는 그 때까지 좋았던 것이나 잘 되어가던 일이 어떤 계기로 인하여 나쁘게 되거나 망치는 경우에 쓰이며, 대체로 말하는 사람의 유감스런 기분이 들어가게 된다. 「台無しだ」「台無しになる」의 형태로 쓰이는 것이 보통인데 우리말의 '소용없다, 수포로 돌아가다' 정도에 해당된다(예문①③⑦⑧).
3. 「ふい」는 구체적인 사물에는 쓰지 못하며 노력해서 얻은 것이나 얻으려고 하던 것을 놓치게 되는 경우에 쓰인다. 「ふいになる」「ふいにする」의 형태로 쓰이는데, 우리말의 '망치다, 날리다' 정도에 해당된다(예문①④⑨⑩).

예문과 해설

① 台風で計画がだめ/台無し/ふいになった。(태풍으로 계획이 틀려지게 되었다)

➲ 이 경우에는 그 어느 것이나 적절한데 「だめ」를 쓰게 되면 단지 계획이 틀려졌음을 나타낼 뿐이며, 「台無し」를 쓰게 되면 계획이 틀려져서 매우 유감스럽다는 기분이 들어가게 되는데 이 점에서는 「ふい」도 비슷한 기분이 들어가게 된다.

② このハムを食べるのはだめ/*台無しだ。(이 햄을 먹는 것은 안 된다)

➲ 「台無し」는 어디까지나 좋았던 것이나 잘 되어가던 것이 틀려지게 되어 유감스럽다고 하는 기분이 내포되어 있으므로 이 경우에는 부적절하다. 여기에서는 단지 금지를 나타낼 뿐이므로 「だめ」를 써야만 한다.

③ 雨(あめ)でせっかくの晴(は)れ着(ぎ)が台無(だいな)しだ/✱だめだ。

(비로 모처럼의 외출복이 망쳐졌다)

➲ 아주 좋았던 모처럼의 외출복이 비로 인하여 망쳐진 경우이므로 말하는 사람의 매우 유감스러운 기분이 들어가 있는 「台無(だいな)し」가 적절하다.

④ 一日(いちにち)で百万円(ひゃくまんえん)がふいになった/✱だめになった/✱台無(だいな)しになった。

(하루에 백만엔이 날아가게 되었다)

➲ 하루에 백만엔이라는 거금이 순식간에 날아가게 된 것이므로 「ふいになる」가 적절하다. 「ふい」는 어떠한 기회나 성과가 한 번에 없어지게 되는 점을 나타내는 데에 특징이 있다.

⑤ 油(あぶら)で背広(せびろ)がだめになった。(기름으로 양복이 못쓰게 되었다)

➲ 이 경우와 같이 어떤 물건이 못쓰게 됨을 나타낼 때는 「だめ」가 적절하며 다른 말에는 이러한 용법이 없다,

⑥ このままだとあの子(こ)はだめになる。(이대로라면 저 아이는 못쓰게 된다)

⑦ 資金難(しきんなん)でせっかくの計画(けいかく)が台無(だいな)しになった。

(자금난으로 모처럼의 계획이 소용없게 되었다)

➲ 기껏 세워놓은 계획이 중도에서 소용없게 된 것에 대한 말하는 사람의 유감스런 기분이 들어가 있다.

⑧ せっかくの運動会(うんどうかい)が雨(あめ)で台無(だいな)しだ。

(모처럼의 운동회가 비로 수포로 돌아갔다)

⑨ 今(いま)まで積(つ)み上(あ)げた信用(しんよう)をふいにする。(지금까지 쌓아올린 신용을 날린다)

➲ 이 경우와 같이 노력해서 얻은 것을 한꺼번에 놓치게 됨을 나타내는 데는 「ふい」가 적절하다.

⑩ せっかくのチャンスをふいにする。(모처럼의 찬스를 망친다)

「頼(たよ)る」「すがる」

(親(おや)に頼(たよ)る、親(おや)にすがる)

공통의미

의지하다, 매달리다

요점

1. 「頼る」는 자신과 관계되는 사람이나 사물에게 어떤 일을 기대하여 도움을 받으려고 하는 것인데, 우리말의 '의지하다, 기대다' 정도에 해당된다(예문①②③⑤⑥⑦).
2. 「すがる」는 힘들거나 바람직하지 못한 상황 속에서 어떤 사물이나 사람을 유일한 의지 수단으로 생각하여 바짝 달라붙는 것을 나타내는데, 「頼る」에 비하여 기대하는 심리는 훨씬 크다. 우리말의 '매달리다, 달라붙다' 정도에 해당된다(예문①②④⑧⑨⑩).

예문과 해설

① 親に頼る/すがる。(부모에게 의지하다/매달리다)

➲ 이 경우는 그 어느 것이나 적절한데 「頼る」에 비해서 「すがる」쪽이 훨씬 기대하거나 의지하는 정도가 커지게 된다.

② 杖に頼って/すがって歩く。(지팡이에 의지하여 걷는다)

➲ 이 경우도 예문①과 맥락을 같이 하고 있다.

③ 普通操縦士は計器に頼って/＊すがって飛行する。
(보통 조종사는 계기에 의지하여 비행한다)

➲ 이 경우에 「すがる」를 쓰게 되면 의미가 너무 과장되게 되어 부적절하다.

④ 苦しい状況の中では人の情けにすがる/＊頼るしかない。
(괴로운 상황 속에서는 사람의 정에 매달리는 수밖에 없다)

➲ 이 경우는 절박한 상황에서 사람의 정을 유일한 해결책으로 기대한다고 하는 의미로 쓰였으므로 「すがる」가 적절하다. 「頼る」는 「すがる」에 비하여 그다지 상황이 절박하지 않을 때에 쓰이는 것이 보통이므로 여기에서는 부적절하다.

⑤ 友だちを頼って日本へ行った。(친구를 의지하여 일본에 갔다)

⑥ 地図を頼って山道を行く。(지도를 의지하여 산길을 간다)

⑦ 生活は子どもに頼る。(생활은 자식에게 의지한다)

⑧ 人間は苦しい時にだけ神にすがったりする。
(인간은 괴로운 때에만 신에게 매달리곤 한다)

⑨ 手すりにすがって階段を上がる。(난간에 달라붙어 계단을 오른다)

⑩ 息子は大人になっても親にすがっているから困る。
(아들은 어른이 되어서도 부모에게 매달리고 있으니까 난처하다)

「～たら」「～なら」「～ば」「～と」

(彼が来たらわかるよ、彼が来るならわかるよ、彼が来ればわかるよ、彼が来るとわかるよ)

공통의미

～하면(가정을 나타내는 의미용법)

요점

1. 「~たら」는 앞의 사항과 뒤의 사항이 우연한 관계이며 그 때 그 때의 개별적인 사항일 때에 쓰이는 경향이 있다. 철저하게 회화체에서 쓰이며 문장체에서 쓰이는 일은 없는데, 동사가 앞에 올 때는 연용형이 접속된다(예문①②③④⑤).
2. 「～なら」는 말하는 사람의 독자적인 판단이나 추측, 의지 등을 나타내기 위한 조건을 그 앞에 제시할 때에 쓰인다. 동사가 앞에 올 때는 종지형이 접속된다(예문②⑥). 다른 말들은 모두 전항과 후항사이에 시간의 전후관계가 반드시 설정되어야만 하나, 「なら」는 유일하게 시간의 전후관계가 있어도 없어도 상관없이 쓰일 수가 있다(예문⑩).
3. 「～ば」는 앞의 사항과 뒤의 사항이 우연한 관계가 아니라 보다 필연적인 관계에 있을 때 쓰이는 경향이 있다. 동사가 앞에 올 때는 가정형이 접속된다(예문①②⑦).
4. 「～と」는 앞의 사항에 이어서 반드시 뒤의 사항이 일어나거나 객관적인 결과를 나타내는 경향이 있다. 회화체나 문장체 어느 쪽에도 쓰이며 동사가 앞에 올 때는 종지형이 접속된다(예문①⑧⑨).

예문과 해설

① 春になったら/なれば/なると/✱なるなら桜が咲く。(봄이 되면 벚꽃이 핀다)

➲ 「~たら」는 말하는 사람이 개별적으로 그렇게 판단하는 것을 나타내고, 「~ば」는 필연적으로

그렇게 됨을 나타내며, 「~と」는 누가 봐도 그렇게 될 것임을 나타낸다. 다만 「~なら」는 말하는 사람의 독자적인 판단의 조건을 제시하는 것인데 어차피 봄은 반드시 오게 되어 있는 것이어서 판단의 조건이 될 수 없으므로 여기에서는 부적절하다.

② できたら/できれば/できるなら/＊できると行きたい。(가능하면 가고 싶다)

➲ 「~と」는 앞의 사항에 이어서 반드시 뒤의 사항이 일어남을 나타내는데 이 경우는 가고 싶다고 하는 마음이 생길 수 있는 조건을 제시하는 것이므로 부적절하다.

③ 走ったら/＊走れば/＊走ると/＊走るなら疲れた。(달렸더니 지쳤다)

➲ 이 경우 「~ば」는 달리면 필연적으로 지쳐야함을, 「~と」는 달리면 반드시 지쳐야함을, 「~なら」는 혹시 달린다면 결국은 지칠 것임을 각각 나타내는 모순이 발생한다. 달림으로서 지친다고 하는 것은 사람에 따라서 다를 수 있으므로 이 경우는 개별적인 사항을 나타내는 「~たら」가 적절하다.

④ 一日中歩いたら/＊歩けば/＊歩くと/＊歩くなら、遠くの山が少し近づいてきた。(하루 종일 걸었더니, 먼 산이 조금 다가왔다)

➲ 이 경우와 같이 개별적으로 그렇게 느껴짐을 나타내는 데는 「~たら」가 가장 적절하다

⑤ 学校に行ったら、誰も来ていなかった。(학교에 갔더니 아무도 와 있지 않았다)

➲ 「~たら」는 어디까지나 우연성을 나타내는 점에 중점이 있는데 이 경우는 학교에 가면 반드시, 또는 필연적으로 일어나는 사항이 아니라 학교에 갔더니 우연히 아무도 없었다는 의미를 나타내고 있다.

⑥ 太郎が来るなら、僕は帰る。(타로가 온다면 나는 돌아간다)

➲ 「~なら」는 말하는 사람의 독자적인 판단의 조건을 나타내는 것이다.

⑦ 北海道へ行けば、アイヌ族博物館がある。
(홋카이도에 가면 아이누족박물관이 있다)

➲ 「~ば」는 그 앞의 사항이 발생하면 필연적으로 뒤의 사항도 발생함을 나타낸다.

⑧ 1に2をたすと、3になる。(1에 2를 더하면 3이 된다)

➲ 「~と」는 객관적인 결과를 나타내기도 한다.

⑨ このボタンを押すと、カーテンが閉まります。(이 버튼을 누르면 커튼이 닫힙니다)

➲ 「~と」는 앞의 사항이 발생하면 이어서 뒤의 사항도 발생함을 나타낸다.

⑩ 北海道へ行くなら、飛行機が一番安上がりだ。
(홋카이도에 갈 것 같으면 비행기가 가장 싸게 친다)

➲ 이 경우는 전항의 홋카이도에 가는 행위와 후항의 비행기가 가장 싸다고 하는 사실사이에 시간의 전후관계는 설정되어 있지 않다.

「～たら」「～ば」

(コーラがなかったら何でもいいや、コーラがなければ何でもいいや)

공통의미

～하다면, ～하면(상황을 가정하는 의미용법)

요점

1. 「～たら」와 「～ば」는 둘 다 어떤 상황을 가정해서 나타내는 점에서는 의미용법이 비슷하지만(예문①②③), 미래완료나 과거의 결과를 나타내는 점에서는 차이가 엿보인다.
2. 「～たら」는 앞으로 무슨 일이나 상황이 끝나거나 발생했을 경우를 가정하는 미래완료의 용법과(예문④⑤⑥), 과거에 어떤 일이나 상황이 일어났던 결과를 나타내는 용법(예문⑦⑧)이 있다. 미래완료를 나타내는 경우는 우리말의 '～하면'에 해당되고 과거의 결과를 나타내는 경우는 '～했더니'에 해당된다.
3. 「ば」는 단지 그런 일이 있을지 어떨지 모르지만 만약에 그러한 경우에는.....하는 식의 가정만을 나타내며, 「～たら」와 같은 미래완료나 과거의 결과를 나타내는 용법은 없다(예문①②③).

예문과 해설

① もしコーラがなかったら/なければ、何でもいいや。

(만약 콜라가 없다면 뭐든지 좋아)

➲ 이 경우는 둘 다 적절한데, 「~たら」나 「~ば」모두 단지 어떤 상황을 가정하는 의미 용법으로 쓰이고 있기 때문이다.

② 春になったら/なれば桜が咲く。 (봄이 되면 벚꽃이 핀다)

➲ 이 경우 역시 예문①과 맥락을 같이 하고 있는 것으로 단지 상황을 가정하고 있다.

③ できたら/できれば私も一緒に行きたい。 (될 수 있으면 나도 함께 가고 싶다)

➲ 이 경우 역시 예문①과 맥락을 같이 하고 있는 것으로 단지 조건상황을 가정하고 있다.

④ 事務室に帰ったら/＊帰れば窓を閉めてください。

(사무실에 돌아가면 창문을 닫아 주십시오)

➲ 이 경우는 말하는 시점이후에 사무실에 돌아간다고 하는 미래의 동작이 완료되는 것을 나타내고 있으므로 「~たら」가 적절하다. 이 경우 단지 가정의 의미만을 나타내는 「~ば」를 쓰게 되면 사무실에 돌아갈지 어떨지 알 수는 없지만.....하는 식으로 의미가 애매 해지게 된다. 어차피 사무실에는 돌아가게 마련인 것이다.

⑤ 今日、仕事が終わったら/＊終われば、一杯飲みに行きませんか。

(오늘 일이 끝나면 한잔하러 가지 않겠습니까?)

➲ 이 경우는 말하는 시점이후에 일이 끝난다고 하는 미래의 동작이 완료되는 것을 나타내고 있으므로 「~たら」가 적절하다. 이 경우 단지 가정의 의미만을 나타내는 「~ば」를 쓰게 되면 오늘 일이 끝날지 어떨지 알 수는 없시반.....하는 식으로 의미가 애매해지게 된다. 어차피 오늘의 일이야 반드시 끝날 수밖에 없는 것이다.

⑥ その新聞を読み終わったら/＊読み終われば、見せてください。

(그 신문을 다 읽으면 보여 주십시오)

➲ 이 경우역시 예문④⑤와 맥락을 같이 하고 있는데, 어차피 신문은 다 읽게 마련이므로, 미래완료를 나타내는 「~たら」가 적절하다. 즉, 그 신문을 다 읽는 행위가 말하는 시점 이후에 끝난다면 그 이후에 보여 달라고 하는 의미를 나타내는 것이다. 한편, 이 경우에 「~ば」를 쓰게 되면 그 신문을 다 읽게 될지 어떨지 알 수가 없지만.....하는 식의 엉뚱한 의미가 되어 버린다.

⑦ 家へ帰ったら/＊帰れば誰もいなかった。(집에 돌아갔더니 아무도 없었다)

➲ 이 경우는 과거의 결과를 나타내고 있으므로 「~たら」가 적절하며 단지 가정의 의미만을 나타내는 「~ば」는 부적절하다. 실제로 「帰れば」는 돌아가는 동작을 전제로 가정하는 의미만을 나타내고 있을 뿐이다.

⑧ ゆうべ、お風呂に入っていたら/＊入っていれば、地震があった。

(어젯밤, 욕조에 들어가 있었더니 지진이 있었다)

➲ 이 경우 역시 예문⑦과 맥락을 같이 하고 있어서 과거의 결과를 나타내고 있다.

「~たらいい」「~といい」「~がいい」

(先生に聞いたらいい、先生に聞くといい、先生に聞くがいい)

공통의미

~하는 것이 좋다(조언이나 권유를 나타내는 의미용법)

●●● 요점

1. 「～たらいい」「～といい」「～がいい」는 모두 상대에 대한 조언이나 권유를 나타내는 것이나, 각 표현 간에는 의미상의 차이가 다소 엿보인다.
2. 「～たらいい」는 상대에 대한 조언이나 권유를 나타냄에 있어서 다소 차가운 인상을 주게 된다. 그 앞에는 동사연용형이 접속되는데, 우리말의 '～하면 된다' 정도에 해당된다.
3. 「～といい」는 상대에 대한 조언이나 권유를 나타냄에 있어서 따스한 마음이 전해진다. 그 앞에는 동사종지형이 접속되는데 우리말의 '～하면 좋다' 정도에 해당된다.
4. 「～がいい」는 상대에 대한 조언이나 권유를 나타냄에 있어서 상대의 판단에 맡기거나 상대의 마음대로 하라는 식의 방임의 느낌이 주어진다. 그 앞에는 동사종지형이 접속되는데, 우리말의 '～하는 게 좋다' 정도에 해당된다.

●●● 예문과 해설

① A：やり方(かた)がわからないのですが。(하는 방법을 모르겠습니다만)

B1：木村(きむら)さんに聞(き)いたらいいですよ。(키무라씨에게 물어보면 되요)

B2：木村(きむら)さんに聞(き)くといいですよ。(키무라씨에게 물어보면 좋아요)

B3：木村(きむら)さんに聞(き)くがいいですよ。(키무라씨에게 물어보는 게 좋아요)

➲ B1보다는 B2쪽이 훨씬 말하는 사람의 따스한 배려가 느껴지며 B3는 일단 조언은 하되 구체적인 판단은 상대에게 맡기는 방임의 뜻이 주어진다.

② 顔色(かおいろ)が悪(わる)いですね。少(すこ)し休(やす)んだらいいですよ/休(やす)むといいですよ/休(やす)むがいいですよ。

(안색이 나쁘군요. 조금 쉬면 되요 / 조금 쉬면 좋아요 / 조금 쉬는 게 좋아요)

➲ 이 경우 역시 「~たらいい」보다는 「~といい」쪽이 보다 따스한 조언이나 권유의 느낌이 있다. 「~がいい」는 어디까지나 방임의 뜻이 주어진다.

③ おいしい魚(さかな)なら、これを買(か)ったらいいですよ/買(か)うといいですよ/買(か)うがいいですよ。

(맛있는 생선이라면, 이것을 사면 되요/사면 좋아요/사는 게 좋아요)

④ その問題(もんだい)は、こうしたらいいんだよ/するといいんだよ/するがいいんだよ。

(그 문제는 이렇게 하면 돼/하면 좋아/하는 게 좋아)

⑤ この大学(だいがく)は数学(すうがく)だけ熱心(ねっしん)に勉強(べんきょう)したらいいだろう/するといいだろう/するがいいだろう。

(이 대학은 수학만 열심히 공부하면 될 거다/공부하면 좋을 거다/공부하는 게 좋을 거다)

⑥ それについては、先生(せんせい)に聞(き)いたらいい/聞(き)くといい/聞(き)くがいい。

(그에 관해서는 선생님께 물으면 돼/물으면 좋아/묻는 게 좋아)

⑦ 行きたければ、一人で行ったらいい/行くといい/行くがいい。
(가고 싶으면 혼자서 가면 돼/가면 좋아/가는 게 좋아)

⑧ 疲れたらしばらく休暇でもとり、ゆっくり休養したらいい/するといい/するがいい。
(피곤하면 한 동안 휴가라도 얻어서 푹 휴양하면 돼/휴양하면 좋아/휴양하는 게 좋아)

「～だらけ」「～まみれ」「～みどろ」

(血だらけの顔、血まみれの顔、血みどろの顔)

공통의미

투성이, 범벅

요점

1. 「だらけ」는 액체이건 고체이건 간에 무언가가 많음을 나타내는 것으로 가장 광범위하게 쓰이는데, 굳이 표면에 달라붙어있지 않아도 상관없다(예문①②③④⑤). 또한 막연하게 그것뿐이라고 하는 의미로도 쓰이는데(예문⑥), 우리말의 '투성이' 정도에 해당된다.
2. 「まみれ」는 동사 「まみれる(범벅이 되다)」의 연용형 「まみれ」가 전성명사화된 말로 더럽다고 생각되는 것이 표면에 잔뜩 달라붙어있는 상태를 나타낸다(예문①②⑦⑧). 주로 땀이나 피, 진흙, 먼지 등으로 범벅이 되었음을 나타내는데 우리말의 '범벅' 정도에 해당된다.
3. 「みどろ」는 더럽다고 여겨지는 액체가 일면에 잔뜩 붙어있음을 나타내는 것으로 오로지 액체에 대해서만 쓸 수 있다. 주로 피나 땀으로 온통 뒤덮여있음을 나타내는데, 「まみれ」에 비하여 그 양이 많은 경우에 쓰인다(예문①⑨).

예문과 해설

① 血だらけ/まみれ/みどろの顔。(피투성이인 얼굴)

➲ 이 경우는 다소의 뉘앙스차이는 있을지언정 그 어느 것이나 적절하다. 이 중에서 「みどろ」가 가장 양이 많다.

② ほこりだらけ/まみれ/✱みどろになる。(먼지투성이가 되다)

➲ 「みどろ」는 오로지 액체에 대해서만 쓸 수 있는 것이어서 여기에서는 부적절하다.

③ 全身傷だらけ/✱まみれ/✱みどろの男が倒れている。
(전신 상처투성이인 남자가 쓰러져 있다)

➲ 상처가 온몸에 많다고 하는 정도이지 상처가 온몸의 표면에 빼곡하게 달라붙어있는 셈은 아니므로 「まみれ」는 부적절하며, 「みどろ」는 오로지 액체에 대해서만 쓸 수 있는 것이어서 이것역시 여기에서는 부적절하다.

④ しわだらけ/✱まみれ/✱みどろのワイシャツを着て出かけることはできない。
(주름투성이인 와이셔츠를 입고 나갈 수는 없다)

➲ 이 경우는 와이셔츠에 주름이 많다고 하는 뜻이므로 「だらけ」가 적절하다. 「まみれ」는 더럽다고 생각되는 것이 표면에 잔뜩 달라붙어있는 상태를 나타내는 것이고, 「みどろ」는 오로지 액체에 대해서만 쓸 수가 있는 것이어서 여기에서는 둘 다 부적절하다.

⑤ 穴だらけの障子を外した。(구멍투성이인 미닫이문을 떼어냈다)

➲ 오로지 구멍이 많다고 하는 의미이므로「だらけ」가 적절하다.

⑥ つまらない事だらけの世の中。(부질없는 일투성이인 이 세상)

⑦ 泥まみれのまま上がる。(진흙범벅인 채로 올라온다)

➲ 진흙이 몸의 표면에 달라붙어 있는 상태를 나타낸다.

⑧ 彼は汗まみれで一日中働いた。(그는 땀범벅으로 하루 종일 일했다)

⑨ 血みどろの戦いを続けた。(피범벅인 전투를 계속했다)

➲ 엄청난 혈전임을 충분히 짐작케 한다.

「～たる者」「～ともあろう者」

(先生たる者がそんなことをしては困る、先生ともあろう者がそんなことをするとは驚いた)

공통의미

～쯤 되는 자가, ～쯤이나 되는 자가

요점

1. 「～たる者(もの)」는 원래는 문장체에서 사용되는 조동사 「たり」의 연체형인데 현대어에서는 연체수식어로만 사용되고 있을 뿐이다. 우리말의 '자고로(모름지기)～인 (자), 자고로(모름지기) ～쯤 되는 (자)' 정도에 해당되는데, 결국, 어떤 훌륭한 직업이나 자격을 지닌 사람은 마땅히 그에 상응하는 행동이나 상태를 유지하는 것이 이상적이고 마땅하다고 하는 뜻을 나타내는 셈이다(예문①③④⑤).

2. 「～ともあろう者(もの)」는 격조사 「と」를 강조한 「とも」에 동사 「ある」의 미연형 「あろ」와 추측의 조동사 「う」가 결합된 것으로, 주로 사회적인 지위나 입장 등을 나타내는 명사에 접속되어 신분에 맞지 않는 행동을 했음을 나타낼 때에 사용되는 어구이다. 우리말의 '～쯤이나 되는 자(사람, 인물)가(이)'에 해당되는데 「～たる者(もの)」와 달리 그 뒤에는 놀라움이나 분노, 불신 등을 나타내는 표현이 오는 것이 보통이다(예문②⑥⑦⑧).

예문과 해설

① 先生(せんせい)たる者(もの)がそんなことをしては困(こま)る。 (선생쯤 되는 자가 그런 짓을 해서는 곤란하다)

➲ 이 경우는 선생이라는 자격이나 위치에 있는 자는 그런 짓을 하지 않는 것이 마땅하다고 하는 평가를 나타내고 있다.

② 先生(せんせい)ともあろう者(もの)がそんなことをするとは驚(おどろ)いた。

(선생쯤이나 되는 자가 그런 짓을 하다니 놀랐다)

➲ 이 경우는 선생이라는 자격이나 위치에 있는 자가 그에 맞지 않는 행동을 한 것에 대한 놀라움을 나타내고 있다.

③ 国会議員(こっかいぎいん)たる者(もの)は身辺潔白(しんぺんけっぱく)でなければならないはずである。

(국회의원쯤 되는 자는 신변이 결백해야 할 것이다)

➲ 국회의원이라는 신분에 걸 맞는 행동양식을 제시하고 있다.

④ 警官(けいかん)たる者(もの)、そのような犯罪(はんざい)にかかわってはいけない。

(경찰관쯤 되는 자는 그러한 범죄에 관련되어서는 안 된다)

➲ 경찰관이라는 신분에 어긋나는 행동을 해서는 안 된다는 내용을 나타내고 있다.

⑤ 教師(きょうし)たる者(もの)が賄賂(わいろ)をもらうなんて、信(しん)じられない話(はなし)だ。

(교사쯤 되는 자가 뇌물을 받다니, 믿을 수 없는 이야기다)

⑥ 長官(ちょうかん)ともあろう者(もの)が、賄賂(わいろ)を受(う)け取(と)るとは驚(おどろ)いた。

(장관쯤이나 되는 자가 뇌물을 받다니 놀랐다)

➲ 장관이라는 신분에 맞지 않는 행동을 한 것에 대한 놀라움을 나타내고 있다.

⑦ 警察官ともあろう者が、強盗をはたらくとは何ということだろう。
(경찰관쯤이나 되는 자가 강도짓을 하다니 어찌된 일인가)

➲ 경찰관이라는 신분에 맞지 않는 행동을 한 것에 대한 분노를 나타내고 있다.

⑧ 母親ともあろう者が、生まれた自分の子供をゴミ箱に捨てるとは、まったく恐ろしい話だ。
(모친쯤 되는 사람이 태어난 자신의 아이를 쓰레기통에 버린다는 것은 너무 무서운 이야기이다)

「誰」「どなた」「どの方」「どの人」

공통의미

누구, 어느 분

요점

1. 「誰」「どなた」는 상대의 이름, 출신, 성향 등에 관하여 직접적으로 대놓고 물을 수가 있다(예문③⑤). 「誰」보다 「どなた」가 더 정중한 말인데 「誰」는 우리말의 '누구'에 해당되며(예문①②④), 「どなた」는 '어느 분'에 해당된다(예문⑥⑦).
2. 「どの方」「どの人」는 상대에게 대놓고 물을 수가 없으며 어디까지나 이야기에 등장하고 있는 사람이 어떤 사람인지를 물을 때에 쓰인다(예문①⑧⑨⑩⑪). 「どの方」가 「どの人」에 비하여 더 정중하다(예문①).

예문과 해설

① ガラスを割ったのは誰ですか/どなたですか/どの方ですか/どの人ですか。
(유리를 깬 것은 누구입니까/누구십니까/어느 분이십니까/어느 사람입니까?)

➲ 이 경우는 정중도에 차이는 있을지언정, 그 어느 것이나 적절하다. 「誰ですか」보다는 「どな

たですか」가 더 정중하고 「どの人ですか」보다는 「どの方ですか」가 더 정중하다.

② 誰/どの人/✱どなた/✱どの方に手伝わせようかな。
(누구에게 도와달라고 할까?)

➲ 위의 예문은 돕도록 시킨다고 하는 사역의 뜻으로 쓰인 것이므로 당연히 그 대상은 말하는 사람과 동등하거나 아랫사람이어야만 한다. 결코 윗분을 돕도록 시킬 수는 없기 때문인데 이러한 점에서 볼 때, 정중도가 높은 「どの方」와 「どなた」는 부적절하다.

③ あなたは誰/どなた/✱どの方/✱どの人ですか。(당신은 누구입니까/누구십니까?)

➲ 「どの方」와 「どの人」는 어떠한 이름이나 성향의 사람인지를 물을 때 쓰이며 결코 상대의 앞에서 직접 대놓고 묻는 데는 일체 쓰이지 못하므로 이 경우는 부적절하다.

④ 次期委員長は誰ですか。(차기위원장은 누구입니까?)

⑤ 君は誰だ。(자네는 누군가?)

⑥ 社長はどなたですか。(사장님은 누구십니까?)

⑦ この方はどなたですか。(이 분은 누구십니까?)

⑧ この写真の中でどの方がお父さんですか。(이 사진 속에서 어느 분이 아버님입니까?)

➲ 이 경우는 이미 제시된 사진 중의 인물 중에서 한 사람을 확인하고 있다.

⑨ 次期社長はどの方に決まるのでしょうか。
(차기사장은 어느 분으로 정해지는 것일까요?)

➲ 「どの方」는 이야기에 이미 등장하고 있는 인물 중에서 한 사람을 확인하는 경우에 쓰인다.

⑩ どの人が一位になるのでしょう。(어느 사람이 1위가 되는 것일까요?)

⑪ さやかという名前はどの人ですか。(사야카라고 하는 이름은 어느 사람입니까?)

「～だろう」「～かも知れない」

(明日は雨が降るだろう、明日は雨が降るかも知れない)

공통의미

～일 것이다, ～일지도 모른다(미래사실이나 불확실한 일을 추측하는 용법)

요점

1. 「～だろう」와 「～かも知れない」는 둘 다 미래사실이나 불확실한 일을 추측하는데 쓰이지만, 양자 간에는 의미용법상의 차이가 엿보인다.
2. 「～だろう」는 「多分(아마도)」「きっと(필시)」와 같은 부사와 함께 쓰여서 말하는 사람의 판단에 입각한 추측을 나타낸다. 우리말의 '～일 것이다'에 해당된다(예문①⑥⑦⑧).
3. 「～かも知れない」는 「ひょっとしたら」「ひょっとすると」「もしかしたら」「もしかすると」(이상 모두 '어쩌면'의 뜻) 와 같은 말과 함께 쓰여서 말하는 사람의 임의적인 추측을 나타낸다. 당연히 「～だろう」에 비하면 추측이 맞을 가능성은 적은데, 우리말의 '～일지도 모른다'에 해당된다(예문②⑨⑩).
4. 「～だろう」는 의문문의 형태로도 쓰이지만(예문③) 「～かも知れない」는 의문문의 형태로는 쓰이지 않는다. 한편 「～かも知れない」는 뒤에 오는 명사를 수식할 수 있으나(예문④), 「～だろう」는 수식하지 못하며 항상 문말의 표현으로만 쓰인다. 마지막으로 「～だろう」는 자신의 생각을 나타내는 「～と思う」와 함께 쓰이지만(예문⑤), 「～かも知れない」는 그러한 용법이 없다.

예문과 해설

① 明日(あした)は雨(あめ)が降(ふ)るだろう。(내일은 비가 올 것이다)

➲ 이 경우는 어떠한 판단의 근거에 입각한 말하는 사람의 추측을 나타낸다.

② 明日(あした)は雨(あめ)が降(ふ)るかも知(し)れない。(내일은 비가 올지도 모른다)

➲ 말하는 사람의 임의적인 추측을 나타내므로, 결과에 대한 책임의 강도는 매우 낮다.

③ 今晩(こんばん)台風(たいふう)が来(く)るだろうか/＊来(く)るかも知(し)れないか。(오늘밤 태풍이 올까?)

➲ 「~だろう」는 의문문의 형태로도 쓰이지만, 「~かも知(し)れない」는 쓰이지 못한다.

④ 彼女(かのじょ)が欠席(けっせき)するかも知(し)れない/＊だろう場合(ばあい)も考(かんが)えてください。
(그녀가 결석할지도 모르는 경우도 생각해 주십시오)

➲ 「~かも知(し)れない」는 뒤에 오는 명사를 수식할 수가 있으나 「~だろう」는 수식하지 못하며

항상 문말에서만 쓰인다.

⑤ そろそろ景気がよくなるだろう/＊かも知れないと思う。
(슬슬 경기가 좋아질 거라고 생각한다)

➲ 「~だろう」는 「~と思う」의 앞에 올 수가 있으나 「~かも知れない」는 그러한 용법이 없다.

⑥ 雨が降ったら、多分誰も来ないだろう。
(비가 오면 아마도 아무도 오지 않을 것이다)

⑦ もう2時を回っているから、きっと眠っているだろう。
(이미 2시를 넘겼으니까, 필시 자고 있을 것이다)

⑧ 駅前はにぎやかだから、夜中一人で歩いても大丈夫だろう。
(역 앞은 번화하니까, 한밤중에 혼자서 걸어도 괜찮을 것이다)

⑨ 映画を見ていますから、電話に出ないかも知れません。
(영화를 보고 있으니까, 전화를 받지 못할지도 모릅니다)

⑩ 彼は大学院に進むと思うが、もしかすると就職するかも知れない。
(그는 대학원에 진학할 것으로 생각하지만, 어쩌면 취직할 런지도 모른다)

「短気」「気短」「せっかち」「性急」

(短気な人、気短な人、せっかちな人、性急な人)

공통의미

(성미나 성격이)급하다

요점

1. 「短気」는 성급하게 일을 처리하여 결론이나 결과를 내려고 하는 모습을 나타내는 점에서는 「気短」와 같으나, 그로 인하여 화를 내거나 일을 팽개치려하는 성미가 강조되는

점이 다르다(예문①). 주로 「短気な(성미가 급한)」의 형태로 뒤에 오는 명사를 수식하거나(예문④⑤), 「短気だ(성미가 급하다)」의 형태로 문말의 술어로도 쓰이지만, 「短気に」의 형태로는 쓰이지 않는다. 한편으로는 관용적으로 「短気を起こす(급한 성미가 나오다)」의 형태가 쓰이는데 다른 말에는 이러한 용법이
없다(예문③⑥). 우리말의 '성미가 급하다, 성격이 불같다' 정도에 해당된다.

2. 「気短」는 단지 성급하게 일을 처리하여 결론이나 결과를 내려고 하는 모습을 나타낸다(예문①⑦). 주로 「気短な(성격이 급한)」의 형태로 뒤에 오는 명사를 수식하거나(예문④), 「気短に」의 형태로 뒤에 오는 술어를 수식하기도 하고(예문⑧), 또한 「気短だ(성격이 급하다)」의 형태로 문말의 술어로도 쓰인다(예문). 우리말의 '성격이 급하다' 정도에 해당된다.
3. 「せっかち」는 무언가 생각한 것을 당장 실행으로 옮기려 하거나 금방 결과를 내지 않으면 직성이 풀리지 않는 모습이나 그러한 사람을 나타낸다. 주로 「せっかちに」의 형태로 뒤에 오는 술어를 수식하는 한편(예문②⑨), 다른 말들과는 달리 명사로서의 용법도 지니고 있는데(예문⑩), 우리말의 '조바심을 내다' 정도에 해당된다.
4. 「性急」는 서둘러서 일을 추진하려고 하는 모습으로 성격적인 면보다도 그러한 태도를 나타내는 데에 쓰이는데, 「性急な」의 형태로 뒤에 오는 명사를 수식하기도 하고(예문⑫), 「性急に」의 형태로 뒤에 오는 술어를 수식하는데(예문②⑪), 우리말의 '성급하다'에 해당된다.

예문과 해설

① 父は短気で/気短で/＊せっかちで/＊性急ですぐ怒る。
(아버지는 성격이 불같아서/성격이 급해서 금방 화를 낸다)

➲ 이 경우와 같이 급한 성격을 나타내는 데는 「短気」와 「気短」만이 적절하다. 「せっかち」는 주로 뒤에 오는 술어를 수식하거나 명사로서 쓰이며 「性急」는 주로 성급한 태도를 나타내므로 여기에서는 부적절하다.

② せっかちに/性急に/＊短気に/＊気短に事を進める。
(성급하게 일을 추진한다)

➲ 이 경우와 같이 일을 성급하게 추진하는 모습을 나타낼 때는 「短気」와 「気短」는 부적절하다.

왜냐하면, 「短気」에는 이와 같이 뒤에 오는 술어를 수식하는 용법이 없으며 「気短」는 「気短に」의 형태로 뒤에 오는 술어를 수식할 수는 있으나 어떤 일을 추진하는 경우에는 쓰이지 않기 때문이다.

③ 短気/＊気短/＊せっかち/＊性急を起こすな。(급한 성미 부리지마라)

➲ 「短気」에만 이와 같은 관용적인 용법이 있으며 나머지는 모두 이러한 용법이 없어서 부적절하다.

④ すぐかっとなる短気な/気短な/＊せっかちな/＊性急な性格。
(금방 발끈해지는 급한 성격)

➲ 이 경우와 같이 급한 성격을 나타내는 데는 「短気」와 「気短」만이 적절하다. 「せっかち」는 주로 뒤에 오는 술어를 수식하거나 명사로서 쓰이며 「性急」는 주로 성급한 태도를 나타내므로 여기에서는 부적절하다.

⑤ 彼はなんでもすぐ怒る短気な性格です。
(그는 뭐든지 금방 화를 내는 성미가 불같은 성격입니다)

➲ 이 경우와 같이 「短気」는 자신이 뜻하는 대로 일이 되지 않으면 화를 내곤 하는 성격을 나타낸다.

⑥ 短気を起こすと結局自分の損になるだけだ。
(급한 성미를 부리면 결국 자신의 손해가 될 뿐이다)

⑦ 兄は気短で待つことを知らない。(형은 성격이 급해서 기다리는 것을 모른다)

➲ 「気短」는 성급하게 결과를 내고자 하는 성격을 나타내는데 이 경우도 참을성 있게 기다리지 못하고 기다리는 것을 포기할지도 모르는 상황을 나타내고 있다.

⑧ 彼はいつも気短に動き回る。(그는 언제나 급하게 돌아다닌다)

⑨ 部長はせっかちに結果を出したがっている。
(부장님은 조바심을 보이며 결과를 내고 싶어 하고 있다)

⑩ あんなせっかちもめずらしい。(저런 조바심을 내는 사람도 드물다)

➲ 「せっかち」는 성미가 급하거나 조바심을 내는 사람을 가리키기도 하는데 다른 말에는 이러한 용법이 없다.

⑪ 性急に結論は出さない方がいい。(성급하게 결론은 내지 않는 편이 좋다)

⑫ あの人は本当に性急な人ですね。(저 사람은 정말로 성급한 사람이군요)

「短所」「欠点」「欠陥」「弱点」

공통의미

결점, 단점

요점

1. 「短所」는 주로 인간의 성격에 대하여 쓰이는 경향이 있는데 우리말의 '단점'에 해당된다(예문①④⑥⑦⑧).
2. 「欠点」은 다른 것과 비교했을 때 뒤떨어져 있는 것을 나타내는데 우리말의 '결점'에 해당된다(예문①②④⑨⑩⑪).
3. 「欠陥」은 구조적으로 불완전하거나 중요한 요소가 결여되어 있는 것을 객관적으로 나타내는데 우리말의 '결함'에 해당된다(예문③⑫⑬⑭).
4. 「弱点」은 자신의 입장을 위태롭게 할 수 있는 점을 나타내는데 우리말의 '약점'에 해당된다(예문①⑤⑮⑯⑰).

예문과 해설

① ガソリンをたくさん食うのがこの車の短所/欠点/弱点/?欠陥だ。

(가솔린을 많이 먹는 것이 이 차의 단점/결점/약점이다)

➲ 이 경우는 단지 차의 단점을 지적하는 것에 그치고 있으므로 「欠陥」이외에는 어느 것이나 적절하다. 「欠陥」은 그대로 방치할 수가 없으며 개선해야 하는 점을 나타내는 것에 중점이 놓인 말이므로 여기에서는 다소 부적절하다.

② この家はバス停から遠いのが欠点/＊短所/＊弱点/＊欠陥だ。

(이 집은 버스정류장에서 먼 것이 결점이다)

➲ 이 경우와 같이 주거환경이 바람직하지 못함을 나타낼 때는 「欠点」만이 적절하다. 「欠点」은 다른 것과 비교했을 때에 뒤떨어지는 점을 나타낸다.

③ 欠陥/＊欠点/＊短所/＊弱点のある商品を取り替える。
(결함이 있는 상품을 교환한다)

➲ 이 경우와 같이 상품이 온전치 못함을 나타낼 때는 「欠陥」만이 적절하다. 「欠陥」은 중요한 요소가 결여되어 있음을 나타낸다.

④ 約束の時間を守らないのが彼の短所/欠点/?弱点/＊欠陥です。
(약속시간을 지키지 않는 것이 그의 단점/결점입니다)

➲ 이 경우와 같이 성격이나 성향이 바람직하지 않은 점을 나타낼 때는 「短所」와 「欠点」이 적절하다. 「弱点」은 지적받게 되면 자신에게 불리해지는 점을 나타내서 문맥상 다소 부적절하며 「欠陥」은 방치하지 않고 반드시 고쳐야만 할 결함을 나타내므로 부적절하다.

⑤ 敵の弱点/＊短所/＊欠点/＊欠陥をつく。(적의 약점을 찌르다)

➲ 이 경우와 같이 지적받게 되면 곤란해지거나 자신이 위태로워짐을 나타낼 때는 「弱点」만이 적절하다.

⑥ 自分の短所を改める。(자신의 단점을 고친다)

➲ 「短所」는 이 경우와 같이 사람의 부족하거나 잘못된 성격내지 습성을 나타내는 데에 쓰인다.

⑦ 引っ込み思案なのが彼の短所だ。(소극적인 것이 그의 단점이다)

⑧ 短所を補いながらどんどん発展して行く。(단점을 보충하면서 자꾸만 발전해나간다)

⑨ 人にはだれでも欠点がある。(사람에게는 누구에게나 결점이 있다)

➲ 「欠点」은 다른 것과 비교했을 때의 모자라거나 부족한 점을 나타내는 데 사람이나 사물의 어느 쪽에도 쓸 수가 있다.

⑩ 先生はささいな欠点まで指摘した。(선생님은 사소한 결점까지 지적했다)

⑪ 行動力はあるが、そそっかしいのが彼の欠点だ。
(행동력은 있지만, 덤벙대는 것이 그의 결점이다)

⑫ これは欠陥の多い住宅ですね。(이것은 결함이 많은 주택이군요)

➲ 「欠陥」은 구조적으로 불완전하거나 결여되어 있는 점을 가리키는데 사람에게는 쓸 수가 없다.

⑬ 構造上の欠陥が見つかった。(구조상의 결함이 발견되었다)

⑭ 電気器具の欠陥をなおす。(전기기구의 결함을 고친다)

⑮ いろいろの教科の中で理科が私の弱点だ。

(여러 교과 중에서 이과가 나의 약점이다)

➲ 「弱点」은 그 사람에게 부정적으로 작용하는 부족한 점을 나타낸다.

⑯ 人の弱点をつかむのはいけない。(남의 약점을 꼬집는 것은 좋지 못하다)

⑰ 相手の弱点をさらけ出す。(상대의 약점을 끄집어내다)

「段々」「次第に」「徐々に」

(仕事にも段々慣れて来た、仕事にも次第に慣れて来た、仕事にも徐々に慣れて来た)

공통의미

점점, 점차로

요점

1. 「段々」은 어떤 사태나 정도가 그 방향을 향해서 조금씩이지만 확실하게 진행되는 모양을 나타내는데, 단계적인 변화 쪽에 의미의 중심이 있다. 우리말의 '점점'에 해당된다(예문①②④⑤⑥⑦). 좋은 방향으로든 나쁜 방향으로든 쓸 수가 있는데, 위의 네 가지 말 중에서 회화체에서 가장 많이 쓰이고 있다.
2. 「次第に」는 시간의 경과와 함께 어떤 사태나 정도가 조금씩 현저해 지는 모양을 나타내는데, 「段々」에 비해서 시간의 지속적인 경과에 초점이 놓인 말이다(예문①②③⑧⑨⑩). 좋은 방향으로든 나쁜 방향으로든 쓸 수가 있는데 우리말의 '점차로' 정도에 해당된다.
3. 「徐々に」는 얼핏 보기에는 그 변화의 정도가 눈에 띄지 않지만, 그래도 확실하게 변화해나가는 모양을 나타내는 것으로 다른 말들에 비해서 변화의 속도가 느린 편이다(예문①②③⑪⑫⑬). 좋은 방향으로든 나쁜 방향으로든 쓸 수가 있는데 우리말의 '서서히'에 해당된다.

예문과 해설

① 事態は段々/次第に/徐々に悪化してきた。
(사태는 점점/점차로/서서히 악화되어왔다)

➲ 이 경우는 어느 것이나 적절한데 「段々」을 쓰게 되면 단계적으로 점점 더 악화됨을 나타내고, 「次第に」를 쓰게 되면 시간의 경과에 따라 조금씩 지속적으로 악화됨을 나타내며, 「徐々に」를 쓰게 되면 느리게 악화되어 감을 나타내게 된다.

② 段々/次第に/徐々に春らしくなってきた。(점점/점차로/서서히 봄다워지게 되었다)

➲ 이 경우는 계절이 봄다워지고 있는 것에 대한 말하는 사람의 파악태도에 차이가 엿보이는데, 즉, 「段々」을 쓰게 되면 단계적으로 점점 봄다워짐을 나타내고, 「次第に」를 쓰게 되면 시간의 경과에 따라 조금씩 지속적으로 봄다워짐을 나타내며, 「徐々に」를 쓰게 되면 느리게 봄다워짐을 나타내게 된다.

③ 列車は次第に/徐々に/?段々スピードをあげた。
(열차는 점차로/서서히 스피드를 올렸다)

➲ 이 경우와 같이 스피드를 조금씩 지속적으로 올린다고 할 때는 「段々」은 다소 부적절하다. 만약 이 경우에 「段々」을 쓰게 되면 스피드를 단계적으로 약간의 시간간격을 두고 조금씩 올린다고 하는 의미가 되는데 스피드는 지속적으로 올리는 것이기 때문이다. 한편 「次第に」에 비해서 「徐々に」는 스피드를 올리는 정도가 매우 약하며 시간도 많이 걸리게 된다.

④ 年をとれば段々/?次第に/?徐々にわかるだろう。
(나이를 먹으면 점점 알게 될 것이다)

➲ 이 경우는 나이를 먹음에 따라 조금씩 무언가를 알게 됨을 나타내는 것이므로 단계적으로 약간의 시간간격을 두고 진행되거나 변화됨을 나타내는 「段々」이 가장 적절하다. 이 경우에 「次第に」를 쓰게 되면 지속적으로 끊일 새 없이 무언가를 알게 될 것이라는 뜻이 되어서 현실적으로 다소 부적절하며, 「徐々に」도 무언가를 점차로 알게 될 것이라고 하는 예측이 의도적으로 되어버려서 다소 부적절하다.

⑤ 十二月に入って段々寒くなってきた。(12월에 들어서서 점점 추워지게 되었다)

➲ 「段々」은 단계적인 변화에 의미의 중심이 놓이는데, 이 경우는 날이 바뀌면서 단계적으로 조금씩 추워져왔음을 나타내고 있다.

⑥ 真相が段々明らかになっていく。(진상이 점점 밝혀지게 되어간다)

⑦ 出発の日が段々近づいてきた。(출발날짜가 점점 다가왔다)

⑧ 生活(せいかつ)は次第(しだい)に豊(ゆた)かになってきた。(생활은 점차로 풍요롭게 되어왔다)

➲「次第(しだい)に」는 지속적인 변화에 의미의 중심이 놓이는데 이 경우는 생활이 조금씩이지만 꾸준하게 지속적으로 풍요롭게 되어왔음을 나타내고 있다.

⑨ 空(そら)は次第(しだい)に明(あか)るさを増(ま)してきた。(하늘은 점차로 더욱 밝아져왔다)

⑩ 反対(はんたい)の声(こえ)は次第(しだい)に大(おお)きくなっていった。(반대하는 목소리는 점차로 커져갔다)

⑪ 景気(けいき)は徐々(じょじょ)に好転(こうてん)のきざしを見(み)せてきた。
(경기는 서서히 호전의 조짐을 보여 왔다)

➲「徐々(じょじょ)に」는 변화의 속도가 가장 느리지만 그래도 확실하게 변화하기는 한다는 것에 의미의 중심이 놓인다.

⑫ 小児(しょうに)の糖尿病(とうにょうびょう)が徐々(じょじょ)に増(ふ)えている。(소아의 당뇨병이 서서히 늘고 있다)

⑬ 彼(かれ)の名声(めいせい)も徐々(じょじょ)に忘(わす)れられてゆくだろう。(그의 명성도 서서히 잊혀져 갈 것이다)

「小さい」「小さな」「ちっぽけな」「ちっちゃい」

(小さい家、小さな家、ちっぽけな家、ちっちゃい家)

공통의미

작은

요점

1. 「小さい」와 「小さな」는 단지 그 규모나 사이즈가 작다고 하는 것만을 나타낼 뿐, 그에 대한 아무런 가치평가도 없다. 우리말의 '작은' 에 해당된다(예문①②). 두 말의 근본적인 차이는 「小さい」는 「小さい箱(작은 상자)」「箱を小さくする(상자를 작게 하다)」「箱が小さい(상자가 작다)」와 같이 명사를 수식할 수도 동사를 수식할 수도, 그리고 술어가 될 수도 있으나(예문①②③④), 「小さな」는 오로지 「小さな箱」와 같이 뒤에 오는 명사만을 수식한다는 점에 있다(예문⑤).
2. 「ちっぽけな」는 「小さな」와 의미는 같으나 그에 대한 말하는 사람의 가치평가, 즉 '시시하다, 보잘것없다'는 등의 느낌이 들어가 있다(예문①②⑥). 우리말의 '조그만' 또는 '하찮은' 정도에 해당된다.
3. 「ちっちゃい」는 「小さい」에 대한 속어적인 말로 오로지 친밀한 사이의 회화체에서만 쓰인다. 우리말의 '쬐그만' 정도에 해당된다(예문①②⑦).

예문과 해설

① 小さい/小さな/ちっぽけな/ちっちゃい家。(작은/조그만/쬐끄만 집)

➲ 「小さい」와 「小さな」를 쓰게 되면 단지 '작은 집' 의 의미만 주어지나 「ちっぽけな」를 쓰게 되면 작을 뿐만 아니라 '보잘것없고, 초라하다' 고 하는 의미도 함께 주어진다. 「ちっちゃい」는 친숙한 사이에서 흉허물 없이 쓰이는 속어적인 말이다.

② 小さい/小さな/ちっぽけな/ちっちゃい利益。(작은/하찮은 이익)

➲ 「小さい」와 「小さな」를 쓰게 되면 단지 '작은 이익' 의 의미만 주어지나 「ちっぽけな」를 쓰게 되면 작을 뿐만 아니라 '얼마 안 되어서 보잘것없다' 고 하는 의미도 함께 주어진다.

③ 彼女は声を小さくして私を呼んだ。(그녀는 목소리를 작게 해서 나를 불렀다)

➲ 「小さく」는 「小さい」의 연용형으로 뒤에 오는 술어를 수식하게 된다.

④ 与える影響が小さい。(주는 영향이 작다)

⑤ 小さな声で話す。(작은 소리로 말한다)

➲ 이 경우와 같이 「小さな」는 오로지 그 뒤에 명사만 오게 된다.

⑥ 宇宙の中では、人間なんてちっぽけな存在だ。
(우주 속에서는 인간 같은 건 하찮은 존재다)

➲ 「ちっぽけな」는 너무 작아서 보잘것없다고 하는 평가의 뜻이 들어가게 된다.

⑦ もっとちっちゃい声で話してください。(좀 더 작은 소리로 말해 주십시오)

➲ 이러한 표현은 아주 친밀한 사이에서 흉허물 없이 쓸 수 있는 것이다.

「近い＋명사」「近くの＋명사」

공통의미

가까운(가까운 거리를 나타내는 용법)

요점

1. 「近い」는 거리나 시간, 그리고 관계가 가까움을 나타내는 형용사인데 특히 거리가 가까움을 나타낼 때는 구체적인 건물을 수식하지 못하며, 반드시 어떤 기준으로부터 가깝다고 하는 문맥의 설정이 필요하다(예문④⑤⑥⑦⑧).
2. 「近く」는 거리나 시간이 가까움을 나타내는 명사인데, 특히 구체적인 건물을 수식할 때는 「近くの」의 형태를 취하게 된다(예문①②③⑨⑩).

예문과 해설

① 風邪ぎみなら近くの/＊近い病院に行ってください。
(감기기운이라면 가까운 병원에 가 주십시오)

➲ 이 경우와 같이 뒤에 구체적인 건물을 나타낼 때는 「近い」는 부적절하며, 「近くの」의 형태가 적절하다. 「近い」가 뒤에 오는 명사를 수식할 때는 반드시 그 앞에 기준이 되는 말이 와야만 쓸 수가 있다.

② わたしはいつも近くの/＊近い店で買い物をします。
(나는 언제나 가까운 가게에서 쇼핑을 합니다)

➲ 이 경우 역시 예문①과 맥락을 같이하고 있다.

③ 時間がないから近くの/＊近いコンビニで買って来なさい。
(시간이 없으니까 가까운 편의점에서 사와라)

➲ 이 경우 역시 예문①②와 맥락을 같이하고 있다.

④ わたしのうちは駅から近い/＊近くです。(우리 집은 역에서 가깝습니다)

➲ 「近い」는 이와 같이 문말의 술어로 쓰일 수 있지만 「近く」에는 이러한 용법이 없다.

⑤ 私の家族は国境に近い町に住んでいます。
(우리 가족은 국경에 가까운 마을에 살고 있습니다)

➲ 이 경우는 「近い」의 뒤에 온 말이 구체적인 건물을 나타내지 않을뿐더러 그 앞에는 기준을 나타내는 「国境に」가 와있으므로 적절하다.

⑥ 会社は市役所に近い。(회사는 시청에 가깝다)

➲ 이 경우 역시 가깝다고 하는 것에 대한 기준, 즉 여기에서는 시청이 그 앞에 와있으며, 또한 문말의 술어로 쓰였으므로 적절하다.

⑦ 月は地球に一番近い天体だ。(달은 지구에 가장 가까운 천체다)

➲ 이 경우 역시 가깝다고 하는 것에 대한 기준, 즉 여기에서는 지구가 그 앞에 와있다.

⑧ 空港へ行くにはこの道の方が近いです。(공항으로 가려면 이 길 쪽이 가깝습니다)

➲ 「近い」는 이 경우와 같이 문말의 술어로도 쓰일 수 있다.

⑨ 近くのスーパーでちょっと買い物して行こう。(가까운 슈퍼에서 잠깐 쇼핑하고 가자)

➲ 이 경우와 같이 단지 가까움을 나타내기만 할 때는 「近くの」가 적절하며, 「近い」는 부적절하다. 「近い」가 그 뒤에 오는 명사를 수식할 때는 오로지 기준이 되는 말이 그 앞에 제시되어있어야만 하기 때문이다.

⑩ 私のうちは駅の近くにあります。(우리 집은 역 근처에 있습니다)

참고

요컨대, 우리말에서는 '가까운 병원, 가까운 편의점'과 같이 쓰이지만, 일본어에서는 「近い病院」「近いコンビニ」와 같이는 쓰이지 못하며, 반드시 「近くの病院」「近くのコンビニ」의 형태로 쓰이는 점에 각별히 주의하여야 한다. 만약, 「近い」로 뒤에 오는 명사를 수식하고자 할 때는 반드시 그 앞에 기준이 되는 말이 와야만 쓸 수가 있다.(위의 예문⑤⑦참조)

「違い」「相違」「差」「差異」

(日本製と外国製との違い、日本製と外国製との相違、
日本製と外国製との差、日本製と外国製との差違)

공통의미

차이

요점

1. 「違い」는 내용이나 모양이 다른 것이나 수량이 다른 것을 나타내는 등, 일상적으로 매

우 폭넓게 쓰이며(예문①④⑥⑦), 무언가 잘못되어 틀려 보이는 것에도 쓰인다(예문②⑧).

2. 「相違」는 일정한 기준에 비추어 여러 개를 비교했을 때에 드러나는 기준과의 차이를 나타내는데 오로지 내용이나 모양이 같지 않음을 나타낼 뿐, 수량의 차이를 나타내는 일은 없다(예문④⑤⑨⑩⑪).

3. 「差」는 「違い」와 의미용법은 비슷하나, 다만 어디까지나 양자 간의 분명한 차이에 무게를 두어서 나타낼 때에 쓰인다(예문①③④⑫⑬⑭).

4. 「差異」는 여러 개를 비교했을 때에 서로 다른 점을 나타내는데, 주로 문장체에서 쓰이는 딱딱한 말로서 일상적으로는 그다지 쓰이지 않는다(예문⑤⑮⑯⑰).

5. 결국, 우리말의 '차이'에 해당되는 일본어는 「違い」와 「差」정도로 생각하면 좋을 것이며, 오히려 우리말과 한자를 같이 쓰는 「差異」는 딱딱한 문장체에서나 쓰일 뿐, 일상적으로는 그다지 쓰이지 않는 점이 우리말과 다르다.

예문과 해설

① 彼とは年が一つの違い/差/＊相違/＊差異しかない。
(그와는 나이가 하나의 차이밖에 없다)

➲ 이 경우와 같이 수량적인 차이를 나타낼 때 내용이나 모양이 다르다고 하는 것만을 나타내는 「相違」는 부적절하며, 「差異」는 일단 수량적인 차이를 나타낼 수는 있지만 주로 문장체에서만 쓰이므로 이 역시 부적절하다.

② 子供に文字の違い/＊差/＊相違/＊差異を指摘する。
(아이에게 문자 틀린 것을 지적한다)

➲ 이 경우는 문말에 지적한다고 하는 술어가 와있으므로 무언가를 잘못한 것으로 보이는데 이러한 때는 오로지 「違い」만이 적절하다. 「差」는 양자 간에 무언가 분명한 차이가 있음을 강조하는 뜻이 있으므로 여기에서는 부적절하다.

③ 彼とは五メートルの差/＊違い/＊相違/＊差異をつける。
(그와는 5미터의 차이를 벌린다)

➲ 이 경우와 같이 「~をつける」와 결합하여 무언가의 차이를 분명하게 벌린다는 의미로 쓰일 때는 오로지 「差」만이 적절하며 나머지 말에는 이러한 용법이 없다.

④ 箱に大小の違い/差/相違/＊差異がある。(상자에 대소의 차이가 있다)

➲ 「差違(さい)」는 문장체에서 쓰이는 딱딱한 말로서 이 경우와 같은 일상회화체에서는 부적절하다.

⑤ 意見(いけん)の差違(さい)/相違(そうい)/?違(ちが)い/?差(さ)が生(しょう)じる。(의견의 차이가 나타난다)

➲ 이 경우는 문말에 문장체에서나 쓰일법한 동사 「生(しょう)じる」가 등장해있으므로 「差違(さい)」가 가장 적절하며 「相違(そうい)」도 적절하나 「違(ちが)い」와 「差(さ)」는 이와 같은 딱딱한 문체에서는 다소 부적절하다.

⑥ 両者(りょうしゃ)の意見(いけん)にはそれほど違(ちが)いがない。(양자의 의견에는 그다지 차이가 없다)

➲ 「違(ちが)い」는 비교대상의 두 가지가 같지 않고 서로 다르다고 하는 점에 의미의 중심이 놓인다.

⑦ あの二人(ふたり)は性格(せいかく)の違(ちが)いで別(わか)れた。(저 두 사람은 성격차이로 헤어졌다)

⑧ 決算(けっさん)の数字(すうじ)に違(ちが)いが出(で)た。(결산의 숫자에 틀린 것이 나왔다)

⑨ 意見(いけん)の相違(そうい)を明確(めいかく)にする。(의견의 차이를 명확히 한다)

⑩ 性格(せいかく)の相違(そうい)が原因(げんいん)で離婚(りこん)した。(성격이 다른 것이 원인으로 이혼했다)

⑪ 案(あん)に相違(そうい)して彼(かれ)は来(こ)なかった。(예상과 달리 그는 오지 않았다)

➲ 「案(あん)に相違(そうい)する」는 '예상과 달리, 예상 밖으로' 의 의미를 지닌 관용구인데 이 경우에는 오로지 「相違(そうい)」밖에 쓸 수가 없다.

⑫ 貧富(ひんぷ)の差(さ)を何(なん)とかしなければならない。
(빈부차이를 어떻게든 하지 않으면 안 된다)

➲ 「差(さ)」는 이와 같이 두 가지의 차이가 분명할 때에 쓰인다.

⑬ あの選手(せんしゅ)と私(わたし)との間(あいだ)に実力(じつりょく)の差(さ)はあまりない。
(저 선수와 나 사이에 실력차이는 그다지 없다)

⑭ 結局(けっきょく)一点(いってん)の差(さ)で負(ま)けてしまった。(결국 1점차로 지고 말았다)

⑮ 両者(りょうしゃ)の差異(さい)を調(しら)べる。(양자의 차이를 조사한다)

➲ 「差異(さい)」는 주로 딱딱한 어감의 문장체에서 쓰인다.

⑯ 韓国製品(かんこくせいひん)と外国製品(がいこくせいひん)との差異(さい)。(한국제품과 외국제품과의 차이)

⑰ いずれの製品(せいひん)も性能(せいのう)には差違(さい)がない。(어느 쪽 제품도 성능에는 차이가 없다)

「違う」「異なる」

(各人の意見が違う、各人の意見が異なる)

공통의미

다르다

요점

1. 「違う」는 두 가지를 비교하여 한쪽이 다르다고 할 경우에 쓰이는 것으로 일상의 회화체에서 매우 빈번하게 쓰인다. 또한, '잘못되다'는 의미로도 쓰인다(예문①②③④⑤⑥⑦⑧).
2. 「異なる」는 「違う」와 의미는 거의 비슷하지만 문장체에서나 쓰일만한 딱딱한 어감의 말이며, 「違う」에 있는 '잘못되다'의 의미는 없다(예문①②⑨⑩⑪).

예문과 해설

① 学長と理事長は考え方が違う/異なる。(학장과 이사장은 사고방식이 다르다)

➲ 이 경우는 어느 쪽이나 적절한데 「異なる」가 딱딱한 문장체적이라는 점만이 다르다.

② 国連には言語の違う/異なる民族が集まる。
(유엔에는 언어가 다른 민족이 모인다)

➲ 이 경우 역시 서로가 같지 않다고 하는 점에서 어느 쪽이나 적절하다.

③ それでは約束が違うぞ/＊異なるぞ。(그러면 약속이 틀린다)

➲ 이 경우와 같이 일상적인 회화체에서 쓰일 때는, 오로지 「違う」만이 적절하다. 「異なる」는 어디까지나 딱딱한 어감의 문장체에서나 쓰일 법한 말이므로 여기에서는 부적절하다.

④ この答えは違っている/＊異なっている。(이 대답은 틀렸다)

➲ 이 경우는 대답이 잘못되었다고 하는 뜻이므로 오로지 「違う」만이 적절하다.

⑤ 今日はあの人の様子が違う。(오늘은 저 사람의 모습이 다르다)

➲ 평상시와는 모습이 다른 것을 나타내므로 「違う」가 적절하다.

⑥ 赤と緑は違う色だ。(빨강과 녹색은 다른 색이다)

⑦ 君の言うのは違っている。(자네가 말하는 것은 틀렸다)

➲ 이 경우는 올바르지 않다, 잘못 되었다는 뜻을 나타내는 것인데 「異なる」에는 이러한 용법이 없다.

⑧ りんごとみかんは大きさが違う。(사과와 밀감은 크기가 다르다)

⑨ 二つの異なった問題を一緒に扱う。(두 개의 다른 문제를 함께 다룬다)

➲ 「異なる」는 이와 같은 문장체적인 성격의 표현에 주로 쓰인다.

⑩ 二つの異なった点から等しい距離にある点。
(두 개의 다른 점에서 같은 거리에 있는 점)

⑪ AB二つの異なった地点。(AB두 개의 다른 지점)

「近づく」「近寄る」「迫る」

(敵が目前に近づく、敵が目前に近寄る、敵が目前に迫る)

공통의미

다가오다

요점

1. 「近づく」는 비교적 상당한 거리가 있는 상태에서 그 거리가 점차로 좁혀짐을 나타내는 것으로, 인간이나 동물은 물론 사물, 소리, 시간, 거리 등이 가까워짐을 나타낸다(예문①②③⑤⑥⑦⑧⑨). 우리말의 '다가오다, 다가가다'에 해당된다.

2. 「近寄る」는 한쪽이 또 한쪽에 일방적으로 다가오는 것을 나타내는 것으로 주로 인간이나 동물이 다가옴을 나타낸다(예문①③⑩⑪⑫). 우리말의 '다가오다'에 해당된다.

3. 「迫る」는 「近寄る」와 뜻이 비슷하나 다른 점은 어느 정도의 압박감을 가지고 다가온다고 하는 점에 있는데, 대체로 심리적인 긴장감을 수반하게 된다(예문①④⑤⑬⑭⑮). 우리말의 어감으로서는 '바짝 다가오다' 정도에 해당된다.

예문과 해설

① 敵が目前に近づく/近寄る/迫る。(적이 목전에 다가온다/바짝 다가온다)

➲ 이 경우는 어느 것이나 적절한데 「近づく」를 쓰게 되면 적과의 거리가 좁혀짐을 나타내고, 「近寄る」를 쓰게 되면 적이 일방적으로 다가옴을 나타내며, 「迫る」를 쓰게 되면 적이 바짝 다가온다고 하는 긴장감을 나타내게 된다.

② 目的地が近づく/?迫る/＊近寄る。(목적지가 다가온다)

➲ 목적지가 가까워짐을 나타내는 경우이므로 거리가 좁혀짐을 나타내는 「近づく」만이 적절하다. 「迫る」는 긴장감을 나타내는 것이므로 이러한 문맥에서는 다소 부적절하고 「近寄る」는 한쪽이 일방적으로 다가옴을 나타내는 것인데, 이렇게 되면 목적지가 자신 쪽으로 다가온다고 하는 엉뚱한 뜻이 되어버리므로 부적절하다.

③ 悪い友だちには近づくな/近寄るな/＊迫るな。
(나쁜 친구에게는 가까이하지마라/가까이 가지마라)

➲ 「近づく」는 사이가 좁아짐을 나타내며 「近寄る」는 나쁜 친구에게 가까이 감을 나타내므로 둘 다 여기에서는 적절하다. 다만 「迫る」는 긴장감 속에서 가까이 간다고 하는 뜻을 나타내므로 이러한 문맥에서는 부적절하다.

④ 危険が身に迫る/＊近づく/＊近寄る。(위험이 몸에 엄습해온다)

➲ 이 경우와 같이 긴장감 속에서 다가옴을 나타낼 때는 「迫る」만이 적절하다.

⑤ 変な足音が近づいて/迫って/＊近寄ってきた。(이상한 발자국소리가 다가왔다)

➲ 「近寄る」는 오로지 사람이나 동물이 일방적으로 다가옴을 나타내므로 이 경우와 같이 소리가 다가옴을 나타내는 데는 부적절하다.

⑥ 彗星が地球に近づいた。(혜성이 지구에 다가왔다)

➲ 「近づく」는 비교적 상당한 거리감이 있을 때에 쓰인다.

⑦ 一日中歩いたら、遠くの山が少し近づいてきた。
(하루 종일 걸었더니, 먼 산이 조금 다가왔다)

➲ 처음부터 상당히 멀리 보였던 산이었을 것이다.

⑧ 犬(いぬ)が尻尾(しっぽ)を振(ふ)りながら近(ちか)づいてくる。(개가 꼬리를 흔들면서 다가온다)

⑨ 夏(なつ)が近(ちか)づいてきた。(여름이 다가왔다)

➲ 이 경우와 같이 계절과 같은 시기가 다가옴을 나타내는 데는 「近(ちか)づく」만이 적절하며 다른 말은 부적절하다.

⑩ 変(へん)な男(おとこ)が近寄(ちかよ)ってくる。(이상한 남자가 다가온다)

➲ 「近寄(ちかよ)る」는 한쪽이 일방적으로 다가오는 것을 나타낸다.

⑪ 近寄(ちかよ)ってよく見(み)てください。(다가와서 잘 봐 주십시오)

⑫ 互(たが)いに半歩(はんぽ)ずつ近寄(ちかよ)りなさい。(서로 반걸음씩 다가가라)

⑬ 台風(たいふう)が本土(ほんど)に迫(せま)る。(태풍이 본토에 바짝 다가온다)

➲ 「迫(せま)る」는 다가오기는 다가오는데 위압감이나 긴장감을 조성하면서 다가오는 것을 나타낸다.

⑭ 待(ま)ちに待(ま)っていた運動会(うんどうかい)が迫(せま)った。(기다리고 기다리던 운동회가 바짝 다가왔다)

➲ 이 경우역시 그토록 기다리던 운동회의 날짜가 바짝 다가왔음을 생생하게 나타내고 있다.

⑮ 野犬(やけん)の群(む)れが迫(せま)ってきた。(들개의 무리가 바짝 다가왔다)

「力一杯(ちからいっぱい)」「精一杯(せいいっぱい)」

(力一杯(ちからいっぱい)頑張(がんば)ります、精一杯(せいいっぱい)頑張(がんば)ります)

공통의미

힘껏, 있는 힘을 다해서

요점

1. 「力一杯(ちからいっぱい)」는 육체적으로 힘을 내는 것이나(예문②⑤) 정신적으로 힘을 내는 것(예문①) 그 어느 쪽에도 쓰이지만, 주로 체력을 이용하여 보다 적극적으로 힘을 내는 경우에

쓰인다. 우리말의 '있는 힘을 다해서, 온힘을 다해서' 에 해당된다.

2. 「精一杯」는 정신적으로 힘을 내는 것에 쓰이는데, 이 경우에는 「力一杯」와 의미용법이 같다(예문①⑥). 하지만, 어떤 일의 한계점에 이르기까지 최선을 다한다거나(예문③), 술어로 쓰이기도 하는데(예문④⑦), 「力一杯」에는 이러한 용법이 없다. 우리말의 '힘껏, 끝까지'에 해당되며, 「～精一杯だ」의 형태로 문말에 쓰일 때는 우리말의 '고작이다' 정도에 해당된다.

예문과 해설

① 力一杯/精一杯頑張ります。(있는 힘을 다해서 분발하겠습니다)

➲ 이 경우에는 정신적인 분발을 나타내는 것이므로 둘 다 쓸 수가 있다.

② 力一杯/＊精一杯ボールを投げる。(있는 힘을 다해서 볼을 던진다)

➲ 이 경우는 육체적으로 힘을 쓰는 것이므로 「力一杯」가 적절하다.

③ このコップには精一杯/＊力一杯入れても1リットルは入らない。
(이 컵에는 끝까지 넣어도 1리터는 들어가지 않는다)

➲ 어떠한 일의 한계까지 힘을 쓴다고 하는 경우이므로 「精一杯」가 적절하며 「力一杯」에는 이러한 의미용법이 없으므로 여기에서는 부적절하다.

④ 頑張ってもこれが精一杯だ/＊力一杯だ。(분발해도 이것이 고작이다)

➲ 「精一杯」에는 문말에 쓰여서 한계점을 나타내는 용법도 있으나 「力一杯」에는 이러한 의미용법이 없다.

⑤ 相手に勝つために力一杯戦った。
(상대에게 이기기 위해서 있는 힘을 다해서 싸웠다)

➲ 이 경우는 육체적으로 힘을 쓰는 것이다.

⑥ これから怠けずに、精一杯努めます。
(이제부터 게으름피우지 않고 힘껏 노력하겠습니다)

➲ 이 경우는 육체적인 노력보다는 정신적인 노력 쪽에 가까우므로 「精一杯」가 적절하다.

⑦ 大きな声を出すのが精一杯だった。(큰 소리를 내는 것이 고작이었다)

➲ 이 경우는 온갖 노력을 기울여도 어떤 한계를 벗어날 수 없음을 나타내는 것인데 「力一 杯」에는 이러한 용법이 없다.

「ちやほやする」「甘(あま)やかす」

(子供(こども)をちやほやする、子供(こども)を甘(あま)やかす)

공통의미

애지중지하다, 응석을 부리게 하다

요점

1. 「ちやほやする」는 상대의 비위를 맞추거나 추켜세우는 등, 필요이상으로 소중히 한다고 하는 뜻으로 상하와 관계없이 일반적인 사람들의 행동에 쓰인다(예문①②③④⑤).
2. 「甘(あま)やかす」 상대를 애지중지하는 나머지 제멋대로 하게 내버려둔다고 하는 뜻으로 부모가 자식에게, 선생이 학생에게, 하는 식으로 주로 윗사람이 아랫사람에 대하여 취하는 행동을 나타낸다(예문①⑥⑦).

예문과 해설

① うちの子(こ)はちやほやされて/甘(あま)やかされてわがままになった。
(우리 집 아이는 애지중지 자라서 제멋대로가 되었다)

➲ 이 경우는 아이를 소중히 여긴 나머지 아이가 제멋대로 자라도록 내버려두었다는 뜻에서 둘 다 적절하다. 「ちやほやする」는 상하에 관계없이 쓸 수가 있고, 「甘(あま)やかす」는 반드시 윗사람이 아랫사람에 대하여 취하는 행동에만 쓰이는데 여기에서는 상대가 아랫사람인 아이이므로 이 점에서도 둘 다 적절하다.

② 父兄(ふけい)たちは、あの先生(せんせい)を'先生(せんせい)、先生(せんせい)'とちやほやした/*甘(あま)やかした。
(학부형들은 저 선생님을 '선생님, 선생님'하면서 비위를 맞췄다)

➲ 이 경우와 같이 윗사람과 아랫사람의 관계가 아닌 것이 확실한 때는 「甘(あま)やかす」는 부적절하다.

③ 社長(しゃちょう)の奥(おく)さんは、みんなにちやほやされる/*甘(あま)やかされるのが好(す)きだ。
(사장님의 사모님은 모든 사람이 비위를 맞춰주는 것을 좋아한다)

➲ 이 경우 역시 예문②와 맥락을 같이하고 있다.

④ ちやほやされた子供(こども)は時々(ときどき)つけあがる恐(おそ)れがある。

(애지중지 자란 아이는 때때로 기어오를 우려가 있다)

⑤ あの子(こ)はちやほやされて天狗(てんぐ)になった。
(저 아이는 애지중지 자라서 자만아가 되었다)

➲ 「天狗(てんぐ)」는 원래 깊은 산 속에 사는 것으로 알려진 상상속의 괴물인데 「天狗(てんぐ)になる」의 형태로 우쭐하거나 자만하는 사람을 가리킨다.

⑥ 蝶(ちょう)よ花(はな)よと甘(あま)やかして育(そだ)てる。 (금이야 옥이야 하고 응석을 받아주며 키운다)
➲ 이 경우는 부모가 자식을 너무 소중히 여기는 나머지, 제멋대로 키운다는 뜻으로 쓰였다.

⑦ 子供(こども)をすっかり甘(あま)やかしていたから、こんな子(こ)になるんだよ。
(아이를 완전히 응석받이로 삼고 있었으니까, 이런 아이가 되는 거라고)
➲ 이 경우 역시 위의 예문⑦과 맥락을 같이하고 있다.

「～中(ちゅう)」「～中(じゅう)」

공통의미
~동안, ～내내

요점
1. 「～中(ちゅう)」는 어떤 일이 한참 벌어지고 있음을 나타내기도 하고(예문①②③⑦⑧), 조사 「に」가 접속된 「～中(ちゅう)に」의 형태로 어떤 기간 동안의 한 시점을 나타내기도 하는데(예문④⑨⑩), 우리말의 '(～하는 중), ～동안에' 해당된다.
2. 「～中(じゅう)」는 시간이나 장소를 나타내는 말에 접속하여 전체의 시간, 전체의 장소를 나타내는 용법을 지니고 있다. 시간을 나타내는 경우에는 우리말의 '하루 종일, 일주일 내내'의 '종일, 내내'에 해당되며(예문⑤⑥⑪⑫⑬), 장소를 나타낼 경우에는 '온 방안, 온 나라' 의 '온' 정도에 해당된다(예문⑭⑮). 대체로 한자표기를 하지 않고 「～じゅう」와 같이 ひらがな로 표기하는 것이 보통이다.

예문과 해설

① 三年生は全員試験中/＊じゅうです。(3학년은 전원 시험 중입니다)

➲ 이 경우는 한참 시험이 진행 중임을 나타내고 있는데 이런 때 전체의 시간을 나타내는 「~じゅう」는 부적절하다.

② この先は工事中/＊工事じゅうですから、通れません。

(이 앞은 공사 중이므로 지나갈 수 없습니다)

➲ 이 경우 역시 한참 공사가 진행 중임을 나타내고 있으므로 전체의 시간을 나타내는 「~じゅう」는 부적절하다.

③ まだ準備中/＊準備じゅうですから、しばらくお待ち下さい。

(아직 준비 중이므로 잠시 기다려 주십시오)

➲ 이 경우 역시 예문①②와 맥락을 같이하고 있다.

④ 午前中/＊午前じゅうに彼女が訪ねて来るとの約束でした。

(오전 중에 그녀가 찾아온다고 하는 약속이었습니다)

➲ 이 경우는 「午前」에 시점을 나타내는 조사 「に」가 접속됨으로서 오전중의 한 시점을 나타내고 있다.

⑤ 昨日は、かぜをひいて、一日じゅう/＊一日中寝ていました。

(어제는 감기 걸려서 하루 종일 누워 있었습니다)

➲ 「~じゅう」는 시간을 나타내는 말의 뒤에 접속되어 전체의 시간을 나타내므로 여기에서는 적절하다. 한편 「~中」에는 그러한 용법이 없으므로 여기에서는 부적절하다.

⑥ 雨は今週じゅう/＊今週ちゅう降り続くでしょう。

(비는 이번 주 내내 계속해서 내리겠지요)

➲ 이 경우역시 예문⑤와 맥락을 같이하고 있는데 만약 「~中に」를 쓰게 될 것 같으면 이번 주라는 기간 동안의 한 시점을 나타내므로 여기에서는 부적절하다.

⑦ 今会議中ですから、入ってはいけません。

(지금 회의 중이므로 들어가서는 안 됩니다)

➲ 회의가 한참 진행되고 있는 도중을 나타내고 있다.,

⑧ 父はまだ仕事中なので、一時間ぐらい遅れるでしょう。

(아버지는 아직 일하시는 중이므로 1시간 정도 늦을 겁니다)

⑨ 授業中に足音を立てながら教室の中に入ってくるのはよくないことです。

(수업 중에 발소리를 내면서 교실 안에 들어오는 것은 좋지 않은 행동입니다)

➲ 수업이 진행되고 있는 시간동안의 한 시점을 나타내고 있다.

⑩ 走行中(そうこうちゅう)に携帯電話(けいたいでんわ)をかけるのは危(あぶ)ないです。
(주행 중에 휴대전화를 거는 것은 위험합니다)

➲ 주행하고 있는 시간동안의 한 시점을 나타내고 있다.

⑪ 一晩(ひとばん)じゅう、座禅(ざぜん)をする僧(そう)もいます。(밤새도록 좌선을 하는 스님도 있습니다)

➲ 이 경우와 같이 시간을 나타내는 말에 「~じゅう」가 접속되면 전체의 시간을 나타내게 된다.

⑫ 近(ちか)ごろは、たいていのくだものが一年(いちねん)じゅういつでも食(た)べられるようになった。
(요즈음은 대부분의 과일을 일 년 내내 언제라도 먹을 수 있게 되었다)

⑬ 夏休(なつやす)みじゅう旅行(りょこう)に出(で)かけて、家(いえ)には一日(いちにち)もいませんでした。
(여름방학 내내 여행을 떠나서 집에는 하루도 없었습니다)

⑭ あの人(ひと)は学校(がっこう)じゅうで一番(いちばん)よく勉強(べんきょう)ができる。
(저 사람은 학교 안에서 가장 공부를 잘한다)

➲ 이 경우는 장소를 나타내는 말에 접속되어 전체의 장소를 나타내고 있다.

⑮ 指輪(ゆびわ)が見(み)つからないので、部屋(へや)じゅうをさがしましたが、だめでした。
(반지가 안 보이기 때문에, 온 방안을 뒤졌지만 소용없었습니다)

➲ 이 경우 역시 예문⑭와 맥락을 같이하고 있다.

「注意(ちゅうい)する」「用心(ようじん)する」「留意(りゅうい)する」

(火事(かじ)に注意(ちゅうい)する、火事(かじ)に用心(ようじん)する、火事(かじ)に留意(りゅうい)する)

공통의미

주의하다

요점

1. 「注意(ちゅうい)する」와 「用心(ようじん)する」는 둘 다 신경을 써서 나쁜 사태가 일어나지 않도록 하는

것인데, 「注意する」보다 「用心する」가 보다 더 강도 높게 신경을 쓰는 것이다. 또한 「注意する」는 구체적이고 전반적인 사항에 대하여 조심하는 것인데에 반하여(예문①②③④⑤⑥), 「用心する」는 어떠한 사항에 대하여 미리 조심한다고 하는 의미가 담겨있다(예문①③⑦⑧). 「注意する」는 우리말의 '주의하다'에 해당되며, 「用心する」는 '조심하다'에 해당된다.

2. 「留意する」는 글자 그대로 마음속에 조심해야 할 내용을 담아두는 것으로 주로 추상적인 사항에 대하여 쓰이는데, 우리말의 '유의하다'에 해당된다(예문①②⑨⑩).

예문과 해설

① 火事に対して絶えず注意/用心/留意する。(화재에 대하여 끊임없이 주의한다)

➲ 이 경우는 그 어느 쪽이나 적절한데 「注意」를 쓰게 되면 일반적인 주의의 의미가, 「用心」을 쓰게 되면 미리 조심한다고 하는 의미가, 그리고 「留意」를 쓰게 되면 조심해야 할 사항을 마음속에 담아놓는다고 하는 의미가 주어진다.

② 旅行に際して、この点に注意/留意/＊用心する。
(여행에 즈음하여 이 점에 주의한다)

➲ 「用心」은 미리 조심하는 데에 주로 쓰이는데, 이 경우는 단지 주의사항만을 숙지할 뿐 이어서 「用心」은 적절치 않다.

③ すりに注意/用心/＊留意すること。(소매치기에 주의/조심할 것)

➲ 「留意する」는 마음속에 조심해야 할 사항을 담아놓는 것으로 이 경우와 같이 사전에 무언가를 경계한다고 하는 뜻에서는 부적절하다.

④ 先生が学生に注意/＊用心/＊留意を与えている。
(선생님이 학생에게 주의를 주고 있다)

➲ 이 경우와 같이 누군가에게 주의를 준다고 하는 뜻으로는 오로지 「注意」만이 적절하다.

⑤ 細心の注意を払う。(세심한 주의를 기울인다)

➲ 「注意を払う」의 형태로 주의를 기울인다는 뜻을 나타내는데 다른 말에는 이러한 용법이 없다.

⑥ あの人は注意深い人だ。(저 사람은 주의 깊은 사람이다)

⑦ 風邪を引かないように用心する。(감기 걸리지 않도록 조심한다)

➲ 「用心する」는 사전에 미리 조심한다고 하는 것에 의미의 중심이 놓인다.

⑧ 火の用心。(불조심)

➲ '불조심' 의 경우에는 반드시 이와 같이 나타낸다.

⑨ 健康に留意する。(건강에 유의한다)

➲ 「留意する」는 추상적인 대상에 대하여 쓰이는 것이 적절하다.

⑩ 留意点を発表する。(유의하여야 할 점을 발표한다)

➲ 이 경우도 조심해야 할 사항을 마음속으로 간직해야 할 점을 나타내고 있다.

「中止する」「中断する」

(雨で運動を中止する、雨で運動を中断する)

공통의미

중지하다, 중단하다

요점

1. 「中止する」와 「中断する」는 둘 다 우리말에도 똑 같이 있는 말이지만, 일본어에서는 의미용법상에 차이가 엿보인다. 특히 우리말에서의 '중지하다'는 어떤 일의 진행 도중에 그만두는 것을 나타내지만, 일본어에서는 그 의미가 다르므로 각별히 주의하여야 한다.
2. 「中止する」는 어떤 일의 도중에서 그만둘 때도 쓰이며(예문①⑧), 어떤 일이 미처 시작되기 전에 그만둘 때도 쓰인다(예문②③④⑦). 우리말에서는 어떤 일의 도중에 그만두는 것에 한하여 쓰이는데 바로 이 점이 양국어에 있어서의 현격한 차이이다. 「中止する」는 회화체에서 매우 많이 쓰이는 말인데 우리말의 '중지하다, 취소하다'에 해당된다.
3. 「中断する」는 반드시 어떤 일이 시작되고 나서가 아니면 쓸 수 없으며, 또한 일단 중단된 일이 다시 재개될 가능성이 높을 때에 한하여 쓰인다(예문①⑤⑥⑨⑩⑪). 이점에서는 우리말과 의미용법과 같다.

예문과 해설

① 作業を中止した/中断した。(작업을 중지/중단했다)

➲ 이 경우는 그 어느 쪽이나 적절한데 다만 「中断する」의 경우에는 작업이 다시 재개될 가능성이 있다고 하는 의미가 주어지나 「中止する」에는 그러한 의미가 없다.

② 旅行する予定を中止した/✱中断した。(여행할 예정을 중지했다)

➲ 「中断する」는 어떤 일이 시작되고 나서가 아니면 절대 쓸 수 없으므로 이 경우에는 「中止する」만이 적절하다.

③ 予定していた運動会は雨のため中止した/✱中断した。
(예정되어 있던 운동회는 비로 취소되었다)

➲ 이 경우와 같이 아예 시작도 하지 않은 상태에서 취소하는 것을 나타낼 때는 오로지 「中止する」만이 적절하다. 「中断する」는 일단 시작된 상태에서 중단할 때만 쓸 수 있으므로 여기에서는 부적절하다.

④ 時間が足りなくて予定を中止する/✱中断する。
(시간이 부족해서 예정을 취소한다)

➲ 이 경우 역시 위의 예문③과 맥락을 같이하고 있다.

⑤ 文庫の刊行は中断した/✱中止したままだ。(문고의 간행은 중단한 채로 있다)

➲ 이 경우에는 문말에 「~채로 있다」와 같은 표현이 와있는 것을 봐서 다시 간행이 재개될 가능성이 있으므로 「中断する」가 적절하다.

⑥ 足音で虫の鳴き声が中断した/✱中止した。
(발소리에 벌레의 울음소리가 중단되었다)

➲ 이 경우의 벌레울음소리는 운동회나 여행과 같이 인위적으로 진행되는 것이 아니라 자연스럽게 이루어지는 것인데, 「中止する」는 어디까지나 인위적으로 이루어지는 것에만 쓸 수가 있으므로 여기에서는 부적절하다.

⑦ 計画を中止して一ヶ月たった。(계획을 취소하고 1개월이 지났다)

⑧ 予算の不足で途中で実験を中止する。(예산부족으로 도중에 실험을 취소한다)

⑨ 交渉を中断する。(교섭을 중단한다)

➲ 이 교섭은 다시 재개될 가능성이 있다.

⑩ 急な停電で話が中断した。(갑작스런 정전으로 이야기가 중단되었다)

➲ 이 이야기 역시 전기가 다시 들어오는 대로 재개될 가능성이 있다.

⑪ 労組(ろうそ)のストで放送(ほうそう)がしばらく中断(ちゅうだん)した。(노조의 파업으로 방송이 한동안 중단되었다)

➲ 파업이 진정되는 대로 다시 방송이 재개될 가능성이 엿보인다.

「長所(ちょうしょ)」「取り柄(とりえ)」「利点(りてん)」

공통의미

장점

요점

1. 「長所(ちょうしょ)」는 사용범위가 가장 넓어서 인간에 대해서도 사물에 대해서도 그리고 어떠한 사항에 대해서도 쓸 수가 있는데(예문③), 특히 인간의 경우에는 그 성격이 매우 훌륭함을 나타낼 때에 쓰인다(예문①④⑤). 우리말에는 이러한 말이 없는데 요컨대 우리말의 '장점'은 「長所(ちょうしょ)」로 표현하여야만 한다.
2. 「取り柄(とりえ)」는 일반적인 장점을 가리키는 것이 아니라 그만그만한 것 가운데에서 그나마 특히 뛰어나다고 하는 점을 하나만 내세워서 강조할 때에 쓰이는 것으로 사람, 사물, 어떤 일 등에 폭넓게 쓰이는데 다소 속어적인 말이다(예문①②⑥). 한편으로는 그다지 내세울만한 점이 없음을 나타내는 데에도 많이 쓰이는데(예문⑦), 우리말의 '내세울만한 점' 정도에 해당된다.
3. 「利点(りてん)」은 우리말에도 있는 것으로 인간에 대해서는 쓰지 못하고 이용되는 도구, 제도, 사항 등에 대하여 쓴다(예문③⑧⑨). 우리말의 '이점'에 해당된다.

예문과 해설

① 彼(かれ)の長所(ちょうしょ)/取り柄(とりえ)/✱利点(りてん)は朗(ほが)らかなことだ。(그의 장점은 명랑한 점이다)

➲ 이 경우에 「利点(りてん)」은 부적절하다. 왜냐하면 「利点(りてん)」은 사람에게는 쓸 수가 없고 주로 도구나

제도, 사항 등에 대해서만 쓰이기 때문이다. 「長所」를 쓰게 되면 적극적으로 장점을 내세우는 식이 되지만 「取り柄」를 쓰게 되면 이렇다하게 장점은 없지만, 그나마 명랑한 편이 내세울만 한 점이라는 어감이 주어진다.

② あいつは健康だけが取り柄/∗長所/∗利点です。
(저 녀석은 건강만이 내세울만한 점입니다)

➲ 이 경우와 같이 별로 내세울만한 점이 없지만 그나마 건강만은 내세울만하다고 하는 의미로는 「取り柄」가 적절하다.

③ この会社の製品には長所/利点/∗取り柄がいくつかある。
(이 회사의 제품에는 장점/이점이 몇 가진가 있다)

➲ 이 경우와 같이 장점이 많이 있다고 하는 문맥에서 「取り柄」는 부적절하다. 「取り柄」는 어디까지나 그다지 내세울만한 점은 없으나 굳이 내세우자면 이라는 뜻으로 쓰이기 때문이다.

④ 各人の長所を伸ばす。(각자의 장점을 늘린다)

⑤ 誰に向かっても優しい笑顔を見せるのがあの人の長所だ。
(누구에 대해서도 부드러운 웃는 얼굴을 보이는 것이 저 사람의 장점이다)

⑥ 安いのが取り柄の食堂。(싼 것이 장점인 식당)

➲ 이 경우는 특별하게 장점으로 내세울만한 점이 없는 식당이긴 하지만, 그나마 음식 값이 싸다고 하는 점이 유일한 장점이라는 뜻을 나타내고 있다.

⑦ あの人は何の取り柄もない人物です。
(저 사람은 아무런 내세울만한 점도 없는 인물입니다)

➲ 이 경우와 같이 이렇다하게 내세울만한 장점이 없음을 나타낼 때는 「取り柄」가 쓰여서 「取り柄もない」로 표현한다.

⑧ 企業合併の利点は何ですか。(기업합병의 이점은 무엇입니까?)

➲ 「利点」은 우리말과 의미용법이 같아서, 어떤 제도나 사항, 방법 등에 있어서의 이점을 나타낸다.

⑨ 新税法の利点は次のようです。(신세법의 이점은 다음과 같습니다)

➲ 이 경우도 제도상의 이점을 나타내고 있다.

「頂上(ちょうじょう)」「頂(いただき)」「てっぺん」「頂点(ちょうてん)」

(山(やま)の頂上(ちょうじょう)に立(た)つ、山(やま)の頂(いただき)に立(た)つ、山(やま)のてっぺんに立(た)つ、山(やま)の頂点(ちょうてん)に立(た)つ)

공통의미

꼭대기, 정상

요점

1. 「頂上(ちょうじょう)」는 가장 높은 곳을 나타내는데, 이 경우는 거의 산이나 언덕 등에 국한된다(예문①⑥⑦⑧). 한편으로는, 어떤 분야에 있어서 최고의 상태를 나타내기도 하는데(예문④⑨), 우리말의 '정상'에 해당된다.
2. 「頂(いただき)」는 산이나 언덕 등 이외에, 건축물이나 머리꼭대기를 나타내는데 우리말의 '꼭대기'에 해당된다(예문①②⑤⑩⑪⑫).
3. 「てっぺん」은 일반적으로 가장 높은 곳을 가리키는데, 회화체에서 많이 쓰이며 속어적인 말이다(예문①②⑤⑬⑭). 우리말의 '끝' 정도에 해당된다.
4. 「頂点(ちょうてん)」은 물체의 가장 높이 솟은 곳이나 토지의 가장 높은 지점을 나타내기도 하고 어떤 상태의 극한점을 나타내기도 하는데, 다만 「頂点(ちょうてん)」의 「点(てん)」은 작은 점을 가리키는 관계로 가장 높은 곳이라고 해도 아주 좁은 곳을 나타내는 경향이 있다. 문장체에서나 쓰이는 딱딱한 말인데(예문③④⑮⑯⑰), 우리말의 '정점'에 해당된다.

예문과 해설

① 丘(おか)の頂上(ちょうじょう)/頂(いただき)/てっぺん/＊頂点(ちょうてん)に登(のぼ)った。(언덕꼭대기에 올랐다)

➲ 이 경우는 「頂点(ちょうてん)」을 제외하고 어느 것이나 적절하다. 「頂点(ちょうてん)」이 가장 높은 곳을 가리킬 때는 아주 좁은 곳을 나타내는데 언덕의 경우에는 그러하지 못하기 때문이다.

② 電柱(でんちゅう)のてっぺん/頂(いただき)/＊頂上(ちょうじょう)/＊頂点(ちょうてん)にカラスがとまる。
(전신주의 꼭대기에 까마귀가 앉는다)

➲ 일반적으로 어떤 높은 곳을 나타낼 때는 「てっぺん」과 「頂(いただき)」가 가장 적절하다. 「頂上(ちょうじょう)」는

주로 물리적으로 가장 높은 곳을 나타낼 때는 산에만 국한하여 쓰이며 「頂点」은 이 경우에 다소 과장된 어감이 주어져서 부적절하다.

③ 三角形の頂点/＊頂上/＊頂/＊てっぺん。(삼각형의 정점)

➲ 이 경우와 같이 수학용어에서는 반드시 「頂点」만이 적절하다.

④ あの歌手は人気の頂上/頂点/＊頂/＊てっぺんに立っている。
(저 가수는 인기의 정상/정점에 서있다)

➲ 이 경우와 같이 어떤 분야에서 최고의 지위를 나타낼 때는 「頂上」와 「頂点」이 적절하다.

⑤ 頭のてっぺん/頂/＊頂上/＊頂点に白いものがついている。
(머리꼭대기에 하얀 것이 붙어있다)

➲ 이 경우와 같이 머리꼭대기를 나타낼 때는 「頂上」와 「頂点」은 부적절하다. 「てっぺん」은 속어체적인 말이다.

⑥ エベレストの頂上をめざす。(에베레스트의 정상을 지향한다)

⑦ 彼はとうとう頂上を征服した。(그는 드디어 정상을 정복했다)

⑧ 山の頂上から日の出を見る。(산 정상에서 일출을 본다)

⑨ あの先生は名匠の頂上に達している。
(저 선생님은 명장의 정상에 이르고 있다)

➲ 이 경우는 어떤 분야에서의 최고의 경지를 나타내는데, 다른 말에는 이러한 용법이 없다.

⑩ 富士山の頂に登って見るのが夢だ。(후지산꼭대기에 올라가 보는 것이 꿈이다)

➲ 「頂き」는 이 경우와 같이 우리말의 '꼭대기'에 꼭 들어맞는 말이다.,

⑪ 山の頂が雪でおおわれている。(산꼭대기가 눈으로 뒤 덮여있다)

⑫ 五重の塔の頂に白い雲がかかっている。(오층탑꼭대기에 하얀 구름이 걸려있다)

⑬ あの丘のてっぺんまで競争しよう。(저 언덕의 끝까지 경주하자)

➲「てっぺん」은 회화체에서 쓰이는 속어적인 말로 매우 친한 사이에서 쓰이곤 한다.

⑭ 頭のてっぺんからつま先まで濡れていた。(머리끝에서 발끝까지 젖어있었다)

⑮ 苦労して山の頂点に達する。(고생해서 산의 정점에 달하다)

⑯ 彼はいよいよ業界の頂点までのぼった。(그는 드디어 업계의 정점까지 올라갔다)

➲ 이 경우는 최고의 경지나 위치를 나타내고 있다.

⑰ 場内(じょうない)の興奮(こうふん)は頂点(ちょうてん)に達(たっ)した。(장내의 흥분은 정점에 달했다)

➲ 이 경우는 어떤 상태의 극한점을 나타내고 있는데, 다른 말에는 이러한 용법이 없다.

「直接(ちょくせつ)」「じかに」

(直接(ちょくせつ)土(つち)を踏(ふ)む、じかに土(つち)を踏(ふ)む)

공통의미

직접

요점

1. 「直接(ちょくせつ)」는 공간적으로 아무런 장해물이 없이 구체적으로 접촉됨을 나타내기도 하고(예문①②③⑥), 또는 비공간적으로는 어떠한 절차 같은 것을 거치지 않고 이행함을 나타내기도 한다(예문④⑤). 때로는 「直接(ちょくせつ)に」와 같이 조사 「に」가 접속될 때도 있으나 조사 「に」는 있어도 없어도 의미상에는 아무런 변화가 없다(예문③). 「直接(ちょくせつ)」는 우리말의 '직접'에 해당된다.
2. 「じかに」는 공간적으로 아무런 장해물이 없이 구체적으로 접촉됨을 나타내는 용법밖에 없으며 이 점에서는 「直接(ちょくせつ)」와 의미용법이 같다(예문①②③⑦). 다만 「直接(ちょくせつ)」와 달리 「じかに」의 「に」는 생략될 수가 없으며 우리말의 '바로' 정도에 해당된다.

예문과 해설

① 直接(ちょくせつ)/じかに土(つち)を踏(ふ)む。(직접 흙을 밟는다)

➲ 아무런 장해물이 없이 직접 접촉함을 나타내는 것이므로 이 경우에는 둘 다 적절하다.

② 魚(さかな)を直接(ちょくせつ)/じかに火(ひ)にかける。(생선을 직접 불에 올린다)

➲ 이 경우 역시 장해물이 없이 직접 접촉함을 나타내는 것이므로 둘 다 적절하다.

③ 私が直接に/じかに会って話しましょう。(내가 바로 만나서 이야기하겠습니다)

➲ 이 경우 만나는 과정에서의 장해물은 전혀 없는 셈이다.

④ 予備テストをしないで直接/✱じかに本実験をする。
(예비테스트를 하지 않고 직접 본 실험을 한다)

➲ 이 경우는 행하여야 할 절차를 생략하는 셈이므로 「直接に」만이 적절하며 오로지 공간적으로 장해물 없이 접촉하는 것만을 나타내는 「じかに」는 부적절하다.

⑤ 私から直接/✱じかに手紙を出しておきます。(제가 직접 편지를 내 놓겠습니다)

➲ 이 경우는 중간에 누군가를 거치지 않고 곧바로 편지를 보낸다는 뜻인데 오로지 공간적인 의미용법으로만 쓰이는 「じかに」에는 이러한 용법이 없다.

⑥ ストがあっても直接影響はない。(파업이 있어도 직접 영향은 없다)

⑦ ワイシャツをじかに着る。(와이셔츠를 바로 입는다)

➲ 이 경우는 속옷을 따로 입지 않고, 맨몸에 직접 와이셔츠를 입는다고 하는 뜻인데 결국 공간적으로 아무 장해물이 없이 접촉하는 것을 나타내고 있는 셈이다.

「ちょっと」「少々」「やや」

(私にはちょっと難しい、私には少々難しい、私にはやや難しい)

공통의미

조금, 잠깐

요점

1. 「ちょっと」「少々」「やや」는 모두 약간의 시간이나 정도를 나타내는 부사인데, 이들 간에는 의미용법상의 차이도 다소 있지만 무엇보다도 정중도의 차이가 엿보인다.
2. 「ちょっと」는 일상적인 회화체에서 가장 많이 쓰이는 말로서, 우리말의 '좀, 잠깐' 정도에 해당된다(예문①②⑥⑦⑧). 한편, 「ちょっと」는 남을 부를 때에도 쓰이지만(예문⑤), 「少々」와 「やや」에는 이러한 용법이 없다

3. 「少々(しょうしょう)」는 「ちょっと」보다 정중한 느낌이 주어지는 말로서 우리말의 '다소, 잠시'정도에 해당된다(예문①③⑨⑩⑪).

4. 「やや」는 다소 격식을 차리는 경우에 쓰일 법한 말로서 오로지 약간의 정도만을 나타내는데 우리말의 '약간'에 해당된다(예문①⑫⑬⑭). 하지만, 「ちょっと」와 「少々(しょうしょう)」가 약간의 시간이 경과함을 나타내거나(예문④), 상대로 하여금 약간만 기다려줄 것을 요구할 때에 쓰이는 반면에(예문②③), 「やや」에는 이러한 용법이 없다(예문④).

예문과 해설

① 私(わたし)にはちょっと/少々(しょうしょう)/やや難(むずか)しい。(나에게는 좀/다소/약간 어렵다)

➲ 이 경우에는 세 가지 다 적절한데 「ちょっと」가 일상적인 회화체에서 흔히 쓰이는 반면에, 「少々(しょうしょう)」와 「やや」는 다소 격식을 차린 말투에서 쓰일 법하다.

② ちょっと/?少々(しょうしょう)/＊やや待(ま)ってください。(잠깐 기다려 주세요)

➲「待(ま)ってください」에는 상대방을 예우하는 느낌이 그다지 들어가 있지 않으므로 격식을 나타내는 「少々(しょうしょう)」는 다소 부적절하며(「お待(ま)ちください」로 하면 적절하다), 이 경우에는 「ちょっと」가 적절하다. 한편, 「やや」는 약간의 정도만을 나타낼 뿐, 이와 같이 상대로 하여금 잠깐 기다려 줄 것을 요구하는 데에는 쓰이지 못하므로 여기에서는 부적절하다.

③ 少々(しょうしょう)/?ちょっと/＊ややお待(ま)ちください。(잠시 기다려 주십시오)

➲ 「お待(ま)ちください」는 상대에 대한 정중한 어감이 들어가 있으므로 「少々(しょうしょう)」가 적절하다. 「ちょっと」는 「少々(しょうしょう)」에 비해 정중도가 약간 떨어지므로 문체상으로 볼 때, 다소 부적절하고 「やや」가 부적절한 이유는 예문②의 해설과 같다.

④ 演劇(えんげき)はあと十分(じっぷん)ちょっとで/少々(しょうしょう)で/＊ややで始(はじ)まる。
(연극은 앞으로 10분정도 지나서 시작된다)

➲ 「やや」에는 이와 같이 약간의 시간이 경과함을 나타내는 형식에는 쓰이지 못하므로 부적절하다. 물론, 「ややあって(약간 지나서)」와 같은 형식으로는 쓰인다.

⑤ ちょっと、こちらへ。(잠깐, 이쪽으로)

➲ 이 경우는 남을 부를 때에 쓰인 것인데, 다른 말에는 이러한 용법이 없다.

⑥ 砂糖(さとう)をちょっと入(い)れてください。(설탕을 좀 넣어주십시오)

➲ 이 경우는 약간의 정도를 나타내고 있다.

⑦ 五時(ごじ)ちょっと過(す)ぎに地震(じしん)があった。(5시 좀 넘어서 지진이 있었다)

➲ 이 경우는 약간의 시간을 나타내고 있다,

⑧ この文章はちょっと変だ。(이 문장은 좀 이상하다)

⑨ ここで少々お待ちください。(여기에서 잠시 기다려 주십시오)

➲ 이 경우는 약간의 시간을 나타내고 있으나 비교적 정중한 어감이 주어진다.

⑩ 学生には少々難しいようですが。(학생에게는 다소 어려운 것 같습니다만)

⑪ 少々のことでは驚かない。(다소의 일에는 놀라지 않는다)

⑫ 夕暮れはやや寂しい。(저녁노을은 약간 쓸쓸하다)

➲ 「やや」는 약간의 정도만을 나타내는데, 다소 격식을 차린 듯한 어감이 주어진다.

⑬ 姉は妹よりやや背が高い。(언니는 여동생보다 약간 키가 크다)

➲ 이 경우 역시 약간의 정도만을 나타내고 있다.

⑭ 彼女はやや太り気味だ。(그녀는 약간 살찐 것 같다)

「ちり」「ごみ」「くず」「ほこり」

공통의미

먼지, 쓰레기

요점

1. 「ちり」는 공기 중의 미세한 입자를 가리키는 것으로 우리말의 '티끌' 정도에 해당된다(예문①②). 한편으로는 비유적으로 써서 매우 적음을 나타내기도 하는데 이 경우에는 우리말의 '털끝' 정도에 해당된다(예문③).
2. 「ごみ」는 가장 사용범위가 넓어서 비교적 큰 것에서부터 작은 것에 이르기까지 가리키며, 빗으로 쓸어버릴만한 더러운 것이나 음식 후의 찌꺼기 같은 것을 가리키기도 한다. 우리말의 '쓰레기'에 해당된다(예문④⑤⑥).
3. 「くず」는 찢어진 종이나 헝겊조각, 또는 톱이나 끌 등으로 작업한 후에 남은 것을 가리키는데, 우리말의 '찌꺼기' 정도에 해당된다(예문⑦⑧).

4. 「ほこり」는 「ちり」와 비슷하나 그 보다 더 미세한 것으로 책상위에 쌓여있어서 총체로 털어야 할 것을 가리킨다. 우리말의 '먼지'에 해당된다(예문⑨⑩).

예문과 해설

① 床のちりをはきだめに入れる。(바닥의 티끌을 쓰레받기에 넣는다)

② ちりも積もれば山となる。(티끌모아 태산)

③ あの人はちりほどの親切心もない。(저 사람은 털끝만큼의 친절한 마음도 없다)

➲ 이 경우는 비유적으로 매우 적음을 나타내고 있다.

④ ごみはゴミ箱に捨てましょう。(쓰레기는 쓰레기통에 버립시다)

⑤ 道のごみを拾う。(길에 있는 쓰레기를 줍다)

⑥ あの社長は、人をごみ扱いにする。(저 사장은 사람을 쓰레기취급 한다)

⑦ 野菜のくずはゴミ箱に入れないでください。

(야채찌꺼기는 쓰레기통에 넣지 말아 주십시오)

⑧ 木のくずは全部燃やした。(나무찌꺼기는 전부 불태웠다)

⑨ 母はほこりをかぶりながら部屋の掃除をしていた。

(어머니는 먼지를 뒤집어쓰면서 방청소를 하고 있었다)

⑩ 父は仕事の後、いつも肩のほこりを払ってうちに入った。

(아버지는 일이 끝난 후, 언제나 어깨의 먼지를 털고 집에 들어왔다)

「使う」「用いる」

(この仕事には新入社員を<u>使う</u>、この仕事には新入社員を<u>用いる</u>)

공통의미

쓰다, 사용하다

요점

1. 「使う」는 일반적으로 폭넓게 쓰이는데 도구나 방법 등을 쓰는 것은 물론, 사람, 돈, 시간 등을 사용하는 것에도 쓰인다. 다만 어디까지나 이러한 사용을 통하여 소비가 된다고 하는 점에 무게가 실린다. 우리말의 '쓰다, 이용하다' 에 해당된다(예문①②③④⑤⑦).
2. 「用いる」는 주로 도구나 방법 등을 쓰는 점에서는 「使う」와 같으나 「使う」에 비해서 문장체적이다(예문①). 다만 이 경우에는 「使う」와 달리 유용성이나 가치를 인정한다고 하는 점에 무게가 실리며(예문⑥⑧), 특히 사람에게 쓸 경우에는 그 사람의 능력을 인정하여 활용한다고 하는 점이 강조되는데, 이 경우에는. 우리말의 '활용하다, 중용하다' 에 해당된다(예문②③⑨).

예문과 해설

① 封筒を切るのにはさみを使う/用いる。(봉투를 자르는데 가위를 쓴다)

➲ 이 경우는 둘 다 적절하며 의미용법도 같지만 「使う」에 비해서 「用いる」가 다소 문장체적이

어서 딱딱한 어감이 주어진다.

② この仕事には新入社員を使う/用いる。(이 일에는 신입사원을 쓴다)

➲ 이 경우는 둘 다 적절하지만 「使う」를 쓰게 되면 단지 일을 시킨다고 하는 정도의 뜻을 나타내고, 「用いる」를 쓰게 되면 신입사원의 능력을 인정하여 활용한다고 하는 뜻을 나타낸다.

③ 外野に新人選手を使う/用いる。(외야에 신인선수를 쓴다)

➲ 이 경우 「使う」를 쓰게 되면 단지 외야에 신인선수를 배치한다고 하는 정도의 뜻을 나타내지만, 「用いる」를 쓰게 되면 신인선수에 대한 기대감이 보다 커지게 된다.

④ この工事に使った/＊用いた人員は何人ですか
(이 공사에 쓴 인원은 몇 명입니까?)

➲ 「使う」와 「用いる」가 사람을 쓴다고 하는 뜻으로 사용될 때는 전자는 단지 사람을 고용한다고 하는 의미에 그치지만, 후자는 그 사람의 능력이나 적성을 인정하여 활용한다고 하는 뜻이 된다. 이 경우는 단지 사람을 고용했다고 하는 정도의 뜻이므로 「使う」가 적절하다.

⑤ これは頭を使う/＊用いる仕事だ。(이것은 머리를 쓰는 일이다)

➲ 이 경우와 같이 추상적인 뜻을 나타낼 때는 「用いる」는 부적절하다.

⑥ 部下の提案を用いる/＊使う。(부하의 제안을 활용한다)

➲ 이 경우와 같이 제안의 유용성이나 가치를 인정한다고 하는 뜻으로 쓰일 때는 「用いる」가 적절하다.

⑦ 人間は足を使って歩く。(인간은 다리를 써서 걷는다)

⑧ 試合では彼の作戦を用いて圧勝した。
(시합에서는 그의 작전을 활용하여 압승했다)

⑨ 彼は会社で重く用いられている。(그는 회사에서 중용되고 있다)

➲ 「用いる」가 사람을 쓰는 것에 쓰일 때는 능력을 인정하여 중용한다는 의미가 된다.

「捕まえる」「捕らえる」

(泥棒を<u>捕まえる</u>、泥棒を<u>捕らえる</u>)

공통의미

잡다

요점

1. 「捕まえる」와 「捕らえる」는 구체적인 동작을 나타낼 때는 둘 다 똑같은 의미용법으로 쓰이지만(예문①②③), 「捕らえる」쪽이 무거운 느낌이 들어서 일상회화에서는 그다지 쓰이지 않는다.
2. 하지만 구체적인 동작이 아니라 추상적인 경우에는 「捕らえる」만이 쓰이며 「捕まえる」는 쓸 수 없다(예문⑥⑦⑩⑪). 「捕まえる」는 어디까지나 도망가거나 벗어나려고 하는 것을 잡는 경우에만 쓰이는 것이다(예문④⑤⑧⑨).
3. 결국 「捕まえる」와 「捕らえる」가 구체적으로 무언가를 잡을 때는 우리말의 '잡다, 붙잡다'에 해당되고, 「捕らえる」가 추상적인 포착을 나타낼 때는 우리말의 '포착하다, 파악하다'에 해당된다.

예문과 해설

① 泥棒を捕まえる/捕らえる。(도둑을 잡다)

➲ 이 경우는 구체적으로 잡는 것이므로 둘 다 적절하지만, 「捕まえる」가 보다 회화체적이다.

② セミを捕まえに/捕らえにあちらこちら歩きまわった。
(매미를 잡기 위하여 여기저기 돌아다녔다)

➲ 이 경우 역시 구체적인 대상을 잡는 것이므로 둘 다 적절하지만, 「捕まえる」가 보다 회화체적이다.

③ 着物の袖を捕まえて/捕らえて、止めようとした。
(기모노 소매를 잡고서 못 가게 하려고 했다)

➲ 이 역시 구체적인 대상을 잡는 것이므로 둘 다 적절하지만, 「捕(つか)まえる」가 보다 회화체적이다.

④ 親(おや)を捕(つか)まえて/ ✱ 捕(とら)えてからかうとは何事(なにごと)だ。(부모를 붙잡고 놀리다니 무슨 짓이냐)

➲ 이 경우와 같이 움직이는 대상을 움직이지 못하게 붙잡는다고 하는 뜻으로는 「捕(つか)まえる」만이 적절하다.

⑤ タクシーを捕(つか)まえる/ ✱ 捕(とら)える。(택시를 잡는다)

➲ 이 경우와 같이 그 자리에서 벗어나려고 하는 것을 그러지 못하게 하는 때는 「捕(つか)まえる」만이 적절하다.

⑥ 話(はなし)の要点(ようてん)を捕(と)らえる/ ✱ 捕(つか)まえる。(이야기의 요점을 파악하다)

➲ 이 경우는 구체적인 대상이 아니라 추상적인 대상이므로 「捕(と)らえる」만이 적절하다.

⑦ UFOをレーダーで捕(とら)える/ ✱ 捕(つか)まえる。(UFO를 레이터로 포착한다)

➲ 이 경우와 같이 구체적으로 잡는 것이 아니라 추상적인 포착을 나타낼 때는 「捕(とら)える」만이 적절하다.

⑧ 警察(けいさつ)が犯人(はんにん)を捕(つか)まえた。(경찰이 범인을 붙잡았다)

⑨ 猫(ねこ)はねずみをよく捕(つか)まえる。(고양이는 쥐를 잘 잡는다)

⑩ 事件(じけん)の真相(しんそう)を捕(と)らえる。(사건의 진상을 파악하다)

⑪ 機会(きかい)を捕(と)らえて話(はな)した。(기회를 잡아서 이야기했다)

참고

한편, 「捕(つか)まえる」는 택시를 잡는다고 하는 의미로도 쓰이는데 「捕(とら)える」에는 이러한 용법이 없다.

「映画(えいが)を見(み)た後(あと)、タクシーを捕(つか)まえるのに苦労(くろう)した」(영화를 본 후, 택시를 잡는데 고생했다)

「つかむ」「にぎる」

(相手(あいて)の手(て)をつかむ、相手(あいて)の手(て)をにぎる)

공통의미

잡다, 쥐다

요점

1. 「つかむ」는 주로 순간적으로 힘을 줘서 손으로 잡는데 대체로 순간적으로 이루어지는 동작에 초점이 있으며(예문①②③④), 때로는 추상적인 대상을 파악하는 데에도 쓰인다(예문⑦⑧⑨). 우리말의 '잡다'에 해당된다.
2. 「にぎる」는 손바닥으로 압력을 가하여 지속적인 시간 동안 꽉 쥐는 데에 쓰이는데, 어디까지나 지속적으로 동작이 이루어지는 것을 나타낸다(예문①②⑩⑪), 「つかむ」와 달리 추상적인 대상의 파악에는 쓸 수 없으나 권력 등을 장악한다는 의미로는 쓰인다(예문⑤⑥⑫). 우리말의 '쥐다'에 해당된다.

예문과 해설

① 相手(あいて)の手(て)をつかむ/にぎる。(상대의 손을 잡는다)

➲ 이 경우 어느 것이나 적절하지만 「つかむ」를 쓰게 되면 상대의 손을 놓치지 않으려고 붙잡는다는 의미가 주어지지만, 「にぎる」를 쓰게 되면 친밀감을 갖고 잡고 있다고 하는 의미가 주어진다.

② ボールをつかんだ/にぎった。(볼을 잡았다)

➲ 이 경우 「つかむ」는 순간적으로 볼을 잡는 것이고, 「にぎる」는 볼을 지속적으로 쥐고 있는 것이다.

③ 襟(えり)をつかんで/*にぎって倒(たお)す。(옷깃을 잡아서 쓰러뜨리다)

➲ 이 경우와 같이 일부를 순간적으로 잡는 때는 「つかむ」가 적절하다. 하지만, 손으로 완전히 감싸듯이 잡을 때는 「にぎる」도 쓸 수가 있으나 여기에서는 그러한 시간적인 여유가 없으므로 부적절하다.

④ 男(おとこ)はいきなり相手(あいて)の胸(むな)ぐらをつかんだ/*にぎった。
(남자는 느닷없이 상대의 멱살을 잡았다)

➲ 「つかむ」는 순간적으로 이루어지는 동작에 적합하지만 「にぎる」는 지속적으로 잡고 있는 상태에 적합하다. 보통 멱살은 순간적으로 잡게 마련이다.

⑤ 大統領(だいとうりょう)が政権(せいけん)をにぎる/*つかむことになる。(대통령이 정권을 잡게 된다)

➲ 권력 등을 장악한다는 뜻으로는 오로지 「にぎる」만이 적절하다.

⑥ うちの会社(かいしゃ)は専務(せんむ)が全権(ぜんけん)をにぎって/*つかんでいる。
(우리 회사는 전무가 전권을 쥐고 있다)

➲ 이 경우도 예문⑤와 맥락을 같이 하는 것인데 전권은 순간적으로 잡는 것이 아니라 지속적인

시간동안 잡고 있는 것이므로 「にぎる」가 적절하다.

⑦ 犯人はあの男だという証拠をつかんだ。(범인은 저 남자라고 하는 증거를 잡았다)

➲ 「つかむ」는 추상적인 대상을 파악한다고 하는 의미용법도 있다.

⑧ 文の大意をつかむ。(문의 대의를 파악한다)

➲ 이 경우 역시 추상적인 대상을 파악한다고 하는 의미용법으로 쓰였다.

⑨ 人の弱みをつかむなんて卑怯なことだ。(사람의 약점을 잡다니 비겁한 짓이다)

➲ 이 경우도 마찬가지이다.

⑩ 手に汗をにぎって応援する。(손에 땀을 쥐며 응원한다)

➲ 이 경우와 같이 잔뜩 긴장해서 나오는 땀은 순간적으로 손에 쥐는 것이 아니라 지속적으로 손에 쥐고 있게 마련이므로 「にぎる」가 적절하다.

⑪ こぶしをにぎって悔しがる。(주먹을 쥐며 분해한다)

⑫ 勝敗の鍵はあの選手がにぎっている。(승패의 열쇠는 저 선수가 쥐고 있다)

「疲れる」「くたびれる」「疲労する」

공통의미

피곤하다, 지치다

요점

1. 「疲れる」는 육체적으로 지치는 것에도(예문①③⑦), 정신적으로 지치는 것에도 폭넓게 쓰이는 것으로(예문②⑥), 우리말의 '피곤하다' 정도에 해당된다.
2. 「くたびれる」는 주로 육체적으로 지치는 것에 쓰이는데, 마찬가지로 육체적으로도 지치는 것을 나타내는 「疲れる」에 비하면 속어적인 표현이다(예문①⑧⑨). 또한 오래 사용하여 낡게 된 것에도 쓰이는데 이러한 용법은 오로지 「くたびれる」에만 있다(예문④

⑤). 우리말의 '지치다' 정도에 해당된다.

3. 「疲労する」는 「疲れる」와 같으나 문장체적인 말이며 일상적으로는 주로 명사 「疲労」의 형태로 많이 쓰인다(예문⑩⑪⑫). 우리말의 '피로하다'에 해당된다.

예문과 해설

① ずっと働いて疲れた/くたびれた。 (줄곧 일해서 피곤했다)

➲ 이 경우는 둘 다 적절한데, 「疲れる」가 일상적으로 보통 쓰이는 것인데 반하여, 「くたびれる」는 속어적인 표현이다.

② 長い間勉強して、頭が疲れた/✱くたびれた。
(오랫동안 공부해서 머리가 피곤했다)

➲ 「疲れる」는 정신적으로 지치는 것에도 쓰이지만 「くたびれる」는 주로 육체적으로 지치는 것에 쓰이므로 여기에서는 부적절하다.

③ 大分歩いたので足が疲れた/✱くたびれた。 (무척 걸었기 때문에 발이 피로하다)

➲ 「疲れる」에는 이와 같이 부분적으로 피로함을 나타내는 용법이 있지만 「くたびれる」는 몸 전체가 피로한데는 쓸 수가 있어도 이와 같이 부분적으로 피로한데는 쓸 수가 없으므로 여기에서는 부적절하다.

④ この機械はだいぶくたびれて/✱疲れている。 (이 기계는 무척 낡았다)

➲ 「くたびれる」에는 오래 써서 낡았다, 라고 하는 의미용법도 있지만, 「疲れる」에는 이러한 의미용법이 없으므로 여기에서는 부적절하다.

⑤ こんなくたびれた/✱疲れた服を誰が着るか。 (이런 낡아빠진 옷을 누가 입나?)

➲ 이 경우 역시 위의 예문④와 맥락을 같이하고 있다.

⑥ 入社試験の面接で緊張して疲れた。 (입사시험의 면접에서 긴장하여 피곤했다)

➲ 이 경우는 정신적인 피로를 나타내고 있다.

⑦ 昨日は働き過ぎで疲れた。 (어제는 과로로 피곤했다)

➲ 이 경우는 육체적인 피로를 나타내고 있다.

⑧ あの人は生活にくたびれた顔をしている。
(저 사람은 생활에 지친 얼굴을 하고 있다)

➲ 「くたびれる」는 육체적인 피로에 주로 쓰이는데, 다소 속어적인 표현이다.

⑨ 一日中歩きまわってくたびれた。 (하루 종일 걸어 다녀서 지쳤다)

⑩ 二、三日の徹夜作業で疲労がたまった。
(2, 3일간의 철야작업으로 피로가 쌓였다)

➲ 다소 딱딱한 어감이 주어지는데, 보통은 이 경우와 같이 「疲労」의 형태로 쓰이곤 한다.

⑪ どうも疲労の色が隠せないね。(아무래도 피로의 기색을 감출 수 없군)

⑫ 心身ともに疲労する。(심신이 피로하다)

➲ 문장체에서나 쓰일법한 매우 딱딱한 표현이다.

「付き合い」「交際」

(あの友人との付き合いは古い、あの友人との交際は古い)

공통의미

교제, 사귀는 것

요점

1. 「付き合い」는 일반적으로 사람을 사귀는 경우에도 쓰이고(예문①②⑤⑥), 사교나 의리상 그 사람과 어쩔 수 없이 행동을 함께 하는 경우에도 쓰인다(예문③④). 우리말의 '사귀다, 교류하다'에 해당된다.
2. 「交際」는 보통 다소 격식을 차린 인간관계에 쓰이는 경향이 있는데, 어느 정도의 친밀감을 느낄 수 있는 교제를 나타낸다. 우리말의 '교제하다'에 해당된다(예문①⑦⑧).

예문과 해설

① あの友人との付き合い/交際は古い。
(저 친구와의 교제는 오래되었다)

➲ 이 경우는 둘 다 적절하며 의미도 같지만, 「付き合い」에 비해서 「交際」가 보다 격식을 차린 어감이 주어지며 또한 친밀한 정도도 더욱 느껴진다.

② 山田さんとは挨拶する程度の付き合いだ/✱交際だ。
(야마다씨와는 인사할 정도의 사이다)

➲ 이 경우와 같이 사람과 사람의 일상적인 교류를 나타낼 때는 「付き合い」가 적절하다. 「交際」는 보다 격식을 차린 인간관계를 나타내는 한편, 어느 정도의 친밀한 관계가 설정되어야 하는 것인데 이 경우는 겉치레의 인사를 하는 정도의 형식적인 사이이므로 문맥상 여기에서는 부적절하다.

③ あまり気が進まないが、付き合いで/✱交際で宴会に出る。
(그다지 마음이 내키지 않지만, 사교 상 연회에 나간다)

➲ 이 경우와 같이 마음은 내키지 않지만 사교나 의리 상 어쩔 수 없이 그 사람과 행동을 같이 한다고 하는 뜻일 때는 오로지 「付き合い」만이 적절하다.

④ 僕はまだ酒が足りないから、もう一軒付き合って/✱交際してくれ。
(나는 아직 술이 모자라니까, 한 집 더 마시러가자)

➲ 이 경우와 같이 술자리에서 2차를 함께 한다고 하는 뜻일 때는 오로지 「付き合い」의 동사형인 「付き合う」만이 적절하다.

⑤ 兄貴は、女性との付き合いはあまりない。(형은 여성과의 교제는 그다지 없다)

⑥ あいつは、人との付き合いが悪い。(저 녀석은 사람을 잘 사귀지 못한다)

⑦ 家族ぐるみでお隣さんと交際する。(가족모두 옆집과 교제 한다)

⑧ 男女交際。(남녀교제)

「次々(に)」「続々(と)」「続けざまに」「立て続けに」

**(男は次々に質問を投げかけた、男は続々と質問を投げかけた
男は続けざまに質問を投げかけた、男は立て続けに質問を投げかけた)**

공통의미

계속해서, 잇달아서

요점

1. 「次々(に)」와 「続々(と)」는 둘 다 어떤 일들이 짧은 시간간격으로 일어남을 나타내는데 주로 그 횟수에 무게가 놓이는 말이다. 「次々(に)」는 그 주체나 내용이 하나가 아니라 여럿일 경우에 쓰이나(예문①), 「続々(と)」에는 그러한 제한이 없다(예문①). 아울러 「次々(に)」보다 「続々(と)」가 그 빈도수가 더 높으며, 둘다 조사 「～に」가 생략된 형태로도 쓰인다(예문③④). 「次々(に)」는 우리말의 '번갈아서' 정도에 해당되고, 「続々(と)」는 '속속들이, 잇달아서' 정도에 해당된다.

2. 「続けざまに」와 「立て続けに」는 어떤 일들이 시간간격이 없이 계속해서 일어남을 나타내는데(예문①②⑤⑥), 「続けざまに」보다 「立て続けに」가 보다 시간적인 간격이 없음을 나타낸다(예문⑦⑧). 「続けざまに」는 우리말의 '줄기차게' 정도에 해당되고, 「立て続けに」는 우리말의 '연거푸' 정도에 해당되는데 두 가지 다 조사 「～に」는 생략될 수가 없다.

예문과 해설

① 男は次々に/続々と/続けざまに/立て続けに質問を投げかけた。
(남자는 잇달아서 질문을 던졌다)

➲ 이 경우는 어느 것이나 적절한데 「次々に」가 이 중에서 가장 느긋한 질문의 빈도수를 나타내고, 「立て続けに」가 가장 높은 질문의 빈도수를 나타내게 된다. 「続々と」와 「続けざまに」는 그 중간적인 성격을 나타내고 있다.

② 彼は続けざまに/立て続けに/＊次々に/＊続々とくしゃみをした。
(그는 연거푸 재채기를 했다)

➲ 「次々に」를 굳이 쓰고자 한다면 여러 사람이 번갈아서 재채기를 한다고 하는 장면설정에서는 가능하지만 한 사람이 일정한 시간간격으로 재채기를 번갈아서 한다는 것은 부자연스럽다. 또한, 「続々と」도 역시 짧은 시간간격을 나타내는 것이므로 부자연스럽고, 역시 재채기는 시간간격이 없이 계속해서 일어남을 나타내는 「続けざまに」와 「立て続けに」로 표현되는 것이 자연스럽다.

③ 次々スターが舞台に登場する。(번갈아서 스타가 무대에 등장한다)

➲ 스타가 한 사람씩 일정한 시간간격으로 무대에 등장하는 광경이 연상되는데 이 경우는 「次々に」의 조사 「に」가 생략되어 쓰인 예이다.

④ 応募者が続々やってくる。(응모자가 속속들이 찾아온다)

➲ 응모자가 아주 좁은 시간간격으로 찾아오는 상황이 연상되는데, 이 경우는 「続々と」에서 조사 「と」가 생략되어 쓰인 예이다.

⑤ 続けざまに何本も電話がかかる。(줄기차게 몇 통이고 전화가 걸려온다)

➲ 거의 시간간격이 없이 줄기차게 전화가 걸려오는 상황이 연상된다.

⑥ 踏み切り事故が続けざまに起った。(건널목사고가 줄기차게 일어났다)

➲ 건널목사고가 연달아서 발생하는 모습이 연상된다.

⑦ 父と母が立て続けに入院してしまった。
(아버지와 어머니가 연거푸 입원하고 말았다)

➲ 아버지와 어머니가 거의 동시라고 할 만한 시간간격으로 입원하는 모습이 연상된다.

⑧ 一人で立て続けに二時間もしゃべった。(혼자서 연거푸 2시간이나 떠들었다)

「尽きる」「果てる」

(話が尽きる、話が果てる)

공통의미

끝나다

요점

1. 「尽きる」는 어떤 사물이 점차로 줄어들어서 다 없어지는 것을 나타내기도 하고(예문①②⑥), 지속되던 이야기나 운 등이 끝나버리는 것을 나타내기도 한다(예문③⑤). 즉, 「尽きる」는 구체적인 사물에 대해서도 추상적인 대상에 대해서도 쓴다.

2. 「果てる」는 지속되던 일이 끝나는 것을 나타내는데, 사물이 줄어드는 것이 아니라 지속

되던 일이 거기에서 끝나게 되는 경우에 쓰인다(예문①④⑦). 문장체적이면서도 매우 고풍스런 말이다.

예문과 해설

① 話が尽きる/果てる。(이야기가 끝나다)

➲ 이 경우는 둘 다 적절하나, 「尽きる」를 쓰게 되면 이야깃거리가 다 떨어짐을 나타내고, 「果てる」를 쓰게 되면 이야기한다고 하는 행동이 끝난다는 의미를 나타낸다.

② 食糧が尽きた/✱果てた。(식량이 다 떨어졌다)

➲ 「果てる」는 어떤 일이 끝나게 됨을 나타낼 뿐, 이와 같이 구체적인 사물에 대해서는 쓰기에 부적절하다.

③ 話は尽きませんが/✱果てませんが、この辺で失礼します。
(이야기는 끝이 없습니다만, 이쯤에서 실례하겠습니다)

➲ 이 경우는 이야기가 계속 이어질 수 있으며, 이야기를 위한 화제도 줄어들지 않음을 나타내는 것이므로 「尽きる」가 적절하다.

④ 楽しいパーティーも果てた/✱尽きた。(즐거운 파티도 끝났다)

➲ 이 경우와 같이 시간이 경과하여 지속되던 일이 종료됨을 나타낼 때는 「果てる」가 적절하다.

⑤ いよいよ私の運も尽きた。(드디어 나의 운도 다했다)

➲ 이 경우는 줄곧 지속되던 상태가 끝나버리는 것을 나타내는데 「尽きる」는 이와 같이 추상적인 대상에도 쓸 수가 있다.

⑥ ガソリンが尽きて、これ以上走れない。
(가솔린이 다 떨어져서 이 이상 달릴 수 없다)

➲ 「尽きる」는 이와 같이 쓰고 있던 물건이 바닥나는 것을 나타내기도 하는데 「果てる」에는 이러한 용법이 없다.

⑦ 長い会議が果てた。(긴 회의가 끝났다)

➲ 「果てる」는 줄곧 지속되던 회의가 종료됨을 나타내는데, 매우 딱딱한 어감의 문장체이므로 일상회화에서는 거의 쓰이지 않는다.

「着く」「届く」「達する」「到着する」

공통의미

도착하다

요점

1. 「着く」는 사람이나 물건이 이동하여 도착한다고 하는 점만을 나타내는 것으로 우리말의 '도착하다'에 해당된다(예문①②⑤⑥).
2. 「届く」는 주로 물건에 쓰이는데 무언가에 의하여 운반되어 도착함을 나타내는 한편(예문①⑦), 어떤 곳에서부터 목적지나 목표까지 도달되거나 연결되는 것에 대하여 거리감을 의식하면서 나타낸다(예문④⑧). 후자의 경우 우리말의 '닿다' 정도에 해당된다.
3. 「達する」는 어떠한 과정을 거쳐서 일정한 단계에 다다르게 됨을 나타내는데 우리말의 '달하다'에 해당된다(예문③⑨⑩⑪).
4. 「到着する」는 단지 목적지에 도착하는 것만을 나타내는 것으로 문장체적이다(예문①②⑫⑬).

예문과 해설

① 手紙が着いた/届いた/到着した/＊達した。(편지가 도착했다)

➲ 우편물이나 화물이 도착하는 것에는 「届く」가 가장 적절하지만, 단지 무언가가 도착했음을 나타낸다면 「着く」나 「到着する」도 쓸 수 있다. 하지만 「達する」는 단계적인 도달에만 쓰이므로 이 경우에는 부적절하다.

② 彼は東京に着いた/到着した/＊届いた/＊達した。(그는 도쿄에 도착했다)

➲ 단순한 사람의 도착을 나타내는 데는 「着く」와 「到着する」가 적절하다. 「届く」는 사람에게는 쓸 수 없으며 「達する」는 단계적인 도달만을 나타내므로 둘 다 여기에서는 부적절하다.

③ 今度の災害で10億円に達する/＊着く/＊届く/＊到着する被害が出た。
(이번 재해로 10억엔에 달하는 피해가 나왔다)

➲ 어떠한 단계에 도달함을 나타내는 데는 「達する」만이 적절하다.

④ 親の目の届く/＊着く/＊達する/＊到着する所で子供を遊ばせる。
(부모의 눈이 닿는 곳에서 아이를 놀게 한다)

➲ 이 경우와 같이 일정한 거리를 두고 눈길이 닿음을 나타내는 데는 오로지 「届く」만이 적절하다.

⑤ 昨日の夜10時にソウル駅に着いた。(어젯밤 10시에 서울역에 도착했다)

⑥ 引っ越しの荷物が着いた。(이삿짐이 도착했다)

⑦ 待ちに待っていた荷物が届いた。(기다리고 기다리던 화물이 도착했다)

⑧ うちの子供は大きくなって、もうペダルに足が届くようになった。
(우리 집 아이는 커져서, 이제 페달에 발이 닿게 되었다)

➲ 「届く」는 일정한 목표까지 도달함을 나타내는 의미로도 쓰인다.

⑨ 新開発品で2千万円に達する利益が出た。
(신개발품으로 2천만엔에 달하는 이익이 났다)

➲ 이 경우는 어떤 일정한 수적인 단계에 도달함을 나타내고 있다.

⑩ 足から腰まで達する火傷をした。(다리에서 허리까지 달하는 화상을 입었다)

⑪ 今年で世界人口が62億人に達した。(금년으로 세계 인구는 62억명에 달했다)

⑫ 京都からの新幹線が到着した。(교토에서 온 신칸센이 도착했다)

⑬ 二日午後二時に山頂に到着した。(2일 오후 2시에 산 정상에 도착했다)

「机」「テーブル」

(雑誌を机の上に置く、雑誌をテーブルの上に置く)

공통의미

책상, 테이블

요점

1. 「机」는 주로 공부나 사무를 보기 위한 것을 가리킨다(예문①②⑤⑥).
2. 「テーブル」는 주로 식사나 접객, 회의 등에 쓰이는 것을 가리킨다(예문③④⑦⑧).

예문과 해설

① 試験の準備のために一日中机/＊テーブルにかけている。
(시험 준비를 위해 하루 종일 책상에 앉아 있다)

➲ 이 경우와 같이 공부를 위한 책상을 나타낼 때는 「机」가 적절하다.

② 彼とは大学で机/＊テーブルを並べた仲だ。
(그와는 대학에서 책상을 나란히 한 사이다(함께 공부한 사이다))

➲ 이 경우 역시 예문①과 맥락을 같이하는 것인데 「机を並べる」의 형태로 동문수학의 의미를 나타낸다.

③ テーブル/＊机を囲んでゲームを楽しむ。(테이블을 둘러싸고 게임을 즐긴다)

➲ 이 경우와 같이 공부나 사무가 아닌 게임을 위한 것인 때는 「テーブル」가 적절하다.

④ パーティーでは彼女と同じテーブル/＊机についた。
(파티에서는 그녀와 같은 테이블에 앉았다)

➲ 이 경우 역시 예문③과 맥락을 같이하고 있다.

⑤ 仕事のあとはいつも机をかたづける。(일 다음에는 언제나 책상을 정리한다)

⑥ 兄は論文作成のためにまた机に向った。
(형은 논문작성을 위해 다시 책상으로 향했다)

⑦ 食事の時はテーブルにひじをつくな。(식사 때는 테이블에 팔꿈치를 짚지 마라)

⑧ 会議用のテーブルを買ってきた。(회의용 테이블을 사왔다)

「作る」「こしらえる」

(料理を作る、料理をこしらえる)

공통의미

만들다

요점

1. 「作る」는 가장 일반적으로 쓰이는 것으로 구체적인 것과 추상적인 것 등 그 어느 것에도 쓸 수가 있다. 아울러 의도적으로 만들건 의도가 없이 만들어지건 다 쓸 수가 있는데, 대체로 「こしらえる」로 나타낼 수 있는 것은 모두 「作る」로도 나타낼 수가 있다(예문①②③④⑤⑦⑧).
2. 「こしらえる」는 보다 구체적이고 생활주변적인 것에 쓰이는 경향이 있으며 특히 무언가를 의도적으로 만드는 경우에만 쓰이는 것으로 매우 회화체적이다(예문①②⑥⑨⑩). 예술작품이나 인간관계, 그리고 성격 같은 것을 만드는 경우에는 쓸 수 없으며, 특히 식물을 재배하는 경우에는 일체 쓸 수가 없다.

예문과 해설

① 自動車を作る/こしらえる。 (자동차를 만든다)

➲ 이 경우는 둘 다 적절한데 「こしらえる」쪽이 자동차모형이나 장난감자동차를 만든다고 하는 어감이 강해진다.

② 料理を作る/こしらえる。 (요리를 만든다)

➲ 이 경우도 둘 다 적절한데 「こしらえる」쪽이 가정에서 손수 소량의 음식을 만든다고 하는 어감이 강해진다.

③ 群れを作って/*こしらえて生活する。 (무리를 만들어서 생활한다)

➲ 「こしらえる」는 보다 구체적인 대상이 아니면 쓰기가 어려우며, 특이 이 경우처럼 의도성이 없이 자연적으로 만들어지는 경우에는 더욱 쓰기 어렵다.

④ 課外授業で米を作る/*こしらえる。 (과외수업에서 쌀을 만든다)

➲ 「こしらえる」는 쌀 등의 식물을 재배하는 데는 쓸 수가 없다.

⑤ 菊を作る/✱こしらえる。(국화를 만든다)

➲ 이 경우 「作る」를 쓰게 되면 국화를 재배한다는 뜻이 되지만, 만약 「こしらえる」를 쓰게 되면 조화로서의 국화를 만든다는 어감이 강해진다.

⑥ 言い訳をこしらえて/✱作って休む。(변명거리를 만들어서 쉰다)

➲ 이 경우처럼 의도를 가지고 무언가를 만드는 것이 확실한 경우에는 「こしらえる」가 적절하다.

⑦ あの選手は世界記録を作った人です。(저 선수는 세계기록을 만든 사람입니다)

⑧ よりよい人間関係を作りたい。(보다 좋은 인간관계를 만들고 싶다)

➲ 「作る」는 이 경우와 같이 인간관계를 형성한다고 하는 추상적인 뜻으로도 쓰이지만, 「こしらえる」에는 이러한 용법이 없다

⑨ 家内が酒のさかなをこしらえた。(아내가 술안주를 만들었다)

⑩ 用事をこしらえて、会議への出席をさぼる。
(볼일을 만들어서, 회의 출석을 안 한다)

➲ 이 경우는 의도성을 가지고 볼일을 만들었다고 하는 뜻으로 쓰였다.,

「～つつある」「～ている」

(森林は現在破壊されつつある、森林は現在破壊されている)

공통의미

～하고 있다, ～해 있다

요점

1. 「～つつある」는 현재 진행되고 있는 일을 마치 생중계라도 하듯이 생생하게 나타내는 것으로, 그 앞에는 구체적인 동작이나 행위를 나타내는 동사는 오지 못하고, 오로지 상태의 변화나 진전을 나타내는 추상적인 뜻의 동사만이 오게 된다.
2. 「～ている」는 상태를 나타내기도 하고 진행을 나타내기도 하는데(예문⑦⑧), 상태를 나타내는 경우가 「～つつある」와 비슷하게 보이지만, 「～つつある」가 시시각각으로

변화되는 상태를 나타내는데 반하여(예문①②③④⑤), 「~ている」는 그러한 상태에 이르러있는 결과를 나타내는 점에서 구별된다(예문①②③④⑤).

3. 한편, 그 앞에 순간적으로 이루어지는 동사가 오게 되면 「~つつある」의 경우, 변화가 일어나서 한참 진행 중임을 나타내지만, 「~ている」의 경우, 이미 그 변화가 끝난 후의 상태를 나타내는 점에서도 용법상의 차이가 엿보인다(예문⑥).

예문과 해설

① 森林は現在破壊されつつある/ている。(산림은 현재 파괴되고 있다/되어있다)

➲ 이 경우는 그 앞에 수동이라는 상태성의 동사가 와있으므로 둘 다 적절하다. 다만 「~つつある」를 쓰게 되면 현재 삼림의 파괴가 시간의 흐름과 더불어 진행되고 있는 중임을 나타내지만, 「~ている」를 쓰게 되면 이미 삼림의 파괴가 종료된 결과를 나타내게 된다.

② 彼女は回復しつつある/ている。(그녀는 회복되고 있다/되어있다)

➲ 이 경우 역시 그 앞에 상태성을 지닌 동사가 와있으므로 둘 다 적절한데, 「~つつある」를 쓰게 되면 현재 그녀의 회복이 시간의 흐름과 더불어 진행되고 있는 중임을 나타내지만, 「~ている」를 쓰게 되면 이미 그녀가 회복되어있는 결과를 나타내게 된다.

③ 国民生活は向上しつつある/ていると政府はいう。
(국민생활은 향상되고 있다/향상되어있다고 정부는 말한다)

➲ 이 경우 역시 예문①②와 맥락을 같이하고 있다.

④ 事件の真相が明らかになりつつある/なっている。
(사건의 진상이 밝혀지고 있다/밝혀져 있다)

➲ 이 경우역시 예문①②③과 맥락을 같이하고 있다.

⑤ その時代は静かに終わりつつあった/終わっていた。
(그 시대는 조용히 끝나가고 있었다/끝나있었다)

➲ 이 경우 「~つつある」는 조용히 시대가 끝나가고 있는 도중이었음을 나타내지만, 「~ている」는 조용히 시대가 끝나있었음을 나타내게 된다.

⑥ 彼は今自分が死につつある/✱死んでいることを意識していた。
(그는 지금 자신이 죽어가고 있음을 의식하고 있었다/✱죽어있음을 의식하고 있었다)

➲ 이 경우와 같이 그 앞에 순간적으로 끝나는 동사 「死ぬ」와 같은 것이 왔을 때, 「~つつある」는 자신이 죽어가고 있는 도중임을 나타내지만, 「~ている」는 자신이 죽어있음을 의식한다고 하는 비현실적인 뜻이 되어버린다. 따라서 여기에서 「~ている」는 문맥연결 상, 부적절하다.

⑦ 妹は自分の部屋で本を読んでいる/✱読みつつある。
(여동생은 자기 방에서 책을 읽고 있다)

➲ 「~つつある」는 구체적인 동작성을 지닌 동사에는 일체 접속되지 못하므로 여기에서는 부적절하며, 이러한 경우에는 「~ている」로 표현하여야 한다.

⑧ 弟(おとうと)は同窓会(どうそうかい)で楽(たの)しく飲(の)んでいる/✱飲(の)みつつあるそうだ。
(남동생은 동창회에서 즐겁게 마시고 있단다)

➲ 이 경우 역시 그 앞에는 구체적인 동작성을 지닌 동사가 와있으므로 「~つつある」는 부적절하다.

「包(つつ)む」「くるむ」「覆(おお)う」

공통의미

감싸다, 덮다

요점

1. 「包(つつ)む」는 물건 전체를 완전히 감싸는 것을 나타내며, 우리말의 '(보따리나 짐 등을)싸다'에 해당된다(예문①④⑤⑥).
2. 「くるむ」는 감듯이 싸는 것을 나타내는데, 반드시 전체를 다 감싸지 않고 일부분은 노출되어도 좋다. 우리말의 '감싸다, 둘둘 말다' 정도에 해당된다(예문①②⑦⑧⑨)
3. 「覆(おお)う」는 보이는 부분만을 외부로부터 차단한다는 것으로, 우리말의 '덮다, 가리다'에 해당된다(예문③④⑩⑪).

예문과 해설

① 書類(しょるい)をふろしきで包(つつ)む/くるむ/?覆(おお)う。(서류를 보자기로 싸다/감싸다/?덮다)

➲ 이 경우는 보자기로 서류를 싸는 것이므로 「包(つつ)む」와 「くるむ」가 적절하다. 「覆(おお)う」는 외부로부터 보이지 않도록 덮는 것을 나타내는데, 보통 보자기로는 서류를 싸는 것이 일반적임을 감안하면 다소 부적절하다. 하지만, 보자기로 서류가 보이지 않도록 덮기만 한다는 장면이라면 이 역시 적절할 것이다.

② 魚を新聞紙で一巻きしてくるむ/＊つつむ/＊覆う。

(생선을 신문지로 한번 감아서 둘둘 만다)

➲ 이 경우는 신문지로 생선을 한번 감아서 둘둘 마는 것이므로「くるむ」만이 적절하다.

③ まぶしくて手のひらで目を覆う/＊包む/＊くるむ。

(눈부셔서 손바닥으로 눈을 가린다)

➲「覆う」는 외부로부터 차단하기 위하여 덮는다는 뜻으로 쓰이므로 이 경우에 적절하다.

④ 深い霧に包まれた/覆われた/＊くるまれた街。(짙은 안개로 뒤 덮인 거리)

➲ 이 경우와 같이 사람이외의 사물이나 일이 주체가 되어있는 비유표현에「くるむ」는 부적절하다.

⑤ プレゼントなのでていねいに包んでください。(선물이니까 정성껏 싸 주십시오)

➲ 이 경우와 같이 상품을 포장한다고 하는 뜻으로는「包む」만이 적절하다.

⑥ 毛皮のコートで身を包んだ女性が現れた。

(모피코트로 몸을 감싼 여성이 나타났다)

⑦ 庭木をわらでくるむ。(정원수를 짚으로 둘둘 만다)

➲ 나무를 보호하기 위해서 새끼줄로 칭칭 감는 광경이 연상될 수 있다.

⑧ すっぽりと毛布でくるまれた赤ちゃん。(완전히 모포로 감싸여진 아기)

⑨ 看護婦さんが足を包帯でくるんでいる。(간호사가 발을 붕대로 둘둘 말고 있다)

⑩ カラスの大群が空を覆っている。(까마귀대군이 하늘을 뒤덮고 있다)

➲ 까마귀무리가 하늘을 새까맣게 덮듯이 날아다니거나 맴돌고 있는 광경이 연상될 수 있다.

⑪ 容疑者は手で顔を覆う。(용의자는 손으로 얼굴을 가린다)

「～っぱなし」「～づめ」「～どおし」

(ずっと立ちっぱなしだった、ずっと立ちづめだった、ずっと立ちどおしだった)

공통의미

줄곧~함, 계속~함(동작, 행위의 지속을 나타내는 의미용법)

요점

1. 「~っぱなし」는 주로 회화체에서 많이 쓰이는 것으로 어떤 일이 줄곧 이루어짐을 나타내지만, 단순히 줄곧 이루어질 뿐만 아니라 그러한 지속적인 일이 방치된 상태여서, 여기에는 어디까지나 말하는 사람의 초조함이나 불안 등의 기분이 들어가 있다(예문①②). 이는 「ぱなし」가 동사 「放す(놓아주다)」의 연용형 「放し」에서 유래된 것과 관계된다. 그 앞에는 어떤 일이 순간적으로 일어나는 순간동사가 올 때가 있고(예문③④⑤), 어떤 일이 계속적으로 일어나는 계속동사가 올 때가 있다(예문⑥).
2. 「~づめ」는 어떤 동작이나 행위가 줄곧 이루어짐을 나타낼 뿐인데(예문①②⑦⑧), 이는 동사 「詰める(꽉 채우다)」의 연용형 「詰め」의 음이 변화된 데에서 유래된다. 그 앞에는 순간동사는 올 수가 없고(예문③④), 오로지 계속동사만이 오게 된다.
3. 「~どおし」는 어떤 동작이나 행위가 줄곧 이루어짐을 나타낼 뿐이라는 점에서는 「~づめ」와 같은데(예문①②⑨⑩), 이는 동사 「通す(앞뒤가 통하다)」의 연용형 「通し」의 음이 변화된 데에서 유래된다. 그 앞에는 순간동사는 올 수가 없고 (예문③④), 오로지 계속동사만이 오게 된다.

예문과 해설

① 空いた席がなくて、ずっと立ちっぱなし/立ちづめ/立ちどおしだった。
(빈자리가 없어서 줄곧 선 채로였다)

➲ 「~っぱなし」를 쓰게 되면 그 누구로부터의 관심도 없이 줄곧 방치된 상태로 서 있었으며, 결국에는 내리는 곳까지 앉을 수가 없이 서있었다고 하는 말하는 사람의 감정이 섞여있다. 한편 「~づめ」와 「~どおし」를 쓰게 되면 결국에는 빈자리가 없어서 줄곧 서 있었다고 하는 중립적인 사실만을 나타낸다.

② 朝から晩まで手紙を書きっぱなし/書きづめ/書きどおしだった。
(아침부터 밤까지 편지를 줄곧 썼다)

➲ 그 어느 것도 적절하지만, 역시 「~っぱなし」를 쓰게 되면 어쩔 수 없이 줄곧 편지를 쓸 수밖에 없었다고 하는 말하는 사람의 기분을 나타낸다. 이에 반하여 「~づめ」와 「~どおし」를 쓰게 되면 단지 아침부터 밤까지 줄곧 편지를 썼다고 하는 사실만을 나타낼 뿐이다.

③ 戸を開けっぱなし/＊開けづめ/＊開けどおしです。(문을 열어둔 그대로 입니다)

➲ 「~っぱなし」의 앞에는 순간동사가 와서 방치의 의미를 나타내는데, 이 경우의 동사 「開ける

(열다)」는 순간적으로 이루어지는 순간동사이므로, 「~づめ」와 「~どおし」는 부적절하다. 왜냐하면, 「~づめ」와 「~どおし」앞에는 순간동사가 올 수 없고, 어디까지나 계속적인 동작이나 행위를 나타내는 동사만이 올 수 있기 때문이다.

④ 紙くずを落としっぱなし/✱落としづめ/✱落としどおしです。
(휴지를 떨어뜨린 그대로입니다)

➲ 이 경우의 동사 「落とす(떨어뜨리다)」역시 순간적으로 이루어짐을 나타내는 순간동사이므로 「~っぱなし」만이 적절하다. 「~づめ」와 「~どおし」가 부적절한 것은 위의 예문③의 해설과 같다.

⑤ うちのチームはここの所ずっと負けっぱなしだ。(우리 팀은 요즈음 줄곧 지기만 한다)

⑥ どうして散らかしっぱなしにするのよ? 早く片づけなさい。
(어째서 어지르기만 하는 거야? 빨리 치워라)

➲ 이 경우의 「散らかす(어지르다)」는 일정한 시간의 폭이 필요한 계속동사인데, 「~っぱなし」는 이와 같이 그 앞에 계속동사도 올 수가 있다.

⑦ 一日中歩きづめで非常に疲れてしまった。
(하루 종일 걷기만해서 무척 지쳐버렸다)

➲ 이 경우는 하루 종일 걷기만 했을 뿐이라는 사실만을 나타내고 있다.

⑧ 昨日は休む暇もなく、ずっと働きづめでした。
(어제는 쉴 틈도 없이 줄곧 일하기만 했습니다)

⑨ 朝から晩まで座りどおしの仕事は疲れるものだ。
(아침부터 밤까지 계속 앉아서 하는 일은 피곤한 법이다)

➲ 이 경우는 줄곧 앉아있음만을 나타낼 뿐이다.

⑩ 一日中歩きどおしで、足が痛くなった。
(하루 종일 계속 걷기만해서 발이 아파졌다)

참고

「～っぱなし」의 앞에 순간동사가 올 경우에는 반드시 방치의 의미가 주어지게 되며, 특히, 「～っぱなしにする」의 형태를 취하게 되면 보다 더욱 방치의 의미가 확실하게 된다. 「うっかりしていて、ドアを開けっぱなしにして出かけた」(깜빡하고서, 문을 열어놓은 채로 외출했다)

「つぶる」「つむる」

(彼(かれ)は目(め)をつぶって、何(なに)かを考(かんが)えているらしい、彼(かれ)は目(め)をつむって何(なに)かを考(かんが)えているらしい)

공통의미

(눈 등을) 감다

요점

1. 「つぶる」와 「つむる」는 둘 다 같은 의미용법으로 쓰인다. 하지만 일상적으로는 「つぶる」가 쓰이며, 「つむる」는 「つぶる」의 「ぶ」가 「む」로 변화한 것으로 다소 고어적인 색채가 농후하다.
2. 「つぶる」「つむる」는 보통 「目(め)をつぶる(눈을 감다)」의 형태로 쓰이며(예문①②), 때로는 죽는다고 하는 의미로도 쓰이고(예문③④), 경우에 따라서는 보고도 못 본체 한다는 의미로도 쓰인다(예문⑤⑥).

예문과 해설

① 彼(かれ)は目(め)をつぶって/つむって、何(なに)かを考(かんが)えているようだった。
(그는 눈을 감고서 무언가를 생각하고 있는 듯했다)
➲ 이 경우는 단지 눈을 감는다고 하는 의미로 쓰였다.

② まぶしい光(ひかり)に思(おも)わず目(め)をつぶる/つむる。(눈부신 빛에 나도 모르게 눈을 감는다)
➲ 이 경우 역시 단지 눈을 감는다고 하는 의미로 쓰였다.

③ 父(ちち)は昨晩(さくばん)結局(けっきょく)目(め)をつぶりました/つむりました。
(아버지는 어젯밤 결국 눈을 감았습니다)
➲ 이 경우는 아버지의 죽음을 의미하는 것인데, 우리말에도 이와 같은 의미용법이 있다.

④ 彼(かれ)は、ありがとうと言(い)い残(のこ)して目(め)をつぶった/つむった。
(그는 고맙다고 하는 말을 남기고 눈을 감았다)
➲ 이 경우 역시 죽음을 뜻하는 것으로 쓰였다.

⑤ 今回(こんかい)だけはお前(まえ)の不祥事(ふしょうじ)に目(め)をつぶろう/つむろう。

(이번만은 너의 부정에 눈을 감아주겠다)

➲ 이 경우는 무언가를 보고서도 못 본 체 한다는 의미로 쓰였는데, 우리말에도 이와 같은 의미용법이 있다.

⑥ 上司(じょうし)の不正(ふせい)に目(め)をつぶる/つむる。(상사의 부정을 못 본체 한다)

➲ 이 경우 역시 무언가를 보고서도 못 본 체 한다는 의미로 쓰였다.

「妻(つま)」「家内(かない)」「女房(にょうぼう)」「かみさん」「細君(さいくん)」「かかあ」「山(やま)の神(かみ)」

공통의미

아내

요점

1. 「妻(つま)」는 여자배우자를 가리키는 말로서 가장 일반적으로 많이 쓰이며, 때로는 법률관계나 언론보도 등에서 널리 쓰이고 있다. 우리말의 '처'에 해당된다(예문①②).
2. 「家内(かない)」는 남편이 자신과 동격이거나 상격인 상대 앞에서 아내를 가리키는 말인데 다소 정중한 느낌이 있다. 우리말의 '아내'에 해당된다(예문③④).
3. 「女房(にょうぼう)」와 「かみさん」은 남편이 친구나 동료 등, 매우 절친한 상대 앞에서 자신의 아내를 가볍게 가리키는 말인데, 때로는 절친한 상대의 아내를 가리키는 말로서도 쓰인다. 우리말의 '마누라' 정도에 해당된다(예문⑤⑥⑦).
4. 「細君(さいくん)」은 남성이 주로 동격이나 하격인 타인의 부인을 가리키는 말로 쓰이는데, 다소 옛날말의 색채를 띠고 있다(예문⑧).
5. 「かかあ」는 친밀감을 가지고 아내를 가리킬 때나 또는 비난하는 기분으로 아내를 가리킬 때 쓰이는 말이다. 때로는 타인의 부인을 속되게 나타내는 것으로도 쓰이는데, 우리말의 '여편네' 정도에 해당된다(예문⑨).

6. 「山の神」는 특히 남편의 입장에서 볼 때 무섭게 느껴지는 부인을 가리키는 말로서 우리말의 '호랑이마누라' 정도에 해당된다(예문⑩).

예문과 해설

① 妻の座を守る。(처의 자리를 지킨다)

➲ 일반적인 여자배우자를 가리키고 있다.

② 政治家の妻。(정치가의 처)

➲ 법률관계에서나 보도 상에서 널리 쓰이는 말이다.

③ 家内がいつもお世話になっております。(아내가 늘 신세지고 있습니다)

➲ 자신의 아내를 보다 정중하게 나타내는 말로, 동격이나 상격 앞에서 쓰인다.

④ 家内を連れて伺います。(아내를 데리고 찾아뵙겠습니다)

➲ 자신의 아내를 정중하게 표현하는 데는 「家内」가 가장 무난하다.

⑤ 女房がおれを病院に連れて行ったよ。(마누라가 나를 병원으로 데리고 갔어)

➲ 매우 절친한 남자사이에서 폭넓게 쓰이는 말이다.

⑥ あいつの女房は十五も年下だそうだよ。
(저 녀석의 마누라는 열다섯 살이나 연하라는 거야)

➲ 이 경우는 매우 절친한 상대의 부인을 가리키고 있는데, 역시 남성만이 쓸 수가 있다.

⑦ うちのかみさんは買い物上手だ。(우리 마누라는 물건을 아주 잘 산다)

➲ 이 경우역시 매우 절친한 남자사이에서 폭넓게 쓰이는 말이다.

⑧ 美人の細君を持って羨ましいことだ。(미인인 부인을 가져서 부러운 일이네)

➲ 타인의 부인을 가리키는 말인데, 다소 옛날말의 색채를 띠고 있어서 그다지 쓰이지 않는다.

⑨ うちのかかあは口うるさくて困る。(우리 집 여편네는 잔소리가 많아서 죽겠다)

➲ 다소 속어적인 표현인데, 매우 절친한 상대 앞에서 쓸 수가 있다.

⑩ うちの山の神には頭があがらない。(우리 호랑이마누라에게는 꼼짝도 못한다)

➲ 부인을 무서운 존재로 표현한 말이다.

「つまらない」「くだらない」「馬鹿馬鹿しい」「馬鹿らしい」

(実につまらない話だ、実にくだらない話だ、実に馬鹿馬鹿しい話だ、実に馬鹿らしい話だ)

공통의미

보잘것없다, 하찮다, 시시하다

요점

1. 「つまらない」「くだらない」「馬鹿馬鹿しい」「馬鹿らしい」는 모두가 문제로 삼을만한 가치가 없음을 나타내는 형용사이지만, 그 정도에 있어서는 다소의 차이가 엿보인다.
2. 「つまらない」는 문제시할만한 가치가 없다는 뜻으로 폭넓게 쓰이는데, 우리말의 '재미없다, 시시하다' 정도에 해당된다(예문①②⑤⑥⑦). 때로는 상대에게 주는 선물을 겸손하게 표현하는 인사말로서도 빈번하게 쓰이는데, 이 경우는 우리말의 '보잘 것 없다, 변변찮다' 정도에 해당된다(예문④⑧).
3. 「くだらない」 역시 「つまらない」와 같은 의미용법을 지니고 있으나, 「つまらない」에 비하여 다소 비난조가 섞이는 경우가 있다. 우리말의 '시시껄렁하다' 정도에 해당된다(예문②⑨⑩⑪).
4. 「馬鹿馬鹿しい」와 「馬鹿らしい」는 같은 의미용법을 지니고 있는데, 주로 무언가를 해봤자 아무 소용이 없음을 나타낸다. 특히 그 정도가 다소 심하여 비난조의 어감이 있는 편인데, 우리말의 '부질없다, 쓸데없다, 소용없다, 하찮다' 정도에 해당된다(예문①③⑫⑬⑭⑮⑯).

예문과 해설

① この仕事は苦労するだけでつまらない/馬鹿馬鹿しい/馬鹿らしい/＊くだらない。
(이 일은 고생만 할 뿐이지 아무 소용이 없다)

➲ 이 경우와 같이 별 의미가 없음을 나타낼 때는 「くだらない」는 부적절한데, 이는 다소 비난조가 섞인 말이기 때문에 여기에서 쓰게 되면 과장된 의미가 될 수 있기 때문이다.

② 娘はつまらない/くだらない/＊馬鹿馬鹿しい/＊馬鹿らしい男に熱を上げている。

(딸은 시시껄렁한 남자에게 열을 올리고 있다)

➲ 이 경우와 같이 보잘것없음을 나타낼 때는 「つまらない」와 「くだらない」가 적절하다. 「馬鹿馬鹿しい」와 「馬鹿らしい」는 어디까지나 무언가를 해봤자 아무 소용이 없음을 나타내는 것이어서 여기에서는 부적절하다.

③ 馬鹿馬鹿しく/馬鹿らしく/＊つまらなく/＊くだらなく大きな靴ですね。
(쓸데없이 큰 구두로군요)

➲ 이 경우와 같이 소용없거나 쓸데없음을 나타낼 때는 「馬鹿馬鹿しい」와 「馬鹿らしい」가 적절하다.

④ つまらない/＊馬鹿馬鹿しい/＊馬鹿らしい/＊くだらないものですが、どうぞ
(보잘것없는 것입니다만, 받아주십시오)

➲ 이 경우와 같이 남에게 주는 선물을 겸손하게 나타낼 때는 오로지 「つまらない」만이 적절하다. 「馬鹿馬鹿しい」와 「馬鹿らしい」를 쓰게 되면 선물증정을 부질없는 짓으로 여기는 뜻이 될 수 있고, 「くだらない」를 쓰게 되면 실제로 자신의 선물을 시시껄렁한 것으로 여긴다는 뜻이 될 수 있으므로 여기에서는 부적절하다.

⑤ あんなつまらない男とは別れろ。(저런 시시한 남자와는 헤어져라)

⑥ そんなつまらないことを言うな。(그런 재미없는 말을 하지마라)

⑦ せっかく時間を出して見たのに、つまらない映画だった。
(모처럼 시간을 내어 봤는데, 재미없는 영화였다)

⑧ これ、つまらないものですが、お受け取りください。
(이거, 보잘것없는 것입니다만, 받아주십시오)

➲ 자신의 선물을 겸손하게 나타내는 말인데, 우리말에도 이러한 용법이 있다.

⑨ あの男はいつもくだらない話ばかりしている。
(저 남자는 언제나 시시껄렁한 이야기만 하고 있다)

⑩ くだらないことで喧嘩なんかするな。(시시껄렁한 일로 싸움 같은 거 하지마라)

⑪ あんなくだらない番組をどうして見ているのですか。
(저런 시시껄렁한 프로를 어째서 보고 있는 겁니까?)

⑫ 馬鹿馬鹿しい話でしょうが、ちょっと聞いてください。
(하찮은 이야기이겠습니다만, 좀 들어 주십시오)

⑬ そんな馬鹿馬鹿しい冗談を聞く暇は全くない。
(그런 쓸데없는 농담을 들을 틈은 전혀 없다)

⑭ こんなところに空港を作るなんて、本当に馬鹿馬鹿しいことだ。
(이런 곳에 공항을 만들다니, 정말로 부질없는 짓이다)

⑮ そんなことは馬鹿らしくて話にならない。(그런 일은 하찮아서 이야기가 되지 않는다)

⑯ せっかくの儲けを博打で無くすのは馬鹿らしい。
(모처럼의 벌이를 도박으로 없애는 것은 부질없다)

「つまり」「要するに」「結局」

(つまり立場の違いということだ、要するに立場の違いということだ、結局立場の違いということだ)

공통의미

결국

요점

1. 「つまり」는 단지 앞서 언급한 사항을 바꿔 말하는 용법과 어떤 하나의 논리전개를 종결시키기 위한 결론을 유도하는 용법이 있는데, 우리말의 '즉, 결국'에 해당된다(예문①②⑤⑦). 때로는「つまりは」의 형태로도 쓰인다(예문④⑥).
2. 「要するに」는 앞서 언급한 사항을 정리하기 위한 결론을 유도하는 것으로, 우리말의 '요컨대'에 해당된다(예문①⑧⑨⑩).
3. 「結局」는 여러 가지 경과가 있은 다음에 최종적인 결과에 이르는 것을 나타내는 것으로 우리말의 '결국'에 해당되는데, 문장체에서 주로 쓰이는 딱딱한 어감이 있다(예문①③④⑪⑫⑬).

예문과 해설

① その違いはつまり/要するに/結局価値観の相違だ。

(그 차이는 즉/요컨대/결국 가치관의 차이다)

➲ 이 경우는 어느 것이나 적절한데, 「つまり」를 쓰게 되면 앞서 언급한 사항을 바꿔 말하는 것이 되고, 「要するに」를 쓰게 되면 앞서 언급한 사항을 정리하는 것이 되며, 「結局」를 쓰게 되면 최종적인 결론을 나타내는 것이 된다.

② 彼女は姉の子、つまり/?要するに/＊結局めいだ。
(그녀는 누나의 아이, 즉 질녀다)

➲ 이 경우와 같이 앞서 언급한 사항을 바꿔 말하는 때는 「つまり」가 가장 적절하다. 「要するに」는 앞서 언급한 사항을 정리할 때에 쓰이므로 다소 부적절하고, 「結局」는 최종적인 결과에 다다름을 나타내는 것이어서 여기에서는 부적절하다.

③ 頑張ったが、結局/＊つまり/＊要するに負けてしまった。
(분발했지만, 결국 패하고 말았다)

➲ 이 경우와 같이 어떠한 경과나 과정을 거친 후의 최종적인 결과를 나타낼 때는 「結局」만이 적절하다.

④ つまりは/結局は/＊要するに不勉強のために試験に落ちたのだ。
(결국은 공부를 안 했기 때문에 시험에 떨어진 것이다)

➲ 이 경우는 최종적인 결론을 나타내는 것이므로 「つまり」와 「結局」가 적절하며, 앞서 언급한 사항을 정리하여 결론을 유도하는 뜻을 나타내는 「要するに」는 부적절하다.

⑤ 彼は父の弟つまりおじである。(그는 아버지의 남동생 즉 삼촌이다)

➲ 「つまり」는 이 경우와 같이 앞서 언급한 사항을 다른 표현으로 바꿔 말하는 데에 쓰인다.

⑥ その商品がよく売れたのもつまりは消費者のニーズにあったからだ。
(그 상품이 잘 팔린 것도 결국은 소비자의 수요에 맞았기 때문이다)

➲ 「つまり」는 또한 이 경우와 같이 어떤 결론을 나타내는데, 때로는 「つまりは」의 형태로도 쓰인다.

⑦ なぜ働かないって、そりゃ僕が悪いんじゃない。つまり世の中が悪いのだ。
(왜 일하지 않느냐고, 그건 내가 나쁜 게 아니다, 즉 세상이 나쁜 거다)

⑧ 要するに資金が足りないということだ。(요컨대 자금이 부족하다고 하는 것이다)

➲「要するに」는 앞서 언급된 내용을 정리하는 데에 쓰인다.

⑨ 要するに君は何を言いたいのだ。(요컨대 자네는 무엇을 말하고 싶은 건가)

⑩ あれこれとけちばかり言っている。要するに彼はこの商品が気に要らないのだ。
(이것저것 트집만 잡고 있다. 요컨대 그는 이 상품이 마음에 들지 않는 것이다)

⑪ いろいろ調べたが結局わからなかった。
(여러 가지로 조사했지만 결국 알 수 없었다)

➲ 「結局」는 이 경우와 같이 최종적인 결론을 나타내는 데에 쓰인다.

⑫ 結局だれも行かなかった。(결국 아무도 가지 않았다)

⑬ 結局そういうことになるのか。(결국 그러한 것으로 되는 건가)

「～つもりだ」「～つもりだった」

(来年はふるさとに帰るつもりだ、来年はふらさとに帰るつもりだった)

공통의미

(～할)작정이다, ～ (～할)작정이었다

요점

1. 「～つもりだ」는 어떤 계획이나 목표 등을 실천에 옮기고자 하는 의지를 나타내는 것으로, 우리말의 '(～할)작정이다' 정도에 해당된다.
2. 「～つもりだった」는 당초 어떤 계획이나 목표 등을 실천에 옮기고자 하는 의지를 지니고 있었으나, 결과적으로는 그러한 계획이나 목표에 반하는 상황에 이르렀음을 나타내는 것으로, 우리말의 '(～할)작정이었다' 정도에 해당된다.

예문과 해설

① 李先生は来月帰国するつもりだ/つもりだった。
(이 선생님은 다음 달 귀국할 작정이다/작정이었다)

➲ 이 경우 「~つもりだ」를 쓰게 되면 내년에 귀국할 예정임을 나타내지만, 「~つもりだった」를 쓰게 되면 당초는 내년에 귀국할 예정이었으나 결과적으로는 그러한 예정에 반하는 상황에 이르러있음을 나타내게 된다.

② 不景気なので、会社は減員をするつもりだ/つもりだった。

(불경기이기 때문에 회사는 감원을 할 작정이다/작정이었다)

➲ 이 경우 역시 「~つもりだ」를 쓰게 되면 감원을 할 예정임을 나타내지만, 「~つもりだった」를 쓰게 되면 당초는 감원할 예정이었으나 결과적으로는 그러한 예정에 반하여 감원하지 않게 되었음을 나타내게 된다.

③ 退院したので、明日から出勤するつもりだ/つもりだった。

(퇴원했기 때문에 내일부터 출근할 작정이다/작정이었다)

➲ 이 경우 역시 예문①②와 맥락을 같이하고 있는데, 「~つもりだった」는 결국은 당초예정과는 달리 출근하지 못했음을 나타내고 있다.

④ 今晩、早く帰るつもりだ/つもりだった。

(오늘밤 일찍 돌아올 작정이다/작정이었다)

⑤ 彼は将来、貿易会社をおこすつもりだ/つもりだった。

(그는 장래, 무역회사를 일으킬 작정이다/작정이었다)

⑥ 来年は結婚して、家庭を持つつもりです/つもりでした。

(내년에는 결혼해서 가정을 가질 작정입니다/작정이었습니다)

➲ 이 경우는 정중체로 쓰인 예인데, 이러한 때는 「だ」의 정중체인 「~です」와 그 과거형인 「~でした」로 나타낸다.

⑦ 彼女は来年、音楽の勉強にイタリアへ出発するつもりです/つもりでした。

(그녀는 내년에 음악 공부하러 이탈리아로 출발할 작정입니다/작정이었습니다)

「連れる」「伴う」「率いる」「従える」

(生徒を連れて博物館へ行く、生徒を伴って博物館へ行く

生徒を率いて博物館へ行く、生徒を従えて博物館へ行く)

공통의미

데리고 가다, 거느리다

요점

1. 「連れる」는 윗사람이 아랫사람을 데리고 가거나, 동물 등을 데리고 가는 뜻을 나타내는데 보통 「連れて行く」「連れて来る」와 같이 다른 말과 함께 쓰이며, 우리말의 '데리고 가다(오다)'에 해당된다(예문①②③④⑤).
2. 「伴う」는 친한 사람과 함께 동행한다는 뜻으로 쓰이며 주종관계가 성립된다고는 할 수 없는 것으로, 우리말의 '동행하다, 함께 가다' 정도에 해당된다(예문③⑥⑦).
3. 「率いる」는 지도자나 리더가 선두에 서서 개인이 아닌 단체나 조직을 통솔한다는 뜻으로 쓰이는데, 우리말의 '통솔하다, 이끌다' 정도에 해당된다(예문⑧⑨).
4. 「従える」는 윗사람이 아랫사람을 수행하게 한다는 뜻으로 쓰이는데 주종관계가 성립되는 것으로, 우리말의 '거느리다' 정도에 해당된다(예문①⑩⑪).

예문과 해설

① 部下を連れて/従えて/＊伴って/＊率いて出張する。
(부하를 데리고/거느리고 출장 간다)

➲ 이 경우와 같이 부하 한 명이나 여러 명 정도를 데리고 가는 때는 「連れる」와 「従える」가 적절하다. 「伴う」는 함께 간다는 뜻으로 쓰이므로 상사와 부하의 관계가 설정되기 어렵고, 「率いる」는 통솔한다는 느낌이 강하므로 둘 다 여기에서는 부적절하다.

② 犬を連れて/＊従えて/＊伴って/＊率いて散歩に出かける。
(개를 데리고 산책하러 나간다)

➲ 이 경우와 같이 동물을 데리고 간다고 할 때는 오로지 「連れる」만이 적절하다.

③ 家族を連れて/伴って/＊率いて/＊従えて外食に行った。
(가족을 데리고/가족과 함께 외식하러 갔다)

➲ 이 경우의 가족은 주종관계가 아니므로 「従える」는 부적절하며, 「率いる」는 통솔이라는 느낌이 주어지므로 이 역시 부적절하다. 「連れる」는 가장과 가족의 관계에서는 무난하게 쓸 수가 있으며, 「伴う」는 가족과 함께 동행 한다는 의미가 되므로, 이 경우에는 둘 다 적절하다.

④ 妻を<u>連れ</u>てデパートへ行った。(아내를 데리고 백화점에 갔다)

⑤ 三人の子供を<u>連れ</u>て外出するのはきつい。
(세 명의 아이를 데리고 외출하는 것은 힘들다)

⑥ 弁護士を伴って出頭した。(변호사와 동행하여 출두했다)

⑦ 子供の時はいつも父に伴って釣に行ったものだ。
(어릴 때는 언제나 아버지와 함께 낚시하러 가곤 했었다)

⑧ 弱いチームを率いて競技に出た。(약한 팀을 이끌고 경기에 나갔다)

⑨ 登山隊を率いて遠征に出かけた。(등산대를 이끌고 원정에 나갔다)

⑩ 子分を従えて視察に出た。(부하를 거느리고 시찰하러 나갔다)

⑪ 会社の部下を従えて飲みに行く。(회사의 부하를 거느리고 술 마시러 간다)

「~て」「동사연용형만의 중지법」

(ご飯を食べて、散歩に出かけた、ご飯を食べ、散歩に出かけた)

공통의미

~하고(앞의 동작에 이어서 뒤의 동작이 열거되는 용법)

요점

1. 「동사연용형+て」는 일상회화체에서 주로 쓰이는 것으로 그 앞의 동작과 뒤의 동작 사이에 긴밀한 연결을 나타낸다. 따라서 앞의 동작이 이루어지고 나서 바로 이어서 뒤의 동작이 이루어짐을 나타낸다(예문①②③).
2. 「동사연용형만의 중지법」은 주로 문장체에서 쓰이는 것으로 「동사연용형+て」와는 달리 앞의 동작과 뒤의 동작 사이에는 다소 시간적인 간격이 느껴진다(예문①②). 또한 모든 동사에 적용되는 것이 아니어서, 중지법으로 쓸 때에 「で」「き」「み」「ね」와 같이 한 음절로만 나타나게 되는 「出る」「来る」「見る」「寝る」와 같은 동사는 중지법으로 쓸 수가 없다(예문④⑤).

예문과 해설

① 晩御飯を食べて/食べ、散歩に出かけた。(저녁을 먹고 산책하러 나갔다)

➲ 이 경우는 둘 다 적절한데, 다만 「食べて」는 저녁을 먹고 바로 이어서 산책을 나갔다고 하는 뜻이 강하지만, 「食べ」는 저녁을 먹고 나서 약간의 시간이 경과한 후에 산책을 나갔다고 하는

뜻이 강하다.

② シャワーを浴びて/浴び、ビデオを見て寝た。
(이 가게는 요리도 맛있고, 분위기도 좋다)

➲ 이 경우 역시 위의 예문과 맥락을 같이하고 있다.

③ 晩御飯を食べて/＊食べ、すぐ散歩に出かけた。
(저녁을 먹고 금방 산책하러 나갔다)

➲ 이 경우와 같이 앞의 동작과 뒤의 동작이 이어서 진행됨을 나타낼 때는 「食べて」가 적절하다. 「食べ」는 저녁을 먹고 나서 약간의 시간이 경과한 후에 산책을 나갔음을 나타내는데, 위의 문맥에서는 「すぐ」라고 하는 앞뒤의 동작이 바로 이어짐을 나타내는 부사가 있으므로 여기에서는 부적절하다.

④ ビデオを見て/＊見、少しだけ本を読んで寝た。
(비디오를 보고, 책을 좀 읽고서 잤다)

➲ 이 경우와 같이 중지법으로 쓰였을 때 한 음절로만 나타나게 되는 동사는 발음 상 불안정한 느낌이 주어지므로 중지법으로 쓰기에 부적절하다.

⑤ 散歩に出て/＊出、昔の友だちに偶然出会った。
(산책하러 나가, 옛 친구를 우연히 만났다)

➲ 이 경우 역시 중지법으로 쓰였을 때, 「でる」는 한 음절로만 나타나게 되므로 부적절하다.

「～(し)て」「～(する)し」

공통의미

～하고(상태의 열거를 나타내는 의미용법)

요점

1. 「～(し)て」는 동사연용형이나 형용사연용형에 접속조사 「～て」가 연결된 형태이며, 「～(する)し」는 동사종지형이나 형용사종지형에 열거를 나타내는 조사 「～し」가 연결

된 형태인데, 둘 다 이러한 형태로 앞의 말과 뒤의 말을 이어주는 열거의 역할을 한다.

2. 「~(し)て」는 말하는 사람의 주관보다는 객관적인 입장에서 앞뒤를 연결하는 어감이 있다. 따라서 누가 보아도 그렇게 인정될만한 사실을 연결하는 데에 적절하다(예문①②).
3. 「~(する)し」는 말하는 사람의 생각과 판단이 들어간 상태에서의 열거를 나타낸다(예문③④).

예문과 해설

① この店(みせ)の料理(りょうり)はやすくて、おいしい。(이 가게의 요리는 싸고 맛있다)

➲ 이 경우는 요리도 싸고 맛도 있음을 객관적인 평판 위에서 나타내고 있다.

② あの人(ひと)は歌(うた)も歌(うた)えて、ピアノも弾(ひ)ける。

(저 사람은 노래도 부를 수 있고, 피아노도 칠 수 있다)

➲ 이 경우역시 노래도 잘 하고 피아노도 잘 친다고 하는 사실을 객관적으로 열거하고 있다.

③ この店(みせ)は料理(りょうり)もうまいし、雰囲気(ふんいき)もいい。

(이 가게는 요리도 맛있고, 분위기도 좋다)

➲ 이 경우는 말하는 사람의 주관적인 기호에 입각한 평가를 열거하고 있다.

④ 雨(あめ)も降(ふ)りそうだし、行(い)くのはやめよう。(비도 올 것 같고, 가는 것은 그만두자)

➲ 이 경우는 말하는 사람의 주관적인 입장에서 판단을 열거하고 있다.

참고

한편,「~(する)し」에는 이 자체로 말을 끝냈음으로서, 말하는 사람의 주관에 입각한 가벼운 이유를 나타내는 용법으로도 회화체에서는 많이 쓰이고 있다.

「もう、おいとまをいたします。遅(おそ)くなりましたし。。。。。」

(이제 작별을 하겠습니다. 늦어지기도 했고......)

「~て、~する」「~ので、~する」

(雨(あめ)が降(ふ)って行(い)けませんでした、雨(あめ)が降(ふ)ったので行(い)きませんでした)

공통의미

～해서 ～하다(이유, 원인과 그 결과를 나타내는 의미용법)

요점

1. 「～て～する」는 「～て」앞에 제시된 이유나 원인으로 인해서 당연한 결과가 그 뒤에 옴을 나타내는 것으로, 우리말의 '～해서～하다'에 해당된다. 따라서 「～て」다음에 말하는 사람의 의지나 생각에 의한 행동은 일체 올 수가 없다(예문④⑤⑥).
2. 「～ので～する」는 「～ので」앞에 제시된 이유나 원인으로 인해서 그에 대응되는 행동을 말하는 사람의 의지로써 취하였다고 하는 것으로, 우리말의 '～하기 때문에～하다'에 해당된다. 따라서 「～ので」다음에는 말하는 사람의 의지나 생각에 의한 행동이 오게 된다(예문①②③).
3. 우리말에서는 '～해서～하다'는 식으로 이유나 원인을 나타내는 용법이 흔히 쓰이곤 하는데, 일본에서는 이와 같은 용법이 쓰이지 않는다. 이러한 경우의 「～て」는 오로지 이유나 원인을 나타내며, 그 뒤에는 의지나 생각을 나타내는 행동은 일체 올 수가 없음에 각별히 주의할 필요가 있다.

예문과 해설

① 雨が降ったので/＊雨が降って、行きませんでした。

(비가 왔기 때문에 가지 않았습니다)

➲ 이 경우는 가지 않았던 이유가 그 앞에 「~ので」에 의해 제시된 '비가 왔다'이다. 이 경우와 같이 「~て」가 이유나 원인을 나타내는 경우에는 그 뒤에 자신의 의지나 생각에 의한 행동은 올 수가 없다. 만약 굳이 「~て」를 쓰고자 한다면, 「雨が降って行けませんでした」로 하면 좋을 것이다.

② その料理は辛いので/＊辛くて、食べませんでした。

(그 요리는 맵기 때문에 먹지 않았습니다)

➲ 이 경우 역시 예문①에서와 같은 이유로 「~て」는 부적절한데, 만약 굳이 「~て」를 쓰고자 한다면, 「その料理は辛くて食べられませんでした」로 하면 좋을 것이다.

③ テレビの音が小さいので/＊ちいさくて、大きくしました。

(티브이소리가 작기 때문에 크게 했습니다)

➲ 이 경우도 예문①에서와 같은 이유로 「~て」는 부적절한데, 만약 굳이 「~て」를 쓰고자 한다면, 「テレビの音が小さくて聞こえません. 大きくしましょう」로 하면 좋을 것이다.

④ 父から手紙が来て、とてもうれしかった。(아버지로부터 편지가 와서 무척 기뻤다)

➲ 이 경우는 그 뒤에 의지나 생각에 의한 행동이 온 것이 아니라, 어디까지나 그로 인한 결과가 와 있을 뿐이다.

⑤ 子供が泣いて、困りました。(아이가 울어서 난처했습니다)

➲ 이 경우 역시 「~て」로 제시된 이유, 즉 '아이가 울었다' 고 하는 이유로 인하여 '난처했다'고 하는 결과가 뒤따랐음을 나타내고 있다.

⑥ ゆうべはおなかが痛くて、眠れなかった。(어젯밤은 배가 아파서 잘 수 없었다)

➲ 이 경우도 「~て」앞에 제시된 이유로 인하여 '잘 수가 없었다'고 하는 결과가 뒤따랐음을 나타내고 있다.

「出会う」「出くわす」「巡り合う」

(旧友に<u>出会った</u>、旧友に<u>出くわした</u>、旧友に<u>巡り合った</u>)

공통의미

(우연히)만나게 되다

요점

1. 「出会う」「出くわす」「巡り合う」는 모두가 우연히 만나게 됨을 나타내는 것이지만, 각각 우연한 정도에 차이가 엿보인다. 그 어느 것이나 그 앞에는 조사 「～に」가 오게 된다.
2. 「出会う」는 단지 우연히 만나게 됨을 나타낸다(예문①②④⑤⑥).
3. 「出くわす」는 「出会う」보다 우연성이 더 강한 것에만 쓰이며 그에 대한 놀라움의 기분이 담겨 있는데, 속어적인 표현이다(예문①②③⑦⑧).
4. 「巡り合う」는 오랜 시간이 지난 후에 뜻밖에도 사람이나 찾고 있던 물건을 만나게 됨을 나타내는데, 긍정적인 경우에 쓰이며 다소 문장체적이다(예문①④⑨⑩).

예문과 해설

① 20年ぶりに旧友に出会った/出くわした/巡り合った。

(20년 만에 옛 친구를 우연히 만났다)

➲ 이 경우는 어느 것이나 적절하지만, 「出会う」는 단지 우연히 만났음을 나타내며, 「出くわす」는 우연히 만났고 그로 인하여 놀랐다는 의미가 담기게 된다. 그리고 「巡り合う」는 오랜 세월이 지난 후에 뜻밖에도 만났다고 하는 기쁨을 나타내게 된다.

② 森を歩いていて、熊と出会った/出くわした/＊巡り合った。
(숲을 걷고 있다가, 곰과 우연히 마주쳤다)

➲ 이 경우는 우연히 곰을 만나게 된 것이므로 「出会う」와 「出くわす」만이 적절한데, 「出くわす」쪽이 보다 놀라움을 나타내게 된다.「巡り合う」는 오랜 세월이 지난 후에 우연히 뜻밖에 만나게 되는 대상에만 쓰이는 것이므로 이 경우는 부적절하다. 만약 「巡り合う」를 쓰게 되면 뜻밖에 곰을 만나게 된 것을 행운으로 여긴다는 엉뚱한 뜻이 되어버릴 수 있는데, 물론 곰을 전문적으로 연구하는 사람의 입장이라면 가능할 법도 하다.

③ 帰り道に事故に出くわした/?出会った/＊巡り合った。
(돌아오는 길에 사고를 만났다)

➲ 사고를 만나게 된 것은 분명히 우연성이 있을뿐더러 놀라운 일이기도 하므로, 「出くわす」가 가장 적절하다. 「出会う」는 단지 우연히 사고를 만났다고 하는 뜻만을 나타내게 될 뿐, 사고에 대한 놀라움의 정도가 표현되지 않는 관계로 다소 부적절하다. 한편, 「巡り合う」는 마치 뜻밖에도 오랜만에 사고를 만나 기쁘기라도 한 듯한 어감이 주어져서 부적절하다.

④ 生涯最高の先生に出会う/巡り合う/＊出くわすのは難しい。
(생애최고의 선생님을 만나는 것은 어렵다)

➲ 이 경우, 「出会う」를 쓰게 되면 단지 그러한 선생님을 우연히 만난다고 하는 뜻만을 나타내지만, 「巡り合う」를 쓰게 되면 그러한 선생님을 우연히 만난다고 하는 행운을 나타내게 되어 여기에서는 가장 적절하다. 한편, 「出くわす」는 그러한 소중한 선생님을 우연히 만나게 되는 것에 대한 놀라움을 나타내게 되어, 문맥상 여기에서는 부적절하다.

⑤ こんな所で君に出会うなんて......(이런 곳에서 자네를 우연히 만나다니.....)

➲ 이 경우는 단지 우연히 만나게 되었다고 하는 사실만을 나타내고 있다.

⑥ 旅先で祭りに出会った。(여행지에서 그 고장축제를 우연히 보게 되었다)

⑦ ワシントンで昔の同僚と出くわした。(워싱턴에서 옛 동료와 우연히 만났다)

➲ 이 경우는 우연히 만난 것에 대한 말하는 사람의 놀라운 느낌이 들어가 있는데, 다소 속어적인 표현이다.

⑧ 昨日は市内で事故に出くわした。(어제는 시내에서 사고를 만났다)

⑨ 今までずっと連絡が途切れていた友人に巡り合った。
(지금까지 줄곧 연락이 끊기고 있었던 친구를 뜻밖에도 만나게 되었다)

⑩ よい結婚相手に巡り合ったのは幸いだった。
(좋은 결혼상대를 만나게 된 것은 다행이었다)

➲ 이 경우는 오랜 시간 동안 줄곧 찾고 있던 사람을 우연히 만나게 되었음을 나타내고 있다.

「～てあげる」「～てさしあげる」

(送ってあげます、送ってさしあげます)

공통의미

～해 드리다

요점

1. 「～てあげる」는 접속조사 「て」에 동사 「あげる(드리다)」가 접속된 형태이며, 「～てさしあげる」는 접속조사 「て」에 동사 「さしあげる(드리다)」가 접속된 형태인데, 두 가지 다 상대에게 무언가를 해 드린다고 하는 표현이다.
2. 「～てあげる」보다 「～てさしあげる」가 더 정중한 어감을 주는 것은 사실이지만, 둘 다 상대에게 무언가 부담을 주는 듯한 표현이 되며, 특히 「～てさしあげる」의 경우에는 상대에게 생색을 내는 것 같은 어감마저 주게 된다. 우리말에서는 윗분에게 무언가를 해 드릴 경우, '～해 드린다'고 하는 표현을 즐겨 쓰고 있는 점을 감안할 때, 「～てさしあげる」가 바로 우리말의 표현에 꼭 들어맞는 것처럼 생각될 수도 있으나, 되도록 이러한 표현은 앞서 말한 이유로 쓰지 않는 편이 좋다.
3. 역시 이와 같은 표현은 윗분에 대하여 자신의 행동을 낮추어서 표현하는 것 인만큼, 일본어에서는 겸손표현인 「お＋동사연용형＋する」의 형식을 쓰는 것이 바람직하다

예문과 해설

① 仕事(しごと)を手伝(てつだ)ってあげます。 → 仕事(しごと)をお手伝(てつだ)いします。
(일을 도와드리겠습니다) (일을 도와드리겠습니다)

➲ 「~てあげる」는 아무래도 상대에게 부담을 줄 수 있는 여지가 있으므로, 전형적인 겸양어형식인 「お + 동사연용형 + する」의 형식을 쓰는 것이 매우 바람직하다.

② 駅(えき)まで送(おく)ってさしあげましょう。 → 駅(えき)までお送(おく)りしましょう。
(역까지 전송해드리겠습니다) (역까지 전송해드리겠습니다)

➲ 우리말에서는 이러한 표현이 매우 자연스럽고 또 매우 당연한 것이지만, 일본어에서는 이러한 표현을 쓰게 되면 상대에게 생색을 내는 듯한 어감이 주어지므로 쓰지 않는 것이 좋다. 역시 이러한 경우에도 「お + 동사연용형 + する」의 형식을 쓰는 것이 바람직하다.

③ ネクタイが曲(ま)がっていますから、なおしてさしあげましょう。 →
ネクタイが曲(ま)がっていますから、おなおししましょう。
(넥타이가 삐뚤어져 있으니까, 고쳐드리겠습니다)

④ あなたに英語(えいご)を教(おし)えてあげます。 → あなたに英語(えいご)をお教(おし)えします。
(당신에게 영어를 가르쳐드리겠습니다) (당신에게 영어를 가르쳐드리겠습니다)

⑤ この傘(かさ)を貸(か)してあげます。 → この傘(かさ)をお貸(か)しします。
(이 우산을 빌려드리겠습니다) (이 우산을 빌려드리겠습니다)

「～ていい」「～てもいい」

(もう帰(かえ)っていいですよ、もう帰(かえ)ってもいいですよ)

공통의미

～해도 좋다(허가를 나타내는 의미용법)

요점

1. 「~ていい」는 상대에게 무언가를 해도 좋다고 하는 허가를 보다 적극적으로 하고자 하는

자세가 엿보인다.

2. 「～てもいい」 역시 상대에게 무언가를 해도 좋다고 하는 허가를 나타내는 점에서는 같으나, 「～ていい」에 비해서 보다 소극적인 자세가 엿보인다. 이는 조사 「～ても」가 원래 역접으로 쓰이는 것인데, 거기에 「いい」가 접속됨으로서 이것을 용인이 가능한 허가의 형태로 바꾼 것에 기인하는 것이다.

예문과 해설

① もう帰っていいですよ/もう帰ってもいいですよ。 (이제 돌아가도 좋아요)

➲ 둘 다 허가를 나타내는 것이지만, 「~ていい」가 「~てもいい」보다 더 적극적으로 허가를 하는 느낌이 강하다.

② 疲れたら休んでいいよ/疲れたら休んでもいいよ。 (피곤하면 쉬어도 좋아)

➲ 「~ていい」는 상대가 쉴 것을 적극적으로 허가하는 어감이 주어지지만, 「~てもいい」는 다소 소극적으로 쉴 것을 허가하는 어감이 주어진다.

③ この部屋の中ではタバコを吸っていい/吸ってもいい。

(이 방 안에서는 담배를 피워도 좋다)

➲ 「~ていい」는 담배를 피울 것을 적극적으로 허가하고 있으나, 「~てもいい」는 다소 소극적인 허가를 나타내고 있다.

④ 寒かったら窓を開けていい/窓を開けてもいい。 (추우면 창문을 열어도 좋다)

➲ 이 경우 역시 위의 예문들과 맥락을 같이하고 있다.

⑤ 休みの時間には母国語を使っていい/使ってもいい。

(쉬는 시간에는 모국어를 써도 좋다)

➲ 이 경우도 위의 예문들과 맥락을 같이하고 있다.

「～ていただきます」「～せ(させ)ていただきます」

(休んでいただきます、休ませていただきます)

●●● 요점

1. 「～ていただきます」와 「～せ(させ)ていただきます」는 일본어에만 있는 매우 특이하면서도 일상적으로 매우 빈번하게 쓰이는 표현으로, 그 외형이 매우 비슷하여 종종 혼동을 일으키기 쉽다. 그 근본적인 차이는 상대가 행동을 하느냐, 자신이 행동을 하느냐에 있다.
2. 「～ていただきます」는 접속조사 「～て」에 「もらう(받다)」의 겸양어동사 「いただく」가 접속된 것에 정중을 나타내는 조동사 「~ます」가 이어진 형태이다. 상대에게 무언가의 행동을 취하도록 비교적 정중하게 지시할 때에 널리 쓰이는데, 주로 일방적으로 지시할 수 있는 대상에게만 쓸 수가 있다. 우리말에는 이러한 표현이 없으나 일본어에서는 일상적으로 매우 빈번하게 쓰이고 있다.
3. 「～せ(させ)ていただきます」는 「～ていただきます」의 앞에 사역을 나타내는 조동사 「せる」와 「させる」가 접속된 형태로, 표면상으로는 어떤 일을 함에 있어서 상대의 허락을 구한다고 하는 겸손의 의미를 나타내고 있다. 하지만, 이러한 형태는 겉보기에는 매우 정중한 듯하나 실제로는 자신이 그러한 행동을 할 것을 일방적으로 통보하는 것과 같은 뉘앙스를 지니고 있어서 사용에는 신중을 기할 필요가 있다. 일상의 언어생활에서 무척이나 즐겨 쓰이는 표현이다.

●●● 예문과 해설

① 明日から休んでいただきます/休ませていただきます。

((상대가)내일부터 쉬어주십시오/(말하는 사람자신이)내일부터 쉬도록 하겠습니다)

➲ 「休んでいだだきます」는 상대에게 내일부터 일하지 말고 쉴 것을 요구하는 표현, 즉 경우에 따라서는 해고를 나타내는 것이다. 그 구조를 보면, 「休む」의 주체는 상대가 되지만, 「~ていだだきます」의 주체는 말하는 사람이 된다. 한편, 「~せていただきます」는 상대의 의사와는 상관없이 일방적으로 자신이 내일부터 쉰다는 것을 통보하는 표현이 된다. 그 구조를 보면, 「休む」의 주체는 말하는 사람자신이며, 「せる」의 주체는 상대가 되고, 「~ていただきます」의 주체는 다시 말하는 사람자신이 된다.

② 十五分ほど待っていただきます/待たせていただきます。

((상대가)15분정도 기다려주십시오/(말하는 사람자신이)15분정도 기다리도록 하겠습니다)

➲ 「待っていただきます」는 상대에게 기다려 줄 것을 요구하는 표현이지만, 「待たせていただきます」는 상대의 의사와는 상관없이 말하는 사람자신이 일방적으로 기다릴 것을 통보하는 표현이 된다. 결국 전자의 주체는 상대가 되고, 후자의 주체는 말하는 사람자신이 되는 셈이다.

③ この仕事をやっていただきます/やらせていただきます。

((상대가)이 일을 해 주십시오/(말하는 사람자신이)이 일을 하도록 하겠습니다)

➲ 이 경우 역시 예문①②와 맥락을 같이 하고 있다.

④ 学校をやめていただきます/やめさせていただきます。

((상대가)학교를 그만 두십시오/(말하는 사람자신이)학교를 그만두도록 하겠습니다)

➲ 이 경우도 위의 예문들과 맥락을 같이하고 있지만, 5단동사가 아닌 하1단동사가 앞에 와 있으므로 「~させていただきます」가 쓰인 예이다.

⑤ もう一度お電話していただきます/お電話させていただきます。

((상대가)다시 한 번 전화 걸어주십시오/(말하는 사람자신이)다시 한 번 전화 걸도록 하겠습니다)

➲ 이 경우 역시 예문④와 맥락을 같이하고 있다.

⑥ 午後三時までに来ていただきます。(오후 3시까지 와주십시오)

➲ 오후 3시까지 오는 행위의 주체는 어디까지나 상대가 된다.

⑦ ちょっと話を聞いていただきます。

(잠깐 이야기를 들어주십시오)

➲ 잠깐 이야기를 듣는 것의 주체는 어디까지나 상대가 된다.

⑧ 満員になり次第締め切りとさせていただきます。

(만원이 되는 대로 마감하도록 하겠습니다)

➲ 마감하는 것의 주체는 어디까지나 말하는 사람 자신이 된다.

⑨ また遊びに来させていただきます。(또 놀러오도록 하겠습니다)

➲ 또 놀러오는 것의 주체는 어디까지나 말하는 사람 자신이 된다.

「程度」「度合い」

(破損の程度がわからない、破損の度合いがわからない)

공통의미

정도

요점

1. 「程度」는 구체적인 대상이나 추상적인 대상, 그 어느 것에도 쓸 수가 있으며(예문①②

③⑥⑦), 그 앞에는 그 정도가 어느 단계에 이르러야 하는지를 나타내는 수식어가 올 수가 있다(예문④⑤).

2. 「度合い」는 오로지 추상적인 대상에만 쓸 수가 있으며(예문①②⑧⑨), 그 앞에는 정도의 단계를 나타내는 수식어가 올 수 없다.

예문과 해설

① 破損の程度/度合いが分からない。(파손정도를 알 수가 없다)

➲ 파손은 구체적인 사물이 아니므로 이 경우는 둘 다 적절하다.

② この国の生活の程度/度合いはそんなに高くない。
(이 나라의 생활정도는 그렇게 높지 않다)

➲ 이 경우역시 구체적인 사물이 아니므로 둘 다 적절하다.

③ この大学の程度/*度合いは韓国で一番高い。
(이 대학의 정도(수준)는 한국에서 가장 높다)

➲ 이 경우는 추상적이 아니라 구체성을 띠고 있으므로 「程度」가 적절하다.

④ 部屋の照明は本が読める程度/*度合いにしてください。
(방의 조명은 책을 읽을 수 있을 정도로 해 주십시오)

➲ 「度合い」는 그 앞에 정도의 단계를 나타내는 수식어가 올 수 없으므로, 이 경우는 「程度」가 적절하다. 이 경우에 책을 읽을 수 있다는 것은 조명에 있어서 하나의 단계가 되는 셈이다.

⑤ 焦げない程度/*度合いに焼いてください。(그을지 않을 정도로 구워주십시오)

➲ 무언가를 굽는 과정에서의 단계를 나타내고 있다.

⑥ 息子は<u>程度</u>の高い学校に通っている。
(아들은 정도(수준)가 높은 학교에 다니고 있다)

⑦ 強弱の<u>程度</u>を計る。(강약의 정도를 잰다)

⑧ 被害の<u>度合い</u>を調査する。(피해의 정도를 조사한다)

➲ 피해라고 하는 것은 추상적인 대상에 불과하다.

⑨ 緊張の<u>度合い</u>を増す。(긴장의 정도를 더한다)

➲ 긴장이라고 하는 것은 추상적인 대상에 불과하다.

「～ていない」「～ない」

(食[た]べ<u>ていない</u>、食[た]べ<u>ない</u>)

공통의미

～하지 않았다(동작, 행위가 실현되지 않았음을 나타내는 의미용법)

요점

1. 「～ていない」는 말하는 시점을 기준으로 그 동작, 행위가 아직 실현되지 않았으나, 이후에 실현될 가능성이 있음을 나타낸다(예문③⑤).
2. 「～ない」는 말하는 시점을 기준으로 그 동작, 행위가 실현되지 않았을 뿐더러, 이후에도 그 동작이나 행위를 할 의사가 전혀 없음을 나타낸다(예문②④).
3. 일본어에서는 어떤 동작이나 행위가 말하는 시점을 기준으로 아직 실현되지 않았으나, 이후에 실현될 가능성이 있을 때는 「～ていない」의 형태를 쓰게 된다. 우리말에서는 이러한 경우에는 '～하지 않았다'는 식으로 과거완료의 형태를 취하게 되는데, 일본어에서는 현재의 형태를 취하게 된다. 만약 우리말처럼 과거완료의 형태를 취하게 되면 말하는 시점 이전에 동작, 행위가 실현되지 못했다는 것만을 나타내게 되는데(예문⑥), 이 점에서 양국어 표현방법의 차이점이 크다.

예문과 해설

① A: もうご飯[はん]食[た]べた?　　B: ?食[た]べなかった。

➲ 식사를 했느냐는 질문에 대하여 이런 식으로 대답하게 되면, 말하는 시점을 기준으로 식사를 하지 않았다고 하는 의미를 나타낼 뿐이어서, 이후에 식사할 의사가 있는지, 의사는 있는데 아직 먹을 시간이 없었는지에 대해서는 불분명하게 된다.

② A: もうご飯[はん]食[た]べた?　　B: ?食[た]べない。

➲ 식사를 했느냐는 질문에 대하여 이런 식으로 대답하게 되면, 말하는 시점을 기준으로 아직 식사를 안 했을 뿐더러, 이후에도 식사할 의사가 전혀 없음을 나타내게 된다.

③ A: もうご飯[はん]食[た]べた?　　B: まだ食[た]べていない。

➲ 이런 식으로 대답하는 것이 보통인데, 이렇게 되면 말하는 시점을 기준으로 아직 식사는 못했으나, 이후에 식사할 의사가 있음을 나타내게 된다.

④ A：あの映画見ましたか。　　B：いや、見ません。

➲ 이렇게 되면 현재까지 저 영화를 보지 않았을 뿐더러, 앞으로도 볼 의사가 전혀 없음을 나타내게 된다.

⑤ A：あの映画見ましたか。　　B：いや、まだ見ていません。

➲ 이렇게 되면 현재까지 저 영화를 보지는 못했으나, 앞으로 볼 의사가 있음을 나타내게 된다.

⑥ A：昨日、帰りが遅かったね。晩御飯食べた？

B：いや、食べませんでした。

➲ 결국 이 사람은 어제 저녁밥은 먹지 못했고, 앞으로도 어제 저녁밥을 먹을 가능성은 전혀 없는 셈이 되는데, 이 점에서는 우리말의 표현도 같다.

「丁寧」「丁重」

(彼女は<u>丁寧に</u>挨拶をした、彼女は<u>丁重に</u>挨拶をした)

공통의미

정중하다

요점

1. 「丁寧」는 사물을 대하는 태도가 조심스럽고 남에 대한 배려가 깊으며 매우 예의 바르고 친절한 모습을 나타내는데, 우리말의 '정중'에 해당된다(예문①②⑤⑥). 뒤에 오는 명사를 수식할 때는 「丁寧な」의 형태를 취하고, 뒤에 오는 술어를 수식할 때는 「丁寧に」의 형태를 취하며, 문말의 술어로 쓰일 때는 「丁寧だ」의 형태를 취한다.

2. 「丁重」는 상대를 매우 소중하고 예의바르게 접한다는 뜻으로 쓰이며, 주로 사람을 대하는 정중한 태도나 마음가짐에 쓰이는데, 「丁寧」에 비해서 외형적으로 예의 바른 모습을 나타내고자 할 때에 주로 쓰인다(예문③④⑦). 한편으로는, 사물을 다루는 데에도 쓰일 수는 있으나, 그러한 경우에는 그 사물을 매우 조심스럽고 정중하게 다룬다는 의미

가 포함된다(예문①⑧). 뒤에 오는 명사를 수식할 때는 「丁重な」의 형태를 취하고, 뒤에 오는 술어를 수식할 때는 「丁重に」의 형태를 취한다.

3. 요컨대, 우리말에서는 정중하다는 표현만을 쓰지만, 일본어에서는 보통 「丁寧」를 일상적으로 많이 쓰며, 결국 「丁寧」가 우리말의 '정중'에 해당되는 셈이다. 한편, 「丁重」는 어디까지나 겉모양으로 나타나는 정중한 태도에 무게가 놓인 말이다.

예문과 해설

① 品物を丁寧に/丁重に取り扱う。(물건을 정중하게 다룬다)

➲ 이 경우와 같이 물건을 다루는 경우에는 둘 다 적절하나 「丁寧」에는 다만 조심스럽게 다룬다는 의미가 들어가 있을 뿐이지만, 「丁重」에는 실수나 잘못이 없도록 보다 조심스럽게 다룬다고 하는 의미가 들어가게 된다.

② 彼女はいつも字を丁寧に/＊丁重に書く。(그녀는 언제나 정중하게 글자를 쓴다)

➲ 이 경우와 같이 사람이 아니라 사물에 대한 동작이나 태도가 정중함을 나타낼 때는 「丁寧」가 적절하다.

③ 丁重に/＊丁寧に子供のお引き取りを願った。
(정중하게 아이를 맡아줄 것을 부탁했다)

➲ 「丁重」는 겉모양 상으로 예의바르게 보이고자 하는 모습을 나타내는 것이므로 이 경우에 적절하다. 이에 반해서 「丁寧」는 남을 대하는 태도에 정성과 예의가 담겨있음을 나타내는 것으로, 이 경우와 같이 겉모양으로 드러나는 태도에는 부적절하다.

④ 母は丁重に/＊丁寧にお客をもてなした。(어머니는 정중하게 손님을 대접했다)

➲ 이 경우와 같이 겉보기에 매우 예의바르고 친절한 모습을 나타낼 때는 「丁重」가 적절하다.

⑤ 丁寧な返事を先生に出した。(정중한 답장을 선생님께 냈다)

➲ 이 경우와 같이 매우 예의바르고 친절한 답장을 나타내는 데는 「丁寧」가 적절하다.

⑥ 彼女の言葉づかいはいつも丁寧だ。(그녀의 말씨는 언제나 정중하다)

➲ 이 경우와 같이 말씨가 매우 예의바르고 상냥함을 나타내는 데는 「丁寧」가 적절하다.

⑦ お客さんに丁重なもてなしをした。(손님에게 정중한 대접을 했다)

➲ 「丁重」는 사람을 매우 소중하고 예의바르게 대한다고 하는 것에 의미의 중심이 놓인다.

⑧ 国宝を<u>丁重に</u>扱う。(국보를 정중하게 다룬다)

➲ 「丁重」는 이 경우와 같이 사물을 매우 조심스럽고 정중하게 다루는 모습에도 쓰인다.

「～ている」「～た」

(どうしたのですか、疲れ<u>ている</u>のですか、どうしたのですか、疲れ<u>た</u>のですか)

공통의미

동작, 상태가 이미 실현되었음을 나타내는 의미용법

요점

1. 「～ている」는 말하는 시점에 있어서 이미 그러한 동작이나 상태가 완료되어 있으며, 현재도 그 효과나 영향이 고스란히 남아 있음을 나타낸다. 우리말에는 이러한 용법이 없으므로 각별히 주의하여 사용할 필요가 있다.
2. 「～た」는 단지 말하는 시점이전에 어떠한 동작이나 상태가 완료되었음을 나타낼 뿐이며, 이러한 용법은 우리말에도 있다.

예문과 해설

① どうしたのですか、疲れているのですか/疲れたのですか。

(어찌된 겁니까, 피곤한 겁니까?)

➲ 이 경우 「~ている」를 쓰게 되면 피곤해 있는 상태가 현재도 고스란히 지속되고 있음을 나타내지만, 「~た」를 쓰게 되면 말하는 시점이전에 피곤한 상태였음에만 주목하는 뜻이 된다.

② 昨夜はひどい雨が降っていましたね/降りましたね。

(어젯밤에는 엄청난 비가 내렸었지요)

➲ 이 경우 「~ている」를 쓰게 되면 엄청난 비가 왔었고 그에 대한 놀라운 느낌이 말하는 지금도 고스란히 남아있음을 나타내게 되지만, 「~た」를 쓰게 되면 단지 엄청난 비가 왔었지만, 지금은 그친 상태임을 나타낼 뿐이다.

③ 日記はまだですが、家族への手紙はすでに書いています/書きました。

(일기는 아직 못썼지만, 가족에 대한 편지는 이미 썼습니다)

➲ 이 경우의 「~ている」는 가족에 대한 편지작성이 말하는 시점에 이미 완료되어있는 상태를 나타내지만, 「~た」를 쓰게 되면 단지 가족에 대한 편지를 작성했다는 사실만을 나타낼 뿐이다.

④ 何度か、ソウルでイタリア料理を食べている/食べた。

(몇 번인가, 서울에서 이태리요리를 먹었다)

➲ 이 경우의 「~ている」는 과거에 이태리요리를 먹은 경험을 현재와 관련지으려고 하는 말하는 사람의 기분이 느껴지지만, 「~た」는 단지 과거에 이태리요리를 먹은 경험이 있다는 사실만을 나타내고 있다.

⑤ ほかのビデオはないでしょうか、これならもう見ているんですけど。

(다른 비디오는 없을까요. 이거라면 이미 보았습니다만)

➲ 이 경우 역시 이것이라는 비디오를 이미 본 상태에 있으며, 따라서 말하는 현시점에서도 더 이상은 볼 필요가 없음을 나타내고 있다.

⑥ そのことはみんなで話し合っていますから、もう大丈夫でしょう。

(그 일은 다 같이 이야기를 나누었으니까, 이제 괜찮을 겁니다)

➲ 이 경우의 「~ている」는 말하는 시점이전에 이야기를 다 같이 나누었으며, 그 효과는 지금도 고스란히 남아있음을 나타내고 있다.

⑦ あの人は結婚している/結婚したそうです。(저 사람은 결혼했답니다)

➲ 이 경우에 「~ている」를 쓰게 되면 말하는 시점이전에 결혼을 했고, 그 상태는 지금도 고스란히 남아있는 셈이므로 여전히 기혼상태임을 나타내게 되지만, 「~た」를 쓰게 되면 말하는 시점이전에 결혼을 했었다는 사실만을 나타낼 뿐으로, 지금은 이혼했거나 사별한 상태일 가능성이 크다. 이러한 의미차이는 우리말의 경우와 매우 다른 사항이므로 각별히 주의할 필요가 있다.

「～ている」「～てある」

(エアコンがついている、エアコンがつけてある)

공통의미

～하여져 있다, ～되어있다(상태와 결과를 나타내는 의미용법)

요점

1. 「~ている」와 「~てある」는 둘 다 어떠한 상태나 결과를 나타내는 점에서는 기본적으로 의미용법이 비슷하지만, 실제로는 어법의 운용상 차이가 엿보인다.
2. 「~てある」는 그 앞에 타동사밖에 올 수 없으나, 「~ている」는 자동사와 타동사가 다 올 수 있다. 타동사가 올 때는 동작, 행위의 진행을 나타내고, 자동사가 올 때는 상태나 결과를 나타내는데, 본 항에서는 「~てある」와의 형평을 고려하여 「~ている」가 상태나 결과를 나타내는 경우의 용법만 비교한다.
3. 「~ている」가 상태나 결과를 나타낼 때는 그 앞에 자동사만이 오게 되는데, 그 동작이나 행위와는 상관없이 어디까지나 그렇게 되어 있는 상태나 결과에만 주목하게 된다(예문①②③⑤⑥⑦⑧).
4. 「~てある」앞에는 타동사만이 오게 되는데, 그렇게 되게 된 상태나 결과보다는 그렇게 한 누군가에 주목하게 된다(예문①②③⑨⑩⑪⑫). 또한 인위적으로 그렇게 하였음을 나타내는 것이므로 그 앞에 명확한 목적이나 이유를 나타내는 말이 왔을 때는 오로지 「~てある」만을 써야만 한다(예문④).
5. 결국, 「~ている」는 그렇게 되어 있는 상태나 결과에만 주목하는 표현인데 반해, 「~てある」는 그러한 상태나 결과를 일으킨 누군가에 주목하는 표현인 셈이다.

예문과 해설

① エアコンがついている/エアコンがつけてある。(에어컨이 켜져 있다)

➲ 「~ている」를 쓰게 되면 단지 에어컨이 켜져 있다고 하는 상태에만 주목하게 되고, 「~てある」를 쓰게 되면 에어컨을 켜놓은 누군가에 대하여 주목하게 된다. 즉, 누군가에 의해서 에어컨이 켜져 있음에 무게가 실리는 표현인 셈이다.

② 窓(まど)が開(あ)いている/窓(まど)が開(あ)けてある。(창문이 열려 있다)

➲ 「~ている」를 쓰게 되면 단지 창문이 열려 있다고 하는 상태에만 주목하게 되고, 「~てある」를 쓰게 되면 창문을 열어놓은 누군가에 대하여 주목하게 된다. 즉, 누군가에 의해서 창문이 열려 있음에 무게가 실리는 표현인 셈이다.

③ 教室(きょうしつ)にかぎがかかっています/かけてあります。(교실에 열쇠가 채워져 있습니다)

➲ 「~ている」를 쓰게 되면 단지 교실에 열쇠가 채워져 있다고 하는 상태에만 주목하게 되고, 「~てある」를 쓰게 되면 교실에 열쇠를 채워놓은 누군가에 대하여 주목하게 된다. 즉, 누군가에 의해서 교실에 열쇠가 채워져 있음에 무게가 실리는 표현인 셈이다.

④ 換気(かんき)のために窓(まど)が開(あ)けてあります/＊開(あ)いています。
(환기를 위해 창문을 열어놓았습니다)

➲ 이 경우는 「~てある」의 앞에 창문을 인위적으로 열어놓은 이유가 표시되어있으므로 오로지 「~てある」만이 적절하다. 「~ている」는 창문이 열려져 있는 상태에만 주목하는 표현이므로 그 앞에 이유를 나타내는 말이 올 수가 없다.

⑤ 風が強かったせいか、閉めておいた窓が開いている/✱開けてある。
(바람이 강했던 탓인지, 닫아 두었던 창문이 열려있다)

➲ 이 경우는 위의 예문과 반대되는 것으로, 그 앞에 이유를 나타내는 말이 온 것이 아니라 바람이 강했다고 하는 자연현상이 와있으므로 「~てある」는 부적절하다. 「開けてある」는 누군가가 인위적으로 열었다고 하는 점에 주목한 표현인데, 여기에서는 사람이 아니라 바람이라는 자연의 힘으로 열렸다고 하는 뜻이므로, 「てある」를 쓰게 되면 앞 뒤 문맥이 맞지 않는 것이다.

⑥ 部屋の中に電気がついています。(방 안에 전기가 켜져 있습니다)

➲ 이 경우와 같이 「~ている」는 전기가 켜져 있는 상태나 결과에만 주목하게 된다.

⑦ 道のあちこちにごみが落ちている。(길 여기저기에 쓰레기가 떨어져 있다)

➲ 이 경우역시 길 가에 쓰레기가 떨어져 있는 상태나 결과에만 주목하고 있다.

⑧ センターの前に自動車が止っていますか。(센터 앞에 자동차가 멈춰 있습니까?)

⑨ 庭にきれいな花がうえてある。(정원에 예쁜 꽃이 심어져 있다)

➲ 이 경우의 「~てある」는 예쁜 꽃을 누군가가 심어놓았다고 하는 사실에 주목하게 된다.

⑩ 本に名前が書いてあります。(책에 이름이 쓰여 있습니다)

➲ 책에 쓰여 있는 이름의 주체에 주목하게 된다.

⑪ 部屋にはかぎがかけてあるから、大丈夫だ。
(방에는 열쇠가 채워져 있으니까 괜찮다)

➲ 이 경우는 인위적으로 시건장치를 잘 해놓았으니까 안심해도 된다는 뜻을 나타내고 있다.

⑫ 寒いと思ったら、窓が開けてありますね。
(춥다고 생각했더니, 창문이 열려 있군요)

➲ 도대체 누가 창문을 열어 놓았는가에 주목하게 된다.

「~ている」「~れ(られ)ている」

(ある目的があるものとして考えている、ある目的があるものとして考えられている)

요점

1. 「~ている」와 「~れ(られ)ている」는 둘 다 어떠한 상태나 결과를 나타내는 점에서는 기본적으로 의미용법이 비슷하지만, 실제로는 어법의 운용상 차이가 엿보인다.
2. 「~ている」는 그 앞에 동작성이 아닌 상태성을 나타내는 타동사가 와서, 단지 그렇게 되어 있는 상태나 결과를 나타낸다(예문①②③).
3. 「~れ(られ)ている」가 그 앞에 타동사가 오게 되며, 상태나 결과를 나타내는 점에서는 「~ている」와 같지만, 「~ている」가 그렇게 되어 있는 상태나 결과에만 개인적으로 주목하는 표현인데 반해, 「~れ(られ)ている」는 그러한 상태나 결과가 개인적인 것이 아니라 일반적이며 보편적임을 나타낸다(예문①②③④⑤⑥⑦). 그 앞에 타동사만이 오게 되지만, 이러한 형식에 맞추어짐으로서 자동사화가 되므로 언제나 그 앞에는 조사「が」만이 오게 된다(예문①②③④⑤⑥⑦). 이러한 표현은 주로 공적인 문서나 신문기사, 논설문, 해설문 등에서 다용되고 있다.

예문과 해설

① ある目的(もくてき)があるものとして考(かんが)えている/考(かんが)えられている。

(어떤 목적이 있는 것으로 생각하고 있다/생각되어지고 있다)

➲ 이 경우「~ている」를 쓰게 되면 단지 개인적으로 그렇게 생각하고 있음을 나타내지만,「~れ(られ)ている」를 쓰게 되면 개인적인 생각이 아니라, 일반적, 보편적으로 그렇게 생각되어지고 있음을 나타내게 된다.

② 新(あら)たな自我(じが)の再発見(さいはっけん)を求(もと)めている/再発見(さいはっけん)が求(もと)められている。

(새로운 자아의 재발견을 추구하고 있다/재발견이 추구되어지고 있다)

➲ 이 경우「~ている」를 쓰게 되면 단지 개인적으로 볼 때 자아의 재발견을 추구하고 있음을 나타내지만,「~れ(られ)ている」를 쓰게 되면 개인적으로 보는 것이 아니라, 일반적, 보편적으로 볼 때 자아의 재발견이 추구되어지고 있음을 나타내게 된다.

③ よりよい環境(かんきょう)のもとで、子供(こども)たちを人間(にんげん)として育(そだ)てている/子供(こども)たちが人間(にんげん)として育(そだ)てられている。(보다 좋은 환경 하에서, 어린이들을 인간으로서 키우고 있다/어린이들이 인간으로서 키워지고 있다)

➲ 이 경우 역시「~ている」를 쓰게 되면 단지 개인적으로 볼 때 어린이들을 인간으로 키우고 있음을 나타내지만,「~れ(られ)ている」를 쓰게 되면 개인적인 차원이 아니라, 일반적, 보편적인 차원에서 어린이들이 인간으로서 키워지고 있음을 나타내게 된다.

④ 仏教(ぶっきょう)の名(な)において説(と)かれているのである。(불교이름 하에 일컬어지고 있는 것이다)

➲ 일반적, 보편적으로 그렇게 일컬어지고 있음을 나타내고 있다.

⑤ 国際(こくさい)シンポジウムが東京(とうきょう)で開(ひら)かれている。(국제 심포지움이 도쿄에서 개최되고 있다)

⑥ 人々の胸の中にはある程度の希望がこめられている。
(사람들의 가슴 속에는 어느 정도의 희망이 담겨져 있다)

⑦ 彼には重要な位置が与えられている。(그에게는 중요한 위치가 주어져 있다)

「～てから」「～たあとで」「～たあとに」「～たあと」

(山田が帰ってから智子がやってきた、山田が帰ったあとで智子がやってきた
山田が帰ったあとに智子がやってきた、山田が帰ったあと智子がやってきた)

공통의미

～하고나서, ~한 후에, ~한 후

요점

1. 「～てから」는 앞의 일과 뒤의 일 사이에 말하는 사람의 계획이나 판단에 의한 의도적인 시간순서가 설정되어있어서, 앞의 일이 끝난 후에 이어서 뒤의 일이 이루어짐을 나타낸다(예문①②③④⑥⑦). 우리말의 '～하고나서'에 해당된다.
2. 「～たあとで」는 의도적인 시간순서가 없으며, 앞의 일과 뒤의 일 사이에 시간적인 간격이 제법 있다(예문①⑤⑧⑨). 우리말의 '～한 다음에'에 해당된다.
3. 「～たあとに」는 의도적인 시간순서가 없으며, 앞의 일이 끝난 후에 바로 이어서 뒤의 일이 이어짐을 나타낸다. 「～たあとで」에 비하여 시간간격이 거의 없다(예문①⑤⑩⑪). 우리말의 '～한 후에'에 해당된다.
4. 「～たあと」는 앞의 일이 끝난 후에 뒤의 일이 일어남을 나타내는 것으로, 단지 일이 일어나는 순서만을 나타낼 뿐 시간간격하고는 아무런 상관이 없다(예문①②③④⑤⑫⑬). 네 가지 중에서 가장 중립적인 말로, 우리말의 '～한 후'에 해당된다.

예문과 해설

① 山田が帰ってから/たあとで/たあとに/たあと智子がやってきた。

(야마다가 돌아가고 나서/간 후에 토모코가 찾아왔다)

➲ 「~てから」는 야마다가 돌아간 사실과 이어서 토모코가 찾아온 사실을 시간적 전후관계로 나타내고 있으며, 「~たあとで」는 야마다가 돌아가고 적당한 시간이 지난 다음에 토모코가 찾아왔음을 나타내고, 「~たあとに」는 야마다가 돌아가고 바로 이어서 토모코가 찾아왔음을 나타내고 있다. 한편, 「~たあと」는 단지 야마다가 돌아간 사실과 토모코가 찾아온 사실의 시간적 순서만을 나타낸다.

② 戦争が終わってから/終わったあと/✱終わったあとで/✱終わったあとに10年になります。(전쟁이 끝나고 나서(끝난 후) 10년이 됩니다)

➲ 「~てから」는 말하는 사람의 판단에 의한 의도적인 시간순서가 설정되는 것이므로, 이 경우는 전쟁이 끝난 사실로부터 계산하여 10년이 경과한 것으로 시간의 전후관계를 파악하고 있다. 「~たあとで」는 앞의 일이 끝난 후에 적당한 시간이 경과하고 나서 뒤의 일이 일어남을 나타내는데, 이렇게 되면 전쟁이 끝난 시점과 10년이라는 시간의 경과사이에 애매한 시간의 공백이 발생하게 된다. 한편, 「~たあとに」의 경우에는 그 앞의 일이 끝나고 바로 이어서 뒤의 일이 발생하여야 하는데, 이렇게 되면 전쟁이 끝나고 바로 이어서10년이라는 긴 세월의 경과가 이어지는 셈이 되어 현실적으로 어색하다. 반면에 「~たあと」는 앞의 일과 뒤의 일 사이의 발생순서만을 나타내는 것이므로 이 경우에는 매우 적절하다.

③ 父が死んでから/死んだあと/✱死んだあとで/✱死んだあとにうちも寂しくなりました。(아버지가 죽고 나서(죽은 후) 우리 집도 쓸쓸하게 되었습니다)

➲ 이 경우도 앞의 예문과 같은 경우인데, 「~てから」는 아버지의 죽음과 쓸쓸해짐 사이의 시간적 전후관계를 의도적으로 파악하고 있음을 나타낸다. 반면 「~たあとで」는 아버지가 죽고 나서 한참 후에 쓸쓸해짐을 나타내고 있어서 어색하다. 아버지의 죽음은 동시에 쓸쓸함과 이어지는 것이 상식이지, 이런 식으로 시간적 순서를 따라서 쓸쓸해질 수는 없기 때문이다. 한편, 「~たあとに」는 아버지가 죽고 나서 바로 이어서 쓸쓸해짐을 나타내게 되는데, 이렇게 되면 아버지의 죽음으로 인한 쓸쓸함을 너무 의도적으로 파악하고 있는 듯한 느낌이 들어서 어색하다. 「~たあと」는 단지 아버지의 죽음이 있고 나서 쓸쓸함이 찾아왔다고 하는 시간적인 전후관계만을 나타낼 뿐이어서 적절하다.

④ 結婚してから/結婚したあと/?結婚したあとで/✱結婚したあとに幸福に暮している。(결혼하고 나서(결혼한 후)행복하게 살고 있다)

➲ 「~てから」는 결혼과 행복이 시간적 전후관계를 가지고 이어져 있음을 의도적으로 파악한 것이며, 「~たあと」는 결혼과 행복의 전후관계만을 나타낼 뿐이어서 적절하다. 한편, 「~たあとで」는 결혼과 행복이 시간적 격차를 가지고 발생함을 나타내게 되는데, 이렇게 되면 결혼한 직후는 행복하지 않았다가 한참 지난 후에 행복해졌다는 의미가 될 수 있어서 다소 어색하다. 이러한 일도 실제로는 가능하겠지만, 보통은 결혼자체가 행복한 것으로 생각하는 것이 상식이다. 그리고 「~たあとに」는 결혼자체가 행복이라는 점을 고려할 때, 결혼과 행복을 시간적인 순서로 파악하고 있다는 점에서 어색하다.

⑤ 家を出たあとで/あとに/あと気がついた。(집을 나온 후에 생각이 났다)

➲ 「~たあとで」는 생각이 나게 된 시간적 범위를 나타내며, 「~たあとに」는 생각이 나게 된 시점을 명확하게 나타내게 되는데, 이는 「に」가 시점을 나타내는 기능이 있기 때문이다. 「~た

あと」는 단지 생각이 나게 된 사실이 집을 나온 사실의 다음이라는 시간적 순서만을 나타낸다.

⑥ お酒は二十歳になってから始めましょう。(술은 스무 살이 되고나서 시작합시다)

➲ 음주를 위한 시기가 의도적으로 설정되어 있다.

⑦ 会はを休む時は、電話で断ってから休んでください。

(회사를 쉴 때는 전화로 양해를 구하고 나서 쉬어 주십시오)

➲ 회사를 쉬기 위한 방법이 의도적으로 설정되어 있다.

⑧ ご飯を食べたあとで、テレビを見よう。(밥을 먹은 다음에 티브이를 보자)

➲ 식사를 하는 행위와 티브이를 보는 행위의 사이에 약간의 시간적 간격이 엿보인다.

⑨ メンバー全員が集まったあとで、チームの代表を選出した。

(멤버전원이 모인 다음에, 팀의 대표를 선출했다)

➲ 멤버전원이 모이자마자 팀의 대표를 선출한 것은 아니며, 시간적 여유를 가지고 선출한 셈이다.

⑩ 食べたあとに、また食べたい気持ちが感じられた。

(먹은 후에, 또 먹고 싶은 기분이 느껴졌다)

➲ 식사를 한 행위와 또 먹고 싶은 기분의 사이에 시간적인 간격이 거의 없어서, 식사를 마치자마자 금방 또 먹고 싶어졌음을 나타내고 있다.

⑪ 会議が始まったあとに、急に胃が痛みはじめた。

(회의가 시작된 후에 갑자기 위가 아프기 시작했다)

➲ 회의가 시작되자마자 갑자기 위가 아파지기 시작했음을 나타내고 있다.

⑫ 公園に来たあと、子供との約束を思い出した。

(공원에 온 후, 아이와의 약속을 생각해냈다)

➲ 「~たあと」는 가장 중립적인 말로, 이 경우는 공원에 온 것과 아이의 약속이 생각난 것이 그저 순차적으로 나열되어 있을 뿐이다. 즉, 시간적인 순서와는 아무런 상관이 없는 셈이다.

⑬ 昼御飯を食べたあと、必ず眠くなる。(점심을 먹은 후, 반드시 졸음이 온다)

➲ 점심을 먹은 사실과 졸음이 오는 사실이 순차적으로 나열되어 있을 뿐이다.

「～てからというもの」「～て以来(いらい)」

(たばこをやめてからというもの、とても太(ふと)ってきた、たばこをやめて以来(いらい)、とても太(ふと)ってきた)

공통의미

～하고 나서는, ～한 이래

요점

1. 「～てからというもの」는 전항의 내용을 계기로 하여 새로운 변화가 일어났음을 나타내는 어구로 전항과 후항에는 크나큰 변화의 차이가 있음을 보인다. 「～て以来(いらい)」에 비해서 말하는 사람의 감정이나 기분이 들어간 것인데 주로 부정적인 평가에 쓰이며, 우리말의 '～하고 나서는, ～하고부터는' 정도에 해당된다(예문①②③④⑤⑥).
2. 「～て以来(いらい)」는 전항을 계기로 하여 그 때부터 지금에 이르기까지 줄곧 어떠한 상황이나 행위가 지속되고 있음을 나타내는 것으로, 「～てからというもの」와는 달리 말하는 사람의 감정이나 기분이 들어가 있지 않다. 긍정적인 평가나 부정적인 평가 그 어느 것에도 쓸 수가 있는데, 우리말의 '～한 이래'에 해당된다(예문①②③④⑤⑥⑦⑧).

예문과 해설

① たばこをやめてからというもの/やめて以来(いらい)、とても太(ふと)ってきた。

(담배를 끊고 나서는/끊은 이래 식욕이 나왔다)

➲ 이 경우는 둘 다 적절한데, 「~てからというもの」에는 말하는 사람의, 담배를 끊고 나서의 결과에 대한 부정적인 평가의 기분이 들어가 있는 반면에, 「~て以来(いらい)」는 그냥 아무런 감정이 없이 담배를 끊은 이래의 평가만을 나타내고 있다.

② 入学(にゅうがく)してからというもの/入学(にゅうがく)して以来(いらい)、彼(かれ)は遊(あそ)んでばかりいる。

(입학하고 나서부터는 그는 놀고만 있다/입학한 이래 그는 놀고만 있다)

➲ 이 경우 역시 「~てからというもの」에는 그가 입학하고 나서 줄곧 놀고만 있다고 하는 사실에 대한 부정적인 평가가 담겨있으나, 「~て以来(いらい)」는 단지 그가 입학한 이래 놀고만 있다는 사실을 무감정적으로 나타내고 있을 뿐이다.

③ 彼は、その人に出会ってからというもの/出会って以来、人が変わったようになってしまった。

(그는 그 사람을 만나고 나서는/만난이래, 사람이 달라진 듯이 되어버렸다)

➲ 이 경우 역시 예문①②와 맥락을 같이 하고 있다.

④ 隣のご主人は、奥さんが亡くなってからというもの/て以来、ほとんど外出しなくなった。(옆집 주인은 부인이 죽고 나서부터는/죽은 이래 거의 외출을 하지 않게 되었다)

➲ 이 경우 역시 위의 예문들과 맥락을 같이 하고 있다.

⑤ 大学を卒業し、就職して会社員になってからというもの/て以来、仕事に追われる毎日となってしまった。

(대학을 졸업하고 취업해서 회사원이 되고나서는/된 이래, 일에 쫓기는 매일이 되어 버렸다)

⑥ 退職してからというもの/て以来、何か心に穴が空いたようだ。

(퇴직하고 나서부터는/한 이래 뭔가 마음에 구멍이 뚫린 것 같다)

⑦ 結婚して以来/✱からというもの、ずっと幸せな生活を送っている。

(결혼한 이래, 줄곧 행복한 생활을 보내고 있다)

➲ 이 경우와 같이 줄곧 행복한 생활을 보낸다고 하는 긍정적인 평가일 때는 「~からというもの」는 부적절하다.

⑧ 就職して以来/✱からというもの、彼は見違えるように仕事に励んでいる。

(퇴직한 이래 그는 몰라보게 일에 힘쓰고 있다)

➲ 이 경우 역시 긍정적인 평가를 나타내는 것이므로 「~からというもの」는 부적절하다.

「敵」「敵」

(敵を討つ、敵を討つ)

공통의미

적

요점

1. 「敵」는 자신에게 해가 되어 미워해야 할 상대를 가리키는 말로, 가장 일반적으로 쓰인다(예문①②⑥⑦). 우리말의 '적'에 해당된다.
2. 「敵」는 「敵」와 거의 같은 의미용법으로 쓰이지만, 일반적인 적보다는 개별적이고 특정한 적을 나타내는데 의미의 중심이 있다(예문①③④⑧). 주로 관용구나 복합어 속에서 쓰이며, 그럴 때는 음이 「がたき」로 변한다(예문⑤⑨). 우리말의 '적수, 원수' 정도에 해당된다.

예문과 해설

① 敵/敵を討つ。(적을 무찌른다)

➲ 이 경우는 전후문맥이나 적절한 장면의 설정이 없으므로 둘 다 적절하다.

② 正々堂々と向かう所に敵/＊敵なし。(정정당당하게 향하는 곳에 적은 없다)

➲ 이 경우는 개별적이고 특정한 적을 나타내는 것이 아니라, 일반적인 적을 나타내는 것이므로 「敵」가 적절하다.

③ 親の敵/?敵を討つ。(부모의 원수를 갚다)

➲ 이 경우와 같이 개별적이고 특정한 적을 나타낼 때는 「敵」가 보다 적절하다.

④ 江戸の敵/?敵を長崎で討つ。(종로에서 뺨맞고 한강에서 눈 흘긴다)

➲ 이 경우와 같은 관용구에서는 「敵」가 적절하다.

⑤ 彼は私の恋敵/＊敵だ。(그는 나의 연적이다)

➲ 이 경우와 같은 복합어에서는 「敵」가 적절하며, 이러한 경우 발음은 「がたき」로 변하게 된다.

⑥ 環境汚染は人類の敵だ。(환경오염은 인류의 적이다)

➲ 이 경우는 일반적인 적을 나타내는 것이다.

⑦ 敵を倒さなければならない。(적을 무너뜨려야만 한다)

⑧ 商売上の敵が多くていつも緊張している。
(장사하는 라이벌이 많아서 언제나 긴장하고 있다)

➲ 이 경우는 개별적이고 특정한 적을 나타내고 있다.

⑨ あの人は私の碁敵です。(저 사람은 내 바둑적수입니다)

➲ 이 경우도 개별적이고 특정한 적을 가리키고 있는데, 복합어로 쓰였기 때문에 「がたき」로 음이 변하게 된다.

「出来る」「成る」「成り立つ」「仕上がる」「出来上がる」

공통의미

다되다, 완성되다

요점

1. 「出来る」는 어떤 의도 하에 무언가가 만들어지거나 완성됨을 나타내는 것으로, 우리말의 '다되다'에 해당된다(예문①②). 한편으로는, 능력이 있음을 나타내기도 하고(예문③), 인품이 원만함을 나타내기도 하며(예문④), 가능의 의미를 나타내기도 한다(예문⑤).
2. 「成る」는 어떤 행위를 계속함으로서 어떤 상태나 결과가 생겨남을 나타내는 것으로, 우리말의 '～이(가)되다'에 해당된다(예문⑥⑦). 그 앞에 오는 조사는 언제나 「に」만이 오게 된다.
3. 「成り立つ」는 어떤 행위를 가함으로서 하나의 형태로서 만들어짐을 나타내는 것으로, 우리말의 '성립되다'에 해당된다(예문⑧⑨).
4. 「仕上がる」는 어떤 동작을 가함으로서 사물이 완성되는 것으로, 우리말의 '마무리되다'에 해당된다(예문⑩⑪).
5. 「出来上がる」는 만들고 있던 것이 완전히 다 만들어짐을 나타내는 것으로, 우리말의 '다 만들어지다, 완성되다'에 해당된다(예문⑫⑬).

예문과 해설

① ご飯が出来ましたから、食べましょう。(밥이 다되었으니까 먹읍시다)

➲ 이 경우와 같이 짓고자 하는 밥이 다 되는 때는 「できる」가 적절하다. 즉, 하던 것이나 만들던 것이 완성된다고 하는 뜻으로 쓰인다.

② 準備が出来ましたから、どうぞお入りください。
(준비가 다되었으니까 자 들어가십시오)

③ あの子は勉強が出来る生徒です。(저 아이는 공부를 잘하는 학생입니다)

➲ 이 경우와 같이 능력이 있음을 나타낼 때는 오로지 「できる」만이 적절하다.

④ 新しい先生はよく出来た方です。(새로운 선생님은 인품이 훌륭한 분입니다)

➲ 이 경우와 같이 인품이 제대로 갖추어졌음을 나타낼 때는 「できる」만이 적절하다.

⑤ この施設はだれでも利用出来ます。(이 시설은 누구나 이용할 수 있습니다)

➲ 이 경우와 같이 가능의 뜻을 나타낼 때는 「できる」만이 적절하다.

⑥ 息子はいよいよ部長になりました。(아들은 드디어 부장이 되었습니다)

➲ 이 경우와 같이 어떠한 과정을 거쳐서 결과가 나타날 때는 「なる」만이 적절하다.

⑦ ちょっとした口論が大きなけんかになった。(약간의 말다툼이 큰 싸움이 되었다)

➲ 말다툼의 과정을 거친 끝에 결국에는 큰 싸움이라는 결과에 이르렀음을 나타내고 있다.

⑧ やっと契約が成り立ちました。(겨우 계약이 성립되었습니다)

➲ 어떠한 하나의 가시적인 형태가 만들어졌음을 나타내고 있다.

⑨ 君の言うことも一応成り立つ。(자네가 말하는 것도 일단은 성립된다)

⑩ 注文した洋服が仕上がった。(주문한 양복이 마무리되었다)

➲ 주로 만들고 있던 물건의 끝처리가 다 되어 깔끔하게 마무리되었음을 나타내는 데는 「仕上がる」가 적절하다.

⑪ 約束の日までには仕上がるだろう。(약속한 날까지는 마무리될 것이다)

⑫ 料理が出来上がりました。(요리가 다 만들어졌습니다)

➲ 만들고 있던 무언가가 다 완성되었음을 나타내는 데는 「出来上がる」가 적절하다.

⑬ 立派な家が出来上がるまで頑張るつもりだ。
(훌륭한 집이 완성될 때까지 분발할 작정이다)

참고

「成る」의 경우, 우리말의 '～이(가)되다'를 일본어로 옮길 때 '～이(가)'에 해당되는 조사는 「が」이므로, 그만 우리말식으로 생각하여 「～が成る」로 착각할 수 있는데, 일본어의 「成る」의 경우에는 반드시 「～に成る(～이(가)되다)」의 형태로만 쓰이는 점에 각별히 주의할 필요가 있다.

「水蒸気が雨になる」(수증기가 비가 된다)

「春になりました」(봄이 되었습니다)

「あれから五年になった」(그로부터 5년이 되었다)

「手際」「手口」「やり口」

공통의미

솜씨, 수법, 짓

요점

1. 「手際」「手口」「やり口」는 모두 방법을 나타내는 말이지만, 단순한 방법이 아니라 그러한 방법을 쓴 주체를 문제시할 때에 쓰인다는 점에서는 공통점이 엿보인다.
2. 「手際」는 일을 잘 처리하는 방법이나 수완을 나타내는 말로 언제나 긍정적인 측면에 쓰이는데, 우리말의 '솜씨'에 해당된다(예문①②③⑥⑦).
3. 「手口」는 주로 범죄나 나쁜 일에 사용되는 방법을 나타내는 말로 부정적인 측면에 쓰이는데, 우리말의 '수법, 짓' 정도에 해당된다(예문④⑤⑧⑨).
4. 「やり口」는 도덕적으로 그다지 올바르지 않은 방법을 나타내는 말로 이 역시 부정적인 측면에 쓰이는데, 우리말의 '수법, 짓' 정도에 해당된다(예문④⑤⑩⑪).

예문과 해설

① 彼女は、料理の手際/✱手口/✱やり口が悪い。(그녀는 요리솜씨가 나쁘다)

➲ 이 경우와 같이 일을 잘 하는 능력을 긍정적으로 나타낼 때는 오로지 「手際」만이 적절하다. 문말에는 '나쁘다'고하는 표현이 와있지만, 「手際」가 지닌 본래의 뜻과는 직접적인 상관이 없다.

② 彼は、何でも手際よく/✱手口よく/✱やり口よく処理する。
(그는 뭐든지 솜씨 좋게 처리한다)

➲ 이 경우 역시 일을 잘 처리하는 능력을 나타내는 것이므로 오로지 「手際」만이 적절하다.

③ これは見事な手際だ/✱手口だ/✱やり口だ。(이것은 멋진 솜씨다)

➲ 이 경우 역시 긍정적인 솜씨를 나타내는 것이므로 오로지 「手際」만이 적절하다.

④ あくどい手口/やり口/✱手際で犯行を犯した。
(악랄한 수법으로 범행을 저질렀다)

➲ 이 경우는 부정적인 측면을 나타내는 것이므로 「手際」는 부적절하다.

⑤ 巧妙な手口/やり口/✱手際で盗み取る。(교묘한 수법으로 훔쳐낸다)

➲ 이 경우 역시 부정적인 측면을 나타내는 것이므로 「手際」는 부적절하다.

⑥ 部長は難題を手際よく片付けた。(부장은 난제를 솜씨 좋게 해결했다)

➲ 이 경우는 긍정적인 솜씨를 나타내고 있다.

⑦ すばらしい手際ですね。(훌륭한 솜씨로군요)

⑧ この頃、不正の手口が悪質化した。(요즘, 부정한 수법이 악질화되었다)

➲ 「手口」는 이 경우와 같이 부정적인 측면에만 쓰인다.

⑨ これはどろぼうの手口に違いない。(이것은 도둑의 짓에 틀림없다)

⑩ きたないやり口で勝つのは意味がない。
(지저분한 수법으로 이기는 것은 의미가 없다)

➲ 「やり口」역시 언제나 부정적인 측면에만 쓰인다.

⑪ 極悪非道のやり口。(극악무도한 짓)

「～てください」「～ていただきます」

(待ってください、待っていただきます)

공통의미

～해 주십시오(요구를 나타내는 의미용법)

요점

1. 「～てください」는 접속조사 「て」에 '주시다'에 해당되는 경어동사 「くださる」의 명령형 「ください」가 접속된 어구로 타인에게 무언가를 의뢰하거나 가볍게 명령할 때에 널리 쓰인다. 주로 동격이나 하격에게 사용할 수 있으며 우리말의 '～해 주십시오'에 해당된다. 한편, 「～ていただきます」는 우리말의 '받다'에 해당되는 「いただく」 의 앞에 접속조사 「て」가 접속된 어구로 타인에게 무언가를 요구할 때에 쓰인다.
2. 「～てください」는 직접적인 요구표현이지만(예문①②③④⑤), 「～ていただきます」는 간접적인 요구표현이다. 전자는 우리말의 '～해 주십시오'에 해당되는 것이니 별문제는 없으나, 후자의 경우는 우리말에 이러한 표현이 없으므로 각별히 주의하여야 한다. 즉, 「～ていただきます」는 얼핏 보기에는 매우 정중한듯하지만, 실제로는 일방적인 요구표현인 셈으로, 오히려 「～てください」보다 요구의 강도가 더 큰 느낌이 주어진다(예(예문①⑥⑦⑧).

예문과 해설

① 十分ほど待ってください/待っていただきます。(10분정도 기다려 주십시오)

➲ 「待ってください」는 정중하게 기다려 줄 것을 요구하는 표현이지만, 「待っていただきます」는 상대의 의사와는 상관없이 일방적으로 기다려 줄 것을 요구하는 표현이 된다.

② 来週、北京に出張してください/出張していただきます。
(다음 주 북경으로 출장 가 주십시오)

➲ 「出張してください」는 정중하게 출장 가 줄 것을 요구하는 표현이지만, 「出張していただきます」는 상대의 의사와는 상관없이 일방적으로 출장 가 줄 것을 요구하는 표현이 된다.

③ ごみは、指定のものを指定の場所に出してください/出していただきます。
(쓰레기는 지정된 것을 지정된 장소에 내어 주십시오)

➲ 이 경우 역시 예문①②와 맥락을 같이 하고 있다.

④ 部屋を出る時、かならず電気を消してください。
(방을 나갈 때 반드시 전기를 꺼 주십시오)

⑤ 重いから、このかばんを持ってください。(무거우니까 이 가방을 들어 주십시오)

⑥ 明日までにこの仕事をやっていただきます。(내일까지 이 일을 해 주십시오)

⑦ あなたにはこの会社(かいしゃ)をやめていただきます。(당신은 이 회사를 그만 두십시오)

⑧ 疲(つか)れていて、ちょっと休(やす)ませていただきました。(피곤해서 좀 쉬었습니다)

➲ 이 경우는 상대의 허락이나 양해를 구하지 않고 일방적으로 쉬었음을 나타내고 있다.

「～てくる」「～ていく」

공통의미

동작의 계속과 상태변화

요점

1. 「～てくる」는 어떤 일이나 상황이 이야기의 중심으로 다가옴을 나타내며, 반대로 「～ていく」는 멀어짐을 나타낸다.
2. 「～てくる」의 앞에 타동사가 올 때는 앞의 동작을 마치고 이어서 뒤의 동작을 행한다고 하는 동작의 전개를 나타내는 용법과(예문①②), 동작을 계속한다고 하는 용법의 두 가지가 있다(예문③④). 한편, 자동사가 올 때는 말하는 시점에서 파악되는 상태변화를 나타낸다(예문⑤⑥⑦). 「～てくる」가 동작의 전개를 나타낼 때는 우리말의 '～하고 오다'에 해당되고, 동작의 계속을 나타낼 때는 '～해오다'에 해당되며, 한편으로 상태변화를 나타낼 때는 '～해오다, ~해지다'에 해당된다.
3. 「～ていく」의 앞에 타동사가 올 때는 앞의 동작을 마치고 이어서 뒤의 동작을 행한다고 하는 동작의 전개를 나타내는 용법(예문⑧⑨)과, 동작을 계속한다고 하는 용법의 두 가지가 있다(예문⑩⑪). 한편, 자동사가 올 때는 말하는 시점이후의 상태 변화를 나타낸다(예문⑫). 「～ていく」가 동작의 전개를 나타낼 때는 우리말의 '～하고 가다'에 해당되며, 동작의 계속을 나타낼 때는 '～해 나가다'에 해당된다. 한편으로 상태변화를 나타낼 때는 '～해져 가다'에 해당된다.
4. 「～てくる」「～ていく」처럼 「来(く)る」「行(い)く」가 단독으로 쓰이지 않고 접속조사 「～て」의 뒤에 와서 보조동사로 쓰일 때는 한자로 표기하지 않고 히라가나로 표기하는 것이 보통이다.

예문과 해설

① 早速山田さんを呼んできます。(당장 야마다씨를 불러 오겠습니다)

➲ 이 경우는 야마다씨를 부르는 행위가 이루어진 다음에 이어서 온다고 하는 행위가 이루어짐을 나타내고 있다.

② 仕事を終えてきた。(일을 마치고 왔다)

➲ 이 경우 역시 일을 마친다고 하는 행위의 결과다음에 이어서 왔다고 하는 행위의 결과가 이어졌음을 나타내고 있다.

③ 彼女は女手一つで子供を育ててきた。(그녀는 여자몸 하나로 아이를 키워왔다)

➲ 이와 같이 그 앞에 타동사가 왔을 때는 지속적으로 양육을 해왔음을 나타내게 된다.

④ これまでも高校の友だちとは連絡をとってきた。
(이제까지도 고등학교의 친구와는 연락을 해왔다)

➲ 이 경우 역시 그 앞에 타동사가 와있으므로 지속적으로 연락을 취해왔다고 하는 뜻이 된다.

⑤ これからだんだん寒くなってくると思います。
(이제부터 점점 추워져 올 거라고 생각합니다)

➲ 이 경우와 같이 그 앞에 자동사가 와있을 때는 추워질 것을 말하는 시점에서 파악하는 뜻이 된다.

⑥ 彼岸が過ぎてこれからは涼しくなってくるでしょう。
(피안이 지나서 이제부터는 서늘해질 것입니다)

➲ 이 경우 역시 그 앞에 자동사가 와있으므로 앞으로 서늘해 질 것을 말하는 시점에서 파악하는 뜻이 된다.

⑦ 世の中が随分変わってきました。(세상이 무척이나 바뀌어 졌습니다)

⑧ あとで食事する時間がないから、ここで何か食べて行こう。
(나중에 식사할 시간이 없으니까, 여기서 무언가 먹고 가자)

➲ 이 경우는 무언가를 먹는 행위가 이루어지고 나서, 이어서 가는 행위가 이어진다고 하는 동작의 전개를 나타내고 있다.

⑨ まだ時間があるから、映画でも見て行きましょう。
(아직 시간이 있으니까, 영화라도 보고 갑시다)

⑩ これからも一人でやって行く。(이제부터도 혼자서 해 나가겠다)

➲ 이 경우는 그 앞에 타동사가 와있으므로 지속적인 동작의 전개를 나타내게 된다.

⑪ これからはもっと頑張って行きたいと思っています。

(이제부터는 보다 분발해 나가고 싶다고 생각하고 있습니다)

⑫ これからだんだん寒(さむ)くなって行(い)くでしょう。(이제부터 점점 추워져 갈 겁니다)

➲ 이 경우는 그 앞에 자동사가 와있으므로 말하는 시점이후부터 추워져 갈 것이라는 상태의 변화를 나타내게 된다.

「～てくれ」「～てちょうだい」

(さあ、みんな集(あつ)まってくれ、さあ、みんな集(あつ)まってちょうだい)

공통의미

～해 다오(상대에게 무언가를 의뢰하는 의미용법)

요점

1. 「～てくれ」는 상대에게 무언가의 행위를 해 주도록 강하게 명령하는 것으로, 아래 사람이나 동격인 사람에게만 쓰며 윗분에게는 절대로 쓸 수가 없다. 아울러 주로 남성이 사용하며 여성은 그다지 사용하지 않는다(예문①②③⑥⑦⑧).
2. 「～てちょうだい」는 상대에게 무언가의 행위를 해 주도록 부탁하는 것으로, 여성이나 어린이가 친숙한 상대에게 쓰는 것이 보통이다(예문①②④⑨⑩⑪). 남성이 쓰는 경우도 있는데, 이럴 때는 주로 어린이에 대해서 쓰는 것이 보통이며, 드물게는 친숙한 관계에 있는 여성에 대해서도 쓴다. 문말의 인토네이션을 내리면 명령표현이 되지만, 올리면 의뢰표현이 된다(예문⑤).

예문과 해설

① さあ、みんな集(あつ)まってくれ/てちょうだい。(자, 모두 모여 다오)

➲ 이 경우는 둘 다 적절한데 「~てくれ」에 비하여 「~てちょうだい」가 보다 부드러운 어감이 주어지며 대체로 여성이 사용하는 경향이 있다.

② 人前(ひとまえ)でそんなこと言(い)うのはやめてくれ/てちょうだい。

(남 앞에서 그런 말을 하는 것은 삼가 해다오)

➲ 이 경우 역시 예문①과 맥락을 같이하고 있다.

③ ちょっとお前に話したいことがあるから、そこに座ってくれ/✱てちょうだい。
(너에게 좀 이야기하고 싶은 것이 있으니까, 거기에 앉아다오)

➲ 이 경우는 상대를 「お前」로 지칭한 것으로 봐서 남성의 발언으로 생각되므로 문맥상 「~てちょうだい」는 부적절하다.

④ 早く食べてちょうだい/✱てくれ。せっかくの料理が冷めてしまうわよ。
(빨리 먹어라. 모처럼의 요리가 식어버린다)]

➲ 이 경우는 문말에 「わよ」와 같이 주로 여성이 쓰는 종조사가 와있는 것으로 봐서 여성의 발언으로 생각되므로 문맥상 「~てくれ」는 부적절하다.

⑤ お母さん、ちょっと手伝ってちょうだい(↑)。これ、明日の宿題なの。
(어머니, 좀 도와줘. 이거, 내일 숙제야)

➲ 이 경우는 문말의 인토네이션이 올라가 있으므로 의뢰표현이 된다.

⑥ いいかげんにしてくれ。(적당히 해다오)

⑦ 君、そこのタバコをとってくれ。(자네, 거기 있는 담배를 집어다오)

⑧ こんなものは、どこかに捨ててきてくれ。(이런 것은 어딘가에 버리고 와다오)

⑨ 花子さん、ちょっとここへ来てちょうだい。(하나코씨, 이리로 좀 와 다오)

➲ 여성이 친숙한 상대에게 쓸법한 표현이다.

⑩ さちこ、ちょっと買い物に行ってちょうだい。(사치코, 물건 사러 좀 가다오)

⑪ 母は、"お願いだから、オートバイを乗り回すのはやめてちょうだい" と言った。
(어머니는, "부탁이니까 오토바이 타고 다니는 것은 그만 둬다오"라고 말했다)

「～てくれる」「～てもらう」

(妹が切符を買ってきてくれた、妹に切符を買ってきてもらった)

공통의미

～해 준다

요점

1. 「～てくれる」는 상대가 무언가를 자신이나 자신 측에게 해준다고 하는 뜻을 나타내는 것으로, 우리말의 '～해 준다'에 해당된다(예문①③⑤⑦⑨). 다만, 이 경우의 상대는 자신과 동격이거나 하격인 경우에 국한되며, 상격일 때는 「~てくださる」가 쓰인다(예문⑫). 아울러 「くれる」의 명령형은 「くれ」가 되는 점에 주의하여야 한다(예문⑪).
2. 「～てもらう」는 자신이나 자신 측을 위해서 상대에게 무언가를 하게 하는 것을 나타내는 것인데, 우리말에는 없는 용법이므로 각별히 유의할 필요가 있다(예문②④⑥⑧⑩). 결과적으로는 「～てくれる」와 마찬가지로 동작, 행위의 결과를 나타내는 것이지만, 「～てくれる」가 동작주를 「が」로 표시하는 것임에 반하여, 「～てもらう」는 항상 동작주를 「に」로 표시하는 점에 어법상의 차이가 있다. 이 경우 역시 상대는 자신과 동격이거나 하격인 경우에 국한되며, 상격일 때는 「~ていただく」가 쓰이는데(예문⑬), 일본어에서는 이와 같은 표현이 매우 즐겨 쓰이고 있다.

예문과 해설

① 妹が切符を買ってきてくれた。(여동생이 표를 사와 주었다)

➲ 이 경우 표를 사와 준 동작주는 여동생으로 조사 「が」에 의하여 표시되고 있다.

② 妹に切符を買ってきてもらった。(여동생에게 표를 사오게 했다)

➲ 이 경우 표를 사와 준 동작주는 여동생으로 조사 「に」에 의하여 표시되고 있다.

③ 駅までの道は山田さんが教えてくれた。(역까지의 길은 야마다씨가 가르쳐 주었다)

➲ 이 경우 길을 가르쳐 준 동작주는 야마다씨로 조사 「が」에 의하여 표시되고 있으며, 문맥 상, 말하는 사람과 야마다씨는 동격이거나 하격의 관계에 있는 셈이다.

④ 駅までの道は山田さんに教えてもらった。(역까지의 길은 야마다에게 물어봤다)

➲ 이 경우 길을 가르쳐 준 동작주는 야마다씨로 조사 「に」에 의하여 표시되고 있으며, 문맥 상, 말하는 사람과 야마다씨는 동격이거나 하격의 관계에 있는 셈이다.

⑤ 夜中に腹が急に痛くなったが、医者が早く来てくれて助かった。
(한밤중에 배가 갑자기 아파졌는데, 의사가 빨리 와주어서 살았다)

➲ 이 경우 진찰하러 빨리 와 준 동작주는 의사로서 조사 「が」에 의하여 표시되고 있는데, 이것은 어디까지나 의사가 중심이 되는 표현인 셈이다.

⑥ 夜中に腹が急に痛くなったが、医者に早く来てもらって助かった。
(한밤중에 배가 갑자기 아파졌는데, 의사가 빨리 와주어서 살았다)

➲ 이 경우 진찰하러 빨리 와 준 동작주는 의사로서 조사 「に」에 의하여 표시되고 있는데, 이것은 어디까지나 말하는 사람중심의 표현이 되는 셈이다.

⑦ この手紙(てがみ)をポストに入(い)れてくれませんか。

(이 편지를 우편함에 넣어 주지 않겠습니까?)

➲ 이 경우 우편함에 편지를 넣어줄 것을 부탁받는 사람은 이 부탁을 듣는 사람이지만 여기에서는 표면에 나타나있지 않다.

⑧ この手紙(てがみ)をポストに入(い)れてもらいたいんだけど。

(이 편지를 우편함에 넣어 줬으면 좋겠는데)

➲ 이 경우 우편함에 편지를 넣어줄 것을 부탁받는 사람은 이 부탁을 듣는 사람이지만 여기에서는 표면에 나타나있지 않다.

⑨ あしたは来(き)てくれなくてもいい。(내일은 와주지 않아도 좋다)

➲ 이 경우는 듣는 사람중심의 표현이 된다.

⑩ あしたは来(き)てもらわなくてもいい。(내일은 와주지 않아도 좋다)

➲ 이 경우는 말하는 사람중심의 표현이 된다.

⑪ これをちょっと教(おし)えてくれ。(이걸 좀 가르쳐줘)

➲ 「くれる」의 명령형은 「くれろ」가 아니라 「くれ」가 되는 것에 각별히 주의하여야 한다. 하지만 「もらう」의 명령형은 없으며 (「もらえ」라는 형태는 존재하지 않는다), 굳이 쓰고자 한다면 「もらいなさい」를 써야만 한다.

⑫ 先生(せんせい)は十分(じっぷん)ほど待(ま)ってくださった。(선생님은 10분정도 기다려 주셨다)

➲ 「てくださる」는 확실히 「てくれる」보다는 정중한 표현이어서 이 경우에는 선생님을 높여서 표현한 셈이 된다.

⑬ 先生(せんせい)に十分(じっぷん)ほど待(ま)っていただいた。(선생님을 10분정도 기다리시게 했다)

➲ 「~ていただく」는 확실히 「~てもらう」보다는 정중한 표현이기는 하지만, 그렇더라도 이 경우와 같은 표현에서는 상대의 의사와는 상관없이 일방적으로 기다리게 했다고 하는 표현이 되므로, 「~ていただく」와 같은 형식은 사용에 신중을 기할 필요가 있다. 이에 관해서는 「~てください, ~ていただきます」의 항목을 참고할 것.

「手数(てすう)」「手数(てかず)」「手間(てま)」

(手数(てすう)がかかる、手数(てかず)がかかる、手間(てま)がかかる)

●●● 공통의미

수고, 걸리는 노력이나 시간

●●● 요점

1. 「手数」와 「手数」는 같은 의미용법을 지니고 있는 것이지만, 오늘날에서는 「手数」 쪽이 일반적으로 쓰이고 있다. 어떤 일을 하는 과정에서 이것저것 해야만 하는 번거롭고 복잡한 일들을 나타내는데(예문⑤), 특히 「手数がかかる」의 관용적인 형태로 어떤 일을 추진함에 있어서 신경이 많이 쓰이거나 번거로움을 나타내며(예문③), 「お手数ですが」의 형태로 상대에게 번거로움을 끼치는 것에 대한 인사말로서 흔히 쓰인다(예문①④).
2. 「手間」는 그 일을 함에 있어서 노력과 시간이 많이 걸림을 나타내며, 주로 「手間をとらせる(시간을 잡아먹다)」「手間をとる(시간이 걸린다)」「手間をかける(시간을 들이다)」의 형태로 시간이 많이 소요됨을 나타낸다(예문②⑥⑦).

●●● 예문과 해설

① お手数/お手数/＊お手間ですが、お越しください。
(번거로우시겠습니다만, 와 주십시오)

➲ 이러한 형태로 인사말로서 많이 쓰이는데, 이 경우 「手数」와 「手数」가 적절하지만, 「手数」 쪽이 보다 많이 쓰이고 있다. 「手間」에는 이와 같은 용법이 없으므로 부적절하다.

② 途中で手間/＊手数/＊手数が取れて遅刻した。
(도중에서 시간이 걸려서 지각했다)

➲ 「手間が取れる」와 같은 관용적인 형태로 시간이 많이 걸린다고 하는 뜻을 나타내는데, 「手数」와 「手数」에는 이와 같은 용법이 없으므로 이 경우에는 부적절하다.

③ この仕事はあれこれ手数がかかる。
(이 일은 이래저래 번거롭다(신경이 많이 쓰인다))

➲ 「手数がかかる」와 같은 관용적인 형태로 어떤 일을 함에 있어서 번거롭거나 신경이 많이 쓰이는 것을 나타낸다.

④ お手数でもお願いします。(번거로우시더라도 부탁드립니다)

➲ 「手数」는 어디까지나 일의 번거롭고 복잡함을 나타내는 것에 의미의 중심이 놓인다.

⑤ それは手数の要らない仕事です。(그것은 번거롭지 않은 일입니다)

⑥ この商売は手間を取らせるだけでお金にはならない。
(이 일은 시간을 잡아먹을 뿐으로 돈은 되지 않는다)

➲ 「手間」는 어디까지나 그 일을 함에 있어서 시간이나 노력이 많이 소요됨을 나타내는 것에 의미의 중심이 놓인다.

⑦ こうしたら手間が省けるでしょう。(이렇게 하면 시간을 절약할 수 있을 겁니다)

「～ですか」「～でしょうか」

(どちらさまですか、どちらさまでしょうか)

공통의미

상대에게 질문하는 의미용법

요점

1. 「～ですか」「～でしょうか」는 둘 다 상대에게 무언가를 질문하는데 쓰이는 말이지만, 상대의 확실한 대답이 기대되는가의 여부와 정중도의 여부에 따라서 용법상의 차이가 엿보인다.
2. 「～ですか」는 상대가 확실하게 대답을 할 수 있을 것으로 기대되는 사항에 대한 질문에 쓰이며(예문①②③), 정중도는 「～でしょうか」에 비해서 다소 떨어진다.
3. 「～でしょうか」는 상대가 확실하게 대답을 할 수 있을지에 대하여 기대나 확신을 할 수 없는 사항에 대한 질문에 쓰이며(예문④⑤), 정중도는 「～ですか」에 비해서 높다(예문⑥⑦).

예문과 해설

① お宅のお子さんは何年生ですか/✱でしょうか。
(댁의 자제분은 몇 학년 입니까?)

➲ 이 경우 질문을 받은 사람은 당연히 자기자식이 몇 학년인지를 확실하게 알고 있을 것으로 충분히 기대되므로 「~ですか」가 적절하다.

② あなたの会社(かいしゃ)は、どこにある会社(かいしゃ)ですか/✱でしょうか。

(당신의 회사는 어디에 있는 회사입니까?)

➲ 이 경우 역시 자신의 회사가 어디에 위치하고 있는지는 너무나도 당연히 알고 있을 것으로 기대되는 사항이므로, 그에 대한 질문에는 「~ですか」가 적절하다.

③ お宅(たく)のご主人(しゅじん)は何歳(なんさい)ですか/✱でしょうか。(댁의 남편은 몇 살입니까?)

➲ 이 경우 역시 예문①②와 맥락을 같이 하고 있다.

④ あしたはどんな天気(てんき)でしょうか/✱ですか。

(내일은 어떤 날씨일까요?)

➲ 이 경우와 같이 내일의 날씨는 인간이 판단할 수가 있는 사항이 아니므로, 이에 대한 질문에는 「~でしょうか」가 적절하다.

⑤ 今日(きょう)は雨(あめ)が降(ふ)るでしょうか/✱降(ふ)りますか。(오늘은 비가 올까요?)

➲ 이 경우와 같이 오늘 비가 올지의 여부는 인간이 판단할 수가 없는 사항이므로, 이에 대한 질문에는 「~でしょうか」가 적절하다. 참고로 동사의 정중한 추측형은 동시종지형에 「です」의 추측형인 「でしょう」가 접속되어서 쓰인다.

⑥ ごめんください。(실례합니다) → どちらさまでしょうか/ですか。(누구십니까?)

➲ 이 경우는 단도직입적으로 상대의 신분을 묻는 것을 피하고, 어디까지나 정중하게 묻기 위하여 완곡한 표현인 「~でしょうか」가 쓰였다.

⑦ すみませんが、市役所(しやくしょ)はどの辺(へん)でしょうか/ですか。

(미안합니다만, 시청은 어디쯤입니까?)

➲ 이 경우는 어떻게 보면 질문을 받은 상대가 시청의 소재지를 확실하게 모를 수도 있을 것이라는 생각에서 「~でしょうか」를 쓴 것으로 볼 수도 있으나, 이는 어디까지나 정중도를 높이기 위한 일상적인 표현인 셈이다.

「~てならない」「~てたまらない」「~てしかたがない」

(今日(きょう)は寒(さむ)くてならない、今日(きょう)は寒(さむ)くてたまらない、今日(きょう)は寒(さむ)くてしかたがない)

●●● 공통의미

너무~하다(감정, 욕구의 정도가 극한에 달했음을 나타내는 의미용법)

●●● 요점

1. 「~てならない」는 저절로 그렇게 느껴지는 감정이나 욕구를 간접적으로 나타내는 것으로 여성적인 느낌이 들며, 주로 문장체에서 쓰이는 경향이 있다. 그 앞에는 오로지 감정이나 감각, 또는 욕구를 나타내는 말이 오게 되며, 우리말의 '자꾸만~하게 된다' 정도에 해당된다(예문①②③④⑤⑥⑦).
2. 「~てたまらない」는 감정이나 욕구가 극한에 도달하여 더 이상은 참을 수 없음을 직접적으로 나타내는 것으로 남성적인 느낌이 들며, 주로 회화체에서 쓰인다. 「~てならない」보다는 그 의미가 보다 강렬한데, 「たまらない」는 동사 「たまる(참다)」의 미연형 「たまら」에 부정의 조동사 「ない」가 접속된 형태이며, 결국 이러한 형태로 우리말의 '~해서 죽겠다, ~해서 못 참겠다' 정도에 해당된다(예문①②③④⑧⑨).
3. 「~てしかたがない」는 그렇게 느껴지는 감정이나 욕구를 어떻게 주체할 수 없음을 나타내는 것으로, 우리말의 '너무~하다, ~해서 견딜 수가 없다' 정도에 해당된다(예문①②③④⑧⑨). 「しかた」는 サ행변격동사 「する」의 연용형 「し」에 방법, 수단의 뜻을 나타내는 접미어 「かた」가 접속된 것으로 우리말의 '방법, 도리'에 해당되는 말이다.

●●● 예문과 해설

① 友だちの招待に、急用で行けなくなって残念でならない/残念でたまらない/残念でしかたがない。

(친구의 초대에 갑작스런 일로 갈 수 없게 되어 무척이나 유감스럽다)

➲ 이 경우는 어느 것이나 적절한데 「~てならない」를 쓰게 되면 가만히 있어도 저절로 유감스런 감정이 느껴지는 것을 나타내고, 「~てたまらない」와 「~てしかたがない」는 둘 다 강한 유감의 감정을 나타내게 된다.

② 急に寒くなって、今日は家にいても寒くてなりません/寒くてたまりません/寒くてしかたがありません。

(갑자기 추워져서, 오늘은 집에 있어도 추워서 견딜 수 없습니다)

➲ 이 경우는 「~てならない」를 쓰게 되면 자꾸만 은근히 추위를 느낀다는 뜻이 되고, 「てたまらない」를 쓰게 되면 추워서 참을 수가 없다는 뜻이 되며, 「~てしかたがない」를 쓰게 되면 추워서 어찌할 도리가 없다는 뜻이 된다.

③ 禁煙中なんだけど、たばこが吸いたくてならない/吸いたくてたまらない/吸いたくてしかたがない。

(금연 중이지만, 자꾸만 담배가 피우고 싶다/담배가 피우고 싶어서 죽겠다)

➲ 이 경우 역시 예문①②와 맥락을 같이하고 있다.

④ 今日(きょう)は、母(はは)に会(あ)いたくてならない/母(はは)に会(あ)いたくてたまらない/母(はは)に会(あ)いたくてしかたがない。

(오늘은 자꾸만 어머니가 보고 싶다/어머니가 보고 싶어 못 참겠다)

➲ 이 경우도 위의 예문들과 맥락을 같이하고 있다.

⑤ 何(なん)となく今日(きょう)は、いいことが起(お)こりそうな気(き)がしてならない/＊気(き)がしてたまらない/＊気(き)がしてしかたがない。

(왠지 오늘은 좋은 일이 일어날 것 같은 느낌이 자꾸만 든다)

➲ 이 경우와 같이 저절로 그런 느낌이 자꾸만 드는 때는 「~てならない」가 적절하다. 「~てたまらない」와 「~てしかたがない」는 감정이나 욕구표현이 너무 직접적이어서 이 경우에는 부적절하다.

⑥ 年(とし)のせいだろうか、近(ちか)ごろ、昔(むかし)のことが思(おも)い出(だ)されてならない/＊思(おも)い出(だ)されてたまらない/＊思(おも)い出(だ)されてしかたがない。

(나이 탓일까, 요즈음 옛날 일이 자꾸만 생각이 난다)

➲ 이 경우 역시 옛날일이 저절로 자꾸 생각나는 것이므로 오로지 「~てならない」만이 적절하다. 「~てたまらない」와 「~てしかたがない」는 감정이나 욕구표현이 너무 직접적 이어서 이 경우에는 부적절하다.

⑦ なぜあのとき、励(はげ)ましてやらなかったのかと悔(く)やまれてなりません/＊悔(く)やまれてたまりません/＊悔(く)やまれてしかたがありません。

(왜 그 때, 격려해 주지 않았는가 하고 자꾸만 후회가 됩니다)

➲ 이 경우 역시 예문⑤⑥과 맥락을 같이하고 있다.

⑧ この本(ほん)、返(かえ)すよ。ぼくはつまらなくてたまらないんだけど/つまらなくてしかたがいんだけど/＊つまらなくてならないんだけど。

(이 책, 돌려줄게. 나는 재미없어 못 견디겠네)

➲ 이 경우와 같이 저절로 그렇게 자꾸만 느껴지는 감정이나 욕구가 아니라, 말하는 사람의 강렬한 느낌을 나타낼 때는 「~てたまらない」와 「~てしかたがない」가 적절하다. 「~てならない」는 그 앞에 감정이나 욕구를 나타내는 말만 오게 되는데, 여기에서는 단지 재미없다고 하는 평가가 와있으므로 부적절하다.

⑨ これ、買(か)う時(とき)、高(たか)くてたまらなかったけど/高(たか)くてしかたがなかったけど/＊高(たか)くてならなかったけど、使(つか)ってみると、値打(ねう)ちあったね。

(이거, 살 때 비싸 죽겠더구만, 써보니, 가치 있네)

➲ 이 경우 역시 그 앞에 감정이나 욕구를 나타내는 말이 아니라 단지 평가를 나타내는 말이 와있으므로 「~てならない」는 부적적하다.

「~てはいけない」「~てはならない」「~てはだめだ」

(来(き)てはいけない所(ところ)、来(き)てはならない所(ところ)、来(き)てはだめな所(ところ))

공통의미

~해서는 안 된다(금지를 나타내는 용법)

요점

1. 「~てはいけない」는 상대에게 어떤 행위를 금지하는 경우에 쓰이는데, 주로 개인 차원의 행위를 금지하는 때에 쓰이는 경향이 있다(예문①②③④⑤⑥⑦⑧⑨).
2. 「~てはならない」는 당연히 금지되어야 할 일을 하지 말아야 한다는 경우에 쓰이는데, 일반적으로 금지되어야 할 공적이거나 객관적인 사항에 쓰이는 경향이 있다(예문①②③⑩⑪⑫⑬).
3. 「~てはだめだ」는 상대에 대한 주의나 질책, 비판 등에 쓰이는데 주로 개인차원에서 쓰이며, 특히 회화체에서만 쓰이고 문장체에서는 일체 쓰이지 않는 경향이 있다(예문①⑭⑮⑯).

예문과 해설

① 来(き)てはいけない/ならない/だめなところに来(き)てしまった。

(와서는 안 되는 곳에 오고 말았다)

➲ 이 경우 「~てはいけない」를 쓰게 되면 다른 사람은 몰라도 자신에게 있어서만은 와서는 안 된다고 하는 개인적인 금지의식이 느껴지며, 「~てはならない」를 쓰게 되면 어떤 일반적인 규제에 의한 금지라는 느낌이 주어진다. 그리고 「~てはだめだ」를 쓰게 되면 회화체에서 개인 차원에 쓰이는 느낌이 주어지는데, 「だめな」는 「だめだ」의 연체형으로 뒤에 오는 명사를 수식하는 역할만을 수행한다.

② 消防車(しょうぼうしゃ)の出入(でい)り口(ぐち)につき、いかなる車(くるま)も駐車(ちゅうしゃ)してはいけない/ならない/✱だめ

だ。

(소방차의 출입구이므로, 어떠한 차도 주차해서는 안 된다)

➲ 이 경우 「~てはいけない」를 쓰게 되면 주차해서는 안 된다고 하는 개인적인 금지의식이 느껴지며, 「~てはならない」를 쓰게 되면 어떤 일반적인 규제에 의하여 주차가 금지라는 느낌이 주어진다. 하지만 「~てはだめだ」의 경우에는 오로지 회화체에서, 그것도 개인차원에서만 쓰이는 것이므로 이와 같은 문장체에서는 일체 쓸 수가 없다.

③ 未成年者(みせいねんしゃ)に酒類(しゅるい)を販売(はんばい)したりしてはいけない/ならない/＊だめだ。

(미성년자에게 주류를 판매하거나 해서는 안 된다)

➲ 이 경우 역시 위의 예문들과 맥락을 같이 하고 있다.

④ 友(とも)だちとけんかをしてはいけない。(친구와 싸움을 해서는 안 된다)

➲ 이 경우는 아이를 꾸짖거나 타이르는 듯한 어감이어서 어디까지나 개인적인 차원에서의 금지가 느껴지므로 「~てはいけない」가 가장 적절하다.

⑤ ここに自動車(じどうしゃ)を止(と)めてはいけない。(여기에 자동차를 세워서는 안 된다)

➲ 이 경우는 개인적인 차원에서의 주차금지를 나타내고 있다.

⑥ 試験中(しけんちゅう)、辞書(じしょ)を使(つか)ってはいけない。(시험 중에 사전을 사용해서는 안 된다)

⑦ くつをはいたまま入(はい)ってはいけない。(신발을 신은 채 들어와서는 안 된다)

⑧ そんなふうに病人(びょうにん)を動(うご)かしてはいけない。(그런 식으로 환자를 움직여서는 안 된다)

⑨ このままうちに帰(かえ)ってはいけないですか。(이대로 집에 돌아가서는 안 됩니까?)

⑩ 警察(けいさつ)が来(く)るまで、だれもここに入(はい)ってはならない。

(경찰이 올 때까지 아무도 여기에 들어가서는 안 된다)

➲ 이 경우는 공적인 차원에서의 금지를 나타내고 있다.

⑪ 決(けっ)してうそを言(い)ってはならないという教(おし)えを破(やぶ)ってしまった。

(결코 거짓말을 해서는 안 된다고 하는 가르침을 깨고 말았다)

➲ 이 경우는 일반적이고 공적인 차원에서의 금지를 나타내고 있다.

⑫ もう二度(にど)と戦争(せんそう)など起(お)こしてはならない。

(두 번 다시 전쟁 같은 것 일으켜서는 안 된다)

⑬ 許可(きょか)された者(もの)以外(いがい)立(た)ち入(い)ってはならない。

(허가된 자 이외는 들어와서는 안 된다)

⑭ あぶないから、そんなことをしてはだめだ。(위험하니까, 그런 짓을 해서는 안 된다)

➲ 이 경우는 회화체에서의 주의사항을 나타내고 있다.

⑮ 今日(きょう)、車(くるま)でしょう? 飲(の)んではだめですよ。(오늘 차지요? 마시면 안 돼요)

➲ 이 경우는 앞부분에 회화체적인 어감이 있고, 문말에 주장을 나타내는 종조사 「よ」가 있으므로, 회화체에서 금지를 나타내는 의미용법을 지닌 「~てはだめだ」가 적절하다.

⑯ 勉強(べんきょう)しないで、テレビばかり見(み)ていてはだめだよ。
(공부하지 않고 티브이만 보고 있어서는 안 돼)

➲ 이 경우는 개인차원에서의 비난의 의미를 나타내고 있다.

「~てはじめて」「~てこそ」

(玉(たま)は磨(みが)いてはじめて光(ひか)る、玉(たま)は磨(みが)いてこそ光(ひか)る)

공통의미

~해서야 비로소, ~함으로서

요점

1. 「~てはじめて」는 무언가를 경험한 결과, 이제까지 알지 못했거나 느끼지 못했던 것을 새삼스럽게 알게 되거나 느끼게 되었음을 나타내는 것으로, 우리말의 '~해서야 비로소'에 해당된다(예문①②③④⑤).
2. 「~てこそ」는 무언가의 조건을 갖춤으로서 비로소 의의가 있게 되며 좋은 결과도 생겨날 것임을 나타내는 것으로, 그러한 조건이 갖추어지지 않는 한 그러한 결과도 없을 것임을 나타낸다. 우리말의 '~함으로서'에 해당된다(예문①⑥⑦⑧⑨).
3. 결국 「~てはじめて」는 이미 일어난 상황이거나 앞으로 일어날 상황 어느 쪽에도 쓸 수가 있으나, 「~てこそ」는 반드시 이미 일어난 상황일 때는 쓸 수가 없고, 오로지 앞으로 일어날 상황에 대해서만 쓸 수가 있다는 점에 근본적인 차이가 엿보인다.

예문과 해설

① 玉(たま)は磨(みが)いてはじめて/磨(みが)いてこそ光(ひか)る。
(옥은 다듬어서야 비로소/다듬음으로서 빛난다)

➲ 이 경우는 이미 발생한 상황이 아니므로 둘 다 적절한데, 「~てはじめて」를 쓰게 되면 옥을

다듬는 행위를 함으로서 새삼 빛이 난다는 사실을 나타내지만, 「~てこそ」를 쓰게 되면 옥은 다듬어야 빛이 나게 되지만, 다듬지 않으면 결코 빛이 나지 않음을 나타내게 된다.

② 外国に行ってはじめて/✱行ってこそ自分の国の大事さがわかった。
(외국에 가서야 비로소 자신의 나라의 소중함을 알 수 있었다)

➲ 이 경우는 이미 외국에 갔다고 하는 상황의 발생이므로, 앞으로 일어날 상황에 대해서만 쓸 수 있는 「~てこそ」는 부적절하다.

③ 日本に来てはじめて/✱来てこそ刺身を食べました。
(일본에 와서야 비로소 회를 먹었습니다)

➲ 이 경우 역시 이미 일본에 왔다고 하는 상황의 발생이므로 「~てこそ」는 부적절하다.

④ 病気になってはじめて/✱なってこそ、健康のありがたさを知った。
(병에 걸려서야 비로소 건강의 고마움을 알았다)

➲ 이 경우도 이미 병에 걸렸다고 하는 상황의 발생이므로 「~てこそ」는 부적절하다.

⑤ 言われてみてはじめて/✱言われてみてこそ、自分がいかに気が小さかったかを知った。
(말을 듣고서야 비로소 자신이 얼마나 소심했는가를 알았다)

➲ 이 경우도 위의 예문들과 맥락을 같이 하고 있다.

⑥ この木は雨の少ない地方にうえてこそ価値がある。
(이 나무는 비가 적은 지방에 심음으로서 가치가 있다)

➲ 이 경우는 전항의 조건을 충족시켜야만 좋은 의의나 결과가 있을 것임을 나타내고 있다.

⑦ この問題は皆で話し合ってこそ意味がある。
(이 문제는 모두가 이야기를 나눔으로서 의미가 있다)

➲ 이 경우 역시 모두가 이야기를 나누어야만 의미가 있을 것이며, 그렇지 않으면 의미가 없을 것임을 나타내고 있다. 결국은 앞으로 일어날 상황에 대하여 쓰이고 있는 셈이다.

⑧ 互いに助け合ってこそ本当の家族といえるのではないだろうか。
(서로 도움으로서 참된 가족이라고 할 수 있는 것은 아닐까)

➲ 이 경우 역시 위의 예문들과 맥락을 같이하고 있다.

⑨ 一人でやってこそ身につくのだから、難しくてもがんばってやりなさい。
(혼자서 해봄으로서 몸에 붙는 거니까, 어려워도 힘내서 해라)

➲ 이 경우도 앞으로 일어날 상황에 대하여 쓰이고 있다.

「デパート」「百貨店(ひゃっかてん)」

공통의미

백화점

요점

1. 「デパート」와 「百貨店(ひゃっかてん)」은 둘 다 백화점을 가리키는 말인데, 「デパート」는 영어 「Department store」의 첫 부분 「Depart」를 일본식으로 발음한 것에서 유래된 말이며, 「百貨店(ひゃっかてん)」은 한자어에서 유래된 말이다. 우리말에서는 이 한자어만을 쓰고 있다.
2. 「デパート」가 「百貨店(ひゃっかてん)」보다 일상적으로 가장 널리 쓰이고 있다.

예문과 해설

① デパートから注文(ちゅうもん)した服(ふく)が届(とど)けられた。
(백화점으로부터 주문한 옷이 배달되었다)

② あの建物(たてもの)は老舗(しにせ)の百貨店(ひゃっかてん)です。(저 건물은 아주 오래된 백화점입니다)

「出前(でまえ)」「仕出(しだし)」「配達(はいたつ)」

공통의미

배달

요점

1. 우리말에서는 '배달'이라는 말밖에 쓰지 않지만, 일본어에서는 「出前」「仕出」「配達」의 세 가지가 각각 그 의미용법을 달리하면서 쓰이고 있다.
2. 「出前」는 면 종류, 초밥, 도시락 등 이미 만들어진 음식을 배달하는 것을 나타내는데, 보통 서민적인 음식의 배달에 많이 쓰인다(예문①②).
3. 「仕出」역시 음식의 배달에 쓰이는 점에서는 「出前」와 같으나, 「出前」는 만들어진 음식을 배달하는 경우에만 쓰이지만, 「仕出」는 만들어진 음식을 배달하는 경우에도 쓰이고, 또는 주문한 곳에 출장을 가서 음식을 만드는 경우에도 쓰이는 점이 다르다. 또한 「出前」보다는 고급요리에 주로 쓰이며 1인분정도가 아니라 여러 사람의 음식을 배달하는 경우에 주로 쓰인다(예문③④).
4. 「配達」는 음식이 아니라 우편물, 신문, 우유, 상품 등을 각 가정에 배달하는 경우에 쓰이는 것인데, 이 점에서는 우리말의 '배달' 과 다소 다르다(예문⑤⑥).

예문과 해설

① ラーメンを二人前出前する。(라면을 2인분 배달한다)

② お寿司の出前をとって食べた。(초밥을 배달시켜서 먹었다)

③ 仕出弁当。(다량으로 주문한 고급도시락)

④ 仕出をとる。(요리를 주문한다)

⑤ 年賀状を配達する。(연하장을 배달한다)

⑥ 新聞配達。(신문배달)

「～ても」「～のに」

(よく読んでも分からない、よく読んだのに分からない)

●●● 공통의미

～해도, ～했는데도(역접을 나타내는 의미용법)

●●● 요점

1. 「～ても」와 「～のに」는 둘 다 앞의 내용에서 예상되거나 기대되는 결과와는 반대되는 내용이 뒤에 오는 것을 나타내는 역접의 의미용법을 지니고 있으나, 가정의 의미를 나타내는 용법에서는 양자 간에 차이가 엿보인다.
2. 「～ても」는 현실적으로 있었던 행위나 상황에 대한 역접의 의미로도 쓰이고(예문①②③), 현실적으로는 이루어지지 않은 행위나 상황에 대한 가정의 의미로도 쓰인다(예문④⑤⑥⑦).
3. 「～のに」는 가정을 나타내는 용법은 없으며, 어디까지나 현실적으로 있었던 행위나 상황에 대하여 예상이나 기대 밖의 결과를 나타내는데 쓰인다. 아울러 그 결과에 대하여 말하는 사람이 의외로 생각하거나 불만스럽게 생각하는 어감이 담겨있다(예문①②③).

●●● 예문과 해설

① よく読んでも/読んだのに分からない。(잘 읽어도/읽었는데도 알 수가 없다)

➲ 이 경우는 실제로 잘 읽었다고 하는 현실적인 행위를 나타내고 있으므로 둘 다 적절하다. 다만, 「~ても」는 단지 앞의 사실과 뒤의 사실이 상반됨을 나타내고 있는 데에 불과하지만, 「~のに」는 잘 읽었음에도 불구하고 알 수가 없다고 하는 결과에 대한, 말하는 사람의 의아한 기분이나 불만의 감정이 생생하게 나타나있다고 하는 점에서 차이가 엿보인다.

② 財布は、1時間も捜しても/捜したのに、見つからないの。

(지갑은 1시간이나 찾아도/찾았는데도 못 찾겠어)

➲ 이 경우는 이미 지갑을 분실하여 1시간이나 실제로 찾았다고 하는 현실적인 행위를 나타내고 있으므로 둘 다 적절하다. 다만 「~ても」보다는 「~のに」에 말하는 사람의 의아한 기분이나 불만의 감정이 생생하게 나타나있다고 하는 차이가 엿보인다.

③ 山田さんは、何回も電話しても/電話したのに、出ないんですよ。

(야마다씨는 몇 번이고 전화해도/전화했는데도 안 받는 거야)

➲ 이 경우도 야마다씨에게 몇 번이고 전화를 했다고 하는 현실적인 행위를 나타내고 있으므로 둘 다 적절하다. 다만, 이 경우 역시 「~ても」보다는 「~のに」에 말하는 사람의 의아한 기분이나 불만의 감정이 생생하게 나타나있다고 하는 의미차이가 엿보인다.

④ あした、雨が降っても/＊降るのに、行きますよ。

(내일, 비가 와도 갈 거예요)

➲ 이 경우는 내일을 가정하여 나타내고 있는 것이므로 「~ても」가 적절하다. 「~のに」는 이와 같이 내일의 사실을 가정하여 나타내는 데는 일체 쓸 수가 없고, 오로지 현실적으로 있었던 행

위나 상황에 대해서만 쓰이므로 여기에서는 부적절하다.

⑤ たとえ、彼が来なくても/＊来ないのに、私は行きます。
(설사 그가 오지 않아도 나는 갑니다)

➲ 이 경우 그가 오지 않는다고 하는 것은 어디까지나 미래의 사실을 가정하여 나타내는 것이므로 「~ても」가 적절하다. 「~のに」에는 이와 같은 가정의 용법은 없으므로 여기에서는 부적절하다.

⑥ このコップは、落としても/＊落とすのに、壊れません。
(이 컵은 떨어뜨려도 깨지지 않습니다)

➲ 이 경우도 예문④⑤와 맥락을 같이 하고 있다.

⑦ この本は哲学書ですから、誰が読んでも/＊読んだのに難しいでしょう。
(이 책은 철학서이기 때문에 누가 읽어도 어려울 것입니다)

➲ 이 경우 역시 위의 예문들과 맥락을 같이 하고 있다.

「～てもらいたい」「～てほしい」「～てください」

(もう一度話してもらいたい、もう一度話してほしい、もう一度話してください)

공통의미

～해 주었으면 한다, ～해 주었으면 좋겠다

요점

1. 「～てもらいたい」와 「～てほしい」, 그리고 「～てください」는 모두 상대에게 무엇인가를 해 줄 것을 부탁하는 표현인데, 실제의 용법에서는 부탁의 강도에 있어서 각 형태 간에 차이가 엿보인다.
2. 「～てもらいたい」는 상대에게 무언가를 해 줄 것을 비교적 강하게 부탁하는 것으로, 우리말의 '～해 주었으면 한다' 정도에 해당된다(예문①②⑤⑥).
3. 「～てほしい」는 상대에게 자신의 바람을 간접적으로 나타냄으로서 비교적 약하게 무엇인가를 부탁하는 것으로, 우리말의 ' ~해 주었으면 좋겠다' 정도에 해당된다(예문①②⑦⑧).

4. 「～てください」는 상대에게 무엇인가를 해 줄 것을 직접적으로 부탁하는 것으로 이 세 가지 형태 중에서 가장 강력한 부탁이 된다. 우리말의 '～해 주십시오'에 해당된다(예문 ①②③④).

예문과 해설

① あの件についてもう一度話してもらいたい/話してほしい/話してください。

(그 건에 대해서 다시 한 번 이야기해 주었으면 한다/이야기해 주면 좋겠다/이야기해 주십시오)

➲ 이 경우와 같이 단지 무언가를 상대에게 부탁한다고 하는 점에 있어서는 세 가지 다 적절한데, 부탁의 강도는 「~てほしい」「~てもらいたい」「~てください」순으로 강해진다.

② 私の代わりに行ってもらいたい/行ってほしい/行ってください。

(내 대신에 가 주었으면 한다/가 주면 좋겠다/가 주십시오)

➲ 이 경우도 예문①과 맥락을 같이 하고 있어서, 부탁의 강도는 「~てほしい」「~てもらいたい」「~てください」순으로 강해진다.

③ 頼みます。私の子どもの家庭教師になってください/?なってもらいたい/＊なってほしい。

(부탁합니다. 우리 아이의 가정교사가 되어 주십시오)

➲ 이 경우는 문의 앞에 강력한 부탁을 나타내는 표현이 와 있으므로 직접적인 부탁을 나타내는「~てください」가 적절하다. 「~てもらいたい」는 「~てほしい」보다는 강한 부탁을 나타내므로 다소 부적절하기는 하지만, 굳이 쓰려면 못 쓸 법도 없다. 하지만, 「~てほしい」는 가장 약한 부탁의 뜻을 나타내므로 전후문맥의 연결로 볼 때 여기에서는 부적절하다.

④ 津波警報が発令されました。海岸近くにいる人は直ちに避難してください/＊避難してもらいたい/＊避難してほしい。

(해일경보가 발령되었습니다. 해안 가까이에 있는 사람은 곧바로 피난해 주십시오)

➲ 이 경우와 같이 경보가 발령된다고 하는 긴박한 상황에서는 가장 직접적이고 강한 부탁인 「~てください」가 적절하다. 나머지 두 가지 형태는 간접적인 부탁을 나타내므로 여기에서는 전후 문맥의 연결로 볼 때 부적절하다.

⑤ 間違っていたらあなたに直してもらいたい/?直してほしい。

(틀렸다면 당신이 고쳐주었으면 한다)

➲ 이 경우와 같이 상대에 대한 부탁의 기분이 비교적 강하게 나타나있을 때는 「~てもらいたい」가 적절하다. 「~てほしい」는 비교적 약한 부탁의 기분을 나타내는 것이므로 여기에서는 다소 부적절하다.

⑥ 卒業しても、折を見てぜひ来てもらいたい/?来てほしい。

(졸업해도, 틈을 봐서 꼭 와주었으면 한다)

➲ 이 경우 역시 상대에 대한 강한 바람을 나타내는 부사 「ぜひ」가 와있으므로, 「~てもらいたい」가 보다 적절하다.

⑦ 冗談だよと笑ってほしい/?笑ってもらいたい。
(농담이라며 웃어줬으면 좋겠다)

➲ 일본가요최대의 명곡인 「恋人よ」의 가사 마지막부분인데, 이 경우는 상대에 대한 부탁의 기분이 비교적 약하고 간접적으로 나타나있으므로 「~てほしい」가 적절하다. 「~てもらいたい」는 「~てほしい」에 비해서 비교적 강한 부탁의 기분을 나타내는 것이어서 애절한 분위기를 자아내는데 어울리지 못하므로 여기에서는 다소 부적절하다.

⑧ 仕事の合間に看病の手伝いに来てほしい/?来てもらいたい。
(일의 틈에 간병을 도와주러 와 주었으면 좋겠다)

➲ 이 경우 역시 위의 예문⑦과 맥락을 같이 하고 있다.

「出る」「出かける」

(旅に出る、旅に出かける)

공통의미

나가다

요점

1. 「出る」는 지금의 장소에서 밖으로 나가는 것을 나타내며(예문①②③④), 소속된 어떤 단체나 조직을 아주 떠나는 것도 나타낸다(예문⑤). 우리말의 '나가다, 나오다'에 해당된다.
2. 「出かける」는 어떤 목적을 위해서 밖에 나가는 것으로, 돌아올 것을 전제로 하는 말이다(예문①②⑥⑦⑧). 우리말의 '외출하다, 떠나다'에 해당된다.

예문과 해설

① 旅に出る/出かける。(여행을 떠난다)

➲ 이 경우는 전후문맥이나 장면의 설정이 없으므로 단지 여행을 떠난다고 하는 뜻에서는 둘 다 적절하다.

② 私は毎朝7時に会社に出ます/出かけます。
(나는 매일아침 7시에 회사로 나갑니다)

➲ 이 경우는 출근하기 위해 집안에서 회사를 향해 밖으로 나간다는 뜻이므로 둘 다 적절하다.

③ 改札口を出て/＊出かけて商店街に向かう。(개찰구를 나와서 상점가로 향한다)

➲ 이 경우와 같이 지금의 위치에서 밖으로 나가는 것을 나타내며 그 앞에 목적격조사 「を」가 올 때는 「出る」만이 적절하다. 「出かける」는 돌아올 것을 전제로 나가는 것을 나타내며, 또한 그 앞에는 목적격조사 「を」가 올 수 없으므로 여기에서는 부적절하다.

④ 父は風呂から出ると/＊出かけると、必ずビールを一杯飲む。
(아버지는 목욕하고 나오면 반드시 맥주를 한 잔 마신다)

➲ 이 경우와 같은 단지 지금의 공간에서 나오는 것만을 가리키며, 다시 돌아올 전제가 없을 때는 「出る」만이 적절하다.

⑤ 彼女は3年前に大学を出た/＊出かけた。(그녀는 3년 전에 대학을 나왔다)

➲ 이 경우와 같이 대학을 졸업한다는 뜻으로 쓰일 때는 오로지 「出る」만이 적절하다.

⑥ 用事があって大阪へ出かける/?出る。(볼일이 있어서 오사카로 떠난다)

➲ 이 경우와 같이 외출이나 출장이 분명한 때는 「出かける」가 적절하다.

⑦ どちらへお出かけ/＊出になりますか。(어디로 외출하십니까?)

➲ 이 경우 역시 예문⑥과 맥락을 같이하는 것인데, 존경어형식인 「お~になる」에는 「出る」가 쓰일 수 없다.

⑧ 息子は出かける/＊出るのが好きで、ほとんど家にはいない。
(아들은 외출하는 것을 좋아해서 거의 집에는 없다)

➲ 이 경우 역시 외출을 뜻하고 있으며, 다시 집으로 돌아오는 것이 분명한 전제가 되어 있으므로 오로지 「出かける」만이 적절하다.

「照れる」「はにかむ」「恥じらう」

(照れて顔を赤くする、はにかんで顔を赤くする、恥じらって顔を赤くする)

공통의미

부끄러워하다

요점

1. 「照れる」는 남 앞에서 주목을 받거나 하여 스스로 부끄러움을 느낀 나머지, 보통 때와는 다른 몸짓이나 행동을 하는 것인데, 우리말의 '쑥스러워하다, 겸연쩍어하다' 정도에 해당된다(예문①②④⑤⑥).
2. 「はにかむ」는 말이나 몸짓을 작게 하면서 미소를 짓거나 밑으로 시선을 향하거나, 또는 눈길을 돌리는 행위를 나타내는데, 우리말의 '수줍어하다' 정도에 해당된다(예문①③⑦⑧).
3. 「恥じらう」는 주로 젊은 여성들이 자신을 부끄럽게 느끼면서 남의 눈을 피하려고 하는 행위를 나타내는데, 우리말의 '부끄러워하다' 정도에 해당된다(예문①③⑨⑩).

예문과 해설

① 照れて/はにかんで/恥じらって顔を赤くする。
(쑥스러워하며//수줍어하며/부끄러워하며 얼굴을 붉힌다)

➲ 이 경우는 전후문맥이나 장면의 설정이 없으므로 의미의 차이는 있을지언정, 어느 것이나 다 적절하다.

② 先生にほめられて照れる/?はにかむ/?恥じらう。(선생님께 칭찬받고 쑥스러워한다)

➲ 이 경우와 같이 칭찬을 받고서 쑥스러워하는 때는 「照れる」가 가장 적절하다. 「はにかむ」는 주로 수줍어하는 경우에 쓰이므로 여기에서는 다소 부적절하고, 「恥じらう」는 주로 젊은 여성이 부끄러워하는 경우에 쓰이므로 이것역시 여기에서는 다소 부적절하다.

③ うちの娘はまだ世慣れずに人の前ではにかむ/恥じらう/＊照れる。
(우리 집 딸은 아직 세상에 익숙하지가 않아서 남 앞에서 수줍어한다/부끄러워 한다)

➲ 이 경우는 남 앞에서 수줍어하거나 부끄러워하는 것을 나타내므로 「はにかむ」와 「恥じらう」가 적절하다. 「照れる」는 주로 남의 주목을 받거나 칭찬을 받는다고 하는 전제가 있을 때에 한하여 쓰일 수 있으므로, 여기에서는 부적절하다.

④ 照れて/＊はにかんで/＊恥じらって思わず声が高くなる。
(겸연쩍어서 나도 모르게 목소리가 높아진다)

➲ 부끄럽거나 수줍은 경우에는 결코 목소리가 높아질 수가 없으므로, 이 경우에는 「照れる」가 적절하다. 「照れる」는 결과적으로는 보통 때와 다른 몸짓이나 행동을 하는 경향이 있다.

⑤ 急にマイクを向けられてすっかり照れる。
(갑자기 마이크가 입 앞에 와서 완전히 쑥스러워한다)

➲ 「照れる」는 남으로부터 주목받는 것에 대하여 심적으로 부담을 느낀다고 하는 것에 의미의 중심이 놓인다.

⑥ そんなことを言われると照れてしまう。(그런 말을 들으면 겸연쩍어지고 만다)

⑦ 少女ははにかんでうつむいた。(소녀는 수줍어하며 고개를 숙였다)

➲ 「はにかむ」는 시선이 밑으로 향하거나 목소리가 작은 등, 남 앞에서 부끄러워하는 모습이나 태도를 나타내는 것에 의미의 중심이 놓인다.

⑧ 女の子ははにかみながら答えた。(여자아이는 수줍어하면서 대답했다)

⑨ 話しかけても恥じらってほほえむばかりだ。
(말을 걸어도 부끄러워하며 미소 지을 뿐이다)

➲ 「恥じらう」는 부끄러운 나머지 남의 눈을 피하려고 하는 태도에 의미의 중심이 놓인다.

⑩ 美人だと言われて恥じらう娘。(미인이라는 말을 듣고 부끄러워하는 아가씨)

참고

「恥じらう」에는 이밖에도 무척이나 그 정도가 높음을 비유적으로 나타내는 의미용법도 있다. 「花も恥じらう年ごろ」 (꽃도 무색케 할 정도의 나이) -- 무척이나 아름답다고 하는 비유표현.

「戸」「扉」「ドア」

(部屋の戸を開ける、部屋の扉を開ける、部屋のドアを開ける)

공통의미

문

요점

1. 「戸」는 일반적으로 문을 나타내는 말이지만, 주로 좌우로 미끄러지게 하면서 열고 닫는 문을 가리킨다(예문①②③⑤⑥).
2. 「扉」는 축을 기준으로 회전하거나, 접혔다가 펼쳐지는 식으로 열고 닫는 문을 가리킨다(예문①②④⑦⑧).
3. 「ドア」는 주로 서양식 문이라고 하는 어감이 주어지며 「自動ドア」는 자동적으로 좌우로 열고 닫히는 문을 가리킨다(예문①④⑨⑩).

예문과 해설

① 部屋の戸/扉/ドアを開ける。 (방문을 연다)

➲ 이 경우는 방의 구조에 대한 구체적인 정보가 없으므로, 어느 것이나 다 적절하다.

② 門の戸/扉/✱ドアを開けて彼女が入ってきた。

(출입구의 문을 열고 그녀가 들어왔다)

➲ 이 경우와 같이 출입구에 달려있는 문을 나타낼 때는 「戸」와 「扉」만이 적절하다.

③ 障子の戸/✱扉/✱ドアが半分ぐらい開いている。
(여닫이문이 반쯤 열려 있다)

➲ 이 경우와 같이 좌우로 밀듯이 열고 닫는 경우에는 오로지 「戸」만이 적절하다. 「ドア」 역시 좌우로 밀듯이 열고 닫을 수는 있으나, 이와 같은 전통적인 문에는 쓰기가 부적절하다.

④ 電車の扉/ドア/✱戸が急に閉まって危ないところだった。
(전차 문이 갑자기 닫혀서 위험할 뻔했다)

➲ 전차 문과 같이 자동으로 열고 닫히는 것에는 「戸」가 부적절하다.

⑤ 夜十時には店の戸を閉めます。(밤10시에는 가게 문을 닫습니다)

⑥ この戸はきしむから油を塗った方がいい。
(이 문은 삐걱거리니까 기름을 칠하는 것이 좋다)

⑦ 誰かが扉をたたいている。(누군가가 문을 두드리고 있다)

⑧ 仏壇の扉を開けて線香を立てた。(불단의 문을 열고 향을 피웠다)

➲ 불단은 대체로 좌우의 축을 토대로 해서 밖으로 펼치듯이 열게 되어있다.

⑨ 日本のタクシーのドアは自動的に閉まる。(일본택시의 도어는 자동적으로 닫힌다)

➲「ドア」는 서양식표현이므로 「タクシー」와 같은 서양식표현에 적절하다.

⑩ 回転ドアは出入りに便利です。(회전도어는 출입하는데 편리합니다)

「～と」「～に」「～や」「～やら」「～とか」「～なり」「～か」

공통의미

사물이나 사항을 열거하는데 쓰이는 조사

요점

1. 「～と」는 여러 가지 사물이나 사항을 한꺼번에 묶어서 열거하는 데에 쓰이며, 우리말의 '～와(과)'에 해당된다(예문①②).
2. 「～に」는 어떤 사물이나 사항에 추가해야할 사물이나 사항을 차례로 하나씩 열거함으로서 결과적으로는 한꺼번에 묶는 데에 쓰이며, 우리말의 '～에'에 해당된다(예문③④). 주의하여야 할 것은 「～に」를 이용하여 추가하여야 할 사물이나 사항을 나타낼 때는 최소한 세 가지 이상이어야 한다는 점이다.
3. 「～や」는 대표되는 사항이나 사물만을 열거해 놓음으로서 그 밖에도 또 있음을 나타내는데, 우리말의 '～나(이나), ～며(이며)' 정도에 해당된다(예문①⑤⑥).
4. 「～やら」는 대표되는 사항이나 사물만을 열거해 놓는 점에서는 「～や」와 같으나, 「～や」가 확실하게 대표되는 사물이나 사항을 열거하는 데에 비하여, 「～やら」는 다소 막연하게 열거한다는 점에서 차이가 있다. 우리말의 '～든지(라든지)' 정도에 해당된다(예문⑦⑧).
5. 「～とか」는 대표되는 사항이나 사물만을 열거해 놓는 것이지만, 그 하나하나에 확실하게 중점을 둔다고 하는 특징이 있다. 우리말의 '～든가(라든가)' 정도에 해당된다(예문⑨⑩).
6. 「～なり」는 여러 가지 사물이나 사항을 열거해 놓고서 그 중에서 하나를 선택한다고 하는 의미가 강하지만, 그 이외에도 선택할 가능성이 있음을 나타낸다. 우리말의 '～든지(라든지)' 정도에 해당된다(예문⑪⑫).
7. 「～か」는 여러 가지 사물이나 사항을 열거해 놓고서 그 중에서 하나만을 선택하는 의미가 있는데, 우리말의 '～나(이나)' 정도에 해당된다(예문①⑬⑭).

예문과 해설

① お昼はパンと/や/かパスタを食べた。(점심은 빵과 파스타를 먹었다)

➲ 이 경우 「~と」는 오로지 빵과 파스타만을 먹은 셈이 되지만, 「~や」는 빵과 파스타를 먹었으나, 그 밖에도 먹은 것이 더 있는 셈이 된다. 한편, 「~か」는 빵이나 파스타 중에서 하나만을 먹은 셈이 된다.

② 田中と山田と花子が来た。(타로와 야마다와 하나코가 왔다)

➲ 「~と」는 여러 가지 사항이나 사물을 빠짐없이 전체적으로 열거하는 것이므로, 이 경우는 타로와 야마다와 하나코만이 왔다는 의미가 된다. 물론, 그 이외에는 온 사람이 없는 셈이다.

③ 数学に英語に地理を勉強しました。(수학에 영어에 지리를 공부했습니다)

➲ 이 경우는 수학을 공부하고 거기에 추가해서 영어와 지리도 공부했음을 나타낸다.

④ 私には、9才に6才に4才の子供がいます。

(나에게는 9살에 6살에 4살의 아이가 있습니다)

⑤ 肉や魚ばかりではなく野菜も食べなさい。

(고기나 생선뿐만 아니라 야채도 먹어라)

⑥ 田中や山田や花子が来た。(타로며 야마다며 하나코가 왔다)

➲ 「~や」는 대표적인 사물이나 사항만 내세우고 나머지도 또 있다는 암시를 하는 것이므로, 이 경우는 타로와 야마다, 그리고 하나코가 온 것은 물론이거니와 그 이외에도 온 사람이 더 있다고 하는 의미가 내포된다.

⑦ 赤いのやら青いのやら、きれいな紙があります。

(빨간 거라든지 파란 거라든지 예쁜 종이가 있습니다)

➲ 「~やら」는 「~や」와 의미용법은 비슷하지만, 다소 막연하게 열거한다는 점에서 차이가 있다.

⑧ 田中君やら山田君やらが遊びに来た。

(다나카군이라든지 야마군이 놀러왔다)

⑨ 映画とか芝居とかいうものは、好きではありません。

(영화라든지 연극이라든지 하는 것은 좋아하지 않습니다)

➲ 「~とか」는 열거하는 사항이나 사물을 하나씩 또박또박 열거하는 점에 특징이 있다.

⑩ テレビとかラジオとかを買いました。(티브이라든지 라디오를 샀습니다)

⑪ 先生なり保証人なりに相談してください。

(선생님이든지 보증인에게 상담해 주십시오)

➲ 「~なり」는 이 중에서 한 사람을 선택하는 것이지만, 그 밖에서도 다른 사람을 선택할 가능성이 있음을 나타낸다.

⑫ お茶なりコーヒーなり何か飲みませんか。

(차든지 커피든지 뭔가 마시지 않겠습니까?)

⑬ 田中か山田か柴田が行くでしょう。

(다나카나 야마다나 시바타가 갈 것입니다)

➲ 「~か」는 선택사항 중에서 하나만을 선택하는 것이므로, 여기에서는 다나카와 야마다, 시바타 중의 한 사람을 선택한다는 의미가 된다.

⑭ 山か海へ行きましょう。(산이나 바다로 갑시다)

➲ 이 경우 역시 산이나 바다 중에서 하나만을 선택하여 가자고 하는 의미가 된다.

참고

「～と」는 원래 「机の上に、りんごと柿と梨とがあります」「紙と鉛筆と消ゴムとをください」와 같이 마지막부분에 조사 「と」가 들어갔었는데, 현재에 와서는 이러한 용법은 그다지 쓰이지 않는다. 또한, 「～なり」의 경우, 때로는 용언의 기본형에 접속되어 방관의 의미를 나타내기도 한다.

「行くなり行かないなり、勝手にしなさい」 (가든지 안 가든지 맘대로 해라)

「～と会う」「～に会う」

(友達と会う、友達に会う)

요점

1. 「～と会う」는 거리상으로 볼 때는 만나기로 한 장소까지 양자가 이동하여 만난다는 뜻이 되지만(예문①②), 「～に会う」는 처음부터 한 쪽이 일방적으로 이동하여 만난다는 뜻이 된다(예문①②).
2. 또한 심리적으로 볼 때도(예를 들어, 신분, 연령, 지위 등이 위에 있느냐 아래에 있느냐 하는 점), 「～と会う」는 대등한 위치에 있는 사람끼리 만나는 것을 나타내지만, 「～に会う」는 아래에 있는 사람이 위에 있는 분을 찾아가 만나는 것을 나타낸다(예문③④).
3. 재난이나 재해 등 불행한 경우를 만나게 될 때는 「～に会う」만을 써야 하며, 「～と会う」는 쓸 수 없다(예문⑤⑥).
4. 「～と会う」는 우리말의 '～와(과)만나다'에 해당되고,「～に会う」는 '～을(를) 만나다'에 해당된다.

예문과 해설

① 山田は花子と会った。山田は花子に会った。 (야마다는 하나코와(를) 만났다)

➲ 전자는 야마다와 하나코가 각자 약속장소까지 이동하여 만났다는 의미가 되지만, 후자는 하나코

는 처음부터 그 장소에 가만히 있고, 어디까지나 야마다가 이동하여 만났다는 뜻이 된다.

② 今晩友だちと会うので/に会うので帰りが遅くなる。
(오늘 밤 친구와 만나기 때문에/친구를 만나기 때문에 귀가가 늦어진다)

➲ 이 경우 역시 예문①과 맥락을 같이하고 있다.

③ 私は先生に会いに/✱と会いに市内へ行った。
(나는 선생님을 만나러 시내에 갔다)

➲ 이 경우 보통 선생님은 지위가 우위에 있다고 하는 점을 고려해 볼 때, 「~と会う」는 부적절하며 「~に会う」만이 적절하다.

④ 私は大統領に会う/✱と会う機会を持った。
(나는 대통령을 만날 기회를 가졌다)

➲ 이 경우 역시, 대통령이 우위에 있다고 하는 점을 고려해 볼 때, 「~と会う」는 부적절하며, 「~に会う」만이 적절하다.

⑤ 吹雪に会って/✱と会って遭難しそうだった。
(눈보라를 만나 조난당할 뻔 했다)

➲ 재난이나 재해 등 불행한 일을 만나게 되는 경우에는 오로지 「~に会う」만을 써야 한다.

⑥ 私はスリに会った/と会った。(나는 소매치기와(를) 만났다)

➲ 일단은 둘 다 쓰는 것이 가능하기는 하나, 「~と会う」는 재난이나 재해 등 불행한 일을 만나게 되는 데는 일체 쓸 수 없으므로 만약 소매치기를 당했다는 의미일 경우에는 반드시 「~に会う」만을 써야 한다. 「~と会う」를 쓰게 되면 소매치기를 당한 것이 아니라, 소매치기를 전문으로 하는 사람을 만났다고 하는 뜻이 되어 버린다.

「~といい~といい」「~といわず~といわず」「~にしろ~にしろ」「~につけ~につけ」「~にしても~にしても」「~にせよ~にせよ」

공통의미

～이건, ～이건, ～로(으로)보나, ～로(으로)보나(복수 사항을 예시하는 용법)

요점

1. 「～といい～といい」는 앞뒤로 제시된 사항을 내세우는 데에만 그치는 표현으로, 주로 무언가에 대한 비판이나 평가의 기분을 나타낸다. 오로지 그 앞에는 명사밖에 올 수가 없는데, 우리말의 '～로(으로)보나 ～로(으로)보나' 정도에 해당된다(예문①④⑤⑥⑦).
2. 「～といわず～といわず」는 앞뒤의 사항은 물론 그 밖에도 같은 사항이 많이 있음을 암시하는 표현으로 오로지 그 앞에는 명사밖에 올 수가 없는데, 우리말의 '～이건～이건' 정도에 해당된다(예문①⑧⑨⑩⑪).
3. 「～にしろ～にしろ」는 앞뒤의 사항을 포함하여 그와 비슷한 사항은 모두 포함됨을 나타내는 표현으로 그 앞에는 명사뿐만 아니라 동사도 올 수가 있다. 우리말의 '～이건(～하건) ～이건(～하건)' 정도에 해당된다(예문②⑫⑬⑭).
4. 「～につけ～につけ」는 앞뒤에 짝을 이루는 사항을 대비하는 식으로 예시하는 표현으로, 이 때 짝을 이루는 말은 관용적으로 정해져 있는 경향이 있다. 그 앞에는 명사뿐만 아니라 동사나 형용사도 올 수가 있는데, 우리말의 '～하건 ～하건, ～하거나 ～하거나' 정도에 해당된다(예문③⑮⑯⑰).
5. 「～にしても～にしても」는 「～にしろ～にしろ」와 같은 표현이다(예문⑱).
6. 「～にせよ～にせよ」는 「～にしろ～にしろ」와 같은 표현이지만 회화체에서는 쓰이지 않고, 주로 문장체와 같은 딱딱한 표현으로 쓰인다(예문⑲).

예문과 해설

① 手(て)といい/といわず足(あし)といい/といわず引(ひ)っ掻(か)き傷(きず)だらけだ。

(손이건 발이건 할 퀸 상처투성이다)

➲ 이 경우 「~といい~といい」를 쓰게 되면 손과 발의 여기저기에 할 퀸 상처투성이라고 하는 뜻이 되지만, 「~といわず~といわず」를 쓰게 되면 손과 발은 물론이고 그 밖의 온몸에도 할 퀸 상처투성이라고 하는 듯이 된다.

② 手紙(てがみ)を書(か)くにしろ/✱といい/✱といわず/✱につけ、論文(ろんぶん)を書(か)くにしろ/✱といい/✱といわず/✱につけパソコンでやっている。

(편지를 쓰건 논문을 쓰건 컴퓨터로 하고 있다)

➲ 「~といい~といい」와 「~といわず~といわず」는 오로지 명사에만 접속되므로 여기에서는 부적절하며, 「~につけ~につけ」는 주로 대칭이 되는 사항을 앞뒤에 관용적으로 예시하는 것이므로 이것역시 여기에서는 부적절하다. 하지만, 「~にしろ~にしろ」는 그 앞에 용언도 올

수가 있으므로 이 경우에 적절하다.

③ 雨につけ/✱といい/✱といわず/✱にしろ、風につけ/✱といい/✱といわず/✱にしろ息子のことばかり心配する。(비가 오건 바람이 불건 아들의 일만 걱정한다)

➲ 「~につけ~につけ」는 주로 대칭되는 것을 앞뒤에 예시하는 것이므로 이 경우에 적절하다.

④ あの店の服は、品質といいデザインといい申し分ない。
(저 가게의 옷은 품질로 보나 디자인으로 보나 나무랄 데 없다)

➲ 「~といい~といい」는 오로지 제시된 사항에 대해서만 평가의 기분을 나타내는데, 이 경우에는 긍정적인 평가의 기분을 나타내고 있다.

⑤ あのレストランの料理は量といい味といい文句のつけようがない。
(저 레스토랑의 요리는 양으로 보나 맛으로 보나 불평할 도리가 없다)

⑥ 色白の肌といい茶色がかった瞳といい、母親そっくりだ。
(하얀 색의 피부로 보나 갈색이 섞인 눈동자로 보나 어머니를 쏙 닮았다)

⑦ 社長といい専務といい、この会社の幹部は古くさい頭の持ち主ばかりだ。
(사장으로 보나 전무로 보나, 이 회사의 간부는 고리타분한 머리의 소유주뿐이다)

⑧ 車体といわず窓といわず、はでなペンキをぬりたくった。
(차체건 창문이건, 화려한 페인트로 마구 칠했다)

➲ 「~といわず~といわず」는 제시된 사항이외에도 비슷한 사항이 더 있음을 나타내는데, 이 경우에는 차체와 창문뿐만 아니라 다른 곳에도 화려한 페인트를 칠했다고 하는 뜻을 나타낸다.

⑨ 入り口といわず出口といわず、人々が押し寄せた。
(입구건 출구건 사람들이 밀려들어왔다)

⑩ たんすといわず押し入れといわず、部屋中いたる所が荒されていた。
(옷장이건 벽장이건, 온 방안 가는 곳이 어지럽혀져 있었다)

⑪ 原子爆弾は、人といわず建物といわず、すべてのものを灰にしてしまった。
(원자폭탄은 사람이건 건물이건, 모든 것을 재로 만들어버렸다)

⑫ 英語にしろフランス語にしろ語学は若い時に習う方がいい。
(영어건 불어건 어학은 젊을 때에 배우는 편이 좋다)

➲ 「~にしろ~にしろ」는 앞뒤의 사항을 비롯하여 그 밖의 사항도 모두 포함됨을 나타내는데, 이 경우에는 다른 외국어도 모두 포함된다고 하는 뜻을 나타낸다.

⑬ 若者にしろ老人にしろ平和な社会を求める気持ちは同じだ。

(젊은이건 노인이건 평화로운 사회를 추구하는 기분은 같다)

⑭ 出かけるにしろ出かけないにしろ、顔ぐらいはちゃんと洗いなさい。

(나가건 나가지 않건, 얼굴정도는 제대로 씻어라)

➲ 「~にしろ~にしろ」는 명사뿐만 아니라 이 경우와 같이 동사에도 접속될 수가 있다.

⑮ 雨につけ風につけいつも心細い思いをした。

(비가 오건 바람이 불건 언제나 허전한 생각이 들었다)

➲ 「~につけ~につけ」는 주로 대칭되는 것을 앞뒤에 예시하는데, 이 경우에는 비와 바람을 대칭되는 사항으로 나타내고 있다.

⑯ 被災地の惨状を見るにつけ聞くにつけ、地震の恐ろしさを痛感した。

(재해지역의 참상을 보거나 듣거나, 지진의 무서움을 통감했다)

➲ 「~につけ~につけ」는 이와 같이 동사에도 접속될 수가 있는데, 다만 어디까지나 대칭이 되는 성질끼리만 접속이 된다.

⑰ うれしいにつけ悲しいにつけ、常に彼女と一緒だった。

(기쁘거나 슬프거나, 항상 그녀와 함께였다)

➲ 「~につけ~につけ」는 이와 같이 형용사에도 접속될 수가 있는데, 다만 어디까지나 대칭이 되는 성질끼리만 접속이 된다.

⑱ 採用にしても不採用にしても、結果はのちほど文書で通知します。

(채용하건 채용하지 않건, 결과는 나중에 문서로 통지합니다)

➲ 「~にしても~にしても」는 「~にしろ~にしろ」와 같은 의미용법을 지니고 있다.

⑲ 賛成したにせよ、反対したにせよ、結果は同じだったでしょう。

(찬성했건 반대했건 결과는 같았을 것입니다)

➲ 「~にせよ~にせよ」는 「~にしろ~にしろ」와 같은 표현이지만 회화체에서는 쓰이지 않고, 주로 문장체와 같은 딱딱한 표현으로만 쓰인다.

「～という」「～といった」「～との」

(時間を守れという注意、時間を守れといった注意、時間を守れとの注意)

공통의미

～라고 하는, ～라는

요점

1. 「～という」는 위 세 가지 중에서 가장 사용범위가 넓다. 이름을 붙이거나, 전달하거나 잘 알지 못하는 내용을 내세우거나 할 때에 쓰이며(예문①②③④), 때로는 수사에 접속하여 강조하는 용법도 있다(예문⑤). 그 앞에는 명사가 오며 술어의 형태도 올 수가 있는데, 우리말의 '～라고 하는'에 해당된다.
2. 「～といった」는 「～という」와 기능은 같으나, 「～という」가 앞에 제시된 내용만을 나타내고 있는데 반하여, 「～といった」는 앞에 제시되는 내용이외에도 다른 내용이 더 있음을 암시하는 의미가 있다(예문①③⑥). 한편으로는 수사에 접속하여 강조하는 용법도 있는데(예문⑦), 우리말의 의미는「～という」와 같다.
3. 「～との」는 남의 말을 그대로 옮기거나 인용할 때에 한해서 쓰이는데, 비교적 딱딱한 어감이 주어진다(예문①⑧⑨). 다른 두 가지 표현과는 달리 오로지 그 앞에 는 술어의 형태만이 올 수가 있는데, 우리말의 '～(한)다는'에 해당된다.

예문과 해설

① 先生から時間を守れという/といった/との注意を受けた。

(선생님으로부터 시간을 지키라고 하는/라는 주의를 받았다)

➲ 이 경우는 어느 것이나 적절한데 「~という」를 쓰게 되면 그 앞에 온 '시간을 지켜라'는 내용만을 가리키게 되고, 「~といった」를 쓰게 되면 그 앞에 온 내용은 물론이고 그밖에도 주의사항이 더 있었음을 암시하게 된다. 「~との」는 그 앞의 내용을 인용하고 있을 뿐이며 다소 어감이 딱딱하다.

② 山田さんという/*といった/*との方がいらっしゃいました。

(야마다씨라고 하는 분이 오셨습니다)

➲ 사람의 이름을 제시하는 경우에는 「~という」만이 적절하다. 「~といった」는 다른 내용도 더 있음을 제시하는 의미가 있으며, 「~との」는 그 앞의 내용을 전달, 인용하는 데에만 쓰이므로 둘 다 여기에서는 부적절하다. 아울러 「~との」앞에는 명사는 올 수가 없고, 오로지 술어밖에 오지 못한다. 만약 「~との」앞에 명사가 오게 되면 「~との」의 「と」는 인용을 나타내는 것이 아니라 격조사로서의 용법을 지니게 된다. 「花子との約束」(하나코와의 약속)

③ 傷害保険、火災保健といった/という/*との保険にかけた。

(상해보험, 화재보험이라고 하는 보험에 들었다)

➲ 「~といった」를 쓰게 되면 이 밖에 다른 보험도 있다고 하는 암시가 내포되지만, 「~という」를 쓰게 되면 오로지 두 개의 보험만을 제시하는 의미가 된다. 한편, 「~との」 앞에는 명사는 올

수가 없고, 오로지 술어밖에 오지 못하므로 여기에서는 부적절하다.

④ 賛成できないという人は手をあげてください。
(찬성할 수 없다고 하는 사람은 손을 들어 주십시오)

⑤ 100分の1ミリというミクロの世界。(100분의 1이라는 마이크로세계)
➲ 이 경우는 수사 뒤에 와서 그 숫자를 강조하는 용법으로 쓰이고 있다.

⑥ 喜びを隠せないといった表情で出迎えた。
(기쁨을 감출 수 없다고 하는 표정으로 맞이했다)

⑦ 今この瞬間にも何万といった生命が失われているのだ。
(지금 이 순간에도 몇 만이라고 하는 생명이 없어지고 있는 것이다)
➲ 이 경우 역시 수사 뒤에 와서 그 숫자를 강조하는 용법으로 쓰이고 있다.

⑧ 山田さんから花見に喜んで参加したいとの返事が来た。
(야마다씨로부터 꽃놀이에 기꺼이 참가하고 싶다는 답이 왔다)
➲ 이 경우는 단지 그 앞의 내용을 그대로 옮기고 있을 뿐으로 어감이 매우 딱딱하다.

⑨ 彼女は水泳も上手で、頭もよいとの評判だ。
(그녀는 수영도 잘 하고, 머리도 좋다는 평판이다)
➲ 이 경우 역시 위의 예문⑧과 맥락을 같이하고 있다.

「～ということだ」「～とのことだ」

(夕方から雨が降るということですが、夕方から雨が降るとのことですが)

공통의미

～라는 것이다

요점

1. 「～ということだ」는 다른 사람에게서 들은 내용에 대하여 보다 적극적인 관심을 가지고

그 내용을 화제로 내세우는 것으로, 그 내용에 대한 말하는 사람의 기분과 관심이 상당히 농후하게 들어가 있다. 이는 아무래도 「いう」라는 언급을 나타내는 동사가 중간에 들어가 있음으로서 표현을 풀이하는 효과에 의한 것으로 생각된다(예문①②③④).

2. 「~とのことだ」는 다른 사람에게서 들은 내용에 대하여 그저 냉정하고 담담하게 반응을 보이고 있을 뿐으로, 말하는 사람의 관심과 기분은 그다지 들어가 있지 않다. 이는 「いう」라는 언급을 나타내는 동사가 조사 「の」에 의해서 축약되는 간결함에서 비롯되는 것으로 생각된다(예문①②⑤⑥).

예문과 해설

① 夕方から雨が降るということですが/とのことですが、お出かけですか。

(저녁부터 비가 온다는 것입니다만, 외출하십니까?)

➲ 이 경우 어느 것이나 적절한데 「~ということだ」를 쓰게 되면 저녁부터 비가 올 것 같은데도 상대가 외출하려고 하는 것에 대한, 말하는 사람의 걱정스런 기분이 담겨있지만, 「~とのことだ」는 단지 저녁부터 비가 온다고 하는 내용을 상대에게 전달할 뿐, 말하는 사람의 걱정스런 기분은 담겨있지 않다.

② 昨日、ご主人はご帰宅なさらなかったということですが/とのことですが、一体何があったのですか。

(어제, 남편께서는 귀가하지 않으셨다는 것입니다만, 도대체 무슨 일이 있었던 것입니까?)

➲ 이 경우 역시 「~ということだ」는 남편이 귀가하지 않은 것에 대한 관심과 걱정스런 기분이 담겨있는데 반하여, 「~とのことだ」는 그러한 관심과 기분이 담겨있지 않고 그저 사실만을 담담하게 나타내고 있을 뿐이다.

③ 聞くところによると、部長にご昇進なさったということですが/＊とのことですがどうしてお知らせくださらなかったのですか。

(듣자하니, 부장으로 승진하셨다는 것입니다만, 어째서 알려주지 않으신 것입니까?)

➲ 이 경우는 상대의 승진에 대한 말하는 사람의 관심이 담겨있는 것이므로 「~ということだ」가 적절하다. 「~とのことだ」는 단지 사실만을 화제로 내세우고 있을 뿐인데, 이렇게 되면 뒤에 오는 말하는 사람의 관심을 나타내는 표현과 문맥상 들어맞지 않으므로 여기에서는 부적절하다.

④ うちの子が、お宅の子にいじめられてけがしたということですが/＊とのことですが、一体どうしてくれるんですか。

(우리 집 아이가 댁의 아이에게 괴롭힘을 당해서 다쳤다는 것입니다만, 도대체 어떻게 해 줄 겁니까?)

➲ 이 경우 역시 「~ということだ」는 아이가 다친 것에 대한 말하는 사람의 관심과 속상한 기분이 담겨있는데 반하여, 「~とのことだ」는 단지 다쳤다고 하는 사실만을 남의 이야기하듯이 화

제로 내세우고 있을 뿐이어서 여기에서는 문맥연결 상, 부적절하다.

⑤ 先月ご結婚なさったとのことですが/✱ということですが、おめでとうございます
(지난달에 결혼하셨다는 것입니다만, 축하드립니다)

➲ 이 경우는 상대의 결혼에 대하여 의례적인 축하인사를 건네는 것이므로 「~とのことだ」가 적절하다. 즉, 말하는 사람의 기분이 들어갈 만한 여지가 없는 문맥이므로 「~ということだ」는 부적절하다. 만약, 이 경우에 「~ということだ」가 쓰이게 되면 그 뒤에는 어디에서 결혼했느냐, 상대는 어떤 사람이냐는 등의 관심을 나타내는 표현이 와야만 한다.

⑥ 今回、支店長にご栄転とのことですが/✱ということですが、ご活躍のほど、心よりお祈り申し上げます。
(이번에 지점장으로 영전하신다는 것입니다만, 맹활약하실 것을 진심으로 기원 드립니다)

➲ 이 경우역시 위의 예문⑤와 맥락을 같이하는 것으로, 단지 의례적인 인사표현만이 뒤에 와 있으므로 「~とのことだ」가 적절하다. 만약, 이 경우에 「~ということだ」를 쓰게 되면 그 뒤에는 그 동안 수고를 많이 했다는 둥, 앞으로 어떤 처우개선이 뒤따르느냐는 둥의 표현이 와야만 한다.

「～というところだ」「～といったところだ」

(ゴールまであと一息<u>というところだ</u>、ゴールまであと一息<u>といったところだ</u>)

공통의미

～하는 참(상황)이다, ～라는 정도이다

요점

1. 「～というところだ」와 「～といったところだ」는 상대로부터 진행상황에 관한 질문을 받았을 때 그에 대하여 답할 때에 쓰이는 것인데, 이는 상대와의 친밀도에 따라 표현을 완곡하게 하느냐의 여부에 따른 용법상의 차이가 엿보인다.
2. 「～というところだ」는 상대와 친한 관계에 있을 때에 표현을 우회하지 않고 직접적으로 나타낼 때에 쓰인다.
3. 「～といったところだ」는 상대와 친밀한 관계가 아니고 어느 정도의 격식을 차려야하는 사이일 때에 표현을 우회적이고 완곡하게 할 경우에 쓰인다.

예문과 해설

① 山田選手は、ゴールまであと一息というところだ/といったところだ。

(야마다선수는 골인까지 앞으로 얼마 남지 않은 상황이다)

➲ 이 경우는 어느 것이나 적절한데 「~というところだ」에 비해서 「~といったところだ」가 보다 우회적으로 격식을 차린 표현이 된다.

② A：あの人の日本語、どうですか。(저 사람의 일본어, 어떻습니까?)

B：そうですね。まあまあというところですね/といったところですね。

(글쎄요. 그만그만한 정도이지요)

➲ 이 경우 「~というところですね」는 저 사람의 일본어수준에 대한 평가를 직접적이고솔직하게 나타내고 있는데 반하여, 「~といったところですね」는 그러한 평가를 우회적이고 완곡하게, 그리고 다소 애매하게 나타내고 있다.

③ A：進度はどんなものですか。(진도는 어느 정도입니까?)

B：来週で入門段階が終わるというところです/といったところです。

(다음 주로 입문단계가 끝나는 참입니다)

➲ 이 경우 「~というところです」는 다음 주로 입문단계가 끝난다고 하는 평가를 직접적이고 솔직하게 나타내고 있는데 반하여, 「~といったところです」는 그러한 평가를 우회적이고 완곡하게, 그리고 다소 애매하게 나타내고 있다.

④ A：最近よく売れるビデオは何ですか。(최근에 잘 팔리는 비디오는 무엇입니까?)

B：これとこれというところです/といったところです。(이것과 이것 정도입니다)

➲ 이 경우 역시 위의 예문들과 맥락을 같이하고 있다.

⑤ A：体の調子、どうですか。(몸 상태, 어떻습니까?)

B：回復まであと一歩というところです/といったところです。

(회복까지 앞으로 한 걸음 정도입니다)

➲ 이 경우 역시 위의 예문들과 맥락을 같이하고 있다.

「~というのは」「~とは」

(年次というのは年次休暇の略だ、年次とは年次休暇の略だ)

●●● 공통의미

～라는 것은(정의, 주제를 나타내는 용법)

●●● 요점

1. 「～というのは」와 「～とは」는 둘 다 어떤 정의를 내리거나 주제를 나타내는 표현으로, 문말에는 보통「～のことだ(～라는 것이다)」「～という意味だ(～라는 의미다)」와 같이 앞의 사항에 대한 풀이를 나타내는 표현이 오게 된다.
2. 「～というのは」는 앞에 오는 사항에 관해서 구체적인 설명을 하거나 어떤 내용을 인용할 때에 쓰이는 것이며, 주로 회화체에서 매우 친근감 있게 쓰이는 표현이다(예문①②③④⑤⑦⑧⑨). 우리말의 '～라고 하는 것은'에 해당된다.
3. 「～とは」는 주로 앞에 오는 사항(주로 명사와 같은 단어)에 관해서 정의를 내리는 것으로 비교적 딱딱한 표현인데, 회화체에서는 그다지 쓰이지 않는다. 우리말의 '～라 함은, ～이란' 정도에 해당된다(예문①②⑩⑪⑫). 때로는 이러한 형태만으로 문말에 쓰임으로서, 앞에 오는 내용을 받아 이에 대한 놀라움이나 감탄 등을 나타내기도 하는데, 이와 같은 용법은 「～というのは」에는 없으며 이 경우에는 회화체에서도 많이 쓰인다(예문⑥⑬⑭).

●●● 예문과 해설

① 日刊紙というのは/とは、毎日発行される新聞のことだ。

(일간지라고 하는 것은/일간지란 매일 발행되는 신문을 말한다)

➲ 이 경우와 같이 어떤 용어의 설명을 하는 때는 둘 다 적절한데, 「~というのは」가 「~とは」에 비해 보다 친근감이 있는 표현이다.

② 十五夜というのは/とは、満月の出る夜のことだ。

(십오야라고 하는 것은/란 보름달이 나오는 밤을 말한다)

➲ 이 경우 역시 예문①과 맥락을 같이하고 있다.

③ 雨が一時間に10センチ降るというのは/*とは、洪水が起るということだ。

(비가 한 시간에 10센티 내린다고 하는 것은 홍수가 일어난다고 하는 것이다)

➲ 이 경우는 그 앞의 내용에 대한 구체적인 설명을 나타내는 것이므로 「~というのは」가 적절하다. 「~とは」는 주로 어떤 용어에 대한 정의를 내리는데 쓰이므로 여기에서는 부적절하다.

④ 部長が会社をやめるいうのは/*とは本当ですか。

(부장이 회사를 그만둔다고 하는 것은 정말입니까?)

➲ 이 경우 역시 앞에 제시된 구체적인 내용에 대한 확인을 나타내는 것이므로 「~というのは」가

적절하다. 「~とは」는 주로 어떤 용어에 대한 정의를 내리는데 쓰이므로 여기에서는 부적절하다.

⑤ 書籍代というのは/✱とは学者にとって必要経費だ。

(서적대라고 하는 것은 학자에게 있어서 필요경비이다)

➲ 이 경우는 서적대에 관해서 구체적인 설명을 나타내는 것이므로 「~というのは」가 적절하다. 「~とは」는 주로 앞의 사항에 대한 정의를 내리는 데에 쓰이는 딱딱한 표현이므로 여기에서는 부적절하다.

⑥ 彼にこんな力があったとは/✱というのは。 (그에게 이런 힘이 있었다니)

➲ 이 경우는 「~とは」가 문말에 쓰여서 그 앞의 내용에 대한 놀라움이나 감탄을 나타내 것이므로 「~とは」만이 적절하다. 보통은 이 예문에서 보듯이 뒤에 오는 놀라움이나 감탄의 내용이 생략되는데, 경우에 따라서는 그러한 표현이 생략되지 않고 나타나는 때도 있다. 「一人で5種目も優勝とは,まったく驚いた.(혼자서 다섯 종목이나 우승하다니, 정말 놀랐다)

⑦ 妹さんが結婚するというのは本当ですか。

(여동생분이 결혼한다고 하는 것은 정말입니까?)

➲ 이 경우는 인용의 뜻을 나타내고 있는데, 「~とは」에는 이러한 용법이 없다.

⑧ 祖母が大切にしていた花瓶というのはこれに違いない。

(할머니가 소중히 하고 있던 꽃병이라고 하는 것은 이것에 틀림없다)

➲ 이 경우는 구체적인 설명을 나타내고 있는데, 「~とは」에는 이러한 용법이 없다.

⑨ 言葉の意味というのはいったい何だろうか。

(말의 의미라고 하는 것은 도대체 무엇일까?)

⑩ 六三制とは、小学校6年、中学校3年の義務教育制度のことである。

(63제라고 함은 초등학교6년, 중학교3년의 의무교육제도를 말하는 것이다)

➲ 「~とは」는 이 경우와 같이 그 앞에 명사를 수반하여 그에 관한 정의를 내리는 데에 쓰이는데, 비교적 딱딱한 어감이 주어진다.

⑪ 私費留学生とは、自分のお金で外国で勉強する学生のことです。

(사비육학생이란 자신의 돈으로 외국에서 공부하는 학생을 말하는 것입니다)

➲ 이 경우 역시 사비유학생에 관한 정의를 내티고 있다.

⑫ 「季語」とは、俳句の、季節をあらわす言葉である。

(‘계어’란 하이쿠의 계절을 나타내는 말이다)

⑬ 中学生にその問題が解けたとは。 (중학생이 그 문제를 풀 수 있었다니)

➲ 「~とは」는 이 경우와 같이 문말에 쓰여서 말하는 사람의 놀라움이나 감탄을 나타내는데, 「~というのは」에는 이러한 용법이 없다.

⑭ あの人がこんな嘘をつくとは。(저 사람이 이런 거짓말을 하다니)

➲ 이 경우 역시 「~とは」가 문말에 쓰여서 놀라움의 기분을 나타내는 것이다.

「~と言った」「~と言っている」

(彼は今晩来ないと言った、彼は今晩来ないと言っている)

공통의미

~라고 했다(상대의 말을 전달하는 용법)

요점

1. 「~と言った」는 그 앞에 오는 말의 내용을 그대로 전달하기만 할 뿐이지만, 「~と言っている」는 그 앞에 오는 말의 내용을 전달함으로서, 상대로부터의 그에 대한 무언가의 반응을 유도하거나 그에 대한 대책을 촉구하는 의미가 있다.
2. 한편, 「~と言った」는 어린이가 말하는 듯한 다소 유치한 느낌이 주어지지만, 「~と言っている」는 제3자의 발언을 객관적으로 전달하고 있다는 느낌이 주어진다.

예문과 해설

① 山田さんは今晩来ないと言った/言っている。
(야마다씨는 오늘 밤 안 온다고 말했다)

➲ 「~と言った」를 쓰게 되면 야마다씨가 오늘 밤 안 온다고 하는 사실만을 전달하는 뜻이 되지만, 「~と言っている」를 쓰게 되면 그러한 내용을 전달함은 물론이고 그에 대한 상대의 반응을 유도하거나 기다리는 뜻이 된다.

② 先生が事務室に来てくださいと言いました/言っています。
(선생님이 사무실로 와 주십시오 라고 말했습니다)

➲ 이 경우 역시 「~と言った」를 쓰게 되면 사무실로 오라는 사실만을 전달하는 다소 유치한 어감이 주어지지만, 「~と言っている」를 쓰게 되면 그러한 선생님의 말을 전달한 후, 상대의 반응을 유도하거나 기다리는 어감이 주어진다.

③ 妹がどうぞよろしくと言いました/言っています。(여동생이 잘 부탁한다고 했습니다)

➲ 이 경우는 상대에게 안부를 전달하는 것인데, 「~と言った」를 쓰게 되면 아이가 안부를 전달하는 것 같은 유치한 어감이 주어지지만, 「~と言っている」를 쓰게 되면 매끈하고 세련되게 안부를 전달하는 어감이 주어진다.

④ 田中さんは頭が痛いと言いました/言っています。
(타나카씨는 머리가 아프다고 말했습니다)

➲ 이 경우 역시 「~と言っている」는 상대에게 이러한 사실을 알린 후, 그에 대한 반응을 살피는 듯한 어감이 주어지게 된다.

⑤ 社長は今日は休むと言った/言っている。(사장은 오늘은 쉰다고 말했다)

➲ 이 경우도 위의 예문들과 맥락을 같이하고 있다.

⑥ ラジオで今晩台風が来ると言ったよ/言っているよ。
(라디오에서는 오늘밤 태풍이 온다고 했어)

참고

「~と言った」는 우리말에도 같은 용법이 있지만, 「~と言っている」는 우리말에 없는 표현이므로 사용에 각별히 주의할 필요가 있다.

「~といったら」「~ときたら」「~ったら」

(この子といったら、まるで借りてきた猫みたいね、この子ときたら、まるで借りてきた猫みたいね、この子ったら、まるで借りてきた猫みたいね)

공통의미

～은(는)도무지, ～은(는)참, (앞에 오는 대상에 대한 평가나 비난의 의미용법)

요점

1. 「～といったら」「～ときたら」「～ったら」는 그 앞에 오는 대상에 대한 여러 가지 감정이나 평가를 친근하게 나타내는 것인데, 한편으로는 그 앞에 오는 사람에 대한 비난의 감정을 나타내는 점에서는 용법상의 차이가 엿보인다. 그 어느 것이나 회화체에서 빈번하게 쓰이는 표현들이다.
2. 「～といったら」는 그 앞에 오는 대상에 대한 감정이나 평가를 친근하게 나타내는 의미용법과(예문①②③⑥), 현재 눈앞에 있는 사람이 자신의 부름이나 요구에 대해 무성의한 태도를 보이는 것에 대한 가벼운 비난의 감정을 나타내는 의미용법이 있다(예문④⑤). 전자는 우리말의 '～은(는)도무지, ～은(는)도대체' 정도에 해당되고, 후자는 '～은(는)참' 정도에 해당된다.
3. 「～ときたら」는 그 앞에 오는 대상에 대한 평소의 감정이나 평가만을 나타내는 의미용법이 있는데 비교적 부정적인 경우에 쓰이며(예문①②③⑦), 「～といったら」와는 달리 눈앞에 있는 사람에 대한 가벼운 비난의 의미용법은 없다. 우리말의 '~은(는)도대체, ~로(으로)말하자면' 정도에 해당된다.
4. 「～ったら」는 「～といったら」와 같은 의미용법을 지닌 것으로 매우 친근한 사이에서 주로 사용되는데, 오로지 회화체에서만 쓰인다(예문①②③④⑤⑧).

예문과 해설

① この子(こ)といったら/ときたら/ったら、まるで借(か)りてきた猫(ねこ)みたいね。

(이 아이는 도무지, 마치 꿔다놓은 보리자루 같네)

➲ 이 경우 「~といったら」를 쓰게 되면 이 아이에 대한 평가를 친근하게 나타내게 되고, 「~ときたら」를 쓰게 되면 이 아이에 대하여 평소 느끼던 감정을 나타내게 된다. 「~ったら」는 「~といったら」와 의미용법은 같으나 보다 회화체적이다.

② あの人(ひと)は頭(あたま)はいいが、運動(うんどう)といったら/ときたら/ったら全然(ぜんぜん)だめだ。

(저 사람은 머리는 좋은데, 운동은 도무지 전혀 안 된다)

➲ 이 경우도 예문①과 같아서, 「~といったら」를 쓰게 되면 저 사람의 운동에 대한 평가를 친근하게 나타내게 되지만, 「~ときたら」를 쓰게 되면 저 사람의 운동에 대하여 평소 느끼던 감정이나 평가를 부정적으로 나타내게 된다. 「~ったら」는 「~といったら」와 의미용법은 같으나 보다 회화체적이다.

③ お父(とう)さんといったら/ときたら/ったら、お金(かね)のことになるとすぐ話(はなし)をそらしちゃうんだ。

(우리 아버지는 도무지, 돈 이야기만 나오면 금방 이야기를 돌려 버리는 거다)

➲ 이 경우 「~といったら」와 「~ったら」에 비해서 「~ときたら」가 보다 부정적인 평가의 기분을 나타내게 된다.

④ お母さんといったら/ったら/✱ときたら、ちゃんと話を聞いてよ。
(어머니는 참, 제대로 이야기를 들어요)

➲ 이 경우는 자신의 부름이나 요구에 대한 어머니의 무성의한 태도를 가볍게 비난하는 것이므로 「~といったら」와 「~ったら」만이 적절하다. 「~ときたら」에는 이와 같은 의미용법은 없으므로 부적절하다.

⑤ お父さんといったら/ったら/✱ときたら、どこなの? 何度も呼んでるのに。
(아버지는 참, 어디야? 몇 번이고 불렀는데)

➲ 이 경우 역시 예문④와 맥락을 같이하고 있다.

⑥ あいつといったら、あんな女の子がきれいだって。
(저 녀석은 도무지, 저런 여자애가 예쁘다는 거야)

➲ 이 경우는 상대에 대한 평가를 친근하게 나타내고 있다.

⑦ 姉ときたら、最近おしゃれのことばかり気にしている。
(누나는 도대체, 요즘은 멋 부리는 것에만 신경 쓰고 있다)

➲ 이 경우는 누나에 대한 평소의 감정이나 평가를 다소 부정적으로 나타내고 있다.

⑧ この時計ったら、すぐとまってしまってだめなんだ。
(이 시계는 도무지, 금방 서버려서 못 쓴다)

「~と言っていました」「~そうです」

(彼は昨日映画を見たと言っていました、彼は昨日映画を見たそうです)

공통의미

~라고 했습니다(이미 과거에 들은 내용을 전달하는 의미용법)

요점

1. 「~と言っていました」와 「~そうです」는 둘 다 이미 과거에 들은 내용을 전달하는 점에

서는 같지만, 그 앞에 오는 형식에 따라서 용법상의 차이가 엿보인다.

2. 「～と言っていました」는 들은 말을 아무런 변형 없이 그대로 전달하지만, 「～そうです」는 반드시 과거형으로 변형시켜서 전달한다(예문②).
3. 「～と言っていました」는 그 앞에 오는 내용이 사람의 말이건 사물의 소리이건 상관없이 폭넓게 쓰이며, 우리말의 '～라고 했었습니다' 정도에 해당된다(예문①③④)
4. 「～そうです」는 전문을 나타내는 조동사로서 오로지 그 앞에 사람의 말일 경우에만 쓰이며, 우리말의 '～(했었다)고 합니다' 정도에 해당된다(예문①).

예문과 해설

① あいつは、昨日映画を見たと言っていました/そうです。

(저 녀석은 어제 영화를 보았다고 했었습니다/보았다고 합니다)

➲ 이 경우는 둘 다 적절하며 의미도 같은데, 「~そうです」의 앞에는 사람의 말이 와있으며, 또한 과거형이 와있어서 사용이 적절하다.

② あいつは、昨日映画を見ましたと言っていました/＊そうです。

(저 녀석은 어제 영화를 봤습니다 라고 했었습니다)

➲ 「~そうです」의 앞에 오는 내용은 반드시 과거형으로 변형시켜야만 하며, 들은 표현 그대로는 올 수가 없으므로 여기에서는 부적절하다. 물론, 이 경우에 「見ました」를 「見た」로 변형시키면 얼마든지 사용이 적절하게 된다.

③ 彼女は、キャーッと言っていました/＊そうです

(그녀는 아악 하고 소리 질렀습니다)

➲ 「~そうです」가 이미 과거에 들은 내용을 전달하는 경우에는 반드시 그 앞에는 사람의 말소리만이 올 수가 있는데, 여기에서는 단순한 비명소리이기 때문에 부적절하다. 한편, 「~と言っていました」는 사람의 말소리이건 사물의 소리이건 관계없이 쓸 수가 있다.

④ 古くなったのかドアがギーギーと言っていました/＊そうです。

(오래 된 것인지 문이 끼익 끼익하고 소리를 냈습니다)

➲ 이 경우 역시 사람의 말소리가 아니라 사물의 소리이므로 「~そうです」사용이 부적절하다. 「~そうです」는 오로지 그 앞에 사람의 말소리만이 오게 되어있다.

참고

「～と言っていました」와 같은 용법은 우리말에는 없는 것이므로 사용에 신중을 기하여야 한다. 특히 그 앞에 오는 내용이 사물의 소리일 경우, 우리말에서는 '～하고 소리를 냈습니

다'는 식으로 표현되곤 하지만, 일본어에서는 위의 예문④와 같은 표현을 쓰게 된다.

「トイレ」「手洗い(てあら)」「化粧室(けしょうしつ)」「便所(べんじょ)」「洗面所(せんめんじょ)」

공통의미

화장실

요점

1. 「トイレ」는 서양식화장실을 가리키는 말로 도시 등의 이미지가 주어지며, 일반적으로 널리 쓰인다. 「トイレット」가 줄여진 말이다.
2. 「手洗い(てあら)」는 본래 손을 씻는 곳이라는 뜻이지만 화장실을 직접적으로 표현하지 않고 간접적으로 나타내는 말인데, 특히 여성들이 많이 사용한다. 보통은 접두어 「お」를 붙인 「お手洗い(てあら)」의 형태로 널리 쓰이고 있다.
3. 「化粧室(けしょうしつ)」는 본래 화장을 고치는 곳이라는 뜻이지만 화장실을 직접적으로 표현하지 않고 간접적으로 나타내는 말인데, 주로 백화점 같은 곳에서 화장실을 품위 있게 나타내는 데에 쓰이고 있다.
4. 「便所(べんじょ)」는 가장 일반적인 말로 특히 「水洗便所(すいせんべんじょ)」「公衆便所(こうしゅうべんじょ)」와 같은 합성어에서는 오로지 「便所(べんじょ)」만이 쓰인다. 하지만 화장실을 직접적으로 나타내는 말이기 때문에 그다지 품위 있는 말은 못된다.
5. 「洗面所(せんめんじょ)」는 본래 세면을 하기 위한 곳이라는 뜻이지만, 화장실을 직접적으로 표현하지 않고 간접적으로 나타내는 말이다. 대체로 화장실을 직접 가리키는 말로는 그다지 쓰이지 않으며, 주로 화장실을 알리는 표시에 쓰이는 경향이 있다.
6. 화장실을 나타내는 이상의 여러 가지 말 중에서 가장 일반적으로 쓰이는 말은 역시 「トイレ」와 「お手洗い(てあら)」가 될 것이다.
7. 우리말에서는 '화장실'이 가장 일반적으로 쓰이고, '변소'라는 말은 품위 상 요즘은 그다

지 쓰이지 않는다.

「どう」「どんなに」「どのように」「いかに」

공통의미

어떻게, 얼마나

요점

1. 「どう」는 주로 회화체에서 방법이나 방식을 묻는 질문에 쓰이며(예문①②), 종종 술어로서도 쓰일 때가 있다(예문⑦⑧). 우리말의 '어떻게'에 해당된다.
2. 「どんなに」는 주로 정도를 나타낼 때에 쓰이며, 우리말의 '얼마나, 아무리' 정도에 해당된다(예문③).
3. 「どのように」는 「どんなに」와 같은 의미로 쓰이나(예문④), 때로는 「どう」의 의미용법으로 쓰일 때도 있다(예문⑤). 다소 문장체적이다.
4. 「いかに」는 「どんなに」와 같으나, 완전히 문장체적이다(예문⑥).

예문과 해설

① 北海道(ほっかいどう)へはどう/✱どんなに行(い)くのですか。(홋카이도에는 어떻게 가는 겁니까?)

➲ 「どう」는 주로 질문에 쓰이며, 이 경우는 '어떤 방법으로'의 의미를 나타낼 뿐 정도를 나타내는 것은 아니어서, 「どんなに」는 부적절하다.

② あの先生(せんせい)をどう/✱どんなに思(おも)いますか。(저 선생을 어떻게 생각합니까?)

➲ 이 경우 역시 어떤 식으로 생각하느냐는 질문이므로 「どう」가 적절하며, 「どんなに」는 정도를 나타내는 데에 쓰이므로 여기에서는 부적절하다.

③ 今(いま)までどんなに/✱どうつらかったことか。(지금까지 얼마나 괴로웠던가)

➲ 이 경우는 괴로웠던 정도를 나타내는 것이므로 방법을 묻는 용법의 「どう」는 부적절하다.

④ <u>どのように</u>暑(あつ)い日(ひ)でも彼(かれ)は上着(うわぎ)を着(き)ている。
(아무리 더운 날이라도 그는 윗도리를 입고 있다)

➲ 「どのように」는 정도를 나타내는 것으로 「どんなに」와 의미는 같으나, 다소 문장체적이다.

⑤ あの男(おとこ)をどのように思(おも)いますか。(저 남자를 어떻게 생각합니까?)

➲ 이 경우는 생각하는 방식을 묻는 것으로, 「どう」와 의미가 같으나 다소 문장체적이다.

⑥ 当時(とうじ)の生活(せいかつ)がいかに大変(たいへん)だったか、知(し)られていない。

(당시의 생활이 얼마나 힘들었는지, 알려져 있지 않다)

➲ 이 경우는 정도를 나타내고 있는데, 매우 문장체적인 것으로 딱딱한 어감이 주어진다.

⑦ 彼(かれ)のようすはどうですか。(그의 모습은 어떻습니까?)

➲ 이 경우의 「どう」는 술어로 쓰인 경우인데, 다른 말에는 이와 같이 술어로 쓰이는 용법이 일체 없다.

⑧ 行(い)くかどうかわからない。(갈지 어떨지 모른다)

➲ 이 경우 역시 「どう」가 술어로 쓰인 예인데, 다른 말에는 이러한 용법이 없다.

「当然(とうぜん)」「当(あ)たり前(まえ)」「勿論(もちろん)」「無論(むろん)」

공통의미

당연히, 물론

요점

1. 「当然(とうぜん)」은 일의 도리 상, 그 누가 보아도 의문의 여지가 없이 그렇게 되는 것을 나타내는데, 형용동사로서도 쓰이고, 부사로서도 쓰인다(예문①②④⑤⑥⑦). 우리말의 '당연'에 해당된다.
2. 「当(あ)たり前(まえ)」는 이렇다하게 특출 난 점이 없이 극히 보통임을 나타내는데, 「当然(とうぜん)」과 같은 뜻이지만, 부사로서의 용법은 없다(예문④⑧⑨⑩). 우리말의 '당연'에 해당된다.
3. 「勿論(もちろん)」은 이것저것 말할 것도 없이 그러함을 나타내는데, 말하는 사람의 주관적인 판단이 많이 담겨있는 말이며, 부사로서만 쓰이고 있다(예문①③⑪⑫⑬). 우리말의 '물

론'에 해당된다.

4. 「無論」은 「勿論」과 같은 말이지만, 「勿論」에 비해서 다소 딱딱한 어감이 들어있다 (예문①③⑭⑮⑯). 우리말의 '물론'에 해당되지만, 우리말에는 없는 말이다.

예문과 해설

① 君にも当然/勿論/無論/＊当たり前手伝ってもらうよ。
(자네에게도 당연히/물론 도움을 받을 거야)

➲ 이 경우에는 문말의 술어를 수식하는 부사로서 쓰인 것인데, 「当たり前」에는 이와 같은 부사로서의 용법이 없으므로 부적절하다.

② 新幹線だから当然/＊当たり前/＊勿論/＊無論着くはずの時刻だ。
(신칸센이니까 당연히 도착할 시간이다)

➲ 이 경우와 같이 객관적으로 생각해서 틀림없이 도착할 시간임을 나타낼 때는 「当然」이 적절하다. 「当たり前」는 부사로서의 용법이 없으므로 부적절하고, 「勿論」과 「無論」은 어디까지나 주관적인 판단의 느낌이 강하므로 이 역시 부적절하다.

③ 与党は勿論/無論/＊当然/＊当たり前野党も賛成した。
(여당은 물론 야당도 찬성했다))

➲ 「当然」은 그 누가 보아도 의문의 여지가 없음을 나타내는데, 이 경우는 '말할 것도 없이'의 의미로 쓰였으므로 부적절하다. 「当たり前」는 부사로서의 용법이 없으므로 이 역시 부적절하다.

④ 勝って当然/当たり前/＊勿論/＊無論だ。(이기는 것이 당연하다)

➲ 이 경우와 같이 의문의 여지가 없음을 나타낼 때는 「当然」과 「当たり前」가 적절한데, 「当たり前」는 부사로서의 용법은 없지만, 단정의 조동사 「だ」와 결합된 형태로 이와 같이 문말에서는 술어로 쓰인다.

⑤ あんな練習では負けるのが当然だ。(저런 연습으로는 지는 것이 당연하다)

➲ 이 경우는 의문의 여지가 없이 그렇게 됨을 나타내고 있다.

⑥ 信頼に報いるのは当然のことだ。(신뢰에 보답하는 것은 당연한 일이다)

➲ 「当然」은 「当然の」의 형태로 뒤에 오는 명사를 수식하게 된다.

⑦ 新入社員は当然遅刻などしてはいけない。
(신입사원은 당연히 지각 같은 것 해서는 안 된다)

➲ 이 경우는 부사로서 쓰인 예이다.

⑧ お金(かね)を借(か)りたら返(かえ)すのが当(あ)たり前(まえ)だ。(돈을 빌리면 갚는 것이 당연하다)

➲ 이 경우는 지극히 당연함을 나타내고 있는데, 「当(あ)たり前(まえ)」는 단정의 조동사 「だ」와 결합한 형태로 이와 같이 문말의 술어로 쓰인다.

⑨ 不当(ふとう)な扱(あつか)いには怒(おこ)るのが当(あ)たり前(まえ)だ。(부당한 취급에는 화내는 것이 당연하다)

⑩ 当(あ)たり前(まえ)のやり方(かた)では彼(かれ)を説得(せっとく)できない。
(당연한(웬만한)방식으로는 그를 설득할 수 없다)

➲ 「当(あ)たり前(まえ)」는 조사 「の」와 결합된 형태로 이와 같이 뒤에 오는 명사를 수식하게 된다.

⑪ 勿論(もちろん)失敗(しっぱい)しても責任(せきにん)を追及(ついきゅう)したりしません。
(물론 실패해도 책임을 추궁하거나 하지 않습니다)

➲ 이 경우는 말할 것도 없이 그러함을 나타내고 있다.

⑫ 計画(けいかく)の失敗(しっぱい)は勿論(もちろん)覚悟(かくご)している。(계획의 실패는 물론 각오하고 있다)

⑬ 僕(ぼく)は勿論(もちろん)大賛成(だいさんせい)だ。(나는 물론 대찬성이다)

⑭ その行事(ぎょうじ)には生徒(せいと)は無論(むろん)のこと、父母(ふぼ)も参加(さんか)する。
(그 행사에는 학생은 물론이거니와, 부모도 참가한다)

➲ 이 경우는 앞의 사항은 말할 것도 없거니와 뒤의 사항까지 당연히 포함됨을 나타내는데, 「勿論(もちろん)のこと」의 형태로서 우리말의 '물론이거니와'의 뜻을 나타낸다.

⑮ あなたの意見(いけん)には無論(むろん)賛成(さんせい)です。(당신의 의견에는 물론 찬성입니다)

➲ 이 경우는 다소 딱딱한 어감이 주어지게 된다.

⑯ 無論(むろん)経費(けいひ)はかかります。(물론 경비는 듭니다)

「どうぞ」「どうか」「くれぐれも」「ぜひ」「なにとぞ」「ぜひとも」「ひとつ」「なんとか」「願(ねが)わくは」

공통의미

상대에 대한 의뢰나 권유를 나타내는 의미용법

요점

1. 「どうぞ」는 상대에게 무언가를 정중하게 권하거나 부탁할 때에 흔히 쓰이는 말로, 우리말의 '자, 부디' 정도에 해당된다(예문①②).
2. 「どうか」는 상대에게 '무언가 곤란한 것은 알겠지만, 그래도.....' 하는 식으로 간절하게 부탁할 때에 쓰이는 말로, 우리말의 '어떻게든' 정도에 해당된다(예문③④).
3. 「くれぐれも」는 여러 차례에 걸쳐 다짐을 두는 식으로 부탁하거나 주의를 줄 때에 쓰이는 말로, 우리말의 '모쪼록' 정도에 해당된다(예문⑤⑥).
4. 「ぜひ」는 자신의 강한 희망을 적극적으로 나타내는 말로, 우리말의 '꼭' 정도에 해당된다(예문⑦⑧).
5. 「なにとぞ」는 상대에 대하여 강하게 부탁하는 기분을 나타내는 말로, 우리말의 '아무쪼록' 정도에 해당된다(예문⑨⑩).
6. 「ぜひとも」는 「ぜひ」와 같은 뜻이지만, 이 보다 더 강조된 기분을 나타내는 말로, 우리말의 '꼭 좀' 정도에 해당된다(예문⑪⑫).
7. 「ひとつ」는 원래 '하나'의 뜻을 나타내는 수사이지만, 부사로서는 가볍게 상대에게 무언가를 부탁하는 말로 우리말의 '좀 부탁 한다'의 '좀' 정도에 해당된다(예문⑬).
8. 「なんとか」는 곤란한 것을 알면서도 간청할 때에 쓰이는 말로, 우리말의 '어떻게든' 정도에 해당된다(예문⑭).
9. 「願(ねが)わくは」는 '희망이 이루어진다면' 하는 식의 소극적인 바람을 나타내는 말로, 우리말의 '바라건 데' 정도에 해당된다(예문⑮). 문장체에서나 쓸 법한 딱딱한 말이다.

예문과 해설

① どうぞお座(すわ)りください。 (자, 앉으십시오)

➲ 이 경우와 같이 「どうぞ」는 좋은 뜻으로 상대에게 무언가를 권할 때에 일상적으로 빈번하게 쓰인다.

② <u>どうぞ</u>よろしくお願(ねが)いします。 (부디 잘 부탁합니다)

➲ 「どうぞ」는 이 경우와 같이 무언가를 부탁할 때에도 일상적으로 빈번하게 쓰인다.

③ <u>どうか</u>お願(ねが)いします。 (어떻게든 부탁합니다)

➲ 「どうか」는 상대에게 부탁하는 강도가 다소 커지게 된다.

④ <u>どうか</u>悪(わる)く思(おも)わないでください。 (어떻게든 나쁘게 생각하지 말아 주십시오)

⑤ くれぐれも失礼がないようにしてください。(모쪼록 실례가 없도록 해 주십시오)

➲「くれぐれも」는 여러 차례나 다짐을 두는 식으로 부탁할 때에 쓰인다.

⑥ くれぐれも気をつけてください。(모쪼록 조심해 주십시오)

⑦ ぜひ教えてください。(꼭 가르쳐 주십시오)

➲「ぜひ」는 적극적으로 자신의 희망을 나타낼 때에 쓰인다.

⑧ このカメラだけはぜひ買いたい。(이 카메라만은 꼭 사고 싶다)

⑨ なにとぞご理解のほどをお願いします。(아무쪼록 이해하여 주실 것을 부탁합니다)

➲「なにとぞ」는 보다 강력하게 상대에게 무언가를 부탁할 때에 쓰인다.

⑩ なにとぞよろしくお願い致します。(아무쪼록 잘 부탁드립니다)

⑪ ぜひともお教え願いたい。(꼭 좀 가르쳐 주시길 부탁하고 싶다)

➲「ぜひとも」는「ぜひ」와 같이 적극적으로 자신의 희망을 나타내는 말이지만, 보다 강조된 어감이 들어있다.

⑫ ぜひとも応援してください。(꼭 좀 응원해 주십시오)

⑬ 娘の就職の件、ひとつよろしく頼むよ。(딸의 취직 건, 좀 잘 부탁할게)

➲「ひとつ」는 가벼운 기분으로 상대에게 무언가를 부탁할 때에 쓰인다.

⑭ そこをなんとかお願いしたいのです。(거기를 어떻게든 부탁드리고 싶은 겁니다)

➲「なんとか」는 상대에게 무언가를 간청할 때에 쓰인다.

⑮ 願わくは、貴社に勤めたいと思っておりました。
(바라건 데, 귀사에 근무하고 싶다고 생각하고 있었습니다)

➲「願わくは」는 다소 소극적인 바람을 나타내는데, 문장체에서나 쓰일법한 딱딱한 말이다.

「～と思う」「～と思っている」

(私は旅行に行こうと思う、私は旅行に行こうと思っている)

●●● 공통의미

말하는 사람의 의지나 희망을 나타내는 의미용법

●●● 요점

1. 「～と思う」와 「～と思っている」는 둘 다 말하는 사람의 의지나 희망을 나타낸고 하는 점에서는 같다(예문①②).
2. 하지만 말하는 사람의 의지가 아닌, 다른 사람의 의지나 희망을 나타낼 때는 오로지 「～と思っている」만을 써야 한다(예문⑤⑥⑦).
3. 말하는 사람의 의지나 희망을 나타낼 때는 「～と思う」와 「～と思っている」둘 다 쓸 수 있으나, 반면에 강한 주장을 나타낼 때는 「～と思っている」가 적절하다(예문③④).

●●● 예문과 해설

① 私は海外旅行に行こうと思います/思っています。

(나는 해외여행에 가려고 생각합니다/생각하고 있습니다)

➲ 이 경우는 말하는 사람의 의지를 나타내는 것이므로 둘 다 적절하며 그 의미도 같다.

② 私は明日仕事を休みたいと思います/思っています。

(나는 내일 일을 쉬고 싶다고 생각합니다/생각하고 있습니다)

➲ 이 경우는 말하는 사람의 희망을 나타내는 것이므로 둘 다 적절하며 그 의미도 같다.

③ 私は日本語はやさしいと思う/思っている。

(나는 일본어는 쉽다고 생각한다/생각하고 있다)

➲ 이 경우 「~と思う」를 쓰게 되면 단지 말하는 사람의 판단을 나타내고 있을 뿐이지만, 「~と思っている」를 쓰게 되면 어디까지나 말하는 사람의 강한 주장을 나타내게 된다.

④ 私は将来何が起るかわからないと思う/思っている。

(나는 장래에 무엇이 일어날지 모른다고 생각한다/생각하고 있다)

➲ 이 경우 역시 「~と思う」를 쓰게 되면 단지 말하는 사람의 장래에 대한 판단을 나타내고 있을 뿐이지만, 「~と思っている」를 쓰게 되면 어디까지나 장래에 대한 말하는 사람의 강한 주장을 나타내게 된다.

⑤ 彼は海外旅行に行こうと思っています/＊と思います。

(그는 해외여행에 가고 싶다고 생각하고 있습니다/＊생각합니다)

➲ 이 경우는 다른 사람의 생각을 전달하는 것이므로 「~と思っている」만이 적절하며, 「~と思う」는 어디까지나 말하는 사람의 생각이나 희망을 나타내는 데에 쓰이므로 여기에서는 부적절하다.

⑥ 山田さんは連休の間、沖縄へ行きたいと思っています/✱と思います。
(야마다씨는 연휴동안 오키나와에 가고 싶다고 생각하고 있습니다/✱생각합니다)

➲ 이 경우는 다른 사람의 희망을 전달하는 것이므로 「~と思っている」만이 적절하다.

⑦ 彼は日本語はやさしいと思っている/✱と思う。
(그는 일본어는 쉽다고 생각하고 있다)

➲ 이 경우 역시 예문⑤⑥과 맥락을 같이하고 있다.

「通り」「道」「道路」

(通りを横切る、道を横切る、道路を横切る)

공통의미

길, 도로

요점

1. 「通り」는 비교적 크거나 번화한 것으로 우리말의 '거리'에 해당된다(예문①④⑦⑧).
2. 「道」는 가장 일반적으로 쓰이는 말로 우리말의 '길'에 해당된다(예문①②③⑥⑨⑩).
3. 「道路」는 사람이나 자동차의 교통을 위해서 만들어진 것으로, 우리말의 '도로'에 해당된다(예문①②③⑤⑪⑫).

예문과 해설

① 通り/道/道路を横切る。(거리를/길을/도로를 건넌다)

➲ 이 경우는 전후문맥이나 적절한 장면의 설정이 없으므로 어느 것이나 다 적절한데, 다만 「通り」

는 비교적 복잡하고 번화한 거리를 나타내고, 「道」는 일반적인 길을 나타내며, 「道路」는 도로표지나 신호등이 설치되어 있는 등의 잘 정비된 도로를 나타낸다.

② 道路/道/✱通りを作る。(도로를/길을 만든다)

➲ 이 경우와 같이 사람이나 자동차의 왕래를 위한 길을 나타낼 때는 「通り」는 부적절하다. 「通り」는 단순한 도로나 길보다는 사람이나 자동차의 왕래가 많은 복잡하고 번화한 거리를 나타내기 때문이다.

③ 道路/道/✱通りの工事をやっている。(도로/길의 공사를 하고 있다)

➲ 이 경우 역시 예문②와 맥락을 같이하고 있다.

④ 人出の多いにぎやかな通り/?道/?道路を歩く。
(사람이 많이 나오는 번화한 거리를 걷는다)

➲ 이 경우와 같이 복잡하고 번화한 거리를 나타낼 때는 「通り」가 가장 적절하다. 「道」와 「道路」는 길이나 도로에 사람이 많이 걸어 다니는 풍경만을 연상시키지만, 「通り」는 그러한 길이나 도로는 물론 양쪽에 즐비한 상점들까지 연상시키게 된다.

⑤ この道路標識/✱道標識/✱通り標識は間違っている。
(이 도로표시는 잘못 되어있다)

➲ 이 경우와 같이 도로의 이정표 같은 것을 나타낼 때는 「道路」만이 적절하다. 「道路」는 세 가지 말 중에서 비교적 잘 정비된 본격적인 도로를 나타내기 때문이다.

⑥ 駅への道/✱道路/✱通りを尋ねる。(역으로 가는 길을 묻는다)

➲ 이 경우와 같이 찾아가야 할 길을 나타낼 때는 「道」만이 적절하다.

⑦ 桜が咲いている通りを散歩する。(벚꽃이 피어있는 거리를 산책한다)

⑧ 通りには車があふれていた。(거리에는 차가 넘치고 있었다)

⑨ 道の真ん中で立ち止まる。(길의 한 가운데에서 멈춰 선다)

⑩ この道をまっすぐ行くと駅に出る。(이 길을 똑바로 가면 역에 나온다)

⑪ 道路を建設する。(도로를 건설한다)

⑫ 幅五メートルの有料道路。(폭 5미터의 유료도로)

「通(とお)る」「通(つう)じる」「通(かよ)う」

(この区間(くかん)はKTXが通(とお)っている、この区間(くかん)はKTXが通(つう)じている、この区間(くかん)はKTXが通(かよ)っている)

공통의미

통하다

요점

1. 「通(とお)る」는 일정한 경로를 따라 장소를 통과하는 것을 나타낸다. 우리말의 '통과하다, 통하다'에 해당된다(예문①③⑤⑥⑦⑧).
2. 「通(つう)じる」는 두 개의 장소나 사물이 연결되어 있음을 나타낸다. 우리말의 '연결되다, 이어지다'에 해당된다(예문①②⑨⑩⑪).
3. 「通(かよ)う」는 두 개의 장소나 사물 사이를 습관적, 일상적으로 왔다 갔다 하는 것을 나타낸다. 우리말의 '다니다'에 해당된다(예문①④⑫⑬⑭).

예문과 해설

① この区間(くかん)はKTXが通(とお)って/通(つう)じて/通(かよ)っている。
(이 구간은 KTX가 통과하고/연결되어/다니고 있다)

➲ 「通(とお)る」를 쓰게 되면 통과한다는 의미를 나타내고, 「通(つう)じる」를 쓰게 되면 연결되어 있음을 나타내며, 「通(かよ)う」를 쓰게 되면 왔다 갔다 하는 것을 각각 나타낸다.

② この区間(くかん)はトンネルが通(つう)じて/?通(とお)って/＊通(かよ)っている。
(이 구간은 터널이 연결되어 있다)

➲ 「通(とお)る」를 쓰게 되면 터널이 관통한다는 의미가 되어 다소 어색하고, 「通(かよ)う」를 쓰게 되면 터널이 왔다 갔다 한다는 엉뚱한 의미가 된다. 역시 터널은 연결되어 있는 존재이므로 「通(つう)じる」가 가장 적절하다.

③ この道(みち)は車(くるま)がよく通(とお)る/?通(かよ)う/＊通(つう)じる。(이 길은 차가 자주 다닌다)

➲ 「通る」를 쓰게 되면 길을 따라 차가 통과한다는 의미를 나타내어 적절하다. 「通じる」는 연결되어 있음을 나타내므로 부적절하다. 한편 「通う」를 쓰게 되면 왔다 갔다 하는 것을 나타내고, 또한 예문의 번역에서도 불 수 있듯이 우리말의 '다니다'에 해당되므로 사용이 적절할 것 같으나, 실제로 예문의 경우에는 불특정다수의 차가 다니는 셈이므로 다소 어색하다. 「通う」는 어디까지나 정해진 일정한 대상이 일상적, 습관적으로 다니는 데에만 쓰인다.

④ 学校が遠いので、通う/✱通るのが/✱通じるのがきつい。
(학교가 멀기 때문에 다니는 것이 힘들다)

➲ 「通る」는 통과만을 나타내며, 「通じる」는 연결만을 나타내서 부적절하다. 학교는 일상적, 정기적으로 왔다 갔다 해야 할 대상이므로 이 경우는 「通う」만이 적절하다.

⑤ お祭り行列が商店街を通った。(축제행렬이 상점가를 통과했다)

➲ 이 경우와 같이 단순한 통과의 뜻만을 나타낼 때는 「通る」가 적절하다.

⑥ 税関を通って入国する。(세관을 통해서 입국한다)

⑦ 山頂まで登山列車が通っている。(산꼭대기까지 등산열차가 통하고 있다)

⑧ 汚水は下水道を通って排水される。(오수는 하수도를 통해서 배수된다)

⑨ この道は頂上に通じている。(이 길은 정상에 연결되어 있다)

➲ 이 경우는 길이 정상에까지 연결되어 있음을 나타내고 있다.

⑩ 停電で電話が通じない。(정전으로 전화가 연결되지 않는다)

➲ 「通じる」는 이와 같이 전화선의 연결도 나타낼 수가 있다.

⑪ 私の町までは鉄道が通じている。(우리 마을까지는 철도가 이어져있다)

⑫ 毎朝バスで会社に通う。(매일 버스로 회사에 다닌다)

➲ 이 경우와 같이 정기버스가 정해진 코스를 일정하게 다닌다고 하는 뜻으로는 「通う」만이 적절하다.

⑬ この島へは連絡船が通っている。(이 섬으로는 연락선이 다니고 있다)

➲ 연락선역시 정기적으로 일정한 코스를 왔다 갔다 하는 것이다.

⑭ この道はバスが一日 3 回通っている。(이 길은 버스가 하루에 세 번 다니고 있다)

참고

한편, 「通る」와 「通じる」「通う」에는 장소가 아닌, 심리적으로 통한다고 하는 용법도 있다.

「試験に通る」(시험에 통과하다) 「彼は童顔なので高校生で通る」(그는 동안이기 때문에 고등학생으로 통한다) 「あの人とは話が通じる」(저 사람과는 이야기가 통한다) 「友人を通じて頼む」(친구를 통해서 부탁한다) 「心が通う」(마음이 통한다) 「飼い主と愛犬の気持ちが通う」(주인하고 애견의 기분이 통한다)

「時」「時間」

(時が経つのも忘れる、時間が経つのも忘れる)

공통의미

때, 시간

요점

1. 「時」는 긴 시간에도 쓰이고 짧은 시간에도 쓰이는데, 비교적 정교하게 정해진 시간이 아니라 폭넓은 시간을 가리킨다. 우리말의 '때, 세월'에 해당된다(예문①②⑤⑥).
2. 「時間」은 대체로 하루 중의 시간을 나타내며, 비교적 정교하게 정해진 시간을 가리킨다(예문①②③④⑦⑧). 우리말의 '시간'에 해당된다.

예문과 해설

① 時が経つのも忘れる。 時間が経つのも忘れる。
(시간이 지나는 것도 잊는다) (시간이 지나는 것도 잊는다)

➲ 전자는 제법 긴 시간, 즉 세월에 가까운 의미를 나타내지만, 후자는 불과 몇 분내지 몇 시간 정도를 가리킨다.

② 時の経つのは速いものだ。 時間の経つのは速いものだ。
(세월이 지나는 것은 빠른 법이다) (시간이 지나는 것은 빠른 법이다)

➲ 이 경우 역시 위의 예문과 맥락을 같이하고 있다.

③ 朝起きた時間/＊時を記録しなさい。(아침에 일어난 시간을 기록해라)

➲ 「時間」은 비교적 정교한 시간을 나타내지만, 「時」는 폭넓은 때를 나타낸다. 아침에 일어난 시간은 시간의 폭이 그리 넓지 않으므로 이 경우는 「時間」이 적절하다.

④ 開演の時間/＊時は5時だ。(개연 시간은 5시다)

➲ 이 경우 역시 예문③과 같다.

⑤ 時は金なり。(시간은 돈이다)

➲ 이 경우는 관용적으로 쓰이는 표현이다.

⑥ 時を見て話をする。(때를 봐서 이야기를 하겠다)

➲ 이 경우와 같이 적장한 때를 나타낼 때는 「時」가 적절하다.

⑦ 昼休みの時間は1時間しかない。(점심시간은 1시간밖에 없다)

➲ 이 경우는 하루 중의 시간을 나타내고 있다.

⑧ チャイムで時間を知らせる。(차임으로 시간을 알린다)

➲ 이 경우 역시 하루 중의 시간을 나타내고 있다.

「ときどき」「たびたび」「しばしば」

(彼はときどき忘れ物をする、彼はたびたび忘れ物をする、彼はしばしば忘れ物をする)

공통의미

때때로, 종종, 가끔

요점

1. 「ときどき」「たびたび」「しばしば」는 모두 우리말의 '때때로, 종종, 가끔' 정도에 해당되는 말인데, 어떤 동작이나 상태가 일정한 시간간격을 두고 되풀이됨을 나타내는 점에서는 세 가지 말에 그다지 차이는 없다. 다만, 뒤에 오는 명사를 수식하는 연체수식의 용법과 문말술어의 용법, 그리고 문체상에 있어서는 다소의 차이가 엿보인다.

2. 「ときどき」는 일상적으로 가장 많이 쓰이는 말로 주로 뒤에 오는 술어를 수식하는 연용수식어로 쓰이는데(예문①②③⑧⑨), 때로는 뒤에 오는 명사를 수식하는 연체 수식어로 쓰일 때도 있다(예문④⑤). 그렇지만 세 가지 말 중에서 유일하게 「ときどきだ」의 형태를 취하여 문말의 술어로 쓰이는 법은 없다(예문⑥⑦).
3. 「たびたび」는 「ときどき」에 비해서 보다 횟수가 많으며, 다소 문장체적인 어감이 있다. 뒤에 오는 술어를 수식하는 연용수식어로 쓰이고(예문①②③⑩⑪), 뒤에 오는 명사를 수식하는 연체수식어로 쓰일 때도 있으며(예문④⑤), 때로는 「たびたびだ」의 형태를 취하여 술어로 쓰이기도 한다(예문⑥⑦).
4. 「しばしば」는 세 가지 말 중에서 가장 문장체적인 말이어서 회화체에서는 그다지 쓰이지 않는다(예문③). 뒤에 오는 술어를 수식하는 연용수식어로 쓰이고(예문①②⑫⑬), 「しばしばだ」의 형태를 취하여 술어로 쓰이기도 하지만(예문⑥⑦), 하지만 세 가지 말 중에서 유일하게 「しばしばの」의 형태를 취하여 뒤에 오는 명사를 수식하는 연체수식어로는 일체 쓰이지 않는다.

예문과 해설

① これはときどき/たびたび/しばしば目にする記事(きじ)です。

(이것은 때때로 눈에 띄는 기사입니다)

➲ 이 경우는 일정한 시간간격을 두고 되풀이됨을 나타내는 것이므로, 문체상의 차이는 있을지 언정 세 가지 다 적절하다. 이 중에서 「しばしば」가 가장 문장체적이다.

② あの人は体(からだ)が弱(よわ)いので、ときどき/たびたび/しばしば学校(がっこう)を休(やす)みます。

(저 사람은 몸이 약해서 종종 학교를 쉽니다)

➲ 이 경우 역시 예문①과 맥락을 같이하고 있다.

③ ときどき/たびたび/?しばしば映画(えいが)を見(み)るが、あまりすきではないよ。

(가끔 영화를 보지만, 그다지 좋아하지는 않아)

➲ 이 경우는 문맥을 볼 때 일상적으로 흔히 쓰이는 회화체이므로 「ときどき」가 가장 적절하다. 「たびたび」도 못쓸 법은 없지만 「ときどき」에 비해서는 다소 문장체적이므로 약간 부적절한 느낌도 있으며, 「しばしば」는 오로지 문장체에서만 쓰이므로 이 문맥에서는 매우 부적절한 느낌이 주어진다.

④ 彼女(かのじょ)は、ときどき/たびたび/＊しばしばの手紙(てがみ)でようすを知(し)らせてくれます。

(그녀는 가끔 편지로 동태를 알려줍니다)

➲ 이 경우와 같이 뒤에 오는 명사를 수식하는 연체수식어로 쓰일 때는 「しばしば」는 부적절하다.

⑤ ときどき/たびたび/＊しばしばの訪問(ほうもん)で子(こ)どもたちは山田(やまだ)さんと親(した)しくなった。

(가끔 방문해서, 아이들은 야마다씨와 친해졌다)

➲ 이 경우 역시 예문④와 맥락을 같이 하고 있다.

⑥ 彼(かれ)は遅刻(ちこく)することもたびたび/しばしば/＊ときどきだ。
(그는 지각하는 일도 종종 있다)

➲ 이 경우와 같이 문말술어로 쓰일 때는 「ときどき」는 부적절하다.

⑦ 息子(むすこ)のわがままには驚(おどろ)くこともたびたび/しばしば/＊ときどきだった。
(아들의 제멋대로 하는 행동에는 놀라는 일도 종종 있었다)

➲ 이 경우 역시 예문⑥과 맥락을 같이 하고 있다.

⑧ _ときどき_子(こ)どものころを思(おも)い出(だ)す。(때때로 어릴 적을 생각해낸다)

⑨ _ときどき_ラジオを聞(き)くほかは、いつもテレビを見(み)ます。
(때때로 라디오를 듣는 이외는 언제나 티브이를 봅니다)

➲ 「ときどき」는 일상적인 회화체에서 가장 빈번하게 쓰이고 있다.

⑩ 会社(かいしゃ)におそくまでいるので、夕飯(ゆうはん)は_たびたび_外(そと)で食(た)べます。
(회사에 늦게까지 있기 때문에 저녁밥은 종종 밖에서 먹습니다)

➲ 「たびたび」는 다소 문장체적인 어감이 주어지므로 비교적 격식을 차린 말투에서 쓰이는 경향이 있다.

⑪ 彼(かれ)には_たびたび_面倒(めんどう)をかけています。(그에게는 종종 폐를 끼치고 있습니다)

⑫ この地域(ちいき)は_しばしば_地震(じしん)が起(お)きる。(이 지역은 가끔 지진이 일어난다)

➲ 「しばしば」는 세 가지 말 중에서 가장 문장체적인 딱딱한 말이다.

⑬ _しばしば_挫折(ざせつ)しそうになったこともあります。
(가끔 좌절할 뻔했던 적도 있습니다)

「解(と)く」「解(ほど)く」

(包(つつ)みを_解(と)く_、包(つつ)みを_解(ほど)く_)

공통의미

풀다

요점

1. 「解(と)く」와 「解(ほど)く」는 둘 다 묶인 것이나 엉킨 것을 푼다고 하는 의미에서는 같이 쓰이는데 (예문①②③), 이 경우에는 「解(と)く」보다 「解(ほど)く」가 더 회화체적이다.
2. 다만, '문제를 푼다, 오해를 푼다'와 같이 추상적인 경우에는 「解(ほど)く」는 쓸 수 없고, 오로지 「解(と)く」만을 써야한다(예문④⑤⑥).

예문과 해설

① 包(つつ)みを解(と)く/解(ほど)く。(보따리를 푼다)

➲ 이 경우와 같이 묶인 것을 푼다는 뜻에서는 둘 다 적절하지만, 아무래도 「解(ほど)く」가 보다 회화체적이다.

② 糸(いと)のもつれを解(と)く/解(ほど)く。(실타래를 푼다)

➲ 이 경우 역시 엉킨 것을 푼다는 뜻으로 둘 다 적절하지만, 아무래도 「解(ほど)く」가 보다 회화체적이다.

③ ふるしきを解(と)く/解(ほど)く。(보자기를 푼다)

➲ 이 경우도 둘 다 적절하지만, 아무래도 「解(ほど)く」가 보다 회화체적이다.

④ 問題(もんだい)を解(と)く/＊解(ほど)く。(문제를 푼다)

➲ 이 경우와 같이 문제를 푼다고 하는 추상적인 뜻에서는 「解(と)く」만이 적절하며, 「解(ほど)く」는 부적절하다.

⑤ 誤解(ごかい)を解(と)く/＊解(ほど)く。(오해를 푼다)

➲ 이 경우 역시 오해를 푼다고 하는 추상적인 뜻이므로 「解(と)く」만이 적절하며, 「解(ほど)く」는 부적절하다.

⑥ 緊張(きんちょう)を解(と)く/＊解(ほど)く。(긴장을 푼다)

➲ 이 경우 역시 정신적인 긴장감을 푼다고 하는 추상적인 뜻이므로 「解(と)く」만이 적절하며, 「解(ほど)く」는 부적절하다.

「研ぐ」「磨く」

공통의미

갈다, 닦다

요점

1. 「研ぐ」는 칼 같은 것이 잘 듣도록 날카롭게 한다는 의미가 있는데, 우리말의 '갈다' 정도에 해당된다(예문①②⑥⑦). 한편으로는 제한적이지만, 쌀을 물속에서 비벼서 깨끗이 씻는다는 의미로도 쓰인다(예문③).
2. 「磨く」는 광택이 나도록 문질러서 닦는다는 의미가 있는데, 우리말의 '닦다'에 해당된다(예문④⑤⑧). 한편으로는 노력해서 훌륭하게 되거나 숙달되게 한다는 추상적인 의미로도 쓰이는데, 「研ぐ」에는 이러한 의미용법이 없다(예문⑨⑩).

예문과 해설

① 砥石で包丁を研ぐ/✱磨く。(숫돌로 식칼을 갈다)

➲ 이 경우는 식칼이 잘 듣도록 숫돌로 날카롭게 한다는 의미이므로 「研ぐ」가 적절하다. 「磨く」는 어디까지나 광택이 나도록 하는 것이므로 부적절한데, 만약 식칼의 표면이 반짝 반짝 빛나도록 광택을 낸다는 의미라면 「磨く」도 적절하다.

② やすりで研ぐ/✱磨く。(줄로 간다)

➲ 이 경우 역시 줄로 갈아서 날카롭게 한다는 의미이므로 「研ぐ」가 적절하다.

③ 米を研ぐ/✱磨く。(쌀을 씻는다)

➲ 이 경우와 같이 쌀을 비벼서 씻는다고 할 때는 「研ぐ」만이 적절하다.

④ 子どもが歯を磨いて/✱研いでいる。(아이가 이를 닦고 있다)

➲ 이를 깨끗하게 닦아서 빛나게 한다고 하는 경우이므로 「磨く」만이 적절하다. 이 경우에 「研ぐ」를 쓰게 되면 상상만 해도 끔찍한 느낌이 들 것이다.

⑤ ワックスをつけて自動車を磨く/＊研ぐ。(왁스를 발라서 자동차를 닦는다)

➲ 자동차의 표면이 빛나도록 광택을 낸다고 하는 의미이므로 「磨く」가 적절하다. 만약 자동차의 일그러진 표면을 펴고 광택을 내기위한 판금도색작업이라면 「研ぐ」도 적절하다

⑥ 猫が爪を研ぐ。(고양이가 손톱을 간다)

➲ 이 경우는 손톱을 갈아서 날카롭게 한다는 뜻으로 쓰인 것인데, 고양이가 굳이 네일아트를 할 일은 전혀 없을 것이므로 「磨く」는 부적절하다.

⑦ 大工がかんなを研ぐ。(목수가 대패를 간다)

➲ 이 경우도 대패를 갈아서 날카롭게 한다는 뜻으로 쓰였다.

⑧ あの人は一日中靴を磨いている。(저 사람은 하루 종일 구두를 닦고 있다)

➲ 이 경우는 표면이 빛나도록 광택을 낸다는 뜻으로 쓰였다.

⑨ 人格を磨く。(인격을 닦는다)

➲ 이 경우는 추상적인 뜻으로 쓰였다.

⑩ 技術を磨く。(기술을 닦는다)

➲ 이 경우도 기량을 늘린다고 하는 추상적인 뜻으로 쓰였다.

「得意」「顧客」「常連」

공통의미

단골손님

요점

1. 「得意」는 「お得意」「お得意さん」의 형태로 쓰이는 것이 보통인데, 손님에 대한 감사의 기분이 들어있는 말로 일상회화에서 빈번하게 쓰인다(예문①⑤⑥).
2. 「顧客」는 단골손님을 개별적으로 칭하는 것이 아니라, 사업주의 입장에서 거래가 많은

손님을 총칭하는 때에 쓰이는 말로 비교적 딱딱한 어감이 있다(예문②⑦).

3. 「常連(じょうれん)」은 주로 음식점, 술집, 유희장 등에 자주 오는 손님을 친근하게 가리키는 말이며, 한편으로는 늘 그곳에 얼굴을 내미는 사람을 가리키기도 하는데 이러한 용법은 다른 말에는 없다(예문①③④⑧).

예문과 해설

① 彼(かれ)はこの店(みせ)のお得意(とくい)/常連(じょうれん)/＊顧客(こきゃく)です。(그는 이 가게의 단골손님입니다)

➲ 「顧客(こきゃく)」는 단골손님을 총칭하는데 쓰이며 이 경우와 같이 개별적으로 칭하는 데는 쓰이지 않으므로 여기에서는 부적절하다. 「お得意(とくい)」는 단골손님을 친근하게 가리키는 말이며, 「常連(じょうれん)」은 걸핏하면 그곳에 얼굴을 내미는 단골손님을 가리키는 말이다.

② 彼女(かのじょ)の名前(なまえ)は顧客名簿(こきゃくめいぼ)/＊お得意名簿(とくいめいぼ)/＊常連名簿(じょうれんめいぼ)に載(の)っている。
(그녀의 이름은 고객명부에 올라있다)

➲ 이 경우는 개별적인 단골손님이 아니라 단골손님을 총칭한 것이므로 오로지 「顧客(こきゃく)」만이 적절하다.

③ 山田(やまだ)さんは投稿欄(とうこうらん)の常連(じょうれん)/＊お得意(とくい)/＊顧客(こきゃく)です。
(야마다씨는 투고란의 단골손님입니다)

➲ 이 경우와 같이 늘 그곳에 얼굴을 내미는 사람을 나타낼 때는 오로지 「常連(じょうれん)」만이 적절하다. 「お得意(とくい)」는 단골손님을 친근하게 나타내는 말이며, 「顧客(こきゃく)」는 사업주의 입장에서 단골손님을 총칭하는 데에 쓰이는 딱딱한 말이므로 둘 다 여기에서는 부적절하다.

④ この食堂(しょくどう)は多(おお)くの常連客(じょうれんきゃく)/＊お得意客(とくいきゃく)/＊顧客客(こきゃくきゃく)を持っている。
(이 식당은 많은 단골손님을 지니고 있다)

➲ 이 경우와 같이 접미어 「客(きゃく)」와 함께 쓰일 수 있는 것은 오로지 「常連(じょうれん)」뿐이다.

⑤ <u>お得意(とくい)さん</u>の山田(やまだ)さんが来(き)た。(단골손님인 야마다씨가 왔다)

➲ 이 경우는 개별적인 단골손님을 친근하게 부르고 있다.

⑥ 医者(いしゃ)や弁護士(べんごし)がこのバーの<u>お得意(とくい)</u>です。(의사나 변호사가 이 바의 단골손님입니다)

⑦ <u>顧客(こきゃく)</u>リストを作成(さくせい)して管理(かんり)する。(고객리스트를 작성해서 관리한다)

➲ 이 경우는 사업주의 입장에서 단골손님을 총칭하여 나타내고 있다.

⑧ <u>常連(じょうれん)</u>の客(きゃく)がどんどん増(ふ)えてうれしい悲鳴(ひめい)を上(あ)げる。
(단골손님이 자꾸만 늘어서 즐거운 비명을 지른다)

➲ 이 경우는 늘 얼굴을 내미는 단골손님의 뜻으로 쓰였다.

「ところ」「場所」「場」

공통의미

곳, 장소

요점

1. 「ところ」와 「場所」는 둘 다 어떤 공간을 나타내는 점에서는 기본적으로 의미용법이 같으나, 세부적인 사항에서는 용법상의 차이가 엿보인다. 한편, 「場」는 공간의 의미보다는 상황의 의미로 쓰인다.
2. 「ところ」는 그 사람이 살고 있는 집이나(예문①②) 그 사람이나 사물이 있는 곳을 가리키지만(예문③④), 「場所」에는 이러한 용법이 없다. 「場所」는 우리말의 '장소'와 의미용법이 같은 것으로 생각하면 될 것이다.
3. 「ところ」는 대부분 그 앞에 수식어가 와서 쓰이지만(예문⑤), 「場所」는 수식어가 올 때도 있으나(예문⑤) 단독으로도 쓰이는데(예문⑥⑦), 이 점에서는 우리말도 마찬가지이다.
4. 「場」는 「場をふさぐ(장소를 차지한다)」와 같은 일부 관용적인 표현을 제외하고는 구체적인 공간을 나타내지 않고, 대부분 처해진 상황이나 분위기를 나타낸다(예문⑧⑨).

예문과 해설

① 私のところ/＊場所に遊びに来てくれ。 (내가 있는 곳(우리 집)에 놀러 와 다오)

➲ 보통 사람을 나타내는 말 다음에 「~のところ」가 오게 되면 그 사람이 있는 곳이나 집을 나타내게 된다.

② 彼のところ/＊場所は川のそばだ。 (그의 집은 강 옆이다)

➲ 이 경우도 예문①의 경우와 같다.

③ ストーブのところ/＊場所にりんご箱がある。 (난로가 있는 곳에 사과상자가 있다)

➲ 「~のところ」의 형태를 취하게 되면 그 사람이나 물건이 있는 곳을 가리키므로 이 경우는 「ところ」가 적절하다. 「場所」에는 이러한 용법이 없으므로 여기에서는 부적절하다.

④ ピッチャーのところ/＊場所(ばしょ)にボールが二つ(ふた)三つ(みっ)転(ころ)がっている。

(투수가 있는 곳에 볼이 두 세 개 뒹굴고 있다)

➲ 이 경우 역시 예문③의 경우와 같다.

⑤ ピアノをおく場所(ばしょ)/ところがない。(피아노를 둘 장소/곳이 없다)

➲ 이 경우에는 둘 다 적절한데, 「ところ」는 단독으로 쓰이지 못하고 주로 그 앞에 수식어가 오는 것이 보통이지만, 「場所(ばしょ)」는 수식어가 올 수도 있고 단독으로 쓰일 수도 있다.

⑥ 場所(ばしょ)/＊ところはどこがいいかな。(장소는/＊곳은 어디가 좋을까?)

➲ 「場所(ばしょ)」는 단독으로도 쓰일 수 있으나, 「ところ」는 대부분 그 앞에 수식어가 오는 것이 보통이다.

⑦ はやく場所(ばしょ)/＊ところをさがそう。(빨리 장소/＊곳을 찾자)

➲ 이 경우 역시 예문⑥의 경우와 같다.

⑧ 荷物(にもつ)が場(ば)をふさいでいる。(화물이 장소를 차지하고 있다)

➲ 이 경우는 「場(ば)をふさぐ」의 형태로 장소를 차지한다는 뜻의 관용구로 쓰였다.

⑨ この場(ば)になって尻込(しりご)みする。(이 상황이 되어 뒷걸음친다)

➲ 이 경우는 구체적인 장소가 아니라 처해진 상황이나 분위기를 나타내고 있는데 다른 말에는 이러한 용법이 없다.

참고

「ところ」는 대부분 그 앞에 수식어가 오는 것이 보통이지만, 다음과 같이 단독으로 제한적이지만 관용적인 용법으로 쓰일 때가 있다.

「彼(かれ)はところかまわずつばをはく」(그는 장소를 가리지 않고 침을 뱉는다)

「ところをわきまえて行動(こうどう)しなさい」(장소를 가려서 행동해라)

「～ところだ」「～ているところだ」「～たところだ」

(晩御飯(ばんごはん)を食(た)べるところだ、晩御飯(ばんごはん)を食(た)べているところだ、晩御飯(ばんごはん)を食(た)べたところだ)

공통의미

일의 진행상황을 나타내는 의미용법

요점

1. 「～ところだ」는 지금 발생할 일을 나타내는 것으로 그 앞에는 동사 연체형이 온다. 우리말의 '～할 참이다'에 해당된다.
2. 「～ているところだ」는 지금 한창 일이 진행 중임을 나타내는 것으로 그 앞에는 동사연용형이 온다. 우리말의 '～하고 있는 중이다'에 해당된다.
3. 「～たところだ」는 일이 방금 끝났음을 나타내는 것으로 그 앞에는 동사연용형이 온다. 우리말의 '금방(갓) ～ 했다'에 해당된다.

예문과 해설

① 晩御飯(ばんごはん)を食(た)べるところだ/食(た)べているところだ/食(た)べたところだ。

(저녁밥을 먹을 참이다/먹고 있는 중이다/금방 먹었다)

➲ 「~ところだ」를 쓰게 되면 이제부터 저녁밥을 먹기 직전임을 나타내고, 「~ているところだ」를 쓰게 되면 한참 저녁밥을 먹고 있는 중임을 나타내며, 「~たところだ」를 쓰게 되면 저녁밥을 먹는 행위가 금방 완료되었음을 나타내게 된다.

② 彼女(かのじょ)と映画(えいが)を見(み)るところだ/見(み)ているところだ/見(み)たところだ。

(그녀와 영화를 볼 참이다/보고 있는 중이다/금방 봤다)

➲ 이 경우 역시 「~ところだ」를 쓰게 되면 이제부터 영화를 보기 직전임을 나타내고, 「~ているところだ」를 쓰게 되면 한참 영화를 보고 있는 중임을 나타내며, 「~たところだ」를 쓰게 되면 영화를 보는 행위가 금방 완료되었음을 나타내게 된다.

③ 宿題(しゅくだい)をするところだ/しているところだ/したところだ。

(숙제를 할 참이다/하고 있는 중이다/금방 했다)

➲ 이 경우도 「~ところだ」를 쓰게 되면 이제부터 숙제를 하기 직전임을 나타내고, 「~ているところだ」를 쓰게 되면 한참 숙제를 하고 있는 중임을 나타내며, 「~たところだ」를 쓰게 되면

숙제를 하는 행위가 금방 완료되었음을 나타내게 된다.

④ 先生に話すところだ/話しているところだ/話したところだ。
(선생님께 이야기할 참이다/이야기하고 있는 중이다/금방 이야기했다)

➲ 이 경우도 위의 예문들과 맥락을 같이하고 있으며, 이후의 예문들 역시 마찬가지이다.

⑤ 私は今帰るところだ/帰っているところだ/帰ったところだ。
(나는 지금 돌아갈 참이다/돌아가고 있는 중이다/금방 돌아왔다)

⑥ その件については今考えるところだ/考えているところだ/考えたところだ。
(그 건에 관해서는 지금 생각할 참이다/생각하고 있는 중이다/금방 생각했다)

「年」「年齢」

(あの人は年が若い、あの人は年齢が若い)

공통의미

나이

요점

1. 「年」는 가장 일반적으로 쓰이는 말인데(예문①②⑥⑦), 때로는 나이를 많이 먹었음을 나타내기도 한다(예문③④). 우리말의 '나이'에 해당된다.
2. 「年齢」는 「年齢制限」「精神年齢」와 같이 객관적이고 사무적인 경우에 쓰이는 말로, 우리말의 '연령'에 해당된다(예문⑤⑧⑨⑩).

예문과 해설

① 君の妹の年/?年齢はいくつだ。(자네 여동생의 나이는 몇 살인가)

➲ 이 경우와 같이 일상회화체에서는 「年」가 적절하며, 「年齢」는 딱딱한 한자말이므로 다소 부적절하다.

② 妹ももう年/✱年齢をとっている。(여동생도 이제 나이를 먹었다)

➲ 「年をとる」의 형태로 나이를 먹음을 나타내는데, 「年齢」에는 이와 같은 용법이 없다.

③ 私ももう年/✱年齢だ。(나도 이제 늙었다)

➲ 「年」는 단정의 조동사 「だ」와 결합한 문말술어의 형태로 나이를 먹었음을 나타내는데, 「年齢」에는 이와 같은 용법이 없다.

④ いい年/✱年齢をして何をやっているのか。
(나이를 먹을 만큼 먹고서 무엇을 하고 있는 건가)

➲ 이 경우의 「いい年をして」는 관용적인 표현으로 우리말의 '나이를 먹을 만큼 먹고서' 정도에 해당되는데, 주로 비난의 뜻으로 쓰인다.

⑤ あの男は大人でありながら、精神年齢/✱年はまだ子供だ。
(저 남자는 어른이면서도 정신연령은 아직 어린애다)

➲ 「年齢」는 한자말이므로 이 경우와 같이 다른 한자말과 결합되어 쓰이는데 적절하다.

⑥ 新年になってもう一つ年を取った。(신년이 되어서 또 한 살 나이를 먹었다)

⑦ 彼は年のわりに若い。(그는 나이에 비해서 젊다)

⑧ 彼女は年齢を偽って入社した。(그녀는 연령을 속이고 입사했다)

➲ 이 경우는 다소 딱딱한 어감이 주어지게 된다.

⑨ この老人ホームは年齢順に入ることになっている。
(이 양로원은 연령순으로 들어가게 되어 있다)

➲ 이 경우는 객관적이고 사무적으로 쓰였다.

⑩ あの女の年齢は不詳だ。(저 여자의 연령은 미상이다)

「～としては」「～にしては」

(一介の平社員としては破格の礼遇だ、一介の平社員にしては破格の礼遇だ)

공통의미

~로서는, ~치고는

요점

1. 「~としては」는 그 사람의 자격이나 입장을 객관적으로 나타내는 것으로, 우리말의 '~로서는'에 해당된다(예문①②④⑤⑥).
2. 「~にしては」는 그 사람의 자격이나 입장에 비추어 볼 때, 예상 밖의 모습이나 결과를 보이는 것에 대한 말하는 사람의 감정이 들어가 있는 것으로, 우리말의 '~치고는'에 해당된다(예문①③⑦⑧⑨).

예문과 해설

① 一介の平社員としては/にしては破格の礼遇だ。

(일개 평사원으로서는/치고는 파격적인 예우다)

➲ 이 경우에는 둘 다 적절한데 「~としては」를 쓰게 되면 평사원의 자격이나 입장등을 객관적으로 나타내고 있을 뿐이지만, 「~にしては」를 쓰게 되면 부러움이나 놀라움, 의아스러움 등의 감정이 들어가게 된다.

② 私としては/＊にしてはそこに行くつもりはない。(나로서는 거기에 갈 생각은 없다)

➲ 이 경우는 말하는 사람자신의 입장을 나타내고 있을 뿐이므로 「~としては」가 적절하다. 「~にしては」는 어디까지나 앞뒤의 내용에 있어서 불균형이 엿보임으로서 놀라움이나 부러움, 그리고 의아스러움 등의 감정이 들어가게 되므로 여기에서는 부적절하다.

③ 彼はビリの成績で入社したにしては/＊としては昇進が早い。

(그는 꼴찌의 성적으로 입사한 것치고는 승진이 빠르다)

➲ 이 경우와 같이 앞뒤의 내용이 불균형을 보임으로서 말하는 사람의 놀라움, 부러움 등의 감정이 들어가게 될 때는 「~にしては」가 적절하다.

④ 医者としてはできることをすべてしました。

(의사로서는 할 수 있는 것을 모두 했습니다)

➲ 이 경우는 의사의 입장을 나타내고 있다.

⑤ あの人は長身だが、バスケットボール選手としては小柄なほうだ。

(저 사람은 장신이지만, 농구선수로서는 몸집이 작은 편이다)

➲ 이 경우는 선수로서의 자격을 나타내고 있다.

⑥ 傘を貸したのは、彼女としてはあたりまえのことだ。

(우산을 빌려준 것은 그녀로서는 당연한 일이다)

➲ 이 경우는 그녀의 입장을 나타내고 있다.

⑦ 一流(いちりゅう)のデパートにしては品数(しなかず)が少(すく)ない。(일류 백화점치고는 물품의 종류가 적다)

➲ 이 경우는 앞뒤의 내용에 있어서의 불균형에 대한 의아스러운 감정을 나타내고 있다.

⑧ この辺(あたり)は都心(としん)にしては静(しず)かな方(ほう)だ。(이 주변은 도심치고는 조용한 편이다)

➲ 이 경우 역시 앞의 내용과 뒤의 내용이 상반되는 것에 대한 의아스러운 감정을 나타내고 있다.

⑨ 初(はじ)めてケーキを作(つく)ったにしては、上手(じょうず)にできましたね。
(처음으로 케이크를 만든 것 치고는 능숙하게 잘했군요)

➲ 이 경우 역시 위의 예문과 맥락을 같이하고 있다.

「年寄(としよ)り」「老人(ろうじん)」

(年寄(としよ)りを大事(だいじ)にする、老人(ろうじん)を大事(だいじ)にする)

공통의미

노인

요점

1. 「年寄(としよ)り」와 「老人(ろうじん)」은 둘 다 일반적인 노인을 나타낼 때는 구별 없이 쓰이는 경우가 많지만(예문①), 경우에 따라서는 미묘한 용법상의 차이가 엿보인다.
2. 「年寄(としよ)り」는 보통 노인개인을 가리키는 말로서 쓰이는 경향이 있다(예문②③⑥).
3. 「老人(ろうじん)」은 개인을 가리킬 때도 있지만, 노인계층을 가리키는 말로서 쓰일 때도 있는데(예문④⑦), 「年寄(としよ)り」보다는 딱딱한 말이다. 아울러 「老人(ろうじん)」이라고 하면 보통 남자노인을 가리키며, 여자노인은 「老婆(ろうば)」「老婦人(ろうふじん)」을 쓴다. 그리고 사람의 성 밑에 붙여서 「～老人(ろうじん)」이라고 부르게 되면 반드시 남자노인을 가리킨다(예문⑤).

예문과 해설

① 年寄り/老人を大事にする。(노인을 소중히 한다)

➲ 일반적으로 노인을 나타낼 때는 이와 같이 둘 다 적절하다.

② うちの年寄り/?老人は口煩くて困る。(우리 집 노인은 잔소리가 많아서 곤란하다)

➲ 이 경우는 개별적인 노인을 나타내므로 「年寄り」가 적절하다.

③ あのお年寄り/＊お老人はおいくつですか。(저 노인 분은 몇 살이십니까?)

➲ 이 경우 역시 개별적인 노인을 나타내는 것인데, 「年より」를 존경해서 칭할 때는 접두어 「お」가 붙은 「お年寄り」가 쓰이며, 「老人 붙은존경해서 칭할 때는 접두어 「ご」가 붙은 「ご老人」이 쓰인다.

④ 政府は老人問題/＊年寄り問題に関心を示している。
(정부는 노인문제에 관심을 나타내고 있다)

➲ 보통 '노인문제'라고 하면 개별적인 노인이 아니라 계층으로서의 노인전체를 나타내므로, 이 경우는 「老人」이 적절하다.

⑤ 山田老人/＊山田年寄りはとても元気です。(야마다노인은 무척 건강합니다)

➲ 이 경우와 같이 사람의 성 밑에 붙여서 쓰일 때는 오로지 「老人」만이 적절하며, 또한 이러한 경우에는 남자노인만을 가리키게 된다.

⑥ 年寄りに昔の話しを聞いた。(노인에게 옛날이야기를 들었다)

⑦ 老人ホームをもっと増やさなければならない。(양로원을 더 늘려야만 한다)

➲ 이와 같이 개별적인 노인이 아니라 노인계층을 나타낼 때는 「老人」이 적절하며, 특히 「ホーム」와 같은 말과 결합하여 복합명사로 쓰일 때는 더욱 그러하다.

「どちら」「どっち」

(どちらのお生まれですか、どっちのお生まれですか)

공통의미

어느 쪽

요점

1. 「どちら」와 「どっち」가 사람이나 물건, 방향을 가리킬 때는 그 어느 쪽도 쓸 수 있으나, 「どちら」가 「どっち」보다 더 정중한 느낌이 있으며, 「どっち」는 회화체에서 친숙한 사이에 흔히 쓰인다(예문②③④).
2. 「どっち」는 격식을 차려야 할 상대에게 쓰면 실례가 될 수 있으나, 「どちら」는 전혀 손색이 없다(예문⑤⑥⑦).
3. 다만 장소를 선택하는 경우에는 「どちら」는 여러 가지 중에서 하나를 선택하게 하는 의미가 있으나, 「どっち」는 두 가지 중에서 하나를 선택하게 하는 의미가 있다(예문①).

예문과 해설

① どちら/どっちのお生まれですか。(어느 쪽 태생이십니까?)

➲ 이 경우는 둘 다 적절한데 「どちら」를 쓰게 되면 여러 장소 가운데에서 하나만을 선택하는 의미가 되고, 「どっち」를 쓰게 되면 두 개의 장소 가운데에서 하나만을 선택하는 의미가 된다.

② どちら/どっちのたばこをお吸いになりますか。(어느 쪽 담배를 피우십니까?)

➲ 이 경우는 정중도의 차이는 약간 있을지언정, 둘 다 적절하다.

③ どちらでも/どっちでもお好きな方をお取りください。
(어느 쪽이든지 좋아하는 쪽을 집어 주십시오)

➲ 이 경우 역시 위의 예문②와 맥락을 같이하고 있다.

④ どちら/どっちへ行ったらいいのか分からない。
(어느 쪽으로 가면 좋은 건지 모르겠다)

➲ 이 경우 역시 위의 예문②③과 맥락을 같이하고 있다.

⑤ 失礼ですが、どちら様/✱どっち様ですか。(실례입니다만, 누구십니까?)

➲ 「どっち」는 회화체에서 가볍게 쓰는 것이므로, 격식을 차려야 할 상대에게 쓰면 실례가 된다.

⑥ これから<u>どちら</u>へいらっしゃいますか。(이제부터 어디로 가십니까?)

➲ 이 경우와 같이 정중한 말투에서는 「どちら」가 적절하다.

⑦ 東京まで、飛行機と新幹線と<u>どっち</u>が速いかなあ。
(도쿄까지 비행기와 신칸센과 어느 쪽이 빠를까)

➲ 이 경우의 「どっち」는 비교적 친숙한 사이에서 쓸 수가 있다.

「とても」「到底(とうてい)」

(この問題(もんだい)はとてもできそうもない、この問題(もんだい)は到底(とうてい)できそうもない)

공통의미

도저히

요점

1. 「とても」와 「到底(とうてい)」는 뒤에 부정표현을 수반하여 우리말의 '도저히'의 의미를 나타내는 점에서 같으나(예문①②③), 「到底(とうてい)」가 「とても」에 비하여 딱딱한 문장체이다(예문⑤⑥⑦).
2. 한편, 「とても」는 뒤에 긍정표현을 수반하여 우리말의 '무척, 매우, 몹시' 정도의 의미를 나타내기도 하지만(예문④), 「到底(とうてい)」에는 이러한 의미용법이 없다. 이는 원래 「とても」가 우리말의 '도저히'의 의미로만 쓰이다가 나중에 정도를 나타내는 의미로도 쓰이게 된 것에 유래된다.
3. 현재에 이르러서는 「とても」는 '도저히'의 의미로 쓰이는 것보다는 오히려 '무척, 매우, 몹시'의 의미로 쓰이는 것이 더 일반적이다.

예문과 해설

① この問題(もんだい)はとても/到底(とうてい)できそうもない。

(이 문제는 도저히 할 수 있을 것 같지도 않다)

➲ 이 경우는 뒤에 「~ない」라는 부정표현을 수반하여 '도저히' 라는 뜻으로 쓰였으므로 둘 다 적절한데, 다만 「到底(とうてい)」가 보다 딱딱한 어감이 주어진다.

② あんな利己主義(りこしゅぎ)なやつとはとても/到底付(とうていつ)き合(あ)えない。

(저런 이기주의 녀석하고는 도저히 어울릴 수 없다)

➲ 이 경우 역시 뒤에 「~ない」라는 부정표현을 수반하여 '도저히'라는 뜻으로 쓰였으므로 둘 다 적절한데, 역시 「到底(とうてい)」가 보다 딱딱한 어감이 주어진다.

③ その仕事(しごと)は明日(あした)までにとても/到底(とうてい)終(お)わらない。
(그 일은 내일까지 도저히 끝나지 않는다)

➲ 이 경우도 위의 예문들과 맥락을 같이하고 있다.

④ このパンはとても/＊到底(とうてい)おいしい。(이 빵은 무척 맛있다)

➲ 이 경우는 정도를 나타내는 뜻으로 쓰였으므로 「とても」만이 적절하다. 「到底(とうてい)」는 뒤의 부정표현과 호응하여 쓰일 뿐, 이와 같이 정도를 나타내는 용법은 없으므로 여기에서는 부적절하다.

⑤ 彼(かれ)は到底(とうてい)助(たす)かるまい。(그는 도저히 구출되지 못할 것이다)

➲ 이 경우는 뒤에 부정추측을 나타내는 조동사 「~まい」를 수반하고 있어서 「到底(とうてい)」가 적절하긴 하지만, 매우 딱딱한 어감이 주어진다.

⑥ 一人(ひとり)でやるのは到底(とうてい)無理(むり)だ。(혼자서 하는 것은 도저히 무리다)

➲ 이 경우는 뒤에 '무리다'라고 하는 부정표현을 수반하고 있다.

⑦ 彼(かれ)には到底(とうてい)分(わ)かるはずもない。(그에게는 도저히 알 턱도 없다)

➲ 이 경우 역시 뒤에 부정표현을 수반하고 있다.

「届(とど)ける」「送(おく)る」「出(だ)す」

(友(とも)だちに贈(おく)り物(もの)を届(とど)けた、友(とも)だちに贈(おく)り物(もの)を送(おく)った、友(とも)だちに贈(おく)り物(もの)を出(だ)した)

공통의미

(물건을)보내다, 부치다

요점

1. 「届(とど)ける」는 물건을 상대가 있는 곳까지 자신이 직접 가서 전해주는 것이나 다른 사람에게 부탁하여 전해주는 것을 나타낸다(예문①⑤⑥). 한편으로는 관청 같은 곳에 신고한다는 뜻을 나타내기도 하는데, 이런 용법은 오로지 「届(とど)ける」에만 있다(예문②⑦). 우리말의 '배달하다, 신고하다'에 해당된다.

2. 「送る」는 물건을 보낼 경우에는 우편이나 택배 등의 수단으로 보내는 것을 나타낸다(예문①④⑧⑨). 한편으로는 사람을 떠나보내거나 목적지까지 데려다주는 것을 나타내기도 하는데, 이러한 용법은 다른 말에는 없다(예문③⑩). 우리말의 '보내다'에 해당된다.

3. 「出す」는 우편이나 택배 등의 수단을 통해서 물건을 상대나 목적지에 보내는 것을 나타내는데, 「届ける」「送る」와는 달리 어디까지나 물건이 보내는 사람의 손을 떠난다고 하는 점에 의미의 중심이 놓여진다(예문①④⑪⑫). 우리말의 '부치다'에 해당된다.

예문과 해설

① 友だちに贈り物を届ける/送る/出す。(친구에게 선물을 보낸다)

➲ 이 경우는 전후문맥이나 장면의 설정이 없는 관계로 어느 것이나 적절한데, 「届ける」를 쓰게 되면 자신이 직접 갖다 주거나 다른 사람을 통해서 갖다 준다는 뜻이 되지만, 「送る」를 쓰게 되면 다른 사람을 통해서 갖다 준다는 뜻이 된다. 한편, 「出す」를 쓰게 되면 선물이 본인의 손을 떠난다고 하는 점에 의미의 중심이 놓이게 된다.

② 落し物を交番に届ける/＊送る/＊出す。(주운 물건을 파출소에 신고한다)

➲ 이 경우와 같이 관공서 같은 데에 무언가를 신고한다는 뜻으로는 오로지 「届ける」만이 적절하다.

③ 子供を家まで送る/＊届ける/＊出す。(아이를 집까지 데려다준다)

➲ 이 경우와 같이 사람을 데려다준다고 하는 뜻으로는 오로지 「送る」만이 적절하다.

④ 彼女に電子メールを送った/出した/＊届けた。(그녀에게 전자메일을 보냈다)

➲ 이 경우와 같이 편지나 이메일을 보낸다고 하는 뜻으로 「届ける」는 부적절하다. 「届ける」는 구체적인 물건일 경우에만 쓸 수가 있기 때문이다.

⑤ 書類を取引先に届ける。(서류를 거래처에 갖다 준다)

➲ 이 경우는 배달의 뜻으로 쓰였다.

⑥ 贈り物をデパートから届けさせる。(선물을 백화점에서 배달하게 한다)

➲ 이 경우 역시 배달의 뜻으로 쓰였다.

⑦ 役所に転居した旨を届ける。(관청에 전입한 뜻을 신고한다)

➲ 이 경우는 신고의 뜻으로 쓰였다.

⑧ 郵便で娘に小包を送る。(우편으로 딸에게 소포를 보낸다)

➲ 이 경우는 우편에 의한 탁송의 뜻으로 쓰였다.

⑨ ふるさとの母(はは)に干柿(ほしがき)を送(おく)った。(고향의 어머니에게 곶감을 보냈다)

➲ 이 경우 역시 위의 예문⑧과 맥락을 같이하고 있다.

⑩ 旅立(たびだ)つ友(とも)だちを駅(えき)まで送(おく)る。(여행 떠나는 친구를 역까지 전송한다)

➲ 이 경우는 전송의 뜻으로 쓰였는데, 이러한 의미용법은 오로지「送(おく)る」에만 있다.

⑪ 展覧会(てんらんかい)に油絵(あぶらえ)を出(だ)す。(전람회에 유화를 낸다)

➲「出(だ)す」는 어디까지나 물건을 보내는 사람의 손에서 떠난다고 하는 뜻에 무게가 놓여진다.

⑫ ワシントンに住(す)んでいる姉(あね)に手紙(てがみ)を出(だ)した。
(워싱턴에 살고 있는 누나(언니)에게 편지를 부쳤다)

➲ 이 경우도 위의 예문⑪과 맥락을 같이하고 있다.

「隣(となり)」「横(よこ)」

공통의미

옆, 곁

요점

1. 「隣(となり)」와 「横(よこ)」는 둘 다 우리말의 '옆'에 해당되는 말이지만, 그 용법에 적지 않은 차이가 엿보인다. 이러한 구별은 우리말에는 없는 것이므로 사용에 주의하여야 한다.
2. 「隣(となり)」는 같은 종류, 또는 같은 크기의 대상이 나란히 있을 경우에 쓰이며(예문①②③), 「横(よこ)」는 다른 종류, 또는 다른 크기의 대상이 나란히 있을 경우에 쓰이는데, 다른 크기일 때 반드시 「横(よこ)」앞에는 큰 것이 와야만 한다(예문④⑤⑥)
3. 거리로 볼 때 「隣(となり)」는 거리가 아주 가까워야 하지만, 「横(よこ)」는 가까워도, 다소 떨어져 있어도 상관없다.

4. 결국 「隣」는 우리말의 '옆'에 해당되는 말인데, 「隣」가 같은 종류, 같은 크기의 대상에만 쓰이는 것은 원래 「隣」가 '이웃'을 나타내는 점에서 엿볼 수 있다. 보통 이웃이라고 하면 대등한 입장에서 나타내기 때문이다. 한편 「横」는 우리말의 '곁'에 해당되는 말인데, 물론 번역시에는 '곁'이 아니라 '옆'으로 해야 할 때도 많으나, 일단은 '곁'에 가까운 의미로 보면 좋을 것이다. 우리말에서는 '내 곁에...' '곁들여서'로 표현할 경우의 '곁'은 '부수되는 것, 종속적인 것'의 의미를 나타내는 것이 보통인데, 바로 「横」가 이러한 의미용법을 지니고 있는 것이다.

예문과 해설

① 太郎は花子の隣/＊横にいます。(타로는 하나코 옆에 있습니다)

➲ 이 경우의 「太郎」와 「花子」는 똑같은 사람으로 같은 종류의 대상이어서, 같은 종류의 대상을 나타내는 「隣」가 적절하다. 「横」는 다른 종류의 대상을 나타내는 것이므로 여기에서는 부적절하다.

② 本屋は花屋の隣/＊横にあります。(책방은 꽃집 옆에 있습니다)

➲ 「本屋」와 「花屋」는 같은 종류의 대상이므로 「隣」가 적절하며, 「横」는 다른 종류의 대상에만 쓰이므로 여기에서는 부적절하다.

③ トースターは電気釜の隣/＊横にあります。(토스터는 전기밥솥 옆에 있습니다)

➲ 「トースター」와 「電気釜」은 같은 종류일뿐더러 비슷한 크기이므로 「隣」가 적절하다. 「横」는 다른 종류, 다른 크기의 대상이 나란히 있을 때에만 쓰이므로 여기에서는 부적절하다.

④ 電話は花子の横/＊隣にあります。(전화는 하나코 옆에 있습니다)

➲ 이 경우의 전화와 하나코는 다른 종류의 대상이므로 「横」가 적절하다. 「隣」는 같은 종류의 대상에만 쓰이므로 여기에서는 부적절하다.

⑤ 机の横/＊隣にラジオがあります。(책상 옆에 라디오가 있습니다)

➲ 「ラジオ」와 「机」는 다른 종류일뿐더러 크기도 다르므로 「横」만이 적절한데, 「机」가 「ラジオ」보다 더 크므로 「横」의 앞에 위치하여야만 한다.

⑥ 赤ちゃんはお母さんの横/＊隣にいます。(아기는 엄마 옆에 있습니다)

➲ 「赤ちゃん」과 「お母さん」은 같은 종류의 대상이기는 하나 크기가 다르므로, 「隣」가 아닌 「横」를 써야만 한다. 물론 이 경우에도 크기가 작은 아기가 엄마의 뒤에 위치하게 된다.

「～とは」「～って」

(バリカンとは、もともと商標名だったのです、バリカンって、もともと商標名だったのです)

공통의미

～란, ~라는 것은(주제를 제시하는 용법)

요점

1. 「～とは」와 「～って」는 둘 다 주제를 제시하는 의미용법을 지니고 있으나, 접속되는 말과 문체상에서 차이가 엿보인다.
2. 「～とは」는 어떤 상항에 관하여 정의를 내리는 식으로 주제를 제시하는 것인데, 어감이 매우 딱딱하여 문장체에서 쓰이거나 아니면 공식적인 장면에서의 회화체에서 주로 쓰인다(예문①②③⑧). 그 앞에는 명사나 명사구만이 오게 되는데, 주제를 제시하는 것이 아니라 예상외의 놀라움을 나타낼 때는 명사가 아닌 문도 그 앞에 올 수가 있다(예문⑥⑦).
3. 「～って」는 회화체에서 화젯거리를 제시하거나 예상 밖의 놀라움을 나타내는 데에 활발하게 쓰이는 조사여서 문장체에서는 일체 쓸 수가 없다(예문①②④⑤⑥⑦⑨). 그 앞에는 명사나 인용하는 문이 오게 된다.
4. 결국, 주제를 제시하는 용법에 있어서는 둘 다 쓰이지만, 이러한 경우에도 「～とは」는 주로 문장체에서 쓰이는 반면에, 「～って」는 주로 회화체에서 쓰인다고 하는 용법상의 차이가 엿보인다. 아울러, 예상 밖의 놀라움을 나타낼 때는 둘 다 그 앞에 명사가 아닌 문도 올 수가 있다는 점에서는 용법이 동일한 셈이다.

예문과 해설

① この頃のアニメとは/って、大人が見ても面白いものだ。

(요즈음의 만화영화란 어른이 봐도 재미있는 것이다)

➲ 이 경우와 같이 「~とは」를 쓰게 되면 요즈음의 만화영화에 대하여 정의를 내리는 식으로 설명하는 어감이 주어지지만, 「~って」를 쓰게 되면 회화체에서 가볍게 자신의 생각을 나타내는 어감이 주어진다.

② バリカンとは/って、もともと商標名だったのです。

(바리캉이란 원래 상표명이었던 것입니다)

➲ 이 경우도 역시 예문①과 맥락을 같이하고 있다.

③ 時間とは/＊ってまさに矢のごとく速いものである。

(시간이란 참으로 쏜살같이 빠른 것이다)

➲ 이 경우는 회화체라기보다는 문장체와 같은 성격을 지닌 딱딱한 어감이 있으므로, 회화체에서만 주로 쓸 수 있는 「~って」는 부적절하다.

④ 背中がかゆいって/＊とは、背中のどこがかゆいの?

(등이 가렵다니 등의 어디가 가려우니?)

➲ 이 경우는 현재의 화젯거리를 제시하는 것이므로 「~って」가 적절한데, 「~とは」는 그 앞에 명사가 와서 주제를 제시하는 데에만 쓰이므로 여기에서는 부적절하다.

⑤ 日本語を勉強するって/＊とは、楽しいでしょう?

(일본어를 공부한다는 건 즐겁지요?)

➲ 이 경우 역시 예문④와 같은 이유로 「~とは」는 부적절하다.

⑥ あの夫婦が一緒に出かけるって/とは、珍しいことだね。

(저 부부가 함께 외출하다니 드문 일이네)

➲ 「~とは」가 주제를 제시할 때는 그 앞에 명사밖에 올 수 없으나, 이 경우와 같이 예상 밖의 놀라움을 나타내는 때는 그 앞에 명사가 아닌 문도 올 수가 있다.

⑦ こんな時間に帰ってこないって/とは、何かあったんじゃないか。

(이런 시간에 돌아오지 않는다는 건, 무언가 있었던 게 아닐까?)

➲ 이 경우 역시 예문⑥과 같은 이유로 「~とは」도 적절하다.

⑧ 愛とは、二人の間に起きる様々な難関を乗り越えて行くことだ。

(사랑이란, 두 사람 사이에 일어나는 여러 가지 난관을 극복해 나가는 것이다)

➲ 이 경우는 그 앞에 주제를 제시하여 그에 대한 정의나 해설을 나타내고 있는데, 비교적 딱딱한 어감이 주어진다.

⑨ 一緒に旅行したって、将来、結婚するつもりかな。

(함께 여행했다는 건, 장래에 결혼할 작정인건가?!)

➲ 이 경우는 화젯거리를 제시함으로서 가벼운 놀라움의 기분을 나타내는 것으로, 회화체에서 빈번하게 쓰인다.

「～とばかり(に)」「～んばかり(に)」

(彼はかかってこいとばかりに身構えた、頭が畳につかんばかりにお辞儀をした)

공통의미

～이기라도 하듯이, ～기라도 할 듯이

요점

1. 「～とばかり」는 말로는 표현할 수 없으나 아무래도 그러할 것 같이, 의 의미를 나타내는 것으로, 그 앞에는 명사가 오기도 하고(예문①), 인용문이 그대로 오기도 한다(예문②③④⑤⑥). 때로는 격조사 「に」가 접속되어 「～とばかりに」의 형태로도 쓰이는데, 의미상의 차이는 없다(예문②③④⑤). 우리말의 '～라는 듯이', '～하기라도 하듯이' 정도에 해당된다.
2. 「～んばかり」는 부정의 조동사 「ん」이 「ばかり」앞에 접속된 형태로 동작, 작용이 발생하기 바로 직전의 상태를 나타내는 어구이다. 금방이라도 무언가를 하거나 이루어질 듯한 상태임을 나타내게 되는데, 우리말의 '당장이라도～할 듯이' '금방이라도～할 것처럼'에 해당된다(예문⑦⑩⑪⑫⑬). 그 앞에는 오로지 동사미연형만이 오게 되며, 「～んばかりの」의 형태로 뒤에 오는 명사를 수식하기도 하고(예문⑧⑭⑮), 「～んばかりだ」의 형태로 문말의 술어가 되기도 한다(예문⑨⑯).

예문과 해설

① 相手がゆるい珠を投げたので、チャンスとばかり、思い切り打ち込んだ。
(상대가 느슨한 공을 던졌기 때문에 찬스이기라도 하듯이 힘껏 내쳤다)

➲ 이 경우는 명사가 접속된 예인데, 조사 「に」가 생략되어 있으나 의미상으로는 아무런 차이가 없다.

② 私が話しかけたら、あの人はいやだとばかりに横を向いてしまった。
(내가 말을 걸었더니, 저 사람은 싫기라도 하듯이 옆을 향해버렸다(외면해버렸다))

➲ 이 경우는 그 앞에 형용동사가 인용문의 형식으로 와있으며, 조사 「に」가 접속되어 있다.

③ もう二度と来るなとばかりに私の目の前でピシャッと戸を閉めた。
(이제 두 번 다시 오지 말라는 듯이 내 눈 앞에서 탁하고 문을 닫았다)

➲ 이 경우 역시 인용문이 접속되어 있다.

④ 子どもはお母さんにうれしいとばかりにだきついた。
(아이들은 어머니에게 기쁘기라도 하듯이 안겼다)

➲ 이 경우는 그 앞에 형용사가 와있는데, 전반적으로는 인용문이 접속되어 있는 셈이다.

⑤ 父親が帰ると、待っていたとばかりに娘はおみやげをねだった。
(아버지가 돌아오자, 기다리고 있었다는 듯이 딸은 선물을 보챘다)

⑥ 彼はかかってこいとばかり身構えた。(그는 덤비라는 듯이 몸을 도사렸다)

⑦ 山田さんは胃が痛いといって、死なんばかりに苦しんでいる。
(야마다씨는 위가 아프다고 하면서 금방이라도 죽을 것 같이 괴로워하고 있다)

➲ 이 경우의 「~んばかりに」는 당장이라도 죽을 것처럼 괴로워하고 있다는 뜻을 나타내고 있는데, 여기에서 볼 수 있듯이, 「~んばかりに」의 앞에는 오로지 동사미연형만이 오게된다.

⑧ 田中さんは泣き出さんばかりの顔で頼みに来た。
(타나카씨는 금방이라도 울 것 같은 얼굴로 부탁하러 왔다)

➲ 아직 울지는 않았으나 언제 울어도 이상하지 않을 듯한 표정을 나타내고 있다.

⑨ 喜びのあまり今にも飛び上がんばかりだった。
(기쁜 나머지 당장이라도 뛰어오를 것만 같았다)

➲ 아직 뛰어오르지는 않았으나, 언제라도 뛰어오를 것 같은 모습을 나타내고 있다.

⑩ 頭が畳につかんばかりにお辞儀をした。
(머리가 다다미에 닿을 것처럼 인사를 했다)

➲ 실제로는 머리가 다다미에 닿은 것은 아니지만 거의 닿을 듯이 머리를 숙였음을 나타내고 있다.

⑪ 彼女は泣き出さんばかりにしおれている。
(그녀는 당장이라도 울음을 터트릴 듯이 풀이 죽어 있다)

⑫ 男は殺さんばかりになぐりかかった。(남자는 당장이라도 죽일 것같이 덤벼들어 때렸다)

⑬ 走り出さんばかりにあわてていた。(금방이라도 쫓아나갈 것같이 당황하고 있었다)

⑭ 叱られて今にも泣かんばかりの顔をしている。
(야단맞고 당장이라도 울 것 같은 얼굴을 하고 있다)

⑮ 今にも夕立が降り出さんばかりの空模様だ。
(당장이라도 소나기가 내리기 시작할 듯한 하늘이다)

⑯ 彼女の美しさはかがやかんばかりだった。(그녀의 아름다움은 빛나는 것만 같았다)

「止まる」「止まる」

(事故で電車が駅に一時間止まっている、事故で電車が駅に一時間止まっている)

공통의미

멈추다

요점

1. 「止まる」는 움직이고 있던 것이 정지하는 것을 나타내며, 우리말의 '멈추다'에 해당된다(예문①②③④⑧⑨⑩).
2. 「止まる」는 움직이지 않고 어떤 위치에서 정지되어 있는 상태를 나타내며, 우리말의 '~에 머물다, ~에 그치다'에 해당된다(예문①⑤⑥⑦⑪⑫⑬).

예문과 해설

① 事故で駅に電車が一時間止まって/止まっている。
(사고로 역에 전차가 1시간 멈춰있다)

➲ 이 경우는 둘 다 적절한데 「止まる」를 쓰게 되면 전차가 멈추어있는 상태를 나타낼 뿐이지만, 「止まる」를 쓰게 되면 전차가 역에 멈추어 지속적으로 정지 상태에 있음을 강조하게 된다.

② 汽車は速力をゆるめ、ついには止まった/＊止まった。
(기차는 속력을 늦추고 결국에는 멈췄다)

➲ 달리던 기차가 점차로 속력을 늦추다가 결국은 멈춘 것을 나타내므로 「止まる」가 적절하다. 「止まる」는 어디까지나 지속적으로 정지되어 있는 상태에 의미의 중심이 놓이는 말이므로 여기에서는 부적절하다.

③ 急に車のエンジンが止まった/＊止まった。(갑자기 차의 엔진이 멈췄다)

➲ 이 경우는 회전 중이던 엔진이 갑자기 멈춘 것을 나타내므로 「止まる」가 적절하다. 「止まる」는 엔진이 지속적으로 멈추어 있는 상태를 나타내므로 여기에서는 부적절하다.

④ 時計が止まった/＊止まった。(시계가 멈췄다)

➲ 잘 가고 있던 시계가 어떤 요인으로 인해 멈추게 된 것이므로 「止まる」가 적절하다. 「止まる」를 쓰게 되면 어떤 시점에 머물러있는 상태를 나타내게 되므로 여기에서는 부적절하다.

⑤ まだ出発点に止まる/＊止まる。(아직 출발점에 머물러 있다)

➲ 「止まる」는 움직이던 것이 멈추는 경우에 쓰이는데, 이 경우는 처음부터 움직이지 않고 출발점에 멈추어있는 상태를 나타내는 것이므로 「止まる」가 적절하다.

⑥ しばらく現職に止まる/＊止まる予定だ。(한동안 현직에 머물 예정이다)

➲ 이 경우와 같이 어떠한 위치나 입장에 지속적으로 머물고 있음을 나타낼 때는 「止まる」가 적절하다.

⑦ それは少数意見に止まる/＊止まる。(그것은 소수의견에 그친다)

➲ 어떠한 한도나 범위를 넘지 않고 그 안에 머물러 있음을 나타낼 때는 「止まる」가 적절하다.

⑧ 洗濯機が止まって困った。(세탁기가 멈춰서 곤란했다)

➲ 이 경우는 작동이 잘 되던 세탁기가 정지하였음을 나타내고 있다.

⑨ 車が玄関先に止まる。(차가 현관 앞에 멈춘다)

➲ 이 경우 역시 움직이고 있던 차가 정지하는 것을 나타내고 있다.

⑩ 銅像の前で観光客の足が止まる。(동상 앞에서 관광객의 발이 멈춘다)

➲ 이 경우도 이동 중이던 발걸음이 정지하는 것을 나타내고 있다.

⑪ 彼は昇進できず、今の地位に止まった。
(그는 승진할 수 없어서 지금의 지위에 머물렀다)

➲ 이 경우는 어떠한 위치를 넘어서지 않고 그 안에 머물고 있음을 나타내고 있다.

⑫ 弾丸は腹部に止まったままだ。(탄환은 복부에 머문 상태이다)

➲ 이 경우도 어떠한 범위를 넘지 않고 머물고 있는 상태를 나타내고 있다.

⑬ 現地に止まり、本格的な調査をすることになった。
(현지에 머물며, 본격적인 조사를 하게 되었다)

➲ 이 경우 역시 위의 예문들과 맥락을 같이하고 있다.

「友(とも)だち」「友人(ゆうじん)」「友(とも)」

(よい友(とも)だちに恵(めぐ)まれる、よい友人(ゆうじん)に恵(めぐ)まれる、よい友(とも)に恵(めぐ)まれる)

공통의미

친구, 벗

요점

1. 「友(とも)だち」는 친구를 나타내는 말로서는 가장 일반적으로 쓰이고 있다. 「～だち」는 원래 복수를 나타내는 접미어이지만, 지금은 「友(とも)だち」의 형태로 단수를 나타낸다(예문①②④⑤⑥). 우리말의 '친구'에 해당된다.
2. 「友人(ゆうじん)」은 「友(とも)だち」에 비하여 격식을 차린 말인데, 우리말의 '우인, 지기' 정도에 해당된다(예문①⑦⑧⑨).
3. 「友(とも)」는 문장체적인 말로 극히 제한적으로 쓰이는데(예문⑩⑪), 때로는 사람이 아닌 대상에 대하여 특별한 친밀감을 느끼는 경우에도 쓰인다(예문③⑫). 우리말의 '벗'에 해당된다.

예문과 해설

① 友(とも)だち/友人(ゆうじん)/＊友(とも)同士(どうし)で話(はな)し合(あ)う。(친구끼리 이야기를 나눈다)

➲ 「友(とも)」는 문장체적인 말이며 그 용법에 있어서도 극히 제한적이어서, 이 경우와 같이 독립적으로 쓰이는 데는 부적절하다. 「友人(ゆうじん)」은 비교적 격식을 차린 말이어서 다소 딱딱한 어감이 주어진다.

② 子供(こども)同士(どうし)はすぐ友(とも)だち/＊友人(ゆうじん)/＊友(とも)になる。(아이끼리는 금방 친구가 된다)

➲ 이 경우와 같이 아이차원의 친구를 나타낼 때는 「友人(ゆうじん)」과 같이 격식을 차린 말은 부적절하며, 「友(とも)」는 독립적으로 쓰이지 못하므로 이것 역시 부적절하다.

③ 風月(ふうげつ)を友(とも)/＊友人(ゆうじん)/＊友(とも)だちとする。(풍월을 벗으로 삼다)

➲ 이 경우와 같이 사람이 아닌 대상에 대하여 특별한 친밀감을 나타낼 때는 오로지 「友(とも)」만이

적절하다.

④ 私にはいい友だちがたくさんいる。(나에게는 좋은 친구가 많이 있다)

➲ 일상적으로 친구를 나타내는 말이다.

⑤ 昨日は友だちが遊びに来た。(어제는 친구가 놀러 왔다)

⑥ 彼とは会ってすぐ友だちになった。(그와는 만나서 금방 친구가 되었다)

⑦ 友人の紹介で就職した。(친구의 소개로 취직했다)

➲ 「友だち」에 비해서 다소 격식을 차린 어감이 주어진다.

⑧ 山田さんは茶を飲みながら世間話をする友人です。

(야마다씨는 차를 마시면서 세상이야기를 하는 친구입니다)

⑨ 友人代表の挨拶は私が頼まれた。(우인대표의 인사는 내가 부탁받았다)

⑩ 彼は生涯の友です。(그는 내 생애의 벗입니다)

➲ 「友」가 사람을 대상으로 할 때는 인생에 있어서 매우 소중한 존재임을 나타내게 되는데, 특히 「生涯」라는 말과 함께 쓰일 때는「友」가 적절하다.

⑪ あの人とは竹馬の友だ。(저 사람과는 죽마고우다)

➲ 어릴 때부터 함께 다정하게 지내온 친구사이를 '죽마고우' 라고 하는데, 일본어에서는 「竹馬の友」로 표현하며, 이러한 경우에도 오로지 「友」만을 쓰게 된다.

⑫ 風と花を友にして旅をする。(바람과 꽃을 벗으로 삼아 여행을 한다)

➲ 이 경우는 사람이 아닌 대상을 친근하게 나타내고 있는데, 이러한 용법은 오로지 「友」에만 있다.

「取りあえず」「一応」「ひとまず」「差し当たり」

(これで取りあえず生活には困らない、これで一応生活には困らない、

これでひとまず生活には困らない、これで差し当たり生活には困らない)

●●● 공통의미

일단은, 우선은

●●● 요점

1. 「取りあえず」는 현시점에서 완전하지는 않으나 급한 김에, 라는 뜻으로 쓰이며(예문①④⑥⑦⑧), 한편으로는 인사말에서 쓰이기도 한다(예문②⑨). 우리말의 '우선, 우선은' 정도에 해당된다.
2. 「一応」는 현시점에서 충분하지는 않으나 최소한 이 정도라도, 라는 뜻으로 쓰이는데, 우리말의 '일단' 정도에 해당된다(예문①③④⑩⑪⑫).
3. 「ひとまず」는 그 다음은 별도로 하고라도 현시점에서 일단락을 짓자면, 이라는 뜻으로 쓰이는데, 우리말의 '우선은' 정도에 해당된다(예문①④⑬⑭⑮).
4. 「差し当たり」는 어떤 일에 직면하고 있는 현시점에서는, 이라는 뜻으로 쓰이는데, 우리말의 '당장은' 정도에 해당된다(예문①⑤⑯⑰⑱).

●●● 예문과 해설

① これで取りあえず/一応/ひとまず/差し当たり生活には困らない。
(이것으로 우선/일단/우선은/당장은 생활에는 곤란하지 않게 된다)

➲ 이 경우는 네 가지 다 적절한데, 「取りあえず」를 쓰게 되면 '급한 김에, 아쉽긴 하지만'이라는 뜻을 나타내고, 「一応」를 쓰게 되면 '최소한'의 뜻을 나타내며, 「ひとまず」를 쓰게 되면 지금까지 곤란했던 생활과는 일단락을 짓는다는 뜻이 된다. 마지막으로 「差し当たり」를 쓰게 되면 '생활에 곤란을 겪고 있는 현재의 상황에서는'이라는 뜻을 나타내게 된다.

② 取りあえず/＊一応/＊ひとまず/＊差し当たりお礼まで。
(우선 인사말씀 올립니다)

➲ 이 경우는 상대에게 신속하게 무언가를 전달하고자 하는 기분을 나타내는데, 주로 정중한 문장체에서 의례적으로 쓰이는 문구로서 이러한 경우에는 「取りあえず」만이 적절하다. 「一応」를 쓰게 되면 불충분함을 감수하면서, 라는 뜻이 되어 건방진 어감이 주어지며, 「ひとまず」를 쓰게 되면 일단락을 짓는다는 뜻이 되어 이 역시 건방진 어감이 주어진다. 마지막으로 「差し当たり」를 쓰게 되면 현재의 상황에서는, 이라는 어감이 주어져서 자신의 입장만을 생각하는 식이 되어버린다.

③ 一応/＊取りあえず/＊ひとまず/＊差し当たり筋の通った話ではある。
(일단 앞뒤가 맞는 이야기이기는 하다)

➲ 이 경우는 이야기의 내용이나 논리가 충분치는 않으나 그런대로 앞뒤는 맞는다고 하는 뜻을 나타내는 것인데, 이러한 때는 「一応」만이 적절하다.

④ ひとまず/取りあえず/一応/＊差し当たりここで終わります。
(우선은/일단은 여기에서 마치겠습니다)

➲ 어떠한 하나의 일이나 과정을 마친다고 하는 뜻이므로, '현시점에서는'이라는 뜻을 지닌 「差し当たり」는 부적절하다.

⑤ 差し当たり/＊一応/＊取りあえず/＊ひとまずよい考えはない。
(당장은 좋은 생각은 없다)

➲ 이 경우와 같이 직면하고 있는 현재의 상태를 나타낼 때는 「差し当たり」만이 적절하다.

⑥ 取りあえず必要な物だけ買い揃えた。(우선 필요한 물건만 다 샀다)

➲ 이 경우는 완전하지는 않지만 급한 김에, 라는 뜻을 나타내고 있다.

⑦ 取りあえず親に連絡することだ。(우선 부모에게 연락해야 한다)

⑧ 取りあえず手付金を払っておく。(우선 착수금을 지불해 둔다)

⑨ 取りあえずご挨拶まで。(우선 인사말씀 드립니다)

➲ 이 경우는 의례적인 인사말에서 쓰인 것인데, 이러한 경우에는 오로지 「取りあえず」만을 쓰게 된다.

⑩ 痛みは一応おさまった。(통증은 일단 가라앉았다)

➲ 이 경우는 충분하지는 않지만, 이라는 뜻으로 쓰였다.

⑪ 書類は一応目を通しました。(서류는 일단 훑어봤습니다)

⑫ 一応話を聞いてみましょう。(일단 이야기를 들어봅시다)

⑬ ひとまずホテルに着いた。(우선은 호텔에 도착했다)

➲ 이 경우는 일단락을 짓는다고 하는 뜻으로 쓰였다.

⑭ これでひとまず安心だ。(이것으로 우선은 안심이다)

⑮ 円高でひとまず帰国する。(엔이 비싸서 우선은 귀국한다)

⑯ 差し当たり五万円ほど貸してくれ。(당장은 5만엔 쯤 빌려다오)

➲ 이 경우는 현시점에서는, 이라는 뜻으로 쓰였다.

⑰ 差し当たり体力の回復に努めるつもりだ。(당장은 체력의 회복에 힘쓸 작정이다)

⑱ 仕事をやめても差し当たり生活には困らない。
(일을 그만둬도 당장 생활에는 곤란을 겪지 않는다)

「取る」「持つ」

(手に取る、手に持つ)

공통의미

(물건을)잡다, 들다, 쥐다

요점

1. 「取る」는 단지 손에 잡는 것이 아니라 무언가를 하기 위하여 손으로 잡는다고 하는 의미를 나타내는데, 우리말의 '들다, 잡다, 집다' 정도에 해당된다(예문①②③⑤⑥⑦).
2. 「持つ」는 「取る」와 같이 무언가를 하기 위하여 잡는 것이 아니라 단지 물건을 손에 쥐는 것만을 나타내는데, 우리말의 '쥐다, 가지다' 정도에 해당된다(예문①②⑧). 한편으로는 소유한다는 의미도 나타낸다(예문④⑨⑩).

예문과 해설

① 手に取る/手に持つ。(손에 들다/손에 쥐다)

➲ 이 경우 「取る」는 무언가를 하기 위하여 손에 든다는 의미이지만, 「持つ」는 단지 손에 쥐는 동작만을 나타낸다.

② 筆を取る/筆を持つ。(붓을 들다/붓을 쥐다)

➲ 이 경우도 「取る」를 쓰게 되면 글을 쓰기 위해서 붓을 든다고 하는 의미이지만, 「持つ」를 쓰게 되면 단지 손으로 붓을 잡는다는 의미만 나타낸다.

③ 手を取って教える/＊手に持って教える。(손을 잡고 가르친다)

➲ 「手を取って」는 상대의 손을 잡고 안내하면서 가르친다는 의미이지만, 「手に持って」는 단지 무언가를 손에 든 상태로 가르친다는 의미가 되어서, 특별한 장면의 설정이 없는 한 쓰기가 부적절하다.

④ 彼はたくさんの土地を持っている/✱取っている。
(그는 많은 토지를 가지고 있다)

➲ 「持つ」는 무언가를 소유하고 있음도 나타내지만, 「取る」는 이러한 용법이 없다.

⑤ 船の楫を取る。 (배의 키를 잡는다)

➲ 이 경우는 배를 조종하기 위해서 키를 잡는다는 뜻으로 쓰였다.

⑥ 武器を取って戦う。 (무기를 들고 싸운다)

➲ 이 경우도 싸우기 위해서 무기를 집는다고 하는 뜻으로 쓰였다.

⑦ そこの新聞を取ってくれ。 (거기의 신문을 집어다오)

⑧ 右手に傘を持っている。 (오른 손에 우산을 들고 있다)

➲ 이 경우는 단지 우산을 손에 쥐고 있음을 나타낼 뿐이다.

⑨ あいにく名刺を持っておりません。 (공교롭게도 명함을 가지고 있지 않습니다)

➲ 이 경우는 소유의 뜻으로 쓰였는데, 「取る」에는 이러한 용법이 없다.

⑩ 彼は海外に別荘を持っている。 (그는 해외에 별장을 가지고 있다)

➲ 이 경우 역시 소유의 뜻으로 쓰였다.

「とんだ」「とんでもない」

(とんだところで彼に出会った、とんでもないところで彼に出会った)

공통의미

당치도 않은

요점

1. 「とんだ」와 「とんでもない」는 둘 다 있어서는 안 될 일이라고 하는 비난의 의미가 들어가 있는 점에서는 같다. 다만 「とんだ」는 항상 명사 앞에서만 쓰이지만(예문⑥⑦⑧), 「とんでもない」는 명사 앞에서도 쓰이고(예문①②), 술어로서도 쓰이는 점(예문③)에 차이가 있다.
2. 그럼에도 불구하고, 「とんだ」와 「とんでもない」는 표제어의 경우 미묘한 어감의 차이가 엿보인다. 즉 「とんだところで、彼に出会った」가 되면 겸연쩍은 곳, 들키고 싶지 않은 곳의 의미가 되지만, 「とんでもないところで、彼に出会った」가 되면 뜻밖의 장소, 생각지도 않은 곳의 의미가 된다.
3. 한편, 「とんでもない」는 상대의 말에 대하여 부정하는 뜻으로도 쓰이지만(예문④⑤), 「とんだ」에는 이러한 용법이 없다.

예문과 해설

① 彼が言っているのはとんでもない話だ。
(그가 말하고 있는 것은 당치도 않은 이야기다)

➲ 이 경우는 논리에 맞지 않는 이야기라는 뜻으로 쓰이고 있다.

② 部長はとんでもない大きい計画を持っている。
(부장님은 말도 안 되는 큰 계획을 가지고 있다)

➲ 이 경우 역시 논리에 맞지 않는, 당치도 않은, 이라는 뜻으로 쓰이고 있다.

③ 私がしたなんてとんでもない。(내가 했다니 말도 안 된다)

④ とんでもないです。おっしゃるようなことは決してありません。
(당치도 않습니다. 말씀하시는 그런 일은 결코 없습니다)

➲ 이 경우와 같이 상대의 말을 부정하는 데는 「とんでもない」만이 적절하며, 「とんだ」에는 이러한 용법이 없다.

⑤ いや、とんでもないです。(아니, 당치도 않습니다)

➲ 이 경우 역시 상대의 말을 부정하는 것인데, 일상적인 회화에서는 매우 빈번하게 쓰인다.

⑥ 彼にとってはとんだ災難だった。(그에게 있어서는 당치도 않은 재난이었다)

➲ 이 경우는 예상치 못한 재난이라는 뜻으로 쓰이고 있다.

⑦ とんだことをいたしまして、申し訳ありません。
(당치도 않은 일을 해서 송구스럽습니다)

➲ 이 경우는 돌이킬 수 없는 실수를 나타내고 있다.

⑧ とんだところで、彼に出会った。(당치도 않은 곳에서 그를 만났다)

➲ 이 경우는 만나서는 곤란한 장소를 나타내고 있다.

「どんな」「どういう」「いかなる」

공통의미

어떠한

요점

1. 「どんな」와 「どういう」 그리고 「いかなる」는 모두 의문을 나타낼 때는 같은 의미로 쓰이지만, 가정을 나타낼 때는 미묘한 차이가 엿보인다.
2. 가정을 나타낼 때, 「どんな」는 '～일 때'나 '～일지라도'와 같은 의미의 가정표현 어느 것에나 접속되어 쓰일 수 있으나(예문③④), 「どういう」는 오로지 '～일지라도' 와 같은 가정표현 앞에만 접속될 수 있다(예문④). 「どんな」는 우리말의 '어떤' 정도에 해당되고 (예문①②), 「どういう」는 '어떠한' 정도에 해당된다(예문⑤⑥).
3. 「いかなる」의 의미용법은 「どんな」와 같지만, 매우 딱딱한 어감의 문장체에서만 쓰인다. 우리말의 '여하한'에 해당된다(예문⑦⑧).

예문과 해설

① どんな人か分からない。(어떤 사람인지 모른다)

➲ 이 경우는 단지 의문을 나타내고 있을 뿐이다.

② どんな病気ですか。(어떤 병입니까?)

➲ 이 경우 역시 단지 의문을 나타내고 있을 뿐이다.

③ どんな/*どういう寒い時でも彼は平気だ。(아무리 추울 때라도 그는 태연하다)

➲ 이와 같이 '~일 때'를 나타낼 경우에는 「どういう」는 쓸 수 없고, 「どんな」가 적절하다

④ どんな/どういう苦しいことがあっても、彼は負けない。

(어떠한 괴로운 일이 있어도, 그는 지지 않는다)

➲ 이와 같이 '~일지라도' 같은 가정을 나타낼 경우에는 「どんな」「どういう」양쪽 다 쓸 수가 있다

⑤ どういうことでも聞(き)いてください。(어떠한 것이라도 들어 주십시오)

➲ 이 경우는 '~일지라도' 같은 가정을 나타내는 것인데, 이러한 경우에는 「どんな」도 쓸 수가 있다. 다만 「どういう」가 「どんな」보다는 다소 격식을 차린 어감이 주어진다.

⑥ どういう質問(しつもん)ですか。(어떠한 질문입니까?)

➲ 이 경우는 의문을 나타내고 있는 것인데, 「どんな」도 쓰기가 적절하지만 보다 격식을 차린 어감이 주어진다.

⑦ いかなる結果(けっか)になろうとも驚(おどろ)かない。(여하한 결과가 될지라도 놀라지 않는다)

➲ 이 경우는 「どんな」와 의미용법은 같아서 가정을 나타내는 것이지만, 매우 딱딱한 어감이 주어지게 되어서 회화체에서는 그다지 쓰이지 않는다.

⑧ いかなる場合(ばあい)も勉強(べんきょう)だけは怠(おこた)らない。
(여하한 경우도 공부만은 게을리 하지 않는다)

➲ 이 경우 역시 매우 딱딱한 어감의 문장체에서나 쓰일 법한 말이다.

「名」「名前」「名称」

(この会社の名はすばらしい、この会社の名前はすばらしい、この会社の名称はすばらしい)

공통의미

이름

요점

1. 「名」와 「名前」는 둘 다 폭넓게 쓰여서 사물의 이름에도(예문①⑧) 인간의 이름에도 쓰이지만, 「名称」는 오로지 사물이나 조직, 단체의 이름에만 쓰인다(예문①④⑨⑩).
2. 한편 「名」와 「名前」는 성명전체를 가리키기도 하고(예문⑤⑦), 성을 뺀 이름만을 가리키기도 하는데(예문②⑥), 「名」는 문장체적이고, 「名前」가 일상적으로 쓰이고 있다(예문③).

예문과 해설

① この会社の名/名前/名称はすばらしい。(이 회사의 이름은 멋지다)

➲ 「名」와 「名前」는 사물의 이름에도 인간의 이름에도 쓸 수 있고, 「名称」는 오로지 인간이외의 이름에만 쓰이는데, 결국 이 경우에는 그 어느 것이나 다 적절하다.

② 弟の名/名前/＊名称は義雄です。(동생의 이름은 요시오입니다)

➲ 이 경우는 사람의 이름을 나타내는 것이므로, 사물이나 조직, 단체의 이름만을 나타내는「名称」는 부적절하다.

③ 坊やの名前/?名/✱名称は何？ (꼬마의 이름은 뭐니?)

➲ 이 경우와 같이 아이의 이름을 나타낼 때는「名前」가 가장 적절하다.「名」는 문장체적으로 딱딱한 어감이 주어지므로 다소 부적절하고,「名称」는 사물이나 조직에만 쓰이므로 부적절하다.

④ 今回名称変更/✱名前変更/✱名変更をすることになりました。(이번에 명칭변경을 하게 되었습니다)

➲ 사람의 이름은 좀처럼 바뀌는 법이 없으므로, 이 경우와 같이 어떤 조직이나 단체의 명칭이 바뀜을 나타낼 때는 오로지「名称」만이 적절하다.

⑤ 君の名を名乗りなさい。(자네의 이름을 대거라)

➲ 매우 딱딱한 어감이 주어진다.

⑥ 姓は田中、名は太郎です。(성은 타나카, 이름은 타로입니다)

➲ 이 경우 역시 매우 딱딱한 어감이 주어진다.

⑦ 名前を呼んだら返事をしなさい。(이름을 부르면 대답을 해라)

➲ 가장 일상적으로 쓰이는 말이다.

⑧ この花の名前を知っていますか。(이 꽃의 이름을 알고 있습니까?)

➲「名前」는 가장 일상적으로 쓰이는 말인데, 이 경우와 같이 사람이 아닌 경우에도 쓸 수가 있다.

⑨ あなたの会の名称は何ですか。(당신 모임의 명칭은 무엇입니까?)

➲「名称」는 이 경우와 같이 사람이 아닌, 단체나 조직의 이름을 나타내는 데에만 쓰이는데, 다소 격식을 차린 어감이 주어지게 된다.

⑩ 会社の正式名称は何ですか。(회사의 정식명칭은 무엇입니까?)

➲ 이 경우 역시 단체의 이름을 나타내고 있다.

「～なあ」「～ね(え)」「～わ」「～こと」

공통의미

감탄이나 감동을 나타내는 종조사 용법

요점

1. 「～なあ」는 주로 남성이 쓰는 것인데(예문①②③), 혼잣말을 할 때도 쓰인다(예문④⑤).
2. 「～ね(え)」는 말상대가 앞에 있을 때에 쓸 수 있는 것으로 남녀구별 없이 쓸 수 있으나, 접속방법에 있어서는 차이가 엿보인다. 즉 남성의 경우에는 동사나 형용사에 그대로 접속해서 쓰지만(예문⑥⑧). 여성의 경우에는 「～わねえ」의 형태로 쓴다(예문⑦⑨). 또한 명사에 접속할 때에 남성은 「～だねえ」의 형태로 쓰지만(예문⑩), 여성은 명사에 그대로 접속하여 쓴다(예문⑪). 문말에서 「～ね」「～ねえ」의 두 가지 형태로 쓰는데, 아무래도 「～ねえ」와 같이 장음으로 발음하면 감탄이나 감동의 깊이가 더해질 수 있다.
3. 「～わ」는 주로 여성이 쓰는 것인데(예문⑫⑬⑭), 나이든 남성이 쓸 때도 있다(예문⑮). 다만 여성의 경우에는 억양을 올려서 발음하지만, 나이든 남성의 경우에는 억양을 내려서 발음하는 차이가 엿보인다.
4. 「～こと」는 주로 나이든 여성이 쓰는데 고상한 느낌을 주게 된다(예문⑯⑰⑱⑲).

예문과 해설

① 山田君(やまだくん)、はらがへったなあ。 (야마다군, 배가 고프구나)

➲ 남성이 쓸법한 말투로 배고프다고 하는 기분을 심정적으로 나타내고 있다.

② すごいなあ、君(きみ)の食欲(しょくよく)は。 (굉장하네, 자네의 식욕은)

➲ 이 경우 역시 남성이 쓸법한 말투로 놀라움의 기분을 나타내고 있다.

③ 私(わたし)も君(きみ)と一緒(いっしょ)に行(い)ってみたいなあ。 (나도 자네와 함께 가보고 싶네)

➲ 희망의 기분을 나타내고 있다.

④ 夕焼(ゆうや)けがきれいだなあ。 (저녁놀이 예쁘구나)

➲ 「~なあ」는 이 경우와 같이 혼잣말을 하듯이 가벼운 감탄을 나타내기도 하는데, 역시 남성이 쓰는 경향이 있다.

⑤ 誰(だれ)もたずねて来(こ)ないなあ。 (아무도 찾아오지 않는구나)

➲ 이 경우 역시 혼잣말을 하는 데에 쓰이고 있다.

⑥ 随分(ずいぶん)車(くるま)が通(とお)るね(え)。 (꽤 차가 지나다니는구나)

➲ 이 경우는 가벼운 감탄을 나타내고 있는데, 동사에 그대로 접속하여 쓴 것을 볼 때에 남성의 표현으로 볼 수가 있다. 아울러, 「~ね」와 같이 짧게 발음하는 것보다는 「~ねえ」와 같이 길게

발음할수록 감탄의 정도가 더 커지게 된다.

⑦ 随分(ずいぶん)車(くるま)が通(とお)るわね(え)。(꽤 차가 지나다니네)

➲ 이 경우 역시 가벼운 감탄을 나타내고 있는데, 동사의 다음에 조사 「わ」를 접속시킨 것으로 보아서 여성의 표현으로 볼 수가 있다.

⑧ お嬢様(じょうさま)、とてもお美(うつく)しいね(え)。(아가씨, 무척 아름다우시네)

➲ 이 경우는 형용사에 그대로 접속시킨 것으로 보아서 남성의 표현으로 볼 수가 있다.

⑨ お嬢様(じょうさま)、とてもお美(うつく)しいわね(え)。(아가씨, 무척 아름다우시네요)

➲ 이 경우는 형용사의 다음에 조사 「わ」를 접속시킨 것으로 보아서 여성의 표현으로 볼 수가 있다.

⑩ やあ、ずいぶんきれいな部屋(へや)だね(え)。(야아, 무척 예쁜 방이로군)

➲ 이 경우는 명사의 다음에 단정의 조동사 「だ」가 접속되어있는 것으로 보아서 남성의 표현으로 볼 수가 있다.

⑪ まあ、ずいぶんきれいな部屋(へや)ね(え)。(어머, 무척 예쁜 방이네)

➲ 이 경우는 명사에 바로 접속되어 있는 것으로 보아서 여성의 표현으로 볼 수가 있다.

⑫ これもなかなか立派(りっぱ)だわ。(이것도 꽤나 멋지네요)

➲ 이 경우는 문말에 조사 「わ」가 접속됨으로서 어감이 보다 부드러워지는데, 이러한 경우 억양은 올라가게 된다. 이하 예문⑬⑭도 마찬가지이다.

⑬ この服(ふく)、すてきだわ。(이 옷, 멋지네)

⑭ なつかしいわ、何年(なんねん)ぶりかしら。(반갑네요, 몇 년 만일까?)

⑮ わしは疲(つか)れて行(い)かないわ。(난 피곤해서 안 갈 거야)

➲ 이 경우는 나이든 남성의 표현인데, 이러한 때는 문말의 억양이 내려가게 된다. 아울러「わし」는 나이든 남성이 자신을 가리키는 1인칭대명사이다.

⑯ とても素晴(すば)らしいお着物(きもの)ですこと。(무척 멋진 키모노이네요!)

➲ 「~こと」는 비교적 나이든 여성이 가벼운 감탄을 나타내는 데에 쓰곤 하는데 어감이 고상해진다. 접속은 동사종지형, 형용사종지형, 단정의 조동사 등, 매우 다양한 말에 접속되어 쓰인다.

⑰ この猫(ねこ)、見(み)てよ。よく太(ふと)っていること。(이 고양이, 봐라. 무척 살쪘네!)

➲ 이 경우는 동사종지형에 접속된 예이다.

⑱ まあ、かわいい赤(あか)ちゃんだこと。(어머, 귀여운 아기이네!)

➲ 이 경우는 단정의 조동사 「だ」에 접속된 예이다.

⑲ え? この子まだ2才なの? まあ、大きいこと。
(네? 이 아이, 아직 두 살이야? 와아, 크네!)

➲ 이 경우는 형용사종지형에 접속된 예이다.

「～ない」「～ぬ」「～ん」

●● 공통의미

～하지 않는다(부정의 의미를 나타내는 조동사 용법)

●● 요점

1. 「～ない」는 가장 일반적으로 쓰이는 부정의 조동사로서 오로지 그 앞에는 동사미연형만 이 오게 된다(예문①②③④).
2. 「～ぬ」는 부정의 의미를 나타내는 조동사로서 회화체에서는 쓰이지 않고 문장체에서만 쓰이는데, 오늘날에 와서는 주로 관용구나 속담 같은 데에서 쓰인다(예문⑤⑥⑦). 특히 「～ぬ」의 연용형인 「～ず」 또는 「～ずに」만은 사용빈도가 매우 높아서 현재도 일반적으로 많이 쓰이고 있다(예문⑧⑨). 그 앞에는 동사와 형용사의 미연형이 오게 된다.
3. 「～ん」은 부정의 조동사 「～ぬ」가 변화한 것으로 오늘날에는 「～ません」의 형태와 더불어 회화체에서 「～ない」의 축약된 형태로 쓰이고 있다(예문⑩⑪⑫).

●● 예문과 해설

① 雨が降って、雪が降らない。(비가 오고 눈이 오지 않는다)

➲ 동사의 부정형을 나타내는 데는 「~ない」가 가장 일상적으로 쓰이고 있다.

② この頃の若者は漢字が分からない。(요즘의 젊은이는 한자를 모른다)

③ 親は子供が漫画を読むのを快く思わない。
(부모는 아이가 만화를 보는 것을 흔쾌하게 생각하지 않는다)

④ 僕はそんなところへは行かないよ。(나는 그런 곳은 안 갈래)

⑤ やむを得ぬ事情で学校をやめます。(어쩔 수 없는 사정으로 학교를 그만둡니다)

➲ 「~ぬ」는 대체로 딱딱한 어감의 문장체에서 쓰이는 경향이 있다.

⑥ よからぬことが起きた。(좋지 않은 일이 일어났다)

➲ 이 경우역시 딱딱한 어감이 주어지는데, 「よからぬ」는 형용사 「よい」의 문어체미연형인 「よから」에 부정의 조동사 「ぬ」가 접속된 형태이다.

⑦ 知らぬが仏。(모르는 게 약)

➲ 이 경우는 관용구에 쓰인 예이다.

⑧ 途中であきらめず、最後までがんばってください。
(도중에서 포기하지 말고, 마지막까지 힘내주십시오)

➲ 이 경우의 「~ず」는 부정의 조동사 「~ぬ」의 연용형으로 현재도 빈번하게 쓰인다.

⑨ 切手を貼らずに手紙を出してしまった。
(우표를 붙이지 않고 편지를 부치고 말았다)

➲ 이 경우의 「~ずに」는 부정의 조동사 「~ぬ」의 연용형 「~ず」에 조사 「に」가 접속된 형태인데, 「~ず」만 쓰는 것과 의미용법상에는 차이가 없다.

⑩ おれは知らん。(나는 몰라)

➲ 「~ん」은 부정의 조동사 「~ぬ」가 변음된 형태인데, 남성이 매우 친밀한 상대 앞에서 빈번하게 쓰곤 하는데, 다소 속어적인 표현이 된다.

⑪ 明日は学校へ行きません。(내일은 학교에 가지 않습니다)

➲ 「~ん」이 가장 일반적으로 쓰이고 있는 예로, 정중함을 나타내는 조동사 「~ます」의 미연형 「~ませ」에 접속되어 쓰인다.

⑫ 大変申し訳ありません。(무척 죄송합니다)

➲ 이 경우도 위의 예문⑪과 맥락을 같이하고 있다.

참고

한편 「ない」는 형용사로서의 용법도 있는데, 이 경우 그 앞에는 반드시 형용사와 형용동사의 연용형만이 오게 되며 동사의 미연형은 올 수가 없다.

「今日は寒くない」(오늘은 춥지 않다) 「この部屋は静かでない」(이 방은 조용하지 않다)와 같은 예에서, 「ない」가 조동사가 아닌 형용사로서 기능을 하는 것으로 보는 이유는 조동사 「ない」와 달리 독립성이 엿보이기 때문이다.

즉, 「今日は寒くはない、今日は寒くもない」「この部屋は静かではない、この部屋は静か

でもない」에서 볼 수 있듯이, 형용사 「ない」의 앞에는 조사 「は、も」같은 것이 그 사이에 얼마든지 들어갈 수가 있으나, 조동사 「ない」의 경우에는 독립성이 전혀 없으므로 이러한 조사가 사이에 들어갈 수가 없는 것이다.

「私は肉は食べない」→＊「私は肉は食べはない」＊「私は肉は食べもない」

(나는 고기는 먹지 않는다)

「～ないうちに」「～前に」

(暗くならないうちに、暗くなる前に)

공통의미

～하기 전에

요점

1. 어떤 행위나 상태가 아직 실현되기 전임을 나타낼 때, 일본어에서는 「～ないうちに」와 「～前に」의 두 가지 형태가 쓰이는데, 접속방법과 예측여부에 따라서 구별되어 쓰인다.
2. 「～ないうちに」는 그 앞에 오는 일이 언제 일어날 것인지 예측이 불가능한 경우에 쓰이지만, 「～前に」는 그 앞에 오는 일이 언제 일어날 것인지 예측이 가능한 경우에 쓰인다.
3. 「～ないうちに」는 예측이 불가능한 만큼, 다소의 긴장감이 주이질 수 있으나, 「～前に」는 그러한 긴장감이 없다.
4. 「～ないうちに」앞에는 동사미연형+부정의 조동사 「ない」의 형태가 접속되나, 「～前に」앞에는 동사연체형(동사기본형과 형태가 동일)이 접속된다.

예문과 해설

① 先生が来ないうちに/来る前に、遊びましょう。(선생님이 오기 전에 놉시다)

➲ 이 경우는 「～ないうちに」「～前に」둘 다 적절한데, 「～ないうちに」를 쓰면 선생님이 언제 올지 전혀 예측할 수 없고, 「～前に」를 쓰면 선생님이 오는 시간을 예측할 수 있다. 학생들이

잠깐 동안을 살짝(몰래)논다고 할 것 같으면 당연히 「～ないうちに」를 쓰는 것이 보다 스릴을 느낄 수 있는 생생한 표현이 될 것이다.

② 暗くならないうちに/暗くなるまえに帰ってくるのですよ。

➲ 「~ないうちに」를 쓰면 언제 어두워질지 알 수 없으나, 「~前に」를 쓰면 언제 어두워질지 알 수가 있게 된다. (일몰시간을 기억하고 있는 경우)

③ 雨が降らないうちに/✱降る前に帰りましょう。(비가 오기 전에 돌아갑시다)

➲ 비가 오는 것은 그야말로 와봐야 알 수 있는 것이지, 인간이 함부로 정확한 시간을 예측할 수가 없는 것이므로 「~前に」는 부적절하다.

④ 忘れないうちに/✱忘れる前に返事を書きましょう。(잊기 전에 답장을 씁시다)

➲ 어떤 사실을 망각함에 있어서 정확히 언제부터 망각할 것인지는 예측이 불가능한 성질의 것이므로 「~前に」는 부적절하다.

⑤ 死なないうちに/✱死ぬ前においしいものをたくさん食べておきましょう。
(죽기 전에 맛있는 것을 많이 먹어 둡시다)

➲ 사람이 죽는 시점을 예측하는 것은 일반적으로 불가능하므로 이 경우에는 「~ないうちに」가 적절하다. 다만, 사형날짜가 정해져 있는 사형수가 말한다고 하는 특수한 경우라면 「~前に」도 쓸 수가 있을 것이다.

⑥ 夫が起きる前に/✱起きないうちに体操をしていた。
(남편이 일어나기 전에 체조를 하고 있었다)

➲ 보통 남편이 규칙적으로 일어나는 시간은 알고 있을 것이므로, 이 경우에는 「~前に」가 적절하다.

⑦ ご飯を食べる前に/✱食べないうちに手を洗いましょう。
(밥을 먹기 전에 손을 씻읍시다)

➲ 밥을 언제 먹을 것인가는 그 누구보다도 자신이 가장 잘 알고 있는 사항이므로, 이 경우에도 「~前に」가 적절하다.

⑧ 寝る前に/✱寝ないうちに、歯を磨いて、トイレに行った。
(자기 전에 이를 닦고 화장실에 갔다)

참고

「～ないうちに」를 직역하면 '～하지 않는 동안에'가 되는데 이와 같은 표현은 우리말에는 없고, 일본어에만 있는 그야말로 일본어다운 색채가 농후한 표현이다. 우리말에서는 어디까지나 '～하기 전에'라는 표현만을 쓰는데, 결국 앞에 오는 일이 예측불가능한 성격일 경우에는 「～ないうちに」를 쓰고, 예측 가능한 경우에는 「～前(まえ)に」를 쓰도록 각별히 주의할 필요가 있다.

「内心(ないしん)」「本心(ほんしん)」「真意(しんい)」「本音(ほんね)」「底意(そこい)」「下心(したごころ)」

공통의미
거짓이나 속이는 일이 없는 참된 마음

요점
1. 「内心(ないしん)」은 마음속에 품고 있는 본심을 나타내는 것으로(예문①), 유일하게 부사처럼 쓸 수도 있다(예문②). 우리말의 '속마음'에 해당되지만, 부사처럼 쓰일 때는 '속으로는'에 해당된다.
2. 「本心(ほんしん)」은 진짜여부를 문제시할 때 마음속의 뜻을 나타내는 것으로, 우리말의 '본심'에 해당된다(예문③).
3. 「真意(しんい)」 역시 「本心(ほんしん)」과 같은 뜻을 지니고 있으나(예문③), 「本心(ほんしん)」이 마음속의 감정이나 판단을 포함하는 것에 비하여(예문④), 「真意(しんい)」는 마음속의 의도를 나타내는 점에서 구별된다(예문⑤).
4. 「本音(ほんね)」는 보통 「本音(ほんね)をはく、もらす(속내를 털어놓다)」의 형태로 쓰이는데, 본심이 말로서 표현된 것을 나타내며, 우리말의 '속내' 정도에 해당된다(예문⑥).
5. 「底意(そこい)」와 「したごころ」는 무언가 의도되거나 계산된 마음을 나타내는데, 둘 다 좋은 의미로는 쓰이지 않는다. 「底意(そこい)」는 우리말의 '저의'에 해당되며(예문⑦), 「したごころ」는 '꿍꿍이'에 해당된다(예문⑧).

예문과 해설

① 内心(ないしん)を打(う)ち明(あ)ける。(속마음을 털어놓다)

➲ 그 사람의 마음속에 담겨있는 감정이나 판단을 나타내고 있다.

② 彼女(かのじょ)はいやいやしていたが、内心(ないしん)喜(よろこ)んでいた。

(그녀는 싫어하고 있었지만, 속으로는 기뻐하고 있었다)

➲ 이 경우는 「内心(ないしん)」이 부사처럼 쓰인 경우인데, 다른 말에는 이와 같은 부사적인 용법이 없다.

③ 彼女(かのじょ)の本心(ほんしん)/真意(しんい)がわからない。(그녀의 본심/진의를 알 수 없다)

➲ 이 경우는 전후문맥이나 적절한 장면의 설정이 없으므로 둘 다 적절한데, 「本心(ほんしん)」이 마음속의 진위여부를 문제시하는데 반하여, 「真意(しんい)」는 마음속의 의도를 문제시하는 점에 차이가 엿보인다.

④ 本心(ほんしん)/＊真意(しんい)からそう思(おも)っている。(본심으로 그렇게 생각하고 있다)

➲ 「真意(しんい)」는 마음속의 의도를 나타내는 것이기 때문에 이 경우는 부적절하며, 반면에 「本心(ほんしん)」은 마음속의 감정을 나타내므로 이 경우에 적절하다.

⑤ あいつの真意(しんい)がつかめない。(저 녀석의 진의를 파악할 수 없다)

➲ 그 사람의 마음속에 담겨있는 의도를 나타내고 있다.

⑥ 本音(ほんね)と建前(たてまえ)を使(つか)い分(わ)ける。(속내와 겉 태도를 구별하여 사용한다)

➲ 그 사람의 본심이 말로서 표현된 것을 나타내고 있다.

⑦ あの社長(しゃちょう)の底意(そこい)が疑(うたが)わしい。(저 사장의 저의가 의심스럽다)

➲ 그 사람의 계산되거나 의도된 마음을 나타내는 것으로 부정적인 뜻으로만 쓰인다.

⑧ 何(なに)かしたごころがあるようだ。(뭔가 꿍꿍이가 있는 것 같다)

➲ 이 경우역시 그 사람의 계산되거나 의도된 마음을 나타내는 것으로 부정적인 뜻으로만 쓰인다.

「～ないです」「～ません」

(そんなに寒(さむ)くないです、そんなに寒(さむ)くありません)

공통의미

～하지 않습니다(부정표현의 두 가지 방식)

요점

1. 「～ないです」는 오로지 형용사를 부정하는 데만 쓰이며, 명사나 동사를 부정하는 데는 쓸 수가 없다.
2. 「～ません」은 「～くありません」의 형태로 형용사를 부정하는 데도 쓰이며, 「～ではありません」의 형태로 명사를 부정하는 데도 쓰이고, 또한 「～ません」의 형태로 동사를 부정하는데도 쓰인다.

예문과 해설

① いいえ、あまり寒(さむ)くないです/いいえ、あまり寒(さむ)くありません。
(아니오, 그다지 춥지 않습니다)

➲ 이 경우는 형용사의 부정이므로 어느 것이나 적절하다.

② 部屋(へや)の中(なか)は暗(くら)くないですか/暗(くら)くありませんか。(방안은 어둡지 않습니까?)

➲ 이 경우 역시 형용사의 부정이므로 둘 다 적절하다.

③ あの人(ひと)は日本人(にほんじん)ではありません/✱日本人(にほんじん)ではないです。
(저 사람은 일본인은 아닙니다)

➲ 이 경우는 명사의 부정이므로 「~ないです」는 부적절하고 「~ません」이 적절하다.

④ 教室(きょうしつ)は二階(にかい)ではありません/✱二階(にかい)ではないです。(교실은 이층이 아닙니다)

➲ 이 경우 역시 위의 예문③과 같이 명사의 부정이므로 「~ないです」는 부적절하다.

⑤ 明日(あした)は日曜日(にちようび)なので学校(がっこう)へ行(い)きません/✱行(い)かないです。
(내일은 일요일이기 때문에 학교에 가지 않습니다)

➲ 이 경우는 동사의 부정이므로 「~ないです」는 부적절하고 「~ません」이 적절하다.

⑥ 昨日(きのう)は晩御飯(ばんごはん)を食(た)べませんでした/✱食(た)べなかったです。
(어제는 저녁밥을 먹지 않았습니다)

➲ 이 경우와 같이 동사의 과거부정일지라도 현재형과 마찬가지로 「~ないです」는 부적절하고 「~ません」이 적절하다.

「～ないでほしい」「～てほしくない」

(言わないでほしい、言ってほしくない)

공통의미

～하지 말아다오(～てほしい의 부정표현)

요점

1. 「～てほしい」는 접속조사 「て」에 형용사 「ほしい」가 결합된 형태로, 상대에 대한 부탁이나 희망을 나타낸다. 우리말의 '～해주었으면 좋겠다(한다)'에 해당되는 표현인데, 이에 대한 부정표현으로는 「～ないでほしい」와 「～てほしくない」의 두 가지가 있다.
2. 「～ないでほしい」는 어떠한 동작이나 행위를 하지 말 것을 부탁하는 표현이지만, 「～てほしくない」는 상대의 동작이나 행위에 대한 항의나 비난을 나타내는 표현이다.
3. 「～ないでほしい」의 앞에는 동사미연형이 접속되고 「～てほしくない」의 앞에는 동사연용형이 접속된다.

예문과 해설

① そんなことは言(い)わないでほしい/言(い)ってほしくない。

(그런 말은 하지 말아다오)

➲ 전자는 그런 말을 하지 말 것을 부탁하는 표현인 데에 반하여, 후자는 그런 말에 대한 항의나 비난을 나타낸다.

② こんなつまらない絵(え)は見(み)せないでほしい/見(み)せてほしくない。

(이런 시시한 그림은 보이지 말아다오)

➲ 이 경우도 전자는 시시한 그림을 보이지 말 것을 부탁하는 표현이지만, 후자는 시시한 그림을 보여주는 것에 대한 항의나 비난의 기분을 나타낸다.

③ 忙(いそが)しい時(とき)には私(わたし)のうちへ遊(あそ)びに来(こ)ないでほしい/来(き)てほしくない。

(바쁠 때에는 우리 집에 놀러오지 말아다오)

➲ 이 역시 전자는 바쁠 때에 놀러오지 말 것을 부탁하는 표현이지만, 후자는 바쁠 때에 놀러 오는 것에 대한 항의나 비난의 기분이 담기게 된다.

④ 僕(ぼく)をおいて外国(がいこく)へなんか行(い)かないでほしい/行(い)ってほしくない。
(나를 두고 외국 같은데 가지 말아다오)

➲ 이 경우도 위의 예문들과 맥락을 같이하고 있는데, 이하의 예문에 있어서도 마찬가지이다.

⑤ この仕事(しごと)は一人(ひとり)でやるから、手伝(てつだ)わないでほしい/手伝(てつだ)ってほしくない。
(이 일은 혼자서 할 테니까, 도와주지 말아다오)

⑥ 大事(だいじ)な書類(しょるい)だから、コピーしないでほしい/コピーしてほしくない。
(중요한 서류이니까, 카피하지 말아다오)

⑦ クラスメートをいじめないでほしい/いじめてほしくない。
(클래스메이트를 괴롭히지 말아다오)

⑧ みんな勉強(べんきょう)しているから、騒(さわ)がないでほしい/騒(さわ)いでほしくない。
(모두 공부하고 있으니까, 떠들지 말아다오)

⑨ お母(かあ)さんを心配(しんぱい)させないでほしい/心配(しんぱい)させてほしくない。
(어머니를 걱정시키지 말아다오)

⑩ 雨(あめ)なんか降(ふ)らないでほしい/降(ふ)ってほしくない。
(비 같은 거 오지 말아다오)

「～ないように」「～ないために」

(風邪(かぜ)をひかないように、風邪(かぜ)をひかないために)

요점

1. 「～ないように」는 무언가의 나쁜 사태에 도달하지 않도록 사전에 예방한다고 하는 의미를 나타내는데, 다소 소극적인 마음자세가 엿보인다(예문①③④⑤⑦⑨). 우리말의 '～(하지)않도록'에 해당되는데, 그 앞에는 동사미연형이 접속된다.
2. 「～ないために」는 「ため」가 목적의 의미를 나타내는 형식명사인 만큼, 무언가의 나쁜 사태에 도달하지 않게 하기위하여 적극적으로 대처하고자 하는 마음의 결의 같은 것이 엿보인다(예문②③④⑥⑧⑩). 우리말의 '～(하지)않기 위하여'에 해당되는데, 그 앞

에는 동사미연형이 접속된다.

●●● 예문과 해설

① 風邪を引かないように厚いセーターを着る。

(감기 걸리지 않도록 두꺼운 스웨터를 입는다)

➲ 이 경우는 감기 걸리지 않도록 사전에 예방한다고 하는 뜻만을 나타내고 있다.

② 風邪を引かないために乾布摩擦をする。

(감기 걸리지 않기 위하여 건포마찰을 한다)

➲ 이 경우는 예문①에 비하여 보다 적극적으로 대처하고자 하는 마음가짐이 엿보인다.

③ 失敗しないように/失敗しないために慎重に行動する。

(실패하지 않도록/실패하기 않기 위하여 신중하게 행동한다)

➲ 역시 「~ないように」보다는 「~ないために」 쪽이 보다 적극적인 마음가짐이 엿보인다.

④ 受験戦争に負けないように/負けないために体力をつける。

(수험전쟁에 지지 않도록/지지 않기 위하여 체력을 기른다)

➲ 이 경우 역시 예문③의 경우와 같다.

⑤ 太らないように甘い物を控える。(살찌지 않도록 단 것을 삼가 한다)

➲ 다소 소극적으로 대처하는 듯한 어감이 주어진다.

⑥ 太らないためにエアロビクスをする。(살찌지 않기 위하여 에어로빅을 한다)

➲ 살찌지 않기 위한 적극적인 대처가 엿보인다.

⑦ 遅刻しないように努力する。(지각하지 않도록 노력한다)

⑧ 遅刻しないために全力で走る。(지각하지 않기 위하여 전력을 달린다)

➲ 지각하지 않기 위한 적극적인 마음가짐이 엿보인다.

⑨ 先生に叱られないように毎日宿題だけはしています。

(선생님에게 야단맞지 않도록 매일 숙제만은 하고 있습니다)

⑩ 先生に叱られないために毎日宿題だけはちゃんとしなくちゃ。

(선생님에게 야단맞지 않기 위하여 매일 숙제만은 제대로 해야만 한다)

「直(なお)す」「改(あらた)める」

(教育制度(きょういくせいど)を直(なお)す、教育制度(きょういくせいど)を改(あらた)める)

공통의미

고치다

요점

1. 「直(なお)す」는 가장 폭넓게 쓰이는 것으로 구체적인 것이건 추상적인 것이건(예문①②③④) 대부분의 일에 대하여 쓸 수 있는데, 우리말의 '고치다'에 해당된다. 특히 병이나 상처를 고친다고 하는 뜻일 때는 「治(なお)す」로 표기하게 된다(예문⑤).

2. 「改(あらた)める」는 고장 난 것을 수리한다고 하는 뜻으로는 쓸 수 없으며, 추상적인 것을 보다 좋은 상태나 새로운 것으로 바꾼다고 하는 뜻으로 쓰인다(예문①②⑥). 우리말의 '바꾸다' 정도에 해당된다.

예문과 해설

① 教育(きょういく)制度(せいど)を直(なお)す/改(あらた)める。(교육제도를 고친다/바꾼다)

➲ 둘 다 적절한데 「直(なお)す」를 쓰게 되면 잘못된 부분을 바로 잡는다는 뜻이 되지만, 「改(あらた)める」를 쓰게 되면 새로운 방향으로 바꾼다는 뜻이 된다.

② 文章(ぶんしょう)を直(なお)す/改(あらた)める。(문장을 고친다/바꾼다)

➲ 「直(なお)す」를 쓰게 되면 문장의 잘못된 부분을 바로 잡는다는 뜻이 되지만 「改(あらた)める」를 쓰게 되면 질적으로 다른 문장으로 바꾼다는 뜻이 된다.

③ 壊(こわ)れた車(くるま)を直(なお)す/＊改(あらた)める。(고장 난 차를 고친다)

➲ 고장 난 것을 구체적으로 수리한다고 하는 뜻으로 「改(あらた)める」는 쓸 수가 없다.

④ 悪(わる)い癖(くせ)を直(なお)す/＊改(あらた)める。(나쁜 버릇을 고친다)

➲ 「改(あらた)める」는 어디까지나 나쁜 것을 고치는 것이 아니라 기존의 것을 다른 방향으로 바꾸는

것에 의미가 있으므로, 이 경우에는 「直す」가 적절하다. 이 경우는 어디까지나 나쁜 버릇을 고치는 것이다.

⑤ 病気を治す/＊改める。(병을 고친다)。

➲ 이 경우는 병을 다른 방향으로 바꾸는 것이 아니라, 병을 고쳐서 건강한 상태로 환원시키는 것이므로 「治す」만이 적절하다. 특히 이와 같이 병 같은 것을 고친다고 할 때는 「治す」로 표기함에 주의하여야 한다.

⑥ 待遇をあらためる。(대우를 바꾼다)

➲ 이 경우는 새로운 방향으로 전환하는 것이므로 「改める」가 적절하다.

「治す」「癒やす」

(怪我を治す、怪我を癒す)

공통의미

(병 등을)낫게 하다, 고치다

요점

1. 「治す」는 틀린 상태나 나쁜 상태를 고쳐서 바람직한 상태로 돌아오게 하는 것을 나타내는데, 우리말의 '고치다, 치료하다' 정도에 해당된다.
2. 「癒やす」는 병이나 상처를 좋게 하거나 마음의 고통 등을 사라지게 하는 것을 나타내는데, 우리말의 '낫게 하다' 정도에 해당된다.

예문과 해설

① 怪我を治す/癒やす。(부상을 치료한다/낫게 한다)

➲ 이 경우는 결과적으로 부상을 치유한다는 뜻이므로 둘 다 적절하다.

② 悪い癖を治す/＊癒やす。(나쁜 습관을 고친다)

➲ 잘못된 습관을 바로 고치는 것이므로 「治(なお)す」가 적절하다. 「癒(いや)す」는 병이나 상처를 치유하거나 마음의 고통을 없애는 데에 쓰이는 것으로, 이 경우와 같이 습관을 바로 잡는다고 하는 뜻에는 부적절하다.

③ 心(こころ)の傷(きず)を癒(い)やす/ ✱ 治(なお)す。 (마음의 상처를 낫게 한다)

➲ 이 경우와 같이 마음의 상처를 치유한다고 하는 뜻으로는 「癒(いや)す」만이 적절하다. 「治(なお)す」는 어디까지나 병이나 나쁜 습관 등을 고친다고 하는 뜻으로만 쓰이므로 여기에서는 부적절하다.

④ のどの渇(かわ)きを癒(い)やす/ ✱ 治(なお)す。 (목의 갈증을 낫게 한다)

➲ 이 경우는 갈증을 해소하는 것인데, 이것역시 마음의 고통과 관련되는 것이므로 「癒(いや)す」만이 적절하다.

⑤ 苦(くる)しみを癒(い)やす/ ✱ 治(なお)す。 (고통스러움을 낫게 한다)

➲ 이 경우와 같이 마음의 고통을 낫게 한다고 하는 뜻으로는 오로지 「癒(いや)す」만이 적절하다.

「中(なか)」「うち」

(この花(はな)の<u>中(なか)</u>で好(す)きなのはどれですか、この花(はな)の<u>うち</u>で好(す)きなのはどれですか)

공통의미

~중, ~가운데

요점

1. 「中(なか)」는 공간적으로 한정된 경우(예문③⑤⑦⑧⑨)나 범위에 쓰이는 것으로(예문①⑩), 우리말의 '~중, ~안, ~속'에 해당된다.
2. 「うち」는 일정한 시간(예문②④⑥⑪⑫)이나 범위(예문①⑬)를 나타내는 것으로 우리말의 '~동안, ~중'에 해당된다.
3. 결국 범위를 나타내는 점에서만 볼 때 「中(なか)」와 「うち」는 비슷하게 쓰이는데, 이러한 경우 실제로는 「中(なか)」가 더 많이 쓰이는 경향이 있다.

●●● 예문과 해설

① この花の中/うちで好きなのはどれですか。

(이 꽃 중에서 좋아하는 것은 어느 것입니까?)

➲ 이 경우는 범위를 나타내는 것으로 둘 다 적절하다. 「うち」는 「で」가 수반되어도 수반 되지 않아도 상관없으나, 「中」는 반드시 「で」를 수반하여야 한다.

② 三日のうちに/＊中に仕上げる。(3일 동안에 마무리 짓는다)

➲ 이와 같이 시간의 범위를 나타내는 경우에는 「うち」만이 적절하다.

③ 雨の中/＊うちを歩く。(비속을 걷는다)

➲ 이 경우는 공간적으로 어떤 상태 하에 있음을 나타내는 것이므로 「中」만이 적절하다.

④ 明るいうちに/＊中に着く。(밝을 동안에 도착한다)

➲ 「うち」는 이와 같이 시간의 범위를 나타내는 것이 주된 용법이므로 이 경우에 적절하지만, 「中」는 공간이나 범위만을 나타내므로 여기에서는 부적절하다.

⑤ 部屋の中/＊うちには誰もいません。(방안에는 아무도 없습니다)

➲ 이 경우의 「中」는 한정된 공간을 나타내는 것이므로 적절하지만, 「うち」는 시간의 범위를 나타내는 것이 주된 용법이므로 여기에서는 부적절하다.

⑥ 今月のうち/＊中に休暇をとりたい。(이달 중으로 휴가를 얻고 싶다)

➲ 「うち」는 이와 같이 시간을 나타내는 것이 주된 용법인데, 이러한 경우 「中」는 부적절하다.

⑦ かばんの中に入れる。(가방 안에 넣는다)

➲ 이 경우는 공간을 나타내고 있어서 「中」만이 적절하며, 이하의 예문들도 맥락을 같이하고 있다.

⑧ 財布の中が空になる。(지갑속이 텅 비다)

⑨ 森の中で道に迷う。(숲속에서 길을 헤맨다)

⑩ クラスの中から代表を選ぶ。(반 안에서 대표를 뽑는다)

⑪ 若いうちに勉強しなさい。(젊을 동안에 공부해라)

➲ 이 경우는 시간적인 범위를 나타내는 것이므로 「うち」만이 적절하다.

⑫ 温かいうちに召し上がってください。(따스할 동안에 드셔 주십시오)

➲ 이 경우 역시 시간적인 범위를 나타내는 것이다.

⑬ 仲間のうち二人が合格した。(동료 중 두 사람이 합격했다)

➲ 이 경우는 범위를 나타내는 것이므로 「うち」도 적절하기는 하지만, 아무래도 「中」가 더 많이 쓰이는 경향이 있다. 만약 이러한 경우에 「中」를 쓸 것 같으면 반드시 조사 「で」를 수반하여 「中で」의 형태를 취하여야만 한다.

참고

한편, 「中」는 회화체에서, 「お忙しい中をすみません(바쁘신 가운데 미안합니다)」와 같이 어떤 상태가 지속되고 있음을 나타내기도 하는데, 「うち」에는 이러한 용법이 없다.

「仲間」「同僚」

공통의미

동료

요점

1. 「仲間」는 일이나 공부, 놀이 등을 함께 하는 친구를 가리키며(예문①②), 때로는 어떤 일을 함께 하는 집단을 가리키기도 한다(예문③).
2. 「同僚」는 주로 샐러리맨과 같은 직장의 동료를 가리킨다(예문④⑤⑥).

예문과 해설

① 山田さんは読書会の仲間です。(야마다씨는 독서회의 동료입니다)

➲ 이 경우와 같이 어떤 모임의 동료를 나타낼 때는 「仲間」가 적절하다.

② うちの社長はゴルフ仲間がたくさんいます。
(우리 사장님은 골프동료가 많이 있습니다)

➲ 이 경우도 모임의 동료를 나타내는 것이므로 「仲間」가 적절하다.

③ 来月は教員仲間の会合が開かれる。(다음 달에는 교원그룹의 회합이 열린다)

➲ 이 경우역시 일을 함께 하는 모임의 동료를 나타내는 것이므로 「仲間」가 적절하다.

④ 毎日会社の同僚といっしょに昼食をとっています。
(매일 회사동료와 함께 점심을 먹고 있습니다)

➲ 이 경우는 회사에서 함께 근무하는 동료를 나타내는 것이므로 「同僚」가 적절하다.

⑤ さやかさんが会社で一番親しい同僚です。
(사야카씨가 회사에서 가장 친한 동료입니다)

➲ 이 경우도 회사에서 함께 근무하는 동료를 나타내는 것이므로 「同僚」가 적절하다.

⑥ 彼は職場の同僚です。(그는 직장동료입니다)

「～ながら」「～つつ」

(次の手段を考えながら行動する、次の手段を考えつつ行動する)

공통의미

～하면서

요점

1. 「～ながら」는 일상적으로 많이 쓰이는 접속조사로, 동사연용형에 접속되어 두 가지 동작이 동시에 이루어지는 것을 나타내기도 하고(예문①③④⑤⑩), 동사연용형이나 형용사의 종지형, 그리고 명사에 접속되어 앞뒤의 내용이 서로 맞지 않음을 나타내기도 하는데((예문②⑥⑦⑪⑫), 우리말의 '～하면서'에 해당된다.
2. 「～つつ」는 동사연용형에 접속되어 쓰이는 점에서는 「～ながら」와 같은 의미용법을 지닌 접속조사이지만, 「～ながら」와는 달리 구체적인 동작성을 지닌 동사에는 일체 접속되지 못하고 오로지 변화나 추상적인 뜻을 나타내는 동사에만 접속된다. 일상적인 회

화체에서는 쓰이지 않고 문장체에서만 쓰이는 딱딱한 말이다(예문①②⑬⑭⑮⑯). 한편 「～つつ」는 동사 「ある」와 접속된 「～つつある」의 형태로 어떤 상황의 변화나 진전을 나타내기도 하지만, 「～ながら」에는 이러한 용법이 없다(예문⑧⑨⑰⑱).

예문과 해설

① 次の手段を考えながら/考えつつ行動する。(다음 수단을 생각하면서 행동한다)

➲ 이 경우는 앞에 구체적인 동작성을 지니지 않은 동사가 와있으므로 둘 다 적절하다. 다만, 「~ながら」에 비해서 「~つつ」가 보다 문장체적인 딱딱한 표현이라는 어감의 차이는 있다.

② 勉強しようとは思いながら/思いつつ、つい遊んでしまう。

(공부해야겠다고는 생각하면서, 그만 놀고 만다)

➲ 이 경우 역시 앞에 와있는 동사가 구체적인 동작성을 지니지 않은 것이므로 둘 다 적절하지만, 역시 「~つつ」쪽이 보다 딱딱한 어감이 주어진다.

③ 働きながら/＊働きつつ学校に通う。(일하면서 학교에 다닌다)

➲ 이 경우는 앞에 구체적인 동작성을 지닌 동사가 와있으므로「~つつ」는 부적절하다.

④ どこかで飲みながら/＊飲みつつ話そう。(어딘가에서 마시면서 이야기하자)

➲ 이 경우역시 예문③과 맥락을 같이하고 있다.

⑤ 顔色をうかがいながら/?つつ話している。(안색을 살피면서 이야기하고 있다)

➲ 「~つつ」는 「~ながら」와 마찬가지로 두 가지 동작의 병행을 나타내는 것이기는 하지만, 주로 문장체에서 쓰이므로 이 경우와 같이 일상적인 회화체에서는 다소 부적절하다.

⑥ あの子は小さいながら/＊小さいつつ力が強い。

(저 아이는 작으면서 힘이 강하다)

➲ 「~ながら」는 형용사의 종지형에도 접속되어 앞뒤의 내용이 맞지 않음을 나타내기도 하지만, 「~つつ」에는 「~ながら」와는 달리 오로지 동사연용형에만 접속되고 형용사의 종지형에는 접속되지 못하므로 여기에서는 어법상 부적절하다.

⑦ まだ学生ながら/＊学生つつ結婚している。(아직 학생이면서 결혼했다)

➲ 「~ながら」는 명사에도 접속되어 앞뒤의 내용이 맞지 않음을 나타내기도 하지만, 「~つつ」에는 「~ながら」와는 달리 오로지 동사연용형에만 접속되고 명사에는 접속되지 못하므로 여기에서는 부적절하다.

⑧ 現在過疎化が進行しつつある/＊進行しながらある。

(현재 과소화가 진행되고 있다)

➲ 「~つつ」는 「~つつある」의 형태로 상황의 변화나 진전을 나타내기도 하지만, 「~ながら」에는 이러한 용법이 없다.

⑨ 森林は現在破壊されつつある/✱破壊されながらある。
(삼림은 현재 파괴되고 있다)

➲ 이 경우 역시 예문⑧과 맥락을 같이하고 있다.

⑩ 歌を歌いながら歩く。(노래를 부르면서 걷는다)

➲ 이 경우와 같이 구체적인 동작성을 지닌 동사에는 「~ながら」만이 적절하다.

⑪ 貧しいながら幸せに暮らしている。
(가난하면서도 행복하게 지내고 있다)

➲ 이 경우와 같이 그 앞에 형용사가 접속되어 앞뒤의 내용이 상반됨을 나타낼 때는 오로지 「~ながら」만이 적절하다.

⑫ まだ子供ながらよく辛抱した。(아직 어린애이면서 잘 참았다)

➲ 이 경우와 같이 그 앞에 명사가 접속되어 앞뒤의 내용이 상반됨을 나타낼 때는 오로지 「~ながら」만이 적절하다. 즉, 여기에서는 어린애라면 참을성이 없는 것이 일반적임에도 불구하고 용케도 잘 참았다고 하는 상반되는 내용을 나타내고 있는 셈이다.

⑬ 成功を期待しつつ今後の経過を見守る。
(성공을 기대하면서 금후의 경과를 지켜본다)

➲ 「~つつ」는 이와 같이 구체적인 동작성을 지닌 동사가 아니라, 추상적인 내용을 담고 있는 동사에만 접속된다.

⑭ 諸般の事情を考慮しつつ事業計画を立てる。
(제반사정을 고려하면서 사업계획을 세운다)

➲ 이 경우 역시 추상적인 내용을 담고 있다.

⑮ 今は将来の再起を期しつつ、この逆境に耐えるしかない。
(지금은 장래의 재기를 기하면서 이 역경을 견디는 수밖에 없다)

⑯ 妻は航海の無事を祈りつつ、夫の船出を見送った。
(아내는 항해의 무사를 기원하면서 남편의 출항을 바라보았다)

⑰ 国民生活は向上しつつあると政府はいう。
(국민생활은 향상되고 있다고 정부는 말한다)

➲ 「~つつ」는 이와 같은 「~つつある」의 형태로 현재상황의 변화나 진전을 나타내기도 한다.

⑱ 事件の真相が明らかになりつつある。(사건의 진상이 밝혀지고 있다)

➲ 이 경우 역시 현재상황의 변화나 진전을 나타내고 있다.

「～ながら～する」「～て～する」

(＊立ちながら食べる、立って食べる)

공통의미

두 가지 동작의 병행을 나타내는 용법

요점

1. 「～ながら～する」는 앞의 동작을 하면서 뒤의 동작도 동시에 함을 나타내는 것인데, 「～ながら」는 동사연용형에 접속되어 우리말의 '～하면서'의 의미를 나타내는 조사이다. 「～て～する」는 앞의 동작이 성립된 상태에서 뒤의 동작도 동시에 행함을 나타내는 것으로, 「～て」는 동사연용형에 접속되어 우리말의 '～하여, ～해서' 정도의 의미를 나타내는 접속조사이다.
2. 「～ながら」는 두 가지 동작의 병행을 나타낼 때, 그 앞에는 반드시 일정한 시간의 길이를 가지고 동작이 전개되는 계속동사만이 올 수 있는데(예문④⑤⑥⑦), 「立ちながら食べる」의 동사 「立つ(서다)」는 일정한 시간이 필요 없이 금방 동작이 끝나고 마는 순간동사이므로 이러한 표현은 부자연스럽다. 따라서 이러한 경우는 「立って食べる(서서 먹는다)」와 같이 서있는 상태를 나타내는 접속조사 「～て」로서 표현하는 것이 적절하다(예문①②③).
3. 접속조사 「～ながら」로 두 가지 동작을 연결할 때, 그 앞에 오는 동작은 어디까지나 뒤에 오는 동작에 부수되는 것이어야만 한다(예문⑧⑨⑩⑪). 「音楽を聞きながら勉強する(음악을 들으면서 공부한다)」의 경우에서는 '음악을 듣는' 동작이 '공부를 하는' 동작에 부수되는 것이며, 어디까지나 '공부하는' 동작이 주된 동작이 된다.

예문과 해설

① 座って/＊座りながら新聞を読む。(앉아서 신문을 읽는다)

➲ 동사 「座る(앉다)」는 시간의 폭이 필요 없이 아주 짧은 시간에 동작이 이루어지는 순간동사이므로 접속조사 「~ながら」앞에 올 수가 없다. 실제로 우리말에서도 '앉으면서 신문을 읽는다'

고 할 것 같으면, 그 짧은 시간에 몇 자를 읽을 수 있겠는가......?

② じっとして/✱じっとしながらお酒を飲んでいた。(잠자코 술을 마시고 있었다)

➲ 이 경우 역시 계속적으로 진행되는 동작이 아니라 일정한 상태를 나타내는 표현이 앞에 와 있으므로, 「~ながら」는 부적절하다. 「~ながら」가 두 가지 동작의 병행을 나타낼 때는 반드시 그 앞에 일정한 시간의 폭이 요구되는 계속동사만이 올 수가 있다.

③ 足がしびれて/✱足がしびれながら歩けなかった。
(다리가 저려서 걸을 수가 없었다)

➲ 「しびれる」는 동작이 아니라 상태를 나타내는 것이므로「~ながら」는 부적절하다.

④ 彼女はいつも歌を歌いながら働いている。
(그녀는 언제나 노래를 부르면서 일하고 있다)

➲ 이 경우의 동사 「歌う(노래하다)」는 일정한 시간의 폭을 요하는 계속동사이다.

⑤ 本を読みながら歩くことはとても危ない。(책을 읽으면서 걷는 것은 무척 위험하다)

➲ 이 경우의 동사 「歩く(걷다)」는 일정한 시간의 폭을 요하는 계속동사이다.

⑥ コーヒーでも飲みながら話しませんか?(커피라도 마시면서 이야기하지 않겠습니까?)

⑦ 彼は働きながら学校に通っている。(그는 일하면서 학교에 다니고 있다)

⑧ A: ちょっと話があるんですが。(잠깐 이야기가 있는데요)

B1: 歩きながら話してもいいですか/✱B2:話しながら歩いてもいいですか。
(걸으면서 이야기해도 좋습니까?/✱이야기하면서 걸어도 좋습니까?)

➲ A가 이야기할 것을 요청하였으므로, 대답은 어디까지나 이야기하는 것이 주가 되어야 하는데, B2는 「話す」를 「~ながら」앞에 배치함으로서 걷는 것이 주가 되고 마는 모순이 발생했다. 역시 이러한 경우에는 B1처럼 걷는 것을 부수적인 것으로 하고 어디까지나 이야기하는 것을 주가 되게 하여야 안정된 표현이 된다.

⑨ コーヒーショップで音楽を聞きながらコーヒーを飲みました/✱コーヒーを飲みながら音楽を聞きました。(커피숍에서 음악을 들으면서 커피를 마셨습니다)

➲ 커피숍에 가는 이유는 커피를 마시는 것이 주목적이지 음악을 듣는 것이 아니며, 음악은 어디까지나 부수적으로 듣는 것에 불과한 것이다.

⑩ 辞書を引きながら英語の翻訳をしました/✱英語の翻訳をしながら辞書を引きました。(사전을 찾으면서 영어번역을 했습니다)

➲ 사전을 찾는 것은 어디까지나 영어번역을 하기 위한 것이므로, 사전을 찾는 것이 부수적인 것이

되어야만 한다.

⑪ 料理の本を見ながら料理を作ります/＊料理を作りながら料理の本を見ます。
(요리책을 보면서 요리를 만듭니다)

➲ 이 경우 역시 요리를 만들기 위해서 요리책을 보는 것이므로, 요리책을 보는 것은 어디까지나 부수적인 것이 되어야만 한다.

「無くす」「落とす」「失う」「紛失する」「喪失する」

공통의미
잃어버리다

요점
1. 「無くす」와 「落とす」는 지갑, 책, 시계와 같은 일상용품을 잃어버리는 점에서는 같으나, 「無くす」는 어디서 잃어버렸는지 알 수 없는 경우에 쓰이고(예문①②④), 「落とす」는 이동하다가 잃어버린 경우에 쓰인다(예문①⑤). 즉, 자기 집에 있던 물건이 없어진 경우에는 「無くす」는 쓸 수 있으나 「落とす」는 쓸 수가 없다. 「無くす」는 우리말의 '잃어버리다'에 해당되고, 「落とす」는 '떨어뜨리다' 정도에 해당되는데, 「無くす」는 이 밖에도 추상적인 것을 잃어버리는 경우에도 쓰이는 등(예문③), 매우 일상적으로 폭넓게 쓰인다.
2. 「失う」는 보통 형태가 없는 추상적인 것(직업, 지위 등)을 잃어버릴 때에 쓰이지만(예문③⑥), 더러는 구체적인 사물을 잃어버릴 때도 쓰인다. 하지만, 구체적인 사물인 경우에는 집이나 재산 같은 매우 가치가 크고 소중한 것에 쓰인다(예문②⑦). 우리말의 '잃다' 정도에 해당된다.
3. 「紛失する」는 「落とす」와 같이 구체적인 사물을 잃어버렸을 경우에만 쓰이는데, 매우 딱딱한 문장체이다. 우리말의 '분실하다'에 해당된다(예문①⑧⑨).

4. 「喪失する」는 보통 형태가 없는 추상적인 것(자신감, 지위 등)에 쓰이며 매우 딱딱한 문장체이다. 우리말의 '상실하다'에 해당된다(예문③⑩⑪).

예문과 해설

① 財布を無くした/落とした/紛失した/＊失った/＊喪失した。
(지갑을 잃어버렸다)

➲ 「無くす」는 어딘가에서 잃어버렸음을 나타내고, 「落とす」는 어딘가로 이동 중에 잃어버렸음을 나타내며, 「紛失する」는 딱딱한 문장체이다. 한편 「失う」는 보통 추상적인 것에 쓰이지만 구체적인 사물에 쓰일 때도 있으나, 이러한 때는 매우 가치가 크고 소중한 것에만 쓸 수 있으므로 여기에서는 부적절하고, 「喪失する」는 형태가 없는 추상적인 것에만 쓰이므로 이것 역시 여기에서는 부적절하다.

② すべての財産を無くした/失った/＊落とした/＊紛失した/＊喪失した。
(모든 재산을 잃어버렸다)

➲ 「落とす」와 「紛失する」는 구체적인 일상용품을 잃어버리는 경우에 쓰이며, 「喪失する」는 형태가 없는 추상적인 것에 쓰이므로 모두 여기에서는 부적절하다. 한편, 「無くす」는 어떤 경우에도 폭넓게 쓸 수 있으며, 「失う」는 이와 같이 가치가 매우 크고 소중한 것이라면 구체적인 것에도 쓸 수 있으므로 둘 다 여기에서는 적절하다.

③ 試験に落ちて自身を無くす/喪失する/失う/＊落とす/＊紛失する。
(시험에 떨어져서 자신을 잃다)

➲ 이 경우와 같이 추상적인 것을 나타낼 때는 「無くす」와 「失う」, 그리고 「喪失する」가 적절하지만, 「喪失する」는 매우 딱딱한 문맥에서나 쓰일 법한 말이다. 「落とす」와 「紛失する」는 구체적인 사물을 잃어버렸을 때에만 쓰이므로 둘 다 여기에서는 부적절하다.

④ どこかで大事な書類を無くした。(어딘가에서 중요한 서류를 잃어버렸다)

➲ 「無くす」는 무언가를 잃어버렸다고 할 경우에 가장 폭넓게 쓰이는 것으로, 이 경우와 같이 서류를 잃어버렸다고 할 때에도 쓸 수가 있다.

⑤ 時計をどこかで落としたらしい。(시계를 어딘가에서 떨어뜨린 것 같다)

➲ 어딘가로 이동하던 중에 잃어버렸다고 하는 사실을 부각시켜 나타낼 경우에는 「落とす」가 적절하다.

⑥ 医師の資格を失う。(의사자격을 잃다)

➲ 이 경우와 같이 직업이나 지위 같은 것을 잃는다고 할 때는 「失う」가 가장 적절하다.

⑦ 火事で家を失った。(화재로 집을 잃었다)

➲ 「失う」는 보통 추상적인 대상에 쓰이지만, 이 경우와 같이 비교적 가치가 크고 소중한 것일 때는 구체적인 대상에도 쓸 수가 있다.

⑧ 大事な研究資料を紛失した。(중요한 연구자료를 분실했다)

➲ 「紛失する」는 구체적인 사물에만 쓸 수가 있는데, 매우 딱딱한 어감이 주어진다.

⑨ どこで鍵を紛失したのか分かりません。(어디에서 열쇠를 분실했는지 모르겠습니다)

⑩ 彼は結局地位を喪失した。(그는 결국 지위를 상실했다)

➲ 이 경우와 같이 지위 같은 것을 잃는다고 할 때는 「喪失する」가 적절하지만, 매우 딱딱한 어감이 주어진다.

⑪ 彼女は事故で記憶を喪失しました。(그녀는 사고로 기억을 상실했습니다)

➲ 이 경우 역시 기억이라고 하는 추상적인 대상에 쓰인 것으로 딱딱한 어감이 주어진다.

「～なくて」「～ないで」「～ずに」

공통의미

～하지 않고, ～하지 않아서

요점

1. 「～なくて」는 앞뒤의 문을 연결함에 있어서, 뒤의 사항이 이루어지게 된 이유나 원인을 앞에서 제시하는 역할을 한다(예문①②③). 또한 「～なくて」의 뒤에 「は」가 접속된 「～なくては」의 형태를 취하여 '～해서는'이라는 가정조건을 나타내기도 한다(예문⑩).
2. 「～ないで」는 앞뒤의 문을 연결함에 있어서, 앞의 사항이 뒤의 사항을 수식하는 역할을 한다. 즉, 뒤의 사항이 이루어지게 되는 과정에 있어서의 부대상황을 나타내는 셈이다(예

문④⑤). 아울러 「ください」「ほしい」와 같은 보조용언의 앞에 접속되어 '부탁, 희망' 등의 의미를 나타내기도 한다(예문⑥⑦).

3. 「～ずに」는 앞뒤의 문을 연결함에 있어서, 앞의 사항이 뒤의 사항을 수식하는 역할을 하는데, 이 점에서는 「～ないで」와 용법이 같다. 다만, 「～ないで」에 비하여 다소 문장체적이라는 점에 차이가 있을 뿐이다(예문⑧). 한편, 「～ずに」는 「～ないで」처럼 「ください」「ほしい」와 같은 보조용언에 접속되는 용법은 없으나, 「いる」「おく」와 같은 본동사 앞에 접속되어 쓰이기도 한다(예문⑪). 때로는 「～ずに」의 「に」가 탈락되어 「～ず」만의 형태로 쓰일 수도 있다(예문⑨).

예문과 해설

① うまく説明できなくて/＊できないで困った。(잘 설명할 수가 없어서 곤란했다)

➲ 이 경우는 뒤에 나오는 '곤란했다'고 하는 이유를 「~なくて」가 앞에서 제시하는 역할을 하고 있다.

② 金を持っていなくて/＊いないで買えなかった。
(돈을 갖고 있지 않아서 살 수 없었다)

➲ 이 경우는 뒤에 나오는 '살 수 없었다'고 하는 이유를 「~なくて」가 앞에서 제시하는 역할을 하고 있다.

③ なかなかバスが来なくて/＊来ないで遅刻してしまった。
(좀처럼 버스가 오지 않아서 지각하고 말았다)

➲ 이 경우역시 뒤에 나오는 '지각했다' 고 하는 이유를 「~なくて」가 제시하고 있다.

④ 何も食べないで/＊食べなくて学校へ行った。(아무것도 먹지 않고 학교에 갔다)

➲ 이 경우는 뒤에 오는 '학교에 간다'고 하는 행위에 대한 부대상황을 「~ないで」가 나타내고 있다. 「~なくて」는 어디까지나 그 앞의 원인이나 이유로 인하여 뒤에 그러한 결과가 되었음을 나타내는 것이므로 여기에서는 부적절하다.

⑤ 雨が降っているのに傘もささないで/＊ささなくて歩いている。
(비가 오고 있는데 우산도 쓰지 않고 걷고 있다)

➲ 이 경우는 뒤에 오는 '걷고 있는' 상황에 대한 수식을 「~ないで」가 나타내고 있다.

⑥ 何も聞かないで/＊なくてください。(아무 것도 묻지 말아 주십시오)

➲ 이 경우와 같이 보조용언 「~ください」의 앞에는 「~ないで」만이 연결되며, 「~なくて」는 연결될 수가 없다.

⑦ 何も言わないでほしい。(아무 것도 말하지 말았으면 좋겠다)

➲ 이 경우와 같이 보조용언 「~ほしい」의 앞에는 「~ないで」만이 연결되게 된다.

⑧ あの人は、言うことを聞かずに出て行った。

(저 사람은 말하는 것을 듣지 않고 나갔다)

➲ 이 경우는 '나갔다'고 하는 상황에 대한 수식을 「~ずに」가 나타내고 있다.

⑨ 答案を書かず出してしまった。(답안을 쓰지 않고 내고 말았다)

➲ 이 경우는 「~ずに」에서 조사 「に」가 생략된 형태인데, 의미용법상에는 차이가 없다.

⑩ その仕事はしなくてはなりません。(그 일은 하지 않아서는 안 됩니다)

➲ 이 경우와 같이 「~なくて」는 그 뒤에 조사 「は」가 접속되어 가정조건을 나타내기도 하는데, 「~ないで」와 「~ずに」에는 이러한 용법이 없다.

⑪ 何も聞かずにいた。(아무 것도 듣지 않고 있었다)

➲ 이 경우와 같이 「~ずに」는 본동사 「いる」의 앞에 접속됨으로서 상태에 대한 부대상황을 나타내기도 한다.

참고

「～ないで」는 앞서 언급한 바와 같이, 보조용언 「ください、ほしい」의 앞에 와서 의뢰나 희망을 나타내는데, 회화체에서는 보조용언이 생략된 상태로 부드러운 의뢰나 희망의 의미를 나타내는 경우도 있다.

「今は何も聞かないで」(지금은 아무 것도 묻지 말아요) 「誰にも言わないで」(아무에게도 말하지 말아요)

이와 같이 보조용언이 생략된 형태의 표현은 주로 여성이 친숙한 상대에게 쓰는 것이 일반적이다.

「～なくてもいい」「～ないでもいい」

(嫌いなら、食べなくてもいいよ、嫌いなら、食べないでもいいよ)

공통의미

～하지 않아도 좋다(된다)

요점

1. 「~なくてもいい」는 어떤 동작을 하지 않아도 되고, 어떤 상태에 있지 않아도 됨을 나타내는 것으로, 의무의 해제, 불필요함, 그리고 허가 등을 나타낸다(예문①②③). 그 앞에는 동사미연형이나 형용사연용형(く형), 형용동사연용형(で형), 그리고 명사가 접속된다(예문④⑤⑥). 「~なくてもいい」에서 조사 「も」는 때로는 생략될 때도 있으나 의미상으로는 거의 차이가 없다(예문②④⑥).
2. 「～ないでもいい」는 어떤 동작이나 행위를 하지 않고 그 대신에 다른 동작이나 행위를 마음대로 해도 좋다고 하는 방임의 의미를 나타낸다(예문①②). 결국 「～ないでもいい」는 무엇을 해도 좋다고 하는 방임의 의미를 나타내는 것이므로 아주 친밀한 관계에서만 쓸 수가 있고, 따라서 정중하게 상대의 허락을 구하는 표현형식에는 일체 쓸 수가 없게 된다(예문③). 그 앞에는 오로지 동사미연형만이 접속되는데(예문①②), 「～ないでもいい」에서 조사 「も」는 때로는 생략될 때도 있으나 의미상으로는 거의 차이가 없다(예문②).

예문과 해설

① ねぎが嫌いなら、食べなくても/ないでもいいよ。ほかのものを食べなさい。
(파가 싫으면 먹지 않아도 된다. 다른 것을 먹어라)

➲ 이 경우 「~なくてもいい」는 허가를 나타내지만, 「~ないでもいい」는 방임을 나타내게 된다.

② 明日、創立記念日で、学校、行かなくて/ないでいいんだって。
(내일, 개교기념일이어서 학교, 가지 않아도 된대)

➲ 이 경우는 매우 친밀한 관계에서의 발언이므로 「~ないでもいい」와 같은 방임의 뜻을 나타내는 표현도 쓸 수가 있다.

③ 明日は創立記念日ですから、学校に来なくても/*ないでもかまいません。
(내일은 개교기념일이므로, 학교에 오지 않아도 상관없습니다)

➲ 이 경우는 정중한 문체로 되어 있는데, 「~ないでもいい」는 방임을 나타내는 것이어서 아주 친밀한 관계에서만 쓸 수가 있으므로 여기에서는 부적절하다.

④ この会社は、背が高くなくて/*ないでいいんだって。
(이 회사는 키가 크지 않아도 된대)

➲ 이 경우는 형용사연용형이 접속되어 있으므로 「~なくてもいい」만이 적절하다. 「~ないでもいい」는 오로지 그 앞에 동사미연형만 오게 되어있으므로 여기에서는 부적절하다.

⑤ 彼女は、家賃だけ安いのなら、部屋は静かでなくても/*ないでもいいと言ってる。(그녀는 집세만 싼 것이라면, 방은 조용하지 않아도 된다고 말하고 있다)

➲ 이 경우는 형용동사 연용형이 접속되어 있으므로 「~なくてもいい」만이 적절하다. 「~ないでもいい」는 오로지 그 앞에 동사 미연형만 오게 되어있으므로 여기에서는 부적절하다.

⑥ あそこのアルバイト、経験者でなくて/＊ないでいいようですね。
(저기 아르바이트, 경험자가 아니어도 되는 것 같군요)

➲ 이 경우는 명사가 접속되어 있으므로 「~なくてもいい」만이 적절하다. 「~ないでもいい」는 오로지 그 앞에 동사 미연형만 오게 되어있으므로 여기에서는 부적절하다.

「投げる」「放る」

(ボールを投げる、ボールを放る)

공통의미

던지다

요점

1. 「投げる」는 목표물에 닿도록 그것을 향해서 던진다고 하는 뜻을 나타내며(예문①②③④⑥⑦), 한편으로는 도중에서 어떤 일을 포기한다고 하는 뜻도 나타낸다(예문⑧).
2. 「放る」는 목표물을 정하지 않고 아무렇게나 던진다고 하는 뜻인데, 대체로 중요하지 않은 것을 손에서 놓는다고 하는 정도의 뜻을 나타낸다(예문①②⑤⑨⑩). 한편으로는 도중에서 하던 일을 중단하고 방치한다는 뜻도 나타낸다(예문⑪).

예문과 해설

① ボールを投げる/放る。(볼을 던진다)

➲ 이 경우는 전후문맥이나 적절한 장면의 설정이 없으므로 둘 다 적절한데, 「投げる」를 쓰게 되면 목표물이 설정되어 있다는 뜻이 암시될 수 있으나, 「放る」는 그냥 아무렇게나 던진다고 하는 뜻이 암시된다.

② 車窓から空き缶を放っては/投げてはいけない。
(차창에서 빈 깡통을 던져서는 안 된다)

➲ 이 경우는 뚜렷한 목표물이 설정되어 있지 않으므로 「放る」가 가장 적절하나, 「投げる」도 쓸 수 있다. 「放る」는 아무렇게나 던진다고 하는 것에 의미의 중심이 있고, 「投げる」는 단지

창밖을 목표로 던진다고 하는 것에 의미의 중심이 있다.

③ 救助のためロープを投げる/✱放る。(구조를 위해 로프를 던진다)

➲ 이 경우 역시 목표물이 설정되어 있으므로 「投げる」가 적절하다. 만약 「放る」를 쓰게 되면 사람을 구조하기는 매우 어려워질 것이다.

④ はとをねらって石を投げる/✱放るのはいけない。
(비둘기를 겨냥해서 돌을 던지는 것은 못쓴다)

➲ 이 경우는 던지는 목표물이 설정되어 있으므로 「投げる」가 적절하다. 「放る」는 아무렇게나 던진다고 하는 뜻인데, 이렇게 되면 비둘기를 겨냥한다고 하는 앞의 문맥과 모순되게 된다.

⑤ 使い終わったボールペンを手元の屑籠に放る/✱投げる。
(다 쓴 볼펜을 바로 옆의 쓰레기통에 던진다)

➲ 이 경우는 쓰레기통이 바로 옆에 있어서 목표물을 겨냥할 필요도 없이 대충 던진다고 하는 뜻이므로 「放る」가 적절하다. 「投げる」를 쓰게 되면 바로 옆에 있는 쓰레기통을 겨냥한다고 하는 뜻이 되어버려서 과장된 어감이 주어지게 된다.

⑥ あのピッチャーはとても速い球を投げる。(저 피처는 매우 빠른 공을 던진다)

➲ 피처는 말할 것도 없이 포수석을 겨냥하여 던지게 마련이다.

⑦ かわいそうだと思って犬にえさを投げる。
(불쌍하다고 생각해서 개에게 먹이를 던진다)

➲ 이 경우는 개를 겨냥하여 먹이를 던지는 것인데, 만약 「放る」를 쓰게 되었을 때, 혹시 개가 묶여있게 되면 그 개는 먹이를 먹기가 어려워질 것이다.

⑧ 相手チームは勝てないと思ったのか、試合を投げた。
(상대팀은 이길 수 없다고 생각한 건지, 시합을 포기했다)

➲ 「投げる」는 이 경우와 같이 시합 같은 것을 중도에서 포기하는 뜻으로도 쓰인다.

⑨ 本を放って渡すのは失礼だ。(책을 던져서 넘기는 것은 실례다)

➲ 두말할 것도 없이 매우 실례되는 행동이다.

⑩ 池に石を放ると、水の輪が広がった。(연못에 돌을 던지자 소용돌이가 퍼졌다)

➲ 연못처럼 비교적 넓은 대상은 굳이 겨냥할 필요도 없으므로 「放る」가 적절하지만, 「投げる」도 쓸 수는 있다.

⑪ 仕事を放ってテレビを見る。(일을 방치하고 티브이를 본다)

➲ 「放る」는 이 경우와 같이 하던 일을 중도에서 내팽개치고 방치한다는 뜻으로도 쓰인다.

「～なければならない」「～なければいけない」

(早く寝なければならない、早く寝なければいけない)

공통의미

～하지 않으면 안 된다(～해야만 한다)

요점

1. 「～なければならない」와 「～なければいけない」는 기본적으로는 같은 의미를 나타내고 있으나, 실제로는 미묘한 의미용법상의 차이가 엿보인다.
2. 「～なければならない」는 어떤 규칙이나 의무사항 등을 객관적으로 나타내고(예문①②③④⑤⑦⑧), 「～なければいけない」는 개인적인 생각이나 판단에 의하여 그렇게 할 것을 주관적으로 나타낸다(예문①②③⑥⑨⑩).
3. 인간의 힘으로는 어찌할 수 없는 필연적인 사항을 나타낼 때는 「～なければならない」를 써야만 한다(예문⑪).

예문과 해설

① 早く寝なければなりません/いけません。

(빨리 자지 않으면 안 됩니다(자야만 합니다))

➲ 「~なければなりません」은 어떤 규칙이나 의무사항 등으로 인하여 빨리 자야만 한다는 것을 객관적인 입장에서 나타내지만(예를 들어, 병원이나 연수원 등의 경우), 「~なければいけません」은 개인적인 생각이나 판단에 의해 빨리 잘 것을 주관적으로 종용하는 의미를 나타낸다(예를 들어, 내일 중요한 시험이 있다거나, 새벽에 어디를 가야한다거나 하는 경우).

② 私は明日入国管理所へ行かなければならない/いけない。

(나는 내일 입국관리소에 가지 않으면 안 된다(가야만 한다))

➲ 「~なければならない」는 갱신기한이 임박해있다고 하는 객관적인 입장에 있으나, 「~なければいけない」는 내일밖에는 갈 시간이 없다고 하는 주관적인 입장에 있을 수 있다.

③ 毎日、牛乳を飲まなければなりません/いけません。

(매일 우유를 마시지 않으면 안 됩니다(마셔야만 합니다))

➲ 「~なければなりません」은 예를 들어 의사에 의한 객관적인 주의사항을 나타낼 수 있지만,

「~なければいけません」은 우유가 몸에 좋을 것이라는 개인의 주관적인 생각이나 판단에 의한 것임을 나타낸다.

④ 国民は誰でも義務教育を受けなければなりません。

(국민은 누구나 의무교육을 받지 않으면 안 됩니다(받아야만 합니다))

➲ 이 경우는 사회적인 규범이나 의무사항을 나타낸다.

⑤ 学生は授業に三分の二以上出席しなければなりません。

(학생은 수업에 3분의 2이상 출석하지 않으면 안 됩니다(출석해야만 합니다))

➲ 이 경우는 학칙을 연상하게 한다.

⑥ 食事の前に手を洗わなければいけませんよ。

(식사 전에 손을 씻지 않으면 안돼요(씻어야만 해요))

➲ 이 경우는 학교선생님이 학생에게, 또는 어머니가 아이에게 주관적인 생각에 의해 주의를 주는 장면을 연상하게 한다.

⑦ 日本では車は左側通行をしなければなりません。

(일본에서는 차는 좌측통행을 해야만 합니다)

➲ 이 경우는 도로교통법에 의한 객관적인 규칙을 나타내고 있다.

⑧ 私は、来月、会社の仕事でホンコンへ行かなければなりません。

(나는 다음달, 회사일로 홍콩에 가야만 합니다)

➲ 비록 본인이 가는 것일지라도 회사의 출장명령에 의한 것임을 나타내고 있다.

⑨ おふろに入ったら、よく体を洗わなければいけません。

(목욕탕에 들어가면, 몸을 잘 씻지 않으면 안 됩니다(잘 씻어야만 합니다))

➲ 주관적인 판단에 의한 사항을 나타내고 있다.

⑩ あしたから運動するから、早く起きなければいけない。

(내일부터 운동하니까, 일찍 일어나지 않으면 안 된다)

➲ 개인적이고 주관적인 입장에서의 사실을 나타내고 있다.

⑪ 人はいつか死ななければならない/?いけない。

(사람은 언젠가 죽지 않으면 안 된다(죽어야만 한다))

➲ 사람이 죽는다는 것은 필연적인 귀결인데, 만약 「~なければいけない」를 쓰게 되면 '죽을 때에 가서 반드시 죽어야지, 죽지 않으면 안 된다'고 하는 개인적인 생각을 누군가에게 종용하는 식이 되어버린다. 죽음이라는 것은 인간이 제어할 수 있는 대상이 결코 아닌 것이므로 여기에서는 「~なければならない」가 적절하다.

「情け」「情」

(情けのある処置、情のある処置)

공통의미

정

요점

1. 「情け」와 「情」는 남녀 간의 애정을 나타내는 점에서는 의미용법이 같다(예문①).
2. 「情け」는 남에게 동정하여 돌보아주거나 도와주려고 하는 친절한 마음으로 남에 대한 배려심이나 동정심 같은 것을 나타낸다(예문②③⑥⑦⑧).
3. 「情」는 무언가를 보거나 듣거나 해서 느끼게 되는 마음의 각별하고 애틋한 감정을 나타낸다(예문④⑤⑨⑩).

예문과 해설

① 情け/情を交す。(정을 나누다)

➲ 이 경우와 같이 단지 인간의 정이라는 뜻으로만 쓰일 때는 둘 다 적절하다.

② 情け容赦なく/＊情容赦なく金をとりたてる。(인정사정없이 돈을 뜯어낸다)

➲ 이 경우와 같이 '아무런 인정도 베풀지 않고'의 뜻으로 쓰이며, 특히 「容赦なく」와 함께 쓰일 때는 더욱 「情け」만이 적절하다.

③ 先生は情け深い/＊情深い人だ。(선생님은 정이 많은 사람이다)

➲ 이 경우와 같이 정이 많음을 나타내는 「情け深い」로 쓰일 때는 오로지 「情け」만이 적절하다.

④ あの人は情/＊情けが濃い。(저 사람은 정이 두텁다)

➲ 이 경우와 같이 정이 두터움을 나타낼 때는 「情」가 적절하다.

⑤ 惜別の情/＊情けにたえない。(석별의 정을 견딜 수 없다)

➲ 「情(じょう)」는 이 경우와 같이 마음으로 느끼는 각별한 정을 나타내는 것이므로 여기에서 적절하다.

⑥ 人(ひと)の<u>情(なさ)け</u>にすがる。(사람의 정에 매달린다)

➲ 「情(なさ)け」는 남을 돌보거나 도와주려고 하는 친절하고 다정다감한 마음을 나타내는 것에 의미의 중심이 놓인다.

⑦ 人(ひと)の<u>情(なさ)け</u>が身(み)にしみる。(사람의 정이 몸에 다가온다)

➲ 이 경우 역시 위의 예문⑥과 맥락을 같이하고 있다.

⑧ 失敗(しっぱい)を厳(きび)しく追及(ついきゅう)しないのが武士(ぶし)の<u>情(なさ)け</u>というものだ。
(실패를 엄하게 추궁하지 않는 것이 무사의 정이라고 하는 것이다)

⑨ あの二人(ふたり)はひそかに<u>情(じょう)</u>を通(つう)じている。(저 두 사람은 남몰래 정을 통하고 있다)

➲ 「情(じょう)」는 인간이 인간에게 느끼는 애틋한 감정을 나타내는 것에 의미의 중심이 놓인다.

⑩ 先生(せんせい)は<u>情(じょう)</u>にもろい人(ひと)だ。(선생님은 정이 많은 사람이다)

➲ 이 경우 역시 위의 예문⑨와 맥락을 같이하고 있다.

「～なさそうだ」「～そうじゃない」

(この店(みせ)の料理(りょうり)はおいしく<u>なさそうだ</u>、この店(みせ)の料理(りょうり)はおいし<u>そうじゃない</u>)

공통의미

～하지 않을 것 같다(형용사어간에 접속된 양태의 조동사「～そうだ」의 부정)

요점

1. 양태의 조동사 「~そうだ」는 형용사의 경우에는 어간에 접속되어 그러할 것이라고 하는 추측의 판단을 나타내는데, 이에 대한 부정표현은 「～なさそうだ」「～そうじゃない」의 두 가지가 있다. 「～そうじゃない」는 「～そうではない」로 표현될 때도 있다.
2. 「～なさそうだ」의 앞에는 형용사의 연용형(～く형태)이 접속되며, 「～そうじゃない」의 앞에는 형용사어간이 접속되는데, 두 가지 부정표현 간에는 미묘한 뉘앙스의 차이가 있다.

3. 즉, 「～なさそうだ」는 겉모양이나 상태를 보고서 직감적으로 느껴지는 판단을 나타낼 뿐인데 비해서, 「～そうじゃない」는 누군가가 말했거나 누군가로부터 들은 것에 대한 부정을 나타내게 된다.

예문과 해설

① この店(みせ)の料理(りょうり)はおいしくなさそうだ/おいしそうじゃない。

(이 가게의 요리는 맛이 없을 것 같다/맛있어 보이지 않는다)

➲ 이 경우 「おいしくなさそうだ」는 요리를 보고서 직감적으로 맛없을 것으로 판단한 기분을 나타내지만, 「おいしそうじゃない」는 누군가가 말한 것, 또는 누군가로부터 맛있다고 들은 것에 대한 부정을 나타내게 된다.

② あの山(やま)は高(たか)くなさそうですね/高(たか)そうじゃないですね。

(저 산은 높지 않을 것 같군요/높아 보이지 않는군요)

➲ 이 경우 「高(たか)くなさそうだ」는 산을 보고서 높지 않을 것으로 직감적으로 판단한 기분을 나타내지만, 「高(たか)そうじゃない」는 누군가가 높을 것이라고 말한 것, 또는 누군가로부터 높을 것이라고 들은 것에 대한 부정을 나타내게 된다.

③ 外(そと)は暑(あつ)くなさそうだ/暑(あつ)そうじゃない。(밖은 덥지 않을 것 같다/더울 것 같지 않다)

➲ 이 경우 「暑(あつ)くなさそうだ」는 밖의 날씨가 덥지 않을 것으로 직감적으로 판단한 기분을 나타내지만, 「暑(あつ)そうじゃない」는 누군가가 밖의 날씨가 더울 것이라고 말한 것, 또는 누군가로부터 밖의 날씨가 더울 것이라고 들은 것에 대한 부정을 나타내게 된다.

「なぜ」「どうして」「なんで」

공통의미

왜, 어째서

요점

1. 「なぜ」는 가장 일반적으로 쓰이는 말로 그렇게 된 이유를 묻기만 하는 경우에 쓰이는데,

우리말의 '왜'에 해당된다.

2. 「どうして」는 「なぜ」보다 더 회화체에서 가볍게 쓰이는 말로 그렇게 된 이유를 따지듯이 묻는 경우에 쓰이는데, 우리말의 '어째서'에 해당된다.
3. 「なんで」는 가장 회화체적이며 오히려 속어적인 느낌도 있는데, 우리말의 '왜'에 해당된다.

예문과 해설

① なぜ顔が赤いのですか。(왜 얼굴이 빨간 겁니까?)

➲ 단지 얼굴이 빨간 이유를 묻고 있을 뿐이다.

② なぜ途中で動かなくなったのかを調べる。

(왜 도중에서 움직이지 않게 된 것인지를 조사한다)

➲ 단지 도중에서 멈춘 이유를 조사할 뿐이다.

③ どうして何も言わないんだ。(어째서 아무것도 말하지 않는 거냐?)

➲ 아무 말도 하지 않은 이유를 따지듯이 묻는 것이다.

④ どうしてこうなるのかは今後解明されるべき問題だ。

(어째서 이렇게 되는 건지는 금후 해명되어야 할 문제이다)

➲ 이렇게 된 이유를 요모조모 해명해야 할 것임을 나타내고 있다.

⑤ なんで悪いことをしたのかわからない。(왜 나쁜 짓을 한 것인지 모르겠다)

➲「なんで」가 가장 회화체적이어서 매우 친밀한 사이에서 쓰이는 경향이 있다.

⑥ なんで話をしないかといえば彼が嫌いだからだ。

(왜 이야기를 하지 않는가하면 그가 싫기 때문이다)

「～なそうだ」「～そうに(も)ない」

(この調子だと雨は降らなそうだ、この調子だと雨は降りそうに(も)ない)

공통의미

～하지 않을 것 같다(동사에 접속된 양태의 조동사「～そうだ」의 부정)

요점

1. 양태의 조동사 「~そうだ」는 동사의 경우에는 연용형에 접속되어 그러할 것이라고 하는 추측의 판단을 나타내는데, 이에 대한 부정표현은 「～なそうだ」「～そうに(も)ない」의 두 가지가 있다. 「～そうに(も)ない」는「～そうにない」「～そうもない」의 두 가지로 표현되는데, 특히 「～そうにもない」가 되면 부정의 기분이 보다 강하게 된다.
2. 「～なそうだ」의 앞에는 동사의 미연형이 접속되며, 「～そうに(も)ない」의 앞에는 동사의 연용형이 접속되는데, 두 가지 부정표현 간에는 미묘한 뉘앙스의 차이가 있다.
3. 즉, 「～なそうだ」는 겉모양이나 상태를 보고서 직감적으로 느껴지는 판단을 나타낼 뿐인데 비해서, 「～そうに(も)ない」는 누군가가 말했거나 누군가로부터 들은 것에 대한 부정을 나타내게 된다.

예문과 해설

① この調子だと雨は降らなそうだね/降りそうに(も)ないね。
(이 상태라면 비는 오지 않을 것 같네/비는 올 것 같지도 않네)

➲ 이 경우 「降らなそうだ」는 직감적으로 비가 오지 않을 것으로 판단한 기분을 나타내지만, 「降りそうに(も)ない」는 누군가가 비가 올 것이라고 말한 것, 또는 누군가로부터 비가 올 것이라고 들은 것에 대한 부정을 나타내게 된다.

② 彼は部屋の中に閉じこもったまま動かなそうだ/動きそうに(も)ない。
(그는 방안에 틀어박힌 채 움직이지 않을 것 같다/움직일 것 같지도 않다)

➲ 이 경우 「動かなそうだ」는 그가 방안에 틀어박힌 채 움직이지 않을 것 같다고 직감적으로 판단한 기분을 나타내지만, 「動きそうに(も)ない」는 누군가가 그가 움직일 것이라고 말한 것, 또는 누군가로부터 그가 움직일 것이라고 들은 것에 대한 부정을 나타내게 된다.

③ こんな天気だと風邪を引かなそうだ/引きそうに(も)ない。
(이런 날씨라면 감기 걸리지 않을 것 같다/감기 걸릴 것 같지도 않다)

➲ 이 경우 역시 예문①②와 맥락을 같이하고 있다.

④ この本屋は小さいから、私の探している本はなさそうだ/ありそうに(も)ない。
(이 책방은 작으니까, 내가 찾고 있는 책은 없을 것 같다/있을 것 같지도 않다)

➲ 동사 「ある」의 부정은 형용사 「ない」이며, 형용사 「ない」는 부정의 조동사 「ない」와 달리 「~そうだ」에 접속될 때는 「なさそうだ」의 형태를 취하게 된다. 양자 간의 의미차이에 있어서는 이 경우 역시 위의 예문들과 맥락을 같이하고 있다.

「懐かしい」「慕わしい」「恋しい」

(懐かしい人、慕わしい人、恋しい人)

공통의미

그립다

요점

1. 「懐かしい」는 과거의 일이 그립거나, 지금은 떨어져 있어서 볼 수 없는 사람이나 물건 등에 대해서 쓰인다(예문①②④⑤⑥⑦⑧).
2. 「慕わしい」는 주로 특정한 사람에 대하여 그리워하는 마음을 나타낸다(예문①⑨⑩⑪).
3. 「恋しい」는 사람, 물건, 장소 등에 마음이 이끌려 그것을 그리워하는 마음을 나타내는데, 표제어의 세 가지 말 중에서 가장 그리움이 강하다. 때로는 이성을 그리워하는 마음을 나타내기도 한다(예문①③④⑫⑬⑭).

예문과 해설

① ふるさとの父を懐かしく/慕わしく/恋しく思う。(고향의 아버지를 그립게 생각한다)

➲ 이 경우는 세 가지 다 적절한데 「懐かしい」를 쓰게 되면 지금은 떨어져 있어서 한 동안 만나지 못했음이 분명해지고, 「慕わしい」와 「恋しい」는 단지 그리움만을 나타낼 뿐이다.

② 学生時代が懐かしい/＊慕わしい/＊恋しい。(학생시절이 그립다)

➲ 이 경우는 지나간 과거의 일이므로 「懐かしい」만이 적절하다.

③ ストーブが恋しく/＊懐かしく/＊慕わしくなる季節。(난로가 그리워지는 계절)

➲ 「懐かしい」는 과거의 일이나 지금은 볼 수 없는 대상을 그리워하는 경우에 쓰이며, 「慕わしい」는 특정한 사람을 그리워하는 경우에 쓰이므로 이 경우에는 부적절하다. 한편 「恋しい」는 사람뿐만 아니라 물건에 대해서도 쓰이므로 이 경우 적절하다.

④ 今日はふるさとがもっと懐かしい/恋しい/＊慕わしい。

(오늘은 고향이 더욱 그립다)

➲ 이 경우는 장소가 그립다는 뜻이므로 「懐かしい」와 「恋しい」둘 다 적절하다. 하지만, 「慕わしい」는 특정한 사람에 대한 그리움만을 나타내는 말이므로 여기에서는 부적절하다.

⑤ 懐かしい/?慕わしい/＊恋しい兄上様。(그리운 형님)

➲ 보통 편지와 같은 데에서 쓰이는 서두의 문구로서는 「懐かしい」가 가장 적절하다.

⑥ 子供のころを懐かしく思う。(어릴 적을 그립게 생각한다)

➲ 이 경우는 지나간 과거의 사실이므로 「懐かしい」가 적절하다.

⑦ 亡き母が懐かしい。(돌아가신 어머니가 그립다)

➲ 이 경우는 어머니가 이미 돌아가셔서 다시는 볼 수가 없으므로 「懐かしい」가 적절하다.

⑧ 十二年ぶりに会って懐かしかった。(12년 만에 만나서 반가웠다)

➲ 이 경우와 같이 줄곧 떨어져 있다가 오랜 시간이 지난 후에 재회하게 되었을 때는 「懐かしい」가 적절하다.

⑨ 今日はもっとあの人が慕わしい。(오늘은 더욱 그 사람이 그립다)

➲ 이 경우와 같이 어떤 특정한 사람을 그리워하는 때는 「慕わしい」가 적절하다.

⑩ 先生を慕わしく思っています。(선생님을 그리워하고 있습니다)

➲ 이 경우 역시 특정한 인물을 그리워하고 있다.

⑪ あの人が慕わしくてならない。(그 사람이 자꾸만 그리워진다)

⑫ 今夜はあなたが恋しくて眠れない。(오늘밤은 당신이 그리워서 잠잘 수 없다)

➲ 이 경우와 같이 이성을 간절하게 그리워한다는 뜻으로는 「恋しい」가 적절한데, 세 가지 말 중에서 그리움의 강도가 가장 크다.

⑬ 外国で十年も住んでいて祖国が恋しい。
(외국에서 십년이나 살고 있어서 조국이 그립다)

➲ 이 경우는 조국을 간절하게 그리워한다는 뜻이므로, 그리움의 강도가 가장 큰 「恋しい」가 적절하다.

⑭ 緑陰が恋しい季節になる。(녹음이 그리워지는 계절이 된다)

➲ 「恋しい」는 이와 같이 사물에 이끌리는 마음이 간절함을 나타내기도 한다.

「なでる」「さする」「こする」

(背中(せなか)をなでる、背中(せなか)をさする、背中(せなか)をこする)

공통의미

쓰다듬다, 비비다

요점

1. 「なでる」「さする」「こする」는 모두 손으로 비비는 동작을 나타내는데, 그 강도는 「なでる」「さする」「こする」순으로, 「こする」가 가장 강하다.
2. 「なでる」는 애정표현이나 촉감을 느끼기 위한 것으로 한쪽 방향으로만 쓰다듬거나 한번만 쓰다듬는 것에도 쓰인다. 주로 그 대상은 애완동물이나 어린이의 머리 등이 되는데, 우리말의 '쓰다듬다' 정도에 해당된다(예문①②④⑥⑦).
3. 「さする」는 지친 몸이나 아픈 부위를 달래기 위한 동작으로 몇 번을 반복해서 이루어지는 것이 보통이다. 「こする」에 비해서 비교적 힘을 주지 않고 문지르는 경우에 쓰이는데, 우리말의 '문지르다' 정도에 해당된다(예문①②⑧⑨).
4. 「こする」는 가장 강도가 높은 것으로 광택을 내거나 따스하게 하기위한 동작에 쓰인다. 주로 그 대상은 손이나 금속 등이 되며, 「さする」에 비해서 힘을 들여서 문지르는 경우에 쓰이는데, 우리말의 '비비다'에 해당된다(예문①③⑤⑩⑪).

예문과 해설

① 背中(せなか)をなでる/さする/こする。(등을 쓰다듬다/문지르다/비비다)

➲ 이 경우 「なでる」를 쓰게 되면 부드럽게 한두 번 쓰다듬는다는 뜻이 되고, 「さする」를 쓰게 되면 반복해서 문지른다는 뜻이 되며, 「こする」를 쓰게 되면 가려운 데를 강하게 긁는다는 뜻이 된다.

② 子供(こども)の頭(あたま)をなでる/さする/＊こする。(아이머리를 쓰다듬다/어루만지다/＊비비다)

➲ 이 경우 「なでる」를 쓰게 되면 부드럽게 아이의 머리를 한두 번 쓰다듬는 뜻이 되고, 「さする」를 쓰게 되면 반복해서 문지르는 뜻이 되나, 「こする」를 쓰게 되면 아이 머리에 상처를 남기게 될지도 모른다.

③ お風呂(ふろ)に入(はい)ってあかをこすった/＊なでた/＊さすった。
(목욕탕에 들어가서 때를 밀었다)

➲ 때를 밀어야 할 정도라면 역시 「こする」가 가장 효과적일 것이다.

④ 風(かぜ)がほおをなでる/✱こする/✱さする。(바람이 볼을 스친다)

➲ 이 경우와 같이 바람이 부드럽게 피부를 스치는 때는 「なでる」만이 적절하며 부드러운 바람의 촉감을 느낄 수가 있게 된다.

⑤ 机(つくえ)をごしごしこする/✱さする/✱なでる。(책상을 빡빡 비빈다)

➲ 이 경우와 같이 강도가 높게 비비는 것을 나타낼 때는 「こする」만이 적절하다.

⑥ 猫(ねこ)の背中(せなか)をなでるのは気持(きも)ちがいい。(고양이등을 쓰다듬는 것은 기분이 좋다)

➲ 애정표현의 일환인데, 여기에서는 고양이털의 부드러운 촉감을 나타내고 있다.

⑦ 先生(せんせい)は試験(しけん)に落(お)ちた子供(こども)の頭(あたま)をやさしくなでた。

(선생님은 시험에 떨어진 아이의 머리를 부드럽게 쓰다듬었다)

➲ 이 경우 역시 애정표현의 일환이다.

⑧ 母(はは)は痛(いた)めた足(あし)をさすってくれた。(어머니는 다친 다리를 문질러 주었다)

➲ 이 경우와 같이 아픈 부위를 달랜다고 하는 뜻으로는 「さする」가 가장 적절하다.

⑨ お医者(いしゃ)さんが患者(かんじゃ)の痛(いた)いところをさする。

(의사선생님이 환자의 아픈 곳을 문지른다)

⑩ 眠(ねむ)くて目(め)をこする。(졸려서 눈을 비빈다)

➲ 눈을 비비는 강도가 제법 클 것이다.

⑪ 垢(あか)を洗(あら)い流(なが)すためにごしごしこする。(때를 밀어내기 위해 빡빡 비빈다)

➲ 역시 이와 같이 「こする」를 써야만 제대로 때를 밀어낼 수가 있을 것이다.

「~など」「~なんか」「~なんて」

(あなたの顔(かお)など見(み)たくない、あなたの顔(かお)なんか見(み)たくない、あなたの顔(かお)なんて見(み)たくない)

공통의미

~같은 것, ~따위

요점

1. 「～など」는 여러 가지 사항 중에서 특히 하나만을 예로 들어 나타내거나, 같은 사항을 열거할 때에 사용되는 조사이다. 또한, 경우에 따라서는 어떤 사항에 대하여 그리 대단치 않음을 나타낼 때도 쓰인다. 특히, 회화체에서는 「～なんか」가 주로 쓰이는 경향이 있는데, 우리말의 '～등, ～따위, ～같은 것' 정도의 의미를 나타내며 명사에도 접속되고 동사나 형용사에도 접속된다(예문①②③④⑤⑥⑦⑧⑨).
2. 「～なんか」는 「～など」와 같은 용법을 지니고 있으나 주로 회화체에서만 쓰인다. 오로지 명사에만 접속되고 동사나 형용사에는 일체 접속되지 않는데, 우리말의 '～같은 것'에 해당된다(예문①②③④⑩⑪⑫).
3. 「～なんて」는 주로 회화체에서 쓰이는 조사로, 어떤 내용을 예시로 내세우고 그 내용에 관하여 대단치 않음을 나타내거나, 다소 경멸하는 듯한 의미를 나타낸다. 한편으로는 의외임을 나타내기도 하는데, 우리말의 '～라는 둥, ～라니, ～(하)다니' 정도에 해당된다. 명사에도 접속되고 동사나 형용사에도 접속된다(예문①②⑤⑥⑬⑭⑮⑯).

예문과 해설

① あなたの顔(かお)など/なんか/なんて見(み)たくない。(당신의 얼굴 같은 거 보고 싶지 않다)

➲ 이 경우는 어느 것이나 적절한데 「~など」가 가장 중립적이고 「~なんか」는 보다 경시하는 기분이 담겨있으며, 「~なんて」가 가장 경멸하는 기분이 크다.

② そんな馬鹿(ばか)げた話(はなし)など/なんか/なんて、だれも信(しん)じませんよ。

(그런 어처구니없는 말 따위는, 아무도 믿지 않아요)

➲ 이 경우는 예문①과 맥락을 같이하고 있다.

③ 私(わたし)は妹(いもうと)に着物(きもの)など/なんか/＊なんて買(か)ってやった。

(나는 여동생에게 옷 등을 사주었다)

➲ 이 경우와 같이 대표적인 물건을 하나 내세우고 그 밖에도 유사한 것이 더 있음을 나타낼 때는 「~など」가 적절하고 「~なんか」도 적절한데, 「~など」에 비해서 보다 회화체 적이다. 「~なんて」가 명사에 접속되어 쓰일 때는 주로 경멸의 기분을 나타내므로 여기에서는 부적절하다.

④ 毎日(まいにち)いそがしくて、本(ほん)など/なんか/＊なんて読(よ)む時間(じかん)がない。

(매일 바빠서 책 같은 것 읽을 시간이 없다)

➲ 이 경우 역시 예문③과 맥락을 같이하고 있다.

⑤ 音(おと)をたててスープを飲(の)むなど/なんて/＊なんかみっともないからやめてください。

(소리를 크게 내어 스프를 먹는다는 것은 보기 흉하니까 그만 두십시오)

➲ 이 경우는 여러 가지 사항 중에서 특히 하나만을 예시하고 있는 것으로 「~など」와 「~なんて

」가 적절하며, 특히 「~なんて」가 보다 회화체적이다. 한편 「~なんか」는 오로지 명사에만 접속될 뿐, 동사나 형용사에는 일체 접속될 수 없으므로 여기에서는 부적절하다.

⑥ 患者のプライバシーをほかの人に漏すなど/なんて/＊なんか、医者としてあるまじきことだ。

(환자의 프라이버시를 다른 사람에게 누설하다니, 의사로서 있을 수 없는 일이다)

➲ 이 경우는 의외임을 나타내는 것인데, 이것 역시 「~なんか」는 오로지 명사에만 접속될 뿐, 동사나 형용사에는 일체 접속될 수 없으므로 여기에서는 부적절하다.

⑦ 東京、大阪などは世界的な大都市です。

(도쿄, 오사카 등은 세계적인 대도시입니다)

➲ 이 경우는 비슷한 도시 중에서 대표적인 도시들을 열거하고 있는데, 이와 유사한 도시는 그 밖에도 더 있음을 나타내고 있다.

⑧ 公園には花壇や運動場などがあります。

(공원에는 화단이나 운동장 등이 있습니다)

⑨ 君はいつもうそばかりついているから、君の言うことなど誰も信用しない。

(자네는 언제나 거짓말만 하고 있으니까 자네가 말하는 것 따위는 아무도 믿지 않아)

➲ 「~など」는 이 경우와 같이 그다지 대단치 않아서 중시할 필요가 없음을 나타내기도 한다.

⑩ ぼくは野球なんか大好きだ。(나는 야구 같은 것을 매우 좋아한다)

➲ 야구를 대표적으로 좋아하고 있음을 나타내고 있는데, 「~なんか」는 주로 회화체에서 쓰인다.

⑪ 若いうちは、酒やたばこなんかのまない方がいい。

(젊을 때는 술이나 담배 같은 건 하지 않는 편이 좋다)

⑫ あなたにくらべたら、私なんかまだまだ努力が足りません。

(당신에 비하면 나 같은 것, 아직도 노력이 부족합니다)

➲ 「~なんか」는 이 경우와 같이 자신을 나타내는 말에 접속하여 자신을 겸손하게 나타내기도 한다.

⑬ そんな馬鹿げた話なんて、だれも信じませんよ。

(그런 어처구니없는 말 따위는, 아무도 믿지 않아요)

➲ 「~なんて」는 이와 같이 명사에 접속되어 그 내용이 별 가치가 없음을 나타낸다.

⑭ 私は映画なんて少しもおもしろいと思いません。

(저는 영화 따위는 조금도 재미있다고 생각하지 않습니다)

⑮ お金もないのに外国へ行きたいなんて言うと人に笑われますよ。

(돈도 없는데 외국에 가고 싶다는 따위의 말을 하면 남에게 비웃음을 당해요)

➲ 「~なんて」는 이와 같이 「동사+조동사」에 접속되어 그 내용을 경멸하는 뜻을 나타내기도 한다.

⑯ 君(きみ)はどうして私(わたし)がこわしたんじゃありませんなんてうそをつくのだ。
(자네는 왜 내가 깨뜨린 것이 아닙니다 라는 따위의 거짓말을 하는 건가?)

「何(なに)」「何(なん)」

공통의미

무엇

요점

1. 우리말의 '무엇'에 해당되는 말은 일본어에서는 「何」로 나타내는데, 이는 뒤에 접속되는 말에 따라서 「何(なに)」와 「何(なん)」의 두 가지로 발음이 된다.

2. 「何(なに)」로 발음되는 경우:

   1) 그 뒤에 오는 말이 어떠한 내용이며 어떤 이름인지를 물을 때 ➛ 何新聞(なにしんぶん)(무슨 신문) 何事(なにごと)(무슨 일) 何者(なにもの)(뭐하는 자) 何係(なにがかり)(무슨 담당) 何航空(なにこうくう)(무슨 항공) 何人(なにじん)(어느 나라사람) 何色(なにいろ)(무슨 색) 何語(なにご)(무슨 언어)

   2) 「何」가 조사 「が、を、から、まで、も」의 앞에 올 때 ➛ あそこに何(なに)がありますか。(저기에 무엇이 있습니까) 何(なに)をお飲(の)みになりますか。(무엇을 드시겠습니까?) 何(なに)から何(なに)までやったらいいですか。(무엇부터 무엇까지 하면 좋습니까?) かばんの中(なか)には何(なに)もありません。(가방 속에는 아무것도 없습니다)

3. 「何(なん)」으로 발음되는 경우:

1) 그 뒤에 오는 말의 수량을 물을 때 ➤ 何時(몇 시) 何円(몇 엔) 何冊(몇권) 何枚(몇 장) 何個(몇 개) 何人(몇 명) 何色(몇 가지 색) 何語(몇 개 나라말)

2) 「何」가 조사 「の」의 앞에 올 때 ➤ 今日は何の話ですか。(오늘은 무슨 이야기입니까?) 突然の話なので何の準備もしていませんでした。(갑작스런 이야기이기 때문에 아무런 준비도 하고 있지 않았습니다)

참고

단, 무슨 요일을 나타내는 경우에는 「何曜日」(なんようび)로 발음한다.

「怠ける」「怠る」「サボる」

(仕事を怠ける、仕事を怠る、仕事をサボる)

공통의미

게으름피우다

요점

1. 「怠ける」는 마땅히 해야 할 일이나 학업 등을 하지 않고 시간을 쓸데없이 보낸다는 뜻으로, 대체로 그러한 상태가 연속적으로 이루어지는 경우에 쓰인다. 우리말의 '게으름피우다'에 해당된다(예문①②⑤⑥⑦).
2. 「怠る」는 어떤 준비나 주의 등, 자신에게 부여된 의무사항을 하지 않는다는 뜻으로 쓰이는데, 우리말의 '태만하다'에 해당된다(예문③④⑧⑨⑩).
3. 「サボる」는 프랑스어 「sabotage」에서 온 말로 그 날, 그 때에 해야 할 일을 꾀를 부리면서 하지 않는다는 뜻으로, 주로 일회성인 경우에 쓰인다. 일상회화에서는 속어적인 말로 쓰이는데, 우리말의 '빼먹다'에 해당된다(예문②⑪⑫⑬).

예문과 해설

① 毎日(まいにち)ぶらぶらと怠(なま)けて/＊怠(おこた)って/＊サボって仕事(しごと)をしない。
(매일 빈둥빈둥하고 게으름피우며 일을 하지 않는다)

➲ 이 경우와 같이 연속적으로 게으름을 피우는 때는 「怠(なま)ける」가 적절하다. 「怠(おこた)る」는 그 앞에 주의, 준비, 노력, 확인과 같은 목적어가 있어야 쓸 수 있으며, 「サボる」는 연속적인 것보다는 일회성에 가까운 경우에 쓰이므로 이 경우에는 둘 다 부적절하다.

② 学校(がっこう)をサボって/怠(なま)けて/＊怠(おこた)って遊(あそ)びに行(い)った。(학교를 빼먹고 놀러갔다)

➲ 「怠(おこた)る」는 주로 그 앞에 주의, 준비, 노력, 확인과 같은 내용을 나타내는 목적어가 와야만 쓸 수가 있으므로 이 경우에는 부적절하다.

③ 注意(ちゅうい)を怠(おこた)って/＊怠(なま)けて/＊サボって事故(じこ)を起(お)こした。
(주의를 태만하게 하여 사고를 일으켰다)

➲ 이 경우와 같이 주의나 준비, 노력, 확인 같은 것을 소홀히 한다는 뜻으로는 「怠(おこた)る」만이 적절하다.

④ 努力(どりょく)を怠(おこた)って/＊怠(なま)けて/＊サボって試験(しけん)に落(お)ちた。
(노력을 태만하게 해서 시험에 떨어졌다)

➲ 이 경우 역시 예문③과 맥락을 같이하고 있다.

⑤ あいつは仕事(しごと)を怠(なま)けて休(やす)んでばかりいる。
(저 녀석은 일을 게으름피우며 쉬고만 있다)

➲ 이 경우는 마땅히 해야 할 일은 하지 않고 쓸데없이 시간만 낭비한다는 뜻으로 쓰였다.

⑥ 怠(なま)けずに勉強(べんきょう)して司法(しほう)試験(しけん)に合格(ごうかく)した。
(게으름피우지 않고 공부해서 사법시험에 합격했다)

⑦ うちの息子(むすこ)は怠(なま)けて勉強(べんきょう)しない。(우리 아들은 게으름피우며 공부하지 않는다)

⑧ 左右(さゆう)の確認(かくにん)を怠(おこた)ると事故(じこ)を起(お)こす。(좌우확인을 태만하게 하면 사고를 일으킨다)

➲ 이 경우와 같이 확인을 제대로 하지 않음을 나타낼 때는 「怠(おこた)る」가 적절하다.

⑨ 課長(かちょう)は職務(しょくむ)を怠(おこた)って首(くび)になった。(과장은 직무를 태만하게 하여 목 잘렸다)

➲ 이 경우는 자신에게 부여된 직무를 제대로 하지 않음을 나타내고 있다.

⑩ 選手(せんしゅ)は練習(れんしゅう)を怠(おこた)ってはいけない。(선수는 연습을 태만하게 해서는 안 된다)

⑪ 学校(がっこう)をサボって映画(えいが)を見(み)る。(학교를 빼먹고 영화를 본다)

➲ 이 경우와 같이 학교에 가지 않고 엉뚱한 행동을 한다는 뜻으로는 「サボる」가 적절하다.

⑫ 掃除当番をサボる。(청소당번을 빼먹다)

➲ 이 경우와 같이 꾀를 부려서 해야 할 일을 빼먹는다는 뜻으로는 「サボる」가 적절하다.

⑬ 家事をサボって日帰り旅行に行った。(가사를 빼먹고 당일치기여행을 갔다)

➲ 이 경우도 마땅히 해야 할 가사를 꾀를 부려서 하지 않는다는 뜻으로 쓰였다.

「舐める」「しゃぶる」

(飴を舐める、飴をしゃぶる)

공통의미

핥다

요점

1. 「なめる」는 혀끝으로 살짝 접촉하여 사물의 표면을 적시거나 맛본다고 하는 의미로 쓰이며(예문①②③④), 또한 쓰라림을 맛보거나(예문⑥) 상대를 깔본다고 하는 의미로도 쓰인다(예문⑦). 우리말의 '핥다'에 해당된다.
2. 「しゃぶる」는 입속에 물건을 넣어서 핥거나 빨거나 하는 동작을 되풀이 할 때에 쓰이는데, 우리말의 '빨다'에 해당된다(예문①②⑤).

예문과 해설

① 指を舐める/しゃぶる。(손가락을 핥다/빨다)

➲ 이 경우 「舐める」를 쓰게 되면 손가락의 끝을 살짝 핥는다는 의미가 되고, 「しゃぶる」를 쓰게 되면 손가락을 입속에 넣고 빤다는 의미가 된다.

② 飴玉を舐める/しゃぶる。(사탕을 핥는다/빤다)

➲ 이 경우는 「舐める」를 쓰게 되면 사탕의 표면을 혀로 핥는다는 의미가 되고, 「しゃぶる」를 쓰게 되면 사탕을 입속에 넣고 빤다는 의미가 된다.

③ うちの犬(いぬ)はよく毛(け)を舐(な)める/✱しゃぶる。 (우리 집 개는 자주 털을 핥는다)

➲ 개는 본능적으로 털을 혀로 핥는 버릇이 있으므로 「舐(な)める」가 적절하다. 만약 이 경우에 「しゃぶる」를 쓰게 되면 털을 입속에 넣어서 빤다고 하는 엉뚱한 뜻이 되어버려서 여기에서는 부적절하다.

④ 砂糖(さとう)を舐(な)める/✱しゃぶる。 (설탕을 핥는다/✱빤다)

➲ 설탕은 분말상태이므로 혀로 핥는 것이 보통이며, 결코 빨아서 먹을 수 있는 것이 아니므로, 이 경우는 「舐(な)める」가 적절하다.

⑤ 赤(あか)ん坊(ぼう)が乳房(ちぶさ)をしゃぶって/✱舐(な)めて放(はな)さない。
(아기가 젖꼭지를 빨며 놓아주지 않는다)

➲ 이 경우와 같이 아기의 입속에 완전히 넣어서 젖을 빤다고 하는 뜻에서는 오로지 「しゃぶる」만이 적절하다. 「舐(な)める」만으로는 도저히 젖을 먹을 수가 없을 것이다.

⑥ 辛酸(しんさん)を舐(な)める。 (쓰라린 맛을 보다)

➲ 이 경우는 많은 어려움을 경험한다는 뜻으로 쓰였는데, 「しゃぶる」에는 이러한 용법이 없다.

⑦ 相手(あいて)を舐(な)める。 (상대를 깔본다)

➲ 이 경우는 상대를 업신여긴다고 하는 뜻으로 쓰였는데, 「しゃぶる」에는 이러한 용법이 없다.

「～なら」「～のなら」

(郵便局(ゆうびんきょく)へ行(い)くなら、郵便局(ゆうびんきょく)へ行(い)くのなら)

공통의미

～한다면, ～할 것 같으면(일반적인 가정이나 개별적인 가정을 나타내는 용법)

요점

1. 가정을 나타낼 때, 「～なら」와 「～のなら」의 두 가지표현이 쓰이는데, 양자 간에는 미묘한 어감의 차이가 엿보인다.
2. 「～なら」는 단순하게 그 앞의 동작을 가정할 뿐이지만, 「～のなら」는 그 앞의 동작에

대한 사전정보가 있다.

3. 「～なら」는 일반적인 상황을 가정하여 나타내지만, 「～のなら」는 개별적인 상황을 가정하여 나타내는데, 결국 「～なら」는 우리말의 '～한다면' 정도에 해당되고, 「～のなら」는 '～할 것 같으면' 정도에 해당된다.

예문과 해설

① 郵便局(ゆうびんきょく)へ行(い)くなら/行(い)くのなら、これも出(だ)してください。

(우체국에 간다면/갈 것 같으면, 이것도 부쳐 주십시오)

➲ 「~なら」는 단지 '우체국에 갈 기회가 있을 때' 정도의 의미를 나타내는데 비하여, 「~のなら」는 상대가 우체국에 갈 예정이라고 말했든지, 아니면 우체국에 가야할 상황에 놓였든지 하는 전제조건이 필요하다.

② これ、要(い)らないなら/要(い)らないのなら私(わたし)にちょうだい。

(이거, 필요치 않다면/필요치 않을 것 같으면 나에게 다오)

➲ 「~なら」는 단지 '필요하지 않게 될 경우'의 의미를 나타내는데 비하여, 「~のなら」는 상대가 필요치 않다고 말을 했다든지, 아니면 필요치 않을 것이라고 어느 정도 예상되었든지 하는 전제조건이 필요하다.

③ 勉強(べんきょう)しないなら/しないのなら、テレビゲームもだめよ。

(공부하지 않으면/공부하지 않을 것 같으면, 비디오게임도 안 돼)

➲ 「~なら」는 단지 비디오게임을 하기 위한 전제를 내세우고 있을 뿐이지만 「~のなら」는 아이가 공부하기 싫다는 말을 했다든지, 아니면 공부를 하는 둥 마는 둥 하고 있다든지 하는 전제조건이 필요하다.

④ 留学(りゅうがく)するなら/のなら、留学(りゅうがく)ビザの申請(しんせい)が必要(ひつよう)だ。

(유학한다면/유학할 것 같으면, 유학비자의 신청이 필요하다)

➲ 「~なら」는 단지 유학하는 것을 가정하여 일반론적으로 나타내고 있을 뿐이지만, 「~のなら」는 개별적으로 유학에 필요한 절차를 나타내고 있다. 후자의 경우, 아마도 누군가가 유학을 결심한 상황에서의 대답이 될 것이다.

⑤ デジタルカメラを買(か)うなら/のなら駅前(えきまえ)の店(みせ)が一番(いちばん)いい。

(디지털카메라를 산다면/살 것 같으면 역 앞의 가게가 가장 좋다)

➲ 「~なら」는 일반적인 상황을 가정하여 나타내고 있으나, 「~のなら」는 개별적인 상황을 가정하여 나타내고 있다. 즉, 누구나 디지털카메라를 살 경우라면, 이라는 일반적인 상황과, 당신이 디지털카메라를 사려고 한다면, 이라는 개별적인 상황인 것이다. 물론, 나타내고자 하는 뜻은 위의 예문들과 각각 맥락을 같이하고 있다.

⑥ 海外(かいがい)旅行(りょこう)をするなら/のなら、ヨーロッパをお勧(すす)めします。

(여행한다면/여행할 것 같으면 유럽을 권해드립니다)

➲ 이 경우 역시 위의 예문들과 맥락을 같이하고 있다.

⑦ 日本語を習うなら/のなら、あの学校が一番いいでしょう。
(일본어를 배운다면/배울 것 같으면, 저 학교가 가장 좋을 것입니다)

⑧ カレーライスを食べるなら/のなら、一番屋がもっともおいしい。
(카레라이스를 먹는다면/먹을 것 같으면, 이치반야가 가장 맛있다)

「習う」「教わる」「学ぶ」

(大学で哲学を習う、大学で哲学を教わる、大学で哲学を学ぶ)

공통의미

배우다

요점

1. 「習う」는 선생님이나 전문가로부터 기술이나 방법, 지식 등의 가르침을 받거나 지도를 받는다고 하는 경우에 쓰이는데, 어느 정도의 시간이 걸리는 느낌이 있다(예문①②④⑤⑥).
2. 「教わる」는 주로 가벼운 내용의 지식이나 정보를 누군가로부터 얻는다고 하는 뜻으로 일시적이건 시간이 걸리건 상관없이 쓰이는데, 이 중에서 가장 회화체적이다(예문①②③④⑦⑧).
3. 「学ぶ」는 누군가에게 가르침을 받거나 무언가를 따라함으로서 지식이나 기술, 그리고 학문 등을 몸에 익힌다고 하는 뜻으로 쓰이는데, 다소 딱딱한 어감이다(예문①⑨⑩).

예문과 해설

① 大学で経済学を習う/学ぶ/教わる。(대학에서 경제학을 배운다)

➲ 이 경우는 어느 것이나 적절한데 이 중에서 「教わる」가 가장 회화체적이다.

② 車の運転を習う/教わる/＊学ぶ。(차의 운전을 배운다)

➲ 「学ぶ」는 비교적 딱딱한 어감을 지니고 있으므로 이 경우와 같은 일상적인 학습에는 쓰기가 부적절하다.

③ 駅へ行く道を教わる/＊習う/＊学ぶ。(역에 가는 길을 가르쳐준다)

➲ 이 경우와 같이 비교적 짧고 가벼운 내용을 나타낼 때는 「教わる」가 적절하다.

④ 私は父に教わった/習った/＊学んだとおりのやり方で魚を釣った。
(나는 아버지에게 배운 대로의 방식으로 물고기를 낚았다)

➲ 이 경우는 물고기를 낚는 방법을 배운다고 하는 뜻이므로 「教わる」나 「習う」가 적절하다. 「学ぶ」는 비교적 딱딱한 어감을 지니고 있으므로 이 경우와 같이 가벼운 내용을 습득하는 데에는 쓰기가 부적절하다.

⑤ 柔道は父に習った。(유도는 아버지에게 배웠다)

⑥ 結婚の前にお茶とお花を習った。
(결혼 전에 차(다도)와 꽃(꽃꽂이)을 배웠다)

⑦ 市内の英語学校で英会話を教わる。(시내의 영어학교에서 영어회화를 배운다)

⑧ トランプ遊びを兄から教わる。(트럼프놀이를 형에게서 배운다)

⑨ それは本で学んだ。(그것은 책으로 배웠다)

➲ 「学ぶ」는 역시 다소 딱딱한 어감이 주어지게 된다.

⑩ 先生の下で学ぶ。(선생님 밑에서 배운다)

「시간+に」「시간+(に의 생략)」

공통의미

시간을 나타내는 경우에 조사 「に」가 접속되고 생략되는 의미용법의 차이

요점

1. 시간을 나타내는 명사에 조사 「に」가 생략되지 않을 때는 그 기간 중에서 하나의 시점을 나타내며, 그 뒤에는 순간적으로 동작, 행위가 일어나는 순간동사가 오게 된다(예문①③⑤⑦).
2. 시간을 나타내는 명사에 조사 「に」가 생략될 때는 동작, 행위가 지속적으로 일어남을 나타내며, 그 뒤에는 지속적인 시간의 폭이 필요한 계속동사가 오게 된다(예문②④⑥⑧).

예문과 해설

① 午前中(ごぜんちゅう)にお渡(わた)しできるかと思(おも)います。

(오전 중에 넘겨드릴 수 있을 까하고 생각합니다)

➲ 이 경우는 오전 중의 한 시점을 나타내게 되며, 그 뒤에 오는 동작도 짧은 시간에 이루어지는 성질의 것이 오게 된다. 무언가를 상대에게 넘기는 동작은 순간적으로 이루어지는 것이 보통이다.

② 午前中(ごぜんちゅう)∅留守(るす)をします。 (오전 중 집을 비웁니다)

➲ 이 경우는 오전동안 줄곧 이라고 하는, 매우 폭넓은 시간의 폭을 나타내게 되며, 그 위에 오는 행위는 지속적인 성질의 것이 오게 된다. 즉, 여기에서는 몇 시간 동안이나 집을 비우게 되는

것이다. ∅표시는 조사 「に」가 생략되었음을 의미한다.

③ 明日の朝、8時までに来てください。(내일 아침, 8시까지 와 주십시오)

➲ 이 경우는 내일 아침8시를 기한으로 그 안의 한 시점을 나타내게 되는데, 적어도 8시를 넘기지는 말아야 한다는 뜻으로 쓰였다. 아울러 온다고 하는 것은 실제로 목적지에 도착하는 것인데, 도착은 순간적으로 이루어지게 마련이다.

④ 明日の朝、8時まで∅待っています。(내일 아침8시까지 기다리고 있겠습니다)

➲ 이렇게 되면, 8시까지 줄곧 기다린다고 하는 시간의 폭을 나타내게 된다. 그 뒤에는 지속적인 성질을 나타내는 동사가 와있다.

⑤ 料理をする間にお風呂に入りなさい。(요리를 하는 동안에 목욕을 하십시오)

➲ 이 경우는 요리하는 시간동안의 한 시점에 목욕하러 들어가라는 뜻으로 쓰였다.

⑥ 料理をする間∅、邪魔をしないでください。

(요리를 하는 동안, 방해하지 말아 주십시오)

➲ 이 경우는 요리가 진행되는 동안 줄곧 방해를 하면 안 된다고 하는 뜻으로 쓰였다.

⑦ 来週中に/＊∅お伺いします。(다음주중에 찾아뵙겠습니다)

➲ 남을 찾아간다고 하는 행위는 순간적으로 이루어지는 것이므로(찾아가는 과정은 길지 몰라도, 실제로 그 사람 앞에 나타나는 것이 찾아가는 결과이므로), 시간의 한 시점을 나타내는 「に」가 적절하다. 만약 「に」를 생략하게 되면, 다음 주 내내 끊임없이 줄곧 찾아가는 행위가 반복된다고 하는 비현실적인 뜻이 되어버린다.

⑧ 来週中∅/＊に、旅行していて留守をします。

(다음 주내내, 여행하고 있어서 집을 비웁니다)

➲ 시간을 나타내는 명사에 조사 「に」가 접속되면 한 시점을 나타내게 됨으로서 당연히 그 뒤에는 순간적으로 동작이나 행위가 이루어지는 성질의 동사가 와야만 한다. 그런데, 여행을 함으로서 집을 비우는 것은 순간적으로 이루어지는 것이 아니라 일정한 시간의 폭이 필요하므로, 이 경우에는 조사 「に」가 생략되어야만 적절하다.

「～に」「～から」「～によって」「～で」

공통의미

수동태에서 그 앞의 동작주체를 나타내는 용법

요점

1. 「～に」는 기본적으로 수동태의 동작주체를 나타내며(예문①), 특히 피해를 입는 의미가 확실한 수동태의 경우에는 반드시 그 동작주체는 「～に」로 표시된다(예문②). 우리말의 '～에게'에 해당된다.
2. 하지만, 하나의 문에 수동태의 「～に」와 다른 용법의 「～に」가 복수로 등장하게 되면 문의 구성이 진부해질 수도 있으며(예문③), 문맥에 따라서는 동작주체의 조사 「～に」가 다른 의미로 오해될 우려가 있게 되는데(예문④), 이러한 경우에는 「～から」로 대체하게 된다. 우리말의 '～로(으로)부터' 에 해당된다.
3. 「～によって」는 어떤 조형물이나 구조물을 만든 창조주체를 나타내거나(예문⑤), 또는 보다 격식을 차린 문체를 나타낼 때에 쓰인다(예문⑥). 우리말의 '～에 의하여'에 해당된다.
4. 「～で」는 주로 원인이나 수단을 나타낼 때에 쓰이는 것으로 우리말의 '～로(으로)'에 해당된다(예문⑦⑧).

예문과 해설

① 彼は看護婦に支えられて歩いている。(그는 간호사에게 지탱되어 걷고 있다)

➲ 이 경우의 동작주체는 '간호사'이며, 그러한 관계는 조사 「~に」에 의해 표시되고 있다.

② 赤ちゃんに泣かれて困った。(아기가 울어서 혼났다)

➲ 일본어에만 있는 특이한 수동태인데, 이를 「迷惑の受け身」라고 하며, 이 경우의 동작주체는 반드시 조사 「~に」로만 표시된다.

③ 友達から/?に誕生パーティーに招待された。(친구로부터 생일파티에 초대되었다)

➲ 이 경우는 같은 형태의 조사 「~に」가 두 번 등장함으로서 진부한 느낌이 주어질 수 있으므로, 동작주체를 나타내는 조사 「~に」는 「~から」로 대체하게 된다.

④ 相撲協会理事長から/✱に優勝カップが贈られた。

(씨름협회이사장으로부터 우승컵이 수여되었다)

➲ 이 경우는 동작주체의 조사 「~に」가 하나만 등장하였음에도 불구하고, 문맥상으로 볼 때 우승컵이 이사장에게 수여된다고 하는 모순이 발생할 우려가 있으므로 이러한 경우에는 동작주체의 조사 「~に」를 「~から」로 대체함으로서 문의 의미를 분명하게 하여야한다.

⑤ これはエッフェルによって建てられた塔です。

(이것은 에펠에 의하여 만들어진 탑입니다)

➲ 「~によって」는 이 경우와 같이 창조주체를 나타내는데, 여기에서는 에펠탑을 만든 사람을 나타내고 있다.

⑥ あの計画は反対派によって妨害された。(저 계획은 반대파에 의하여 방해되었다)

➲ 이러한 문체는 대체로 딱딱한 문장체에서 쓰인다.

⑦ 洪水で家が流された。(홍수로 집이 떠내려갔다)

➲ 이 경우는 원인을 나타내는 것으로 일상적인 회화체에서 빈번하게 쓰인다.

⑧ 戦争で何もかも破壊された。(전쟁으로 뭐든지 파괴되었다)

➲ 이 경우 역시 원인을 나타내고 있다.

「~に」「~で」

(あそこにとめてください、あそこでとめてください)

공통의미

장소를 나타내는 의미용법

요점

1. 「~で」와 「~に」는 둘 다 장소를 나타내는데, 그 뒤에 오는 동사의 성질에 따라서 의미상의 차이가 엿보인다.
2. 「~で」는 동작이나 일이 일어나는 장소를 나타내는 것으로, 그 뒤에 오는 동사는 동작을 나타내는 것만이 오게 된다(예문①③⑥⑦). 우리말의 '~에서'에 해당된다.
3. 「~に」는 사물의 존재를 나타내는 한편, 어떤 동작이 이루어진 결과의 장소를 나타내는 것으로, 그 뒤에 오는 동사는 「ある、いる、住む、勤める、泊まる」 등의 실질적인 동작이 없는 동사가 오게 된다(예문①②④⑤). 우리말의 '~에'에 해당된다.

예문과 해설

① あそこに/で止めてください。(저기 세워주십시오)

➲ 이 경우는 양쪽 다 적절한데, 「~に」를 쓰게 되면 차가 세워진 결과의 장소를 나타내게 되지만, 「~で」를 쓰게 되면 차를 세운다고 하는 동작이 이루어지는 장소를 나타내게 된다. 역시 이와 같이 차를 세워줄 것을 요구하는 경우에는 조사 「~に」가 좋다.

② 象は動物園に/＊でいます。 (코끼리는 동물원에 있습니다)

➲ 이 경우의 코끼리는 동작성은 없고, 다만 동물원에 존재할 뿐임을 나타내는 것이므로 「~に」가 적절하다.

③ 昨日は一日中図書館で/＊に勉強しました。
(어제는 종일 도서관에서 공부했습니다)

➲ 뒤에 오는 동사 「勉強する」는 동작성이 있는 것이므로 당연히 「~で」밖에 쓸 수 없다. 즉, 어제 종일 공부를 한다고 하는 동작이 이루어진 장소는 도서관인 것이다.

④ 教室の中に誰かいますか。 (교실 안에 누군가 있습니까?)

➲ 누군가가 존재하고 있는 장소는 바로 교실 안이다.

⑤ 発売機の前に集まってください。 (발매기 앞에 모여 주십시오)

➲ 이 경우는 뒤에 동사 「集まる」가 와있으므로 그 앞에는 조사 「~で」가 쓰여야 할 것 같으나, 실제로는 많은 사람이 모인다고 하는 동작이 이루어진 결과의 장소가 바로 발매기 앞이므로 「~に」가 적절하다. 즉, 발매기 앞에 많은 사람이 모여 있는 결과를 나타내는 셈이다. 이 경우는 우리말도 똑같은 용법이 있다.

⑥ 太平洋で台風が発生した。 (태평양에서 태풍이 발생했다)

➲ 태풍이 발생한다고 하는 동작이 이루어진 장소는 바로 태평양이다.

⑦ 2階の会議室で会議があります。 (2층의 회의실에서 회의가 있습니다)

➲ 이 경우는 뒤에 동사 「ある」가 와있으므로 그 앞에는 조사 「~に」가 쓰여야 할 것 같으나, 실제로는 회의는 동작성이 있는 것이므로 회의라는 동작이 이루어지는 장소를 나타내는 조사 「~で」가 적절하다. 이 경우는 우리말도 똑같은 용법이 있다.

참고

다만, 「病院に生まれる、病院で生まれる」의 경우는 좀 특이해서, 「～で」를 쓰게 되면 단지 태어난 곳이 병원이라는 의미를 나타낼 뿐이지만, 「～に」를 쓰게 되면 태어난 곳도 병원이고, 그 다음에도 줄곧 병원에 존재하게 된다는 의미가 된다. 이에 관한 자세한 사항은 「～に」「～で」 (ベッドに寝る、ベッドで寝る) 항목을 참고할 것.

「～に」「～で」

(銀行は四時半に閉まる、銀行は四時半で閉まる)

공통의미

때를 나타내는 의미용법

요점

1. 「～に」와 「～で」는 둘 다 그 앞에 시간을 나타내는 명사에 접속하여 시점을 나타내는 점에서는 기본적으로 같지만, 실제로는 미묘한 의미용법상의 차이가 엿보인다.
2. 「～に」는 어떤 일이 일어나는 정확한 시점을 나타내는 것으로, 우리말의 '～에'에 해당된다(예문①②④).
3. 「～で」는 어떤 일이 그 시점을 도달점으로 하여 계속되어 왔음을 암시하는 것으로, 우리말의 '～로(으로), ～로서(으로서)'에 해당된다(예문①③).
4. 「～に」는 시작과 종료를 다 나타낼 수 있으나(예문⑥), 「～で」는 시작은 나타내지 못하고 오로지 종료만을 나타낸다. 이는 말할 것도 없이 「～で」가 앞서 언급한 대로 도달점만을 나타내기 때문이다(예문⑤).

예문과 해설

① 銀行は4時半に/で閉まる。(은행은 4시 반에 닫는다)

➲ 「~に」를 쓰게 되면 단지 은행업무가 종료되는 시점만을 나타낼 뿐이지만, 「~で」를 쓰게 되면 은행업무가 줄곧 지속되다가 4시 반을 도달점으로 하여 종료됨을 나타내게 된다

② 彼とは午後2時に/＊で会う約束をした。(그와는 오후 2시에 만날 약속을 했다)

➲ 그와 만날 시간은 오후 2시라는 시점임을 조사 「~に」로 나타내고 있다. 한편, 조사 「~で」를 쓰게 되면 「~で」는 도달점을 나타내는 것이므로, 오후 2시까지는 줄곧 만날 수 없는 상황이 지속되다가 오후 2시를 도달점으로 해서 만나게 된다는 매우 현실성 없는 표현이 되어 버린다.

③ リハーサルは今日で/＊に終り、明日からは録音が始まる。

(리허설은 오늘로서 끝나고, 내일부터는 녹음이 시작된다)

➲ 오늘까지 줄곧 리허설이 지속되어 오다가 오늘을 도달점으로 해서 리허설이 종료됨을 조사 「~で」가 나타내고 있다. 한편 「~に」는 시점을 나타내는 것인데, '오늘'이라는 시간은 하나의 시

점을 나타내기에는 너무 시간의 폭이 넓어서 쓰기가 부적절하다.

④ 銀行(ぎんこう)は午前(ごぜん)9時半(じはん)に/✱で開(ひら)く。(은행은 오전9시반에 연다)

➲ 은행이 여는 시점이 오전9시반임을 조사 「~に」가 나타내고 있는데, 조사 「~で」를 쓰게 되면 줄곧 닫혀있던 은행이 오전9시반을 도달점으로 해서 연다고 하는 의미가 된다. 어떻게 보면, 이와 같이 「~で」로서 표현할 수도 있겠으나, 상식적으로 볼 때, 은행이 닫히는 시점이나 열리는 시점이 사람들의 관심사이지, 줄곧 닫혀있는 시간은 관심 밖의 일이므로 「~で」는 부적절하다. 바로 이러한 이유로 인하여 「~で」는 시작을 나타내는 데는 쓸 수가 없는 것이다.

⑤ この建物(たてもの)は三月(さんがつ)七日(なのか)で完成(かんせい)する。(이 건물은 3월 7일로서 완성된다)

➲ 줄곧 건물공사가 지속되다가 드디어 3월 7일을 도달점으로 해서 완성됨을 나타낸다.

⑥ 新(あたら)しいデパートは、三月(さんがつ)七日(なのか)に営業(えいぎょう)を開始(かいし)する。
(새로운 백화점은 3월 7일에 영업을 개시한다)

➲ 이 경우는 단지 새 백화점의 영업개시시점이 3월 7일임을 나타내고 있을 뿐이다.

「~に」「~で」

(ベッドに寝(ね)る、ベッドで寝(ね)る)

공통의미

동작이 이루어지는 공간을 나타내는 의미용법

요점

1. 「~に」와 「~で」는 둘 다 어떠한 동작이나 행위가 이루어지는 공간을 나타내는 점에서는 의미용법이 비슷하지만, 실제로는 상태를 나타내느냐 실제의 동작을 나타내느냐 하는 미묘한 차이가 엿보인다.
2. 「~に」는 어떤 동작이나 행위가 어떤 공간 속에서 지속적으로 이루어져 있는 상태를 나타낸다.
3. 「~で」는 어떤 동작이나 행위가 어떤 공간 속에서 일시적으로 이루어지는 것을 나타낸다.

예문과 해설

① ベッドに寝る/ベッドで寝る。(침대에 잔다/침대에서 잔다)

➲ 이 경우 「~に」를 쓰게 되면 침대에서 잠든 상태를 나타내게 되는데, 이는 조사 「~に」가 본래 존재를 나타내는 조사이기 때문이다. 한편 「~で」를 쓰게 되면 침대에 올라가서 잠을 자려고 하는 동작을 나타내게 되는데, 이는 조사 「~で」가 뒤에 오는 동작이나 행위가 이루어지는 장소를 나타내는 조사이기 때문이다.

② この子は病院に生まれた/この子は病院で生まれた。

(이 아이는 병원에 태어났다/이 아이는 병원에서 태어났다)

➲ 이 경우 「~に」를 쓰게 되면 병원에서 태어나서 지금도 병원에서 생활하고 있는 상태를 나타내게 되지만, 「~で」를 쓰게 되면 단지 병원에서 태어났음을 나타내고 있을 뿐이다.

③ 私はホテルに泊っています/私はホテルで泊っています。

(나는 호텔에 묵고 있습니다 /나는 호텔에서 묵고 있습니다)

➲ 이 경우 「~に」를 쓰게 되면 호텔에서 줄곧 지내고 있는 상태를 나타내게 되지만, 「~で」를 쓰게 되면 일시적으로 호텔에 머물고 있음을 나타내고 있을 뿐이다.

④ 電車が隣の駅に止っている/電車が隣の駅で止っている。

(전차가 옆의 역에 멈춰있다/전차가 옆의 역에 멈추고 있다)

➲ 이 경우 「~に」를 쓰게 되면 전차가 옆의 역에 줄곧 정차해 있는 상태를 나타내게 되지만, 「~で」를 쓰게 되면 일시적으로 전차가 옆의 역에 일시적으로 정차하고 있음을 나타내고 있을 뿐이다.

⑤ そこに立っていなさい/そこで立っていなさい。

(거기에 서있어라/거기에서 서있어라)

➲ 이 경우 「~に」를 쓰게 되면 거기에 줄곧 서있으라고 하는 상태를 나타내게 되지만, 「~で」를 쓰게 되면 다른 곳이 아닌 바로 거기에서 일시적으로 서있으라고 하는 뜻을 나타내고 있을 뿐이다.

「~に」「~へ」

(大学の本館に行く、大学の本館へ行く)

공통의미

방향이나 목적지를 나타내는 의미용법

요점

1. 「～に」와 「～へ」는 둘 다 목적지를 나타내는 점에서는 비슷하지만(예문②), 방향을 나타내는 점에서는 차이가 엿보인다.
2. 「～に」는 목적지가 확실한 경우에 쓰이는 것으로, 우리말의 '～에'에 해당된다.(예문③).
3. 「～へ」는 방향을 나타내는 것이 확실한 경우에 쓰이지만(예문①), 확실하지 않고 막연한 목적지를 나타낼 때도 쓰인다. 우리말의 '～로(으로)'에 해당된다.
4. 요컨대, 이러한 기본적인 차이가 있음에도 불구하고, 오늘날에 이르러서는 「～に」와 「～へ」가 이동의 목적지를 나타내는 경우에는 거의 구별 없이 쓰이고 있다(예문④⑤⑥).

예문과 해설

① 遠くへ/に行く。(먼 곳으로/에 간다)　向うへ/に行く。(건너편으로/에 간다)

あっちの方へ/に行く。(저쪽 편으로/에 간다)　外国へ/に行く。(외국으로/에 간다)

➲ 둘 다 적절하지만 이 경우는 목적지라기보다는 방향을 나타내고 있으므로, 「~へ」가 보다 적절하다.

② 大学の本館に/へ行く。(대학본관에/으로 간다)

フランスのパリに/へ行く。(프랑스의 파리에/로 간다)

➲ 이 경우는 둘 다 목적지를 나타내고 있으므로 양쪽 다 적절하다.

③ 大学本館の総長室に行く。(대학본관의 총장실에 간다)

フランスパリのルーブル博物館に行く。(프랑스파리의 루불박물관에 간다)

➲ 이 경우는 목적지가 매우 확실하므로 「~に」가 보다 적절하다.

④ 修学旅行で関西に/へ行った。(수학여행으로 관서에/로 갔다)

➲ 둘 다 적절한데, 「~に」는 관서지방이 목적지임을 나타내고, 「~へ」는 관서지방 쪽으로 갔음을 나타낸다.

⑤ 団体で国立博物館に/へ行った。(단체로 국립박물관에/으로 갔다)

⑥ 京都に/へ行って、一日中歩きまわった。(교토에 가서 하루 종일 돌아다녔다)

「似合う」「ふさわしい」

(似合う服装、ふさわしい服装)

공통의미

어울리다

요점

1. 「似合う」는 동사이며, 외견, 특히 복장 같은 것이 잘 어울린다고 할 때에 쓰이는 것으로, 우리말의 '어울리다'에 해당된다. 요컨대, 사람의 경우를 예로 들면, 복장 등이 그 사람과 잘 어울린다고 하는 의미가 중심이 되는 셈이다(예문①②③).
2. 「ふさわしい」는 형용사이며, 어떤 대상과 어떤 대상이 잘 들어맞는다고 하는 평가적인 입장에서 쓰이는 것으로, 우리말의 '걸맞다, 적합하다' 정도에 해당된다. 요컨대 사람의 경우를 예로 들면, 외모는 물론 그 사람의 인격, 성향, 경력 등이 적합하다고 하는 의미가 중심이 되는 셈이다(예문①④⑤).

예문과 해설

① 似合う/ふさわしい服装。(어울리는 복장)

➲ 「似合う」를 쓰게 되면 그 복장이 그 사람과 잘 어울려서 전혀 부자연스러운 점이 없다는 뜻이 되고, 「ふさわしい」를 쓰게 되면 그 사람의 용모뿐만 아니라 사회적 지위, 경제력 등을 고려해도 그 복장이 적합함을 나타낸다.

② 黒のセーターがよく似合っている。(검은 스웨터가 잘 어울리고 있다)

➲ 검은 스웨터가 그 사람과 잘 어울린다고 하는 의미를 나타내고 있다.

③ その背広にはこのネクタイが似合う。(그 양복에는 이 넥타이가 어울린다)

➲ 이 경우 역시 양복에 넥타이가 잘 어울린다고 하는 뜻을 나타내고 있다.

④ あの人は社長にふさわしい人物だ。(저 사람은 사장에 맞는 인물이다)

➲ 저 사람의 외모는 물론, 사회적 지위, 통솔력 등이 사장 감으로 적합하다고 하는 의미를 나타내고 있다.

⑤ この人は政治家としてふさわしい男です。

(이 사람은 정치가로서 적합한 남자입니다)

➲ 이 경우 역시 정치가를 하기에 역량이 걸 맞는 남자임을 나타내고 있다.

「におい」「かおり」「くさみ」

공통의미

냄새

요점

1. 「におい」는 동사 「匂う(냄새나다)」의 연용형 「匂い」가 그대로 전성명사화된 것인데, 가장 폭넓게 쓰여서 대부분의 냄새를 나타낸다. 「におい」는 좋은 냄새인 경우에는 「匂い」로 표기하고(예문①), 나쁜 냄새인 경우에는「臭い」로 표기할 때가 있는데(예문②), 우리말의 '냄새' 에 해당된다. 특히 주의하여야 할 것은 '냄새가 난다' 고 할 때는 관용적으로 「においがする」와 같이 동사 「する」를 써야만 한다는 점이다(예문①).
2. 「かおり」는 동사 「香る(좋은 향이 나다)」의 연용형 「香り」가 그대로 전성명사화 된 것인데, 좋은 냄새에만 쓰여서 주로 향수, 꽃향기, 과일향기 등을 나타낸다. 우리말의 '향기'에 해당된다(예문③④).
3. 「くさみ」는 형용사 「くさい(나쁜 냄새가 나다, 구리다)」의 어간 「くさ」에, 형용사 어간에 접속되어 이를 명사화하는 접미어 「み」가 접속된 것인데, 주로 음식물(마늘, 내장 등)의 다소 역겨운 냄새를 나타내는 데에 쓰인다. 우리말의 '구린내' 정도에 해당된다(예문⑤⑥).

예문과 해설

① あの女性からはいい匂いがする。(저 여성으로부터는 좋은 냄새가 난다)

➲ 이 경우에는 「におい」가 좋은 냄새라는 뜻으로 쓰였다.

② ごみの臭(にお)いがしてたまらない。(쓰레기냄새가 나서 못 견디겠다)

➲ 이 경우에는 「におい」는 「臭(にお)い」로 표기되었으므로 나쁜 냄새라는 뜻으로 쓰였다.

③ 香水(こうすい)のかおりをかぐのは楽(たの)しいですね。(향수의 향기를 맡는 것은 즐겁군요)

➲ 이 경우와 같이 향수의 향기를 나타내는 것에는 「かおり」가 가장 적절하다.

④ 菊(きく)の花(はな)のかおりはとてもいい。(국화꽃의 향기는 무척 좋다)

➲ 이 경우도 좋은 냄새를 나타내고 있다.

⑤ このホルモンはいくら洗(あら)ってもくさみが出(で)る。

(이 곱창은 아무리 씻어도 구린내가 난다)

➲ 이 경우와 같이 「くさみ」는 주로 음식물 등에서 나오는 역겨운 냄새를 나타낸다.

⑥ にんにくのくさみを消(け)すために歯(は)を磨(みが)く。(마늘냄새를 없애기 위해 이를 닦는다)

➲ 특히 마늘에서 나오는 강렬한 냄새를 나타내는 데는 「くさみ」가 가장 적절하다.

「～において」「～にあたって」「～に際(さい)して」

공통의미

～에 있어서, ～에 즈음하여

요점

1. 「～において」는 어떤 행위나 변화가 일어나는 때나 장소, 그리고 상황을 나타내는 것으로 격조사 「～で」의 의미용법과 비슷하지만 문장체에서 쓰이는 딱딱한 말이다. 우리말의 '~에 있어서'에 해당된다(예문①②③).
2. 「～にあたって」는 장소는 나타내지 않고 주로 어떤 변화나 행위가 일어나려고 하는 시점을 나타낸다. 우리말의 '～에 있어서'에 해당된다(예문④⑤).
3. 「～に際(さい)して」 역시 「～にあたって」와 의미용법이 비슷한데, 주로 문장체에서 쓰이는 딱딱한 말로 우리말의 '~에 즈음하여'에 해당된다(예문⑥⑦).

예문과 해설

① あの時代においては富国強兵策がとられていた。

(그 시대에 있어서는 부국강병책이 취해지고 있었다)

➲ 이 경우는 시대상황을 나타내고 있다.

② 卒業式が講堂において行われる。 (졸업식이 강당에서 이루어진다)

➲ 「~において」는 이와 같이 행사가 이루어지는 장소도 나타낼 수가 있으나, 다른 말에는 이러한 용법이 없다.

③ これは人生において大切な目標です。

(이것은 인생에 있어서 중요한 목표입니다)

④ 海外生活にあたってどんな心構えが必要でしょうか。

(해외생활에 있어서 어떤 마음가짐이 필요할까요?)

➲ 「~にあたって」는 이와 같이 해외생활을 하기 전에 앞서서의 시점을 나타낸다.

⑤ 開会にあたって一言ご挨拶を申し上げます。

(개회에 있어서 한마디 인사말씀을 드리겠습니다)

⑥ 出発に際して準備運動をしましょう。 (출발에 즈음하여 준비운동을 합시다)

➲ 출발을 앞둔 시점을 나타내고 있으나. 매우 딱딱한 어감이 주어진다.

⑦ このたび市長に就任するに際して、抱負を申し上げます。

(이번에 시장에 취임함에 즈음하여 포부를 말씀드리겠습니다)

「~に応じて」「~に応えて」

(本部の要請に応じて人材を派遣する、本部の要請に応えて人材を派遣する)

공통의미

~에 따라서, ~에 부응하여

요점

1. 「~に応じて」는 의례적인 어감이 주어지며 비교적 소극적인 대응을 보이는 것으로, 「~に応えて」에 비하면 그다지 정중한 느낌이 없다. 이는 상대의 요청이나 변화에 어울리게 행동함을 나타내는 동사 「応じる」에서 나온 말로, 우리말의 '~에 따라서' 정도에 해당된다(예문①②③⑦).
2. 「~に応えて」는 상대의 요청에 대하여 일일이 세심한 대응을 보다 적극적으로 한다는 뜻으로, 정중하고 성의가 있어 보인다. 이는 상대의 부름이나 요청에 일일이 부응한다고 하는 뜻의 동사 「応える」에서 나온 말이기 때문으로 여겨지는데, 우리말의 '~에 부응하여' 정도에 해당된다(예문①④⑤⑥).

예문과 해설

① 消費者のご意見に応じて/応えて製品開発に努めていきたいと考えています。
(소비자의 의견에 따라서/부응하여 제품개발에 노력해 나가고 싶다고 생각하고 있습니다)

➲ 「~に応じて」는 단지 소비자의 의견에 따른다고 하는 뜻을 나타내고 있을 뿐이지만 「~に応えて」는 보다 성의 있게 소비자의 의견에 일일이 적극적으로 부응한다고 하는 어감이 느껴진다.

② その月の売り上げに応じて/＊応えて所得が決定します。
(그 달의 매상에 따라서 소득이 결정됩니다)

➲ 이 경우는 소득이 매상에 의해 자연스럽게 정해짐을 나타내는 것일 뿐, 적극적으로 소득을 좌지우지할 수가 없으므로 「~に応じて」가 적절하다.

③ 試験の成績に応じて/＊応えて就職先を斡旋している。
(시험성적에 따라서 취직할 곳을 알선하고 있다)

➲ 이 경우는 시험성적에 따라서 정해진 데로 취직을 알선하고 있음을 나타내고 있을 뿐이지, 시험성적을 인위적으로 바꿀 수가 없으므로 「~に応じて」가 적절하다.

④ 皆さんのご要望に応えて/＊応じて、当施設を開放することにしました。
(여러분의 요망에 부응하여 당 시설을 개방하기로 했습니다)

➲ 이 경우는 보다 적극적이고 성의 있는 마음가짐을 보이는 것이므로 「~に応えて」가 적절하다.

⑤ 今回の選手権では、ファンの期待に応える/＊応じる活躍が期待されている。
(이번 선수권에서는 팬의 기대에 부응하는 활약이 기대되고 있다)

➲ 이 경우 역시 보다 적극적이고 성의 있는 활약을 나타내는 것이므로, 「~に応える」가 적절하다.

⑥ ご両親をはじめ観客の声援に応えた/✱応じた演技で楽しい学芸会だった。
(부모님을 비롯하여 관객의 성원에 부응한 연기로 즐거운 학예회였다)

➲ 이 경우는 관객의 성원에 적극적으로 대응하였음을 나타내고 있다.

⑦ 店内は、ご予算に応じて/✱応えていろんな商品をとりそろえています。
(우리 상점은 예산에 맞춰서 여러 가지 상품을 갖추고 있습니다)

➲ 이 경우 역시 예산에 대하여 적극적이고 성의 있는 대응을 하고 있다는 뜻으로 쓰였다.

「~に限らず」「~によらず」「~を問わず」

공통의미

~뿐만 아니라, ~을(를)막론하고

요점

1. 「~に限らず」는 한정짓지 않음을 나타내는 가장 일반적인 표현으로, 우리말의 '~뿐만 아니라' 정도에 해당된다(예문①④⑤⑥). 이는 조사 「に」에 '한정하다, 제한하다'의 의미를 나타내는 동사 「限る」의 미연형 「限ら」가 접속되고 여기에 부정의 조동사 「ず」가 이어져서 성립된 표현이다.
2. 「~によらず」는 주로 그 앞에 의문사 「何」「誰」를 수반하여 어느 것이나 구별하지 않음을 나타내는 것으로, 우리말의 '~이건' 정도에 해당된다(예문②⑦⑧⑨). 이는 조사 「に」에 '~에 근거하다, 입각하다' 의 의미를 나타내는 동사 「よる」의 미연형 「よら」가 접속되고 여기에 다시 부정의 조동사 「ず」가 이어져서 성립된 표현이다.
3. 「~を問わず」는 주로 그 앞에 「男女」「内外」「前後」「公私」와 같은 서로 반대되는 말을 수반하여 그 어느 것에나 상관하지 않음을 나타내는 것으로, 우리말의 '~을(를)막

론하고(불문하고)' 정도에 해당된다(예문③⑩⑪⑫⑬). 이는 조사 「を」에 '묻다'의 의미를 나타내는 동사 「問う」의 미연형 「問わ」가 접속되고 여기에 다시 부정의 조동사 「ず」가 이어져서 성립된 표현이다.

예문과 해설

① 休日に限らず/✱によらず/✱を問わず暇な時ならいつでもいい。
(휴일뿐만 아니라 한가할 때라면 언제든지 좋다)

➲ 이 경우에는 한정하지 않음을 나타내는 것이므로 「~に限らず」가 적절하다. 「~によらず」는 주로 그 앞에 의문사 「何」「誰」를 수반하여 어느 것이나 구별하지 않음을 나타내며, 「~を問わず」는 주로 그 앞에 「男女」「内外」「前後」「公私」와 같은 서로 반대되는 말을 수반하여 그 어느 것에나 상관하지 않음을 나타내는 것이어서 둘다 이 경우에는 부적절하다.

② 何事によらず/?に限らず/?を問わず挑戦しようという意欲がある。
(무슨 일이건 도전하고자 하는 의욕이 있다)

➲ 이 경우는 의문사 「何事」를 앞에 수반하여 어느 것이건 구별하지 않음을 나타내는 것이므로 「~によらず」가 가장 적절하다.

③ 彼は昼夜を問わず/✱に限らず/✱によらず一生懸命に働いている。
(그는 주야를 막론하고 열심히 일하고 있다)

➲ 이 경우는 낮이건 밤이건 상관하지 않음을 나타내는 것이므로 「~を問わず」가 적절하다.

④ 彼女は肉に限らず動物性の食べ物は一切食べない。
(그녀는 고기뿐만 아니라 동물성음식은 일체 먹지 않는다)

➲ 굳이 고기에만 국한함이 없이 다른 유사한 음식도 먹지 않음을 나타내고 있다.

⑤ 外国人に限らず、日本人にも漢字を正しく書くことはかなり難しいです。
(외국인뿐만 아니라, 일본인에게도 한자를 올바르게 쓰는 것은 무척 어렵습니다)

➲ 한자를 쓰는 것이 어렵다고 하는 점은 굳이 외국인에게만 국한되는 것이 아님을 나타내고 있다.

⑥ 学期末になると、学生に限らず先生も相当疲れて来ます。
(학기말이 되면, 학생뿐만 아니라 선생님도 상당히 피곤해집니다)

➲ 학생에만 국한되는 것이 아니라 선생님조차도 그 범위에 포함됨을 나타내고 있다.

⑦ 妹は何によらず臆病なところが心配です。
(여동생은 무엇이건 겁이 많은 점이 걱정입니다)

➲ 어떤 것이든 구별하지 않고 사사건건 겁이 많다고 하는 뜻을 나타내고 있다.

⑧ 誰(だれ)によらず人(ひと)の尻拭(しりぬぐ)いなどしたくない。

(누구이건 남의 뒤치다꺼리 같은 건 하고 싶지 않다)

➲ 그 누구도 구별하지 않음을 나타내고 있다.

⑨ 何事(なにごと)によらず、注意(ちゅうい)を怠(おこた)らないことが肝心(かんじん)だ。

(무슨 일이건 주의를 게을리 하지 않는 것이 중요하다)

➲ 무슨 일이건 구별하지 않고 주의를 기울여야 함을 나타내고 있다.

⑩ 年齢(ねんれい)、経験(けいけん)の有無(うむ)をとわず受(う)け付(つ)ける。

(연령, 경험의 유무를 막론하고 접수한다)

⑪ 近(ちか)ごろは男女(だんじょ)を問(と)わず大学院(だいがくいん)に進学(しんがく)する学生(がくせい)が増(ふ)えている。

(요즈음은 남녀를 불문하고 대학원에 진학하는 학생이 늘고 있다)

➲ 대학원에 진학함에 있어서 남녀가 상관되지 않음을 나타내고 있다.

⑫ 社会(しゃかい)には、昼(ひる)と夜(よる)を問(と)わずいろいろな事件(じけん)が起(お)きている。

(사회에는 낮과 밤을 막론하고 여러 사건이 일어나고 있다)

➲ 여러 사건이 낮이건 밤이건 상관없이 일어나고 있음을 나타내고 있다.

⑬ 休日(きゅうじつ)、平日(へいじつ)を問(と)わず、一年中(いちねんじゅう)人出(ひとで)が絶(た)えない。

(휴일, 평일을 막론하고 일 년 내내 사람의 출입이 끊이지 않는다)

➲ 사람의 출입이 휴일이건 평일이건 상관없이 지속적으로 이어지고 있음을 나타내고 있다.

「逃(に)がす」「逃(のが)す」

(チャンスを逃(に)がす、チャンスを逃(のが)す)

공통의미

놓치다

요점

1. 「逃(に)がす」와 「逃(のが)す」는 둘 다 잡을 뻔했다가 놓치는 경우나 잡은 것을 놓치는 경우에 쓰이지만, 대상에 따라서 의미용법상의 차이가 다소 엿보인다.
2. 「逃(に)がす」는 구체적인 대상이나 추상적인 대상 그 어느 것에도 일단은 쓰이지만(예문⑤), 주로 구체적인 대상을 놓치는 데에 쓰인다(예문①③).
3. 「逃(のが)す」도 구체적인 대상이나 추상적인 대상 그 어느 것에도 일단은 쓰이지만(예문⑤), 주로 추상적인 대상을 놓치는 데에 쓰인다(예문②④).

예문과 해설

① かごの鳥(とり)を逃(に)がす/?逃(のが)す。(새장의 새를 놓치다)

➲ 새장속의 새는 구체적인 대상이므로「逃(に)がす」가 보다 적절하다.

② 勝利(しょうり)を逃(のが)す/＊逃(に)がす。(승리를 놓치다)

➲ 이 경우와 같이 거의 거둘 뻔했던 승리를 아쉽게도 놓친다고 하는 때는 「逃(のが)す」가 적절하다.

③ 犯人(はんにん)を裏口(うらぐち)から逃(に)がす。(범인을 뒷문으로 놓치다)

➲ 범인은 구체적인 대상이므로 「逃(に)がす」가 보다 적절하다.

④ 好機(こうき)をみすみす逃(のが)す。(호기를 뻔히 보면서 놓치다)

➲ 좋은 기회는 추상적인 대상이므로 「逃(のが)す」가 보다 적절하다.

⑤ チャンスを逃(に)がす/逃(のが)す。(찬스를 놓치다)

➲ 찬스를 놓친다고 할 때는 관용적으로 둘 다 적절하다.

「～にくい」「～がたい」「～づらい」

(愛着(あいちゃく)があって捨(す)てにくい、愛着(あいちゃく)があって捨(す)てがたい、愛着(あいちゃく)があって捨(す)てづらい)

공통의미

(～하기)어렵다

요점

1. 「～にくい」「～がたい」「～づらい」는 모두 동사연용형에 접속되어 '(～하기)어렵다'의 의미를 나타내는데, 그 앞에 오는 동작의 성질에 따라서 의미용법상의 차이가 엿보인다.
2. 「～にくい」는 심리적, 물리적, 기술적으로 그 동작을 하기 어려움을 나타내는 것으로 일상적으로 가장 폭넓게 쓰인다. 특히 「～にくい」는 자신의 행위뿐만 아니라 상대의 행위나 사물에 대해서도 쓸 수가 있다(예문①③⑤⑥⑦⑧⑨). 우리말의 '(~하기)어렵다'에 해당된다.
3. 「～がたい」는 그 정도가 도를 넘어서고 있어서 그에 대한 심리적인 부담감에 의하여 그 동작을 하기 어려움을 나타내며, 물리적으로나 기술적으로 하기 어려운 경우에는 쓰이지 않는다(예문②④⑤⑩⑪⑫). 주로 문장체나 격식을 차린 경우에 쓰인다. 우리말의 '(~하기)힘들다'에 해당된다.
4. 「～づらい」는 오로지 자신의 행위에 대해서만 쓸 수 있는데, 그 동작을 함에 있어서 육체적, 정신적으로 고통이 뒤따름을 나타낸다(예문①⑬⑭⑮). 우리말의 '(~하기)괴롭다'에 해당된다.

예문과 해설

① この階段(かいだん)は昇(のぼ)りにくい/づらい/＊がたい。(이 계단은 오르기 어렵다)

➲ 「~がたい」는 주로 심리적인 부담감에 의하여 그 동작을 하기 어려운 경우에 쓰이는데, 이 경우는 계단이라고 하는 물리적인 요인에 의하여 오르기 어려움을 나타내므로 부적절하다. 한편 「~づらい」는 계단 오르기가 고통스럽다고 하는 육체적인 면을 나타내고 있다.

② あの人(ひと)は私(わたし)にとって、忘(わす)れがたい/＊にくい/＊づらい人(ひと)だ。

(그 사람은 나에게 있어서 잊기 힘든 사람이다)

➲ 「~がたい」는 그 정도가 너무 높아서 자연스럽게 잊기가 어렵다고 하는 심리적인 부담감을 나타내는 것이므로 이 경우에 적절하다. 「~にくい」도 심리적으로 어렵다고 하는 뜻을 나타내기는 하지만, 의도적으로 잊기 어렵다는 뜻이 되어버려서 부적절하며, 「~づらい」는 고통을 수반하는 성질이 있기 때문에 과장된 어감이 주어지므로 이것 또한 여기에서는 부적절하다.

③ 燃(も)えにくい/＊づらい/＊がたいのはゴミ置(お)き場(ば)に出(だ)しておいてください。

(타기 어려운 것은 쓰레기하치장에 내어놓아 주십시오)

➲ 이 경우와 같이 물리적으로 어려움을 나타낼 때는 「~にくい」만이 적절하다.

④ この寒(さむ)さは本当(ほんとう)に耐(た)えがたい/＊にくい/＊づらい。

(이 추위는 정말로 견디기 힘들다)

➲ 이 경우와 같이 육체적인 고통을 나타낼 때는 「~がたい」만이 적절하다.

⑤ 今回(こんかい)の労組(ろうそ)の要求(ようきゅう)は受(う)け入(い)れにくい/がたい/✱づらい。

(이번 노동조합의 요구는 받아들이기 어렵다/힘들다)

➲ 이 경우는 물리적이나 심리적으로 어려움을 나타내는 것이지, 육체적인 어려움을 나타내는 것은 아니므로 「~づらい」는 부적절하다.

⑥ この靴(くつ)、歩(ある)きにくいよ。(이 구두, 걷기 힘들어)

➲ 이 경우와 같이 물리적으로 힘든 것을 나타낼 때는 「~にくい」가 적절한데, 만약 걷는 과정에서의 육체적인 고통을 부각시킬 것 같으면 「~づらい」도 적절하다. 하지만, 「~がたい」는 오로지 심리적인 어려움만을 나타내므로 부적절하다.

⑦ ペン先(さき)が固(かた)くて書(か)きにくい万年筆(まんねんひつ)。(펜촉이 딱딱해서 쓰기 어려운 만년필)

⑧ 濡(ぬ)れていて燃(も)えにくい薪(まき)です。(젖어 있어서 타기 어려운 장작입니다)

➲ 「~にくい」는 이 경우와 같이 사물에 대해서도 쓸 수가 있는데, 다른 말에는 이러한 용법이 없다.

⑨ じめじめしていて運転(うんてん)しにくい道路(どうろ)をやっと通(とお)った。

(질퍽질퍽해서 운전하기 어려운 도로를 겨우 통과했다)

⑩ ちょっと言(い)いがたい話(はなし)がありますが。(좀 하기 어려운 이야기가 있습니다만)

➲ 이 경우는 심리적인 부담감에 의해서 말하기가 어렵다는 뜻으로 쓰였다.

⑪ あの二人(ふたり)は離(はな)れがたい恋人(こいびと)だ。(저 두 사람은 떨어지기 어려운 연인이다)

➲ 이 경우역시 심리적인 부담감에 의한 어려움을 나타내고 있다.

⑫ あの先生(せんせい)はいつも理解(りかい)しがたい話(はなし)ばかりしているね。

(저 선생님은 언제나 이해하기 힘든 이야기만 하고 있네)

⑬ 私(わたし)は相手(あいて)のお願(ねが)いに断(ことわ)りづらい。(나는 상대의 부탁에 거절하기가 괴롭다)

➲ 남의 부탁을 거절하는 과정에서는 어느 정도 정신적인 고통이 수반되기 마련이다.

⑭ このテーブルは低(ひく)すぎて食(た)べづらい。(이 테이블은 너무 낮아서 먹기가 괴롭다)

➲ 먹는 과정에서의 육체적인 부담감을 나타내고 있다.

⑮ この席(せき)は遠(とお)くて聞(き)きづらいから、前(まえ)の席(せき)に移(うつ)ろう。

(이 자리는 멀어서 듣기가 괴로우니까, 앞자리로 옮기자)

➲ 듣는 과정에서의 어느 정도 정신적인 고통을 나타내고 있다.

「憎(にく)い」「憎(にく)らしい」

(<u>憎(にく)い</u>人(ひと)、<u>憎(にく)らしい</u>人(ひと))

공통의미

밉다

요점

1. 「憎(にく)い」는 상대에 대하여 싫다, 불쾌하다, 화난다고 하는 느낌을 갖는 경우에 쓰이는데, 말하는 사람이 밉다고 느끼는 감정을 직접적으로 나타내는 것으로, 우리말의 '밉다'에 해당된다(예문①⑤⑥). 한편으로는, 상대의 언동이 화가 날 정도로 훌륭해서 감탄하게 된다는 뜻으로도 쓰인다(예문③⑦).
2. 「憎(にく)らしい」는 상대의 언동이나 태도로 인하여 불쾌하거나 화가 나는 느낌을 갖는 경우에 쓰이는데, 어디까지나 상대의 그러한 모습을 나타내는 데에 중점이 있는 것으로, 우리말의 '얄밉다'에 해당된다(예문②⑧⑨). 한편으로는, 얄미울 정도로 상대가 훌륭함을 나타내는 뜻으로도 쓰인다(예문④⑩).

예문과 해설

① 私(わたし)をだましたやつが憎(にく)い/✱憎(にく)らしい。(나를 속인 녀석이 밉다)

➲ 이 경우는 말하는 사람의 밉다고 느끼는 감정을 직접적으로 나타내는 것이므로 「憎(にく)い」만이 적절하다.

② あいつは憎(にく)らしい/✱憎(にく)い顔(かお)つきをしている。(저 녀석은 얄미운 얼굴을 하고 있다)

➲ 이 경우는 말하는 사람이 본 상대의 모습을 나타내는 것이므로 「憎(にく)らしい」만이 적절하다. 「憎(にく)い」는 어디까지나 말하는 사람의 미워하는 감정을 직접적으로 나타내는 것이므로 여기에서는 부적절하다.

③ 君(きみ)もなかなか憎(にく)い/?憎(にく)らしいことを言(い)うね。(자네도 제법 그럴 듯한 말을 하는군)

➲ 이 경우는 말하는 사람의 언동이 그럴 듯함을 나타내는 것이므로 「憎(にく)い」가 보다 적절하다.

④ 彼は憎らしい/?憎いほど落ち着いている。(그는 얄미울 정도로 침착해있다)

➲ 이 경우는 말하는 사람의 언동이 아니라, 태도가 훌륭함을 나타내는 것이므로 「憎らしい」가 보다 적절하다.

⑤ 憎い人とは一緒に食事をしたくない。
(미운 사람하고는 함께 식사를 하고 싶지 않다)

➲ 이 경우는 감정적으로 밉다고 하는 뜻으로 쓰였다.

⑥ 眠れないほど彼を憎いと思った。(잠들 수 없을 정도로 그를 밉다고 생각했다)

⑦ 憎い言い回しをするね。(그럴싸하게 말을 돌리는군)

➲ 이 경우와 같이 말을 그럴 듯하게 한다는 뜻으로는 「憎い」만이 적절하다.

⑧ 彼女は憎らしい顔をしている。(그녀는 얄미운 얼굴을 하고 있다)

➲ 이 경우는 상대의 표정이 불쾌한 상태임을 나타내고 있다.

⑨ 山田は生意気なことばかり言う憎らしい職員だ。
(야마다는 건방진 말만 하는 얄미운 직원이다)

⑩ これは憎らしいほどうまい字だ。(이것은 얄미울 정도로 잘 쓴 글씨이다)

➲ 이 경우는 상대의 필체가 매우 훌륭함을 나타내고 있다.

「逃げる」「逃れる」「逃げ出す」

(命からがら逃げる、命からがら逃れる、命からがら逃げ出す)

공통의미

도망치다

요점

1. 「逃げる」는 주로 이미 잡힌 상태에서 도망가는 것을 나타내는 것으로, 일상적으로 가장 많이 쓰인다(예문①②⑤⑥⑦). 우리말의 '도망치다'에 해당된다.

2. 「逃れる」는 주로 추상적인 경우에 쓰이며, 어떠한 바람직하지 못한 결과로부터 벗어나려고 하는 것을 나타낸다(예문③④⑧⑨⑩). 우리말의 '벗어나다'에 해당된다.

3. 「逃げ出す」는 바람직하지 못한 장소나 상황에서 빠져나오는 것을 나타내는 것으로, 우리말의 '빠져나오다, 도망쳐 나오다'에 해당된다(예문①⑤⑪⑫).

예문과 해설

① 鳥がかごから逃げる/逃げ出す/＊逃れる。(새가 새장에서 도망친다/빠져나온다)

➲ 「逃れる」는 이 경우와 같이 구체적인 상황보다는 추상적인 상황을 나타내는 것이므로, 여기에서는 부적절하다.

② 逃げる/＊逃げ出す/＊逃れる犯人を追う。(도망치는 범인을 쫓는다)

➲ 이 경우와 같이 구체적으로 도망치는 것을 나타낼 때는 「逃げる」가 적절하다. 「逃げ出す」는 도망치려고 빠져나오는 행위의 시작에 초점이 있으며, 「逃れる」는 추상적인 것에 쓰이므로 여기에서는 둘 다 부적절하다.

③ 危うく困難を逃れた/＊逃げた/＊逃げ出した。(아슬아슬하게 곤란을 벗어났다)

➲ 이 경우와 같이 구체적으로 도망치는 것이 아니라 추상적인 것을 나타낼 때는 「逃れる」가 적절하다.

④ 社長は自分の責任を逃れよう/＊逃げよう/＊逃げ出そうとしている。
(사장은 자신의 책임을 벗어나려고 하고 있다)

➲ 이 경우 역시 예문③과 맥락을 같이하고 있다.

⑤ 娘は結婚の話になるといつも逃げる/逃げ出す/＊逃れる。
(딸은 결혼이야기가 나오면 언제나 도망간다)

➲ 이 경우와 같이 구체적인 이야기가 전개되려고 하는 상황에서 도망치는 것을 나타낼 때는 「逃れる」는 부적절하다. 「逃れる」는 어디까지나 바람직하지 못한 결과로부터 벗어나는 것을 나타낸다.

⑥ 相手のチームは一点差で逃げた。(상대팀은 1점차로 도망갔다)

➲ 이 경우는 상대팀의 추격을 따돌린다는 뜻으로 쓰였다.

⑦ 釣った魚が全部逃げてしまった。(잡은 고기가 전부 도망가 버렸다)

⑧ 追跡の手を逃れる。(추적의 손길을 벗어나다)

➲ 추적이라고 하는 바람직하지 못한 상항에서 벗어남을 나타내고 있다.

⑨ サラリーマンである以上、職務から逃れることはできない。
(샐러리맨인 이상, 직무로부터 벗어날 수는 없다)

⑩ 危険地域を逃れて国境に向う。(위험지역을 벗어나서 국경으로 향한다)

⑪ 選手たちは練習場から集団で逃げ出した。
(선수들은 연습장에서 집단으로 도망쳐 나왔다)

⑫ 学校から逃げ出して遊んでいる子供が結構いる。
(학교에서 빠져나와 놀고 있는 아이가 꽤 있다)

「にこにこ」「にやにや」「にたにた」

(にこにこ笑う、にやにや笑う、にたにた笑う)

공통의미

큰 소리 없이 웃는 모양

요점

1. 「にこにこ」는 정말로 기뻐서 웃는 모습으로 보는 사람에게도 즐거움을 줄 수 있는데, 우리말의 '싱글벙글'에 해당된다(예문①②③).
2. 「にやにや」는 무언가 생각이 나서 남모르게 웃거나, 남을 조롱하는 듯이 웃음으로서 상대에게 불쾌감마저 줄 수 있는 것으로, '실룩실룩' 정도에 해당된다(예문④⑤⑥).
3. 「にたにた」는 「にやにや」와 비슷하나, 이 보다 더 불쾌감을 줄 수 있는 것으로 주로 정신병자나 바보가 아무런 의미도 없이 웃는 모양을 가리킨다. 우리말의 '히죽히죽'에 해당된다(예문⑦⑧⑨).

예문과 해설

① 赤ちゃんは動く物を見ながらにこにこしている。
(아기는 움직이는 물체를 보면서 싱글벙글하고 있다)

➲「にこにこ」는 이와 같이 보는 사람에게 즐거움을 줄 수 있는 웃음을 나타낸다.

② 老夫婦(ろうふうふ)は孫(まご)を見(み)てにこにこしている。(노부부는 손주를 보고 싱글벙글하고 있다)

③ あの人(ひと)はいつもにこにこしていて感(かん)じがいい。
(저 사람은 늘 싱글벙글하고 있어서 느낌이 좋다)

④ 母(はは)は朝(あさ)から意味(いみ)ありげににやにやしている。
(어머니는 아침부터 무슨 의미가 있는 듯이 실룩실룩하고 있다)

➲「にやにや」는 무언가가 생각났을 때에 남모르게 웃는 웃음을 나타낸다.

⑤ 父(ちち)はユーモア小説(しょうせつ)をにやにや笑(わら)いながら読(よ)んでいる。
(아버지는 유머소설을 실룩실룩 웃어가면서 읽고 있다)

⑥ 彼(かれ)は失敗(しっぱい)をすると照(て)れ隠(かく)しににやにや笑(わら)う。
(그는 실패를 하면 겸연쩍은 듯이 실룩실룩 웃는다)

➲ 이러한 웃음은 대체로 상대에게 다소의 불쾌감을 줄 수가 있을 것이다.

⑦ 私(わたし)を見(み)て、彼(かれ)はにたにたしながら近(ちか)づいてきた。
(나를 보고 그는 히죽히죽 거리면서 다가왔다)

➲ 전반적으로 불쾌감을 줄 수 있는 웃음이다.

⑧ 彼(かれ)がにたにたするのはいつも気持(きも)ち悪(わる)い。
(그가 히죽히죽 거리는 것은 언제나 기분 나쁘다)

⑨ 彼女(かのじょ)は、私(わたし)を馬鹿(ばか)にしたようににたにた笑(わら)っている。
(그녀는 나를 바보취급 하듯이 히죽히죽 웃고 있다)

「～にしては」「～わりには」

(長年(ながねん)住(す)んだにしては部屋(へや)がきれいだ、長年(ながねん)住(す)んだわりには部屋(へや)がきれいだ)

공통의미

～치고는, ～에 비해서는

요점

1. 「～にしては」는 뒤에 오는 예상 밖의 결과를 놓고 볼 때 그 앞에 오는 내용에는 의심이 가거나 의아스러운 바가 있음을 암시하는 것으로, 우리말의 '～치고는'에 해당된다(예문①②⑤⑥⑦⑧). 동사, 형용사, 형용동사의 종지형, 그리고 과거, 완료를 나타내는 조동사 「た」에 접속되며, 명사에는 그대로 접속된다.
2. 「～わりには」는 앞의 내용과 뒤의 내용이 불균형임을 객관적으로 나타내는 것에 지나지 않으며, 우리말의 '～에 비해서는'에 해당된다(예문①③④⑨⑩⑪⑫). 동사와 형용사, 형용동사의 연체형, 그리고 과거, 완료를 나타내는 조동사 「た」에 접속되며, 명사의 경우에는 조사 「の」가 들어간 「～のわりには」의 형태로 쓰이는데, 때로는 조사 「は」가 빠진 「～わりに」의 형태로도 쓰인다.

예문과 해설

① 長年住んだにしては/わりには部屋がきれいだ。

(오랫동안 산 것치고는/산 데에 비해서는 방이 깨끗하다)

➲ 이 경우는 둘 다 적절한데 「~にしては」를 쓰게 되면 뒤에 오는 결과인 방이 깨끗한 것을 봐서는 앞에 오는 오랫동안 살았다고 하는 사실에는 의심 가는 바가 있음을 암시하게 된다. 한편 「~わりには」는 단지 앞의 내용과 뒤의 내용이 잘 맞지 않음을 객관적으로 나타내고 있을 뿐이다.

② 子供にしては/＊のわりにはできすぎだ。(아이치고는 너무 잘했다)

➲ 「~わりには」는 앞의 내용과 뒤의 내용이 불균형임을 나타낼 뿐인데, 이 경우에는 아이가 한 것이라고는 믿기 어려울 정도로 무언가가 너무 잘 되어있음을 의심하는 기분이 암시 되어있으므로 부적절하다. 굳이 「~わりには」를 쓰려고 한다면, 뒤에 오는 내용으로는 '제법 잘 했다, 그런대로 괜찮다' 정도의 다소 약한 표현이 오는 것이 좋다.

③ 年が若いわりには/?にしてはしっかりしている。

(나이가 젊은 데 비해서는 절도가 있다)

➲ 이 경우는 앞의 내용과 뒤의 내용에 불균형이 있음을 나타내고 있을 뿐이므로 「~わりには」가 적절하다. 「~にしては」는 이미 나이가 젊은 것이 확인되어 있는데도, 뒤에 오는 결과로 미루어 의심한다고 하는 모순이 주어지므로 여기에서는 다소 부적절하다.

④ 給料のわりには/＊にしては仕事がきつい。(급료에 비해서는 일이 힘들다)

➲ 이 경우는 앞의 내용과 뒤의 내용에 불균형이 있음을 나타낼 뿐이어서 「~わりには」가 적절하다.

⑤ 長く日本にいる<u>にしては</u>日本語があまりうまくない。

(오랫동안 일본에 있는 것치고는 일본어가 그다지 능숙치 않다)

➲ 일본어가 그다지 능숙하지 못한 것을 볼 때, 일본에 오랫동안 있었다는 사실이 의아스럽다는 뜻을 나타내고 있다.

⑥ スポーツ選手(せんしゅ)にしては弱々(よわよわ)しい体(からだ)つきだ。(스포츠선수치고는 허약한 몸집이다)

➲ 허약한 몸집으로 미루어 볼 때 스포츠선수라고 하는 사실이 의아스럽다는 뜻으로 쓰였다.

⑦ あの人(ひと)は60にしては若(わか)く見(み)える。(저 사람은 60치고는 젊게 보인다)

➲ 젊게 보이는 것으로 미루어 볼 때 60세라고 하는 사실에 의심이 간다는 뜻으로 쓰였다.

⑧ あれだけ働(はたら)いたにしてはボーナスが少(すく)なすぎる。
(저만큼 일한 것치고는 보너스가 너무 적다)

➲ 보너스가 너무 적은 것으로 볼 때, 열심히 일했다고 하는 사실이 의아스럽다는 뜻을 나타내고 있다.

⑨ あの人(ひと)は年(とし)のわりには若(わか)く見(み)える。(저 사람은 나이에 비해서는 젊게 보인다)

➲ 나이와 젊게 보이는 사실 사이에 불균형이 엿보임을 나타내고 있다.

⑩ 高(たか)いわりにはまずい料理(りょうり)だ。(비싼 데에 비해서는 맛없는 요리다)

➲ 비싼 가격과 맛없는 요리 사이에 불균형이 엿보임을 나타내고 있다.

⑪ かなり距離(きょり)があるわりにははっきりと聞(き)こえた。
(꽤 거리가 있는 것에 비해서는 또렷하게 들렸다)

➲ 거리가 떨어져 있다면 당연히 희미하게 들려야 할 텐데도 의외로 또렷하게 들린다는 사실을 나타내고 있다.

⑫ 彼(かれ)は何事(なにごと)にもまじめなわりに人(ひと)から好(す)かれていません。
(그는 무슨 일에도 성실한 데에 비해서 남으로부터 호감을 사고 있지 않습니다)

➲ 성실하다면 당연히 남으로부터 호감을 살 수 있어야 하는데도, 의외로 호감을 사고 있지 못하다는 사실을 나타내고 있다.

「～にする」「～とする」

(この犬(いぬ)の名前(なまえ)ははちにするけど、どう?、この犬(いぬ)の名前(なまえ)ははちとするけど、どう?)

공통의미

～로(으로)하다(변화에 대한 선택과 결정을 나타내는 의미용법)

요점

1. 「~にする」는 선택이나 제안, 결정을 나타내며, 앞으로 변경될 가능성이 있는 경우에 쓰인다(예문①②③④⑤⑥⑦).
2. 「~とする」는 최종적인 결론을 나타내는 경우에 쓰이며, 앞으로 변경될 가능성이 있는 경우에는 쓰이지 못한다(예문①②③⑧⑨).

예문과 해설

① この犬の名前ははちにする/とするけど、どう?。

(이 개의 이름은 하치로 할 건데, 어때?)

➲ 이 경우 「~にする」를 쓰게 되면 일단 개의 이름을 하치로 정하기는 했지만 앞으로 변경될 가능성은 얼마든지 있을 수 있으나, 「~とする」를 쓰게 되면 이름을 하치로 이미 결정하였으며, 추후 변경될 가능성은 없음을 나타내게 된다.

② 今度の人事異動で、山田さんを部長にする/とするらしいよ。

(이번 인사이동에서 야마다씨를 부장으로 할 것 같아)

➲ 이 경우 「~にする」를 쓰게 되면 일단 야마다씨를 부장으로 내정은 했지만 앞으로 변경될 가능성은 얼마든지 있을 수 있으나, 「~とする」를 쓰게 되면 상부의 확고한 방침으로 이미 결정되었으며, 추후 변경될 가능성은 없음을 나타내게 된다.

③ 亡くなった兄の子どもを養子にしたいんだけど/としたいんだけど。

(죽은 형의 아이를 양자로 하고 싶은데)

➲ 이 경우 역시 「~にする」를 쓰게 되면 일단은 양자로 삼고자 하지만 나중에 변경될 가능성이 엿보이지만, 「~とする」를 쓰게 되면 말하는 사람의 확고한 결정이 엿보이게 된다.

④ 今度の会議のことですけど、今月末にしませんか/✱としませんか。

(이번 회의에 관해서입니다만, 이달 말로 하지 않겠습니까?)

➲ 이 경우는 상대에게 어떠한 제안을 하는 것인데, 이와 같이 제안을 한다는 것은 곧 변경될 가능성을 나타내는 것이므로 「~にする」만이 적절하다.

⑤ 野外学習は何時から何時までにしたら/✱としたらいいですか。

(야외학습은 몇 시부터 몇 시까지로 하면 좋습니까?)

➲ 이 경우는 상대에게 시간의 범위를 묻거나 확인하는 것인데, 이렇게 되면 상대의 의견에 따라서는 얼마든지 변경될 가능성이 있는 셈이므로 「~にする」를 쓰는 것이 적절하며, 변경될 가능성이 없음을 나타내는 「~とする」는 부적절하다.

⑥ しばらくマネキンをモデルにして/✱として練習をしている。

(한 동안 마네킹을 모델로 해서 연습을 하고 있다)

➲ 「~にする」는 변경될 가능성이 있는 경우에 쓰이는데, 이 경우를 보면 앞에 '한 동안'이라는

부사가 와있음으로서 앞으로 변경될 가능성이 있음을 시사하고 있으므로 「~にする」가 적절하다.

⑦ この試合に限り、友だちの提案を参考にした/✱とした。

(이 시합에 한하여, 친구의 제안을 참고로 했다)

➲ 이 경우 역시 앞부분에 한시적임을 나타내는 표현이 와 있음으로서 추후에 변경될 가능성이 있으므로 「~にする」가 적절하다.

⑧ 彼女は老人の世話を天職としている/✱にしている。

(그녀는 노인을 보살피는 것을 천직으로 하고 있다)

➲ 이 경우를 보면 천직으로 생각할 만큼 중대한 결심을 나타내는 것이어서, 앞으로 변경될 가능성이 일단은 없어보이므로 「~とする」가 적절하다.

⑨ 当病院では、すべての重病人は誰であれ、面会謝絶とする/✱にする。

(당병원에서는 모든 중병인은 누구이건 면회사절로 한다)

➲ 이 경우 역시 중대한 결정을 나타내는 것으로 변경될 가능성은 없어보이므로 「~とする」가 적절하다.

「~に違いない」「~はずだ」

공통의미

말하는 사람이 확신을 가지고 추측하는 용법

요점

1. 「~に違いない」는 말하는 사람이 어떤 사실에 대하여 나름대로의 확신을 가지고 추측하는 데에 쓰인다. 다시 말해서, 말하는 사람의 주관적인 판단과 확신 하에서 어떤 사실을 자신 있게 추측하는 기분이 깃들어 있는 표현인 셈이다. 우리말의 '~에 틀림없다'에 해당된다(예문①②⑤⑥).
2. 「~はずだ」는 어떠한 근거나 이유를 가지고 당연히 그렇게 될 것이라고 추측하는 데에

쓰인다. 다시 말해서, 어떠한 객관적인 근거 하에서 예상하는 기분이 깃들어 있는 표현인 셈이다. 우리말의 '～일 것이다' 정도에 해당된다(예문③④⑦⑧).

예문과 해설

① 彼(かれ)は今朝(けさ)寝坊(ねぼう)した。ゆうべ夜更(よふ)かししたに違(ちが)いない/＊はずだ。

(그는 오늘아침 늦잠 잤다. 어젯밤 밤샘했음에 틀림없다)

➲ 오늘 아침에 늦잠 잔 사실만으로는 어젯밤 밤샘했을 것이라고 추측하는 데 있어서의 객관적인 근거가 되기에는 약하다. 따라서 이 경우에는 「~に違(ちが)いない」가 적절하다.

② 彼(かれ)を一目(ひとめ)見(み)て親切(しんせつ)な人(ひと)に違(ちが)いない/＊はずだと思(おも)った。

(그를 첫눈에 보고 친절한 사람에 틀림없다고 생각했다)

➲ 「~はずだ」는 어떠한 객관적인 근거나 이유 하에 그러할 것이라고 추측하는 것인데, 이 경우는 첫눈에 직감적으로 느낀 것만을 나타내므로 객관적인 근거가 되기에는 약하다. 따라서 이 경우에는 「~に違(ちが)いない」가 적절하다.

③ 九時(くじ)に来(く)るはずなのに/＊来(く)るに違(ちが)いないのに、まだ来(こ)ない。

(9시에 올 텐데 아직 안 온다)

➲ 이 경우는 올 사람과 사전에 시간약속을 했다든지, 아니면 어떤 객관적인 정보를 입수했다든지 하는 근거가 있는 셈이므로 「~はずだ」가 적절하다. 「~はずな」는 「~はずだ」의 연체형으로 그 뒤에 오는 명사를 수식한다.

④ 以上(いじょう)のデータから考(かんが)えると、この町(まち)の人口(じんこう)は今後(こんご)も増(ふ)え続(つづ)けるはずである/?に違(ちが)いない。

(이상의 데이터로 생각하면 이 마을의 인구는 앞으로도 계속 늘어갈 것이다)

➲ 이 경우는 데이터를 중심으로 한 객관적인 추측을 나타내는 것이므로 「~はずだ」가 보다 적절하다.

⑤ 彼(かれ)の実力(じつりょく)なら合格(ごうかく)するに違(ちが)いない。(그의 실력이라면 합격할 것임에 틀림없다)

➲ 이 경우는 어떠한 객관적인 근거에 의한 추측이라기보다는 말하는 사람의 주관적인 판단에 의한 추측이므로 「~に違(ちが)いない」가 적절하다.

⑥ 難(むずか)しい問題(もんだい)に違(ちが)いないが、努力(どりょく)すれば必(かなら)ず解(と)ける。

(어려운 문제임에 틀림없지만, 노력하면 반드시 풀 수 있다)

➲ 어려운 문제라고 하는 판단에 의한 추측은 어디까지나 주관적인 것이므로 이 경우는 「~に違(ちが)いない」가 적절하다.

⑦ このまま順調(じゅんちょう)に行(い)けば、来週(らいしゅう)あたり退院(たいいん)できるはずです。

(이대로 순조롭게 간다면, 내주쯤 퇴원할 수 있을 것입니다)

➲ 현재의 치료 상태가 매우 순조롭다고 하는 사실은 내주쯤의 퇴원에 대한 객관적인 근거가 될 수 있으므로 이 경우는 「~はずだ」가 적절하다.

⑧ あれから三年(さんねん)たったから、今年(ことし)は高校(こうこう)入学(にゅうがく)のはずだ。

(그로부터 3년 지났으니까, 금년은 고등학교를 입학했을 것이다)

➲ 햇수로 따져서 3년이 지났다고 하는 것은 분명한 객관적인 근거가 될 수 있으므로, 이러한 추측에는 「~はずだ」가 적절하다.

「~について」「~に関(かん)して」「~に対(たい)して」

(疑問(ぎもん)について答(こた)える、疑問(ぎもん)に関(かん)して答(こた)える、疑問(ぎもん)に対(たい)して答(こた)える)

공통의미

~에 관하여, ~에 대하여

요점

1. 「~について」는 어떤 대상을 중심으로 그것에만 한정하여 다룬다고 하는 뜻으로 우리말의 '~에 관하여'에 해당된다. 그 뒤에는 주로 말을 하거나 생각을 한다고 하는 내용의 동사가 오는 것이 보통이다(예문①②③④⑤⑧⑨⑩).
2. 「~に関(かん)して」는 어떤 대상을 중심으로 그에 관련된 일들을 폭넓게 다룬다고 하는 뜻으로, 「~について」와 의미용법은 비슷하지만 문장체적인 색채가 강하다(예문①②③⑪⑫⑬).
3. 「~に対(たい)して」는 어떤 대상을 상대로 하여 다룬다고 하는 뜻으로, 그 대상에 대하여 어떠한 영향을 미치는 경우에 쓰인다. 따라서 그 뒤에는 대체로 「反発(はんぱつ)する」「反抗(はんこう)する」「抵抗(ていこう)する」와 같은 대립관계를 나타내는 성질의 동사가 오게 된다(예문①⑥⑦⑭⑮⑯).

예문과 해설

① 疑問について/に関して/に対して答える。(의문에 관하여/대하여 답한다)

➲ 이 경우는 전후문맥이나 적절한 장면의 설정이 없는 관계로 그 어느 것이나 적절하다. 다만 「~について」를 쓰게 되면 의문에 한정하여 답한다는 뜻이 되고, 「~に関して」를 쓰게 되면 의문에 관련하여 폭넓게 답한다는 뜻이 되며, 「~に対して」를 쓰게 되면 의문을 대상으로 답한다고 하는 뜻이 된다.

② 方言について/に関して/＊に対して調査する。(방언에 관하여 조사한다)

➲ 이 경우는 방언을 중심으로 해서 조사를 한다고 하는 뜻이므로, 「~について」「~に関して」만이 적절하다. 다만 「~について」를 쓰게 되면 오로지 방언에만 한정하여 조사한다는 뜻이 되지만, 「~に関して」를 쓰게 되면 방언을 중심으로 그에 관련된 사항들을 폭넓게 조사한다는 뜻이 된다. 한편, 「~に対して」를 쓰게 되면 이는 방언을 상대로 하여 대치한다고 하는 엉뚱한 뜻이 되어버리므로 여기에서는 부적절하다.

③ 日本人の生活意識について/に関して/＊に対して論文を作成している。
(일본인의 생활의식에 관하여 논문을 작성하고 있다)

➲ 이 경우 역시 위의 예문들과 맥락을 같이하고 있다.

④ ねえ、あの人について/＊に関して/＊に対してどう思う? 嫌いなの?。
(응? 저 사람에 대하여 어떻게 생각해? 싫어해?)

➲ 이 경우는 저 사람에게 한정된 생각을 묻는 것이므로 「~について」가 적절하다. 「~に関して」는 어디까지나 그 대상을 중심으로 그에 관련된 폭넓은 사항을 나타내므로 여기에서는 부적절하며, 「~に対して」는 그 대상과 대립적으로 영향을 미치는 경우에 쓰이므로 이 역시 여기에서는 부적절하다.

⑤ あの子が泣いていることについて/＊に関して/＊に対して何か知ってるの?
(저 아이가 울고 있는 일에 대해서 뭔가 알고 있니?)

➲ 이 경우 역시 저 아이가 울고 있는 점으로 한정된 이유를 묻는 것이므로「~について」가 적절하다. 「~に関して」를 쓰게 되면 저 아이가 울고 있는 점에 관련된 사항을 나타내므로 여기에서는 부적절하며, 「~に対して」는 그 대상과 대립적으로 영향을 미치는 경우에 쓰이므로 이 역시 여기에서는 부적절하다.

⑥ 警官に対して/＊について/＊に関して抵抗してはいけない。
(경찰에 대하여 저항해서는 안 된다)

➲ 이 경우는 문말에 저항한다고 하는 표현이 와있듯이, 경찰과 대치하는 입장을 나타내는 것이므

로 「~に対して」가 적절하다

⑦ 父は子供に対して/✱について/✱に関して厳しい態度をとっている。
(아버지는 아이에 대하여 엄격한 태도를 취하고 있다)

➲ 이 경우는 엄격한 태도를 취하고 있는 대상을 나타내는 것이므로 「~に対して」가 적절하다.

⑧ 来年度の予算について話し合う。(내년도 예산에 대하여 이야기를 나눈다)

➲ 이 경우는 내년도의 예산에만 한정하여 그를 중심으로 이야기를 나눈다는 뜻이다.

⑨ 自分の将来についてあれこれと考える。(자신의 장래에 관하여 이것저것 생각한다)

⑩ 彼女は自分自身について何も話そうとはしない。
(그녀는 자기 자신에 관해서 아무것도 이야기하려고 하지 않는다)

⑪ その事件に関して学校から報告があった。
(그 사건에 관하여 학교로부터 보고가 있었다)

➲ 이 경우는 그 사건에 관련된 여러 가지 보고를 나타내고 있다.

⑫ 製品の使用法に関しては説明してあります。
(제품의 사용법에 관해서는 설명되어 있습니다)

⑬ 地質学に関しての本を読んでいる。(지질학에 관한 책을 읽고 있다)

⑭ 親に対して反発し、家出した。(부모에 대하여 반발하여 가출했다)

➲ 이 경우는 부모에 대하여 대립하였음을 나타내고 있다.

⑮ 私の発言に対して彼は激しく攻撃を加えてきた。
(내 발언에 대하여 그는 격하게 공격을 가해왔다)

⑯ 騒音に対しての苦情が相次いでいる。(소음에 대한 불평이 잇따르고 있다)

➲ 소음은 인간의 생활과 공존하기 어려운 대립관계에 있는 것이다.

참고

우리말에서는 어떤 대상을 중심으로 생각하고 언급하는 경우나, 또는 어떤 대상과 대립관계에 있는 경우나 모두 '～에 대하여'로만 표현하지만(물론, '~에 관하여'를 쓸 수도 있지만), 일본어에서는 위에서 보는 바와 같이 「～について(関して)」와 「～に対して」를 엄격하게 구별하여 쓰고 있으므로 각별한 주의를 요한다.

「カント哲学について研究する」(○)(칸트 철학에 관해서 연구한다)

「カント哲学に対して研究する」(×)

「警官に対して抵抗する」(○)(경관에 대하여 항의한다)

「警官について抵抗する」(×)

「～に～てもらう」「～から～てもらう」

(父に言ってもらう、父から言ってもらう)

요점

1. 「～に～てもらう」는 말하는 사람대신에 「～に」로 표시되는 상대를 지명하여 상대로 하여금 말하는 사람을 위해서 직접 무언가의 동작을 하게 한다는 뜻이 된다.
2. 「～から～てもらう」는 보다 적절한 사람을 선정하여 그 사람으로 하여금 대리인의 입장에서 무언가의 동작을 하게 한다는 뜻이 된다.

예문과 해설

① 父に言ってもらう/父から言ってもらう。

(아버지에게 말하게 한다/아버지를 통해서 말하게 한다)

➲ 이 경우 「~に~てもらう」를 쓰게 되면 아버지를 지명하여, 아버지로 하여금 상대나 제3자에게 자기대신 말을 하게 한다는 뜻이 되지만, 「~から~てもらう」를 쓰게 되면 아버지를 통해서 자신이 하고 싶은 말을 상대나 제3자에게 전달하게 한다는 뜻이 된다.

② あの件は部長に説明してもらいます/部長から説明してもらいます。

(그 건은 부장에게 설명하게 하겠습니다/부장으로 하여금 설명하게 하겠습니다)

➲ 이 경우 역시 「~に~てもらう」를 쓰게 되면 부장을 지명하여, 부장으로 하여금 상대나 제3자에게 자기대신 설명을 하게 한다는 뜻이 되지만, 「~から~てもらう」를 쓰게 되면 부장을 통해서 자신이 설명하고 싶은 내용을 상대나 제3자에게 전달하게 한다는 뜻이 된다.

③ 友だちに金を返してもらった/友だちから金を返してもらった。

(친구에게 돈을 갚게 했다/친구로 하여금 돈을 갚게 했다)

➲ 이 경우도 「~に~てもらう」를 쓰게 되면 친구를 지명하여, 친구로 하여금 상대나 제3자에게 자기대신 돈을 갚게 했다는 뜻이 되지만, 「~から~てもらう」를 쓰게 되면 친구를 통해서 자신이 갚아야 할 돈을 상대나 제3자에게 전달하게 한다는 뜻이 된다.

④ 妹に本を注文してもらった/妹から本を注文してもらった。

(여동생에게 책을 주문하게 했다/여동생으로 하여금 책을 주문하게 했다)

➲ 이 경우도 「~に~てもらう」를 쓰게 되면 여동생에게 자기대신에 책을 직접 주문하게 했다는 뜻이 되지만, 「~から~てもらう」를 쓰게 되면 자기가 주문해야 할 책을 여동생을 통해서 간접적으로 주문하게 했다는 뜻이 된다.

「～にともなって」「～にしたがって」「～につれて」

(物価が上昇するにともなって手当てが支給される、物価が上昇するにしたがって手当てが支給される、物価が上昇するにつれて手当てが支給される)

공통의미

~에 따라서

요점

1. 「～にともなって」는 앞의 사항이 전개됨에 따라서 부수적으로 뒤의 사항도 전개됨을 나타내는 것으로, 규모가 작은 개인적인 사항의 변화가 아닌 비교적 규모가 큰 공적인 사항의 변화에 주로 쓰인다(예문①②⑥⑦).
2. 「～にしたがって」는 앞의 사항이 전개됨으로 인하여 필연적으로 뒤의 사항도 전개됨을 나타내는 것으로, 규모가 작은 개인적인 사항의 변화나 규모가 큰 공적인 사항의 변화 그 어느 것에도 쓰인다(예문①③④⑤⑧⑨).
3. 「～につれて」는 앞의 사항이 전개됨에 따라서 자연스럽게 뒤의 사항도 이어서 전개됨을 나타내는 것으로, 규모가 작은 개인적인 사항의 변화나 규모가 큰 공적인 사항의 변화 그 어느 것에도 쓰인다(예문①③⑩⑪).

예문과 해설

① 物価が上昇するにともなって/にしたがって/につれて手当てが支給される。

(물가가 상승함에 따라 수당이 지급된다)

➲ 이 경우는 세 가지 다 적절한데 「~にともなって」를 쓰게 되면 물가의 상승에 따라서 부수적으로 수당도 지급됨을 나타내게 되고, 「~にしたがって」를 쓰게 되면 물가의 상승에 따라서 필연적으로 수당도 지급됨을 나타내게 되며, 「~につれて」를 쓰게 되면 물가의 상승에 따라서 자연스럽게 수당도 지급됨을 나타내게 된다.

② 戦争が起るにともなって/✱にしたがって/✱につれて世の中が暗くなってきた

(전쟁이 일어남에 따라서 세상이 어두워지게 되었다)

➲ 이 경우는 전쟁의 발발에 따라서 부수적으로 세상이 어두워지게 되었음을 나타내는 것이므로 「~にともなって」가 적절하다. 만약 이 경우에 「~にしたがって」를 쓰게 되면 필연적으로 어두워져야만 함을 나타내게 되고, 「~につれて」를 쓰게 되면 자연스럽게 어두워짐을 나타내게 되는데, 전쟁이 일어난다고 해서 꼭 세상이 필연적이거나 자연스럽게 어두워진다는 법은 없기 때문에 여기에서는 문맥상 부적절하다.

③ 検査の結果がよくなるにしたがって/につれて/✱にともなって、食欲も増し、以前にも増してげんきになりました。

(검사결과가 좋아짐에 따라서 식욕도 늘고, 이전보다 더 건강해지게 되었습니다)

➲ 이 경우와 같이 검사결과가 좋아지게 되면, 당연히 잘 먹게 되고 그만큼 필연적으로 건강해질 수 있는 것이므로 「~にしたがって」가 적절하다. 한편으로는 검사결과가 좋아짐에 따라서 자연스럽게 건강해 지는 것 또한 당연한 것이므로 「~につれて」도 적절하다. 한편, 「~にともなって」는 주로 이 경우와 같은 개인적인 변화가 아닌, 공적인 변화에 쓰이는 것이므로 여기에서는 부적절하다.

④ 努力するにしたがって/✱にともなって/✱につれて以前の成績を取り戻した。

(노력함에 따라서 이전의 성적을 되찾았다)

➲ 노력하는 만큼 필연적으로 이전의 좋은 성적을 되찾게 마련이므로, 이 경우에는 「~にしたがって」가 적절하다. 「~にともなって」는 이와 같은 개인적인 사항의 변화에는 쓰기가 곤란하며, 「~につれて」를 쓰게 되면 이전의 성적이 자연스럽게 되찾아졌다고 하는 뜻이 되어야 하는데, 이 경우는 되찾아진 것이 아니라 되찾은 것이므로 여기에서는 부적절하다. 물론, 문말이 「取り戻された」로 되었다면 「~につれて」도 적절할 것이다.

⑤ 調査を続けるにしたがって/✱につれて、次々と新事実を発見した。

(조사를 계속함에 따라서 잇달아 새로운 사실을 발견했다)

➲ 이 경우 역시 지속적인 조사와 새로운 사실의 발견은 필연적인 인과관계에 있는 셈이므로 「~にしたがって」가 적절하다. 「~につれて」는 자연스러운 사항의 변화를 나타내므로 여기에서는 부적절한데, 만약 문말이 「発見された」로 되었다면 적절할 것이다.

⑥ 気温の上昇にともなって湿度も上がり蒸し暑くなってきた。
(기온의 상승에 따라서 습도도 올라가 무더워지게 되었다)

➲ 기온이 상승함에 따라서 부수적으로 습도도 올라가게 됨을 나타내는데, 이러한 경우는 다분히 개인적이 아닌 공적인 경우이다.

⑦ 学生数が増えるのにともなって、学生の質も多様化してきた。
(학생 수가 늘어남에 따라서 학생의 질도 다양화되어왔다)

⑧ 進むにしたがって道は険しくなる。(앞으로 나아감에 따라서 길은 험악해진다)

➲ 이 경우는 앞으로 나아감에 따라 필연적으로 길이 험악해짐을 부각시키고 있다.

⑨ 上昇するにしたがって気圧が下がる。(상승함에 따라서 기압은 내려간다)

➲ 이 경우는 상승함에 따라 기압이 내려감을 강조하고 있다.

⑩ 時間がたつにつれて、悲しみは薄らいできた。
(시간이 지남에 따라서 슬픔은 약해져왔다)

➲ 이 경우는 시간의 경과와 더불어 슬픔도 자연스럽게 약화되었음을 나타내고 있다.

⑪ 試合が進むにつれて、観衆も興奮してきて大騒ぎとなった。
(시합이 진행됨에 따라서 관중도 흥분하게 되어 큰 소동이 되었다)

➲ 이 경우는 시합의 진행에 따라 관중의 흥분도 자연히 더해짐을 나타내고 있다.

「～になる」「～となる」

(今年も豊作になること間違いなしだ、今年も豊作となること間違いなしだ)

●● 공통의미

~이(가)되다(변화를 나타내는 의미용법)

●● 요점

1. 「～になる」는 변화의 결과만을 나타내며, 변화에 대한 말하는 사람의 개인적인 감정은 그다지 엿보이지 않는 담담한 표현이다(예문③④⑤⑥).

2. 「～となる」는 변화된 결과가 움직일 수 없이 고정된 경우에 쓰이며, 앞으로 변화될 가능성이 있는 경우에는 쓰이지 못한다. 변화에 대한 말하는 사람의 여러 가지 복잡한 개인적인 감정이 엿보이는 표현이다(예문③④⑦⑧).
3. 특히 사람이 변화된 결과를 나타내는 경우, 「～になる」는 단순한 결과만을 나타내고, 「～となる」는 일정한 자격이나 지위, 신분에 이르렀다고 하는 성취감을 나타낸다(예문①②).

예문과 해설

① 息子は熱心に勉強して素晴らしい学者になった/となった。

(아들은 열심히 공부해서 훌륭한 학자가 되었다)

➲ 이 경우 「~になる」를 쓰게 되면 단지 훌륭한 학자가 되었다고 하는 결과만을 담담하게 나타낼 뿐이지만, 「~となる」를 쓰게 되면 훌륭한 학자가 된 데에 대한 성취감을 나타내게 된다.

② 彼はまだ二十歳なのに、もうすぐ父になります/となります。

(그는 아직 스무 살인데, 이제 곧 아버지가 됩니다)

➲ 이 경우 역시 「~になる」를 쓰게 되면 단지 이제 곧 아버지가 된다고 하는 결과만을 나타낼 뿐이지만, 「~となる」를 쓰게 되면 이제 곧 아버지의 신분으로 변화된다고 하는 말하는 사람의 놀라움이나 우려와 같은 감정이 들어가게 된다.

③ 人々は次々に島を出て行き、ついにそこは無人島になった/となった。

(사람들은 차례로 섬을 나가서, 결국에 그곳은 무인도가 되었다)

➲ 이 경우와 같이 무인도가 되어버린 것에 대한 개인적인 실망감이나 절망감, 그리고 초조함 등이 느껴질 때는 「~となる」가 적절하며, 단지 무인도가 되었다고 하는 결과만을 나타낼 때는 「~になる」가 적절하다.

④ こんなに急いでいるのに、信号がまた赤になった/となった。

(이렇게 급한데, 신호가 또 빨강이 되었다)

➲ 이 경우 「~になる」를 쓰는 것에 비하여, 「~となる」의 경우가 말하는 사람의 초조한 감정을 보다 잘 나타내게 될 것이다.

⑤ 私は試験を受けて、一級建築士になる/＊となるつもりです。

(나는 시험을 쳐서, 일급건축사가 될 작정입니다)

➲ 이 경우와 같이 일단의 포부는 그러하지만, 앞으로 변화될 가능성이 엿보이는 때는 「~となる」는 부적절하다. 실제로 일급건축사가 될지 어떨지는 두고 보아야 할 일인 것이다.

⑥ この子は将来、きっと大物になるよ/＊となるよ。楽しみだな。

(이 아이는 장래, 필시 큰 인물이 될 거야. 기대되네)

➲ 이 경우 역시 아이가 장래에 큰 인물이 될지 어떨지, 변화될 가능성은 있는 것이므로 「~なる」는 부적절하다.

⑦ 娘が7才ですから、来年は小学1年生となります。

(딸이 7살이니까, 내년에는 초등학교 1학년이 됩니다)

➲ 이 경우를 보면, 현재 7살인 딸이 내년에 초등학교 1학년이 될 가능성은 전혀 움직일 수없는 사실이므로, 「~となる」가 적절하다. 아울러 「~となる」는 어느새 우리 딸이 이만큼이나 컸다고 하는 말하는 사람의 감탄이 섞인 감정이 들어가게 된다. 물론 이 경우에 「~になる」도 쓸 수는 있으나, 이렇게 되면 단지 초등학교 1학년이 된다고 하는 결과만을 나타낼 뿐, 말하는 사람의 감정은 전혀 들어가지 않게 된다.

⑧ まごができるのはうれしいけれど、おじいさんとなるのは全然うれしくないなあ。

(손자가 생기는 것은 기쁘지만, 할아버지가 되는 것은 전혀 기쁘지 않네)

➲ 이 경우 역시 손자가 생기게 되면 할아버지로 불리게 될 것은 움직일 수 없는 사실이므로 「~となる」가 적절한데, 여기에는 말하는 사람의 복잡한 감정이 들어가게 된다.

「~には」「~のに」

(この小説を読むには5時間くらししかかからない、

この小説を読むのに5時間くらししかかからない)

공통의미

~하는 데(는)(동작, 행위의 방법을 나타내는 의미용법)

요점

1. 「~には」는 그 앞에 오는 동작이나 행위를 실현시키는 데에 있어서 필요한 사항이나 의무적으로 해야만 할 사항을 아무런 심적 부담이 없이 나타낸다(예문①②④⑥⑦).
2. 「~のに」는 그 앞에 오는 동작이나 행위를 실현시키는 데에 있어서 말하는 사람의 불안감, 주저, 마음의 동요 등이 엿보이게 된다(예문①②③⑤⑧⑨).

예문과 해설

① 三泊四日でソウル旅行をするには/のに費用はいくらくらいかかりますか。

(3박4일로 서울여행을 하는 데는 비용은 어느 정도 듭니까?)

➲ 이 경우는 둘 다 적절한데, 「~には」를 쓰게 되면 아무런 동요나 주저함도 없이 단지 비용을 묻는 데에 그치지만, 「~のに」를 쓰게 되면 비용을 상당히 신경 쓰면서 보다 싼 조건이 없을까 하는 심적 동요가 엿보이게 된다.

② この会社の入社試験を受けるには/のに英語ができないとだめだそうだ。

(이 회사의 입사시험을 치르는 데는 영어를 할 수 없으면 안 된다고 한다)

➲ 이 경우 역시 「~には」를 쓰게 되면 단지 이 회사의 입사시험에는 영어가 필수적임을 담담하게 나타내고 있으나, 「~のに」를 쓰게 되면 영어가 필수사항인 데에 대한 부담감이나 초조함이 엿보이게 된다. 필시 이 경우의 말하는 사람은 영어가 자신 없는 사람일 것이다.

③ 一人で生活するのに/＊には、一番安くて便利なのはどんな食事なの。

(혼자서 생활하는 데 가장 싸고 편리한 것은 어떤 식사인가?)

➲ 이 경우는 문맥을 볼 때, 혼자서 생활하는 것에 대한 생활비의 걱정이 엿보인다. 따라서 말하는 사람의 심적인 동요가 느껴지는 「~のに」가 적절하다. 한편, 「~には」는 아무런 심적인 부담이 없이 필요한 사항을 나타내는 것인데, 여기에서는 싸고 편리한 식사를 개인적인 입장에서 묻고 있어서 부적절하다. 만약, 뒤의 표현에 '한 달에 이 정도의 돈이 든다'라든지, '이런 음식이 가장 혼자 사는 데는 편리하다'는 등의 표현이 오면 「~には」도 적절할 것이다.

④ 学校へ行くには/＊のに、駅前から3番バスに乗らなければなりません。

(학교에 가는 데는 역 앞에서 3번 버스를 타야만 합니다)

➲ 이 경우는 마음의 동요나 주저가 전혀 없이, 그저 담담하게 필수적인 사항을 나타내고 있을 뿐이므로 「~には」가 적절하다.

⑤ やせるのに/＊には効果的なのは何といっても楽しい運動です。

(살 빼는데 효과적인 것은 뭐라고 해도 즐거운 운동입니다)

➲ 이 경우는 살 빼는 것에 대한 효과적인 방법을 자신의 경험에 의해서 피력하는 것인 만큼, 「~のに」가 적절하다.

⑥ この本を読むには、かなり大きな百科事典が必要となるでしょう。

(이 책을 읽는 데는 꽤 큰 백과사전이 필요하게 될 것입니다)

➲ 이 경우는 말하는 사람의 감정이 전혀 들어가 있지 않다.

⑦ お城から大学まで行くにはバスで行かなければならない。

(성에서 대학까지 가는 데는 버스로 가야만 한다)

➲ 대학까지는 버스로 가는 것이 필수사항임을 담담하게 나타내고 있다.

⑧ この案では町の再開発をいっきょに進めるのに無理がある。

(이 안으로는 마을의 재개발을 일거에 추진하는 데 무리가 있다)

➲ 일거에 재개발을 추진하는 것에 대한 불안감이 엿보인다.

⑨ ヨーロッパへ行く<u>のに</u>もっと安い飛行機はありませんか。
(유럽에 가는데 보다 싼 비행기는 없습니까?)
➲ 항공료에 대한 부담감이 충분히 엿보인다.

「～に向けて」「～に向かって」

(敵<u>に向けて</u>発砲する、敵<u>に向かって</u>発砲する)

공통의미

～을(를)향하여, ～에 대하여

요점

1. 「～に向けて」와 「～に向かって」는 방향을 나타내거나 목적지를 나타내며, 때로는 목표를 나타내기도 하는데, 여기에서는 오로지 사람이나 조직을 상대로 하는 용법에만 국한시켜 그 차이를 살펴본다.
2. 「～に向けて」는 동사 「向ける」의 연용형 「向け」에 접속조사 「て」가 접속된 형태로, 집단적인 사람이나 조직에 대하여 일방적인 동작이나 행위를 하는 뜻으로 쓰인다. 「～に向かって」와 달리 차분하면서도 이성적인 동작이나 행위를 하는 경우에 쓰이는데, 주로 문장체에서 쓰이며 사람의 경우 개인을 나타내는 말에는 접속될 수가 없다. 우리말의 '～을(를)향해서'에 해당된다.
3. 「～に向かって」는 동사 「向かう」의 연용형 「向かい」가 접속조사 「て」에 접속되는 과정에서 음편현상을 일으킨 형태로, 개인이나 집단적인 사람, 또는 조직에 대하여 일반적인 동작이나 행위를 하는 뜻으로 쓰인다. 「～に向けて」와 달리 폭력을 연상시킬 정도의 격한 행동이나 감정적인 행위를 한다고 하는 어감이 주어지는데, 문장체에서도 쓰이며, 회화체에서도 쓰인다. 우리말의 '～에 대고'에 해당된다.

예문과 해설

① 敵に向けて/敵に向かって発砲する。(적을 향해서/적에 대고 발포한다)

➲ 이 경우는 둘 다 적절한데 「~に向けて」를 쓰게 되면 적이 있는 방향을 향해서 발포한다고 하는 뜻이 되지만, 「~に向かって」를 쓰게 되면 적과 대치한 상황에서 적을 겨냥해서 발포한다고 하는 뜻이 된다.

② 人々に向けて/＊向かって戦争の終結を訴えた。
(사람들을 향해서 전쟁의 종결을 호소했다)

➲ 이 경우는 차분하고 이성적으로 전쟁의 종결을 호소하는 것이므로 「~に向けて」가 적절하다.

③ アメリカに向けて/＊向かって柔軟な外交政策をとり続けた。
(미국을 향해서 유연한 외교정책을 지속적으로 취했다)

➲ 이 경우 역시 격한 감정이나 행동을 보이는 것이 아니므로 「~に向けて」가 적절하다.

④ 視聴者に向けて/＊向かって、被害地への募金を呼び掛けることにした。
(시청자를 향해서 피해지에 대한 모금을 호소하기로 했다)

➲ 이 경우 역시 위의 예문들과 맥락을 같이하고 있다.

⑤ 親に向かって/＊向けて乱暴な口をきくな。(부모에 대고 난폭한 말을 하지마라)

➲ 이 경우는 그 뒤에 난폭한 말을 한다고 하는 격한 표현이 와있으므로 「~に向かって」가 적절하다.

⑥ 上司に向かって/＊向けて反抗的な態度を示す。
(상사에 대고 반항적인 태도를 나타낸다)

➲ 이 경우도 그 뒤에 반항적인 태도를 취한다고 하는 격한 표현이 와있으므로 「~に向かって」가 적절하다.

⑦ 先生に向かって/＊向けて口答えするとはなんだ。
(선생님에 대고 말대답을 하는 것은 뭐냐?!)

➲ 이 경우 역시 그 뒤에 말대답을 한다고 하는 격한 표현이 와있으며, 또한 집단적인 사람이 그 앞에 와있는 것이 아니므로 「~に向かって」가 적절하다. 「~に向けて」는 사람을 대상으로 하는 경우, 개인에게는 쓸 수가 없다.

「～にもとづいて」「～をもとに」

(計画表にもとづいて日程を組んだ、計画表をもとに日程を組んだ)

공통의미

～에 입각하여, ～을(를)토대로(기초나 소재를 나타내는 의미용법)

요점

1. 「～にもとづいて」는 어떤 행동의 기준을 바탕으로 구체적인 행동을 하거나 어떤 소재를 통해서 무언가를 만드는 경우에 쓰이는 것으로, 우리말의 '～에 입각하여' 정도에 해당된다(예문③④⑤⑥). 비교적 딱딱한 어감의 문장체에서 쓰인다.
2. 「～をもとに」는 어떤 소재를 통해서 무언가를 만들거나 생각할 때에 쓰이는 것으로, 우리말의 '～을(를)토대로' 정도에 해당된다(예문⑦⑧). 즉, 「～をもとに」의 뒤에는 당연히 주로 무언가를 작성하거나 만든다고 하는 내용이 오게 되는데, 회화체나 문장체 어느 것에나 쓰이고 있다.
3. 결국, 어떤 소재를 나타내는 경우에는 두 가지 다 쓸 수가 있으나(예문①②), 그러하더라도 「～をもとに」에 비해서 「～にもとづいて」는 문장체에서나 주로 쓰인다고 하는 차이가 엿보인다.

예문과 해설

① このマニュアルにもとづいて/をもとに文書を作成してください。

(이 매뉴얼에 입각해서/을 토대로 문서를 작성해 주십시오)

➲ 이 경우는 행동의 기준이 아니라, 단지 소재를 나타낼 뿐이므로 둘 다 적절하다.

② 計画表にもとづいて/をもとに具体的な日程を組んでみました。

(계획표에 입각해서/를 토대로 구체적인 일정을 짜보았습니다)

➲ 이 경우 역시 예문①과 맥락을 같이하고 있다.

③ 判決にもとづいて/✱をもとに、刑が執行された。

(판결에 입각해서 형이 집행되었다)

➲ 이 경우는 소재를 나타내는 것이 아니라, 어떠한 기준에 의해서 행동이 이루어졌음을 나타내는

것이므로 「~にもとづいて」가 적절하다. 「~をもとに」는 어떠한 소재를 통해서 무언가를 만들거나 생각해냄을 나타내는 것이므로, 여기에서와 같이 기준에 의한 행동을 나타내는 데는 부적절하다.

④ この計画(けいかく)にもとづいて/ ✱をもとに実行(じっこう)に移(うつ)ってください。
(이 계획에 입각해서 실행에 옮겨 주십시오)

➲ 이 경우 역시 예문③과 맥락을 같이하고 있다.

⑤ 過去(かこ)の経験(けいけん)にもとづいて判断(はんだん)を下(お)ろす。 (과거의 경험에 입각해서 판단을 내린다)

➲ 이 경우는 과거의 경험이라는 기준에 의해서 판단을 내린다고 하는 구체적인 행위를 나타내고 있다.

⑥ これまでの研究(けんきゅう)にもとづいて論文(ろんぶん)をまとめた。
(이제까지의 연구에 입각해서 논문을 정리했다)

➲ 이 경우는 이제까지의 연구를 소재로 논문을 정리했다고 하는 뜻을 나타내고 있다.

⑦ 実際(じっさい)にあった話(はなし)をもとに脚本(きゃくほん)を書(か)いた。
(실제로 있었던 이야기를 토대로 각본을 썼다)

➲ 이 경우는 실제의 이야기를 소재로 각본을 썼다고 하는 뜻으로 쓰였다.

⑧ この地方(ちほう)に伝(つた)わる伝説(でんせつ)をもとに、幻想的(げんそうてき)な映画(えいが)を作(つく)ってみたい。
(이 지방에 전해지는 전설을 토대로 환상적인 영화를 만들어보고 싶다)

➲ 이 경우는 지방의 전설을 소재로 영화를 만들고자 하는 생각을 나타내고 있다.

「似(に)る」「類(るい)する」

(松(まつ)に似(に)た木(き)、松(まつ)に類(るい)する木(き))

공통의미

닮다

요점

1. 「似(に)る」는 실질적으로 겉모습이 비슷하다는 의미로서, 그 닮은 정도를 단계별로 나타낼

수가 있다(예문②). 다만, 「似る」라는 동사자체만으로는 쓰이지 못하고, 어디까지나 「似た(닮은)」나 「似ている(닮은)」의 형태로서 뒤에 오는 명사를 수식하거나(예문①), 또는 「似ている(닮았다)」만으로 술어가 될 수 있다(예문②③). 그 앞에는 언제나 조사 「に」가 오게 되어있으며, 우리말의 '닮다' 에 해당된다.

2. 「類する」는 겉모습이 비슷하다는 뜻과는 무관하며, 어떠한 부류에 속한다고 하는 의미를 나타낸다. 즉, 그 대상의 외형이나 속성 등이 그러한 종류로 함께 묶여질 수 있음을 나타내는 것으로, 우리말의 '～에 속하다, ～와(과)유사하다' 정도에 해당된다(예문①). 「類する」는 이 자체만으로 술어가 되지만(예문⑤), 뒤에 오는 명사를 수식할 때는 「～に類する」「～に類した」의 두 가지 형태를 취하며(예문④), 그 앞에는 언제나 조사 「に」가 오게 되어있다.

예문과 해설

① 松に似た木/松に類する木。(소나무와 비슷한 나무/소나무에 속하는 나무)

➲ 전자는 그 외형이 소나무와 비슷하다고 하는 뜻을 나타내지만, 후자는 식물학적으로 볼 때 소나무과에 속한다는 뜻을 나타낼 뿐 외형이 비슷한 것과는 상관없다.

② あの人は山田君によく/もっと/非常に似ている。
(저 사람은 다나카군과 꽤/더욱/무척 닮았다)

➲ 「似る」는 이 경우와 같이 닮은 정도를 단계별로 나타낼 수가 있는데, 정도를 나타내는 부사 「よく」「もっと」「非常に」의 순으로 닮은 정도가 높아지게 된다.

③ あの子は体格がうちの息子と似ている。(저 아이는 체격이 우리 아들과 비슷하다)

➲ 「似る」는 단독으로는 술어로 쓰일 수가 없고, 보조동사 「~ている」와 결합된 상태에서만 술어역할을 할 수가 있다.

④ あの人に類したタイプには山田、田中、野村などがいる。
(저 사람과 유사한 타입에는 야마다, 다나카, 노무라 등이 있다)

➲ 저 사람의 부류에 속하는 타입의 사람들을 열거하고 있다.

⑤ あの男の行動は児戯に類する。(저 남자의 행동은 유치하다)

➲ 「児戯」는 아이들의 놀이를 나타내는 말인데, 이러한 형태로서 유치하다고 하는 뜻을 관용적으로 나타낸다.

「～に～れる」「～から～れる」

(母(はは)にことばを教(おし)えられる、母(はは)からことばを教(おし)えられる)

요점

1. 「～に～れる」는 동작주와 피동작주의 사이에 거리가 없이 밀착된 직접적인 수동을 나타낸다. 즉, 다른 중개자나 경로를 거치지 않고 동작주로부터 직접 해당되는 행위를 받는다는 뜻을 나타내게 된다.
2. 「～から～れる」는 동작주와 피동작주의 사이에 어느 정도의 거리가 있는 간접적인 수동을 나타낸다. 즉, 다른 중개자나 경로를 거침으로서 동작주를 기점으로 하여 간접적으로 해당되는 행위를 받는다는 뜻을 나타내게 된다.

예문과 해설

① 母(はは)にことばを教(おし)えられる/母(はは)からことばを教(おし)えられる。

(어머니에게 말을 배우게 된다/어머니로부터 말을 배우게 된다)

➲ 이 경우 「~に~れる」를 쓰게 되면 어머니에게서 직접 말을 배우게 된다는 뜻이 되지만, 「~から~れる」를 쓰게 되면 어머니를 기점으로 한 여러 경로를 통해서 간접적으로 말을 배우게 된다는 뜻이 강하다.

② 先生(せんせい)にほめられた/先生(せんせい)からほめられた。

(선생님에게 칭찬받았다/선생님으로부터 칭찬받았다)

➲ 이 경우 역시 「~に~れる」를 쓰게 되면 선생님에게서 직접 칭찬을 받았다는 뜻이 되지만, 「~から~れる」를 쓰게 되면 선생님의 칭찬을 다른 사람을 통해서 듣는다는 등의 간접적인 칭찬을 나타내게 된다.

③ 課長(かちょう)に仕事(しごと)を頼(たの)まれた/課長(かちょう)から仕事(しごと)を頼(たの)まれた。

(과장에게 일을 부탁받았다/과장으로부터 일을 부탁받았다)

➲ 이 경우도 「~に~れる」를 쓰게 되면 과장에게서 직접 일을 부탁받았다는 뜻이 되지만, 「~から~れる」를 쓰게 되면 과장의 부탁을 다른 사람이나 문서 등의 간접적인 경로를 통해서 받았다는 뜻이 강하다.

④ みんなに尊敬(そんけい)された/みんなから尊敬(そんけい)された。

(모두에게 존경받았다/모두로부터 존경받았다)

➲ 이 경우도 위의 예문들과 맥락을 같이하고 있다.

⑤ 狐(きつね)につままれた/✱狐(きつね)からつままれた。(여우에게 홀렸다/✱여우로부터 홀렸다)

➲ 이 경우는 동작주에 의한 영향을 직접적으로 받은 것이므로 오로지 「~に~れる」만이 적절하다. 「~から~れる」를 쓰게 되면 다른 중개자나 경로를 통해서 간접적으로 홀린다고 하는 영향을 받았다는 뜻이 되므로 부적절하다.

⑥ 車(くるま)にはねられた/✱車(くるま)からはねられた。(차에 치었다/✱차로부터 치었다)

➲ 차에 치이는 것은 어디까지나 직접적인 성질의 것이지, 간접적인 경로를 통해서 차에 치일 수는 결코 없는 일이다.

「~人(にん)」「~人(じん)」

공통의미

人(사람)을 읽는 방법

요점

1. 「人」은 일본어의 한자읽기 세 가지, 즉 呉音, 漢音, 唐音 중에서 그 앞에 오는 말에 따라서 呉音인 「~人(にん)」으로 읽는 방법과 漢音인 「~人(じん)」으로 읽는 방법의 두 가지가 있다.
2. 「~人(にん)」으로 발음되는 경우는 그 앞에 동작성을 지닌 말이 올 경우인데 결국 이러한 형태로 '~을(를)하는 사람'의 의미를 나타낸다(예문①).
3. 「~人(じん)」으로 발음되는 경우는 그 앞에 사람의 속성을 지닌 말이 올 경우인데 결국 이러한 형태로 '~속성을 지닌 사람'의 의미를 나타낸다(예문②).
4. 그럼에도 불구하고 예외적으로 읽는 경우도 약간 있다(예문③).

예문과 해설

① 世話人(せわにん)(돌보는 사람)、管理人(かんりにん)(관리인)、集金人(しゅうきんにん)(수금하는 사람)、勤め人(つとめにん)(근무

하는 사람)、 流行の仕掛け人(유행을 일으키는 사람)、 働き人(일하는 사람)

➲ 이 경우는 모두 「~人」의 앞에 동작을 나타내는 말이 와 있어서 '~하는 사람'의 의미가 된다.

② 日本人(일본인)、 外国人(외국인)、 美人(미인)、 老人(노인)、 新人(신인)、 要人(요인)、 地球人(지구인)、 国際人(국제인)

➲ 이 경우는 모두 「~人」의 앞에 속성을 나타내는 말이 와 있어서 '~속성을 지닌 사람'의 의미가 된다.

③ 善人(선인)、 悪人(악인)、 罪人(죄인)、 病人(환자)、 使用人(고용되어 있는 사람)、 求人(구인)、 殺人(살인)

➲ 이 경우는 모두 예외적으로 쓰이는 것이어서 별도의 기억을 요하는 것들이다.

「脱ぐ」「取る」「外す」

공통의미

(옷, 장신구 등을)벗다, 빼다, 풀다

요점

1. 「脱ぐ」는 주로 윗도리나 아랫도리와 같은 옷을 벗거나, 신발이나 양말, 모자 등을 벗는 데에 쓰인다.
2. 「取る」는 주로 모자, 안경, 벨트, 장갑, 시계, 넥타이 등, 그다지 사이즈가 크지 않고 장식적인 요소가 들어있는 것을 제거하는 데에 쓰인다.
3. 「外す」는 주로 안경이나 시계, 또는 반지, 팔찌, 귀걸이, 목걸이와 같은 장신구를 제거하는 데에 쓰인다.

예문과 해설

① めがねを取る/外す。(안경을 벗는다)

② 手袋を取る/外す。(장갑을 벗는다/뺀다)

③ イヤリングを取る/外す。(귀걸이를 뺀다)

④ ネックレスを取る/外す。(목걸이를 뺀다)

⑤ 時計を取る/外す。(시계를 푼다)

⑥ ボタンを取る/外す。(단추를 푼다)

⑦ 指輪を外す。(반지를 빼다)

⑧ 帽子を取る/脱ぐ。(모자를 벗는다)

⑨ ネクタイを取る。(넥타이를 푼다)

⑩ ベルトを取る。(벨트를 푼다)

⑪ スカートを脱ぐ。(스커트를 벗는다)

⑫ 上着を脱ぐ。(윗도리를 벗는다)

⑬ ズボンを脱ぐ。(바지를 벗는다)

⑭ 靴を脱ぐ。(신발을 벗는다)

⑮ 靴下を脱ぐ。(양말을 벗는다)

「ぬくもり」「あたたかみ」

공통의미

따스함

요점

1. 「ぬくもり」는 주로 몸으로 느끼게 되는 따스함을 나타낼 때에 쓰인다(예문①②).
2. 「あたたかみ」는 상냥하고 인정이 많은 심성을 나타낼 때에 쓰인다(예문③④).

예문과 해설

① 体(からだ)のぬくもりが伝(つた)わる。(몸의 따스함이 전해진다)

➲ 이 경우와 같이 따스한 체온의 경우에는 「ぬくもり」가 적절한데, 「ぬくもり」는 몸으로 느껴지는 따스함을 나타내기 때문이다.

② ふとんの中(なか)に手(て)を入(い)れると、母(はは)のぬくもりが感(かん)じられた。
(이불 속에 손을 넣자, 어머니의 따스함이 느껴졌다)

➲ 이불 속에 남아있는 몸의 온기를 나타내고 있다.

③ 母(はは)の肌(はだ)のぬくもりはいつも気持(きもち)がいい。(어머니피부의 따스함은 언제나 기분이 좋다)

➲ 몸의 접촉에 의한 따스함을 나타내고 있다.

④ あの人(ひと)はあたたかみのある心(こころ)を持(も)っている。
(저 사람은 따스함이 있는 마음을 지니고 있다)

➲ 「あたたかみ」는 이 경우와 같이 정서적인 따스함을 나타낸다.

⑤ これは心(こころ)のあたたかみが伝(つた)わる文章(ぶんしょう)です。
(이것은 마음의 따스함이 전해지는 문장입니다)

➲ 이 경우 역시 정서적으로 따스하게 여겨지는 문장을 나타내고 있다.

⑥ あの先生(せんせい)はあたたかみが全(まった)くない。(저 선생님은 따스함이 전혀 없다)

➲ 그 사람의 인정미를 나타내고 있다.

「濡(ぬ)れる」「湿(しめ)る」「潤(うるお)う」

(雨(あめ)で濡(ぬ)れた草木(くさき)、雨(あめ)で湿(しめ)った草木(くさき)、雨(あめ)で潤(うるお)った草木(くさき))

공통의미

(물 등으로)젖다

요점

1. 「濡(ぬ)れる」는 수분 등으로 흠뻑 젖는 상태를 나타내는 것으로 눈으로도 금방 젖은 상태를

식별할 수 있는 경우에 쓰이며, 위의 세 가지 말 중에서 가장 수분이 많이 함유된다. 우리말의 '젖다'에 해당된다(예문①②③⑤⑥).

2. 「湿(しめ)る」는 물기가 어느 정도 있는 상태를 나타내는 것으로 주로 만져보고서야 물기를 느낄 수 있는 경우에 쓰이며, 우리말의 '축축하다' 정도에 해당된다(예문①②④⑦⑧).

3. 「潤(うるお)う」는 적당한 수분을 함유한 상태를 나타내는 것으로 위의 세 가지 말 중에서 유일하게 긍정적인 가치를 지닌 말로서 쓰인다. 우리말의 '촉촉하다' 정도에 해당된다(예문①⑨⑩).

예문과 해설

① 昨夜(さくや)の雨(あめ)で濡(ぬ)れた/湿(しめ)った/潤(うるお)った草木(くさき)。
(어젯밤의 비로 젖은/축축한/촉촉한 초목)

➲ 이 경우는 세 가지 다 적절한데, 「濡(ぬ)れる」를 쓰게 되면 상당히 젖어있는 상태를, 「湿(しめ)る」를 쓰게 되면 표면에만 물기가 조금 있는 상태를, 「潤(うるお)う」를 쓰게 되면 보일 듯 말듯 물기를 약간 머금은 상태를 각각 나타내게 된다.

② 洗濯物(せんたくもの)が濡(ぬ)れて/湿(しめ)って/✱潤(うるお)っている。(빨랫감이 젖어/축축해 있다)

➲ 이 경우 「濡(ぬ)れる」는 빨랫감이 젖어있는 상태를 나타내게 되고, 「湿(しめ)る」는 완전히 마르지는 않은 상태를 나타낸다. 하지만 「潤(うるお)う」는 이 경우와 같은 긍정적이지 못한 때는 쓸 수가 없으므로 부적절하다(빨랫감은 원래 바짝 마르는 것이 바람직한 존재임).

③ 運動(うんどう)をしてびっしょりと汗(あせ)で濡(ぬ)れて/✱湿(しめ)って/✱潤(うるお)っている。
(운동을 해서 흠뻑 땀으로 젖어있다)

➲ 이 경우에는 「びっしょりと(흠뻑)」와 같이 수분에 의해서 심하게 젖어있는 모양을 나타내는 부사가 앞에 와있으므로, 수분 등으로 흠뻑 젖는 상태를 나타내는 「濡(ぬ)れる」만이 적절하다. 「湿(しめ)る」는 어느 정도의 물기는 있으나 흠뻑 젖는 상태는 나타낼 수가 없고, 「潤(うるお)う」는 수분을 머금은 바람직한 상태만을 나타내므로 여기에서는 둘 다 부적절하다.

④ 干(ほ)してある海苔(のり)がまだ湿(しめ)って/✱濡(ぬ)れて/✱潤(うるお)っている。
(널어놓은 김이 아직 축축하다)

➲ 김은 바짝 마르는 것이 상품가치가 있는 셈인데, 이 경우는 아직 그러한 상태에 이르지 못하고 다소 수분이 있는 상태이므로 「湿(しめ)る」가 적절하다. 만약 「濡(ぬ)れる」를 쓰게 되면이 김은 전혀 마르지 않은 초기단계인 셈이 되고, 「潤(うるお)う」는 어디까지나 긍정적인 경우에만 쓰이므로 여기에서는 둘 다 부적절하다.

⑤ 変な人が雨に濡れながら歩いている。(이상한 사람이 비에 젖으면서 걷고 있다)

➲ 비를 맞게 되면 아무래도 몸이 젖게 마련이므로「濡れる」가 적절하다.

⑥ 女の子は涙に濡れた顔だった。(소녀는 눈물에 젖은 얼굴이었다)

➲ 눈물이 나오게 되면 당연히 얼굴이 젖게 마련이다.

⑦ シャツがまだ湿っていて着れない。(셔츠가 아직 축축해서 입을 수가 없다)

➲ 셔츠가 아직 마르지 않아서 어느 정도의 물기를 머금고 있는 상태이다.

⑧ つゆどきで家の中が湿っている。(장마철이어서 집안이 축축하다)

➲ 집안의 여기저기에 물기가 서려있는 상태를 나타내고 있다. 만약 이 경우에「濡れる」를 쓰게 되면 이 집은 이미 물에 잠겨있거나 잠긴 상태에서 물이 금방 빠져나간 상태가 될것이다.

⑨ 庭木が雨に潤っている。(정원수가 비로 촉촉하다)

➲ 정원의 나무들이 비로 인하여 물기를 흠뻑 머금고 있는 서정적인 모습이 연상되는데,「潤う」는 이와 같이 긍정적인 상태나 상황을 나타낼 때에 쓰인다.

⑩ 飴玉をしゃぶったら喉が潤う。(사탕을 빨았더니 목이 촉촉하다)

➲ 목이 마르지 않고 촉촉해진다는 것은 매우 긍정적인 일이다.

참고

「濡れる」에는 이 밖에도「あの二人は濡れている(저 두 사람은 정을 통하고 있다)」와 같이 속어적으로 남녀가 정을 통하고 있음을 나타내는 용법이 있고,「湿る」에는「座が湿る」(자리가 식다)「景気が湿る」(경기가 가라앉다)「気分が湿る」(기분이 침울해진다)와 같이 활기가 없어지거나 기분이 침울해지는 것을 나타내는 용법이 있다. 그리고「潤う」에는「ボーナスで家計が潤う」(보너스로 가계가 윤택해진다)」「工場ができて町が潤う」(공장이 생겨서 거리가 활기를 띤다)와 같이 윤택해지거나 여유가 있게 됨을 나타내는 용법도 많이 쓰이고 있다.

「～ね↗」「～ね↘」

공통의미

문의 끝에 쓰여서 여러 의미를 나타내는 조사용법

요점

1. 회화체에서 조사 「ね」는 문의 끝에 위치하여 그 억양에 따라 여러 가지 의미를 나타낸다.
2. 조사 「ね」를 올려서 발음하게 되면 상대의 동의를 구하거나(예문①A) 다짐을 두는 의미가 된다(예문②).
3. 조사 「ね」를 내려서 발음하게 되면 상대의 말에 동의를 하거나(예문①B) 자신의 판단을 분명하게 나타내는 의미가 된다(예문④). 또한 감동의 기분을 나타내기도 하는데 이러한 경우에는 조사 「ね」를 길게 늘여서 발음할 때도 있다(예문③).

예문과 해설

① A: 春(はる)らしくなりましたね↗(봄다워졌지요?)　　B: そうですね↘(그렇군요)

➲ 이 경우의 A는 봄다워졌다고 하는 느낌에 대하여 상대의 동의를 구하고 있으며, B는 그에 대하여 동의를 하고 있다.

② わかりましたね↗(알았지요?)　　仕事(しごと)、手伝(てつだ)ってね↗(일, 도와주세요?)

➲ 이 경우는 상대에게 자신의 생각을 나타내고 그에 대한 다짐을 두는 식이 된다.

③ 本当にきれいですね↘(정말로 예쁘군요)

➲ 이 경우는 감동을 나타내고 있는데 이럴 때는 「ね」를 길게 발음하여 「ねえ」가 될 수도 있다.

④ 私は反対ですね↘(나는 반대입니다)

➲ 이 경우는 상대의 의견은 관계없이 오로지 자신은 반대임을 나타내고 있다.

「願う」「望む」

(平和を願う、平和を望む)

공통의미

바라다

요점

1. 「願う」는 자신보다 우위에 있는 상대에게 도움이나 심적 배려를 청할 때나 신에게 기원할 때에 쓰이는데 우리말의 '부탁한다, 기원 한다' 에 해당된다(예문①③④⑥⑦⑧).
2. 「望む」는 자기 자신의 바람을 나타내거나 상대에게 무언가를 요구하는 경우에 쓰이는데 우리말의 '바라다, 기대하다'에 해당된다(예문①②⑤⑨⑩⑪).

예문과 해설

① 世界の平和を願う/望む。(세계평화를 기원하다/바라다)

➲ 이 경우는 무언가를 기원한다는 뜻인 「願う」도, 무언가를 바란다는 뜻인 「望む」도 둘 다 적절하다.

② あの子がいい嫁になることを望んでいる/*願っている。
(저 아이가 좋은 신부 감이 될 것을 바라고 있다)

➲ 「願う」는 도움이나 배려를 청하거나 신에게 기원할 때에 쓰이는 것이므로 이 경우는 부적절하다. 이 경우는 어디까지나 마음속으로 기대하고 있음을 나타내는 것이므로 「望む」가 적절하다.

③ 神に家内安全を願う/✱望む。(신에게 가내안전을 기원한다)

➲ 「願う」는 신에게 기원할 때에 쓰이는 것이므로 이 경우에 적절하지만, 「望む」는 자신의 바람을 상대에게 표현하거나 무언가를 요구하는 경우에 쓰이므로 이 경우에는 부적절하다.

④ 先生に特別のお教えを願う/✱望む。(선생님에게 특별한 가르침을 부탁드린다)

➲ 「願う」는 자신보다 위에 있는 상대에게 무언가를 부탁한다는 뜻이므로, 이 경우에는 적절하다. 「望む」에는 이러한 의미용법이 없으므로 부적절하다.

⑤ 彼にそんなことを望む/✱願うのは無理だ。(그에게 그런 것을 바라는 것은 무리다)

➲ 「願う」는 주로 위에 있는 상대에게 무언가를 바라는 경우에 쓰이는데, 이 경우는 동격이나 하격인 '그'에 쓰였으므로 부적절하다.

⑥ どうかお許しを願います。(부디 허가해주실 것을 부탁합니다)

➲ 이 경우와 같이 상대에게 간절하게 무언가를 부탁할 때는 「願う」만이 적절하다.

⑦ ご成功を願っています。(성공하실 것을 기원하고 있습니다)

➲ 이 경우는 상대의 성공을 신에게 기원한다는 뜻으로 쓰였다.

⑧ よろしく願います。(잘 부탁합니다)

➲ 이 경우와 같이 의례적인 인사말에서는 오로지 「願う」만이 적절하다.

⑨ 待遇の改善を望む。(대우의 개선을 바란다)

➲ 무언가를 구체적으로 부탁하는 것이 아니라, 처우의 개선을 요구하는 것이므로 「望む」가 적절하다.

⑩ 諸君のいっそうの努力を望む。(제군의 가일층의 노력을 바란다)

➲ 이 경우와 같이 마음속으로 기원하고 있음을 나타낼 때는 「望む」가 적절하다.

⑪ 一流企業への就職を望んでいる学生が多い。
(일류기업으로의 취직을 바라고 있는 학생이 많다)

➲ 이 경우 역시 마음속으로 그렇게 되기를 바라고 있다는 뜻으로 쓰였다.

「値下げする」「値引きする」「まける」「勉強する」

공통의미

가격을 깎다, 가격을 내리다

요점

1. 「値下げする」는 그 상품의 정가를 내린다고 하는 것으로 우리말의 '가격을 인하하다(내리다)'에 해당된다(예문①②).
2. 「値引きする」는 그 상품의 정가는 그대로 놔두고 임시로 가격을 싸게 하는 것을 나타내며, 때로는 상품의 가격을 그때그때 깎아주는 경우에도 쓴다. 우리말의 '가격을 깎아주다'에 해당된다(예문③④).
3. 「負ける」는 원래 '패하다, 지다'의 의미로 쓰이는 동사지만, 때로는 가격을 깎는다는 뜻으로도 쓰인다. 우리말의 '가격을 깎다'에 해당된다(예문⑤).
4. 「勉強する」는 원래 '공부하다'의 의미로 쓰이는 동사지만, 때로는 가격을 깎는다는 뜻으로도 쓰인다. 우리말의 '가격을 깎다'에 해당되는데, 어디까지나 속어적인 말이다(예문⑥).

예문과 해설

① 政府はバスの料金を値下げした。(정부는 버스요금을 인하했다)

② 商品の価格を一割値下げする。(상품가격을 10% 내린다)

③ これは値引きした商品です。(이것은 가격을 깎은 상품입니다)

④ 果物が売れないから、値引きして売るしかない。
(과일이 팔리지 않으니까, 가격을 깎아서 파는 수밖에 없다)

⑤ お金が足りないから、もうちょっと負けてください。
(돈이 모자라니까, 조금 더 깎아 주십시오)

⑥ この商品は<u>勉強し</u>てあります。(이 상품은 값을 깎아 놓았습니다)

「ねだる」「せがむ」「せびる」

(親に小遣いを<u>ねだる</u>、親に小遣いを<u>せがむ</u>、親に小遣いを<u>せびる</u>)

공통의미

조르다, 보채다

요점

1. 「ねだる」는 무언가를 달라거나 해달라고 조르는 모습을 나타내는데, 주로 어린이가 어른에게, 또는 아랫사람이 윗사람에게 조르는 경우에 쓰인다. 육신관계 등, 매우 친밀한 사이가 아니고서는 쓸 수가 없는데, 우리말의 '조르다' 정도에 해당된다(예문①②④⑦⑧).
2. 「せがむ」는 「ねだる」와 비슷한 뜻으로 이 역시 친밀한 사이에서만 쓸 수가 있다(예문①②④⑥⑨). 다만, 「ねだる」와 달리 어딘가를 데리고 가 달라고 아이가 보채는 경우에도 쓸 수가 있는데, 이러한 용법은 「ねだる」에는 없다(예문③⑩). 우리말의 '보채다' 정도에 해당된다.
3. 「せびる」는 상대와의 약간의 관계를 이용하거나 상대의 약점 등을 틈타서 집요하게 금품을 요구하는 것인데, 이 경우 단순한 요구에 그치는 것이 아니라 반드시 금품을 손에 넣고야마는 뜻을 나타낸다. 우리말의 '뜯어내다' 정도에 해당된다(예문①⑤⑪⑫).

예문과 해설

① 親に小遣いをねだる/せがむ/せびる。(부모에게 용돈을 조른다)

➲ 이 경우는 일단 어느 것이나 적절하나, 「ねだる」를 쓰게 되면 어리광부리듯이 용돈을 요구하는 뜻이 되고, 「せがむ」를 쓰게 되면 다소 귀찮을 정도로 끈덕지게 요구하는 뜻이 되며, 「せびる」를 쓰게 되면 생떼를 써서 결과적으로 용돈을 받아낸다는 뜻이 된다. 결국, 용돈을 받아서 손에 넣는 결과는 「せびる」에만 주어지는 셈이다.

② 孫が昔話をしてくれとねだる/せがむ/* せびる。

(손자가 옛날이야기를 해 달라고 조른다)

➲「せびる」는 주로 금품 같은 것을 뜯어낸다는 뜻으로 쓰이므로 이 경우에는 부적절하다. 한편, 「ねだる」와 「せびる」는 이 경우에 둘 다 적절한데, 「ねだる」쪽이 보다 어리광 섞인 귀여운 모습을 연상할 수가 있을 것이다.

③ 子供(こども)が外(そと)へ連(つ)れていってとせがんだ/＊ねだった/＊せびった。

(아이가 밖으로 데리고 가 달라고 보챘다)

➲「せがむ」에는 주로 아이가 어딘가에 데리고 가 달라고 조르는 뜻도 있지만, 「ねだる」는 주로 무언가를 달라고 어리광 섞인 목소리나 태도로 조르는 뜻이므로 이 경우에는 부적절하다. 한편, 「せびる」는 주로 금품 같은 것을 뜯어낸다는 뜻으로 쓰이므로 역시 이 경우에는 부적절하다.

④ 小遣(こづか)いをねだったが/せがんだが/＊せびったがくれなかった。

(용돈을 졸랐지만 주지 않았다)

➲「せびる」는 어디까지나 결과적으로 금품을 손에 넣는 데에 쓰이는 것인데 이 경우에는 결국 받지 못하였으므로 내용의 앞뒤가 맞지 않아서 부적절하다. 「ねだる」와 「せがむ」는 그러한 요구를 하는 것에 뜻의 중심이 있는 것이며 그 결과는 상관치 않는 것이므로 이 경우에는 둘 다 적절하다.

⑤ 観光(かんこう)バスの運転手(うんてんしゅ)が酒代(さかだい)をせびる/＊ねだる/＊せがむ。

(관광버스 운전수가 술값을 뜯어낸다)

➲ 이 경우와 같이 어떠한 구실을 내세워서 금품을 받아내는 때는 「せびる」가 가장 적절하다. 결국 이 운전수는 술값을 요구한 것에 그친 것이 아니라 결과적으로 손에 넣은 셈이다.

⑥ 司会(しかい)を引(ひ)き受(う)けてくれとせがんだ。(사회를 맡아달라고 졸랐다)

➲ 이 경우와 같이 어린이가 아닌 어른이 다른 어른에게 무언가의 행위를 요구할 때는 「せがむ」가 적절하다.

⑦ 褒美(ほうび)に時計(とけい)をねだった。(상으로 시계를 졸랐다)

➲ 육신관계나 매우 친한 사이에서 줄기차게 조르는 모습을 나타낸다.

⑧ 家内(かない)は私(わたし)に新(あたら)しい靴(くつ)をねだる。(아내는 나에게 새 구두를 조른다)

⑨ 息子(むすこ)にせがまれて映画館(えいがかん)に行(い)った。(아들이 보채서 영화관에 갔다)

➲ 이 경우는 영화관에 데려가 달라고 보챘음을 나타내는 것이므로 「せがむ」만이 적절하다.

⑩ 子供(こども)が遊園地(ゆうえんち)に連(つ)れていってとせがむ。

(아이가 유원지에 데리고 가 달라고 보챈다)

➲ 이 경우역시 유원지에 데려가 달라고 보채는 것이므로 오로지 「せがむ」만이 적절하다.

⑪ あまり会(あ)ってない人(ひと)が訪(たず)ねてきて、寄付(きふ)をせびる。

(그다지 만나지 않은 사람이 찾아와서 기부를 뜯어낸다)

➲ 「せびる」는 이 경우와 같이 금품을 뜯어낸다고 하는 것에 의미의 중심이 놓이는데, 결과적으로는 금품을 주었다고 하는 뜻이 된다.

⑫ 隣の人が駐車場の使用料と言って金をせびる。
(이웃집 사람이 주차장사용료라고 하며 돈을 뜯어낸다)

➲ 이 경우 역시 이미 돈을 뜯어낸 결과를 나타내고 있다.

「値段」「値」「価格」

(適正な値段をつける、適正な値をつける、適正な価格をつける)

공통의미

가격, 값

요점

1. 「値段」은 가장 일반적으로 쓰이는 말로 우리말의 '가격, 값' 정도에 해당된다(예문①②③⑥⑦).
2. 「値」는 주로 「値をつける(값을 매기다)」「値を飛ばす(값을 크게 올리다)」「値が張る(값이 오르다)」「いい値(좋은 값)」과 같이 관용적으로 쓰인다. 우리말의 '값'에 해당된다(예문①②⑧⑨).
3. 「価格」는 한자말인 만큼 문장체에서 주로 쓰이며, 「価格調査(가격조사)」「価格統制(가격통제)」와 같이 다른 한자말과 함께 쓰이는 경향이 있다. 우리말의 '가격'에 해당된다(예문③④⑤⑩).

예문과 해설

① 古道具に高い値段/値/?価格をつける。(골동품도구에 비싼 값을 매긴다)

➲ 이 경우와 같이 일상적으로 어떤 대상에 값을 매긴다고 하는 뜻으로 쓰일 때는 「値段」과 「値」가 적절하며, 「価格」는 주로 다른 한자말과 결합된 딱딱한 문체에서 쓰이므로 여기에서는 다소 부적절하다.

② 台風で魚の値段/値/＊価格が張る。(태풍으로 생선 값이 비싸진다)

➲ 이 경우역시 예문①과 맥락을 같이하고 있다.

③ 当店はお手頃な値段/価格/?値でご奉仕中です。
(본점에서는 적당한 가격으로 봉사중입니다)

➲ 이 경우와 같이 격식을 차린 딱딱한 어감의 문체에서는 「値」는 다소 부적절하다. 이는 「値」는 일상적인 회화체에서 주로 쓰이기 때문이다. 한편 「価格」는 「値段」에 비해서 다소 딱딱한 말이다.

④ 商品の価格/?値段/＊値を調査する。(상품의 가격을 조사한다)

➲ 이 경우와 같이 가격조사의 뜻으로 쓰일 때는 「価格」가 가장 적절하다.

⑤ 政府は価格統制/＊値段統制/＊値統制に取りかかった。
(정부는 가격통제에 나섰다)

➲ 이 경우와 같이 다른 한자말과 함께 쓰일 때는 「価格」만이 적절하다.

⑥ この服は値段が高くて買えない。(이 옷은 가격이 비싸서 살 수 없다)

➲ 「値段」은 이와 같이 일반적인 가격의 뜻으로 널리 쓰이고 있다.

⑦ バーゲンセールなので安い値段がついた。(바겐세일이므로 싼 가격이 붙었다)

⑧ 商品が売れないから仕方なく値を下げた。
(상품이 팔리지 않아서 어쩔 수 없이 값을 내렸다)

➲ 이 경우와 같이 물건의 값을 내린다고 할 때는 「値」가 적절하다.

⑨ きちんとした商品でないと、値が出ない。
(제대로 된 상품이 아니면 제값을 못 받는다)

➲ 제값을 받을 수 없다고 하는 뜻의 값을 나타낼 때는 「値」가 적절하다.

⑩ 販売価格。(판매가격)　適正価格。(적정가격)　公正価格。(공정가격)

➲ 「価格」는 이와 같이 다른 한자말과 결합하여 쓰이는데 다른 말에는 이러한 용법이 없다.

「熱心」「一生懸命」

(熱心に勉強する、一生懸命勉強する)

공통의미

열심

요점

1. 「熱心」과 「一生懸命」는 둘 다 우리말의 '열심'에 해당되지만(예문①), 그 뒤에 오는 피수식어를 수식하는 방식에는 다소 차이가 엿보인다.
2. 「熱心」은 「熱心な」의 형태를 취하여 그 뒤에 오는 명사를 수식하는 용법이 있으나, 「一生懸命」에는 이러한 용법이 없다(예문②).
3. 「一生懸命」는 그 자체로 뒤에 오는 술어를 수식하는 부사적인 용법이 있지만(때로는 「一生懸命に」의 형태도 취하나 의미는 같음)(예문③⑥⑦), 「熱心」은 이 자체로만은 부사적으로 쓰이지 못하고 항상 「熱心に」의 형태를 취하여 부사와 같이 쓰인다(예문④⑤).

예문과 해설

① あの子は勉強より遊びに熱心だ/一生懸命だ。

(저 아이는 공부보다 노는 것에 열심이다)

➲ 「熱心」과 「一生懸命」는 그 뒤에 「だ」를 수반하여 문말의 술어로도 쓰인다.

② 課長は仕事熱心な/＊一生懸命な人です。

(과장은 일을 열심히 하는 사람입니다)

➲ 「熱心」은 「熱心な」의 형태를 취하여 그 뒤에 오는 명사를 수식할 수가 있으나, 「一生懸命」에는 이러한 용법이 없다.

③ 先生の話を一生懸命/✱熱心聞いている。
(선생님의 이야기를 열심히 듣고 있다)

➲ 「一生懸命」는 이 자체로도, 또는 「一生懸命に」의 형태로도 부사처럼 쓰이지만, 「熱心」은 이 자체로만은 부사처럼 쓰이지 못하고 항상 「熱心に」의 형태를 취해야만 비로소 부사처럼 쓰일 수 있다.

④ 子供たちは史跡を熱心に見学する。(아이들은 사적을 열심히 견학한다)

⑤ 牧師さんの説教に熱心に耳を傾けている信者たち。
(목사님의 설교에 열심히 귀를 기울이고 있는 신자들)

⑥ 娘は一生懸命練習をしてプロゴルファーになった。
(딸은 열심히 연습을 해서 프로골퍼가 되었다)

➲ 「一生懸命」는 이와 같이 조사 「に」가 생략된 형태로도 부사적인 역할을 할 수가 있다.

⑦ 山田さんは学生たちを一生懸命に教える先生だ。
(야마다씨는 학생들을 열심히 가르치는 선생이다)

➲ 이 경우는 조사 「に」가 접속되어 쓰이고 있는데, 결과적으로는 의미용법상의 차이는 전혀 없다.

「熱中する」「没頭する」「打ち込む」

(研究に熱中する、研究に没頭する、研究に打ち込む)

공통의미

열중하다

요점

1. 「熱中する」는 어떤 대상이 재미있거나 매력이 있어서 그것에 열중하는 것을 나타내는 것으로 우리말의 '열중하다'에 해당된다(예문②④⑥⑦).

2. 「没頭する」는 어떤 일을 하는 것에 모든 마음이 집중되어 있음을 나타내며, 때로는 필

요에 따라 열심히 몰입하는 것을 나타내기도 한다(예문①②③④⑤⑧⑨). 우리말의 '몰두하다'에 해당된다.

3. 「打ち込む」는 전력을 기울여 열중하는 성실한 모습을 나타내는 것으로 우리말의 '쏟아 붓다, 몰입하다'에 해당된다(예문①③⑤⑩⑪).

예문과 해설

① 受験勉強に没頭する/打ち込む/＊熱中する。 (수험공부에 몰두한다)

➲ 이 경우와 같이 재미나 매력에 빠져 열중하는 것이 아니라 어떤 필요에 의해 몰입하는 때는 「熱中する」는 부적절하다.

② うちの子どもはゲームに熱中する/没頭する/＊打ち込む。
(우리 집 아이는 게임에 열중한다/몰두한다)

➲ 이 경우와 같이 놀이에 열중하는 때는 「打ち込む」는 부적절하다. 「打ち込む」는 어떤 일에 전력을 기울이는 성실한 모습에 주로 쓰이기 때문이다.

③ 彼はいつも自分の仕事に没頭して/打ち込んで/＊熱中している。
(그는 언제나 자신의 일에 몰두하고 있다)

➲ 이 경우는 성실하게 일을 한다고 하는 뜻이므로 「熱中する」는 부적절하다.

④ 切手集めに熱中する/没頭する/＊打ち込む。
(우표수집에 열중한다/몰두한다)

➲ 이 경우는 어떤 취미에 신경을 집중시킨다고 하는 뜻이므로 「打ち込む」는 부적절하다.

⑤ 彼女は事業に心を打ち込んで/没頭して/＊熱中している。
(그녀는 사업에 마음을 쏟아 붓고 있다)

➲ 이 경우와 같이 사업에 성실하게 전력을 기울이고 있음을 나타낼 때는 「打ち込む」가 가장 적절하다.

⑥ テレビに熱中している子ども。 (티브이에 열중하고 있는 아이)

➲ 이 경우와 같이 어떤 재미에 푹 빠져있음을 나타내는 데는 「熱中する」가 가장 적절하다.

⑦ 夫はプロ野球に熱中して球場に通っている。
(남편은 프로야구에 열중하여 구장을 다니고 있다)

➲ 이 경우 역시 야구의 흥미에 푹 빠져있음을 나타내고 있다.

⑧ 寝食(しんしょく)を忘(わす)れて執筆(しっぴつ)に没頭(ぼっとう)する。(침식을 잊고 집필에 몰두한다)

➲ 「没頭(ぼっとう)する」는 이와 같이 어떤 일에 온 마음을 집중하고 있음을 나타낸다.

⑨ 最近(さいきん)、姉(あね)は音楽(おんがく)に没頭(ぼっとう)しているようだ。
(요즈음 누나는 음악에 몰두하고 있는 것 같다)

⑩ 弟(おとうと)は相撲(すもう)の稽古(けいこ)に打(う)ち込(こ)んでいる。(남동생은 씨름연습에 몰입하고 있다)

➲ 「打(う)ち込(こ)む」는 이와 같이 성실한 자세로 최선을 다하는 데에 쓰인다.

⑪ 全国大会(ぜんこくたいかい)に向(む)けて練習(れんしゅう)に打(う)ち込(こ)む。(전국대회를 향해서 연습에 몰입한다)

➲ 이 경우 역시 성실하게 연습에 임하고 있음을 나타내고 있다.

「寝(ね)る」「眠(ねむ)る」

(よく寝(ね)たので気分(きぶん)がいい、よく眠(ねむ)ったので気分(きぶん)がいい)

공통의미

자다

요점

1. 「寝(ね)る」와 「眠(ねむ)る」는 둘 다 잠을 잔다고 하는 의미에서는 같지만, 그 이외의 경우에서는 의미용법상의 차이가 엿보인다.

2. 「寝(ね)る」는 단지 잠을 자는 것을 나타내기도 하고, 일상적, 습관적으로 잠을 자는 것을 나타내기도 한다(예문①②③⑧⑨) 한편으로는 잠은 자지 않지만 옆으로 눕는다는 의미가 있으며(예문④⑤⑩), 또한 상품이나 자금 등이 충분히 이용되지 않고 있음을 나타내기도 한다(예문⑪). 우리말에서도 상품이나 자금 등이 자고 있다는 표현은 흔히 쓰고 있다.

3. 「眠(ねむ)る」는 일상적으로 잠을 자는 것이 아니라 단지 일시적으로 잠을 자는 것이며(예문①②⑫⑬), 이외에도 자원이나 비싼 도구 등이 충분히 활용되지 않고 있음을 나타내기도

한다(예문⑦⑮). 또한, 사람이 죽어서 잠들어있음을 비유적으로 나타내기도 하는데(예문⑥⑭), 자원이나 도구 등을 활용하지 않고 있다든지 사람이 죽어서 잠들어있다든지 하는 표현은 우리말에서도 흔히 쓰고 있다. 하지만, 「寝(ね)る」에는 눕는다는 의미용법이 있는데 반하여 「眠(ねむ)る」에는 이러한 의미용법이 없다.

4. 결국, 단지 잠을 잔다는 의미로 쓰일 때, 「寝(ね)る」는 밤마다 일상적으로 되풀이되는 수면을 가리키는 데에 쓰이는 것이다.

예문과 해설

① 日(ひ)だまりで寝(ね)る/眠(ねむ)る。(양지바른 곳에서 잔다)

➲ 단지 잠을 자는 것이라면 둘 다 같은 의미로 쓸 수가 있다.

② よく寝(ね)たので/眠(ねむ)ったので気分(きぶん)がいい。(잘 잤기 때문에 기분이 좋다)

➲ 이 경우도 단지 잠을 잔 것이므로 둘 다 같은 의미로 쓸 수가 있다.

③ いつも朝遅(あさおそ)くまで寝(ね)て/?眠(ねむ)っている。(언제나 아침 늦게까지 자고 있다)

➲ 「寝(ね)る」에는 일상적으로 되풀이되는 수면을 나타내는 것이므로 이 경우에 가장 적절하나, 「眠(ねむ)る」에는 단지 잠을 잔다는 뜻이므로 이 경우와 같은 습관적인 것을 나타낼 때는 다소 부적절하다.

④ 母(はは)は病気(びょうき)で長(なが)い間(あいだ)寝(ね)て/＊眠(ねむ)っていた。(어머니는 병으로 오랫동안 누워있었다)

➲ 「寝(ね)る」에는 병이나 피로 등으로 눕는다는 뜻도 있으므로 이 경우에는 적절하지만, 「眠(ねむ)る」에는 단지 잠을 잔다는 뜻만 있으므로 이 경우에는 부적절하다.

⑤ 草原(そうげん)に寝(ね)て/＊眠(ねむ)って雲(くも)を見(み)る。(초원에 누워서 구름을 본다)

➲ 「寝(ね)る」에는 이 경우와 같이 눕는다는 용법도 있으나, 「眠(ねむ)る」에는 단지 잠을 잔다는 뜻만 있을 뿐 눕는다는 용법은 없다.

⑥ 父(ちち)は霊園(れいえん)で永遠(えいえん)に眠(ねむ)って/＊寝(ね)ている。
(아버지는 공원묘지에서 영원히 잠들어 있다)

➲ 「眠(ねむ)る」에는 사람이 죽어서 잠들어있다고 하는 비유적인 용법이 있으나 「寝(ね)る」에는 이러한 용법이 없다.

⑦ 地下(ちか)に眠(ねむ)る/＊寝(ね)る宝物(ほうもつ)。(지하에 잠들어있는 보물)

➲ 「眠(ねむ)る」에는 자원 등이 활용되지 못하고 있음을 나타내는 용법이 있으나 「寝(ね)る」에는 이용되지 못하고 있을 뿐, 이와 같이 활용되지 못한 채 잠들어있다고 하는 용법은 없다.

⑧ 会議中(かいぎちゅう)、つい寝(ね)てしまった。(회의 중에 그만 자고 말았다)

⑨ 寝(ね)る時間(じかん)も惜(お)しんで勉強(べんきょう)する。(자는 시간도 아껴서 공부한다)

⑩ 寝(ね)ながらテレビを見(み)るのはよくない。(누운 채로 티브이를 보는 것은 좋지 않다)

➲ 이 경우는 잠을 자는 것이 아니라 눕는다는 뜻으로 쓰였는데, 「眠(ねむ)る」에는 이러한 용법이 없다.

⑪ 莫大(ばくだい)な資金(しきん)が金庫(きんこ)の中(なか)で寝(ね)ている。(막대한 자금이 금고 속에서 자고 있다)

➲ 이 경우는 막대한 자금이 제대로 이용되지 못하고 있음을 나타내고 있다.

⑫ 夫(おっと)は疲(つか)れているのか、ぐうぐうと眠(ねむ)っている。

(남편은 피곤했는지, 쿨쿨하고 자고 있다)

➲ 「眠(ねむ)る」는 이 경우와 같이 잠을 잔다고 하는 뜻만으로 쓰인다.

⑬ 私(わたし)は一日(いちにち)七時間(ななじかん)は眠(ねむ)らなければならない。

(나는 하루 7시간은 자지 않으면 안 된다)

⑭ あの共同墓地(きょうどうぼち)には父(ちち)が眠(ねむ)っている。(저 공동묘지에는 아버지가 잠들어있다)

➲ 이 경우는 죽어있음을 비유적으로 나타내고 있는데, 「寝(ね)る」에는 이러한 용법이 없다.

⑮ この山(やま)の中(なか)にはたくさんの石炭(せきたん)が眠(ねむ)っている。

(이 산 속에는 많은 석탄이 잠들어 있다)

➲ 「眠(ねむ)る」에는 이와 같이 자원 등이 충분히 활용되지 못한 채 사장되어 있음을 나타내는 데에 쓰인다.

の

「명사1＋の＋명사2」

(わたしのかばん、先生(せんせい)の本(ほん)、わたしのです)

공통의미

명사사이에 쓰이는 「の」 및 명사2가 생략되어 소유를 나타내는 의미용법

요점

1. 「の」는 우리말의 '의'에 해당되는 조사로서 소유, 성질, 관계 등의 다양한 의미를 나타내는데 기본적으로 명사와 명사사이에는 반드시 「の」가 들어가게 되어있다. 하지만, 우리말에서는 「の」에 해당되는 '의'는 한 문에 두 개 이상이 들어가면 어색해질 정도여서 가능하면 생략하는 것이 보통이다.
2. 한편 「の」는 「명사1＋の＋명사2」의 관계에서 그 뒤의 명사2가 생략되는 일이 있는데, 예를 들면 「これは私(わたし)のかばんです(이것은 내 가방입니다)」에서 명사2인 「かばん」이 생략되어 「これは私(わたし)のです(이것은 내 것입니다)」로 표현되는 것이 그것이다.
3. 결국, 명사와 명사 사이에는 반드시 「の」가 들어가야 한다는 점이 우리말의 경우와 근본적으로 다른데, 「명사1の명사2」의 관계가 허물어져서 「の」의 앞이 명사가 아니거나 또는 뒤가 명사가 아닐 때는 우리말의 '～것' 에 해당되는 말로 쓰인 셈이다.
4. 다만, 「の」가 우리말의 '～것'으로 쓰일 때는 어디까지나 소유의 의미를 나타낼 경우에 한하며, 종류나 성질 등의 의미를 나타낼 경우에는 절대로 생략될 수가 없음에 주의하여야 한다.

예문과 해설

① 私(わたし)のかばん。(내 가방)　　先生(せんせい)の本(ほん)。(선생님 책)

友(とも)だちの山田(やまだ)さん。(친구인 야마다씨)　　女(おんな)の先生(せんせい)。(여자선생님)

➲ 이상의 경우들은 명사와 명사 사이에「の」가 들어가 있는 예인데, 일본어에서는 명사와 명사사이에는 이처럼 반드시「の」가 들어가야만 한다.

② 花子(はなこ)の顔(かお)の右(みぎ)の目(め)の横(よこ)のほくろ。(하나코얼굴의 오른쪽 눈 옆의 점)

➲ 이 경우에서 볼 수 있듯이, 일본어에서는 명사와 명사 사이에는 반드시「の」가 들어가야만 하며, 또한 들어갈 수만 있다면 그 수에는 제한을 받지 않는 것이 특징이다.

③ だれのかばんですか。(누구 가방입니까?)　　私(わたし)のです。(내 것입니다)

➲ 이 경우와 같이 소유를 나타낼 때는 뒤의 명사가 생략되어서「の」가 우리말의 '것'으로 쓰인다.

④ だれのカメラですか。(누구 카메라입니까?)　　友(とも)だちのです。(친구 것입니다)

➲ 이 경우도 예문③과 맥락을 같이하고 있다.

⑤ 何(なん)の本(ほん)ですか。(무슨 책입니까?)　　* 日本語(にほんご)のです。(일본어책입니다)

➲ 이 경우는 소유의 뜻이 아니라 종류나 성질을 묻는 뜻이므로「の」를 생략할 수가 없으며, 반드시「日本語(にほんご)の本(ほん)です」로 표현하여야만 한다

⑥ 何(なん)の先生(せんせい)ですか。(무슨 선생님입니까?)　　* 日本語(にほんご)のです。(일본어선생님입니다)

➲ 이 경우도 위의 예문⑤와 마찬가지로「の」를 생략할 수가 없으며, 반드시「日本語(にほんご)の先生(せんせい)です」로 표현하여야만 한다

⑦ 何(なん)の会社(かいしゃ)ですか。(무슨 회사입니까?)　　* 車(くるま)のです。(자동차회사입니다)

➲ 이 경우도 예문⑤와 맥락을 같이하고 있어서,「車(くるま)の会社(かいしゃ)です」로 표현하여야만 한다.

「수사＋の＋명사がいる」「명사が＋수사いる」

(三人(さんにん)の子供(こども)がいる、子供(こども)が三人(さんにん)いる)

공통의미

수사의 어순이 바뀌는 용법

요점

1. 사람이나 물건의 수를 나타내는 형식으로 일본어에서는 「수사＋の＋명사がいる」의 형식과 「명사＋が＋수사いる」의 형식 두 가지가 쓰인다.
2. 「수사＋の＋명사がいる」는 수량을 전체로 묶어서 하나의 단위인 것처럼 제시하는 것으로 비교적 문장체에서 많이 쓰이는 경향이 있다.
3. 「명사が＋수사いる」는 수량을 하나 씩 헤아린 결과를 제시하는 것으로 비교적 회화체에서 많이 쓰이는 경향이 있다.

예문과 해설

① 三人の子供がいる/子供が三人いる。

(세 명의 어린이가 있다/어린이가 세 명 있다)

➲ 이 경우 「三人の子供」를 쓰게 되면 세 명의 어린이가 한 세트가 되어 하나의 명사구가 되지만, 「子供が三人」를 쓰게 되면 어린이를 한 명씩 헤아린 결과를 제시하는 뜻이 된다.

② あの漁師は120キロのまぐろを釣って来た/まぐろを120キロ釣って来た。

(저 어부는 120키로 그램의 참치를 낚아왔다/참치를 120키로 그램 낚아왔다)

➲ 이 경우 「120キロのまぐろ」를 쓰게 되면 120키로 그램이나 되는 큰 참치를 낚았다는 뜻이 되지만, 「まぐろを120キロ」를 쓰게 되면 어부가 낚은 작은 참치의 무게를 모두 합치면 120키로 그램이 되는 셈이다.

③ この会社は、年間を通じて一週間の休暇がある/休暇が一週間ある。

(이 회사는 연간을 통해서 일주일의 휴가가 있다/휴가가 일주일 있다)

➲ 이 경우 역시 「一週間の休暇」를 쓰게 되면 1년을 통해서 일주일이라는 단위의 휴가가 한번 있음을 나타내지만, 「休暇が一週間」를 쓰게 되면 1년 동안 모두 합쳐서 일주일동안 휴가를 가질 수 있는 셈이 된다.

④ この駐車場には30台の車が入れる/車が30台入れる。

(이 주차장에는 30대의 차가 들어갈 수 있다/차가 30대 들어갈 수 있다)

➲ 이 경우 전자는 30대를 한 단위로 묶은 주차장의 스페이스를 나타내게 되지만, 후자는 주차장에 차를 한 대씩 넣을 때의 수용대수를 나타내게 된다.

⑤ 山羊は頭上に二本の角がある/角が二本ある。

(산양에는 머리위에 두 개의 뿔이 있다/뿔이 두 개 있다)

➲ 이 경우 전자는 뿔이 하나의 단위인 것처럼 나타내고 있지만, 후자는 뿔을 헤아렸을 때의 개수를 나타내게 된다.

「～のこと」

(金(きん)さんのことを知(し)っていますか、金(きん)さんを知(し)っていますか)

공통의미

~에 관해서, ～을(를)(개별적으로 사람을 나타내는 명사의 의미용법)

요점

1. 「～のこと」는 대상이 되어있는 사람을 하나의 개별적인 사람으로서가 아니라 그 사람을 둘러싸고 있는 여러 가지 사정이나 취향, 그 사람의 생각, 내력 등을 포함하여 나타낸다. 우리말의 '～에 관해서' 정도에 해당되는데, 경우에 따라서는 사람이 아닌 사물이나 사항에 관해서도 쓸 수가 있다.
2. 「개별적으로 사람을 나타내는 명사」는 오로지 그 사람에게만 한정지어서 나타내는 것으로 경우에 따라서는 사람이 아닌 사물이나 사항에 관해서도 쓸 수가 있다.

예문과 해설

① あの人(ひと)のことを/あの人(ひと)を知(し)っていますか。

(저 사람에 관해서/저 사람을 알고 있습니까?)

➲ 이 경우 「あの人(ひと)のこと」를 쓰게 되면 저 사람에 관한 전반적인 사항을 알고 있느냐는 뜻이 되고, 「あの人(ひと)」를 쓰게 되면 단지 저 사람과 안면이 있느냐는 뜻이 된다.

② あなたのことは/あなたは一生(いっしょう)忘(わす)れない。

(당신에 관해서는/당신은 일생동안 잊지 않겠다)

➲ 이 경우 「あなたのことは」를 쓰게 되면 당신에 관한 추억이나 안 좋은 기억을 가리키지만, 「あなたは」를 쓰게 되면 단지 당신자체만을 가리키게 된다.

③ 彼女のことは/彼女はもうあきらめなさい。(그녀에 관해서는/그녀는 이제 포기해라)

➲ 이 경우 역시 위의 예문들과 맥락을 같이하고 있다.

④ 最近、亡くなった母のこと/母を考えていることが多い。

(최근에 돌아가신 어머니에 관해서/어머니를 생각하고 있는 일이 많다)

⑤ パーティのことは/パーティは、もう山田さんに言った?

(파티에 관해서는/파티는 이미 야마다씨에게 말했나?)

➲ 이 경우와 같이 사람을 나타내는 것이 아닌 경우인데, 전자는 파티에 관련된 여러 사항을 나타내지만, 후자는 단지 파티의 개최사실만을 나타내고 있다.

「残らず」「くまなく」「根こそぎ」

공통의미

남김없이, 송두리째

요점

1. 「残らず」는 동사 「残る(남다)」의 미연형 「残ら」에 부정의 조동사 「ぬ」의 연용형인 「ず」가 접속되어 부사로 만들어진 것인데, '뒤에 아무것도 남기지 않고'의 뜻을 나타내며 우리말의 '남김없이'에 해당된다(예문①②④⑤⑥).
2. 「くまなく」의 「くま」는 '구석, 숨을 곳' 을 나타내는 말인데, 결국 「くまなく」의 형태로 '숨을 곳 없이'의 뜻을 나타내며 우리말의 '구석구석'에 해당된다(예문①③⑦⑧).
3. 「根こそぎ」는 '뿌리(根)까지 완전히 뽑아내다'고 하는 뜻이므로 결국 남김없이 모두라고 하는 뜻이 된다. 우리말의 '송두리째'에 해당된다(예문④⑨⑩).

예문과 해설

① 容疑者の過去を残らず/くまなく/*根こそぎ調べた。

(용의자의 과거를 남김없이/구석구석 조사했다)

➲ 이 경우는 아무 것도 남김없이 모든 것을 조사했다고 하는 뜻으로 쓰였으므로, 「残らず」와 「くまなく」만이 적절하다. 「根こそぎ」는 주로 전부다 빼앗긴다고 하는 경우에 쓰이므로 여기에서는 부적절하다.

② 食事を残らず/＊くまなく/＊根こそぎ食べてしまった。
(식사를 남김없이 먹어버렸다)

➲ 이 경우는 식사량을 남기는 일이 없이 전부 다 먹었다고 하는 뜻이므로 「残らず」만이 적절하다. 「くまなく」는 주로 구석구석 찾거나 조사한다는 뜻으로 쓰이며, 「根こそぎ」는 전부다 빼앗겨서 아무것도 남는 것이 없다는 뜻으로 쓰이므로 여기에서는 부적절하다.

③ 照明をくまなく/＊残らず/＊根こそぎ照らす。(조명을 구석구석 비춘다)

➲ 이 경우는 빈틈이 없이 전부다 비친다고 하는 뜻이므로 오로지 「くまなく」만이 적절하다.

④ へそくりを根こそぎ/残らず/＊くまなく奪われた。(비자금을 송두리째 빼앗겼다)

➲ 이 경우는 하나도 남김이 없이 전부 다 빼앗겼음을 나타내고 있으므로 「根こそぎ」「残らず」만이 적절하다.

⑤ 売れてない商品を残らず処分する。(팔리지 않은 상품을 남김없이 처분한다)

⑥ 警察の問い詰めに残らず白状した。(경찰의 추궁에 남김없이 자백했다)

⑦ 部屋中をくまなく探しまわる。(온 방안을 구석구석 찾아다닌다)

➲ 이 경우는 빈틈이나 숨을 곳이 없이 다 찾고 있음을 나타내고 있다.

⑧ その地域はくまなく歩いた。(그 지역은 구석구석 걸었다)

⑨ 詐欺師に財産を根こそぎ取られた。(사기꾼에게 재산을 송두리째 뺏겼다)

⑩ 泥棒が金庫のお金を根こそぎ持って行った。
(도둑이 금고의 돈을 송두리째 갖고 갔다)

「残る」「余る」

(注文をしすぎて料理が残る、注文をしすぎて料理が余る)

공통의미

남다

요점

1. 「残る」는 시간이 지나가버리거나 어떤 일이 끝난 후에도 없어지지 않고 존재한다는 뜻으로 우리말의 '남다'에 해당된다(예문①②③⑥⑦⑧⑨⑩⑪).
2. 「余る」는 필요한 분량을 제외한 다음에도 여전히 여분이 존재한다는 뜻으로 '남아돈다' 정도에 해당된다(예문①④⑤⑫⑬⑭⑮).

예문과 해설

① 注文をしすぎて料理が残った/余った。(주문을 너무 많이 해서 요리가 남았다)

➲ 이 경우는 둘 다 적절한데 「残る」를 쓰게 되면 단지 요리가 남게 됨을 나타내고, 「余る」를 쓰게 되면 결과적으로 남게 된 요리가 불필요하게 됨을 나타낸다.

② 彼はいつも一人で残って/＊余って仕事をする。
(그는 언제나 혼자 남아서 일을 한다)

➲ 이 경우와 같이 그 장소에서 없어지지 않고 지속적으로 존재함을 나타낼 때는 「残る」만이 적절하다.

③ 説明は十分聞いているが、でもまだ疑問が残る/＊余る。
(설명은 충분히 들었지만, 그래도 아직 의문이 남는다)

➲ 이 경우는 여분의 뜻으로 쓰인 것이 아니므로 「残る」만이 적절하다.

④ この部署は人員が余って/＊残っている。(이 부서는 인원이 남아돌고 있다)

➲ 이 경우와 같이 여분이 있어서 불필요함을 나타낼 때는 「余る」만이 적절하다. 만약 이 경우에 「残る」를 쓰게 되면 다른 부서는 다 퇴근했음에도 불구하고 이 부서에만 인원이 그대로 남아 있는 장면을 연상할 수가 있을 것이다.

⑤ 下流家庭は苦しんでいるのに、上流家庭は金が余って/＊残っている。
(하류가정은 괴로워하고 있는데, 상류가정은 돈이 남아돌고 있다)

➲ 이 경우는 돈의 여분을 나타내는 것이므로 「余る」만이 적절하다.

⑥ 兄は故郷に<u>残って</u>農業をしている。(형은 고향에 남아서 농사를 짓고 있다)

➲ 다른 곳에 가지 않고 고향에 잔존하고 있음을 나타내고 있다.

⑦ 昨日は会社に残って夜九時まで残業をした。

(어제는 회사에 남아서 밤9시까지 잔업을 했다)

⑧ この地方には豊かな自然が残っている。(이 지방에는 풍요로운 자연이 남아있다)

➲ 이 경우와 같이 아무런 손상이 없이 그대로 존속하고 있음을 나타낼 때는 「残る」만이 적절하다.

⑨ 日陰の所は雪がまだ残っている。(그늘진 곳은 눈이 아직 남아있다)

⑩ ここに残って後から来る人を待つ。(여기에 남아서 나중에 오는 사람을 기다린다)

⑪ 相談役として会社に残ることになった。(상담역으로서 회사에 남게 되었다)

⑫ 弁当が三つ余った。(도시락이 세 개 남았다)

➲ 여분의 도시락이 세 개가 있음을 나타내고 있다.

⑬ この工事現場には人手が余っている。(이 공사현장에는 일손이 남아돌고 있다)

➲ 불필요한 일손을 나타내고 있는데, 「残る」에는 이러한 용법이 없다.

⑭ 時間が余って手持ちぶさただ。(시간이 남아서 심심하다)

➲ 여분의 시간을 나타내고 있다.

⑮ 人が余っている役所。(사람이 남아돌고 있는 관청)

➲ 사람이 적재적소에 배치되어 있지 않은 관청이다.

참고

「余る」에는 이 밖에도 어떠한 능력이나 범위, 한도 등을 넘어선다는 의미로도 많이 쓰이고 있다.

「身に余る光栄です」(분에 넘치는 영광입니다) 「私の手には余る任務だ」(나에게는 벅찬 임무다) 「目に余る行動」(눈에 거슬리는 행동)

「のぞく」「垣間見る」「盗み見る」

(私生活をのぞく、私生活を垣間見る、私生活を盗み見る)

공통의미

엿보다, 들여다보다

요점

1. 「のぞく」는 좁은 틈이나 작은 구멍을 통해서 본다고 하는 뜻인데(예문①②⑥⑦⑧), 대충 본다고 하는 뜻도 나타내며(예문⑨), 어딘가에 들려서 잠시 본다고 하는 뜻도 나타낸다(예문③⑩). 우리말의 '엿보다, 살짝 보다'에 해당된다.
2. 「垣間見る」는 담장이나 문 사이, 또는 좁은 틈사이로 살짝 들여다본다고 하는 뜻인데(예문①⑪⑫), 어떤 것의 일부를 잠시 본다고 하는 뜻도 나타낸다(예문④⑬). 우리말의 '들여다보다, 살짝 보다'에 해당된다.
3. 「盗み見る」는 다른 사람 몰래 살짝 훔쳐본다고 하는 뜻을 나타낸다(예문①⑤⑭⑮). 우리말의 '훔쳐보다, 몰래보다'에 해당된다.

예문과 해설

① 私生活をのぞく/垣間見る/盗み見る。(사생활을 엿본다/들여다본다/훔쳐본다)

➲ 이 경우는 전후문맥이나 장면의 설정이 없으므로 어느 것이나 적절한데, 「のぞく」와 「垣間見る」는 살짝 엿본다고 하는 뜻을 나타내지만, 「盗み見る」는 남몰래 훔쳐 본다고 하는 뜻을 나타내게 된다.

② 部屋の中が心配でかぎ穴をのぞく/＊垣間見る/＊盗み見る。
(방안이 걱정되어서 열쇠구멍을 들여다본다)

➲ 이 경우는 열쇠구멍과 같은 작은 구멍을 통해서 안을 엿본다고 하는 뜻이므로 「のぞく」가 적절하다. 「垣間見る」는 작은 구멍이 아니라 좁은 틈을 통해서 본다는 뜻이며, 「盗み見る」는 어떤 대상을 훔쳐본다는 뜻인데 이렇게 되면 열쇠구멍자체를 훔쳐본다고 하는 엉뚱한 뜻이 되어버리므로 둘 다 여기에서는 부적절하다.

③ 帰りがけに本屋をのぞく/＊垣間見る/＊盗み見る。
(돌아가는 길에 책방을 들려본다)

➲ 이 경우와 같이 어딘가에 잠시 들려서 본다고 하는 뜻으로는 오로지 「のぞく」만이 적절하다. 「垣間見る」는 틈사이로 살짝 엿본다고 하는 뜻을 나타내며, 「盗み見る」는 남몰래 훔쳐본다고 하는 뜻을 나타내는데, 책방을 굳이 이런 식으로 볼 필요는 없으므로 여기에서는 둘 다 부적절하다.

④ このことで彼の性格を垣間見た/＊のぞいた/＊盗み見た気がした。

(이 일로 그의 성격을 살짝 본 것 같은 느낌이 들었다)

➲ 이 경우와 같이 어떤 대상의 일부를 살짝 본다고 하는 뜻으로는 오로지 「垣間見る(かいまみる)」만 이 적절하다.

⑤ 隣(となり)の子(こ)を横目(よこめ)で盗(ぬす)み見(み)る/✱のぞく/✱垣間見(かいまみ)る。

(옆의 아이를 곁눈질로 훔쳐본다)

➲ 이 경우와 같이 다른 사람이나 상대가 모르게 살짝 훔쳐본다고 하는 뜻으로는 오로지 「盗(ぬす)み見(み)る」만이 적절하다.

⑥ 双眼鏡(そうがんきょう)で部屋(へや)をのぞく。(쌍안경으로 방을 엿본다)

➲ 쌍안경자체는 양쪽 다 보는 부분이 작은 구멍 식으로 되어있으므로 「のぞく」가 적절하다.

⑦ 垣根越(かきねご)しに庭(にわ)をのぞく。(담장너머로 뜰을 엿본다)

➲ 「のぞく」는 기본적으로 안쪽을 살짝 엿보듯이 들여다본다고 하는 데에 의미의 중심이 놓인다.

⑧ 軒下(のきした)のつばめの巣(す)をのぞく。(처마 밑의 제비둥지를 엿본다)

➲ 이 경우도 밖에서 안을 살짝 엿본다고 하는 뜻으로 쓰이고 있다.

⑨ 関係書類(かんけいしょるい)をひととおりのぞいてみた。(관계서류를 대충 살펴보았다)

➲ 「のぞく」는 이와 같이 대충 살펴본다고 하는 뜻으로도 쓰이는데, 다른 말에는 이러한 용법이 없다. 이 경우도 역시 서류의 안을 살짝 들여다보는 뜻인 셈이다.

⑩ ちょっと夜店(よみせ)をのぞいてみよう。(잠깐 노점을 들려보자)

➲ 「のぞく」는 또한 어딘가에 가던 길에 잠깐 들려서 안을 들여다본다는 뜻으로도 쓰이는데, 다른 말에는 이러한 용법이 없다.

⑪ 図書館(としょかん)で垣間見(かいまみ)た美(うつく)しい女性(じょせい)。(도서관에서 살짝 본 아름다운 여성)

➲ 아마도 도서관에 즐비한 서가의 틈으로 살짝 보았다고 하는 경우일 것이다.

⑫ ドアの間(あいだ)から犯人(はんにん)の姿(すがた)を垣間見(かいまみ)た。(문사이로 범인의 모습을 들여다보았다)

⑬ チベット仏教(ぶっきょう)の世界(せかい)を垣間見(かいまみ)る。(티베트불교의 세계를 잠시 본다)

➲ 「垣間見る(かいまみる)」는 이 경우와 같이 어떠한 내용의 일부를 잠시 본다고 하는 뜻으로도 쓰인다.

⑭ 隣(となり)の人(ひと)の答案(とうあん)を盗(ぬす)み見(み)る。(옆 사람의 답안을 몰래본다)

➲ 이 경우와 같이 남의 것을 훔쳐본다고 하는 뜻으로는 「盗(ぬす)み見(み)る」가 적절하다.

⑮ 先生(せんせい)の顔(かお)を盗(ぬす)み見(み)る。(선생님의 얼굴을 훔쳐본다)

➲ 이 경우 역시 선생님이 눈치를 차리지 못하게 몰래 얼굴을 본다는 뜻으로 쓰이고 있다.

「望み」「願い」「希望」「夢」

(望みがかなう、願いがかなう、希望がかなう、夢がかなう)

공통의미

바람, 희망

요점

1. 「望み」는 무언가의 실현을 기대하는 기분을 나타내거나 그러한 기대가 금방 실현될 가능성이 있음을 나타내기도 하는데, 우리말의 '바람, 가능성'에 해당된다(예문①②⑤⑥⑦⑧).
2. 「願い」는 신이나 타인에 대하여 자신의 바람이 실현될 수 있도록 기원하는 뜻을 나타내는데, 우리말의 '기원, 부탁'에 해당된다(예문③⑨⑩).
3. 「希望」는 자신이 하고 싶은 것을 나타내거나 장래에 대하여 품고 있는 기대를 나타내는데, 우리말의 '희망'에 해당된다(예문①②④⑪⑫⑬).
4. 「夢」는 이루어질 수 있을지 어떨지는 알 수 없으나 장래에 실현시키고 싶은 사항을 나타내는데, 우리말의 '꿈'에 해당된다(예문①④⑭⑮).

예문과 해설

① 画家になるのが彼の望み/希望/夢/＊願いだ。
(화가가 되는 것이 그의 바람/염원/희망/꿈이다)

➲ 이 경우는 본인의 바람을 나타내는 것으로 각각의 뉘앙스는 다를지언정 「願い」를 제외한 세 가지 모두 적절하다. 「願い」는 신이나 타인에게 무언가의 실현을 바랄 때에 쓰는 것이므로 여기에서는 부적절하다.

② どれか一つ、望み/希望/＊願い/＊夢の品を選んでください。
(어느 것인가 하나, 바라는/희망하는 물건을 골라 주십시오)

➲ 「願い」는 신이나 우위에 있는 타인에게 무언가의 실현을 기원하는 것이므로 이 경우와 같이

자신스스로가 바라는 사항에는 부적절하고, 또한 「夢」는 장래에 대하여 품고 있는 희망을 나타내는 것이므로 이 역시 여기에서는 부적절하다.

③ 神への願い/＊希望/＊望み/＊夢が成就する。(신에 대한 기원이 성취된다)

➲ 이 경우는 인간의 범주를 넘어선 절대적인 존재에 대한 염원을 나타내는 것이므로 오로지 「願い」만이 적절하다.

④ 生徒たちに将来の希望/夢/＊望み/＊願いを聞く。
(학생들에게 장래의 희망/꿈을 묻는다)

➲ 이 경우와 같이 장래에 실현시키고자 희망하는 것을 묻는 때에는 「希望」와 「夢」가 적절하다. 「望み」는 너무나 막연한 바람을 나타내고, 「願い」는 절대적인 존재나 위에 있는 상대에게 무언가의 실현을 기대하는 것이므로 여기에서는 둘 다 부적절하다.

⑤ もう勝てる望み/?希望/＊願い/＊夢はありません。
(이제 이길 수 있는 가능성은 없습니다)

➲ 이 경우와 같이 기대하는 상황이 실현될 가능성을 나타내는 때는 「望み」가 가장 적절하다. 「希望」는 자기중심적이며 주관적 색채가 너무 강해서 다소 부적절하다.

⑥ 親は誰でも子供に望みを抱いている。(부모는 누구나 아이에게 희망을 품고 있다)

➲ 이 경우는 아이가 무언가를 실현시킬 것을 기대하는 기분이 들어가 있다.

⑦ とうとう永年の望みがかなった。(드디어 오랫동안의 바람이 성취되었다)

⑧ こうなったからには優勝の望みはない。(이렇게 된 이상에는 우승의 가능성은 없다)

➲ 이 경우는 우승이 실현될 가능성을 나타내고 있다.

⑨ 部下の願いを聞いてやった。(부하의 부탁을 들어주었다)

➲ 「願い」는 신이나 우위에 있는 사람이 아랫사람의 부탁을 들어준다고 하는 것에 의미의 중심이 놓인다.

⑩ 平和への願いをこめて叫んだ。(평화에 대한 염원을 담아서 외쳤다)

➲ 이 경우는 절대적인 존재인 신에게 향하는 기원의 뜻이 담겨있다.

⑪ 希望どおりに事が運ぶ。(희망대로 일이 진전된다)

➲ 「希望」는 자신이 그렇게 되었으면 좋겠다고 하는 기대를 나타내는 것에 의미의 중심이 놓인다.

⑫ 未来への希望に燃える。(미래에 대한 희망에 불탄다)

➲ 이 경우는 장래에 대하여 품고 있는 기대감을 나타내고 있다.

⑬ お料理の内容はご希望により作ります。
(요리의 내용은 희망하시는 데에 따라 만듭니다)

⑭ 大きな夢を抱く。(큰 꿈을 품는다)

➲ 「夢」는 이와 같이 장래에 실현시키거나 성취하고자 하는 기대를 나타내는 것에 의미의 중심이 놓인다.

⑮ 子供のころの夢がかなった。(어릴 적의 꿈이 이루어졌다)

「～のだから」「～ものだから」

(雪が降っているのだから、遅れても仕方ないよ、
雪が降っているものだから、遅れてしまってごめんね)

공통의미

～하니까, ～하므로(원인이나 이유를 제시하는 의미용법)

요점

1. 「～のだから」는 주로 객관적인 원인이나 이유를 근거로 상대에게 주장이나 비난, 그리고 금지, 요구 등을 나타내는 표현이다(예문①②③④).
2. 「～ものだから」는 그 앞에 근거를 제시하면서 상대에게 부탁이나 희망, 그리고 변명 같은 것을 나타내는 표현이다(예문⑤⑥⑦⑧).

예문과 해설

① 雪がたくさん降っているのだから/＊ものだから、遅れても仕方ないよ。
(눈이 많이 내리고 있으니까 늦어도 할 수 없어)

➲ 이 경우와 같이 객관적인 근거를 제시하면서 뒤에는 자신의 주장을 내세우는 때는 「~のだから」가 적절하다. 만약 그 뒤에 「遅れてしまってごめんね(늦어지고 말아서 미안)」과 같은 변명의 표현이 온다면 「~ものだから」도 적절하다.

② ここは交通量が多くて危ないのだから/✱ものだから、通ってはだめだよ。

(이곳은 교통량이 많아서 위험하니까, 다녀서는 안 돼)

➲ 이 경우는 교통량이 많아서 위험하다고 하는 객관적인 근거를 제시하면서 통행에 대한 금지를 나타내는 것이므로 「~のだから」가 적절하다.

③ この指紋が現場にあったのだから/✱ものだから、あいつが犯人なんだよ。

(이 지문이 현장에 있었으니까 저 녀석이 범인인 거야)

➲ 이 경우와 같이 지문이 현장에 있었음을 객관적인 근거로 제시하면서 자신의 주장을 내세우는 때는 「~のだから」가 적절하다.

④ 明日、検診なのだから/✱ものだから、もう飲めないよ。さあ、帰ろうよ。

(내일, 검진이기 때문에 이제 마실 수 없어. 자, 돌아가자)

➲ 이 경우는 내일 검진이 있다고 하는 사실을 객관적인 근거로 제시하면서 술을 마실 수가 없다고 하는 주장을 나타내고 있다.

⑤ 風邪を引いたものだから/✱のだから、休ませてくれないか。

(감기에 걸렸으니까 쉬게 해 주지 않겠는가?!)

➲ 이 경우 「~のだから」를 쓰게 되면 감기에 걸렸다고 하는 사실을 객관적인 근거로 해서 상대에게 쉬게 해 줄 것을 집요하게 요구하는 어감이 되어버려서 부적절하다. 다시 말해서, 내가 감기에 걸린 사실을 알고 있으면서 왜 쉬게 해주지 않느냐는 식으로 상대에게 따지거나 상대를 비난하는 어감을 자아내게 된다. 역시 이러한 경우에는 감기에 걸린 사실을 근거로 제시하면서 쉬게 해 줄 것을 부탁하는 표현인 「~ものだから」가 적절하다.

⑥ 母が入院したものですから/✱のですから、今度の旅行、行けなくなったのですが。(어머니가 입원하셨기 때문에 이번 여행, 갈 수 없게 된 겁니다만)

➲ 이 경우는 어머니가 입원했다고 하는 사정을 근거로 제시하면서 이번 여행에 동참할 수가 없다고 하는 변명을 나타내는 것이므로 「~ものだから」가 적절하다.

⑦ 途中で事故があったものですから/✱のですから、遅くなってしまいました。

(도중에서 사고가 있었기 때문에 늦어지고 말았습니다)

➲ 이 경우 「~ものですから」를 쓰게 되면 도중에 사고가 있었다고 하는 사실을 근거로 제시하면서 늦어진 것에 대한 변명을 하는 식이 되므로 적절하다. 만약 이러한 경우 「~のですから」를 쓰게 되면 도중에 사고가 있었기에 늦어진 것은 당연하며 내 탓은 아니라고 하는 어감이 되어버려 자칫하면 상대의 반감을 살 우려가 있어서 부적절하다.

⑧ これで失礼します。これから会議があるものですから/✱のですから。

(이것으로 실례하겠습니다. 이제부터 회의가 있어서요)

➲ 이 경우는 회의를 근거로 제시하면서 먼저 실례를 한다고 하는 양해를 구하는 것이므로 「~ものだから」가 적절하다.

「～のです」「～からです」

(病気(びょうき)です。体重(たいじゅう)が10ポンド減(へ)ったのです、

体重(たいじゅう)が10ポンド減(へ)りました。病気(びょうき)だからです)

공통의미

앞의 사항에 대한 이유, 원인을 설명하는 용법

요점

1. 「～のです」와 「～からです」는 둘 다 앞서 전개된 사항에 대하여 이유를 제시하는 표현인데, 그 용법상에는 적지 않은 차이가 엿보인다.
2. 「～のです」는 앞서 전개된 사항에 대한 설명을 나타내는 것으로(예문①) 그 앞의 전개된 사항은 말로 표현된 것이라도 좋고(예문②), 말로 표현되지 않은 상황이라도 좋다(예문)③. 우리말의 '～(한)것입니다'에 해당된다.
3. 「～からです」는 앞서 말로 표현된 사항에 대한 이유나 원인을 적극적으로 나타내는 것으로, 우리말의 '～때문입니다'에 해당된다(예문④⑤).

예문과 해설

① 病気(びょうき)です。体重(たいじゅう)が10ポンド減(へ)ったのです。

(병에 걸렸습니다. 체중이 10파운드 준 것입니다)

➲ 이 경우의 「~のです」는 그 앞의 '병에 걸렸다' 고 하는 상항에 대한 설명을 제시하고 있다. 즉 체중이 줄었기 때문에 그 사실로 미루어 병에 걸렸다는 사실을 알게 되었다고 하는 뜻이다.

② 風邪(かぜ)をひきました。雨(あめ)に降(ふ)られて濡(ぬ)れたのです。

(감기 걸렸습니다. 비를 맞아 젖은 것입니다)

➲ 이 경우의 「~のです」는 그 앞의 '감기에 걸렸다'고 하는 내용에 대한 설명을 제시하고 있는데 이때의 앞의 내용은 말로 표현되어 있다.

③ (언제나 명랑하고 싹싹하던 야마다군이 침울한 표정을 짓고 있는 것을 보고)

山田(やまだ)君(くん)は心配(しんぱい)ごとがあるの/ * からでしょう。

(야마다군은 걱정거리가 있는 것일 겁니다)

➲ 이 경우의 「~のでしょう(「~のです」의 추측형)」는 그 앞의 '야마다군이 침울한 표정을 짓고

있다'고 하는 상황에 대한 설명을 제시하고 있는데, 이때의 앞의 내용은 말로 표현된 것이 아니라 야마다군의 침울한 표정이라는 상황으로 표현되어 있다. 「~のです」는 이와 같이 말로 표현되지 않은 것에도 쓸 수가 있는 반면에, 「~からです」는 반드시 그 앞에 말로서 표현된 내용이 와서 이에 대한 이유나 원인을 설명하는 것이므로 여기에서는 부적절하다.

④ 体重が10ポンド減りました。病気だからです。
(체중이 10파운드 줄었습니다. 병에 걸렸기 때문입니다)

➲ 이 경우는 말로서 표현된 '체중이 줄어든' 이유를 「~からです」에 의하여 제시하고 있다.

⑤ 授業に遅れました。バスがなかなか来なかったからです。
(수업에 늦었습니다. 버스가 좀처럼 오지 않았기 때문입니다)

➲ 이 경우는 말로서 표현된 '수업에 늦은' 이유를 「~からです」에 의하여 제시하고 있다.

「～のです」「～ます」

(今日は約束があるのです、今日は約束があります)

공통의미

이유를 설명하는 용법

요점

1. 「～のです」는 그 앞에 동사연체형과 형용사연체형, 그리고 형용동사연체형 등의 다양한 말이 올 수 있으며, 「～ます」는 그 앞에 오로지 동사연용형 밖에 올 수 없는데, 여기에서는「～ます」와의 비교에 초점을 맞추어 동사가 올 때에 국한하여 설명한다.
2. 「～のです」는 그 앞에 동사연체형이 와서 이유를 설명하는 용법으로 쓰이는데 회화체에서는 종종 발음상의 편의를 위해서 「の」가 「ん」으로 바뀌고는 한다.
3. 「～ます」는 그 앞에 동사연용형이 와서 단지 동작이나 행위의 서술을 나타낼 뿐이다.

예문과 해설

① 今日は約束があるのです/あります。(오늘은 약속이 있는 겁니다/있습니다)

➲ 이 경우 「~のです」를 쓰게 되면 자신이 처한 상황에 대한 설명을 하거나 상대의 제안에 대하

여 거절하는 이유를 설명하게 되지만, 「~ます」를 쓰게 되면 단지 약속이 있음을 나타낼 뿐이다.

② あしたは約束(やくそく)があるのですか/ありますか。

(내일은 약속이 있는 겁니까?/있습니까?)

➲ 이 경우 「~のです」는 말하는 사람의 제안에 대하여 상대가 머뭇거리거나 무언가 곤란한 듯한 모습을 보일 때 쓰이지만, 「~ます」는 단지 약속이 있는지의 여부를 묻는 것에 그친다.

③ あなたに会(あ)いに行(い)ったんです/行(い)きました。 (당신을 만나러 간 겁니다/갔습니다)

➲ 이 경우는 「~のです」가 「~んです」로 바뀐 것인데 역시 만나러 간 이유를 설명하고 있는데 반해, 「~ます」는 단지 만나러 갔다고 하는 사실을 나타낼 뿐이다.

④ 今日(きょう)、学校(がっこう)の授業(じゅぎょう)に遅(おく)れたのです/遅(おく)れました。

(오늘, 학교수업에 늦은 겁니다/늦었습니다)

➲ 이 경우 「~のです」를 쓰게 되면 학교에 늦은 이유를 지금부터 설명하고자 하는 뜻을 담고 있는데 반해, 「~ます」는 단지 학교에 늦었다고 하는 사실을 나타낼 뿐이다.

⑤ 午後(ごご)は用事(ようじ)があるのです/あります。 (오후에는 약속이 있는 겁니다/있습니다)

➲ 이 경우 「~のです」를 쓰게 되면 상대의 제안에 응하지 못하는 이유를 설명하려고 하는 것인데 반해, 「~ます」는 단지 오후에 약속이 있다고 하는 사실을 나타낼 뿐이다.

⑥ お帰(かえ)りになるのですか/お帰(かえ)りになりますか。 (돌아가시는 겁니까?/돌아가십니까?)

➲ 이 경우 「~のです」는 예를 들어 상대가 돌아갈 채비를 하는 모습을 보고서 쓸 수 있는 표현이지만, 「~ます」는 상대가 돌아가려고 하는 모습을 보고 묻거나 또는 상대의 귀가 의사를 단지 묻고 있는 것에 지나지 않는다.

참고

「～のです」는 이상에서 살펴본 바와 같은 이유를 설명하는 용법이외에 자신이 납득하거나 확실하다고 판단하는 경우에도 쓰이는 등 다양한 의미용법이 있는데, 이러한 표현을 상대에게 쓰게 되면 자신의 주장을 고압적으로 강요하는 식이 될 수 있으므로 주의가 요망된다.

「黙(だま)って言(い)う通(とお)りにやっていればいいのです」 (잠자코 말하는 대로 하고 있으면 되는 겁니다) 「社長(しゃちょう)がいいと言(い)えば、それでいいのです」 (사장이 좋다고 하면, 그것으로 되는겁니다) 「勉強(べんきょう)が出来(でき)さえすればいいのです」 (공부를 할 수 있기만 하면 되는 겁니다)

「～のではない」「～わけではない」

(この写真はパリでとったのではない、この写真はパリでとったわけではない)

공통의미

～(하는) 것은 아니다.

요점

1. 「～のではない」와 「～わけではない」는 둘 다 명사문에 준하는 것을 부정하는 것인데, 직접부정과 간접부정이라고 하는 의미용법상의 차이가 엿보인다.
2. 「～のではない」는 단지 둘 중의 하나를 택하여 직접적으로 부정하는 식의 표현으로 우리말의 '～(한)것은 아니다'에 해당된다.
3. 「～わけではない」는 어떠한 사실을 알게 된 상대가 그러한 식으로 추측할 것이라고 가정하여 사전에 이를 간접적으로 부정하는 식의 표현으로, 우리말의 '～(하는)셈은 아니다' 정도에 해당된다.

예문과 해설

① 私はこの写真をパリでとったのではない/わけではない。

(나는 이 사진을 파리에서 찍은 것은 아니다/셈은 아니다)

➲ 이 경우에 「~のではない」를 쓰게 되면 택일적으로 파리에서 찍은 사진이 아님을 직접 부정하게 되지만, 「~わけではない」를 쓰게 되면 상대가 이 사진을 파리에서 찍은 것일 것으로 추측하리라는 가정 하에서 미리 이를 간접적으로 부정하게 된다.

② 山田さんに会ったのではない/わけではない。森さんに会ったのだ。

(야마다씨를 만난 것은 아니다/셈은 아니다. 모리씨를 만난 것이다)

➲ 이 경우도 「~のではない」는 만날 가능성이 있는 야마다씨와 모리씨 중에서 한 사람은 만나지 않았음을 택일적으로 부정하게 되지만, 「~わけではない」는 야마다씨를 만났을 것이라고 상대가 추측할 것을 예상하여 사전에 이를 간접적으로 부정하게 된다.

③ 日本人だからといって、だれもが歌舞伎や能にくわしいのではない/わけではない。

(일본인이라고 해서, 누구나가 카부키나 노에 상세한 것은 아니다/셈은 아니다)

➲ 「~のではない」는 단지 전통예술에 상세한 것은 아님을 직접적으로 부정하게 되지만, 「~わけではない」는 일본인이라면 누구나 전통예술을 상세하게 알 것이라고 하는 일반적인 추측을 사전에 간접적으로 부정하게 된다.

④ でも、日本人がつくったフランス料理でうまかったことはないですね。一回もない。これはけっして自慢で言ってるのじゃないんです/わけじゃないんです。

(하지만, 일본인이 만든 프랑스 요리로 맛있었던 적은 없지요. 한 번도 없지. 이건 결코 자랑 하려고 말하는 것은 아닙니다/셈은 아닙니다)

➲ 이 경우 「~わけではない」로 표현하게 되면 말하는 사람이 자신의 프랑스 요리솜씨를 자랑하고 있다는 추측을 상대가 할 것이라는 생각에서, 사전에 그러한 상대의 예상되는 추측을 간접적으로 부정하게 된다.

⑤ 英語は全然話せないのではないが/わけではないが、長いあいだ使ってないので、口が動かなくなったのだ。

(영어는 전혀 말할 수 없는 것은 아니지만/셈은 아니지만 오랫동안 쓰고 있지 않아서 입을 움직일 수 없게 된 것이다)

➲ 이 경우 「~わけではない」를 쓰게 되면 말하는 사람이 전혀 영어회화를 못할 것이라는 추측을 상대가 할 것이라는 전제하에서 사전에 이를 간접적으로 부정하게 된다.

⑥ 決して映画が嫌いなのではない/わけではない。昔はよく見たし、時間の余裕があれば、また見たいと思っている。

(결코 영화를 싫어하는 것은 아니다/셈은 아니다. 옛날에는 자주 봤었고, 시간의 여유가 있으면 또 보고 싶다고 생각하고 있다)

➲ 이 경우 역시 「~わけではない」를 쓰게 되면 말하는 사람이 영화를 싫어할 것이라는 추측을 상대가 할 것이라는 전제하에서 사전에 이를 간접적으로 부정하게 된다.

「～のに」「～けれども」

(勉強したのに成績は悪かった、勉強したけれども成績は悪かった)

공통의미

앞내용의 실현에도 불구하고 뒤의 내용이 실현되지 못하였음을 나타내는 용법

요점

1. 「～のに」와 「～けれども」는 둘 다 앞의 내용과 뒤의 내용을 연결하여 앞의 내용은 실현되었음에도 불구하고 뒤의 내용은 실현되지 않았음을 나타내는 것인데, 말하는 사람의 입장에서는 차이가 엿보인다.
2. 「～のに」는 앞의 내용이 실현됨으로서 필연적으로 뒤의 내용도 실현되어야 함에도 불구하고 그러하지 못하였을 때에 쓰인다. 따라서 말하는 사람의 불만, 놀라움과 의아스러움, 초조함 등의 감정이 들어가게 된다. 우리말의 '~했는데, ～인데도' 정도에 해당된다(예문①②③④⑤⑥⑦⑧).
3. 「～けれども」는 단지 앞의 내용은 실현되었으나 뒤의 내용이 실현되지 못하였다고 하는, 앞뒤의 내용을 대립관계로 나타낼 뿐이다. 우리말의 '～했지만, ～이지만' 정도에 해당된다(예문①②③④⑤).

예문과 해설

① 勉強(べんきょう)したのに/勉強(べんきょう)したけれども、テストの成績(せいせき)は悪(わる)かった。
(공부했는데/공부했지만, 시험성적은 나빴다)

➲ 「~のに」를 쓰게 되면 공부한데에 비하여 성적은 나쁘다고 하는 불만이나 의아스러운 감정을 나타내게 되지만, 「~けれども」를 쓰게 되면 단지 공부했다는 것과 성적이 나쁘다는 것을 대립되는 관계로 연결할 뿐이다.

② あそこのレストランはおいしいのに/おいしいけれども、客(きゃく)が少(すく)ない。
(저기 레스토랑은 맛있는데도/맛있지만, 손님이 적다)

➲ 「~のに」는 맛있는데도 불구하고 손님이 적은 것에 대한 말하는 사람의 의아스러운 감정이 들어가 있으나, 「~けれども」는 맛있다고 하는 사실과 손님이 적다고 하는 사실을 대립관계로 연결하고 있을 뿐이다.

③ 約束(やくそく)の時間(じかん)に行(い)ったのに/けれども、だれもいなかった。
(약속시간에 갔는데도/갔지만, 아무도 없었다)

➲ 이 경우는 위의 예문⑤와 맥락을 같이하고 있으며, 이하의 예문역시 마찬가지이다.

④ 彼(かれ)に聞(き)いたのに/けれども、わからなかった。(그에게 물었는데/물었지만, 몰랐다)

⑤ 行(い)くなと言(い)ったのに/けれども、彼(かれ)は出(で)かけていった。
(가지마라고 했는데/했지만, 그는 나갔다)

⑥ こんなに熱(ねつ)があるのに/＊けれども、出(で)かけるなんて。
(이렇게 열이 있는데 외출한다니)

➲ 「~けれども」는 단지 앞의 내용과 뒤의 내용을 대립되는 것으로 연결할 뿐이지만, 「~のに」는

앞의 내용은 실현되었으나 필연적으로 실현되어야 할 뒤의 내용이 그러하지 못함을 나타내는 것이다. 결국 여기에서는 열이 높으면 쉬는 것이 당연한데도 굳이 외출하려고 하는 것에 대한 말하는 사람의 놀라움과 의아스러움의 감정이 들어가 있는 셈인데, 특히 문말의 「なんて」에 의해서 그러한 감정이나 기분이 잘 나타나있다.

⑦ 一生懸命教えてやったのに/＊けれども、落第したって！

(열심히 가르쳐 주었는데, 낙제했다니!)

➲ 이 경우 「~けれども」는 열심히 가르쳐 주었음에도 불구하고 낙제했다고 하는 사실만을 나타내고 있으나, 「~のに」는 열심히 가르쳐 주었는데도 낙제한 것에 대한 말하는 사람의 놀라움, 불만 등의 감정이 들어가 있다. 특히 문말의 「って！」에 의해서 그러한 감정이나 기분이 잘 나타나있다.

⑧ 弟は何も言われないのに/＊けれども、なんで私だけが叱られるのか。

(남동생은 아무 말도 안 들었는데, 왜 나만 야단맞는 것일까)

➲ 이 경우 「~けれども」는 남동생과 말하는 사람은 똑같은 행위를 하였고, 그에 대하여 남동생은 아무런 야단도 맞지 않았음을 나타내고 있을 뿐이지만, 「~のに」는 그럼에도 불구하고 말하는 사람자신만이 야단맞는 것에 대한 불만의 감정이 들어가 있다. 특히 문두의 「なんで」와 문말의 「のか」에 의해서 그러한 감정이나 기분이 잘 나타나있다.

「～のは」「～ことは」

(シベリアが寒いのは知っているでしょう?、シベリアが寒いことは知っているでしょう?)

공통의미

～(인, 한) 것은(주제를 제시하는 용법)

요점

1. 「～のは」와 「～ことは」는 둘 다 그 앞에 오는 표현을 명사화함으로서 주제를 제시하는 것인데 양자 간에는 의미용법상에 차이가 엿보인다.
2. 「～のは」는 개인적이고 주관적인 내용이나 현재나 과거에 상관없이 경험한 내용을 명사화하여 주제를 제시한다(예문①②③④⑤⑥⑦⑧⑨).
3. 「～ことは」는 많은 사람이 알고 있을만한 객관적인 내용이나 과거에 특별하게 경험한 내용을 명사화하여 주제를 제시한다(예문①②③⑤⑥⑧).

4. 결국「～ことは」로 표현할 수 있는 주제는 모두「～のは」로도 표현할 수가 있는 셈인데,「～ことは」가 객관적인 내용이나 과거에 특별하게 경험한 내용만을 주제화할 수 있는 것은,「～のは」는 단지 그 앞에 오는 내용을 명사화하는 것에 그치지만,「～ことは」는 하나의 사항, 하나의 이슈로 만들기 때문에「～のは」에 비해서 보다 내용의 폭이 넓고 큰 것에 기인하는 것으로 여겨진다. 이와 같이 내용의 폭이 넓고 큰 것이라면 당연히 여러 사람이 공유할만한 객관적인 주제나 특별하게 과거에 경험한 일을 나타내는 데에 어울릴 것이다.

예문과 해설

① 遊園地に行くの/ことは楽しいでしょう?。(유원지에 가는 것은 즐겁지요?)

➲ 이 경우는 둘 다 적절한데「~のは」를 쓰게 되면 말하는 사람의 주관적인 입장에서 유원지에 가는 것이 즐거울 것이라고 하는 뜻을 나타내게 되고,「~ことは」를 쓰게 되면 유원지에 가는 것이 누구에게나 즐거울 것이라고 하는 객관적인 입장을 나타내게 된다.

② 韓国戦争の時、誰でもつらかったの/ことはみな知っている。
(한국전쟁 때 누구나 괴로웠던 것은 모두 알고 있다)

➲ 이 경우「~のは」는 개인적이고 주관적인 입장에서 괴로웠다고 하는 사실을 나타내고 있으나,「~ことは」는 누구나가 그렇게 생각할 것이라고 하는 객관적인 사실을 나타내고 있다.

③ こっちのラーメンがおいしいの/ことは誰も知っているだろう。
(여기 라면이 맛있는 것은 누구나 알고 있을 거다)

➲ 이 경우와 같이 말하는 사람의 단순한 주관적인 내용이 아니라, 많은 사람이 알고 있을 것으로 기대되는 객관적인 내용인 때는「~ことは」도 적절하다.

④ こっちのラーメンがおいしいの/✱ことは君も知っているのか。
(여기 라면이 맛있는 것은 자네도 알고 있는 건가?)

➲ 이 경우는 누구나가 그렇게 알고 있는 객관적인 내용이 아니라 말하는 사람의 주관적인 내용에 불과하므로「~ことは」는 부적절하다.

⑤ みんなと一緒に飲んでいて、酔っぱらうの/ことは当たり前のことだ。
(모두와 함께 마시다가 술에 취하는 것은 당연한 일이다)

➲「~のは」는 개인적이고 주관적인 입장에서 표현하는 것이므로 표현의 범위가 매우 협소 하지만,「~ことは」는 객관적인 입장에서 표현하는 것이므로 표현의 범위가 매우 넓다. 즉 이 경우「~のは」는 말하는 사람자신이나 특정한 인물만을 모델로 표현하고 있다고 하는 어감이 주어지나,「~ことは」는 그 누구에게나 적용될 수 있는 객관적인 사실임을 부각시키고 있는 셈이다.

⑥ みんなと一緒に飲んでいて、私だけが酔っぱらったの/ことは恥ずかしかった。
(모두와 함께 마서다가 나만 술에 취한 것은 부끄러웠다)

➲ 이 경우는 개인적인 내용이기는 하지만, 과거의 특별한 경험을 주제화하고 있으므로 「~こ と は」도 적절하다. 결국 여기에서는 「~ことは」를 쓰게 됨으로서 자신만이 술에 취했다고 하는 사실을 매우 부끄러운 일로서 부각시키고 있는 셈이다.

⑦ みんなと一緒に飲んでいて、私だけが酔っぱらうの/＊ことはなぜだろう。

(모두와 함께 마시다가 나만 술에 취하는 것은 왜일까?)

➲ 이 경우는 말하는 사람의 주관적인 입장의 내용을 주제화하는 것이므로 「~ことは」는 부적절하다.

⑧ あの先生が有名な学者であるの/ことはみんなが認めている。

(저 선생님이 유명한 학자인 것은 모두가 인정하고 있다)

➲ 이 경우 「~のは」는 말하는 사람의 개인적인 입장에서 나타내고 있으나, 「~ことは」는 객관적으로 폭넓은 입장에서 나타내고 있다.

⑨ こんなに星が出ているのを見るの/＊ことは本当に久しぶりだね。

(이렇게 별이 나와 있는 것을 보는 것은 정말로 오랜만이네)

➲ 이 경우는 말하는 사람의 주관적인 입장에서 감탄하는 내용이므로 「~のは」만이 적절하다. 「~ことは」는 어디까지나 자신뿐만 아니라 여러 사람이 공유하고 있을 것으로 기대되는 내용을 주제화 하는 데에 쓰이는 것이므로 여기에서는 부적절하다. 만약 「夜空に出ている星を見ることは誰でも楽しいだろう(밤하늘에 나와 있는 별을 보는 것은 누구나 즐거울 것이다)」와 같은 내용이라면 「~ことは」도 적절하다.

「～のような」「～といった」

(ワープロ、パソコンのようなOA機器、ワープロ、パソコンといったOA機器)

공통의미

～와 같은, ～라는(예시를 제시하는 용법)

요점

1. 「～のような」와 「～といった」는 둘 다 그 앞에 오는 요소가 뒤에 오는 피수식어의 구체적인 예시를 나타내는 점에서는 같지만, 실제의 의미용법상에서는 차이가 엿보인다.

2. 「~のような」는 그 앞에 오는 요소 간에 비슷한 특성을 지닌 것들만 나열하여 예시하거나(예문①②), 그 앞에 오는 요소에 대하여 특별하게 언급하고자 하는 경우에 쓰인다(예문③④).
3. 「~といった」는 그 앞에 오는 요소들을 대표로 하여 그 밖에도 유사한 요소들이 있음을 암시하는 식으로 예시하는 경우에 쓰인다(예문①②⑤⑥).

예문과 해설

① ワープロ、パソコンのようなOA機器/ワープロ、パソコンといったOA機器。

(문서작성기, 컴퓨터와 같은 OA기기)

➲ 이 경우는 둘 다 적절한데 「~のような」를 쓰게 되면 문서작성기나 컴퓨터와 같은 비슷한 종류의 기기들을 예시하는 뜻을 나타내게 되고, 「~といった」를 쓰게 되면 문서작성기와 컴퓨터를 위시하여 그 밖에도 다른 기기들이 있음을 암시하듯이 예시하게 된다.

② オレンジやグレープフルーツのような/といったビタミンCの多い果物がいい。

(오렌지나 포도와 같은 비타민C가 많은 과일이 좋다)

➲ 이 경우 역시 둘 다 적절한데, 「~のような」를 쓰게 되면 오렌지나 포도와 같은 비슷한 종류의 과일들을 예시하는 뜻을 나타내게 되고, 「~といった」를 쓰게 되면 오렌지와 포도를 위시하여 그 밖에도 다른 과일들이 더 해당됨을 암시하듯이 예시하게 된다.

③ あなたのような/✱といった人とは付き合いたくない。

(당신과 같은 사람과는 사귀고 싶지 않다)

➲ 이 경우와 같이 앞에 와 있는 요소에 대하여 특별하게 언급하고자 할 때는 「~のよな」가 적절하며 「~といった」는 부적절하다 「~といった」는 앞서 예시된 것 이외에도 유사한 것이 더 있음을 암시하는 용법으로만 쓰인다.

④ あの人のような/✱といった不誠実な人は全く要らないよ。

(저 사람과 같은 불성실한 사람은 전혀 필요 없어)

➲ 이 경우 역시 위의 예문③과 맥락을 같이하고 있다.

⑤ 新製品の紹介のために、福岡、広島、仙台、東京といった/?のようなところを転々とした。

(신제품 소개를 위해 후쿠오카, 히로시마, 센다이, 도쿄와 같은 곳을 전전했다)

➲ 이 경우의 각 도시에는 비슷한 공통점을 발견할 수 없으므로 「~のような」는 다소 부적절하다. 하지만, 이러한 도시들을 비롯해서 다른 도시도 포함된다는 사실을 암시하는 「~といった」는 적절하다.

⑥ 話を聞いた主婦、大学生、会社員といった/?のような幅広い人々が力を貸

してくれた。
(이야기를 들은 주부, 대학생, 회사원과 같은 폭넓은 사람들이 힘을 빌려 주었다)

➲ 이 경우역시 그 앞에 예시된 사람들 이외에도 많은 사람들이 더 있었음을 암시하는 것이므로 「~といった」가 보다 적절하다.

「のんきだ」「気楽だ」

(田舎でのんきに暮す、田舎で気楽に暮す)

공통의미

느긋함

요점

1. 「のんきだ」는 어떠한 걱정거리에도 구애됨이 없이 느긋한 상태를 가리키는데, 그 사람의 본래의 성격을 나타내는 데에 주로 쓰인다(예문①③④⑥⑦⑧). 뒤에 오는 명사를 수식할 때는 「のんきな」의 형태를 취하고, 뒤에 오는 술어를 수식할 때는 「のんきに」의 형태를 취하는데 우리말의 '태평하다, 느긋하다' 정도에 해당된다.
2. 「気楽だ」는 불안감이나 걱정거리가 일체 없이 마음이 편안한 상태를 나타내는데 그 사람이 현재 놓여있는 상황을 나타내는 데에 주로 쓰인다(예문②⑤⑨⑩⑪). 뒤에 오는 명사를 수식할 때는 「気楽な」의 형태를 취하고, 뒤에 오는 술어를 수식할 때는 「気楽に」의 형태를 취하는데, 우리말의 '마음 편하다' 정도에 해당된다.

예문과 해설

① 彼はのんきな/＊気楽な性格だ。(그는 느긋한 성격이다)

➲ 이 경우와 같이 본래 느긋한 성격임을 나타낼 때는 「のんき」가 적절하며, 「気楽」는 어디까지나 그 사람이 현재 놓여있는 마음편한 상태를 나타내는 것이어서 이 경우에는 부적절하다.

② 兄は現在何の心配事もない気楽な/＊のんきな身だ。
(형은 현재 아무런 걱정거리도 없는 마음편한 몸이다)

➲ 이 경우와 같이 지금 처해진 상황이 매우 마음편한 것일 때에는 「気楽」가 적절하며, 「のんき」는 주로 그 사람 본래의 느긋한 성격을 나타내는 것이므로 여기에서는 부적절하다.

③ こんな危ういときにのんきに/＊気楽にしてはいられない。

(이런 위태로운 때에 느긋하게 하고 있을 수는 없다)

➲ 이 경우와 같이 위태로운 상황 하에서 여유를 부릴 수가 없음을 나타낼 때는 「のんき」만이 적절하며, 「気楽」는 어디까지나 그 사람이 현재 놓여있는 마음편한 상태를 나타내는 것이어서 이 경우에는 부적절하다.

④ 今ごろ気付くなんてのんきな/＊気楽な人だ。

(지금 쯤 눈치를 채다니 태평한 사람이다)

➲ 이 경우 역시 타고날 때부터의 성격이 느긋함을 나타내는 것이므로 「のんき」가 적절하다.

⑤ 彼は扶養家族のない気楽な/＊のんきな人だ。

(그는 부양가족이 없는 마음편한 사람이다)

➲ 이 경우와 같이 속박되는 일이 없이 마음이 자유롭고 편안한 상태임을 나타낼 때 「気楽」가 적절하다. 「のんき」는 어디까지나 느긋한 성격을 나타내는 것에 의미의 중심이 놓이므로 여기에서는 부적절하다.

⑥ こういうときにのんきに構えている場合ではない。

(이러한 때에 느긋하게 하고 있을 경우가 아니다)

➲ 이 경우도 어떤 일에 구애됨이 없이 느긋함을 나타내는 것인데, 「のんきに構える」의 형태로 느긋한 자세를 취한다고 하는 뜻을 나타낸다.

⑦ 彼は生まれつきのんきな性格だ。(그는 태어날 때부터 느긋한 성격이다)

⑧ 田舎に隠居してのんきに暮らす。(시골에 은둔하여 느긋하게 지낸다)

⑨ 一人暮らしは気楽でいい。(혼자지내는 것은 마음 편하고 좋다)

➲ 아무런 걱정거리가 없이 마음이 편안한 상태를 나타내고 있다.

⑩ 毎日仕事を気楽にやっています。(매일 일을 마음 편하게 하고 있습니다)

⑪ うちの親父ほど気楽な人もいないでしょう。

(우리 아버지만큼 마음 편한 사람도 없을 겁니다)

「～は」「～が」

(山田は上着を脱ぎ、ハンガーにかけた、山田が上着を脱ぎ、ハンガーにかけた)

요점

1. 「～は」는 우리말의 '～은(는)'에 해당되는 조사이고 「～が」는 '～이(가)'에 해당되는 조사인데, 양자 간에는 의미용법상에 있어서 적지 않은 차이가 엿보인다.
2. 「～は」의 특징은 다음과 같다.
   1) 문의 맨 앞에 와서 주제를 나타내고(예문①), 술어 앞에 와서는 대비를 나타낸다(예문②).
   2) 의문이나 질문을 나타내는 술어부분에 「どこ、いつ、何、どう」등의 의문사가 포함되면 그 앞에는 「は」가 쓰여야 한다(예문③).
   3) 조사 「は」는 한번 등장하기만 하면 그 뒤에 오는 모든 쉼표를 뛰어넘어 맨 마지막의 마침표가 찍히는 술어에까지 걸리게 된다(예문④⑤⑧).
3. 「～が」의 특징은 다음과 같다.
   1) 문의 주어를 나타낸다(예문⑥).
   2) 의문사가 주어일 때는 반드시 「が」로 내세운다(예문⑦).
   3) 조사 「が」는 아무리 술어가 여러 개 등장하는 긴 문일지라도 그 바로 다음에 오는 술어에만 걸리게 될 뿐, 그 다음의 술어에는 걸릴 수가 없다(예문④⑤⑧).

예문과 해설

① 私は韓国から来ました。(나는 한국에서 왔습니다)

➲ 이 경우는 조사「は」에 의해「私(わたし)」를 주제로 내세우고는 그에 대한 설명을 뒤에 나타내고 있다. 만약 이 경우에「が」를 쓰게 되면 다른 사람이 아닌 바로 내가 한국에서 왔다고 하는 한정의 뜻을 나타내게 된다.

② このパーティーに私(わたし)は行きません。(이 파티에 나는 가지 않습니다)

➲ 이 경우는 조사「は」가 문의 맨 앞이 아니라 바로 술어의 앞에 위치함으로서 대비의 의미를 나타내고 있다. 즉, 다른 사람은 몰라도 나는 가지 않는다고 하는 뜻을 나타낸다.

③ 山田(やまだ)さんはどこへ行(い)きますか/いつ来(き)ますか/何(なに)を食(た)べますか/どうですか。

(야마다씨는 어디에 갑니까/ 언제 옵니까/ 무엇을 먹습니까/ 어떻습니까)

➲ 이 경우와 같이 술어부분에 의문사가 포함되어 있을 때는 그 앞의 조사로는「は」만이 적절하다.

④ 山田(やまだ)は上着(うわぎ)を脱(ぬ)ぎ、ハンガーにかけた/山田(やまだ)が上着(うわぎ)を脱(ぬ)ぎ、ハンガーにかけた。

(야마다는 윗도리를 벗어 옷걸이에 걸었다/야마다가 윗도리를 벗어 옷걸이에 걸었다)

➲ 확실히 조사「は」는 윗도리를 벗는 동작과 그것을 옷걸이에 거는 동작에까지 전부 걸리지만, 이에 반해 조사「が」는 야마다가 윗도리를 벗는 동작에는 분명히 걸리지만 그 윗도리를 옷걸이에 건 사람은 누구인지 불확실하게 되어서, 야마다가 걸었을 수도 있고 그 밖의 다른 사람이 걸었을 수도 있게 된다. 이 경우만을 보아도 조사「が」는 바로 그 뒤에 오는 술어에만 걸리게 됨을 알 수가 있다.

⑤ 山田(やまだ)さんは買(か)った本(ほん)を妹(いもうと)にあげた/山田(やまだ)さんが買(か)った本(ほん)を妹(いもうと)にあげた。

(야마다씨는 산 책을 여동생에게 줬다/야마다씨가 산 책을 여동생에게 줬다)

➲ 조사「は」는 문의 맨 마지막에 찍히는 마침표까지의 모든 술어에 걸리므로 이 경우「買(か)う」에 걸리는 것은 물론이고「あげる」에 까지 걸려서 두 동작의 주체는 야마다씨 밖에 될 수가 없다. 하지만, 조사「が」는 바로 그 뒤에 오는 술어에만 걸리게 되므로 야마다씨가 책을 산 것은 분명하지만, 그 책을 여동생에게 준 사람은 야마다씨가 아닐 가능성이 크게 된다.

⑥ バスが来(き)た。(버스가 왔다)　　鉛筆(えんぴつ)があります。(연필이 있습니다)

➲ 이 경우의 조사「が」는 술어「来(き)た」「あります」에 대한 주어를 내세우게 된다.

⑦ どれがいいですか。(어느 것이 좋습니까)　誰(だれ)が発表(はっぴょう)しますか。(누가 발표합니까)

➲ 이 경우와 같이 의문사가 주어로 되어있을 때는 반드시 조사「が」에 의해서만 주어를 나타내게 된다. 조사「は」는 의문사에 접속될 수가 없다.

⑧ 山田(やまだ)さんが佐藤(さとう)さんといる教室(きょうしつ)で居眠(いねむ)りをしている/山田(やまだ)さんは佐藤(さとう)さんといる教室(きょうしつ)で居眠(いねむ)りをしている。

(야마다씨가 사토씨와 있는 교실에서 낮잠을 자고 있다/야마다씨는 사토씨와 있는 교실에서 낮잠을 자고 있다)

➲ 이 경우 조사 「が」를 쓰게 되면 야마다씨가 사토씨와 함께 교실에 있다고 하는 사실만 분명할 뿐, 그 교실에서 낮잠을 잔 사람은 불분명해진다. 반면에 조사 「は」를 쓰게 되면, 사토씨와 함께 있는 사람도 야마다씨이고 그 교실에서 낮잠을 잔 사람도 야마다씨가 되게 된다. 이 경우만 보아도 조사 「は」는 한번 등장하게 되면 아무리 문이 길어도 마지막의 술어에까지 그 영향을 미치게 됨을 알 수가 있다.

「～ば?」「～たら?」

(のどが渇いたら、水を飲めば？、のどが渇いたら、水を飲んだら？)

공통의미

～하면 어때? ～하는 것이 어때?(권유를 나타내는 용법)

요점

1. 「～ば?」「～たら?」는 둘 다 그 뒤에 와야 할 술어 「どう? どうなの? どうかな?」같은 것이 생략된 권유표현으로 회화체에서 주로 쓰인다. 이러한 표현은 우리말에는 없는 것이어서 우리말에서는 그 뒤에 와야 할 술어가 생략되는 법이 결코 없다. 남성의 경우에는 문말의 인토네이션이 내려가고 여성의 경우에는 올라가는 경향이 있는데, 양자 간에는 상대에게 권유하는 태도에 다소의 차이가 엿보인다.
2. 「～ば?」는 상대에 대하여 적당히 건성으로 권유하는 어감이 주어져서 때로는 차가운 인상을 줄 수가 있다.
3. 「～たら?」는 상대에 대하여 마음으로 권유하는 어감이 주어져서 심적 배려나 따뜻함이 느껴질 수가 있다.

예문과 해설

① 外はとても寒いから、厚着を着て出かければ/出かけたら?
(밖은 무척 추우니까, 두꺼운 옷을 입고 나가는 게 어떠냐?)

➲ 이 경우는 둘 다 적절한데 「~ば？」를 쓰는 것보다는 「~たら?」를 쓰는 것이 더욱 상대를 배려하는 따스함이 느껴진다.

② のどが渇いたら、水を飲めば?/飲んだら? (목마르면 물을 마시면 어때?)

➲ 이 경우 역시 「~ば ?」를 쓰는 것보다는 「~たら?」를 쓰는 것이 더욱 상대를 배려하는 따스함이 느껴진다. 이하의 모든 예문에도 이러한 해석이 그대로 적용된다.

③ 腰が痛いのなら、この薬、塗っておけば?/塗っておいたら?。
(허리가 아픈 거라면, 이 약, 발라두면 어떨까?)

④ 疲れているだろう？ゆっくり休めば?/休んだら?。
(피곤하지? 느긋하게 쉬면 어때?)

⑤ 安い傘がほしんだったら、あれ、買えば?/買ったら?。
(싼 우산이 필요할 것 같으며, 저거, 사면 어때?)

⑥ 危ないからやめれば?/やめたら? (위험하니까 그만두면 어때?)

⑦ 立って見てないで、ちょっと手伝ってあげれば?/手伝ってあげたら?
(서서보고 있지 말고 좀 거들어드리면 어때?)

⑧ これ、高い上着だけど、着てみれば?/着てみたら?
(이거, 비싼 윗도리인데, 입어보면 어때?)

「～ば～ほど」「～ば～だけ」

(商品は安ければ安いほどよく売れます、商品は安ければ安いだけよく売れます)

요점

1. 「～ば～ほど」는 시간의 경과나 사태의 추이에 따라서 어떤 사항이 변화해 감을 나타내는 것으로 우리말의 '～하면～할수록'에 해당된다(예문①②③④⑤⑥). 문말의 술어가 현재형이건 과거나 완료형이건 상관없이 「～ほど」앞에는 동사과거형이나 완료형은 올 수가 없고 오로지 현재형만 오게 된다.
2. 「～ば～だけ」는 어떤 사항의 정도가 증가함에 비례하여 예상대로 다른 사항의 정도도 증가함을 나타내는 것으로 앞뒤의 사항에는 인과관계가 설정되게 된다. 우리말의 '～하면～하는 만큼' 정도에 해당된다(예문①②③⑦⑧). 문말의 술어가 과거형이나 완료형일 때는 「～だけ」앞에도 과거형이나 완료형이 오게 된다.

예문과 해설

① 問題は考えれば考えるほど/考えただけ、解決へと近づいていった。

(문제는 생각하면 생각할수록/생각한 만큼, 해결로 다가갔다)

➲ 이 경우는 둘 다 적절한데 「~ば~ほど」를 쓰게 되면 생각을 많이 하는 것에 따라서 해결책이 생겨났음을 나타낼 뿐이지만, 「~ば~だけ」를 쓰게 되면 생각을 많이 한 것에 비례하여 필연적으로 해결책이 생겨났다고 하는 인과관계를 나타내게 된다. 결국 「~ば~だけ」는 해결책을 마련하기 위하여 생각을 많이 한 보람이 있음을 암시하는 효과도 담기게 되는 셈이다.

② お酒というものは、酔えば酔うほど/酔うだけ楽しくなるものだよ。

(술이라는 것은 취하면 취할수록/취하는 만큼 즐거워지는 거야)

➲ 이 경우 「~ば~ほど」를 쓰게 되면 단지 취함에 따라서 즐거워짐을 나타낼 뿐이지만, 「~ば~だけ」를 쓰게 되면 필연적으로 즐거워지게 마련이라고 하는 인과관계를 나타내게 된다.

③ 捜査が進めば進むほど/進んだだけ、次々と予想通りの事実が見つかった。

(수사가 진전되면 진전될수록/진전된 만큼, 잇달아 예상대로의 사실이 발견되었다)

➲ 이 경우 「~ば~ほど」를 쓰게 되면 단지 수사가 진전됨에 따라서 예상했던 사실이 발견되었음을 나타낼 뿐이지만, 「~ば~だけ」를 쓰게 되면 수사가 진전된 것에 비례하여 당연히 예상했던 사실도 발견되었다고 하는 필연적인 인과관계를 나타내게 된다. 아울러, 「~ば~ほど」는 문말의 술어가 과거형일지라도 그 앞에는 현재형밖에 올 수가 없으나, 「~ば~だけ」는 문말의 술어가 과거형일 때는 그 앞에도 과거형밖에 올 수가 없다.

④ 隣の女の子、見れば見るほど/＊見るだけ可愛いねえ。

(옆집 여자애, 보면 볼수록 귀엽네)

➲ 옆집 여자애를 본다고 하는 사태의 추이에 따라서 보다 귀엽게 느껴진다고 하는 뜻이므로 「~ば~ほど」가 적절하다. 「~ば~だけ」는 예상대로 다른 정도도 늘어난다고 하는 인과관계를 나타내는데 쓰이는데, 옆집 여자애를 자꾸 본다고 해서 보는 만큼 꼭 귀엽게 느껴지는 법은 없으므로 여기에서는 부적절하다.

⑤ 同窓会は時間が経てば経つほど/＊経つだけ楽しくなっていった。

(동창회는 시간이 지나면 지날수록 즐거워져 갔다)

➲ 「~ば~だけ」는 어떤 정도가 늘어남에 따라서 예상대로 다른 정도도 늘어난다고 하는 인과관계를 나타내는데, 동창회가 시간이 지날수록 꼭 즐거워지는 것만은 아니므로 여기에서는 부적절하다.

⑥ 先生の説明は、聞けば聞くほど/＊聞くだけわからなくなってくる。

(선생님의 설명은 들으면 들을수록 모르게만 된다)

➲ 이 경우 「~ば~だけ」를 쓰게 되면 선생님의 설명을 들으면 듣는 만큼 더 모르게 된다고 하는, 일반적인 통념에서 멀어진 뜻을 나타내게 되므로 여기에서는 부적절하다. 물론 선생님의 설명을 들으면 듣는 만큼 더 이해하게 되었다고 하는 필연적인 인과관계를 나타내는 문맥이라면 「~

ば~だけ」도 적절하다.

⑦ 勉強は、したらしただけ/✱したらしたほど成績は上がりますよ。

(공부는 하면 한 만큼 성적은 올라가지요)

➲ 이 경우에는 「~だけ」앞에 완료형이 와 있으며, 또한 「~ば~だけ」의 변형인 「~たら~だけ」의 형태가 쓰이고 있다. 이러한 경우에 「~ほど」의 형태는 쓸 수가 없는데, 이는 「~ほど」앞에는 완료형이 올 수가 없고 항상 현재형만 오게 된다고 하는 문법적 제약 때문이다.

⑧ 稼いだら稼いだだけ/✱稼いだら稼いだほど、使うんじゃないよ。少しは貯金しろ。

(벌면 번만큼 쓰는 것이 아니야. 조금은 저금해라)

➲ 이 경우역시 문법적으로는 예문⑦과 맥락을 같이 하고 있는데, 특히 여기에서는 사태의 추이에 따른 변화를 나타내는 것이 아니므로 「~ほど」는 더욱 부적절하다.

「場合」「時」「際」「折」

(雨の場合は中止する、雨の時は中止する、雨の際は中止する、雨の折は中止する)

공통의미

(～할, ～일)경우, 때

요점

1. 「場合」는 어떤 일이나 상태가 발생하는 구체적이고 개별적인 상황을 가정하거나 특정지어서 나타내는 것으로, 네 가지 말 중에서 유일하게 시간과는 직접적인 관계가 없는 말이다. 우리말의 '경우'에 해당된다(예문①⑥⑦).
2. 「時」는 어떤 일이나 상태가 발생하는 일반적인 시점을 나타내는 것으로 우리말의 '때'에 해당된다(예문②③④⑧⑨).
3. 「際」는 무언가가 일어날 시간을 예측하는 경우에 쓰이는 것으로 특별하게 강조할만한 때를 나타낸다. 다소 격식을 차리는 말투에서 쓰이는데 우리말의 '(～할, ～일)때, (～할, ～일)시' 정도에 해당된다(예문④⑤⑩⑪).

4. 「折」는 시간의 흐름 속에서 다른 때와 특별하게 구별하여 나타내는 말로 다소 격식을 차리는 말투에서 쓰이며 우리말의 '때'에 해당된다(예문②④⑫⑬).

●●● 예문과 해설

① 彼の場合/＊時/＊際/＊折は特別だ。(그의 경우는 특별하다)

➲ 이 경우와 같이 시간을 나타내는 것이 아니라 개별적이고 특정한 상황을 나타낼 때는 「場合」만이 적절하다.

② 食事をしている時/＊際/＊折/＊場合に彼が来た。
(식사를 하고 있을 때 그가 왔다)

➲ 이 경우와 같이 일반적인 때를 나타낼 때는 「時」가 적절하다. 「際」와 「折」는 일반적인 때와는 다른 특별한 때를 나타내는 것이고, 「場合」는 시간과는 직접적인 관계가 없는 말이므로 여기에서는 모두 부적절하다.

③ 若い時/＊際/＊折/＊場合はげんきだった。(젊을 때는 힘이 좋았다)

➲ 이 경우 역시 예문③과 맥락을 같이하고 있다.

④ 上京した時/際/折/＊場合に友だちと会った。
(상경했을 때에 친구와 만났다)

➲ 이 경우는 과거의 한 시점을 나타내는 것이므로 「場合」는 부적절하다. 「時」는 일반적인 때를 나타내는 말로서 흔히 쓰이지만, 「際」와 「折」는 다소 격식을 차린 것 같은 어감이 주어지게 된다.

⑤ お降りの際/?時/?折/?場合は足下にご注意ください。
(내리실 때는 발밑에 주의해 주십시오)

➲ 이 경우와 같이 어떤 일이나 행동이 일어나는 때를 나타내고 매우 격식을 차린 문체에서는 「際」만이 가장 적절하다. 즉 여기에서는 승객이 내린다고 하는 특정한 전제하에 나타내고 있는 셈이다.

⑥ 人々が集まらなかった場合延期する。(사람들이 모이지 않은 경우 연기한다)

➲ 이 경우는 사람들이 모이지 않은 상황을 가정하여 나타내는 것인데, 「場合」는 이와 같이 어떤 구체적인 상황을 가정하여 나타내는 것에 의미의 중심이 놓인다.

⑦ 今は冗談を言っている場合ではない。
(지금은 농담을 하고 있을 경우가 아니다)

➲ 이 경우는 농담을 해서는 안 될 상황을 특정지어서 나타내고 있다.

⑧ 家を出た時は雨が降っていた。(집을 나왔을 때는 비가 내리고 있었다)

➲ 「時」는 이와 같이 일반적인 시점을 나타낸다.

⑨ これは発表の時に着て行く服です。(이것은 발표 때에 입고 갈 옷입니다)

⑩ 欠席する際はお知らせください。(결석할 때는 알려 주십시오)

➲ 「際」는 이와 같이 어떤 일이나 상황이 발생할 것을 미리 예측하여 나타내는 것에 의미의 중심이 놓인다.

⑪ ご利用の際の注意を申し上げます。(이용하실 때의 주의를 말씀드리겠습니다)

⑫ ソウルへ行った折、先生のお宅を訪ねた。
(서울에 갔을 때, 선생님의 댁을 찾아갔다)

➲ 「折」는 이와 같이 일련의 시간의 흐름 속에서 어느 특정한 때를 나타내는 것에 의미의 중심이 놓인다.

⑬ お会いした折にお渡しします。(만나 뵈었을 때 건네 드리겠습니다)

「はい、そうです」「いいえ、違います」

공통의미

명사문의 질문에 대한 긍정과 부정의 대답

요점

1. 「はい、そうです」와 「いいえ、違います」는 둘 다 명사로 구성된 질문, 즉 「명사+ですか」의 형태로 질문하거나, 또는 「～んですか」의 형태로 질문하는 것에 한해서만 각각 긍정과 부정의 대답으로 쓰인다.
2. 「～んですか」의 「ん」은 형식명사 「の」가 회화체에서 발음을 부드럽게 하기 위하여 변화된 것인데, 이는 그 앞에 오는 모든 용언을 명사화하는 기능을 지니고 있어서 결국

이러한 형태는 「명사+ですか」와 같은 구조를 지니게 되는 셈이다(예문④⑤⑥).

3. 「はい、そうです」는 우리말의 '예, 그렇습니다'에 해당되는데, 우리말에서는 명사로 질문하거나 형용사로 질문하거나 또는 동사로 질문해도 긍정의 대답을 할 경우에는 '예, 그렇습니다'로 할 수 있으나, 일본어에서는 반드시 명사로 질문한 것에 대한 긍정의 대답인 경우에만 「はい、そうです」를 쓸 수 있는 점에 각별히 유의하여야 한다(예문①②③). 한편, 명사이외의 질문, 즉 형용사로 질문하거나 동사로 질문하는 것에 대한 긍정의 대답인 경우에는 질문에 나온 형용사나 동사를 반복해서 대답하는 형태가 된다(예문①②).

4. 「いいえ、違います」는 우리말의 '아니오, 그렇지 않습니다'에 해당되는데 「違います」는 동사 「違う(다르다, 틀리다)」에서 온 말이다. 「はい、そうです」의 경우처럼 명사문의 질문에 대해서 부정의 대답을 할 때만 쓸 수가 있다(예문③④⑤⑥).

예문과 해설

① A：冬休みに国へ帰りますか。B：＊はい、そうです/いいえ、違います。
(A：겨울방학에 고향으로 돌아갑니까? B：＊예, 그렇습니다/ 아니오, 그렇지 않습니다)

➲ 「はい, そうです」는 반드시 명사로 질문한 것에 대해서만 긍정적인 대답으로 쓰일 수가 있는데, 이 경우에는 동사로 질문하였으므로 부적절하다. 이러한 경우에는 「はい, 帰ります」와 같이 질문에 나온 동사를 반복하는 식으로 대답하는 것이 적절하다. 이러한 경우, 부정으로 대답할 때는 「いいえ, 違います」로 표현하여야 한다.

② A：お宅の近くは静かですか。B：＊はい、そうです/いいえ、違います。
(A：댁 근처는 조용합니까? B：＊예, 그렇습니다/ 아니오, 그렇지 않습니다)

➲ 이 경우는 명사가 아닌 형용동사로 질문하였으므로 「はい, そうです」는 쓸 수가 없고, 「はい, 静かです」와 같이 질문에 나온 형용동사를 반복하는 식으로 대답하는 것이 적절하다. 이러한 경우, 부정으로 대답할 때는 「いいえ, 違います」로 표현하여야 한다.

③ A：それはすしですか。B：はい、そうです/いいえ、違います。
(A：그것은 초밥입니까? B：예, 그렇습니다/ 아니오, 그렇지 않습니다)

➲ 이 경우는 「명사+ですか」와 같은 명사문의 질문이므로 긍정의 대답에는 「はい, そうです」가 쓰이고, 부정의 대답에는 「いいえ, 違います」가 쓰인다.

④ A：まずいんですか。 B：はい、そうです/いいえ、違います。
(A：맛없습니까? B：예, 그렇습니다/ 아니오, 그렇지 않습니다)

➲ 이 경우는 확실히 질문에 명사가 아닌 형용사 「まずい」가 쓰였지만, 「ん」이 그 앞의 형용사

를 명사화하였으므로 긍정의 대답에는 「はい, そうです」가 쓰이고, 부정의 대답에는 「いいえ, 違(ちが)います」가 쓰였다.

⑤ A：きらいなんですか。　B：はい、そうです/いいえ、違(ちが)います。

(A：싫은 것입니까?　B：예, 그렇습니다/ 아니오, 그렇지 않습니다)

➲ 이 경우는 확실히 질문에 명사가 아닌 형용동사 「きらいだ」가 쓰였지만, 「ん」이 그 앞의 형용동사의 연체형 「きらいな」를 명사화하였으므로 긍정의 대답에는 「はい, そうです」가 쓰이고, 부정의 대답에는 「いいえ, 違(ちが)います」가 쓰였다.

⑥ A：毎日(まいにち)食(た)べるんですか。　B：はい、そうです/いいえ、違(ちが)います。

(A：매일 먹는 겁니까?　B：예, 그렇습니다/ 아니오, 그렇지 않습니다)

➲ 이 경우는 확실히 질문에 명사가 아닌 동사 「食(た)べる」가 쓰였지만, 「ん」이 그 앞의 동사를 명사화하였으므로 긍정의 대답에는 「はい, そうです」가 쓰이고, 부정의 대답에는 「いいえ, 違(ちが)います」가 쓰였다.

「入(はい)る」「入(い)る」

공통의미

들어가다

요점

1. 「入(はい)る」와 「入(い)る」는 둘 다 우리말의 '들어가다'에 해당되는 동사이지만 현대에 이르러서는 「入(はい)る」만이 주로 쓰이고(예문①), 「入(い)る」는 아주 무거운 느낌의 문장체라든지 고정된 관용구에서만 쓰인다(예문②).

예문과 해설

① トイレに入(はい)る。(화장실에 들어간다)　会期(かいき)に入(はい)る。(회기에 들어간다)

果物(くだもの)の入(はい)ったケーキ。(과일이 들어간 케이크) 情報(じょうほう)が入(はい)る。(정보가 들어온다)

➲ 우리말의 '들어간다, 들어온다'의 뜻을 나타낼 때는 「入(はい)る」를 쓰는 것이 일반적이다.

② 気(き)にいる。(마음에 들다) 悦(えつ)にいる。(크게 기뻐하다) ひびがいる。(금이 가다)

➲ 「入(い)る」는 이와 같이 관용적으로 사용되고 있을 뿐이다.

「ばか」「あほう」「まぬけ」「とんま」

공통의미

바보, 멍청이, 얼간이

요점

1. 「ばか」는 우리말의 바보에 해당되는 말인데(예문①②③④⑤), 본래의 의미이외에도 사용범위가 비교적 넓다. 즉, 무익하고 쓸데없다고 하는 뜻을 나타내기도 하고(예문⑥⑦⑧⑨), 무시하거나 경시할 수 없음을 나타내기도 하며(예문⑩⑪), 그 정도가 심하다고 하는 뜻을 나타내기도 한다(예문⑫⑬). 표제어 중의 다른 말에는 이와 같은 의미용법이 없다.
2. 「あほう」는 「ばか」와 같은 의미용법으로 쓰이는 말로 주로 오사카, 교토, 나라 등의 관서지방에서 「あほ」의 형태로 많이 쓰인다. 우리말의 '바보' 정도에 해당된다(예문⑭⑮).
3. 「まぬけ」는 하는 일에 실수가 많고 깜빡 잊기를 잘 하는 사람을 비난하는 말로 우리말의 '얼간이' 정도에 해당된다(예문⑯⑰).
4. 「とんま」는 하는 일이 앞뒤가 맞지 않거나 덤벙대는 사람을 가리키는 말로 우리말의 '멍청이' 정도에 해당된다(예문⑱⑲).

예문과 해설

① ばか! なぜあんなことをしたのか。(바보! 왜 그런 짓을 한 건가)

② 人(ひと)をばかあつかいする。(사람을 바보취급 한다)

③ 本当(ほんとう)にばかなやつだ。(정말로 바보 같은 녀석이다)

➲「ばか」는「ばかな」의 형태로 뒤에 오는 명사를 수식할 수가 있다.

④ ばかにつける薬(くすり)はない。(바보에게는 약도 없다)

⑤ ばか、何(なに)をする！(바보, 무얼 하나!)

⑥ ばかなことをしてしまった。(바보 같은 짓을 하고 말았다)

⑦ ばかな目(め)にあった。(바보스런 지경을 당했다)

⑧ 自分(じぶん)だけがばかを見(み)た。(나만 바보스럽게 되었다)

➲「ばかを見(み)る」의 형태로 곤란한 지경에 이름을 나타내는 관용구로 쓰인다.

⑨ 時計(とけい)のネジがばかになった。(시계의 나사가 못쓰게 되었다)

➲「ばか」는 이와 같은「ばかになる」의 형태로 어떤 물건이 못쓰게 되었음을 나타내기도 한다.

⑩ コーヒー代(だい)もばかにならない。(커피 값도 무시할 수 없다)

➲「ばか」는「ばかにならない」의 형태로 어떤 대상을 무시하거나 경시할 수 없음을 나타낸다.

⑪ 毎月(まいつき)の電気代(でんきだい)もばかになりません。(매달 전기세도 무시할 수 없습니다)

➲ 이 경우도 무시할 수가 없음을 나타내고 있다.

⑫ 今日(きょう)はばかに寒(さむ)い。(오늘은 엄청나게 춥다)

➲「ばかに」의 형태로 그 정도가 매우 심함을 나타내는 부사적인 용법으로 쓰인다.

⑬ いつも遅(おく)れているのに、今日(きょう)はばかに早(はや)いじゃないか。
(언제나 늦었는데, 오늘은 엄청나게 빠르지 않는가)

⑭ あんなあほうは相手(あいて)にするな。(저런 바보는 상대하지 마라)

⑮ あほうな考(かんが)えは捨(す)てろ。(바보 같은 생각은 버려라)

➲「あほう」는「あほうな」의 형태로 뒤에 오는 명사를 수식할 수가 있다.

⑯ あのまぬけが株(かぶ)で損(そん)をした。(저 얼간이가 주식으로 손해를 봤다)

⑰ あいつはまぬけな事(こと)ばかりする。(저 녀석은 얼간이 짓만 한다)

⑱ どこのとんまがこんなミスをしたのだ。(어느 멍청이가 이런 실수를 한 거냐)

⑲ あいつはまったくとんまな奴(やつ)だ。(저 녀석은 정말 멍청한 녀석이다)

➲「とんま」는「とんまな」의 형태로 뒤에 오는 명사를 수식할 수가 있다.

「博士(はかせ)」「博士(はくし)」

공통의미

박사

요점

1. 「博士(はかせ)」는 일반적으로 쓰이는 말로 그 사람을 직접 부르거나 그 사람을 지칭하는 경우에 흔히 쓰인다. 한편으로는 '만물박사(物知(ものし)り博士(はかせ))'와 같이 그 방면에 대하여 잘 알고 있는 사람을 나타낼 때는 오로지 「～博士(はかせ)」라고만 한다.
2. 「博士(はくし)」는 「博士(はかせ)」에 비하여 그다지 쓰이지 않으나 「文学博士(ぶんがくはくし)」「医学博士(いがくはくし)」와 같이 정식학위명을 나타낼 때는 「博士(はかせ)」와 더불어 쓰인다.

「～ばかりか」「～どころか」

(結婚(けっこん)しているばかりか子供(こども)が二人(ふたり)もいる、結婚(けっこん)しているどころか子供(こども)が二人(ふたり)もいる)

공통의미

~뿐만 아니라

요점

1. 「～ばかりか」는 정도가 가벼운 것을 우선 그 앞에 내세우고서는 그 뒤로 정도가 보다 무거운 것을 추가로 내세우는 것으로, 우리말의 '～뿐만 아니라'에 해당된다(예문①②

③⑤⑥⑦⑧). 명사와 활용어의 연체형에 접속된다.

2. 「～どころか」는 그 앞에 가벼운 것을 내세우고 그 뒤에는 예상에서 크게 벗어나는 사항을 내세움으로서 그것을 보다 강조하는 것으로, 우리말의 '～은(는)커녕, ～은(는) 말할 것도 없이' 정도에 해당된다(예문①②④⑨⑩⑪⑫⑬). 명사와 동사, 형 \용사의 연체형, 그리고 형용동사의 어간에 접속된다.

예문과 해설

① 彼(かれ)はスペイン語(ご)ばかりか/どころかラテン語(ご)まで勉強(べんきょう)しているらしい。

(그는 스페인어뿐만 아니라/스페인어는 말할 것도 없이 라틴어까지 공부하고 있는 것 같다)

➲ 이 경우는 둘 다 적절하지만 그 뉘앙스에서 적지 않은 차이가 엿보인다. 즉 「~ばかりかか」를 쓰게 되면 단지 스페인어에다가 라틴어까지 공부한다고 하는 사실을 나타낼 뿐이지만, 「~どころか」를 쓰게 되면 스페인어 같은 당연한 외국어는 말 할 것도 없고 라틴어 같은 희귀한 언어까지 공부한다고 하는 사실을 나타내게 된다. 이렇게 되면 결국에는 그 앞에 오는 스페인어의 가치는 낮추어지는 셈이 되게 된다.

② 結婚(けっこん)しているばかりか/どころか子供(こども)が二人(ふたり)もいる。

(결혼했을 뿐만 아니라/결혼은 말할 것도 없이 아이가 둘이나 있다)

➲ 이 경우 「~ばかりか」를 쓰게 되면 결혼은 물론 했거니와 아이까지 둘이나 있음을 나타내지만, 「~どころか」를 쓰게 되면 결혼은 말할 것도 없이 했거니와 심지어는 아이까지 둘씩이나 있다고 하는 사실을 보다 강조하게 된다.

③ そとは気温(きおん)ばかりか/＊どころか湿度(しつど)も高(たか)い。

(밖은 기온뿐만 아니라 습도도 높다)

➲ 「~ばかりか」는 앞의 사항에 뒤의 사항을 단지 추가하는 의미용법이어서 이 경우에는 적절하다. 하지만 「~どころか」는 앞의 사항에 대하여 예상을 크게 벗어날 만한 사항을 뒤에 내세우는 것이므로 여기에서는 부적절하다. 실제로 기온이 높은데다가 습도마저 높은 것은 예상을 크게 벗어날만한 사항이 못되는 것이다.

④ 一万円(いちまんえん)どころか/＊ばかりか千円(せんえん)も持(も)っていない。

(만엔은 커녕 천엔도 가지고 있지 않다)

➲ 이 경우와 같이 「~どころか」는 그 뒤에 부정표현을 수반하여 그 앞에 무거운 내용을 내세우고 그 뒤에는 보다 가벼운 내용을 내세움으로서 둘 다 부정하는 의미용법도 지니고 있다. 하지만 「~ばかりか」에는 이와 같은 의미용법이 없으므로 여기에서는 부적절하다.

⑤ いびき<u>ばかりか</u>寝言(ねごと)まで聞(き)こえる。(코고는 소리뿐만 아니라 잠꼬대까지 들린다)

➲ 「~ばかりか」는 가벼운 정도를 나타내는 사항이 앞에 오고 뒤에는 보다 정도가 무거운 사항을 추가로 제시하는 것에 의미의 중심이 놓이는데, 이 경우는 코고는 소리에다가 잠꼬대라고 하는 보다 정도가 심한 사항을 추가하고 있다.

⑥ あの店は味が悪いばかりか接客態度もなっていない。
(저 가게는 맛이 나쁠 뿐만 아니라 접객태도도 되어있지 않다)

➲ 이 경우는 맛이 없다고 하는 사실에다가 접객태도마저 나쁘다고 하는 보다 정도가 심한 사항을 추가하고 있다.

⑦ うそを言うばかりか盗みさえする。(거짓말을 할뿐만 아니라 도둑질까지 한다)

➲ 이 경우는 거짓말에다가 도둑질이라고 하는 보다 정도가 심한 사항을 추가하고 있다.

⑧ そのうわさはクラスメートばかりか先生にまで広まっている。
(그 소문은 클래스메이트뿐만 아니라 선생님에게까지 퍼져있다)

⑨ 昼寝どころか夜寝る暇さえない。(낮잠은커녕 밤에 잘 틈조차 없다)

➲ 「~どころか」는 가벼운 정도를 앞에 내세우고 그 뒤에는 예상을 크게 넘어서는 무거운 정도를 내세움으로서 이것을 보다 강조하는 것에 의미의 중심이 놓이는데, 여기에서는 낮잠은 말할 것도 없고 심지어는 밤잠조차 제대로 잘 틈이 없음을 강조하고 있다.

⑩ 話をするどころか、会ってもくれなかった。
(이야기를 하기는커녕, 만나주지도 않았다)

➲ 이 경우는 이야기하는 것은 고사하고라도 만나주는 일조차 이루어지지 않았음을 보다 강조하고 있다.

⑪ 知っているどころか、兄弟ですよ。(알고 있는 건 말할 것도 없이 형제예요)

➲ 두 사람이 서로 안다고 하는 사실보다는 두 사람이 형제사이라고 하는 사실이 보다 큰 비중을 차지함은 말할 것도 없는 일이다. 이 경우에 「~ばかりか」를 쓰게 되면 뒤에 오는 형제라는 사실이 그다지 부각되지 못하게 된다.

⑫ 背が低いどころか長身だ。(키가 작기는커녕 장신이다)

⑬ 漢字が読めないどころか、ひらがなでさえ満足に書けない。
(한자를 읽을 수 없는 것은 말할 것도 없이 히라가나조차도 만족스럽게 쓸 수 없다)

「はかる」「企てる」「もくろむ」「たくらむ」

(悪事をはかる、悪事を企てる、悪事をもくろむ、悪事をたくらむ)

공통의미

계획하다, 꾀하다

요점

1. 「はかる」는 어떤 목적을 달성하기 위해 여러 각도에서 생각하고 방법을 강구하는 것인데 좋은 의미에도 나쁜 의미에도 쓰인다(예문①③⑤⑥).
2. 「企(くわだ)てる」는 다소 규모가 큰 것을 계획하여 실행에 옮기려고 하는 것인데 주로 나쁜 의미로 쓰이는 경향이 있다(예문①③⑦⑧).
3. 「もくろむ」는 뚜렷한 계획이나 준비도 없이 막연하게 어떤 일을 꾀하는 것인데 그다지 바람직하지 못한 의미로 쓰인다(예문①②⑨⑩).
4. 「たくらむ」는 무언가 나쁜 일을 꾀하는데 주로 쓰인다(예문①②④⑪⑫).
5. 결국 나쁜 일을 꾀하는 의미의 강도는 「はかる」「企(くわだ)てる」「もくろむ」「たくらむ」의 순서로 높아지게 된다.

예문과 해설

① ひそかに悪事(あくじ)をはかる/企(くわだ)てる/もくろむ/たくらむ。(몰래 나쁜 짓을 꾀한다)

➲ 이 경우는 그 어느 것이나 적절한데 뒤로 갈수록 나쁜 짓의 강도는 높아지게 된다.

② 一攫千金(いっかくせんきん)をもくろむ/たくらむ/＊企(くわだ)てる/＊はかる。(일확천금을 노린다)

➲ 이 경우와 같이 뚜렷한 준비나 계획도 없이 막연하게 요행을 바란다고 하는 뜻으로 쓰일 때는 「もくろむ」와 「たくらむ」가 적절하다. 「企(くわだ)てる」는 다소 규모가 큰 일을 계획하고 실행하려고 하는 것으로 여기에서는 부적절하고, 「はかる」는 준비를 철저히 하여 무언가를 의도한다는 뜻이므로 이것역시 여기에서는 부적절하다.

③ 彼女(かのじょ)は自殺(じさつ)を企(くわだ)てて/はかって/＊もくろんで/＊たくらんでいるようだ。
(그녀는 자살을 꾀하고 있는 것 같다)

➲ 이 경우와 같이 자살을 계획하고 실행에 옮기려고 하는 뜻으로는 계획을 세워 실행에 옮기려고 하는 의미의 「企(くわだ)てる」와 「はかる」가 적절하다. 「もくろむ」는 계획도 없이 막연하게 무언가를 꾀하는 뜻으로 쓰이고, 「たくらむ」는 나쁜 행위를 꾀하는 뜻으로 쓰이므로 둘 다 여기에서는 부적절하다.

④ いたずらをたくらむ/＊もくろむ/＊企(くわだ)てる/＊はかる。(장난을 꾀한다)

➲ 이 경우는 남에게 피해를 줄만한 일을 꾀한다는 뜻이므로 「たくらむ」가 적절하다. 「もくろむ」는 계획이 없이 막연하게 무언가를 꾀하는 것이므로 부적절하고, 「企(くわだ)てる」는 보다 규모가 큰일을 계획하는 것이므로 부적절하며, 「はかる」는 여러 각도에서 궁리하면서 꾀하는 것이므

로 이것 역시 여기에서는 부적절하다.

⑤ 便宜をはかる。(편의를 도모한다)

➲ 이 경우와 같이 여러 각도로 생각하여 편의를 꾀한다고 하는 뜻으로는 「はかる」만이 적절하다.

⑥ 兄は再起をはかっているようです。(형은 재기를 꾀하고 있는 것 같습니다)

➲ 재기를 꾀한다고 하는 것은 개인적인 것으로 규모가 작으며 또한 좋은 뜻으로 쓰이므로 여기에서는 「はかる」가 적절하다.

⑦ 現金強奪を企てる。(현금 강탈을 도모한다)

➲ 현금을 강탈한다고 하는 것은 다소 규모가 큰 모의가 되므로 「企てる」가 적절하다.

⑧ 彼は謀反を企てているようだ。(그는 모반을 꾀하고 있는 것 같다)

⑨ うまい汁を吸おうともくろんでいる。(단물을 빼먹으려고 꾀하고 있다)

➲ 「もくろむ」는 이 경우와 같이 그다지 바람직하지 못한 일에 쓰이는 경향이 있다.

⑩ 金もうけをもくろむ。(돈벌이를 궁리하다)

➲ 이 경우는 바람직한 방법으로 돈을 벌려고 하는 것으로는 보기 어렵다.

⑪ 彼は家出をたくらんでいる。(그는 가출을 꾀하고 있다)

➲ 「たくらむ」는 누가 보아도 분명히 좋지 못한 일을 꾀하는 데에 쓰인다.

⑫ 首相暗殺をたくらむ。(수상암살을 꾀한다)

「はぐ」「はがす」「むく」

(動物の皮をはぐ、動物の皮をはがす、動物の皮をむく)

공통의미

(껍질 등을)벗기다

요점

1. 「はぐ」와 「はがす」는 둘 다 표면의 한 부분에 달라붙어 있는 것을 벗겨내는 경우나 무

언가가 표면을 감싸고 있는 것을 벗기는 경우에 쓰인다. 다만, 「はぐ」는 표면의 일부를 벗긴다고 하는 점에 중점이 있는 반면(예문①②⑤⑥), 「はがす」는 표면에 달라붙어 있는 것을 벗겨낸다고 하는 점에 중점이 있다(예문①②④⑦⑧⑨).

2. 「むく」는 알맹이를 빼낼 목적으로 전체를 감싸고 있는 표피 등을 벗기는 경우에 쓰인다(예문①③⑩⑪).

예문과 해설

① 動物(どうぶつ)の皮(かわ)をはぐ/はがす/むく。(동물의 포피를 벗긴다)

➲ 이 경우는 셋 다 적절한데 「はぐ」를 쓰게 되면 표피의 일부를 벗긴다는 뜻이 되지만 「はがす」를 쓰게 되면 표피를 벗겨내는 강도가 더 커진다. 한편 「むく」를 쓰게 되면 동물의 고기를 목적으로 해서 표피전체를 벗겨낸다는 의미가 된다.

② 爪(つめ)をはぐ/はがす/＊むく。(손톱을 벗긴다)

➲ 이 경우 「はぐ」와 「はがす」를 쓰게 되면 손톱에 발라진 메니큐어 등을 제거한다는 의미가 되지만, 「むく」를 쓰게 되면 상상하는 것만으로도 끔찍한 의미가 된다.

③ りんごの皮(かわ)をむく/＊はぐ/＊はがす。(사과껍질을 벗긴다)

➲ 「むく」는 어디까지나 속의 알맹이를 목적으로 껍질 등을 벗긴다고 하는 의미에 쓰이므로 여기에서와 같이 사과껍질을 완전히 벗기는 경우에 가장 적절하다.

④ 切手(きって)をはがす/＊はぐ/＊むく。(우표를 떼어내다)

➲ 이 경우는 편지봉투 등에 붙어있는 우표를 벗겨낸다는 의미이므로 「はがす」가 적절하다. 「はぐ」는 표면의 일부를 벗긴다는 의미가 있고, 「むく」는 알맹이를 빼낼 목적으로 표피를 벗겨내는 의미가 있으므로 이 경우는 둘 다 부적절하다.

⑤ 早(はや)く起(お)きろとふとんをはぐ。(빨리 일어나라고 이불을 벗긴다)

➲ 이 경우는 덮고 있는 이불의 일부를 벗기는 것이므로 「はぐ」가 적절하다.

⑥ 杉(すぎ)の皮(かわ)をはぐ。(삼나무껍질을 벗긴다)

➲ 삼나무껍질의 일부를 벗기는 경우이다.

⑦ ペンキをはがす。(페인트를 벗겨낸다)

➲ 표면에 달라붙어 있는 페인트를 벗겨낸다고 하는 뜻으로는 「はがす」가 적절하다.

⑧ ポスターをはがす。(포스터를 벗겨낸다)

➲ 벽면에 달라붙어 있는 포스터를 벗겨내는 경우이다.

⑨ アルバムの古(ふる)い写真(しゃしん)をはがす。(앨범의 오래된 사진을 벗긴다(떼어낸다)

⑩ 卵(たまご)の殻(から)をむく。(계란껍질을 벗긴다)

➲ 계란껍질을 벗긴다고 하는 것은 어디까지나 속의 알맹이를 먹으려고 하는 목적에서이다.

⑪ ミカンをむく。(밀감을 벗긴다)

➲ 밀감껍질을 벗겨내야만 밀감을 먹을 수가 있다.

「はげる」「はがれる」「むける」

(動物(どうぶつ)の皮(かわ)がはげる、動物(どうぶつ)の皮(かわ)がはがれる、動物(どうぶつ)の皮(かわ)がむける)

공통의미

(껍질 등이)벗겨지다

요점

1. 「はげる」는 페인트나 껍질 같은 것이 부분적으로 벗겨지는 경우에 쓰인다(예문①③④⑥).
2. 「はがれる」는 「はげる」와 비슷하지만 부분적이 아니라 비교적 큰 면적인 상태에서 한꺼번에 벗겨지는 경우에 쓰인다(예문①③⑤⑦⑧).
3. 「むける」는 가죽이나 껍질 같은 것이 벗겨져서 속이 드러나는 경우에 쓰인다(예문①②⑨⑩).

예문과 해설

① 動物(どうぶつ)の皮(かわ)がはげる/はがれる/むける。(동물의 가죽이 벗겨진다)

➲ 이 경우는 셋 다 적절한데 「はげる」를 쓰게 되면 가죽의 일부가 부분적으로 벗겨짐을 나타내고, 「はがれる」를 쓰게 되면 비교적 넓은 부분이 벗겨진다는 뜻을 나타내게 된다. 한편 「むける」를 쓰게 되면 가죽이 벗겨져서 속이 드러난다고 하는 데에 의미의 중심이 놓이게 된다.

② 転(ころ)んでひざがむける/*はげる/*はがれる。(넘어져서 무릎이 까진다)

➲ 이 경우와 같이 무릎이 까져서 속살에 피가 맺히는 때는 「むける」만이 적절하다. 「むける」는 어디까지나 껍질이 벗겨져서 속이 드러나는 것에 의미의 중심이 놓인다.

③ メッキがはげる/はがれる/*むける。(도금이 벗겨진다)

➲ 「むける」는 어디까지나 표면이 벗겨져서 속이 드러난다고 하는 것에 의미의 중심이 있는 말인데, 이 경우는 단지 표면의 도금이 벗겨짐을 나타내는 것에 그치므로 여기에서는 부적절하다. 도금의 경우에는 표면이 벗겨짐을 나타내는 것에 의미의 중심이 놓이기 때문이다.

④ 塗(ぬ)りのはげた/＊はがれた/＊むけた茶碗(ちゃわん)。(칠이 벗겨진 밥공기)

➲ 이 경우는 단지 칠의 일부가 벗겨진 상태를 나타내므로「はげる」가 적절하다.「はがれる」를 쓰게 되면 밥공기전체의 칠이 벗겨진다는 뜻이 되어 일반적인 경우가 아니게 되고,「むける」를 쓰게 되면 칠이 벗겨진 밥공기의 속이 드러난다는 뜻이 되어 이 또한 일반적인 경우가 아니게 되어 둘 다 여기에서는 부적절하다.

⑤ 切手(きって)がはがれる/＊はげる/＊むける。(우표가 벗겨진다(떨어져 나간다))

➲ 이 경우와 같이 편지봉투 등에 붙어있던 우표가 전부 벗겨지는 때는「はがれる」가 적절하다.

⑥ ペンキがはげる。(페인트가 벗겨진다)

➲ 보통은 페이트 칠 한 것의 일부가 벗겨지는 것이 대부분이다.

⑦ 塀(へい)の板(いた)がはがれた。(담장의 판자가 떨어져나갔다)

➲ 이 경우와 같이 비교적 규모가 크게 판자로 담장을 친 것이 떨어져 나갔을 때는「はがれる」가 적절하다.

⑧ アルバムの古(ふる)い写真(しゃしん)がはがれた。(앨범의 오래된 사진이 떨어져나갔다)

⑨ 卵(たまご)の殻(から)がむける。(계란껍질이 벗겨진다)

➲ 보통 계란의 껍질은 일부만 벗기는 것이 아니라 전체를 한꺼번에 벗겨서 속을 먹는 것이 일반적이다.

⑩ ミカンの皮(かわ)がむける。(밀감껍질이 벗겨진다)

➲ 밀감 역시 부분적으로 껍질을 벗기지 않고 전체를 한꺼번에 벗겨서 먹는 것이 일반적이다.

「はじめ」「はじまり」

공통의미

시작

요점

1.「はじめ」는 시간적으로 앞임을 정적으로 나타내는 것으로 우리말의 '처음'에 해당되며

(예문①②⑥⑦), 경우에 따라서는 부사적으로도 쓰인다(예문⑤). 결국, 「はじめ」는 때를 나타내는 것이며 그 뒤에는 주로 정적인 표현이 오게 된다.

2. 「はじまり」는 어떤 일이 시작되는 것을 동적으로 나타내는 것으로 우리말의 '시작'에 해당된다(예문③④⑧⑨). 결국, 「はじまり」는 일의 시작을 나타내는 것이며 그 뒤에는 주로 동적인 표현이 오게 된다.

예문과 해설

① はじめ/＊はじまりのうちはうまく行った。(처음동안은 잘 되어갔다)

➲ 시간적으로 일이 시작된 처음부분을 나타내는 것이므로 정적인 표현인 「はじめ」가 적절하다.

② なにごともはじめ/＊はじまりが大事なんだ。(무슨 일이건 처음이 중요한 것이다)

➲ 이 경우도 시간적으로 처음부분을 나타내는 것이므로 「はじめ」가 적절하다.

③ 試験のはじまり/＊はじめを知らせるベルが鳴った。
(시험의 시작을 알리는 벨이 울렸다)

➲ 이 경우는 시험이라는 일이 시작되는 것을 나타내므로 동적인 표현인 「はじまり」가 적절하다.

④ 争いのはじまり/＊はじめはささいな事だった。(싸움의 시작은 사소한 일이었다)

➲ 싸움도 일이고 사소한 일도 일이니만큼 이 경우는 동적인 표현인 「はじまり」가 적절하다.

⑤ はじめ/＊はじまり東京へ行って、次に大阪へ行った。
(처음에 도쿄에 갔다가, 다음으로 오사카에 갔다)

➲ 이 경우는 「はじめ」가 부사처럼 쓰인 예인데 「はじまり」에는 이러한 용법이 없다.

⑥ はじめの計画を変更する。(처음의 계획을 변경한다)

➲ 이 경우는 당초의 계획을 나타내는 것인데 결국 변경된 계획을 시간적으로 볼 때, 첫 부분의 계획을 나타내는 것이므로 「はじめ」가 적절하다.

⑦ はじめに一言断っておきたい。(처음에 한 마디 양해를 구해 두고 싶다)

➲ 시간적으로 볼 때 앞부분을 나타내는 것이므로 「はじめ」가 적절하다.

⑧ 授業のはじまりが遅れる。(수업시작이 늦어진다)

➲ 이 경우는 수업이라고 하는 동적인 행위가 시작되는 것을 나타내므로 「はじまり」가 적절하다.

⑨ 近代オリンピックのはじまり。(근대올림픽의 시작)

➲ 올림픽이 처음으로 시작된 것을 동적으로 나타내고 있는데, 만약 이 경우에 「はじめ」를 쓰게 되면 올림픽의 기원이라는 정적인 표현이 되고 만다.

「～はじめる」「～だす」

(雨が降りはじめる、雨が降りだす)

공통의미

～하기 시작하다

요점

1. 「～はじめる」와 「～だす」는 동사의 연용형에 접속되어 복합동사를 구성함으로서 우리말의 '～하기 시작하다'의 의미용법을 나타내는 것이다. 하지만, 양자 간에는 적지 않은 차이가 엿보이는데 우리말에서는 이러한 차이가 없으므로 사용에 주의하여야 한다.
2. 「~はじめる」는 동사 「始める(시작하다)」가 다른 동사의 연용형에 접속되어 복합 동사로 쓰이는 것인데 충분한 시간적, 정신적 여유를 가지고 일이나 동작을 시작할 때에 쓰인다(예문①②③). 전반적으로 어떤 일이나 상태가 예측 가능한 상황에서 발생하는 경우에 쓰인다.
3. 「～だす」는 동사 「出す(내보내다)」가 다른 동사의 연용형에 접속되어 복합동사로 쓰이는 것인데 충분한 시간적, 정신적 여유가 없이 갑작스럽게 일이나 동작을 시작할 때에 쓰인다(예문①④⑤⑥). 전반적으로 어떤 일이나 상태가 예측할 수 없이 갑자기 발생하는 경우에 쓰이므로 그 앞에는 「いきなり(느닷없이)」「急に(갑자기)」「不意に(불시에)」 같은 말이 오는 것이 보통이다.

예문과 해설

① 雨が降りはじめる/雨が降りだす。(비가 내리기 시작한다)

➲ 이 경우는 둘 다 적절한데 「~はじめる」를 쓰게 되면 비가 조금씩 서서히 내리기 시작하는 상황을 나타내고, 「~だす」를 쓰게 되면 비가 갑자기 내리기 시작하는 상황을 나타낸다.

② うちの子が話しはじめた/＊話しだした時はうれしくてね。

(우리 집 아이가 말하기 시작했을 때는 기뻐서 말이죠)

➲ 아이가 말을 배워서 하기 시작하는 것은 갑작스러운 일이 아니라 충분한 시간적, 정신적 여유하에서 이루어지는 일이므로 이 경우는 「~はじめる」가 적절하다. 만약 이 경우에 「~だす」를

쓰게 되면 지금까지 말을 한마디로 못하던 아이가 느닷없이 말을 하기 시작한다고 하는 비현실적인 뜻이 되어버린다.

③ 私が走りはじめた/＊走りだした時、ジョギングはまだ流行っていませんでした
(내가 달리기 시작했을 때, 조깅은 아직 유행하고 있지 않았었습니다)

➲ 말하는 사람이 자기도 모르게 갑작스럽게 조깅을 시작한 것은 결코 아니므로 이 경우는 「~はじめる」가 적절하다.

④ 社長、お客さんは何時に入れはじめたら/＊入れだしたらいいでしょうか。
(사장님, 손님은 몇 시에 넣기 시작하면 좋겠습니까?)

➲ 손님을 입장시키는 것은 갑작스런 일이 아니라 일정한 계획 하에 시간적인 여유를 가지고 이루어지는 일이므로 이 경우는 「~はじめる」가 적절하다.

⑤ よく晴れていると思っていたら、いきなり雨が降りだした/＊降りはじめた。
(아주 개여 있다고 생각하고 있었더니, 갑자기 비가 오기 시작했다)

➲ 비가 온다고 하는 것은 절대로 시간적, 정신적 여유 하에서 일어나는 것이 아니라, 어디까지나 갑작스럽게 일어나기 마련이므로 이 경우는 「~だす」가 적절하다.

⑥ 横を歩いていた友人が急に走りだして/＊走りはじめて行ってしまった。
(옆을 걷고 있던 친구가 갑자기 달리기 시작해서 가버렸다)

➲ 친구의 갑작스런 행동은 시간적, 정신적으로 전혀 여유가 없는 것이므로 이 경우는 「~だす」가 적절하다.

⑦ にこにこ笑っていた子供が、不意に大声をあげて泣きだした/＊泣きはじめた
(싱글벙글 웃고 있던 아이가 갑자기 큰 소리를 내며 울기 시작했다)

➲ 아이가 언제 울 것인지는 아무도 예측할 수가 없으며 당연히 갑작스러운 일이 되므로, 이 경우는 「~だす」가 적절하다. 만약, 연극 등의 리허설에서 울기 시작하는 장면을 연출해야 할 경우라면 「泣きはじめる」가 적절하다.

「始める」「取りかかる」「着手する」

공통의미

시작하다

요점

1. 「始める」는 가장 사용범위가 넓어서 인간이 어떤 일을 시작하는 것에도 쓰이고 인간이외의 무생물이 무언가를 시작하는 것에도 쓰인다. 언제나 「～を始める」의 형태로 쓰이는데 우리말의 '～을(를)시작하다'에 해당된다(예문①②③).
2. 「取りかかる」는 인간이 어떤 일을 시작하는 경우에만 쓰이며 언제나 「～に取りかかる」의 형태로만 쓰인다. 우리말의 '～에 나서다' 정도에 해당된다(예문④⑤).
3. 「着手する」는 큰일을 시작하는 경우에만 쓰이며 언제나 「～に着手する」의 형태로만 쓰인다. 비교적 딱딱한 어감이 주어지는 말인데 우리말의 '～에 착수하다'에 해당된다(예문⑥⑦).

예문과 해설

① 授業を始める。(수업을 시작한다)

② 母は新しい商売を始めた。(어머니는 새로운 장사를 시작했다)

③ 火山が噴火を始めた。(화산이 분화를 시작했다)

➲ 「始める」는 이 경우와 같이 인간이 아닌 사물이 무언가를 시작한다고 하는 뜻으로도 쓰이는데 다른 말에는 이러한 용법이 없다.

④ 食事の後片付けに取りかかる。(식사의 설거지에 나선다)

➲ 「取りかかる」는 이 경우와 같이 어떤 일에 본격적으로 나선다고 하는 뜻에 의미의 중심이 놓인다.

⑤ 新しいプロジェクトに取りかかった。(새로운 프로젝트에 착수했다)

⑥ 父は次の事業に着手した。(아버지는 다음 사업에 착수했다)

➲ 「着手する」는 이 경우와 같이 보다 규모가 큰일을 시작한다고 하는 뜻에 의미의 중심이 놓인다.

⑦ 村の人たちは新しい村づくりに着手した。
(마을사람들은 새로운 마을 만들기에 착수했다)

➲ 마을을 새로 재건한다고 하는 것은 말할 것도 없이 규모가 크다.

「走る」「駆ける」「馳せる」

(恋人のもとへ走る、恋人のもとへ駆ける、恋人のもとへ馳せる)

공통의미

달리다

요점

1. 「走る」는 인간이나 동물이 달리는 것(예문①②⑧)을 비롯하여 자동차가 달리는 것도 나타내는 한편, 비유적으로도 다양하게 쓰이고 있다(예문③④⑨).
2. 「駆ける」는 인간이나 동물이 기세 좋게 빨리 달리는 것만을 나타내는데, 지극히 회화체적인 말이다(예문①②⑤⑩⑪).
3. 「馳せる」는 「走る」의 고어체적인 말인데(예문①) 이 밖에도 마음이 한쪽 방향으로만 기우는 것이나((예문⑥⑫) 명성 등이 널리 퍼지는 것(예문⑦⑬)을 관용적으로 나타내기도 한다. 회화체에서는 그다지 쓰이지 않고 문장체에서만 쓰인다.

예문과 해설

① 恋人のもとへ走る/駆ける/馳せる。(애인의 품으로 달려간다)

➲ 이 경우는 어느 것이나 적절한데 다만 「馳せる」는 회화체에서는 쓰이지 않고 어디까지나 문장체적인 말이다.

② 遅刻しそうで走って/駆けて/＊馳せて学校に行った。
(지각할 듯해서 달려서 학교에 갔다)

➲ 이 경우와 같이 회화체적인 문체에서 「馳せる」는 부적절하다.

③ 南北に走る/＊駆ける/＊馳せる道が完成した。
(남북으로 달리는 길이 완성되었다)

➲ 이 경우는 남북으로 도로가 펼쳐져 있는 것을 나타내는데 이와 같이 도로의 연결을 비유적으로 나타낼 때는 오로지 「走る」만이 적절하다. 이러한 용법은 우리말에도 있다.

④ すらすらとペンが走る/＊駆ける/＊馳せる。(술술 펜이 미끄러진다)

➲ 이 경우는 펜이 미끄러지듯이 잘 써지는 것을 나타낼 때는 오로지 「走る」만이 적절하다.

⑤ 子供が横町から駆け出して/＊走り出して/＊馳せ出してくる。
(아이가 골목길에서 뛰쳐나온다)

➲ 이 경우와 같이 동사 「出す」와 결합된 복합동사로서 갑자기 뛰쳐나오는 것을 나타내는 용법은 오로지 「駆ける」에만 있다. 「走り出す」는 달리기 시작한다는 뜻만을 나타내게 되어 여기에서는 부적절하며, 「馳せる」는 문장체에서만 쓰이므로 이것역시 여기에서는 부적절하다.

⑥ 遠い故国に思いを馳せる/＊走る/＊駆ける。(먼 고국으로 생각을 달리게 한다)

➲ 이 경우와 같이 생각을 멀리까지 닿게 함을 추상적으로 나타내는 용법은 오로지 「馳せる」에만 있다.

⑦ その名を世界に馳せる/＊走る/＊駆ける。(그 이름을 세계에 떨친다)

➲ 이 경우와 같이 유명해짐을 나타내는 용법은 오로지 「馳せる」에만 있다.

⑧ 毎朝5キロずつ走っている。(매일아침 5키로 씩 달리고 있다)

➲ 사람이 일상적으로 달린다고 하는 뜻으로는 「走る」가 적절하다.

⑨ 海沿いに走る道路。(바닷가를 달리는 도로)

➲ 이 경우와 같이 도로의 연결을 비유적으로 나타내는 데는 오로지 「走る」만이 적절하다.

⑩ バス停まで駆ける。(버스정류장까지 달린다)

➲ 「駆ける」는 기세 좋게 달린다고 하는 뜻에 의미의 중심이 놓이는 것으로 이 경우는 버스정류장까지 패기만만하게 달리는 모습을 나타내고 있다.

⑪ 犬が飼い主のもとへ駆ける。(개가 주인 곁으로 달려간다)

➲ 보통 개가 달리는 모습은 매우 기세가 등등한 것이 보통이므로 여기에서는 「駆ける」가 보다 생생한 느낌을 주게 된다.

⑫ 昔のことに思いを馳せる。(옛날일로 생각을 달리게 한다)

➲ 보통 생각을 통한 과거회상을 나타내는 데는 「馳せる」가 적절하다.

⑬ 名声を馳せる。(명성을 떨치다)

➲ 이 경우와 같이 명성을 떨친다고 하는 뜻으로는 오로지 「馳せる」만이 적절하다.

「恥(は)ずかしい」「決(き)まり悪(わる)い」「照(て)れくさい」

(人(ひと)の前(まえ)で話(はな)すのは恥(は)ずかしい、人(ひと)の前(まえ)で話(はな)すのは決(き)まり悪(わる)い、

人(ひと)の前(まえ)で話(はな)すのは照(て)れくさい)

공통의미

부끄럽다

요점

1. 「恥(は)ずかしい」는 가장 사용범위가 넓어서 「決(き)まり悪(わる)い」와 「照(て)れくさい」를 쓸 수 있는 경우에는 「恥(は)ずかしい」도 쓸 수가 있다. 다른 사람이 곁에 있건 없건 쓸 수 있는데 우리말의 '부끄럽다'에 해당된다(예문①②③⑤⑥).
2. 「決(き)まり悪(わる)い」는 다른 사람이 곁에 있을 경우에만 쓰이며 무언가 실수했을 때에 그것을 다른 사람에게 보이는 것에 대한 부끄럼을 나타내는데, 자신에게 있어서 비교적 바람직하지 못한 경우에 쓰인다. 우리말의 '민망하다' 정도에 해당된다(예문②④⑦⑧).
3. 「照(て)れくさい」는 다른 사람이 곁에 있을 경우에만 쓰이며 남으로부터 칭찬이나 주목을 받는 경우에 왠지 얼굴을 들기 어려운 기분을 나타내는데, 주로 자신에게 있어서 바람직한 경우에 쓰인다. 우리말의 '겸연쩍다' 정도에 해당된다(예문③⑨⑩).

예문과 해설

① 盗(ぬす)みなどして恥(は)ずかしく/＊決(き)まり悪(わる)く/＊照(て)れくさくないか。

(도둑질 같은 거 하고서 부끄럽지 않은가)

➲ 이 경우와 같이 도덕적으로 부끄럽게 여겨지는 때는 「恥(は)ずかしい」만이 적절하다. 「決(き)まり悪(わる)い」는 다른 사람이 곁에 있을 때만 쓸 수가 있는데 도둑질을 남의 입회하에서 하는 법은 결코 없는 법이므로 부적절하고, 「照(て)れくさい」는 자신에게 있어서 바람직한 일이 있는 경우에만 쓸 수가 있으므로 이것역시 여기에서는 부적절하다.

② 成績(せいせき)が悪(わる)いので恥(は)ずかしい/決(き)まり悪(わる)い/＊照(て)れくさい。

(성적이 나쁘기 때문에 부끄럽다/민망하다)

➲ 「照れくさい」는 남에게서 칭찬을 받거나 주목을 받는 등, 주로 자신에게 있어서 바람직한 일이 있는 경우에 쓰이는데, 성적이 나쁘다고 하는 것은 결코 바람직한 일이 못되므로 여기에서는 부적절하다.

③ 作文をほめられて恥ずかしかった/照れくさかった/＊決まり悪かった。

(작문을 칭찬받아서 부끄러웠다/겸연쩍었다)

➲ 이 경우는 자신에게 있어서 바람직한 일이므로 「恥ずかしい」와 「照れくさい」둘 다 적절하다. 하지만 「決まり悪い」는 자신에게 있어서 바람직하지 못한 일에 주로 쓰이는 것인데, 여기에서는 칭찬을 받는다고 하는 바람직한 일이므로 쓰기가 부적절하다.

④ 当人がいるのを知らずに悪口を言って決まり悪かった/＊恥ずかしかった/＊照れくさかった。

(그 사람이 있는 것을 모르고 욕을 해서 민망했었다)

➲ 이 경우와 같이 곤란하거나 입장이 난처함을 나타내는 등, 자신에게 있어서 바람직하지 못한 경우에는 「決まり悪い」만이 적절하다.

⑤ 級友の前で叱られて恥ずかしい。(급우 앞에서 야단맞아 부끄럽다)

⑥ エチケットを知らない人と食事をするのは恥ずかしい。

(에티켓을 모르는 사람과 식사를 하는 것은 부끄럽다)

⑦ 友達とけんかをした後なので顔を合わせるのが決まり悪い。

(친구와 싸움을 한 다음이기 때문에 얼굴을 맞대는 것이 민망하다)

⑧ こんな姿で人前に出るのは決まり悪い。

(이런 모습으로 남 앞에 나서는 것은 민망하다)

⑨ 自分からこんなことを言うのは照れくさい。

(내가 먼저 이런 말을 하는 것은 겸연쩍다)

⑩ 30年ぶりに小学校時代の友達に会って照れくさい。

(30년 만에 초등학교 시절의 친구를 만나서 겸연쩍다)

「～はずがない」「～ないはずだ」

(来るはずがない、来ないはずだ)

공통의미

(～할)리가 없다

요점

1. 「～はずだ」를 부정하는 방법은 「～はずがない」와 「～ないはずだ」의 두 가지가 있는데 양자 간에는 의미용법상의 차이가 엿보인다.
2. 「～はずがない」는 그 앞에 명확한 근거가 있어서 이를 토대로 강력하게 부정하는 의미를 나타낸다. 그 앞에는 활용어의 연체형이 오게 되는데 우리말의 '(～할, ～일)리가 없다, 턱이 없다' 정도에 해당된다(예문①③⑤).
3. 「～ないはずだ」는 단지 말하는 사람의 판단에 의한 납득을 나타내는데 그 앞에는 활용어의 부정형이 오게 된다. 우리말의 '～하지 않을 것이다, ～이(가)아닐 것이다)' 정도에 해당된다(예문②④⑥).

예문과 해설

① 彼は国へ帰ったのだから、もう学校に来るはずがない。

(그는 고향으로 돌아간 거니까 이제 학교에 올 리가 없다)

➲ 이 경우는 형식명사 「の」에 의해 그 앞의 말을 명사화한 다음에 이를 단정의 조동사 「だ」에 의해 단언하고 있으므로, 이것이 명확한 근거가 되어 그 다음의 표현을 강하게 부정할 수가 있다.

② 彼は国へ帰ったから、もう学校には来ないはずだ。

(그는 고향으로 돌아갔으니까 이제 학교에는 안 올 것이다)

➲ 이 경우는 앞의 내용으로 미루어서 말하는 사람이 스스로 자신을 납득시키는 정도로 부정하고 있을 뿐이다.

③ 小さな子供が四人もいるのだから、家の中がきれいなはずがない。

(작은 아이가 네 명이나 있는 것이니까, 집안이 깨끗할 리가 없다)

➲ 이 경우는 형식명사 「の」에 의해 그 앞의 말을 명사화한 다음에 이를 단정의 조동사 「だ」에 의해 단언하고 있으므로, 이것이 집안이 깨끗할 리가 없다고 하는 부정표현의 명확한 근거가

되고 있다.

④ あの人は子供がいないから、家の中はきたなくないはずだ。

(저 사람은 아이가 없으니까, 집안은 더럽지 않을 것이다)

➲ 이 경우는 말하는 사람자신의 판단에 의한 부정을 나타내고 있다.

⑤ 彼女は病気だから、会議に出てくるはずがない。

(그녀는 병중에 있기 때문에 회의에 나올 리가 없다)

➲ 이 경우는 그녀가 병중에 있다고 하는 사실을 근거로 하여 회의에 나오지 않음을 명확하게 나타내고 있다.

⑥ 彼女は病気だから、会議に出てこないはずだ。

(그녀는 병중에 있기 때문에 회의에 나오지 않을 것이다)

➲ 이 경우는 그녀가 병중에 있다는 사실로 미루어 회의에 나오지 않을 것임을 말하는 사람의 납득 수준에서 나타내고 있을 뿐인데, 결국 「~はずがない」에 비해서 부정의 강도는 약해지게 된다.

참고

한편,「~はずがない」는 「~はずはない」로 표현될 때도 있는데, 양자의 의미상의 차이는 다음과 같다.

「彼女は病気だから、会議に出てくるはずがない」 → 병중인 그녀가 회의에 참석한다고 하는 뜻밖의 정보가 들어왔을 때 이를 강하게 부정하는 의미가 담겨있다.

「彼女は病気だから、会議に出てくるはずはない」 → 그녀가 병중에 있으므로 그러한 사실로 판단해 볼 때 회의에 참석할 가능성은 없음을 설명하는 의미가 담겨있다. (이에 관해서는 「~はずはない」「~はずがない」항목을 참고할 것)

「~はずだ」「~つもりだ」「~予定だ」

(私はそこへ行くはずだ、私はそこへ行くつもりだ、私はそこへ行く予定だ)

공통의미

(~할)생각이다, 작정이다(어떤 일이 계획되고 예정되어 있음을 나타내는 용법)

요점

1. 어떤 예정된 계획을 말로서 표현할 경우 일본어에서는 「～はずだ」「～つもりだ」「～予定だ」의 세 가지 표현이 쓰이는데 그 의미용법상에는 차이가 엿보인다.
2. 「～はずだ」는 당연히 그렇게 해야 한다고 하는 생각을 나타내는데 그 일면에는 그렇게 되지 않을 수도 있다고 하는 일말의 불안감도 포함된다. 우리말의 '(～할)생각이다' 정도에 해당된다.
3. 「～つもりだ」는 그렇게 할 계획을 자신스스로가 정했다고 하는 의미로, 말하는 사람의 확고한 의지가 엿보인다. 우리말의 '(～할)작정이다' 정도에 해당된다.
4. 「～予定だ」는 이미 그렇게 하기로 정해져있음을 나타낼 뿐으로 우리말의 '(～할)'예정이다'에 해당된다.

예문과 해설

① 私はそこへ行くはずだ/つもりだ/予定だ。

(나는 거기에 갈 생각이다/작정이다/예정이다)

➲ 「~はずだ」를 쓰게 되면 일단은 가기로 마음은 먹고 있지만 한편으로는 못 가게 될 수도 있다고 하는 일말의 불안감이 엿보이며, 「~つもりだ」를 쓰게 되면 어떤 일이 있어도 무조건 간다고 하는 말하는 사람의 의지가 엿보이고, 「~予定だ」를 쓰게 되면 이미가기로 되어있다고 하는 일정을 나타내고 있다.

② 来年大学試験を受けるはず/つもり/予定です。

(내년에 대학시험을 치룰 생각/작정/예정입니다)

➲ 이 경우 「~はずだ」를 쓰게 되면 일단은 대학입시를 치르기로 마음은 먹고 있지만 한편으로는 여건의 변화로 인하여 못 치를 수도 있다고 하는 일말의 불안감이 엿보이며, 「~つもりだ」를 쓰게 되면 어떤 일이 있어도 무조건 대학입시를 치른다고 하는 말하는 사람의 의지가 엿보이고, 「~予定だ」를 쓰게 되면 이미 대학입시를 치르기로 되어있다고 하는 일정을 나타내고 있다.

③ 今度の日曜日は、山登りをするはず/つもり/予定です。

(이번 일요일은 등산을 할 생각/작정/예정입니다)

➲ 이 경우 역시 위의 예문들과 맥락을 같이하고 있는데, 이하의 예문들에 있어서도 마찬가지다

④ 今夜は体の調子が悪くて、早く店を閉めるはず/つもり/予定です。

(오늘밤은 몸 상태가 안 좋아서 일찍 가게를 닫을 생각/작정/예정입니다)

⑤ 大学を卒業したら、アメリカへ留学するはず/つもり/予定だ。

(대학을 졸업하면 미국으로 유학할 생각/작정/예정이다)

⑥ 経費節約のため、夜10時になったら電気を消すはず/つもり/予定だ。

(경비절약을 위해, 밤10시가 되면 전기를 끌 생각/작정/예정이다)

참고

한편, 「つもり」에는 이 밖에도 실제로는 그렇게 행동하지 않았지만, 그렇게 한 것처럼 간주한다고 하는 의미용법도 있는데 다른 말에는 이러한 용법이 없다.

「彼は映画を見に行ったつもりで、1200円を貯金箱に入れた」 (그는 영화를 보러 갔다고 치고, 1200엔을 저금통에 넣었다)

「～はずだった」「～たはずだ」

(旅行に行くはずだった、旅行に行ったはずだ)

공통의미

과거의 예정된 일이 실현되지 못했음을 나타내는 용법

요점

1. 「~はずだった」와 「~たはずだ」는 둘 다 과거에 예정되었던 일이 실현되지 못하였음을 나타내는 표현이다. 「~はずだった」는 말하는 사람의 확실한 예정을 나타내는 형식명사 「はず」에 단정의 의미를 나타내는 조동사 「だ」의 연용형 「だっ」과 과거, 완료의 조동사 「た」가 결합된 형태가 이어져서 구성된 것이며, 「~たはずだ」는 이와 반대의 결합구조로 구성된 것이다.
2. 「~はずだった」는 단지 과거에 당연히 했어야 할 일을 결국은 하지 못했음을 나타내는 표현으로 우리말의 '～(할)생각이었다, ～(할)작정이었다'에 해당된다(예문①③⑤).
3. 「~たはずだ」는 현시점에서 볼 때 과거에 당연히 했어야 할 일을, 어떠한 이유로 인하여 하지 못하게 된 데에 대한 아쉬움이 나타나 있는 표현으로 우리말의 '～(했)을 것이다'에 해당된다(예문②④⑥).

예문과 해설

① 先週の日曜日は旅行に行くはずでした。ところが急に仕事が入って行けなくなりました。

(지난주 일요일은 여행에 갈 작정이었습니다. 그런데 갑자기 일이 생겨서 갈 수 없게 되었습니다)

➲ 이 경우를 보면 「~はずでした」는 지난주 일요일에 예정되었던 여행을 결국에는 갈 수가 없게 되었음을 나타내고 있을 뿐이다.

② 先週の日曜日は旅行に行くはずでした。ところが急に仕事が入って行けなくなりました。もし仕事がなかったら旅行に行ったはずです。

(지난주 일요일은 여행에 갈 작정이었습니다. 그런데 갑자기 일이 생겨서 갈 수 없게 되었습니다. 만약 일이 없었다면 여행에 갔을 것입니다)

➲ 이 경우는 갑자기 일이 생기는 바람에 결국에는 지난주 일요일로 예정되었던 여행을 할 수 없었던 것에 대한 말하는 사람의 아쉬움이 나타나 있다.

③ 大学の卒業後、アメリカへ留学するはずだった。しかし、父が亡くなって行けなくなった。

(대학졸업 후, 미국으로 유학할 작정이었다. 그러나 아버지가 돌아가셔서 갈 수 없게 되었다)

➲ 이 경우는 과거에 미국으로 유학 갈 예정이었던 것이 아버지의 죽음으로 인하여 결국은 실현되지 못 하였음을 나타내고 있을 뿐이다.

④ 大学の卒業後、アメリカへ留学するはずだった。しかし、父が亡くなって行けなくなった。もし、あの時父が死んでなかったら留学したはずだ。

(대학졸업 후, 미국으로 유학할 작정이었다. 그러나 아버지가 돌아가셔서 갈 수 없게 되었다. 만약 그 때 아버지가 돌아가시지 않았더라면 유학했을 것이었다)

➲ 이 경우는 과거에 예정되었던 미국유학이 아버지의 죽음으로 인하여 끝내는 실현되지 못한 데에 대한 말하는 사람의 아쉬움이 나타나 있다.

⑤ 昨年は輸出10億ドルを達成するはずだった。しかし不景気で結局達成できなかった。

(작년은 수출10억 달러를 달성할 작정이었다. 하지만 불경기로 결국은 달성할 수가 없었다)

➲ 이 경우도 위의 예문①③과 맥락을 같이하고 있다.

⑥ 昨年は輸出10億ドルを達成するはずだった。しかし不景気で結局達成できなかった。もし、不景気でなかったら達成したはずだ。

(작년은 수출10억 달러를 달성할 작정이었다. 하지만 불경기로 결국은 달성할 수가 없었다. 만약 불경기가 아니었다면 달성할 수 있었을 것이다)

➲ 이 경우도 위의 예문②④와 맥락을 같이하고 있다.

「～はずはない」「～はずがない」

(彼が会議に来るはずはない、彼が会議に来るはずがない)

공통의미

어떤 일이 일어날 가능성이 없음을 나타내는 용법

요점

1. 「～はずはない」는 여러 가지 사실이나 사정으로 미루어볼 때 단순히 그런 일이 일어날 가능성이 없음을 나타낼 뿐으로 우리말의 '～할(일)리는 없다' 에 해당된다.
2. 「～はずがない」는 그런 일이 일어날 가능성이 없음에도 불구하고 실제로 그런 일이 일어났다고 하는 의외의 정보가 들어왔을 때 이를 강하게 부정하는 표현이다. 우리말의 '～할(일)리가 없다'에 해당된다.

예문과 해설

① 彼女は病気だから、会議に出てくるはずは/出てくるはずがない。

(그녀는 병중이니까 회의에 나올 리는 없다/나올 리가 없다)

➲ 이 경우에 「~はずはない」를 쓰게 되면 단지 병중인 그녀가 회의에 나올 가능성이 없음을 나타낼 뿐이지만, 「~はずがない」를 쓰게 되면 병중인 그녀가 회의에 나올 가능성은 전혀 없음을 강하게 부정하게 된다.

② 小さな子供が四人もいるのだから、家の中がきれいなはずは/はずがない。

(작은 아이가 네 명이나 있는 거니까 집안이 깨끗할 리는/깨끗할 리가 없다)

➲ 이 경우도 「~はずはない」를 쓰게 되면 단지 집안이 깨끗할 가능성이 없음을 나타낼 뿐이지만, 「~はずがない」를 쓰게 되면 집안이 깨끗할 가능성은 전혀 없음을 강하게 부정하게 된다.

③ こんなに晴れているから、雨が降ってくるはずはない/はずがない。

(이렇게 개여 있으니까, 비가 내릴 리는 없다/비가 내릴 리가 없다)

➲ 이 경우도 예문①과 맥락을 같이하고 있다.

④ 彼は国へ帰ったのだから、もう学校に来るはずはない/はずがない。

(그는 고향으로 돌아간 거니까 이제 학교에 올 리는 없다/올 리가 없다)

➲ 이 경우도 위의 예문들과 맥락을 같이하고 있다.

「果たす」「遂げる」

(目的を果たす、目的を遂げる)

공통의미

(목적 등을)다하다, 달성하다

요점

1. 「果たす」와 「遂げる」는 둘 다 어떠한 목적 등을 달성한다고 하는 의미로 쓰이는데 그 목적의 비중에 따라서 의미용법상의 차이가 엿보인다.
2. 「果たす」는 비교적 목적의 실현이 그다지 복잡하거나 힘들지 않은 경우에 쓰이는데 우리말의 '(～을(를))다하다' 정도에 해당된다(예문①③④⑤).
3. 「遂げる」는 비교적 목적의 실현이 비교적 복잡하거나 힘든 경우에 쓰이는데 우리말의 '달성하다, 이룩하다' 정도에 해당된다(예문②⑥⑦).

예문과 해설

① 彼との約束を果たす/＊遂げる。(그와의 약속을 다하다)

➲ 이 경우는 개인 간의 약속을 지킨다고 하는 뜻으로 쓰였는데, 이와 같이 복잡하거나 힘들지 않은 목적을 달성하는 경우에는 「果たす」가 적절하다. 「遂げる」는 비교적 달성하기가 힘든 목적을 나타낼 때에 쓰이므로 여기에서는 부적절하다.

② この研究成果で人類の進歩を遂げた/＊果たした。
(이 연구 성과로 인류의 진보를 달성했다)

➲ 이 경우와 같이 매우 큰 목적을 달성한 때에는 「遂げる」가 적절하다.

③ 募金が目標額を果たした。(모금이 목표액을 다했다)

④ 国民の義務を果たす。(국민의 의무를 다한다)

⑤ ベストを尽くして任務を果たした。(최선을 다하여 임무를 다했다)

⑥ いよいよ長年の思いを遂げた。(드디어 오랫동안의 생각을 달성했다)

➲ 이 경우와 같이 비교적 목적을 달성하기까지 시간과 노력이 많이 소요되는 때는「遂(と)げる」가 적절하다.

⑦ 悪戦苦闘(あくせんくとう)の末(すえ)、優勝(ゆうしょう)を遂(と)げた。(악전고투 끝에 우승을 이룩했다)

➲ 이 경우 역시 제법 어렵게 우승이라는 목적을 달성했음을 나타내고 있다.

「話(はな)し合(あ)う」「相談(そうだん)する」「打(う)ち合(あ)わせる」

(旅行(りょこう)について話(はな)し合(あ)う、旅行(りょこう)について相談(そうだん)する、旅行(りょこう)について打(う)ち合(あ)わせる)

공통의미

이야기 나누다, 의논하다

요점

1. 「話(はな)し合(あ)う」는 어떤 일에 관한 것이나 문제의 해결을 위해 서로 생각하는 바에 대하여 친밀하게 이야기 나누는 것으로 가장 사용범위가 넓다(예문①②③⑤⑥).
2. 「相談(そうだん)する」는 어떻게 하면 좋을지에 대하여 상대에게 의견을 묻거나 관계자끼리 서로 의견을 나누는 것을 나타낸다(예문①②④⑦⑧).
3. 「打(う)ち合(あ)わせる」는 전반적인 내용이 결정된 사항에 대하여 관계자끼리 구체적으로 의논하는 것을 나타낸다(예문①⑨⑩).

예문과 해설

① 友(とも)だちと旅行(りょこう)について話(はな)し合(あ)う/相談(そうだん)する/打(う)ち合(あ)わせる。
(친구와 여행에 관해서 이야기 나눈다)

➲ 이 경우는 어느 것이나 다 적절한데「話(はな)し合(あ)う」를 쓰게 되면 여행에 관한 모든 사항에 대하여 이야기를 나눈다는 뜻이 담기게 되고,「相談(そうだん)する」를 쓰게 되면 여행의 대체적인 계획을 의논한다고 하는 뜻이 담기게 되며,「打(う)ち合(あ)わせる」를 쓰게 되면 이미 전반적인 여행의 계획이 짜져있는 상태에서 보다 구체적으로 세부사항을 의논한다고 하는 뜻이 담기게 된다.

② 父と話し合って/相談して/＊打ち合わせて学校を決める。
(아버지와 의논하여 학교를 정한다)

➲ 이 경우는 학교에 관한 전반적인 사항을 의논하는 것이므로 「話し合う」와 「相談する」만이 적절하다. 이미 대체적인 내용이 짜져있는 상태에서 보다 구체적인 사항을 의논한다고 하는 「打ち合わせる」는 이 경우에 부적절하다.

③ 将来の夢について話し合う/＊相談する/＊打ち合わせる。
(장래의 꿈에 관해서 이야기를 나눈다)

➲ 이 경우와 같이 막연하게 이야기를 나누는 때는 오로지 「話し合う」만이 적절하다. 「相談する」는 주어진 안건이나 일을 놓고서 어떻게 할 것인지를 의논하는 것이며, 「打ち合わせる」는 이미 큰 줄거리는 잡힌 내용에 대하여 보다 구체적으로 의논하는 것이므로 둘 다 여기에서는 부적절하다.

④ 進路について先生に相談する/＊話し合う/＊打ち合わせる。
(진로에 관해서 선생님에게 상담한다)

➲ 이 경우와 같이 상대를 나타내는 조사 「に」가 앞에 올 때는 「話し合う」는 쓸 수가 없고 오로지 「相談する」만이 적절하다. 물론 이 경우에 조사 「に」가 아니라 「と」가 오게 되면 「話し合う」도 쓸 수가 있다. 「打ち合わせる」는 보다 구체적인 것을 의논하는 것이므로 여기에서는 부적절하다.

⑤ 学生時代の思い出について話し合う。(학생시절의 추억에 관해서 이야기 나눈다)

➲ 이 경우와 같이 서로 친밀하게 이야기를 나눈다고 하는 뜻으로는 오로지 「話し合う」만이 적절하다.

⑥ 今後の方策を話し合う。(앞으로의 방책을 서로 의논한다)

⑦ 子どものことで先生に相談した。(아이의 일로 선생님에게 상담했다)

➲ 아이에 관해서 앞으로 어떻게 할 것인지를 의논하는 경우이다.

⑧ 旅行計画について同僚と相談する。(여행계획에 대하여 동료와 의논한다)

⑨ 会議の進行について打ち合わせる。(회의의 진행에 관해서 미리 의논한다)

➲ 이미 회의는 하기로 되어 있으므로 어떻게 회의를 진행할 것인가 하는 보다 구체적인 사항을 의논하는 것이다.

⑩ 新企画立案について関係者が打ち合わせた。
(신 기획입안에 대해서 관계자가 사전에 의논했다)

「離れ離れ」「ちりぢり」「ばらばら」

(一家が<u>離れ離れ</u>になる、一家が<u>ちりぢり</u>になる、一家が<u>ばらばら</u>になる)

공통의미

뿔뿔이

요점

1. 「離れ離れ」는 주로 인간이나 동물 등이 여기저기로 뿔뿔이 흩어지는 모양을 나타내는데 주로 <u>이산</u>의 느낌이 강한 말이다(예문①②⑤⑥⑦).
2. 「ちりぢり」는 한군데에 모여 있던 것이 많은 수가 사방으로 흩어지는 모양을 나타내는데 주로 <u>분산</u>의 느낌이 강한 말이다(예문③⑧⑨⑩).
3. 「ばらばら」는 원래 하나였던 그룹이나 사물이 해체되거나 망가져서 개별적인 것으로 나눠지고 마는 모양을 나타내는데 주로 <u>해체</u>의 느낌이 강한 말이다(예문①④⑪⑫⑬).

예문과 해설

① 兄弟が離れ離れ/ばらばら/＊ちりぢりに暮す。(형제가 뿔뿔이 지낸다)

➲ 「ちりぢり」는 한군데에 모여 있던 것이 흩어지는 것을 나타내는데, 형제는 한군데에 모여 있던 존재가 아니라 원래 하나였던 존재이므로 이 경우에는 부적절하다. 「ばらばら」는 원래 하나였던 것이 해체되는 모양을 나타내므로 이 경우에 적절하며, 「離れ離れ」는 가족이 서로 떨어지는 것을 나타내는 데는 매우 적절하다.

② 家族と離れ離れ/＊ばらばら/＊ちりぢりに暮す。(가족과 떨어져서 지낸다)

➲ 「離れ離れ」는 「離れ離れになる」의 형태로도 쓰이지만, 「~と離れ離れになる」의 형태로도 쓰인다. 하지만 「ばらばら」와 「ちりぢり」는 오로지 「ばらばらになる」「ちりぢりになる」의 형태로만 쓰이므로 이 경우에는 부적절하다.

③ 博士の死後、蔵書がちりぢり/＊離れ離れ/＊ばらばらになった。
(박사의 사후, 장서가 뿔뿔이 흩어졌다)

➲ 이 경우와 같이 한군데에 모여 있던 것이 많은 수로 분산되는 때는 「ちりぢり」가 적절하다. 「離れ離れ」는 사람이나 동물이 아닌 사물에는 쓰기가 부적절하고, 「ばらばら」는 해체의 느

낌이 강하므로 이 경우에는 둘 다 부적절하다.

④ 時計(とけい)をばらばら/＊離(はな)れ離(ばな)れ/＊ちりぢりに分解(ぶんかい)する。
(시계를 조각조각 분해한다)

➲ 이 경우와 같이 원래 하나였던 것을 해체하여 개체적인 것으로 나눌 때는 「ばらばら」가 적절하다. 「離(はな)れ離(ばな)れ」는 시계와 같은 사물에는 쓰기가 부적절하고, 「ちりぢり」는 한군데에 모여 있던 것이 사방으로 분산되는 것을 나타내는 것인데 시계라고 하는 것은 원래 하나였던 것이므로 이것역시 여기에서는 쓰기가 부적절하다.

⑤ 両親(りょうしん)とは離(はな)れ離(ばな)れに住(す)んでいる。(부모님과는 각각 떨어져서 살고 있다)

➲ 이 경우와 같이 가족이 여기저기로 뿔뿔이 흩어져서 살고 있는 모습을 나타내는 데는 「離(はな)れ離(ばな)れ」가 가장 적절하다.

⑥ 高校(こうこう)を卒業(そつぎょう)して友(とも)だちとは離(はな)れ離(ばな)れになってしまった。
(고등학교를 졸업하고 친구와는 뿔뿔이 흩어지고 말았다)

➲ 역시「離(はな)れ離(ばな)れ」는 사람이 뿔뿔이 흩어지는 모양에 쓰기가 가장 적절하다.

⑦ 一族(いちぞく)が離(はな)れ離(ばな)れになる。(일족이 흩어진다)

⑧ みんなの意見(いけん)がばらばらだ。(모두의 의견이 제각색이다)

➲ 한군데에 모여 있던 사람들의 의견이 개별적으로 나누어지는 것이므로 「ばらばら」가 적절하다.

⑨ 糸(いと)が切(き)れて本(ほん)のページがばらばらになった。
(실이 끊겨서 책의 페이지가 흩어지고 말았다)

➲ 원래는 한 덩어리였던 책이 해체되는 것을 나타내고 있다.

⑩ 皆(みな)の気持(きも)ちがばらばらだ。(모두의 기분이 다르다)

⑪ ガラスが割(わ)れて破片(はへん)がちりぢりになる。(유리가 깨져서 파편이 많이 생겨난다)

➲ 이 경우는 유리의 조각이 사방으로 흩어지는 것을 나타내므로 「ちりぢり」가 적절하다.

⑫ 羊(ひつじ)の群(む)れがちりぢりになる。(양떼무리가 사방에 흩어진다)

➲ 한군데에 모여 있던 양떼가 사방으로 나눠지는 모양을 나타내고 있다.

⑬ 波(なみ)が岩(いわ)に当(あ)たってちりぢりに砕(くだ)ける。(파도가 바위에 부딪혀서 사방으로 부서진다)

「速い」「素速い」「すばしこい」

(動作が速い、動作が素速い、動作がすばしこい)

공통의미

빠르다

요점

1. 「速い」는 어떤 일을 처리하는데 소요되는 시간이 매우 짧음을 나타내는 것으로 우리말의 '빠르다'에 해당된다(예문①②④⑤⑥).
2. 「素速い」는 동작이나 두뇌회전이 매우 빠름을 나타내는 것으로 우리말의 '민첩하다'에 해당된다(예문①②④⑦⑧).
3. 「すばしこい」는 전신을 움직임으로서 동작이나 반응을 매우 짧게 하는 동작에 쓰이는데 우리말의 '잽싸다' 정도에 해당된다(예문①③⑨⑩).

예문과 해설

① 泥棒は速く/素速く/すばしこく逃げた。(도둑은 빨리/민첩하게/잽싸게 도망갔다)

➲ 이 경우는 각각의 뉘앙스차이는 있을지언정 어느 것이나 다 적절하다.

② 速く/素速く/＊すばしこく片付ける。(빠르게/민첩하게 치우다)

➲ 「すばしこい」는 주로 반응을 매우 짧게 한다고 하는 차원에서 쓰이는 것이므로 이 경우와 같이 일정한 시간동안 지속적으로 행위가 이루어지는 데는 쓰기가 부적절하다.

③ すばしこく/＊速く/＊素速く立ち回る。(잽싸게 돌아다닌다)

➲ 이 경우는 재빠른 몸놀림으로 여기저기 돌아다니는 것을 나타내므로 「すばしこい」가 적절하다. 「速い」와 「素速い」는 동작이 매우 빠르다고 하는 것만을 나타내므로 이 경우에 쓰게 되면 단지 빠른 속도로 돌아다닌다고 하는 엉뚱한 뜻이 되어서 부적절하다.

④ 速く/素速く/＊すばしこく札を数える。(빠르게/민첩하게 지폐를 헤아린다)

➲ 「すばしこい」는 주로 반응을 매우 짧게 한다고 하는 차원에서 쓰이는 것이므로 이 경우와 같이 일정한 시간동안 지속적으로 행위가 이루어지는 데는 쓰기가 부적절하다.

⑤ 彼は走るのが速い。(그는 달리는 것이 빠르다)

➲ 달리는 데에 소요되는 시간이 짧음을 나타내고 있다.

⑥ 水の流れが速い。(물의 흐름이 빠르다)

⑦ 素速い処置がとれた。(민첩한 처치가 취해졌다)

➲ 처치를 하는 동작이 매우 빠름을 나타내고 있다.

⑧ 素速い判断が必要だ。(민첩한 판단이 필요하다)

➲ 이 경우는 두뇌의 회전이 매우 빠름을 나타내고 있는데 다른 말에는 이러한 용법이 없다.

⑨ 猿はすばしこく動き回る。(원숭이는 잽싸게 돌아다닌다)

➲ 「すばしこい」는 매우 짧은 동작을 다양하게 하는 것에 의미의 중심이 놓인다.

⑩ すばしこく身を隠した。(잽싸게 몸을 숨겼다)

➲ 피해야만 할 순간에 짧은 동작에 의해서 숨는 것이므로 「すばしこい」가 가장 적절하다.

「腹(はら)」「おなか」

공통의미

사람의 배를 나타내는 용법

요점

1. 「腹(はら)」는 주로 남성들이 쓰는 말로 「おなか」보다는 격이 떨어진다. 사람의 배를 가리키는 이외에(예문①), 일상적으로 기분이나 심성 등의 의미를 나타내는 관용구로서 많이 쓰인다(예문②).

2. 「おなか」는 주로 여성이나 아이들이 쓰는 말로 「腹(はら)」보다는 격이 높다. 이는 인체의 중심에는 배가 있으므로 '가운데'를 의미하는 「中(なか)」에다가 접두어 「お」를 붙임으로서 점

잖게 배를 표현한 것이다(예문③④). 「腹(はら)」에는 관용구가 많지만, 「おなか」를 이용한 관용구는 없다.

예문과 해설

① 運動不足(うんどうぶそく)で腹(はら)が出(で)てきた。(운동부족으로 배가 나왔다)

② 腹(はら)をさぐる。(본심을 떠보다)　腹(はら)にすえかねる。(화가 나서 참을 수 없다)

腹(はら)が太(ふと)い。(속이 넓다)　腹(はら)をかかえる。(우스워서 배꼽을 잡다)

③ ずっと何(なに)も食(た)べなくておなかがすいた。(줄곧 아무것도 먹지 않아서 시장하다)

④ おなかを抱(かか)えて大笑(おおわら)いする。(배를 껴안고 크게 웃는다)

「払(はら)う」「支払(しはら)う」

(すべての経費(けいひ)を払(はら)う、すべての経費(けいひ)を支払(しはら)う)

공통의미

(돈 등을)내다, 지불하다

요점

1. 「払(はら)う」는 먼지 등을 턴다고 하는 의미(예문①)와 불필요한 것을 제거한다는 의미(예문②), 그리고 주의나 마음을 기울인다고 하는 의미(예문③) 등, 매우 사용범위가 넓다. 물론, 돈을 지불한다는 뜻도 있으며 이러한 의미가 일상적으로는 가장 많이 쓰이고 있다. 돈을 지불한다는 뜻의 경우에는 우리말의 '(돈)을 낸다' 정도에 해당된다(예문④⑤⑥).
2. 「支払(しはら)う」는 오로지 대금을 지불한다는 뜻으로만 쓰이며 그것도 구체적인 상대에게 직접 지불하는 경우에만 쓰인다. 「払(はら)う」에 비하여 사무적인 어감이 있는데 우리말의 '지불하다' 정도에 해당된다(예문④⑤).

예문과 해설

① ほこりを払(はら)う。(먼지를 털다)　　コートの雪(ゆき)を払(はら)う。(코트의 눈을 털다)

➲ 이 경우는 먼지나 눈을 털어서 제거한다는 뜻으로 쓰였는데 「支払(しはら)う」에는 이러한 용법이 없다.

② 邪魔(じゃま)な人(ひと)を払(はら)う。(방해되는 사람을 쫓다)

➲ 「払(はら)う」에는 또한 이 경우와 같이 사람을 쫓아낸다고 하는 뜻으로도 쓰이는데 「支払(しはら)う」에는 이러한 용법이 없다.

③ 注意(ちゅうい)を払(はら)う。(주의를 기울인다)　先生(せんせい)に敬意(けいい)を払(はら)う。(선생님께 경의를 표한다)

➲ 「払(はら)う」는 이와 같이 주의나 마음을 기울인다고 하는 뜻으로도 쓰이는데 「支払(しはら)う」에는 이러한 용법이 없다.

④ 代金(だいきん)を払(はら)う/支払(しはら)う。(대금을 낸다/지불한다)

➲ 「支払(しはら)う」에는 오로지 대금을 지불한다는 뜻으로만 쓰이며 이 경우에도 「払(はら)う」보다는 사무적인 딱딱한 어감이 주어진다.

⑤ すべての経費(けいひ)を払(はら)う/支払(しはら)う。(모든 경비를 낸다/지불한다)

⑥ 税金(ぜいきん)を払(はら)う/＊支払(しはら)う。(세금을 낸다/＊지불한다)

➲ 세금은 구체적인 개인에게 내는 것이 아니므로 이 경우 「支払(しはら)う」는 부적절한데, 이 점에서는 우리말도 마찬가지다.

「払(はら)う」「払(はら)いのける」「はたく」

(ほこりを払(はら)う、ほこりを払(はら)いのける、ほこりをはたく)

공통의미

(불필요한 것, 해로운 것 등을)털다

요점

1. 「払(はら)う」는 불필요한 것이 붙어있는 것을 털어서 제거한다는 의미로 쓰인다(예문①④).

2. 「払いのける」는 불필요한 것이 붙으려고 하는 것을 털어서 물리친다는 의미로 쓰이며 (예문①③⑤), 때로는 좋지 못한 감정을 털어버리는 의미로도 쓰인다(예문⑥).
3. 「はたく」는 주로 먼지 등을 털어서 제거한다는 의미로 쓰이는데 힘을 주어서 탁탁턴다고 하는 동작에 의미의 중심이 놓인다(예문①②⑦). 때로는 다소 무리해서라도 내놓을 수 있는 것을 전부 내놓는다는 의미로도 쓰인다(예문⑧).

예문과 해설

① ほこりを払う/払いのける/はたく。(먼지를 턴다)

➲ 이 경우는 어느 쪽이나 다 적절한데 「払う」는 이미 붙어있는 먼지를 제거하는 의미, 「払いのける」는 붙으려고 하는 먼지를 쫒아 보내는 의미, 그리고 「はたく」는 탁탁 털어서 먼지를 제거한다는 의미를 각각 나타낸다.

② ふとんをはたく/✱払う/✱払いのける。(이불을 턴다)

➲ 이 경우는 이불을 힘주어서 턴다고 하는 의미이므로 오로지 「はたく」만이 적절하다.

③ 差し出された手を払いのける/?払う/?はたく。(내밀어진 손을 뿌리친다)

➲ 「払いのける」는 털어서 물리친다는 의미를 지니고 있으므로 이 경우에 가장 적절하다.

④ コートを雪を払って入る。(코트의 눈을 털고서 들어간다)

➲ 이 경우는 코트에 붙어있는 눈을 제거한다는 뜻으로 쓰였다.

⑤ 群がって襲ってくる毒虫を払いのける。(때지어 덤벼오는 독충을 물리친다)

➲ 이 경우는 접근해 오는 독충을 쫒아 보낸다고 하는 뜻으로 쓰였다.

⑥ 不安を払いのける。(불안을 물리친다)

➲ 「払いのける」는 이 경우와 같이 좋지 않은 감정 같은 것을 털어버린다고 하는 뜻으로도 쓰이는데 다른 말에는 이러한 용법이 없다.

⑦ 年に一回は畳をはたくのがいい。(1년에 한번은 다다미를 터는 것이 좋다)

➲ 이 경우와 같이 힘을 주어서 탁탁 턴다고 하는 뜻을 나타낼 때는 「はたく」가 적절하다.

⑧ あり金をはたいて株式に投資した。(있는 돈을 다 털어서 주식에 투자했다)

➲ 이 경우는 가지고 있는 돈을 다 턴다고 하는 뜻으로 쓰였는데 다른 말에는 이러한 용법이 없다. 물론 우리말에도 돈을 다 턴다고 하는 표현은 흔히 쓰인다.

「比較する」「対照する」

(訳文と原文を比較する、訳文と原文を対照する)

공통의미

복수의 사물을 맞추어서 그 차이를 나타내는 용법

요점

1. 「比較する」는 주로 어떤 두 가지 사항을 계측하거나 실험하여 데이터를 얻는 경우에 쓰인다(예문①②③④⑦⑧).
2. 「対照する」는 주로 추상적이고 하나의 짝을 이루는 대상을 서로 맞추어 그 차이를 나타내는 것에 쓰며(예문①②⑥⑨), 때로는 성질이 다른 것을 맞추어 본 결과 확연한 차이가 드러나는 결과에 대해서도 쓴다(예문⑤⑩). 「比較する」에는 이러한 의미용법이 없다.

예문과 해설

① 訳文と原文と比較する/対照する。(번역문과 원문과 비교한다/대조한다)

➲ 이 경우는 둘 다 적절한데 「比較する」를 쓰게 되면 번역문과 원문을 비교함으로서 어떠한 데이터를 얻는다는 의미가 되고, 「対照する」를 쓰게 되면 양자 간의 차이점을 발견한다는 의미가 된다.

② 両国の生活水準を比較する/対照する。(양국의 생활수준을 비교한다/대조한다)

➲ 이 경우도 「比較する」를 쓰게 되면 양국의 생활수준에 대한 어떠한 결과를 얻는다는 의미가 되고, 「対照する」를 쓰게 되면 양국의 생활수준의 차이점을 얻는다는 의미가 된다.

③ ふたりのせいの高さを比較する/✱対照する。
(두 사람의 키 높이를 비교한다/✱대조한다)

➲ 두 사람의 키 높이는 한 짝을 이루는 것이 못되므로 「対照する」는 부적절하다.

④ 犬と猫を比較する/✱対照する。(개와 고양이를 비교한다/✱대조한다)

➲ 이 경우 역시 예문③의 경우와 같다.

⑤ あざやかな対照/✱比較をなす。(선명한 대조를 이룬다)

➲ 「対照」는 양자로부터 현저한 차이가 드러난 결과를 나타내는 용법이 있으나, 「比較」에는 그러한 용법이 없다.

⑥ 色の対照/✱比較を考えて作る。(색의 대조를 생각하여 만든다)

➲ 이 경우와 같이 하나의 짝을 염두에 두는 때는 「対照」가 적절하다.

⑦ 売上高を昨年と比較する。(매상고를 작년과 비교한다)

➲ 이번의 매상고와 작년의 매상고를 견주어서 여러 가지 데이터를 얻는다는 뜻이 된다.

⑧ これはあれと比較にならない。(이것은 저것과 비교가 되지 않는다)

⑨ 図表と資料とを対照する。(도표와 자료를 대조한다)

➲ 도표와 자료 간의 차이점을 얻는다고 하는 뜻으로 쓰였다.

⑩ これとあれとはいい対照だ。(이것과 저것과는 좋은 대조다)

➲ 이 경우는 양자 간에 선명한 차이가 드러남을 나타내고 있다.

「光る」「かがやく」

(夜空に月が光る、夜空に月がかがやく)

공통의미

빛나다, 반짝이다

요점

1. 「光(ひか)る」는 그 자체가 빛을 발하거나 빛을 반사하거나 해서 밝게 보이는 것을 나타내는데, 한순간이라도 밝아지거나 주변보다 훨씬 뚜렷하게 밝아진다는 뜻을 나타낸다(예문①②③④⑦⑧). 아울러 사람의 재능이나 기술이 다른 사람보다 월등히 뛰어나서 돋보임을 나타내기도 한다(예문⑨).

2. 「かがやく」는 눈부실 정도의 아름다운 빛이 사방에 빛나는 것으로, 「光(ひか)る」가 한순간이라도 빛나는 것인 데에 비해 지속적으로 빛나는 것을 나타낸다(예문①②⑤⑩⑪). 아울러 기쁨이나 희망, 영예 등으로 인해 찬란하게 빛난다고 하는 뜻도 나타낸다(예문⑥⑫).

예문과 해설

① 夜空(よぞら)に月(つき)が光(ひか)る/かがやく。(밤하늘에 달이 빛난다)

➲ 이 경우는 둘 다 적절한데 「光(ひか)る」를 쓰게 되면 단지 밤하늘의 달이 밝게 빛난다고 하는 뜻을 나타내지만, 「かがやく」를 쓰게 되면 밤하늘의 달이 아름답고 찬란하게 빛나고 있다는 뜻을 나타내게 된다.

② ダイアモンドが光(ひか)る/かがやく。(다이아몬드가 빛난다)

➲ 이 경우 역시 「光(ひか)る」는 단지 밝게 빛난다고 하는 뜻을 나타내지만, 「かがやく」는 아름답고 영롱하게 빛난다고 하는 뜻을 나타낸다.

③ 頬(ほお)に涙(なみだ)が光(ひか)る/＊かがやく。(뺨에 눈물이 반짝인다)

➲ 이 경우와 같이 눈물이 한순간 반짝이는 것을 나타낼 때는 「光(ひか)る」가 적절하다. 「かがやく」는 어디까지나 아름답고 찬란하게 빛나는 정경을 나타내는 것이므로 여기에서는 부적절하다.

④ 容疑者(ようぎしゃ)を見(み)つけた警察(けいさつ)の目(め)が光(ひか)った/＊かがやいた。
(용의자를 발견한 경찰의 눈이 번뜩였다)

➲ 이 경우와 같이 한순간 번뜩이는 것을 나타낼 때는 「光(ひか)る」가 적절하다.

⑤ 夜空(よぞら)にかがやく/＊光(ひか)るオリオン座(ざ)。(밤하늘에 찬란히 빛나는 오리온좌)

➲ 이 경우와 같이 아름답고 찬란하게 빛나는 것을 나타낼 때는 「かがやく」가 적절하다.

⑥ 少年(しょうねん)の顔(かお)が希望(きぼう)にかがやいて/＊光(ひか)っている。

➲ 이 경우와 같이 희망 등으로 얼굴이 빛나는 것을 나타낼 때는 「かがやく」가 적절한데, 「光る」에는 이러한 용법이 없다.

⑦ 白く光る雪がまぶしい。(하얗게 빛나는 눈이 눈부시다)

➲ 이 경우는 눈이 주변보다 훨씬 빛이 난다는 뜻으로 쓰였다.

⑧ 靴が磨かれてぴかぴかに光っている。(구두가 닦여서 반짝반짝 빛나고 있다)

➲ 이 경우 역시 주변보다 훨씬 빛이 난다는 뜻으로 쓰였다.

⑨ 彼女の演技が断然光っている。(그녀의 연기가 단연 빛나고 있다)

➲ 이 경우는 그녀의 연기의 다른 사람의 연기보다 훨씬 뛰어남을 나타내고 있는데, 「かがやく」에는 이러한 용법이 없다.

⑩ 空に太陽がかがやく。(하늘에 태양이 빛난다)

➲ 눈부시도록 찬란하게 빛나는 태양을 묘사하고 있다.

⑪ 朝日を浴びて雪原が金色にかがやいている。
(아침 해를 받아서 설원이 금색으로 반짝이고 있다)

➲ 설원이 아름답고 찬란하게 빛나는 정경을 묘사하고 있다.

⑫ 彼女の瞳が喜びにかがやいていた。(그녀의 눈동자가 기쁨으로 빛나고 있었다)

➲ 이 경우와 같이 기쁨 등으로 찬란하게 빛나는 모습을 묘사할 때는 「かがやく」가 적절한데, 「光る」에는 이러한 용법이 없다.

「秘訣」「こつ」

(料理の秘訣を教える、料理のこつを教える)

공통의미

비결

요점

1. 「秘訣」는 무언가를 하는데 있어서 가장 효과적인 방법으로 다른 사람이나 세상에는

널리 알려져 있지 않은 것이며, 그 행위의 지엽적이거나 부분적인 것이 아니라 보다 본질적인 것을 가리킨다(예문①④⑤⑥⑦). 우리말의 '비결'에 해당된다.

2. 「こつ」는 주로 개별적인 행위나 동작에 대하여 그것을 보다 효과적으로 하기 위한 약간의 방법이나 기술을 가리키며, 실제로 육체적으로 해보는 경험을 통해서 얻어지는 것을 가리킨다(예문①②③⑧⑨). 우리말의 '요령' 정도에 해당된다.

예문과 해설

① 料理の秘訣/こつを教える。(요리의 비결을 가르친다)

➲ 이 경우는 둘 다 적절한데 「秘訣」를 쓰게 되면 요리를 잘하기 위한 본질적인 방법론을 가르친다는 뜻이 되지만, 「こつ」를 쓰게 되면 요리를 하는 과정에서의 기술적인 요령을 가르친다는 뜻이 된다.

② ハンドルを回すこつ/＊秘訣が大切なのです。
(핸들을 돌리는 요령이 중요한 것입니다)

➲ 이 경우는 전반적인 사항이 아니라 몸으로 터득해야 할 개별적인 요령을 나타내는 것이므로 「こつ」가 적절하다. 만약 이러한 경우에 「秘訣」를 쓰게 되면 너무 의미가 과장되게 되어서 부적절하다.

③ 商売のこつ/＊秘訣をのみこむ。(장사의 요령을 터득한다)

➲ 이 경우와 같이 육체적인 경험에 의해서 얻어질만한 약간의 요령을 나타낼 때는 「こつ」가 적절하다.

④ 100歳まで長生きする秘訣/＊こつはなんでしょうか。
(100살까지 장수하는 비결은 무엇일까요?)

➲ 이 경우와 같이 개별적인 행위나 동작의 요령을 가리키는 것이 아니라, 전반적이고 본질적인 방법을 나타낼 때는 「秘訣」가 적절하다.

⑤ 早寝早起きは健康の秘訣/＊こつです。
(일찍 자고 일찍 일어나는 것은 건강의 비결입니다)

➲ 이 경우와 같이 전반적이고 본질적인 방법을 나타낼 때는 「秘訣」가 적절하다.

⑥ 息子に商売の秘訣を教える。(아들에게 장사의 비결을 가르친다)

➲ 이 경우는 장사에 관한 보다 본질적이고 근본적인 방법론을 나타내고 있다.

⑦ 成功の秘訣を伝授する。(성공의 비결을 전수한다)

⑧ 仕事のこつをのみこむ。(일의 요령을 터득하다)

➲ 일을 해나가는 과정에서 얻어질 수 있는 약간의 요령정도를 나타내고 있다.

⑨ このお茶はお湯が沸き立ったらすぐ火を消すのがこつです。
(이 차는 물이 끓기 시작하면 금방 불을 끄는 것이 요령입니다)

「美人」「美女」「別嬪」

공통의미

미인

요점

1. 「美人」은 가장 일반적인 말로 폭넓게 쓰인다(예문①②③).
2. 「美女」는 「美人」보다 좀 더 섹시하다고 하는 어감이 담겨있다(예문④⑤).
3. 「別嬪」은 「美人」과 같은 뜻이지만 특히 주변에 있는 아름다운 여성을 개별적으로 가리킨다. 다소 속어적인 말이지만 널리 쓰이고 있다(예문⑥⑦).

예문과 해설

① 美人の先生が新しく来た。(미인선생님이 새로 왔다)

② この会社の社長秘書は美人だ。(이 회사의 사장비서는 미인이다)

③ イブニングドレスの美人を会場へ案内する。
(이브닝드레스의 미인을 회장으로 안내한다)

④ 美女と野獣。(미녀와 야수)

⑤ 幸子さんは夢に現れた美女に似ている。(사치코씨는 꿈에 나타난 미녀와 닮았다)

⑥ 君の奥さんは別嬪だね。(자네의 부인은 미인이로군)

⑦ このイベントのために別嬪だけをそろえた。(이 이벤트를 위해 미인만을 갖추었다)

「人」「方」「者」「やつ」

공통의미

어떤 특정한 사람을 가리키는 말

요점

1. 「人」「方」「者」는 그 앞에 「この」「その」「あの」와 같이 그 모양을 설명하는 말이 앞에 붙어서 일반적으로 일컫는 사람과는 구별된 특정한 사람을 가리키는데, 「やつ」는 이러한 용법이 없다. 이 네 가지 말에는 각각 정중도에 용법상에 다소의 차이가 엿보인다.
2. 「人」는 가장 중립적인 말로서 상하, 내외와 관계없이 다양하게 쓰이는데 우리말의 '사람'에 해당된다(예문①②③⑥⑦⑧⑨).
3. 「方」는 윗분을 가리키거나 아랫사람이라도 거리가 있는 상대를 높여서 나타내는데 우리말의 '분'에 해당된다(예문②③⑩⑪⑫).
4. 「者」는 상대를 낮추거나 경시하는 말인데(예문⑮⑭) 한편으로는 자기나 자기 측에 속한 사람을 겸손하게 나타내는 말로(예문①④⑬⑯), 우리말의 '자'에 해당된다.
5. 「やつ」는 상대를 비난할 때에 쓰이며(예문⑤⑰) 때로는 친숙한 관계에 있는 가족이나 친구를 가리키기도 하는데(예문⑱), 우리말의 '녀석'에 해당된다. 단 이 말에 한해서 「この」「その」「あの」는 앞에 올 수가 없고 「こんな」「そんな」「あんな」와 같은 연체사만이 올 수가 있다.

예문과 해설

① 山田はうちの会社の人/者/＊方/＊やつです。(야마다는 우리 회사사람입니다)

➲ 일본어경어의 가장 큰 특징은 자기 측에 속한 사람에 대해서는 무조건 낮추어 표현한다고 하는

점인데 그러한 점에서 볼 때 자기 측을 겸손하게 표현하는 「者(もの)」는 이 경우에 적절하며, 중립적으로 특정한 사람을 가리키는 「人(ひと)」도 적절하다. 한편 「方(かた)」는 특정한 윗분만을 가리킬 때 쓰이는 것이며 「やつ」는 비하하는 어감이 있으므로 둘 다 여기에서는 부적절하다.

② 山田(やまだ)さんはあなたの会社(かいしゃ)の人(ひと)/方(かた)/＊者(もの)/＊やつですか。
(야마다씨는 댁의 회사사람/회사분입니까?)

➲ 이 경우는 자기 측이 아니라 상대측의 사람을 가리키는 것이므로 「方(かた)」가 가장 어법상 적절하며 「人(ひと)」도 적절하다. 하지만 「者(もの)」는 낮추어 표현하는 것이며 「やつ」는 비하하는 어감이 있으므로 둘 다 여기에서는 부적절하다.

③ あの男(おとこ)の方(かた)/人(ひと)/＊者(もの)/＊やつはだれですか。(저 남자 분은/남자는 누구입니까?)

➲ 보통 '남자 분'의 뜻으로는 「男(おとこ)の方(かた)」가 쓰이며 '남자'의 뜻으로는 「男(おとこ)の人(ひと)」가 쓰이지만, 「男(おとこ)の者(もの)」나 「男(おとこ)のやつ」는 일체 쓰이지 않는다.

④ 部下(ぶか)の山田(やまだ)という者(もの)/?人(ひと)/?やつ/＊方(かた)がお訪(たず)ねするでしょう。
(부하인 야마다라고 하는 자가 찾아뵐 것입니다)

➲ 이 경우는 자기 측을 낮추어 표현하여야 하는 것이니만큼 「者(もの)」가 가장 어법상 적절하다. 「人(ひと)」는 자기 측을 낮춘다고 하는 어감이 없으므로 다소 부적절하고, 「方(かた)」는 자기 측을 오히려 높이는 셈이 되므로 부적절하며, 「やつ」는 자기 측을 지나치게 낮추는 셈이 되어서 이 역시 다소 부적절하다.

⑤ 山田(やまだ)っていうばかなやつ/?人(ひと)/＊者(もの)/＊方(かた)が私(わたし)の部下(ぶか)です。
(야마다라고 하는 바보스런 녀석이 제 부하입니다)

➲ 이 경우는 다소 비난조로 표현한 것이므로 「やつ」가 가장 적절하다. 「人(ひと)」를 쓰게 되면 비난조의 어감과 맞지 않으므로 다소 부적절하다.

⑥ 田中(たなか)という人(ひと)が訪(たず)ねて来(き)た。(타나카라고 하는 사람이 찾아왔다)

➲ 「人(ひと)」는 가장 중립적으로 사람을 나타낼 때에 쓰인다.

⑦ その人(ひと)はどういう人(ひと)ですか。(그 사람은 어떠한 사람입니까?)

⑧ あなたはいい人(ひと)ですね。(당신은 좋은 사람이군요)

⑨ あの人(ひと)は新(あたら)しい英語(えいご)の先生(せんせい)です。(저 사람은 새 영어선생님입니다)

⑩ その方(かた)は会社(かいしゃ)の社長(しゃちょう)さんです。(그 분은 회사사장님입니다)

➲ 「方(かた)」는 사람을 높여서 나타낼 때에 쓰인다.

⑪ 奥様はきれいな方ですね。(사모님은 아름다운 분이군요)

⑫ この仕事にはどの方がいいでしょうか。(이 일에는 어느 분이 좋을까요?)

⑬ だれか家の者にやらせます。(누군가 집에 있는 사람에게 시키겠습니다)

➲ 이 경우는 자기 측에 속하는 사람을 낮추어 나타내고 있다.

⑭ ここは若い者に任せよう。(여기는 젊은이에게 맡기자)

⑮ これに違反した者は罰金に処する。(이를 위반한 자는 벌금에 처한다)

➲ 법규 등을 위반한 사람에게 격이 높은 「方」나 중립적인 어감의 「人」를 쓰는 것보다는 다소 딱딱한 어감의 「者」를 쓰는 것이 적절할 것이다. 그렇다고 해서 비난조의 「やつ」를 쓸 수도 없는 노릇이다.

⑯ 私はこういう者です。(저는 이런 사람입니다)

➲ 이 경우는 자기 자신을 낮추어 나타내고 있다.

⑰ あんなやつ、大嫌いだ。(저런 녀석은 질색이다)

➲ 「やつ」는 이 경우와 같이 상대를 비하하여 나타내는 데에 쓰인다.

⑱ お前の友だちはいちいちうるさいやつだな。(네 친구는 하나하나 귀찮은 녀석이로군)

「ひどい」「激しい」「すごい」

(ひどい痛み、激しい痛み、すごい痛み)

공통의미

심하다, 굉장하다

요점

1. 「ひどい」는 보통 바람직하지 못한 일에 쓰이는데 우리말의 '심하다' 정도에 해당된다(예문①②③⑥⑦⑧).
2. 「激しい」는 기세가 강함을 나타내는데 우리말의 '격하다, 격렬하다' 정도에 해당된다(예

문①⑤⑨⑩⑪).

3. 「すごい」는 그 대상이 놀라게 될 정도에 있음을 나타내는데 주로 회화체에서만 쓰인다. 우리말의 '굉장하다' 정도에 해당된다(예문①②③④⑫⑬).

예문과 해설

① ひどい/激しい/すごい雨ですね。(심한/격렬한/굉장한 비로군요)

➲ 이 경우 「ひどい」를 쓰게 되면 비가 많이 오는 것이 못마땅함을 나타내고, 「激しい」를 쓰게 되면 비의 기세가 대단함을 나타내게 되며, 「すごい」를 쓰게 되면 너무 많이 오는 비에 다소 놀라움을 나타내게 된다.

② ひどい/すごい/✱激しい事故が起った。(심한/굉장한/✱격렬한 사고가 일어났다)

➲ 「激しい」는 어디까지나 기세가 격렬함을 나타내는 것이므로 이미 일어난 사고의 모습을 형용하는 데는 부적절하다.

③ この近所はすごく/ひどく/✱激しくうるさい。(이 근방은 무척 시끄럽다)

➲ 이 경우와 같이 시끄럽다고 하는 상태를 수식할 때는 「激しい」를 쓸 수가 없으며, 「激しい」는 어디까지나 동작성을 지닌 말을 수식하게 된다.

④ 友だちの妹さんはすごい/✱激しい/✱ひどい美人だ。
(친구의 여동생은 굉장한 미인이다)

➲ 이 경우 역시 뒤에는 상태를 나타내는 말이 와있어서 「激しい」는 쓸 수가 없으며, 「ひどい」는 주로 바람직하지 못한 일에 쓰이므로 이것역시 여기에서는 부적절하다.

⑤ あの人は激しい/✱すごい/✱ひどい気性の人だ。
(저 사람은 격한 성격의 사람이다)

➲ 이 경우와 같이 성격이나 기세가 매우 강렬함을 나타내는 때는 「激しい」가 적절하다.

⑥ 昨日はひどい/?すごい/✱激しい目に会った。(어제는 혼났다)

➲ 이 경우와 같이 「~目に会う」의 형태를 취하여 관용적으로 매우 곤란을 겪었음을 나타낼 때는 「ひどい」가 가장 적절하다.

⑦ ひどいぬかるみの中を歩いた。(심한 흙탕 속을 걸었다)

⑧ 受験に失敗して彼はひどく落ち込んでしまった。
(수험에 실패하여 그는 심하게 좌절하고 말았다)

⑨ 激しい吹雪の中を出発した。(격렬한 눈보라 속을 출발했다)

⑩ 暴動は日に日に激しくなった。(폭동은 나날이 격렬해졌다)

⑪ 新製品は激しい勢いで売れた。(신제품은 격렬한 기세로 팔렸다)

⑫ 彼はすごい大金持ちだ。(그는 굉장한 부자이다)

⑬ 会場はすごい混雑だ。(회장은 굉장한 혼잡이다)

「人柄」「人物」「人間」「人」

공통의미

성품, 인품을 나타내는 의미용법

요점

1. 「人柄」는 그 사람의 좋은 성격이나 인품을 나타낸다(예문①②③).
2. 「人物」는 단지 그 사람의 성품을 나타낸다(예문④⑤).
3. 「人間」은 단지 그 사람의 인격을 나타낸다(예문⑥⑦).
4. 「人」는 단지 그 사람의 성질을 나타낸다(예문⑧⑨).

예문과 해설

① 作品に人柄が表われている。(작품에 인품이 나타나있다)

② 先生の人柄に引かれた。(선생님의 인품에 이끌렸다)

③ 彼は人柄のいい人です。(그는 인품이 좋은 사람입니다)

④ あの人は誠実な人物です。(저 사람은 성실한 인물입니다)

⑤ 悪い人物ではないが、酒好きで困る。

(나쁜 인물은 아니지만, 술을 좋아해서 곤란하다)

⑥ 彼(かれ)は人間(にんげん)ができている。(그는 인간이 되어있다)

⑦ あの男(おとこ)は悪(わる)い人間(にんげん)ではないが、(저 남자는 나쁜 인간은 아니지만,)

⑧ 隠(かく)しているなんて人(ひと)が悪(わる)い。(감추고 있다니 사람이 나쁘다)

⑨ 保証人(はしょうにん)になるなんて、人(ひと)がいいにもほどがある。
(보증인이 되라니 사람이 좋은데도 한계가 있다)

「一つ一つ(ひとひと)」「一々(いちいち)」

(一つ一つ(ひとひと)文句(もんく)を言(い)う、一々(いちいち)文句(もんく)を言(い)う)

공통의미

하나하나

요점

1. 「一つ一つ(ひとひと)」는 어떤 일이나 사물을 하나씩 꼼꼼하게 다루는 경우에 쓰이는데 우리말의 '하나하나'에 해당된다(예문①②④⑤⑥⑦).
2. 「一々(いちいち)」는 많이 있는 것에서 그 어느 것 하나 빠뜨리지 않고 다루는 경우에 쓰이며(예문①③⑧⑨⑩), 한편으로는 뒤에 부정표현을 수반하여 귀찮다고 하는 뜻을 나타내기도 한다(예문⑪⑫). 우리말의 '일일이'에 해당된다.

예문과 해설

① 一つ一つ(ひとひと)/一々(いちいち)教(おし)える。(하나하나/일일이 가르친다)

➲ 이 경우 「一つ一つ(ひとひと)」를 쓰게 되면 하나씩 집어가면서 꼼꼼하게 가르친다는 뜻이 되고, 「一々(いちいち)」를 쓰게 되면 그 어느 것 하나 빠뜨리지 않고 죄다 가르친다는 뜻이 된다.

② 部品(ぶひん)の一つ一つ(ひとひと)/*一々(いちいち)を点検(てんけん)する。(부품 하나하나를 점검한다)

➲ 이 경우와 같이 하나 하나를 열거하는 뜻으로 쓰이고 또한 목적어로 쓰일 때는 「一つ一つ」만이 적절하다. 「一々」는 부사적으로는 쓰일 수 있어도 목적어로 쓰일 수가 없으므로 여기에서는 부적절하다.

③ 時間がないのに、経過を一々/?一つ一つ報告する。
(시간이 없는데, 경과를 일일이 보고한다)

➲ 이 경우는 지나온 경과를 하나도 빠뜨리지 않고 죄다 보고한다는 뜻으로 쓰였으므로 「一々」가 적절하다. 「一つ一つ」는 어디까지나 하나씩 열거하는 뜻으로 쓰이므로 여기에서는 다소 부적절하다.

④ 一つ一つ問題点を数えて行く。(하나하나 문제점을 헤아려 나간다)

➲ 이 경우는 문제점을 하나씩 집어간다는 뜻으로 쓰였다.

⑤ 本を一つ一つ箱につめた。(책을 하나하나 상자에 채웠다)

➲ 매우 꼼꼼하게 상자에 책을 채워 넣는 모습을 나타내고 있다.

⑥ 基礎から一つ一つ教えている。(기초부터 하나하나 가르치고 있다)

⑦ この写真の一つ一つに思い出がある。(이 사진의 하나하나에 추억이 있다)

➲ 이 경우와 같이 사진의 한 장 한 장을 개별적으로 나타낼 때는 「一つ一つ」만이 적절하다.

⑧ 一々手に取ってみる。(일일이 손에 잡아 본다)

➲ 그 어느 것 하나도 빠뜨리지 않고 모두다 손에 잡아보는 모습을 나타내고 있다.

⑨ 例を一々挙げながら説明している。(예를 일일이 들면서 설명하고 있다)

⑩ 上司に一々報告する。(상사에게 일일이 보고한다)

⑪ そんなことを一々気にしてはいられない。
(그런 것을 일일이 신경 쓰고 있을 수는 없다)

➲ 「一々」가 그 뒤에 부정표현을 수반하게 될 때는 어떤 대상에 대한 성가심을 나타내게 된다.

⑫ それは一々説明するまでもない。(그것은 일일이 설명할 것까지도 없다)

➲ 이 경우 역시 그 뒤에 부정표현을 수반함으로서 성가시다고 하는 감정을 나타내고 있다.

「人々(ひとびと)」「人(ひと)たち」

(飢餓(きが)に苦(くる)しむ<u>人々(ひとびと)</u>を救(すく)う、飢餓(きが)に苦(くる)しむ<u>人(ひと)たち</u>を救(すく)う)

공통의미

사람들

요점

1. 「人々(ひとびと)」는 「人(ひと)」를 두 번 붙임으로서 복수를 나타내며 「人(ひと)たち」는 「人(ひと)」에 복수를 나타내는 접미어 「たち」가 접속된 형태인데, 둘 다 복수의 사람들을 나타내는 점에서는 같다. 하지만, 독립적으로 쓸 수 있느냐의 여부에서는 차이가 엿보이는데 우리말에서는 이러한 구분이 일체 없으므로 주의하여 익혀둘 필요가 있다.
2. 「人々(ひとびと)」는 단독으로 주어가 될 수 있고 문 속에서는 그 앞에 수식어를 수반해도(예문④⑤⑥) 수반하지 않아도 쓸 수가 있다. 단독으로 주어가 될 때는 불특정다수의 사람들을 막연하게 나타낸다(예문①②③).
3. 「人(ひと)たち」는 어떠한 경우에도 단독으로 쓸 수가 없어서 언제나 그 앞에는 이것을 수식하는 수식어구가 와야만 한다(예문④⑤⑥). 그 이유는 「人々(ひとびと)」의 경우 독립적인 단어인 「人(ひと)」가 중첩되어 쓰이지만, 「人(ひと)たち」는 「たち」앞의 「人(ひと)」가 어떠한 사람인지를 수식어로 규정지어야만 복수의 사람들로서 묶여질 수가 있기 때문이다.

예문과 해설

① 人々(ひとびと)/✱人(ひと)たちは、教(おし)えることをすばらしいと思(おも)っている。
(사람들은 가르치는 것을 훌륭하다고 생각하고 있다)

➲ 「人々(ひとびと)」는 독립성이 있어서 단독으로 쓰일 수가 있지만, 「人(ひと)たち」는 반드시 그 앞에 어떠한 사람들인가를 규정짓는 수식어구가 와야만 한다.

② 日本(にほん)に来(き)て、人々(ひとびと)/✱人(ひと)たちがとても親切(しんせつ)なのを知(し)りました。
(일본에 와서, 사람들이 무척 친절한 것을 알았습니다)

➲ 이 경우 역시 예문①의 이유로 인해 「人たち」는 부적절하다.

③ その村は、人々/＊人たちが昔ながらの家に住み、生活しています。
(그 마을은 사람들이 옛날그대로의 집에 살면서 생활하고 있습니다)

➲ 이 경우 역시 예문①의 이유로 인해 「人たち」는 부적절하다.

④ 飢餓に苦しむ人々/人たちを救う。(기아에 신음하는 사람들을 구제한다)

➲ 「人々」는 단독으로도 쓸 수 있고 그 앞에 수식어가 와도 쓸 수 있지만, 「人たち」는 반드시 그 앞에 수식어가 와야만 쓸 수가 있다. 이 경우는 그 앞에 '기아에 신음하는'이라는 수식어가 와 있으므로 둘 다 적절하다.

⑤ さまざまな分野のユニークな人々/人たちが、入れ替わり立ち替わり出入りる。
(여러 분야의 유니크한 사람들이 번갈아서 출입한다)
➲ 이 경우 역시 예문④와 맥락을 같이하고 있다.

⑥ 約10人の人々/人たちが切符を買うために待っているのである。
(약10명의 사람들이 표를 사기위하여 기다리고 있는 것이다)

➲ 이 경우 역시 예문④와 맥락을 같이하고 있다.

「一目」「一見」「一目」「一瞥」

공통의미

한번, 또는 살짝 보는 것

요점

1. 「一目」는 가장 일상적인 회화체에서 쓰이며, 한번 또는 살짝 보는 것을 나타내기도 하고(예문①②③) 전체를 한 번에 보는 것을 나타내기도 한다(예문④).
2. 「一目」는 한눈에 볼 수 있음을 나타내는 것인데 딱딱한 어감이어서 일상회화에서는

쓰이지 않으며 주로 관용표현에서 쓰인다(예문⑤⑥).

3. 「一見(いっけん)」은 한번 또는 살짝 보는 것을 나타내며(예문⑦⑧) 때로는 '얼핏 보건데'라는 의미로 부사처럼 쓰이기도 한다(예문⑨).

4. 「一瞥(いちべつ)」는 살짝 눈길을 준다고 하는 것을 나타내는 매우 딱딱한 어감으로 상대를 무시할 때에 주로 쓰인다(예문⑩⑪).

예문과 해설

① 一目(ひとめ)でその家(いえ)が気(き)に入(い)った。(한눈에 그 집이 마음에 들었다)

➲ 이 경우는 한번 보는 것을 나타내고 있다.

② 実物(じつぶつ)を一目(ひとめ)見(み)てから決(き)める。(실물을 한번 보고나서 정한다)

③ 彼女(かのじょ)に一目(ひとめ)惚(ぼ)れした。(그녀에게 한눈에 반했다)

➲ 이 경우는 이성에 대하여 첫눈에 홀딱 반하는 것을 나타내는 데, 동사「惚(ほ)れる(반하다)」의 연용형「惚(ほ)れ」가「一目(ひとめ)」에 접속되는 과정에서 연탁현상을 일으켜서「一目惚(ひとめぼ)れ」로 발음이 변한 것이다.

④ 町全体(まちぜんたい)を一目(ひとめ)で見渡(みわた)せる丘(おか)。(마을전체를 한눈에 둘러볼 수 있는 언덕)

➲ 이 경우는 전체를 한 번에 다 바라보는 것을 나타내고 있다.

⑤ 事故(じこ)の原因(げんいん)は一目(いちもく)して判明(はんめい)した。(사고의 원인은 한눈에 판명되었다)

➲ 이와 같이 한번 보는 것으로 무언가를 알 수가 있음을 나타낼 때는「一目(いちもく)」가 적절하다.

⑥ そのことは一目瞭然(いちもくりょうぜん)に分(わ)かります。(그 일은 일목요연하게 알 수 있습니다)

⑦ それは一見(いっけん)の価値(かち)がある。(그것은 한번 볼만한 가치가 있다)

➲ 이 경우는 살짝 보는 것을 나타내고 있다.

⑧ 百聞(ひゃくぶん)は一見(いっけん)にしかず。(백문이 불여일견)(백번 듣는 것보다 한번 보는 것이 더 낫다)

⑨ 一見(いっけん)かしこそうに見(み)えるが。(얼핏 보기에 지혜로운 것처럼 보이지만)

➲ 이와 같이 얼핏 보는 것을 나타낼 때는「一見(いっけん)」이 적절하다.

⑩ 相手(あいて)を一瞥(いちべつ)しただけだった。(상대를 일별했을 뿐이었다)

➲「一瞥(いちべつ)」는 상대에게 제대로 눈길조차 주지 않는 냉정함을 나타내는 데에 주로 쓰인다.

⑪ 先生(せんせい)は一瞥(いちべつ)もくれずに立(た)ち去(さ)った。(선생님은 한번 눈길도 주지 않고 떠났다)

「ひとりでに」「おのずから」

공통의미

저절로, 스스로

요점

1. 「ひとりでに」는 외부로부터의 힘이나 작용이 없이 저절로 그렇게 되었음을 나타내는 것으로, 구체적인 사항이나 동작에 쓰인다(예문①②③⑦⑧⑨). 우리말의 '저절로' 정도에 해당된다.
2. 「おのずから」는 시간의 경과와 함께 당연히 그렇게 되었음을 나타내는 것으로, 구체적인 사항이나 동작에는 쓰이지 않으며 상태의 변화에만 쓰인다(예문④⑤⑥⑩⑪⑫). 우리말의 '스스로, 자연스럽게' 정도에 해당된다.

예문과 해설

① 風もないのにひとりでに/＊おのずからドアが開いた。

(바람도 없는데 저절로 문이 열렸다)

➲ 이와 같이 외부로부터의 힘이나 작용이 없는데도 그렇게 되었다고 하는 구체적인 경우에는 「ひとりでに」가 적절하다. 「おのずから」는 이와 같은 구체적인 사항에는 쓰이지 못하므로 여기에서는 부적절하다.

音楽に乗ってひとりでに/＊おのずから体が動き出す。

(음악을 타고 저절로 몸이 움직이기 시작한다)

➲ 이 경우는 구체적인 동작을 나타내는 것이므로 「ひとりでに」가 적절하다.

③ この頃のビルは玄関に立つとひとりでに/＊おのずから戸が開く。

(요즈음의 빌딩은 현관에 서면 저절로 문이 열린다)

➲ 이 경우 역시 예문①②와 맥락을 같이하고 있다.

④ 心配事は隠してもおのずから/＊ひとりでに顔に表われる。

(걱정거리는 감추어도 스스로 얼굴에 나타난다)

➲ 이 경우와 같이 시간의 경과와 함께 당연히 그렇게 됨을 나타낼 때는「おのずから」가 적절하다.

⑤ 議論を尽くせば結論はおのずから/✱ひとりでに出る。
(의논을 충분히 하면 결론은 스스로 나온다)

➲ 이 경우와 같이 충분히 의논을 하게 되면 시간의 경과와 함께 당연히 결론이 나온다고 하는 때는「おのずから」가 적절하다.

⑥ 事実はおのずから/✱ひとりでに明らかになった。(사실은 자연스럽게 명백해졌다)

➲ 이 경우 역시 예문④⑤와 맥락을 같이하고 있다.

⑦ この本を読めばひとりでに英語が上達する。(이 책을 읽으면 저절로 영어가 는다)

⑧ 笑うまいとしてもひとりでに笑えてくる。(웃지 않으려고 해도 저절로 웃게 된다)

⑨ ひとりでに涙が出てくる。(저절로 눈물이 나온다)

⑩ 彼のまじめさにはおのずから頭が下がる。
(그의 성실함에는 스스로 머리가 숙여진다)

⑪ 自然界ではおのずから世代交代が行われている。
(자연계에서는 자연스럽게 세대교체가 이루어지고 있다)

⑫ 当番はおのずから一日交替となっていった。
(당번은 자연스럽게 일일교대로 되어갔다)

「暇(ひま)」「暇(いとま)」

(君と話している暇(ひま)がない、君と話している暇(いとま)がない)

공통의미

비어있는 시간, 틈, 짬

요점

1. 「暇(ひま)」와 「暇(いとま)」는 둘 다 비어있는 시간을 나타내는 점에서는 기본적으로 같으나(예문①)

다른 면에서는 의미용법상의 차이가 엿보인다.

2. 「暇(ひま)」는 비어있는 시간의 의미이외에(예문⑥⑦⑧) 여가나 휴식의 의미가 있으며(예문③), 또는 한가함을 나타내기도 한다(예문②⑨).

3. 「暇(いとま)」는 비어있는 시간의 의미도 있으나(예문①), 이 경우 일상적으로는 「暇(ひま)」를 쓰는 것이 보통이다. 「暇(いとま)」는 오히려 「～(する)暇(いとま)が(も)ない(～(할)틈이(도)없다)」의 형태로 쓰이거나(예문④⑩), 작별을 고하는 의미(예문⑤⑪)로 쓰이는 것이 일반적이다. 「暇(ひま)」에는 이러한 용법이 없다.

예문과 해설

① 君(きみ)と話(はな)している暇(ひま)/暇(いとま)がない。(자네와 이야기하고 있을 틈이 없다)

➲ 이 경우는 비어있는 시간을 나타내므로 둘 다 적절하지만 아무래도 「暇(ひま)」가 일상적으로 많이 쓰인다.

② 仕事(しごと)が暇(ひま)/＊暇(いとま)になる。(일이 한가해지다)

➲ 한가함을 나타낼 때는 「暇(ひま)」밖에 쓸 수가 없다.

③ 二日間(ふつかかん)暇(ひま)/＊暇(いとま)をとる。(이틀간 휴가를 얻다)

➲ '휴가를 얻다'는 일본어에서 「暇(ひま)をとる」로 표현하는데 이 경우는 「暇(いとま)」는 쓸 수가 없다.

④ 客(きゃく)の応接(おうせつ)に暇(いとま)/＊暇(ひま)がない。(손님접대에 틈이 없다(정신없다))

➲ 「~に暇(いとま)がない」의 형태로 '~에 정신이 없다'의 의미를 나타내는데 이러한 경우에는 「暇(いとま)」만이 적절하다.

⑤ 先生(せんせい)に暇(いとま)/＊暇(ひま)をつげて出国(しゅっこく)した。(선생님에게 작별을 고하고 출국했다)

➲ 이 경우와 같이 작별의 뜻을 나타낼 때는 오로지 「暇(いとま)」만이 적절한데, 주로 「暇(いとま)をつげる」의 형태로 쓰인다.

⑥ 暇(ひま)さえあれば本(ほん)を読(よ)んでいる。(틈만 있으면 책을 읽고 있다)

➲ 비어있는 시간을 나타내고 있다.

⑦ 忙(いそが)しくて昼食(ちゅうしょく)をとる暇(ひま)もない。(바빠서 점심을 먹을 틈도 없다)

⑧ 暇(ひま)を見(み)つけて外出(がいしゅつ)する。(짬을 내서 외출한다)

⑨ 暇(ひま)な人(ひと)に仕事(しごと)を手伝(てつだ)ってもらう。(한가한 사람에게 일을 도와달라고 한다)

➲ 이 경우는 한가한 시간을 나타내고 있는데, 「暇」는 「暇な」의 형태로 뒤에 오는 명사를 수식하기도 한다.

⑩ 忙しくて席の暖まる暇もない。
(바빠서 자리가 따스해질 틈도 없다(자리에 앉아있을 틈도 없다))

➲ 이 경우는 비어있는 약간의 시간을 나타내고 있다.

⑪ これでお暇致します。(이것으로 작별을 하겠습니다)

➲ 이 경우는 작별을 나타내고 있는데, 「暇」에는 이러한 용법이 없다. 「暇」는 「お暇をつげる(작별을 고하다)」나 「お暇する(작별하다)」의 형태를 취하여 작별한다는 뜻으로 쓰인다. 위 예문의 「致す」는 「する」보다 정중한 말이다.

「秘密」「内緒」

(これは秘密にしてください、これは内緒にしてください)

공통의미

비밀

요점

1. 「秘密」는 어떤 사항이 남에게 알려지지 않게 하는 것으로 사용범위가 매우 넓으며 공적이나 사적 어느 쪽에도 쓰인다(예문①②③⑤⑥⑦).
2. 「内緒」는 어떤 사항을 주위사람, 또는 특정인물에게 알려지지 않게 하는 것으로 주로 회화체에서 쓰이며 사적인 경우에 쓰인다(예문①④⑧⑨⑩).

예문과 해설

① これは秘密/内緒にしてください。(이것은 비밀로 해 주십시오)

➲ 이 경우는 사적인 비밀을 전제로 하고 있으므로 둘 다 적절한데 「秘密」에 비해서 「内緒」가

훨씬 회화체적이다.

② これは公然の秘密/＊内緒だ。(이것은 공공연한 비밀이다)

➲ 이 경우와 같이 공적으로 널리 알려져 있는 비밀을 나타낼 때는 「秘密」가 적절하다. 「内緒」는 어디까지나 사적인 경우에만 쓰이므로 여기에서는 부적절하다.

③ 人はだれでも自分だけの秘密/＊内緒をもっている。
(사람은 누구나 자신만의 비밀을 갖고 있다)

➲ 이 경우와 같이 숨기고 있는 비밀 그 자체만을 나타낼 때는 「秘密」가 적절하다. 「内緒」는 어디까지나 주위사람이나 특정인물에 대하여 숨기는 행위를 나타내므로 여기에서는 부적절하다.

④ 子どもに内緒で/＊秘密で映画館に行く。(아이에게 숨기고 영화관에 간다)

➲ '누구누구에게 비밀로 하고'의 뜻을 나타낼 때는 「~に内緒で」의 형태로 쓰인다. 「秘密」는 「~に秘密にして」의 형태로는 쓰일 수 있으나, 여기에서와 같이 「~に秘密で」 형태로는 쓰이지 못하므로 여기에서는 부적절하다.

⑤ この秘密を洩らしてはいけない。(이 비밀을 누설해서는 안 된다)

➲ 이 경우와 같이 비밀자체만을 나타낼 때는 오로지 「秘密」만이 적절하다. 「内緒」는 어디까지나 비밀을 알려지지 않게 하려는 것에 의미의 중심이 있는 것이므로 여기에서는 부적절하다.

⑥ あの男は秘密の多い人だ。(저 남자는 비밀이 많은 사람이다)

➲ 이 경우 역시 비밀자체를 나타내는 것이므로 「秘密」만이 적절하다.

⑦ 彼には秘密にしておこう。(그에게는 비밀로 해두자)

⑧ 姉ちゃんに内緒の話があるんだけど。(누나에게 비밀스런 이야기가 있는데)

➲ 이 경우와 같이 특정인물에게만 쏠리는 비밀을•나타낼 때는 「内緒」가 적절하다.

⑨ 親に内緒で遊びに行った。(부모에게 비밀로 하고 놀러갔다)

➲ 이 경우와 같이 '누구에게만 비밀로 하고'의 뜻을 나타낼 때는 오로지 「内緒」만이 적절하다. 「秘密」는 「~に秘密で」의 형태로 쓰일 수가 없으므로 여기에서는 부적절하다.

⑩ 昨日授業をさぼったのは内緒だよ。(어제 수업을 빼먹은 것은 비밀이다?!)

➲ 「内緒」는 단정의 조동사 「だ」와 결합한 상태로 문말의 술어로 쓰여서 상대에게 비밀을 지켜 줄 것을 요구하는 것에 쓰이는데, 이러한 경우에는 「秘密」도 쓸 수가 있다.

「冷やす」「冷ます」

(お茶を<u>冷やし</u>て飲む、お茶を<u>冷まし</u>て飲む)

공통의미

식히다

요점

1. 「冷やす」는 높은 온도를 낮춘다고 하는 것으로 우리말의 '차갑게 하다'에 해당된다(예문①②③④).
2. 「冷ます」는 뜨거운 열을 내린다고 하는 것으로 우리말의 '식히다'에 해당된다(예문①⑤⑥⑦).

예문과 해설

① お茶を冷やして/冷まして飲む。(차를 차갑게 해서/식혀서 마신다)

➲ 이 경우는 전후문맥이나 적절한 장면의 설정이 없으므로 둘 다 적절하다. 만약에 차를 냉장고 등에 넣어서 차갑게 할 것 같으면 「冷やす」가 적절하고, 아니면 뜨거운 차를 식힐 것 같으면 「冷ます」가 적절하다.

② すいかを冷やして/＊冷まして食べる。(수박을 차갑게 해서 먹는다)

➲ 이 경우는 한 여름철에 미지근한 수박을 차갑게 해서 먹는 것이므로 「冷やす」가 적절하다. 「冷ます」는 뜨거워져 있는 것을 식힌다고 하는 뜻에 쓰이므로 여기에서는 부적절하다.

③ ビールを冷やす/＊冷ますために冷蔵庫に入れる。
(맥주를 차갑게 하기 위해 냉장고에 넣는다)

➲ 이 경우 역시 미지근한 맥주를 차갑게 한다는 뜻이므로 「冷やす」만이 적절하다.

④ コップに氷を入れて水を冷やす/＊冷ます。
(컵에 얼음을 넣어서 물을 차갑게 한다)

➲ 이 경우도 위의 예문들과 맥락을 같이하고 있다.

⑤ 私は猫舌だからお湯を冷まして/＊冷やして飲まなければなりません。
(나는 뜨거운 것을 잘 못 먹어서 더운 물을 식혀서 마셔야 합니다)

➲ 이 경우는 뜨거운 상태인 물을 식혀서 먹는 것이므로 「冷ます」가 적절하다. 「冷やす」는 열을 식히는 것이 아니라 미지근한 것을 차갑게 하는 것에 쓰이므로 여기에서는 부적절하다. 아울러, 「猫舌」는 원래 뜨거운 음식물을 잘 먹지 못하는 사람을 가리키는 말인데, 이것은 본래 고양이가 뜨거운 것을 잘 먹지 못하는 데에서 유래된 말이다.

⑥ ここでちょっと熱を冷ましましょう/＊冷やしましょう。(여기서 잠시 열을 식힙시다)

➲ 열이라는 것은 본래 뜨거운 것인데, 여기에서는 그러한 열을 식힌다고 하는 뜻이므로 「冷ます」가 적절하다.

⑦ 鮨飯をうちわであおいで冷ます/＊冷やす。
(초밥 만들 밥을 부채로 부쳐서 식힌다)

➲ 「鮨飯」는 초밥을 만드는 데에 쓰이는 밥을 가리키는데, 금방 지은 밥은 뜨거우므로 이것을 부채 등으로 식혀야만 초밥을 만들 수가 있다. 따라서 여기에서는 밥을 차갑게 하는 것이 아니라 어디까지나 밥의 열기를 식히는 것이므로 「冷ます」만이 적절하다.

「冷ややかだ」「冷淡だ」「冷たい」

(冷ややかな態度、冷淡な態度、冷たい態度)

공통의미

차갑다, 냉담하다

요점

1. 「冷ややかだ」는 피부에 차갑게 느껴지는 정도를 나타내거나(예문③⑧) 남에게 차갑게 보이는 모습을 나타낸다(예문①②⑨).
2. 「冷淡だ」는 상대에게 관심을 보이지 않거나 동정심, 친절한 마음이 전혀 없는 모습을

나타내는데(예문①④⑤⑦) 피부에 차갑게 느껴지는 정도는 나타내지 않는다.

3. 「冷たい」는 어떤 대상에 접촉되었을 때 실제로 차가움을 느끼게 되는 상태를 나타내거나(예문③⑥⑫⑬) 애정이나 인정이 없음을 나타낸다(예문①②④⑩⑪).

예문과 해설

① 彼はいつも冷ややかな/冷淡な/冷たい態度を取っている。
(그는 언제나 차가운/냉담한 태도를 취하고 있다)

➲ 이 경우는 차갑게 보이는 사람의 태도를 나타내고 있으므로 어느 것이나 적절하기는 하나, 「冷ややかな」와 「冷たい」를 쓰게 되면 남에게 애정이나 인정이 없는 태도를 나타내게 되고, 「冷淡な」를 쓰게 되면 남에게 아무런 관심도 보이지 않는 무뚝뚝한 태도를 나타내게 된다.

② 冷ややかな/冷たい/✱冷淡な視線を向ける。(차가운 시선을 보낸다)

➲ 이 경우와 같이 실제로 차갑게 느껴지는 것을 나타낼 때는 「冷淡な」는 부적절하다. 「冷淡な」는 어디까지나 상대에게 관심이 없거나 무뚝뚝한 모습이나 상태를 나타낸다.

③ 冷ややかな/冷たい/✱冷淡な風が吹いている。(차가운 바람이 불고 있다)

➲ 이 경우도 실제로 바람이 차갑게 느껴지는 것이므로 무뚝뚝한 모습이나 상태를 나타내는 「冷淡な」는 부적절하다.

④ 恋人が冷淡に/冷たく/✱冷ややかになる。(애인이 차가워진다)

➲「冷ややかだ」는 남에게 차갑게 보이는 것에는 적절하지만, 이 경우와 같이 냉랭한 태도를 나타내는 데에는 부적절하다.

⑤ あの人は住民運動に冷淡な/?冷ややかな/✱冷たい人です。
(저 사람은 주민운동에 냉담한 사람입니다)

➲ 이 경우와 같이 어떤 일에 대하여 무관심한 태도를 나타낼 때는 「冷淡な」가 가장 적절하다. 「冷たい」는 상대에게 애정이나 인정이 없음을 나타내므로 여기에서는 부적절하며, 「冷ややかな」는 차갑게 보이는 모습을 나타내는 것이므로 이것역시 여기에서는 다소 부적절하다.

⑥ 死んだ人はすぐ体が冷たく/✱冷ややかに/✱冷淡になる。
(죽은 사람은 금방 몸이 차가워진다)

➲ 이 경우와 같이 실제로 온도가 싸늘해짐을 나타낼 때는 오로지 「冷たい」만이 적절하다.

⑦ 冷淡/✱冷ややか/✱つめたい極まりない扱い。(냉담하기 이를 데 없는 취급)

➲ 이 경우와 같이 「~極まり無い」의 형태에 접속되어 극도로 그러한 상태임을 나타낼 때는 오로지 「冷淡」만이 적절하다.

⑧ 早朝の冷ややかな風に吹かれながら散歩した。
(이른 아침의 차가운 바람을 맞으면서 산책했다)

➲ 이 경우는 실제로 피부에 바람이 차갑게 느껴지는 것을 나타내는 것이므로 「冷ややかな」가 적절하며 「冷たい」도 역시 적절하다.

⑨ 役所で冷ややかな扱いを受けた。(관공서에서 무뚝뚝한 취급을 받았다)

➲ 이 경우와 같이 차갑게 보이는 태도를 나타낼 때는 「冷ややかな」가 적절하다.

⑩ 友だちの不幸を冷淡に見ていた。(친구의 불행을 냉담하게 보고 있었다)

➲ 「冷淡」은 이와 같이 무관심하고 무뚝뚝함을 나타내는 데에 적절하다.

⑪ 消費者に対して冷淡な政策。(소비자에 대하여 냉담한 정책)

➲ 이 경우역시 정책이 소비자에 대하여 무관심함을 나타내고 있다.

⑫ 冷たく冷えたビールが飲みたい。(차갑게 냉장된 맥주가 마시고 싶다)

➲ 이와 같이 무언가를 만졌을 때에 느껴지는 차가움은 「冷たい」가 적절하다.

⑬ 彼の態度は急に冷たくなった。(그의 태도는 갑자기 차가워졌다)

「費用」「経費」「出費」

(費用が多くなる、経費が多くなる、出費が多くなる)

공통의미

무언가를 하는데 필요한 돈

요점

1. 「費用」는 무언가를 하는데 필요한 돈 전체를 나타내는데 우리말의 '비용'에 해당된다

(예문①②⑤⑥⑦).

2. 「経費」는 계획을 추진하거나 사업을 운영하는 등의 일정한 범위 내에서 필요한 돈을 나타내는데 우리말의 '경비'에 해당된다(예문①④⑧⑨⑩).

3. 「出費」는 무언가를 하기 위해 이미 지출했거나 지출해야 할 돈을 나타낸다(예문③⑪⑫⑬). 특히 이 말은 우리말에 없는 것으로 '나가야 할 돈, 지출'의 의미를 나타내는데, 우리말의 '지출'에 해당되는 셈이다.

예문과 해설

① それぞれ費用/経費/＊出費を出した。(각각 비용을/경비를 냈다)

➲ 이 경우와 같이 어떠한 일에 소요되는 돈을 마련한다는 뜻으로는 「費用」와 「経費」가 적절하다. 「出費」는 돈을 지출한다는 의미인데 이렇게 되면 돈을 내는 행위를 또 한다고 하는 엉뚱한 의미가 되므로 부적절하다.

② 海外旅行の費用/＊経費/＊出費を積み立てる。
(해외여행의 비용을 적립한다)

➲ 「経費」는 주로 사업이나 회사 등의 경상비용을 나타내는 것이고, 「出費」는 돈을 지출하는 것이므로 여기에서는 둘 다 부적절하다. 한편, 「費用」는 무언가를 하는데 소요되는 금액전체를 나타내므로 이 경우에는 적절하다.

③ 今月は出費/＊費用/＊経費が多い。(이달에는 지출이 많다)

➲ 「出費」는 돈을 지출하는 뜻으로 쓰이므로 이 경우에는 적절하다. 「費用」와 「経費」는 그 앞에 이를 수식하는 말이 전혀 없으므로 이것만으로는 뜻이 애매해져서 부적절하다.

④ この事業の必要経費/＊費用/＊出費はいくらぐらいですか。
(이 사업의 필요경비는 얼마정도입니까?)

➲ 이 경우와 같이 어떤 사업이나 계획 등에 소요되는 돈을 나타낼 때는 「経費」가 적절하다.

⑤ 来月の運動会の費用が足りない。(다음 달 운동회의 비용이 모자란다)

➲ 「費用」는 어떤 일을 추진하는 데에 소요되는 돈을 가리키는데, 여기에서는 운동회를 진행하는 데에 소요되는 돈을 나타낸다.

⑥ 費用は参加者が負担する。(비용은 참가자가 부담한다)

⑦ 店舗の改装にかなりの費用がかかる。(점포의 개장에 상당한 비용이 든다)

➲ 이 경우는 점포를 새로 치장하는 데에 소요되는 돈을 나타내고 있다.

⑧ 接待にかかった経費を請求する。(접대에 든 경비를 청구한다)

➲ 「経費」는 어떠한 범위 안에서 들게 되는 돈을 가리키는데, 여기에서는 접대라고 하는 범위 안에서의 소요되는 돈을 나타내고 있다.

⑨ 赤字が続いているから経費を節減しなければならない。
(적자가 계속되고 있으니까 경비를 절감하지 않으면 안 된다)

⑩ 宣伝の経費として500万円を計上する。(선전경비로서 500만엔을 계상한다)

➲ 이 경우는 선전을 한다고 하는 범위 안에서 드는 돈을 나타내고 있다.

⑪ 来月は運動会の出費がある。(다음 달은 운동회에 돈이 나가야만 한다)

➲ 「出費」는 돈이 지출되는 것을 가리키는데, 여기에서는 운동회에 지출되는 돈을 나타내고 있다.

⑫ 先月は余計な出費が多かった。(지난달은 쓸데없는 지출이 많았다)

⑬ これからは出費を抑えなければいけない。(이제부터는 지출을 억제해야만 한다)

「百姓」「農民」「農夫」

공통의미

농부

요점

1. 「百姓」는 농부에 대해 쓰게 되면 다소 비하하는 느낌을 줄 수도 있는 말이며 주로 「百姓をする(농사를 짓다)」의 형태를 취하여 농사라는 의미로 쓰인다(예문①②).
2. 「農民」은 가장 일반적으로 농부를 가리키는 말로 농부한사람 한사람을 가리킬 수도 있고, 집단을 가리킬 수도 있다(예문③).
3. 「農夫」는 원래 남자농부만을 가리키며 여자농부는 「農婦」로 나타내는데, 지금은 일

반적인 농부의 의미로 쓰인다. 다만, 집단으로서의 농부는 가리키지 못하고 오로지 한 사람 한 사람의 개별농부만을 가리킨다(예문④).

예문과 해설

① 百姓/農民/✱農夫は保守的だ。(농부는 보수적이다)

➲ 이 경우는 집단으로서의 일반적인 농부를 가리키고 있는데 「農夫」는 개인으로서의 농부만을 가리키므로 부적절하다.

② 田舎に帰って百姓をした方がいい。(시골로 돌아가 농사를 짓는 편이 좋다)

➲ 이와 같이 「百姓をする」의 형태를 취하여 '농사를 짓다'의 뜻으로 쓰인다.

③ 米価問題で農民が立ち上がる。(쌀값문제로 농민이 들고일어난다)

④ 農夫が草を刈っている。(농부가 풀을 베고 있다)

➲ 이 경우는 개별적인 농부 한 사람을 가리키고 있다.

「病気」「病」「疾病」

(重い病気にかかる、重い病にかかる、重い疾病にかかる)

공통의미

병(病)

요점

1. 「病気」는 가장 일상적으로 쓰이는 것으로 식물에 대해서도 쓸 수 있으며(예문①②) 때로는 나쁜 습관이나 행동에 대해서도 쓰는데(예문③), 이 점에서는 우리말의 경우와 같다.
2. 「病」는 「病気」와 같은 말이지만 순수한 일본어에 한자를 대입한 것으로 다소 옛날 말의 분위기가 있다(예문④⑤).

3. 「疾病(しっぺい)」는 「病気(びょうき)」에 비하여 보다 격식을 차린 말이어서 주로 공식적인 경우에 쓰인다 (예문⑥⑦).

예문과 해설

① 病気(びょうき)がなおる。(병이 낫다)

➲ 일반적인 병을 나타낼 때는 「病気(びょうき)」가 가장 널리 쓰인다.

② 病気(びょうき)にかからないように健康(けんこう)に注意(ちゅうい)する。(병에 걸리지 않도록 건강에 주의한다)

③ 博打(ばくち)に手(て)をつけるなんて、また彼(かれ)の病気(びょうき)が始(はじ)まったね。
(도박에 손을 대다니, 또 그의 병이 시작되었군)

➲ 이 경우는 육체적인 병이 아니라 나쁜 습관이나 행동을 나타내는 것인데, 이와 같은 표현은 우리말에도 똑같이 쓰이고 있다.

④ 祖父(そふ)は重(おも)い病(やまい)に倒(たお)れてしまった。(할아버지는 무거운 병에(걸려서) 쓰러지고 말았다)

➲ 「病(やまい)」는 회화체보다는 다소 딱딱한 어감의 문장체에서 주로 쓰인다.

⑤ 昔(むかし)からのことわざに '病(やまい)は気(き)から' というのがある。
(옛날부터의 속담에 '병은 마음에서부터' 라는 것이 있다)

➲ 병은 마음먹기에 따라서 좋아도 지고 나빠도 진다는 뜻으로, 이러한 표현의 경우에는 오로지 「病(やまい)」만이 적절하다. 우리말에도 이와 같은 표현은 흔히 쓰인다.

⑥ 近年(きんねん)、新(あたら)しい疾病(しっぺい)が増加(ぞうか)した。(근년에 새로운 질병이 증가했다)

➲ 「疾病(しっぺい)」는 개인적인 병이 아니라 공식적이고 격식을 차린 용어로서 쓰인다.

⑦ 政府(せいふ)は国民(こくみん)の疾病管理(しっぺいかんり)に万全(ばんぜん)を期(き)しています。
(정부는 국민의 질병관리에 만전을 기하고 있습니다)

「表現(ひょうげん)する」「表(あらわ)す」「表出(ひょうしゅつ)する」

(心(こころ)の中(なか)の悲(かな)しみを表現(ひょうげん)する、心(こころ)の中(なか)の悲(かな)しみを表(あらわ)す、心(こころ)の中(なか)の悲(かな)しみを表出(ひょうしゅつ)する)

공통의미

표현하다

요점

1. 「表現(ひょうげん)する」는 생각이나 감정과 같은 내면적이고 주관적인 것을 언어나 소리, 움직임 등에 의해서 나타내는 것으로, 오로지 말하는 사람의 의지에 의한 행동에만 쓰인다(예문②④⑤). 우리말의 '표현하다'에 해당된다.
2. 「表(あらわ)す」는 내면적인 것이나 어떤 의미를 표정이나 소리, 움직임, 색채 등에 의해서 나타내는 것으로, 말하는 사람의 의지가 있건 없건 간에 쓰인다(예문①②③⑥⑦). 우리말의 '나타내다'에 해당된다.
3. 「表出(ひょうしゅつ)する」는 특히 감정이나 심정 같은 것을 밖으로 내보내는 것으로 말하는 사람의 의지가 있건 없건 간에 쓰인다(예문①⑧⑨). 우리말의 '표출하다'에 해당된다.

예문과 해설

① 彼(かれ)は怒(いか)りを顔(かお)に表(あらわ)した/表出(ひょうしゅつ)した/✱表現(ひょうげん)した。(그는 분노를 얼굴에 나타냈다)

➲ 이 경우는 분노라는 감정을 자연스럽게 얼굴에 나타내는 것이므로 「表(あらわ)す」와 「表出(ひょうしゅつ)する」만이 적절하다. 「表現(ひょうげん)する」는 오로지 말하는 사람의 의지에 의해서 나타내는 데에만 쓰이는데, 만약 여기에서 「表現(ひょうげん)する」를 쓰게 되면 의도적으로 얼굴에 분노를 나타낸다고 하는 엉뚱한 뜻이 되어버려서 부적절하다.

② これは言葉(ことば)で表(あらわ)せない/表現(ひょうげん)できない/✱表出(ひょうしゅつ)できない。
(이것은 말로 나타낼 수가 없다/표현할 수가 없다)

➲ 이 경우와 같이 언어에 의해서 어떠한 의미를 나타내는 때는 「表(あらわ)す」와 「表現(ひょうげん)する」가 적절하다. 「表出(ひょうしゅつ)する」는 주로 감정이나 심정 같은 것을 밖으로 내보내는 데에 쓰이므로 여기에서는 부적절하다.

③ この言葉(ことば)は尊敬(そんけい)の意(い)を表(あらわ)す/✱表現(ひょうげん)する/✱表出(ひょうしゅつ)する。
(이 말은 존경의 뜻을 나타낸다)

➲ 이 경우와 같이 어떤 말에 어떤 의미가 담겨있음을 나타낼 때는 오로지 「表(あらわ)す」만이 적절하다.

④ 喜(よろこ)びを全身(ぜんしん)で表現(ひょうげん)する。(기쁨을 온몸으로 표현한다)

➲ 「表現(ひょうげん)する」는 생각이나 감정 같은 것을 의도적으로 나타내는 데에 쓰이는 것으로, 이 경우는

기쁨을 몸짓으로 나타내는 뜻으로 쓰였다. 물론, 여기에는 기쁨을 남에게 애써 보이려 하는 행위자의 의도가 엿보인다.

⑤ 生の歓喜を絵画に表現する。(생의 환희를 회화로 표현한다)

⑥ 結果を図表で表す。(결과를 도표로 나타낸다)

➲ 이 경우와 같이 도표로 무언가를 나타내려고 할 때는 「表す」가 적절하다.

⑦ 悲しみを顔で表す。(슬픔을 얼굴로 나타낸다)

➲ 이와 같이 자기도 모르게 슬픈 감정을 무의식적으로 나타내는 경우에는 「表す」가 적절하다.

⑧ 彼はうれしさを身ぶりで表出している。(그는 기쁨을 몸짓으로 표출하고 있다)

➲ 「表出する」는 어디까지나 감정이나 심정 같은 것을 밖으로 내보낸다고 하는 것에 의미의 중심이 놓이는데, 여기에서는 기쁨의 감정을 나타내고 있다.

⑨ 先生は自分の感情をなかなか表出しない。
(선생님은 자신의 감정을 좀처럼 표출하지 않는다)

➲ 이 경우는 감정이나 심정을 밖으로 내보낸다는 뜻으로 쓰였다.

「～拍子に」「～はずみに」「～とたんに」

(すべった拍子に足をくじいた、すべったはずみに足をくじいた、すべったとたんに足をくじいた)

공통의미

～바람에, ～(한)순간에

요점

1. 「～拍子に」는 앞에 나온 사항이 뒤에 오는 사항의 원인이나 이유임을 나타내는 것인데, 앞뒤 사항사이에 아주 짧은 시간적 간격이 있음을 나타내는 데에 의미의 중심이 있다. 우리말의 '～(한)순간, ～바람에' 정도에 해당된다(예문①②⑤⑥⑦).
2. 「～はずみに」역시 앞에 나온 사항이 뒤에 오는 사항의 원인이나 이유임을 나타내는 점

에서는 「～拍子(ひょうし)に」와 같지만, 그 앞에 나온 사항에 주된 원인이나 이유가 있음을 강조하는 데에 의미의 중심이 있다. 우리말의 '～바람에, ～(한)순간' 정도에 해당된다(예문①③⑧⑨).

3. 「～とたんに」은 앞의 사항과 뒤의 사항사이에 아무런 인과관계가 없이 다만 어떤 사항의 직후에 새로운 사항이 발생함을 나타낼 뿐인데, 우리말의 '～(한)찰나, ～(한)순간' 정도에 해당된다(예문①②④⑩⑪).

예문과 해설

① すべった拍子(ひょうし)に/はずみに/とたんに足(あし)をくじいた。

(미끄러진 바람에/순간 발이 삐었다)

➲ 이 경우는 그 어느 것이나 적절한데 「~拍子(ひょうし)に」를 쓰게 되면 미끄러졌다고 하는 사항과 발을 삐었다고 하는 사항사이에 아주 짧은 시간적 간격이 있음을 나타내고, 「~はずみに」를 쓰게 되면 앞서 나온 미끄러졌다고 하는 사항이 뒤에 오는 발을 삐었다고 하는 사항의 원인이나 이유가 됨을 강조하는 의미를 나타낸다. 한편 「~とたんに」을 쓰게 되면 단지 앞서 나온 미끄러졌다고 하는 사항의 직후에 발을 삐었다고 하는 새로운 사항이 전개되었음을 나타낼 뿐이다.

② 顔(かお)をあげた拍子(ひょうし)に/とたんに/＊はずみに目(め)が合(あ)った。

(얼굴을 든 순간에 눈이 맞았다)

➲ 이 경우는 얼굴을 드는 사항과 눈이 마주치는 사항사이에 아주 짧은 시간적 간격이 있음을 나타내는 것이므로 「~拍子(ひょうし)に」와 「~とたんに」가 적절하다. 이 경우에 「~はずみに」를 쓰게 되면 눈이 마주치게 된 이유를, 마치 얼굴을 들게 된 탓으로 돌리는 셈이 되어버려 너무 인위적인 어감이 주어지므로 여기에서는 부적절하다.

③ ぶつかったはずみで/＊拍子(ひょうし)で/＊とたんで眼鏡(めがね)をこわした。

(부딪힌 바람에 안경을 깼다)

➲ 이 경우는 「はずみ」가 조사 「で」와 결합하여 이유, 원인을 나타내고 있는데, 「拍子(ひょうし)」와 「とたん」은 조사 「で」와 결합하여 쓰이지 못하므로, 이러한 문법적인 이유로 인해서 둘 다 여기에서는 부적절하다.

④ 外(そと)へ出(で)たとたんに/＊拍子(ひょうし)に/＊はずみに雨(あめ)が降(ふ)り出(だ)した。

(밖에 나간 순간, 비가 내리기 시작했다)

➲ 이 경우는 인과관계를 나타낸 것이 아니라, 단지 앞의 사항이 일어난 직후에 뒤의 사항이 일어났음을 나타내고 있을 뿐이므로 「~とたんに」만이 적절하다.

⑤ 飛(と)び降(お)りた拍子(ひょうし)に先生(せんせい)に叱(しか)られた。(뛰어내린 바람에 선생님에게 혼났다)

⑥ 転(ころ)んだ拍子(ひょうし)に財布(さいふ)を無(な)くした。(구른 바람에 지갑을 잃어버렸다)

⑦ くしゃみをした拍子(ひょうし)に眼鏡(めがね)が落(お)ちた。(재채기를 한 바람에 안경이 떨어졌다)

⑧ 車(くるま)をよけたはずみに転倒(てんとう)した。(차를 피한 바람에 넘어졌다)

➲ 「~はずみに」는 분명한 이유나 원인을 나타내는 것에 의미의 중심이 놓이는데, 여기에서는 넘어진 이유가 차를 피한 탓임을 나타내고 있다.

⑨ 転(ころ)んだはずみに眼鏡(めがね)を割(わ)った。(구른 바람에 안경을 깼다)

⑩ 点火(てんか)したとたんに爆発(ばくはつ)した。(점화한 순간 폭발했다)

➲ 「~とたんに」는 앞의 사항이 일어나고 바로 이어서 뒤의 사항이 일어남을 나타내는 것에 의미의 중심이 놓이는데, 여기에서는 점화하고 바로 이어서 폭발했음을 나타내고 있다.

⑪ 空(そら)が暗(くら)くなったとたん、雨(あめ)が降(ふ)り出(だ)した。
(하늘이 어두워진 순간, 비가 내리기 시작했다)

「開(ひら)く」「開(あ)く」

(窓(まど)が開(ひら)く、窓(まど)が開(あ)く)

공통의미

열리다

요점

1. 「開(ひら)く」는 자동사로도 타동사로도 쓰이지만 「開(あ)く」는 자동사로만 쓰인다. 따라서 여기에서는 자동사로서의 용법에만 국한하여 고찰하는바, 양자 간에는 한 방향으로 열리느냐 쌍방향으로 열리느냐의 차이가 엿보인다.
2. 「開(ひら)く」는 한쪽에서 또 다른 한쪽으로 입체적으로 열리는 경우에 쓰인다(예문①②③).
3. 「開(あ)く」는 한쪽에서 또 다른 한쪽으로 평행적으로 열리는 경우에 쓰인다(예문④⑤).

예문과 해설

① 急(きゅう)にドアが開(ひら)いた。(갑자기 문이 열렸다)

➲ 이 경우는 한쪽에서 또 다른 한쪽으로 문이 입체적으로 활짝 열리는 것을 나타낸다.

② 春(はる)になると、あちらこちらの花(はな)が開(ひら)く。(봄이 되니까, 여기저기의 꽃이 열린다)

➲ 꽃은 심으로부터 바깥쪽을 향해서 입체적으로 열리게 마련이므로「開(ひら)く」가 적절하다.

③ では、本(ほん)を開(ひら)いてください。(그럼, 책을 펴 주십시오)

➲ 책 역시 좌우로 활짝 펴는 것이므로 입체적이라 할 수가 있다.

④ 窓(まど)が開(あ)いているから閉(し)めてください。(창문이 열려 있으니까 닫아 주십시오)

➲ 이 경우는 한쪽에서 다른 한쪽으로 평행적으로 여는 식의 창문을 연상할 수 있다.

⑤ びんのふたがやっと開(あ)いた。(병위 뚜껑이 겨우 열렸다)

➲ 병의 뚜껑은 한쪽을 축으로 해서 또 다른 한쪽의 방향으로 열리는 것이므로「開(あ)く」가 적절하다.

「広(ひろ)がる」「広(ひろ)まる」

(知識(ちしき)が広(ひろ)がる、知識(ちしき)が広(ひろ)まる)

공통의미

넓어지다, 확대되다

요점

1. 「広(ひろ)がる」는 형용사「広(ひろ)い(넓다)」의 어간「ひろ」에, 형용사어간에 접속되어 이것을 동사화하는 접미어「がる」가 붙어서 만들어진 형태이고,「広(ひろ)まる」는 동사이다. 양자 간에는 대상의 적용에 있어서 차이가 엿보인다.
2. 「広(ひろ)がる」는 사용범위가 넓어서 구체적이고 공간적으로 확대되는 것에도 쓰고(예문①②③), 추상적이고 사회적으로 확대되는 것에도 쓴다(예문④⑤⑥). 결국,「広(ひろ)まる」를 쓰는 경우는 모두「広(ひろ)がる」로 대체할 수가 있는 셈이다.

3. 「広まる」는 구체적이고 공간적으로 확대되는 것에는 쓸 수 없고(예문①②③), 오로지 추상적이고 사회적으로 확대되는 것에만 쓴다(예문④⑤⑥). 병 같은 바람직하지 못한 것에는 쓰지 않는다.

예문과 해설

① 火事が広がる/＊広まる。 (불이 번진다)

➲ 화재는 구체적이며 공간적으로 확대되어 가는 것이므로 「広がる」가 적절하며, 추상적인 확대를 나타내는 「広まる」는 부적절하다.

② ブツブツが体じゅうに広がる/＊広まる。 (부스럼이 몸 전체에 퍼진다)

➲ 이 경우도 구체적이고 공간적으로 몸에 확대되는 것이므로 「広がる」가 적절하며, 추상적인 확대에 쓰이는 「広まる」는 부적절하다.

③ 道路が広がる/＊広まる。 (도로가 넓어진다)

➲ 이 경우 역시 위의 예문들과 같은 이유로 「広まる」는 부적절하다.

④ 知識が広がる/広まる。 (지식이 넓어진다)

➲ 「広まる」는 이 경우와 같이 추상적인 확대에 쓰이는 것이므로 여기에서는 적절하며, 「広がる」역시 추상적인 경우에도 쓸 수가 있으므로 적절하다.

⑤ うわさが広がる/広まる。 (소문이 퍼진다)

➲ 이 경우 역시 추상적인 확대를 나타내는 것이므로 「広まる」가 적절하지만, 「広がる」 역시 적절하다.

⑥ 事業の範囲が広がる/広まる。 (사업의 범위가 넓어진다)

➲ 이 경우 역시 둘 다 적절하다.

「夫婦(ふうふ)」「夫妻(ふさい)」

(仲(なか)のいい<u>夫婦(ふうふ)</u>、仲(なか)のいい<u>夫妻(ふさい)</u>)

공통의미

부부

요점

1. 「夫婦(ふうふ)」와 「夫妻(ふさい)」는 둘 다 '부부'를 가리키는 말이지만, 용법상에는 다소의 차이가 엿보인다.
2. 「夫婦(ふうふ)」는 일반적으로 '부부'를 가리키는 말로서 일상적으로 널리 쓰이지만(①②⑥⑦), 이를 대명사로 쓰거나 남의 성 밑에 특정지어서 접미어처럼 나타내는 것은 경어도가 떨어지거나 실례가 된다.
3. 「夫妻(ふさい)」는 「夫婦(ふうふ)」보다 격이 높은 말로 자신이나 친척 등에게는 쓰지 못한다(예문⑤⑧). 일반적으로 '부부'를 가리키는 말로서는 쓰이지 않고 특정한 부부를 높여서 나타내는 대명사로 쓰거나, 또는 남의 성 밑에 붙여서 접미어처럼 쓰는 것이 보통이다(예문③④).

예문과 해설

① 男(おとこ)と女(おんな)は大人(おとな)になると、結婚(けっこん)して夫婦(ふうふ)/✱夫妻(ふさい)になる。

(남자와 여자는 어른이 되면 결혼해서 부부가 된다)

➲ 이 경우는 일반적인 의미에서의 '부부'로 쓰였는데 「夫妻(ふさい)」는 이와 같이 일반적인 의미로는 쓰이지 않는다.

② 夫婦(ふうふ)/✱夫妻(ふさい)というのは、お互(たが)いに力(ちから)を合(あ)わせなければならない。
(부부라고 하는 것은 서로 힘을 합쳐야만 한다)

➲ 이 경우도 일반적인 의미에서의 '부부'를 가리키고 있으므로 「夫妻(ふさい)」는 부적절하다.

③ 夫妻(ふさい)/✱夫婦(ふうふ)は来月(らいげつ)アメリカへ出発(しゅっぱつ)する。(부부는 다음 달 미국으로 출발한다)

➲ 이 경우처럼 특정한 부부를 가리켜서 대명사처럼 쓸 때 「夫婦(ふうふ)」로 나타내게 되면 격을 떨어뜨리는 표현이 된다. 역시 이러한 경우에는 「夫妻(ふさい)」로 표현하는 것이 바람직하다.

④ 山田(やまだ)さん夫妻(ふさい)/✱夫婦(ふうふ)は引(ひ)っ越(こ)しするそうです。
(야마다씨부부는 이사 한다고 합니다)

➲ 이 경우는 특정한 부부를 가리켜서 「夫妻(ふさい)」를 접미어처럼 사용한 예인데, 역시 이러한 경우에도 「夫婦(ふうふ)」를 쓰게 되면 격이 떨어지게 된다.

⑤ ご夫妻(ふさい)でお越(こ)しください。(부부가 함께 와 주십시오)

➲ 이 경우는 상대부부를 높여서 나타내고 있는데, 이러한 때는 보통 존경의 접두어 「ご」를 붙이는 것이 보통이다.

⑥ 友人(ゆうじん)夫婦(ふうふ)と映画(えいが)に出(で)かける。(친구부부와 영화 보러 나간다)

➲ 이 경우는 같은 격인 친구부부를 나타내는 것이므로 「夫婦(ふうふ)」가 적절하다.

⑦ 夫婦(ふうふ)の生活(せいかつ)を大事(だいじ)にする。(부부의 생활을 소중히 한다)

➲ 이 경우는 일반적인 부부를 나타내고 있다.

⑧ どうぞご夫妻(ふさい)でおいでください。(부디 부부가 함께 와 주십시오)

➲ 상대부부를 높여서 나타내는 것인데, 그 앞에 존경의 접두어 「ご」가 접속되어 있다.

「増(ふ)える」「増(ま)す」

(交通量(こうつうりょう)が増(ふ)える、交通量(こうつうりょう)が増(ま)す)

공통의미

늘어나다

요점

1. 「増える」는 오로지 수량이나 분량이 늘어나는 데에만 쓰이며 정도가 늘어나는 데에는 일체 쓰이지 않는다(예문①②③④⑦).
2. 반면에, 「増す」는 자동사로도 쓰이고(늘어나다) 타동사로도 쓰이는데(늘리다), 여기에서는 자동사로서의 용법에만 한정짓는다. 「増す」는 분량이 늘어나는 데에도 쓰이지만(예문①②), 주로 정도가 늘어나는 데에 쓰인다(예문⑤⑥⑧). 「増す」가 자동사로 쓰이면 언제나 「~が増す」의 형태를 취하게 되어 그 앞에는 오로지 조사 「が」만이 오게 된다.

예문과 해설

① 水の量が増える/増す。(물의 양이 늘어난다)

➲ 이 경우는 분량이 느는 것이어서 두 가지 다 적절하다.

② 交通量が増える/増す。(교통량이 늘어난다)

➲ 이 경우 역시 분량이 느는 것이어서 두 가지 다 적절하다.

③ 白髪が増える/＊増す。(백발이 늘어난다)

➲ 이 경우는 수량이 늘어나는 것이므로 「増える」만이 적절하다. 「増す」는 분량이 늘어나는 데에는 쓰이지만, 이와 같이 수량이 늘어나는 데에는 쓰기가 부적절하다.

④ 水質がよくなってめだかの数が増えた/＊増した。
(수질이 좋아져서 송사리의 수가 늘어났다)

➲ 이 경우 역시 수량이 늘어나는 것이므로 「増える」만이 적절하다.

⑤ 人気が増す/＊増える。(인기가 는다)

➲ 이 경우에는 정도가 느는 것이어서 「増す」만이 적절하며 「増える」는 오로지 수량이나 분량이 늘어나는 것에만 쓰이는 것이어서 이 경우는 부적절하다.

⑥ 親しみが増す/＊増える。(친밀감이 더해진다)

➲ 이 경우 역시 친밀함의 정도가 늘어나는 것이므로 「増す」만이 적절하다.

⑦ あの人は一生懸命働いて財産がとても<u>増えた</u>。
(저 사람은 열심히 일해서 재산이 무척 늘어났다)

➲ 재산이라고 하는 것은 양적인 것이므로 「増える」가 적절하다.

⑧ 車はどんどんスピードが<u>増し</u>てきた。 (차는 점점 스피드가 더해져 왔다)

➲ 스피드라고 하는 것은 정도를 나타내는 것이므로 「増す」가 적절하다. 「増える」는 수량이나 분량이 늘어나는 데에는 쓰이지만, 이 경우와 같이 정도가 늘어나는 데에는 일체 쓰일 수가 없으므로 여기에서는 부적절하다.

「拭く」「拭う」

(汗を<u>拭く</u>、汗を<u>拭う</u>)

공통의미

닦다

요점

1. 「拭く」와 「拭う」는 둘 다 더러운 것을 닦아서 깨끗하게 한다고 하는 점에서는 의미가 같지만, 실제로는 미묘한 용법상의 차이가 엿보인다.
2. 「拭く」와 「拭う」는 얼굴의 땀, 눈물, 침, 콧물 등, 인간의 몸에서 나오는 것을 닦는 점에서는 같이 쓰인다(예문①).
3. 「拭く」는 더러운 것을 문질러서 깨끗하게 닦는 데에 의미가 있으며 우리말의 '닦다'에 해당된다(예문②③⑤).
4. 「拭う」는 더러운 것을 닦아서 <u>제거한다</u>고 하는 데에 의미가 있으며(예문②④⑥) 한편으로는 불명예를 씻어낸다는 의미도 있는데, 「拭く」에는 이러한 용법이 없다(예문⑦). 우리말의 '닦아내다' 정도에 해당된다.

예문과 해설

① 汗を拭く/拭う。(땀을 닦다)　　涙を拭く/拭う。(눈물을 닦다)

よだれを拭く/拭う。(침을 닦다)

➲ 이 경우는 인체에서 나오는 불순물이므로 어느 것이나 다 적절하다.

② 机を拭く/拭う。(책상을 닦는다)

➲ 둘 다 적절하지만 「拭く」는 더러운 책상을 깨끗하게 닦는다는 의미가 주어지고, 「拭う」는 책상의 더러운 것을 제거한다는 의미가 주어진다.

③ 窓ガラスを拭く/＊拭う。(창문을 닦는다)

➲ 이 경우와 같이 일반적으로 창문을 깨끗이 닦아서 빛나게 한다고 하는 뜻에서는 「拭く」가 적절하다. 「拭う」를 쓰게 되면 창문에 붙어있는 더러운 것을 제거한다고 하는 특별한 장면의 설정이 필요하므로 여기에서는 부적절하다.

④ 窓ガラスのよごれを拭う/＊拭く。(창문의 불순물을 닦는다)

➲ 이 경우와 같이 창문에 붙어있는 불순물을 제거한다고 하는 뜻에서는 「拭う」가 적절하다. 「拭く」는 일반적으로 깨끗이 닦는다고 하는 뜻으로는 쓰이지만, 달라붙어있는 불순물까지 제거한다는 뜻으로는 쓰이지 않으므로 여기에서는 부적절하다.

⑤ 廊下をすみからすみまで拭く/＊拭う。(복도를 구석구석 닦는다)

➲ 이 경우는 단지 복도를 깨끗하게 한다고 하는 의미이므로 「拭く」가 적절하다.

⑥ 鏡のよごれを拭う/＊拭く。(거울의 더러운 곳을 닦는다)

➲ 이 경우 역시 예문④와 맥락을 같이하고 있다.

⑦ 汚名を拭う/＊拭く。(오명을 씻는다)

➲ 이와 같이 비유적으로 나타낼 때는 오로지 「拭う」만이 적절하다.

「服装」「装い」「身なり」

(改まった服装で出かける、改まった装いで出かける、改まった身なりで出かける)

공통의미

복장, 차림새

요점

1. 「服装」는 몸에 착용한 옷과 신발, 장식품 등을 전체적으로 가리키는 말로 우리말의 '복장'에 해당된다(예문①②④⑤).
2. 「装い」는 그럴듯하게 겉모양을 꾸미는 모습을 나타내는데 이 경우에는 좋은 뜻으로 쓰이며, 우리말의 '옷차림새, 옷매무새' 정도에 해당된다(예문⑥⑦). 한편으로는 건물이나 거리모양, 자연의 모습 등에 쓰이기도 한다(예문③⑧).
3. 「身なり」는 몸에 걸친 옷이나 머리모양 등의 전체모습이 남의 눈에 어떻게 비치는 가에 초점이 있는 말로 좋은 뜻으로도 쓰이고 나쁜 뜻으로도 쓰이는데, 우리말의 '옷차림, 차림새' 정도에 해당된다(예문②⑨⑩).

예문과 해설

① 通学の際の服装/＊装い/＊身なりは自由だ。
(통학시의 복장은 자유다)

➲ 이 경우와 같이 단순히 복장만을 나타낼 때는 「服装」가 적절하다. 「装い」는 대체로 잘 꾸민 옷차림새를 나타내고, 「身なり」는 그러한 복장을 한 사람의 분위기를 나타내므로 둘 다 여기에서는 부적절하다.

② 粗末な服装/身なり/＊装いの人が訪ねて来た。
(초라한 복장/옷차림을 한 사람이 찾아왔다)

➲ 「装い」는 그럴듯하게 잘 차려입은 모습을 나타내는 것이므로 이 경우에는 부적절하지만, 「服装」는 전반적인 복장상태를 나타내며, 「身なり」는 그렇게 보이는 옷차림을 나타내므로 여기에서는 둘 다 적절하다.

③ 山は冬の装い/＊服装/＊身なりをみせている。
(산은 겨울의 옷매무새를 보이고 있다)

➲ 이 경우와 같이 인간이외의 사물이 그럴듯하게 외형을 갖춘 모습을 비유적으로 나타낼 때는 「装い」만이 적절하다.

④ 服装を整えて出かける。(복장을 갖추고 외출한다)

➲ 「服装」는 전반적인 옷차림을 나타낸다.

⑤ 服装を正して参拝する。(복장을 여미고 참배한다)

⑥ 彼女は春らしい装いで現れた。(그녀는 봄다운 옷차림새로 나타났다)

➲ 이 경우와 같이 잘 꾸며진 옷차림새를 나타낼 때는 「装い」가 가장 적절하다.

⑦ 派手な装いを整えてパーティーに行った。(화려한 옷차림새를 갖추고 파티에 갔다)

⑧ 装いも新たに開店する。(차림새도 새롭게 개점한다)

➲ 이 경우와 같이 사람의 차림새가 아닌, 건물의 겉모습을 나타낼 때는 오로지 「装い」만이 적절하다.

⑨ 学生らしくちゃんとした身なりをしてくれ。(학생다운 제대로 된 차림새를 해다오)

➲ 「身なり」는 남의 눈에 비치는 것을 염두에 둔 옷차림새를 나타내는 것에 의미의 중심이 놓인다.

⑩ 彼は金持ちだが、いつも質素な身なりだ。
(그는 부자지만, 늘 소박한 옷차림이다)

➲ 이 경우 역시 겉모양을 의식하여 나타내고 있다.

「膨らむ」「膨れる」

(風船が膨らむ、風船が膨れる)

공통의미

부풀다

요점

1. 「膨らむ」는 내부로부터의 힘에 의해 일정한 시간의 흐름에 따라 둥글게 커지는 것을 나타내며(예문①②⑥⑦), 꿈이나 희망, 생각 등이 바람직한 방향으로 부푸는 것을 나타내기도 한다(예문④⑧). 우리말의 '부풀다'에 해당된다.

2. 「膨れる」는 어떤 이유로 인하여 일부나 전체가 내부로부터 외부를 향해서 커지는 것을

나타내며(예문①③⑨⑩), 불만이나 분노에 가득 찬 표정을 나타내기도 한다(예문⑤⑪). 우리말의 '부풀다, 뾰로통해진다'에 해당된다.

3. 결국「膨らむ」는 물체가 부풀어 오르는 형태에 주목한 표현인데 반하여,「膨れる」는 단지 물체가 커진다고 하는 형태에 주목한 표현인 셈이다.

예문과 해설

① 風船が膨らむ/膨れる。(풍선이 부푼다)

➲ 이 경우와 같이 내부로부터의 힘에 의해 전반적으로 물체가 부풀듯이 커짐을 나타낼 때는 어느 것이나 적절한데,「膨らむ」를 쓰게 되면 일정한 시간의 경과와 함께 부풀듯이 커짐을 나타내지만,「膨れる」를 쓰게 되면 어떤 이유로 인해 부풀듯이 커짐을 나타내게 된다.

② 暖かくなって花のつぼみが膨らむ/＊膨れる。(따뜻해져서 꽃봉오리가 부푼다)

➲ 이 경우는 일정한 시간의 경과와 함께 서서히 꽃봉오리가 부풀듯이 커짐을 나타내는 것이므로「膨らむ」가 적절하다.

③ ひねった足首が膨れる/＊膨らむ。(삔 발목이 붓는다)

➲ 이 경우와 같이 어떤 이유로 인해서 부풀듯이 커짐을 나타낼 때는 오로지「膨れる」만이 적절하다.

④ 新しい希望に胸が膨らむ/＊膨れる。(새로운 희망에 가슴이 부푼다)

➲ 이 경우와 같이 희망 같은 것으로 인하여 가슴이 부푼다고 할 때는 오로지「膨らむ」만이 적절하다.

⑤ あの子は気に入らないとすぐ膨れる/＊膨らむ。
(저 아이는 마음에 들지 않으면 금방 뾰로통해진다)

➲ 이 경우와 같이 불만 같은 것으로 인하여 표정이 안 좋은 방향으로 바뀐다고 할 때는 오로지「膨れる」만이 적절하다.

⑥ 熱を加えると、熱気球がどんどん膨らんだ。
(열을 가하자, 열기구가 점차로 부풀었다)

➲ 열이 가해지는 시간의 경과와 함께 열기구가 둥그렇게 부풀어 오름을 나타내고 있다.

⑦ 吹き込むとシャボン玉が膨らむ。(입김을 불어넣자 비눗방울이 부푼다)

⑧ 彼は夢を膨らませながら熱心に働いた。(그는 꿈을 부풀리면서 열심히 일했다)

➲ 이와 같이 꿈을 부풀린다고 하는 뜻으로는 오로지「膨らむ」만이 적절하다.

⑨ 虫(むし)にさされて膨(ふく)れてきた。(벌레에게 쏘여 부어올랐다)

➲ 쏘인 부분이 커짐을 나타내고 있다.

⑩ 小銭(こぜに)でポケットが膨(ふく)れる。(동전으로 주머니가 불룩해진다)

⑪ 娘(むすめ)は注意(ちゅうい)されるとすぐに膨(ふく)れる。(딸은 주의를 받으면 금방 뾰로통해진다)

➲ 이와 같이 불만에 가득 찬 표정을 나타낼 때는 오로지 「膨(ふく)れる」만이 적절하다.

「普段(ふだん)」「日頃(ひごろ)」「日常(にちじょう)」

(普段(ふだん)使(つか)い慣(な)れた言葉(ことば)だ、日頃(ひごろ)使(つか)い慣(な)れた言葉(ことば)だ、日常(にちじょう)使(つか)い慣(な)れた言葉(ことば)だ)

공통의미

보통 때, 평소

요점

1. 「普段(ふだん)」은 특별할 것이 없는 보통 때의 의미를 나타내는데 우리말의 '보통, 보통때'에 해당된다(예문①③⑥⑦⑧).
2. 「日頃(ひごろ)」는 어떤 과거에서 현재에 이르기까지의 어느 정도의 기간에 중심이 놓여있는 말인데 우리말의 '평소' 정도에 해당된다(예문①②③⑤⑨⑩⑪).
3. 「日常(にちじょう)」는 특별한 일이 없이 되풀이되는 매일이라는 뜻인데 우리말의 '일상적으로'에 해당된다(예문①④⑫⑬⑭).

예문과 해설

① 彼(かれ)の普段(ふだん)の/日頃(ひごろ)の/日常(にちじょう)の行為(こうい)を調(しら)べる。

(그의 보통 때의/평소의/일상적인 행위를 조사한다)

➲ 이 경우는 뉘앙스의 차이는 약간 있지만 그 어느 것이나 다 적절하다.

② 日頃(ひごろ)/＊普段(ふだん)/＊日常(にちじょう)の望(のぞ)みがかなう。(평소의 소망이 이루어진다)

➲ 이 경우와 같이 현재에 이르기까지의 어느 일정기간에 주목한 표현일 때는 「日頃」가 적절하다.

③ 普段/日頃/?日常から体を鍛えておく。(보통 때부터/평소부터 몸을 단련해 둔다)

➲ 이 경우와 같이 조사 「から」와 결합하여 일정한 과거시점에서 현재에 이르기까지의 의미를 나타낼 때는 「日常」는 다소 부적절하다.

④ 英語は日常/＊普段/＊日頃の会話に困らない。
(영어는 일상회화에 곤란하지 않다)

➲ 이 경우와 같이 매일 되풀이 되는 시간을 나타낼 때는 「日常」가 적절하며, 특히 「会話」「生活」와 같은 말이 뒤에 올 때는 「日常」만이 적절하다.

⑤ 日頃/＊普段/＊日常のごぶさたをわびる。(평소의 무소식에 대해 사과한다)

➲ 이 경우와 같이 과거의 어느 한 시점에서 현재에 이르기까지의 시간을 나타낼 때는 「日頃」만이 적절하다. 만약 이 경우에 「普段」과 「日常」를 쓰게 되면 과거에도 소식을 전하지 않았고, 현재도 전하지 않았다고 하는 뜻이 되지만, 「日頃」를 쓰게 되면 어느 일정기간에만 주목한 표현이므로 줄곧 소식을 전하다가 과거의 어느 한 시점에서부터 현재에 이르기까지만 소식을 전하지 못하였음을 나타내게 된다.

⑥ 普段は早くうちに帰ります。(보통은 일찍 집에 돌아갑니다)

➲ 이 경우는 특별할 것이 없는 보통 때를 나타내고 있다.

⑦ 体の調子は普段と変わらない。(몸 상태는 보통 때와 변함없다)

⑧ これは私が普段履いている靴です。(이것은 내가 보통 신고 있는 구두입니다)

⑨ 日頃の努力が実を結んだ。(평소의 노력이 결실을 맺었다)

➲ 이 경우는 과거의 어느 시점에서 현재에 이르기까지의 기간을 나타내고 있다.

⑩ 日頃のご愛顧に感謝します。(평소의 보살핌에 감사드립니다)

⑪ あそこは日頃行きたいと思っていたところだ。
(저곳은 평소 가고 싶다고 생각하고 있던 곳이다)

⑫ 日常の業務にさしつかえない。(일상적인 업무에 지장 없다)

➲ 이 경우는 매일매일 되풀이되는 나날을 나타내고 있다.

⑬ 祖父は平穏な日常を送っている。(할아버지는 평온한 일상을 보내고 있다)

⑭ この収入なら日常生活に困らないだろう。

(이 수입이라면 일상생활에 곤란하지 않을 것이다)

➲ 이 경우와 같이 「生活(せいかつ)」와 결합되어 쓰일 때는 오로지 「日常(にちじょう)」만이 적절하다.

「普通(ふつう)」「一般(いっぱん)」「通常(つうじょう)」「並(なみ)」

(普通(ふつう)のやり方(かた)とは違(ちが)う、一般(いっぱん)のやり方(かた)とは違(ちが)う)

通常(つうじょう)のやり方(かた)とは違(ちが)う、並(なみ)のやり方(かた)とは違(ちが)う)

공통의미

보통

요점

1. 「普通(ふつう)」는 다른 것과 비교해서 특별한 점이 없이 그저 흔한 것을 가리키는 것으로 표준적이고 평균적인 차원에서 쓰이는 말이다(예문①②③⑥⑦).
2. 「一般(いっぱん)」은 어느 것에나 공통으로 엿보이는 대부분의 사항이나 상태를 나타내기도 하고(예문①⑧⑨), 일반사람을 나타내기도 하는 말이다(예문⑤).
3. 「通常(つうじょう)」는 평상시의 상태 또는 성질이 습관적이고 규칙적으로 이루어짐을 나타내는 말이다(예문①③④⑩⑪).
4. 「並(なみ)」는 특별하게 좋지도 나쁘지도 않고 평균적인 수준이나 정도에 있음을 나타내는 말이다(예문①②⑫⑬).

예문과 해설

① 普通(ふつう)/一般(いっぱん)/通常(つうじょう)/並(なみ)のやり方(かた)では成功(せいこう)は難(むずか)しい。

(보통의/일반적인/통상적인 방식으로는 성공은 어렵다)

➲ 이 경우는 어느 것이나 적절한데 「普通(ふつう)のやり方(かた)」를 쓰게 되면 흔한 방식을 나타내고, 「一般(いっぱん)のやり方(かた)」를 쓰게 되면 대부분과 같은 방식임을 나타내며, 「通常(つうじょう)のやり方(かた)」를 쓰게 되면

평상시에 줄곧 습관적으로 해오던 방식을 나타낸다. 마지막으로 「並のやり方」를 쓰게 되면 좋지도 나쁘지도 않은 그만그만한 방식임을 나타내게 된다.

② 普通/並/✱一般/✱通常の成績で満足する。(보통의 성적으로 만족한다)

➲ 이 경우와 같이 평균적인 정도를 나타낼 때는 「普通」와 「並」가 적절하다.

③ 普通/通常/✱一般/✱並なら、こんなに慌てはしない。
(보통 같으면 이렇게 당황하지는 않는다)

➲ 이 경우와 같이 평상시의 상태를 나타낼 때는 「普通」와 「通常」가 적절하다. 「一般」은 공통적으로 엿보이는 상태를 나타내며, 「並」는 평균적인 수준이나 정도를 나타내는 것이므로 여기에서는 둘 다 부적절하다.

④ 通常/✱普通/✱一般/✱並の業務は5時までです。
(통상적인 업무는 5시까지입니다)

➲ 이 경우와 같이 업무 등이 습관적이고 규칙적으로 이루어짐을 나타낼 때는 「通常」만이 적절하다.

⑤ 助演は一般/✱普通/✱通常/✱並から募集することにした。
(조연은 일반으로부터 모집하기로 했다)

➲ 이 경우와 같이 일반적인 사람의 뜻으로 쓰일 때는 「一般」만이 적절하다.

⑥ 彼女は普通の家庭に育った。(그녀는 보통의 가정에서 자랐다)

➲ 이 경우는 특별할 것이 없는 평범한 보통가정을 나타내고 있다.

⑦ 今日の彼は普通じゃない。(오늘의 그는 보통이 아니다(보통 때와 다르다))

⑧ 反戦論が一般の傾向として認められる。(반전론이 일반적인 경향으로서 인정된다)

➲ 이 경우는 누구에게서나 엿볼 수 있는 공통적인 경향을 나타내고 있다.

⑨ それは世間一般の常識だ。(그것은 세상일반의 상식이다)

⑩ 講義は通常通り行う。(강의는 통상대로 진행한다)

➲ 이 경우는 평상시에 해오던 방식을 나타내고 있다.

⑪ 図書館は通常10時に開館する。(도서관은 통상10시에 개관한다)

⑫ この仕事は並の人間にはできない。(이 일은 보통사람에게는 할 수 없다)

➲ 이 경우는 낫고 못할 것이 없는 평균적인 사람을 나타내고 있다.

⑬ 並の努力では合格は難しいだろう。(보통의 노력으로는 합격은 어려울 것이다)

「太る」「肥える」

공통의미

살찌다

요점

1. 「太る」가 가장 일반적이며 주로 인간에 대해서 쓰인다(예문①②⑤).
2. 「肥える」는 인간이외에 대하여 쓰이며(예문③⑥) 때로는 경험에 의하여 감각이나 감성이 풍부해짐을 나타내기도 하는데(예문⑦), 「太る」에는 이러한 용법이 없다. 특히 비옥한 토지를 나타낼 때는 반드시 「肥える」를 써야만 한다(예문④).

예문과 해설

① 私は太る/＊肥える体質です。(나는 살찌는 체질입니다)

➲ 이 경우와 같이 사람이 살찌는 것을 나타낼 때는 오로지 「太る」만이 적절하다. 「肥える」는 인간에 대하여 쓸 수가 없으므로 여기에서는 부적절하다.

② まるまると太った/＊肥えた赤ん坊。(통통하게 살찐 아기)

➲ 이 경우 역시 인간에 대하여 쓰인 것이므로 오로지 「太る」만이 적절하다.

③ この牛はよく肥えて/＊太っている。(이 소는 매우 살쪄있다)

➲ 이 경우와 같이 동물이 살찌는 것을 나타낼 때는 「肥える」만이 적절하다.

④ この木は肥えた/＊太った土地でないと育たない。
(이 나무는 비옥한 토지가 아니면 자라지 않는다)

➲ 이 경우와 같이 토지가 비옥함을 나타낼 때는 오로지 「肥える」만이 적절하다.

⑤ ちょっと油断をするとすぐ太る。(조금 방심을 하면 금방 살찐다)

⑥ 天高く馬肥える秋。(천고마비의 가을)

⑦ あの人(ひと)は目(め)が肥(こ)えている。(저 사람은 보는 안목이 있다)

➲ 이 경우와 같이 감각이 뛰어남을 나타낼 때는 오로지 「肥(こ)える」만이 적절하다.

「ふるさと」「故郷(こきょう)」「郷里(きょうり)」「郷土(きょうど)」「国(くに)」「里(さと)」

공통의미

고향

요점

1. 「ふるさと」가 가장 일반적으로 쓰이는 말인데 이미 태어난 곳을 떠나 다른 곳에서 살고 있는 사람이 쓸 수 있는 말이다(예문①②).
2. 「故郷(こきょう)」「郷里(きょうり)」「郷土(きょうど)」는 격식을 차린 말인데 이 중에서 「郷土(きょうど)」는 자신이 태어난 곳으로 한 번도 떠나지 않고 지금까지 살고 있는 곳을 말하며(예문⑦⑧), 나머지 「故郷(こきょう)」와 「郷里(きょうり)」는 태어난 곳에서 다른 곳으로 옮겨 살고 있는 사람이 쓸 수 있는 말이다(예문③④⑤⑥).
3. 「国(くに)」는 '나라, 국가'를 나타낼 때도 있고 '고향'을 나타낼 때도 있는데, 이것은 주어진 문맥과 상황으로 쉽게 구별할 수가 있다. 회화체에서 친숙한 사람끼리 쓸 법한 말이다(예문⑨).
4. 「里(さと)」는 아내나 양자, 또는 고용된 사람이 태어난 고향을 가리키는 말이다(예문⑩).

예문과 해설

① ふるさとを懐(なつ)かしく思(おも)い出(だ)す。(고향을 그리워하며 생각한다)

➲ '고향'을 나타내는 말로서는 가장 일반적으로 쓰이는 말이다.

② ふるさとから手紙(てがみ)が来(き)た。(고향에서 편지가 왔다)

③ 故郷(こきょう)を出(で)てから十年(じゅうねん)になる。(고향을 나와서 십년이 된다)

➲「ふるさと」에 비해서 다소 격식을 차린 어감이 주어지게 된다.

④ 故郷(こきょう)の山河(さんが)が懐(なつ)かしくて帰(かえ)る。(고향의 산하가 그리워서 돌아간다)

⑤ 父(ちち)の郷里(きょうり)は北海道(ほっかいどう)だ。(아버지의 고향은 홋카이도다)

➲「郷里(きょうり)」 역시 비교적 격식을 차린 듯한 어감이 주어지는 말이다.

⑥ 郷里(きょうり)には母(はは)がいる。(고향에는 어머니가 있다)

⑦ 彼(かれ)は郷土(きょうど)のほこりだ。(그는 향토의 자랑이다)

⑧ 一度(いちど)でもいいから郷土(きょうど)料理(りょうり)を食(た)べたい。
(한번이라도 좋으니까 향토요리를 먹고 싶다)

⑨ 久(ひさ)しぶりに国(くに)の友達(ともだち)と会(あ)った。(오랜만에 고향친구와 만났다)

➲「国(くに)」는 이와 같이 비교적 친숙한 관계에 있는 사람끼리 쓸 수가 있는 말이다.

⑩ 今度(こんど)の休(やす)みには里(さと)へ帰(かえ)るつもりです。
(이번 휴가에는 고향으로 돌아갈 작정입니다)

➲「里(さと)」는 이와 같이 고용된 입장에 있는 사람이 자신이 태어난 곳을 가리키는 데에 쓰인다.

「ぶるぶる」「がたがた」「わなわな」

(怖(こわ)くて体(からだ)がぶるぶるふるえる、怖(こわ)くて体(からだ)ががたがたふるえる、怖(こわ)くて体(からだ)がわなわなふるえる)

공통의미

덜덜, 부들부들(몸이 떨리는 모습을 나타내는 용법)

요점

1. 「ぶるぶる」는 몸의 전체 또는 입술이나 손, 그리고 발 같은 몸의 일부가 약하게 떨리는 경우에 쓰인다(예문①②③④⑦⑧⑨⑩).

2. 「がたがた」는 「ぶるぶる」와 의미용법은 비슷하지만 떨리는 정도가 보다 크며 몸의 전체가 떨리는 경우에 쓰인다(예문①⑪⑫⑬). 또한 문이 덜컹덜컹 거리는 경우나(예문⑤⑭) 불평을 말하는 경우에도 쓰이는데(예문⑥), 다른 말에는 이러한 의미용법이 없다.

3. 「わなわな」는 추위나 분노, 공포 등의 뚜렷한 심리적인 원인으로 인하여 몸이 떨리는 경우에 쓰인다(예문①②⑮⑯).

4. 위의 세 가지 말 다 그 뒤에 「と」가 와서 「がたがたと」「ぶるぶると」「わなわなと」와 같이 쓰일 수가 있는데 의미에는 차이가 없다(예문⑦⑭⑯).

예문과 해설

① 怖くて体がぶるぶる/がたがた/わなわなふるえる。 (무서워서 몸이 덜덜 떨린다)

➲ 이 경우는 어느 것이나 다 적절한데 「ぶるぶる」보다는 「がたがた」쪽이 몸이 떨리는 정도가 더 크며, 「わなわな」는 공포라고 하는 뚜렷한 원인이 부각된 표현이 된다.

② 怒りで唇がぶるぶる/わなわな/＊がたがたふるえる。

(분노로 입술이 부들부들 떨린다)

➲ 이 경우와 같이 입술을 작게 떠는 모양을 나타낼 때는 「ぶるぶる」와 「わなわな」가 적절하다. 「がたがた」도 몸을 떠는 데에 쓰이기는 하지만 주로 추위나 공포 등으로 떨 때에 쓰이며, 또한 그 떠는 정도도 매우 심할 때에 쓰이므로 여기에서는 부적절하다.

③ 彼女は手をぶるぶる/＊がたがた/＊わなわな震わせながら言った。

(그녀는 손을 부들부들 떨면서 말했다)

➲ 이 경우와 같이 몸의 일부가 약하게 떨리는 모양을 나타낼 때는 「ぶるぶる」가 적절하다. 「がたがた」는 비교적 떠는 정도가 크고 특히 몸 전체가 떨릴 때에 쓰이므로 여기에서와 같이 손만 떨리는 경우에는 쓰기가 부적절하며, 「わなわな」는 뚜렷한 심리적인 원인으로 인하여 떨릴 때에 쓰이는데 여기에서는 심리적인 원인으로 손을 떠는 것인지 불명확하므로 쓰기가 부적절하다.

④ 指先が病気のためにぶるぶる/＊がたがた/＊わなわなふるえる。

(손가락 끝이 병 때문에 덜덜 떨린다)

➲ 이 경우 역시 몸의 일부가 약하게 떨리는 모양이므로 「ぶるぶる」만이 적절하다. 「わなわな」는 심리적인 원인으로 떨릴 때에 쓰이는데, 여기에서는 병중이라고 하는 육체적인 원인으로 손가락 끝이 떨리는 것이므로 쓰기가 부적절하다.

⑤ 強い風で雨戸ががたがた/＊ぶるぶる/＊わなわな鳴る。

(강한 바람으로 덧문이 덜커덩덜커덩 소리 낸다)

➲ 덧문과 같은 딱딱한 물체가 흔들리는 모양은 「がたがた」로 표현하므로 이 경우에 적절하다. 「ぶるぶる」는 주로 몸이 작게 떨리는 모양을 나타내며, 「わなわな」는 심리적인 요인으로 떨리는 모양을 나타내므로 둘 다 여기에서는 부적절하다.

⑥ いまさらがたがた/＊ぶるぶる/＊わなわな言うな。
(이제 와서 이러쿵저러쿵 말하지 마라)

➲ 이 경우와 같이 불평을 말하는 모습을 나타낼 때는 오로지 「がたがた」만이 적절하다.

⑦ 怒りの余りぶるぶると身を震わす。(화가 난 나머지 부들부들 몸을 떤다)

➲ 「ぶるぶる」는 이 경우와 같이 몸 전체가 떨리는 모양을 나타내기도 한다.

⑧ こんな寒い日にシャツ一枚でぶるぶる震えている。
(이런 추운 날에 셔츠 한 장으로 덜덜 떨고 있다)

⑨ 水から出てきてぶるぶるしている。(물에서 나와 덜덜 떨고 있다)

⑩ 手がぶるぶる震えて字が書けない。(손이 덜덜 떨려서 글자를 쓸 수 없다)

➲ 「ぶるぶる」는 이 경우와 같이 몸의 일부만이 떨리는 모양을 나타내기도 한다.

⑪ 恐ろしくてがたがた震える。(무서워서 덜덜 떤다)

➲ 「がたがた」는 몸 전체로 비교적 크게 떠는 경우를 나타낸다.

⑫ 寒さで身をがたがた震わせる。(추위로 몸을 덜덜 떤다)

⑬ 悪寒で体ががたがたする。(오한으로 몸이 덜덜 떨린다)

⑭ 道路が悪くて車ががたがたと揺れる。(도로가 나빠서 차가 덜커덩덜커덩 흔들린다)

➲ 이 경우는 도로의 노면상태가 좋지 않아서 차가 덜커덩거리는 때는 오로지 「がたがた」만이 적절한데, 다른 말에는 이러한 용법이 없다.

⑮ 母は唇をわなわなさせて怒った。(어머니는 입술을 부들부들 떨면서 화냈다)

➲ 「わなわな」는 어디까지나 분노를 일으킬만한 심리적인 요인으로 인하여 몸이 떨리는 경우에 쓰인다.

⑯ あまりの恐ろしさにわなわなと震える。(너무나 무서워서 부들부들 떤다)

「古本(ふるほん)」「古書(こしょ)」

공통의미

헌책

요점

1. 「古本(ふるほん)」과 「古書(こしょ)」는 둘 다 사람이 읽은 후의 헌책을 가리키는 점에서는 같으나 사용 범위에는 다소의 차이가 엿보인다.
2. 「古本(ふるほん)」은 일상적으로 많이 쓰이는 말로 읽고 난 후에 헌책방에 팔려고 내놓은 책을 가리킨다(예문①②). 우리말의 '헌책'에 해당된다.
3. 「古書(こしょ)」는 읽고 난 후의 헌책이라는 의미보다는 아주 오래전에 만들어져서 대대로 물려 내려온 책이라는 의미가 더 강하다(예문③④). 우리말의 '고서'에 해당된다.

예문과 해설

① 古本(ふるほん)を買(か)うために古本屋(ふるほんや)へ行(い)った。 (헌책을 사기 위해 헌책방에 갔다)

② この本(ほん)は絶版(ぜっぱん)だから、古本(ふるほん)を買(か)うしかありません。
(이 책은 절판이니까, 헌책을 사는 수밖에 없습니다)

③ わが家(や)には代々(だいだい)伝(つた)わった古書(こしょ)/＊古本(ふるほん)が数多(かずおお)くある。
(우리 집에는 대대로 전해진 고서가 많이 있다)

➲ 이 경우는 읽고 난 후의 헌책을 나타내는 것이 아니라, 오래 전부터 전해 내려오는 오래된 책을 뜻하는 것이므로 「古書(こしょ)」가 적절하다.

④ 古書(こしょ)がほしくて古書展(こしょてん)に行(い)った。 (고서가 필요해서 고서전에 갔다)
➲ 이 경우 역시 발행된 지 매우 오래 된 책을 나타내고 있다.

「風呂(ふろ)」「風呂場(ふろば)」「浴場(よくじょう)」「浴室(よくしつ)」

공통의미

목욕탕, 욕실

요점

1. 「風呂」는 가장 널리 쓰이는 말로 목욕하기 위한 설비나 장소뿐만 아니라 「風呂に入る」「風呂を沸かす」와 같이 욕조에 들어가거나 목욕물을 데운다는 뜻으로도 쓰인다.
2. 「風呂場」는 일상적으로 흔히 쓰이는 말로 보통의 가정집에 있음직한 목욕시설이나 장소를 가리킨다.
3. 「浴場」는 대체로 공중목욕탕이나 온천에 있을 법한 규모가 크고 많은 사람들이 이용하는 목욕시설이나 장소를 가리킨다.
4. 「浴室」는 대체로 주방이나 침실, 또는 거실 등의 공간과 구별하여 가리킬 때에 쓰인다.

예문과 해설

① 風呂は廊下のつきあたりにある。(욕실은 복도가 끝나는 곳에 있다)

➲ 이 경우는 목욕을 할 수 있는 욕실을 나타내고 있는 것으로 일반가정에서 가장 흔히 쓰이고 있다.

② わが家には風呂がない。(우리 집에는 욕실이 없다)

③ 風呂を沸かしてくれ。(목욕물을 데워다오)

➲ 이 경우는 욕조에 넣을 물을 데워달라고 하는 뜻으로 쓰였다.

④ 風呂に入ってからご飯を食べなさい。(목욕하고 나서 밥을 먹어라)

➲ 「風呂に入る」의 형태로 목욕을 한다는 뜻으로 흔히 쓰인다.

⑤ ちょっと風呂を使ってもいいですか。(욕실 좀 써도 좋습니까?)

⑥ この家の風呂場は大きいですね。(이 집의 욕실은 크군요)

➲ 이 경우는 일반가정에 있을 법한 욕실을 가리키고 있다.

⑦ 去年、風呂場を新しくした。(작년에 욕실을 새롭게 했다)

⑧ どこの温泉旅館にも浴場はある。(어느 온천여관에도 욕탕은 있다)

➲ 이 경우와 같이 「浴場」는 비교적 규모가 크고 많은 사람들이 한꺼번에 이용하는 목욕시설을 가리킨다.

⑨ あの銭湯(せんとう)の<u>浴場(よくじょう)</u>はとても広(ひろ)い。(저 공중목욕탕의 욕탕은 무척 넓다)

⑩ 寝室(しんしつ)の隣(となり)が<u>浴室(よくしつ)</u>です。(침실 옆이 욕실입니다)

➲ 「浴室(よくしつ)」는 가정 내의 다른 공간과 구별하여 욕실을 가리킬 때에 주로 쓰인다.

⑪ <u>浴室(よくしつ)</u>に洗濯物(せんたくもの)を干(ほ)す。(욕실에 세탁물을 넌다)

「平素」「日ごろ」「普段」「日常」

(平素健康に気をつけている、日ごろ健康に気をつけている)

普段健康に気をつけている、日常健康に気をつけている)

공통의미

평소

요점

1. 「平素」「日ごろ」는 늘 되풀이되는 날이라는 뜻으로 전부터 현재까지 일정기간 지속되고 있는 시간을 나타내는데, 「平素」는 문장체에서 쓰일법한 딱딱한 말이다(예문①②⑤⑥⑦⑧). 둘 다 우리말의 '평소'에 해당된다.
2. 「普段」은 특별할 것이 없는 보통 때라는 뜻으로 쓰이는데 회화체에서 주로 쓰인다(예문①③⑨⑩). 우리말의 '보통, 보통 때'에 해당된다.
3. 「日常」는 여느 때와 같이 되풀이되는 매일을 가리키는 것으로 우리말의 '일상'에 해당된다(예문①④⑪⑫).
4. 「平素」와 「日常」는 우리말에서도 똑같이 쓰이지만 「普段」와 「日ごろ」는 우리말에는 없는 것이므로 의미용법에 각별히 주의할 필요가 있다.

예문과 해설

① 平素/日ごろ/普段/日常健康に気をつけている。(평소 건강에 주의하고 있다)

➲ 이 경우는 네 가지 다 적절한데 「平素」와 「日常」는 비교적 딱딱한 어감이 주어지고, 「普段」과 「日ごろ」는 일상회화체적인 어감이 주어진다.

② 平素/日ごろ/＊普段/＊日常の願いがかなう。(평소의 소원이 이루어진다)

➲ 이 경우와 같이 단순한 보통 때를 나타내는 것이 아니라, 전부터 현재에 이르기까지 그러했다고 하는 느낌이 주어질 때는 「平素」와 「日ごろ」만이 적절하다.

③ 普段/＊日常/＊平素/＊日ごろは6時に起きます。(보통은 6시에 일어납니다)

➲ 이 경우와 같이 전부터라는 어감이 없이 단순히 보통 때를 나타낼 때는 「普段」만이 적절하다.

④ 英語は日常/＊平素/＊日ごろ/＊普段の会話に困らないくらいだ。
(영어는 일상회화에 곤란하지 않을 정도이다)

➲ 이 경우와 같이 언제나 정해져 있는 매일이라는 어감을 나타낼 때는 「日常」만이 적절하다.

⑤ 平素の心掛けが大切だ。(평소의 마음가짐이 중요하다)

⑥ 平素ご無沙汰しております。(평소 격조하였습니다)

➲ 「平素」는 이와 같이 비교적 딱딱한 어감의 문체에서 쓰인다.

⑦ 日ごろの努力が実を結んだ。(평소의 노력이 결실을 맺었다)

⑧ これは日ごろ使い慣れた言葉です。(이것은 평소 자주 쓴 말입니다)

⑨ 普段は早くうちに帰る。(보통은 빨리 집에 돌아간다)

⑩ この靴は私が普段はいているものです。
(이 구두는 내가 보통 때 신고 있는 것입니다)

⑪ 風邪気味ですが、日常の業務にさしつかえありません。
(감기기운입니다만, 일상 업무에 지장이 없습니다)

➲ 「日常」는 이와 같이 매일매일 되풀이되는 나날의 뜻을 나타낸다.

⑫ 人間関係においては日常の挨拶が大切だ。
(인간관계에 있어서는 일상의 인사가 중요하다)

「平和(へいわ)」「和平(わへい)」

공통의미

평화

요점

1. 「平和(へいわ)」는 온화하고 평안한 상태자체를 나타내는 말이다.
2. 「和平(わへい)」는 분쟁 중이던 상태에서 평화로 전환하기 위하여 협의하거나 교섭하는 일련의 과정을 나타내는 말이다.
3. 우리말에서는 주로 평화라는 말만 쓰지만, 일본어에서는 이와 같이 두 가지 개념이 구별되어 쓰이므로 주의가 요망된다.

예문과 해설

① 世界(せかい)の平和(へいわ)/＊和平(わへい)を願(ねが)う。(세계의 평화를 기원한다)

➲ 이 경우는 단지 평화로운 상태만을 나타내는 것이므로 「和平(わへい)」는 부적절하다.

② 戦争(せんそう)が終(お)わって平和(へいわ)/＊和平(わへい)が戻(もど)った。(전쟁이 끝나고 평화가 돌아왔다)

➲ 이 경우 역시 평화로운 상태를 나타내는 것이므로 「和平(わへい)」는 부적절하다.

③ うちは平和(へいわ)な/＊和平(わへい)な家庭(かてい)だ。(우리 집은 평화로운 가정이다)

➲ 이 경우 역시 위의 예문들과 맥락을 같이하고 있는데, 「平和(へいわ)」가 뒤에 오는 명사를 수식할 때는 「平和(へいわ)な」의 형태를 취하게 된다.

④ 和平交渉(わへいこうしょう)/＊平和交渉(へいわこうしょう)。(평화교섭)

➲ 이 경우는 분쟁 중이던 상태에서 평화로운 상태로의 전환을 나타내는 것이므로 「平和(へいわ)」는 부적절하다. 특히 우리말에서는 '평화교섭'이라는 말을 쓰지만, 일본어에서는 이러한 말을 쓰지 않는다는 점에 각별히 주의할 필요가 있다.

⑤ 相手国(あいてこく)は和平(わへい)/✱平和(へいわ)を求(もと)めてきた。(상대국은 평화를 추구해 왔다)

➲ 분쟁 중이던 상대국에서 평화 교섭을 제안해 올 경우에는 오로지 「和平(わへい)」만이 적절하다.

「下手(へた)だ」「まずい」「つたない」

(下手(へた)な字(じ)を書(か)く、まずい字(じ)を書(か)く、つたない字(じ)を書(か)く)

공통의미

미숙하다

요점

1. 「下手(へた)だ」는 기술이나 기량이 나빠서 어떤 일을 제대로 능숙하게 처리할 수 없음을 나타내기도 하고, 일을 처리한 결과가 매우 좋지 않음을 나타내기도 하는 것으로 사용범위가 매우 넓다(예문①②⑥⑦⑧). 우리말의 '미숙하다' 정도에 해당된다.
2. 「まずい」는 기술이나 능력과는 상관없이 주로 어떤 일을 처리하는 수단이나 방법이 미숙함을 나타내기도 하고, 구체적인 결과가 서툴게 되었음을 나타내기도 한다(예문①⑨⑩). 또한, 입장이 불리하게 됨을 나타내기도 한다(예문③④⑪). 수단이나 방법이 미숙함을 나타낼 때는 우리말의 '서툴다' 정도에 해당되고, 입장이 불리하게됨을 나타낼 때는 '재미없다' 정도에 해당된다.
3. 「つたない」는 구체적인 기술이나 능력이 미숙함을 겸손하게 나타내는 말로 우리말의 '보잘것없다' 정도에 해당된다(예문⑤⑫).

예문과 해설

① あの先生(せんせい)は教(おし)え方(かた)が下手(へた)だ/まずい/✱つたない。
(저 선생님은 가르치는 방식이 미숙하다/서툴다)

➲ 이 경우는 가르치는 과정이나 방식이 미숙함을 나타내는 것이므로 「下手(へた)だ」와 「まずい」가 적절하다. 「つたない」는 주로 자신의 미숙함을 겸손하게 나타내는 것이므로 여기에서는 부적절하다.

② あいつは絵が下手だ/✱まずい/✱つたない。(저 녀석은 그림이 미숙하다)

➲ 이 경우와 같이 단지 미숙함을 나타낼 때는 「下手だ」만이 적절하다. 「まずい」는 수단이나 과정이 서툴거나 결과가 서툰 경우에 쓰이는 것이므로 여기에서는 부적절한데, 서툴게 된 결과를 나타내는 「まずい絵」의 형태라면 쓸 수가 있다. 「つたない」는 어디까지나 자신의 미숙함을 겸손하게 나타내는 것이므로 이 역시 부적절하다.

③ まずい/✱下手な/✱つたない結果になってしまった。
(재미없는 결과가 되고 말았다)

➲ 이 경우와 같이 자신에게 불리한 입장이 되었음을 나타낼 때는 오로지 「まずい」만이 적절하다.

④ これ以上太ってはまずい/✱下手だ/✱つたない。(이 이상 살쪄서는 곤란하다)

➲ 이 경우도 역시 예문③과 맥락을 같이 하고 있다.

⑤ 私はつたない/✱まずい/✱下手な者ではございますが。
(저는 보잘 것 없는 사람이기는 합니다만)

➲ 이 경우와 같이 자신을 낮추어 겸손하게 나타낼 때는 「つたない」만이 적절하다.

⑥ 彼は商売が下手だ。(그는 장사가 미숙하다)

➲ 이 경우와 같이 단지 장사를 제대로 잘 하지 못하는 상태임을 나타낼 때는 「下手だ」만이 적절하다.

⑦ 素人だが下手な料理人よりはるかにうまい。
(초보자이지만 미숙한 요리사보다 훨씬 맛있다)

⑧ 夫はうそをつくのが下手だ。(남편은 거짓말을 하는 것이 미숙하다)

⑨ 彼はまずい言い訳をした。(그는 서툰 변명을 했다)

⑩ あいつは機会の操作がまずい。(저 녀석은 기계조작이 서툴다)

⑪ 今そんなことを言ったらまずい。(지금 그런 말을 했다가는 재미없다)

➲ 이 경우는 결과적으로 입장이 곤란해짐을 나타내고 있다.

⑫ つたない文章ですが、一度読んでください。
(보잘 것 없는 문장이지만 한번 읽어주십시오)

➲ 이 경우는 자신을 미숙한 것으로 겸손하게 나타내고 있다.

「部屋」「座敷」「間」「室」

공통의미

방

요점

1. 「部屋」는 일본식이건 서양식이건 주로 집안에서 생활하기 위한 공간을 가리키며, 또한 호텔이나 일본식여관의 객실을 가리키기도 한다.
2. 「座敷」는 다다미가 깔려있는 일본식 방으로 주로 손님을 접대하기 위한 방을 가리킨다.
3. 「間」는 오로지 하나의 공간을 가리키는 말로 「次の間」「三畳の間」「富士の間」와 같이 언제나 「～の間」의 형태로만 쓰인다.
4. 「室」는 단독으로 쓰이지 않고 그 역할을 나타내는 말의 뒤에 접속된 합성어의 형태로만 쓰인다.

예문과 해설

① ノックして部屋/？座敷/＊間/＊室の中に入る。(노크하고 방안에 들어간다)

➲ 이 경우와 같이 단지 집안의 구획된 방을 가리킬 때는 「部屋」만이 적절하다. 「座敷」는 손님을 접대하기 위한 다다미가 깔려있는 전통식의 큰 방을 나타내는데, 이러한 곳에 종업원이 음식을 나르기 위하여 노크하는 일은 거의 없기 때문에 다소 부적절하고, 「間」와 「室」는 단독으로 쓰이지 못하므로 부적절하다.

② 料亭の女将がお客を座敷/？部屋/＊間/＊室に通す。
(요정의 여 지배인이 손님을 전통식연회장에 안내한다)

➲ 이 경우는 손님접대를 위한 전통식연회장을 나타내는 것이므로 「座敷」가 가장 적절하다. 「部屋」는 일본가정에서 다다미가 깔려있는 응접공간이라면 사용가능하고, 「間」와 「室」는 단독으로 쓰이지 못하므로 부적절하다.

③ 部屋(へや)の中(なか)がちらかっている。(방안이 어지럽혀져 있다)

➲ 이 경우는 일반가정의 방을 가리키고 있다.

④ この部屋(へや)の部屋代(へやだい)はいくらですか。(이 방의 방세는 얼마입니까?)

⑤ うちには子(こ)どもべやが二(ふた)つある。(우리 집에는 어린이 방이 두 개 있다)

⑥ 座敷(ざしき)の予約(よやく)をしておく。(연회장의 예약을 해둔다)

➲ 음식점이나 술집 등의 다다미가 깔려있고 방석에 앉을 수가 있는 비교적 큰 연회장을 가리킨다.

⑦ 座敷(ざしき)を盛(も)り上(あ)げる。(연회를 흥겹게 한다)

➲ 이 경우는 연회장의 분위기를 나타내고 있다.

⑧ ここは茶(ちゃ)の間(ま)です。(이곳은 거실입니다)

➲ 「間(ま)」는 이와 같이 건물 내에서의 하나의 공간을 특정지어서 나타낸다.

⑨ この部屋(へや)は、富士(ふじ)の間(ま)と呼(よ)んでいます。(이 방은 후지노마라고 부르고 있습니다)

➲ '후지'라는 이름이 붙은 특정한 방을 가리키고 있다.

⑩ ここは三畳(さんじょう)の間(ま)です。(이곳은 타타미 세 장 크기의 방입니다)

➲ 다다미가 세장 깔려있는 크기의 방을 가리키고 있다.

⑪ 職員室(しょくいんしつ)。(직원실)

➲ 「室(しつ)」는 이와 같이 그 방의 용도를 나타내는 말의 뒤에 붙은 합성어의 형태로만 쓰인다.

⑫ 待合室(まちあいしつ)。(대합실)

⑬ 寝室(しんしつ)。(침실)

「返事(へんじ)」「返答(へんとう)」「応答(おうとう)」「回答(かいとう)」

공통의미

대답

요점

1. 「返事」는 상대의 부름이나 부탁, 또는 질문에 대하여 대답을 하는 것으로 「はい」「いいえ」와 같은 짧은 말에서부터 편지나 문서에 의한 긴 것에 이르기까지 폭넓게 쓰인다(예문①②③⑥⑦⑧).
2. 「返答」는 상대의 질의나 의뢰에 대하여 말로 대답을 하는 것으로 주로 공식적인 경우에 쓰인다(예문②⑨⑩).
3. 「応答」는 주로 상대의 호출에 대한 반응을 보이는 것으로 주로 말로 대답하는 것을 나타낸다(예문⑤⑪⑫).
4. 「回答」는 상대의 질문사항이나 요구에 대하여 공식적으로 답하는 것으로 말에 의한 것이나 문자에 의한 것 그 어느 쪽에도 쓰인다(예문②⑬⑭).

예문과 해설

① 彼女は 'はい' と返事/?応答/＊返答/＊回答をしただけだ。
(그녀는 '예'하고 대답을 했을 뿐이다)

➲ 이 경우는 상대의 부름에 대하여 짧게 대답을 한 것이므로 「返事」가 가장 적절하다. 「応答」도 상대의 부름에 대하여 대답하는 것이므로 쓸 수는 있으나 이와 같은 일상적인 짧은 대답에는 다소 부적절하다. 한편 「返答」는 상대의 질의나 의뢰에 대하여 공식적으로 답을 하는 것이므로 부적절하고, 「回答」는 공식적인 회신의 뜻을 나타내므로 이 역시 여기에서는 부적절하다.

② 政府から誠意のある返事/返答/回答/＊応答が届いた。
(정부로부터 성의가 있는 답이 도착했다)

➲ 이 경우와 같이 단순한 답이나 회신을 나타낼 때는 「応答」만은 부적절하다. 「応答」는 어디까지나 상대의 호출에 대하여 답하는 것이기 때문이다. 한편, 똑같은 답이나 회신이라고 하더라도 「返答」와 「応答」는 비교적 공식적인 경우에 쓰이는 경향이 있다.

③ 友だちの手紙に返事/＊返答/＊回答/＊応答を出した。
(친구의 편지에 답장을 보냈다)

➲ 이 경우와 같이 개인적인 편지에 대하여 답장을 보낸다고 하는 경우에는 오로지 「返事」만이 적절하다.

④ 労働組合の要求に対して回答/返答/＊返事/＊応答をする。
(노동조합의 요구에 대하여 회답을 한다)

➲ 이 경우와 같이 개인적인 답이 아닌 공식적인 답을 한다고 할 때는 「回答」가 가장 적절하며, 「返答」도 적절하다.

⑤ 管制塔に無線で応答/＊返答/＊回答/＊返事をした。
(관제탑에 무선으로 응답을 했다)

➲ 이 경우와 같이 무선이나 신호 등을 통한 호출에 대하여 대답을 한다고 할 때는 「応答」만이 적절하다.

⑥ 'ごめんください！' と呼んでも返事がない。
('실례합니다!'하고 불러도 대답이 없다)

➲ 이 경우와 같이 문 앞에서 안에 있는 사람을 부르고 그에 대한 대답을 나타낼 때는 오로지 「返事」가 가장 적절하다.

⑦ 呼ばれたらすぐ返事をしなさい。(불리우면 바로 대답을 해라)

⑧ ふるさとの両親に返事を出さなければならない。
(고향의 부모님께 답장을 보내야만 한다)

➲ 이 경우는 개인적인 편지에 의한 답장을 나타내는 것이므로 「返事」가 적절하다.

⑨ 相手の質疑にさっそく返答をした。(상대의 질의에 곧바로 대답을 했다)

➲ 이 경우와 같이 비교적 공식적으로 상대의 질의에 대한 답을 한다고 하는 뜻으로는 「返答」가 적절하다.

⑩ 無理な要求なので返答に窮する。(무리한 요구이므로 대답이 궁하다)

➲ 「返答」는 이 경우와 같이 비교적 딱딱한 문체에서 쓰기가 적절하다.

⑪ いくらドアを叩いても応答がない。(아무리 문을 두드려도 응답이 없다)

➲ 「応答」는 어디까지나 호출이나 부름에 대한 반응을 나타내는 데에 의미의 중심이 놓인다.

⑫ 相手からの応答を待つ。(상대로부터의 응답을 기다린다)

⑬ アンケートに回答を寄せる。(앙케이트에 회답을 보낸다)

➲ 「回答」는 상대의 질의나 요구에 대하여 공식적으로 답을 하는 것인데, 이 경우는 앙케이트조사라고 하는 비교적 공식적인 질의를 나타내고 있다.

⑭ 区民(くみん)の問(と)い合(あ)わせに回答(かいとう)する。(구민의 조회에 회답한다)

➲ 이 경우 역시 개인적인 질의가 아니라 공식적인 질의를 나타내는 것이므로 「回答(かいとう)」가 적절하다.

「方向(ほうこう)」「方角(ほうがく)」

(この方向(ほうこう)に進(すす)むとよい、この方角(ほうがく)に進(すす)むとよい)

공통의미

방향

요점

1. 「方向(ほうこう)」와 「方角(ほうがく)」는 둘 다 방향을 나타내는 말이지만 방향의 설정방식에 따라 용법이 다르다. 우리말에서는 「方向(ほうこう)」는 쓰이지만 「方角(ほうがく)」는 그다지 쓰이지 않는다.
2. 「方向(ほうこう)」는 무언가가 움직일 때의 전후, 좌우, 위아래의 방향을 나타내며 이렇다 할 방향의 설정은 없다(예문①②③④⑤).
3. 「方角(ほうがく)」는 주로 동서남북을 기준으로 하여 어느 쪽을 향하는가에 따라 정해지는 방향을 나타내며(예문⑥⑦⑧), 또한 똑바로 향하거나 향해야 할 방향을 나타내기도 한다(예문①②).

예문과 해설

① この方向(ほうこう)に/方角(ほうがく)に進(すす)むとよい。(이 방향으로 나아가면 좋다)

➲ 이 경우는 똑바로 향해야 할 방향을 나타내는 것이므로 어느 것이나 적절한데, 「方向(ほうこう)」는 손가락 등으로 가리키는 방향을 나타내는 어감이 주어지고, 「方角(ほうがく)」는 동서남북의 방향을 이미 기

준으로 설정하고 있거나, 각도계에 의한 방향을 나타내는 어감이 주어진다.

② 晴天ならこの方向/方角に富士が見える。
(맑은 날이면 이 방향으로 후지가 보인다)

➲ 이 경우는 후지산을 보기 위해서 향해야 할 방향을 나타내는 것이므로 둘 다 적절하다. 「方向」는 아마도 손가락 등으로 후지산 쪽을 가리키는 어감이 주어지지만, 「方角」는 후지산을 보기 위해서 반드시 향해야만 할 똑바른 방향을 제시하는 어감이 주어진다. 즉, 다른 각도나 방향을 향해서는 후지산을 결코 볼 수가 없음을 강조하는 셈이 되는 것이다.

③ こちらの方向に/＊方角に歩いてください。(이쪽 방향으로 걸어 주십시오)

➲ 이 경우는 말하는 사람이 임의대로 정한 방향을 제시하는 것인데, 「方角」는 어디까지나 주로 동서남북의 정해진 방향을 나타내므로 이 경우에는 부적절하며, 「方向」는 그런 방향설정의 제한이 전혀 없으므로 여기에서는 적절하다.

④ 左の方向/＊方角から光を受ける。(왼쪽방향으로부터 빛을 받는다)

➲ 「方角」는 동서남북을 기준으로해서 정해진 방향을 나타내는 것이므로 여기에서는 부적절하다. 역시 이 경우와 같이 오른 쪽, 왼쪽 등의 방향을 나타낼 때는 「方向」가 적절하다.

⑤ 風の<u>方向</u>が変わった。(바람의 방향이 바뀌었다)

➲ 이 경우는 단지 바람이 불어오는 방향을 나타내는 것이다.

⑥ 公園は駅から東の<u>方角</u>になる。(공원은 역에서부터 동쪽방향이 된다)

➲ 이 경우는 동서남북의 동쪽을 기준으로 하는 방향을 나타내고 있다.

⑦ ここから北の<u>方角</u>へ10分ぐらい進んでください。
(여기서부터 북쪽방향으로 10분정도 나아가 주십시오)

⑧ 太陽が昇る<u>方角</u>はこちらです。(태양이 뜨는 방향은 이쪽입니다)

➲ 태양이 뜨는 방향은 동쪽이므로 여기에서는 동쪽을 기준으로 한 방향을 가리키고 있다.

「ほうっておく」「ほっておく」「ほっとく」「すてておく」「すてとく」「ほったらかす」

공통의미

방치하다

요점

1. 「ほうっておく」는 동사 「放る(던지다, 포기하다)」의 연용형 「ほうり」에 접속조사 「て」가 연결되는 과정에서 음편현상을 일으킨 「ほうって」에 보조동사 「おく(두다)」가 연결된 형태이다. 이러한 형태로서 우리말의 '내버려두다'의 의미를 나타낸다.
2. 「ほっておく」는 「ほうっておく」와 같은 의미인데, 「ほうっておく」의 「う」가 탈락되어 간략화된 것으로 다소 속어적으로 쓰인다.
3. 「ほっとく」는 「ほっておく」와 같은 의미인데, 그 속의 「てお」가 「と」로 축약된 것으로 매우 속어적으로 쓰인다.
4. 「すてておく」는 동사 「すてる(버리다)」의 연용형 「すて」에 접속조사 「て」가 연결되고, 거기에 보조동사 「おく(두다)」가 연결된 형태이다. 이러한 형태로서 우리말의 '방치하다'의 의미를 나타낸다.
5. 「すてとく」는 「すてておく」와 같은 의미인데, 그 속의 「てお」가 「と」로 축약된 것으로 속어적으로 쓰인다.
6. 「ほったらかす」는 우리말의 '방치하다'의 의미를 지닌 동사로서 매우 속어적으로 쓰인다.

예문과 해설

① 子供を自由に遊ばせ、ほうっておく/ほっておく/ほっとく。

(아이를 자유롭게 놀게 하여 내버려둔다)

➲ 아이에 대하여 일체 간섭하지 않는다는 뜻으로 그 어느 것이나 적절하다. 뒤로 갈수록 보다 속어적인 표현이 된다.

② 病人をほうっておいて/ほっておいて/ほっといて自分だけ遊んでいる。

(아픈 사람을 내버려두고 자기만 놀고 있다)

③ 山田さんは、親をすてておいて/すてといてアメリカへ移住した。

(야마다씨는 부모를 방치해두고 미국으로 이주했다)

④ 子供をほったらかして仕事をするお母さんが増えている。

(아이를 방치해두고 일을 하는 어머니가 늘고 있다)

➲ 「ほったらかす」는 마땅히 돌보아주거나 신경을 써주어야 함에도 불구하고 일체 거들떠 보지 않음을 나타내는 말인데, 비록 속어적이기는 하지만 일상회화체에서 빈번하게 쓰인다.

「豊富だ」「豊かだ」

(豊富な資金で会社を作った、豊かな資金で会社を作った)

공통의미

풍부하다

요점

1. 「豊富だ」는 주로 사물의 분량이나 종류, 또는 경험 등이 충분함을 나타내는데, 뒤에 오는 명사를 수식할 때는 「豊富な」의 형태를 취하고, 뒤에 오는 술어를 수식할 때는 「豊富に」의 형태를 취한다(예문①②③⑥⑦). 우리말의 '풍부하다'에 해당된다.
2. 「豊かだ」는 사물이 충분하여 부족함이 없는 넉넉한 상태임을 강조할 때에 쓰이는데 뒤에 오는 명사를 수식할 때는 「豊かな」의 형태를 취하고, 뒤에 오는 술어를 수식할 때는 「豊かに」의 형태를 취한다(예문①④⑤⑧⑨). 우리말의 '넉넉하다, 풍요롭다' 정도에 해당된다.

예문과 해설

① 豊富な/豊かな資金で会社を作った。
(풍부한/넉넉한 자금으로 회사를 만들었다)

➲ 이 경우와 같이 풍부한 자금이나 금전을 나타낼 때는 둘 다 적절한데, 「豊富な」를 쓰게 되면 단지 자금이 충분히 있음을 나타낼 뿐이지만, 「豊かな」를 쓰게 되면 자금이 넉넉해서 상당히 정신적인 여유가 있음을 나타내게 된다.

② 商品の種類が豊富な/＊豊かな店。(상품종류가 풍부한 가게)

➲ 이 경우는 단지 상품의 종류가 충분함을 나타내고 있을 뿐이므로 「豊富な」가 적절하다. 「豊かだ」는 단지 양이 많을 뿐만 아니라 그에 따른 마음의 여유라든지 넉넉함을 느끼게 해주는 것이므로 이 경우는 부적절하다.

③ 品物が豊富に/＊豊かに出回る。(물건이 풍부하게 나돌아 다닌다)

➲ 이 경우 역시 단지 물건이 풍부함만을 나타내고 있을 뿐이므로 「豊富に」가 적절하다.

④ あの先生は心の豊かな/＊豊富な方だ。(저 선생님은 마음이 넉넉한 분이다)

➲ 이 경우와 같이 마음이 넉넉하여 여유로운 느낌이 주어질 때는 오로지 「豊かな」만이 적절하다. 「豊富な」는 어디까지나 사물의 양이나 사람이 경험 등이 충분히 많음을 나타낼 뿐이지, 넉넉하거나 여유로움을 나타내지는 못하므로 여기에서는 부적절하다.

⑤ あの人は豊かな/＊豊富な感性の持ち主だ。
(저 사람은 풍부한 감성의 소유주이다)

➲ 이 경우 역시 예문④와 맥락을 같이하고 있다.

⑥ 彼は人生経験が豊富だ。(그는 인생경험이 풍부하다)

⑦ うちの先生はいつも豊富な話題を持っている。
(우리 선생님은 언제나 풍부한 화제를 지니고 있다)

⑧ この国は資源が豊かな国だ。(이 나라는 자원이 풍요로운 나라다)

➲ 이 경우는 자원이 풍요로워서 여유로움과 넉넉함을 느끼게 하고 있다.

⑨ 感情豊かに歌っている。(감정이 풍요롭게 노래하고 있다)

➲ 감정이라는 것은 양적인 존재가 아니라 정신적으로 마음의 풍요와 넉넉함을 나타내는 것이다.

「ほか」「他」

(ほかに例のない方法、他に例のない方法)

공통의미

달리, ~이외에

요점

1. 「ほか」와 「他」는 둘 다 특정한 것과 비교했을 때의 다른 것을 나타내는 점에서는 의미

가 같으나 용법에 있어서 차이가 엿보인다. 우리말에서는 「ほか」에 해당되는 말은 있으나, 「他」에 해당되는 말은 없다.

2. 「ほか」는 단독으로도 쓰이고(예문①⑦⑧) 수식어가 그 앞에 와서도 쓰이는데(예문②③④) 일상적으로 매우 많이 쓰이는 말이다. 한자로 표기할 때는 「他」 또는 「外」로 표기한다.

3. 「他」는 그 앞에는 일체 수식어가 올 수 없으며 오로지 단독으로만 쓰이는 것으로(예문①⑨⑩) 매우 딱딱한 어감을 지닌 말이다. 다만, 「その他(그 밖에, 기타)」의 경우만은 예외로 쓰이는데(예문⑫), 그렇다고 해서 「この他」「その他」와 같은 용법으로는 일체 쓰이지 않는다. 때로는 자기이외의 다른 사람을 가리키는 말로서도 쓰인다(예문⑤⑥⑪)

예문과 해설

① ほか/他に例のない方法です。(달리 예가 없는 방법입니다)

➲ 이 경우는 그 앞에 수식어가 오지 않았고 단독으로 쓰였으므로 둘 다 적절하지만 「ほか」에 비해서 「他」가 보다 딱딱한 어감이 있다.

② 机のほか/＊他にはなにも家財道具がない。
(책상이외에 아무것도 살림도구가 없다)

➲ 「他」는 언제나 단독으로만 쓰이기 때문에 이 경우처럼 「机の」와 같은 수식어를 받을 수가 없어서 여기에서는 부적절하다.

③ 彼のほかに/＊他に話すべき友だちがいない。(그 이외에 이야기할 친구가 없다)

➲ 이 경우는 그 앞에 「彼の」라는 말이 와있기 때문에 「ほか」만이 적절하다. 「他」는 그 앞에 수식어가 일체 올 수가 없고 언제나 단독으로만 쓰이기 때문에 여기에서는 부적절하다.

④ このほかに/＊他にほしいものはありませんか。(이 밖에 필요한 것은 없습니까)

➲ 이 경우는 그 앞에 「この」와 같은 연체사가 와있으므로 「他」는 부적절하다. 「他」가 유일하게 다른 말의 뒤에 접속되어 쓰이는 것은 오로지 연체사 「その」의 다음에 접속된 「その他」의 형태로만 쓰이는 경우이다.

⑤ 自分を責めて他/＊ほかを責めない。(자신을 탓하고 다른 사람을 탓하지 않는다)

➲ 이 경우와 같이 단독으로 쓰여서 자기이외의 다른 사람을 가리킬 때는 「他」만이 적절하다. 「ほか」도 단독으로 쓰이기는 하지만 이 경우와 같이 다른 사람을 가리키는 용법은 없으므로 여기에서는 부적절하다.

⑥ 彼は全く他/＊ほかを顧みない乱暴な人だ。
(그는 전혀 다른 사람을 고려하지 않는 난폭한 사람이다)

➲ 이 경우 역시 예문⑤와 맥락을 같이하고 있다.

⑦ ほかにもっと適当な人がいる。(그 이외에 더 적당한 사람이 있다)

➲ 이 경우는 「ほか」가 단독으로 쓰인 예이다.

⑧ これはほかの人に真似できないことだ。
(이것은 다른 사람에게 흉내 낼 수 없는 일이다)

➲ 이 경우도 「ほか」가 단독으로 쓰인 예이다.

⑨ 他に例を見ない凶悪犯罪だ。(달리 예를 볼 수 없는 흉악범죄다)

➲ 「他」는 이와 같이 단독으로 쓰이지만 매우 딱딱한 어감을 자아내게 된다. 물론 이 경우에 「ほか」도 쓸 수가 있는데 이렇게 되면 일상회화체가 된다.

⑩ この性能のよさは他の追随を許さない。
(이 성능이 좋은 점은 타의 추종을 불허한다)

➲ 이 경우 역시 「他」는 그 앞에 일체의 수식어가 없이 단독으로 쓰였는데, 특히 '타의 추종을 불허한다'는 뜻의 관용구적인 성격에 쓰일 때는 오로지 「他」만이 적절하다.

⑪ 彼はまったく他を顧みない行動をしている。
(그는 전혀 다른 사람을 돌아보지 않는 행동을 하고 있다)

➲ 이 경우는 「他」가 자기이외의 다른 사람을 가리키는 예이다.

⑫ 日時その他はのちほど連絡する。(일시 기타는 후에 연락함)

➲ 「他」는 오로지 그 앞에 수식어가 오는 일이 없이 단독으로 쓰이지만 「その他(기타, 그밖에)」만은 예외이다.

「～ほど」「～ぐらい」「～くらい」「～ばかり」

(十人ほど来た、十人ぐらい来た、十人くらい来た、十人ばかり来た)

공통의미

～쯤, ～정도

요점

1. 「～ほど」와 「～ぐらい」「～くらい」「～ばかり」는 대충의 수량이나 정도를 나타내는 점에서는 거의 의미용법이 같으나, 다른 용법에서는 각각 차이가 엿보인다.
2. 「～ほど」는 시간적, 공간적인 정도를 나타내는 명사 「程」가 조사로 변한 것으로 대충의 수량이나 정도를 나타내는(예문①②⑤⑦⑧)이외에 정도가 매우 극심함을 나타내기도 하고(예문⑨), 정도가 매우 큼을 나타내기도 하며(예문⑩), 또한 그다지 중요하지 않음을 나타내기도 한다(예문③⑪). 또한, 「～ば～ほど」의 형태로 일의 진행에 따라 그 정도가 더하여짐을 나타낸다(예문⑫).
3. 「～ぐらい」는 명사 「位(지위)」가 조사로 변한 것으로 대충의 수량이나 정도를 나타내는(예문①②⑤⑥⑬)이외에 정도가 가볍고 낮은 것을 나타내기도 하고(예문④⑭), 비슷한 정도임을 나타내기도 한다(예문⑮).
4. 「～くらい」는 「～ぐらい」와 의미용법이 같아서 그 어느 것이나 써도 무방하다(예문①②④⑤⑥⑬⑭⑮).
5. 「～ばかり」는 동사 「はかる(재다, 측량하다)」의 명사형 「はかり」가 조사로 변한 것으로 대충의 수량이나 정도를 나타내는(예문①②⑯)이외에, 「～んばかりに(の)」의 형태로 우리말의 '당장이라도～할 것처럼'의 의미를 나타내기도 하고(예문⑰), 「～たばかりに」의 형태로 우리말의 '～한 바람에'의 의미를 나타낸다(예문⑱). 또한, 「～たばかり」의 형태로 어떤 일이 끝난 지 얼마 되지 않음을 나타내는 한편(예문⑲), 「～ばかりか」의 형태로 앞의 사항뿐 만아니라 뒤의 사항까지 추가됨을 나타내기도 한다(예문⑳).

예문과 해설

① 十人ほど/ぐらい/くらい/ばかり来た。(열 명쯤 왔다)

➲ 이 경우는 대충의 수량을 나타내는 것이므로 네 가지 다 적절하다.

② 風邪をひいて一週間ほど/ぐらい/くらい/ばかり学校を休んだ。

(감기 걸려서 일주일 정도 학교를 쉬었다)

➲ 이 경우도 예문①과 맥락을 같이하고 있다.

③ 泣くほど/＊ぐらい/＊くらい/＊ばかりのことではない。(울 정도의 일은 아니다)

➲ 「~ほど」에는 어떤 일이 그다지 중요한 것은 아님을 나타내는 용법이 있어서 이 경우에 적절하다.

④ 私も名前ぐらい/くらい/＊ほど/＊ばかりは書ける。(나도 이름쯤은 쓸 수 있다)

➲ 「~ぐらい」와 「~くらい」에는 그 정도가 가볍고 낮은 것임을 나타내는 용법이 있어서 이 경우에 적절하다.

⑤ 赤ん坊の頭ほど/くらい/ぐらい/＊ばかりの大きさ。(아기머리정도의 크기)

➲ 이 경우와 같이 비교하는 차원의 정도를 나타낼 때는 「~ほど」「~ぐらい」「~くらい」가 적절하다. 「~ばかり」는 대충의 수량이나 정도를 나타낼 수는 있어도 이와 같이 어떤 것과 비교하는 용법은 없으므로 여기에서는 부적절하다.

⑥ 一つぐらい/くらい/＊ほど/＊ばかりもらってもいいだろう。(하나쯤 받아도 되겠지)

➲ 「~ぐらい」와 「~くらい」에는 그 정도가 가볍고 낮은 것임을 나타내는 용법이 있어서 이 경우에 적절하다.

⑦ 三時間ほど待った。(세 시간쯤 기다렸다)

➲ 이 경우는 대충의 시간적인 분량을 나타내고 있다.

⑧ 宿題は半分ほど済んだ。(숙제는 반 정도 끝났다)

➲ 이 경우는 대충의 양적인 분량을 나타내고 있다.

⑨ 昨日の試験ほど難しい試験はない。(어제의 시험만큼 어려운 시험은 없다)

➲ 이 경우는 그 정도가 극심함을 나타내고 있다.

⑩ 富士山はあの山とは比べ物にならないほど美しい。
(후지산은 저 산과는 비교가 되지 않을 정도로 아름답다)

➲ 이 경우는 비교하는 정도가 매우 큼을 나타내고 있다.

⑪ 心配するほどの怪我ではない。(걱정할 만큼의 부상은 아니다)

➲ 이 경우는 그 정도가 그다지 크거나 중요하지 않음을 나타내고 있다.

⑫ 高く登れば登るほど、気温が低くなる。(높이 오르면 오를수록 기온이 낮아진다)

➲ 이 경우와 같이 「~ば~ほど」의 형태를 취하여, 어떤 진행의 정도에 따라서 상대적으로 그 정도가 더해짐을 나타낼 때는 오로지 「ほど」만이 적절하며 다른 말에는 이러한 용법이 없다.

⑬ 三時間ぐらい/くらい待った。(세 시간쯤 기다렸다)

➲ 이 경우는 대충의 시간적인 분량을 나타내는 것인데, 「~くらい」와 「~ぐらい」 그 어느 쪽도 적절하다.

⑭ それぐらい/くらいは私も分かるよ。(그 정도는 나도 알아)

⑮ 猫ぐらいの大きさのねずみがある。(고양이정도 크기의 쥐가 있다)

➲ 이 경우는 비슷한 정도임을 나타내고 있다.

⑯ 三時間ばかり待った。(세 시간쯤 기다렸다)

➲ 이 경우는 대충의 시간적인 분량을 나타내고 있다.

⑰ 彼は、殺さんばかりに殴りかかった。(그는 당장 죽일 듯이 패기 시작했다)

➲ 「~ばかり」는 「~んばかり」의 형태를 취하여 당장이라도 그러한 일이 일어날 것 같은 상태임을 나타내기도 하는데, 다른 말에는 이러한 용법이 없다.

⑱ あなたが大声を出したばかりに子供が泣き出してしまった。

(당신이 큰 소리를 낸 바람에 아이가 울기시작하고 말았다)

➲ 「~ばかり」는 「~たばかりに」의 형태를 취하여 뒤에 일어난 일이 앞에 일어난 일로 인한 것임을 나타내기도 하는데 다른 말에는 이러한 용법이 없다.

⑲ これは、昨日買ったばかりの洋服です。(이것은 어제 갓 산 양복입니다)

➲ 「~ばかり」는 「~たばかり」의 형태를 취하여 어떤 일이 일어난지 얼마 지나지 않았음을 나타내기도 하는데 다른 말에는 이러한 용법이 없다.

⑳ 彼は金ばかりか、命までとられてしまった。

(그는 돈뿐 아니라 목숨까지 뺏기고 말았다)

➲ 「~ばかり」는 「~ばかりか」의 형태를 취하여 앞의 사항에 뒤의 사항까지 추가됨을 나타내기도 하는데 다른 말에는 이러한 용법이 없다.

「~ほど~ない」「~より~ない」

(私の家はあの家ほど大きくない、私の家はあの家より大きくない)

공통의미

두 가지를 비교하는 의미용법

요점

1. 「~ほど~ない」는 두 가지가 비슷한 상황이거나 정도일 때에 둘을 비교하는 것으로 우리말의 '~만큼~하지 않다'에 해당된다(예문①②③).
2. 「~より~ない」는 아무런 제약 없이 단지 둘을 비교하는 것으로, 우리말의 '~보다~하지 않다'에 해당된다(예문①②③④⑤).

예문과 해설

① 漢拏山は白頭山ほど高くない/漢拏山は白頭山より高くない。

(한라산은 백두산만큼 높지 않다/한라산은 백두산보다 높지 않다)

➲ 「~ほど~ない」는 어디까지나 비교대상이 비슷한 상태이거나 정도일 때에 쓰이는 것인데 한라산과 백두산은 둘 다 높은 산이므로 여기에서는 적절하다. 물론 비교에 제약이 없는 「~より~ない」를 써도 뉘앙스의 차이는 있을지언정 여기에서는 적절하다.

② 予報に反し、今年の夏は去年ほど暑くないです/去年より暑くないです。

(예보에 반하여, 금년 여름은 작년만큼 덥지 않습니다/작년보다 덥지 않습니다)

➲ 금년 여름과 작년 여름의 더위는 그 정도가 비슷한 것이므로 「~ほど~ない」가 적절하다. 물론 이 경우에 「~より~ない」를 써도 적절한데 이렇게 되면 「~ほど~ない」가 작년을 비교의 기준으로 삼고 있는데 반하여, 「~より~ない」는 단순히 금년 여름의 더위와 작년 여름의 더위를 비교하게 될 뿐이다.

③ あの家は私の家ほど大きくない/家より大きくない。

(저 집은 우리 집만큼/보다 크지 않다)

➲ 이 경우역시 일반적인 주거공간의 비교이므로 둘 다 적절하다. 「~ほど~ない」가 우리집을 비교기준으로 삼고 있는데 반하여, 「~より~ない」는 단순히 저 집과 우리 집을 비교하게 될 뿐이다.

④ 金は銅より安くない/＊金は銅ほど安くない。(금은 동보다 싸지 않다)

➲「~ほど~ない」는 어디까지나 비교대상이 비슷한 상태이거나 정도일 때에 쓰이는 것인 데 동과 금은 엄청난 가격차이가 있는 셈이므로 여기에서는 부적절하다. 하지만, 이 경우에 「~より~ない」라면 비교에 제약이 없는 것이어서 적절하다.

⑤ 夏は冬より寒くない/＊冬ほど寒くない。(여름은 겨울만큼 춥지 않다)

➲ 여름은 원래 더운 계절이고 겨울은 원래 추운 계절이니만큼, 이와 같이 정도가 크게 다른 대상은 택일적으로 동일선상에서 비교할 수가 없다. 따라서 비슷한 상태나 정도를 비교하는 용법인 「~ほど~ない」는 쓰기가 부적절하다.

「ほぼ」「大体」

(仕事もほぼ終わった、仕事も大体終わった)

공통의미

거의, 대체로

요점

1. 「ほぼ」는 「大体」에 비해서 그 상태에 매우 가까운 경우에 쓰이는데 우리말의 '거의'에 해당된다(예문①③④⑤).
2. 「大体」는 대충 줄잡아 생각하거나 보는 경우에 쓰이는데 우리말의 '대체로'에 해당된다(예문②⑥⑦⑧).

예문과 해설

① このままだと優勝はほぼ/＊大体確実だ。(이대로라면 우승은 거의 확실하다)

➲ 이 경우에는 문말에 '확실하다'라고 하는 매우 확정적인 표현이 와 있으므로 그 상태에 매우 가까움을 나타내는 「ほぼ」가 적절하다. 만약 이 경우에 대충의 뜻을 나타내는 「大体」를 쓰게 되면 그 뒤에 오는 '확실하다'와 문맥상 모순이 발생하게 되므로 부적절하다.

② 大体/＊ほぼの予定をたてる。(대체로의 예정을 세운다)

➲ 이 경우에는 확실치 못한 예정을 세우는 것이므로 대충 줄잡아 생각함을 나타내는 「大体」가 적절하다. 아울러 「ほぼ」는 부사이므로 조사 「の」와 결합되어 쓰일 수가 없어서 여기에서는 어차피 부적절하다.

③ 新校舎はほぼ完成した。(새로운 교사는 거의 완성되었다)

➲ 새로운 교사가 목표치에 거의 가깝게 완성되었음을 나타내고 있다.

④ ほぼ同じ高さの山が連なっている。(거의 같은 높이의 산이 줄지어있다)

➲ 줄지어 있는 산들의 높이가 거의 차이가 없음을 나타내고 있다.

⑤ 消防署は町のほぼ中央にある。(소방서는 마을의 거의 중앙에 있다)

➲ 소방서가 마을의 중앙에 있는 것이나 다름없음을 나타내고 있다.

⑥ 一度読んだだけで大体分かった。(한번 읽은 것만으로 대체로 알았다)

➲ 온전한 것은 아니지만 줄잡아서 전반적으로 이해하였음을 나타내고 있다.

⑦ 大体人間というものはみなそうだ。(대체로 인간이라는 것은 모두 그렇다)

➲ 인간누구나 그러한 것은 아니지만 대충 생각해 볼 때, 대부분이 그러하다는 뜻을 나타내고 있다.

⑧ あの男の背は大体二メートルぐらいだろう。

(저 남자의 키는 대체로 2미터정도일 것이다)

➲ 키가 2미터는 아니지만 줄잡아 볼 때 그것에 육박함을 나타내고 있다.

「ほめる」「たたえる」「ほめたたえる」

(努力をほめる、努力をたたえる、努力をほめたたえる)

공통의미

칭찬하다

요점

1. 「ほめる」「たたえる」「ほめたたえる」는 모두 우리말의 '칭찬하다'에 해당되는 말이지만 상대에 따라서 구별되어 쓰인다.
2. 「ほめる」는 일상적으로 가장 많이 쓰이는 것으로 자신과 동등한 입장에 있는 사람이나 자신보다 아래에 있는 사람에게만 쓰는데, 우리말의 '칭찬하다'에 해당된다(예문①②⑤⑥⑦).
3. 「たたえる」는 자신보다도 위에 있는 사람에게만 쓰는데 구체적인 대상에는 쓰지 않고 주로 업적이나 행위에만 쓰인다. 비교적 딱딱한 어감의 문장체에서 쓰이는 경향이 있는데, 우리말의 '찬양하다'에 해당된다(예문③④⑧⑨).
4. 「ほめたたえる」는 자신보다 아래에 있거나 위에 있거나 상관없이 누구에게든지 쓸 수 있는데 구체적인 대상에는 쓰지 않고, 주로 업적이나 행위에만 쓰인다(예문③④⑩⑪). 매우 딱딱한 어감의 문장체인데 우리말의 '극찬하다'에 해당된다.

예문과 해설

① 先生が学生をほめる/＊たたえる/＊ほめたたえる。(선생님이 학생을 칭찬한다)

➲ 이 경우는 학생을 칭찬하는 일상적인 행위이므로 「ほめる」만이 적절하다. 「たたえる」와 「ほめたたえる」는 구체적인 사람을 칭찬하는 것이 아니라 주로 그 업적이나 행위를 찬양할 때에 쓰는 것이며, 더군다나 매우 딱딱한 문장체이므로 이 경우는 부적절하다.

② 作文の出来をほめる/?ほめたたえる＊たたえる。(작문이 잘 되었다고 칭찬하다)

➲ 이 경우와 같이 무언가를 잘 했다고 칭찬하는 때는 「ほめる」가 가장 적절하다. 「たたえる」는 윗분의 업적이나 행위를 찬양하는데 쓰이므로 여기에서는 부적절하고, 「ほめたたえる」는 아랫사람에게도 쓸 수는 있지만 극찬한다고 하는 뜻으로 쓰이므로, 작문을 잘 했다고 하는 대상에 쓰기는 과장된 어감이 주어지는 관계로 이 역시 여기에서는 다소 부적절하다.

③ 金(きん)メダルの栄誉(えいよ)をたたえる/ほめたたえる/✱ほめる。 (금메달의 영예를 찬양한다)

➲ 이 경우와 같이 뛰어난 업적을 찬양하는 데는 「たたえる」가 가장 적절하며, 「ほめたたえる」도 적절하다. 하지만 「ほめる」는 주로 아랫사람에 대하여 칭찬한다고 하는 일상적인 뜻으로 쓰이므로 여기에서는 부적절하다.

④ 先生(せんせい)の業績(ぎょうせき)をたたえる/ほめたたえる/✱ほめる。 (선생님의 업적을 찬양한다)

➲ 「ほめる」는 윗분에게는 쓸 수가 없으나 「たたえる」와 「ほめたたえる」는 윗분에게도 쓸 수가 있다.

⑤ 成績(せいせき)がよくて父(ちち)にほめられた。 (성적이 좋아서 아버지에게 칭찬받았다)

➲ 이 경우는 윗분으로부터 칭찬을 받는 것이므로 「ほめる」만이 적절하다.

⑥ あまりほめた話(はなし)ではない。 (그다지 칭찬할만한 이야기는 아니다)

➲ 관용적으로 '칭찬할만한, 칭찬할 가치가 있는'의 뜻으로 「ほめる」의 완료형인 「ほめた」가 쓰이고 있다.

⑦ 自分(じぶん)で自分(じぶん)をほめるなんて馬鹿(ばか)らしい。 (자신이 자신을 칭찬하다니 바보스럽다)

⑧ 神(かみ)の恵(めぐ)みをたたえる。 (신의 은총을 찬양하다)

➲ 이와 같이 절대적인 존재인 신에 대하여 찬양한다는 뜻으로는 오로지 「たたえる」만이 적절하다.

⑨ その功(こう)をたたえて銅像(どうぞう)を建(た)てる。 (그 공을 찬양하여 동상을 세운다)

➲ 「たたえる」는 이와 같이 주로 윗분의 업적을 찬양할 때에 쓰인다.

⑩ 社長(しゃちょう)は部長(ぶちょう)の功績(こうせき)をほめたたえた。 (사장님은 부장의 공적을 극찬했다)

➲ 이 경우는 아랫사람의 업적에 대하여 칭찬하는 것이므로 오로지 「ほめたたえる」만이 적절하다.

⑪ 言論(げんろん)はあの女優(じょゆう)の、アカデミ賞(しょう)の受賞(じゅしょう)を一斉(いっせい)にほめたたえた。
(언론은 그 여배우의 아카데미상 수상을 일제히 극찬했다)

➲ 이 경우는 위아래라고 할 것도 없는 대상의 업적을 칭찬하는 것이므로 「ほめたたえる」가 적절하다. 「ほめたたえる」는 윗분이건 아랫사람이건 간에 그 업적이나 행위를 칭찬할 때에 쓰인다.

「本当に」「まことに」「実に」

공통의미

정말로, 실로

요점

1. 「本当に」「まことに」「実に」는 모두 그 정도를 강조할 때에 쓰이는 말로 의미 용법은 비슷한데 다만 쓰이는 문체상의 차이가 엿보일 뿐이다.
2. 「本当に」는 우리말의 '정말, 정말로' 정도에 해당되는데 회화체에서 가장 많이 쓰이며 (예문①②) 때로는 「ほんとに」로 발음될 때도 있다(예문③).
3. 「まことに」는 우리말의 '참으로' 정도에 해당되는데 주로 격식을 차리는 문장체에서 주로 쓰인다(예문④⑤).
4. 「実に」는 우리말의 '실로'에 해당되는데 다소 문장체적인 어감이 있다(예문⑥⑦).

예문과 해설

① 彼らの行動には本当に困っている。(그들의 행동에는 정말로 곤란을 겪고 있다)

➲ 「本当に」는 이와 같이 일상적인 회화체에서 빈번하게 쓰이고 있다.

② 本当にお世話になりました。(정말로 신세졌습니다)

③ ほんとに恐ろしいことだ。(정말로 무서운 일이다)

➲ 「本当に」가 회화체에서는 이와 같이 축약되어 쓰이는 경우가 있다.

④ この度はまことにありがとうございました。(일전에는 참으로 감사했습니다)

➲ 「まことに」는 이와 같은 비교적 격식을 차리는 문체에서 주로 쓰이고 있다.

⑤ これはまことにおいしい料理だ。(이것은 참으로 맛있는 요리다)

⑥ 彼女の行為は実にすばらしいことだ。(그녀의 행위는 실로 멋진 것이다)

➲ 「実(じつ)に」역시 다소 격식을 차리는 듯한 어감이 주어진다.

⑦ チンパンジーは<u>実(じつ)に</u>りこうな動物(どうぶつ)だ。(침팬지는 실로 영리한 동물이다)

「毎日(まいにち)」「日日(ひび)」「連日(れんじつ)」

공통의미

매일

요점

1. 「毎日(まいにち)」는 가장 일상적으로 널리 쓰이는 말로 우리말의 '매일'에 해당된다(예문①②③④).
2. 「日日(ひび)」는 다소 격식을 차린 경우에 쓰이는 일이 많은데 우리말의 '매일 매일' 정도에 해당된다(예문⑤⑥⑦).
3. 「連日(れんじつ)」는 어느 일정기간동안, 며칠이고 같은 상태가 계속해서 일어남을 강조하는 말인데 우리말의 '연일'에 해당된다(예문⑧⑨⑩).

예문과 해설

① この頃(ごろ)は忠実(ちゅうじつ)した毎日(まいにち)を送(おく)っています。(요즘은 충실한 매일을 보내고 있습니다)

② 仕事(しごと)が忙(いそが)しくて毎日(まいにち)のように遅(おそ)く帰宅(きたく)する。
(일이 바빠서 매일같이 늦게 귀가한다)

③ 私(わたし)は毎日(まいにち)7時(じ)に家(いえ)を出(で)ます。(나는 매일 7시에 집을 나옵니다)

④ 水(みず)は毎日(まいにち)の生活(せいかつ)に欠(か)かせない。(물은 매일의 생활에 빠뜨릴 수 없다)

⑤ 日日(ひび)の生活(せいかつ)に追(お)われているこの頃(ごろ)です。
(매일 매일의 생활에 쫓기고 있는 요즘입니다)

➲ 「日日(ひび)」는 이와 같은 서간문 등의 비교적 격식을 차린 문체에서 주로 쓰인다.

⑥ ご多忙(たぼう)の日日(ひび)を送(おく)っていらっしゃるでしょう。
(다망하신 매일 매일을 보내고 계실 것입니다)

➲ 이것 역시 서간문 등의 문체에서 쓰인 경우일 것이다.

⑦ 日日(ひび)の出来事(できごと)を日記(にっき)に記(しる)す。(매일 매일의 일을 일기에 기록한다)

⑧ 連日(れんじつ)発展(はってん)して行(い)く姿(すがた)にみんな驚(おどろ)いた。(연일 발전해 나가는 모습에 모두 놀랐다)

➲ 「連日(れんじつ)」는 이와 같이 어느 일정기간 동안, 지속적으로 같은 상태가 전개됨을 나타내는 것에 의미의 중심이 놓인다.

⑨ 連日(れんじつ)の豪雨(ごうう)で橋(はし)が流(なが)された。(연일의 호우로 다리가 떠내려갔다)

⑩ 劇場(げきじょう)は連日(れんじつ)満員(まんいん)だ。(극장은 연일 만원이다)

「前(まえ)」「先(さき)」

(前(まえ)へ進(すす)む、先(さき)へ進(すす)む)

공통의미

(공간이나 순번에 있어서의)앞

요점

1. 「前(まえ)」와 「先(さき)」는 둘 다 공간에 있어서나 순번에 있어서의 '앞'을 나타내는데 실제의 의미용법상에서는 적지 않은 차이가 엿보인다.

2. 「前」는 공간적으로는 전반적으로 눈에 보이는 범위에서의 ‘앞’을 나타내며(예문②③) 순번에 있어서도 다른 말과 비교했을 때의 ‘앞’을 나타낸다(예문①⑤).

3. 「先」는 공간적으로는 추상적인 성격을 띠고 있어서 막연한 ‘앞’을 나타내며(예문④⑥⑦) 순번에 있어서도 비슷한 것들 중에서 가장 ‘맨 앞’을 나타낸다(예문①⑧⑨).

예문과 해설

① 一番前/先の列。(가장 앞의 열)

➲ 이 경우에 「前」를 쓰게 되면 다른 열과 비교했을 때의 앞의 열을 나타내지만, 「先」를 쓰게 되면 많은 열중에서 가장 맨 앞의 열을 나타내게 된다.

② 前/✱先を向いて歩く。(앞을 향해 걷는다)

➲ 이 경우는 실제로 눈에 보이는 앞을 뜻하고 있는데, 「先」는 눈에 보이는 앞을 나타내기보다는 추상적인 앞을 나타내므로 이 경우에는 부적절하다.

③ 校門の前/✱先で待つ。(교문 앞에서 기다린다)

➲ 교문의 앞은 눈으로 보이는 구체적인 공간이므로 「前」가 적절하다. 「先」는 막연한 앞을 가리키는 말이므로 여기에서 쓰게 되면 비현실적이 된다.

④ この先/✱前は行き止まりです。(이 앞은 통행금지입니다)

➲ 이 경우는 도달한 지점에서부터 눈에 보이는 앞의 범위를 가리키는 것이 아니라 막연한 앞을 나타내므로 「先」가 적절하다. 만약 이 경우에 「前」를 쓰게 되면 도달한 지점부터 어느 가시적인 일정거리까지만 통행금지라고 하는 비현실적인 어감이 주어지게 된다. 보통, 통행금지라고 하면 그 앞의 모든 길은 갈 수가 없음을 나타내기 마련이다.

⑤ その前にこれをしよう。(그 전에 이것을 하자)

➲ 이 경우는 처리해야 다른 일들과 비교해서 상대적으로 먼저 처리해야 할 일을 나타내고 있다.

⑥ 一歩先に出る。(한 걸음 앞서 나온다)

➲ 이 경우는 공간적으로 막연하게 한 걸음 앞이라는 뜻만을 나타내고 있는데, 여기에서는 「前」도 쓰기가 적절하다. 다만 「前」는 「先」와 달리 가시적으로 한 걸음 앞이라고 하는 어감이 보다 강하다.

⑦ 五メートル先すら見えない。(5미터 앞조차 보이지 않는다)

➲ 안개로 잔뜩 가려진 막연한 앞을 나타내고 있는데, 결국에는 전반적으로 아무것도 보이지 않음을 강조하고 있다. 이 경우에 「前」를 쓰게 되면 실제의 공간적인 5미터거리를 나타내게 된다.

⑧ こちらを先(さき)にしよう。(이쪽을 먼저 하자)

➲ 비슷하게 처리해야 할 일중에서 가장 먼저 처리하고자 함을 나타내고 있다.

⑨ 私(わたし)が一番(いちばん)先(さき)に着(つ)いた。(내가 가장 먼저 도착했다)

➲ 이 경우는 비슷한 조건의 사람들 가운데에서 말하는 사람이 맨 먼저 도착했음을 나타내고 있다. 「前(まえ)」는 단지 순번 상에서 다른 것보다 앞에 있음을 나타낼 뿐이어서, 이와 같이 맨 처음 도착했음을 나타내는 경우에는 쓰기가 부적절하다.

「任(まか)せる」「委(ゆだ)ねる」

(すべてを彼(かれ)に任(まか)せる、すべてを彼(かれ)に委(ゆだ)ねる)

공통의미

맡기다, 위임하다

요점

1. 「任(まか)せる」는 어떤 일의 처리나 판단을 다른 사람에게 의뢰하여 그 사람이 자유롭게 하도록 한다는 의미로 쓰이는데 주로 규모가 작은 일이나 개인적인 일에 쓰이는 경향이 있다. 우리말의 '맡기다'에 해당된다(예문①②③⑥⑦⑧⑨).
2. 「委(ゆだ)ねる」는 어떤 일의 처리나 판단 등, 모든 것을 다른 사람에게 전면적으로 맡기는 것인데 「任(まか)せる」에 비하여 상대에게 모든 것을 맡긴다고 하는 의미가 더 강하다. 주로 규모가 크며 공적인 일에 쓰이는 경향이 있는데 우리말의 '위임하다'에 해당된다(예문①④⑤⑩⑪).

예문과 해설

① 学校(がっこう)の運営(うんえい)を任(まか)せる/委(ゆだ)ねる。(학교의 운영을 맡긴다/위임한다)

➲ 이 경우는 둘 다 적절한데 「任(まか)せる」보다 「委(ゆだ)ねる」쪽이 모든 것을 전면적으로 맡긴다고 하는 의미가 더 강하다. 또한 「任(まか)せる」는 개인적인 차원에서 학교의 운영을 맡긴다는 뜻이 있는

반면에, 「委ねる」는 이사회 등의 결정에 의하여 공적으로 학교의 운영을 위임한다는 뜻이 주어진다.

② その仕事は彼に任せた/?委ねた方がよい。(그 일은 그에게 맡기는 편이 좋다)

➲ 이 경우는 문말의 표현을 볼 때, 개인적인 차원에서 맡긴다는 뜻이 되므로 「任せる」가 보다 적절하다. 만약 문말의 표현에, '~하기로 결정되었다'와 같은 것이 왔다면 「委ねる」도 적절하다.

③ このことは心配しないで僕に任せなさい/✱委ねなさい。
(이 일은 걱정하지 말고 나에게 맡겨라)

➲ 이 경우도 문맥으로 볼 때 규모가 작고 개인적인 차원의 일로 여겨지므로 「任せる」가 적절하다. 이러한 경우에 「委ねる」를 쓰게 되면 의미가 너무 과장되는 느낌이 주어져서 부적절하다.

④ 代表に全権が委ねられた/✱任せられた。(대표에게 전권이 위임되었다)

➲ 이 경우와 같이 규모가 크고 공적인 차원의 일로 여겨지는 때는 「委ねる」가 적절하다. 이러한 경우에 「任せる」를 쓰게 되면 의미가 너무 가벼워지게 된다.

⑤ すべての行政を総理に委ねる/✱任せる。(모든 행정을 총리에게 위임한다)

➲ 이 경우와 같이 규모가 매우 크고 공적인 일인 때는 「委ねる」가 적절하다.

⑥ 病気のことは医者に任せればよい。(병에 관한 것은 의사에게 맡기면 좋다)

➲ 이 경우는 개인적인 것이므로 「任せる」가 적절하다.

⑦ 子どもの世話を親に任せる。(아이돌보는 것을 부모에게 맡긴다)

⑧ 運を天に任せて試合に出る。(운을 하늘에 맡기고 시합에 나간다)

⑨ 店の管理は彼に任せている。(가게의 관리는 그에게 맡기고 있다)

⑩ 進退は部長の判断に委ねることにした。(진퇴는 부장의 판단에 위임하기로 했다)

➲ 비교적 일의 비중이 큰 것이므로 「委ねる」가 적절하다.

⑪ 新しい校長に学校教育を委ねる。(새로운 교장에게 학교교육을 위임한다)

「まさに」「まさしく」「真(しん)に」

(ベニスはまさに水(みず)の町(まち)だ、ベニスはまさしく水(みず)の町(まち)だ、ベニスは真(しん)に水(みず)の町(まち)だ)

공통의미

참으로, 그야말로

요점

1. 「まさに」는 그 뒤에 오는 사항이 틀림없다고 하는 사실을 확인했을 때에 쓰이는데 비교적 말하는 사람의 주관이 들어간 말로 우리말의 '참으로, 정말로' 정도에 해당된다(예문①②④⑤).
2. 「まさしく」는 그 뒤에 오는 사항이 객관적으로 보았을 때 틀림없다고 하는 사실을 납득했을 경우에 쓰이는 말로 우리말의 '그야말로, 틀림없이' 정도에 해당된다(예문①②⑥⑦).
3. 「真(しん)に」는 말뿐만이 아니라 실제로 그러하다고 하는 것을 강조해서 말하는 것으로 우리말의 '실로' 정도에 해당된다(예문③⑧⑨).

예문과 해설

① まさに/まさしく/＊真(しん)におっしゃるとおりです。
(참으로/그야말로 말씀하시는 대로입니다)

➲ 이 경우는 상대의 말에 틀림없이 납득하였음을 나타내는 것인데 「真(しん)に」는 말로서만이 아니라 실제로도 그러함을 나타내는 것이어서, 여기에서 쓰게 되면 너무 과장된 표현이 되므로 부적절하다. 한편 「まさに」는 주관적으로 그렇게 확인했음을 나타내고, 「まさしく」는 객관적으로 봐서 그렇게 납득했음을 나타내는 것이어서 여기에서는 둘 다 적절하다.

② あの声(こえ)はまさに/まさしく/＊真(しん)に父(ちち)だ。(저 목소리는 정말로/틀림없이 아버지다)

➲ 이 경우는 아버지의 목소리일 것으로 판단하는 것인데 「真(しん)に」는 실제로도 그러함을 강조하는 것이므로 부적절하고, 「まさに」는 주관적으로 아버지의 목소리일 것으로 판단하는 것이며, 「まさしく」는 틀림없이 아버지의 목소리라고 납득하는 것이므로 여기에서는 둘 다 적절하다.

③ 山田(やまだ)さんは真(しん)に/＊まさに/＊まさしく国(くに)を思(おも)う人(ひと)だ。
(야마다씨는 실로 나라를 생각하는 사람이다)

➲ 이 경우와 같이 말뿐만이 아니라 실제로도 그러함을 나타낼 때는 오로지 「真に」만이 적절하다. 「真に」는 겉모양만이 아니라 실제로도 그러하다고 하는 것을 강조하는 말이기 때문이다. 여기에서의 야마다씨는 말로만 나라를 생각하는 것이 아니라 실제로 몸으로도 나라 사랑을 실천하는 사람인 셈이다.

④ この作品はまさに傑作だ。(이 작품은 참으로 걸작이다)

➲ 이 작품이 걸작이 틀림없다고 판단하는 과정 속에 말하는 사람의 주관이 들어가 있다.

⑤ 事件後まさに百日目に犯人が逮捕された。
(사건 후 참으로 백 일째에 범인이 체포되었다)

⑥ 彼はまさしく天才だ。(그는 그야말로 천재다)

➲ 이 경우는 누가 보아도 그가 천재임에 틀림없다는 판단을 객관적인 시각에서 하고 있다.

⑦ これはまさしく犯罪だ。(이것은 틀림없이 범죄다)

⑧ 先生は真に国の将来を考えた方です。
(선생님은 실로 나라의 장래를 생각한 분입니다)

➲ 선생님이 명실상부하게 나라의 장래를 생각한 분이라는 뜻을 나타내고 있다.

⑨ 知識が真に自分のものとなる。(지식이 실로 자신의 것이 된다)

참고

「まさに」에는 이 밖에도, 어떤 일이 일어나기 직전임을 나타내는 용법도 있으며 이 경우는 우리말의 '막, 바야흐로' 정도에 해당되는데, 다른 말에는 이러한 용법이 없다.

「まさに出発しようとした時、彼から電話がかかって来た」(막 출발하려고 했을 때, 그로부터 전화가 걸려왔다)」

「太陽はまさに沈もうとしている」(태양은 바야흐로 지려고 하고 있다)」

「～ました」「～てしまいました」

(全部読みました、全部読んでしまいました)

●●● 요점

1. 「~ました」는 오로지 동사연용형에만 접속되어 정중함을 나타내는 조동사 「~ます」의 과거형으로, 어떠한 동작이나 상태가 단지 완료되었다고 하는 사실만을 정중하게 나타낼 뿐이다. 우리말의 '～(했)습니다'에 해당된다(예문①②③④⑤⑥).
2. 「～てしまいました」는 동사연용형에 접속되는 접속조사 「て」에 보조동사 「しまう」의 정중한 과거형이 접속된 형태로서, 크게 '완료'와 '유감, 후회'의 두 가지 의미를 나타낸다. 다만, '완료'를 나타내는 경우에는 단순한 완료가 아니라 비교적 짧은 시간에 일부가 아닌 전부를 완료했다고 하는 의미가 담겨있다. '완료'를 나타낼 때는 우리말의 '～해 버리다' 정도에 해당되고(예문①②), '유감, 후회'를 나타낼 때는 '～하고 말다' 정도에 해당된다(예문③④).

●●● 예문과 해설

① 全部(ぜんぶ)読(よ)みました/全部(ぜんぶ)読んでしまいました。

(전부 읽었습니다/전부 읽어버렸습니다)

➲ 이 경우는 둘 다 적절한데 「読(よ)みました」는 단지 전부 읽었다고 하는 사실만을 나타낼 뿐이지만, 「読(よ)んでしまいました」는 일부가 아니라 전부를 비교적 짧은 시간에 읽었다고 하는 완료의 뜻을 나타내게 된다.

② あっという間(ま)に読(よ)みました/あっという間(ま)に読(よ)んでしまいました。

(눈 깜짝할 사이에 읽었습니다/눈 깜짝할 사이에 읽어버렸습니다)

➲ 이 경우의 「~てしまいました」는 전부 읽는 행위를 아주 짧은 시간에 완료하였음을 나타내게 된다.

③ 寝坊(ねぼう)して遅刻(ちこく)しました/寝坊(ねぼう)して遅刻(ちこく)してしまいました。

(늦잠자서 지각했습니다/늦잠자서 지각하고 말았습니다)

➲ 지각을 하는 행위를 완료한다는 것은 현실적으로 있을 수 없는 것이므로 이 경우의 「~てしまいました」는 지각한 데에 대한 유감의 기분을 나타내는 것으로 보아야 한다. 한편 이 경우의 「~ました」는 단지 지각한 사실이 있었음을 정중하게 나타낼 뿐이다.

④ 電車(でんしゃ)の中(なか)にかさを忘(わす)れました/電車(でんしゃ)の中(なか)にかさを忘(わす)れてしまいました。

(전차 안에 우산을 두고 왔습니다/전차 안에 우산을 두고 오고 말았습니다)

➲ 이 경우 역시 예문⑤와 같은 구조를 지니고 있어서, 「~てしまいました」는 후회나 유감의 뜻을 나타내게 된다.

⑤ 少(すこ)し読(よ)みました/✱少(すこ)し読(よ)んでしまいました。

(조금 읽었습니다/✱조금 읽어버렸습니다)

➲ 「~ました」를 쓰게 되면 단지 조금 읽었다고 하는 사실만을 나타낼 뿐이지만, 「~てしまいました」를 쓰게 되면 완료의 의미를 나타내게 되는데, 이 경우는 전부 읽은 것이 아니라 일부만 읽은 셈이므로 「~てしまいました」는 부적절하다. 「~てしまいました」는 전부를 완료한 것에만 쓸 수가 있기 때문이다.

⑥ ゆっくり読みました/＊ゆっくり読んでしまいました。

(천천히 읽었습니다/＊천천히 읽어버렸습니다)

➲ 「~てしまいました」는 되도록 짧은 시간에 완료하는 것에 쓰이는데, 이 경우는 천천히 긴 시간에 걸쳐서 읽었다고 하는 경우이므로 부적절하다.

「まして」「なおさら」

공통의미

하물며, 더욱

요점

1. 「まして」는 전에 제시된 경우보다 나중에 제시되는 경우가 말할 것도 없이 그 상태가 보다 강하게 나타남을 뜻하는 것으로, 나중에 제시되는 경우를 보다 강조하는 뜻을 나타낸다. 우리말의 '하물며'에 해당된다(예문①②).
2. 「なおさら」는 전에 제시된 경우보다 나중에 제시된 경우의 정도가 더 높음을 나타낼 뿐으로 우리말의 '더욱, 보다' 정도에 해당된다(예문③④).

예문과 해설

① 離れている所でさえうるさいのだから、まして近所は耐えられないだろう。

(떨어져 있는 곳에서조차 시끄러우니까, 하물며 근처는 견딜 수 없을 것이다)

➲ 이 경우는 앞에 제시되어 있는 '떨어져 있는 곳에서도 시끄럽다' 고 하는 내용으로 미루어, 뒤에 제시되는 '근처'에서는 말할 것도 없이 더욱 시끄러워서 견딜 수가 없을 것임을 나타낸다. 이와 같이 「まして」는 뒤에 오는 내용을 보다 강조하는 용법으로 쓰인다.

② 他人でさえ涙が出るほどうれしいのだ。まして本人はもっとうれしいだろう。

(타인조차도 눈물이 나올 정도로 기쁜 것이다. 하물며 본인은 더욱 기쁠 것이다)

➲ 이 경우도 앞에 제시되어 있는 '타인도 눈물이 나올 정도로 기쁘다'고 하는 내용으로 미루어, 뒤에 제시되는 '본인'은 말할 것도 없이 더욱 기쁠 것임을 강조하게 된다.

③ 本人だけでなく、相手の両親まで喜んでくれて、なおさらうれしい。
(본인뿐만 아니라, 상대부모까지 기뻐해 주어서 더욱 기쁘다)

➲ 이 경우는 단지 기쁨의 정도가 더욱 컸을 것임을 나타내고 있다.

④ 表紙がよければなおさらすばらしかったのに。
(표지가 좋다면 보다 멋있었을 텐데)

➲ 이 경우 역시 단지 멋지다고 하는 정도가 더욱 컸을 것임을 나타내고 있다.

「混じる」「混ざる」

(女の中に男が混じる、女の中に男が混ざる)

공통의미

섞이다

요점

1. 「混じる」는 수적으로 많은 것 속에 수적으로 적은 것이 들어가 섞인다고 하는 의미로 쓰인다(예문①②③④⑤⑥). 얼핏 보기에는 상1단동사 같으나 실제로는 예외 동사여서 5단으로 활용한다.
2. 「混ざる」는 수적으로 거의 비슷한 것끼리 섞여서 함께 된다고 하는 의미로 쓰이며 「交ざる」로도 표기한다(예문①②⑦⑧⑨).
3. 「混じる」와 「混ざる」는 이상과 같은 기본적인 의미용법상의 차이가 있음에도 불구하고 현재는 거의 같은 의미용법으로 쓰이고 있다.

예문과 해설

① 麦の混じった/混ざったご飯が好きだ。(보리가 섞인 밥을 좋아한다)

➲ 이 경우는 둘 다 적절한데 「混じる」를 쓰게 되면 쌀보다 보리가 적게 섞이는 것을 나타내고, 「混ざる」를 쓰게 되면 쌀과 보리가 동등한 비율로 섞이는 것을 나타내게 된다.

② 女の中に男が混じる/混ざる。(여자 속에 남자가 섞인다)

➲ 이 경우 「混じる」를 쓰게 되면 여자의 수가 많으며, 「混ざる」를 쓰게 되면 남녀의 수가 비슷하게 된다.

③ 男子に混じって/＊混ざって練習する。(남자에 섞여서 연습한다)

➲ 이 경우는 남자의 수가 많은 무리 속에 적은 수의 여자가 섞인다고 하는 뜻이므로 「混じる」가 적절하다. 「混ざる」는 수적으로 비슷한 것끼리 섞인다는 뜻이므로 여기에서는 부적절하다.

④ 言葉に時々方言が混じる/＊混ざる。(말에 때때로 방언이 섞인다)

➲ 이 경우는 표준어에 적은 양의 방언이 섞이는 것을 나타내는 것이므로 「混じる」가 적절하다.

⑤ 若者に混じって学ぶ。(젊은이에 섞여서 배운다)

➲ 이 경우는 젊은이가 수적으로 보다 많을 것이다.

⑥ 子供に混じって大人も楽しんだ。(아이에 섞여서 어른도 즐겼다)

⑦ 赤に白が混ざっている。(빨강에 하얀색이 섞여있다)

⑧ よく混ざるようにドレッシングの瓶を振る。(잘 섞이도록 드레싱병을 흔든다)

➲ 이 경우는 혼합비율이 거의 비슷할 것이다.

⑨ 胡麻油を入れて、よく混ざるようにかき混ぜる。
(참기름을 넣고서 잘 섞이도록 뒤섞는다)

「増す」「増やす」

(水の量を増す、水の量を増やす)

공통의미

늘리다

요점

1. 「増す」는 자동사로도 쓰이고(늘어나다) 타동사로도 쓰이는데(늘리다) 여기서는 타동사로서의 용법에만 한정짓는다. 「増す」는 수량이나 분량을 늘리는 데도 쓰이지만 주로 정도를 늘리는 데에 쓰인다(예문④⑤⑥). 「増す」는 분량을 늘리는 것에 쓰는 것은 전혀 문제가 없지만(예문③) 수량을 늘리는 것에 쓰게 되면 다소 딱딱한 어감이 주어진다(예문①). 「増す」가 타동사로 쓰이면 언제나 「~を増す」의 형태를 취하게 되어 그 앞에는 오로지 조사 「を」만이 오게 된다.
2. 반면에, 「増やす」는 오로지 수량이나 분량을 늘리는 데에만 쓰이며 정도를 늘리는 데에는 일체 쓰이지 않는다(예문①②③⑦). 「増やす」는 타동사이므로 그 앞에는 언제나 조사 「を」가 오게 되어, 「～を増やす」의 형태로 쓰인다.

예문과 해설

① 人数を増す/増やす。(사람 수를 늘린다)

➲ 「増す」를 써도 좋으나, 수량이 느는 경우에는 「増やす」가 적절하다. 「増す」를 수량이 느는 경우에 쓰게 되면 다소 딱딱한 어감이 되기 때문이다.

② 交通量を増す/増やす。(교통량을 늘린다)

➲ 이 경우는 분량을 늘리는 것이어서 두 가지 다 적절하다.

③ 水の量を増す/増やす。(물의 양을 늘린다)

➲ 이 경우도 분량을 늘리는 것이어서 두 가지 다 적절하다.

④ 人気を増す/＊増やす。(인기를 더한다)

➲ 이 경우에는 정도를 늘리는 것이어서 「増す」만이 적절하며, 「増やす」는 오로지 수량이나 분량을 늘리는 것에만 쓰이는 것이어서 이 경우는 부적절하다.

⑤ 勢いを増す/＊増やす。(기세를 더한다)

➲ 이 경우 역시 기세라고 하는 정도를 늘리는 것이므로 「増す」만이 적절하다.

⑥ 車はスピードを増し早く走った。(차는 스피드를 늘려서 빨리 달렸다)

➲ 이 경우도 스피드라고 하는 정도를 늘리는 것이므로 「増す」만이 적절하다.

⑦ あの人はもっと稼ぐために仕事を増やした。
(저 사람은 더 벌기 위해서 일을 늘렸다)

➲ 이 경우는 일의 양을 늘리는 것이므로 「増やす」가 적절하다.

「また」「再び」

(また失敗するな、再び失敗するな)

공통의미

또, 다시, 재차

요점

1. 「また」는 격식을 차린 문체에서도 쓰이고 일상적인 회화체에서도 쓰인다(예문①②③⑤⑥). 우리말의 '또, 다시'에 해당된다.
2. 「再び」는 일상적인 회화체보다는 격식을 차린 문체에서 주로 쓰인다(예문①④⑦⑧). 우리말의 '재차'에 해당된다.

예문과 해설

① 彼女はその後また/再び帰らなかった。(그녀는 그 후 다시 돌아오지 않았다)

➲ 이 경우는 일상적인 회화체가 아니므로 둘 다 적절하다. 즉, 「また」는 문장체나 회화체 어느 쪽에나 쓸 수가 있고, 「再び」는 문장체에서 주로 쓰이는 것이다.

② そのうちまた/*再び会おう。(조만간에 다시 만나자)

➲ 이 경우와 같은 일상적인 회화체에서는 「また」가 적절하다. 「再び」는 문장체에서 주로 쓰이므로 여기에서는 부적절하다.

③ 三十分後(さんじっぷんご)にまた/✱再(ふた)び来(き)てくれ。(30분후에 다시 와다오)

➲ 이 경우 역시 일상적인 회화체이므로 「また」가 적절하며, 「再(ふた)び」는 문장체에서 주로 쓰이므로 여기에서는 부적절하다.

④ 二度(にど)と再(ふた)び/✱また来(く)るな。(두 번 다시 오지마라)

➲ 이 경우는 회화체임이 분명하기는 하지만 그 앞에 「二度(にど)と」가 와서 보다 강조하는 뜻을 나타내고 있는데, 이와 같이 「二度(にど)と」와 함께 쓰일 때는 오로지 「再(ふた)び」만이 적절하다.

⑤ 注意(ちゅうい)されたばかりなのにまた間違(まちが)えた。(주의 받은 지 얼마 안 되는데 또 틀렸다)

➲ 이 경우는 일상적인 회화체이므로 「また」가 적절하다.

⑥ うちのチームはまた負(ま)けた。(우리 팀은 또 졌다)

⑦ ふるさとを再(ふた)び訪(おとず)れる。(고향을 재차 방문한다)

➲ 문말에 「訪(おとず)れる」와 같은 비교적 딱딱한 어감의 말이 와있으므로 여기에서는 「再(ふた)び」가 적절하다.

⑧ 失(うしな)われた信頼(しんらい)を再(ふた)び取(と)り戻(もど)す。(잃었던 신뢰를 재차 회복한다)

➲ 이 경우 역시 비교적 격식을 차린 딱딱한 어감의 문체이므로 「再(ふた)び」가 적절하다.

「まだ～ていません」「まだ～ません」「～ませんでした」「～ません」

(まだ見(み)ていません、まだ見(み)ません、見(み)ませんでした、見(み)ません)

공통의미

말하는 시점에서 아직 동작, 행위가 실현되지 못했음을 나타내는 용법

요점

1. 예를 들어, 우리말에서는 '저녁식사 했습니까?'라는 질문에 대해, 아직 먹지 않았을 경우에는 '아직 안(못) 먹었습니다'로 표현하는 것이 일반적이다. 하지만, 일본어에서는 이러

한 경우, 앞으로 먹을 의사나 가능성이 있는가의 여부에 따라서 표현이 달라지며, 또한 다시는 먹을 수가 없는 과거의 일인가에 따라서도 표현이 달라진다.

결국, 우리말의 경우와 비교할 때, 일본어는 매우 복잡한 양상을 보이고 있으므로 각별히 주의하여 용법을 익혀야 할 것이다. 여기에서는 동사 「見(み)る」를 샘플로 하여 네 가지 형식의 의미용법상 차이를 살펴보기로 한다.

2. 「まだ～ていません」은 어떤 동작이나 행위가 말하는 시점을 기준으로 아직 실현되지 않았다고 하는 것만을 나타내는데, 이후에 실현될 가능성이 있을 때 쓰게 된다(예문①). 이 경우 앞의 부사 「まだ」가 생략될 수도 있는데 그렇다 하더라도 의미상의 변화는 전혀 없다.

3. 「まだ～ません」은 어떤 동작이나 행위가 말하는 시점을 기준으로 아직 실현되지 않았음을 나타내는 점에서는 「まだ～ていません」과 같으나, 실현될 예정은 있으나 아직 그러한 적절한 시기가 아님을 나타내는 점에서 차이가 있다(예문②). 이 경우 앞의 부사 「まだ」는 절대로 생략할 수가 없으며, 만약 생략하게 되면 아직도 실현되지 않았거니와 앞으로도 그럴 예정이나 의사가 전혀 없음을 나타내게 된다. 하지만, 이러한 표현을 쓸 수 있는 동사는 지극히 제한되어 있어서 보통은 「まだ～ていません」을 쓰게 된다.

4. 「～ませんでした」는 이미 지난 과거시점에 그러한 동작이나 행위가 이루어지지 않았음을 단순하게 나타낼 뿐으로, 앞으로도 실현될 가능성이 전혀 없는 경우에 쓰인다(예문③). 우리말의 경우, 과거시점에 동작이나 행위가 이루어지지 않았음을 단순하게 나타내는 점에서는 일본어와 같으나, 한편으로는 말하는 시점을 기준으로 앞으로 실현될 가능성이 있는 경우에도 이러한 표현을 쓴다는 점에서는 일본어와 크게 다르다.

5. 「～ません」은 말하는 시점을 기준으로 그 동작, 행위가 실현되지 않았을 뿐더러 이후에도 그 동작이나 행위를 할 의사가 전혀 없음을 나타낸다(예문④).

예문과 해설

① A: あの映画(えいが)、ずいぶん話題(わだい)になりましたけど、見(み)ましたか。
(저 영화, 무척 화제가 되었습니다만, 봤습니까?)

B: いいえ、まだ見(み)ていません。(아니오, 아직 안 봤습니다)

➲ 이 경우는 화제의 영화가 아직 상영 중이며 볼 예정은 있지만, 말하는 시점현재에서는 아직 보지 않았다고 하는 사실만을 나타내고 있다.

② A: あの映画(えいが)、ずいぶん話題(わだい)になりましたけど、見(み)ましたか。
(저 영화, 무척 화제가 되었습니다만, 봤습니까?)

B: いいえ、まだ見(み)ません。もう少(すこ)しすいてから見(み)ようと思(おも)っています。

(아니오, 아직 안 봤습니다. 좀 더 한가해지고 나서 보려고 생각하고 있습니다)

➲ 이 경우는 화제의 영화가 아직 상영 중이며 볼 예정은 있지만, 아직 그런 적절한 시기가 아님을 나타내고 있다.

③ A: あの映画、ずいぶん話題になりましたけど、見ましたか。
(저 영화, 무척 화제가 되었습니다만, 봤습니까?)

B: いいえ、見ませんでした。(아니오, 안 봤습니다)

➲ 이 경우는 화제의 영화는 이미 상영이 끝났으며, 과거에 상영하고 있었던 시기에 보지 않았다고 하는 사실만을 나타내고 있다. 물론 말할 것도 없이 현재로서는 화제의 영화는 볼 수가 없다. 이와 같이 과거에 동작이나 행위가 이루어지지 않았음만을 나타내는 용법에서는 우리말의 경우와 같으나, 우리말에서는 이와 같은 표현을 앞으로 실현가능성이 있을 경우에도 쓴다고 하는 점이 일본어와 크게 다르다.

④ A: あの映画、ずいぶん話題になりましたけど、見ましたか。
(저 영화, 무척 화제가 되었습니다만, 봤습니까?)

B: いいえ、見ません。(아니오, 아직 안 봤습니다)

➲ 이 경우는 화제의 영화는 아직 상영 중이지만 아직 보지 않았으며, 앞으로도 볼 의사가 전혀 없음을 나타내고 있다.

⑤ A: もう終わりましたか。(이제 끝났습니까?)

B: いいえ、まだ終わっていません。(아니오, 아직 끝나지 않았습니다)

➲ 이 경우는 말하는 시점에서 어떤 일이 아직 끝나지 않은 상태임을 나타내고 있다.

⑥ A: 試験の結果を聞きましたか。(시험결과를 들었습니까?)

B: いや、まだ聞いていません。(아니, 아직 듣지 않았습니다)

➲ 이 경우 역시 말하는 시점에서 아직 시험결과를 듣지 않은 상태임을 나타내고 있다.

⑦ 卒業後の進路についてはまだはっきりとは決めていません。
(졸업 후의 진로에 관해서는 아직 뚜렷하게는 정하지 않았습니다)

➲ 이 경우도 말하는 시점에서는 졸업 후의 진로를 뚜렷하게 정하지 못했으나 언젠가는 정할 것임을 암시하고 있다. 이러한 경우, 만약 우리말식대로 단지 「決めませんでした」로만 할 것 같으면 말하는 시점이전에 진로를 정하지 못했다고 하는 과거사실만을 나타내게 된다.

「間違い」「誤り」「過ち」

(重大な間違いを犯す、重大な誤りを犯す、重大な過ちを犯す)

공통의미

잘못

요점

1. 「間違い」「誤り」「過ち」는 모두 우리말의 '잘못' 의 의미를 나타내는 말이지만 구체적이냐 추상적이냐에 따라서, 그리고 그 강도에 따라서 구별되어 쓰인다.
2. 「間違い」는 동사 「間違う(틀리다)」의 연용형 「間違い」가 명사형으로 바뀐 것인데 구체적으로 틀리는 것에 쓰이며 우리말의 '실수, 미스' 정도에 해당된다(예문①②③⑤).
3. 「誤り」는 동사 「誤る(잘못하다)」의 연용형 「誤り」가 명사형으로 바뀐 것인데 옳고 그름의 기준에서 보았을 때 추상적으로 그르쳐짐을 나타내며 우리말의 '틀림, 그르침' 정도에 해당된다(예문①②⑤).
4. 「過ち」는 동사 「過つ(과오를 저지르다)」의 연용형 「過ち」가 명사형으로 바뀐 것인데 사회규범이나 도덕적으로 보았을 때 되 돌이킬 수 없이 잘못한 결과를 가리키며 우리말의 '과오' 정도에 해당된다(예문①④).

예문과 해설

① 重大な間違い/誤り/過ちを犯す。(중대한 실수, 과오를 저지르다)

➲ 이 경우는 전후문맥이나 적절한 장면의 설정이 없어서 어떤 잘못이나 실수인지가 명확하지 않으므로 세 가지 다 적절하다. 다만 「間違い」는 구체적인 실수를, 「誤り」는 추상적인 잘못을, 「過ち」는 되 돌이킬 수 없는 과오를 나타낸다고 하는 뉘앙스의 차이는 있다.

② 彼の文書には漢字の間違い/誤り/＊過ちが多い。
(그의 문서에는 한자를 잘못 쓴 것이 많다)

➲ 이 경우는 한자표기의 잘못이나 그르침을 나타내는 정도이므로 「過(あやま)ち」는 너무 어감이 무거워서 부적절하다. 한편, 「間違(まちが)い」는 잘못 표기되어 있는 상태에 주목하게 되고, 「誤(あやま)り」는 잘못 표기한 주체에 주목하게 된다.

③ 今度(こんど)こそ間違(まちが)い/＊誤(あやま)り/＊過(あやま)ちなく成功(せいこう)する。
(이번이야말로 틀림없이 성공한다)

➲ 이 경우는 옳고 그름이나 과오의 문제가 아니라 무언가를 실수가 없이 성공시키겠다고 하는 정도의 문제이므로 「間違(まちが)い」가 적절하다.

④ 酒(さけ)の上(うえ)での過(あやま)ち/?間違(まちが)い/＊誤(あやま)りはよくない。
(술 마시고 하는 잘못은 좋지 않다)

➲ 술주정은 사회규범이나 도덕적으로 볼 때 바람직한 행동이 아니므로 「過(あやま)ち」가 적절하며, 「間違(まちが)い」는 술주정까지 표현하기에는 약한 어감이 있다. 「誤(あやま)り」는 주로 추상적인 잘못을 나타내는 것이므로 여기에서는 부적절하다.

⑤ 原稿(げんこう)の間違(まちが)い/誤(あやま)り/＊過(あやま)ちを正(ただ)す。(원고의 잘못된 곳을 고친다)

➲ 이 경우는 실수나 틀린 곳을 고친다고 하는 의미이므로 「過(あやま)ち」는 부적절하다. 「過(あやま)ち」는 비교적 비중이 큰 과오를 나타내는 데에 주로 쓰인다.

「間近(まぢか)」「身近(みぢか)」「手近(てぢか)」

공통의미

매우 가까움을 나타내는 의미용법

요점

1. 「間近(まぢか)」는 공간적으로나 시간적으로 매우 가까워졌음을 나타내는 것이다(예문①⑤⑥⑦).
2. 「身近(みぢか)」는 자신이 있는 곳에서 매우 가깝다고 하는 공간적인 의미를 나타내는 이외에(예

문②⑧⑨⑩), 평소의 생활을 통하여 자신과 관계가 깊음을 나타내기도 한다(예문③).

3. 「手近」는 손이 닿을만한 가까운 거리에 있다고 하는 공간적인 의미를 나타내기도 하고 (예문②⑪), 한편으로는 다루거나 이해하기가 매우 쉬운 것을 나타내기도 한다(예문④⑫).

예문과 해설

① 卒業が間近/＊身近/＊手近になった。(졸업이 가까워졌다)

➲ 이 경우는 시간적으로 매우 가까워졌음을 나타내는 것인데 이와 같이 시간적인 근접을 나타내는 때는 오로지 「間近」만이 적절하다. 「身近」와 「手近」에는 공간적인 근접을 나타내는 용법은 있으나, 시간적인 근접을 나타내는 용법은 없으므로 둘 다 여기에서는 부적절하다.

② 身近/手近/＊間近にある辞書で調べる。(가까이 있는 사전으로 조사한다)

➲ 일단은 위의 세 가지 말 모두 공간적으로 가까움을 나타내기는 하지만 「間近」는 자신이 있는 곳에서 가까이 있는 것을 보거나 가까운 거리에 무언가가 있음을 나타내는 경우에 쓰이며 이 경우와 같이 자신의 몸 주변을 나타내지는 못하므로 부적절하다. 한편, 「身近」와 「手近」는 둘 다 몸 주변을 나타낼 수 있으므로 적절하다.

③ 身近な/＊間近な/＊手近な人と話し合う。(가까운 사람과 이야기 나눈다)

➲ 이 경우와 같이 누군가와 친근한 사이에 있음을 나타낼 때는 오로지 「身近」만이 적절하다. 「間近」는 가까운 거리에 있음을 나타내고 「手近」는 자기 몸 가까이 있음을 나타낼 뿐이어서 여기에서는 둘 다 부적절하다.

④ 手近に/＊間近に/＊身近に利用できる施設です。
(손쉽게 이용할 수 있는 시설입니다)

➲ 이 경우와 같이 손쉽게 무언가를 이용할 수 있음을 나타낼 때는 오로지 「手近」만이 적절하다.

⑤ 目的地も間近に迫って来た。(목적지도 가까이 다가왔다)

➲ 이 경우는 공간적으로 목적지가 가까이에 있음을 나타내고 있다.

⑥ 大統領を間近に見た。(대통령을 가까이서 보았다)

⑦ コンビニは家の間近にあります。(편의점은 집 가까이에 있습니다)

⑧ 危険が身近に迫る。(위험이 가까이 닥친다)

➲ 「身近」는 이와 같이 자신을 중심으로 해서 무언가가 가까이에 있음을 나타낸다.

⑨ かばんを身近(みぢか)に引(ひ)き寄(よ)せる。(가방을 몸 가까이 끌어당긴다)

⑩ 身近(みぢか)にある器具(きぐ)を使(つか)ってください。(몸 가까이에 있는 기구를 사용해 주십시오)

⑪ 手近(てぢか)にある材料(ざいりょう)で料理(りょうり)をした。(가까이에 있는 재료로 요리를 했다)

➲ 「手近(てぢか)」는 손에 닿을만한 가까운 거리에 무언가가 있음을 나타낸다.

⑫ ここで手近(てぢか)な例(れい)を一(ひと)つあげましょう。(여기에서 쉬운 예를 하나 들겠습니다)

➲ 「手近(てぢか)」는 한편으로는 이 경우와 같이 이해하기 쉽다고 하는 뜻도 나타내는데, 다른 말에는 이러한 용법이 없다.

「～まで」「～までに」

(お昼(ひる)までこれをしてください、お昼(ひる)までにこれをしてください)

공통의미

～까지(동작이 이루어지는 시간의 범위를 나타내는 용법)

요점

1. 「まで」는 우리말의 '～까지'에 해당되는 조사로, 그 뒤에 조사 「に」를 수반하느냐 하지 않느냐에 따라서 시간적 범위의 설정을 다르게 하는데, 우리말에서는 이러한 구별이 없으므로 각별히 유의할 필요가 있다.
2. 「～まで」는 어떤 시간적 범위까지 동작이 계속해서 이루어짐을 나타낸다(예문①②④⑥⑦). 따라서 그 뒤에는 동작의 계속을 나타내는 동사가 오게 된다.
3. 「～までに」는 어떤 시간적 기한을 제시하여 그 안에 동작이 끝남을 나타낸다(예문①③⑤⑧). 따라서 그 뒤에는 계속적으로 이루어지는 동작은 일체 올 수가 없고, 오로지 완료의 의미를 나타내는 동사만 오게 된다.

예문과 해설

① お昼(ひる)まで/までにこれをしてください。(점심때까지 이것을 해 주십시오)

➲ 「~まで」를 쓰게 되면 점심때가 될 때까지 계속해서 하라는 의미가 되고, 「~までに」를 쓰게 되면 점심때를 기한으로 그 전에 마치라는 의미가 된다.

② 昨日は図書館で夜10時まで/✱までに勉強した。

(어제는 도서관에서 밤10시까지 공부했다)

➲ 「~まで」는 일정한 시간적 범위까지 동작이 계속됨을 나타내지만 「~までに」는 일정한 기한 내의 한 시점에 동작이 완료됨을 나타낸다. 도서관에서 공부하는 것은 시간적 범위를 가지고 진행되는 것이므로 이 경우에는 「~まで」만이 적절하다.

③ 明日は午後3時までに/✱まで来てください。(내일은 오후3시까지 와 주십시오)

➲ 온다고 하는 것은 도착을 의미하는 것이므로 기한내의 한 시점을 나타내는 「~までに」가 적절하다. 즉, 오후3시를 기한으로 하여 그 전까지의 한 시점을 나타낸다. 이 경우 「~まで」를 쓰게 되면 말하는 시점부터 시작해서 내일 오후3시까지 계속해서 와야 한다고 하는 비현실적인 의미가 되어버리므로 여기에서는 부적절하다.

④ 列車が名古屋に着くまで/✱までに雑誌を読んでいた。

(열차가 나고야에 도착하기까지 잡지를 읽고 있었다)

➲ 잡지를 읽는다고 하는 동작은 시간적 폭을 가지고 이루어지는 것이므로 「~まで」가 적절하다. 「~までに」는 기한 내의 하나의 시점을 말하는데 잡지를 순간적으로 읽고 끝낼 수는 없으므로 여기에서는 부적절하다.

⑤ この工事は来年11月末までに/✱まで完工する予定です。

(이 공사는 내년 11월말까지 완공할 예정입니다)

➲ 완공은 공사의 완료를 의미하는 것이므로 「~までに」가 적절하다. 즉, 내년 11월말을 기한으로 해서 그 기간 안에 공사가 끝날 예정인 것이다. 만약 이 경우에 「~までに」를 쓰게 되면 내년 11월말까지 계속해서 완공이 줄기차게 이루어져야만 한다는 비현실적인 의미가 되어버린다.

⑥ 雨は明日の朝まで降り続くでしょう。(비는 내일 아침까지 계속 내릴 것입니다)

➲ 이 경우는 비가 지속적으로 올 것임을 나타내는 것이므로 「~まで」가 적절하다.

⑦ 毎日、9時から5時まで勤務している。(매일 9시부터 5시까지 근무하고 있다)

➲ 이 경우는 9시부터 5시까지의 시간동안 계속해서 근무하고 있음을 나타내고 있다.

⑧ 9時までにここへ来てください。(9시까지 여기로 와 주십시오)

➲ 이 경우는 9시를 시한으로 하여 그 시간 안에 와 줄 것을 나타내고 있다.

「～までだ」「～だけだ」「～ばかりだ」

공통의미

(～할)뿐이다

요점

1. 「～までだ」는 어떤 사실이나 결과에 대하여 말하는 사람의 포기하는 기분을 나타내면서 그에 대한 마음의 결의를 나타낸다. 우리말의 '～하면 그 뿐이다, ～하면 그만이다' 정도에 해당된다(예문④⑤⑦).
2. 「～だけだ」는 어떤 사실이나 결과에 대하여 단지 한 가지밖에 선택의 가능성이 없음을 나타내는 것으로 세 가지 중에서 가장 말하는 사람의 감정이 들어가 있지않다. 우리말의 '～할 뿐이다' 정도에 해당된다(예문①③④⑤⑥⑦).
3. 「～ばかりだ」는 어떤 사실이나 결과에 대하여 단지 한 가지의 가능성만 생각할 뿐, 그 이외의 모든 가능성을 배척하는 것으로 말하는 사람의 절망감, 무력감이 느껴진다. 우리말의 '～할 따름이다' 정도에 해당된다(예문①②⑥).

예문과 해설

① 雨(あめ)も降(ふ)るし、お金(かね)もないし、家(いえ)で寝(ね)てるだけだ/ばかりだ/＊までだ。

(비도 오고, 돈도 없고, 집에서 잠을 잘 뿐이다)

➲ 이 경우 「~だけだ」를 쓰게 되면 집에서 잠을 자는 것 이외는 선택의 가능성이 없음을 나타낼 뿐이지만, 「~ばかりだ」를 쓰게 되면 집에서 잠을 자는 것 이외의 모든 가능성을 배척하는 것으로 말하는 사람의 무력감이 느껴진다. 한편 「~までだ」를 쓰게 되면 일단 집에서 잠을 자는 수밖에는 없으나 그 이후의 어떤 결의나 대책이 느껴져야 하는데, 여기에서의 문맥으로는 그러한 뜻까지는 연결되기 어려우므로 부적절하다.

② 売(う)り上(あ)げがさっぱりなので、ただ焦(あせ)っているばかり/＊だけ/＊までです。

(매상이 전혀 없기 때문에 그저 초조해 하고 있을 뿐입니다)

➲ 이 경우와 같이 절망감, 무력감이 느껴지는 때는 「~ばかりだ」가 적절하다. 「~だけだ」는 세 가지 중에서 가장 말하는 사람의 감정이 들어가 있지 않아서 이 경우의 절망감이나 무력감을 표현하는 데는 부적절하고, 「~までだ」는 일단은 포기하지만 그 이후의 결의가 엿보여야 하는데 이 문맥에서는 그러한 뜻까지는 연결되지 못하므로 부적절하다. 한편, 「さっぱりだ」는 어

떠한 기대되는 성과가 전혀 없음을 나타내는 표현이다.

③ 操作は簡単なんだ。ただ、ここを押すだけだ/＊までだ/＊ばかりだ。

(조작은 간단한 거야. 단지 여기를 누르기만 하면 된다)

➲ 이 경우와 같이 말하는 사람의 감정이 비교적 들어가 있지 않고, 단지 한 가지 선택의 가능성만을 나타내는 경우에는 「~だけだ」만이 적절하다.

④ 来週から試験だろう? では勉強するまでだよ/だけだよ/＊ばかりだよ。

(다음 주부터 시험이지? 그럼 공부만 하는 거야)

➲ 이 경우와 같이 한 가지 선택의 가능성을 나타낼 때는 「~までだ」와 「~だけだ」가 적절하다. 여기에서 「~までだ」를 쓰게 되면 공부하면 그뿐이라고 하는 결의를 나타내게 되고, 「~だけだ」를 쓰게 되면 공부만을 선택한다는 뜻이 된다. 한편, 「~ばかりだ」는 한 가지 선택을 나타내기는 하지만, 그 이외의 가능성은 모두 배척하기 때문에 뜻이 너무 과장되게 되고, 또한 말하는 사람의 절망감이나 무력감을 나타내는 것이므로 여기에서는 부적절하다.

⑤ こんなに待っても来ないんだから、帰るまでだ/だけだ/＊ばかりだ。

(이렇게 기다려도 오지 않으니까, 돌아갈 뿐이다)

➲ 이 경우 「~までだ」는 기다리는 것을 포기함과 동시에 돌아가는 것에 대한 마음의 결의를 나타내게 되고, 「~だけだ」는 단지 돌아가는 것 이외에는 달리 선택의 여지가 없음을 나타내게 된다. 하지만, 「~ばかりだ」는 돌아가는 것 이외의 모든 가능성을 배척하는 셈이 되어서 의미가 너무 과장되게 되므로 부적절하다.

⑥ 何がなんだかわからなくなり、ただおろおろしているばかり/だけ/＊まででした。

(뭐가 뭔지 알 수 없게 되어, 그저 어리둥절하고 있을 뿐이었습니다)

➲ 이 경우와 같이 어안이 벙벙해서 단지 어리둥절하고 있는 것 이외에는 달리 선택의 가능성이 없음을 나타낼 때는 「~ばかりだ」와 「~だけだ」가 적절하다. 하지만 「~までだ」는 항상 그 이면에 마음의 결의를 나타내는 요소가 와야만 하는데, 여기에서는 그러한 암시가 전혀 없으므로 부적절하다.

⑦ 父が殺されたからには、とにかく復讐するまでだ/だけだ/＊ばかりだ。

(아버지가 살해된 이상에는 좌우지간 복수할 일만 남았다)

➲ 이 경우 「~までだ」를 쓰게 되면 복수에 대한 결의가 느껴지고, 「~だけだ」를 쓰게되면 복수 이외에는 달리 선택의 여지가 없음을 나타내게 되어 둘 다 적절하다. 하지만, 「~ばかりだ」를 쓰게 되면 복수를 해야만 하는 데에 따른 절망감 내지 무력감을 나타내게 되어 문맥상 부적절하게 된다.

「真似る」「倣う」「見習う」

(親のしぐさを真似る、親のしぐさに倣う、親のしぐさを見習う)

공통의미

흉내 내다

요점

1. 「真似る」는 어떤 것을 보거나 듣고 그것을 모방한다는 의미로 그 앞에는 조사 「を」가 오게 되는데 우리말의 '흉내 내다'에 해당된다(예문①②⑦).
2. 「倣う」는 앞의 예와 똑같이 한다는 의미로 그 앞에는 조사 「に」가 오게 되는데 우리말의 '~에 따르다' 정도에 해당된다(예문③④⑤⑧).
3. 「見習う」는 어떤 사람이 하는 것을 잘 보고 그 기술이나 정신을 몸에 익힌다고 하는 의미로 그 앞에는 조사 「に」나 「を」가 오게 되는데 우리말의 '보고 배우다'에 해당된다(예문④⑤⑥⑨).

예문과 해설

① 鳥の鳴き声を真似る/*に倣う/*を見習う。(새의 울음소리를 흉내 낸다)

➲ 이 경우는 새의 울음소리를 단지 흉내 낼 뿐이지, 그 예를 따르는 것도 아니고 모범적으로 보고 배우는 것도 아니므로 「真似る」가 적절하다.

② 人の癖を真似る/*に倣う/*を見習う。(남의 버릇을 흉내 낸다)

➲ 이 경우 역시 남의 버릇을 그대로 흉내 낸다는 뜻일 뿐, 그러한 예를 따르는 것도 아니고 그로부터 무언가를 배워서 익히는 것도 아니므로 「倣う」와 「見習う」는 부적절하다.

③ 前例に倣って/*を真似て/*を見習って動く。(전례에 따라서 움직인다)

➲ 이 경우는 앞의 예에 따라서 그와 똑같이 한다는 의미이므로 「倣う」가 적절하다. 전례를 흉내 낸다는 것은 이상하므로 「真似る」는 부적절하고, 또한 여기에서는 전례로부터 무언가를 배워서 익히는 경우도 아니므로 「見習う」 또한 부적절하다.

④ 友人に倣って/に見習って/＊を真似てジョギングを始める。
(친구를 따라 조깅을 시작한다)

➲ 이 경우는 친구의 행동을 잘 보고 그대로 따른다는 뜻이므로 「倣う」와 「見習う」 둘다 적절하다.

⑤ 兄に倣って/に見習って/＊を真似て早く起きる。(형을 따라 일찍 일어난다)

➲ 이 경우 역시 일찍 일어나는 형을 따라서 똑 같이 일어난다는 뜻이므로 「倣う」가 적절하고, 또한 그러한 형을 보고 그대로 배운다는 뜻이므로 「見習う」 역시 적절하다. 하지만, 일찍 일어나는 형을 흉내 낸다는 것은 현실적으로 있을 수 없는 것이므로 「真似る」는 부적절하다.

⑥ あの人の商売を見習いたい/＊を真似たい/＊に倣いたいと思います。
(저 사람의 장사를 배우고 싶다고 생각합니다)

➲ 이 경우는 장사의 기법 등을 보면서 그대로 몸에 익힌다고 하는 의미이므로 「見習う」가 적절하다. 「倣う」를 쓰게 되면 저 사람의 장사에 따른다고 하는 엉뚱한 뜻이 되며, 「真似る」를 쓰게 되면 저 사람의 장사를 흉내 낸다고 하는 뜻이 되므로 둘 다 부적절하다.

⑦ 先生の口調を真似る。(선생님의 말투를 흉내 낸다)

➲ 역시 남의 흉내를 낸다고 하는 뜻으로는 「真似る」만이 적절하다.

⑧ 以下は先例に倣うことにする。(이하는 선례에 따르기로 한다)

➲ 「倣う」는 이와 같이 앞의 예에 따라서 행동함을 나타내는 데에 의미의 중심이 놓인다.

⑨ 家業を見習う。(가업을 보고 배운다)

➲ 「見習う」는 직접 보며 무언가를 배워서 몸에 익힌다고 하는 것에 의미의 중심이 놓인다.

「守る」「かばう」

(子供を守る、子供をかばう)

공통의미

지키다

요점

1. 「守る」는 사람이나 몸뿐만 아니라 소중히 여기고 있는 것을 지킨다고 하는 뜻으로 쓰이며(예문①②④⑤) 또한 약속 같은 것을 지킨다고 하는 뜻으로도 폭넓게 쓰인다(예문⑥). 우리말의 '지킨다'에 해당된다.
2. 「かばう」는 주로 약한 입장에 있는 사람이나 몸의 약한 부분을 감싸준다고 하는 뜻으로 쓰인다(예문⑦⑧). 우리말의 '감싼다'에 해당된다.

예문과 해설

① 子供を守る/かばう。(아이를 지킨다/감싼다)

➲ 이 경우는 전후문맥이나 적절한 장면의 설정이 없으므로 둘 다 적절한데, 「守る」를 쓰게 되면 어린이를 보호한다는 뜻에 중점이 놓이고 「かばう」를 쓰게 되면 어린이의 약한 부분을 감싸준다는 뜻에 중점이 놓인다.

② 人権を守る/＊かばう。(인권을 지킨다/＊감싼다)

➲ 「かばう」는 주로 약한 입장의 사람이나 몸의 약한 부분을 감싼다고 하는 뜻으로 쓰이므로 이 경우는 사용이 부적절하다.

③ 傷口をかばう/＊守る。(상처부위를 감싼다/＊지킨다)

➲ 상처부위는 감싸서 세균 등이 침투되지 않도록 해야 하는 것이지 굳이 지켜야 할 대상은 결코 아니므로, 이 경우는 「かばう」가 적절하다.

④ 自然を守る。(자연을 지킨다)

➲ 이 경우와 같이 자연을 보호한다는 뜻으로는 「守る」가 적절하다.

⑤ 警備隊が国境を厳しく守っている。(경비대가 국경을 삼엄하게 지키고 있다)

➲ 이 경우와 같이 국경 같은 곳을 수비한다는 뜻으로도 「守る」가 적절하다.

⑥ 先生は必ず約束を守る。(선생님은 반드시 약속을 지킨다)

➲ 약속을 지킨다는 뜻으로는 오로지 「守る」만이 적절한데, 이 경우는 우리말과 같다.

⑦ あの人はいつも弱者をかばう。(저 사람은 언제나 약자를 감싼다)

➲ 「かばう」는 이와 같이 약한 부분을 감싸서 보호한다는 것에 의미의 중심이 놓인다.

⑧ 痛(いた)めたひざをかばって歩(ある)く。(다친 무릎을 감싸며 걷는다)

➲ 다친 무릎의 부위를 감싸서 더 이상 악화되지 않도록 한다는 뜻으로 쓰였다.

「まるで」「さながら」「あたかも」「ちょうど」

(まるで軍人(ぐんじん)という感(かん)じの人(ひと)だ、さながら軍人(ぐんじん)という感(かん)じの人(ひと)だ

あたかも軍人(ぐんじん)という感(かん)じの人(ひと)だ、ちょうど軍人(ぐんじん)という感(かん)じの人(ひと)だ)

공통의미

마치, 흡사

요점

1. 「まるで」는 다른 무언가와 매우 닮았음을 나타내는 것으로 회화체에서 매우 많이 쓰이며 우리말의 '마치'에 해당된다(예문①②④⑤).
2. 「さながら」는 다른 무언가를 연상시킬 정도로 비슷함을 나타내는 것으로 회화체에서는 그다지 쓰이지 않으며 문장체적인 말이다(예문①②⑥). 네 가지 말 중에서 유일하게 명사에 바로 접속된 형태로 쓰일 때도 있는데(예문③⑦), 우리말의 '마치'정도에 해당된다.
3. 「あたかも」는 다른 무언가에 비유하는 것으로 회화체에서는 그다지 쓰이지 않으며 문장체적인 말이다. 그 뒤에는 반드시 '～같다'는 의미를 지닌 「～ようだ、～みたいだ」와 같은 표현이 오게 되는데 우리말의 '흡사'에 해당된다(예문①⑧⑨).
4. 「ちょうど」는 다른 무언가를 예로 들기에는 딱 좋음을 나타내는 것으로 회화체에서 즐겨 쓰인다. 그 뒤에는 반드시 '～같다'는 의미를 지닌 「～ようだ、～みたいだ」와 같은 표현이 오게 되는데 우리말의 '딱, 마치' 정도에 해당된다(예문⑩⑪).

예문과 해설

① まるで/さながら/あたかも/＊ちょうど夢(ゆめ)のような話(はなし)だ。(마치 꿈과 같은 이야기다)

➲ 이 경우는 「ちょうど」를 제외하고는 모두 적절하다. 「ちょうど」는 이와 같은 막연한 경우가 아니라 보다 구체적이고 확실한 비유표현에 쓸 수가 있기 때문이다.

② がりがりにやせてまるで/さながら/＊あたかも/＊ちょうどミイラだ。
(삐쩍 말라서 마치 미이라다)

➲ 이 경우와 같이 비유표현임을 나타내는 「~ようだ」「~みたいだ」같은 표현이 뒤에 오지 않은 채로 쓸 수 있는 것은 오로지 「まるで」와 「さながら」뿐이다. 「あたかも」와 「ちょうど」는 반드시 그 뒤에 「~ようだ」「~みたいだ」같은 비유표현이 와야만 한다.

③ それは地獄さながら/＊まるで/＊あたかも/＊ちょうどの光景だった。
(그것은 지옥그대로의 광경이었다)

➲ 이 경우는 마치 지옥을 연상시킬 만한 광경을 나타내는 표현인데, 이와 같이 밀착된 비유표현을 나타내면서 명사에 곧바로 접속되어 쓰일 수 있는 것은 오로지 「さながら」뿐이며 다른 말에는 이러한 용법이 없다.

④ 祖父はまるで子供のようにわがままを言う。
(할아버지는 마치 어린애 같이 멋대로 말한다)

➲ 「まるで」는 이와 같이 비유표현을 나타내는 것으로 일상회화체에서 널리 쓰인다.

⑤ 宝くじが当たるなんて、まるで夢のようだ。(복권이 당첨되다니, 마치 꿈같다)

⑥ その公園の美しさはさながら一枚の絵のようだ。
(그 공원의 아름다움은 마치 한 장의 그림과 같다)

➲ 공원이 마치 한 장의 그림처럼 아름답다고 하는 비유표현인데, 「さながら」는 문장체에서 주로 쓰일법한 딱딱한 어감이 주어진다.

⑦ 実戦さながらの訓練をしている。(실전그대로의 훈련을 하고 있다)

➲ 이 경우와 같이 명사에 곧바로 접속되어 쓰일 수 있는 것은 오로지 「さながら」뿐이며 다른 말에는 이러한 용법이 없다.

⑧ 町全体があたかも公園のようである。(거리전체가 흡사 공원과 같다)

➲ 「あたかも」는 이와 같이 그 뒤에 반드시 「~のようだ」와 같은 비유표현과 호응하여 쓰이는데, 문장체에서 주로 쓰이는 딱딱한 어감을 지니고 있다.

⑨ 遠い昔の事があたかも昨日の事のように思い出される。
(먼 옛날의 일이 흡사 어제의 일과 같이 생각난다)

⑩ 彼女はちょうど雪のように白い肌をもっている。
(그녀는 마치 눈처럼 흰 살결을 지니고 있다)

➲ 「ちょうど」는 이와 같이 그 뒤에 반드시 「~のようだ」와 같은 비유표현과 호응하여 쓰이는데, 회화체에서 매우 빈번하게 쓰인다.

⑪ 私の家はちょうどお寺のような感じです。(우리 집은 딱 절과 같은 느낌입니다)

참고

「ちょうど」에는 이밖에도, 시간이나 분량 등이 마침 합치됨을 나타내는 의미용법도 지니고 있는데, 이러한 경우에는 우리말의 '마침, 때마침' 정도에 해당된다.

「<u>ちょうど</u>昼休みになった」 (마침 점심시간이 되었다)

「<u>ちょうど</u>彼がやって来た」 (때마침 그가 찾아왔다)

「回る」「巡る」

(名所を回って歩く、名所を巡って歩く)

공통의미

(빙글빙글)돌다

요점

1. 「回る」와 「巡る」는 둘 다 우리말의 '(빙글빙글)돌다'에 해당되는 말이지만 도는 방식에 차이가 엿보인다.
2. 「回る」는 그 자체만으로 빙글빙글 회전하는 것을 나타내며(예문①②③⑥⑦) 때로는 우회하여 다른 곳에 들르는 것을 나타내기도 한다(예문⑧).
3. 「巡る」는 한 바퀴 돌아서 본래 있던 곳으로 되돌아옴을 나타내며(예문④⑨⑩), 때로는 어떤 것을 중심으로 그에 관련된 것을 거론하는 의미를 나타내기도 한다(예문⑤⑪).

예문과 해설

① 水車が回る/✱巡る。 (물레방아가 돈다)

➲ 이 경우는 물레방아가 단조롭게 원을 그리면서 반복적으로 회전하는 것에 의미의 중심이 있으므로 「回る」가 적절하다.

② コマが回る/✱巡る。 (팽이가 돈다)

➲ 팽이 역시 단조롭게 빙글빙글 도는 것이므로 이 경우는 「回る」가 적절하다,

③ 地球は太陽のまわりを回る/✱巡る。(지구는 태양의 주위를 돈다)

➲ 이 경우는 지구가 태양의 주위를 빙글빙글 돈다는 의미이므로 「回る」가 적절하다.

④ 季節が巡る/✱回る。(계절이 돌아온다)

➲ 계절은 한번 지나갔다가 다시 정기적으로 되돌아오기 마련이므로 이 경우는 「巡る」가 적절하다. 계절이 공처럼 빙글빙글 도는 것은 아니므로 여기에서 「回る」는 부적절하다.

⑤ 税制を巡る/✱回る議論。(세제를 둘러싼 토론)

➲ 이 경우와 같이 어떤 테마를 중심으로 그에 관련된 사항을 거론하는 데는 「巡る」만이 적절하다.

⑥ 工場内を回って火のもとを点検する。(공장 내를 돌면서 불씨를 점검한다)

➲ 이 경우는 공장안을 한 바퀴 돌면서 불씨의 점검을 한다는 뜻으로 쓰였다.

⑦ 扇風機が回っている。(선풍기가 돌고 있다)

➲ 선풍기는 원래 축을 중심으로 계속해서 빙글빙글 돌기 마련이다.

⑧ 友だちのうちに回って借りた本を返して帰る。
(친구 집에 들려 빌린 책을 돌려주고 돌아온다)

➲ 이 경우는 우회하여 다른 곳에 들르는 것을 나타낼 때는 「回る」만이 적절하다.

⑨ 今度は古寺を巡る旅をするつもりだ。(이번에는 고찰을 도는 여행을 할 생각이다)

➲ 이 경우와 같이 여기저기 구경하면서 한 바퀴를 돌아 다시 제자리로 돌아옴을 나타낼 때는 「巡る」가 적절하다.

⑩ 巡り巡って自分の番が来た。(돌고 돌아서 자신의 순서가 왔다)

⑪ 国の政治を巡る討論。(나라의 정치를 둘러싼 토론)

➲ 이 경우는 나라의 정치를 중심테마로 하여 그에 관련된 사항을 토론한다는 뜻으로 쓰였는데, 이러한 용법은 오로지 「巡る」에만 있다.

「見落とす」「見過ごす」「見逃す」

(標識を見落として道に迷った、標識を見過ごして道に迷った、標識を見逃して道に迷った)

공통의미

빠뜨리고 못보다

요점

1. 「見落とす」는 깜빡하고 못보고 넘어가는 경우에 쓰인다. 우리말의 '못보고 넘어가다, 못보고 놓치다' 정도에 해당된다(예문①⑤⑥).
2. 「見過ごす」와 「見逃す」는 「見落とす」에 해당되는 의미도 지니고 있으나(예문①⑨⑩) 보고도 못 본체 한다고 하는 의미로도 쓰인다(예문②③⑦⑧). 특히 「見逃す」는 잘못된 것을 보고도 눈감아준다고 하는 의미로도 쓰인다(예문④).

예문과 해설

① 道路標識を見落として/見過ごして/見逃して道に迷った。

(도로표지를 못보고 놓쳐서 길을 헤맸다)

➲ 무언가 보아야 할 것을 깜빡하고 못보고 넘어가는 경우에는 세 가지 다 적절하다. 다만 뉘앙스의 차이를 굳이 따져보자면, 「見落とす」는 못 보고 빠뜨린다는 뜻을, 「見過ごす」는 못 보고 지나친다는 뜻을, 그리고 「見逃す」는 못 보고 놓친다는 뜻을 각각 내포하고 있다.

② わかっていながら見過(みす)ごす/見逃(みのが)す/＊見落(みお)とす。(알고 있으면서 못 본체 한다)

➲ 「見過(みす)ごす」와 「見逃(みのが)す」에는 고의로 못 본체 한다는 의미가 있으나, 「見落(みお)とす」는 그런 의미는 없고 어디까지나 깜빡 못 보고 넘어간다는 의미만이 있다.

③ 友(とも)だちの不正(ふせい)を見過(みす)ごす/見逃(みのが)す/＊見落(みお)とす。(친구의 부정을 못 본체 한다)

➲ 이 경우도 예문②와 맥락을 같이하고 있다.

④ 今回(こんかい)だけは見逃(みのが)して/＊見落(みお)として/＊見過(みす)ごしてやる。
(이번만은 눈감아 준다)

➲ 이 경우와 같이 잘못된 사항에 대하여 특별히 눈감아 준다고 하는 뜻으로는 오로지 「見逃(みのが)す」만이 적절하다.

⑤ うっかりして誤字(ごじ)を見落(みお)としたまま出(だ)した。(깜빡하고 틀린 글자를 못 본채 제출했다)

➲ 이 경우는 틀린 글자를 못보고 빠뜨려버렸음을 나타내고 있다.

⑥ 盗塁(とうるい)のサインを見落(みお)としてしまった。(도루의 사인을 못 보고 말았다)

⑦ 差別(さべつ)が行(おこな)われているのを見過(みす)ごすことはできない。
(차별이 이루어지고 있는 것을 못 본체 할 수는 없다)

➲ 이 경우와 같이 뻔히 보면서도 못 본 척 하는 것을 나타낼 때는 「見過(みす)ごす」가 적절하다.

⑧ この頃(ごろ)は車内暴力(しゃないぼうりょく)を見過(みす)ごす人(ひと)が多(おお)い。
(요즘은 차내 폭력을 못 본 체하는 사람이 많다)

⑨ いい映画(えいが)を見逃(みのが)してしまった。(좋은 영화를 못 보고 놓치고 말았다)

⑩ 好機(こうき)を見逃(みのが)してしまった。(호기를 뻔히 놓치고 말았다)

「見限(みかぎ)る」「見放(みはな)す」「見捨(みす)てる」

(親(おや)が子供(こども)を見限(みかぎ)る、親(おや)が子供(こども)を見放(みはな)す、親(おや)が子供(こども)を見捨(みす)てる)

공통의미

포기하다

요점

1. 「見限る」는 장래성이 없다고 판단하여 포기하는 것을 나타내는데 특히 그렇게 판단하는 쪽에 무게가 실린 말이다(예문①②③⑤⑥). 동사 「見る」와 「限る」가 결합된 복합동사인데 「限る」는 '제한하다, 한정짓다' 의 의미인데서 이러한 의미가 파생되었다.
2. 「見放す」는 더 이상은 안 되겠다고 생각하여 포기하는 것을 나타내는데 특히 그렇게 포기하는 행동에 무게가 실린 말이다(예문①②⑦⑧). 동사 「見る」와 「放す」가 복합된 복합동사인데 「放す」는 '놓아주다, 풀어주다'의 의미인데서 이러한 의미가 파생되었다.
3. 「見捨てる」는 곤란한 상태에 빠져있는 사람을 보고도 방치하는 것을 나타내는데 세 가지 말 중에서 가장 행동성이 강한 말이다(예문①②④⑨⑩). 동사 「見る」와 「捨てる」가 복합된 복합동사인데 「捨てる」는 '버리다'의 의미인데서 이러한 의미가 파생되었다.

예문과 해설

① 親が子供を見限る/見放す/見捨てる。 (부모가 아이를 포기한다)

➲ 이 경우는 세 가지 다 적절한데 「見限る」를 쓰게 되면 부모의 포기하려고 하는 판단자체를 나타내고, 「見放す」를 쓰게 되면 실제로 포기하는 행동을 나타내며, 「見捨てる」를 쓰게 되면 방치하려고 하는 행동이 가장 두드러지게 나타내게 된다.

② 重病で医者も見限った/見放した/見捨てた。 (중병으로 의사도 포기했다)

➲ 「見限る」를 쓰게 되면 의사가 마음속으로 포기해야겠다고 판단한 것을 나타내고, 「見放す」를 쓰게 되면 실제로 포기하였음을 나타내며, 「見捨てる」를 쓰게 되면 중병을 고칠 수 으로 가능면 실있을지도 모르지만 의사가 방치하는 행동을 나타낸다.

③ 会社勤めを見限る/＊見放す/＊見捨てる。 (회사근무를 포기한다)

➲ 이 경우는 회사근무를 포기하고자 판단하는 것을 나타내므로 「見限る」가 적절하다. 「見放す」와 「見捨てる」는 둘 다 행동 쪽에 무게가 실린 말이므로 여기에서는 부적절하다.

④ 戦友を見捨てて/＊見限って/＊見放して逃げる。 (전우를 버리고 도망간다)

➲ 이 경우는 곤란에 빠져있는 전우를 버리고 도망가는 행동을 나타내므로, 방치하려고 하는 행동성이 가장 두드러지게 나타나는 「見捨(みす)てる」가 적절하다.

⑤ この仕事(しごと)は将来性(しょうらいせい)がないと見限(みかぎ)る。(이 일은 장래성이 없다고 포기한다)

➲ 이 경우는 포기하려고 하는 것이 구체적인 대상이 아니므로 「見限(みかぎ)る」가 적절하다.

⑥ 弟子(でし)を見限(みかぎ)って追(お)い払(はら)う。(제자를 포기하고 내쫓는다)

➲ 이 경우는 더 이상은 안 되겠다고 판단했다는 쪽에 무게가 있으므로 「見限(みかぎ)る」가 적절하다. 「見放(みはな)す」와 「見捨(みす)てる」는 판단보다는 실제의 행동에 무게가 있으므로 둘 다 여기에서는 부적절하다.

⑦ 彼(かれ)は友人(ゆうじん)から見放(みはな)された。(그는 친구로부터 축출 당했다)

➲ 이 경우는 실제로 포기되어 축출당한 결과이므로 「見放(みはな)す」가 적절하다.

⑧ あの患者(かんじゃ)は医者(いしゃ)に見放(みはな)された。(저 환자는 의사에게 포기되었다)

⑨ 困(こま)っている人(ひと)を見捨(みす)ててはいけない。
(곤란해 하고 있는 사람을 못 본체 해서는 안 된다)

➲ 이와 같이 어려운 상황에 처한 사람을 못 본체하는 경우에는 방치의 뜻을 나타내는 「見捨(みす)てる」가 적절하다.

⑩ 船(ふね)を見捨(みす)てて避難(ひなん)する。(배를 버리고 피난한다)

➲ 이 경우역시 방치의 뜻을 나타내고 있다.

「見事(みごと)だ」「立派(りっぱ)だ」

(見事(みごと)な建築(けんちく)ですね、立派(りっぱ)な建築(けんちく)ですね)

공통의미

멋지다, 훌륭하다

요점

1. 「見事だ」는 솜씨나 어떤 결과, 그리고 사물의 겉모양 등이 볼만한 가치가 있으며 찬양할만하다는 것을 나타내는 것으로 우리말의 '멋지다'에 해당된다(예문①③⑤⑥⑦).
2. 「立派だ」는 매우 훌륭하여 나무랄 데가 전혀 없음을 나타내는 것으로 주로 인간의 행위에 대하여 쓰이는 경향이 있는데, 우리말의 '훌륭하다'에 해당된다(예문②④⑧⑨⑩).

예문과 해설

① 屋上からの眺めが見事/＊立派ですね。(옥상으로부터의 전망이 멋지군요)

➲ 「見事だ」는 전망자체가 찬양할 만큼 보기가 좋은 경우에 쓰이므로 이 경우에는 적절하지만, 「立派だ」는 어디까지나 나무랄 데가 없게 해 놓은 주체가 훌륭함을 나타내는 것이어서 여기에서는 부적절하다.

② あの方は立派な/＊見事な人格を持っている。
(저 분은 훌륭한 인격을 지니고 있다)

➲ 이 경우와 같이 정신적으로 훌륭하며 그 주체를 의식할 때는 「立派だ」가 적절하다. 「見事だ」는 보기 좋아서 찬양할 만하다는 경우에 쓰이는 것이므로 여기에서는 부적절하다.

③ まさに見事な/＊立派なタイミングですね。(참으로 멋진 타이밍이로군요)

➲ 여기에서는 타이밍이 보기 좋게 잘 맞았다는 뜻이므로 「見事だ」가 적절하다.

④ 山田さんは立派な/＊見事な家柄の生まれだそうだ。
(야마다씨는 훌륭한 가문의 태생이라고 한다)

➲ 이 경우와 같이 가치관이나 전통적인 면모가 뛰어남을 나타낼 때는 「立派だ」가 적절하다. 「見事だ」는 겉보기나 결과가 매우 보기 좋음을 나타낼 뿐이어서 여기에서는 부적절하다.

⑤ 庭の桜が見事だ。(정원의 벚꽃이 멋지다)

➲ 이 경우는 벚꽃이 보기 좋게 피어있음을 나타내고 있다.

⑥ 見事にやってのけた。(멋지게 해치웠다)

➲ 이 경우는 결과가 보기 좋음을 나타내고 있다.

⑦ 書き続けて来た論文を見事に完成した。(줄곧 써왔던 논문을 멋지게 완성했다)

⑧ これは立派な作品ですね。(이것은 훌륭한 작품이군요)

➲ 이 경우는 작품을 훌륭하게 만든 주체를 의식하고 있다.

⑨ 初めてこれだけできれば立派だ。(처음으로 이만큼 할 수 있다면 훌륭하다)

➲ 이 경우역시 처음으로 이만큼 할 수 있는 주체를 의식하고 있다.

⑩ 彼は立派に自分の責任を果たした。(그는 훌륭하게 자신의 책임을 다했다)

「見下げる」「見下す」「見くびる」

(人を見下げた態度、人を見下した態度、人を見くびった態度)

공통의미

낮춰보다

요점

1. 「見下げる」는 상대를 보통의 수준이하라고 생각하여 경멸하는데 쓰이는데 우리말의 '낮춰보다, 업신여기다'에 해당된다(예문①④⑥). 한편으로는, 도덕적의식이 없음을 비난할 때도 쓰인다(예문⑦).
2. 「見下す」는 자기 쪽이 더 낫다고 생각하여 상대를 가볍게 보는데 쓰인다(예문①②③④⑧⑨). 우리말의 '우습게 보다'에 해당된다.
3. 「見くびる」는 상대의 힘을 실제보다 낮춰보고 자신의 힘을 충분히 쓰지 않는데 쓰인다(예문①②③⑤⑩⑪). 우리말의 '깔보다, 얕잡아보다'에 해당된다.

예문과 해설

① 人を見下げた/見下した/見くびった態度。
(남을 업신여기는/우습게 보는/깔보는 태도)

➲ 이 경우는 전후문맥이나 적절한 장면의 설정이 없으므로 어느 것이나 적절한데, 「見下げる」를 쓰게 되면 그 사람을 경멸하듯이 낮추어보는 태도를 나타내고, 「見下す」를 쓰게 되면 그

사람을 가볍게 보는 태도를, 그리고 「見くびる」를 쓰게 되면 그 사람을 깔보는 태도를 각각 나타내게 된다.

② 相手チームを見下して/見くびって/＊見下げてかかる。
(상대팀을 우습게보고/깔보고 덤빈다)

➲ 이 경우는 상대팀의 전력을 낮춰본다고 하는 뜻이므로 「見下す」와 「見くびる」가 적절하다. 「見下げる」를 쓰게 되면 상대팀을 경멸하듯이 보는 태도를 나타내게 됨으로서 과장된 뜻이 되어버려 부적절하다.

③ 相手の才能を見下す/見くびる/＊見下げる。
(상대의 재능을 우습게 본다/얕잡아본다)

➲ 이 경우 역시 예문②와 맥락을 같이하고 있다.

④ 相手の職業、地位を見下す/見下げる/＊見くびる。
(상대의 직업, 지위를 우습게 본다/업신여긴다)

➲ 이 경우는 상대를 자신보다 못한 것으로 낮추어 본다는 뜻이므로 「見下す」와 「見下げる」가 적절하다. 「見くびる」는 상대를 깔본 나머지 자신의 힘을 충분히 발휘하지 않음을 나타내는 것이므로 여기에서는 부적절하다.

⑤ なかなか強敵だ。見くびるな/＊見下げるな/＊見下すな。
(꽤 강적이다. 얕잡아보지 마라)

➲ 이 경우는 상대를 얕잡아보지 말고 자신의 힘을 충분히 발휘하라는 뜻이므로 「見くびる」만이 적절하다. 「見下げる」는 상대를 경멸하듯이 업신여기는 것이므로 여기에서는 문맥연결 상 부적절하고, 「見下す」는 상대를 제대로 알지 못하는 상태에서 자기보다 못하다고 일방적으로 생각하는 것인데, 여기에서는 이미 강적임이 강조된 상태이므로 이것 역시 문맥연결 상 부적절하다.

⑥ あの社長はいつも相手を見下げるような目付きで見ている。
(저 사장은 언제나 상대를 내려다보는 것 같은 눈초리로 보고 있다)

➲ 이 경우는 상대를 경멸하듯이 낮추어본다는 뜻으로 쓰이고 있다.

⑦ カンニングをするとは見下げたやつだ。(커닝을 하다니 형편없는 녀석이다)

➲ 이 경우와 같이 「見下げた」의 형태를 취하여 상대의 도덕성이 없음을 비난하게 되는데, 이러한 용법은 다른 말에는 없다.

⑧ 人を見下すような態度はよくない。(남을 우습게 보는 것 같은 태도는 좋지 못하다)

➲ 「見下す」는 이와 같이 상대가 자기보다 못하다고 일방적으로 생각하는 것에 의미의 중심이 놓인다.

⑨ 相手の才能を見下して失敗した。(상대의 재능을 우습게보고 실패했다)

⑩ 相手チームを見くびって負けた。(상대팀을 깔보고 패했다)

➲ 「見くびる」는 이와 같이 상대의 힘을 낮추어 본 나머지, 자신의 힘을 충분히 쓰지 못했다고 하는 뜻에 의미의 중심이 놓인다.

⑪ 若者を見くびってはいけない。(젊은이를 얕잡아봐서는 안 된다)

「水」「お湯」

(毎日たくさんの水を飲んでいます、毎日たくさんのお湯を飲んでいます)

공통의미

물

요점

1. 우리말에서는 단지 '물'이라고만 하면 찬물인지 따스한 물인지 명확하게 구분되지 않을 때가 있어서 별도로 구별하고자 한다면, '찬물' '따스한 물'이라는 식으로 표현할 때가 있으나, 일본어에서는 각각 독립된 단어로 구별되어 쓰이고 있다.
2. 「水」는 마시는 물도 그렇지 않은 물도 가리키지만 마시는 물의 경우에는 데워지지 않은 상태의 물을 가리킨다(예문①②③).
3. 「お湯」는 마시는 물도 온천의 물도 가리키지만 마시는 물의 경우에는 따스한 물을 가리킨다(예문④⑤).

예문과 해설

① 毎日たくさんの水/お湯を飲んでいます。(매일 많은 물을 마시고 있습니다)

➲ 이 경우의 「水」는 데워지지 않은 상태의 물을 가리키고 「お湯」는 따스한 물을 가리키고 있다.

② この酒は水でうすめて飲んでください。
(이 술은 물로 희석해서 마셔주십시오)

➲ 적어도 데워지지 않은 상태의 물을 가리키게 된다.

③ すみません、水ください。(여보세요, 물 주십시오)

④ お湯で薬を飲む。(따스한 물로 약을 먹는다)

➲ 이 경우는 말할 것도 없이 따스한 물을 가리키고 있다.

⑤ お腹をこわすかも知れませんから、お湯を飲んでください。
(배탈 날지 모르니까, 따스한 물을 마셔 주십시오)

➲ 이 경우 역시 따스한 물을 가리키고 있다.

「店」「屋」

공통의미

가게, 상점

요점

1. 「店」는 가장 일반적으로 쓰이는 말로 물건을 취급하고 파는 곳을 말하는데 우리말의 '가게, 상점'에 해당된다(예문①②⑤⑥).
2. 「屋」도 물건을 취급하고 파는 상점을 말하는데 「店」와는 달리 결코 단독으로는 쓰이지 못하고 언제나 그 앞에는 취급하거나 파는 물건의 이름이 오게 된다. 즉 우리말의 '～가게' 에 해당된다(예문③④⑦).

예문과 해설

① あの店/＊屋は食料品を売るところです。(저 가게는 식료품을 파는 곳입니다)

➲ 이 경우와 같이 단독으로 상점을 나타낼 때는 「店」만이 적절하며 「屋」는 단독으로 쓰이지는 못하고 언제나 그 앞에는 상품명이 와야만 하므로 여기에서는 부적절하다.

② 独立して店/✱屋を持つ。(독립하여 가게를 가진다)

➲ 이 경우도 단독으로 쓰여서 상점을 나타내는 것이므로 「店」만이 적절하다.

③ 靴屋/✱店で新しい靴を買いました。(신발가게에서 새 신발을 샀습니다)

➲ 이 경우와 같이 그 앞에 상품명이 와서 그 상품을 취급하는 가게를 나타낼 때는 「屋」만이 적절하다.

④ あの魚屋/✱店はとても安い。(저 생선가게는 무척 싸다)

➲ 이 경우 역시 그 앞에 상품명인 생선이 와있으므로 「屋」만이 적절하다.

⑤ ここは高級品だけ置いてある店です。(이곳은 고급품만 놓여있는 상점입니다)

➲ 이 경우는 단독으로 쓰였으므로 상점의 뜻을 나타내게 된다.

⑥ 会社をやめて店を出した。(회사를 그만두고 가게를 냈다)

⑦ 肉屋。(정육점) 果物屋。(과일가게) 家具屋。(가구점) 花屋。(꽃가게)

➲ 「屋」는 이와 같이 그 앞에 많은 상품명이 와서 그 상품을 취급하는 가게의 뜻으로 쓰인다.

「見せる」「示す」「呈する」

(末期的な様相を<u>見せる</u>、末期的な様相を<u>示す</u>、末期的な様相を<u>呈する</u>)

공통의미

보이다, 나타내다

요점

1. 「見せる」는 상대에게 실제로 동작이나 행위를 해서 보인다고 하는 뜻으로 쓰이는데 우리말의 '보이다'에 해당된다(예문①②③).

2. 「示す」는 감정이나 의지 등을 겉으로 나타내서 상대로 하여금 그것을 알도록 한다는 뜻으로 쓰이는데 우리말의 '나타내다'에 해당된다(예문④⑤).

3. 「呈する」는 「示す」와 같은 뜻으로 쓰이지만 매우 딱딱한 어감이 있다(예문⑥⑦). 우리말의 '드러내다' 정도에 해당된다.

예문과 해설

① 家族の写真を見せる。(가족의 사진을 보인다)

➲ 이 경우는 물리적으로 상대가 사진을 보도록 한다는 뜻으로 쓰였다.

② 警察に免許証を見せた。(경찰에게 면허증을 보였다)

➲ 이 경우 역시 실제로 상대가 면허증을 보도록 행동하였음을 나타내고 있다.

③ 彼は最近姿を見せない。(그는 최근에 모습을 보이지 않는다)

➲ 이 경우는 그가 자신의 모습이 보이도록 행동하지 않음을 나타내고 있다.

④ 私なりの誠意は示した。(내 나름대로의 성의는 나타냈다)

➲ 이 경우는 성의라고 하는 감정을 겉으로 나타냄으로서 상대가 그것을 알 수 있도록 한다는 뜻으로 쓰였다.

⑤ 学生たちに手本を示した。(학생들에게 모범을 나타냈다)

➲ 이 경우역시 모범이라고 하는 의지적인 행동을 겉으로 나타냄으로서 학생들이 그것을 느끼게 한다는 뜻으로 쓰였다.

⑥ この町は活気を呈している。(이 거리는 활기를 드러내고 있다)

➲ 「呈する」는 이와 같이 어떠한 상태나 분위기를 밖으로 드러내 보이는 것을 나타내지만, 비교적 딱딱한 어감이 주어지게 되어 일상의 회화체에서는 그다지 쓰이지 않는다.

⑦ 凄惨な光景を呈する。(처참한 광경을 드러낸다)

「見つける」「発見する」

(新しい大陸を見つけた、新しい大陸を発見した)

공통의미

발견하다, 찾아내다

요점

1. 「見つける」는 단지 물건을 찾아낸다고 하는 뜻으로 쓰이며 대체로 개인적, 일상적인 대상에 쓰인다. 또한 주로 구체적인 대상을 찾아내는 경우에 쓰이며 추상적인 대상에는 그다지 쓰이지 않는다. 우리말의 '찾아내다'에 해당된다(예문①②③⑥⑦⑧).
2. 「発見する」는 이제까지 사람들에게 알려지지 않았던 것을 처음으로 찾아낸다고 하는 뜻으로 쓰이며 대체로 중요도가 매우 높은 대상에 쓰인다. 또한 구체적인 대상은 물론 추상적인 대상에도 쓰이는데 우리말의 '발견하다'에 해당된다(예문①④⑤⑨⑩⑪).

예문과 해설

① 新しい大陸を見つけた/発見した。 (새로운 대륙을 찾아냈다/발견했다)

➲ 이 경우 둘 다 적절하나 「見つける」를 쓰게 되면 이제까지 보이지 않았던 대륙을 새로이 찾아낸다는 뜻이 되고, 「発見する」를 쓰게 되면 이제까지 누구도 알지 못했던 대륙을 새로이 발견한다는 뜻이 된다.

② 暗闇でスイッチを見つける/＊発見する。 (어둠속에서 스위치를 찾아낸다)

➲ 이와 같이 일상적으로 가벼운 대상을 찾아낸다고 하는 뜻으로 쓰일 때는 「見つける」만이 적절하다. 이 경우 「発見する」를 쓰게 되면 너무 과장된 뜻이 되어버린다.

③ 冷蔵庫の中からお菓子を見つけた/＊発見した。
(냉장고 속에서 과자를 찾아냈다)

➲ 이 경우 역시 일상적으로 가벼운 발견을 나타내는 것이므로 「見つける」만이 적절하다.

④ ニュートンは万有引力の法則を発見した/＊見つけた。
(뉴턴이 만유인력의 법칙을 발견했다)

➲ 이 경우와 같이 이제까지 사람들이 알고 있지 못했던 매우 중요한 대상을 알게 되며, 또한 구체적인 대상이 아니라 추상적인 대상을 나타낼 때는 「発見する」만이 적절하다.

⑤ 彼から秘められた才能を発見した/＊見つけた。
(그로부터 숨겨진 재능을 발견했다)

➲ 이 경우 역시 이제까지 알고 있지 못했던 중요하고 추상적인 대상을 알게 된 것이므로 「発見

する」만이 적절하다.

⑥ やっと北海道を見つけた。(겨우 홋카이도를 찾아냈다)

➲ 아마도 큰 지도상에서 찾아낸 경우일 것이다.

⑦ かくれんぼうをしていて相手を見つけた。(술래잡기를 하다가 상대를 찾아냈다)

➲ 이 경우와 같이 이제까지 보이지 않던 대상을 찾아내었음을 나타내고 있다.

⑧ 落とした財布を見つけた。(떨어뜨린 지갑을 찾아냈다)

➲ 「見つける」는 이와 같이 지금까지 보이지 않던 구체적인 대상을 찾아내는 것에 의미의 중심이 놓인다.

⑨ 新しい彗星を発見した。(새로운 혜성을 발견했다)

➲ 「発見する」는 이와 같이 지금까지 알려지지 않았던 새로운 것을 알게 되는 것에 의미의 중심이 놓인다.

⑩ コロンブスはアメリカ大陸を発見した。(콜럼부스는 미 대륙을 발견했다)

➲ 이 경우와 같이 비교적 비중이 큰 대상을 찾아내게 되었을 때는 「発見する」가 적절하다.

⑪ キュリー夫人はラジウムを発見した。(퀴리부인은 라듐을 발견했다)

➲ 이 경우 역시 매우 비중이 큰 대상이다.

「見通し」「見込み」

(来年完成の見通しです、来年完成の見込みです)

공통의미

전망, 예상

요점

1. 「見通し」는 현시점에서 볼 때, 장래에 어떻게 될 것인지를 그 결과뿐만 아니라 그 과정

까지도 확신을 가지고 예상하는 것인데 주로 「見通しが立つ」의 형태로 어떤 일에 대한 예상을 나타내기도 하고(예문①②③⑦⑧⑨⑩), 때로는 「お見通しだ」의 형태로 상대의 기분을 전부 알고 있음을 나타내기도 한다(예문④⑪).

2. 「見込み」는 장차 그렇게 될 것이라는 기대감을 가지고 예상하는 것이며(예문①⑤⑫⑬⑭), 한편으로는 장래에 대한 기대나 희망을 나타내기도 한다(예문⑥⑮).

예문과 해설

① 新開発品はかなり売れる見通し/見込みです。(신개발품은 꽤 팔릴 전망입니다)

➲ 이 경우와 같이 단순한 예상이나 전망을 나타낼 때는 둘 다 적절하다.

② 今のところ、全く見通し/＊見込みが立たない。
(지금으로선 전혀 예상을 할 수 없다)

➲ 이와 같이 동사 「立つ, 立たない」와 함께 관용적으로 쓰일 때는 「見通し」만이 적절하다.

③ 君の見通し/＊見込みはちょっと甘いんじゃないの。
(자네의 예상은 좀 느슨한 거 아닌가?)

➲ 「見込み」는 기대가 섞인 예상을 나타내지만 「見通し」는 냉정하고 객관적인 예상을 나타내므로, 이 경우와 같이 전반적인 예상을 나타낼 때는 「見通し」가 적절하다.

④ 君の考えていることは全部お見通しだ/＊お見込みだ。
(자네가 생각하고 있는 것은 전부 알고 있다)

➲ 이 경우와 같이 「お見通しだ」의 형태를 취하여 상대의 기분이나 마음을 전부 알고 있음을 나타낼 때는 「見通し」만이 적절하다.

⑤ もう回復する見込み/＊見通しはない。(이제 회복될 전망은 없다)

➲ 이와 같이 앞으로의 기대나 희망을 나타낼 때는 「見込み」만이 적절하다.

⑥ 山田君は見込み/＊見通しのある青年です。
(야마다군은 장래가 촉망되는 청년입니다)

➲ 이 경우 역시 장래에 대한 기대나 희망을 나타내고 있는데, 「見通し」는 단지 확신을 가지고 예상하는 것에 불과하므로 여기에서는 부적절하다.

⑦ 先の<u>見通し</u>が立つ。(앞으로의 전망이 선다)

➲ 「見通し」는 이와 같이 「見通しが立つ」의 형태를 취하여 확신을 가지고 전망하는 것을 나타낸다.

⑧ ローン返済の見通しが立つ。(대출을 갚을 전망이 선다)

⑨ このまま売り上げが伸びれば見通しは明るい。
(이대로 매상이 늘어나면 전망은 밝다)

⑩ 復旧の見通しが立たない。(복구될 전망이 서지 않는다)

⑪ 神様はすべてお見通しだ。(하느님은 모든 것을 다 꿰뚫어보신다)

➲ 「見通し」는 이와 같이 「お見通しだ」의 형태를 취하여 상대의 기분이나 마음을 전부 알고 있음을 나타내게 된다.

⑫ あすは晴れる見込みだ。(내일은 개일 전망이다)

➲ 「見込み」는 기대 섞인 전망을 나타내는 데에 의미의 중심이 놓인다.

⑬ この建物はあと三日で完成の見込みです。
(이 건물은 앞으로 삼일에 완성될 전망입니다)

⑭ この成績では合格の見込みだ。(이 성적으로는 합격될 전망이다)

⑮ あの選手は見込みのある青年です。(저 선수는 장래가 촉망되는 청년입니다)

➲ 「見込み」는 이와 같이 장래에 대한 기대나 희망을 나타내기도 하는데, 「見通し」에는 이러한 용법이 없다.

「見通す」「見抜く」「見破る」「見透かす」

(相手の気持を見通す、相手の気持を見抜く、
相手の気持を見破る、相手の気持を見透かす)

공통의미

내다보다, 알아차리다, 꿰뚫어보다, 간파하다

요점

1. 「見通す」는 장래에 전개될 일을 예상한다는 뜻으로도 쓰이고(예문②⑩) 표면에 나타나있지 않은 진상이나 진의를 알아차린다는 뜻으로도 쓰이는데, 이 경우는 비교적 긍정적인 의미를 나타낸다(예문①③④⑧⑨). 우리말의 '내다보다, 알아차리다'에 해당된다.

2. 「見抜く」는 숨겨져 있는 일의 진상이나 진의를 날카로운 눈과 직감으로 알아차린다는 뜻으로 쓰인다. 우리말의 '꿰뚫어보다'에 해당된다(예문①③④⑤⑥⑦⑪⑫).

3. 「見破る」와 「見透かす」는 상대가 숨기려고 하는 진상이나 계략, 거짓말 등을 알아차린다는 뜻으로 쓰인다. 우리말의 '알아차리다, 간파하다'에 해당된다(예문①⑥⑦⑬⑭).

4. 결국, 「見通す」는 상대가 의도적으로 숨기려하는 것이 아닌 대상, 즉 '숨겨진 재능을 알아보다'는 등의 뜻에 쓰이지만, 「見抜く」는 상대의 의도가 있건 없건 간에 쓰일 수가 있다. 한편, 「見破る」와 「見透かす」는 오로지 상대가 숨기고자 하는 대상에만 쓰이는 점에서 근본적으로 구별된다.

예문과 해설

① 相手の気持を見通す/見抜く/見破る/見透かす。
(상대의 기분을 알아차리다/꿰뚫다/간파하다)

➲ 이 경우는 전후문맥이나 적절한 장면의 설정이 없는 관계로 그 어느 것이나 다 적절하나, 「見通す」와 「見抜く」를 쓰게 되면 상대의 의도와는 상관없이 일방적으로 상대의 기분을 알아차린다는 뜻이 되지만, 「見破る」와 「見透かす」를 쓰게 되면 상대가 의도적으로 감추려하는 기분을 알아차린다는 뜻이 된다.

② 十年先まで見通す/＊見抜く/＊見破る/＊見透かす。
(10년 앞까지 내다본다)

➲ 이 경우와 같이 장래에 전개될 일을 예상한다는 뜻으로 쓰일 때는 오로지 「見通す」만이 적절하다. 다른 말들에는 이러한 용법이 없으므로 여기에서는 모두 부적절하다.

③ 彼の隠れた才能を見通す/見抜く/＊見破る/＊見透かす。
(그의 숨겨진 재능을 알아차린다)

➲ 이 경우는 상대가 의도적으로 숨기려고 하는 것이 아니므로 「見破る」와 「見透かす」는 부적

절하다. 「見抜く」는 상대가 의도하지 않은 것에도 쓸 수가 있는데, 직감적으로 날카롭게 알아낸다는 뜻을 나타내게 된다.

④ 事業の将来性を見通す/見抜く/＊見破る/＊見透かす。

(사업의 장래성을 알아본다)

➲ 이 경우는 사업의 장래성에 관해서 표면에 나타나있지 않은 부분을 알아차린다는 뜻이므로 「見通す」와 「見抜く」만이 적절하다. 「見破る」와 「見透かす」는 어디까지나 상대가 의도적으로 숨기려고 하는 것을 알아내는 데에 쓰이므로 여기에서는 둘 다 부적절하다.

⑤ 選手の性格を見抜いて/＊見通して/＊見破って/＊見透かして使う。

(선수의 성격을 꿰뚫어보면서 쓴다)

➲ 이 경우는 상대가 성격을 고의적으로 감추려고 하는 것도 아니고, 다만 날카롭게 그 성격을 꿰뚫어본다는 뜻으로 쓰였으므로 「見抜く」만이 적절하다. 「見通す」는 단지 표면에 나타나있지 않은 성격을 알아차린다는 뜻에 쓰이는데, 여기에서는 일방적으로 성격을 날카롭고 직감적으로 알아낸다는 뜻으로 쓰였기에 사용이 부적절하다. 한편, 「見破る」와 「見透かす」는 어디까지나 상대가 의도적으로 숨기려고 하는 것을 알아내는 데에 쓰이는 것인데, 여기에서는 굳이 성격을 숨기려고 하는 의도가 없는 경우이므로 둘 다 부적절하다.

⑥ 子どものうそを見抜く/見破る/見透かす/＊見通す。

(아이의 거짓말을 꿰뚫어보다/알아차리다)

➲ 이 경우는 상대가 감추려고 하는 거짓말을 알아차린다고 하는 뜻이므로 「見通す」만은 부적절하다. 「見通す」는 의도적으로 숨기려하는 것이 아닌 경우에만 쓸 수가 있기 때문이다. 다만, 이 경우 「見抜く」는 아이의 거짓말을 날카로운 눈으로 꿰뚫어본다는 뜻이 되고, 「見破る」와 「見透かす」는 어떻게든 거짓말을 파헤치듯이 알아낸다는 뜻이 된다.

⑦ 一目で相手の怪しい本心を見抜く/見破る/見透かす/＊見通す。

(한눈으로 상대의 미심쩍은 본심을 꿰뚫어보다/알아차리다)

➲ 이 경우는 미심쩍은 본심이라는 말이 나와 있듯이 은연중에 상대가 감추려고 하는 본심을 알아차린다고 하는 뜻이므로 「見通す」만은 부적절하다.

⑧ 事件の裏を見通す。(사건의 이면을 알아차린다)

➲ 이 경우와 같이 표면에 나타나있지 않은 사실을 알아내게 될 때는 「見通す」가 적절하다.

⑨ 友だちの胸中を見通す。(친구의 흉중을 알아차린다)

➲ 이 경우 역시 친구가 자신의 속마음을 굳이 의도적으로 숨기려하는 것은 결코 아니다.

⑩ 事業の先行きを見通す。(사업의 앞날을 내다본다)

➲ 이 경우는 앞으로 전개될 일을 전망한다는 뜻이므로 오로지 「見通す」만이 적절하다.

⑪ 人の心を見抜く。(사람의 마음을 꿰뚫어본다)

➲ 「見抜く」는 역시 날카로운 시선과 직감으로 속을 알아차린다는 뜻을 나타내는 것에 의미의 중심이 놓인다.

⑫ ちょっとだけ話し合っているうちに、相手の性向を見抜いた。
(잠깐 동안 이야기 나누는 사이에 상대의 성향을 꿰뚫었다)

⑬ 偽りを言っている相手の本心を見破る。
(허위사실을 말하고 있는 상대의 본심을 간파하다)

➲ 「見破る」는 이 경우와 같이 상대가 의도적으로 숨기고자 하는 사실을 알아차린다고 하는 것에 의미의 중심이 놓인다.

⑭ 心の中の考えを見透かす。(마음속의 생각을 간파하다)

➲ 「見透かす」 역시 상대가 의도적으로 숨기고자 하는 사실을 알아차린다고 하는 것에 의미의 중심이 놓인다.

「身なり」「なり」

공통의미

차림새

요점

1. 「身なり」는 남 앞에 나설 때의 옷차림이나 머리모양새를 나타내는 것으로 우리말의 '차림새' 정도에 해당된다(예문①②⑤⑥⑦).
2. 「なり」는 주로 몸집을 가리키는 것으로 우리말의 '몸, 몸집' 정도에 해당된다(예문③⑧

⑨). 한편 때로는 「身なり」와 같이 차림새를 나타내기도 하는데, 이 경우는 대체로 평상시와 다른 차림을 가리키는 경향이 있으며, 우리말의 '차림' 정도에 해당된다(예문④⑩⑪⑫).

예문과 해설

① 家内は身なり/ ✱ なりを整えに化粧室に行った。
(아내는 차림새를 고치러 화장실에 갔다)

➲ 이 경우는 옷차림이나 머리모양을 고친다고 하는 뜻으로 쓰였으므로 「身なり」가 적절하다. 「なり」도 차림새를 나타낼 수는 있으나 평상시와 다른 일시적인 차림을 나타낼 때만 쓰이므로 여기에서는 부적절하다.

② 最近うちの娘は自分の身なり/ ✱ なりに結構気を遣っているらしい。
(최근에 우리 집 딸은 자기의 차림새에 꽤나 신경을 쓰고 있는 것 같다)

➲ 이 경우 역시 옷차림이나 머리모양의 뜻으로 쓰였으므로 「身なり」가 적절하다. 만약 옷차림이나 머리모양이 아니라 뚱뚱한 몸매에 신경을 쓰는 것이라면 「なり」가 적절하다.

③ あの子は年のわりに大きななり/ ✱ 身なりだ。
(저 아이는 나이에 비해서 큰 몸집이다)

➲ 이 경우는 옷차림이나 머리모양을 나타내는 것이 아니라 단지 몸집을 나타내는 것이므로 「なり」가 적절하다.

④ 男はピエロのなり/ ✱ 身なりをしている。(남자는 삐에로의 차림을 하고 있다)

➲ 이 경우는 남 앞에서 잘 보이기 위한 차림새를 뜻하는 것이 아니라 단지 평상시와는 다른 일시적인 차림을 나타내는 것이므로 「なり」가 적절하다.

⑤ 身なりで人を判断するのはおかしい。(차림새로 사람을 판단하는 것은 이상하다)

➲ 이 경우는 남 앞에 섰을 때의 옷차림을 나타내고 있다.

⑥ あの人は身なりに似合わずお金をたくさん持っているらしい。
(저 사람은 차림새에 맞지 않게 돈을 많이 가지고 있는 것 같다)

➲ 이 경우 역시 겉으로 비친 옷차림을 나타내고 있다.

⑦ 山田さんは立派な身なりにかかわらず心の貧しい人だ。
(야마다씨는 훌륭한 차림새에 상관없이 마음이 가난한 사람이다)

⑧ なりは大きいがまだ子供だ。(몸은 크지만 아직 어린애다)

➲ 이 경우는 단지 몸의 크기를 나타내고 있다.

⑨ 大(おお)きななりをしてそんなことをするなんてみっともない。
(커다란 몸집을 하고 그런 짓을 하다니 꼴사납다)

⑩ そんななりで訪問(ほうもん)しては失礼(しつれい)だ。(그런 차림으로 방문해서는 실례다)
➲ 이 경우는 평상시와 다른 일시적인 차림을 나타내고 있다.

⑪ 弟(おとうと)は女(おんな)のなりで踊(おど)った。(남동생은 여자차림으로 춤을 췄다)
➲ 이 경우도 평상시와는 다른 일시적인 옷차림을 나타내고 있다.

⑫ 妙(みょう)ななりをしている男(おとこ)が訪(たず)ねて来(き)た。(묘한 차림을 하고 있는 남자가 찾아왔다)
➲ 이와 같이 일반적인 차림새와는 다른 일시적이고 특이한 차림을 나타낼 때는 「なり」가 적절하다.

「みにくい」「みぐるしい」「みっともない」

(みにくい服装(ふくそう)、みぐるしい服装(ふくそう)、みっともない服装(ふくそう))

공통의미

보기에 안 좋다

요점

1. 「みにくい」는 미적 또는 도덕적인 차원으로 봐서 형태나 모습이 보기에 좋지 않음을 나타내는 것으로 주로 얼굴모습이나 행위 등에 쓰이는데, 세 가지 말 중에서 가장 객관적인 면이 강조된 것이며 우리말의 '추하다, 흉하다' 정도에 해당된다(예문①②⑥⑦).
2. 「見苦(みぐる)しい」는 사람이 하는 행동이나 태도가 불쾌감을 자아내는 것으로 주관적인 평가(말하는 사람의 부정적인 느낌)가 들어가 있다. 주로 사람의 태도나 차림새 등에 쓰는데 우리말의 '보기 흉하다, 보기에 민망하다' 정도에 해당된다(예문①⑤⑧⑨).
3. 「みっともない」는 사람이 하는 행동이나 꼴이 부끄러울 정도임을 나타내는 것으로 이 역시 주관적인 평가(말하는 사람의 부정적인 느낌)가 들어가 있다. 주로 사물의 겉모양이나 어떤 결과 등에 쓰는데, 우리말의 '꼴불견이다, 꼴사납다' 정도에 해당된다(예문①③④⑤⑩⑪).

4. 결국,「みにくい」는 객관적인 형태나 모습에 쓰고, 「見苦しい」와 「みっともない」는 행동이나 태도 등에 대한 주관적인 평가에 쓰이는 셈이다.

예문과 해설

① みにくい/見苦しい/みっともない服装。

(추한 복장/보기 흉한 복장/꼴불견인 복장)

➲ 「みにくい」를 쓰게 되면 단지 복장그자체가 보기에 안 좋음을 나타내고, 「見苦しい」를 쓰게 되면 복장보다는 그런 복장을 하고 있는 사람을 의식하여 보기에 흉함을 나타내며, 「みっともない」를 쓰게 되면 그런 부끄러운 복장보다는 좀 더 깔끔하고 어울릴만한 복장을 하지 않은 사람을 의식하여 꼴불견임을 나타내게 된다.

② 悪いことをして、自分のみにくい/＊見苦しい/＊みっともない心を反省する。

(나쁜 짓을 하고서 자신의 추한 마음을 반성한다)

➲ 이 경우와 같이 도덕적으로 보았을 때의 내면적인 추한 상태를 나타낼 때는 「みにくい」가 적절하다. 「見苦しい」와 「みっともない」는 어디까지나 그러한 상태가 표면적으로 생생하게 노출되었을 때만 사용이 가능하므로 여기에서는 부적절하다.

③ 四年も浪人してはみっともない/＊見苦しい/＊みにくい。

(4년이나 재수를 해서는 볼썽사납다)

➲ 이 경우와 같이 결과에 대하여 자신이 스스로 남을 의식한 부끄러움을 나타낼 때는 「みっともない」가 적절하다.

④ こんな問題ができなくてはみっともない/＊見苦しい/＊みにくい。

(이런 문제를 처리할 수 없어서는 볼썽사납다)

➲ 이 경우 역시 남을 의식한 부끄러움을 나타내고 있다.

⑤ 見苦しい/みっともない/＊みにくい負け方はしたくない。

(볼썽사나운 패배는 하고 싶지 않다)

➲ 「みにくい」는 단지 형태나 모습이 보기에 좋지 않음을 나타내는 것이어서, 이 경우와 같이 어떤 행위나 결과에 대한 주관적인 평가를 나타내는 때는 쓰기가 부적절하다.

⑥ あぐらをかいている若い女のみにくい姿。

(책상다리를 하고 있는 젊은 여자의 흉한 모습)

➲ 이 경우는 겉모양이 보기에 좋지 않음을 나타내고 있다.

⑦ 友だちとみにくいけんかをするものでない。(친구와 보기흉한 싸움을 하는 거 아니다)

➲ 친구와 싸운다는 것은 객관적으로 보아도 보기에 좋지 않은 모습이다.

⑧ 私にそんな見苦しい行動は見せないでくれ。
(나에게 그런 보기흉한 행동은 보이지 말아다오)

➲ 이와 같이 「見苦しい」는 보기에 불쾌감을 느낄만한 행위에 주로 쓰인다.

⑨ あいつはいつも見苦しい態度を取っている。
(저 녀석은 언제나 보기흉한 태도를 취하고 있다)

➲ 이 경우는 보기에 불쾌감을 느낄만한 태도를 나타내고 있다.

⑩ ぼろぼろのジーンズを着ている女学生はみっともない。
(너덜너덜한 청바지를 입고 있는 여학생은 꼴 볼견이다)

➲ 「みっともない」는 보기에 부끄러움을 느낄만한 행위나 모습을 나타내는 것에 의미의 중심이 놓인다.

⑪ みっともない姿で外出するな。 (꼴 볼견인 모습으로 외출하지마라)

「身分」「身の程」

(自分の身分をわきまえる、自分の身の程をわきまえる)

요점

1. 「身分」은 사회나 집단 속에서 정해져 있는 그 사람의 지위나 입장을 가리키는 것으로 주로 신분이 높고 낮음을 나타내는데, 우리말의 '신분'에 해당된다(예문①②⑤⑥).
2. 「身の程」는 사회적으로 지켜야만 할 자신의 능력범위나 한계를 가리키는 것으로 주로 그다지 높지 않은 신분을 나타내는데, 우리말의 '분수'에 해당된다(예문③④⑦). 대체로 「身の程をわきまえる(분수를 지킨다)」「身の程知らず(분수를 모른다)」와 같은 관용적인 형태로 쓰이는 경우가 많다.

예문과 해설

① あの女性は高貴な身分/✱身の程の生まれだそうです。

(저 여성은 고귀한 신분태생이라고 합니다)

➲「身分」은 신분이 높고 낮음을 나타낼 수 있지만「身の程」는 어디까지나 높지 않은 신분을 주로 나타내므로 이 경우에는 부적절하다.

② あの人の身分/✱身の程は私が保証します。
(저 사람의 신분은 제가 보증합니다)

➲ 이 경우 역시 저 사람의 사회적 위치나 입장을 나타내는 것이므로「身分」만이 적절하다.

③ 身の程/✱身分知らずの愚か者ですね。(분수를 모르는 어리석은 자로군요)

➲「身の程」는「身の程知らず」의 관용적인 형태로 분수를 모르거나 그러한 사람을 나타내는데,「身分」은 이러한 용법이 없으므로 여기에서는 부적절하다.

④ 身の程/✱身分を知れ。(분수를 알아라)

➲ 이 경우는 사회적으로 지켜야만 할 자신의 능력범위나 한계를 나타내는 것이므로「身の程」만이 적절하다.「身分」은 어디까지나 사회적 입장이나 위치를 나타내는 것이므로 여기에서는 부적절하다.

⑤ 大臣は高貴な身分の出です。(장관은 고귀한 신분출신입니다)

⑥ 身分相応の暮しをしている。(신분에 어울리는 생활을 하고 있다)

⑦ 人はみな自分の身の程をわきまえなければならない。
(사람은 누구나 자신의 분수를 지켜야만 한다)

➲ 이 경우는 사회적으로 마땅히 지켜야만 할 능력의 범위는 한계를 나타내고 있다.

「未来」「将来」「今後」

(未来のことはわからない、将来のことはわからない、今後のことはわからない)

요점

1.「未来」는「将来」보다 더 멀고 불확실한 느낌이 주어진다. 주로 예측할 수 없는 머나

먼 시점을 나타내는데 몇 백 년 후 라는 느낌이 강하다(예문①③④⑥⑦⑧).

2. 「将来」는 어느 정도 세월이 지난 후를 가리키지만 「未来」보다는 짧아서 몇 십년 후 정도의 느낌인데, 주로 주체와 관련지어서 말할 때에 쓰인다(예문①②④⑨⑩). 때로는 부사적으로도 쓰이는데 이 경우 우리말에서는 '장래(에)'와 같이 조사 '에'가 붙어도 붙지 않아도 좋으나, 일본어에서는 반드시 조사 「に」가 붙지 않은 형태로만 쓰이는 점에 주의하여야 한다(예문⑤).

3. 「今後」는 지금부터 시작하여 계속 이어지는 시간을 나타내는데(예문①⑪⑫⑬). 이 역시 「将来」처럼 부사적으로 쓰일뿐더러 그 뒤에는 조사 「に」가 일체 붙지 않는 형태로만 쓰인다. 우리말의 '금후'에 해당되는 말이지만 '금후'는 매우 딱딱한 어감이므로 오히려 우리말의 '앞으로'에 해당되는 셈이다.

예문과 해설

① 人間は誰も未来/将来/今後のことはわからない。
(인간은 누구나 미래/장래/앞으로의 일은 알 수 없다)

➲ 이 경우는 각각의 뉘앙스는 다르지만 세 가지 다 적절하다.

② 私は将来/＊未来/＊今後政治家になりたい。
(나는 장래에 정치가가 되고 싶다)

➲ 「将来」는 불과 몇 십 년 후를 가리키지만 「未来」는 그 보다 훨씬 시간이 길며, 「今後」는 말하는 시점부터 이어지는 시간을 가리키므로 결국 이 경우에는 「将来」만이 적절하다. 이 점에서는 실제로 우리말에서도 똑 같다.

③ 百年先の未来/＊将来/＊今後を予想する。(백년 후의 미래를 예상한다)

➲ 이 경우처럼 현재로부터 머나먼 앞으로의 시간을 나타내는 데는 「未来」가 적절하다.

④ あの人は未来/将来/＊今後のある青年です。
(저 사람은 미래/장래가 있는 청년입니다)

➲ 앞으로의 희망이나 기대감을 나타낼 때는 「未来」와 「将来」가 적절하다. 「今後」는 말하는 시점을 기준으로 한 앞으로의 시간만을 나타내므로 여기에서는 부적절하다.

⑤ 私は将来/＊未来/＊今後医者になりたいのです。
(나는 장래에 의사가 되고 싶은 겁니다)

➲ 이 경우와 같이 말하는 사람자신의 앞으로의 포부를 나타낼 때는 오로지 「将来」만이 적절하다.

⑥ 明(あか)るい未来(みらい)を切(き)り開(ひら)く。 (밝은 미래를 개척한다)

➲ 이 경우는 앞으로 비교적 먼 시간을 나타낸다.

⑦ 市長(しちょう)はソウル市(し)の未来像(みらいぞう)について説明(せつめい)した。

(시장은 서울시의 미래상에 관하여 설명했다)

⑧ 一生懸命(いっしょうけんめい)勉強(べんきょう)すると、明(あか)るい未来(みらい)が待(ま)っていることでしょう。

(열심히 공부하면 밝은 미래가 기다리고 있을 겁니다)

⑨ 子供(こども)の将来(しょうらい)について考(かんが)える。 (아이의 장래에 관하여 생각한다)

➲ 「将来(しょうらい)」는 이와 같이 주체와 관련지은 앞날을 나타내는 것에 의미의 중심이 놓인다.

⑩ 近(ちか)い将来(しょうらい)、大地震(だいじしん)が起(おこ)るという。 (가까운 장래에 대지진이 일어난다고 한다)

➲ 「将来(しょうらい)」에는 우리말과 달라 조사 「に」가 접속되지 않는다는 사실에 주의하여야 한다.

⑪ 今後(こんご)は十分(じゅうぶん)に注意(ちゅうい)します。 (앞으로는 충분히 주의하겠습니다)

➲「今後(こんご)」는 말하는 시점부터 앞으로 계속 이어지는 시간을 나타내는 데에 의미의 중심이 놓인다.

⑫ 今後(こんご)、もっとよくなるだろう。 (앞으로 더 좋아질 것이다)

⑬ 今後(こんご)ともよろしくお願(ねが)い致(いた)します。 (앞으로도 잘 부탁드립니다)

「迎(むか)える」「出迎(でむか)える」

(お客(きゃく)を迎(むか)える、お客(きゃく)を出迎(でむか)える)

공통의미

맞이하다

요점

1. 「迎(むか)える」는 맞이할 준비를 갖추고 오는 사람을 기다린다고 하는 뜻이다(예문①②③). 한편으로는, 사람을 자기편으로 받아들이거나(예문④) 때나 계절을 맞이한다는 뜻으로도 쓰인다(예문⑤). 사람을 기다린다는 뜻으로 쓰일 경우에는 우리말의 '맞이하다'에 해당된다.
2. 「出迎(でむか)える」는 오는 사람을 맞이하기 위하여 이쪽에서 일부러 나가서 맞이한다는 뜻인데, 결국 「迎(むか)える」에 비해서 사람을 맞이하기 위하여 도착지점으로 나간다고 하는 것에 의미의 중점이 놓인다(예문①⑥⑦⑧). 우리말의 '마중 나가다'에 해당된다.

예문과 해설

① お客(きゃく)を向(む)かえる/出迎(でむか)える。(손님을 맞이한다/마중 나간다)

➲ 이 경우 「向(む)かえる」를 쓰게 되면 자기 집이나 사무실에서 손님을 기다렸다가 맞이한다는 뜻이 되지만, 「出迎(でむか)える」를 쓰게 되면 손님이 도착하는 곳까지 미리 나가서 맞이한다는 뜻이 된다.

② 空港で両親を迎える/ ✱ 出迎える。(공항에서 부모님을 맞이한다)

➲ 이 경우는 공항에서 부모님을 기다렸다가 맞이한다는 뜻이므로 「向かえる」가 적절하다. 「出迎える」는 도착지까지 맞이하러 간다는 뜻인데, 여기에서는 이미 도착지인 공항에 도착한 상태에서 부모님을 맞이하는 것이므로 부적절하다.

③ 会場につくとたくさんの人たちが拍手で迎えて/ ✱ 出迎えてくれた。
(회장에 도착하자 많은 사람들이 박수로 맞이해 주었다)

➲ 이 경우 역시 회장에 모인 많은 사람들이 기다렸다가 맞이한다는 뜻이므로 「向かえる」만이 적절하다.

④ 新しい指揮者を迎える/ ✱ 出迎える。(새로운 지휘자를 맞이한다)

➲ 이 경우 만약 「出迎える」를 쓰게 되면 새로운 지휘자를 영입한다는 뜻이 아니라 새로운 지휘자를 마중나간다고 하는 뜻이 된다.

⑤ 春を迎えて/ ✱ 出迎えて活気があふれている。
(봄을 맞이하여 활기가 넘치고 있다)

➲ 이 경우는 계절을 맞이한다는 뜻이므로 「向かえる」만이 적절하다.

⑥ 客を駅まで出迎える/ ✱ 向かえる。(역까지 손님을 마중 나간다)

➲ 이 경우는 손님을 맞이하기 위해서 역까지 일부러 나간다는 이동의 뜻이므로 「出迎える」만이 적절하다. 「向かえる」는 단지 맞이할 준비를 하고 기다리는 것이므로 여기에서는 부적절하다.

⑦ 友達を空港に出迎える/ ✱ 向かえる。(공항까지 친구를 마중 나간다)

➲ 이 경우도 친구를 맞이하기 위해서 공항까지 일부러 나간다고 하는 이동의 뜻을 나타내는 것이므로 「出迎える」만이 적절하다.

⑧ 先生を<u>出迎え</u>に行く。(선생님을 마중하러 간다)

「～向き」「～向け」

(年より<u>向き</u>の車が新発売された、年より<u>向け</u>の車が新発売された)

●●● 공통의미

～에 적합한, ～을 대상으로 한

●●● 요점

1. 「～向き」는 동사 「向く(향하다)」의 연용형이 전성명사화된 것으로 그 대상에 적합하거나 어울리는 상태임을 나타낸다. 「～向きの」의 형태로 우리말의 '～에 적합한, ～에 맞는, ～용의' 정도에 해당된다(예문①②③④⑤).
2. 「～向け」는 동사 「向ける(향하다)」의 연용형이 전성명사화된 것으로 어떤 특정대상을 위해서 또는 특정대상을 겨냥해서라는 어감을 나타낸다. 「～向けの」의 형태로 우리말의 '～을(를)대상으로 하는, ～을(를)위한'에 해당된다(예문①②⑥⑦⑧).

●●● 예문과 해설

① 年より向きの/向けの車が新発売された。
(노인에 맞는/노인을 대상으로 하는 차가 신 발매 되었다)

➲ 이 경우는 둘 다 적절한데 「~向き」를 쓰게 되면 노인에게 적합하다는 의미가 되고, 「~向け」를 쓰게 되면 노인을 대상으로 한다는 의미가 된다.

② この会社では子ども向きの/向けの自転車を作っている。
(이 회사는 어린이용의/어린이를 위한 자전거를 만들고 있다)

➲ 이 경우 역시 「~向き」를 쓰게 되면 어린이에게 적합한 자전거를 만든다는 뜻이지만, 「~向け」를 쓰게 되면 어린이를 대상으로 하는 자전거를 만든다는 뜻이 된다.

③ この映画は子ども向きだ。(이 영화는 어린이용이다)

➲ 이 경우는 영화가 어린이가 보기에 적합하게 만들어져있다는 뜻으로 쓰였다.

④ 女性向きのスポーツにはどんなものがありますか。
(여성용의 스포츠에는 어떤 것이 있습니까?)

➲ 이 경우는 여성이 하기에 적합한 스포츠를 나타내고 있다.

⑤ この機械は値段も高く大型で家庭向きではない。
(이 기계는 가격도 비싸고 대형이어서 가정용은 아니다)

⑥ 若いお母さん向けの育児書が飛ぶように売れている。
(젊은 어머니를 대상으로 하는 육아서가 날개 돋친 듯이 팔리고 있다)

➲ 이 경우의 육아서는 젊은 어머니를 위한 것임을 나타내고 있다.

⑦ 小学生向けの辞書は字が大きくて読みやすい。
(초등학생을 위한 사전은 글자가 커서 읽기 쉽다)

➲ 이 경우의 사전은 초등학생에게 적합한 것임을 나타내고 있다.

⑧ この会社では、輸出向けに左ハンドルの自動車を早くから生産している。
(이 회사에서는 수출용으로 왼쪽핸들의 자동차를 일찍부터 생산하고 있다)

➲ 왼쪽핸들의 자동차는 오로지 수출을 대상으로 하는 것임을 나타내고 있다.

「向く」「向かう」「向ける」

공통의미

향하다

요점

1. 「向く」「向かう」「向ける」는 모두 우리말의 '향하다'에 해당되는 동사이지만 구체적으로는 미묘한 차이가 엿보인다.
2. 「向く」는 어떤 방향과 자신을 일치시키는 것으로 주로 방향을 나타내는 명사(동서남북, 위아래, 왼쪽오른쪽)와 함께 쓰인다(예문⑥⑦). 다만, 구체적인 명사와 함께 쓰일 때는 보통 「～の方を向く」의 형태를 취하게 된다(예문①②). 또한, 그 사람에게 잘 어울린다, 적합하다, 는 뜻으로도 쓰이는데(예문③④), 「向かう」와 「向ける」에는 이러한 의미용법이 없다. 우리말의 '～로(으로)향하다'에 해당된다.
3. 「向かう」는 어떤 것에 대하여 그 쪽으로 몸을 향한다고 하는 의미와(예문⑧⑨) 그 쪽으로 이동한다고 하는 의미로 쓰인다(예문⑤⑩). 그 앞에는 항상 조사 「に」만이 오게 되는데, 우리말의 '～로(으로)몸을 향하다, ～로(으로)향해서 가다'에 해당된다.

4. 「向ける」는 어떤 것에 대하여 그 쪽으로 자세를 취한다고 하는 의미인데 그 앞에 조사 「に」가 올 때는 우리말의 '～로(으로)향하다'에 해당되고(예문⑪), 조사 「を」가 올 때는 '～로(으로)몸을 돌리다'에 해당된다(예문⑫).

5. 결국, 방향을 나타내는 경우에는 「向く」가 가장 움직임이 없으며 「向ける」는 다소 움직이려고 하는 것이며 「向かう」는 그 방향으로 움직여서 출발함을 나타낸다.

예문과 해설

① 鏡の方をむく/＊鏡をむく。(거울 쪽을 향한다)

➲ 「向く」는 동서남북, 위아래, 왼쪽오른쪽의 방향을 나타낼 때는 그대로 쓰이지만, 거울과 같이 방향을 나타내지 못하는 명사에 쓰일 때는 항상 「~の方を向く」의 형태로만 쓰인다.

② 山の方を向く/＊山をむく。(산 쪽을 향한다)

➲ 이 경우의 '산'도 방향을 나타내는 명사가 아니므로 「~の方を向く」의 형태를 취해야만 한다.

③ 女性に向く/＊向かう/＊向ける仕事。(여성에게 알맞은 일)

➲ 그 사람에게 잘 어울린다, 적합하다는 의미로는 「向く」만이 적절하다.

④ あの人は司会者に向く/＊向かう＊向ける。(저 사람은 사회자에 적합하다)

➲ 이 경우 역시 예문④와 맥락을 같이하고 있다.

⑤ 車で大阪に向う/＊向ける/＊むく。(차로 오사카를 향해가다)

➲ 이 경우는 이미 오사카로 출발하거나 이동하고자 하는 것을 나타내므로 「向う」만이 적절하다. 「向ける」는 오사카의 방향 쪽으로 차를 향하게 한다는 다소 엉뚱한 뜻이 되고, 「向く」는 방향을 나타내는 명사가 아닐 때는 항상 「~の方を向く」의 형태만을 취해야 하며, 설령 이러한 형태를 취했다고 해도 「向ける」의 경우처럼 차로 오사카의 방향 쪽을 향한다고 하는 엉뚱한 뜻이 되므로 둘 다 여기에서는 부적절하다.

⑥ 北を向いて歩く。(북쪽을 향해서 걷는다)

➲ 이 경우는 「向く」앞에 방향을 나타내는 명사 「北」가 와 있으므로 「~の方を向く」의 형태를 취하지 않아도 된다.

⑦ 鼻が上を向いている。(코가 위를 향하고 있다)

➲ 이 경우 역시 「向く」앞에 방향을 나타내는 명사 「上」가 와 있으므로 「~の方を向く」의 형태를 취하지 않아도 된다.

⑧ 机に向かう。(책상을 향한다(향해서 앉다))

➲ 이 경우는 책상 쪽으로 몸을 향해서 앉는다고 하는 의미로 쓰였다.

⑨ 聴衆に向かって話す。(청중을 향해서 이야기한다)

➲ 이 경우는 청중 쪽으로 몸을 향해서 이야기한다고 하는 의미로 쓰였다.

⑩ ヨーロッパに向かう。(유럽으로 향한다(향해서 출발한다))

➲ 이 경우는 몸을 유럽 쪽으로 향했거니와 실제로 그 쪽으로 이동한다는 의미가 강하다.

⑪ カメラを友人に向ける。(카메라를 친구에 돌린다)

➲ 카메라를 실제로 친구 쪽으로 향하게 한다고 하는 의미로 쓰였다.

⑫ 父は急に母に体を向けた。(아버지는 갑자기 어머니에게 몸을 돌렸다)

➲ 이 경우는 몸을 그 쪽 방향으로 돌렸다고 하는 의미로 쓰였다.

참고

「向く」는 방향을 나타내지 않는 명사와 함께 쓰일 때는 항상 「～の方を向く」의 형태를 취하지만, 접속조사 「て」나 과거완료의 조동사 「た」와 접속하여 뒤에 오는 말을 수식할 때는「～の方」가 없이도 쓰인다.

「山に向いて歩く」(산을 향해서 걷는다)　　「山に向いた家」(산을 향한 집)

「むしろ」「かえって」

(九月のほうがむしろ暑かった、九月のほうがかえって暑かった)

공통의미

오히려, 도리어

요점

1. 「むしろ」는 둘을 비교하여 한쪽을 선택하는 뜻을 나타내는 것으로 우리말의 '오히려'에

해당된다(예문①②③⑤⑥⑦).

2. 「かえって」는 둘을 비교하여 반대가 됨으로서 기대나 예상에 반함을 나타내는 것으로 우리말의 '도리어'에 해당된다(예문①④⑧⑨⑩).

예문과 해설

① 九月の方がむしろ/かえって暑かった。(9월 쪽이 오히려/도리어 더웠다)

➲ 이 경우 「むしろ」를 쓰게 되면 9월의 더위와 다른 달의 더위를 비교한 결과, 9월 쪽이 더 더웠음을 나타내지만, 「かえって」를 쓰게 되면 9월의 더위가 예상과는 반대로 더 더웠음을 나타내게 된다.

② この部屋は研究室というよりむしろ/＊かえって会議室だ。

(이 방은 연구실이라기보다 오히려 회의실이다)

➲ 이 경우는 연구실과 회의실을 비교하여 회의실에 가깝다고 하는 뜻을 나타내므로 「むしろ」가 적절하다. 「かえって」는 예상에 반함을 나타내는 것이므로 그 뒤에는 반대되는 행위나 결과가 와야만 하는데, 여기에서는 단지 '회의실이다'라는 단정표현만 와있으므로 쓰기에 부적절하다.

③ このまま生きていくよりむしろ/＊かえって死にたい。

(이대로 살아가는 것 보다 오히려 죽고 싶다)

➲ 이 경우와 같이 살아가는 것과 죽는 것 중에서 한 쪽을 선택한다고 하는 뜻을 나타낼 때는 「むしろ」가 적절하다. 「かえって」는 예상에 반함을 나타내는 것이므로 그 뒤에는 반대되는 행위나 결과가 와야만 하는데, 여기에서는 단지 '죽고 싶다'고 하는 심정만을 나타내고 있을 뿐이어서 부적절하다.

④ もうけようとしてかえって/＊むしろ損をした。(벌려고 하다가 도리어 손해를 봤다)

➲ 이 경우는 돈을 벌려고 했던 것과는 반대되는 손해를 본다는 결과가 나타났으므로 「かえって」가 적절하다.

⑤ 彼に頼むくらいなら、むしろ自分でやったほうがいい。

(그에게 부탁할 정도라면, 오히려 스스로 하는 편이 좋다)

➲ 이 경우는 그에게 부탁하는 것과 스스로 하는 것 중에서 하나만을 선택하는 뜻으로 쓰였다.

⑥ その服には青よりむしろ白の靴が似合う。

(그 옷에는 파란 색보다 오히려 하얀 색 구두가 어울린다)

➲ 이 경우도 파란 색과 하얀 색 중에서 하나만을 선택하고 있다.

⑦ それならむしろやめたい。(그렇다면 오히려 그만두고 싶다)

➲ 계속해서 하는 것과 그만두는 것 중에서 그만두는 쪽을 선택하는 뜻으로 쓰였다.

⑧ 説明を聞いたらかえってわからなくなった。

(설명을 들었더니 도리어 알 수 없게 되었다)

➲ 설명을 듣게 됨에 따라서 보다 더 잘 알 수가 있어야 하는데도, 이 경우는 더 알 수가 없게 되었다고 하는, 일반적인 기대치에 반함을 나타내는 것이므로 「かえって」가 적절하다.

⑨ 見(み)るなと言(い)われるとかえって見(み)たくなる。

(보지마라고 말을 들으면 도리어 보고 싶어진다)

➲ 금지에 반하여 더 보고 싶어짐을 나타내고 있다.

⑩ 近道(ちかみち)だと思(おも)ったのにかえって時間(じかん)がかかった。

(지름길이라고 생각했는데 도리어 시간이 걸렸다)

➲ 지름길은 당연히 시간이 단축되어야 함에도 불구하고 결과적으로는 시간이 더 걸렸다고 하는, 예상에 반하는 결과를 나타내고 있다.

「むなしい」「はかない」

(むなしい努力(どりょく)、はかない努力(どりょく))

공통의미

허무하다, 덧없다

요점

1. 「むなしい」는 공허함을 나타내거나 어떤 행위에 대한 효과가 나타나지 않음을 나타내는 것으로 우리말의 '허무하다, 공허하다'에 해당된다(예문①②⑤⑥⑦).
2. 「はかない」는 지속성이 없이 쉽사리 사라지는 모양을 나타내거나 불확실하여 기대할 수 없음을 나타내는 것으로 우리말의 '덧없다' 정도에 해당된다(예문③④⑧⑨⑩).

예문과 해설

① 二時間(にじかん)もむなしく/*はかなく待(ま)っていた。(두 시간이나 허무하게 기다리고 있었다)

➲ 이 경우는 기다린 것에 대한 효과가 없음을 나타내는 것이므로 「むなしい」가 적절하다. 「はかない」는 우리말의 '덧없다'고 하는 뜻을 나타내므로 여기에서는 부적절하다.

② そんなむなしい/✱はかない議論(ぎろん)を繰(く)り返(かえ)していても意味(いみ)がない。

(그런 공허한 토론을 되풀이하고 있어봤자 의미가 없다)

➲ 이 경우 역시 토론을 되풀이하는 것에 대한 효과가 없음을 나타내는 것이므로 「むなしい」가 적절하다.

③ せみの命(いのち)ははかない/✱むなしい。(매미의 생명은 덧없다)

➲ 이 경우와 같이 지속성이 없이 쉽사리 사라지는 모양을 나타낼 때는 「はかない」가 적절하다.

④ 一夜(いちや)の夢(ゆめ)のようなはかない/✱むなしい人生(じんせい)。(하룻밤의 꿈과 같은 덧없는 인생)

➲ 이 경우 역시 지속성이 없이 쉽게 사라지는 모양을 강조하는 것이므로 「はかない」가 적절하다.

⑤ むなしく五年(ごねん)を費(つい)やした。(공허하게 5년을 낭비했다)

➲ 5년이란 시간이 소요된 것에 대한 바람직한 결과가 없음을 나타내고 있다.

⑥ 善戦(ぜんせん)したが、むなしく敗(やぶ)れた。(선전했지만, 허무하게 패했다)

⑦ この頃(ごろ)はむなしく日(ひ)を送(おく)っています。(요즈음은 공허하게 날을 보내고 있습니다)

⑧ 彼女(かのじょ)とはかない約束(やくそく)をしてしまった。(그녀와 덧없는 약속을 하고 말았다)

➲ 이 경우와 같이 불확실하여 기대하기가 어려움을 나타낼 때는 「はかない」가 적절하다.

⑨ はかない希望(きぼう)を抱(いだ)く。(덧없는 희망을 품는다)

➲ 이 경우 역시 불확실하여 기대하기가 어려운 희망을 나타내고 있다.

⑩ 人(ひと)の命(いのち)ははかないものだ。(사람의 목숨은 덧없는 것이다)

➲ 이 경우는 지속성이 없이 쉽사리 사라져 버리는 목숨을 나타내고 있다.

「迷惑」「当惑」「困惑」「閉口」

공통의미
난처함, 곤란함

요점
1. 「迷惑」는 남으로 인하여 불쾌감을 느끼거나 곤란함을 겪는 것을 나타내는데 보통 「迷惑をかける(피해를 끼치다)」「迷惑する(피해를 입다)」「迷惑だ(피해가 된다)」의 형태로 쓰인다(예문①④⑤).
2. 「当惑」와 「困惑」는 사정이나 영문을 몰라서 어떻게 대처해야 좋을지 혼란스러워하는 모습을 나타내는데 보통 「当惑する(당황해하다)」「困惑する(당황해하다)」의 형태로 쓰인다. 다만, 「当惑」의 경우는 일순간의 당황스러움에 중점이 있으나(예문②⑥⑦), 「困惑」는 대처방법에 대하여 고민하는 모습에 중점이 있다(예문②⑧).
3. 「閉口」는 글자그대로 입을 다물어버릴 정도로 완전히 곤혹스러워하는 모습을 나타내는데 보통 「閉口する(두 손 두발 다 든다)」의 형태로 쓰인다(예문③⑨⑩).

●●● 예문과 해설

① 人(ひと)に迷惑(めいわく)/✱当惑(とうわく)/✱困惑(こんわく)/✱閉口(へいこう)をかける。(남에게 피해를 끼친다)

➲ 「~をかける」의 관용적인 형태로 쓰일 수 있는 것은 오로지 「迷惑(めいわく)」뿐이므로 이 경우 다른 말들은 모두 부적절하다.

② 何(なん)と答(こた)えていいか当惑(とうわく)/困惑(こんわく)/✱迷惑(めいわく)/✱閉口(へいこう)する。
(뭐라고 대답해야 좋을지 당황해하다)

➲ 이 경우와 같이 그 대처에 곤란해 하거나 고심하는 때는 「当惑(とうわく)」「困惑(こんわく)」가 적절한데, 이 경우 「当惑(とうわく)」를 쓰게 되면 일순간 난처함을 나타내게 되지만, 「困惑(こんわく)」를 쓰게 되면 그 대처방법에 제법 고심한다는 뜻을 나타내게 된다. 이 경우 「迷惑(めいわく)する」를 쓰게 되면 피해를 입는다는 뜻이 되고, 「閉口(へいこう)する」를 쓰게 되면 두 손 두발 다 든다는 뜻이 되어서 둘 다 부적절하다.

③ あの悪臭(あくしゅう)には閉口(へいこう)/✱迷惑(めいわく)/✱当惑(とうわく)/✱困惑(こんわく)した。
(저 악취에는 두 손 두발 다 들었다)

➲ 이 경우와 같이 무척 곤란하여 입을 다물 정도임을 나타내는 것은 오로지 「閉口(へいこう)」만이 적절하다.

④ こんな所(ところ)に車(くるま)をとめるのは迷惑(めいわく)だ。(이런 곳에 차를 세우는 것은 피해가 된다)

➲ 「迷惑(めいわく)」는 「迷惑(めいわく)だ」의 형태로서 '피해가 되다'의 뜻을 나타낸다.

⑤ ご迷惑(めいわく)をおかけして申(もう)し訳(わけ)ありません。(폐를 끼쳐드려서 죄송합니다)

⑥ 突然(とつぜん)の話(はなし)に当惑(とうわく)する。(갑작스런 이야기에 난처하다)

➲ 「当惑(とうわく)する」는 어디까지나 당황스러워 하는 상태를 나타내는 것에 의미의 중심이 놓인다.

⑦ どう話(はな)せばよいか、当惑(とうわく)した。(어떻게 이야기하면 좋을지 난처했다)

⑧ 妹(いもうと)は見合(みあ)い話(ばなし)を持(も)ち込(こ)まれて困惑(こんわく)している。
(여동생은 맞선이야기가 나와서 곤란해 하고 있다)

➲ 「困惑(こんわく)する」는 곤란한 상황에 직면하여 그 대처방법을 고심하는 모습에 의미의 중심이 놓인다.

⑨ 今年(ことし)の暑(あつ)さには閉口(へいこう)した。(올해 더위에는 두 손 두발 다 들었다)

➲ 「閉口(へいこう)する」는 더 이상 어찌할 방법이 없어서 무척이나 곤혹스러워하는 것을 나타낸다.

⑩ 社長(しゃちょう)の長(なが)い訓示(くんじ)には閉口(へいこう)する。(사장의 긴 훈시에는 두 손 두발 다 든다)

「目指す」「目掛ける」

(敵の大将を目指して進む、敵の大将を目掛けて進む)

공통의미

지향하다, 겨냥하다

요점

1. 「目指す」는 목표로 하는 지점이나 사물, 또는 상태나 자격 등을 향하여 앞으로 나아간다고 하는 뜻으로 우리말의 '지향하다, 향하다' 정도에 해당된다(예문①②③④⑤⑧⑨).
2. 「目掛ける」는 목표를 겨냥하여 기세 좋게 나아간다고 하는 뜻으로 대체로 그 목표는 구체적이고 가까이에 있는 경우가 많은데 우리말의 '겨냥하다, 목표로 하다' 정도에 해당된다(예문①②⑥⑦⑩⑪).

예문과 해설

① 敵の本陣を目指して/目掛けて進む。(적의 본진을 향해서/목표로 해서 나아간다)

➲ 이 경우는 둘 다 적절한데 「目指す」를 쓰게 되면 적의 본진이 있는 방향으로 나아간다는 뜻이 되고, 「目掛ける」를 쓰게 되면 적의 본진을 목표지점으로 겨냥을 해서 나아간다는 뜻이 된다.

② 頂上を目指して/目掛けて登る。(정상을 향해서 올라간다)

➲ 이 경우도 역시 예문①과 맥락을 같이하고 있다.

③ 我がチームは優勝を目指して/＊目掛けている。
(우리 팀은 우승을 지향하고 있다)

➲ 「目掛ける」는 추상적인 것에는 쓰이지 않으며 또한 보통 「~を目掛けて~する」의 형태로 쓰일 뿐, 이 경우와 같이 「~ている」의 형태로는 쓰이지 못하므로 이 경우에는 부적절하다.

④ 兄は医師の道を目指して/＊目掛けている。(형은 의사의 길을 지향하고 있다)

➲ 「目指す」는 이 경우와 같이 추상적인 목표에도 쓰이지만 「目掛ける」는 구체적인 것에만 쓰

이며, 또한 「目掛ける」는 보통 「~を目掛けて~する」의 형태로 쓰이므로 이 경우에는 부적절하다.

⑤ 成績の向上を目指して/＊目掛けて努める。(성적의 향상을 향해서 노력한다)

➲ 이 경우도 역시 예문③④와 맥락을 같이하고 있다.

⑥ 男は私を目掛けて/＊目指して石を投げた。
(남자는 나를 겨냥해서 돌을 던졌다)

➲ 「目掛ける」는 목표를 겨냥한다는 뜻이므로 여기에서는 적절하지만, 「目指す」는 목표를 향해서 앞으로 나아간다는 뜻이므로 이 경우에는 부적절하다.

⑦ 鳥を目掛けて/＊目指して打つ。(새를 겨냥해서 쏜다)

➲ 이 경우 역시 예문⑥과 맥락을 같이하고 있다.

⑧ 私たちが目指す村はもうすぐだ。(우리들이 지향하는 마을은 이제 곧 도착한다)

➲ 이 경우는 목표로 하는 마을을 향해서 앞으로 나아간다는 뜻으로 쓰였다.

⑨ 探検隊は北極星を目指して行った。(탐험대는 북극성을 향해서 갔다)

⑩ 的を目掛けて弓を射た。(과녁을 겨냥하여 활을 쐈다)

➲ 이 경우와 같이 구체적인 목표물을 겨냥한다는 뜻으로는 오로지 「目掛ける」만이 적절하다.

⑪ 子供は母親の懐を目掛けて飛込んだ。
(아이는 엄마 품을 향해서 뛰어 들어갔다)

「飯」「ご飯」「ライス」

공통의미

밥

요점

1. 「飯」는 밥을 나타내기도 하고 식사를 나타내기도 하는데 식사를 나타내는 것은 원래 쌀로 만든 밥이 주식인 데에서 유래되었다. 남성들이 주로 쓰는 속어적인 말인데 주로 동사 「食う('먹다' 의 속어)」와 함께 쓰인다(예문①②). 한편으로는 어떤 직업을 통해서 밥을 먹는다고 하는 식으로 생계수단을 나타내기도 하는데 이 점에서는 우리말과 같다(예문③④).
2. 「ご飯」도 밥을 나타내기도 하고 식사자체를 나타내기도 하는데 「飯」에 비해서 훨씬 품위 있는 말이어서 일상적으로 가장 많이 쓰인다(예문⑤⑥⑦). 밥을 가리킬 때는 밥공기에 담겨져 있는 것을 나타낸다(예문⑧).
3. 「ライス」는 영어에서 온 말로서 주로 식당용어로서만 쓰이며 식사의 의미는 없고 오로지 밥을 가리키는 말로서만 쓰인다. 「ご飯」과 달리 주로 접시에 담겨져 있는 것을 나타낸다(예문⑧⑨).

예문과 해설

① 腹が減ったからそろそろ飯にしようか。(배가 고프니까 슬슬 밥을 먹을까)

➲ 「飯にする」의 형태로 '밥을 먹는다'의 의미로 쓰이는데 주로 남성이 친한 사이에서 쓴다.

② これでは、三度の飯も満足に食えない。
(이래서는 세끼 밥도 만족스럽게 먹을 수 없다)

➲ 이 경우 역시 그다지 품위 있는 말은 못되어서 주로 남성이 친한 사이에서 쓴다.

③ 音楽で飯を食っている。(음악으로 밥을 먹고 있다)

➲ 「飯を食う」의 형태로 생계를 유지해나간다는 뜻을 나타내는데, 이러한 표현은 우리말에도 있다.

④ 私は小説で飯を食っています。(나는 소설로 밥을 먹고 있습니다)

➲ 이 경우 역시 생계를 유지해나간다는 뜻으로 쓰였다.

⑤ ご飯の支度をする。(밥 준비를 한다(식사준비를 한다))

⑥ 私は麺類よりご飯の方が好きだ。(나는 면류보다 밥 쪽을 좋아한다)

⑦ 茶碗にご飯を盛る。(밥공기에 밥을 담는다)

⑧ (레스토랑에서)ご飯にしますか、ライスにしますか。
(밥으로 하겠습니까, 라이스로 하겠습니까)

➲ 똑 같은 밥이지만 「ライス」는 접시에 담아서 내오는 것을 가리킨다.

⑨ カレーライスが食べたい。(카레라이스가 먹고 싶다)

➲ 이 경우 역시 접시에 담긴 밥을 가리키고 있다.

「珍しい」「まれだ」

(彼女が泣くのは珍しいことだ、彼女が泣くのはまれなことだ)

공통의미

진귀하다, 드물다

요점

1. 「珍しい」는 어떤 일이 일어날 기회가 극히 적어서 그 가치가 높다고 하는 주관적인 의외성이나 놀라움을 나타내는 말로, 우리말의 '진귀하다, 보기 드물다' 정도에 해당된다(예문①②③⑤⑥⑦).
2. 「まれだ」는 어떤 일이 좀처럼 일어나지 않음을 객관적으로 나타내는 말로 우리말의 '드물다'에 해당된다(예문①②④⑧⑨⑩). 뒤에 오는 명사를 수식할 때는 「まれな」의 형태를 취하게 되고 뒤에 오는 술어를 수식할 때는 「まれに」의 형태를 취하게 된다.

예문과 해설

① 彼女が泣くのは珍しい/まれなことだ。(그녀가 우는 것은 드문 일이다)

➲ 이 경우는 둘 다 적절한데 「珍しい」를 쓰게 되면 그녀가 우는 사실에 대한 의외성이나 놀라움을 주관적으로 나타내게 되고, 「まれな」를 쓰게 되면 단지 그녀가 우는 일은 거의 없음을 객관적으로 나타내게 된다.

② このような選抜は珍しい/まれなことだ。(이와 같은 선발은 진귀한/드문 일이다)

➲ 이 경우도 둘 다 적절한데, 「珍しい」를 쓰게 되면 선발이 매우 의외여서 그 선발의 가치가 비교적 높음을 주관적으로 나타내게 되고, 「まれな」를 쓰게 되면 단지 보기 드문 선발임을 객관적으로 나타내게 된다.

③ 珍しい/＊まれな花が咲いている。(희귀한 꽃이 피어있다)

➲ 이 경우와 같이 단지 좀처럼 볼 기회가 적어서 그 가치가 비교적 높음을 나타낼 때는 「珍(めずら)しい」가 적절하다. 「まれな」는 그 앞에 '무엇이 드물다'고 하는 식으로 드문 대상이 와야만 하는데도, 여기에서는 아무런 말도 없이 처음부터 쓰였으므로 부적절하다.

④ まれに/✱珍(めずら)しく見(み)る美人(びじん)ですね。(드물게 보이는 미인이군요)

➲ 「まれに」는 이 경우와 같이 「まれに見(み)る」의 관용적인 형태를 취하여 좀처럼 보기 드물다는 뜻을 나타낸다. 이 경우의 「まれに」는 「まれだ」의 연용형으로 부사처럼 쓰이는데, 문의 처음에 쓰였으면서도 뒤에 있는 동사와 밀접한 관계를 지니고 있다.

⑤ 彼(かれ)の趣味(しゅみ)は珍(めずら)しい切手(きって)を集(あつ)めることだ。
(그의 취미는 희귀한 우표를 모으는 것이다)

➲ 이 경우는 좀처럼 보기가 드물어서 그 가치가 매우 높음을 주관적으로 나타내고 있다.

⑥ こんな快晴(かいせい)な天気(てんき)は珍(めずら)しい。(이런 쾌청한 날씨는 보기 드물다)

➲ 이 경우는 의외성을 주관적으로 나타내고 있다.

⑦ 彼女(かのじょ)は珍(めずら)しく機嫌(きげん)がいい。(그녀는 보기 드물게 기분이 좋다)

⑧ そういうこともまれにはあるかもしれない。(그러한 일도 드물게는 있을지도 모른다)

➲ 이 경우는 그러한 일이 좀처럼 일어나지 않음을 객관적으로 나타내고 있다.

⑨ あの作家(さっか)はまれに小説(しょうせつ)も書(か)く。(저 작가는 드물게 소설도 쓴다)

⑩ 彼女(かのじょ)は外出(がいしゅつ)するのもまれだった。(그녀는 외출하는 것도 드물었다)

も

「儲(もう)ける」「稼(かせ)ぐ」

(金(かね)を儲(もう)けた、金(かね)を稼(かせ)いだ)

공통의미

돈을 벌다

요점

1. 「儲(もう)ける」는 착실하게 일을 해서 돈을 번다고 하는 의미보다는 무언가를 한 결과 이익을 얻거나 득을 보는 경우에 쓰인다(예문①②③⑥).
2. 「稼(かせ)ぐ」는 열심히 일을 해서 돈을 번다고 하는 의미로 쓰이며(예문①④⑤) 한편으로는 시간이나 점수를 번다고 하는 의미로도 쓰인다(예문⑦⑧).

예문과 해설

① 金(かね)を儲(もう)けた/稼(かせ)いだ。(돈을 벌었다)

➲ 여기에서 「儲(もう)ける」를 쓰게 되면 결과적으로 뜻하지 않게 돈을 벌었다는 뜻이 되지만, 「稼(かせ)ぐ」를 쓰게 되면 열심히 일을 해서 돈을 벌었다는 뜻이 된다.

② 彼(かれ)は土地(とち)で儲(もう)けた/＊稼(かせ)いだ。(그는 땅으로 벌었다)

➲ 「稼(かせ)ぐ」는 열심히 일을 해서 돈을 버는 경우에 쓰이는데, 이 경우는 땅의 투기 등으로 돈을 벌었다고 하는 의미이므로 부적절하다.

③ 母の友達は株で大金を儲けた/＊稼いだ。
(어머니 친구는 주식으로 거금을 벌었다)

➲ 이 경우는 주식투자를 하여 그 결과 돈을 벌었다는 뜻이므로 「儲ける」가 적절하다.

④ 熱心に働いて学費を稼ぐ/＊儲ける。 (열심히 일을 해서 학비를 번다)

➲ 「儲ける」는 무언가를 한 결과 돈을 번다고 하는 의미로 쓰이므로 이 경우는 부적절하다. 이 경우는 열심히 일을 해서 돈을 번다는 뜻이므로 오로지 「稼ぐ」만이 적절하다.

⑤ 旅行の費用をアルバイトで稼ぐ/＊儲ける。 (여행경비를 아르바이트로 번다)

➲ 이 경우는 아르바이트를 해서 돈을 번다는 뜻이므로 「稼ぐ」가 적절하다.

⑥ 競馬でたくさん儲けた。 (경마로 많이 벌었다)

➲ 이 경우는 경마에 돈을 건 결과 돈을 벌었다고 하는 뜻이지, 열심히 일을 해서 돈을 벌었다는 뜻은 결코 아니다.

⑦ わざとゆっくり話して時間を稼いだ。 (일부러 천천히 말해서 시간을 벌었다)

➲ 이 경우는 시간의 여유를 확보한다는 뜻으로 쓰였는데 이러한 용법은 우리말에도 있다. 한편 「儲ける」에는 이러한 용법이 없다.

⑧ 頑張って、あっという間に3点を稼いだ。
(분발하여 눈 깜짝 할 사이에 3점을 벌었다)

➲ 이 경우는 점수를 획득한다는 뜻으로 쓰였는데 이러한 용법은 우리말에도 있다.

「燃える」「焼ける」

(家が燃える、家が焼ける)

공통의미

불타다

요점

1. 「燃(も)える」는 불길이 일어나 타고 있는 상태를 나타내며(예문①②) 한편으로는 애국심이나 희망 등에 감정이 격앙되는 모양을 나타내기도 한다(예문⑤). 우리말의 '불타다, 끓다'에 해당된다.

2. 「焼(や)ける」는 이미 다 타버린 결과를 나타내며(예문①③) 한편으로는 빵 등이 다 구워지거나(예문⑥) 햇빛 등으로 그을어짐을 나타내기도 한다(예문④⑦). 우리말의 '다 타다, 구워지다, 그을어지다'에 해당된다.

예문과 해설

① 家(いえ)が燃(も)える/焼(や)ける。(집이 타다)

➲ 「燃(も)える」를 쓰게 되면 현재 불길이 일면서 집이 타고 있는 상태를 나타내고, 「焼(や)ける」를 쓰게 되면 이미 다 타버리고 난 결과를 나타낸다.

② 薪(まき)が燃(も)えて/＊焼(や)けている。(장작이 타고 있다)

➲ 「焼(や)ける」는 어디까지나 다 타고 난 결과를 나타내는데, 장작은 태우기 위한 것이므로 「燃(も)える」를 써야만 현재 활활 타고 있는 장작의 모습이 연상될 수 있다.

③ 火事(かじ)で焼(や)けた/＊燃(も)えた本(ほん)を処分(しょぶん)する。(화재로 그을어진 책을 처분한다)

➲ 「燃(も)える」는 현재 타고 있는 상태를 나타내는데 이 경우는 화재로 인하여 그을어진 책을 의미하는 것이므로 타고 난 결과를 나타내는 「焼(や)ける」가 적절하다. 만약 「燃(も)えた」를 쓰게 되면 그 책은 도저히 처분할 수가 없는 상태일 것이다.

④ 真(ま)っ赤(か)に焼(や)けた/＊燃(も)えた肌(はだ)。(새빨갛게 그을어진 피부)

➲ 이 경우 「燃(も)えた肌(はだ)」는 상상하기조차 끔찍한 일이 되며, 이 경우는 햇볕 등으로 피부가 새빨갛게 그을어진 결과를 나타내는 것이므로 「焼(や)ける」가 적절하다.

⑤ 愛国心(あいこくしん)に<u>燃(も)える</u>。(애국심에 불탄다)

➲ 이 경우는 감정의 격앙을 나타내므로 「燃(も)える」만이 적절하다.

⑥ パンがおいしそうに<u>焼(や)け</u>ました。(빵이 먹음직스럽게 구워졌습니다)

➲ 이 경우는 빵이 다 구워진 결과를 나타내고 있다.

⑦ カーテンが日(ひ)に<u>焼(や)ける</u>。(커튼이 햇빛에 퇴색되다)

➲ 이 경우는 햇볕에 그을어져서 본래의 색상이 변색된 것임을 나타내고 있다.

참고

「焼(や)ける」는 이 이외에도 관용적으로 '속이 울렁거리다'는 뜻으로도 쓰이며 또한 '성가시다'는 뜻으로도 쓰이고 있다.

「胸(むね)が焼(や)ける」 (속이 울렁거린다)　　「世話(せわ)が焼(や)ける」 (성가시다)

「もし」「仮(かり)に」「たとえ」

공통의미

만약, 가령

요점

1. 「もし」는 확실치 않은 사실을 가정해서 말할 때 쓰이는데 그 뒤에는 '~(이)라면'과 같은 표현이 오게 된다. 우리말의 '만약'에 해당된다(예문①③④).
2. 「仮(かり)に」는 가정해서 말한다고 하는 사실을 확실하게 나타내고자 할 때에 쓰이며 우리말의 '가령'에 해당된다(예문①⑤⑥).
3. 「たとえ」는 반대되는 결과를 가정해서 나타낼 때에 쓰이는데 그 뒤에는 '~일(할)지라도, ~되어도(해도)'와 같은 표현이 오게 된다. 우리말의 '설사, 설령'에 해당된다(예문②⑦⑧).

예문과 해설

① もし/仮(かり)に/＊たとえその日(ひ)が雨(あめ)なら延期(えんき)しよう。

(만약/가령 /＊설사 그 날이 비가 온다면 연기하자)

➲ 이 경우는 비가 올 것을 가정하여 말하고 있는 것이므로 「もし」와 「仮(かり)に」 둘 다 적절하다. 하지만, 「たとえ」는 그 다음에 반대되는 결과가 오게 되므로 이와 같이 단지 가정만을 나타내는 경우에는 부적절하다.

② たとえ/?仮に/✱もし自分がどうなろうとかまわない。

(설령/?가령/✱만약 자신이 어떻게 되건 상관치 않는다)

➲ 「もし」는 그 뒤에 '~(이)라면'과 같은 표현이 와야만 하므로 부적절하며, 「仮に」는 가정해서 말한다고 하는 사실이 확실히 드러날 때에 쓰이므로 이 경우는 다소 부적절하다. 한편, 「たとえ」는 반대되는 결과를 가정하는 경우에 쓰이므로 여기에서는 적절하다.

③ もし雨が降ったらその次の日にする。(만약 비가 온다면 그 다음날로 한다)

➲ 이 경우는 단지 비가 올 것을 가정하여 나타내고 있을 뿐이다.

④ もし百万円あれば海外旅行をする。(만약 백만엔 있으면 해외여행을 한다)

⑤ 仮に彼女に会っていたとしても、何も言えなかっただろう。

(설사 그녀를 만나고 있었다고 해도, 아무것도 말할 수 없었을 것이다)

➲ 이 경우는 그녀를 만나고 있었다는 사실을 확실하게 가정해서 나타내고 있다.

⑥ 仮に午後から雨だというなら行かない。

(가령 오후부터 비가 온다고 한다면 가지 않는다)

⑦ たとえ百万円もらっても、いやなものはいやだ。

(설사 백만엔 받아도, 싫은 것은 싫은 것이다)

➲ 이 경우는 반대되는 결과를 가정해서 나타내고 있다. 즉, 백만엔이라는 거금을 받게 되면 좋아해야 하는 것이 일반적인 통념이지만, 그럼에도 불구하고 싫다고 하는 입장을 나타내고 있는 셈이다.

⑧ たとえわが身がどうなろうと、悪いことはしたくない。

(설령 내 몸이 어떻게 되건, 나쁜 짓은 하고 싶지 않다)

「勿体ぶる」「気取る」「すます」

(勿体ぶった顔つき、気取った顔つき、すました顔つき)

공통의미

그럴 듯하게 보이다

요점

1. 「勿体ぶる」는 필요이상으로 근엄한 태도를 취하는 것으로 우리말의 '거드름피우다, 우쭐대다' 정도에 해당된다(예문①②③).
2. 「気取る」는 남에게 그럴 듯하게 보이려는 태도를 취하거나 행동하는 것으로 정적인 것이나 동적인 것 어느 것에도 쓰인다. 우리말의 '고상한 척하다, 재는 듯하다' 정도에 해당된다(예문①②).
3. 「すます」는 성실한 척하거나 모르는 척하는 것으로 오로지 정적인 것에만 쓰인다. 우리말의 '새침 떼다, 모르는 척하다' 정도에 해당된다(예문①④⑤).

예문과 해설

① あの人はいつも勿体ぶった/気取った/すました顔つきをしている。
(저 사람은 언제나 거드름 피우는/고상한 척하는/새침한 얼굴을 하고 있다)

➲ 이 경우는 각각의 뉘앙스차이는 있을지언정, 세 가지 다 적절하다.

② 勿体ぶった/気取った/＊すました歩き方はもうやめてください。
(거드름피우는/재는 듯 하는/＊새침한 걸음걸이는 이제 그만 두십시오)

➲ 이 경우는 필요이상의 과장된 걸음걸이를 나타내고 있는데, 「すます」는 어디까지나 정적인 것에만 쓸 수 있으므로 이 경우와 같이 동적인 것에는 쓰기가 부적절하다.

③ 勿体ぶって/＊気取って/＊すましてなかなか教えてくれない。
(우쭐대며 좀처럼 가르쳐 주지 않는다)

➲ 문맥상으로 볼 때 「気取る」와 「すます」는 의미연결이 부적절하며, 「勿体ぶる」만이 적절하다.

④ 彼女は、いくら話かけてもすまして/＊勿体ぶって/＊気取っている。
(그녀는 아무리 이야기를 걸어도 새침을 떼고 있다)

➲ 이 경우도 문맥상으로 볼 때 「気取る」와 「勿体ぶる」는 의미연결이 부적절하며 「すます」만이 적절하다.

⑤ うそだとわかってもすました/＊勿体ぶった/＊気取った顔をしている。
(거짓인 걸 알면서도 모르는 얼굴을 하고 있다)

➲ 이 경우는 알고 있으면서도 모르는 척한다는 뜻이므로 오로지 「すます」만이 적절하다.

「もっと」「さらに」「ますます」「一層」

(事態はもっと悪くなった、事態はさらに悪くなった、事態はますます悪くなった、事態は一層悪くなった)

공통의미

더욱, 보다 더

요점

1. 「もっと」는 비슷한 것의 정도를 비교할 때, 한쪽이 보다 더 높아짐을 나타내는데 우리말의 '더, 더욱'에 해당된다(예문①④⑤⑥).
2. 「さらに」는 어떤 단계에서 다음 단계로 더욱 정도가 진전됨을 나타내는데 우리말의 '게다가, 또한, 더구나' 정도에 해당된다(예문①②⑦⑧⑨).
3. 「ますます」는 좋은 쪽이든 나쁜 쪽이든 그 정도가 단계적으로 높아짐을 말하는 사람의 기분이나 평가를 넣어서 나타내는데 우리말의 '보다 더, 더욱더' 정도에 해당된다(예문①③⑩⑪). 비교적 딱딱한 어감의 문장체에서 쓰인다.
4. 「一層」는 그 정도가 전보다 훨씬 높아짐을 나타내는데 우리말의 '한층, 가일층'에 해당된다(예문①③⑫⑬). 다소 딱딱한 어감의 문장체에서 쓰일법한 말이다.

예문과 해설

① 事態はもっと/さらに/ますます/一層悪くなった。

(사태는 더욱/더구나/보다 더/한층 나빠졌다)

➲ 이 경우는 각각의 뉘앙스차이는 있을지언정, 네 가지 다 적절하다.

② 彼は酒を飲み、さらに/＊もっとウイスキーを飲んだ。

(그는 일본 술을 마시고, 또한 위스키를 마셨다)

➲ 「もっと」는 단지 비슷한 것의 한쪽정도가 더 높아짐을 나타낼 뿐이지만, 이 경우는 일본 술에다가 추가해서 마시는 것을 나타내는 것이므로 「さらに」가 적절하다.

③ 話を聞いて行くのがますます/一層/?さらに/?もっといやになった。

(이야기를 듣고 가는 것이 더욱더 싫어졌다)

➲ 이 경우에는 그 정도가 전보다 더 높아짐을 나타내는 「一層」나 「ますます」가 적절하다. 「さらに」는 전 단계에서 다음단계가 더욱 추가됨을 나타내고, 「もっと」는 비슷한 두 가지 사항을 비교할 때 쓰이는 것이므로 여기에서는 둘 다 다소 부적절하다.

④ もっと大きいのがほしい。(더 큰 것이 필요하다)

➲ 「もっと」는 비슷한 것을 비교해서 한 쪽의 정도가 더 높음을 나타내는 것에 의미의 중심이 놓인다.

⑤ もっと頑張っておけばよかった。(더 분발해 두었더라면 좋았다)

➲ 전과 비교해서 분발의 정도를 더 높였으면 좋겠다는 뜻으로 쓰였다.

⑥ そうできればもっと都合がいい。(그렇게 될 수 있다면 더욱 사정이 좋다)

⑦ 彼女はおてんばであり、さらにおこりっぽいという欠点がある。

(그녀는 말괄량이이고, 게다가 화를 잘 낸다고 하는 결점이 있다)

➲ 「さらに」는 전 단계에서 다음 단계로 새로이 사항이 추가됨을 나타내는 것에 의미의 중심이 놓인다. 여기에서는 말괄량이라고 하는 사항에, 화를 잘 낸다고 하는 사항이 추가되었다.

⑧ 風がさらに強くなった。(바람이 더욱 세졌다)

➲ 「さらに」는 또한 이 경우와 같이 전 단계에서 다음 단계로 그 정도가 보다 높아짐을 나타내기도 하는데, 여기에서는 바람의 전 단계에서 보다 바람이 센 다음 단계로 넘어감을 나타내고 있다.

⑨ さらに発展することを期待する。(보다 발전할 것을 기대한다)

⑩ 飲酒運転のうえに無免許だからますますいけない。

(음주운전에다가 무면허이니까 더욱더 안 된다)

➲「ますます」는 그 정도가 단계적으로 높아짐을 나타내는 과정에서 말하는 사람의 기분이나 평가가 들어가 있음에 의미의 중심이 놓인다. 여기에서는 음주운전의 단계에서 무면허의 단계에까지 이르는 것에 대한 말하는 사람의 강력한 금지의 기분이 나타나있다.

⑪ ますます難しくなりました。(보다 더 어려워졌습니다)

⑫ 先生は一層の努力を望んでいらっしゃる。

(선생님은 가일층의 노력을 바라고 계신다)

➲ 「一層」는 그 정도가 전보다 훨씬 높음을 나타내는데, 다소 딱딱한 어감이 주어진다.

⑬ 彼女は化粧をすると一層美しく見える。

(그녀는 화장을 하면 한층 아름답게 보인다)

「もっと」「ずっと」

(<u>もっと</u>おいしいです、<u>ずっと</u>おいしいです)

공통의미

더욱, 훨씬

요점

1. 부사 「もっと」와 「ずっと」는 둘 다 비교를 나타내는 말이지만 양자 간에는 비교기준의 유무와 비교대상의 격차에 따라서 의미용법상의 차이가 엿보인다.
2. 「もっと」는 비교되는 두 개의 한 쪽을 기준으로 해서 다른 한 쪽의 규모나 정도가 더 높음을 나타낸다. 아울러 「もっと」는 같은 종류의 대상을 비교하는 데에만 쓰이는데 우리말의 '더, 더욱'에 해당된다(예문①②③④).
3. 「ずっと」는 단지 차이가 크다고 하는 것만을 나타내므로 비교기준은 있어도 좋고 없어도 좋은데, 다만 차이가 별로 크지 않은 경우에는 쓸 수가 없고, 어디까지나 그 차이가 제법 큰 경우에만 쓸 수가 있다. 우리말의 '훨씬'에 해당된다(예문①②③⑤⑥⑦).

예문과 해설

① (시식용 접시A와 B를 번갈아서 먹어보고는)

Bのほうがもっと/ずっとおいしいです。(B쪽이 더/훨씬 맛있습니다)

➲ 이 경우는 시식용 접시 두 개의 맛을 비교하는 것이므로 「もっと」와 「ずっと」두 가지 다 적절하다. 왜냐하면 비교기준이 있기 때문인데 「もっと」를 쓰게 되면 B쪽이 더 맛있음을 나타내고, 「ずっと」를 쓰게 되면 B쪽이 훨씬 맛있음을 나타내게 된다. 당연히 「もっと」를 사용한 맛의 차이보다 「ずっと」를 사용한 맛의 차이가 더 커진다.

② (에펠탑은 높다. 300미터이다)

東京(とうきょう)タワーはもっと/ずっと高(たか)い。333メーターだ。

(도쿄타워는 더 높다. 333미터다)

➲ 이 경우는 에펠탑과 종류를 같이 하는 도쿄타워를 비교하고 있으므로 둘 다 적절하다. 「もっと」를 쓰게 되면 도쿄타워가 더 높다는 뜻이 되고, 「ずっと」를 쓰게 되면 도쿄타워가 훨씬 높다는 뜻이 된다.

③ (나의 할머니는 연세가 높아서 78세입니다)

祖父はもっと/ずっと年をとっています。祖父は91歳です。

(할아버지는 더 나이를 먹었습니다. 할아버지는 91세입니다)

➲ 이 경우는 할머니와 할아버지의 나이차이가 제법 크므로 「もっと」와 「ずっと」의 어느 쪽도 쓸 수가 있다. 「ずっと」는 차이가 큰 경우에만 쓸 수 있으므로 이 경우에 적합하며, 「もっと」는 차이가 크고 작고와는 전혀 상관이 없으므로 역시 이 경우에 적합하다. 또한 「もっと」는 비교기준이 있어야만 쓸 수 있으며 게다가 같은 종류의 비교에만 쓸 수 있은데, 이 경우는 그 어느 쪽의 요건도 충족되어 있다.

④ (나의 할머니는 연세가 높아서 89세입니다)

祖父はもっと/✱ずっと年をとっています。祖父は91歳です。

(할아버지는 더 나이를 먹었습니다. 할아버지는 91세입니다)

➲ 이 경우는 할머니와 할아버지의 나이차이가 그다지 크지 않으므로 「もっと」가 적절하다. 「ずっと」가 부적절한 이유는 어디까지나 차이가 큰 경우에만 쓸 수가 있는 데에 기인하기 때문이다. 하지만 「もっと」에는 이와 같은 제한이 전혀 없다.

⑤ (접시A와 B가 눈앞에 놓여 있을 뿐이다)

Bのほうがずっと/✱もっと大きいです。(B쪽이 훨씬 큽니다)

➲ 이 경우는 두 개의 접시를 비교하는 것이 아니므로 「もっと」는 부적절하다. 「もっと」는 어디까지나 비교기준이 명확한 경우에만 쓸 수 있어서 이러한 경우에는 「ずっと」가 적절하다. 왜냐하면 「ずっと」는 비교기준이 없어도 쓸 수가 있기 때문이다.

⑥ (우리 집은 2층집으로 높이도 높다)

池袋のサンシャイン60はずっと/✱もっと高い。

(이케부쿠로의 선샤인60은 훨씬 높다)

➲ 이 경우는 개인의 집과 고층빌딩을 비교하고 있는데 이는 같은 종류의 비교가 못되므로 「もっと」는 쓸 수가 없다. 왜냐하면 「もっと」는 같은 종류의 대상만을 비교할 때에 쓸 수 있기 때문이며 이러한 경우에는 「ずっと」가 적절하다.

⑦ (A가 작고, B가 큰 경우)

Bはずっと/✱もっと大きい。(B는 훨씬 크다)

Aはずっと/✱もっと小さい。(A는 훨씬 작다)

➲ 이 경우 역시 같은 종류의 비교가 아니므로 「もっと」는 쓸 수 없으며, 종류에 관계없이 차이가 큰 것만을 나타내는 「ずっと」가 적절하다.

「もてなし」「接待」

(客のもてなしで忙しい、客の接待で忙しい)

공통의미

대접, 접대

요점

1. 「もてなし」는 진심으로 환영하는 마음을 담아 상대를 정중하게 대접하는 것인데 특히 음식물을 정성껏 제공하는 경우를 나타낸다. 「接待」가 주로 업무상의 손님을 대접하는 것인데 반하여 「もてなし」는 개인적인 손님을 대접하는 경향이 강하다(예문①②③). 술어로 쓰일 때는 동사 「もてなす」를 쓰게 되는데(예문④⑤⑥) 우리말의 '대접'에 해당된다.
2. 「接待」는 초대한 손님에게 음식물이나 오락 등을 통해서 접대하는 것을 나타낸다. 「もてなし」가 주로 개인적인 손님을 대접하는 경향이 강한데 반하여, 「接待」는 업무상의 손님을 대접하는 경향이 강하다(예문①②⑧). 술어로 쓰일 때는 「接待する」를 쓰게 되는데(예문④⑦) 우리말의 '접대'에 해당된다.

예문과 해설

① 客のもてなし/接待で忙しい。(손님대접으로 바쁘다)

➲ 이 경우와 같이 막연하게 손님을 대접하는 때는 둘 다 쓸 수가 있는데 다만 「もてなし」를 쓰게 되면 개인적인 손님이라는 인상이 주어지고, 「接待」를 쓰게 되면 업무상의 손님이라는 인상이 주어진다.

② 茶菓のもてなし/接待を受けた。(다과의 대접을 받았다)

➲ 이 경우 역시 예문①과 맥락을 같이 하고 있다.

③ 友達に夕食をもてなした/＊接待した。(친구에게 저녁을 대접했다)

➲ 「接待」는 주로 업무상의 접대에 쓰이는 것이므로 이 경우와 같이 개인적인 경우에는 부적절하다.

④ 客をフランス料理で接待する/＊もてなしする。(손님을 프랑스 요리로 접대한다)

➲ 「もてなし」는 동사 「もてなす(대접하다)」의 연용형이 전성명사화 된 것인데 술어로 쓰일 때는 「もてなしする」의 형태로는 일체 쓰이지 않고, 오로지 동사 「もてなす」를 써야만 한다.

⑤ 友人を手製のケーキでもてなす。(친구를 손으로 만든 케이크로 대접한다)

➲ 이 경우는 개인적인 대접에 해당되는 것이다.

⑥ 遠くから来た客を心をこめてもてなした。(멀리서 온 손님을 마음을 담아서 대접했다)

➲ 「もてなす」에는 정성껏 대접하려고 하는 마음이 담겨져 있다.

⑦ 外国からのお客を高級料亭で接待する。
(외국에서 온 손님을 고급요정에서 접대한다)

➲ 「接待する」에는 업무상의 이유로 인하여 접대한다고 하는 뜻이 강하다.

⑧ お客さんにお茶の接待をする。(손님에게 차 접대를 한다)

「もとづく」「踏まえる」「よる」

(事実にもとづいて話す、事実を踏まえて話す、事実によって話す)

공통의미

(～에)의하다

요점

1. 「もとづく」는 거기에 기반이나 근거가 있음을 나타내는 것으로 언제나 「～にもとづく」의 형태를 취하며, 우리말의 '～에 의거하다, ～에 입각하다'에 해당된다(예문①②③④⑤⑥). 근거를 나타내는 점에서는 「よる」와 의미용법이 같으나 매우 딱딱한 문체에서나 쓰일 법한 말이다.

2. 「踏まえる」는 어떠한 판단이나 행동이 이루어지는 과정에서 그러한 판단이나 행동의 기반이 되는 생각을 나타내는 것으로 언제나 「～を踏まえて」「～を踏まえた＋명사」의 형

태를 취하며, 우리말의 '～을(를)토대로 하다, ～을(를)바탕으로 하다'에 해당된다(예문 ①⑦⑧⑨). 비교적 문장체에서 쓰일 만한 딱딱한 말이다.

3. 「よる」는 매우 폭넓게 쓰이는 것으로 이유나 원인을 나타내기도 하고(예문⑩⑪) 근거를 나타내기도 하는데(예문①②③⑫), 언제나 「～による」「～によって」의 형태를 취하며 우리말의 '～에 의하다, ～에 따르다'에 해당된다.

예문과 해설

① 事実にもとづいて/によって/を踏まえて話をする。
(사실에 입각하여/에 의하여/을 토대로 이야기를 한다)

➲ 이 경우는 세 가지 다 적절한데 「もとづく」와 「よる」를 쓰게 되면 사실을 객관적인 입장에서 근거로 함을 나타내지만, 「踏まえる」를 쓰게 되면 말하는 사람이 나름대로의 의식 하에서 사실을 토대로 하고 있음을 나타내게 된다.

② 社則にもとづいて/によって/＊を踏まえて処分する。
(사칙에 의거하여/따라서 처분한다)

➲ 이 경우와 같이 이미 정해져 있는 확고부동한 사항을 근거로 하는 때는 「もとづく」와 「よる」만이 적절하다. 「踏まえる」는 어떤 판단이나 행동을 함에 있어서 나름대로의 생각을 토대로 하는 것인 만큼 이 경우에는 부적절하다.

③ あれは幼い時の体験にもとづいた/によった/＊を踏まえた行動です。
(저것은 어릴 때의 체험에 입각한/의한 행동입니다)

➲ 「踏まえる」는 어디까지나 나름대로의 의식적인 생각을 토대로 판단하거나 행동함을 나타내는 것인데, 이 경우에는 어릴 때의 무의식적인 체험이 근거가 되는 것이므로 부적절하다.

④ 憲法にもとづいて細部の立案をする。(헌법에 입각하여 세부입안을 한다)

➲ 이 경우는 세부적인 입안을 하는 과정에서 헌법이 근거가 되고 있음을 나타내고 있다.

⑤ 判決にもとづいて罰金を払う。(판결에 의거하여 벌금을 낸다)

➲ 벌금을 내는 과정에서 판결이 근거가 되고 있음을 나타내고 있다.

⑥ 彼は信念にもとづいた行動をする。(그는 신념에 의거한 행동을 한다)

⑦ 調査結果を踏まえた評価書を作成する。
(조사결과를 토대로 한 평가서를 작성한다)

➲ 이 경우는 조사결과를 토대로 생각하여 평가서를 작성하고 있음을 나타내고 있다.

⑧ 前回の議論を踏まえて議事を進めます。

(지난 회의 토론을 바탕으로 의사를 진행하겠습니다)

➲ 지난 회의의 토론을 바탕으로 하여 그것을 둘러 싼 의사를 진행한다는 뜻으로 쓰였다.

⑨ 今の山田さんの報告を踏まえて話し合っていただいきたいと思います。
(지금의 야마다씨의 보고를 토대로 서로 이야기를 나눠주시기 바랍니다)

⑩ 風邪による欠席が多い。(감기에 의한 결석이 많다)
➲ 결석이 많은 이유를 나타내고 있다.

⑪ 事故は不注意によるものだ。(사고는 부주의에 따른 것이다)
➲ 사고의 발생이 부주의를 원인으로 하고 있음을 나타내고 있다.

⑫ 問題が発生した時は規約の条文によって考えるべきだ。
(문제가 발생했을 때는 규약의 조문에 의해 생각해야만 한다)
➲ 「よる」는 이유나 원인을 나타내는 한편, 이 예문과 같이 근거를 나타내기도 한다.

「もともと」「もとより」「本来」

(彼はもともと正直者だ、彼はもとより正直者だ、彼は本来正直者だ)

공통의미
본래

요점
1. 「もともと」는 처음부터 그러한 상태였음을 강조해서 나타내는 것으로 우리말의 '처음부터, 애당초' 정도에 해당된다(예문①②⑤⑥⑦).
2. 「もとより」는 당초부터 그러할 것임은 이미 알고 있었다고 하는 경우에 쓰이는 것으로 우리말의 '새삼 말할 것도 없이, 물론' 정도에 해당된다(예문②③⑧⑨).
3. 「本来」는 실제로는 그렇지 않을 수도 있지만 본래의 상태나 본질은 이러하다고 하는 뜻으로 쓰이는데, 우리말의 '본래'에 해당된다(예문③④⑩⑪).

예문과 해설

① 活字の間違いではなく、もともと/＊本来/＊もとより原稿が間違っていた。
(활자의 잘못이 아니라, 처음부터 원고가 틀려 있었다)

➲ 이 경우와 같이 문제가 된 시점 이전부터 문제가 이미 있었음을 나타낼 때는 「もともと」가 적절하다. 「本来」는 본래부터 원고가 틀려있었음을 나타내는 것이며, 「もとより」는 처음부터 틀려있었음을 알고 있었다는 뜻이 되어서 문맥상 앞뒤가 맞지 않는 관계로 여기에서는 둘 다 부적절하다.

② 危険はもともと/もとより/＊本来知っていた。
(위험은 처음부터/새삼 말할 것도 없이 알고 있었다)

➲ 「もともと」는 처음부터 위험을 알고 있었다는 뜻이며, 「もとより」도 이미 충분히 위험을 알고 있었다는 뜻이어서 둘 다 이 경우에 적절하다. 하지만, 「本来」는 본래의 상태나 성질만을 나타내는 것이어서 여기에서는 부적절하다.

③ 車は本来/＊もともと/＊もとよりの調子を取り戻した。
(차는 본래의 상태를 회복했다)

➲ 여기에서는 차의 근본적이고 본질적인 상태를 나타내는 것이므로 「本来」만이 적절하다.

④ 本来/＊もともと/＊もとよりなら伺うべきですが。(본래라면 찾아뵈어야 합니다만)

➲ 이 경우와 같이 본래의 상태나 본질을 문제시할 때는 「本来」만이 적절하다.

⑤ 私はもともと行くつもりだった。(나는 애당초 갈 작정이었다)

➲ 이 경우는 처음부터 갈 작정이었음을 강조하고 있는데, 「もともと」는 이와 같이 처음부터 그러한 상태였음을 강조하는 것에 의미의 중심이 놓인다.

⑥ その会社はもともと機械の部品を製造していた。
(그 회사는 처음부터 기계부품을 제조하고 있었다)

⑦ もともと彼を手伝う気などなかった。(애당초 그를 도울 생각 같은 건 없었다)

⑧ 与党はもとより野党も賛成した。(여당은 물론 야당도 찬성했다)

➲ 「もとより」는 결과적으로 그렇게 될 것임을 처음부터 알고 있었다는 어감에 의미의 중심이 놓인다. 즉, 여기에서는 여당도 찬성했지만, 야당도 찬성할 것으로 처음부터 예상했음을 나타내고 있는 것이다.

⑨ 外国語の翻訳はもとよりむずかしい。(외국어의 번역은 새삼 말할 것도 없이 어렵다)

⑩ 自然の本来の姿を失ってしまった。(자연본래의 모습을 잃고 말았다)

➲ 「本来(ほんらい)」는 본래의 상태나 성질을 나타내는 것에 의미의 중심이 놓인다.

⑪ 人間(にんげん)は本来(ほんらい)そうしたものだ。(인간은 본래 그러한 것이다)

참고

한편, 「もともと」는 문말에서 단정의 조동사 「だ」와 결합된 형태로 무언가를 한 결과가 이전의 상태와 조금도 달라지지 않았음을 나타내는 용법도 있는데, 우리말의 '(~해봤자)본전이다' 정도에 해당된다.

「失敗(しっぱい)してももともとだ」(실패해도 본전이다)

「強(つよ)い相手(あいて)だから負(ま)けてももともとだ」(강한 상대이므로 져도 본전이다)

「~もの」「~こと」

(何(なに)かおもしろいものはないかな、何(なに)かおもしろいことはないかな)

공통의미

~(하는) 것, ~(하는) 일

요점

1. 「~もの」는 시간의 경과와는 전혀 상관없이 단지 눈으로 보거나 손으로 만질 수 있는 물건을 가리키는 것으로 우리말의 '것'에 해당된다(예문①②③④⑤⑩⑪).
2. 「~こと」는 어떤 동작이나 일이 시간의 경과와 함께 일어나는 것을 나타내는 것으로 우리말의 '일, 것'에 해당된다(예문①②⑥⑦⑧⑨⑫⑬).

예문과 해설

① 何(なに)かおもしろいもの/ことはないかな。(뭔가 재미있는 것/일은 없을까)

➲ 이 경우는 둘 다 적절한데 「~もの」를 쓰게 되면 재미있을만한 대상을 나타내게 되지만, 「~こと」를 쓰게 되면 재미있을만한 일거리를 나타내게 된다.

② どうぞ好(す)きなものをとってください/どうぞ好(す)きなことをしてください。

(자 좋아하는 것을 집어 주십시오/자 좋아하는 일을 해 주십시오)

➲ 이 경우 「~もの」를 쓰게 되면 좋아하는 물건을 나타내지만, 「~こと」를 쓰게 되면 좋아하는 일을 나타내게 된다.

③ この部屋(へや)にはいろいろなもの/ ✱ ことがある。(이 방에는 여러 가지 물건이 있다)

➲ 이 경우는 동작이나 어떤 일에 관련된 것이 아니라 단지 물건을 나타내고 있을 뿐이므로 오로지 「~もの」만이 적절하다.

④ 買(か)いたいもの/ ✱ ことがあるので、帰(かえ)りにデパートに寄(よ)る。

(사고 싶은 것이 있어서 돌아오는 길에 백화점에 들른다)

➲ 이 경우 역시 사고 싶은 대상을 나타내는 것이므로 「~もの」만이 적절하다.

⑤ 山(やま)のすそにけむりのようなもの/ ✱ ことが見(み)えた。

(산기슭에 연기와 같은 것이 보였다)

➲ 이 경우도 단지 보이는 대상을 나타내는 것이므로 「~もの」만이 적절하다.

⑥ 私(わたし)の趣味(しゅみ)は本(ほん)を読(よ)むこと/ ✱ ものです。(내 취미는 책을 읽는 것입니다)

➲ 책을 읽는 것은 시간의 경과와 함께 진행되는 동작을 나타내는 것이므로 「~こと」만이 적절하다.

⑦ 私(わたし)がいやなことは掃除(そうじ)をすること/ ✱ ものだ。(내가 싫은 것은 청소를 하는 것이다)

➲ 청소를 하는 것 역시 시간의 경과와 함께 진행되는 동작을 나타내는 것이므로 이 경우도 「~こと」만이 적절하다.

⑧ ちょっと君(きみ)に話(はな)したいこと/ ✱ ものがある。(자네에게 좀 이야기하고 싶은 것이 있다)

➲ 이 경우역시 이야기하고 싶은 어떤 일을 나타내는 것이므로 「~こと」만이 적절하다.

⑨ 大変(たいへん)なこと/ ✱ ものが起(お)こった。(큰 일이 일어났다)

➲ 이 경우는 어떤 일의 발생을 나타내는 것이므로 「~こと」만이 적절하다.

⑩ どうぞ、好(す)きなものを食(た)べてください。(자, 좋아하는 것을 먹어 주십시오)

➲ 이 경우는 어떠한 일이 아니라 단지 물건만을 나타내고 있다.

⑪ 古(ふる)い蔵書(ぞうしょ)の中(なか)でおもしろいものをみつけた。

(오랜 장서 속에서 재미있는 것을 발견했다)

⑫ 卒業(そつぎょう)したらやりたいと思(おも)っていることはありますか。

(졸업하면 하고 싶다고 생각하고 있는 일은 있습니까?)

➲ 이 경우는 시간의 경과와 더불어 이루어지는 동작이나 행위를 나타내고 있다.

⑬ 私がきのう言ったこと、おぼえていますか。(내가 어제 말한 것, 기억하고 있습니까?)

➲ 이 경우는 단지 물건을 가리키는 것이 아니라, 어떠한 사안을 가리키고 있다.

「物」「品物」「品」「物品」

(必要な物をそろえる、必要な品物をそろえる、必要な品をそろえる、必要な物品をそろえる)

공통의미

물건, 물품

요점

1. 「物」는 가장 넓은 의미로 쓰이며 구체적으로 정해지지 않은 막연한 물건을 나타낸다. 우리말의 '～것, 물건, 물질'에 해당된다(예문①②⑤⑥⑦).
2. 「品物」는 주로 상품이나 거래되는 구체적인 물건을 가리키는데 우리말의 '상품'에 해당된다(예문①②⑧⑨).
3. 「品」는 무언가에 사용하기 위한 물건을 가리키는데 이러한 경우에는 다른 말에 붙어서 쓰인다(예문①⑩). 한편으로는 추상적으로 그 물건의 품질을 나타내기도 하는데(예문③⑪) 우리말의 '～품, 품질'에 해당된다.
4. 「物品」은 재산이 될 만한 것이나 시장에서 거래되는 대상을 나타내는데 우리말의 '물품'에 해당된다(예문②④⑫⑬).

예문과 해설

① 病院の売店で見舞いの物/品物/品/✱物品を買う。
(병원의 매점에서 병문안할 물건을 산다)

➲ 「物品」은 재산이 될 만하거나 시장에서 거래될 만한 큰 물건을 가리키므로 여기에서는 부적절하다.

② お金の代わりに物品/品物/物/＊品で支払う。
(돈 대신에 물품/물건으로 지불한다)

➲ 「品」는 단독으로는 물건이나 상품을 나타내지 못하고 언제나 그 앞에는 그 물건이나 상품의 용도를 나타내는 말이 오게 된다. 여기에서는 용도를 나타내는 말이 그 앞에 전혀 와 있지 않으므로 부적절하다.

③ 安いだけあって品/?品物/＊物/＊物品が落ちる。
(싸기만 할뿐 품질이 떨어진다)

➲ 그 물건이나 상품의 품질을 나타내는 데는 「品」가 가장 적절하다. 「品物」는 일단 상품을 나타내는 점에서는 쓸 수도 있으나 다소 부적절하다. 한편, 「物」와 「物品」을 쓰게 되면 실제로 물건이 낙하한다는 뜻이 될 수도 있다.

④ 明日までに物品税/＊品物税/＊品税/＊物税を納めなければならない。
(내일까지 물품세를 납부하여야만 한다)

➲ 세금을 가리키는 「税」는 오로지 「物品」에만 접속될 수가 있다.

⑤ 私たちは物のあふれる世の中に住んでいる。
(우리들은 물질이 넘치는 세상에 살고 있다)

➲ 이 경우와 같이 단지 물질을 막연하게 나타낼 때는 「物」가 적절하다.

⑥ 私は美しい物が好きです。(나는 아름다운 것을 좋아합니다)

➲ 「物」는 이와 같이 구체적으로 확정되지 않은 어떠한 대상을 막연하게 나타내는 것에도 쓸 수가 있는데, 다른 말에는 이러한 용법이 없다.

⑦ 形ある物はいつか壊れる。(형태가 있는 물건은 언젠가 망가진다)

➲ 이 경우 역시 구체적이지 않은 물건을 막연하게 나타내고 있는데, 다른 말에는 이러한 용법이 없다.

⑧ 品物をデパートに納める。(상품을 백화점에 납품한다)

➲ 이 경우는 팔 수 있는 상품을 나타내고 있다.

⑨ 当店は品物には自信があります。(저희 점포는 상품에는 자신이 있습니다)

➲ 이 경우도 상품의 뜻으로 쓰였다.

⑩ 参加者に記念の品を贈る。(참가자에게 기념품을 증정한다)

➲ 「品」는 이와 같이 단독으로는 쓰이지 못하고, 그 앞에 용도를 나타내는 말이 오게 된다.

⑪ 安いだけに品が落ちるに決っている。(싼 만큼 품질이 떨어질 것이 뻔하다)

➲ 「品」는 이와 같이 품질의 뜻으로 쓰일 때도 있는데, 다른 말에는 이러한 용법이 없다.

⑫ 物品の流通を速やかにする。(물품의 유통을 신속하게 한다)

➲ 「物品」은 주로 시장 같은 데에서 대규모로 거래되는 물건을 나타낸다.

⑬ 物品販売。(물품판매)

「～ものだ」「～ことだ」

(あの人のわがままにも困ったものだ、あの人のわがままにも困ったことだ)

요점

1. 「～ものだ」에는 다음과 같은 의미용법이 있다.
   1) 과거에서 현재까지의 시간의 흐름을 의식한 판단, 주장을 나타내는데 우리말의 '～법이다'에 해당된다(예문①②④⑤⑥).
   2) 조동사 「た」에 접속하여 과거를 회상하는 것을 나타내는데 우리말의 '～하곤 했었다'에 해당된다(예문⑦⑧).
   3) 희망표현에 접속하여 그렇게 하고자 하는 기분을 나타내는데 우리말의 '～했으면 한다, ～하고 싶은 것이다'에 해당된다(예문⑨⑩).
   4) '～해야만 한다' 는 당위성을 나타내는데 우리말의 '～하는 법이다'에 해당된다(예문⑪⑫).
   5) 가벼운 놀라움이나 감탄을 나타내는데 우리말의 '～하는 것이다'에 해당된다(예문⑬⑭).
   6) 회화체에서는 종종 「~ものだ」가 「~もんだ」로 발음이 바뀌는 경우가 있다.
2. 「～ことだ」에는 다음과 같은 의미용법이 있다.
   1) 현시점을 의식한 판단, 주장을 나타내는데 우리말의 '～하는 것이다'에 해당된다(예문①③⑮⑯).
   2) 「～こと」의 형태로 명령이나 지시를 나타내는데 우리말의 '～할 것'에 해당된다(예문⑰⑱).

3)「～ことだった」의 형태로 과거를 회상하는 기분을 나타내는데 우리말의 '～했던 것이었다'에 해당된다(예문⑲⑳).

예문과 해설

① あの人(ひと)のわがままな行動(こうどう)は困(こま)ったものだ/ことだ。

(저 사람의 멋대로 하는 행동은 난처하다)

➲ 이 경우는 둘 다 적절한데 「~ものだ」를 쓰게 되면 저 사람의 과거부터 현재까지의 행동을 의식한 판단이 되고, 「~ことだ」를 쓰게 되면 현시점에서의 일시적인 판단이 된다.

② 赤(あか)ん坊(ぼう)は泣(な)くものだ/✱ことだ。(아이라는 것은 우는 법이다)

➲ 이 경우에는 판단이나 주장의 기분을 나타내는 것인데 아이의 속성에 관한 일반적인 경험에 입각한 것이므로, 과거부터 현재까지의 시간흐름 속에서 판단이나 주장을 하는 「~ものだ」가 적절하다.

③ うちの夫(おっと)ときたら世話(せわ)のやけることだ/✱ものだ。(우리남편은 귀찮기만 하다)

➲ 이 경우는 남편이 과거부터 현재까지 항상 귀찮은 존재가 아니라, 현시점에서 볼 때 귀찮은 존재임을 나타내는 것이므로 「~ことだ」가 적절하다.

④ 夏(なつ)は暑(あつ)いものだ。(여름은 더운 법이다)

➲ 이 경우는 말하는 사람의 일반적인 경험에 입각한 판단을 나타내고 있다.

⑤ 見(み)られないとなると、かえって見(み)たくなるものだ。

(볼 수 없다고 하면, 오히려 보고 싶어지는 법이다)

➲ 이 경우 역시 말하는 사람의 일반적인 경험에 입각한 판단을 나타내고 있다.

⑥ こうした見解(けんかい)は歴史(れきし)を正(ただ)しく理解(りかい)していなかったものです。

(이러한 견해는 역사를 올바르게 이해하고 있지 않았던 것입니다)

➲ 이 경우는 말하는 사람의 주장을 나타내고 있다.

⑦ 子供(こども)の頃(ころ)はよく川(かわ)で泳(およ)いだものだ。(어릴 적은 자주 강에서 헤엄치곤 했었다)

➲ 「~ものだ」는 조동사 「だ」와 결합하여 과거회상을 나타내게 된다.

⑧ 学生時代(がくせいじだい)はよく山(やま)に登(のぼ)ったものだ。(학생시절은 자주 산에 오르곤 했었다)

➲ 이 경우 역시 과거회상을 나타내고 있다.

⑨ このまま景気(けいき)が回復(かいふく)してほしいものだ。(이대로 경기가 회복되었으면 한다)

➲ 「ものだ」는 그 앞에 희망표현을 수반하여 그렇게 되었으면 하는 기분을 나타내는데, 여기에서는 「~てほしい」라고 하는 희망표현을 수반하고 있다.

⑩ どうにかしていい会社(かいしゃ)に入(はい)りたいものだ。

(어떻게든 해서 좋은 회사에 들어가고 싶은 것이다)

➲ 이 경우 역시 그 앞에 「~たい」라고 하는 희망표현을 수반하고 있다.

⑪ 子供(こども)はだまって親(おや)の言(い)うことを聞(き)くものだ。

(아이는 잠자코 부모가 말하는 것을 듣는 법이다)

➲ 이 경우는 교훈적인 당위성을 나타내고 있다.

⑫ 見舞(みま)いに来(こ)ないまでも電話(でんわ)ぐらいはするものだ。

(병문안하러 오지는 않더라도 전화쯤은 하는 법이다)

➲ 이 경우역시 당위성을 나타내고 있다.

⑬ この校舎(こうしゃ)も古(ふる)くなったものだ。(이 교사도 오래된 것이다)

➲ 이 경우는 가벼운 놀라움을 나타내고 있다.

⑭ さすがに新幹線(しんかんせん)は速(はや)いものですねえ。(과연 신칸센은 빠른 것이군요)

➲ 이 경우는 가벼운 감탄을 나타내고 있다.

⑮ 迷惑(めいわく)をかけたのなら、ちゃんと謝(あやま)ることだ。

(폐를 끼쳤다면, 제대로 사과하는 것이다)

➲ 이 경우는 현시점에서의 판단이나 주장을 나타내고 있다.

⑯ 風邪(かぜ)を引(ひ)いたら今日(きょう)ゆっくり寝(ね)ることだ。(감기 걸렸다면 오늘 푹 자는 것이다)

➲ 이 경우역시 현시점에서의 판단이나 주장을 나타내고 있다.

⑰ 欠席(けっせき)する場合(ばあい)はあらかじめ、連絡(れんらく)すること。(결석할 경우는 미리 연락할 것)

➲ 「~ことだ」가 아닌 「~こと」만의 형태로 명령이나 지시를 나타낸다.

⑱ この芝生(しばふ)でボール遊(あそ)びをしないこと。(이 잔디에서 공놀이를 하지 말 것)

⑲ 遠(とお)ざかる列車(れっしゃ)をいつまでもながめていたことだった。

(멀어져가는 열차를 언제까지나 바라보고 있었던 것이었다)

➲ 「~ことだった」의 형태로 문말에 와서 과거회상의 기분을 나타내게 된다.

⑳ 昔(むかし)の友(とも)だちが会(かい)を開(ひら)いてくれて賑(にぎ)やかなことだった。

(옛 친구가 모임을 열어줘서 성황을 이룬 것이었다)

➲ 이 경우 역시 과거회상의 기분을 나타내고 있다.

「～ものなら」「～う(よう)ものなら」

공통의미

～할 것 같으면

요점

1. 「～ものなら」는 주로 가능을 나타내는 동사가 앞에 와서 실제로는 일어나기 곤란한 사항을 내세움으로서 그 일이 일어날 것을 희망하거나 기대하는 표현이지만, 대부분이 그런 일은 일어나지 않을 것이라고 하는 말하는 사람의 예측이 담겨있는 표현이다(예문⑥⑦⑧⑨⑩⑫). 실제의 회화체에서는「～もんなら」로 발음되는 경우도 많은데(예문⑪), 우리말의 '～할 수 있을 것 같으면'에 해당된다.
2. 「～う(よう)ものなら」는 어떤 행위를 실제로 한다면 큰일 난다고 하는 뜻을 나타내기 때문에 그 뒤에는 반드시 바람직하지 못한 내용이 오게 된다(예문①②③④). 실제의 회화체에서는 「～う(よう)もんなら」로 발음되는 경우도 많은데(예문⑤), 우리말의 '～할 것 같으면'에 해당된다. 「～うものなら」는 5단동사의 미연형에 접속되고, 「～ようものなら」는 그 밖의 동사미연형에 접속된다.

예문과 해설

① 一人で行けるものなら、行ってみなさい。(혼자서 갈 수 있을 것 같으면 가봐라)

➲ 이 경우는 어차피 혼자서 갈 수 없음을 나타내고 있는데, 그 앞에는 가능동사 「行ける」가 와있다.

② そんなにたくさん食べられるものなら、食べてごらん。
(그렇게 많이 먹을 수 있을 것 같으면 먹어보렴)

➲ 이 경우 역시 어차피 많이 먹을 수 없음을 나타내고 있는데, 여기에서는 그 앞에는 가능표현인 「食べられる」가 와있다.

③ 過去の時間を取り戻せるものなら、全財産を差し出しても惜しくない。
(과거의 시간을 되찾을 수 있을 것 같으면, 전 재산을 내놓아도 아깝지 않다)

➲ 전 재산을 다 내놓는다고 해도 어차피 과거의 시간을 되찾을 수는 없음을 나타내고 있는데,

여기에서는 그 앞에 가능동사 「取り戻せる」가 와있다.

④ 金はないけど、どうしても車が必要なので、買えるものなら買いたい。
(돈은 없지만, 아무래도 차가 필요하기 때문에 살 수 있을 것 같으면 사고 싶다)

➲ 서두에 돈이 없다고 하는 표현이 와있으므로, 이 경우도 어차피 차를 살 수가 없음을 나타내고 있다.

⑤ やれるもんならやって見てもいい。(할 수 있을 것 같으면 해봐도 좋다)

➲ 어차피 할 수가 없음을 나타내고 있다.

⑥ うそをつこうものなら、二度と口をきかないぞ。
(거짓말을 할 것 같으면 두 번 다시 말하지 않는다)

➲ 실제로 거짓말을 하면 그에 따른 응징이 뒤따를 것이므로 거짓말을 해서는 안 된다는 뜻을 나타내고 있다. 그 앞에는 「うそをつく」의 미연형인 「つこう」가 와있다.

⑦ うっかり笑おうものならひどく叱られますよ。
(무심결에 웃기라도 할 것 같으면 심하게 야단맞아요)

➲ 실제로 웃을 것 같으면 그에 따라 심하게 야단맞는 결과가 빚어질 것임을 나타내고 있다.

⑧ あの人にそんなこと言おうものなら君はあの人になぐられるよ。
(저 사람에게 그런 말을 할 것 같으면 자네는 저 사람에게 맞는다)

⑨ 父は厳しい人で、口答えしようものなら、平手で打たれたものだ。
(아버지는 엄격한 사람이어서, 말대답할 것 같으면 뺨을 맞곤 했었다)

➲ 이 경우는 동사 「する」의 미연형인 「し」가 그 앞에 접속되어 있다.

⑩ あと一時間到着が遅れようものなら、いいチャンスをのがすところだった。
(앞으로 한 시간 도착이 늦어질 것 같으면, 좋은 찬스를 놓칠 뻔했다)

➲ 이 경우는 동사 「遅れる」의 미연형인 「遅れ」가 그 앞에 와있다.

⑪ こんなきたないものを食べようもんなら、すぐ病気になるよ。
(이런 더러운 것을 먹을 것 같으면, 금방 병에 걸린다)

➲ 이 경우는 동사 「食べる」의 미연형인 「食べ」가 그 앞에 와있다.

⑫ 風の強い日に窓を開けようものなら、紙がみんな吹き飛ばされますよ。
(바람이 강한 날에 창문을 열 것 같으면 종이가 모두 날려버려요)

➲ 이 경우는 동사 「開ける」의 미연형인 「開け」가 그 앞에 와있다.

「もらう」「賜(たまわ)る」「授(さず)かる」

공통의미

받다, 주시다

요점

1. 「もらう」는 동격이나 하위자로부터 무언가를 받는 경우에 쓰인다(예문①②).
2. 「賜(たまわ)る」는 상위자로부터 무언가를 받는다고 하는 겸손어로 쓰이거나 상위자가 무언가를 주신다고 하는 존경어로 쓰이는 말이다(예문③④).
3. 「授(さず)かる」는 신분이 매우 높은 분이나 신으로부터 귀중한 물건이나 뛰어난 기술 등을 받는 경우에 쓰이는 매우 정중도가 높은 말이다(예문⑤⑥).

예문과 해설

① 候補者(こうほしゃ)から金品(きんぴん)をもらう。(후보자로부터 금품을 받는다)

➲ 이 경우는 후보자를 동격으로 취급하고 있다.

② 妹(いもうと)から誕生日(たんじょうび)のプレゼントをもらった。(여동생으로부터 생일선물을 받았다)

➲ 이 경우는 하위자인 여동생으로부터 받는다는 뜻으로 쓰였다.

③ 神(かみ)の賜(たまわ)った恵(めぐ)みに感謝(かんしゃ)する。(신이 주신 은총에 감사한다)

➲ 이 경우는 상위자인 신이 은총을 주셨다고 하는 존경어로 쓰였는데, 조사「の」는 여기에서 주격조사「が」의 대신에 쓰이고 있다.

④ 先生(せんせい)から恩恵(おんけい)を賜(たまわ)る。(선생님으로부터 은혜를 입는다)

➲ 이 경우는 상위자인 선생님으로부터 은혜를 받는다고 하는 겸손어로 쓰였다.

⑤ 健康(けんこう)な体(からだ)を授(さず)かる。(건강한 육체를 받는다)

➲「授(さず)かる」는 이와 같이 상위자로부터 무언가를 받는다고 하는 것을 매우 겸손하게 나타낸다.

⑥ 師(し)から秘伝(ひでん)を授(さず)かる。(스승으로부터 비전을 전수받는다)

➲ 이 경우는 상위자인 스승으로부터 비전을 전수받는다는 뜻을 매우 겸손하게 나타내고 있다.

「～や否(いな)や」「～とたん」「～なり」「～が早(はや)いか」

(夫(おっと)は家(いえ)に帰(かえ)るや否(いな)や出(で)かけて行(い)った、夫(おっと)は家(いえ)に帰(かえ)ったとたん出(で)かけて行(い)った
夫(おっと)は家(いえ)に帰(かえ)るなり出(で)かけて行(い)った、夫(おっと)は家(いえ)に帰(かえ)るが早(はや)いか出(で)かけて行(い)った)

공통의미

～하자마자

요점

1. 「～や否(いな)や」는 단지 앞의 동작이나 행위가 이루어지고 바로 이어서 뒤의 동작이나 행위가 이루어짐을 나타낼 뿐이며 그 앞에는 동사종지형이 오게 되는데, 우리말의 '～하자마자'에 해당된다(예문①④⑤⑥).
2. 「～とたん」은 앞의 동작이나 행위가 이루어지고 나서 바로 그 뒤에 예상외의 동작이나 행위가 이루어질 때에 쓰이는데 어디까지나 놀라움의 감정이 들어가 있다. 그 앞에는 과거, 완료를 나타내는 조동사 「た」가 오게 되는데, 우리말의 '(～한)순간, 찰나(에)'에 해당된다(예문①②③⑦⑧).
3. 「～なり」는 앞의 동작이나 행위가 이루어지고 나서 바로 이어서 뒤의 동작이나 행위가 매우 빠르게 이어짐을 나타내는데, 「～とたん」의 경우처럼 놀라움을 나타내는 경우에도 쓰이고 그렇지 않은 경우에도 폭넓게 쓰인다. 그 앞에는 동사종지형이 오게 되는데, 우리말의 '～하자' 정도에 해당된다(예문①②③④⑨⑩).
4. 「～が早(はや)いか」는 「～や否(いな)や」와 같은 의미용법을 지닌 것인데 주로 회화체에서 쓰이

며 그 앞에는 동사종지형이 오게 되는데, 우리말의 '～하기가 무섭게' 정도에 해당된다 (예문①④⑪⑫).

예문과 해설

① 夫(おっと)は、家(いえ)に帰(かえ)るや否(いな)や/帰(かえ)ったとたん/帰(かえ)るなり/帰(かえ)るが早(はや)いかまた出(で)かけて行(い)った。

(남편은 집에 돌아오자마자/돌아온 순간/돌아오자 다시 나갔다)

➲ 이 경우에는 네 가지 다 적절하다. 「~や否(いな)や」를 쓰게 되면 단지 앞의 동작과 뒤의 동작이 거의 동시에 일어남을 나타낼 뿐 아무런 감정도 들어가 있지 않지만, 「~とたん」을 쓰게 되면 남편의 갑작스런 외출에 대한 놀라움을 나타내게 된다. 또한 「~なり」를 쓰게 되면 귀가에 이어서 외출이 매우 빠른 속도로 이루어짐을 나타내며, 「~が早(はや)いか」는 회화체에서 쓰일 법하다.

② やっと眠(ねむ)りについたとたん/つくなり/＊つくや否(いな)や/＊つくが早(はや)いか電話(でんわ)のベルがけたたましく鳴(な)った。(겨우 잠들었을 순간/잠들자 전화벨이 요란스럽게 울렸다)

➲ 「~とたん」은 의외성을 띠고 있어서 놀라움의 감정이 들어가게 되므로 이 경우에 적절하다. 「~なり」는 놀라움의 감정이 있어도 좋고 없어도 좋으므로 이 역시 이 경우에 적절한데, 다만 앞뒤의 전개가 거의 동시에 일어날 정도로 매우 빠른 속도의 전환이 엿보인다. 한편 「~や否(いな)や」와 「~が早(はや)いか」에는 이와 같은 놀라움의 감정이 없이 다만 앞뒤의 동작, 행위가 거의 동시에 이루어짐을 나타낼 뿐이므로 여기에서는 부적절하다.

③ 彼女(かのじょ)は会(あ)ったとたん/会(あ)うなり/＊会(あ)うや否(いな)や/＊会(あ)うが早(はや)いか泣(な)き出(だ)した。

(그녀는 만난 순간/만나자 울기 시작했다)

➲ 이 경우 역시 놀라움의 감정이 들어가 있으므로 「~とたん」과 「~なり」만이 적절하다.

④ 今日(きょう)から試験(しけん)なので、目覚(めざ)まし時計(どけい)が鳴(な)るや否(いな)や/が早(はや)いか/鳴(な)るなり/＊鳴(な)ったとたん起(お)き出(だ)して勉強(べんきょう)した。

(오늘부터 시험이기 때문에 자명종시계가 울리자마자 벌떡 일어나서 공부했다)

➲ 이 경우는 예기했던 대로의 동작이 거의 동시에 이루어짐을 나타내고 있을 뿐, 놀라움이나 의외성은 전혀 없으므로 「~とたん」은 부적절하다. 한편 「~なり」는 놀라움이 있어도 없어도 상관없이 쓸 수가 있으므로 여기에서는 적절한데, 다만 세 가지 중에서 가장 속도가 빠르게 진행됨을 나타내고 있다.

⑤ 彼女(かのじょ)はデビューするや否(いな)や、たちまちスターになった。

(그녀는 데뷔하자마자 금방 스타가 되었다)

➲ 데뷔하는 행위가 이루어지고 바로 이어서 스타가 되었음을 나타내고 있다.

⑥ 点数(てんすう)が表示(ひょうじ)されるや否(いな)や場内(じょうない)から大(おお)きな喚声(かんせい)が上(あ)がった。

(점수가 표시되자마자 장내에서 커다란 환성이 터졌다)

⑦ 立(た)ったとたん、腰(こし)の痛(いた)みに襲(おそ)われた。(일어난 순간, 허리의 통증이 엄습해왔다)

➲ 일어나는 동작이 있은 직후에 허리의 통증이 엄습해왔다고 하는 의외성이 엿보인다.

⑧ 一口(ひとくち)、飲(の)んだとたん、吐(は)き出(だ)してしまった。(한 모금 마신 순간, 토하고 말았다)

⑨ ドアが開(ひら)くなり、血(ち)まみれの男(おとこ)がいきなり入(はい)って来(き)た。

(문이 열리자, 피투성이의 남자가 갑자기 들어왔다)

➲ 문이 열리고 이어서 남자가 갑자기 들어왔다고 하는 동시성이 엿보이는데, 놀라움의 기분이 들어가 있다.

⑩ 風邪(かぜ)を引(ひ)いているので、家(いえ)に帰(かえ)るなりシャワーを浴(あ)びた。

(감기 걸렸기 때문에, 집에 돌아가자 샤워를 했다)

⑪ 玄関(げんかん)にかけこむが早(はや)いか、かばんを放(ほう)り投(な)げて遊(あそ)びに行(い)ってしまう。

(현관에 뛰어 들어가기가 무섭게 가방을 내던지고 놀러가 버린다)

➲ 「~が早(はや)いか」는 역시 회화체에서 주로 쓰일 법한 표현이다.

⑫ 事件(じけん)の知(し)らせを聞(き)くが早(はや)いか、室内(しつない)は騒(さわ)がしい雰囲気(ふんいき)になった。

(사건의 통지를 듣기가 무섭게 실내는 소란스런 분위기가 되었다)

「焼(や)く」「燃(も)やす」「焚(た)く」

공통의미

태우다

요점

1. 「焼(や)く」는 무언가를 태워서 재로 만든다는 뜻으로도 쓰이지만(예문①) 주로 열을 가하여 무언가를 만들거나(예문⑤⑦), 먹기 좋게 굽는다는 뜻으로도 쓰인다(예문③⑥). 우리

말의 '굽다' 정도에 해당된다.

2. 「燃(も)やす」는 불을 붙여서 태워버린다는 것에 의미의 중심이 놓이는데(예문①②⑧⑨) 때로는 의욕이나 감정을 고취시킨다는 뜻으로도 쓰인다(예문④). 우리말의 '태우다' 정도에 해당된다.

3. 「焚(た)く」는 난방을 주목적으로 무언가를 연료로 하기 위하여 불을 붙여 연소시킨다는 뜻으로 쓰이는데 우리말의 '(장작 등을)때다'에 해당된다(예문②⑩⑪).

예문과 해설

① ごみを焼(や)く/燃(も)やす/?焚(た)く。 (쓰레기를 태운다)

➲ 이 경우에 「焼(や)く」와 「燃(も)やす」는 둘 다 적절하지만, 「焚(た)く」의 경우는 원래 땔감 같은 연료를 태우는 뜻으로 쓰이므로 다소 부적절하다. 왜냐하면, 쓰레기는 본래 연료로 쓸 땔감이 아니기 때문이다.

② まきを燃(も)やして/焚(た)いて/＊焼(や)いて暖(あたた)める。 (장작을 태워서 따스하게 한다)

➲ 「焼(や)く」는 무언가를 태운다는 뜻이지만 이 경우와 같이 연료를 주목적으로 하기 위해서 태운다는 뜻에는 부적절하다.

③ さんまを焼(や)いて/＊燃(も)やして/＊焚(た)いて食(た)べましょう。 (꽁치를 구워서 먹읍시다)

➲ 무언가를 먹기 위해서 굽는다는 뜻으로는 오로지 「焼(や)く」만이 적절하다. 「燃(も)やす」를 쓰게 되면 꽁치를 완전히 태워서 재로 만든다는 뜻이 되고, 「焚(た)く」를 쓰게 되면 꽁치를 연료로 삼기 위해 태운다는 엉뚱한 뜻이 되므로 여기에서는 둘 다 부적절하다.

④ 彼女(かのじょ)は芸術(げいじゅつ)への情熱(じょうねつ)を燃(も)やして/＊焼(や)いて/＊焚(た)いている。
(그녀는 예술에 대한 정열을 불태우고 있다)

➲ 이 경우와 같이 의욕이나 감정을 고취시킨다는 뜻으로는 오로지 「燃(も)やす」만이 적절한데, 이러한 용법은 우리말에도 있다.

⑤ 彼(かれ)は炭(すみ)を焼(や)いて暮(くら)している。 (그는 숯을 구워서 지내고 있다)

➲ 이 경우는 나무를 태워서 결과적으로 숯을 만든다는 뜻으로 쓰였다.

⑥ 餅(もち)を焼(や)いてあげますからちょっと待(ま)ってください。
(떡을 구워 드릴 테니까 좀 기다려 주십시오)

➲ 이 경우는 먹기 좋게 음식물을 굽는다는 뜻으로 쓰였다.

⑦ 山田(やまだ)さんは卒業(そつぎょう)して陶磁器(とうじき)を焼(や)いています。

(야마다씨는 졸업하고서 도자기를 굽고 있습니다)

➲ 이 경우는 흙을 빚은 다음 그것을 구워서 결과적으로는 도자기를 만든다는 뜻으로 쓰였다.

⑧ 秘密を守るために書類を全部燃やした。
(비밀을 지키기 위해 서류를 전부 태웠다)

➲ 「燃やす」는 다 태워서 재로 만든다고 하는 것에 의미의 중심이 놓인다.

⑨ 新聞紙をドラム缶に入れて燃やす。(신문지를 드럼통에 넣고 태운다)

⑩ ちょっと寒いからストーブを焚いてください。(좀 추우니까 난로를 피워주십시오)

➲ 「焚く」는 난방을 위해서 연료를 태운다고 하는 것에 의미의 중심이 놓인다.

⑪ 風呂を焚く。(목욕물을 데우다)　　落ち葉を焚く。(낙엽을 태우다)

➲ 이 경우는 「焚く」가 관용적으로 쓰이는 예이다.

「役目」「役割」「役」

(重要な役目を自覚する、重要な役割を自覚する、重要な役を自覚する)

공통의미

역할, 역

요점

1. 「役目」는 어떤 입장이나 위치에 있는 사람이 단지 수행하여야 하는 개별적인 임무나 일을 가리키는 것으로 우리말의 '임무' 정도에 해당된다(예문①②③⑥⑦⑧).
2. 「役割」는 그러한 개별적인 임무나 일을 수행한 결과나 효과에 중점이 놓인 것으로 우리말의 '역할'에 해당된다(예문①②④⑨⑩⑪).
3. 「役」는 그 사람에게 맡겨진 임무나 직무, 또는 배역을 나타내는 것으로 주로 「世話役(돌보는 사람)」「相談役(고문)」「脇役(조연)」 등과 같이 다른 말과 결합하여 쓰이는

데, 우리말의 '～역'에 해당된다(예문③⑤⑫⑬⑭⑮).

예문과 해설

① この掃除(そうじ)は君(きみ)の役目(やくめ)/役割(やくわり)/＊役(やく)だ。(이 청소는 자네의 임무다)

➲ 이 경우와 같이 수행하여야 할 임무를 나타낼 때는 「役目(やくめ)」와 「役割(やくわり)」가 적절하다. 「役(やく)」는 단지 그러하게 맡겨진 상태나 위치만을 나타내며, 주로 구체적으로 그 역을 서술하는 다른 말과 결합되어 쓰이므로 여기에서는 부적절하다.

② 部長(ぶちょう)の説得(せっとく)は課長(かちょう)の役目(やくめ)/役割(やくわり)/＊役(やく)です。
(부장님의 설득은 과장님의 역할입니다)

➲ 이 경우도 역시 예문①과 맥락을 같이하고 있다.

③ 彼(かれ)は委員(いいん)の役目(やくめ)/役(やく)/＊役割(やくわり)をのいた。(그는 위원의 임무를 그만두었다)

➲ 이 경우는 그에게 맡겨졌던 임무를 나타내는 것이므로 「役目(やくめ)」와 「役(やく)」가 적절하다. 「役割(やくわり)」는 수행한 결과나 효과에 중점이 놓인 말이어서 여기에서는 부적절하다.

④ 彼(かれ)はこの問題(もんだい)の解決(かいけつ)に重要(じゅうよう)な役割(やくわり)/＊役目(やくめ)/＊役(やく)を演(えん)じた。
(그는 이 문제의 해결에 중요한 역할을 수행했다)

➲ 이 경우와 같이 수행한 결과나 효과에 중점이 놓여있을 때는 「役割(やくわり)」가 적절하다.

⑤ この本(ほん)は試験(しけん)の準備(じゅんび)に役(やく)/＊役目(やくめ)/＊役割(やくわり)に立(た)つ。
(이 책은 시험 준비에 도움이 된다)

➲ 이 경우와 같이 어떤 일에 도움이 된다고 하는 뜻을 나타낼 때는 오로지 「役(やく)」만이 적절한데 이는 「役(やく)に立(た)つ」의 관용적인 형태로 쓰인다.

⑥ うちの課長(かちょう)は今回(こんかい)重要(じゅうよう)な役目(やくめ)を果(は)たした。
(우리 과장님은 이번에 중요한 임무를 달성했다)

➲ 이 경우는 과장이 개별적으로 수행하여야 할 일을 나타내고 있다.

⑦ そんな大切(たいせつ)な役目(やくめ)はちょっと負担(ふたん)になります。
(그런 중요한 임무는 좀 부담이 됩니다)

➲ 이 경우역시 개별적으로 수행하여야 할 일을 나타내고 있다.

⑧ 女(おんな)を守(まも)るというのが男(おとこ)としての役目(やくめ)というものだ。
(여자를 지킨다고 하는 것이 남자로서의 역할이라고 하는 것이다)

⑨ なぜそんな難(むずか)しい役割(やくわり)を受(う)け持(も)つことになりましたか。
(왜 그런 어려운 역할을 맡게 되었습니까?)

➲ 이 경우는 개별적으로 수행한 일의 결과나 효과를 나타내고 있다.

⑩ 彼(かれ)は開発(かいはつ)に大(おお)きな役割(やくわり)を果(は)たした。(그는 개발에 큰 역할을 다했다)

➲ 이 경우 역시 개발에 이바지한 일의 결과나 효과를 나타내고 있다.

⑪ 委員会(いいんかい)は二(ふた)つの役割(やくわり)を持(も)つ。(위원회는 두 가지의 역할을 지닌다)

⑫ 私(わたし)には会長(かいちょう)の役(やく)は負担(ふたん)になる。(나에게는 회장 역은 부담이 된다)

➲ 이 경우는 회장으로서 수행하여야 할 직무를 나타내고 있다.

⑬ 仲介(ちゅうかい)の役(やく)を果(は)たす。(중개 역을 다하다)

⑭ 副(ふく)として長(ちょう)を補佐(ほさ)する役(やく)を負(お)う。(부로서 장을 보좌하는 역을 맡는다)

⑮ 主役(しゅやく)。(주역)　脇役(わきやく)。(조역)　女房役(にょうぼうやく)。(아내 역)
助役(じょやく)。(부시장)　相談役(そうだんやく)。(고문)　監査役(かんさやく)。(감사역)

➲ 「役(やく)」는 주로 이와 같이 그 역할을 구체적으로 서술하는 말의 다음에 접속되어 쓰인다.

「やさしい」「たやすい」「容易(ようい)だ」

(それはやさしい仕事(しごと)です、それはたやすい仕事(しごと)です、それは容易(ようい)な仕事(しごと)です)

공통의미

쉽다

요점

1. 「やさしい」는 어떤 대상이 쉽게 해결될 수 있다, 간단하다는 의미(예문①)와 더불어 '이해하기가 쉽다'의 의미로도 쓰이는데(예문②③⑤⑥), 우리말의 '간단하다, 쉽다' 정도에 해당된다.
2. 「たやすい」는 어떤 일을 하는데 있어서 어렵지 않다, 힘들지 않다는 의미로 쓰이는데,

우리말의 '손쉽다'에 해당된다(예문①④⑦⑧⑨).

3. 「容易だ」는 「たやすい」와 같은 의미로 쓰이지만 딱딱한 어감의 문장체에서 쓰인다. 우리말의 '용이하다'에 해당된다(예문①④⑩⑪).

예문과 해설

① それはやさしい/たやすい/容易な仕事です。
(그것은 쉬운/손쉬운/용이한 일입니다)

➲ 이 경우는 각각의 어감의 차이는 있을지언정 세 가지 다 적절하다. 「やさしい」를 쓰게 되면 하기가 간단하다고 하는 일의 내용을 나타내고, 「たやすい」와 「容易な」를 쓰게 되면 하기가 힘들지 않고 손쉽다고 하는 일의 성격을 나타낸다.

② やさしい/＊たやすい/＊容易な英語。(쉬운/＊손쉬운/＊용이한 영어)

➲ 이 경우는 이해하기가 쉽다고 하는 의미이므로 오로지 「やさしい」만이 적절하다.

③ やさしく/＊たやすく/＊容易に説明する。(쉽게/＊손쉽게/＊용이하게 설명한다)

➲ 이 경우는 이해하기가 쉽게 설명을 하는 것이므로 「やさしい」만이 적절하다.

④ 用意に/たやすく/＊やさしく理解できた。(용이하게/손쉽게 이해할 수 있었다)

➲ 힘들이지 않고 무언가를 할 수 있음을 나타내는 부사적인 용법으로는 「用意に」와 「たやすく」만이 적절하다. 「やさしく」역시 이러한 형태로 부사적인 용법으로 쓰이긴 하지만, 이렇게 되면 '알기 쉽게'의 뜻이 되어버려서 이 문맥에서는 부적절하다.

⑤ この機械の使い方はやさしい。(이 기계의 사용법은 쉽다)

➲ 이 경우는 기계사용법이 어렵지 않고 쉽다는 뜻으로 쓰였다.

⑥ やさしい表現に改める。(쉬운 표현으로 고친다)

➲ 이 경우 역시 어렵지 않고 이해하기가 쉽다는 뜻으로 쓰였다.

⑦ それはたやすくとける問題です。(그것은 손쉽게 풀 수 있는 문제입니다)

➲ 이 경우는 힘들이지 않고 간단하게 문제를 풀 수 있다는 뜻으로 쓰였다.

⑧ 難しい仕事をたやすく引き受けた。(어려운 일을 손쉽게 떠맡았다)

➲ 망설이거나 뜸들이지 않고 간단하게 일을 떠맡았다는 뜻으로 쓰였다.

⑨ 実行するのはたやすいことではない。(실행하는 것은 손쉬운 일은 아니다)

⑩ 彼の病気は容易に治らなかった。(그의 병은 용이하게 낫지 않았다)

➲ 이 경우는 수월하지는 않음을 나타내고 있는데, 「容易に」는 주로 문장체에서나 쓰일 만한 딱

딱한 어감이 주어진다. 실제로 우리말에서도 '용이하게'라는 표현은 비교적 딱딱한 어감을 지니고 있다.

⑪ 容易には解決できない問題。(용이하게는 해결될 수 없는 문제)

「やせる」「こける」

공통의미

살 빠지다, 마르다

요점

1. 「やせる」는 「やせる(살이 빠진다)」「やせた(살이 빠졌다)」의 형태로는 이전보다 상대적으로 살이 빠졌음을 나타내고 「やせている(말랐다)」의 형태로는 여위어있는 상태를 나타낸다. 우리말의 '살이 빠지다'에 해당된다(예문①②③).
2. 「こける」는 뼈만 앙상할 정도로 마르는 것을 나타내는데 보통 몸 전체에는 쓰지않고 몸의 일부분에 쓴다. 우리말의 '수척해지다' 에 해당된다(예문④⑤).

예문과 해설

① 食事を抜いてやせた。(식사를 걸러서 살이 빠졌다)

➲ 이 경우는 몸 전체의 살이 빠졌음을 나타내고 있다.

② 急激にやせた場合には病気を疑うべきだ。
(급격하게 살이 빠진 경우에는 병을 의심해야한다)

➲ 이 경우 역시 몸의 일부분이 아니라 전체의 살이 빠진 것을 나타내고 있다.

③ あの人は相撲取りにしてはやせている。(저 사람은 씨름선수치고는 말랐다)

➲ 「やせる」는 「やせている」의 형태로서 살이 빠져있는 상태를 나타낸다.

④ 徹夜で頬がこけた。(철야로 볼이 수척해졌다)

➲ 이 경우는 볼의 살이 빠져서 수척한 얼굴 상태임을 나타내는데, 「こける」는 이와 같이 몸의

일부분만이 수척해지는 것에 쓰인다.

⑤ 息子(むすこ)は受験戦争(じゅけんせんそう)でこけた。(아들은 입시전쟁으로 수척해졌다)

➲ 이 경우도 아마 얼굴이 수척해졌음을 나타내고 있는 것으로 여겨진다.

「やむ」「とだえる」「とぎれる」「絶(た)える」

공통의미

끊기다

요점

1. 「やむ」는 어떤 일이 도중에서 그침을 나타내는데 우리말의 '그치다'에 해당된다(예문②③④).
2. 「とだえる」는 어떤 일이 지속되고 있고 그 이후로도 지속될 것으로 예상되던 것이 중도에 없어져버리는 것을 나타내는데 우리말의 '끊어지다'에 해당된다(예문①⑤⑥).
3. 「とぎれる」는 어떤 행위나 감각, 또는 기억하던 내용이 일시적으로 또는 간간히 사라짐을 나타내는데 우리말의 '끊기다'에 해당된다(예문⑦⑧).
4. 「絶(た)える」는 인간의 교류, 연락 등이 지속되다가 뚝 끊기거나(예문①⑨) 혈통이나 식량 등이 끊어지거나 다 떨어짐을 나타낸다(예문⑩⑪). 우리말의 '끊어지다, 다 떨어지다'에 해당된다.

예문과 해설

① 今(いま)まで続(つづ)いていた連絡(れんらく)がとだえた/絶(た)えた/＊やんだ/＊とぎれた。
(지금까지 계속되고 있던 연락이 끊어졌다)

➲ 지속되던 연락 등이 도중에서 끊기는 것을 나타내는 데는 「とだえる」나 「絶(た)える」가 적절하다. 「やむ」는 어떤 일이 도중에서 그치는 것을 나타내고, 「とぎれる」는 주로 기억 등이 간간히 끊기는 것을 나타내므로 둘 다 여기에서는 부적절하다.

② いきなり雨がやんだ/✱とだえた/✱絶えた/✱とぎれた。(갑자기 비가 그쳤다)

➲ 그때까지 지속적으로 내리던 비가 그치는 것을 나타내는 경우에는 「やむ」가 적절하다. 「とだえる」는 앞으로도 지속될 것으로 예상되는 것이 중도에서 없어져버리는 것이며, 「とぎれる」는 일시적으로 또는 간간이 끊기는 것이고, 「絶える」는 교류나 연락 등이 끊겨지는 것이므로 셋 다 여기에서는 부적절하다.

③ 騒ぎがやんだ。(소란이 그쳤다)

➲ 지속되던 소란이 도중에서 그쳐짐을 나타내고 있다.

④ 雪はやんだようだ。(눈은 그친 것 같다)

➲ 비나 눈이 그치는 것을 나타낼 때는 오로지 「やむ」만이 적절하다.

⑤ 人通りがとだえる。(사람의 통행이 끊어진다)

➲ 지금까지 사람의 통행이 있었고 앞으로도 통행이 있을 것으로 예상되던 것이 끊어짐을 나타내고 있다.

⑥ 息がとだえた。(숨이 끊어졌다)

➲ 지금까지 이어져있었고 앞으로도 이어질 것으로 예상되던 숨이 끊어짐을 나타내고 있다.

⑦ 通信がとぎれる。(통신이 끊긴다)

➲ 「とぎれる」는 일시적으로 끊어짐을 나타내는 것에 의미의 중심이 놓인다.

⑧ 年のせいか時々記憶がとぎれる。(나이 탓인지 때때로 기억이 끊긴다)

➲ 기억이 간간이 끊기는 것을 나타내고 있다.

⑨ 国からの送金が絶えて困っている。
(고향으로부터의 송금이 끊어져서 곤란해 하고 있다)

➲ 「絶える」는 줄곧 이어져오던 것이 단절되어버리는 것을 나타내는 데에 의미의 중심이 놓인다.

⑩ 血筋が絶える。(혈통이 끊긴다)

➲ 이와 같이 이어져 오던 혈통이 끊김을 나타낼 때는 오로지 「絶える」만이 적절하다.

⑪ 食糧が絶えてこれからが大変だ。(식량이 떨어져서 이제부터가 큰일이다)

➲ 식량 등이 다 떨어짐을 나타낼 때는 오로지 「絶える」만이 적절하다.

「やめる」「よす」「取りやめる」「打ち切る」

(仕事を<u>やめる</u>、仕事を<u>よす</u>、仕事を<u>取りやめる</u>、仕事を<u>打ち切る</u>)

공통의미

그만두다

요점

1. 「やめる」는 그때까지 계속되고 있던 동작이나 일, 또는 앞으로 하려고 했던 동작이나 일을 하지 않기로 하는 것으로 우리말의 '그만두다'에 해당된다(예문①②③④⑤⑥⑦).
2. 「よす」는 「やめる」와 같은 의미용법을 지니고는 있으나 다소 속어적인 말이다. 한편, 지속되던 동작을 그만한다는 뜻으로 쓰일 때는 반드시 사람이 주체가 되어야만 한다(예문①②⑧⑨⑩).
3. 「取りやめる」는 예정되어 있던 행사나 업무를 사정에 의해서 하지 않기로 하는 것으로 다소 격식을 차린 말이며 우리말의 '취소하다' 정도에 해당된다(예문①④⑪⑫⑬).
4. 「打ちきる」는 일의 도중에 끝내고 더 이상 계속하지 않음을 나타내는 것으로 우리말의 '끝내다, 종료하다' 정도에 해당된다(예문①⑭⑮⑯).

예문과 해설

① 仕事をやめる/よす/取りやめる/打ち切る。(일을 그만둔다/취소한다/종료한다)

➲ 이 경우에는 네 가지 다 적절한데 「やめる」가 가장 일반적으로 쓰이는 말이며, 「よす」는 다소 속어적이다. 「取りやめる」와 「打ち切る」는 업무를 그만한다는 어감이 있는데 「取りやめる」는 예정되어있던 업무를 사정상 취소하는 것이고, 「打ち切る」는 계속해 오던 업무를 도중에서 종료한다는 뜻이 된다.

② 嘆くのはもうやめなさい/よしなさい/＊取りやめなさい/＊打ち切りなさい。
(탄식하는 것은 이제 그만해라)

➲ 이 경우와 같이 계속되던 동작을 그만한다는 뜻으로는 「やめる」와 「よす」만이 적절하다. 「取りやめる」와 「打ち切る」는 이와 같은 구체적인 동작에는 쓰지 못하고 행사나 업무에 쓰이

므로 여기에서는 부적절하다.

③ 犬(いぬ)が吠(ほ)えるのをやめた/＊よした/＊取(と)りやめた/＊打(う)ち切(き)った。

(개가 짖는 것을 그쳤다)

➲ 이 경우에는「やめる」가 가장 적절하다.「よす」는 동작의 주체가 오로지 사람일 때만 쓸 수 가 있으며,「取(と)りやめる」는 예정되어 있던 행사나 업무를 취소하는 것이고,「打(う)ち切(き)る」는 행사나 업무의 도중에 종료하는 것이므로 여기에서는 모두 부적절하다.

④ 来週(らいしゅう)の運動会(うんどうかい)はやめる/取(と)りやめる/?よす/＊打(う)ち切(き)ることにする。

(다음 주의 운동회는 그만두기로 한다)

➲ 이 경우와 같이 예정되어 있던 행사를 그만두기로 한다는 때는「やめる」와「取(と)りやめる」가 적절한데「やめる」는 일상적으로 쓰이는 말이며,「取(と)りやめる」는 다소 격식을 차린 말이다. 한편,「よす」는 속어적인 말이어서 다소 부적절하고,「打(う)ち切(き)る」는 행사나 업무의 도중에 종료하는 것이지 이 경우처럼 시작도 하지 않은 상태에서 종료할 수는 없으므로 부적절하다.

⑤ うるさくて犬(いぬ)を飼(か)うのをやめた。(귀찮아서 개를 키우는 것을 그만두었다)

➲ 이와 같이 그때까지 지속하던 일을 그만두는 것으로는「やめる」가 적절하다.

⑥ 試験準備(しけんじゅんび)があるから、遊(あそ)びに行(い)くのをやめる。

(시험 준비가 있기 때문에 놀러 가는 것을 그만둔다)

➲「やめる」는 이와 같이 앞으로 예정하고 있던 일을 그만둔다는 뜻으로도 쓰인다.

⑦ 明日(あした)からタバコをやめることにした。(내일부터 담배를 끊기로 했다)

➲ 담배를 끊는다는 표현은「タバコをやめる」와 같이 오로지「やめる」만이 적절하다.

⑧ 来月(らいげつ)で会社(かいしゃ)をよす。(다음 달로 회사를 그만둔다)

➲「よす」는「やめる」와 같은 의미용법으로 쓰이기는 하지만 아무래도 속어적인 표현이다.

⑨ もう泣(な)くのはよしなさい。(이제 우는 것은 그만하거라)

➲ 이와 같이 지속되던 동작이나 행위를 그만둔다고 할 때는 반드시 사람이 주체가 되어야만 한다.

⑩ 馬鹿(ばか)なまねはよせ。(바보 같은 짓은 그만둬라)

➲ 이 경우도 사람의 주체가 되어있다.

⑪ 急用(きゅうよう)で業務(ぎょうむ)を取(と)りやめて帰宅(きたく)した。(급한 일로 업무를 취소하고 귀가했다)

➲「取(と)りやめる」는 사정으로 인하여 예정되어있던 일을 취소한다는 뜻인데, 주로 행사나 업무에 쓰이며 격식을 차린 어감이 주어진다.

⑫ 雨天のため試合を取りやめる。(우천으로 인해 시합을 취소한다)

⑬ 来月の公演を取りやめることにする。(다음 달의 공연은 취소하기로 한다)

⑭ 都合があって上映を途中で打ち切る。(사정이 있어서 상영을 도중에 끝낸다)

➲ 이와 같이 일의 도중에서 끝내고 더 이상 하지 않음을 나타낼 때는 「打ち切る」가 적절하다.

⑮ 時間がないので話を打ち切った。(시간이 없으므로 이야기를 끝냈다)

⑯ 途中で交渉が打ち切られる。(도중에 교섭이 종료된다)

「やる」「与える」「あげる」「差し上げる」

공통의미

주다, 드리다

요점

1. 「やる」는 동격이나 하위자에게 무언가를 주는 경우에 쓰이며(예문①②④⑤) 때로는 동식물에게 먹이나 비료를 줄 때도 쓰인다(예문③).
2. 「与える」는 상위자가 하위자에게 무언가를 주는 경우에 쓰이며(예문①②⑥⑦) 상대가 인간이 아닌 동식물인 경우에도 쓰인다(예문③).
3. 「あげる」는 원래 상위자에게 무언가를 드리는 경우에 쓰였으나 지금에 와서는 동격이나 하위자에게 무언가를 주는 경우에 쓰인다. 이 점에서는 「やる」와 같지만 「やる」에 비해서 다소 정중한 어감이 주어지는 말이다(예문①②⑧⑨).
4. 「差し上げる」는 하위자가 상위자에게 무언가를 드리는 경우에 쓰인다. 네 가지 말 중에서 유일하게 우리말의 '드리다'에 해당된다(예문①⑩⑪).

예문과 해설

① 記念品(きねんひん)をやる/与(あた)える/あげる/差(さ)し上(あ)げる。(기념품을 준다/드린다)

➲ 이 중에서 상위자에게 드리는 것은 오로지 「差(さ)し上(あ)げる」 뿐이며, 「与(あた)える」는 상위자가 하위자에게 주는 것이고, 「やる」와 「あげる」는 동격이나 하위자에게 주는 경우이다.

② 優勝者(ゆうしょうしゃ)に賞(しょう)をやる/与(あた)える/あげる/✱差(さ)し上(あ)げる。
(우승자에게 상을 주다/✱드리다)

➲ 아무리 우승자라 할지라도 보통은 '상을 주다, 수여하다' 정도로 표현하며 '드리다'라는 표현은 결코 일반적이 아니므로 이 경우의 「差(さ)し上(あ)げる」는 부적절하다.

③ 小鳥(ことり)にえさをやる/与(あた)える/?あげる/✱差(さ)し上(あ)げる。
(작은 새에게 모이를 주다/✱드리다)

➲ 동물에게 먹이를 주는 경우이므로 「やる」나 「与(あた)える」가 적절하다. 「あげる」는 적절하지는 못하지만 현실적으로는 여성을 중심으로 많이 쓰고 있는 것도 사실이다. 여성의 경우에는 아무래도 「やる」를 쓰는 것에 저항감이 있기 때문으로 여겨진다.

④ 赤(あか)ん坊(ぼう)にミルクをやる。(아기에게 우유를 준다)

⑤ 兄(あに)の子供(こども)たちに小遣(こづか)いをやる。(형의 아이들에게 용돈을 준다)

⑥ 子供(こども)に本(ほん)を与(あた)える。(아이에게 책을 준다)

⑦ 人々(ひとびと)に感銘(かんめい)を与(あた)える。(사람들에게 감명을 준다)

➲ 이와 같이 사람에게 어떠한 감명을 준다는 뜻으로는 「与(あた)える」가 가장 적절하다.

⑧ 友達(ともだち)にあげた本(ほん)。(친구에게 준 책)

➲ 친구에게 무언가를 준다고 하는 경우에 「あげる」를 쓰게 되면 다소 정중한 어감이 주어진다.

⑨ 妹(いもうと)にセーターをあげる。(여동생에게 스웨터를 준다)

⑩ 社長夫人(しゃちょうふじん)に花束(はなたば)を差(さ)し上(あ)げた。(사장사모님께 꽃다발을 드렸다)

➲ 유일하게 「差(さ)し上(あ)げる」만이 윗분에게 무언가를 드린다고 하는 뜻으로 쓰일 수 있다.

⑪ 先生(せんせい)に論文(ろんぶん)を差(さ)し上(あ)げた。(선생님께 논문을 드렸다)

➲ 이 경우도 윗분인 선생님이 대상이 되어있다.

「行く先」「行き先」「行方」「行く手」

공통의미

행선지, 가는 곳

요점

1. 「行く先」는 이제부터 가고자 하는 목적지나 방향을 나타내기도 하고(예문①③④⑤) 앞길이나 장래를 나타내기도 하는데(예문⑥), 우리말의 '행선지' 정도에 해당된다.
2. 「行き先」는 이미 갔거나 갈 예정인 구체적인 목적지로서의 장소를 나타내는데 우리말의 '간 곳, 가는 곳' 정도에 해당된다(예문①②⑦⑧⑨).
3. 「行方」는 앞으로 갈 예정이거나 이미 간 방향과 장소를 나타내는데(예문②⑩) 주로 부정표현으로 쓰여서 행방을 알 수 없음을 나타낸다(예문⑪⑫⑬). 우리말의 '행방'에 해당된다.
4. 「行く手」는 앞으로 나아갈 방향을 나타내는 것이며(예문③⑭) 시간적으로 전도(前途)의 의미를 나타내기도 한다(예문⑮). 우리말의 '가는 길' 정도에 해당된다.

예문과 해설

① 行く先/行き先/*行方/*行く手を告げて出かける。

(행선지를/갈 곳을 알리고 나간다)

➲ 이 경우와 같이 갈 목적지를 나타내는 때는 「行く先」와 「行き先」가 적절하다. 「行方」는 어디로 갔는지 알 수 없는 경우에 쓰이며, 「行く手」는 단지 앞으로 나아가는 방향을 나타낼 뿐이어서 여기에서는 둘 다 부적절하다.

② 彼の行き先/行方/＊行く先/＊行く手をさがす。
(그가 간 곳/그의 행방을 찾는다)

➲ 이 경우에는 이미 간 곳을 나타내는 것이므로 「行き先」와 「行方」가 적절하다. 왜냐하면 「行き先」와 「行方」는 이미 간 장소를 나타내는 것이기 때문인데, 「行く先」는 앞으로 갈 방향이나 장소를 나타내고, 「行く手」 역시 앞으로 나아갈 방향을 나타내므로 둘 다 여기에서는 부적절하다.

③ 高い山が行く先/行く手/＊行き先/＊行方を遮っている。
(높은 산이 행선지를/가는 길을 가로막고 있다)

➲ 여기에서는 앞으로 나아가는 방향을 나타내는데 이러한 경우에는 앞으로 나아갈 방향을 나타내는 「行く先」와 「行く手」가 적절하다. 「行き先」는 방향보다는 보다 구체적인 목적지로서의 장소를 나타내며, 「行方」는 주로 부정표현과 함께 쓰이므로 여기에서는 둘 다 부적절하다.

④ 行く先を決めない旅に出た。(행선지를 정하지 않은 여행을 떠났다)

➲ 이 경우는 이제부터 가고자 하는 방향이나 목적지를 나타내는 것이므로 「行く先」가 적절하다.

⑤ 激流が行く先をはばんでいる。(격류가 가는 길을 가로막고 있다)

➲ 「行く先」는 이와 같이 앞으로 나아가는 방향을 나타낸다.

⑥ この子の行く先が案じられる。(이 아이의 장래가 걱정된다)

➲ 「行く先」는 이와 같이 장래를 나타내기도 한다.

⑦ 行き先を確かめないでバスに乗った。(가는 곳을 확인하지 않고 버스를 탔다)

➲ 이 경우는 구체적인 목적지를 나타내고 있다.

⑧ 必ず行き先を知らせてくれ。(반드시 간 곳을 알려다오)

⑨ 社長の行き先が不明です。(사장님이 간 곳이 불명확합니다)

⑩ 行方を定めず歩き回る。(행방을 정하지 않고 돌아다닌다)

➲ 이 경우는 앞으로 가야할 장소를 나타내고 있다.

⑪ あの人の行方が分からない。(그 사람의 행방을 알 수가 없다)

➲ 「行方」는 이와 같이 뒤에 부정표현을 수반하여 행방을 알 수가 없다는 뜻으로 쓰인다.

⑫ 彼は行方をくらました。(그는 행방을 감췄다)

⑬ 行方不明。(행방불명)

⑭ 行く手には広野が広がっている。(가는 길에는 광야가 펼쳐져 있다)

➲ 「行く手」는 이와 같이 앞으로 나아가는 방향을 나타낸다.

⑮ わが国の行く手は多難である。(우리나라의 전도는 다난하다)

➲ 또한 「行く手」는 앞날의 뜻으로도 쓰인다.

「揺する」「揺さぶる」

(栗の木を揺する、栗の木を揺さぶる)

공통의미

흔들다

요점

1. 「揺する」는 우리말의 '흔들다, 떨다'에 해당되는 말로 그 동작이 비교적 작은 것에 쓰인다(예문①②③⑥⑦⑧).
2. 「揺さぶる」는 「揺する」에 비해서 흔드는 동작이 비교적 큰 것에 쓰이며(예문①⑨⑩) 또한 어떠한 영향을 미침으로서 상대를 혼란이나 마음의 동요에 빠뜨리는 것에 쓰이기도 한다(예문④⑤⑪⑫). 우리말의 '뒤흔들다'에 해당된다.

예문과 해설

① 彼女は体を揺すった/揺さぶった。(그녀는 몸을 떨었다)

➲ 이 경우는 둘 다 적절한데 「揺する」보다는 「揺さぶる」쪽이 떠는 동작이 더 크다.

② この頃の若者は話している時、ひざを小刻みに揺する/✱揺さぶる癖がある
(요즈음의 젊은이는 이야기를 하고 있을 때에 무릎을 약하게 떠는 버릇이 있다)

➲ 이 경우와 같이 동작이 비교적 작게 흔들거나 떠는 것을 나타내는 때는 「揺する」가 적절하다. 「揺さぶる」는 보다 흔드는 동작이 클 때에 쓰이므로 여기에서는 부적절하다.

③ 揺すって/✱揺さぶって赤ん坊を寝かす。(흔들어서 아기를 재운다)

➲ 이 경우와 같이 약하게 흔들어서 아기를 재운다고 할 때는 「揺する」가 적절하다. 이보다 흔드는 동작의 크기가 더 큰 「揺さぶる」를 쓰게 되면 아기가 잠이 들기는커녕 오히려 눈이 초롱초롱해지거나 울기 십상일 것이다.

④ これは人の心を揺さぶる/✱揺する小説だ。
(이것은 사람의 마음을 뒤흔드는 소설이다)

➲ 이 경우와 같이 어떠한 영향을 미침으로서 마음의 동요를 일으키게 한다는 뜻으로는 오로지 「揺さぶる」만이 적절하다.

⑤ 政局を揺さぶる/✱揺する大事件が起った。
(정국을 뒤흔드는 대사건이 일어났다)

➲ 이 경우 역시 예문④와 맥락을 같이하고 있다.

⑥ 先生は肩を揺すって笑った。(선생님은 어깨를 흔들며 웃었다)

➲ 비교적 흔드는 정도가 약한 경우이다.

⑦ 梢を揺する風が吹いている。(가지 끝을 흔드는 바람이 불고 있다)

⑧ 栗の木を揺すって実を落とす。(밤나무를 흔들어서 열매를 떨어뜨린다)

⑨ 弟を揺さぶって目を覚まさせる。(남동생을 뒤흔들어서 눈을 뜨게 한다)

➲ 보통 자고 있는 사람을 깨우기 위해서는 흔드는 강도가 제법 커야만 할 것이다.

⑩ 枝を揺さぶると実が落ちるよ。(가지를 뒤흔들면 열매가 떨어진다)

➲ 나뭇가지에 달린 열매를 떨어뜨릴 정도라면 「揺する」만으로는 어려우며, 「揺さぶる」 정도는 되어야 할 것이다.

⑪ 怪文書を流して対立候補を揺さぶる。
(괴문서를 흘려서 대립하고 있는 후보를 뒤흔든다)

➲ 상대의 마음을 동요시킨다고 하는 뜻으로는 오로지 「揺さぶる」만이 적절하다.

⑫ 私の一言が彼女の心を揺さぶった。(나의 한마디가 그녀의 마음을 뒤흔들었다)

➲ 이 경우 역시 마음의 동요를 나타내고 있다.

「ゆとり」「余裕」

(彼はゆとりのある生活をしています、彼は余裕のある生活をしています)

공통의미

여유

요점

1. 「ゆとり」「余裕」는 무언가를 필요한 만큼 쓰고서도 여전히 남음이 있는 것을 나타내는 것으로 두 가지 말 사이에 의미용법상의 차이는 거의 없다.
2. 다만, 「ゆとり」는 비교적 정신적으로 느긋한 여유가 있음을 나타내고(예문①②③④⑤⑥), 「余裕」는 여유가 충분함을 나타내는 데(예문①②⑦⑧⑨)에 각각 중점이 있다.

예문과 해설

① 彼はゆとり/余裕のある生活をしています。
(그는 여유가 있는 생활을 하고 있습니다)

➲ 이 경우는 둘 다 적절하지만 「ゆとり」를 쓰게 되면 정신적으로 느긋함을 나타내게 되고, 「余裕」를 쓰게 되면 경제적으로 넉넉함을 나타내게 된다.

② 座席にゆとり/余裕がある。(좌석에 여유가 있다)

➲ 이 경우 「ゆとり」를 쓰게 되면 좌석이 매우 안락하고 편안함을 나타내게 되고, 「余裕」를 쓰게 되면 아직 좌석이 매진되지 않고 여분이 있음을 나타내게 된다.

③ ゆとり/?余裕のない三人掛けの座席。(여유가 없는 삼인용 좌석)

➲ 이 경우와 같이 좌석의 사이즈에 여유가 있음을 나타낼 때는 「ゆとり」가 보다 적절한데, 이것은 「ゆとり」가 넉넉함을 나타내는데 비해 「余裕」는 여분의 뜻을 나타내는 데에 중심이 있기 때문이다.

④ 気持ちにゆとりがあっていい。(기분에 여유가 있어서 좋다)

➲ 이 경우는 정신적인 느긋함을 나타내고 있다.

⑤ ゆとりのある生活をしたい。(여유가 있는 생활을 하고 싶다)

➲ 이 경우 역시 정신적인 느긋함을 나타내고 있다.

⑥ 客を泊めるゆとりはあるので安心してください。

(손님을 묵게 할 여유는 있으므로 안심해 주십시오)

⑦ 今はそんなものを買う余裕はまったくない。(지금은 그런 것을 살 여유는 전혀 없다)

➲ 이 경우는 경제적인 여유를 나타내고 있다.

⑧ 緊縮財政で予算の余裕は全くない。(긴축재정이어서 예산의 여유는 전혀 없다)

➲ 이 경우 역시 경제적인 여유를 나타내고 있다.

⑨ もう時間の余裕がないから急いでください。

(이제 시간의 여유가 없으니까 서둘러 주십시오)

➲ 이 경우는 시간적인 여분을 나타내고 있다.

「用事(ようじ)」「用(よう)」「用件(ようけん)」

(急(いそ)ぎの<u>用事(ようじ)</u>で出(で)かける、急(いそ)ぎの<u>用(よう)</u>で出(で)かける、急(いそ)ぎの<u>用件(ようけん)</u>で出(で)かける)

공통의미

볼일, 용건

요점

1. 「用事(ようじ)」는 일반적으로 가장 많이 쓰이는 말로 해야만 할 일이나 이제부터 하고자 하는 일을 나타낸다(예문①②③⑦⑧⑨). 우리말의 '볼일'에 해당된다.
2. 「用(よう)」는 주로 회화체에서 쓰이는 말로 당장 처리해야만 할 일을 나타내는데 우리말의 '일' 정도에 해당된다(예문①②③⑥⑩⑪⑫).
3. 「用件(ようけん)」은 해야 할 일의 내용을 나타내는 말로 우리말의 '용건'에 해당된다(예문①④⑤⑬⑭⑮).

예문과 해설

① 急(いそ)ぎの用事(ようじ)/用(よう)/用件(ようけん)で出(で)かける。(급한 볼일로 나간다)

➲ 이 경우는 어느 것이나 적절한데 「用事(ようじ)」와 「用(よう)」를 쓰게 되면 이제부터 하고자 하는 일이나 당장 처리해야만 할 일을 나타내지만, 「用件(ようけん)」을 쓰게 되면 할 일의 내용을 나타내게 된다.

② 用事/用/＊用件もないのに勝手に入ってくるな。
(볼일/일도 없는데 함부로 들어 오지마라)

➲ 이 경우와 같이 일상적인 회화체에서 가볍게 쓰일 때, 할 일의 내용을 나타내는 「用件」을 쓰게 되면 과장된 느낌이 주어져서 부적절하다.

③ 今日中しなければならない用事/用/＊用件を足してきた。
(오늘 중으로 해야만 할 일을 하고 왔다)

➲ 동사 「足す」와 결합하여 '해야 할 일을 하다'는 뜻을 나타낼 때는 「用事」와 「用」만이 적절하다.

④ 早速用件/＊用事/＊用を聞かせてください。(바로 용건을 들려주십시오)

➲ 이 경우는 해야만 할 일을 나타내는 것이 아니라 어디까지나 일의 내용을 나타내는 것이므로 「用件」만이 적절하다. 「用事」와 「用」는 해야 할 일 자체를 나타내는 것이지 일의 내용을 나타내는 것은 아니므로 여기에서는 부적절하다.

⑤ それでは用件/＊用事/＊用に入りますが。(그럼 용건으로 들어가겠습니다만)

➲ 이 경우 역시 예문④와 맥락을 같이하고 있다.

⑥ これで十分用/＊用事/＊用件が足りる。(이것으로 충분히 된다)

➲ 「用が足りる」의 관용적인 형태로 무언가 충분함을 나타낼 때는 오로지 「用」밖에 쓸 수가 없다.

⑦ 急な用事を思い出した。(급한 볼일을 생각해냈다)

➲ 이제부터 해야만 할 일을 나타내고 있다.

⑧ 用事のない人は帰って行った。(볼일이 없는 사람은 돌아갔다)

⑨ 忙しくて用事を忘れた。(바빠서 볼일을 잊었다)

⑩ 何の用ですか。(무슨 일입니까?)

➲ 당장 처리해야만 할 일을 나타내고 있다.

⑪ お前にちょっと用があるから出てくれ。(너에게 좀 볼일이 있으니까 나와 다오)

⑫ 明日は用があって出席できません。(내일은 일이 있어서 출석할 수 없습니다)

⑬ どのような用件でしょうか。(어떠한 용건이십니까?)

➲ 해야만 할 일의 내용자체를 나타내고 있다.

⑭ 用件を先に言ってください。(용건을 먼저 말해 주십시오)

⑮ たいした用件ではありません。(대단한 용건은 아닙니다)

「様子(ようす)」「有(あ)り様(さま)」「様相(ようそう)」

공통의미

모양, 모습

요점

1. 「様子(ようす)」는 일반적으로 가장 많이 쓰이는 말로 외적인 모양뿐만 아니라 그로 인하여 받게 되는 인상이나 느낌도 나타낸다(예문①②⑤⑥⑦). 우리말의 '모습, 모양'에 해당된다.
2. 「有(あ)り様(さま)」는 주로 회화체에서 쓰이는 말로 그다지 바람직하지 못한 결과에 의한 모습을 나타내는데, 남을 가볍게 비난하거나 스스로를 자책하는 경우에 쓰인다(예문③⑧⑨). 「様子(ようす)」와 달리 시각적으로 비춰지는 대상을 부정적으로 파악하는 데에만 쓰이는데 우리말의 '꼴' 정도에 해당된다.
3. 「様相(ようそう)」는 어떤 일이 외부로 드러난 전체적인 모양이나 상태를 나타내는 딱딱한 말인데 개인적인 것에는 쓰지 못하고 주로 사회나 시대의 전반적인 모양이나 상태를 나타낸다(예문④⑩⑪). 우리말의 '양상'에 해당된다.

예문과 해설

① 先生(せんせい)は少(すこ)しも怒(おこ)っている様子(ようす)/＊有(あ)り様(さま)/＊様相(ようそう)を見(み)せなかった。

(선생님은 조금도 화내고 있는 모습을 보이지 않았다)

➲ 이 경우와 같이 상대의 태도나 표정 등에 나타난 감정의 상태를 나타내는 때는 「様子(ようす)」가 적절하다. 「有(あ)り様(さま)」는 주로 부정적인 모습을 시각적으로 파악했을 때에 쓰이고, 「様相(ようそう)」는 개인적인 모습이 아닌, 사회나 시대흐름과 같은 전체적인 모습에 쓰이는 딱딱한 말이므로 여기에서는 둘 다 부적절하다.

② 今朝(けさ)から病人(びょうにん)の様子(ようす)/＊有(あ)り様(さま)/＊様相(ようそう)がおかしい。

(오늘 아침부터 환자의 모습이 이상하다)

➲ 이 경우는 환자의 외적인 모습으로 인한 인상을 나타내는 것이므로 「様子」가 적절하다. 「有り様」는 시각적으로 비춰진 모습을 부정적으로 나타내는 데에 쓰이고, 「様相」는 개인적인 모습에는 쓰이지 못하므로 여기에서는 둘 다 부적절하다.

③ 没落してこんな有り様/＊様子/＊様相だ。(몰락해서 이 모양이다)

➲ 이 경우와 같이 남의 모습이나 태도를 비난하거나 자신을 자책하는 때는 「有り様」만이 적절하다.

④ 現代社会は複雑な様相/＊有り様/＊様子を見せている。
(현대사회는 복잡한 양상을 보이고 있다)

➲ 이 경우와 같이 전체적인 사회의 모습을 나타내는 때는 「様相」가 적절하다.

⑤ 山が崩れて様子が一変した。(산이 무너져서 모습이 완전히 바뀌었다)

➲ 이 경우는 산의 외적인 모양을 나타내고 있다.

⑥ 記者は事故現場の様子を詳しく伝えた。
(기자는 사고현장의 모습을 상세하게 전했다)

➲ 이 경우는 사고 현장으로부터 느껴지는 인상이나 느낌을 나타내고 있다.

⑦ しばらく患者の様子を見守りましょう。(한 동안 환자의 모습을 지켜봅시다)

⑧ 彼は結局みじめな有り様になった。(그는 결국 비참한 꼴이 되었다)

➲ 이 경우는 바람직하지 못한 결과에 의한 모습을 나타내고 있다.

⑨ ちょっと目を離したらこの有り様だ。(잠깐 눈을 떼면 이 꼴이다)

➲ 이 경우역시 바람직하지 못한 모습을 비난조로 나타내고 있다.

⑩ 戦争は長期化の様相を呈した。(전쟁은 장기화의 양상을 드러냈다)

➲ 외적으로 드러난 전반적인 상태를 나타내고 있는데, 「様相」는 개인적인 모습을 나타낼 때는 쓰이지 않는다.

⑪ 二、三年の間に街の様相が一変する。
(2,3년 동안에 거리의 양상이 완전히 바뀐다)

➲ 거리의 전반적인 모습을 나타내고 있다.

「～ようだ」「～みたいだ」

(彼女(かのじょ)は天使(てんし)のようだ、彼女(かのじょ)は天使(てんし)みたいだ)

공통의미

~같다(비유나 예시를 나타내는 용법)

요점

1. 「～ようだ」는 문장체나 회화체에 관계없이 비유나 예시를 할 때에 폭넓게 쓰이는 것으로 명사에 접속될 때는 「～のようだ」의 형태를 취하고, 그 밖의 말에는 그대로 접속된다(예문①②③④⑤⑧⑨). 또한, 연체사 「この、その、あの」에도 접속되어 쓰인다(예문⑥⑦).
2. 「～みたいだ」는 오로지 회화체에서만 비유나 예시를 할 때에 쓰이는 것이어서 문장체에는 적합하지 않은데 명사에 접속될 때나 그 밖의 말에 접속될 때나 항상 그대로 접속된다(예문①②⑩⑪⑫). 다만, 연체사 「この、その、あの」에는 일체 접속되지 못한다.

예문과 해설

① 彼女(かのじょ)の顔(かお)はお月様(つきさま)のように/みたいに丸(まる)い。(그녀의 얼굴을 달님처럼 둥글다)

➲ 이 경우와 같이 단순한 비유를 나타낼 때는 둘 다 적절한데, 「~みたいに」가 보다 회화체적이다.

② あの人(ひと)はぶたのように/みたいに何(なん)でもよく食(た)べます。

(저 사람은 돼지같이 뭐든지 잘 먹습니다)

➲ 이 경우 역시 단순한 비유를 나타내고 있으므로 둘 다 적절하다.

③ 蚊(か)の鳴(な)くような/＊みたいな声(こえ)だから全然(ぜんぜん)聞(き)こえない。

(모기만한 소리니까 전혀 들리지 않는다)

➲ 이 경우와 같이 관용적인 표현은 문장체적인 성격이 강하므로 「~みたいだ」는 부적절하다.

④ ご存(ぞん)じのように/＊みたいに日本(にほん)は大(おお)きな戦争(せんそう)を経験(けいけん)しているのです。

(아시다시피 일본은 커다란 전쟁을 경험하고 있는 겁니다)

➲ 이 경우 역시 회화체가 아닌 문장체의 성격을 지니고 있으므로 「~みたいだ」는 부적절하다.

⑤ 今後(こんご)の課題(かだい)をあげておくと、次(つぎ)のように/✱みたいになるでしょう。

(금후의 과제를 들어두면, 다음과 같이 될 것입니다)

➲ 이 경우역시 회화체가 아닌 문장체의 성격을 지니고 있으므로 「~みたいだ」는 부적절하다.

⑥ このように/✱みたいに犯罪(はんざい)が増加(ぞうか)してはいけない。

(이와 같이 범죄가 증가해서는 안 된다)

➲ 이 경우와 같이 연체사 「この」와 결합될 때는 오로지 「~ように」만이 적절하며 「~みたいに」는 부적절하다.

⑦ あのような/✱みたいな心(こころ)の優(やさ)しい人(ひと)は珍(めずら)しい。

(저와 같은 마음이 다정한 사람은 드물다)

➲ 이 경우와 같이 연체사 「あの」와 결합될 때는 오로지 「~ように」만이 적절하며 「~みたいに」는 부적절하다.

⑧ 今日(きょう)は寒(さむ)くて、まるで冬(ふゆ)のようだ。(오늘은 추워서 마치 겨울 같다)

⑨ 山田(やまだ)さんは魚(さかな)のように上手(じょうず)に泳(およ)ぎます。

(야마다씨는 물고기처럼 능숙하게 헤엄칩니다)

⑩ 果物(くだもの)とか、かんずめみたいなものはどこで売(う)っていますか。

(과일이라든지 통조림 같은 것은 어디에서 팔고 있습니까?)

➲ 이와 같이 회화체적인 성격이 강한 경우에는 「~みたいな」가 적절하다.

⑪ 彼(かれ)はいつも夢(ゆめ)みたいなことばかり言(い)っています。

(그는 언제나 꿈같은 것만 말하고 있습니다)

⑫ すごい雨(あめ)ですね。シャワーをあびてるみたいですね。

(굉장한 비로군요. 샤워를 한 것 같군요)

「~(よ)うと思(おも)う」「~つもりだ」

(退院(たいいん)したので、明日(あした)から出勤(しゅっきん)しようと思(おも)う、退院(たいいん)したので、明日(あした)から出勤(しゅっきん)するつもりだ)

공통의미

～하려고 생각한다, (～할)작정이다

요점

1. 「～(よ)うと思う」는 어떤 계획이나 목표 등을 실천에 옮기고자 하는 의지를 나타내는 점에서는 「～つもりだ」와 비슷하지만 항상 1인칭에만 쓰인다고 하는 제약이 뒤따른다(예문③④⑤⑥⑦). 「～(よ)うと思う」에서 「～(よ)う」와 같이 「よ」에 괄호가 처져있는 이유는, 5단동사미연형이 그 앞에 올 때는 「～うと思う」의 형태를 취하고(예문④⑩) 그 밖의 동사미연형이 올 때는 「～ようと思う」의 형태를 취한다(예문③⑪)고 하는 뜻이다. 우리말의 '～하려고 생각한다' 정도에 해당된다.
2. 「～つもりだ」는 어떤 계획이나 목표 등을 실천에 옮기고자 하는 의지를 나타내는 것으로 인칭에 관계없이 다양하게 쓰인다. 우리말의 '(～할)작정이다' 정도에 해당된다(예문①②③④⑧⑨).
3. 결국, 1인칭에 쓰이는 경우에는 양자를 같이 쓸 수가 있으나 이 경우에도 「～つもりだ」가 「～(よ)うと思う」보다는 확고한 의지를 나타내는 점에서 차이가 엿보인다(예문③④⑤⑥⑦).

예문과 해설

① 退院したので、明日から出勤しようと思う/出勤するつもりだ。

(퇴원했기 때문에 내일부터 출근하려고 생각한다/할 작정이다)

➲ 이 경우는 뚜렷한 인칭구분이 되어 있지 않으므로 말하는 사람의 의지, 즉 1인칭에 쓰인 것으로 판단되는 바, 이렇게 되면 둘 다 적절하다. 다만 「~つもりだ」가 「~ようと思う」보다 말하는 사람의 의지가 훨씬 강하게 나타나는 차이는 엿보인다.

② 来年は結婚して、家庭を持とうと思います/持つつもりです。

(내년에는 결혼해서 가정을 가지려고 생각합니다/가질 작정입니다)

➲ 이 경우 역시 예문①과 맥락을 같이 하고 있다.

③ 私は、将来、医者になろうと思います/医者になるつもりです。

(나는 장래에 의사가 되려고 생각합니다/의사가 될 작정입니다)

➲ 이 경우 역시 위의 예문들과 맥락을 같이 하고 있다.

④ 私はあの会社に入ろうと思っています/入るつもりです/

(나는 저 회사에 들어가려고 생각하고 있습니다/들어갈 작정입니다)

➲ 이 경우 역시 위의 예문들과 맥락을 같이 하고 있다.

⑤ 李先生は来月帰国するつもりだ/＊帰国しようと思う。

(이 선생님은 다음 달 귀국할 작정이다)

➲ 이 경우는 1인칭이 아닌 3인칭의 의지를 나타내는 것이므로 「~つもりだ」만이 적절하다. 「~ようと思う」는 오로지 1인칭에만 쓸 수가 있으므로 여기에서는 부적절하다.

⑥ 不景気なので、会社は減員をするつもりだ/＊減員しようと思う。

(불경기이기 때문에 회사는 감원을 할 작정이다)

➲ 이 경우 역시 위의 예문과 맥락을 같이 하고 있다.

⑦ 来月、ボーナスが出たらパソコンを買おうと思う。

(다음달, 보너스가 나오면 컴퓨터를 살려고 생각한다)

➲ 이 경우는 말하는 사람의 의지를 나타내고 있다.

⑧ この冬休みは、家族でヨーロッパへ旅行しようと思います。

(이번 겨울 방학 때는 가족과 함께 유럽으로 여행하려고 생각합니다)

➲ 이 경우역시 말하는 사람의 의지를 나타내고 있다.

⑨ 彼は将来、貿易会社をおこすつもりだ。(그는 장래, 무역회사를 일으킬 작정이다)

➲ 이 경우는 3인칭인 그의 장래포부를 나타내고 있는데, 이러한 경우에 1인칭의 의지만을 나타내는 「~ようと思う」는 쓸 수가 없다.

⑩ 彼女は来年、音楽の勉強に、イタリアへ出発するつもりです。

(그녀는 내년에 음악 공부하러 이탈리아로 출발할 작정입니다)

➲ 이 경우 역시 3인칭인 그녀의 의지를 나타내고 있다.

참고

「～(よ)うと思う」는 어디까지나 말하는 사람, 즉 1인칭의 생각을 나타내는 것이므로 다른 인칭에는 일체 쓸 수가 없으나, 다음과 같은 형식을 빌리면 다른 인칭에도 쓸 수가 있다. 즉, 보조동사 「～ている」에 의해 다른 인칭이 계획하고 있거나 의도하고 있는 상태임을 나타내고 있는 것이다.

「李先生は来月、帰国しようと思っている」(이 선생님은 다음달, 귀국하려고 생각하고 있다)

「彼女は来年、音楽の勉強に、イタリアへ出発しようと思っているらしい」

(그녀는 내년에 음악 공부하러 이탈리아에 출발하려고 생각하고 있는 것 같다)

「～(よ)うと思っている」「～(よ)うと考えている」

(卒業したら、アメリカへ行こうと思っている、卒業したら、アメリカへ行こうと考えている)

공통의미

~하려고 생각하고 있다

요점

1. 「～(よ)うと思っている」와 「～(よ)うと考えている」는 둘 다 이전부터 지금까지 줄 곧 그러한 생각을 지니고 있었음을 나타내는 것이다. 양자는 인칭에 따라서 의미용법상에 차이가 엿보이는데 3인칭에 쓰일 때는 의미용법상의 차이는 엿보이지 않으나(예문④⑤), 1인칭에 쓰일 때는 다소의 차이가 엿보인다. 「～(よ)うと思っている」「～(よ)うと考えている」에서 「～(よ)う」와 같이 「よ」에 괄호가 쳐져있는 이유는 5단동사미연형이 그 앞에 올 때는 「～うと思う」의 형태를 취하고 그 밖의 동사미연형이 올 때는 「～ようと思う」의 형태를 취함을 나타내는 것이다.
2. 「～(よ)うと思っている」가 1인칭에 쓰일 때는 이전부터 지금까지 줄곧 그러한 생각을 하고 있었음을 나타낼 뿐으로 실질적인 준비는 거의 없어서 실제로 실현될지의 여부는 불투명함을 나타낸다(예문①②③⑥⑦).
3. 「～(よ)うと考えている」가 1인칭에 쓰일 때는 이전부터 지금까지 줄곧 그러한 생각을 하고 있었음은 물론, 실질적인 계획이나 준비를 해왔음을 나타낸다(예문①②③⑥⑦).

예문과 해설

① 卒業したら、語学研修にアメリカへ行こうと思っている/考えている。
(졸업하면 어학 연수하러 미국에 가려고 생각하고 있다)

➲ 이 경우는 1인칭에 쓰인 것인데 「~(よ)うと思っている」를 쓰게 되면 단지 이전부터 지금까지 미국에 갈 생각을 해 왔음을 나타내고 있을 뿐이지만, 「~(よ)うと考えている」를 쓰게 되면 나름대로 미국에 가기 위한 준비를 해왔음을 나타내게 된다.

② 来年あたり、彼女と結婚しようと思っています/考えています。

(내년쯤에 그녀와 결혼하려고 생각하고 있습니다)

➲ 이 경우 역시 예문①과 맥락을 같이 하고 있다.

③ 子どもが学校に上がるまでには、郊外に家を建てようと思っている/考えている。

(아이가 학교에 올라가기까지는 교외에 집을 지으려고 생각하고 있다)

➲ 이 경우도 예문①②와 맥락을 같이 하고 있다.

④ 彼女は、来月の公演に友だちを誘って行こうと思っている/考えている。

(그녀는 다음 달의 공연에 친구를 불러서 가려고 생각하고 있다)

➲ 이 경우는 3인칭에 쓰인 것인데 그녀의 계획을 들어서 알고 있을 뿐이라는 점에서 양자 간에 의미상의 차이는 없다.

⑤ 友だちは、他の会社に移ろうと思っている/考えている。

(친구는 다른 회사로 옮기려고 생각하고 있다)

➲ 이 경우 역시 예문④와 맥락을 같이 하고 있다.

⑥ もう10年近く付き合っているので、結婚を申し込もうと思っている/考えている。

(벌써 10년 가까이 사귀고 있기 때문에 결혼을 청하려고 생각하고 있다)

➲ 이 경우는 1인칭에 쓰인 것으로 보이는데 「~うと思っている」를 쓰게 되면 단지 이전부터 지금까지 결혼을 청할 생각을 해 왔음을 나타내고 있을 뿐이지만, 「~うと考えている」를 쓰게 되면 나름대로 결혼을 청하기 위한 준비를 해왔음을 나타내게 된다.

⑦ 人気歌手の公演には必ず見に行こうと思っている/考えている。

(인기가수의 공연에는 반드시 보러 가려고 생각하고 있다)

➲ 이 경우 「~うと考えている」를 쓰게 되면 나름대로 공연을 보러 가기위한 준비, 예를들면 입장료를 모은다든지, 시간을 조정한다든지 하는 준비를 해왔음을 나타내게 된다.

「～ようになる」「～てくる」

(最近日本語がわかるようになった、最近日本語がわかってきた)

공통의미

~하게 되었다

요점

1. 「~ようになる」는 시간을 들여서 습관이나 능력이 몸에 붙는다고 하는 상태의 변화를 나타내는 것으로 그 앞에는 「食べる」「行く」 등과 같은 의지동사나 「できる」「書ける」과 같은 가능동사가 오게 된다(예문②③④⑤).
2. 「~てくる」는 어떠한 사태의 발생을 나타내는데 그 앞에는 「変わる」「太る」「なる」 등과 같은 무의지동사가 오게 된다(예문⑥⑦).
3. 다만 숙지의 뜻을 나타내는 「わかる」에 한해서는 뉘앙스의 차이는 있을지언정 두가지 표현을 다 쓸 수가 있다(예문①).

예문과 해설

① 最近日本語がわかるようになった/わかってきた。(최근에 일본어를 알게 되었다)

➲ 이 경우는 둘 다 적절한데 「~ようになる」를 쓰게 되면 시간이나 노력을 들여서 일본어를 안다고 하는 능력이 몸에 붙게 되었음을 나타내지만, 「~てくる」를 쓰게 되면 일본어를 알게 되었다고 하는 사태의 변화만을 나타내게 된다.

② 最近野菜を食べるようになった/＊食べてきた。(최근에 야채를 먹게 되었다)

➲ 이 경우는 시간과 노력을 들여서 야채를 먹는 습관이 몸에 붙었음을 나타내는 것으로, 그 앞에는 의지동사가 와 있으므로 오로지 「~ようになる」만이 적절하다.

③ 自分で塾に行くようになった/＊行ってきた。(스스로 학원에 가게 되었다)

➲ 이 경우 역시 시간의 경과와 함께 혼자서 학원에 갈 수 있는 능력이 몸에 붙었음을 나타내는 것이므로 「~ようになる」가 적절하다. 이 경우 「~てくる」를 쓰게 되면 학원에 갔다가 왔다고 하는 엉뚱한 뜻이 되어버려서 여기에서는 부적절하다.

④ 三ヶ月間練習をして、スケートができるようになった/＊できてきた。

(3개월간 연습을 하여 스케이트를 탈 수 있게 되었다)

➲ 이 경우는 그 앞에 가능동사가 와있으므로 「~ようになる」만이 적절하다.

⑤ 息子はやっと漢字が書けるようになった/＊書けてきた。

(아들은 겨우 한자를 쓸 수 있게 되었다)

➲ 이 경우 역시 예문④와 맥락을 같이 하고 있다.

⑥ 家内は最近少し太ってきた/＊太るようになった。

(아내는 최근에 조금 살찌게 되었다)

➲ 이 경우는 서서히 시간과 노력을 들여서 상태의 변화를 일으킨 것이 아니라, 단지 사태의 변화의 발생에 주목한 표현이며 또한 그 앞에는 무의지동사가 와 있으므로 「~てくる」만이 적절하다.

⑦ 世の中が変に変わってきた/＊変わるようになった。(세상이 이상하게 변해졌다)

➲ 이 경우 역시 변화된 사태의 발생에만 주목하는 표현이며, 또한 그 앞에는 「変わる」와 같은 무의지동사가 와있으므로 「~てくる」만이 적절하다.

⑧ 急に寒くなってきた/＊寒くなるようになった。(갑자기 추워졌다)

➲ 이 경우도 추위가 닥쳐왔다고 하는 사태의 발생을 나타내는 것이며, 또한 「寒くなる」와 같은 무의지동사가 와있으므로 「~てくる」만이 적절하다.

「欲」「欲望」「欲求」

(欲を満たす、欲望を満たす、欲求を満たす)

공통의미

욕심

요점

1. 「欲」는 무언가를 갖고 싶어 하는 기분을 나타내거나(예문①②⑦⑧) 무언가를 하고자 하는 의욕의 뜻을 나타내기도 하는데(예문⑥), 일상적으로 가장 많이 쓰이는 말이다. 우리말의 '욕심'에 해당된다.
2. 「欲望」는 부족이나 불만을 느껴 이를 충족시키고자 하는 강한 바람을 나타내는데 주로 본능적이고 생리적인 대상에 쓰이는 경향이 있다(예문①②③④⑨⑩). 우리말의 '욕망'에 해당된다.
3. 「欲求」는 무언가를 하고자 하는 강한 바람을 나타내는데 「欲求不満(욕구불만)」「欲求が強まる(욕구가 강해진다)」과 같이 제한된 범위에서 쓰이는 경향이 있다(예문③⑤⑪

⑫). 우리말의 '욕구'에 해당된다.

예문과 해설

① 欲/欲望/＊欲求に目がくらむ。(욕심/욕망에 눈이 어두워진다)

➲ 「欲」와 「欲望」는 무언가를 갖거나 충족시키고자 하는 바람을 나타내므로 여기에서는 적절하다. 하지만 「欲求」는 무언가를 행동으로 옮기고자 하는 강한 바람을 나타내는 것이어서 그 앞에는 행동으로 옮기고자 하는 대상이 구체적으로 제시되어야만 하는데, 여기에서는 그러하지 못하므로 부적절하다.

② 人間の欲/欲望/＊欲求はきりがない。(인간의 욕심/욕망은 끝이 없다)

➲ 이 경우 역시 단순한 욕심이나 욕망을 나타내는 것이므로 구체적으로 무언가를 하고자 하는 강한 바람을 나타내는 「欲求」는 부적절하다. 「欲求」는 그 앞에 대상으로 하는 행동이 구체적으로 제시되어야만 한다.

③ 旅に出たいという欲求/欲望/＊欲が強まる。
(여행을 떠나고 싶다는 욕구가/욕망이 강해진다)

➲ 「欲」는 단지 무언가를 갖고 싶어 하는 기분만을 나타내므로 이 경우와 같이 구체적인 행동을 나타내는 데는 부적절하다.

④ あの人は欲望/?欲/＊欲求のとりこになった。(저 사람은 욕망의 포로가 되었다)

➲ 이 경우와 같이 '~의 포로'라는 표현으로 쓰일 때는 「欲望」가 가장 적절하다.

⑤ 息子はこの頃欲求不満/＊欲望不満/＊欲不満を感じているようだ。
(아들은 요즈음 욕구불만을 느끼고 있는 것 같다)

➲ 이 경우와 같이 '욕구불만'이라는 표현으로 쓰일 때는 「欲求」만이 적절하다.

⑥ もう少し勉強に欲/＊欲望/＊欲求が出るといいのだが。
(좀 더 공부에 욕심이 생기면 좋겠는데)

➲ 「欲」에는 이 경우와 같이 '의욕'이라는 뜻으로도 쓰인다.

⑦ 欲を出して失敗した。(욕심을 내서 실패했다)

➲ 이 경우와 같이 일상적인 욕심을 나타낼 때는 「欲」만이 적절하다.

⑧ 欲を言えばもう少し大きい方がよかった。(욕심을 부리자면 좀 더 큰 편이 좋았다)

➲ 우리말의 '욕심을 부리자면'에 해당되는 뜻으로는 오로지 「欲」만이 적절하다.

⑨ みんな自分(じぶん)の欲望(よくぼう)をコントロールしなければいけない。
(모두 자신의 욕망을 컨트롤하지 않으면 안 된다)

➲ 「欲望(よくぼう)」는 본능적이고 생리적인 바람을 강하게 나타내는 것에 의미의 중심이 놓인다.

⑩ 彼(かれ)ははかない欲望(よくぼう)を抱(いだ)いている。(그는 덧없는 욕망을 안고 있다)

⑪ 外国(がいこく)へ行(い)きたい欲求(よっきゅう)が高(たか)まる。(외국에 가고 싶은 욕구가 고조된다)

➲ 「欲求(よっきゅう)」는 그 앞에 그 대상을 구체적으로 나타내는 표현이 와야만 한다.

⑫ そんな欲求(よっきゅう)は捨(す)てた方(ほう)がいい。(그런 욕구는 버리는 편이 좋다)

➲ 이 경우도 이미 앞의 문맥에서 대상을 구체적으로 나타내는 표현이 와있었을 것이다.

「汚(よご)れる」「汚(けが)れる」

(手(て)が汚(よご)れる、手(て)が汚(けが)れる)

공통의미

더러워지다

요점

1. 「汚(よご)れる」와 「汚(けが)れる」는 둘 다 무언가가 더러워진다고 하는 뜻을 나타내는데 그 대상에 따라서 의미용법상의 차이가 엿보인다.
2. 「汚(よご)れる」는 주로 구체적으로 무언가가 달라붙어 더러워진다고 하는 뜻으로 쓰인다(예문①②③⑥⑦).
3. 「汚(けが)れる」는 윤리나 도덕에 맞지 않는 행위에 의해 정신적으로 더러워진다고 하는 뜻으로 쓰인다(예문①④⑤⑧⑨).

예문과 해설

① 手(て)が汚(よご)れる/汚(けが)れる。(손이 더러워진다)

➲ 이 경우 「汚(よご)れる」를 쓰게 되면 실제로 불순물로 인하여 손이 더러워진다고 하는 뜻을 나타내지만, 「汚(けが)れる」를 쓰게 되면 손으로 올바르지 못한 행동을 하였다고 하는 추상적인 뜻을 나타내게 된다.

② 室内(しつない)の空気(くうき)が汚(よご)れる/＊汚(けが)れる。(실내공기가 더러워진다)

➲ 이 경우는 정신적으로 더러워지는 것이 아니라 실제로 실내공기가 더러워진다고 하는 뜻이므로 「汚(よご)れる」만이 적절하다.

③ 泥(どろ)で服(ふく)が汚(よご)れた/＊汚(けが)れた。(흙탕물로 옷이 더러워졌다)

➲ 이 경우 역시 예문②와 맥락을 같이하고 있다.

④ このことで先生(せんせい)の名声(めいせい)が汚(けが)れた/＊汚(よご)れた。

(이 일로 선생님의 명성이 더러워졌다)

➲ 이 경우는 구체적인 것이 아니라 명성이라고 하는 정신적인 것이 더러워졌다고 하는 뜻이므로 「汚(けが)れる」만이 적절하다.

⑤ こんな汚(けが)れた/＊汚(よご)れたお金(かね)は要(い)らない。(이런 더러운 돈은 필요 없다)

➲ 이 경우 역시 추상적으로 더러워졌음을 나타내는 것인데, 만약 이 경우에 「汚(よご)れた」를 쓰게 되면 실제로 돈에 불순물 등이 묻어서 더러워져 있는 상태를 나타내게 된다.

⑥ 大掃除(おおそうじ)をしたら髪(かみ)が汚(よご)れてしまった。(대청소를 했더니 머리가 더러워지고 말았다)

➲ 이 경우는 구체적으로 더러워짐을 나타내고 있다.

⑦ 汚(よご)れた手(て)を洗(あら)いにお手洗(てあら)いに行(い)く。(더러워진 손을 닦으러 화장실에 간다)

➲ 이 경우도 구체적으로 더러워짐을 나타내고 있다.

⑧ 子供(こども)の心(こころ)は汚(けが)れていない。(아이의 마음은 더러워져있지 않다)

➲ 이 경우는 정신적으로 더러워짐을 나타내고 있다.

⑨ 身(み)も心(こころ)も汚(けが)れる。(몸도 마음도 더러워진다)

➲ 이 경우 역시 정신적으로 더러워짐을 나타내고 있다.

참고

우리말의 경우에는 구체적이건 정신적이건 구별 없이 '더러워지다'만이 쓰이지만, 일본어의 경우에는 위에서 보는 바와 같이 구별되고 있으므로 각별한 주의가 요망된다.

「よそよそしい」「水臭い」「他人行儀だ」

공통의미

서먹서먹하다, 거리감이 있다

요점

1. 「よそよそしい」는 모르는 사이도 아니면서 마치 상관없는 것처럼 차갑게 행동하는 모습을 객관적으로 가리키는 것으로, 대체로 전체적인 태도에서 엿보이는 냉담한 인상을 나타낸다. 우리말의 '거리감이 있다, 서먹서먹하다' 정도에 해당된다(예문①②④⑤).
2. 「水臭い」는 친한 사이인데도 어딘가 거리가 있는 것처럼 보이는 모습이나 행동을 가리키는 것으로 주로 상대에게 직접 항의하듯이 말할 때에 쓰이는데, 우리말의 '냉냉하다, 냉담하다' 정도에 해당된다(예문③⑥⑦). 세 가지 말 중에서 유일하게 부사적인 용법은 없고 뒤에 오는 명사를 수식하거나 문말의 술어로만 쓰인다.
3. 「他人行儀だ」는 주로 부모자식이나 형제와 같은 가족관계에서 무언가 남같이 행동하는 모습을 나타내는 것으로 우리말의 '남 같다' 정도에 해당된다(예문②③⑧⑨).

예문과 해설

① 山田君の態度が最近よそよそしい/＊水臭い/＊他人行儀だ。

(야마다군의 태도가 최근에 서먹서먹하다)

➲ 「水臭い」는 주로 상대에게 직접 서운함을 지적하듯이 말할 때에 쓰이고, 「他人行儀」는 부모자식이나 형제 같은 사이에서 쓰이므로 여기에서는 둘 다 부적절하다. 이 경우는 제3자의 태도를 나타내는 것이므로 객관적으로 거리감이 있음을 나타내는 「よそよそしい」가 적절하다.

② 弟が他人行儀に/よそよそしく/＊水臭く振る舞う。

(남동생이 서먹서먹하게/남 같이 행동한다)

➲ 「水臭い」는 뒤에 오는 명사를 수식하거나 문말의 술어로서 쓰일 수는 있으나, 이 경우와 같이 뒤에 오는 용언을 수식하는 부사적인 용법은 없으므로 여기에서는 부적절하다.

③ そんな水臭(みずくさ)い/他人行儀(たにんぎょうぎ)な/*よそよそしいことはするなよ。

(그런 서운한/남 같은 짓은 하지마라)

➲ 「よそよそしい」는 상대의 태도로부터 받는 전반적인 인상이나 느낌을 객관적으로 나타내는 것이므로 이 경우와 같이 직접 상대에게 말을 하는 때는 부적절하다.

④ 彼女(かのじょ)はこの頃(ごろ)よそよそしい態度(たいど)をとっている。

(그녀는 요즈음 서먹서먹한 태도를 취하고 있다)

➲ 전반적으로 차갑게 대하는 태도를 나타내고 있다.

⑤ 友(とも)だちからよそよそしい返事(へんじ)が来(き)た。(친구로부터 거리감 있는 대답이 왔다)

⑥ そんな水臭(みずくさ)いことを言(い)うな。(그런 서운한 말을 하지마라)

➲ 「水臭(みずくさ)い」는 이와 같이 상대의 차가운 태도에 대하여 항의나 지적을 할 때에 쓰인다.

⑦ 友(とも)だちで遠慮(えんりょ)するなんて水臭(みずくさ)いね。(친구이면서 사양하다니 서운하네)

⑧ 母(はは)がなぜ他人行儀(たにんぎょうぎ)なことを言(い)うのか分(わ)からない。

(어머니가 왜 남 같은 말을 하는 건지 모르겠다)

➲ 이 경우와 같이 부모자식사이에서 서운한 언행을 보일 때는 「他人行儀(たにんぎょうぎ)」가 가장 적절하다.

⑨ 姉(あね)は最近(さいきん)なぜか私(わたし)に他人行儀(たにんぎょうぎ)に振(ふ)る舞(ま)っているようだ。

(누나는 최근에 왠지 나에게 남 같이 행동하고 있는 것 같다)

➲ 이 경우는 형제자매사이에서 서먹서먹한 행동을 하고 있다는 뜻으로 쓰였다.

「世(よ)の中(なか)」「世間(せけん)」

(彼(かれ)は世(よ)の中(なか)を知(し)らない、彼(かれ)は世間(せけん)を知(し)らない)

공통의미

세상

요점

1. 「世の中」는 많은 사람들이 관계를 맺으면서 살아가는 세상을 막연하게 나타내는데 우리말의 '이 세상' 정도에 해당된다(예문①②④⑤⑥).
2. 「世間」은 자신이나 가족을 둘러싸고 있는 무수한 타인으로 구성된 생활터전의 범위를 막연하게 나타내는데, 우리말의 '세상, 세상 사람들' 정도에 해당된다(예문①③⑦⑧⑨).

예문과 해설

① 大学を卒業して本格的に世の中/世間に出る。
(대학을 졸업하고 본격적으로 세상에 나간다)

➲ 이 경우 「世の中」를 쓰게 되면 자신을 둘러싸고 있는 모든 환경을 나타내게 되지만, 「世間」을 쓰게 되면 자신을 둘러싸게 되는 인간관계를 나타내게 된다.

② 失恋して世の中/＊世間が嫌になる。(실연하여 이 세상이 싫어진다)

➲ 「世の中」는 자신이 살아가고 있는 이 세상을 막연하게 나타내는 것이므로 이 경우에는 적절하다. 「世間」은 주로 자신을 둘러싸고 있는 인간관계를 나타내는 것이므로 이 경우에는 부적절하다.

③ 世間/＊世の中の口がうるさい。(세상 사람들의 입이 성가시다)

➲ 이 경우는 자신을 둘러싸고 있는 타인들을 나타내는 것이므로 「世間」이 적절하다.

④ 最近は騒がしい世の中になってしまった。(최근은 시끄러운 세상이 되어버렸다)

➲ 이 경우는 이 세상을 막연하게 나타내고 있다.

⑤ 世の中に一人だけ取り残されるようになった。
(이 세상에 혼자만 남겨지게 되었다)

⑥ 現代はスピードの世の中だ。(현대는 스피드세상이다)

⑦ 恥ずかしくて世間に顔向けできない。
(부끄러워서 세상 사람들에게 얼굴을 들 수 없다)

➲ 이 경우는 자신을 둘러싸고 있는 주변사람들을 가리키고 있다.

⑧ 彼はいつも世間の目を気にしている。
(그는 언제나 세상 사람들의 눈을 신경 쓰고 있다)

⑨ まだ世間を知らない息子に会社を任せることはできない。
(아직 세상을 모르는 아들에게 회사를 맡길 수는 없다)

「呼び出す」「呼び付ける」「呼び寄せる」

(子供を呼び出して注意する、子供を呼び付けて注意する、子供を呼び寄せて注意する)

공통의미

불러내다

요점

1. 「呼び出す」는 그 자리에 없는 사람을 전화나 안내방송 등을 통하여 그 자리로 오게 하는 것으로 우리말의 '불러내다, 호출하다'에 해당된다(예문①④⑤⑥).
2. 「呼び付ける」는 가까이에 있는 사람을 직접 부르거나 주로 아랫사람을 불러서 강제로 오게 하는 경우에 쓰인다(예문②⑦⑧). 우리말의 '불러 오게 하다' 정도에 해당된다.
3. 「呼び寄せる」는 단지 사람을 불러서 자신의 곁에 오게 하는 것으로 다른 두 가지 말과는 달리 부르는 목적이 있어도 좋고 없어도 좋다(예문②③⑨⑩). 우리말의 '불러 오게 하다' 정도에 해당된다.

예문과 해설

① 案内放送が私を呼び出して/＊呼び付けて/＊呼び寄せている。
(안내방송이 나를 부르고 있다)

➲ 「呼び出す」는 그 자리에 없는 사람을 무언가의 수단에 의해서 호출하는 것이므로 이 경우에 적절하다. 「呼び付ける」는 불러서 강제로 오게 하는 것이고, 「呼び寄せる」는 불러서 가까이에 오게 하는 것이므로 여기에서는 둘 다 부적절하다.

② 子供たちを枕もとに呼び寄せる/呼び付ける/＊呼び出す。
(아이들을 베갯머리에 불러 오게 한다)

➲ 「呼び出す」는 주로 전화나 안내방송과 같은 매체를 이용하여 호출하는 것이므로 이 경우에는 너무 과장된 느낌이 주어져서 부적절하다. 이와 같이 한 집안에 있는 아이들을 불러서 가까이에 오게 하는 경우에는 「呼び寄せる」와 「呼び付ける」가 적절한데, 다만 「呼び寄せる」를 쓰게 되면 무언가 전할 말이 있는 것 같은 느낌이 주어지고, 「呼び付ける」를 쓰게 되면 무언가 명령하거나 꾸짖을 일이 있는 것 같은 느낌이 주어진다.

③ 派手な宣伝で客を呼び寄せる/✱呼び出す/✱呼び付ける。
(화려한 선전으로 손님을 불러 모은다)

➲ 이 경우와 같이 개인적으로 뚜렷한 목적이 있는 것이 아닌 때는 「呼び寄せる」만이 적절하다.

④ 彼女を公園に呼び出した。(그녀를 공원으로 불러냈다)
➲ 무언가의 수단에 의해서 불러냈음을 나타내고 있다.

⑤ また子供の学校に呼び出された。(또 아이의 학교로 호출되었다)

⑥ せっかくの休みなのに呼び出してすみません。
(모처럼의 휴일인데 불러내서 미안합니다)

⑦ 社長が課長を呼び付けている。(사장님이 과장을 부르고 있다)
➲ 이 경우는 무언가의 지시사항이 있는 것으로 생각된다.

⑧ 自分の用事なのに人を呼び付けるとは何事だ。
(자기 일인데 남을 불러 오게 한다는 것은 무슨 일인가)

⑨ 故郷の両親を呼び寄せた。(고향의 부모님을 불러서 오시게 했다)

➲ 「呼び寄せる」는 어디까지나 불러서 가까이 오게 한다는 것에 의미의 중심이 놓인다.

⑩ 電報で彼女を呼び寄せて相談をした。(전보로 그녀를 불러서 상담을 했다)

「夜」「晩」

공통의미

밤

요점

1. 「夜」는 해가 지고 나서 다음날 해가 뜰 때까지의 시간을 나타내는데 「昼」와 대조적으로 쓰이는 말이다(예문①②③).
2. 「晩」은 주로 밤중에서도 사람이 아직 자지 않고 일어나 있을 정도의 시간을 나타내는데 「朝」와 대조적으로 쓰이는 말이다(예문④⑤⑥).

예문과 해설

① 夜おじゃまして申し訳ありません。(밤에 찾아뵈어서 죄송합니다)

② 夏になると、夜が短くなった。(여름이 되자 밤이 짧아졌다)

③ 父は夜昼かまわず働いた。(아버지는 밤낮을 가리지 않고 일했다)

④ 今日の晩おじゃまします。(오늘밤 찾아뵙겠습니다)

⑤ 朝から晩まで働いて疲れた。(아침부터 밤까지 일해서 지쳤다)

⑥ 朝晩は欠かさず薬を飲む。(아침 밤은 빠짐없이 약을 먹는다)

「弱い」「もろい」

(弱い壁ですから気をつけてください、もろい壁ですから気をつけてください)

공통의미

약하다, 무르다

요점

1. 「弱い」는 정신적, 육체적, 물리적으로 약함을 나타내며 누가 보아도 약해보이는 경우에

쓰이는데, 우리말의 '약하다, 허약하다'에 해당된다(예문①②③⑥⑦⑧).

2. 「もろい」는 주로 물리적으로 약함을 나타내며 겉보기에는 강한 것 같아도 실제로는 무르다고 하는 뜻을 나타낸다(예문①④⑨). 한편, 정신적으로 약함을 나타낼 때는 「涙(なみだ)もろい(눈물이 많다)」「情(じょう)にもろい(정에 약하다)」와 같이 갑작스런 마음의 동요에 쓰이는데(예문⑤⑩⑪), 우리말의 '무르다, 취약하다' 정도에 해당된다.

예문과 해설

① 弱(よわ)い/もろい壁(かべ)ですから気(き)をつけてください。(약한 벽이니까 조심해 주십시오)

➲ 이 경우는 둘 다 적절한데 「弱(よわ)い」를 쓰게 되면 겉보기에도 약해 보이는 벽을 나타내지만, 「もろい」를 쓰게 되면 겉보기에는 단단한 거 같지만 실제로는 손상되거나 무너지기 쉬운 벽을 나타내게 된다.

② 力(ちから)が弱(よわ)くて/＊もろくて持(も)ち上(あ)がらない。(힘이 약해서 들어 올려 지지 않는다)

➲ 「弱(よわ)い」는 육체적으로 힘이 약한 것을 나타내지만, 「もろい」에는 이러한 의미용법이 없다.

③ 彼(かれ)は責任感(せきにんかん)は決(けっ)して弱(よわ)くない/＊もろくない。(그는 책임감은 결코 약하지 않다)

➲ 「弱(よわ)い」는 정신적으로 힘이 약한 것을 나타내지만 「もろい」에는 이러한 의미용법이 없고, 다만 「もろい」가 정신적으로 약함을 나타낼 때는 갑작스런 마음의 동요정도에만 쓰이므로 여기에서는 부적절하다.

④ この岩(いわ)はもろくて/＊弱(よわ)くて崩(くず)れやすいから気(き)をつけてください。
(이 바위는 물러서 무너지기 쉬우니까 조심해 주십시오)

➲ 「もろい」는 겉보기에는 강해보여도 실제로는 약한 경우에 쓰이는데, 바위는 본래 강한 존재이므로 여기에서는 쓰기가 매우 적절하다. 「弱(よわ)い」는 겉보기에도 약한 경우에 쓰이는데 바위가 처음부터 겉보기에 약하다고 하는 경우는 매우 드물므로 여기에서는 부적절하다.

⑤ 先生(せんせい)は情(じょう)にもろい/＊弱(よわ)い方(かた)です。(선생님은 정에 약한 분입니다)

➲ 정에 약하다고 하는 뜻을 나타낼 때는 「もろい」만이 적절하다.

⑥ ビタミンCは熱(ねつ)に弱(よわ)い。(비타민C는 열에 약하다)

⑦ 今日(きょう)の波(なみ)は弱(よわ)いから舟遊(ふなあそ)びにはちょうどいい。
(오늘의 파도는 약하니까 뱃놀이에는 딱 좋다)

⑧ 兄(あに)は弟(おとうと)より将棋(しょうぎ)が弱(よわ)い。(형은 남동생보다 장기가 약하다)

⑨ この鉄橋(てっきょう)は意外(いがい)にも地震(じしん)にもろかった。(이 철교는 이외로 지진에 취약했다)

⑩ 彼女(かのじょ)は涙(なみだ)もろくて悲(かな)しい話(はなし)を聞(き)いたらすぐ涙(なみだ)を流(なが)す。

(그녀는 눈물이 많아서 슬픈 이야기를 들으면 금방 눈물을 흘린다)

⑪ 男女(だんじょ)の愛情(あいじょう)なんてこんなにもろいものかしら。

(남녀의 애정이란 것이 이렇게 무른 것일까)

「来年(らいねん)」「明年(みょうねん)」「翌年(よくねん)」「翌年(よくとし)」「明(あ)くる年(とし)」

공통의미

내년, 다음해

요점

1. 「来年(らいねん)」는 금년의 다음해, 즉 내년을 나타내는 말로 일상적으로 가장 많이 쓰인다(예문①②). 우리말의 '내년'에 해당된다.
2. 「明年(みょうねん)」도 금년의 다음해, 즉 내년을 나타내는 말이기는 하나 주로 공식행사나 격식을 차린 인사말 등에서 쓰인다(예문③). 우리말의 '명년'에 해당된다.
3. 「翌年(よくねん)」과 「翌年(よくとし)」, 그리고 「明(あ)くる年(とし)」는 어떤 기준이 되는 해의 다음해를 나타내는 것으로 우리말의 '다음해'에 해당된다(예문④⑤⑥). 「翌年(よくねん)」은 문장체에서 쓰는 딱딱한 말인데, 「翌年(よくとし)」와 같이 쓰인다.

예문과 해설

① 来年(らいねん)は景気(けいき)が悪(わる)くなりそうだ。 (내년은 경기가 나빠질 것 같다)

➲ 내년이라는 뜻으로는 가장 일반적으로 쓰이는 말이다.

② うちの娘は来年小学生になります。(우리 집 딸은 내년에 초등학생이 됩니다)

③ 新社屋は明年三月に完成の予定です。
(신사옥은 명년 3월에 완성될 예정입니다)

➲ 내년을 뜻하기는 하지만 매우 격식을 차린 문장체에서 쓰인다.

④ 結婚した翌年に長男が生まれた。(결혼한 다음해에 장남이 태어났다)

➲ 이 경우는 내년의 뜻이 아니라 결혼한 해의 다음해를 나타내는데, 회화체가 아닌 문장체에서나 쓰일법한 말이다.

⑤ その翌年も不作だった。(그 다음해도 흉작이었다)

⑥ 大学を卒業した明くる年に結婚しました。(대학을 졸업한 다음해에 결혼했습니다)

➲ 이 경우는 대학을 졸업한 해의 다음해를 가리키는데 회화체에서도 쓸 수가 있다.

「～らしかった」「～たらしい」

(あの人は出かけるらしかった、あの人は出かけたらしい)

공통의미

(~하는)것 같았다, (~했던)것 같다

요점

1. 「～らしかった」는 근거 있는 추측을 나타내는 조동사 「～らしい」의 연용형 「～らしかっ」에 과거, 완료의 조동사 「た」가 연결된 형태로, 현시점에서 일어나는 사항의 추측을 나타낸다. 우리말의 '(~하는)것 같았다'에 해당된다
2. 「～たらしい」는 과거, 완료의 조동사 「た」에 근거 있는 추측을 나타내는 조동사 「らしい」가 연결된 형태로, 과거에 일어난 사항을 다소 애매하게 나타낸다. 우리말의 ' (~했던)것 같다'에 해당된다.

예문과 해설

① あの人は出かけるらしかった/出かけたらしい。

(저 사람은 외출하는 것 같았다/외출한 것 같다)

➲ 이 경우 「~らしかった」를 쓰게 되면 저 사람이 외출한다고 하는 사실을 현시점에서 추측하는 셈이 되지만, 「~たらしい」를 쓰게 되면 저 사람이 이미 외출했다고 하는 사실을 다소 애매하게 나타내는 셈이다.

② パーティーはよほど楽(たの)しいらしかった/楽(たの)しかったらしい。

(파티는 상당히 즐거운 것 같았다/즐거웠던 것 같다)

➲ 이 경우도 「~らしかった」를 쓰게 되면 파티가 즐겁다고 하는 사실을 현시점에서 추측하는 셈이 되지만, 「~たらしい」를 쓰게 되면 파티가 즐거웠다고 하는 과거의 사실을 다소 애매하게 나타내는 셈이다.

③ 先生(せんせい)も賛成(さんせい)らしかった/賛成(さんせい)だったらしい。

(선생님도 찬성하는 것 같았다/찬성했던 것 같다)

➲ 이 경우도 「~らしかった」를 쓰게 되면 선생님도 찬성한다고 하는 사실을 현시점에서 추측하는 셈이 되지만, 「~たらしい」를 쓰게 되면 선생님도 찬성했었다고 하는 과거의 사실을 다소 애매하게 나타내는 셈이다.

④ 警察(けいさつ)ははっきり教(おし)えてくれないらしかった/教(おし)えてくれなかったらしい。

(경찰은 확실하게 가르쳐주지 않는 것 같았다/가르쳐주지 않았던 것 같다)

➲ 이 경우도 위의 예문들과 맥락을 같이하고 있다.

⑤ あの近所(きんじょ)に橋(はし)があるらしかった/橋(はし)があったらしい。

(그 근처에 다리가 있는 것 같았다/다리가 있었던 것 같다)

➲ 이 경우도 마찬가지이다.

「~らしい」「~のようだ」

(山田(やまだ)さんは男(おとこ)らしい人(ひと)だ、山田(やまだ)さんは男(おとこ)のような人(ひと)だ)

공통의미

~같다(전형적임을 나타내는 의미용법과 비유의 의미용법)

요점

1. 「～らしい」는 전형적임을 나타내는 접미어인데 이것이 비유의 의미용법을 지닌 「～のようだ」와 종종 혼동될 때가 있다.
2. 전형적임을 나타내는 「～らしい」는 그러한 성질을 충분히 갖추고 있음을 나타내지만, 비유의 의미를 나타내는 「～のようだ」는 마치 그것과 같다고 하는 느낌을 나타낼 뿐 그것은 결코 아닌 셈이다. 또한 「～らしい」는 우리말의 '～답다'의 뜻에 해당되지만, 「～のようだ」는 '～같다'에 해당된다.

예문과 해설

① 山田さんは男らしい人だ/男のような人だ。
(야마다씨는 남자다운 사람이다/남자 같은 사람이다)

➲ 이 경우 「~らしい」는 야마다씨가 남자이지만 「~のような」는 야마다씨가 여자인 셈이다. 즉, 여자이지만 남자같이 보이거나 남자와 같은 성격을 지닌 여자라는 뜻이 되는 것이다.

② あの子は子供<u>らしい</u>子供だ。(저 아이는 아이다운 아이다)
お隣のご主人は子供<u>のようだ</u>。(옆집 주인은 아이 같다)
➲ 이 경우 「~らしい」는 아이이지만 「~のようだ」는 아이가 아닌 셈이 된다.

③ 今日は春らしい/のような天気ですね。(오늘은 봄다운/봄 같은 날씨이군요)
➲ 이 경우도 「~らしい」는 봄이지만 「~のような」는 봄이 아닌 다른 계절인 셈이다.

「～らしい」「～らしい」

(向こうから来る人は男<u>らしい</u>、あの人は本当に男<u>らしい</u>男だ)

공통의미

~같다, ～답다(「らしい」의 조동사로서의 의미용법과 접미어로서의 의미용법)

요점

1. 「～らしい」는 추측을 나타내는 조동사로서의 의미용법과 전형적인 의미를 나타내는 접

미어로서의 의미용법을 지니고 있다. 추측을 나타낼 때는 우리말의 '～같다'에 해당되고(예문①②③④), 전형적인 의미를 나타낼 때는 '～답다'에 해당된다(예문⑤⑥⑦⑧).

2. 이 두 가지의 용법은 똑같이 명사에 접속되고 있어서 혼동을 일으키기 쉬운데 결국에는 전후의 문맥을 가지고 판단하는 것이 가장 바람직할 것이다.

예문과 해설

① この焼(や)き物(もの)は本物(ほんもの)らしい。(이 도자기는 진짜 같다)

➲ 이 경우는 진짜로 추측되는 의미를 지니고 있는 조동사로서의 용법이다.

② 隣(となり)の部屋(へや)にいるのは子供(こども)らしい。(옆방에 있는 것은 아이 같다)

➲ 이 경우 역시 옆방에 있는 사람이 아이일 것으로 추측하는 용법을 지닌 조동사이다.

③ 向(む)こうから来(く)るのは、女(おんな)かな、いや、男(おとこ)らしいね。

(맞은편에서 오는 것은 여자인가, 아니, 남자 같네)

➲ 이 경우도 예문①②와 맥락을 같이 하고 있다.

④ この分(ぶん)では明日(あした)も雨(あめ)らしい。(이 상태로는 내일도 비 같다)

➲ 이 경우는 내일도 비가 올 것이라고 추측하는 조동사의 용법으로 쓰였다.

⑤ ここ数日間(すうじつかん)雨(あめ)らしい雨(あめ)は降(ふ)っていない。(요 며칠간 비다운 비는 내리지 않았다)

➲ 이 경우는 전형적으로 비의 성질을 갖추고 있다는 뜻의 접미어로 쓰였다.

⑥ あの男(おとこ)こそ本当(ほんとう)に男(おとこ)らしい男(おとこ)だ。(저 남자야말로 정말로 남자다운 남자다)

➲ 이 경우는 남자의 전형적인 성질을 충분히 갖추고 있다고 하는 뜻의 접미어로 쓰였다.

⑦ 今日(きょう)は本当(ほんとう)に春(はる)らしい天気(てんき)ですね。(오늘은 정말로 봄다운 날씨로군요)

➲ 이 경우 역시 예문④와 맥락을 같이 하고 있다.

⑧ それはいかにも彼女(かのじょ)らしい発想(はっそう)だ。(그것은 아무래도 그녀다운 발상이다)

➲ 이 경우는 그녀에게 어울릴만한 발상의 뜻으로 쓰였다.

「理由」「訳」

(理由もなく涙が出る、訳もなく涙が出る)

공통의미

이유, 까닭

요점

1. 「理由」는 어떤 인식이나 판단에 이르거나 또는 어떤 행동을 하게 된 근거를 나타내거나 어떤 구실을 나타내기도 하는데, 우리말의 '이유, 핑계'에 해당된다(예문①②③④⑥⑦⑧⑨).
2. 「訳」는 어떤 일이 그렇게 되거나 어떤 행위에 이르게 된 데에 대한 경위나 과정을 나타내거나 어떤 일이나 표현의 의미, 내용을 나타내기도 하는데, 우리말의 '까닭, 의미'에 해당된다(예문①②③⑤⑩⑪⑫⑬).

예문과 해설

① そうなった事の理由/訳を説明する。(그렇게 된 일의 이유를/까닭을 설명한다)

➲ 이 경우는 둘 다 적절한데 「理由」를 쓰게 되면 근거를 나타내고, 「訳」를 쓰게 되면 경위나 과정을 나타내게 된다.

② また失敗した理由/訳は何だろう。(또 실패한 이유는/까닭은 무엇일까?)

③ 事がここに至るまでは深い理由/訳があった。

(일이 여기에 이르기까지는 깊은 이유가/까닭이 있었다)

④ 病気を理由/＊訳に学校を休んだ。(병을 핑계로 학교를 쉬었다)

➲ 이 경우와 같이 어떤 구실이나 핑계의 뜻으로 쓰일 때는 오로지 「理由」만이 적절하다.

⑤ 辞書で言葉のわけ/＊理由を調べた。(사전으로 말의 의미를 조사했다)

➲ 이 경우와 같이 어떤 내용이나 의미를 나타낼 때는 오로지 「訳」만이 적절하다.

⑥ 担当者に理由を問いただした。(담당자에게 이유를 따져 물었다)

⑦ 私には反対する理由がない。(나에게는 반대할 이유가 없다)

⑧ 彼がそんなことをしたのには深い理由がある。

(그가 그런 일을 한 것에는 깊은 이유가 있다)

⑨ 彼はいつも勝手な理由ばかりつけている。

(그는 언제나 제멋대로 이유만 달고 있다)

➲ 이 경우는 핑계나 구실을 뜻으로 쓰였으므로 오로지 「理由」만이 적절하며, 「訳」에는 이러한 용법이 없다.

⑩ 法案に反対する訳を述べる。(법안에 반대하는 까닭을 말한다)

➲ 이 경우는 반대하게 되는 경위나 과정의 뜻을 나타내고 있다.

⑪ ろうそくの火が消えた訳はまだ不明です。

(양초의 불이 꺼진 까닭은 아직 불명입니다)

⑫ 特別にこれといった訳はありません。(특별히 이렇다 할 까닭은 없습니다)

➲ 이렇다고 꼬집어서 내세울만한 의미나 내용을 나타내고 있다.

⑬ 訳もなく涙が出た。(까닭도 없이 눈물이 나왔다)

「寮」「宿舎」「寄宿舎」

공통의미

기숙사

요점

1. 「寮(りょう)」는 세 가지 말 중에서 가장 일반적으로 쓰이는데 우리말의 '기숙사'는 「寮(りょう)」로 나타내는 셈이다(예문①②).
2. 「宿舎(しゅくしゃ)」는 주로 장기출장이나 여행을 가서 머무는 곳을 나타낸다(예문③④).
3. 「寄宿舎(きしゅくしゃ)」는 오래된 말로 요즘은 그다지 쓰이지 않는데 이 점에서는 우리말에서 오히려 많이 쓰이는 셈이다(예문⑤).

예문과 해설

① 地方出身(ちほうしゅっしん)なので大学(だいがく)の寮(りょう)に入(はい)った。(지방출신이어서 대학기숙사에 들어갔다)

② 会社(かいしゃ)の寮(りょう)があって便利(べんり)です。(회사의 기숙사가 있어서 편리합니다)

③ 政府(せいふ)は避難民(ひなんみん)の宿舎(しゅくしゃ)を用意(ようい)した。(정부는 피난민의 숙소를 마련했다)

④ 今回(こんかい)の旅行(りょこう)では国民宿舎(こくみんしゅくしゃ)に泊(と)まります。(이번 여행에서는 국민숙사에 묵습니다)

⑤ あの学校(がっこう)の寄宿舎(きしゅくしゃ)は規律(きりつ)が厳(きび)しい。(저 학교의 기숙사는 규율이 엄격하다)

「了解(りょうかい)」「了承(りょうしょう)」「承知(しょうち)」

(はい、了解(りょうかい)しました、はい、了承(りょうしょう)しました、はい、承知(しょうち)しました)

공통의미

상대의 사정이나 요구 등을 이해하고 받아들이는 것

요점

1. 「了解(りょうかい)」는 어떤 일의 의미나 내용을 확실하게 이해하고 인정하는 것을 나타낸다(예문①

④⑤⑥⑦). 우리말의 '알았다, 이해했다' 정도에 해당된다.

2. 「了承(りょうしょう)」는 상대로부터 사정이나 요구 등을 듣고서 그것을 받아들이는 것을 나타낸다(예문②⑧⑨). 우리말의 '양해' 정도에 해당된다.

3. 「承知(しょうち)」는 상대의 사정을 이해하거나 이해하고 있음을 나타내는 한편(예문②⑩), 상대의 부탁이나 요구를 받아들이는 뜻으로도 쓰인다(예문③⑪). 우리말의 '알겠다, 그렇게 하겠다' 정도에 해당된다.

예문과 해설

① この文(ぶん)の意味(いみ)が了解(りょうかい)/＊了承(りょうしょう)/＊承知(しょうち)できない。

(이 문의 의미를 이해할 수 없다)

➲ 이 경우와 같이 의미를 이해한다는 뜻으로 쓰이는 때는 오로지 「了解(りょうかい)」만이 적절하다. 「了承(りょうしょう)」는 이해하고 받아들이는 것을 나타내고, 「承知(しょうち)」는 주로 이해하고 그대로 하겠음을 나타내므로 여기에서는 둘 다 부적절하다.

② ちょっと遅(おく)れますのでご了承(りょうしょう)/ご承知(しょうち)/＊ご了解(りょうかい)ください。

(조금 늦으므로 이해해 주십시오)

➲ 이 경우는 오로지 상대에게 이해를 요구하는 것이므로 「了承(りょうしょう)」와 「承知(しょうち)」만이 적절하다. 「了解(りょうかい)」는 단지 이해하는 것만을 나타낼 뿐 양해하는 것은 아니므로 여기에서는 부적절하다. 아울러, 「了承(りょうしょう)」와 「承知(しょうち)」를 비교해 보면, 「了承(りょうしょう)」의 경우는 정중하게 상대의 양해를 구하는 뜻이 되지만, 「承知(しょうち)」의 경우는 상대에게 양해하게 한다는 뜻이 되어 다소 정중도가 떨어지게 된다.

③ '五時(ごじ)までに来(き)てください' 'はい、承知(しょうち)/＊了承(りょうしょう)/＊了解(りょうかい)しました。'

(「5시까지 와주십시오」「예, 알겠습니다」)

➲ 이 경우와 같이 단지 상대의 요구나 부탁을 받아들여서 그렇게 하겠다는 뜻으로 쓰일 때는 「承知(しょうち)」만이 적절하다.

④ A:明日(あした)は八時(はちじ)集合(しゅうごう)だよ。B:了解(りょうかい)/＊了承(りょうしょう)/＊承知(しょうち)。

(A: 내일은 8시 집합이다) (B:알았음)

➲ 이 경우와 같이 상대가 말한 것을 이해하였음을 나타낼 때는 「了解(りょうかい)」만이 적절하다.

⑤ そのことなら了解(りょうかい)しています。(그 일이라면 알고 있습니다)

➲ 이 경우는 그 일에 관해서 충분히 이해하고 있음을 나타낸다.

⑥ 上司の了解を求める。(상사의 이해를 구한다)

⑦ '現場へ急行してください' '了解'
(「현장으로 빨리 가주십시오」「알았음」)

➲ 상대가 한 말의 내용을 충분히 이해하였음을 나타내고 있는데, 이러한 경우에 짤막하게 대답할 때는 보통 「了解」만으로 쓰인다.

⑧ 事情により公演を中止しますので、ご了承ください。
(사정에 의해 공연을 중단하므로, 양해해 주십시오)

➲ 「了承」는 이와 같이 사정을 설명하고 그에 대하여 받아들여 줄 것을 정중하게 부탁할 때에 쓰인다.

⑨ 父母の了承を得てから参加の申し込みをする。
(부모의 양해를 얻고 나서 참가신청을 한다)

⑩ 私が承知しているから大丈夫だ。(내가 알고 있으니까 괜찮다)

➲ 상대의 사정에 대하여 충분히 이해하고 있음을 나타내고 있다.

⑪ お話は承知しました。(말씀은 알겠습니다)

➲ 상대가 한 말의 내용을 충분히 이해하였음을 나타내고 있다.

「両方」「両者」

(両方の言い分を聞く、両者の言い分を聞く)

공통의미

양쪽, 양자

요점

1. 「両方」는 서로 다른 두 가지를 한꺼번에 가리키는데 사람은 물론 사물, 일, 방향, 그리고 때를 나타내는 등, 매우 폭넓게 쓰이며, 우리말의 '양쪽'에 해당된다(예문①②③⑤

⑥).

2. 「両者」는 거론된 두 사람을 한 번에 묶어서 가리키는데 우리말의 '양자'에 해당된다 (예문①④⑦⑧).

예문과 해설

① 両方/両者の言い分を聞く。(양쪽/양자의 주장을 듣는다)

➲ 이 경우는 두 사람을 가리키는 것이므로 둘 다 적절한데 굳이 차이라고 하면 우리말의 '양쪽'과 '양자' 정도의 차이가 있을 뿐이다.

② 南と東の両方/＊両者のドアが閉まっている。
(남쪽과 동쪽 양쪽의 문이 닫혀있다)

➲ 이 경우와 같이 방향을 나타내는 때는 오로지 「両方」만이 적절하다. 「両者」는 주로 양쪽의 사람을 나타내는 것이므로 여기에서는 부적절하다.

③ 月曜と火曜は両方とも/＊両者とも都合が悪い。
(월요일과 화요일은 양쪽 다 사정이 나쁘다)

➲ 이 경우는 때를 나타내는 것이므로 「両方」만이 적절하다. 「両者」는 두 사람을 한 번에 묶어서 나타낼 수 있어도 이와 같이 때를 나타낼 수는 없으므로 여기에서는 부적절하다.

④ 両者/＊両方の話し合いに決着がついた。(양자의 대화에 결판이 났다)

➲ 이 경우와 같이 두 사람이 대립하고 있음을 나타낼 때는 「両者」가 적절하다. 「両方」는 두 가지를 하나로 묶어서 통틀어 나타내는 것이므로 여기에서는 부적절하다.

⑤ けんかしたのだから、両方とも悪いんだ。(싸운 것이니까, 양쪽 다 나쁜 것이다)

➲ 이 경우는 두 사람을 한 번에 묶어서 나타태고 있다.

⑥ 両方を引き合わせて結論を出す。(양쪽을 비교해서 결론을 낸다)

⑦ 決勝戦で両者が激突する。(결승전에서 양자가 격돌한다)

➲ 이 경우는 대립상태에 있는 두 사람을 나타내고 있다.

⑧ 結局両者の会談が決裂した。(결국은 양자의 회담이 결렬되었다)

「留守(るす)」「不在(ふざい)」

(主人(しゅじん)は今(いま)<u>留守(るす)</u>です、主人(しゅじん)は今(いま)<u>不在(ふざい)</u>です)

공통의미

부재 중

요점

1. 「留守(るす)」는 외출하여 집에 없음을 나타내기도 하고(예문①②⑥) 가족이 모두 외출했을 때 혼자서 집을 지킨다는 뜻을 나타내기도 한다(예문③⑦).
2. 「不在(ふざい)」는 집뿐만 아니라 그 장소에 없음을 나타내는 뜻으로만 쓰인다(예문①④⑤⑧⑨).

예문과 해설

① 主人(しゅじん)は今(いま)留守(るす)/不在(ふざい)です。(남편은 지금 없습니다)

➲ 이 경우는 둘 다 적절한데 「留守(るす)」를 쓰게 되면 집에 없음을 나타내는 것이 보통이지만, 「不在(ふざい)」를 쓰게 되면 꼭 집이 아니더라도 그 장소에 없음을 나타내는 것이 보통이다.

② 留守中(るすちゅう)/?不在中(ふざいちゅう)にどろぼうが入(はい)った。(집에 없을 때 도둑이 들어왔다)

➲ 이 경우는 집을 비우는 것을 나타내는 「留守(るす)」가 적절하다. 「不在(ふざい)」는 꼭 집이 아니어도 쓸 수가 있는데, 이렇게 되면 도둑이 어디로 들어왔는지가 명확하지 않으므로 다소 부적절하다.

③ 妹に留守/✱不在を頼んで外出した。(여동생에게 집을 부탁하고 외출했다)

➲「留守」는 집을 지킨다고 하는 의미도 있으므로 여기에서는「留守」만이 적절하다.

④ 今の与党は国民不在/✱留守の政治をしている。
(지금의 여당은 국민부재의 정치를 하고 있다)

➲「留守」는 집을 비운다고 하는 뜻을 나타내지만,「不在」는 꼭 집뿐만 아니라 그 장소에 없음을 폭넓게 나타내는 것이므로 여기에서는 적절하다.

⑤ 先生の研究室には不在/✱留守の札がかかっていた。
(선생님의 연구실에는 부재표시가 걸려있었다)

➲ 이 경우와 같이「不在」는 집이 아닌 연구실에 쓰기에도 적절하다.

⑥ これから二、三日留守にします。(이제부터 2, 3일 집을 비우겠습니다)

➲ 이와 같이 보통「留守にする」라고 하면 집을 비운다고 하는 뜻이 된다.

⑦ 母から留守を頼まれた。(어머니로부터 집 지킬 것을 부탁받았다)

➲ 이 경우는 집을 지키라는 뜻으로 쓰였다.

⑧ 今姉は不在です。(지금 누나는 부재중입니다)

➲ 이 경우는 꼭 집이 아니더라도 상관이 없다.

⑨ 消費者不在の行政指導。(소비자부재의 행정지도)

➲「不在」는 꼭 집뿐만 아니라 그 장소에 없음을 폭넓게 나타내는 것인데, 여기에서는 소비자를 무시하고 있다는 뜻으로 쓰였다.

「～れる」「～られる」

(見れる、見られる)(1단동사의 가능동사화)

요점

1. 동사 중에서 상1단동사와 하1단동사, 그리고 カ행변격동사 「来る」를 가능용법으로 만들 경우, 각각의 미연형에 가능의 의미를 지닌 조동사 「られる」를 접속시킨다.(食べられる(먹을 수 있다)、見られる(볼 수 있다)、起きられる(일어날 수 있다))
2. 하지만, 현실적으로는 표현의 간략화추세에 따라서 마치 이들을 5단동사인 것처럼 가능동사화 하여 쓰는 경우가 많다. (食べれる, 見れる、起きれる)
3. 그렇다고는 하나, 상1단동사와 하1단동사 중에서 이와 같이 쓸 수가 있는 것은 어디까지나 「見る」「着る」와 같은 두 개의 음절로 구성된 동사나 「食べる」「起きる」와 같은 세 개의 음절로 구성된 동사에 한하며, 「教える」「覚える」「考える」「捕まえる」와 같이 그 이상의 음절로 구성된 동사는 쓸 수가 없다.
4. 「見られる」와 「見れる」를 예로 들면, 실제로 양자 간의 의미차이는 전혀 없으나 아무래도 「見れる」가 「見られる」보다는 정중도가 다소 떨어진다.
5. 결론적으로, 정식으로는 「見られる」가 올바른 표현이 되지만 현실적으로는 「見れる」도 일상적으로 빈번하게 쓰인다. 따라서 정중도를 그리 의식하지 않아도 될 친숙한 사이에

서는 「見れる」가 빈번하게 쓰이고, 정중도를 의식해야 할 사이에서는 「見られる」를 쓰게 되는 셈이다.

예문과 해설

① パソコンからいろいろなホームページが見れる世の中になりました。
(컴퓨터로부터 여러 가지 홈페이지를 볼 수 있는 세상이 되었습니다)

➲ 「見る」는 상1단동사로서 본래 같으면 「見られる」로서 가능표현을 나타내어야 하지만, 「見れる」도 친숙한 사이에서는 흔히 쓰인다.

② 明日忙しいと言っただろう？本当に来れるの？
(내일 바쁘다고 했었지? 정말로 올 수 있는 거야)

➲ 「来る」는 カ행변격동사로서 본래 같으면 「来られる」로서 가능표현을 나타내어야 하지만, 「来れる」도 친숙한 사이에서는 흔히 쓰인다.

③ 私はそんな早い時間には起きれませんよ。
(나는 그런 이른 시간에는 일어날 수 없어요)

➲ 「起きる」는 상1단동사로서 본래 같으면 「起きられる」로서 가능표현을 나타내어야 하지만, 「起きれる」도 친숙한 사이에서는 흔히 쓰인다.

④ 夫は、ねぎなんか一杯入っているラーメンは食べれないの。
(남편은 파 같은 것이 잔뜩 들어가 있는 라면은 먹을 수가 없는 거야)

➲ 「食べる」는 하1단동사로서 본래 같으면 「食べられる」로서 가능표현을 나타내어야 하지만, 「食べれる」도 친숙한 사이에서는 흔히 쓰인다.

「練習」「稽古」「訓練」

(厳しい練習に耐える、厳しい稽古に耐える、厳しい訓練に耐える)

공통의미

연습

요점

1. 「練習」는 기술이 몸에 익도록 되풀이해서 하는 것으로 자신이 스스로 연습하는 경우에도 쓰이고 선생으로부터 지도받으면서 연습하는 경우에도 쓰이는 등, 매우 폭넓은 용법을 지니고 있다(예문①②④⑥⑦⑧).
2. 「稽古」는 주로 다도, 꽃꽂이, 서예, 그림 등의 전통적인 예능을 익히는 것이나 검도, 씨름 등의 전통적인 무예를 익히는 것에 쓰이는데, 주로 선생으로부터 지도를 받으면서 연습하는 경우에 쓰인다(예문①②⑨⑩⑪).
3. 「訓練」은 실제로 몸을 움직이면서 실질적인 기능이나 체력, 마음가짐 등을 몸에 익히는 것으로 주로 지도하는 입장에서 쓰인다(예문③⑤⑫⑬).

예문과 해설

① ピアノの稽古/練習/＊訓練をする。(피아노연습을 한다)

➲ 이 경우와 같이 예능적인 것을 나타내는 때는 「稽古」와 「練習」가 적절하다. 「訓練」은 주로 직업훈련이나 군대, 조직이나 단체 등에서 쓰이는 것이어서 이러한 경우에 쓰게 되면 매우 과장된 느낌이 주어져서 부적절하다.

② 生け花を稽古/練習/＊訓練する。(꽃꽂이를 연습한다)

➲ 이 경우와 같이 배우고 연습하는 대상을 직접적인 목적어로 내세울 때 「訓練」은 부적절하며, 이 말 앞에 올 수 있는 목적어는 어디까지나 사람이어야 한다. 한편, 「稽古」를 쓰게 되면 가르침을 받으면서 연습하는 것을 나타내지만, 「練習」를 쓰게 되면 스스로 복습 차원의 연습을 한다는 뜻이 되기가 쉽다.

③ 先生が厳しく生徒を訓練/＊稽古/＊練習する。
(선생님이 엄하게 학생을 훈련시킨다)

➲ 이 경우에는 예문②와는 반대로 사람이 직접적인 목적어로 와 있는 것이어서 「訓練」만이 적절하다. 「稽古」와 「練習」는 배우고 연습하는 대상이 직접목적어로 올 수는 있으나, 이와 같이 사람이 직접목적어로 올 수는 없기 때문에 여기에서는 둘 다 부적절하다.

④ 野球の練習/＊稽古/＊訓練に力を入れる。
(야구연습에 힘을 쏟는다)

➲ 이 경우와 같이 스포츠에 관한 연습인 때에는 「練習」가 가장 적절하다. 「稽古」는 운동에 관해서도 쓰이긴 하나 오로지 일본전통무술이나 씨름이외에는 쓸 수 없으며, 「訓練」은 너무 어감이 무거워서 둘 다 여기에서는 부적절하다.

⑤ ここは新兵を訓練/＊稽古/＊練習する所です。

(여기는 신병을 훈련하는 곳입니다)

➲ 이 경우와 같이 실제로 몸을 움직이면서 체력이나 기능을 함양시킨다고 하는 의미에서는 「訓練」만이 적절하다.

⑥ 山田さんはこの頃テニスの練習に励んでいる。

(야마다씨는 요즈음 테니스연습에 힘쓰고 있다)

➲ 이 경우와 같이 스스로 연습을 한다는 뜻으로는 오로지 「練習」만이 적절하며, 「稽古」는 전통무술이나 씨름이외의 스포츠에는 쓸 수가 없다.

⑦ 国際化に対応するため、一生懸命に英会話の練習をする。

(국제화에 대응하기 위해, 열심히 영어회화 연습을 한다)

⑧ 彼は歌う前に発声練習をする癖がある。

(그는 노래하기 전에 발성연습을 하는 버릇이 있다)

⑨ 明日はお茶の稽古があって忙しい。(내일은 다도연습이 있어서 바쁘다)

➲ 이 경우는 다도의 연습을 나타내는 것이므로 「稽古」가 가장 적절하다.

⑩ 先生に会う前に自分で生け花の稽古をしておく。

(선생님을 만나기 전에 스스로 꽃꽂이연습을 해둔다)

⑪ 毎日踊りの稽古に行く。(매일 춤 연습을 하러 간다)

⑫ 選手たちが寒い中で訓練を受けている。

(선수들이 추운 가운데에서 훈련을 받고 있다)

➲ 「訓練」은 이 도가 높게 몸을 움직이는 경우를 나타내 나타주로 훈련을 시키는 입장에서 쓰인다.

(개를 열심히 훈련시켜 명견으로 만들어냈다)

➲ 이 경우도 훈련을 시키는 입장을 나타내고 있다.

「ろくに」「めったに」

(彼はろくに学校へ行かない、彼はめったに学校へ行かない)

공통의미

제대로, 좀처럼

요점

1. 「ろくに」와 「めったに」는 둘 다 뒤에 부정표현을 수반하여 쓰이는데 평가를 나타내느냐, 빈도를 나타내느냐에 따라서 의미용법상의 차이가 엿보인다.
2. 「ろくに」는 언제나 「ろくに～ない」의 형태를 취하여 어떤 기대에 미치지 못한다고 하는 부정적인 평가를 나타내는 것으로, 우리말의 '제대로～하지 못 한다'에 해당된다(예문①②③⑤).
3. 「めったに」는 언제나 「めったに～ない」의 형태를 취하여 단지 빈도가 매우 적음만을 나타내는 것으로, 우리말의 '좀처럼～하지 않는다'에 해당된다(예문①④⑥⑦).

예문과 해설

① 彼はろくに/めったに学校へ行かない。 (그는 제대로/좀처럼 학교에 가지 않는다)

➲ 이 경우는 둘 다 적절한데 「ろくに」를 쓰게 되면 그의 등교상황에 대한 부정적인 평가를 나타내고, 「めったに」를 쓰게 되면 그가 등교하는 빈도수가 매우 적음을 나타낸다.

② その犬は弱っていてろくに/＊めったに歩けない。
(그 개는 약해져 있어서 제대로 걸을 수 없다)

➲ 이 경우는 개가 걸을 수 있는 상태에 대한 부정적인 평가를 나타내는 것이지, 걷는 빈도수가 적음을 나타내는 것이 아니어서 「ろくに」만이 적절하다.

③ ペン先(さき)が固(かた)くてろくに/＊めったに書(か)けない。

(펜촉이 딱딱해서 제대로 쓸 수가 없다)

➲ 이 경우 역시 펜촉에 대한 부정적인 평가를 나타내고 있을 뿐이어서 「ろくに」만이 적절하다.

④ その化石(かせき)はめったにない/＊ろくにない貴重(きちょう)なものだ。

(그 화석은 좀처럼 없는 귀중한 것이다)

➲ 이 경우는 그 화석이 존재할 빈도수가 매우 적음을 나타내고 있는 것이므로 「めったに」만이 적절하다.

⑤ 彼(かれ)は当(あ)たり前(まえ)のことでもろくに知(し)らない。 (그는 당연한 것이라도 제대로 모른다)

➲ 이 경우는 그에 대한 부정적인 평가를 나타내고 있다.

⑥ 彼(かれ)とはふだんめったに会(あ)えない。 (그와는 보통 좀처럼 만날 수 없다)

➲ 이 경우는 그와 만나는 빈도수가 매우 적음을 나타내고 있다.

⑦ 彼女(かのじょ)は夫(おっと)が死(し)んでからめったに外出(がいしゅつ)しない。

(그녀는 남편이 죽고 나서 좀처럼 외출하지 않는다)

➲ 이 경우는 그녀의 외출하는 빈도수가 매우 적음을 나타내고 있다.

「わかっています」「わかりました」

요점

1. 「わかっています」는 얼핏 보기에는 우리말의 '알고 있습니다'에 해당되는 듯하지만 실제로는 상대의 설명이나 지시에 대하여 '알아들었으니 그만 좀 말해라'는 뜻을 내포하고 있다. 따라서 이러한 표현은 특별한 상황이 아니고서는 쓰지 않는 것이 좋다.
2. 「わかりました」는 어디까지나 상대의 설명이나 지시에 대하여 충분히 이해하였으며 그에 따르겠다는 뜻을 나타낸다.

예문과 해설

① それくらいのこと、何度(なんど)もおっしゃらなくてもわかっています。
(그 정도의 일은 몇 번이고 말씀하시지 않아도 이미 알고 있습니다)

➲ 이 경우는 상대의 반복적인 설명에 대하여 다소 반발하듯이 자신이 이미 숙지하고 있음을 나타내고 있다.

② (교사가)今(いま)の説明(せつめい)で、分(わ)かるか。(지금의 설명으로 알겠나?)
(학생이)はい、わかっています。(예, 알고 있습니다)

➲ 만약에 학생이 교사에게 이런 식으로 대답을 했다면 필시 교사는 매우 화를 낼 것임에 틀림이 없다. 따라서 이러한 경우에는 「わかりました」로 답하는 것이 가장 무난하다.

③ (교사가)これから掃除(そうじ)をします、いいですか。(이제부터 청소합니다. 알았습니까?)

(학생이)はい、わかっています。(예, 알고 있습니다)

➲ 이 경우도 위의 예문과 맥락을 같이하고 있다.

「わかりました」「かしこまりました」

공통의미

알겠습니다

요점

1. 둘 다 우리말로는 '알겠습니다, 알았습니다'의 뜻을 나타내지만 일본어에서는 양자 간에 용법상의 차이가 분명히 있다. 즉, 「わかりました」는 이번이야말로 상대방의 말을 틀림없이 이해하였고, 가슴에 새겼다, 고 하는 의미로 쓰이는 반면에, 「かしこまりました」는 상대방의 뜻을 충분히 이해하였음은 물론이고 그 뜻에 따르겠다, 고하는 의미로 쓰이는 것이 일반적이다. 요컨대, 상위자로부터 뭔가 주의사항이나 내용설명을 들었을 때는 「わかりました」로 대답하는 것이 알맞으며 지시나 명령을 받았을 때는 「かしこまりました」가 알맞은 응대가 되는 것이다.

예문과 해설

① (교사가)これからは遅(おく)れたらだめだよ。(이제부터는 늦으면 안 된다)

(학생이)はい、わかりました。(예, 알았습니다)

➲ 이 경우는 선생님으로부터 주의를 받고서 그 뜻을 충분히 이해하였음을 나타내고 있다.

② (레스토랑에서 손님이)ワインをください。(와인을 주십시오)

(종업원이)はい、かしこまりました。(예, 알겠습니다)

➲ 이 경우는 손님이 주문한 내용을 충분히 이해하였음을 물론이고 그대로 이행하겠음을 나타내고 있다.

「我(わ)がまま」「勝手(かって)」「気(き)まま」

(彼(かれ)は我(わ)がままな人(ひと)だ、彼(かれ)は勝手(かって)な人(ひと)だ、彼(かれ)は気(き)ままな人(ひと)だ)

공통의미

멋대로 행동하는 모습이나 상태

요점

1. 「我(わ)がまま」는 다른 사람의 피해나 불쾌감 같은 것은 신경 쓰지 않고 오로지 자신이 하고 싶은 대로만 하는 행동이나 성격을 나타내는데, 주로 다른 사람하고의 관계 속에서 반대되는 행동이나 성격에 쓰인다. 뒤에 오는 명사를 수식할 때는 「我(わ)がままな」의 형태를 취하고(예문①②⑧⑨), 뒤에 오는 술어를 수식할 때는 「我(わ)がままに」의 형태를 취하며(예문④), 「我(わ)がままを言(い)う(제멋대로 말하다)」와 같이 명사만의 용법으로도 쓰이는데(예문③⑩), 다른 말에는 이러한 용법이 없다. 우리말의 '제멋대로' 정도에 해당된다.
2. 「勝手(かって)」는 다른 사람에 대한 배려를 하지 않거나 다른 사람의 의견을 무시하면서 오로지 자기의 형편대로만 일일이 행동하는 것을 나타낸다. 뒤에 오는 명사를 수식할 때는 「勝手(かって)な」의 형태를 취하고(예문②), 뒤에 오는 술어를 수식할 때는 「勝手(かって)に」의 형태를 취하는데(예문②⑤⑪⑬), 우리말의 '내 마음대로, 함부로' 정도에 해당된다.
3. 「気(き)まま」는 다른 사람을 신경 쓰지 않고 자신이 생각하는 바, 또는 마음이 내키는대로 행동하는 모습을 나타낸다. 뒤에 오는 명사를 수식할 때는 「気(き)ままな」의 형태를 취하고(예문①⑦⑭) 뒤에 오는 술어를 수식할 때는 「気(き)ままに」의 형태를 취하는데(예문⑮), 우리말의 '하고 싶은 대로, 내키는 대로' 정도에 해당된다.
4. 결국, 세 가지 말 중에서 비교적 비판적인 어감이 들어있는 것은 「我(わ)がまま」와 「勝手(かって)」이지만, 「気(き)まま」는 놀라움이나 부러움의 느낌이 들어간 말로 꼭 비판적인 어감이 있는 것은 아닌 셈이다.

●●● 예문과 해설

① 彼は我がままな/勝手な/気ままな人だ。
(그런 제멋대인 사람이다)

➲ 이 경우는 전후의 문맥이나 장면이 구체적으로 설정되어 있지 않으므로 어느 것이나 적절하다. 하지만 각각의 뉘앙스차이는 분명이 있어서, 「我がまま」를 쓰게 되면 다른 사람의 의견이나 의지에 반대되는 행동을 한다는 뜻이 되고, 「勝手」를 쓰게 되면 다른 사람의 의견이나 의지를 무시한다는 뜻이 되며, 「気まま」를 쓰게 되면 자유분방한 행동을 한다는 뜻이 된다.

② そんな我がままな/勝手な/＊気ままな行動は許せない。
(그런 제멋대인 행동은 용서할 수 없다)

➲ 이 경우는 다른 사람에게 나쁜 영향을 미치는 것이므로 「我がまま」와 「勝手」가 적절하다. 「気まま」는 비교적 다른 사람에게 나쁜 영향을 미치지 않고 자기스스로 자유분방한 행동을 하는 것이므로 여기에서는 부적절하다.

③ 彼の我がまま/＊勝手/＊気ままが目に余る。
(그의 제멋대로 하는 행동이 눈에 거슬린다)

➲ 이 경우와 같이 명사로서의 용법으로 쓰일 때는 오로지 「我がまま」만이 적절하며, 다른 말에는 이와 같은 명사적인 용법이 없으므로 부적절하다.

④ あの子は我がままに/＊勝手に/＊気ままに育った。
(저 아이는 제멋대로 자랐다)

➲ 아이가 가족이나 주위사람에게는 일체 구애되는 일이 없이 멋대로 행동하면서 자랐음을 나타낼 때는 「我がまま」가 적절하다. 이 경우에 「勝手」를 쓰게 되면 아이혼자서 누구의 보살핌도 없이 혼자서 제멋대로 자랐다는 어감이 되고, 「気まま」를 쓰게 되면 자유분방하게 자랐다는 뜻이 되어서(아이에게는 아직 그런 행동을 할 만한 능력이 없는 것이 보통이다), 여기에서는 둘 다 부적절하다.

⑤ 他人のお弁当を勝手に/＊我がままに/＊気ままに食べたらだめだ。
(다른 사람의 도시락을 함부로 먹어서는 안 된다)

➲ 이 경우와 같이 상대를 무시한다는 뜻에서는 「勝手に」가 적절하다. 「我がまま」는 주로 말을 하거나 행동하는 데에 쓰이며 이와 같이 무언가를 먹는다고 하는 보다 구체적인 행동에는 부적절하다. 한편 「気ままに」는 구속됨이 없이 행동하는 것을 나타내는 것이므로 여기에서는 부적절하다.

⑥ 何をしようと私の勝手/＊我がまま/＊気ままだ。(무엇을 하건 내 마음이다)

➲ 이 경우와 같이 다른 사람은 무시하고 자신의 형편만을 생각하는 때는 「勝手」가 적절하다.

⑦ 彼は気ままな/＊我がままな/＊勝手なひとり暮らしをしています。
(그는 내키는 대로의 독신생활을 하고 있습니다)

➲ 이 경우와 같이 주로 자유분방한 생활을 나타낼 때는 「気まま」가 적절하다.

⑧ 我がままな振る舞いはもうだめだ。(제멋대로 하는 행동은 이제 안 된다)

➲ 이 경우는 다른 사람은 신경 쓰지 않고 오로지 자기가 편하고 하고 싶은 대로만 한다는 뜻을 나타내고 있다.

⑨ 本当に我がままな女の子ですね(정말로 제멋대로 하는 여자이이로군요)

⑩ 我がままが通ると思ったら大まちがいだ。
(제멋대로 하는 것이 통할 거라고 생각했다면 큰 오산이다)

➲ 이 경우와 같이 명사적인 용법으로 쓰일 수 있는 것은 오로지 「我がまま」뿐이다.

⑪ 人の物を勝手に使ってはいけない。(남의 물건을 함부로 써서는 안 된다)

➲ 「勝手に」에는 다른 사람을 무시한다는 뜻에 의미의 중심이 놓인다.

⑫ 何をしようと君の勝手だ。(뭘 하건 자네마음이다)

⑬ 勝手にしろ。(마음대로 해라)

⑭ 彼女は気ままな生活を楽しんでいる。
(그녀는 하고 싶은 대로의 생활을 즐기고 있다)

➲ 「気まま」는 이와 같이 자기의 마음이 내키는 대로만 행동함을 나타내는 것에 의미의 중심이 놓인다.

⑮ もうサラリーマンから離れて気ままに暮したい。
(이제 샐러리맨에서 벗어나서 내키는 대로 지내고 싶다)

➲ 자유분방한 생활을 나타내고 있다.

「～わけがない」「～ないわけだ」

(来るわけがない、来ないわけだ)

공통의미

(～할)턱이 없다

요점

1. 「～わけだ」를 부정하는 방법은 「～わけがない」와 「～ないわけだ」의 두 가지가 있는데 양자 간에는 의미용법상의 차이가 엿보인다.
2. 「～わけがない」는 그 앞에 명확한 근거가 있어서 이를 토대로 강력하게 부정하는 의미를 나타낸다. 우리말의 '(～할, ～일)리가 없다, 턱이 없다' 정도에 해당된다(예문①③⑤).
3. 「～ないわけだ」는 단지 말하는 사람의 판단에 의한 결론을 나타내는데 우리말의 '～하지 않을 것이다, ～이(가)아닐 것이다)' 정도에 해당된다(예문②④⑥).

예문과 해설

① 彼は国へ帰ったのだから、もう学校に来るわけがない。

(그는 고향으로 돌아간 거니까, 이제 학교에 올 턱이 없다)

➲ 형식명사 「の」에 의해 그 앞의 말을 명사화한 다음에 이를 단정의 조동사 「だ」에 의해 단언하고 있으므로, 이것이 명확한 근거가 되어 그 다음의 표현을 강하게 부정할 수가 있다.

② 彼は国へ帰ったから、もう学校には来ないわけだ。

(그는 고향으로 돌아갔으니까, 이제 학교에는 안 올 것이다)

➲ 앞의 내용으로 미루어서 말하는 사람이 스스로 자신을 납득시키는 정도로 부정하고 있을 뿐이다.

③ 小さな子供が四人もいるのだから、家の中がきれいなわけがない。

(작은 아이가 네 명이나 있는 것이니까, 집안이 깨끗할 턱이 없다)

➲ 이 경우는 그 앞에 작은 아이가 네 명이나 있다고 하는 사실을 근거로 하여 집안이 깨끗할 수가 없음을 강하게 부정하고 있다.

④ あの人は子供がいないから、家の中はきたなくないわけだ。

(저 사람은 아이가 없으니까, 집안은 더럽지 않을 것이다)

➲ 이 경우는 아이가 없다고 하는 내용으로 미루어 집안이 더럽지 않을 것이라고 하는 판단을 내리고 있다.

⑤ 彼女は病気だから、会議に出てくるわけがない。

(그녀는 병중에 있기 때문에 회의에 나올 리가 없다)

➲ 이 경우는 그녀의 병중을 근거로 하여 회의에 나올 수가 없음을 강력하게 부정하고 있다.

⑥ 彼女は病気だから、会議に出てこないわけだ。

(그녀는 병중에 있기 때문에 회의에 나오지 않을 것이다)

➲ 이 경우는 그녀가 병중인 것으로 미루어서 회의에 나오지 않을 것이라는 판단을 내리고 있다.

참고

한편,「～わけがない」는「～わけはない」로 표현될 때도 있는데 양자의 의미상의 차이는 다음과 같다.

「会議に出てくる<u>わけがない</u>」→ 병중인 그녀가 회의에 참석한다고 하는 뜻밖의 정보가 들어왔을 때 이를 강하게 부정하는 의미가 담겨있다.

「会議に出てくる<u>わけはない</u>」→ 그녀가 병중에 있으므로 그러한 사실로 판단해 볼 때 회의에 참석할 가능성은 없음을 설명하는 의미가 담겨있다.

「～わけだ」「～はずだ」

(会議があるから社長が来る<u>わけだ</u>、会議があるから社長が来る<u>はずだ</u>)

공통의미

말하는 사람의 주관적인 판단을 나타내는 용법

요점

1. 「～わけだ」와「～はずだ」는 그 어느 쪽이나 말하는 사람의 주관적인 판단을 나타내지만 실제의 의미용법상에는 차이가 엿보인다.
2. 「～わけだ」는 일이 진행되는 과정이나 도리에서 볼 때 필연적으로 그러한 결론에 도달하였다고 하는 말하는 사람의 판단, 납득을 나타낸다. 우리말의 '～(인, 한)셈이다, ～(인, 한)것이다'에 해당된다(예문①④⑤).
3. 「～はずだ」는 말하는 사람이 어떤 근거에 의하여 당연히 이렇게 될 것이라고 하는 확신이나 기대감이 섞인 추측을 나타낸다.「～わけだ」에 비해서 말하는 사람의 주관이 더 강한데 우리말의 '～(일, 할)것이다'에 해당된다(예문①②③⑥⑦).

예문과 해설

① きょうは会議があるから、社長が来るわけだ/来るはずだ。

(오늘은 회의가 있으니까, 사장이 오는 셈이다/올 것이다)

➲ 「~わけだ」를 쓰게 되면 '오늘은 회의가 있다' 고 하는 사실이 이유를, '사장이 온다'고 하는 것이 결과를, 그리고 「~わけだ」가 결론의 도달을 나타낸다. 한편 「~はずだ」를 쓰게 되면 '오늘은 회의가 있다'고 하는 사실을 근거로 해서 '사장이 온다'고 하는 말하는 사람의 확신이나 기대가 섞인 추측을 나타낸다.

② 確にきのうそこに置いたんだからあるはずだ/✱わけだ。

(확실히 어제 거기에 두었으니까 있을 것이다)

➲ 이 경우는 '확실히 어제 거기에 두었다'고 하는 근거를 토대로 '있을 것이다'라고 하는 말하는 사람의 확신이나 기대가 섞인 추측을 나타내는 것이므로 「~はずだ」가 적절하다.

③ 変だな、彼はもっと長身のはずだ/✱わけだ。(이상하네, 그는 더 장신일 것이다)

➲ 이 경우도 말하는 사람의 확신이나 기대가 섞인 추측을 나타내는 것이므로 「~はずだ」가 적절하다.

④ いつも遅刻をするから、先生にしかられたわけだ。

(늘 지각을 하니까, 선생님에게 야단맞은 것이다)

➲ 이 경우는 늘 지각을 한다는 이유로 인하여 선생님에게 야단맞는 결과가 있었다고 하는 말하는 사람의 결론을 나타내고 있다.

⑤ 時差がありますから、ワシントン到着は明日の正午になるわけです。

(시차가 있으니까, 워싱턴도착은 내일 정오가 되는 셈입니다)

⑥ 明日も父は仕事のはずだ。(내일도 아버지는 일을 할 것이다)

➲ 이 경우는 어떠한 선행근거로 미루어 내일도 일이 있을 것이라고 하는 말하는 사람의 추측을 나타내고 있다.

⑦ もう着いたはずなのに、どうして連絡が来ないのだろう。

(이미 도착했을 텐데, 어째서 연락이 오지 않는 것일까?)

➲ 「~はずな」의 「な」는 형식명사 「はず」에 접속된 단정의 조동사 「だ」의 연체형으로 그 뒤에는 반드시 수식을 받는 명사만 오게 된다.

「分ける」「区切る」「仕切る」

(部屋を分ける、部屋を区切る、部屋を仕切る)

공통의미

나누다, 구획하다

요점

1. 「分ける」는 하나로 되어있는 것을 두 개 이상으로 나눈다고 하는 뜻과 더불어 무언가를 분배한다는 뜻으로도 쓰인다(예문①③⑤⑦⑧). 우리말의 '나누다'에 해당된다.
2. 「区切る」는 평면적인 것이나 일 또는 말, 문장 등을 몇 개의 부분이나 단락으로 나눈다는 뜻으로 쓰인다(예문①②③④⑨⑩). 우리말의 '구분 짓다'에 해당된다.
3. 「仕切る」는 하나의 공간을 무언가로 가로막아 확실한 경계를 짓는다는 뜻으로 쓰인다(예문①⑥⑪⑫). 우리말의 '칸막이를 하다, 구획을 정하다' 정도에 해당된다.

예문과 해설

① 部屋を分ける/部屋を区切る/部屋を仕切る。(방을 나누다)

➲ 이 경우는 전후문맥이나 장면의 설정이 없는 관계로 어는 것이나 적절한데, 「分ける」를 쓰게 되면 여러 개의 방을 배분한다는 뜻이 되고, 「区切る」를 쓰게 되면 단지 방을 몇 개의 부분으로 구분 짓는다는 뜻만을 나타내지만, 「仕切る」를 쓰게 되면 하나의 방을 칸막이 등으로 가로막아서 서로 간에 통행을 할 수 없게 된다는 뜻이 된다.

② 一語一語はっきり区切って/?分けて/＊仕切って話す。
(한 마디 한 마디 또렷하게 구분지어서 이야기한다)

➲ 이 경우와 같이 말이나 문장 등을 부분적으로나 단락으로 구분 지을 때는 「区切る」가 적절하다. 「分ける」는 하나의 문을 여러 단어로 나눈다고 할 때는 쓸 수 있으나 이와 같이 구분 짓는다는 뜻으로는 다소 부적절하며, 「仕切る」는 공간을 구획 짓는 데에 쓰이므로 부적절하다.

③ 日本の歴史を時代に分けて/区切って/＊仕切って考察する。
(일본의 역사를 시대로 나누어서 고찰한다)

➲ 이 경우는 단지 구분을 짓는다는 뜻이므로 「分ける」와 「区切る」가 적절하다. 「仕切る」는 공간을 구획한다는 뜻으로 쓰이므로 여기에서는 부적절하다.

④ 私と弟は時間を区切って/＊分けて/＊仕切ってテレビゲームをします。
(나와 남동생은 시간을 따로 정해서 티브이게임을 합니다)

➲ 이 경우는 각자의 시간을 따로 정한다고 하는 뜻이므로 「区切る」만이 적절하다. 「分ける」는

하나의 연속적인 시간을 세세하게 나눈다는 뜻이어서 부적절하고, 「仕切る」는 공간적으로만 쓰이므로 이 역시 여기에서는 부적절하다.

⑤ これから部屋を分けますから/＊区切りますから/＊仕切りますから、お名前を呼んだら鍵をもらってください。
(이제부터 방을 배분할 테니까 성함을 부르면 열쇠를 받아 주십시오)

➲ 이 경우는 배분의 뜻으로 쓰였으므로 오로지 「分ける」만이 적절하다.

⑥ 弟とは一つの部屋を本棚で仕切って/＊分けて/＊区切って使っている。
(남동생과는 하나의 방을 책장으로 칸막이해서 쓰고 있다)

➲ 이 경우와 같이 어떤 공간을 칸막이해서 서로 통행할 수 없는 개별공간으로 만든다고 하는 뜻에서는 오로지 「仕切る」만이 적절하다.

⑦ 父の遺言によって財産を兄弟で分けた。
(아버지의 유언에 따라 재산을 형제끼리 나누었다)

➲ 이 경우는 분배의 뜻으로 쓰였다.

⑧ 蔵書をジャンル別に分けた。(소설을 장르별로 나누었다)

⑨ 五十分ごとに時間を区切って授業を行う。
(50분마다 시간을 구분지어 수업을 진행한다)

➲ 이 경우는 50분 간격으로 시간을 구획 짓는다는 뜻으로 쓰이고 있다.

⑩ ロープで各レーンを区切って一緒に泳げるようにした。
(로프로 각 레인을 구분지어서 함께 수영할 수있도록 했다)

⑪ 部屋をカーテンで仕切る。(방을 커튼으로 칸막이한다)

➲ 「仕切る」는 이와 같이 공간적으로 구획을 지어서 서로 통행할 수가 없게 하는 것에 의미의 중심이 놓인다.

⑫ 庭を垣根で仕切って外から見えなくした。
(정원을 울타리로 쳐서 밖에서 보이지 않게 했다)

「わざと」「故意に」「わざわざ」

(わざと遠回りする、故意に遠回りする、わざわざ遠回りする)

공통의미

일부러

요점

1. 「わざと」「故意に」「わざわざ」는 모두 우리말의 '일부러'에 해당되는 말이지만 실제의 의미용법상에서는 크나큰 차이가 엿보인다.
2. 「わざと」는 어떤 행동을 고의로 하는 경우를 나타내는데 주로 부정적인 뜻으로 쓰인다(예문①②③⑥⑦⑧).
3. 「故意に」는 「わざと」와 같은 의미용법을 지니고는 있으나 비교적 딱딱한 어감이 있다(예문①②③⑨⑩).
4. 「わざわざ」는 굳이 하지 않아도 될 행동을 상대를 위하여 하거나 또는 그렇게 까지하지 않아도 될 일을 굳이 하는 경우에 쓰이는데, 비교적 좋은 뜻으로 쓰인다(예문④⑤⑪⑫⑬).
5. 결국, 우리말에서는 고의성을 지닌 것이나 상대를 배려하는 것이나 모두 '일부러'로 표현하지만 일본어에서는 위에서 보는 바와 같이 엄격하게 구별 하여 쓰고 있는 셈이다.

예문과 해설

① わざと/故意に/✱わざわざ遅れたわけではない。(일부러 늦은 것은 아니다)

➲ 이 경우는 의도적으로 늦은 것이 아님을 나타내는 것인데 이러한 경우에는 「わざと」와 「故意に」가 적절하다. 「わざわざ」는 주로 굳이 그렇게까지 하지 않아도 될 것을 상대를 위하여 일부러 한다고 하는 좋은 뜻으로 쓰이므로 이 경우에는 부적절하다.

② わざと/故意に/✱わざわざ負けてやった。(일부러 져주었다)

➲ 이 경우 역시 이길 승산이 있음에도 불구하여 어떤 목적이 있어서 일부러 져주었다고 하는 뜻이므로 「わざと」와 「故意に」가 적절하다.

③ 知っていながらわざと/故意に/✱わざわざ答えない。

(알고 있으면서 일부러 대답하지 않는다)

➲ 이 경우와 같이 알고 있으면서도 어떤 의도가 있어서 대답해 주지 않음을 나타낼 때는 「わざわざ」는 부적절하다.

④ わざわざ/＊わざと/＊故意にお出迎えくださいまして、ありがとうございます。

(일부러 마중을 나와 주셔서 감사합니다)

➲ 이 경우는 굳이 마중을 나가지 않아도 될 것임에도 불구하고 상대를 위하여 일부러 마중을 나간 것이므로 「わざわざ」가 적절하다.

⑤ 暑いのにわざわざ/＊わざと/＊故意に来てくださる。

(더운데 일부러 와 주신다)

➲ 이 경우도 더운 날씨임에 불구하고 상대를 위하여 일부러 와 주는 것이므로 「わざわざ」가 적절하다.

⑥ わざと人の足を踏む。(일부러 남의 발을 밟는다)

➲ 이 경우는 부정적인 뜻으로 쓰이고 있다.

⑦ わざとボタンを一つ外して着る。(일부러 단추를 하나 풀고서 입는다)

⑧ 相手の車にわざとぶつかる。(상대의 차에 일부러 부딪힌다)

⑨ 故意にぶつかったわけではない。(고의로 부딪힌 것은 아니다)

➲ 이 경우는 부정적인 뜻으로 쓰인 것이기는 하지만 어감이 비교적 딱딱해진다.

⑩ 野党側が故意に議長の登場を邪魔している。

(야당 측이 고의로 의장의 등장을 방해하고 있다)

⑪ わざわざ友達に会いに来たのに留守だった。

(일부러 친구를 만나러 왔는데 부재중이었다)

➲ 「わざわざ」는 이와 같이 굳이 그렇게까지 하지 않아도 될 텐데도 어떤 행동을 할 때에 쓰이는데 주로 긍정적인 경우에 쓰인다.

⑫ 家が遠いからわざわざ来ることはない。(집이 머니까 일부러 올 필요는 없다)

⑬ わざわざ持って来てくれた。(일부러 가지고와 주었다)

「忘れ物」「落し物」「遺失物」

(忘れ物を取りに行く、落し物を取りに行く、遺失物を取りに行く)

공통의미

분실물

요점

1. 「忘れ物」는 깜빡 두고 간 물건, 또는 가지고 가야 하는데 깜빡 잊고 간 물건을 나타낸다(예문①). 한편으로는 물건뿐만 아니라 해야 할 일을 잊어버린 경우에도 쓰인다(예문②).
2. 「落し物」는 깜빡 떨어뜨린 물건이나 떨어져 있는 물건을 나타낸다(예문③④).
3. 「遺失物」는 분실물이 보관되어 있는 경우에 쓰이는데 다소 딱딱한 어감이 있다(예문⑤).

예문과 해설

① 地下鉄の網棚には忘れ物が多い。(지하철의 선반에는 분실물이 많다)

➲ 깜빡 잊고서 두고 간 물건을 일반적으로 가리킨다.

② 彼は仕事をしているうちに時々忘れ物をすることがある。
(그는 일을 하는 중에 가끔 깜빡 잊는 일이 있다)

➲ 「忘れ物」는 이와 같이 해야 할 일을 잊어버리는 경우에도 쓰이는데, 다른 말에는 이러한 용법이 없다.

③ 学校の運動場には落し物が多い。(학교운동장에는 떨어뜨린 물건이 많다)

➲ 「落し物」는 떨어져 있는 주인 없는 물건을 나타내는 것에 의미의 중심이 놓인다.

④ 駅に落し物を取りに行く。(역에 떨어뜨린 물건을 찾으러 간다)

⑤ 鉄道の遺失物は全部ここに集めている。
(철도의 유실물은 전부 여기에 모으고 있다)

➲ 비교적 딱딱한 어감이 주어지게 된다.

① 私たちは同じ学校に通っています。(우리들은 같은 학교에 다니고 있습니다)

② 私たちは夏休みに日本へ行くつもりです。
(우리들은 여름방학에 일본에 갈 작정입니다)

③ 我々労働者は断固反対する。(우리 노동자는 단호히 반대한다)

④ 庶民の我々には縁のない話だ。(서민인 우리에게는 상관이 없는 이야기다)

⑤ 私どもの家へもお越し下さい。(저희 집에도 오셔 주십시오)

⑥ 先生、これは私どもにお任せください。(선생님, 이것은 저희에게 맡겨 주십시오)

「詫びる」「謝る」

(申し訳ありませんと詫びた、すみませんと謝った)

공통의미

사과하다

요점

1. 「詫びる」는 자신의 잘못을 사과하면서 용서를 구한다는 뜻인데 비교적 잘못의 정도가 큰 경우에 쓰이며 문장체적이다(예문①②⑤⑥⑦).
2. 「謝る」는 「詫びる」에 비해서 비교적 잘못의 정도가 크지 않은 경우에 쓰이며 회화체적이다(예문①③④⑧⑨⑩).

예문과 해설

① 申し訳ありませんと詫びた/すみませんと謝った。
(죄송합니다 라고 사과했다/미안합니다 하고 사과했다)

➲ 이 경우 「詫びる」를 쓰게 되면 비교적 정도가 무거운 사과의 의미를 나타내지만, 「謝る」를 쓰게 되면 비교적 정도가 가벼운 사과의 의미를 나타내게 된다. 위의 예문에서, 「申し訳あり

「煩わしい」「面倒くさい」「うるさい」

(煩わしい手続き、面倒くさい手続き、うるさい手続き)

공통의미

번거롭다, 귀찮다

요점

1. 「煩わしい」는 일이 꼬여있어서 해결하는데 시간이 걸리거나 손이 많이 갈 것 같은 상태를 나타내는데 우리말의 '번거롭다' 정도에 해당된다(예문①②③).
2. 「面倒くさい」는 「煩わしい」와 비슷한 뜻이지만 귀찮아서 싫다, 가능하면 피하고 싶다고 하는 기분이 담겨있는 말인데, 우리말의 '성가시다' 정도에 해당된다(예문④⑤).
3. 「うるさい」는 원래 '시끄럽다'의 뜻으로 쓰이는 말인데 여기에서 유래되어 번거로워서 싫다고 하는 기분이 담겨있는 말로 우리말의 '귀찮다' 정도에 해당된다(예문⑥⑦). 한편으로는 잔소리가 심하거나(예문⑧) 취향이 까다로움을 나타내기도 하는데(예문⑨) 다른 말에는 이러한 의미용법이 없다.

예문과 해설

① 私は煩わしいことは御免だ。(나는 번거로운 일은 싫다)
➲ 이 경우는 일이 많거나 복잡해서 싫다고 하는 뜻을 나타내고 있다.

② 人との付き合いが煩わしい。(사람과의 교류가 번거롭다)

③ 役場へ行くと、煩わしい手続きを踏むことになる。
(관청에 가면, 번거로운 절차를 밟게 된다)

④ 夜中に買い物に行くのは面倒くさい。(한밤중에 물건 사러 가는 것은 성가시다)
➲ 이 경우는 귀찮아서 싫다, 가능하면 피하고 싶다고 하는 뜻을 나타내고 있다.

⑤ 友達は面倒くさいことがあったらすぐ訪ねて来る。
(친구는 성가신 일이 있으면 바로 찾아온다)

⑥ いつも弟につきまとわれてうるさい。(늘 동생이 따라다녀서 귀찮다)

➲ 이 경우는 번거로워서 싫다고 하는 뜻으로 쓰였다.

⑦ このことが世間に知れるとうるさい。(이 일이 세상에 알려지면 귀찮다)

⑧ 母がうるさく小言を言う。(어머니가 귀찮게 잔소리를 한다)

➲「うるさい」는 이 경우와 같이 잔소리가 심해서 싫다고 하는 뜻을 나타내기도 한다.

⑨ 食べ物にうるさい人がいやだ。(음식에 까다로운 사람은 싫다)

➲「うるさい」는 이 경우와 같이 취향이 매우 까다로움을 나타내기도 하는데, 다른 말에는 이러한 용법이 없다.

「わたくし」「わたし」「あたし」

공통의미

자신을 가리키는 1인칭대명사

요점

1. 「わたくし」는 「私」와 같이 한자표기를 할 때도 있으며, 남녀가 공히 가장 정중하게 자신을 가리키는 1인칭대명사로 쓰인다. 주로 반듯하게 예의를 갖추어야 할 윗분 앞에서나 공식적인 석상에서 쓰이며, 때로는 여성이 자신의 품위를 나타내기 위해서 쓰는 경우도 있다(예문①). 또한, 개인적인 것이라는 의미로 쓰일 때도 있다(예문②). 우리말의 '저'에 해당된다.
2. 「わたし」도 「私」와 같이 한자표기를 할 때도 있으며, 남녀가 공히 자신을 가리키는 1인칭대명사로 쓰이는데 「わたくし」에서 「く」가 탈락된 말이다(예문③④). 여성이 쓸 때는 일상적인 1인칭대명사이지만 남성이 쓰게 되면 다소 격식을 차린 말이 된다(남성의 경우, 격식을 차리지 않는 경우에는 「僕」「おれ」등의 1인칭대명사를 쓴다). 우리말의 '나'에 해당된다.
3. 「あたし」는 「わたし」의 「わ」가 「あ」로 변한 말로 여성이 친숙한 상대 앞에서 쓰는 1인칭대명사이다(예문⑤⑥).

예문과 해설

① わたくしは新郎の友人で山田と申します。(저는 신랑의 친구로 야

② 今日は私事でお訪ねしました。(오늘은 사적인 일로 찾아뵈었습니다)

③ 今、おっしゃったのはわたしのことですか。(지금 말씀하신 것은 저의

④ わたしは弁護士です。(나는 변호사입니다)

⑤ あたしに最初に教えてね。(내게 제일먼저 가르쳐줘요)

⑥ その指輪、あたしのです。(그 반지, 내 것입니다)

「私たち」「我々」「私ども」

(私たちは同級生です、我々は同級生です、私どもは同級生で

공통의미

우리, 우리들

요점

1. 「私たち」는 1인칭대명사 「私」에 복수를 나타내는 접미어 「たち」가 접속된 화체에서나 문장체에서나 다 같이 쓰인다(예문①②). 주로 동격이나 하격이 쓸 수 있으며, 윗분 앞에서는 쓸 수가 없다.
2. 「我々」는 옛날 말에서 쓰이던 1인칭대명사 「我」가 겹쳐져서 1인칭복수를 말인데 주로 문장체에서 쓰이는 딱딱한 말이다(예문③④). 하지만, 다 함께 일체감을 나타내는 뜻에서는 일상회화에서도 많이 쓰이고 있다.
3. 「私ども」는 자신들을 낮추어 겸손하게 표현하는 말로서 우리말의 '저희들'에 (예문⑤⑥). 윗분 앞에서만 쓰이는 매우 정중한 말이다.

예문과 해설

ません」은 「すみません」에 비해서 사과의 정도가 보다 큰 표현이다.

② 見るからに詫びて/＊謝っているようだから、もう許してあげよう。
(얼핏 보기에 사과하고 있는 듯하니까, 이제 용서해 주자)

➲ 「詫びる」에는 곤혹스럽게 생각한다는 뜻이 본래 들어있기 때문에 이 경우와 같이 상대의 모습만 보고서도 상대가 용서를 구하거나 반성하고 있다고 하는 뜻을 나타낼 수가 있으나, 「謝る」에는 이와 같은 용법이 없기 때문에 여기에서는 부적절하다.

③ 口先だけで謝っても/＊詫びてもだめだ。(입으로만 사과해도 소용없다)

➲ 「謝る」에는 이 경우와 같이 겉으로만 사과하는 척하는 모습에도 쓸 수가 있으나, 「詫びる」에는 이와 같은 용법이 없기 때문에 여기에서는 부적절하다.

④ 人の足を踏んですぐ謝った/?詫びた。(남의 발을 밟고 금방 사과했다)

➲ 이 경우와 같이 가벼운 잘못에 대한 사과행동에는 「謝る」가 적절한데, 이러한 때 「詫びる」를 쓰게 되면 다소 과장된 어감이 느껴지게 된다.

⑤ 相手に非礼を詫びる。(상대에게 실례를 사과한다)

⑥ 先生にごぶさたを詫びた。(선생님께 격조했음을 사과했다)

⑦ ホテルの総支配人がお客に不行き届きの点を詫びる。
(호텔의 총지배인인 손님에게 소홀했던 점을 사과한다)

⑧ これは謝って済む問題ではない。(이것은 사과해서 끝날 문제는 아니다)

⑨ まちがいに気づいたらすぐ謝りなさい。(잘못을 알게 되면 당장 사과해라)

⑩ 自分のミステークを謝る。(자신의 실수를 사과한다)

「笑い」「笑み」

(知らない人が笑いを浮かべながら近寄って来た、
知らない人が笑みを浮かべながら近寄って来た)

공통의미

웃음

요점

1. 「笑い」는 소리를 크게 내면서 웃는 웃음에서부터 입가의 미소에 이르기까지 다양하고 폭넓은 웃음을 나타내는데 우리말의 '웃음'에 해당된다(예문①②③④).
2. 「笑み」는 소리를 내지 않고 살짝 미소 짓는 것을 나타내는데 우리말의 '미소'에 해당된다(예문⑤⑥).

예문과 해설

① 知らない人が笑いを/笑みを浮かべながら近寄って来た。
(모르는 사람이 웃음을/미소를 띠면서 다가왔다)

➲ 이 경우는 뒤에 띠운다고 하는 표현이 와있으므로 둘 다 미소의 뜻으로 쓰인 셈인데, 아무래도 「笑い」쪽이 좀 더 미소의 크기가 크다.

② 久しぶりの再会で笑いが/＊笑みが止まらない。
(오랜만의 재회여서 웃음이/＊미소가 그치지 않는다)

➲ 이 경우의 웃음은 어느 정도의 동작성을 지니고 있어서 어떠한 동작이나 움직임이 정지되지 않음을 나타내는 「止まらない」와 어울린다. 하지만, 「笑み」는 이와 같은 동작성이 없고 어디까지나 상태를 나타내므로 이 경우는 부적절하다.

③ 笑いのたえない家庭。(웃음이 그치지 않는 가정)

➲ 비교적 소리를 내면서 웃는 웃음을 가리킨다.

④ 聴衆から笑いが起こる。(청중으로부터 웃음이 터진다)

➲ 이 경우 역시 소리가 연상되는 웃음이다.

⑤ 顔に笑みを作って話しかける。(얼굴에 미소를 만들며 말을 건다)

➲ 이 경우는 소리를 수반하지 않는 미소를 가리키고 있다.

⑥ 母がどんなに苦しくても笑みを忘れない。
(어머니는 아무리 괴로워도 미소를 잃지 않는다)

「割合」「割り」

(二対一の割合で混ぜ合わせる、二対一の割りで混ぜ合わせる)

공통의미

비율

요점

1. 「割合」는 단순한 비율을 나타내기도 하고 상대적인 비율을 나타내기도 하는 한편(예문①②③⑦), 「割合」또는 조사 「に」가 붙은 「割合に」의 형태로 우리말의 '비교적'의 뜻을 나타내는 부사적인 용법으로 쓰이기도 한다(예문④⑧).
2. 「割り」는 어떤 것의 다른 것에 대한 혼합비율이나 상대적인 비율을 나타내는 것으로 보다 회화체적이다(예문①⑨). 한편으로는 「～割りに(は)」의 형태로 '～에 비해서(는)'의 뜻을 나타내기도 하며(예문⑤⑩), 또한 「割りがいい」의 형태로 '수익이 좋다, 수지가 맞다'의 뜻을 나타내기도 한다(예문⑥⑪).

예문과 해설

① 二対一の割合/割りで混ぜ合わせる。(2대1의 비율로 혼합한다)

➲ 이 경우와 같이 어떤 것과 다른 것의 혼합비율을 나타낼 때는 둘 다 적절하지만 「割合」에 비해서 「割り」쪽이 보다 회화체적이다.

② 成功する割合/✱割りはどのくらいですか。(성공할 비율은 어느 정도입니까?)

➲ 이 경우와 같이 혼합비율이 아닌 단순한 비율을 나타낼 때는 「割合」가 적절하다.

③ 文中の外来語の割合/?割りを出す。(문중의 외국어비율을 낸다)

➲ 이 경우는 외국어의 비율을 나타내는 것이므로 「割合」가 가장 적절한데 「割り」의 경우 다른 말과의 혼합비율을 나타내는 데에 의미의 중심이 있다면 적절할 수 있다. 하지만, 이 경우는 전후문맥이 전혀 없어서 이를 뒷받침할만한 자료가 없으므로 여기에서는 다소 부적절하다.

④ 父は割合/＊割りげんきだ。(아버지는 비교적 건강하다)

➲ 이 경우와 같이 '비교적'의 뜻을 나타낼 때는 「割合」만이 적절하다. 「割り」는 단독으로는 이러한 뜻을 나타내지 못하고, 조사 「に」와 결합된 「割りに」의 형태로만 이러한 뜻을 나타낼 수 있으므로 여기에서는 부적절하다.

⑤ 値段の割りには/＊割合には品質がよくない。
(가격에 비해서는 품질이 좋지 않다)

➲ 「割り」에는 「~割りに(は)」의 형태로 '~에 비해서(는)'의 뜻을 나타내는 용법이 있으나, 「割合」에는 이러한 용법이 없다.

⑥ 意外に割り/＊割合がいい商売です。(의외로 수지가 좋은 장사입니다)

➲ 「割り」는 「割りがいい」의 형태로 '수익이 좋다'의 뜻을 나타내지만 「割合」에는 이러한 용법이 없다.

⑦ 千人に一人の割合で当たるくじ。(천명에 한 명의 비율로 당첨되는 제비뽑기)

⑧ 息子は新しい学校で割合によく勉強している。
(아들은 새로운 학교에서 비교적 잘 공부하고 있다)

⑨ 五人に一人の割りで参加する。(다섯 명에 한 명 꼴로 참가한다)

⑩ 年の割りには若く見える。(나이에 비해서는 젊게 보인다)

⑪ こんなに割りのいい仕事はない。(이렇게 수지가 좋은 일은 없다)

「悪い」「いけない」「けしからん」

(あの子は悪い子だ、あの子はいけない子だ、あの子はけしからん子だ)

공통의미

(일이나 행위 등이)나쁘다

요점

1. 「悪(わる)い」는 우리말의 '나쁘다'에 해당되는 말이다(예문①④⑤).
2. 「いけない」는 사용범위가 매우 넓어서 나쁘다고 하는 뜻을 부드럽게 나타내기도 하고 (예문⑥) 「～てはいけない」의 형태로 금지를 나타내기도 하며(예문②⑦), 쓸모가 없음을 나타내기도 한다(예문⑧). 주로 문말의 술어로 쓰이는 경향이 많은데 전반적으로 우리말의 '안 된다' 정도에 해당된다.
3. 「けしからん」은 비교적 비난의 기분이 강한 표현으로 우리말의 '괘씸하다' 정도에 해당되는데 보통은 「～するとはけしからん(～하다니 괘씸하다)」의 형태로 쓰인다(예문③⑨⑩).

예문과 해설

① 私(わたし)はどうしても悪(わる)い/＊いけない/＊けしからんことはできない。
(나는 아무래도 나쁜 일은 할 수 없다)

➲ 「いけない」는 주로 문말의 술어로 쓰여서 '안 된다, 못 쓴다' 정도의 의미를 나타내므로 이 경우에는 부적절하고, 「けしからん」은 비난의 느낌이 강한 말이어서 이 역시 문맥상으로 볼 때 부적절하다.

② あそこへ行(い)ってはいけない/＊悪(わる)い/＊けしからん。(저기에 가서는 안 된다)

➲ 「いけない」는 「~てはいけない」의 형태로 금지를 나타내는 의미용법을 지니고 있다.

③ 黙(だま)ってとるとはけしからん/＊悪(わる)い/＊いけない。(잠자코 집다니 괘씸하다)

➲「けしからん」은 보통 「~するとはけしからん」의 형태로 비난의 기분을 나타낸다.

④ たばこは健康(けんこう)に悪(わる)い。(담배는 건강에 나쁘다)

⑤ 人(ひと)をだますのは悪(わる)いことだ。(남을 속이는 것은 나쁜 짓이다)

⑥ あの先生(せんせい)はいけない先生(せんせい)だ。(저 선생님은 좋지 못한 선생님이다)

➲ 「いけない」는 주로 문말에 쓰이는 경향이 있지만, 때로는 이와 같이 문 속에서 뒤에 오는 명사를 수식하는 경우도 있다. 이러한 경우에는 다소 좋지 못한 상태임을 나타내게 된다.

⑦ こんなことをしてはいけない。(이런 짓을 해서는 안 된다)

⑧ この子(こ)は気(き)が弱(よわ)くていけない。(이 아이는 의지가 약해서 안 된다)

⑨ あいつはけしからんやつだ。(저 녀석은 괘씸한 녀석이다)

➲ 「けしからん」은 때로는 이와 같이 문 속에서 뒤에 오는 명사를 수식하는 용법으로 쓰일 때도 있다.

⑩ 一時間(いちじかん)も待(ま)たせるとはけしからん。(한 시간이나 기다리게 하다니 괘씸하다)

「悪者」「悪人」「悪漢」

(悪者と戦う正義の味方、悪人と戦う正義の味方、悪漢と戦う正義の味方)

공통의미

악인

요점

1. 「悪者」는 어떠한 장면이나 사건, 또는 이야기의 줄거리 상에서 일시적으로 나쁘게 등장하는 사람을 가리키는 것으로 우리말의 '나쁜 사람'에 해당된다(예문①②④⑤).
2. 「悪人」은 존재 그 자체가 나쁜 사람을 가리키는 것으로 우리말의 '악인'에 해당된다(예문②⑥⑦).
3. 「悪漢」은 다소 오래된 말로 모험소설이나 탐정소설 등에서 흔히 쓰이는 말로 우리말의 '악한'에 해당된다(예문③⑧).

예문과 해설

① 自分一人悪者/＊悪人/＊悪漢にされる。(나 자신 혼자 나쁜 사람으로 된다)

➲ 「悪人」과 「悪漢」은 그 자체가 나쁜 사람을 가리키는 것인데 반해, 「悪者」는 어떤 상황에서 일시적으로 나쁜 사람으로 등장하거나 취급받는 것을 나타내므로 여기에서는 「悪者」만이 적절하다.

② あいつは相当の悪者/悪人/＊悪漢だよ。(저 녀석은 상당한 악인이야)

➲ 「悪漢」은 주로 모험소설이나 탐정소설 등에서만 등장하는 말이므로 여기에서는 부적절하다.

③ この頃は悪漢小説/＊悪人小説/＊悪者小説を読んでいる。
(요즈음은 악한소설을 읽고 있다)

➲ 「悪漢」은 소설에 등장하는 악인을 주로 나타내므로 이 경우에 적절하다.

④ 私だけがすっかり悪者にされてしまった。

(나만이 완전히 나쁜 사람으로 되고 말았다)

➲ 「悪者(わるもの)」는 일시적으로 나쁘게 취급받게 되는 사람을 가리키는 것에 의미의 중심이 놓인다.

⑤ そんなことをすると悪者扱(わるものあつか)いされるよ。(그런 짓을 하면 나쁜 사람취급 받는다)

⑥ あの人(ひと)は国家(こっか)を売(う)った悪人(あくにん)です。(저 사람은 국가를 판 악인입니다)

➲ 「悪人(あくにん)」은 그 존재 자체가 나쁜 사람을 가리키는 것에 의미의 중심이 놓인다.

⑦ 悪人(あくにん)ほどよく眠(ねむ)る。(악인일 수록 잘 잔다)

⑧ 悪漢(あっかん)を退治(たいじ)する。(악한을 퇴치한다)

「～を」「～が」(목적격조사)

(僕(ぼく)は映画(えいが)を見(み)たい、僕(ぼく)は映画(えいが)が見(み)たい)

공통의미

목적격조사 「～を」대신에 「～が」가 쓰이는 용법

요점

1. 보통 목적격조사로서는 「を」가 쓰이지만 다음과 같은 경우에는 「が」가 쓰인다.
   1) 잘하고 못하고의 능력을 나타내는 경우(예문①②)
   2) 좋고 싫고 등의 내부적인 감정을 나타내는 경우(예문③④)
   3) 희망을 나타내는 조동사 「たい」의 대상을 나타내는 경우(예문⑤⑥)
   4) 할 수 있다고 하는 가능을 나타내는 경우(예문⑦⑧)
   5) 안다, 들린다, 보인다, 등, 감각의 대상을 나타내는 경우(예문⑨⑩)
   6) 소유나 필요의 대상을 나타내는 경우(예문⑪⑫)
   7) 「～やすい」「～にくい」의 대상을 나타내는 경우(예문⑬⑭)
2. 이상의 용법이 있음에도 불구하고 다음의 경우에는 「が」를 쓰지 않고 「を」를 쓰는 것이 보통이다.
   1) 목적어와 동사가 서로 멀리 떨어져 있는 경우(예문⑮⑯)
   2) 「한자어+する」의 동사에 희망의 조동사 「たい」가 접속된 경우(예문⑰)
   3) 대상이 사람인 경우(예문⑱)
   4) 「～たい」의 뒤에 「~と思う」「~と言う」 등의 표현이 올 경우(예문⑲)

예문과 해설

① 誰が英語が上手ですか。(누가 영어를 잘합니까?)

➲ 이 경우는 잘한다고 하는 능력을 나타내고 있다.

② 僕が日本語が下手なことは皆よく知っています。

(내가 일본어가 서툰 것은 모두 잘 알고 있다)

③ 僕はお金がほしい。(나는 돈을 갖고 싶다)

➲ 이와 같이 형용사「ほしい」의 앞에는 반드시 조사「が」만이 올 수가 있다.

④ 太郎が花子が好きな/嫌いなことはよく知っています。

(타로가 하나코를 좋아하는/싫어하는 것은 잘 알고 있습니다)

➲ 이 경우는 좋아하고 싫어함의 대상을 나타내고 있다.

⑤ 僕は映画が/を見たい。(나는 영화를 보고 싶다)

➲ 이 경우에는「を」와「が」두 가지 다 쓸 수가 있다.

⑥ 誰がおすしが/を食べたいのですか。(누가 초밥을 먹고 싶은 것입니까?)

➲ 이 경우에도「を」와「が」두 가지 다 쓸 수가 있다.

⑦ 誰が日本語ができるか。(누가 일본어를 할 수 있나?)

➲ 이와 같이 가능동사「できる」의 앞에는 반드시 조사「が」만이 올 수가 있다.

⑧ 誰が日本語が/を話せるか。(누가 일본어를 할 수 있나?)

➲ 이 경우에도「を」와「が」두 가지 다 쓸 수가 있다.

⑨ あなたは日本語がわかりますか。(당신은 일본어를 압니까?)

➲ 동사「わかる」의 앞에는 반드시 조사「が」만이 올 수가 있다.

⑩ あなたが黒板の字が見えないのは当然です。

(당신이 흑판의 글자가 보이지 않는 것은 당연합니다)

➲ 이와 같이 감각의 대상을 나타내는 경우에는「が」가 쓰인다.

⑪ あなたがお金があることは皆が知っている。

(당신이 돈이 있는 것은 모두가 알고 있다)

⑫ 私はお金が要る。(나는 돈이 필요하다)

⑬ ここでは話がしにくい。(여기에서는 이야기를 하기 어렵다)

⑭ あの先生には質問がしやすい。(저 선생님에게는 질문을 하기 쉽다)

⑮ あなたの話を/?が皆と一緒に聞きたい。
(당신의 이야기를 모두와 함께 듣고 싶다)

➲ 이와 같이 목적어와 동사의 거리가 떨어져 있게 되면 동사에 대한 목적어의 관계가 애매해질 수 있기 때문에, 이런 경우에는 조사 「が」대신에 「を」를 써서 그 관계를 분명히 해야 한다.

⑯ 本を/?が毎日たくさん読んで見たい。(책을 매일 많이 읽어보고 싶다)

➲ 이 경우도 위의 예문⑮와 맥락을 같이하고 있다.

⑰ 本箱を/?が購入したい。(책장을 구입하고 싶다)

➲ 이 경우와 같이 「한자어+する」의 결합에 희망을 나타내는 조동사 「たい」가 연결되어 있을 때는 조사 「を」가 보다 적절하다.

⑱ 母を/?が喜ばせたい。(어머니를 기쁘게 하고 싶다)

➲ 이 경우 만약 「が」를 쓰게 되면 주어와 혼동이 되어 마치 어머니가 누군가를 기쁘게 하고 싶어 한다는 엉뚱한 뜻이 될 수 있다.

⑲ 切手を/?が集めたいと思っている。(우표를 모으고 싶다고 생각하고 있다)

➲ 이 경우와 같이 문말에 「~と思う」와 같은 표현이 와있을 때는 조사 「を」가 적절하다.

「~を」「~に」「~で」
(空を飛ぶ、空に飛ぶ、空で飛ぶ)

공통의미

이동하는 장소나 공간을 나타내는 용법

요점

1. 「を」「に」「で」는 모두 이동하는 장소나 공간을 나타내는데 그 뒤에 오는 동사의 성질에 따라서 의미용법상에 차이가 엿보인다.
2. 「を」는 어떤 거리나 공간의 모든 범위에 걸쳐서 경로를 따라 한 방향으로 이동함을 나타

낸다(예문①②③⑤⑥⑧).

3. 「に」는 목적지가 정해져 있어서 그곳을 향하여 이동하거나 도착함을 나타낸다(예문①②③⑥⑦).
4. 「で」는 어떤 거리나 공간의 일부분에서 정해진 방향이 없이 이동함을 나타낸다(예문①②③④).

예문과 해설

① 道を/に/で歩く。(길을/길로/길에서 걷는다)

➲ 세 가지 다 적절하다. 「を」를 쓰게 되면 길을 따라서 일정한 거리를 한 방향으로 걸어가는 의미를 나타내고, 「に」를 쓰게 되면 길이 아닌 곳에서 길을 향하여 걸어가는 의미를 나타내며, 「で」를 쓰게 되면 길의 한 부분에서 왔다 갔다 함을 나타낸다.

② 空を/に/で飛ぶ。(하늘을/하늘로/하늘에서 난다)

➲ 이 경우도 세 가지 다 적절하다. 「を」를 쓰게 되면 하늘이란 공간을 일정한 거리에 걸쳐서 한 방향으로 날아가는 의미를 나타내고, 「に」를 쓰게 되면 하늘을 향하여 날아가는 의미를 나타내며(예를 들면 활주로에서의 비행기의 이륙을 연상할 수 있다), 「で」를 쓰게 되면 하늘의 일부분에서 왔다 갔다 하면서 날아다니는 의미 (예를 들면 에어쇼를 연상할 수 있다)를 나타낸다.

③ 川を/に/で泳ぐ。(강을/강으로/강에서 헤엄치다)

➲ 「を」를 쓰게 되면 강을 헤엄쳐서 건너거나 상류에서 하류로 또는 하류에서 상류로 향하여 일직선으로 헤엄친다는 의미를 나타내고, 「に」를 쓰게 되면 강이 아닌 곳에서 강을 향하여 헤엄치는 의미를 나타내며, 「で」를 쓰게 되면 강가에서 왔다갔다하면서 수영을 한다는 의미가 된다.

④ 学校の運動場で/✱を/✱に遊ぶ。(학교운동장에서/✱을/✱에 논다)

➲ 「を」는 한 방향으로 지속적으로 이동함을 나타내고, 「に」는 목적지로 이동함을 나타내는데, 이 경우는 학교운동장이라는 제한된 공간에서 논다고 하는 의미이므로 「で」만이 적절하다.

⑤ 橋を/✱に/✱で渡る。(다리를/✱에/✱에서 건넌다)

➲ 다리는 일직선으로 건너기 마련이므로 한 방향으로의 이동을 나타내는 「を」만이 적절하다.

⑥ 山を/に/✱で登る。(산을/에/✱에서 오른다)

➲ 「を」는 산 아래에서 경로를 따라 산꼭대기까지 한 방향으로 올라가는 과정을 나타내지만, 「に」는 산꼭대기가 목적지임을 나타내거나 이미 산꼭대기에 도착해있음을 나타낸다. 「で」는 산의 일부분에서 다른 곳으로 또 올라간다고 하는 비현실적인 의미가 되므로 이 경우는 부적절하다.

⑦ 山に/✱を登ったあと、足が痛くなりました。

(산에 올라간 다음, 발이 아파졌습니다)

➲ 이 경우는 산꼭대기에 도착하였음을 나타내는 것이므로 「に」만이 적절하다. 「を」는 어디까지나 경로를 따라서 올라감을 나타내므로 여기에서의 문맥에서는 부적절하다.

⑧ 山(やま)を/*に登(のぼ)っているとき、突然(とつぜん)雨(あめ)が降(ふ)ってきました。
(산을 올라가고 있을 때, 갑자기 비가 내리기 시작했습니다)

➲ 이 경우는 산꼭대기를 향해서 올라가고 있음을 나타내는 것이므로 「を」만이 적절하다. 「に」는 어디까지나 목적지설정이나 도착을 나타내므로 여기에서의 문맥에서는 부적절하다.

「～を～せる」「～に～せる」

(彼(かれ)を行(い)かせる、彼(かれ)に行(い)かせる)

공통의미

상대에게 무언가의 행위를 시키는 용법

요점

1. 「～を～せる」와 「～に～せる」는 둘 다 상대에게 무언가의 행위를 시키는 의미용법으로 쓰이는데 양자 간에는 강제로 시키느냐 그렇게 하도록 허가하느냐의 의미 차이가 엿보인다.
2. 「～を～せる」는 상대의 의지와는 상관없이 강제로 무언가의 행위를 시킨다는 뜻을 나타낸다(예문①②③④⑥⑦⑧).
3. 「～に～せる」는 상대의 의지에 따라 그러한 행위를 하도록 허가하는 뜻을 나타낸다(예문①⑤).

예문과 해설

① 彼(かれ)を行(い)かせる/彼(かれ)に行(い)かせる。(그를 가게 한다/그에게 가게 한다)

➲ 전자는 그의 의지와는 상관없이 강제로 그로 하여금 가게 만든다는 의미를 나타내고, 후자는 그로 하여금 가도록 허가한다는 의미를 나타낸다.

② 社員(しゃいん)を/*に夜遅(よるおそ)くまで働(はたら)かせる。(사원을/*에게 밤늦게까지 일 시킨다)

➲ 밤늦게까지 일을 하도록 시키는 것은 사원의 의지가 아니라 강제성을 띤 것이므로 이 경우는「~を~せる」가 적절하다.

③ 悪戯(いたずら)をした子供(こども)を/*に立(た)たせる。(장난을 친 아이를 일으켜 세운다)

➲ 장난을 친 아이에게 벌을 주는 상황이므로 결코 아이로 하여금 일어나도록 허가를 할 일이 못된다.

④ いやがる子供を/✱に買い物に行かせる。
(싫어하는 아이를 물건 사러 가게 한다)

➲ 어차피 아이가 물건을 사러 가기 싫어하는 상황이므로 그런 아이에게 물건을 사러 가도록 허가할 상황이 못 된다.

⑤ 行きたがっていましたので、彼に/✱を行かせてみましょう。
(가고 싶어 하고 있었으니까, 그에게 가게 해 봅시다)

➲ 이 경우는 앞에 그가 가고 싶어 하고 있었다고 하는 선행문맥이 있으므로 그를 강제로 보낼 필요는 전혀 없이 가도록 허가하기만 하면 될 것이다.

⑥ 小さい子供を/✱に泣かせてはいけません。(작은 아이를 울려서는 안 됩니다)

➲ 운다고 하는 것은 의지성이 없으므로 어차피 허가의 대상이 못된다. 다시 말해서, 울어야지 하는 의지에 의해서 울 수 있는 것이 결코 못되는 것인데, 물론, 연극인 경우에는 의지로서 우는 일도 가능한 일이다.

⑦ 彼は人を/✱に笑わせるのが上手です。(그는 사람을 웃기는 것을 잘합니다)

➲ 웃는 것 또한 의지성이 없는데, 이 경우 역시 예문④의 경우와 마찬가지이다.

⑧ 犬を/✱に散歩させる。(개를 산책시킨다)

➲ 개에게 산책하도록 허락한다고 해서 의지를 가지고 산책할 수 있는 천재성 있는 개가 과연 이 세상에 존재할 것인가.

「～を～たい」「～が～たい」

(コーヒーを飲みたい, コーヒーが飲みたい)

공통의미

희망을 나타내는 용법

요점

1. 말하는 사람의 희망을 나타내는 경우, 「～を~たい」와 「～が～たい」의 두 가지 표현이

쓰이는데 양자 간에는 대상이나 표현양식에 따라서 용법상의 차이가 엿보인다.

2. 기본적으로 「～を～たい」와 「～が～たい」사이에는 의미상의 차이는 거의 없으나 특정한 대상을 의식적으로 내세울 때는 「～が～たい」가 주로 쓰인다. 이는 조사 「が」에는 다른 것은 배척하는 한정의 의미가 있기 때문이다(예문①②).
3. 「～を~たい」를 쓰는 편이 자연스러운 경우는 다음과 같다.
   1) 명사+동사의 결합이 강한 경우(예문③④)
   2) 희망의 대상이 사람인 경우(예문⑤⑥)
   3) 동사 뒤에 보조동사가 접속되어 있는 경우(예문⑦⑧)
   4) 그 중간에 복합동사가 오는 경우(예문⑨⑩)
   5) 대상과 동사의 거리가 떨어져 있는 경우(예문⑪)
4. 결론적으로 이상의 경우를 제외하고는 「～を～たい」와 「～が～たい」의 어느 쪽을 써도 상관이 없는데, 최근의 경향으로는 「～が～たい」보다 「～を～たい」를 쓰는 경우가 더 많아지고 있다. 하지만, 「食べる」「飲む」의 경우에는 그 대상을 내세우는데 있어서 아직도 「を」보다는 「が」가 더 선호되고 있는 듯하다(예문⑫⑬).

●● 예문과 해설

① コーヒーを飲みたい/コーヒーが飲みたい。
(커피를 마시고 싶다/커피가 마시고 싶다)

➲ 「~を~たい」를 쓰게 되면 단지 마시고 싶은 대상이 커피임을 나타내기만 할 뿐이지만, 「~が~たい」를 쓰게 되면 마시고 싶은 대상은 오로지 커피뿐임을 나타내게 된다. 이는 조사 「が」에는 다른 것을 배척하고 한가지만을 한정하는 의미가 있기 때문이다. 이 점에서는 우리말의 경우도 마찬가지이다.

② 私はこの本を読みたい/私はこの本が読みたい。
(나는 이 책을 읽고 싶다/나는 이 책이 읽고 싶다)

➲ 이 경우 역시 예문①의 경우와 같다.

③ 今日こそはアイロンを/?がかけたい。(오늘이야말로 다리미질을 하고 싶다)

➲ 이 경우의 다리미(アイロン)와 동사 「かける」는 거의 관용구처럼 결합력이 강하므로 그 뒤에 「たい」가 있음에도 불구하고 대상을 나타내는 조사로는 「を」가 적절하다.

④ ふるさとの母に電話を/?がかけたい。(고향의 어머니에게 전화를 걸고 싶다)

➲ 이 경우 역시 예문③과 같은 이유로 「を」가 적절하다.

⑤ 今度のパーティーに花子さんを/＊が呼びたい。
(이번 파티에 하나코씨를 부르고 싶다)

➲ 이 경우는 희망의 대상이 사람인 경우인데 만약 이러할 때에 조사 「が」를 쓰게 되면 대상과 주체가 혼동되어, 마치 「花子さん」이 누군가를 부르고 싶어 한다는 엉뚱한 뜻이 될 수 있다.

⑥ あしたのパーティーに友達を/ ✱が連れて行きたいのですが、かまいませんか
(내일 파티에 친구를 데리고 가고 싶은데, 괜찮습니까?)

➲ 이 경우도 예문⑤와 맥락을 같이 하고 있다.

⑦ わたしは車を/?が買い替えたいと思っています。(나는 차를 새로 사고 싶습니다)

➲ 이 경우는 「たい」앞에 복합동사가 와있는데 이러한 경우에는 「~を~たい」가 적절하다. 그 이유는 「たい」와 밀접한 의미관계를 지니는 것은 복합동사의 뒷부분(이 예문에서는 「替える」) 이지만, 「が」가 밀접한 의미관계를 지니는 것은 복합동사의 앞부분(이 예문에서는 「替える」) 이어서 상호간에 의미연결이 혼란스러워지기 때문이다.

⑧ あしたまでに、この本を/?が読み終えたいと思っています。
(내일까지 이 책을 다 읽고 싶습니다)

➲ 이 경우 역시 예문⑦과 맥락을 같이 하고 있다.

⑨ あの有名な喫茶店のコーヒーを/?が飲んでみたい。
(저 유명한 커피숍의 커피를 마셔보고 싶다)

➲ 이 경우는 동사 「飲む」의 뒤에 보조동사 「~でみたい」가 접속되어 있으므로 「を」가 적절하다. 그 이유는 술어가 길어지는 관계로 그 대상을 보다 명확히 하기 위한 것으로 여겨진다. 원래 「が」는 주어를 나타내는 용법이 기본적인 것이어서 주어와 대상어의 관계가 애매해질 우려가 있다.

⑩ みんなが来る前に、サンドイッチを/?が食べてしまいたい。
(모두가 오기 전에 샌드위치를 먹어버리고 싶다)

➲ 이 경우 역시 예문④와 같은 경우이다.

⑪ 喫茶店でコーヒーを/?が職場の同僚と飲みたい。
(커피숍에서 커피를 직장동료와 마시고 싶다)

➲ 대상어와 동사의 거리가 떨어지게 되면, 대상어가 주어로 혼동될 수 있는 여지가 있기 때문에 이러한 경우는 그 대상을 보다 명확히 하기 위하여 조사 「を」를 쓰는 것이 적절하다.

⑫ 肉が食べたいなあ。(고기가 먹고 싶구나)

⑬ のどがかわいた。ビールが飲みたい。(목이 마르다. 맥주가 마시고 싶다)

「～を～て～する」「～を～ながら～する」

(メモを見て話す, メモを見ながら話す)

요점

1. 「～を～て～する」는 「～を～て」의 부분이 그 뒤에 오는 동작, 행위를 함(～する)에 있어서의 수단, 방법, 상태의 의미를 나타내며, 우리말의 '～을(를)하고(해서)～한다'에 해당된다(예문①②④⑤⑦).
2. 「～を～ながら～する」는 「～を～ながら」가 나타내는 동작, 행위가 그 뒤에 오는 동작, 행위(～する)와 동시에 이루어짐을 나타낸다. 우리말의 '～을(를)하면서～한다'에 해당된다(예문①③⑥⑧). 「～ながら」는 우리말의 '～하면서'에 해당되는 조사인데, 이와 같이 동작, 행위의 병행을 나타낼 때는 그 앞에 언제나 지속적인 동작, 행위를 나타내는 계속동사가 오게 된다.

예문과 해설

① メモを見て話す/メモを見ながら話す。

(메모를 보고 이야기한다 / 메모를 보면서 이야기한다)

➲ 전자는 메모를 보고나서 또는 간간히 메모를 참고하면서 이야기한다는 뜻을 나타내지만, 후자는 계속적으로 메모를 보면서 동시에 이야기한다는 뜻을 나타낸다.

② メモを見て/＊見ながら話すのはいいですが、読まないようにしてください。

(메모를 보며 이야기하는 것은 좋습니다만, 읽지 않도록 해 주십시오)

➲ 메모를 보면서 이야기한다는 것은 곧 메모를 읽는 것과 마찬가지인데, 이 경우는 틈틈이 메모를 참고는 하되, 지속적으로 읽으면서 이야기해서는 안 된다는 의미이다. 따라서 이 경우는 「メモを見て話す」가 적절하다.

③ メモを見ながら/＊見て話しているので、どんな顔の人かわからない。

(메모를 보면서 이야기하고 있으므로, 어떤 얼굴의 사람인지 알 수 없다)

➲ 이 경우는 줄곧 메모를 읽다시피 보면서 이야기하고 있어서 그 메모지에 얼굴이 가려져서 알 수가 없다는 의미이다. 따라서 이 경우는 「メモを見ながら話す」가 적절하다. 만약 「メモを見て話す」가 될 것 같으면 이는 틈틈이 메모지를 보는 셈이므로 당연히 얼굴도 볼 수가 있을 것이다.

④ 茶碗(ちゃわん)を持(も)って食(た)べる。(밥공기를 들고 먹는다)

➲ 이 경우는 밥을 먹는 방법을 나타내고 있다.

⑤ 魚(さかな)を煮(に)て食(た)べる。(생선을 조려서 먹는다)

➲ 이 경우는 생선을 먹는 방법을 나타내고 있다.

⑥ 魚(さかな)を煮(に)ながら食(た)べる。(생선을 조리면서 먹는다)

➲ 이 경우는 생선을 조리는 행위와 먹는 행위가 동시에 이루어짐을 나타내고 있다.

⑦ 噛(か)んで/✱噛(か)みながら食(た)べる。(씹어서 먹는다)

➲ 씹는 행위와 먹는 행위를 동시에 할 수는 없으며, 일단은 씹은 다음에 삼키게 마련이므로 「~ながら」는 부적절하다.

⑧ 本(ほん)を見(み)ながら食(た)べるのはよくない。(책을 보면서 먹는 것은 좋지 않다)

➲ 책을 보는 행위와 먹는 행위가 동시에 이루어짐을 나타내고 있다.

「~を通(とお)して」「~を通(つう)じて」

(あの人(ひと)は友人(ゆうじん)を通(とお)して知(し)り合(あ)った、あの人(ひと)は友人(ゆうじん)を通(つう)じて知(し)り合(あ)った)

요점

1. 「~を通(とお)して」는 사람이나 사물, 또는 동작을 나타내는 명사에 접속되어 그것을 수단으로 삼는 것을 나타내는 것으로, 결과적으로는 어떤 지식이나 경험 등을 얻는다고 하는 뜻을 나타낸다.
2. 「~を通(つう)じて」는 무언가를 경유하여 정보를 전달하거나 어떤 관계가 성립됨을 나타내는 것으로, 그 뒤에는 주로 얻게 되는 정보나 이야기, 인간관계 등의 내용이 오게 된다.
3. 결국 양자사이에는 의미용법상의 차이가 거의 없으나, 굳이 구별하자면 「~を通(とお)して」는 무언가를 중개나 수단으로 삼는다는 의미가 강한 반면에, 「~を通(つう)じて」는 무언가를 경유한다고 하는 의미가 강하다.

예문과 해설

① あの人は友人を通して/通じて知り合った。(저 사람은 친구를 통해서 알았다)

➲ 이 경우는 둘 다 적절한데 「~を通して」는 친구를 중개자로 삼는다는 의미가 강한 반면에, 「~を通じて」는 친구를 경유한다는 의미가 강하다.

② この頃はインターネットを通して/通じて物を買ったり売ったりする。
(요즈음은 인터넷을 통해서 물건을 사거나 팔거나 한다)

➲ 이 경우 역시 「~を通して」는 인터넷을 수단으로 삼는다는 의미가 강한 반면에, 「~を通じて」는 인터넷을 경유한다는 의미가 강하다.

③ その話は山田さんを通して/通じて相手にも伝わっているはずです。
(그 이야기는 야마다씨를 통해서 상대에게도 전달되어 있을 겁니다)

④ 実験を通して/通じて得られた結果しか信用できない。
(실험을 통해서 얻어진 결과밖에 믿을 수 없다)

⑤ 5年間の文通を通して/通じて、二人は恋を実らせた。
(5년간의 펜팔을 통해서 두 사람은 사랑을 싹틔웠다)

⑥ A社はB社を通して/通じてC社とも提携関係にある 。
(A사는 B사를 통해서 C사와도 제휴관계에 있다)

「～をもって」「～でもって」

(法律をもって罰せられる、法律でもって罰せられる)

공통의미

~(으)로서(동작, 행위의 수단, 근거 등을 나타내는 용법)

요점

1. 「～をもって」와 「～でもって」는 둘 다 동작, 행위의 근거를 나타내는 어구이지만, 그 밖

의 용법에서는 양자사이에 다소의 차이가 엿보인다.

2. 「～をもって」는 주로 문장체에서 쓰일법한 딱딱한 어감의 어구인데, 「～をもってしても 「～をもってすれば」와 같은 형태를 취하여 동원되는 수단이나 능력의 의미를 나타내기도 하지만, 「～でもって」에는 이러한 용법이 없다(예문①②③).
3. 「～でもって」는 구체적으로 사용되는 도구를 나타내기도 하고 한편으로는 제시되는 자격을 나타내기도 하지만, 「～をもって」에는 이러한 용법이 없다(예문①④⑤⑥).

예문과 해설

① 法律をもって/でもって罰せられる。(법률로서 처벌된다)
(내일 오후에 찾아뵙겠습니다)

➲ 이 경우는 처벌이라는 행위의 근거를 나타내는 것이므로 둘 다 적절하다.

② 今日の医学をもってしても/＊でもってしても治療法のない難病。
(오늘날의 의학으로서도 치료법이 없는 난치병)

➲ 「~をもって」는 「~しても」와 결합된 형태로 동원되는 수단의 의미를 나타낼 수가 있으나, 「~でもって」에는 이러한 용법이 없다.

③ 君の学力をもってすれば/＊でもってすれば入れない大学はない。
(자네의 학력으로 하면 들어갈 수 없는 대학은 없다)

➲ 「~をもって」는 「~すれば」와 결합된 형태로 동원되는 능력의 의미를 나타낼 수가 있으나, 「~でもって」에는 이러한 용법이 없다.

④ 図鑑でもって/＊をもって動物を調べる。(도감으로서 동물을 조사한다)

➲ 이 경우는 사용되는 구체적인 도구를 나타내는 것이므로 「~をもって」는 부적절하다.

⑤ 新聞紙でもって/＊をもって蜂をたたく。(신문지로서 벌을 때린다)

➲ 이 경우역시 사용되는 구체적인 도구를 나타내는 것이므로 「~をもって」는 부적절하다.

⑥ 助教授でもって/＊をもって他大学に赴任した。(조교수로서 타 대학에 부임했다)

➲ 이 경우 자격의 의미를 나타내는 것이므로 「~をもって」는 부적절하다.

ん

「～んです」「～ですから、～ますから」

(「寒(さむ)いんです」と「寒(さむ)いですから」、「結婚(けっこん)するんです」と「結婚(けっこん)しますから」)

공통의미

이유를 나타내는 용법

요점

1. 「～んです」는 개인적인 이유를 나타내거나 개인적인 판단에 따른 이유임을 나타낼 때에 쓰인다. 그 앞에는 용언의 연체형이 접속되는데 우리말의 '～(인, 한)겁니다'에 해당된다.
2. 「～ですから」는 이유를 객관적으로 나타낼 때에 쓰이는데 다소 차가운 느낌을 줄 수가 있다. 그 앞에는 형용사는 종지형이 오고, 형용동사는 어간이 오며, 동사일 때는 「동사연용형+ますから」의 형태를 취하게 되는데, 우리말의 '～이(하)니까요'에 해당된다.

예문과 해설

① A：どうしてストーブをつけたんですか。(어째서 난로를 킨 겁니까?)

B1：何(なん)だか寒(さむ)いんです。(왠지 추운 겁니다)

B2：今日(きょう)は寒(さむ)いですから。(오늘은 추우니까요)

➲ B1은 춥다고 하는 개인적인 이유를 나타내고 있지만, B2는 춥다고 하는 이유를 객관적으로 나타내고 있다.

② A：どうして窓(まど)を開(あ)けているんですか。(어째서 창문을 열어놓고 있는 겁니까?)

B1：頭(あたま)が痛(いた)いんです。(머리가 아픈 겁니다)

B2：空気(くうき)が悪(わる)いですから。(공기가 나쁘니까요)

➲ 이 경우 역시 예문①의 경우와 같다.

③ A：どうして学校(がっこう)を休(やす)むんですか。(어째서 학교를 쉬는 겁니까?)

B1：空港(くうこう)へ友達(ともだち)を迎(むか)えに行(い)くんです。(공항으로 친구를 마중하러 가는 겁니다)

B2：今日(きょう)は文化(ぶんか)の日(ひ)で休日(きゅうじつ)ですから。(오늘은 문화의 날이어서 휴일이니까요)

➲ 이 경우도 예문①의 경우와 같다.

④ A：どうして国(くに)へ帰(かえ)るんですか。(어째서 고향으로 돌아가는 겁니까?)

B1：結婚(けっこん)するんです。(결혼하는 겁니다)

B2：結婚(けっこん)しますから。(결혼하니까요)

➲ 이 경우는 결혼한다는 이유를 객관적으로 나타내고 있어서 다소 차가운 느낌이 주어진다. 역시, 이러한 경우에는 「~んです」로 표현하는 것이 바람직하다.

「～んですか」「～ですか、～ますか」

(「暑(あつ)いんですか」と「暑(あつ)いですか」、「大学(だいがく)へ行(い)くんですか」と「大学(だいがく)へ行(い)きますか」)

요점

1. 「～んですか」는 질문하기 전에 전개된 상대의 상태나 상황에 따라서 그에 관한 설명을 요구하거나 그에 관하여 좀 더 자세히 알고 싶다고 하는 흥미나 관심을 나타낸다.
2. 「～ですか」는 아무런 사전정보도 없이 단지 백지상태에서 질문하는 것만을 나타낸다.

예문과 해설

① 暑(あつ)いんですか/暑(あつ)いですか。(더운 겁니까?/덥습니까?)

➲ 전자는 상대의 상태를 보고서 상대가 더울 것이라고 자신이 추측한 바를 확인하는 의미이지만,

후자는 단지 백지상태에서 더운지 어떤지를 묻고 있을 뿐이다.

② 大学(だいがく)へ行(い)くんですか/大学(だいがく)へ行(い)きますか。(대학에 가는 겁니까?/대학에 갑니까?)

➲ 전자는 상대가 시험공부를 한다거나 또는 대학안내서를 본다거나 하는 모습을 보고서 자신의 추측하는 바를 확인하는 의미이지만, 후자는 그저 단지 대학에 가는지 어떤지를 백지상태에서 묻고 있을 뿐이다.

③ 昨日(きのう)は何(なに)をしたんですか/昨日(きのう)は何(なに)をしましたか。

(어제는 무엇을 한 겁니까?/어제는 무엇을 했습니까?)

➲ 전자는 상대가 피곤한 얼굴을 하고 있다든지, 아니면 평소와 다른 모습을 하고 있을 때에 자신의 추측하는 바를 확인하는 의미이지만, 후자는 그저 단지 어제 무엇을 하며 지냈는지를 묻고 있을 뿐이다.